Le Robert & Collins

COLLÈGE ALLEMAND

nouvelle édition

direction éditoriale

Dominique LE FUR

rédaction

Silke ZIMMERMANN

informatique éditoriale

Sébastien PETTOELLO

conception technique et maquette

Maud DUBOURG
Nadine NOYELLE

lecture-correction

Élisabeth HUAULT
Anne-Marie LENTAIGNE
Méryem PUILL-CHÂTILLON

première édition

conception et direction de l'ouvrage

Martyn BACK

rédaction

Silke ZIMMERMANN, Anja MAEDEL
avec
Bettina KNICKREHM

Nouvelle édition 2013

25, avenue Pierre-de-Coubertin, 75013 Paris

ISBN 978-2-32100-886-6

LE ROBERT & Collins

COLLÈGE ALLEMAND

LE ROBERT

PRÉFACE

Comment dit-on cela en allemand ?
Qu'est-ce que cela veut dire en allemand ?

Voilà les deux questions que se pose légitimement tout apprenant.

- Le *COLLÈGE ALLEMAND* y répond clairement, en accord avec les objectifs fixés par les **programmes scolaires de la 6e à la 3e** (cadre européen A1, A2, B1) : pouvoir communiquer sur des sujets familiers, parler de son quotidien et comprendre des textes simples.

- Le DICTIONNAIRE présente tout le **vocabulaire fondamental** pour raconter, décrire, s'expliquer, échanger des informations.

Des **exemples** courts, **faciles à retenir et à réutiliser,** illustrent l'usage des mots et les **tournures grammaticales de base.**

Dans les articles, des **remarques** alertent **sur les petits pièges** tendus par l'allemand au jeune francophone : prononciations ou orthographes inhabituelles, faux amis, emploi des cas ou encore certaines alternatives de traduction.

Les verbes forts et irréguliers, ainsi que les genres et pluriels des substantifs sont clairement indiqués, et les verbes à particule commentés, pour éviter les erreurs.

- Un SUPPLÉMENT aborde certains points de **grammaire** et de **vocabulaire.** Cette nouvelle édition fait aussi la place à la **culture** et à la **civilisation** allemandes : les Länder et leurs capitales, le système éducatif et les vacances scolaires, etc. Car pouvoir échanger avec ses pairs suppose de comprendre leurs activités, leurs loisirs et leurs cultures.

- Avec sa **présentation en couleurs claire et aérée,** le *COLLÈGE ALLEMAND* est le **complément** naturel du **manuel scolaire.** Il permet au collégien de **consolider** ce qui est appris en classe, et d'**approfondir** ses connaissances.

SYMBOLES EMPLOYÉS DANS CE DICTIONNAIRE

▷	exemple
▶	structure ou locution figée
◆	mot lié à l'entrée
	information importante
	prononciation
	attention ! faux ami ou piège
	note sur la civilisation ou particularité régionale

français
allemand

Aa

à

1 ▷ Nous avons passé une semaine à Hambourg.
Wir haben eine Woche in Hamburg verbracht.
▷ J'aimerais mieux habiter à la campagne.
Ich würde lieber auf dem Land wohnen.
▷ Ils étaient assis à la table de la cuisine.
Sie saßen am Küchentisch.

1 *Pour parler du lieu où on est, on utilise le datif : **in (in der** ou **in dem, im** selon le genre du substantif qui suit) ; **auf, an (an der** ou **an dem, am**).*

ℹ *Autres exemples :* ***in Paris*** (à Paris), ***im Krankenhaus*** (à l'hôpital), ***in der Schule*** (à l'école), ***auf dem Land*** (à la campagne), ***am Strand*** (à la plage).

2 ▷ Cet après-midi, on va au centre commercial.
Heute Nachmittag gehen wir ins Einkaufszentrum.
▷ Nous allons à Paris la semaine prochaine.
Nächste Woche fahren wir nach Paris.
▷ Je dois aller à la gare.
Ich muss zum Bahnhof fahren.

2 *Pour parler du lieu où on va, on utilise **nach** (pour les noms de ville), **in** + accusatif (**in die, in den** ou **in das, ins** selon le genre du substantif qui suit), **zu** + datif (**zu der, zur** ou **zu dem, zum**).*

ℹ *Autres exemples :* ***nach Frankfurt*** (à Francfort), ***in die Schule*** (à l'école), ***in den Keller*** (à la cave), ***ins Ausland*** (à l'étranger), ***zur Post*** (à la poste).

3 ▷ Je serai devant le cinéma à cinq heures.
Ich werde um fünf (Uhr) vor dem Kino sein.

3 (pour parler de l'heure) **um**

4 ▷ Au vingtième siècle, la médecine a fait de gros progrès.
Im zwanzigsten Jahrhundert hat die Medizin große Fortschritte gemacht.

4 (pour parler d'une époque) **in** *+ datif (**in der** ou **im**)*

5 ▷ Gégé a un bleu au bras.
Gégé hat einen blauen Fleck am Arm.

5 (pour parler d'une partie du corps) **an** *+ datif (**an der** ou **am**)*

6 ▷ J'ai espagnol de trois à cinq.
Ich habe Spanisch von drei bis fünf.

6 ► **de... à... :** **von... bis...**

7 ▻ Ces chewing-gums sont à moi.
Das sind meine Kaugummis.
▻ Il est à toi, ce stylo ?
Ist das dein Kugelschreiber?
▻ Je ne sais pas si les lunettes sont à elle.
Ich weiß nicht, ob das ihre Brille ist.
▻ Je crois que cette montre est à Karim.
Ich glaube, das ist Karims Uhr.
▻ À qui sont ces gants ?
Wem gehören diese Handschuhe?
▻ Ce livre est à moi.
Dieses Buch gehört mir.

7 *Pour dire en allemand que* quelque chose est à quelqu'un, *on utilise plutôt la phrase avec le pronom possessif au génitif :* ***mein(e, e)***, ***dein(e, e)***, ***sein(e, e)***, ***ihr(e, e)***, ***unser(e, e)***, ***euer (eure)***, ***ihr(e, e)***, *en mettant l'accent sur ce pronom.*

Avec un nom de personne, on emploie le cas possessif avec ***s***.

On dit également etwas **gehört** jemandem *(datif).*

abandonner

1 ▻ Notre voisin a abandonné sa famille.
Unser Nachbar hat seine Familie verlassen.

1 (en parlant d'une personne ou d'un lieu) **verlassen** (verlässt, verließ, verlassen)
ℹ *Les verbes commençant par le préfixe* ***ver-*** *ne prennent pas* ***ge-*** *au participe passé.*

2 ▻ C'est trop dur, j'abandonne !
Es ist zu schwer, ich geb's auf!

2 (= renoncer) **aufgeben**
ℹ ***auf•geben*** *est un verbe à particule séparable et se conjugue comme* ***geben*** (gibt, gab, gegeben).

abattre

1 ▻ Les ouvriers vont abattre le chêne.
Die Arbeiter werden die Eiche fällen.

1 (= abattre un arbre) **fällen**

2 ▻ Nous avons abattu le mur.
Wir haben die Mauer abgerissen.
▻ Quand est-ce que vous abattez la cloison ?
Wann reißen Sie die Wand nieder?

2 (= abattre un mur) **abreißen**
ℹ *On peut dire aussi* ***niederreißen***.
ℹ ***ab•reißen*** *et* ***nieder•reißen*** *sont des verbes à particule séparable et se conjuguent comme* ***reißen*** (riss, gerissen).

3 ▻ Les terroristes ont abattu le ministre.
Die Terroristen haben den Minister erschossen.

3 (= tuer quelqu'un) **erschießen** (erschoss, erschossen).
ℹ *Les verbes allemands commençant par le préfixe* ***er-*** *ne prennent pas* ***ge-*** *au participe passé.*

abeille

▻ Une abeille a piqué Élise au bras.
Eine Biene hat Élise am Arm gestochen.

die **Biene** (pluriel Bienen)

abîmer

▻ Il a abîmé mon cahier !
Er hat mein Heft beschädigt!

beschädigen
ℹ *Les verbes allemands commençant par le préfixe* ***be-*** *ne prennent pas* ***ge-*** *au participe passé.*

abolir

▷ En France, la peine de mort a été abolie en 1981.
In Frankreich wurde die Todesstrafe 1981 abgeschafft.

abschaffen

abolition

▷ Ils réclamaient l'abolition de l'esclavage.
Sie forderten die Abschaffung der Sklaverei.

die **Abschaffung**

abominable

▷ Il fait un temps abominable.
Das Wetter ist grässlich.

grässlich

abonné, abonnée

1 ▷ Je suis abonné à trois magazines.
Ich habe drei Zeitschriften abonniert.

1 ► **être abonné à** un magazine **:** eine Zeitschrift (accusatif) **abonniert haben**

2 ▷ Les abonnés ont droit à des réductions de prix.
Abonnenten haben Anspruch auf Preisnachlässe.

2 (= personne) der **Abonnent** (pluriel **Abonnenten**), die **Abonnentin** (pluriel **Abonnentinnen**)

abonnement

▷ Je dois renouveler mon abonnement.
Ich muss mein Abonnement verlängern.

(en parlant d'un magazine) das **Abonnement** (pluriel **Abonnements**)

Se prononce comme en français.

s'abonner

▷ Je vais m'abonner à « OK Magazine ».
Ich werde „OK Magazine" abonnieren.

► **s'abonner à** un magazine **:** eine Zeitschrift (accusatif) **abonnieren**

*Les verbes se terminant en **-ieren** ne prennent pas **ge-** au participe passé.*

d'abord

▷ D'abord, nous devons sauvegarder le document.
Zuerst müssen wir das Dokument sichern.

zuerst

aborigène

1 ▷ Les aborigènes de Nouvelle-Zélande sont les Maoris.
Die Ureinwohner Neuseelands sind die Maori.

1 (= premiers habitants) der **Ureinwohner** (pluriel **Ureinwohner**), die **Ureinwohnerin** (pluriel **Ureinwohnerinnen**)

2 ▷ Le didgeridoo a été inventé par les aborigènes.
Das Didgeridoo wurde von den Aborigines erfunden.

2 (= autochtone d'Australie) der, die **Aborigine** /ˌæbəˈrɪdʒɪnɪ/ (pluriel Aborigines)

Attention à la prononciation : en allemand, on emploie le terme anglais.

aboyer

▷ Les chiens ont aboyé toute la nuit.
Die Hunde haben die ganze Nacht gebellt.

bellen

abréviation

▷ « PC » est l'abréviation de « personal computer ».
„PC" ist die Abkürzung von „personal computer".

die **Abkürzung** (pluriel Abkürzungen)

abri

1 ▷ Ils ont construit un abri dans la forêt.
Sie haben eine Hütte im Wald gebaut.

1 (= refuge) die **Hütte** (pluriel Hütten)

2 ▷ L'abri à vélos est derrière le gymnase.
Der Fahrradschuppen ist hinter der Sporthalle.

2 (où on range quelque chose) der **Schuppen** (pluriel Schuppen)

3 ▷ Vite, mettez-vous à l'abri de la pluie !
Schnell, stellt euch unter!
▷ Nous nous sommes vite mis à l'abri.
Wir haben uns schnell untergestellt.
▷ Ils ont cherché un toit pour se mettre à l'abri.
Sie haben ein Dach gesucht, um sich unterzustellen.

3 ► se **mettre à l'abri :** sich **unterstellen**

ℹ *__unter•stellen__ est un verbe à particule séparable.*

ℹ *Le pronom personnel allemand s'emploie à l'accusatif : __ich stelle mich unter, du stellst dich unter, er / sie stellt sich unter, wir stellen uns unter, ihr stellt euch unter, sie stellen sich unter.__*

4 ▷ Nous étions à l'abri de la pluie.
Wir waren vor dem Regen sicher.

4 ► **être à l'abri de** quelque chose **:** vor etwas (datif) **sicher sein**

abricot

▷ J'adore les abricots.
Ich liebe Aprikosen.

die **Aprikose** (pluriel Aprikosen)

s'abriter

▷ Ils se sont abrités sous un arbre.
Sie haben sich unter einen Baum gestellt.

► s'**abriter sous** quelque chose **:** sich unter etwas (accusatif) **stellen**

ℹ *__unter•stellen__ est un verbe à particule séparable.*

abrupt, abrupte

▷ La pente est très abrupte.
Der Hang ist sehr steil.

(= escarpé) **steil**

abruti, abrutie

▷ Charles est un vrai abruti !
Charles ist ein echter Idiot!

der **Idiot** (pluriel **Idioten**), die **Idiotin** (pluriel **Idiotinnen**)

absent, absente

1 ▷ Olivia est absente aujourd'hui.
Olivia fehlt heute.

1 ► **être absent** (en classe) : **fehlen**

2 ▷ Dubois? – Absent !
Dubois? – Abwesend!

2 (à l'appel) **abwesend**

absolument

1 ▷ Il veut absolument voir le film.
Er will unbedingt den Film sehen.

1 (avec un verbe) **unbedingt**

2 ▷ C'est absolument incroyable.
Das ist absolut unglaublich.

2 ► **absolument** + *adjectif* : **absolut** + *adjectif*

absurde

▷ Tes arguments sont absurdes !
Deine Argumente sind widersinnig!

widersinnig

ℹ *On dit aussi :* ***absurd*** *ou* ***sinnlos****.*

abuser

1 ▷ N'abuse pas du café.
Trink nicht zu viel Kaffee.
▷ J'ai encore abusé des frites !
Ich habe wieder zu viel Pommes frites gegessen!

1 *Lorsque* **abuser de** *signifie « consommer trop de », on utilise en allemand le verbe qui convient +* ***zu viel*** *(***abuser du chocolat** *=* ***zu viel Schokolade essen*** *;* **abuser des médicaments** *=* ***zu viele Medikamente nehmen****).*

2 ▷ Vraiment, il abuse !
Wirklich, er geht zu weit!

2 (= exagérer) **zu weit gehen**

accélérateur

▷ Où se trouve l'accélérateur ?
Wo ist das Gaspedal?

das **Gaspedal** (pluriel **-pedale**)

accélérer

1 ▷ La route est droite ici, tu peux accélérer.
Die Strasse ist hier gerade, du kannst Gas geben.
▷ Accélère, on doit rendre les copies !
Gib schon Gas, wir müssen die Arbeiten abgeben!

1 (en voiture ou emploi figuré = se dépêcher) **Gas geben** (**gibt, gab, gegeben**)

2 ▷ Il accélère le pas.
Er beschleunigt seinen Schritt.

2 (le mouvement, l'allure) **beschleunigen**

ℹ *Les verbes allemands commençant par le préfixe* ***be-*** *ne prennent pas* ***ge-*** *au participe passé.*

accent

▷ Stéphane a un très bon accent en allemand.
Stéphane hat einen sehr guten deutschen Akzent.
▷ Elle a l'accent allemand.
Sie hat einen deutschen Akzent.
▷ Est-ce qu'il y a un accent sur le e ?
Kommt ein Accent auf das e?

der **Akzent** (pluriel **Akzente**)

ℹ *Remarquez :* avoir l'accent allemand = ***einen deutschen Akzent haben***.

ℹ *Pour les accents français, on traduit par* ***Accent*** *prononcé comme en français.*

accepter

1 ▷ Ils ont accepté notre offre.
Sie haben unser Angebot angenommen.
▷ J'accepte ta proposition.
Ich nehme deinen Vorschlag an.

1 ► **accepter** quelque chose : etwas (accusatif) **annehmen**

ℹ ***an•nehmen*** *est un verbe à particule séparable et se conjugue comme* ***nehmen*** (**nimmt, nahm, genommen**).

2 ▷ Marc accepte de m'aider.
Marc ist einverstanden, mir zu helfen.

2 ► **accepter de faire** quelque chose (= être d'accord) : **einverstanden sein,** etwas **zu tun**

accessoire

1 ▷ Ils vendent des accessoires de mode.
Sie verkaufen Modeaccessoires.

1 (associé à une toilette) das **Accessoire** /aksɛ'soa:/ (pluriel **Accessoires**)

🔈 *Se prononce comme en français. Le* **s** *du pluriel se prononce en allemand.*

2 ▷ Tu sais où se trouvent les accessoires ?
Weißt du, wo die Requisiten sind?

2 (de théâtre) das **Requisit** (pluriel **Requisiten**)

accident

1 ▷ C'était un accident.
Es war ein Missgeschick.

1 (= incident mineur, ennui) das **Missgeschick** (pluriel **Missgeschicke**)

2 ▷ Je l'ai rencontré par accident.
Ich habe ihn zufällig getroffen.

2 ► **par accident : zufällig**

3 ▷ La sœur de Yann a eu un accident de voiture.
Yanns Schwester hatte einen Autounfall.

3 (grave) der **Unfall** (pluriel **Unfälle**)
► **accident de voiture :** der **Autounfall**

accompagner

▷ Tu m'accompagnes jusqu'au village ?
Begleitest du mich ins Dorf?
▷ Elle a chanté et moi je l'ai accompagnée au piano.
Sie hat gesungen, und ich habe sie auf dem Klavier begleitet.

begleiten

ℹ *Les verbes allemands commençant par le préfixe* ***be-*** *ne prennent pas* ***ge-*** *au participe passé.*

accomplir

▷ Mission accomplie !
Auftrag ausgeführt!

ausführen
ℹ *On dit aussi* ***erledigen****.*

accord

1 ▷ Les deux pays ont signé un accord.
Die beiden Länder haben ein Abkommen geschlossen.

1 (= accord écrit) das **Abkommen** (pluriel Abkommen)

2 ▷ Nous sommes arrivés à un accord.
Wir sind zu einer Einigung gekommen.

2 (= entente) die **Einigung** (pluriel Einigungen)

3 ▷ Je ne suis pas d'accord.
Ich bin nicht einverstanden.
▷ Samantha est d'accord avec son frère.
Samantha ist mit ihrem Bruder einig.
▷ Nous nous sommes mis d'accord.
Wir sind uns einig geworden.
▷ D'accord, je viens avec toi !
Also gut, ich komme mit dir!

3 ► **être d'accord :** **einverstanden sein**
► **être d'accord avec** quelqu'un **:** **mit** jemandem (datif) **einig sein**
► se **mettre d'accord :** sich **einig werden** (wird, wurde, geworden)
► **d'accord ! :** **also gut!, einverstanden!**

accordéon

▷ L'accordéon est un instrument typiquement français.
Das Akkordeon ist ein typisch französisches Instrument.

das **Akkordeon** (pluriel Akkordeons)
ℹ *On dit aussi* die ***Ziehharmonika*** (pluriel Ziehharmonikas).

accorder

1 ▷ Le professeur nous a accordé deux heures de liberté.
Der Lehrer hat uns zwei Freistunden gegeben.
▷ Mon père m'a accordé la permission de sortir ce soir.
Mein Vater hat mir die Erlaubnis gegeben, heute Abend auszugehen.

1 (= donner) **geben** (gibt, gab, gegeben)

► **accorder** quelque chose **à** quelqu'un **:** jemandem (datif) etwas **geben**

2 ▷ Tu peux m'accorder deux minutes ?
Kannst du mir zwei Minuten bewilligen?

2 (= concéder du temps, un entretien) jemandem (datif) etwas **bewilligen**
ℹ *Les verbes allemands commençant par le préfixe* ***be-*** *ne prennent pas* ***ge-*** *au participe passé.*

accoucher

▷ Elle a accouché hier soir.
Sie hat gestern Abend entbunden.

entbinden (entband, entbunden)
ℹ *Les verbes allemands commençant par le préfixe* ***ent-*** *ne prennent pas* ***ge-*** *au participe passé.*

▷ Sandra a accouché d'un petit garçon.
Sandra hat einen kleinen Jungen zur Welt gebracht.

► **accoucher de :** zur Welt bringen (brachte, gebracht)

accro

1 ▷ Elle est accro à l'héroïne.
Sie ist heroinsüchtig.

1 ► **accro à** (une drogue) **:** **süchtig**
ℹ *Le mot français est familier, mais sa traduction allemande ne l'est pas.*

2 ▷ Ils sont accros au deltaplane.
Sie sind ganz verrückt auf Hängegleiten.

2 ► **accro à** (= fou de) **:** **ganz verrückt auf**
ℹ *Le mot français et sa traduction allemande sont familiers.*

3 ▷ Les accros des jeux vidéos se sont retrouvé à Berlin.
Die Videospielfreaks haben sich in Berlin zusammengefunden.

3 (= personne) der **Freak** (pluriel Freaks)

accrocher

▷ Où veux-tu accrocher ce tableau ?
Wo willst du dieses Bild aufhängen?

(= suspendre) **aufhängen**
ℹ ***auf•hängen*** *est un verbe à particule séparable.*
✋ *Dans sa forme transitive, il se conjugue de façon régulière.*

accueil

1 ▷ Merci de votre accueil.
Danke für euren Empfang.

1 (= manière d'accueillir quelqu'un) der **Empfang** (pluriel **Empfänge**)

2 ▷ Si vous voulez un renseignement, demandez à l'accueil.
Wenn Sie eine Auskunft wollen, fragen Sie am Empfang.

2 (= endroit où on peut se renseigner) der **Empfang**
ℹ *Dans les hôtels, on dit aussi die* ***Rezeption****.*

accueillir

1 ▷ Sabine est venue m'accueillir à l'aéroport.
Sabine hat mich am Flughafen abgeholt.

1 (= chercher) **abholen**
ℹ ***ab•holen*** *est un verbe à particule séparable.*

2 ▷ La famille de mon correspondant m'a très bien accueilli.
Die Familie von meinem Brieffreund hat mich sehr freundlich empfangen.

2 ► **accueillir** quelqu'un (= recevoir) : jemanden (accusatif) **empfangen** (**empfängt, empfing, empfangen**)
ℹ *Les verbes allemands commençant par le préfixe* ***emp-*** *ne prennent pas* ***ge-*** *au participe passé.*

accusation

▷ Ce sont de fausses accusations.
Das sind falsche Beschuldigungen.

die **Beschuldigung** (pluriel **Beschuldigungen**)

accuser

▷ Le prof a accusé Louis d'avoir triché.
Der Lehrer hat Louis beschuldigt, geschummelt zu haben.

▷ L'homme était accusé de meurtre.
Der Mann war des Mordes beschuldigt.

beschuldigen

► **accuser** quelqu'un **de** + *infinitif* : jemanden (accusatif) **beschuldigen**, etwas **getan zu haben**

i *On dit aussi : **jemanden** etwas* (génitif) ***beschuldigen***.

i *Les verbes allemands commençant par le préfixe **be-** ne prennent pas **ge-** au participe passé.*

achat

▷ Mets les achats dans la voiture.
Leg die Einkäufe ins Auto.

▷ Nous faisons des achats en ville.
Wir kaufen in der Stadt ein.

► **les achats** : die **Einkäufe**

i *Ce mot est un pluriel.*

► **faire des achats** : **einkaufen**

i ***ein•kaufen** est un verbe à particule séparable.*

acheter

▷ Où est-ce que tu as acheté ton lecteur de DVD ?
Wo hast du deinen DVD-Player gekauft?

▷ Je vais lui acheter un livre pour son anniversaire.
Ich werde ihm ein Buch zum Geburtstag kaufen.

▷ Ange s'est acheté un nouveau tee-shirt.
Ange hat sich ein neues T-Shirt gekauft.

▷ Je voudrais m'acheter un scooter.
Ich würde mir gern einen Motorroller kaufen.

kaufen

► **acheter** quelque chose **à** quelqu'un : jemandem (datif) etwas **kaufen**

► s'**acheter** quelque chose : sich etwas **kaufen**

i *Le pronom personnel allemand s'emploie au datif : **ich kaufe mir**, **du kaufst dir**, **er / sie kauft sich**, **wir kaufen uns**, **ihr kauft euch**, **sie kaufen sich**.*

acide

▷ Cette orange est très acide.
Diese Orange ist sehr sauer.

sauer

i ***Sauer** est un adjectif. Le mot* **acide** *(= la substance chimique) se traduit par* die ***Säure*** (pluriel Säuren).

acier

▷ Le professeur a expliqué comment l'acier est fabriqué.
Der Lehrer hat uns erklärt, wie Stahl hergestellt wird.

▷ Cette montre est en acier.
Diese Uhr ist aus Stahl.

▷ C'est un portail en acier.
Das ist ein Stahlportal.

der **Stahl** (pluriel **Stahle, Stähle**)

► **être en acier** : **aus Stahl sein**

Pour désigner des objets **en acier**, *on forme des mots composés avec **Stahl** : der **Stahlnagel*** (clou en acier), *das **Stahlblech*** (plaque en acier), *etc.*

acné

▷ Il a de l'acné.
Er hat Akne.

die **Akne** /'aknə/

acte

1 ▷ C'est un acte de bravoure.
Das ist eine mutige Tat.

1 (= action) die **Tat** (pluriel Taten) /ta:t/

2 ▷ *Le Roi Lear* est une tragédie en 5 actes.
König Lear ist eine Tragödie in 5 Akten.

2 (de pièce de théâtre) der **Akt** (pluriel Akte)

acteur

▷ C'est mon acteur préféré.
Das ist mein Lieblingsschauspieler.

der **Schauspieler** (pluriel Schauspieler)

actif

▷ Il n'est pas très actif pour son âge.
Er ist nicht sehr aktiv für sein Alter.

aktiv

action

1 ▷ Tu es responsable de tes actions.
Du bist für deine Taten verantwortlich.
▷ Allez, fais une bonne action, aide-les !
Los, tu eine gute Tat, hilf ihnen !

1 (= ce qu'on fait) die **Tat** (pluriel Taten)
► **faire une bonne action :** eine gute Tat tun

2 ▷ Mon père a acheté des actions.
Mein Vater hat Aktien gekauft.

2 (en parlant de la Bourse) die **Aktie** /'aktsiə/ (pluriel Aktien)

activité

▷ Il y aura beaucoup d'activités durant notre séjour.
Während unseres Aufenthalts wird es eine Menge Aktivitäten geben.

die **Aktivität** (pluriel Aktivitäten)

ℹ *On peut aussi dire :* die ***Betätigung*** (pluriel Betätigungen).

actrice

▷ C'est une très bonne actrice.
Sie ist eine sehr gute Schauspielerin.

die **Schauspielerin** (pluriel Schauspielerinnen)

actualités

▷ Je l'ai entendu aux actualités.
Ich habe es in den Nachrichten gehört.

die **Nachrichten**

ℹ *Le mot français et sa traduction sont des pluriels.*

actuel, actuelle

1 ▷ C'est un problème actuel.
Es ist ein aktuelles Problem.

1 (en parlant d'un problème ou d'un sujet qui est important aujourd'hui) **aktuell**

2 ▷ Le directeur actuel est très apprécié.
Der derzeitige Direktor ist sehr geschätzt.

2 (en parlant d'une personne, d'un gouvernement) **derzeitig**

3 ▷ À l'époque actuelle, il est important de connaître l'informatique.
In der heutigen Zeit ist es wichtig, etwas von Informatik zu verstehen.

3 ► **à l'époque actuelle :** in der heutigen Zeit

actuellement

▷ Actuellement, j'habite à Courbevoie.
Zur Zeit wohne ich in Courbevoie.

zur Zeit
ℹ *On dit aussi* ***im Moment****.*

addition

1 ▷ Mon petit frère apprend à faire des additions.
Mein kleiner Bruder lernt das Addieren.

1 (= calcul) das **Addieren**
ℹ *Ce mot s'emploie uniquement au singulier.*

2 ▷ L'addition, s'il vous plaît !
Die Rechnung, bitte!

2 (au restaurant) die **Rechnung** (pluriel Rechnungen)

admettre

1 ▷ J'admets que j'ai eu tort.
Ich gebe zu, dass ich Unrecht hatte.

1 (= reconnaître) **zugeben**
ℹ ***zu•geben*** *est un verbe à particule séparable et se conjugue comme* ***geben*** *(gibt, gab, gegeben).*

2 ▷ Ils l'ont admise au cours de danse.
Sie haben sie in den Tanzkurs aufgenommen.

▷ Jean-Paul a été admis au club de sport.
Jean-Paul wurde im Sportklub aufgenommen.

2 ► **admettre** quelqu'un (= accueillir) : jemanden (accusatif) aufnehmen
► **être admis :** aufgenommen werden
ℹ ***auf•nehmen*** *est un verbe à particule séparable et se conjugue comme* ***nehmen*** *(nimmt, nahm, genommen).*

admirer

▷ Tout le monde admire le prof de physique.
Alle bewundern den Physiklehrer.

bewundern
ℹ *Les verbes allemands commençant par le préfixe* ***be-*** *ne prennent pas* ***ge-*** *au participe passé.*

adolescent, adolescente

▷ Il n'y a pas beaucoup de distractions pour les adolescents.
Es gibt nicht viele Freizeitbeschäftigungen für Jugendliche.

der / die **Jugendliche** (pluriel Jugendlichen)
ℹ *C'est un adjectif substantivé : on dit* ***ein Jugendlicher****.*

adopter

▷ Caro et Bruno ont adopté un petit Péruvien.
Caro und Bruno haben einen kleinen Peruaner adoptiert.

adoptieren
ℹ *Les verbes se terminant en* ***-ieren*** *ne prennent pas* ***ge-*** *au participe passé.*

adorable

▷ La petite sœur de Sarah est vraiment adorable.
Sarahs kleine Schwester ist wirklich goldig.

goldig
ℹ *On dit aussi **süß**.*

adorer

▷ J'adore Jules Verne !
Ich liebe Jules Verne!

lieben

adresse

▷ J'ai oublié l'adresse de Valérie.
Ich habe Valéries Adresse vergessen.
▷ Quelle est ton adresse électronique ?
Was ist deine E-Mail-Adresse?

die Adresse (pluriel Adressen)

► **adresse électronique :**
E-Mail-Adresse
ℹ ***E-Mail** est la contraction de l'anglais **electronic mail** (courrier électronique).*

adresser

1 ▷ La lettre était adressée à mon père.
Der Brief war an meinen Vater adressiert.

1 (en parlant du courrier)
adressieren
ℹ *Les verbes se terminant en **-ieren** ne prennent pas **ge-** au participe passé.*

2 ▷ Il ne nous a pas adressé la parole.
Er hat nicht mit uns gesprochen.

2 ► **adresser la parole à** quelqu'un **:** mit jemandem (datif) sprechen (spricht, sprach, gesprochen)

3 ▷ Adressez-vous au gardien.
Wenden Sie sich an den Hausmeister.

3 ► s'**adresser à** quelqu'un **:** sich an jemanden (accusatif) wenden

adroit, adroite

▷ Monika est très adroite.
Monika ist sehr geschickt.

geschickt

adulte

1 ▷ Les adultes ne nous comprennent pas toujours.
Die Erwachsenen verstehen uns nicht immer.

1 (= grande personne) der / die Erwachsene (pluriel Erwachsenen)
ℹ *C'est un adjectif substantivé : on dit **ein Erwachsener*** (pluriel Erwachsene)

2 ▷ Notre chat n'est pas encore adulte.
Unsere Katze ist noch nicht ausgewachsen.

2 (adjectif, en parlant d'un animal)
ausgewachsen

adversaire

▷ Il ne faut pas sous-estimer l'adversaire.
Man darf seinen Gegner nicht unterschätzen.

der Gegner (pluriel Gegner), die Gegnerin (pluriel Gegerinnen)

aéroport

▷ Nous avons pris un taxi pour aller à l'aéroport.
Wir haben ein Taxi zum Flughafen genommen.

der **Flughafen** (pluriel Flughäfen)

affaire

1 ▷ Six euros pour un pull ? Tu as fait une bonne affaire !
Sechs Euro für einen Pullover? Du hast ein gutes Geschäft gemacht!

1 ► **une bonne affaire :** ein gutes Geschäft

ℹ *Geschäft est un substantif neutre.*

2 ▷ Occupe-toi de tes affaires !
Kümmere dich um deine eigenen Angelegenheiten!

2 (= préoccupation) die **Angelegenheit** (pluriel -heiten)

3 ▷ Ce ne sont pas vos affaires!
Das geht euch nichts an!

3 *Pour dire que* quelque chose **n'est pas l'affaire de** quelqu'un, *on traduit par* *jemanden* (accusatif) ***nicht angehen.***

ℹ ***an•gehen*** *est un verbe à particule séparable et se conjugue comme* ***gehen*** (**ging, gegangen**).

4 ▷ Range tes affaires tout de suite !
Räum sofort deine Sachen weg!

4 ► **affaires** (= objets personnels) : die Sachen

ℹ ***Sachen*** *est le pluriel de die* ***Sache.***

5 ▷ Ses affaires vont bien.
Seine Geschäfte laufen gut.

5 ► **les affaires** (= le commerce) : Geschäfte (npl)

ℹ ***Geschäfte*** *est le pluriel de das* ***Geschäft.***

▷ Qu'est-ce qu'il fait comme métier ? – Il est dans les affaires.
Was ist er von Beruf? – Er ist Geschäftsmann.

► **être dans les affaires** (= homme ou femme d'affaires) : Geschäftsmann (pluriel -männer) *ou* Geschäftsfrau (pluriel -frauen) sein

6 ▷ L'affaire du sang contaminé.
Der Blutkonservenskandal.

6 (= scandale) der **Skandal** (pluriel Skandale)

affamé, affamée

▷ Les enfants étaient vraiment affamés.
Die Kinder waren wirklich ausgehungert.

ausgehungert

affection

▷ Il ne sait pas exprimer son affection.
Er weiß seine Zuneigung nicht zum Ausdruck zu bringen.

die **Zuneigung**

▷ Emmanuelle a beaucoup d'affection pour sa grand-mère.
Emmanuelle hat ihre Großmutter sehr lieb.

► **avoir de l'affection pour** quelqu'un : jemanden (accusatif) lieb haben

affectueux, affectueuse

▷ Les chiens sont des animaux très affectueux.
Hunde sind sehr liebevolle Tiere.

liebevoll

affiche

1 ▷ Philippe a beaucoup d'affiches dans sa chambre.
Philippe hat viele Poster in seinem Zimmer.

1 (en intérieur) das **Poster** (pluriel **Poster**)

2 ▷ Ce soir je vais coller des affiches.
Heute Abend gehe ich Plakate kleben.

2 (publicitaire, électorale) das **Plakat** (pluriel **Plakate**)

3 ▷ Le film est à l'affiche depuis la semaine dernière.
Der Film läuft seit letzter Woche.

3 ► **être à l'affiche** (en parlant d'un film) **: laufen (läuft, lief, gelaufen)**

afficher

▷ Les prix sont affichés en euros.
Die Preise werden in Euro ausgewiesen.

ausweisen

ℹ ***aus•weisen*** *est un verbe à particule séparable et se conjugue comme* ***weisen*** **(wies, gewiesen)**.

s'affoler

▷ Quand elle a vu le serpent, elle s'est affolée.
Als sie die Schlange sah, geriet sie in Panik.
▷ Ne vous affolez pas, ce n'est pas grave !
Keine Panik, es ist nicht schlimm!

in Panik geraten (gerät, geriet, geraten)
Quand on conseille à quelqu'un de **ne pas s'affoler**, *on dit* ***keine Panik*** **(pas de panique)**.

affreux, affreuse

1 ▷ Ce bâtiment est affreux.
Dieses Gebäude ist schrecklich.

1 (= très laid) **schrecklich**
ℹ *On peut dire aussi* ***furchtbar***.

2 ▷ Il fait un temps affreux.
Das Wetter ist scheußlich.

2 (= très mauvais, en parlant du temps) **scheußlich**

affronter

▷ La France affrontera l'Allemagne en demi-finale.
Im Halbfinale trifft Frankreich auf Deutschland.

► **affronter** quelqu'un (en sport) **: auf** jemanden (accusatif) **treffen (trifft, traf, getroffen)**

afin de, afin que

▷ Vous devez nous envoyer un fax afin de réserver une chambre.
Sie müssen uns ein Fax schicken, um ein Zimmer zu reservieren.
▷ Je vous écrirai afin de vous communiquer les résultats.
Ich werde Ihnen schreiben, um Ihnen die Ergebnisse mitzuteilen.

► **afin de** + *infinitif* **: um zu** + *infinitif*

Attention à l'utilisation de la conjonction ***zu*** *avec des verbes à particule séparable.*

▷ Nous ferons une heure de pause afin que vous puissiez vous reposer.
Wir werden eine Stunde Pause machen, damit ihr euch ausruhen könnt.

► **afin que :** damit

africain, africaine

1 ▷ J'aime bien la musique africaine.
Ich mag gern afrikanische Musik.

1 (adjectif) **afrikanisch**

2 ▷ Dans ma classe, il y a deux Africains.
In meiner Klasse sind zwei Afrikaner.

2 (= personne) der **Afrikaner** (pluriel Afrikaner), die **Afrikanerin** (pluriel Afrikanerinnen)

Afrique

▷ Je m'intéresse beaucoup à l'Afrique.
Afrika interessiert mich sehr.

Afrika
► **l'Afrique :** Afrika

ℹ *Ne prend l'article neutre que précédé d'un adjectif :* ***das schwarze Afrika*** (l'Afrique noire).

▷ Ali vit maintenant en Afrique.
Ali lebt jetzt in Afrika.
▷ Il va souvent en Afrique pour son travail.
Er fliegt oft für seine Arbeit nach Afrika.
▷ Je suis déjà allé en Afrique.
Ich war schon in Afrika.

► **en Afrique** (= dans le continent) : in Afrika
► **en Afrique** (= vers le continent) : nach Afrika

Attention : pour dire que quelqu'un **est déjà allé quelque part**, *on emploie une expression avec le prétérit du verbe* ***sein*** *+* ***schon***.

▷ Plusieurs élèves viennent d'Afrique du Nord.
Mehrere Schüler kommen aus Nordafrika.
▷ Nelson Mandela a été président de l'Afrique du Sud.
Nelson Mandela war Präsident von Südafrika.

► l'**Afrique du Nord :** Nordafrika
► l'**Afrique du Sud :** Südafrika

agaçant, agaçante

▷ Ses retards sont vraiment agaçants.
Seine Verspätungen sind wirklich ärgerlich.
▷ Arrête de poser des questions, c'est agaçant !
Hör auf, Fragen zu stellen, es geht mir auf die Nerven!

(= irritant) **ärgerlich**

► **c'est agaçant** (= ça m'énerve) : es geht mir auf die Nerven

agacer

▷ Cette émission m'agace, éteins la télé.
Diese Sendung geht mir auf die Nerven, schalte den Fernseher aus.

► **agacer** quelqu'un **:** jemandem (datif) **auf die Nerven gehen** (ging, gegangen)

âge

▷ L'âge n'est pas important.
Das Alter ist nicht wichtig.
▷ Le fils des voisins a ton âge.
Der Sohn unserer Nachbarn hat dein Alter.
▷ Quel âge as-tu ?
Wie alt bist du?
▷ Elle a quel âge, ta sœur ?
Wie alt ist deine Schwester?

das **Alter**

Pour demander **l'âge** *de quelqu'un, on utilise l'expression* ***wie alt...?*** *et le verbe* ***sein****.*

âgé, âgée

1 ▷ Ma grand-mère est très âgée.
Meine Grossmutter ist sehr alt.

2 ▷ Les jumeaux sont âgés de dix-huit ans.
Die Zwillinge sind achtzehn Jahre alt.

1 (= vieux) **alt** (plus âgé **älter** ; le plus âgé **der älteste**)

2 *Pour dire l'âge de quelqu'un, on utilise le verbe* ***sein*** *suivi du nombre d'années.*

i *On peut abréger la phrase :* ***Die Zwillinge sind achtzehn.***

agenda

▷ J'ai noté ton adresse dans mon agenda.
Ich habe deine Adresse in meinen Taschenkalender geschrieben.

der **Taschenkalender** (pluriel **-kalender**)

agent (de police)

▷ Il y a un agent (de police) devant la mairie.
Vor dem Rathaus steht ein Polizist.

der **Polizist** (pluriel **Polizisten**), die **Polizistin** (pluriel **Polizistinnen**)

i *La flexion féminine existe en allemand.*

s'aggraver

▷ Nos problèmes s'aggravent.
Unsere Probleme werden schlimmer.

schlimmer werden (**wird**, **wurde**, **geworden**)

i ***schlimmer*** *est le comparatif de* ***schlimm*** (grave).

agile

▷ Pour faire de la varappe, il faut être agile.
Zum Felsklettern muss man beweglich sein.

beweglich

agir

▷ Réfléchis avant d'agir !
Denk nach, bevor du handelst!

(= faire quelque chose) **handeln**

agité, agitée

▷ Jean est très agité en classe.
Jean ist im Unterricht sehr unruhig.

(= nerveux) **unruhig**

agiter

1 ▷ Vous devez agiter la bouteille avant de l'ouvrir.
Sie müssen die Flasche vor dem Öffnen schütteln.

1 (en parlant d'une bouteille) **schütteln**

2 ▷ Samia agitait les bras pour attirer notre attention.
Samia schwenkte die Arme, um unsere Aufmerksamkeit zu erregen.

2 (en parlant du bras) **schwenken**

3 ▷ Marion s'agitait beaucoup avant son examen.
Marion war vor ihrer Prüfung sehr unruhig.

3 ► **s'agiter :** **unruhig sein**

4 ▷ Arrête de t'agiter, Ludovic !
Bleib doch ruhig, Ludovic!

4 *Dans le cas d'une demande ou d'un ordre, on emploie la formule* ***ruhig bleiben*** **(rester tranquille).**

agneau

▷ Tu veux caresser l'agneau ?
Willst du das Lamm streicheln?
▷ Hier soir, nous avons mangé de l'agneau.
Gestern Abend haben wir Lamm gegessen.

das **Lamm** (pluriel **Lämmer**)

ℹ *Quand on parle de la viande, on n'emploie que le singulier, sans l'article.*

agrafe

▷ Je n'ai plus d'agrafes, tu peux m'en donner ?
Ich habe keine Heftklammern mehr, kannst du mir welche geben?

die **Heftklammer** (pluriel **-klammern**)

agrafer

1 ▷ Sophie a agrafé les deux pages.
Sophie hat die zwei Seiten zusammengeheftet.

1 (= agrafer des papiers) **zusammenheften**

ℹ ***zusammen•heften*** *est un verbe à particule séparable.*

2 ▷ Agrafe ma jupe, s'il te plaît.
Hak mir bitte meinen Rock zu.

2 (= agrafer un vêtement) **zuhaken**

ℹ ***zu•haken*** *est un verbe à particule séparable.*

agrafeuse

▷ Mon agrafeuse est cassée.
Meine Heftmaschine ist kaputt.

die **Heftmaschine** (pluriel **-maschinen**)

ℹ *On dit aussi : der* ***Hefter*** (pluriel **Hefter**)

agrandir

1 ▷ Je veux agrandir la porte.
Ich will die Tür vergrößern.

1 (en parlant d'une ouverture) **vergrößern**

ℹ *On peut dire aussi* ***größer machen*** **(faire plus grand).**

2 ▷ Pouvez-vous agrandir cette photo ?
Können Sie dieses Bild vergrößern?

2 (en parlant d'une photo)
vergrößern

3 ▷ Le trou s'est agrandi.
Das Loch ist größer geworden.

3 ► **s'agrandir :** größer werden

agréable

1 ▷ J'ai passé un séjour agréable en Allemagne.
Ich habe einen angenehmen Aufenthalt in Deutschland verbracht.

1 (en parlant d'une chose)
angenehm

2 ▷ Le père de Peter n'est pas très agréable.
Peters Vater ist nicht sehr nett.

2 (en parlant d'une personne) nett

agresser

▷ Un homme a agressé mon oncle.
Ein Mann hat meinen Onkel überfallen.

▷ Lin s'est fait agresser dans la rue.
Lin ist auf der Strasse überfallen worden.

überfallen (überfällt, überfiel, überfallen)
► **se faire agresser :** überfallen werden (wird, wurde, worden)

agressif, agressive

▷ Ne sois pas si agressif !
Sei doch nicht so aggressiv!

aggressiv
Attention à l'orthographe du mot allemand.

agricole

▷ Ils exportent surtout des produits agricoles.
Sie exportieren vor allem landwirtschaftliche Produkte.

landwirtschaftlich

agriculteur, agricultrice

▷ Les agriculteurs ont manifesté dans Paris.
Die Landwirte haben in Paris demonstriert.

der Landwirt (pluriel Landwirte), die Landwirtin (pluriel Landwirtinnen)

agriculture

▷ Cette région vit principalement de l'agriculture.
Dieses Gebiet lebt hauptsächlich von Landwirtschaft.

die Landwirtschaft

agrume

▷ Les agrumes contiennent de la vitamine C.
Zitrusfrüchte enthalten Vitamin C.

die Zitrusfrucht (pluriel -früchte)

aide

▷ Est-ce que tu as besoin d'aide ?
Brauchst du Hilfe?

▷ Tirez un trait à l'aide d'une règle.
Zieht einen Strich mit Hilfe eines Lineals.

die Hilfe (pluriel Hilfen)

► **à l'aide de...** (= en se servant de) : mit Hilfe + *génitif*

aider

▷ Paula ne veut pas m'aider.
Paula will mir nicht helfen.
▷ Tu peux m'aider à faire la vaisselle ?
Kannst du mir beim Geschirrspülen helfen?

helfen (**hilft, half, geholfen**)

► **aider** quelqu'un **à** + *infinitif* :
jemandem (datif) **bei** + *substantif* + **helfen**

aïe

▷ Aïe ! Tu me fais mal !
Au! Du tust mir weh!

au!

aigle

▷ Il y a un aigle qui plane là-haut.
Dort oben schwebt ein Adler.

der **Adler** (pluriel **Adler**)

aigu, aiguë

▷ Benjamin chante aigu.
Benjamin singt hoch.
▷ Les chiens peuvent entendre des sons très aigus.
Hunde können sehr hohe Töne hören.

(en parlant d'un son ou d'une voix)
hoch (**plus aigu höher ; le plus aigu der höchste**)

Notez l'orthographe de ce mot quand il est placé devant le nom : ***die hohe / eine hohe*** *(pour le féminin),* ***der hohe / ein hoher*** *(pour le masculin),* ***das hohe / ein hohes*** *(pour le neutre).*

aiguille

1 ▷ Maman a acheté des aiguilles pour coudre ma robe.
Mama hat Nadeln gekauft, um mein Kleid zu nähen.
▷ J'ai perdu les aiguilles à tricoter.
Ich habe die Stricknadeln verloren.

1 (pour coudre ou tricoter) die **Nadel** (pluriel **Nadeln**)

► **aiguille à tricoter :** die **Stricknadel**

2 ▷ La grande aiguille de ma montre est cassée.
Der große Zeiger meiner Uhr ist kaputt.

2 (d'une montre) der **Zeiger** (pluriel **Zeiger**)
► **la grande / la petite aiguille :** der **große** / der **kleine Zeiger**

ail

▷ Il y a trop d'ail dans cette sauce.
In dieser Soße ist zu viel Knoblauch.

der **Knoblauch**

aile

▷ L'oiseau a une aile cassée.
Der Vogel hat einen gebrochenen Flügel.
▷ Dans l'avion, j'étais assise près de l'aile.
Im Flugzeug saß ich neben dem Flügel.

der **Flügel** (pluriel **Flügel**)

Pour l'aile d'un avion, on peut dire aussi der ***Tragflügel****.*

ailleurs

1 ▷ On devra chercher ailleurs des places pour le concert.
Wir müssen Karten für das Konzert woanders suchen.

1 (= autre part) **woanders**

2 ▷ Je n'ai pas faim, et d'ailleurs je n'aime pas la soupe.
Ich habe keinen Hunger, und übrigens mag ich Suppe nicht.

2 ► **d'ailleurs : übrigens**

aimable

▷ Merci, c'est vraiment très aimable.
Vielen Dank, das ist wirklich sehr nett.
▷ Madame Neumann a été très aimable avec nous.
Frau Neumann war sehr nett zu uns.

nett

► **être aimable avec** quelqu'un : **nett zu** jemandem (datif) **sein**

aimant

▷ J'ai collé des aimants sur le frigo.
Ich habe Magneten an den Kühlschrank gehaftet.

der **Magnet** (pluriel Magneten)

aimer

1 ▷ Est-ce que tu aimes le chocolat blanc ?
Magst du weiße Schokolade?

1 ► **aimer** quelque chose (= apprécier quelque chose) : etwas **mögen**

2 ▷ J'aime jouer aux échecs.
Ich spiele gern Schach.

2 ► **aimer faire** quelque chose : etwas **gern** *ou* **gerne tun**

3 ▷ Tu aimes mieux la mer ou la montagne ?
Magst du lieber das Meer oder die Berge?
▷ La jupe bleue n'est pas mal, mais j'aime mieux la verte.
Der blaue Rock ist nicht schlecht, aber mir gefällt der grüne besser.

3 ► **aimer mieux** quelque chose : etwas (accusatif) **lieber mögen**

ℹ *On dit aussi : etwas* ***gefällt*** *jemandem (datif)* ***besser*** (quelque chose plaît plus à quelqu'un).

4 ▷ J'aimerais acheter des rollers.
Ich würde gern Inline-Skates kaufen.
▷ Aimerais-tu venir avec nous en Espagne ?
Würdest du gern mit uns nach Spanien kommen?
▷ Nous aimerions rester encore un peu, mais il est déjà très tard.
Wir würden gern noch ein bißchen länger bleiben, aber es ist schon sehr spät.

4 *Pour dire que l'on* **aimerait faire** quelque chose, *on dit :* ***ich würde gern, du würdest gern, er würde gern, wir würden gern, ihr würdet gern, sie würden gern*** *+ infinitif.*

5 ▷ J'aimerais que tu ranges ta chambre.
Ich möchte, dass du dein Zimmer aufräumst.

5 *Pour dire à quelqu'un qu'on* **aimerait qu'il fasse** quelque chose, *on emploie le subjonctif II au présent du verbe* ***mögen***.

6 ▷ Je crois que Francesca aime Michael.
Ich glaube, Francesca liebt Michael.

6 (quand on parle d'amour) **lieben**

aîné, aînée

1 ▷ C'est mon frère aîné.
Das ist mein älterer Bruder.

1 **älter**

2 ▷ L'aînée a quinze ans.
Die Älteste ist fünfzehn.

2 ► **l'aîné :** der **Älteste**
► **l'aînée :** die **Älteste**

ainsi

1 ▷ Vous devez le faire ainsi.
Ihr müsst es so machen.

1 (= de cette façon) **so**

2 ▷ Faites l'exercice 21 ainsi que l'exercice 22.
Macht die Übung 21 sowie die Übung 22.

2 ► **ainsi que :** **sowie**

air

1 ▷ L'air de Paris est très pollué.
Die Pariser Luft ist sehr verschmutzt.

1 (= atmosphère) die **Luft**

2 ▷ J'ai oublié les paroles, mais je me souviens de l'air.
Ich habe den Text vergessen, aber ich erinnere mich noch an die Melodie.

2 (d'une chanson) die **Melodie** (pluriel **Melodien** /melo'di:ən/)

3 ▷ Tu as l'air content.
Du siehst glücklich aus.

3 ► **avoir l'air** + *adjectif* **:** *adjectif* + **aussehen**

ℹ ***aus•sehen*** *est un verbe à particule séparable et se conjugue comme* ***sehen*** (sieht, sah, gesehen).

aise

1 ▷ Je suis très à l'aise ici.
Ich fühle mich sehr wohl hier.

1 ► **être à l'aise :** sich **wohl fühlen**

2 ▷ Charles se sentait mal à l'aise devant tous ces gens.
Charles fühlte sich vor all diesen Leuten unbehaglich.

2 ► **mal à l'aise :** **unbehaglich**

ajouter

▷ Il faut ajouter qu'il est beaucoup plus jeune que ses camarades de classe.
Man muss hinzufügen, dass er viel jünger als seine Klassenkamaraden ist.

hinzufügen

ℹ ***hinzu•fügen*** *est un verbe à particule séparable.*

alarme

▷ Quelque chose a déclenché l'alarme de la voiture.
Irgend etwas hat die Alarmanlage des Autos ausgelöst.

(d'une voiture, d'une maison) die **Alarmanlage** (pluriel **-anlagen**)

album

1 ▷ Montre-nous ton album de photos.
Zeig uns dein Fotoalbum.

1 ► **album de photos :** das **Fotoalbum** (pluriel **–alben**)

2 ▷ Mes cousins ont beaucoup d'albums de bandes dessinées.
Meine Cousins haben viele Comics.

2 ► **album de bandes dessinées :** der **Comic** (pluriel **Comics**)

alcool

▷ Les enfants ne doivent pas boire d'alcool.
Kinder dürfen keinen Alkohol trinken.
▷ L'infirmière a désinfecté la peau avec de l'alcool.
Die Krankenschwester hat die Haut mit Alkohol desinfiziert.

der **Alkohol**

alcoolique

▷ C'est un alcoolique.
Er ist Alkoholiker.

(= personne) der **Alkoholiker** (pluriel **Alkoholiker**), die **Alkoholikerin** (pluriel **Alkoholikerinnen**)

alcoolisé, alcoolisée

▷ Il est interdit de vendre des boissons alcoolisées aux mineurs.
Es ist verboten, Minderjährigen alkoholhaltige Getränke zu verkaufen.

alkoholhaltig

ℹ Non alcoolisé *se dit* ***alkoholfrei***.

alentours

▷ Il y a plusieurs magasins aux alentours du lycée.
Es gibt mehrere Geschäfte in der Umgebung des Gymnasiums.

► **aux alentours de : in der Umgebung** + *génitif*

Algérie

▷ Karim prépare un exposé sur l'Algérie.
Karim bereitet ein Referat über Algerien vor.

Algerien
► **l'Algérie : Algerien**

ℹ *Ne prend l'article neutre que précédé d'un adjectif :* ***das moderne Algerien*** (l'Algérie moderne).

▷ Est-ce que tu sais ce qui se passe en Algérie ?
Weißt du, was in Algerien passiert?
▷ Nous aimerions aller en Algérie.
Wir würden gern nach Algerien fliegen.
▷ Es-tu déjà allé en Algérie ?
Warst du schon in Algerien?

► **en Algérie** (= dans le pays) **: in Algerien**
► **en Algérie** (= vers le pays) **: nach Algerien**

Attention : pour dire que quelqu'un est déjà allé quelque part, *on emploie une expression avec le prétérit du verbe* ***sein*** *+* ***schon***.

algérien, algérienne

1 ▷ C'est un chanteur algérien connu.
Er ist ein bekannter algerischer Sänger.

1 (adjectif) **algerisch**

2 ▷ Il y a trois Algériens dans ma classe.
In meine Klasse sind drei Algerier.

2 (= personne) der **Algerier** (pluriel **Algerier**), die **Algerierin** (pluriel **Algerierinnen**)

algue

▷ Les rochers sont couverts d'algues.
Die Felsen sind mit Algen bedeckt.

die **Alge** (pluriel **Algen**)

aliment

▷ Le pain est un aliment très important.
Brot ist ein wichtiges Nahrungsmittel.

das **Nahrungsmittel** (pluriel **-mittel**)

Attention : le substantif pluriel ***Alimente*** *existe en allemand, mais il signifie « pension alimentaire ».*

alimentation

1 ▷ Il y a un magasin d'alimentation au coin de la rue.
An der Ecke ist ein Lebensmittelgeschäft.

1 ► **magasin d'alimentation :** das **Lebensmittelgeschäft** (pluriel **-geschäfte**)

2 ▷ Le cuisinier de la cantine veille à une alimentation équilibrée.
Der Kantinenkoch sorgt für eine ausgewogene Ernährung.

2 (= façon de se nourrir) die **Ernährung**

allée

1 ▷ Prenez la première allée à gauche.
Nehmen Sie die erste Allee links.

1 (dans un parc) die **Allee** (pluriel **Alleen** /a'le:ən/)

Notez la prononciation du pluriel.

2 ▷ Au cinéma, je m'assieds toujours près de l'allée.
Im Kino setze ich mich immer nah an den Gang.

2 (dans un cinéma) der **Gang** (pluriel **Gänge**)

Allemagne

▷ L'Allemagne fait partie de la zone euro.
Deutschland gehört zur Euro-Zone.

Deutschland
► **l'Allemagne :** **Deutschland**

Ne prend l'article neutre que précédé d'un adjectif : ***das vereinigte Deutschland*** (l'Allemagne réunifiée).

▷ Christine habite en Allemagne.
Christine lebt in Deutschland.

▷ Mon père a dû aller en Allemagne pour son travail.
Mein Vater musste beruflich nach Deutschland.

▷ Je suis déjà allée en Allemagne l'année dernière.
Ich war letztes Jahr schon in Deutschland.

► **en Allemagne** (= dans le pays) : **in Deutschland**

► **en Allemagne** (= vers le pays) : **nach Deutschland**

Attention : pour dire que quelqu'un **est déjà allé quelque part**, *on emploie une expression avec le prétérit du verbe* ***sein*** + ***schon***.

allemand, allemande

1 ▷ Julien a un correspondant allemand.
Julien hat einen deutschen Brieffreund.

1 (adjectif) **deutsch**

2 ▷ Beaucoup d'Allemands aiment aller en vacances en France.
Viele Deutsche verbringen gern ihren Urlaub in Frankreich.

2 (= personne) der / die **Deutsche** (pluriel **Deutschen**)
ℹ *C'est un adjectif substantivé : on dit* ***ein Deutscher*** (pluriel **Deutsche**).

3 ▷ L'allemand est une belle langue.
Deutsch ist eine schöne Sprache.

3 (= langue) **Deutsch**
ℹ *En allemand, les noms de langue ne prennent pas d'article.*

aller

1 ▷ Je vais au cinéma.
Ich gehe ins Kino.
▷ Nous allons en Bourgogne en mai.
Wir fahren im Mai nach Burgund.

▷ Est-ce que tu es déjà allée à Cologne ?
Warst du schon mal in Köln ?
▷ Marion est allée au Portugal trois fois.
Marion war schon drei Mal in Portugal.

1 **gehen** (**ging, gegangen**)
ℹ *En allemand, quand le lieu où l'on va est éloigné, on emploie un verbe plus précis :* ***fahren*** **(aller en voiture, en bus, en train),** ***fliegen*** **(aller en avion).**
Pour demander si quelqu'un **est déjà allé quelque part**, *ou pour dire qu'on* **est déjà allé quelque part**, *on emploie le prétérit du verbe* ***sein*** *+* ***schon***.

2 ▷ Je vais très bien !
Mir geht es sehr gut!
▷ Comment vas-tu ?, Comment ça va ?
Wie geht es dir?, Wie geht's?
▷ Comment vont tes parents ?
Wie geht es deinen Eltern?

2 *Pour parler de la santé, on emploie le verbe* ***gehen***.
ℹ *Notez l'emploi du datif : on ne dit pas* ***wie geht es er*** *mais* ***wie geht est ihm***.

3 ▷ Ce pantalon te va très bien.
Diese Hose steht dir sehr gut.

3 *Pour parler d'un vêtement qui* **va / ne va pas à** quelqu'un, *on traduit par jemandem* (datif) ***stehen / nicht stehen,*** *jemandem* ***gut stehen / nicht gut stehen***.

4 ▷ Allez, dépêche-toi !
Los, beeil dich!

4 ► **Allez ! : Los!**

5 ▷ Je vais préparer le dîner.
Ich mache gleich das Abendessen.
▷ Je vais bientôt faire un voyage en Italie.
Ich werde bald nach Italien reisen.

5 *Quand* **aller** *exprime quelque chose qu'on est sur le point de faire, on emploie le présent.*
ℹ *Quand* aller *exprime quelque chose que l'on va faire, on emploie le futur avec le verbe* ***werden***.

6 ▷ Bon, c'est l'heure, je m'en vais.
Gut, es ist Zeit, ich gehe jetzt.

6 ► **s'en aller : gehen, weggehen**
ℹ ***Jetzt*** *signifie que le départ est très proche.*

7 ▷ Le retour m'a semblé plus court que l'aller.
Die Rückfahrt schien mir kürzer als die Hinfahrt.

7 (= trajet) die **Hinfahrt** (pluriel **Hinfahrten**)

8 ▷ Un aller simple pour Meaux, s'il vous plaît.
Eine einfache Fahrkarte nach Meaux, bitte.

8 (= billet de train) **einfache Fahrkarte**

ℹ *On dit aussi : **Einmal Meaux einfach, bitte.***

allergie

▷ J'ai une allergie à la poussière.
Ich habe eine Stauballergie.

die **Allergie** (pluriel **Allergien** /alɛr'gi:ən/)

ℹ *Notez la construction en allemand :* allergie à = ***-allergie.***

allergique

▷ Je suis allergique au lait.
Ich bin gegen Milch allergisch.

► **être allergique à** quelque chose : **gegen** etwas (accusatif) **allergisch sein**

ℹ *Notez la préposition en allemand :* allergique à... = ***gegen... allergisch.***

allô

▷ Allô Claire ? C'est Thomas.
Hallo Claire? Hier ist Thomas.

hallo

s'allonger

▷ Allonge-toi si tu es fatigué.
Leg dich doch hin, wenn du müde bist.

sich **hinlegen**

ℹ ***hin•legen*** *est un verbe à particule séparable.*

allumer

1 ▷ Allume la lumière, s'il te plaît.
Mach bitte das Licht an.

1 (= allumer la lumière) **anmachen**

ℹ ***an•machen*** *est un verbe à particule séparable.*

2 ▷ Le matin, quand je me réveille, j'allume la radio.
Wenn ich morgens aufwache, schalte ich das Radio ein.

2 (= allumer un appareil électrique) **einschalten**

ℹ ***ein•schalten*** *est un verbe à particule séparable.*

3 ▷ Si tu allumes le feu maintenant, il va faire trop chaud.
Wenn du jetzt das Feuer anzündest, wird es zu heiß.

3 (= allumer un feu) **anzünden**

ℹ ***an•zünden*** *est un verbe à particule séparable.*

allumette

▷ Ne joue pas avec les allumettes, c'est dangereux.
Spiel nicht mit den Streichhölzern, das ist gefährlich.

das **Streichholz** (pluriel **Streichhölzer**)

allure

1 ▷ Elle a une drôle d'allure !
Sie sieht aber merkwürdig aus!

1 ► **avoir une drôle d'allure :** merkwürdig aussehen

ℹ *aus•sehen est un verbe à particule séparable et se conjugue comme sehen* (sieht, sah, gesehen).

2 ▷ Pierre conduit toujours à toute allure.
Pierre fährt immer mit voller Geschwindigkeit.

2 ► **à toute allure :** mit voller Geschwindigkeit

alors

1 ▷ Il fait beau, alors tu peux jouer dehors.
Das Wetter ist schön, da kannst du draußen spielen.

1 (= par conséquent) da

2 ▷ Alors, qu'est-ce qui se passe ?
Also, was ist los?

2 (= exclamation) also

3 ▷ Laurent est sorti alors que ses parents n'étaient pas d'accord.
Laurent ist ausgegangen, obwohl seine Eltern nicht einverstanden waren.

3 ► **alors que** (= bien que) **:** obwohl

4 ▷ Elle avait fini son exercice alors que j'en étais encore au début.
Sie war mit ihrer Übung fertig, während ich noch am Anfang war.

4 ► **alors que** (= pendant que) **:** während

Alpes

▷ J'ai appris à skier dans les Alpes.
Ich habe in den Alpen Skifahren gelernt.

► les **Alpes :** die Alpen

alphabet

▷ Nous apprenons l'alphabet en allemand.
Wir lernen das Alphabet auf Deutsch.

das Alphabet (pluriel Alphabete)

alpinisme

▷ L'alpinisme est un sport difficile.
Bergsteigen ist ein schwieriger Sport.

► **l'alpinisme :** das Bergsteigen

altitude

▷ Nous étions à une altitude de 3 000 mètres.
Wir befanden uns in 3 000 Metern Höhe.

die Höhe (pluriel Höhen)

amande

▷ J'ai acheté des amandes salées.
Ich habe gesalzene Mandeln gekauft.

die Mandel (pluriel Mandeln)

ambassadeur, ambassadrice

▷ Son oncle est ambassadeur en Thaïlande.
Sein Onkel ist Botschafter in Thailand.

der **Botschafter** (pluriel **Botschafter**), die **Botschafterin** (pluriel **Botschafterinnen**)

ambiance

▷ Il y a une très bonne ambiance au club.
Im Klub herrscht eine sehr gute Stimmung.
▷ Il y a de l'ambiance ici !
Hier ist aber Stimmung!

die **Stimmung** (pluriel **Stimmungen**)

ℹ *Ce mot est employé surtout au singulier.*

ambitieux, ambitieuse

▷ C'est un projet très ambitieux.
Das ist ein sehr ehrgeiziges Projekt.

ehrgeizig

ambition

▷ Il a de grandes ambitions.
Er hat große Ambitionen.

die **Ambition** (pluriel **Ambitionen**)

ambulance

▷ Vite, appelle une ambulance !
Schnell, ruf einen Krankenwagen!

der **Krankenwagen** (pluriel **-wagen**)

améliorer

1 ▷ Fatima s'entraîne pour améliorer son service au tennis.
Fatima trainiert, um ihren Aufschlag im Tennis zu verbessern.

1 **verbessern**

ℹ *Les verbes commençant par le préfixe* ***ver-*** *ne prennent pas* ***ge-*** *au participe passé.*

2 ▷ Mes résultats en allemand se sont améliorés.
Meine Ergebnisse in Deutsch sind besser geworden.

2 ► **s'améliorer : besser werden** (**wird, wurde, geworden**)

amende

▷ Il a eu une amende de soixante euros.
Er hat eine Geldstrafe von sechzig Euro bekommen.

die **Geldstrafe** (pluriel **-strafen**)

amener

▷ Si tu es d'accord, j'amènerai mon petit frère.
Wenn du einverstanden bist, bringe ich meinen kleinen Bruder mit.

mitbringen

ℹ ***mit•bringen*** *est un verbe à particule séparable et se conjugue comme* ***bringen*** (**brachte, gebracht**).

amer, amère

▷ Cette orange est vraiment amère.
Diese Orange ist wirklich bitter.

bitter

américain, américaine

1 ▷ Ariel a un correspondant américain.
Ariel hat einen amerikanischen Brieffreund.

1 (adjectif) **amerikanisch**

2 ▷ Dans le train j'ai rencontré des Américains.
Im Zug habe ich Amerikaner getroffen.

2 (= personne) der **Amerikaner** (pluriel Amerikaner), die **Amerikanerin** (pluriel Amerikanerinnen)

Amérique

▷ L'Amérique est un immense continent.
Amerika ist ein riesiger Kontinent.

Amerika
► **l'Amérique :** Amerika

ℹ *Ne prend l'article neutre que précédé d'un adjectif :* ***das ländliche Amerika*** (l'Amérique rurale).

▷ Isabelle a vécu en Amérique pendant deux ans.
Isabelle hat zwei Jahre in Amerika gelebt.
▷ Mon frère va en Amérique pour faire un stage.
Mein Bruder geht nach Amerika, um ein Praktikum zu machen.
▷ Ma sœur est déjà allée en Amérique.
Meine Schwester war schon in Amerika.

► **en Amérique** (= dans le continent) : in Amerika
► **en Amérique** (= vers le continent) : nach Amerika

Attention : pour dire que quelqu'un est déjà allé quelque part, *on emploie une expression avec le prétérit du verbe* ***sein*** *+* ***schon***.

▷ L'Amérique du Nord accueille beaucoup d'immigrants venant d'Amérique latine.
Nordamerika nimmt viele Einwanderer aus Lateinamerika auf.
▷ Cette musique vient d'Amérique du Sud.
Diese Musik kommt aus Südamerika.

► **l'Amérique du Nord :** Nordamerika
► **l'Amérique latine :** Lateinamerika
► **l'Amérique du Sud :** Südamerika

ami, amie

▷ Eva est ma meilleure amie.
Eva ist meine beste Freundin.
▷ Léo est son ami, ils ne sont pas mariés.
Léo ist ihr Freund, sie sind nicht verheiratet.

(= camarade, petit ami, petite amie) der **Freund** (pluriel Freunde), die **Freundin** (pluriel Freundinnen)

amical, amicale

1 ▷ Leur accueil était amical.
Ihr Empfang war freundlich.

1 **freundlich**

2 ▷ C'est un match amical.
Das ist ein Freundschaftsspiel.

2 ► **match amical :** das **Freundschaftsspiel** (pluriel -spiele)

amitié

1 ▷ L'amitié est une chose très importante.
Freundschaft ist sehr wichtig.

1 die **Freundschaft** (pluriel Freundschaften)

2 ▷ « Margot vous envoie ses amitiés. »
„Margot sendet herzliche Grüße."

2 (pour transmettre les salutations de quelqu'un à la fin d'une lettre) **herzliche Grüße**

3 ▷ « Amitiés, Nicolas. »
„Alles Liebe, Nicolas."

3 (quand on écrit à un proche ou un ami) alles Liebe

amour

▷ Ce n'est pas de l'amitié, c'est de l'amour.
Das ist keine Freundschaft, das ist Liebe.

▷ Elle a gardé toutes ses lettres d'amour.
Sie hat alle seine Liebesbriefe aufbewahrt.

die Liebe (pluriel Lieben)

► **lettre d'amour :** der Liebesbrief (pluriel –briefe)

amoureux, amoureuse

1 ▷ Fabrice est amoureux de Lucille.
Fabrice ist in Lucille verliebt.

1 ► **être amoureux de** quelqu'un **:** in jemanden (accusatif) verliebt sein

2 ▷ Et voilà les amoureux !
Hier sind die Verliebten!

2 ► **les amoureux :** die Verliebten

3 ▷ Il y a un couple d'amoureux sur le banc.
Auf der Bank sitzt ein Liebespaar.

3 ► **un couple d'amoureux :** ein Liebespaar

amplificateur

▷ J'ai acheté un nouvel amplificateur.
Ich habe einen neuen Verstärker gekauft.

der Verstärker (pluriel Verstärker)

ampoule

1 ▷ L'ampoule de la salle de bains est grillée.
Die Birne im Badezimmer ist durchgebrannt.

1 (électrique) die Birne (pluriel Birnen)

ℹ *On dit aussi **Glühbirne**.*

2 ▷ J'ai des ampoules aux pieds.
Ich habe Blasen an den Füßen.

2 (aux pieds, aux mains) die Blase (pluriel Blasen)

amusant, amusante

▷ Notre prof de français raconte des blagues très amusantes.
Unser Französischlehrer erzählt lustige Witze.

lustig

s'amuser

1 ▷ Mamoud et moi, on s'est bien amusés.
Mamoud und ich haben uns gut amüsiert.

1 ► **bien s'amuser :** sich gut amüsieren

ℹ *Les verbes se terminant en **–ieren** ne prennent pas **ge-** au participe passé.*

2 ▷ Amusez-vous bien !
Viel Spaß!

2 ► **amuse-toi bien !, amusez-vous bien ! :** viel Spaß!

3 ▷ Arrêtez de vous amuser et travaillez !
Hört auf zu spielen und arbeitet!

3 (= jouer) spielen

an

1 ▷ Nous habitons ici depuis trois ans.
Wir wohnen seit drei Jahren hier.

1 das Jahr (pluriel Jahre)

2 ▷ J'ai treize ans.
Ich bin dreizehn.

2 *Pour dire l'âge de quelqu'un, on utilise le verbe* ***sein*** *suivi du nombre.*

ℹ *On peut ajouter* ***...Jahre alt*** *:* ***Ich bin dreizehn Jahre alt****.*

ananas

▷ Cet ananas n'est pas encore mûr.
Diese Ananas ist noch nicht reif.

die **Ananas** (pluriel **Ananas, Ananasse**)

anchois

▷ Tu aimes les pizzas avec des anchois ?
Magst du Pizza mit Sardellen?

die **Sardelle** (pluriel **Sardellen**)

ancien, ancienne

1 ▷ Cette broche est ancienne, elle appartenait à ma grand-mère.
Diese Brosche ist alt, sie gehörte meiner Großmutter.

1 (= vieux) **alt**

2 ▷ J'ai rencontré mon ancien prof de maths.
Ich habe meinen ehemaligen Mathelehrer getroffen.

2 (= d'avant) **ehemalig**

âne

▷ Pendant notre randonnée, c'est un âne qui a porté nos bagages.
Während unserer Wanderung hat ein Esel unser Gepäck getragen.

(= animal) der **Esel** (pluriel **Esel**)

ange

▷ Merci, tu es un ange.
Danke, du bist ein Engel.

der **Engel** (pluriel **Engel**)

angine

▷ J'étais au lit avec une angine.
Ich lag mit Angina im Bett.

die **Angina** (pluriel **Anginen**)

ℹ *On peut dire aussi die* ***Mandelentzündung****.*

anglais, anglaise

1 ▷ J'aime beaucoup les peintres anglais.
Ich mag die englischen Maler sehr.

1 (adjectif) **englisch**

2 ▷ Les Anglais m'ont très bien accueillie.
Die Engländer haben mich sehr herzlich empfangen.

2 (= personne) der **Engländer** (pluriel **Engländer**), die **Engländerin** (pluriel **Engländerinnen**)

3 ▷ Yoshi parle bien anglais.
Yoshi spricht gut Englisch.

3 (= langue) **Englisch**

ℹ *En allemand, les noms de langue ne prennent pas d'article.*

angle

1 ▷ Je me suis cogné à l'angle du bureau.
Ich habe mich an der Ecke des Schreibtischs gestoßen.

1 (de la rue, d'une table) die **Ecke** (pluriel Ecken)

2 ▷ C'est un triangle avec un angle droit.
Das ist ein Dreieck mit einem rechten Winkel.

2 (en géométrie) der **Winkel** (pluriel Winkel)

Angleterre

▷ L'Angleterre fait partie du Royaume-Uni.
England ist Teil des Vereinigten Königreichs.

England

► **l'Angleterre :** England

ℹ *Ne prend l'article neutre que précédé d'un adjectif :* ***das viktorianische England*** (l'Angleterre victorienne).

▷ J'ai passé trois semaines en Angleterre.
Ich habe drei Wochen in England verbracht.
▷ Quand irez-vous en Angleterre ?
Wann fahrt ihr nach England?
▷ Il est déjà allé trois fois en Angleterre.
Er war schon dreimal in England.

► **en Angleterre** (= dans le pays) : in England

► **en Angleterre** (= vers le pays) : nach England

Attention : pour dire que quelqu'un est déjà allé quelque part, *on emploie une expression avec le prétérit du verbe* ***sein*** *+* ***schon****.*

animal

▷ Les tigres sont des animaux dangereux.
Tiger sind gefährliche Tiere.
▷ Est-ce que tu as des animaux domestiques ?
Hast du Haustiere?

das **Tier** (pluriel Tiere)

► **animal domestique :** das Haustier

animateur, animatrice

1 ▷ Je déteste cet animateur !
Ich hasse diesen Moderator!

1 (d'une émission) der **Moderator** (pluriel Moderatoren), die **Moderatorin** (pluriel Moderatorinnen)

2 ▷ Je voudrais être animatrice dans un camp de vacances.
Ich wäre gern Betreuerin in einem Ferienlager.

2 (de camp de vacances) der **Betreuer** (pluriel Betreuer), die **Betreuerin** (pluriel Betreuerinnen)

animé, animée

1 ▷ La fête foraine était très animée.
Der Jahrmarkt war sehr belebt.

1 (= plein de vie) **belebt**

2 ▷ J'adore les dessins animés.
Ich liebe Zeichentrickfilme.

2 ► **dessin animé :** der Zeichentrickfilm (pluriel –filme)

anneau

▷ La sœur de Marion a un anneau dans le nez.
Marions Schwester hat einen Ring in der Nase.
▷ Est-ce que tu as lu « Le Seigneur des Anneaux » ?
Hast du „Der Herr der Ringe" gelesen?

der **Ring** (pluriel **Ringe**)

année

▷ Cette année, nous avons un nouveau professeur d'allemand.
Dieses Jahr haben wir einen neuen Deutschlehrer.
▷ L'année scolaire commence en septembre.
Das Schuljahr beginnt im September.
▷ Bonne année !
Ein gutes neues Jahr!

das **Jahr** (pluriel **Jahre**)

► **l'année scolaire :** das **Schuljahr**

Pour souhaiter **bonne année** *à quelqu'un en allemand, on dit* ***Ein gutes neues Jahr!***

anniversaire

1 ▷ Bon anniversaire, Klaus !
Herzlichen Glückwunsch zum Geburtstag, Klaus!

1 (= l'anniversaire d'une personne) der **Geburtstag** (pluriel **-tage**)

2 ▷ Nous fêtons l'anniversaire de la chute du mur de Berlin.
Wir feiern den Jahrestag des Falls der Berliner Mauer.
▷ Aujourd'hui, mes parents fêtent leur anniversaire de mariage.
Meine Eltern feiern heute ihren Hochzeitstag.

2 (= l'anniversaire d'un événement) der **Jahrestag** (pluriel **-tage**)

► **anniversaire de mariage :** der **Hochzeitstag** (pluriel **-tage**)

annonce

▷ Tu as vu l'annonce pour la console de jeux ?
Hast du die Anzeige für die Spielkonsole gesehen?
▷ Lucas a trouvé son vélo dans les petites annonces.
Lucas hat sein Fahrrad in den Kleinanzeigen gefunden.

(dans un journal) die **Anzeige** (pluriel **Anzeigen**)

► **les petites annonces :** die **Kleinanzeigen**

annoncer

1 ▷ Les résultats seront annoncés demain.
Die Ergebnisse werden morgen bekanntgegeben.

1 (= dire en public) **bekanntgeben**

ℹ ***bekannt•geben*** *est un verbe à particule séparable et se conjugue comme* ***geben*** (**gibt, gab, gegeben**).

2 ▷ Le proviseur nous a annoncé que l'école sera fermée.
Der Schulleiter hat uns mitgeteilt, dass die Schule geschlossen wird.

2 ► **annoncer** quelque chose **à** quelqu'un **:** **jemandem** (datif) **etwas mitteilen**

ℹ ***mit•teilen*** *est un verbe à particule séparable.*

annuaire

▷ Cherche le numéro de Stéphane dans l'annuaire, s'il te plaît.
Such bitte Stéphanes Nummer im Telefonbuch.

das **Telefonbuch** (pluriel -bücher)

annulaire

▷ La bague était trop petite pour mon annulaire.
Der Ring war zu klein für meinen Ringfinger.

(= doigt) der **Ringfinger** (pluriel -finger)

annuler

▷ Le match de hockey sur glace est annulé.
Das Eishockeyspiel ist abgesagt.

absagen

ℹ ***ab•sagen*** *est un verbe à particule séparable.*

anorak

▷ Prends un anorak chaud, il fait froid dehors.
Nimm einen warmen Anorak, es ist kalt draußen.

der **Anorak** (pluriel Anoraks)

antarctique

1 ▷ C'est dans l'océan Antarctique.
Es liegt im antarktischen Ozean.

1 **antarktisch**

2 ▷ Elle a fait un voyage dans l'Antarctique.
Sie hat eine Reise in die Antarktis gemacht.

2 ► **l'Antarctique :** die **Antarktis**

antenne

▷ L'antenne de la radio est cassée.
Die Radioantenne ist kaputt.
▷ Nous avons une antenne parabolique sur le balcon.
Wir haben eine Parabolantenne auf dem Balkon.

die **Antenne** (pluriel Antennen)

ℹ *Notez les substantifs composés :* ***Radioantenne*** (antenne de radio), ***Parabolantenne*** (antenne parabolique).

antibiotique

▷ Le médecin m'a donné un antibiotique.
Der Arzt hat mir ein Antibiotikum gegeben.

das **Antibiotikum** (pluriel Antibiotika)

ℹ *L'adjectif* antibiotique *se dit* ***antibiotisch****.*

antillais, antillaise

1 ▷ Nous avons mangé dans un restaurant antillais.
Wir haben in einem antillischen Restaurant gegessen.

1 **antillisch**

2 ▷ Sandra a épousé un Antillais.
Sandra hat einen Mann aus den Antillen geheiratet.

2 (= personne qui vient des Antilles) **aus den Antillen**

3 ▷ J'ai trouvé les Antillais très hospitaliers.
Ich habe die Antillenbewohner sehr gastfreundlich gefunden.

3 (= personne qui vit aux Antilles) der **Antillenbewohner** (pluriel -bewohner), die **Antillenbewohnerin** (pluriel -bewohnerinnen)

Antilles

▷ Aimerais-tu passer des vacances aux Antilles ?
Würdest du gern in den Antillen Ferien machen?

die **Antillen**

antipathique

▷ La copine d'Hervé est vraiment antipathique.
Hervés Freundin ist wirklich unsympathisch.

unsympathisch

N'oubliez pas que le **y** *allemand se prononce* **u**.

antivirus

▷ J'ai téléchargé un nouvel antivirus.
Ich habe ein neues Antivirenprogramm heruntergeladen.

(pour ordinateur) das **Antivirenprogramm** (pluriel -programme)

antivol

▷ J'ai acheté un antivol pour mon vélo.
Ich habe ein Fahrradschloss gekauft.

das **Schloss** (pluriel Schlösser)

Notez les substantifs composés : das ***Fahrradschloss*** *(pour le vélo), das* ***Lenkradschloss*** *(pour la voiture).*

anxieux, anxieuse

▷ Elle est très anxieuse.
Sie ist sehr ängstlich.

ängstlich

août

▷ Nous partons le quinze août.
Wir fahren am fünfzehnten August.

▷ Il fait souvent très chaud en août.
Es ist oft heiß im August.

der **August**

On écrit ***am 15. August****.*

► **en août, au mois d'août :** im August

apartheid

▷ Ce sont des victimes de l'apartheid.
Sie sind Opfer der Apartheid.

die **Apartheid**

apercevoir

1 ▷ J'ai aperçu le maire en ville.
Ich habe den Bürgermeister flüchtig in der Stadt gesehen.

1 (= voir brièvement) **flüchtig sehen**

2 ▷ Je ne m'étais pas aperçu de la différence.
Ich habe keinen Unterschied bemerkt.

2 ► **s'apercevoir de** quelque chose : etwas **bemerken**

Les verbes allemands commençant par le préfixe ***be-*** *ne prennent pas* ***ge-*** *au participe passé.*

▷ Tu t'es aperçue que Simon n'était pas là ?
Hast du bemerkt, dass Simon nicht da war?

► **s'apercevoir que... :** bemerken, dass...

apéritif

▷ Voulez-vous un apéritif ?
Möchten Sie einen Aperitif?

der **Aperitif** (pluriel Aperitifs)

s'apitoyer

▷ Arrête de t'apitoyer sur ton sort !
Hör auf, dich selbst zu bemitleiden!

► **s'apitoyer sur :** *accusatif +* bemitleiden

ℹ *Les verbes commençant par le préfixe* ***be-*** *ne prennent pas* ***ge-*** *au participe passé.*

aplati, aplatie

▷ Le gâteau est tout aplati.
Der Kuchen ist vollkommen platt gedrückt.

platt gedrückt

ℹ *On peut dire aussi* ***platt*** *tout seul.*

apparaître

▷ Une montgolfière est apparue dans le ciel.
Ein Heißluftballon ist am Himmel erschienen.

erscheinen (erschien, erschienen)

appareil

1 ▷ Emma a eu un appareil photo pour Noël.
Emma hat einen Fotoapparat zu Weihnachten bekommen.

1 ► **appareil photo :** der **Fotoapparat** (pluriel –apparate)

2 ▷ Les robots ménagers sont des appareils très utiles.
Küchenmaschinen sind sehr nützliche Geräte.

2 (électrique) das **Gerät** (pluriel Geräte)

3 ▷ Pascal porte un appareil dentaire.
Pascal trägt eine Zahnspange.

3 ► **appareil dentaire :** die **Zahnspange** (pluriel Zahnspangen)

4 ▷ Bonjour ! Jérôme à l'appareil.
Hallo ! Hier spricht Jérôme.

4 *Pour dire son nom quand on parle au téléphone, on utilise l'expression* ***hier spricht...***

apparemment

▷ Apparemment, ils sont arrivés à l'heure.
Anscheinend sind sie rechtzeitig angekommen.

anscheinend

appartement

▷ Anne et Jean-François ont acheté un appartement.
Anne und Jean-François haben eine Wohnung gekauft.

die **Wohnung** (pluriel Wohnungen)

appartenir à

▷ Cette voiture appartient à mon frère.
Dieses Auto gehört meinem Bruder.

► **appartenir à** quelqu'un **:** jemandem (datif) **gehören**

appel

1 ▷ Il y a eu trois appels pour toi cet après-midi.
Heute Nachmittag sind drei Anrufe für dich angekommen.

1 (= appel au téléphone) der **Anruf** (pluriel **Anrufe**)

2 ▷ Notre prof fait toujours l'appel au début du cours.
Unser Lehrer ruft vor dem Unterricht immer die Namen auf.

2 ► **faire l'appel :** die **Namen aufrufen**

ℹ *auf•rufen est un verbe à particule séparable et se conjugue comme rufen (rief, gerufen).*

appeler

1 ▷ Le dîner est prêt, appelle ta sœur.
Das Abendessen ist fertig, ruf deine Schwester.

1 (pour demander quelqu'un) **rufen** (rief, gerufen)

2 ▷ Nous allons appeler notre bébé Thomas.
Wir werden unser Baby Thomas nennen.

2 (pour donner un nom à quelqu'un) **nennen** (nannte, genannt)

3 ▷ Appelle-moi ce soir, je serai chez moi.
Ruf mich heute Abend an, ich werde zuhause sein.

3 (au téléphone) **anrufen**

ℹ *an•rufen est un verbe à particule séparable et se conjugue comme rufen.*

4 ▷ Comment tu t'appelles ?
Wie heißt du?
▷ Je m'appelle Gabriel.
Ich heiße Gabriel.
▷ Cet outil s'appelle un tournevis.
Dieses Werkzeug heißt Schraubenzieher.
▷ Comment s'appelle ce truc en anglais ?
Wie heißt dieses Ding auf Englisch?

4 ► **s'appeler : heißen** (hieß, geheißen)

ℹ *Pour se présenter par son nom de famille, notamment au téléphone, on peut employer la formule : mein Name ist...* (mon nom est...)

appendicite

▷ Elle a eu une appendicite.
Sie hatte eine Blinddarmentzündung.

die **Blinddarmentzündung** (pluriel -entzündungen)

appétit

▷ Tu as bon appétit !
Du hast ja einen guten Appetit!
▷ Bon appétit !
Guten Appetit!

der **Appetit**

applaudir

1 ▷ Toute la classe a applaudi Thierry.
Die ganze Klasse hat Thierry applaudiert.

1 ► **applaudir** quelqu'un **:** jemandem (datif) **applaudieren**

ℹ *Les verbes se terminant en -ieren ne prennent pas ge- au participe passé.*

2 ▷ Elles ont applaudi très fort.
Sie haben ganz laut geklatscht.

2 (= taper dans les mains) **klatschen**

appli

▷ J'ai téléchargé une nouvelle appli.
Ich habe eine neue App heruntergeladen.

(= petite application pour smartphone)
die **App** /ɛp/ (pluriel Apps)
Notez la prononciation.

application

▷ J'ai téléchargé une nouvelle application.
Ich habe eine neue Anwendung heruntergeladen.

(informatique) die **Anwendung** (pluriel Anwendungen)

s'appliquer

▷ Applique-toi quand tu écris !
Gib dir doch Mühe beim Schreiben!

sich **Mühe geben** (gibt, gab, gegeben)

apporter

▷ J'apporte de bonnes nouvelles
Ich bringe gute Nachrichten.
▷ Je lui ai apporté son petit-déjeuner au lit.
Ich habe ihm (*ou* ihr) das Frühstück ans Bett gebracht.

bringen (brachte, gebracht)

► **apporter** quelque chose **à** quelqu'un **:** jemandem (datif) etwas bringen

apprécier

▷ Je n'apprécie pas beaucoup le frère de Laure.
Ich mag Laures Bruder nicht sehr.

mögen (mag, mochte, gemocht)

apprendre

1 ▷ J'apprends le russe.
Ich lerne Russisch.
▷ Marion aimerait apprendre à nager.
Marion würde gern Schwimmen lernen.
▷ Il a appris à écrire plus vite.
Er hat gelernt, schneller zu schreiben.

1 (= étudier) **lernen**

► **apprendre à faire** quelque chose **:** *substantif* + **lernen** *ou* **lernen,** etwas zu tun

2 ▷ Pedro nous apprend l'espagnol.
Pedro bringt uns Spanisch bei.

2 (= enseigner) **beibringen**
*ℹ **bei•bringen** est un verbe à particule séparable et se conjugue comme **bringen*** (brachte, gebracht).

3 ▷ Nous avons appris que tu étais malade.
Wir haben gehört, dass du krank bist.

3 (quand on parle d'une nouvelle) **hören**

apprivoisé, apprivoisée

▷ Le lion est apprivoisé.
Der Löwe ist gezähmt.

gezähmt

approcher

1 ▷ Approchez vos chaises.
Rückt eure Stühle näher.
▷ Nous approchons du but !
Wir kommen unserem Ziel näher.

1 *Pour dire qu'on* **approche** (de) quelque chose *, on emploie* ***näher*** **(plus près)** *avec le verbe qui convient :* ***näher rücken*** **(pousser plus près),** ***näher kommen*** **(venir plus près).**

2 ▷ Approche-toi, je ne te vois pas très bien.
Komm näher, ich sehe dich nicht gut.

2 ► s'approcher : näher kommen

3 ▷ Les bateaux s'approchent de la côte.
Die Schiffe nähern sich der Küste.
▷ Le chasseur s'approchait du sanglier.
Der Jäger näherte sich dem Wildschwein.

3 ► s'approcher de quelque chose : sich etwas (datif) nähern

appuyer

1 ▷ Appuie sur la sonnette, s'il te plaît.
Drück bitte auf die Klingel.

1 ► appuyer sur quelque chose : auf etwas (accusatif) drücken

2 ▷ Ne vous appuyez pas sur le portail, la peinture est fraîche.
Lehnt euch nicht gegen das Portal, es ist frisch gestrichen.

2 ► s'appuyer sur quelque chose : sich an *ou* gegen etwas (accusatif) lehnen

après

1 ▷ Je viendrai chez toi après l'école.
Nach der Schule komme ich zu dir.

1 nach

2 ▷ Demande la permission à tes parents et téléphone-moi après.
Frag deine Eltern für Erlaubnis und ruf mich danach an.

2 (= ensuite) danach

3 ▷ D'après Isa, c'est un bon film.
Isa zufolge ist das ein guter Film.

3 ► d'après... (avec un nom) : ... zufolge

4 ▷ D'après moi, c'est Ralph qui a raison.
Meiner Meinung nach hat Ralph Recht.

4 ► d'après... (avec un pronom personnel) : *pronom personnel génitif* (meiner, deiner, seiner, ihrer, unserer, eurer, ihrer) + Meinung nach

après-demain

▷ Après-demain nous irons au zoo.
Übermorgen gehen wir in den Zoo.

übermorgen

après-midi

1 ▷ Je viendrai dans l'après-midi.
Ich komme am Nachmittag.
▷ Nous n'avons pas école demain après-midi.
Wir haben morgen Nachmittag keine Schule.

1 der Nachmittag (pluriel Nachmittage)

2 ▷ L'avion arrive à trois heures de l'après-midi.
Das Flugzeug kommt un drei Uhr nachmittags an.

2 ► ...de l'après-midi (en disant une heure) : ...nachmittags

aquarium

▷ J'ai deux poissons rouges dans un aquarium.
Ich habe zwei Goldfische in einem Aquarium.

das Aquarium (pluriel Aquarien /a'kvaːriən/)

arabe

1 ▷ Plusieurs pays arabes produisent du pétrole.
Mehrere arabische Länder produzieren Erdöl.

1 (adjectif) **arabisch**

2 ▷ Ma tante a épousé un Arabe.
Meine Tante hat einen Araber geheiratet.

2 (= personne) der **Araber** (pluriel Araber), die **Araberin** (pluriel Araberinnen)

3 ▷ Suzanne apprend l'arabe.
Suzanne lernt Arabisch.

3 (= langue) **Arabisch**

ℹ *En allemand, les noms de langue ne prennent pas d'article.*

araignée

▷ Ben a peur des araignées.
Ben hat Angst vor Spinnen.

die **Spinne** (pluriel Spinnen)

arbre

▷ Il y a beaucoup d'arbres dans le jardin.
Im Garten stehen viele Bäume.

▷ Nous allons décorer l'arbre de Noël.
Wir werden den Weihnachtsbaum schmücken.

der **Baum** (pluriel Bäume)

► **arbre de Noël :** der Weihnachtsbaum

arc

▷ Les Indiens chassaient avec des arcs et des flèches.
Die Indianer jagten mit Pfeil und Bogen.

der **Bogen** (pluriel Bogen)

ℹ *Dans l'expression* des arcs et des flèches, *l'ordre est inversé en allemand :* ***Pfeil und Bogen*** (flèche et arc). *Notez l'emploi du singulier.*

arc-en-ciel

▷ Regarde, un arc-en-ciel !
Schau mal, ein Regenbogen!

der **Regenbogen** (pluriel Regenbogen)

architecte

▷ Ma mère est architecte.
Meine Mutter ist Architektin.

der **Architekt** (pluriel Architekten), die **Architektin** (pluriel Architektinnen)

arctique

1 ▷ C'est dans l'océan Arctique.
Es liegt im arktischen Ozean.

1 **arktisch**

ℹ Océan Arctique *se dit aussi* ***Nordpolarmeer***.

2 ▷ Elle a fait un voyage dans l'Arctique.
Sie hat eine Reise in die Arktis gemacht.

2 ► **l'Arctique :** die Arktis

arête

▷ Ce poisson est plein d'arêtes.
Dieser Fisch ist voller Gräten.

die **Gräte** (pluriel Gräten)

argent

1 ▷ Monsieur Perret gagne beaucoup d'argent.
Herr Perret verdient viel Geld.
▷ Je reçois cinq euros d'argent de poche par semaine.
Ich bekomme fünf Euro Taschengeld in der Woche.

1 ► **l'argent** (= les sous) : das Geld

► **argent de poche :** das Taschengeld

2 ▷ L'argent est moins cher que l'or.
Silber ist billiger als Gold.
▷ Ce bracelet est en argent.
Dieses Armband ist aus Silber.
▷ Mélanie a une belle bague en argent.
Mélanie hat einen schönen silbernen Ring.

2 (= métal) das Silber

► **être en argent :** aus Silber sein

► **en argent :** silbern

arme

▷ Les armes sont interdites au lycée.
Waffen sind in der Schule verboten.

die Waffe (pluriel Waffen)

armée

▷ L'armée avançait péniblement.
Die Armee kam mühsam voran.
▷ Le grand frère de Karina est dans l'armée.
Karinas großer Bruder ist Berufssoldat.

(= la troupe) die Armee (pluriel Armeen)
► **être dans l'armée :** Berufssoldat sein

armoire

1 ▷ Ton T-shirt est dans l'armoire.
Dein T-shirt ist im Kleiderschrank.

1 (pour les vêtements) der Kleiderschrank (pluriel -schränke)

2 ▷ Papa a une armoire pour les dossiers dans son bureau.
Papa hat einen Schrank für die Akten in seinem Arbeitszimmer.

2 (dans un bureau) der Schrank (pluriel Schränke)

arobase

▷ Mon adresse électronique c'est «paul arobase pilou point fr».
Meine E-Mail-Adresse ist „paul at pilou punkt fr".

At /æt/, das At-Zeichen

arracher

1 ▷ Sonia a arraché trois pages de son cahier.
Sonia hat drei Seiten aus ihrem Heft gerissen.
▷ Ma mère m'a demandé d'arracher les mauvaises herbes.
Meine Mutter hat mich gebeten, das Unkraut auszureißen.

1 (= arracher une page, une feuille, de mauvaises herbes) ausreißen

ℹ *__aus•reißen__ est un verbe à particule séparable et se conjugue comme __reißen__* (riss, gerissen).

2 ▷ Le dentiste m'a arraché une dent.
Der Zahnarzt hat mir einen Zahn gezogen.

2 ► **arracher une dent : einen Zahn ziehen** (zog, gezogen)

3 ▷ Le voleur a arraché le sac de la dame.
Der Dieb hat der Frau die Handtasche entrissen.

3 ► **arracher** quelque chose **à** quelqu'un **:** jemandem (datif) etwas **entreißen** (entriss, entrissen)

ℹ *Les verbes allemands commençant par le préfixe* ***ent-*** *ne prennent pas* ***ge-*** *au participe passé.*

arranger

1 ▷ Pas de problème, ma mère a tout arrangé.
Kein Problem, meine Mutter hat alles geregelt.

1 (= résoudre) **regeln**

2 ▷ Ta montre est cassée ? Donne-la-moi, je vais l'arranger.
Deine Uhr ist kaputt? Gib sie mir, ich bringe sie wieder in Ordnung.

2 (= réparer) **in Ordnung bringen** (brachte, gebracht)

3 ▷ Ça ne m'arrange pas de venir à six heures.
Es passt mir nicht, um sechs zu kommen.

3 (= convenir) **passen** + *datif*

4 ▷ Ne t'inquiète pas, tout va s'arranger.
Keine Angst, alles wird gut werden.

4 ► **s'arranger** (= se résoudre, s'améliorer) : **gut werden** (wird, wurde, geworden)

arrêt

1 ▷ Je descends au prochain arrêt.
Ich steige an der nächsten Haltestelle aus.
▷ Est-ce qu'il y a un arrêt d'autobus par ici ?
Gibt es hier in der Nähe eine Bushaltestelle?

1 (dans les transports) die **Haltestelle** (pluriel **-stellen**)
► **arrêt d'autobus :** die **Bushaltestelle**

2 ▷ Le bébé pleure sans arrêt.
Das Baby weint dauernd.

2 ► **sans arrêt** (= constamment) : **dauernd**

arrêter

1 ▷ Arrête, tu me fais mal !
Hör auf, du tust mir weh!

▷ Arrêtez de vous disputer !
Hört auf, euch zu streiten!

1 **aufhören**

ℹ ***auf•hören*** *est un verbe à particule séparable.*

► **arrêter de faire** quelque chose **: aufhören,** etwas **zu tun**

2 ▷ La voiture s'est arrêtée devant la poste.
Das Auto hat vor der Post angehalten.
▷ Elle s'arrêta au milieu de la phrase.
Sie hielt mitten im Satz an.

2 ► **s'arrêter : anhalten**

ℹ ***an•halten*** *est un verbe à particule séparable et se conjugue comme* ***halten*** (hält, hielt, gehalten).

3 ▷ La police a arrêté le voleur.
Die Polizei hat den Dieb verhaftet.

3 (un coupable, un voleur) **verhaften**

ℹ *Les verbes commençant par le préfixe* ***ver-*** *ne prennent pas* ***ge-*** *au participe passé.*

arrière

1 ▷ L'arrière du train est plein.
Der hintere Teil des Zuges ist voll.

1 (= la partie arrière) der **hintere Teil**

2 ▷ L'ouverture est à l'arrière.
Die Öffnung ist hinten.
▷ Asseyez-vous à l'arrière.
Setzt euch nach hinten.

2 ► **à l'arrière :** (sans notion de mouvement) hinten
► **à l'arrière :** (avec notion de mouvement) nach hinten

3 ▷ Ne te penche pas en arrière, tu vas tomber.
Lehn dich nicht so nach hinten, du wirst fallen.

3 ► se **pencher en arrière :** sich nach hinten lehnen

4 ▷ J'ai dû revenir en arrière.
Ich musste zurückgehen.

4 ► **revenir en arrière :** zurückgehen
ℹ ***zurück•gehen*** *est un verbe à particule séparable et se conjugue comme* ***gehen*** (ging, gegangen).

5 ▷ Le siège arrière est tout sale.
Der Rücksitz ist ganz dreckig.

5 ► **siège arrière :** der **Rücksitz** (pluriel -sitze)

arrivée

1 ▷ L'arrivée du train est prévue pour 15 heures.
Die Ankunft des Zugs ist für 15 Uhr geplant.

1 (le fait d'arriver) die **Ankunft**

2 ▷ L'arrivée n'était plus qu'à 50 mètres.
Das Ziel war nur noch 50 Meter entfernt.

2 (d'une course) das **Ziel**

arriver

1 ▷ Le train arrive à Fécamp à 15 h 30.
Der Zug kommt um 15.30 Uhr in Fecamp an.

1 (en parlant de la destination) **ankommen**
ℹ ***an•kommen*** *est un verbe à particule séparable et se conjugue comme* ***kommen*** (kam, gekommen).

2 ▷ J'arrive !
Ich komme!

2 (= approcher) **kommen** (kam, gekommen)

3 ▷ Ses cheveux lui arrivent aux épaules.
Seine Haare reichen ihm bis zu den Schultern.

3 ► **arriver à** (= atteindre) **:** bis zu + *datif* + reichen

4 ▷ Qu'est-ce qui est arrivé ?
Was ist passiert?
▷ Ça n'arrive qu'à moi !
Sowas passiert nur mir!

4 (= se passer) **passieren**
ℹ *Les verbes se terminant en* ***-ieren*** *ne prennent pas* ***ge-*** *au participe passé.*

5 ▷ Il m'arrive d'oublier de prendre mon petit-déjeuner.
Es kommt vor, dass ich vergesse zu frühstücken.

5 (= se produire occasionnellement) **vorkommen**
ℹ ***vor•kommen*** *est un verbe à particule séparable et se conjugue comme* ***kommen*** (kam, gekommen).

6 ▷ Julie est arrivée à les convaincre.
Julie hat es geschafft, sie zu überzeugen.

6 ► **arriver à** + *infinitif* (= réussir) : es schaffen, zu + *infinitif*

arroser

▷ N'oublie pas d'arroser les plantes.
Vergiss nicht, die Pflanzen zu gießen.

(= arroser une plante) **gießen** (goss, gegossen)

art

1 ▷ Nous sommes allés au musée d'art moderne.
Wir sind ins Museum für moderne Kunst gegangen.

1 die **Kunst** (pluriel Künste)

2 ▷ Il pratique un art martial.
Er übt einen Kampfsport aus.

2 ► **art martial :** der **Kampfsport**
Notez que le pluriel de ***Kampfsport*** *est* ***Kampfsportarten****.*

artichaut

▷ J'aime bien les artichauts.
Ich mag Artischocken.

die **Artischocke** (pluriel Artischocken)

article

1 ▷ Tu as lu l'article sur Grenoble ?
Hast du den Zeitungsartikel über Grenoble gelesen?

1 (dans un journal) der **Zeitungsartikel** (pluriel -artikel)

2 ▷ Trois articles pour quatorze euros, ce n'est pas cher.
Drei Artikel für vierzehn Euro, das ist nicht teuer.

2 (= marchandise) der **Artikel** (pluriel Artikel)

artiste

▷ Picasso était un artiste célèbre.
Picasso war ein berühmter Künstler.

der **Künstler** (pluriel Künstler), die **Künstlerin** (pluriel Künstlerinnen)
Attention : le mot allemand ***Artist(in)*** *signifie « acrobate » ou « artiste de cirque ».*

ascenseur

▷ Prends l'ascenseur jusqu'au dixième étage.
Nimm den Aufzug bis zum zehnten Stock.

der **Aufzug** (pluriel Aufzüge)
On peut dire aussi der ***Fahrstuhl*** (pluriel Fahrstühle).

asiatique

1 ▷ J'ai un livre de recettes asiatiques.
Ich habe ein Kochbuch mit asiatischen Rezepten.

1 (adjectif) **asiatisch**

2 ▷ Le restaurant est tenu par des Asiatiques.
Das Restaurant wird von Asiaten geführt.

2 (= personnes) der **Asiat** (pluriel Asiaten), die **Asiatin** (pluriel Asiatinnen)

Asie

▷ Nous avons parlé de l'Asie en cours de géographie.
Im Erdkundeunterricht haben wir über Asien gesprochen.

▷ Ma mère a travaillé en Asie il y a longtemps.
Vor langer Zeit hat meine Mutter in Asien gearbeitet.
▷ J'aimerais aller en Asie.
Ich würde gern nach Asien reisen.
▷ Je ne suis jamais allé en Asie.
Ich war noch nie in Asien.

Asien
► **l'Asie : Asien**
ℹ *Ne prend l'article neutre que précédé d'un adjectif :* ***das buddhistische Asien*** **(l'Asie bouddhiste).**
► **en Asie** (= dans le continent) : in Asien
► **en Asie** (= vers le continent) : nach Asien
Attention : pour dire que quelqu'un **est déjà allé quelque part,** *on emploie une expression avec le prétérit du verbe* ***sein*** *+* ***schon.***

aspect

1 ▷ L'aspect n'est pas important.
Das Aussehen ist unwichtig.

2 ▷ C'est un des aspects les plus intéressants de son travail.
Das ist eine der interessantesten Seiten seiner Arbeit.

1 (= apparence) das Aussehen

2 (= côté) die Seite (pluriel Seiten)

asperge

▷ Voudrais-tu manger des asperges ce soir ?
Willst du heute Abend Spargel essen?
▷ Ces asperges ne sont pas cuites.
Dieser Spargel ist nicht gekocht.

der Spargel
ℹ *Ce mot est indénombrable, on ne dit pas* ***ein Spargel.***

aspirateur

▷ L'aspirateur ne marche pas bien.
Der Staubsauger funktioniert nicht gut.
▷ Je dois d'abord passer l'aspirateur.
Ich muss zuerst staubsaugen.

der Staubsauger (pluriel Staubsauger)
► **passer l'aspirateur :** staubsaugen

aspirine®

▷ Tu as de l'aspirine ? J'ai mal à la tête.
Hast du Aspirin? Ich habe Kopfschmerzen.

das Aspirin®
ℹ ® *signifie que* ***Aspirin*** *est un nom déposé. Vous n'avez pas besoin de l'écrire.*

assaisonner

1 ▷ La sauce est bien assaisonnée.
Die Soße ist gut gewürzt.

2 ▷ Tu as oublié d'assaisonner la salade.
Du hast vergessen, den Salat anzumachen.

1 (de la viande ou une sauce) würzen

2 (de la salade) anmachen
ℹ ***an•machen*** *est un verbe à particule séparable.*

assassinat

▷ Il pourrait s'agir d'un assassinat.
Es könnte sich um eine Ermordung handeln.

die **Ermordung** (pluriel **Ermordungen**)

assassiner

▷ Il a assassiné plusieurs personnes.
Er hat mehrere Menschen ermordet.

ermorden

ℹ *Les verbes allemands commençant par le préfixe* ***er-*** *ne prennent pas* ***ge-*** *au participe passé.*

s'asseoir

▷ Asseyez-vous, s'il vous plaît.
Setzen Sie sich, bitte.
▷ Les enfants se sont assis par terre.
Die Kinder haben sich auf den Boden gesetzt.

sich **setzen**

ℹ *Le pronom personnel allemand s'emploie à l'accusatif :* ***ich setze mich, du setzt dich, er / sie setzt sich, wir setzen uns, ihr setzt euch, sie setzen sich.***

assez

1 ▷ As-tu assez mangé ?
Hast du genug gegessen?
▷ Tu es assez grand pour décider tout seul.
Du bist alt genug, um selbst zu entscheiden.
▷ Il n'y a pas assez d'argent.
Es ist nicht genug Geld da.
▷ J'en ai assez !
Jetzt habe ich aber genug!

1 (= suffisamment) **genug**

ℹ *Notez que* ***genug*** *est placé derrière l'adjectif qu'il accompagne.*

► **assez de : genug**

► **en avoir assez : genug haben**

2 ▷ Ce film est assez ennuyeux.
Dieser Film ist ziemlich langweilig.

2 (= plutôt) **ziemlich**

assiette

▷ Peter a encore cassé une assiette.
Peter hat wieder einen Teller zerbrochen.

der **Teller** (pluriel **Teller**)

assis, assise

▷ Cécile est assise par terre.
Cécile sitzt auf dem Boden.
▷ Il est resté assis sur le canapé.
Er ist auf dem Sofa sitzen geblieben.

► **être assis : sitzen** (**saß**, **gesessen**)

► **rester assis : sitzen bleiben** (**blieb**, **geblieben**)

assister à

▷ Tous les parents doivent assister à la réunion.
Alle Eltern müssen an der Versammlung teilnehmen.

► **assister à** quelque chose **: an** etwas (datif) **teilnehmen**

ℹ ***teil•nehmen*** *est un verbe à particule séparable et se conjugue comme* ***nehmen*** (**nimmt**, **nahm**, **genommen**).

assorti, assortie

▷ Papa portait une chemise bleue et une cravate assortie.
Papa trug ein blaues Hemd und eine dazu passende Krawatte.

(= qui va avec) **dazu passend**

assurance

▷ Une assurance est nécessaire quand on part à l'étranger.
Eine Versicherung ist notwendig, wenn man ins Ausland reist.

die **Versicherung** (pluriel Versicherungen)

asthmatique

▷ Son petit ami est asthmatique.
Ihr Freund ist Asthmatiker.

(= personne) der **Asthmatiker** (pluriel Asthmatiker), die **Asthmatikerin** (pluriel Asthmatikerinnen)

ℹ *On peut dire aussi* ***Asthma haben****.*

asthme

▷ Elle a eu une crise d'asthme.
Sie hatte einen Asthmaanfall.

das **Asthma**

astrologie

▷ Tu crois à l'astrologie ?
Glaubst du an Astrologie?

die **Astrologie**

astrologue

▷ Elle est allée voir un astrologue.
Sie ist zu einem Astrologen gegangen.

der **Astrologe** (pluriel Astrologen), die **Astrologin** (pluriel Astrologinnen)

astronaute

▷ Verena rêve de devenir astronaute.
Verena träumt davon, Astronautin zu werden.

der **Astronaut** (pluriel Astronauten), die **Astronautin** (pluriel Astronautinnen)

astronomie

▷ Je n'y connais rien en astronomie.
Ich kenne mich in Astronomie nicht aus.

die **Astronomie**

atelier

1 ▷ Il vit au-dessus de son atelier.
Er wohnt über seiner Werkstatt.

1 (d'artisan) die **Werkstatt** (pluriel -stätten)

2 ▷ Les élèves travaillent en ateliers.
Die Schüler arbeiten in Arbeitsgruppen.

2 (= groupe de travail) die **Arbeitsgruppe** (pluriel -gruppen)

athée

▷ Je suis athée.
Ich bin Atheistin.

der **Atheist** /ate'ɪst/ (pluriel **Atheisten**), die **Atheistin** (pluriel **Atheistinnen**)

athlète

▷ Tous les grands athlètes européens étaient là.
Alle großen europäischen Leichtathleten waren da.

der **Leichtathlet** (pluriel **-athleten**), die **Leichtathletin** (pluriel **-athletinnen**)

athlétisme

▷ Le championnat d'athlétisme a lieu dans trois mois.
Die Leichtathletikmeisterschaft findet in drei Monaten statt.

die **Leichtathletik**

atlantique

1 ▷ C'est dans l'océan Atlantique.
Es liegt im Atlantischen Ozean.

1 (adjectif) **atlantisch**

2 ▷ Quel océan est plus grand, le Pacifique ou l'Atlantique ?
Welcher Ozean ist größer, der Pazifik oder der Atlantik?

2 ► **l'Atlantique :** der **Atlantik**

atlas

▷ Cherche l'Afghanistan dans l'atlas.
Such im Atlas nach Afghanistan.

der **Atlas** (pluriel **Atlanten**)

atomique

▷ Les bombes atomiques peuvent anéantir la Terre.
Die Atombomben können die Erde vernichten.

Pour dire que quelque chose est **atomique** *en allemand, on emploie des mot composés avec* ***Atom*** *: die* ***Atomenergie*** **(énergie atomique)**, *der* ***Atomkrieg*** **(guerre atomique)**.

ℹ *L'adjectif* ***atomar*** *est rarement utilisé.*

atroce

▷ J'ai une douleur atroce dans le pied.
Ich habe furchtbare Schmerzen im Fuß.

furchtbar

attacher

1 ▷ Ils ont attaché le chien avec une corde.
Sie haben den Hund mit einem Strick angebunden.

1 (= attacher à quelque chose) **anbinden**

ℹ ***an•binden*** *est un verbe à particule séparable et se conjugue comme* ***binden*** (**band**, **gebunden**).

2 ▷ Andreas est tout petit mais il sait déjà attacher ses lacets.
Andreas ist ganz klein, aber er kann schon seine Schnürsenkel binden.

2 (= attacher ensemble) **binden** (band, gebunden)

3 ▷ Attache ta ceinture de sécurité !
Schnall dich an!

3 ► **attacher sa ceinture :** sich **anschnallen**

ℹ *__an•schnallen__ est un verbe à particule séparable.*

4 ▷ Adèle s'est beaucoup attachée à son poney.
Adèle hat ihr Pony lieb gewonnen.

4 ► **s'attacher à** quelqu'un, un animal (= avoir de l'affection pour) : jemanden (accusatif) **lieb gewinnen** (gewann, gewonnen)

attaquer

1 ▷ Les voleurs nous ont attaqués.
Die Diebe haben uns überfallen.

1 (= agresser) **überfallen** (überfällt, überfiel, überfallen)

2 ▷ Je vais attaquer ma rédaction pour demain.
Ich mache mich jetzt an meinen Aufsatz für morgen.
▷ Il faut que tu attaques tes devoirs, sinon le temps va te manquer.
Du musst dich an deine Hausaufgaben machen, sonst fehlt dir die Zeit.

2 ► **attaquer** quelque chose (= se mettre au travail) : sich **an** etwas (accusatif) **machen**

ℹ *Le pronom personnel allemand s'emploie à l'accusatif : __ich mache mich an..., du machst dich an..., er / sie macht sich an..., wir machen uns an..., ihr macht euch an..., sie machen sich an...__*

3 ▷ Pourquoi t'attaques-tu toujours aux plus petits ?
Warum greifst du immer nur Kleinere an?

3 ► **s'attaquer à** quelqu'un : jemanden (accusatif) **angreifen**

ℹ *__an•greifen__ est un verbe à particule séparable et se conjugue comme __greifen__* (griff, gegriffen).

atteindre

▷ Je n'arrive pas à atteindre l'étagère.
Ich erreiche das Regal nicht.

erreichen

ℹ *Les verbes allemands commençant par le préfixe __er-__ ne prennent pas __ge-__ au participe passé.*

attendre

▷ Attends, Loïc, j'ai presque fini.
Warte mal, Loïc, ich bin fast fertig.
▷ Attends-moi, j'arrive !
Warte auf mich, ich komme gleich!
▷ Sandrine a attendu que ses parents s'endorment.
Sandrine hat gewartet, bis ihre Eltern einschliefen.

(sans complément) **warten**

► **attendre** quelqu'un **: auf** jemanden (accusatif) **warten**

► **attendre que** + *subjonctif* **: warten, bis...**

▷ Ma belle-sœur attend un enfant.
Meine Schwägerin erwartet ein Kind.
▷ Je ne m'attendais pas à gagner le gros lot.
Ich hatte nicht erwartet, das große Los zu gewinnen.

► **attendre un enfant :** ein Kind erwarten
► **s'attendre à faire** quelque chose **:** erwarten, etwas zu tun

attentat

▷ Il y a eu un attentat à la bombe en Espagne.
Es hat einen Bombenanschlag in Spanien gegeben.

der **Anschlag** (pluriel **Anschläge**)

attente

▷ J'ai vu le docteur après deux heures d'attente.
Ich habe den Arzt nach zwei Stunden Wartezeit gesehen.

(= temps) die **Wartezeit**

attentif, attentive

1 ▷ Le public était très attentif.
Das Publikum war sehr aufmerksam.

1 (= vigilant) **aufmerksam**

2 ▷ Sois attentif !
Pass auf!

2 ► **être attentif** (en cours) **:** aufpassen
ℹ ***auf•passen*** *est un verbe à particule séparable.*

attention

1 ▷ Attention, tu vas tomber !
Vorsicht, du wirst fallen!
▷ Fais attention, ça glisse.
Sei vorsichtig, es ist glatt.

1 (exclamation) **Vorsicht!**
► **faire attention** (= se méfier) **:** vorsichtig sein

2 ▷ Fais attention aux voitures.
Pass auf die Autos auf.

2 ► **faire attention à** quelque chose (= être attentif) **:** auf etwas (accusatif) aufpassen
ℹ ***auf•passen*** *est un verbe à particule séparable.*

3 ▷ Ne faites pas attention à lui, il boude.
Gibt nicht auf ihn Acht, er schmollt.

3 ► **faire attention à** (= remarquer) **:** Acht geben

atterrir

▷ L'avion a atterri dans le brouillard.
Das Flugzeug ist im Nebel gelandet.

landen

attirant, attirante

▷ C'est un homme très attirant.
Er ist ein sehr anziehender Mann.

anziehend

attirer

▷ Les choses sucrées attirent les guêpes.
Süße Sachen ziehen Wespen an.

▷ J'essayais d'attirer l'attention de Luc, mais il ne m'a pas vu.
Ich habe versucht, Lucs Aufmerksamkeit auf mich zu lenken, aber er hat mich nicht gesehen.

anziehen

ℹ *an•ziehen est un verbe à particule séparable et se conjugue comme ziehen* (zog, gezogen).

► **attirer l'attention de** quelqu'un : jemandes (génitif) Aufmerksamkeit auf sich lenken

attitude

▷ Ton attitude est ridicule !
Dein Verhalten ist lächerlich!

(= comportement) das Verhalten

attractions

▷ Il y a de nouvelles attractions au parc.
Im Vergnügungspark gibt es neue Attraktionen.

die Attraktion (pluriel Attraktionen)

attraper

1 ▷ Karim essaie d'attraper un poisson.
Karim versucht, einen Fisch zu fangen.

1 (= capturer) fangen (fängt, fing, gefangen)

2 ▷ Paul est absent, il a attrapé un rhume.
Paul fehlt, er hat sich einen Schnupfen geholt.
▷ J'ai attrapé un de ces coups de soleil !
Ich habe mir so einen Sonnenbrand geholt!

2 (en parlant d'un rhume, d'un coup de soleil) sich holen

ℹ *Le pronom personnel allemand s'emploie au datif : ich hole mir..., du holst dir..., er / sie holt sich..., wir holen uns..., ihr holt euch..., sie holen sich...*

3 ▷ J'ai attrapé la varicelle juste avant les vacances.
Ich habe kurz vor den Ferien Windpocken bekommen.

3 (en parlant d'une maladie) bekommen (bekam, bekommen)

ℹ *Les verbes commençant par le préfixe be- ne prennent pas ge- au participe passé.*

au

Regardez le mot à. Au revoir est une entrée dans ce dictionnaire.

aube

▷ Nous partirons à l'aube.
Wir fahren bei Tagesanbruch los.

► **l'aube :** der Tagesanbruch

auberge

▷ Nous avons dormi dans une auberge de jeunesse.
Wir haben in einer Jugendherberge geschlafen.

► **auberge de jeunesse :** die Jugendherberge (pluriel -herbergen)

aubergine

▷ Ce que j'aime dans la moussaka, ce sont les aubergines.
Was ich an Moussaka mag sind die Auberginen.

die Aubergine /obɛr'ʒiːnə/ (pluriel Auberginen)

🔈 *Notez la prononciation.*

aucun, aucune

1 ▷ Nous n'avons aucun devoir pour demain.
Wir haben keine Hausaufgaben für morgen.
▷ Il n'y a aucune boulangerie dans les environs.
Es gibt keine Bäckerei in der Nähe.

1 *Lorsque* **aucun** *ou* **aucune** *est adjectif, on traduit par* ***kein*** *(pour le masculin et le neutre) ou* ***keine*** *(pour le féminin).*

2 ▷ Aucun des élèves ne connaissait la réponse.
Keiner der Schüler kannte die Antwort.
▷ Aucune de nous ne savait où nous étions.
Keine von uns wusste, wo wir waren.

2 *Lorsque* **aucun** *est pronom et suivi de* **de**, *on traduit par* ***keiner*** *(pour le masculin),* ***keine*** *(pour le féminin) ou* ***keins*** *(pour le neutre), suivi soit du génitif, soit de* ***von*** *+ datif.*

augmentation

1 ▷ L'augmentation du nombre d'élèves pose des problèmes.
Die Zunahme der Schülerzahl ist problematisch.

1 (d'un nombre, d'une population) die **Zunahme**

2 ▷ Il y a sans arrêt des augmentations de prix.
Es gibt dauernd Preissteigerungen.

2 ► **augmentation de prix :** die **Preissteigerung** (pluriel **-steigerungen**)

3 ▷ Les camionneurs sont en grève, ils veulent une augmentation de salaire.
Die Lastwagenfahrer streiken, sie wollen eine Gehaltserhöhung.

3 ► **augmentation de salaire :** die **Gehaltserhöhung** (pluriel **-erhöhungen**)

augmenter

1 ▷ Le prix a augmenté de trois euros.
Der Preis ist um drei Euro gestiegen.

1 (= quelque chose augmente) **steigen** (**stieg**, **gestiegen**)

2 ▷ Le salaire de base a été augmenté.
Das Grundgehalt wurde erhöht.

2 (= augmenter quelque chose) **erhöhen**

ℹ *Les verbes commençant par le préfixe* ***er-*** *ne prennent pas* ***ge-*** *au participe passé.*

aujourd'hui

▷ Aujourd'hui, c'est l'anniversaire de Cyril.
Heute hat Cyril Geburtstag.

heute

au revoir

1 ▷ Au revoir ! À bientôt !
Auf Wiedersehen! Bis bald!
▷ Au revoir, à demain !
Tschüss, bis morgen!

1 **auf Wiedersehen**

La forme plus familière ***Tschüss!*** *est très souvent employée en Allemagne.*

ℹ *Dans le sud de l'Allemagne, on dit aussi* ***Grüß Gott****.*

2 ▷ Je vous rappellerai demain. Au revoir !
Ich rufe Sie morgen wieder an. Auf Wiederhören!

2 (au téléphone) **auf Wiederhören!**

auriculaire

▷ Il s'est coincé l'auriculaire dans la porte.
Er hat sich den kleinen Finger in der Tür eingeklemmt.

(= doigt) der **kleine Finger**

aurore

▷ Il est parti avant l'aurore.
Er ist vor Tagesanbruch gegangen.

der **Tagesanbruch**

aussi

1 ▷ Tu viens aussi à la soirée ?
Kommst du auch zur Party?

1 (= également) **auch**

2 ▷ L'Allemagne n'est pas aussi grande que la France.
Deutschland ist nicht so groß wie Frankreich.

2 ► **aussi** + *adjectif* + **que** : **so** + *adjectif* + **wie**

aussitôt

▷ Je l'ai appelé aussitôt.
Ich habe ihn sofort angerufen.

(= tout de suite) **sofort**

Australie

▷ Samuel nous parle souvent de l'Australie.
Samuel erzählt uns oft über Australien.

Australien

► **l'Australie** : **Australien**

ℹ *Ne prend l'article neutre que précédé d'un adjectif :* ***das eingeborene Australien*** (l'Australie aborigène).

▷ Les kangourous vivent en Australie.
Die Kängurus leben in Australien.

▷ Ils vont en Australie pour voir leur fille.
Sie fliegen nach Australien, um ihre Tochter zu besuchen.

▷ Es-tu déjà allé en Australie ?
Warst du schon in Australien?

► **en Australie** (= dans le pays) : **in Australien**

► **en Australie** (= vers le pays) : **nach Australien**

Attention : pour dire que quelqu'un **est déjà allé quelque part**, *on emploie une expression avec le prétérit du verbe* ***sein*** *+* ***schon***.

australien, australienne

1 ▷ Comment s'appelle la monnaie australienne ?
Wie heißt die australische Währung?

1 (adjectif) **australisch**

2 ▷ Fran travaille avec une Australienne.
Fran arbeitet mit einer Australierin.

2 (= personne) der **Australier** (pluriel Australier), die **Australierin** (pluriel Australierinnen)

autant

1 ▷ J'ai autant de travail que le mois dernier.
Ich habe genau so viel Arbeit wie im letzten Monat.

▷ Il y a autant de touristes que l'année dernière.
Es sind so viele Touristen wie letztes Jahr da.

1 *Dans les comparaisons, on utilise l'expression* ***so viel*** *+ nom +* ***wie***.

2 ▷ Je n'ai jamais autant travaillé !
Ich habe noch nie so viel gearbeitet!
▷ Ne mange pas autant, sinon tu vas être malade.
Iss nicht so viel, sonst wird dir schlecht.

2 *Pour insister sur une grande quantité, on emploie l'expression* ***so viel****.*

auteur

▷ Nous étudions le texte écrit par un auteur américain.
Wir arbeiten an einem Text von einem amerikanischen Autor.

der **Autor** (pluriel Autoren), die **Autorin** (pluriel Autorinnen)

autobus

▷ L'autobus s'arrête devant l'église.
Der Bus hält vor der Kirche.
▷ Beaucoup d'élèves vont au collège en bus.
Viele Schüler fahren mit dem Bus zur Schule.

der **Bus** (pluriel Busse)

autocar

▷ À quelle heure part l'autocar pour Nice ?
Wann fährt der Reisebus nach Nizza?
▷ Nous sommes allés en Italie en autocar.
Wir sind mit dem Reisebus nach Italien gefahren.

der **Reisebus** (pluriel Reisebusse)

► **en autocar :** mit dem Reisebus

autocollant

▷ Il y a un autocollant dans chaque paquet de muesli.
In jedem Paket Müsli ist ein Aufkleber.

der **Aufkleber** (pluriel Aufkleber)

autographe

▷ Elle collectionne les autographes.
Sie sammelt Autogramme.

das **Autogramm** (pluriel Autogramme)

automatique

▷ Cette porte a une ouverture automatique.
Diese Tür hat eine automatische Öffnung.

automatisch

automne

▷ Je n'aime pas l'automne parce que je dois retourner à l'école.
Ich mag den Herbst nicht, weil ich wieder in die Schule muss.
▷ La forêt est magnifique en automne.
Der Wald ist im Herbst wunderschön.

der **Herbst** (pluriel Herbste)

► **en automne :** im Herbst

automobiliste

▷ Les automobilistes ne font pas attention aux vélos.
Die Autofahrer passen nicht auf die Fahrräder auf.

der **Autofahrer** (pluriel Autofahrer), die **Autofahrerin** (pluriel Autofahrerinnen)

autorisation

▷ J'ai eu l'autorisation du directeur de créer un journal.
Ich habe vom Direktor die Erlaubnis bekommen, eine Zeitung zu gründen.
▷ Tu as demandé l'autorisation à tes parents ?
Hast du deine Eltern um Erlaubnis gefragt?

die **Erlaubnis** (pluriel **Erlaubnisse**)

► **demander l'autorisation à** quelqu'un **:** jemanden (accusatif) **um Erlaubnis fragen**

autoritaire

▷ Elle est très autoritaire.
Sie ist sehr autoritär.

autoritär

autoroute

▷ Nous prenons toujours l'autoroute pour aller à Strasbourg.
Wir fahren immer über die Autobahn nach Straßburg.

die **Autobahn** (pluriel **Autobahnen**)

auto-stop

▷ C'est dangereux de faire de l'auto-stop.
Es ist gefährlich, per Anhalter zu fahren.
▷ Nous avons pris un jeune homme en auto-stop.
Wir haben einen jungen Mann als Anhalter mitgenommen.

► **faire de l'auto-stop : per Anhalter fahren**
► **prendre** quelqu'un **en auto-stop :** jemanden **als Anhalter / Anhalterin mitnehmen**

ℹ *Littéralement, **als Anhalter** veut dire* « comme auto-stoppeur ».

autour de

▷ Ils ont installé une clôture autour du jardin.
Sie haben einen Zaun um den Garten herum gebaut.
▷ Mon oncle est arrivé autour de trois heures.
Mein Onkel ist so um drei Uhr herum angekommen.

um ... herum

autre

1 ▷ L'autre film était mieux que celui-ci.
Der andere Film war besser als dieser.
▷ Les autres enfants sont déjà partis.
Die anderen Kinder sind schon weg.
▷ Ce tee-shirt n'est pas mal, mais je préfère l'autre.
Dieses T-Shirt ist nicht schlecht, aber ich mag das andere lieber.

1 *Quand* **l'autre** *est suivi d'un nom et veut dire « différent », on traduit par der / die / das **andere** + nom (au pluriel : die **anderen**).*

Quand **l'autre** *remplace le nom, on traduit par der / die / das **andere** (au pluriel : die **anderen**).*

2 ▷ Je pourrais avoir une autre glace, s'il vous plaît ?
Könnte ich bitte noch ein Eis haben?

2 *Quand* **un autre** *veut dire « un de plus » et est suivi d'un nom, on traduit par **noch ein / eine** + nom.*

▷ Il a tellement aimé ce gâteau qu'il s'en est acheté un autre.
Er hat den Kuchen so gemocht, dass er sich noch einen gekauft hat.

Quand **un autre** *remplace le nom, on traduit par* ***noch einen / eine / eins****.*

3 ▷ C'est un autre chemin pour sortir de ce bois.
Das ist ein anderer Weg, um aus dem Wald rauszukommen.

3 *Quand* **un autre** *veut dire « un différent », on traduit par* ***ein anderer / eine andere / ein anderes****.*

4 ▷ Il y a d'autres Français dans l'hôtel.
Es sind noch andere Franzosen im Hotel.
▷ Ce n'est pas la seule piscine, il y en a d'autres.
Das ist nicht das einzige Schwimmbad, es gibt noch andere.

4 ► **d'autres** (= en plus) : **noch andere**

autrefois

▷ Mon grand-père dit qu'autrefois les enfants étaient plus polis.
Mein Großvater sagt, dass Kinder früher höflicher waren.

früher

autrement

1 ▷ Je vais essayer autrement.
Ich werde es anders versuchen.

1 (= d'une manière différente) **anders**

2 ▷ Arrête, autrement je le dis au prof !
Hör auf, sonst sag ich es dem Lehrer!

2 (= sinon) **sonst**

Autriche

▷ L'Autriche est voisine de l'Allemagne.
Österreich grenzt an Deutschland.

Österreich
► **l'Autriche : Österreich**

ℹ *Ne prend l'article neutre que précédé d'un adjectif :* ***das schöpferische Österreich*** (l'Autriche créative).

▷ Mes cousins sont en Autriche depuis deux mois.
Meine Cousins sind seit zwei Monaten in Österreich.

► **en Autriche** (= dans le pays) : **in Österreich**

▷ Je vais bientôt en Autriche.
Ich fahre bald nach Österreich.

► **en Autriche** (= vers le pays) : **nach Österreich**

▷ Nous sommes déjà allés en Autriche l'année dernière.
Wir waren letztes Jahr schon in Österreich.

Attention : pour dire que quelqu'un **est déjà allé quelque part***, on emploie une expression avec le prétérit du verbe* ***sein*** *+* ***schon****.*

autrichien, autrichienne

1 ▷ Nous avons goûté des spécialités autrichiennes.
Wir haben österreichische Spezialitäten probiert.

1 (adjectif) **österreichisch**

2 ▷ Les Autrichiens parlent allemand.
Die Österreicher sprechen Deutsch.

2 (= personne) der **Österreicher** (pluriel Österreicher), die **Österreicherin** (pluriel Österreicherinnen)

autruche

▷ J'ai visité un élevage d'autruches.
Ich habe eine Straußenzucht besichtigt.

der **Strauß** (pluriel Strauße)

Attention à ne pas confondre avec der ***Strauß*** *=* bouquet *dont le pluriel est* ***Sträuße****.*

▷ Ne fais pas l'autruche !
Steck doch den Kopf nicht in den Sand!

► **faire l'autruche : den Kopf in den Sand stecken**

Cette expression signifie « mettre la tête dans le sable ».

avalanche

▷ Plusieurs skieurs sont morts dans une avalanche.
Mehrere Skifahrer sind in einer Lawine umgekommen.

die **Lawine** (pluriel Lawinen)

avaler

1 ▷ Avale ton cachet.
Schluck deine Pille.
▷ J'ai avalé une mouche !
Ich habe eine Fliege verschluckt!

1 **schlucken**

(par mégarde) **verschlucken**

Les verbes commençant par le préfixe ***ver-*** *ne prennent pas* ***ge-*** *au participe passé.*

2 ▷ Juliette n'a rien avalé depuis deux jours.
Juliette hat seit zwei Tagen nichts gegessen.

2 (= manger) **essen** (isst, aß, gegessen)

avance

1 ▷ L'équipe de Gerhard avait de l'avance sur nous.
Gerhards Team hatte einen Vorsprung vor uns.

1 ► **avoir de l'avance sur** quelqu'un (dans un concours ou une compétition) : **einen Vorsprung vor** jemandem **haben**

2 ▷ Tu as vingt minutes d'avance. *ou* Tu es en avance de vingt minutes.
Du bist zwanzig Minuten zu früh da.

2 ► **avoir ... minutes d'avance** *ou* **être en avance de ... minutes : ... Minuten zu früh da sein**

avancer

1 ▷ Avance un peu, je ne t'entends pas très bien.
Komm etwas näher, ich höre dich nicht gut.

1 (= se déplacer en avant) **näher kommen**

näher•kommen *est un verbe à particule séparable et se conjugue comme* ***kommen*** (kam, gekommen).

2 ▷ Mes devoirs avancent bien.
Meine Hausaufgaben kommen gut voran.

2 (= progresser) **vorankommen**
ℹ ***voran•kommen*** *est un verbe à particule séparable et se conjugue comme* ***kommen*** (kam, gekommen).

3 ▷ Ta montre avance.
Deine Uhr geht vor.

3 (en parlant d'une montre qui avance) **vorgehen**
ℹ ***vor•gehen*** *est un verbe à particule séparable et se conjugue comme* ***gehen*** (ging, gegangen).

4 ▷ Avancez votre chaise, vous verrez mieux.
Rücken Sie Ihren Stuhl näher, dann sehen Sie besser.

4 (= avancer un objet) **näher rücken**

5 ▷ Le directeur a avancé la date de l'excursion.
Der Schulleiter hat das Datum für den Ausflug vorverlegt.

5 (= avancer une date) **vorverlegen**
ℹ ***vor•verlegen*** *est un verbe à particule séparable.*

6 ▷ Si nous nous avançons, nous entendrons mieux.
Wenn wir näher kommen, hören wir besser.

6 ► **s'avancer :** **näher kommen**

avant

1 ▷ Élodie a fini son devoir avant tous les autres.
Élodie war vor allen andern mit ihrer Übung fertig.

1 (dans le temps) **vor** + *datif*

2 ▷ Allons-y, mais, avant, nous devons faire des courses.
Gehen wir, aber zuerst müssen wir noch einkaufen.

2 (= d'abord) **zuerst**

3 ▷ N'oublie pas d'enlever tes bottes avant d'entrer.
Vergiss nicht, die Stiefel auszuziehen, bevor du reinkommst.

3 ► **avant de faire** quelque chose **:** **bevor** + *sujet* + *verbe au présent de l'indicatif*

4 ▷ Je dois montrer quelque chose à Vincent avant qu'il ne parte.
Ich muss Vincent noch etwas zeigen, bevor er geht.

4 ► **avant que** + *sujet* + **ne** + *subjonctif* **:** **bevor** + *sujet* + *présent de l'indicatif*

5 ▷ L'avant de la commode est abîmé
Das Vorderteil der Kommode ist beschädigt.

5 (= l'avant de quelque chose) **das Vorderteil** (pluriel **Vorderteile**)

6 ▷ Asseyez-vous à l'avant.
Setzt euch vorne hin.

6 ► **à l'avant :** **vorne**

7 ▷ Ne te penche pas en avant, tu vas tomber.
Beug dich nicht so vor, du wirst fallen.

7 ► *verbe* + **en avant :** **vor-** + *verbe*

8 ▷ Les sièges avant sont sales.
Die Vordersitze sind schmutzig.

8 ► **siège avant :** der Vordersitz (pluriel Vordersitze)

avantage

▷ La vie à la campagne a beaucoup d'avantages.
Das Landleben hat viele Vorteile.

der **Vorteil** (pluriel Vorteile)

avant-hier

▷ J'ai appelé François avant-hier, mais il n'était pas chez lui.
Ich habe François vorgestern angerufen, aber er war nicht zu Hause.

vorgestern

avec

1 ▷ Martin est venu avec ses grands-parents.
Martin kam mit seinen Großeltern.
▷ Coupe la ficelle avec les ciseaux.
Schneide die Schnur mit der Schere durch.

1 *La traduction la plus courante de* **avec** *est* ***mit*** *+ datif.*

2 ▷ La famille de ma correspondante est très gentille avec moi.
Die Familie meiner Brieffreundin ist sehr nett zu mir.

2 (= envers) **zu** + *datif*

3 ▷ Avec lui, on n'est jamais sûr.
Bei ihm ist man nie sicher.

3 (= en ce qui concerne) **bei** + *datif*

avenir

▷ Comment vois-tu ton avenir ?
Wie siehst du deine Zukunft?

die **Zukunft**

aventure

▷ Sophie nous a raconté ses aventures en Écosse.
Sophie hat uns ihre Abenteuer in Schottland erzählt.
▷ Nous sommes allés voir un film d'aventures.
Wir haben einen Abenteuerfilm gesehen.

das **Abenteuer** (pluriel Abenteuer)

► **film d'aventures :** der Abenteuerfilm (pluriel -filme)

avenue

▷ Les Becker habitent sur une grande avenue.
Beckers wohnen in einer großen Avenue.

die **Avenue** (pluriel Avenues)
Se prononce comme en français.

avertir

1 ▷ Personne ne m'a averti que la fête était annulée.
Niemand hat mir Bescheid gesagt, dass die Party abgesagt war.

1 ► **avertir** quelqu'un (= prévenir) **:** jemandem (datif) **Bescheid sagen**

2 ▷ Je t'avertis, si tu n'arrêtes pas, je me fâche !
Ich warne dich, wenn du nicht aufhörst, werde ich böse!

2 ► **avertir** quelqu'un (pour menacer) **:** jemanden (accusatif) **warnen**

aveugle

1 ▷ Ma voisine est aveugle.
Meine Nachbarin ist blind.

1 (adjectif) **blind**

2 ▷ Près de chez nous, il y a une école pour aveugles.
In unserer Nachbarschaft ist eine Blindenschule.

2 (= personne) der / die **Blinde** (pluriel Blinden)

ℹ *C'est un adjectif substantivé : on dit* ***ein Blinder****.*

avion

▷ J'aime bien regarder les avions décoller.
Ich sehe gern den Flugzeugen beim Abheben zu.
▷ Sandra a pris l'avion pour la première fois.
Sandra ist zum ersten Mal geflogen.
▷ Nous irons à Munich en avion.
Wir werden nach München fliegen.

das **Flugzeug** (pluriel Flugzeuge)

► **prendre l'avion, aller en avion :** fliegen (flog, geflogen)

ℹ ***fliegen*** *signifie « voler » ou « prendre un vol » : il n'est pas nécessaire de préciser* ***mit dem Flugzeug****.*

avis

▷ Je ne t'ai pas demandé ton avis !
Ich habe dich nicht nach deiner Meinung gefragt!
▷ À mon avis, c'est la faute de Caro.
Meiner Meinung nach ist Caro schuld.

die **Meinung** (pluriel Meinungen)

► **à mon / ton / notre avis :** meiner / deiner / unserer Meinung nach

avocat, avocate

▷ La mère de Léo est avocate.
Léos Mutter ist Rechtsanwältin.

(= la personne) der **Rechtsanwalt** (pluriel –anwälte), die **Rechtsanwältin** (pluriel –anwältinnen)

avocat

▷ Je prépare une salade d'avocat et de pamplemousse.
Ich mache einen Salat mit Avocado und Grapefruit.

(= le fruit) die **Avocado** (pluriel Avocados)

avoine

1 ▷ J'ai mis de l'avoine dans le gâteau.
Ich habe Hafer in den Kuchen gegeben.

1 der **Hafer**

ℹ ***Hafer*** *est indénombrable : on ne dit pas* ***ein Hafer****.*

2 ▷ Je prends des flocons d'avoine au petit déjeuner.
Zum Frühstück esse ich Haferflocken.

2 ► **flocons d'avoine :** die Haferflocken

ℹ ***Haferflocken*** *est un pluriel.*

avoir

1 ▷ J'ai un frère et une sœur.
Ich habe einen Bruder und eine Schwester.

1 (= posséder) **haben** (hat, hatte, gehabt)

▷ Tania n'a pas de console de jeux chez elle.
Tania hat keine Spielkonsole zuhause.

*À la forme négative, on utilise le pronom indéfini **kein / keine** + nom.*

2 ▷ Raoul avait un pantalon noir et un T-shirt rouge.
Raoul hatte eine schwarze Hose und ein rotes T-Shirt an.

2 (= porter) **anhaben**

*__an•haben__ est un verbe à particule séparable et se conjugue comme **haben** (hat, hatte, gehabt).*

3 ▷ La prof d'anglais a à peu près trente ans.
Die Englischlehrerin ist ungefähr dreißig.

3 *Pour dire l'âge, on utilise le verbe **sein** suivi du nombre d'années.*

*On peut aussi dire : **Sie ist dreißig Jahre alt**.*

4 ▷ Nous avons eu des places pour le concert.
Wir haben Karten für das Konzert bekommen.

4 (= obtenir) **bekommen** (bekam, bekommen)

*Les verbes allemands commençant par le préfixe **be-** ne prennent pas **ge-** au participe passé.*

5 ▷ Ma sœur a eu son permis de conduire.
Meine Schwester hat ihre Fahrprüfung bestanden.

5 (= réussir) **bestehen** (bestand, bestanden)

6 ▷ Mes parents ont acheté la maison en 1988.
Meine Eltern haben das Haus 1988 gekauft.
▷ J'ai marché pendant trois heures.
Ich bin drei Stunden lang gelaufen.

6 *Lorsque **avoir** est auxiliaire et qu'il sert à former le passé composé, l'allemand suit la forme française soit avec **haben** + participe passé, soit avec **sein** + participe passé.*

avortement

▷ En France, l'avortement fait partie des droits de la femme.
In Frankreich gehört die Abtreibung zu den Frauenrechten.

die **Abtreibung**

avorter

▷ Tu es sûre que tu veux avorter ?
Bist du sicher, dass du abtreiben willst?
▷ Elle est tombée enceinte et s'est fait avorter.
Sie ist schwanger geworden und hat abtreiben lassen.

abtreiben

► **se faire avorter :** abtreiben lassen

*__ab•treiben__ est un verbe à particule séparable et se conjugue comme **treiben** (trieb, getrieben).*

avril

▷ Raphaël est né le treize avril.
Raphaël wurde am dreizehnten April geboren.
▷ Parfois, il neige encore en avril.
Manchmal schneit es noch im April.

der **April**

*On écrit **am 13. April**.*

► **en avril** *ou* **au mois d'avril :** im April

Bb

bac

1 ▷ Le frère de Samir a eu son bac.
Samis Bruder hat sein Abi geschafft.

1 (= examen) das **Abi** (pluriel Abis) (rare)

ℹ *Abi est l'abréviation familière du mot allemand **Abitur**. On l'emploie de la même façon que bac en français.*

▷ Je vais passer le bac cette année.
Ich mache dieses Jahr Abi.

► **passer le bac :** Abi machen

ℹ *Dans l'expression allemande, on omet souvent l'article neutre.*

2 ▷ Nous avons pris le bac pour traverser le fleuve.
Wir haben die Fähre über den Fluss genommen.

2 (= bateau) die **Fähre** (pluriel Fähren)

baccalauréat

▷ Sophie a eu son baccalauréat.
Sophie hat ihr Abitur geschafft.

das **Abitur** (pluriel Abiture) (rare)

*L'équivalent en allemand du baccalauréat est le **Abitur**, qui s'obtient après douze ou treize années de scolarité, selon le Land.*

▷ Je vais passer le baccalauréat cette année.
Ich mache dieses Jahr Abitur.

► **passer le baccalauréat :** Abitur machen

ℹ *Dans l'expression allemande, on omet souvent l'article neutre.*

badge

▷ Il faut un badge pour entrer.
Man braucht eine Ausweiskarte, um hineinzukommen.

die **Ausweiskarte** (pluriel -karten)

badminton

1 ▷ Viens jouer au badminton !
Komm Federball spielen!

1 (quand on joue en famille, entre amis) **Federball**

► **jouer au badminton :** Federball spielen

2 ▷ Romain joue au badminton tous les samedis.
Romain spielt jeden Samstag Badminton.

2 (= le sport) Badminton
/'bætmɪntən/

ℹ *Ces mots s'emploient uniquement au singulier. On ne met pas d'article.*

baffe

▷ Si tu n'arrêtes pas, je te donne une baffe !
Wenn du nicht aufhörst, kriegst du eine Ohrfeige!

die **Ohrfeige** (pluriel Ohrfeigen)

ℹ Baffe *est familier,* ***Ohrfeige*** *ne l'est pas.*

bagages

▷ Martin a beaucoup de bagages.
Martin hat viel Gepäck.

das **Gepäck**

ℹ *Ce mot s'emploie uniquement au singulier. Pour dénombrer, on dit* ***Gepäckstücke*** (pièces de bagages).

bagarre

▷ Il y a eu une bagarre dans la cour de l'école.
Im Schulhof gab es eine Rauferei.

die **Rauferei** (pluriel Raufereien)

se bagarrer

▷ Abdul et Rémi se bagarrent souvent.
Abdul und Rémi raufen sich oft.

▷ Abdul s'est bagarré avec Rémi.
Abdul hat sich mit Rémi gerauft.

▷ Vous vous êtes encore bagarrés !
Ihr habt euch schon wieder gerauft!

sich **raufen**

► se **bagarrer avec** quelqu'un : sich mit jemandem (datif) raufen

ℹ *Le pronom personnel allemand s'emploie à l'accusatif :* ***ich raufe mich mit..., du raufst dich mit..., er / sie rauft sich mit..., wir raufen uns mit..., ihr rauft euch mit..., sie raufen sich mit...***

bagnole

▷ Le directeur a une vieille bagnole bleue.
Der Schulleiter hat eine alte blaue Karre.

die **Karre** (pluriel Karren)

ℹ *Tout comme* bagnole, ***Karre*** *est familier.*

bague

▷ Quelle jolie bague ! Elle est à toi ?
Was für ein schöner Ring! Gehört er dir?

der **Ring** (pluriel Ringe)

baguette

▷ Une baguette et deux croissants, s'il vous plaît.
Ein Baguette und zwei Croissants, bitte.

das **Baguette** (pluriel Baguettes)

🔈 *Se prononce comme en français. Le s du pluriel se prononce en allemand.*

baie

1 ▷ Notre hôtel est tout près de la baie.
Unser Hotel ist ganz in der Nähe der Bucht.

1 (= partie de la côte) die **Bucht** (pluriel Buchten)

2 ▷ Ils ont une baie vitrée dans leur salon.
Sie haben ein großes Fenster in ihrem Wohnzimmer.

2 ► **baie vitrée :** das großes Fenster

se baigner

▷ L'eau était bonne, nous nous sommes baignés.
Das Wasser war ganz warm, wir haben gebadet.

baden

ℹ *Le verbe pronominal en français se traduit par un verbe intransitif en allemand.*

baignoire

▷ Ma petite sœur reste dans la baignoire pendant au moins une heure !
Meine kleine Schwester bleibt mindestens eine Stunde in der Badewanne!

die **Badewanne** (pluriel –wannen)

bâiller

▷ Tu bâilles beaucoup, tu es fatigué ?
Du gähnst so viel, bist du müde?

gähnen

bain

1 ▷ Tu as le temps de prendre un bain.
Du hast Zeit, ein Bad zu nehmen.

1 ► **prendre un bain :** ein Bad nehmen (nimmt, nahm, genommen)

ℹ *On dit aussi* ***baden****.*

▷ J'utilise du bain moussant.
Ich benütze Schaumbad.

► **bain moussant :** das Schaumbad

2 ▷ Combien de temps comptes-tu rester dans la salle de bains ?
Wie lange willst du denn im Badezimmer bleiben?

2 ► **salle de bains :** das Badezimmer (pluriel –zimmer)

baiser

▷ Donne-moi un baiser.
Gib mir einen Kuss.

der **Kuss** (pluriel Küsse)

Attention : ***Baiser*** *en allemand signifie « meringue ».*

baisse

▷ À cause de la baisse du nombre d'élèves, une classe a été supprimée.
Aufgrund des Sinkens der Schüleranzahl wurde eine Klasse gestrichen.

das **Sinken**

ℹ ***Sinken*** *est un verbe substantivé et ne s'emploie qu'au singulier.*

▷ Le nombre de fumeurs est en baisse.
Die Zahl der Raucher sinkt.

► **être en baisse :** sinken (sank, gesunken)

baisser

1 ▷ Baisse la vitre, s'il te plaît.
Lass bitte das Fenster herunter.

1 (= baisser une vitre, un store) **herunterlassen**

ℹ ***herunter•lassen*** *est un verbe à particule séparable et se conjugue comme* ***lassen*** (lässt, ließ, gelassen).

2 ▷ Peter ne veut pas baisser le son de la radio.
Peter will das Radio nicht leiser stellen.

2 (= baisser le son, la télé, la radio) **leiser stellen**

3 ▷ Le prix des billets de cinéma a baissé.
Der Preis für Kinokarten ist gesunken.

3 (= diminuer) **sinken** (sank, gesunken)

4 ▷ Barbara s'est baissée pour ramasser son livre.
Barbara hat sich gebückt, um ihr Buch aufzuheben.

4 ► se **baisser :** sich **bücken**

ℹ *Le pronom personnel allemand s'emploie à l'accusatif :* ***ich bücke mich, du bückst dich, er / sie bückt sich, wir bücken uns, ihr bückt euch, sie bücken sich.***

bal

▷ Toute la famille est allée au bal de la Saint-Sylvestre.
Die ganze Familie ist zum Sylvesterball gegangen.
▷ Samedi, je vais à un bal costumé
Am Samstag gehe ich auf einen Kostümball.

der **Ball** (pluriel Bälle)

► **bal costumé :** Kostümball

balade

▷ Nous faisons une balade tous les après-midi.
Wir machen jeden Nachmittag einen Spaziergang.
▷ Ils ont fait une balade en voiture.
Sie haben eine Spazierfahrt gemacht.

(à pied) der **Spaziergang** (pluriel -gänge)

(en voiture) die **Spazierfahrt** (pluriel -fahrten)

se balader

▷ Nous allons nous balader ce matin.
Wir gehen heute Morgen spazieren.
▷ Elle aime bien se balader en voiture.
Sie fährt gerne spazieren.

(à pied) **spazieren gehen** (ging, gegangen)
(en voiture) **spazieren fahren** (fährt, fuhr, gefahren)

baladeur

▷ Je n'utilise plus mon baladeur.
Ich benütze meinen Walkman nicht mehr.

der **Walkman®** /'wɔ:kmən/ (pluriel Walkmen)

ℹ *Le ® indique que* ***Walkman*** *est un nom déposé. Vous n'avez pas besoin de l'écrire.*

balai

▷ Où est-ce que tu as rangé le balai ?
Wo hast du den Besen hingeräumt?

der **Besen** (pluriel Besen)

balance

▷ Cette balance ne marche pas bien, je ne pèse pas cinquante kilos !
Diese Waage funktioniert nicht richtig, ich wiege doch nicht fünfzig Kilo!

▷ Elle est balance.
Sie ist Waage.

die **Waage** (pluriel **Waagen**)

► **être Balance** (= du signe de la Balance) : **Waage sein**

se balancer

▷ L'acrobate se balançait au-dessus de nos têtes.
Der Akrobat schaukelte über unseren Köpfen.

schaukeln

ℹ *Le verbe pronominal en français se traduit par un verbe intransitif en allemand.*

balançoire

▷ Il y a des balançoires dans le parc.
Im Park stehen Schaukeln.

die **Schaukel** (pluriel **Schaukeln**)

balayer

▷ Marie m'a demandé de balayer la cuisine.
Marie hat mich gebeten, die Küche zu fegen.

fegen

balcon

▷ Léa est sur le balcon, elle arrose les plantes.
Léa ist auf dem Balkon, sie gießt die Pflanzen.

der **Balkon** (pluriel **Balkons, Balkone**)

baleine

▷ Les baleines sont des animaux protégés.
Wale sind geschützte Tiere.

▷ Quand nous étions au Canada, nous avons vu des baleines bleues.
Als wir in Kanada waren, haben wir Blauwale gesehen.

der **Wal** (pluriel **Wale**)

► **baleine bleue :** der **Blauwal**

balle

1 ▷ Lance-moi la balle !
Wirf mir den Ball zu!

1 (pour jouer) der **Ball** (pluriel **Bälle**)

2 ▷ Il enlève les balles de son revolver.
Er nimmt die Kugeln aus seinem Revolver.

2 (pour une arme) die **Kugel** (pluriel **Kugeln**)

ballon

1 ▷ Passe-moi le ballon !
Gib mir den Ball ab!

▷ Ce n'est pas un ballon de volley, c'est un ballon de foot.
Das ist kein Volleyball, das ist ein Fußball.

1 (pour jouer) der **Ball** (pluriel **Bälle**)

ℹ *Pour dire de quel genre de ballon il s'agit, on forme des mots composés avec* ***Ball*** *:* ***Basketball*** (ballon de basket), ***Rugbyball*** (ballon de rugby), *etc.*

2 ▷ Léo avait décoré la salle avec des ballons pour la fête.
Für die Party hatte Léo den Saal mit Luftballons verziehrt.
▷ Nous avons fait un voyage en ballon.
Wir sind mit einem Heißluftballon geflogen.

2 (pour décorer) der **Luftballon** (pluriel Luftballons)

(= montgolfière) der **Heißluftballon**

banane

1 ▷ Un kilo de bananes, s'il vous plaît.
Ein Kilo Bananen, bitte.

1 (= fruit) die **Banane** (pluriel Bananen)

2 ▷ Quand je voyage, je mets mon argent dans une banane.
Wenn ich reise, stecke ich mein Geld in eine Gürteltasche.

2 (= sac qu'on porte à la taille) die **Gürteltasche** (pluriel -taschen)

banc

▷ Assieds-toi sur ce banc si tu es fatigué.
Setz dich doch auf diese Bank, wenn du müde bist.

die **Bank** (pluriel Bänke)

Attention à ne pas confondre avec ***Bank*** (= banque) *dont le pluriel est* ***Banken***.

bande

1 ▷ Ils sont toute une bande à l'attendre à la sortie de l'école.
Eine ganze Bande wartet nach der Schule auf ihn.

1 (= groupe) die **Bande** (pluriel Banden)

2 ▷ Nous sommes une sacrée bande de copains.
Wir sind eine ganz schöne Clique.

2 (= groupe d'amis) die **Clique** /'klɪkə/ (pluriel Cliquen)

Notez la prononciation.

3 ▷ Le médecin a mis une bande autour de ma cheville.
Der Arzt hat mir eine Binde um den Knöchel gewickelt.

3 (= pansement) die **Binde** (pluriel Binden)

4 ▷ Dorothée a un pull bleu avec des bandes blanches.
Dorothée hat einen blauen Pulli mit weißen Streifen.

4 (= raie) der **Streifen** (pluriel Streifen)

5 ▷ « Tintin » est une célèbre bande dessinée.
"Tim und Struppi" ist ein berühmter Comic.

5 ► **bande dessinée :** der **Comic** (pluriel Comics)

bandeau

1 ▷ Lola porte un bandeau rose.
Lola trägt ein rosa Haarband.

1 (pour faire joli) das **Haarband** (pluriel -bänder)

2 ▷ Quand je joue au tennis, je porte un bandeau.
Zum Tennisspielen trage ich ein Stirnband.

2 (pour le sport) das **Stirnband** (pluriel -bänder)

bandit

1 ▷ C'est un jeu vidéo avec des bandits et des policiers.
Es ist ein Videospiel mit Verbrechern und Polizisten.

1 (= malfaiteur) der **Verbrecher** (pluriel **Verbrecher**)

2 ▷ Je vais t'attraper, petit bandit !
Ich fang dich gleich, du kleiner Schlingel!

2 ► **petit bandit !** (= enfant) : **kleiner Schlingel!**

banlieue

▷ Ce train dessert la banlieue sud de Paris.
Dieser Zug bedient die südlichen Vororte von Paris.

▷ Georges habite en banlieue parisienne.
Georges wohnt in einem Vorort von Paris.

► **la banlieue :** die **Vororte**

Ce mot est un pluriel.

► **en banlieue : in einem Vorort**

banque

▷ Le père de Djamila travaille dans une banque.
Djamilas Vater arbeitet in einer Bank.

die **Bank** (pluriel **Banken**)

Attention à ne pas confondre avec ***Bank*** (= banc) *dont le pluriel est* ***Bänke***.

banquette

1 ▷ Tu veux t'asseoir sur la banquette ou sur la chaise ?
Möchtest du dich auf die Sitzbank oder auf den Stuhl setzen?

1 die **Sitzbank** (pluriel **-bänke**)

2 ▷ L'homme était allongé sur la banquette arrière de la voiture.
Der Mann lag auf dem Rücksitz des Autos.

2 ► **banquette arrière** (d'une voiture) **:** der **Rücksitz** (pluriel **-sitze**)

baptême

▷ Dimanche a lieu le baptême de mon cousin.
Sonntag findet die Taufe meines Cousins statt.

die **Taufe** (pluriel **Taufen**)

bar

▷ On se retrouvera devant le bar.
Wir treffen uns vor der Bar.

die **Bar** (pluriel **Bars**)

barbe

▷ Mon grand-père a une barbe grise.
Mein Großvater hat einen grauen Bart.

der **Bart** (pluriel **Bärte**)

barbecue

▷ Le barbecue est au fond du jardin.
Der Grill ist hinten im Garten.

der **Grill**

Quand il s'agit d'un barbecue au charbon de bois, on dit aussi der ***Holzkohlengrill***.

▷ Dimanche nous avons fait un barbecue.
Am Sonntag haben wir gegrillt.

► **faire un barbecue : grillen**

barque

▷ Ces barques sont à louer.
Diese Boote kann man mieten.
▷ Voulez-vous faire de la barque sur la rivière ?
Wollt ihr auf dem Fluss Boot fahren?

das **Boot** (pluriel Boote)

► **faire de la barque :** Boot fahren (fährt, fuhr, gefahren)

barrage

1 ▷ Nous avons visité le barrage sur la rivière.
Wir haben den Staudamm über den Fluss besichtigt.

1 (sur une rivière) der **Staudamm** (pluriel –dämme)

2 ▷ La police a établi un barrage.
Die Polizei hat eine Straßensperre errichtet.

2 (sur une route) die **Straßensperre** (pluriel –sperren)

barre

1 ▷ L'homme les a attaqués avec une barre de fer.
Der Mann hat sie mit einer Eisenstange angegriffen.

1 die **Stange** (pluriel Stangen)
ℹ *Notez les substantifs composés :* ***Holzstange*** **(barre de bois),** ***Metallstange*** **(barre métallique),** *etc.*

2 ▷ On se partage une barre chocolatée ?
Teilen wir uns einen Schokoladenriegel?

2 ► **barre chocolatée :** der **Schokoladenriegel** (pluriel –riegel)
ℹ *De même :* **barre de céréales** = *der* ***Müsliriegel****.*

barrer

▷ Barre ton nom si tu ne veux pas être sur la liste.
Streich deinen Namen durch, wenn du nicht auf der Liste stehen willst.

(= rayer) **durchstreichen**
ℹ ***durch•streichen*** *est un verbe à particule séparable et se conjugue comme* ***streichen*** (strich, gestrichen).

barrette

▷ J'ai perdu ma barrette au cinéma.
Ich habe meine Haarspange im Kino verloren.

die **Haarspange** (pluriel Haarspangen)

barrière

1 ▷ Une barrière sécurise le passage à niveau.
Eine Schranke sichert den Bahnübergang.

1 (qui se lève et se descend) die **Schranke** (pluriel Schranken)

2 ▷ Il y a une barrière autour du pré.
Um die Weide steht ein Zaun.

2 (pour empêcher les animaux de sortir) der **Zaun** (pluriel Zäune)

bas, basse

1 ▷ Tu peux sauter du mur, il est assez bas.
Du kannst von der Mauer springen, sie ist ziemlich niedrig.
▷ Les prix sont bas ici.
Die Preise sind niedrig hier.

1 (= le contraire de haut)(en parlant d'un mur, d'une altitude, d'un prix) **niedrig**

2 ▷ Elle parle toujours tout bas.
Sie redet immer ganz leise.

2 (= doucement) **leise**

3 ▷ Le bas de mon pantalon est mouillé.
Der untere Teil meiner Hose ist nass.

3 ► le **bas :** der untere Teil

4 ▷ Le salon est en bas.
Das Wohnzimmer ist unten.

4 ► **en bas** (= à l'étage du dessous) : unten

5 ▷ Je t'attendrai en bas de l'escalier.
Ich warte unten an der Treppe auf dich.

5 ► **en bas de :** unten an + *datif*

6 ▷ Maman porte souvent des bas noirs.
Mama trägt oft schwarze Strümpfe.

6 (= bas qu'on porte aux jambes) der Strumpf (pluriel Strümpfe)

ℹ *Strumpf signifie aussi « chaussette ».*

basculer

▷ Tout d'un coup, Jérémie a basculé dans l'eau.
Plötzlich ist Jérémie ins Wasser gekippt.

(= tomber) kippen

basket

1 ▷ Le basket est mon sport préféré.
Basketball ist mein Lieblingssport.

▷ Zoé joue au basket dans l'équipe de l'école.
Zoé spielt in der Schulmannschaft Basketball.

1 ► **le basket** (= sport) : Basketball

ℹ *Basketball n'est dénombrable qu'au sens de « ballon de basket ».*

► **jouer au basket :** Basketball spielen

2 ▷ Tes baskets sont super !
Deine Turnschuhe sind toll!

2 ► **des baskets** (= des chaussures) : Turnschuhe

3 ▷ Lâche-moi les baskets !
Lass mich in Ruhe!

3 ► **lâcher les baskets à quelqu'un :** jemanden (accusatif) in Ruhe lassen (lässt, ließ, gelassen)

basse NOM FÉMININ

▷ Il a acheté une basse.
Er hat eine Bassgitarre gekauft.
▷ Elle joue de la basse dans un groupe.
Sie spielt Bassgitarre in einer Band.

(= guitare) die Bassgitarre (pluriel -gitarren)
► **jouer de la basse :** Bassgitarre spielen

bassin

1 ▷ Il y a un grand bassin au milieu du parc.
In der Mitte des Parks liegt ein großes Bassin.

1 (= lac) das Bassin (pluriel Bassins)

🔈 *Se prononce comme en français.*

2 ▷ La piscine a un grand et un petit bassin.
Das Schwimmbad hat ein großes und ein kleines Becken.

2 (à la piscine) das Becken (pluriel Becken)

bataille

▷ La France a gagné la bataille.
Frankreich hat die Schlacht gewonnen.
▷ Nous avons fait une bataille de boules de neige.
Wir haben eine Schneeballschlacht gemacht.

(= combat) die Schlacht (pluriel Schlachten)

bateau

1 ▷ Le port est plein de bateaux.
Der Hafen ist voller Schiffe.

1 (= navire) das **Schiff** (pluriel Schiffe)

2 ▷ Mon oncle s'est acheté un petit bateau.
Mein Onkel hat sich ein kleines Boot gekauft.
▷ Laura veut faire du bateau ce week-end.
Laura will dieses Wochenende Boot fahren.

2 (= bateau plus petit) das **Boot** (pluriel Boote)
► **faire du bateau :** Boot fahren (fährt, fuhr, gefahren)

3 ▷ Il nous a menés en bateau.
Er hat uns auf den Arm genommen.

3 ► **mener** quelqu'un **en bateau :** jemanden (accusatif) auf den Arm nehmen (nimmt, nahm, genommen)
ℹ *Littéralement, cette expression signifie « prendre quelqu'un sur le bras ».*

bâtiment

▷ Ce bâtiment est vraiment très laid.
Dieses Gebäude ist wirklich sehr hässlich.

das **Gebäude** (pluriel Gebäude)

bâtir

▷ La nouvelle école a été bâtie en un an.
Die neue Schule wurde in einem Jahr gebaut.

bauen

bâton

1 ▷ Le fermier porte un grand bâton.
Der Bauer trägt einen großen Stock.

1 (= canne) der **Stock** (pluriel Stöcke)

2 ▷ J'ai besoin d'un nouveau bâton de colle.
Ich brauche einen neuen Klebestift.

2 (= stick) der **Stift** (pluriel Stifte)

batterie

1 ▷ À la batterie : Frank !
Am Schlagzeug: Frank!
▷ Martin joue de la batterie.
Martin spielt Schlagzeug.

1 das **Schlagzeug** (pluriel Schlagzeuge)
► **jouer de la batterie :** Schlagzeug spielen

2 ▷ Ma voiture a un problème de batterie.
Mein Auto hat ein Batterieproblem.

2 (d'une voiture ou d'un appareil) die **Batterie** (pluriel Batterien)

battre

1 ▷ Je déteste les gens qui battent leur chien.
Ich hasse Leute, die ihren Hund schlagen.
▷ L'équipe de Lucien nous a battus.
Luciens Mannschaft hat uns geschlagen.

1 (= frapper, vaincre) **schlagen** (schlägt, schlug, geschlagen)

2 ▷ Julien et Lisa se battent tout le temps !
Julien und Lisa prügeln sich dauernd!

2 ► se **battre :** sich prügeln

bavard, bavarde

▷ Rebecca est très bavarde.
Rebecca ist sehr geschwätzig.

geschwätzig

bavarder

▷ Kevin et Julie bavardent tout le temps en classe.
Kevin und Julie schwatzen die ganze Zeit im Unterricht.

schwatzen
*Dans le sud de l'Allemagne, on dit **schwätzen**.*

Bavière

▷ Munich est la plus grande ville de la Bavière.
München ist die größte Stadt Bayerns.

Bayern
► **la Bavière :** Bayern
*Ne prend l'article neutre que précédé d'un adjectif : **das touristische Bayern*** (la Bavière touristique).

▷ Ses parents ont vécu en Bavière.
Seine Eltern haben in Bayern gelebt.
▷ Nous allons en Bavière.
Wir fahren nach Bayern.
▷ Es-tu déjà allé en Bavière ?
Warst du schon in Bayern?

► **en Bavière** (= dans la région) : in Bayern
► **en Bavière** (= vers la région) : nach Bayern
Attention : pour dire que quelqu'un **est déjà allé quelque part**, *on emploie une expression avec le prétérit du verbe **sein** + **schon**.*

bazar

▷ Quel bazar dans cette chambre !
Was für ein Durcheinander in diesem Zimmer!

das Durcheinander
*On peut dire aussi das **Chaos** /'ka:ɔs/.*

BD

▷ Tu peux me prêter tes BD ?
Kannst du mir deine Comics leihen?

der Comic (pluriel Comics)

beau, bel, belle

1 ▷ Je trouve ce tableau très beau.
Ich finde dieses Gemälde sehr schön.
▷ Il fait beau aujourd'hui.
Heute ist schönes Wetter.

1 (en parlant d'un bébé, d'un objet, du temps) schön
► **il fait beau :** es ist schönes Wetter
*On dit aussi **Es ist schön**.*

2 ▷ Bruno est un bel homme.
Bruno ist ein gut aussehender Mann.

2 (en parlant d'une personne) gut aussehend

beaucoup

▷ Jasmine travaille beaucoup.
Jasmine arbeitet viel.
▷ Tu ne manges pas beaucoup, tu es malade ?
Du isst nicht viel, bist du krank?

viel
*On peut dire aussi **Du isst so wenig**.*

▷ Il y a beaucoup de garçons dans ma classe.
In meiner Klasse sind viele Jungen.

► **beaucoup de** + *substantif* **:** viele + *substantif*

▷ Merci beaucoup pour les fleurs.
Vielen Dank für die Blumen.

► **merci beaucoup :** vielen Dank

beau-père

1 ▷ Marina habite avec sa mère et son beau-père.
Marina lebt mit ihrer Mutter und ihrem Stiefvater.

1 (= le mari de la mère) der **Stiefvater** (pluriel –väter)

2 ▷ Ma grande sœur s'entend très bien avec son beau-père.
Meine große Schwester versteht sich sehr gut mit ihrem Schwiegervater.

2 (= le père du mari ou de la femme) der **Schwiegervater** (pluriel –väter)

beauté

1 ▷ Cléopâtre était célèbre pour sa beauté.
Kleopatra war berühmt für ihre Schönheit.

1 (d'une personne, d'une chose) die **Schönheit** (pluriel Schönheiten)

2 ▷ Elle a terminé son année en beauté.
Sie hat ihr Jahr glänzend abgeschlossen.

2 ► **faire** quelque chose **en beauté :** etwas **glänzend tun**

bébé

▷ Mon petit frère est encore un bébé.
Mein kleiner Bruder ist noch ein Baby.

das **Baby** /'be:bi/ (pluriel Babys)
Notez la prononciation.

bec

▷ La cigogne a un long bec.
Der Storch hat einen langen Schnabel.

der **Schnabel** (pluriel Schnäbel)

bégayer

▷ C'est méchant de rire quand quelqu'un bégaye.
Es ist gemein zu lachen, wenn jemand stottert.

stottern

beige

▷ Marc portait un pantalon beige.
Marc trug eine beige Hose.

beige /be:ʃ/ *ou* /'be:ʒə/
Notez la prononciation.

▷ Le beige ne me va pas.
Beige steht mir nicht.

► **le beige** (= la couleur beige) : Beige
Beige prend rarement l'article neutre.

beignet

▷ Papa nous a acheté des beignets.
Papa hat uns Krapfen gekauft.

der **Krapfen** (pluriel Krapfen)
On dit aussi der Berliner.

belge

1 ▷ J'adore les chocolats belges.
Ich liebe belgische Pralinen.

1 (adjectif) **belgisch**

2 ▷ Je connais plusieurs Belges.
Ich kenne mehrere Belgier.

2 (= personne) der **Belgier** /'bɛlgiɐ/ (pluriel Belgier), die **Belgierin** (pluriel Belgierinnen)

Belgique

▷ La Belgique est voisine de la France.
Belgien grenzt an Frankreich.

▷ Il n'y a pas de montagnes en Belgique.
In Belgien gibt es keine Berge.

▷ Maman est allée en Belgique pour son travail.
Mama ist geschäftlich nach Belgien gefahren.

▷ Es-tu déjà allé en Belgique ?
Warst du schon in Belgien?

Belgien

► **la Belgique :** Belgien /'bɛlgiən/

Ne prend l'article neutre que précédé d'un adjectif : ***das flämische Belgien*** (la Belgique flamande).

► **en Belgique** (= dans le pays) : in Belgien

► **en Belgique** (= vers le pays) : nach Belgien

Attention : pour dire que quelqu'un **est déjà allé quelque part**, *on emploie une expression avec le prétérit du verbe* ***sein*** *+* ***schon***.

bélier

▷ Il est Bélier.
Er ist Widder.

(= animal, signe du zodiaque) der Widder (pluriel Widder)

belle

Regardez le mot ***beau***.

belle-mère

1 ▷ Coralie habite avec son père et sa belle-mère.
Coralie lebt mit ihrem Vater und ihrer Stiefmutter.

1 (= la femme du père) die Stiefmutter (pluriel -mütter)

2 ▷ Mon frère s'entend bien avec sa belle-mère.
Mein Bruder versteht sich gut mit seiner Schwiegermutter.

2 (= la mère de la femme ou du mari) die Schwiegermutter (pluriel -mütter)

bénéfice

▷ L'entreprise a fait de gros bénéfices.
Die Firma hat viel Gewinn erzielt.

(financier) der Gewinn (pluriel Gewinne)

Notez la construction en allemand : faire des bénéfices = ***Gewinn erziehlen***.

Les verbes commençant par le préfixe ***er-*** *ne prennent pas* ***ge-*** *au participe passé.*

bénévolat

▷ Ma mère fait du bénévolat dans un orphelinat.
Meine Mutter leistet Freiwilligenarbeit in einem Waisenhaus.

die Freiwilligenarbeit (pluriel -arbeiten)

bénévole

▷ Je suis infirmière bénévole.
Ich bin freiwillige Krankenschwester.

(aide, travail) freiwillig

▷ Nous aurions besoin de bénévoles.
Wir bräuchten Freiwilligen.

(= personne) der / die **Freiwillige** (pluriel Freiwilligen)

ℹ *C'est un adjectif substantivé : on dit* ***ein Freiwilliger****.*

béquille

▷ Après l'opération, j'avais besoin d'une béquille.
Nach der Operation brauchte ich eine Krücke.

▷ Marcel marche avec des béquilles.
Marcel geht an Krücken.

die **Krücke** (pluriel Krücken)

► **marcher avec des béquilles :** an Krücken gehen (ging, gegangen)

berceau

▷ Le bébé dort dans son berceau.
Das Baby schläft in seiner Wiege.

die **Wiege** (pluriel Wiegen)

berceuse

▷ Ma mère me chantait des berceuses.
Meine Mutter sang mir Wiegenlieder vor.

das **Wiegenlied** (pluriel -lieder)

berge

▷ Paul fait souvent du roller sur les berges de la Seine.
Paul läuft oft am Seine-Ufer Rollschuh.

das **Ufer** (pluriel Ufer)

berger

▷ Mon oncle a été berger quand il était jeune.
Mein Onkel war Schäfer, als er jung war.

der **Schäfer** (pluriel Schäfer), die **Schäferin** (pluriel Schäferinnen)

berk !

▷ Berk ! Je déteste les épinards !
Bäh! Ich hasse Spinat!

bäh!

ℹ *On dit aussi* ***igitt!*** *ou* ***igittigitt!***

besoin

1 ▷ J'ai besoin d'un nouveau maillot de bain pour la piscine.
Ich brauche einen neuen Badeanzug fürs Schwimmbad.

1 ► **avoir besoin de** quelque chose *ou* quelqu'un **:** etwas *ou* jemanden brauchen

2 ▷ Tu n'avais pas besoin de crier comme ça.
Du musstest doch nicht so schreien.

2 ► **avoir besoin de faire** quelque chose **:** etwas **tun müssen** (muss, musste, müssen)

bête

1 ▷ Il y a beaucoup de bêtes sauvages dans cette région.
Es gibt viele wilde Tiere in dieser Gegend.

1 (= animal) das **Tier** (pluriel Tiere)

2 ▷ Elle doit toujours chercher la petite bête.
Sie muss immer ein Haar in der Suppe suchen.

2 ► **chercher la petite bête :** ein Haar in der Suppe suchen

ℹ *Cette expression signifie « chercher un cheveu dans la soupe ».*

3 ▷ Il est bête, celui-là, il ne comprend rien.
Der ist dumm, der versteht nichts.

3 (adjectif = idiot) **dumm** (plus bête **dümmer** ; le plus bête **der dümmste**)

bêtise

1 ▷ Arrête de dire des bêtises !
Hör auf, solchen Unsinn zu reden!

1 ► **dire des bêtises : Unsinn reden**

2 ▷ Léa et Paul ont encore fait des bêtises.
Léa und Paul haben wieder Dummheiten gemacht.

2 ► **faire une bêtise / des bêtises : eine Dummheit / Dummheiten machen**

betterave

▷ Madame Moreau a fait une salade avec du concombre et des betteraves.
Frau Moreau hat einen Salat mit Gurke und roter Bete gemacht.

die **rote Bete**

ℹ *Ce mot est le plus souvent employé au singulier.*

ℹ *On peut aussi écrire **rote Beete**.*

beurk !

▷ Beurk ! Je déteste les betteraves !
Bäh! Ich hasse rote Bete!

bäh!

ℹ *On dit aussi **igitt!** ou **igittigitt!***

beurre

▷ Voudrais-tu du beurre dans tes pâtes ?
Willst du Butter in deine Nudeln?

die **Butter**

ℹ *Comme en français, ce mot est indénombrable : on ne dit pas **eine Butter**.*

bibliothécaire

▷ Ma mère est bibliothécaire.
Meine Mutter ist Bibliothekarin.

der **Bibliothekar** (pluriel **Bibliothekare**), die **Bibliothekarin** (pluriel **Bibliothekarinnen**)

bibliothèque

1 ▷ Je dois préparer mon exposé à la bibliothèque cet après-midi.
Ich muss heute Nachmittag in der Bücherei mein Referat vorbereiten.

1 (= bâtiment) die **Bücherei** (pluriel **Büchereien**)

2 ▷ Les parents de Violaine ont une bibliothèque avec des centaines de livres.
Violaines Eltern haben eine Bibliothek mit hunderten von Büchern.

2 (= collection de livres) die **Bibliothek** (pluriel **Bibliotheken**)

ℹ *On peut dire aussi die **Büchersammlung**.*

3 ▷ Ma bibliothèque est pleine.
Mein Bücherregal ist voll.

3 (meuble) das **Bücherregal** (pluriel **-regale**)

bicyclette

▷ Ma bicyclette est cassée.
Mein Fahrrad ist kaputt.

das **Fahrrad** (pluriel **Fahrräder**)

▷ Tu vas toujours à l'école à bicyclette ?
Fährst du immer mit dem Fahrrad zur Schule?

▷ Emmanuel fait de la bicyclette tous les dimanches.
Emmanuel fährt jeden Sonntag Fahrrad.

► **aller à bicyclette :** mit dem Fahrrad fahren (fährt, fuhr, gefahren)
► **faire de la bicyclette :** Fahrrad fahren
ℹ *On dit aussi* ***Rad fahren.***

bidonville

▷ Ils vivent dans des bidonvilles.
Sie leben in Slums.

der **Slum** /slam/ (pluriel Slums)
ℹ *On dit aussi das* ***Elendsviertel.***

bien

1 ▷ Bonjour ! Tu as bien dormi ?
Guten Morgen! Hast du gut geschlafen?
▷ Il a cru bien faire.
Er hat es gut gemeint.
▷ Regarde bien cette photo : est-ce que tu me reconnais ?
Schau dir das Foto gut an: erkennst du mich?

1 (= de façon satisfaisante, avec attention) **gut**

2 ▷ Un bain chaud te fera du bien.
Ein warmes Bad wird dir gut tun.

2 ► **faire du bien à** quelqu'un **:** jemandem (datif) **gut tun**

3 ▷ Ce n'est pas bien !
Das ist nicht richtig!
▷ Assieds-toi bien !
Setz dich richtig hin!

3 (= convenable, convenablement) **richtig**

4 ▷ C'est bien fait pour toi !
Es geschieht dir recht!

4 ► **c'est bien fait pour** quelqu'un **:** **es geschieht** jemandem (datif) **recht**

5 ▷ Tu as l'air bien gai aujourd'hui !
Du siehst heute ganz fröhlich aus!

5 (= très) **ganz**

6 ▷ Je ne me sens pas bien.
Ich fühle mich nicht wohl.
▷ Elle s'est sentie assez bien pour se lever.
Sie fühlte sich wohl genug, um aufzustehen.
▷ Il se sent très bien maintenant.
Er fühlt sich jetzt sehr wohl.

6 ► se **sentir bien :** sich **wohl fühlen**
ℹ *Le pronom personnel allemand s'emploie à l'accusatif :* ***ich fühle mich wohl, du fühlst dich wohl, er / sie fühlt sich wohl, wir fühlen uns wohl, ihr fühlt euch wohl, sie fühlen sich wohl.***

7 ▷ Vous êtes bien dans ce fauteuil ?
Sitzen Sie bequem in diesem Sessel?

7 ► **être bien** (dans un fauteuil, un canapé) **:** **bequem sitzen**

8 ▷ Je trouve la sœur d'Amélie vraiment bien.
Ich finde Amélies Schwester sehr hübsch.

8 (= jolie, en parlant d'une fille, d'une femme) **hübsch**

9 ▷ François est bien, mais je préfère Simon.
François sieht gut aus, aber mir gefällt Simon besser.

9 ► **il est bien** (= beau, en parlant d'un garçon, d'un homme) : er sieht gut aus

ℹ *L'adjectif* ***gut aussehend*** *n'est employé que devant le nom.*

10 ▷ C'est vraiment quelqu'un de bien.
Er ist wirklich ein anständiger Mensch.

10 (= moralement correct) anständig

11 ▷ Dieter travaille beaucoup bien qu'il soit malade.
Dieter arbeitet viel, obwohl er krank ist.

11 ► **bien que :** obwohl

12 ▷ Je peux prendre un bonbon ? – Bien sûr, sers-toi !
Darf ich ein Bonbon nehmen? – Natürlich, bedien dich!

12 ► **bien sûr :** natürlich

bientôt

▷ Maman aura bientôt quarante ans.
Mama wird bald vierzig.
▷ À bientôt, Dieter !
Bis bald, Dieter!

bald

► **à bientôt ! :** bis bald!

bienvenue

▷ Bienvenue à Paris, Gerhard !
Willkommen in Paris, Gerhard!

willkommen

bière

▷ Hier soir, il a bu au moins quatre bières.
Gestern Abend hat er mindestens vier Biere getrunken.
▷ Deux bières, s'il vous plaît.
Zwei Bier, bitte.

das Bier (pluriel Biere)

ℹ *Quand on commande des bières dans un café, on n'emploie pas le pluriel.*

bifteck

▷ Momo a fait cuire du bifteck pour dîner.
Momo hat Steak zum Abendessen gemacht.

das Steak /ste:k/ (pluriel Steaks)

🔈 *Notez la prononciation.*

ℹ *On peut dire aussi* ***Beefsteak****.*

bijou

▷ Anne porte toujours beaucoup de bijoux.
Anne trägt immer viel Schmuck.
▷ Ce bijou me vient de ma mère.
Dieses Schmuckstück ist von meiner Mutter.

der Schmuck

ℹ ***Schmuck*** *est indénombrable, on ne dit pas* ***ein Schmuck****. Pour dénombrer, on emploie le mot* ***Schmuckstück*** (pluriel –stücke.)

bijouterie

▷ Il y a une bijouterie au coin de la rue.
An der Straßenecke ist ein Juweliergeschäft.

(= magasin) das **Juweliergeschäft** (pluriel **-geschäfte**)

bille

▷ Thomas a perdu une bille sous le fauteuil.
Thomas hat eine Murmel unterm Sessel verloren.
▷ Tout le monde joue aux billes pendant la récré.
Während der Pause spielen alle mit Murmeln.

die **Murmel** (pluriel **Murmeln**)

► **jouer aux billes :** mit Murmeln spielen

billet

1 ▷ Je n'ai que des billets et pas de pièces.
Ich habe nur Scheine, keine Münzen.
▷ Donne-moi un billet de dix euros.
Gib mir einen Zehneuroschein.

1 (= billet de banque) der **Schein** (pluriel **Scheine**)

ℹ *On peut dire aussi der* ***Geldschein****, die* ***Note*** *ou die* ***Banknote****.*

2 ▷ Tu as acheté les billets pour le théâtre ?
Hast du die Theaterkarten gekauft?

2 (qui donne accès à quelque chose) die **Karte** (pluriel **Karten**)

ℹ *Notez les substantifs composés :* ***Theaterkarte*** (billet de théâtre), ***Kinokarte*** (billet de cinéma).

▷ Nos billets de train coûtent cher.
Unsere Fahrkarten sind teuer.

► **billet de train :** die **Fahrkarte**

bio

▷ À la maison, nous ne mangeons plus que des légumes bio.
Zuhause essen wir nur noch Biogemüse.

Pour traduire l'adjectif bio*, on forme des mots composés avec* ***Bio-*** *: der* ***Bioapfelsaft*** (jus de pomme bio), *das* ***Bioobst*** (fruits bio).

ℹ *On utilise aussi le préfixe* ***Öko-****.*

biocarburant

▷ Cette voiture roule au biocarburant.
Dieses Auto fährt mit Biokraftstoff.

der **Biokraftstoff** (pluriel **-kraftstoffe**)

biodégradable

▷ C'est du plastique biodégradable.
Das ist kompostierbares Plastik.

kompostierbar

biodiversité

▷ Il est important de préserver la biodiversité.
Es ist wichtig, die Biodiversität zu schützen.

die **Biodiversität**

biscotte

▷ Au petit-déjeuner, je mange trois biscottes avec du beurre.
Zum Frühstück esse ich drei Zwiebacke mit Butter.

der **Zwieback** (pluriel **Zwiebacke, Zwiebäcke**)

biscuit

▷ La mère de Klaus nous a proposé du thé et des biscuits.
Klaus Mutter hat uns Tee und Kekse angeboten.

der **Keks** (pluriel **Kekse**)

bise

▷ Sophie m'a fait la bise.
Sophie hat mir ein Küsschen gegeben.

▷ « À bientôt, j'espère. Grosses bises, Nadine. »
„Hoffentlich bis bald. Viele Grüße und Küsse, Nadine."

► **faire la bise à** quelqu'un : jemandem (datif) **ein Küsschen geben** (**gibt, gab, gegeben**)
► **grosses bises** (dans une lettre) : **viele Grüße und Küsse**

bison

▷ J'ai vu des bisons dans le parc.
Im Park habe ich Bisons gesehen.

der **Bison** (pluriel **Bisons**)

bisou

▷ Fais-moi un bisou.
Gib mir ein Küsschen.

das **Küsschen** (pluriel **Küsschen**)
ℹ *Notez la construction en allemand :* **fais-moi un bisou** = ***gib mir ein Küsschen.***

*Dans le sud de l'Allemagne et en Autriche, on dit aussi das **Bussi**.*

bizarre

▷ C'est bizarre, il n'y a personne ici.
Seltsam, hier ist niemand.
▷ Rodolphe est un type vraiment très bizarre.
Rodolphe ist wirklich ein merkwürdiger Mensch.

*En allemand, il existe plusieurs mots pour traduire bizarre : **seltsam, merkwürdig, komisch**.*

blague

1 ▷ Elle adore raconter des blagues.
Sie erzählt gerne Witze.

1 (= histoire drôle) der **Witz** (pluriel **Witze**)

2 ▷ Les enfants ont fait une blague à leur professeur.
Die Kinder haben ihrer Lehrerin einen Streich gespielt.

2 ► **faire une blague à** quelqu'un (= une farce) : jemandem (datif) **einen Streich spielen**

blaguer

▷ Il ne peut pas s'empêcher de blaguer.
Er muss die ganze Zeit Witze machen.

Witze machen

blanc, blanche

1 ▷ Eugenia a acheté une écharpe blanche.
Eugenia hat einen weißen Schal gekauft.
▷ Le blanc va avec tout.
Weiß passt zu allem.

1 (en parlant de la couleur) **weiß**

► **le blanc** (= la couleur blanche) : das **Weiß**

2 ▷ Tu peux me donner une feuille blanche ?
Kannst du mir ein leeres Blatt geben?

2 (en parlant d'une feuille, d'un formulaire) **leer**

3 ▷ Laisse un blanc ici.
Lass einen freien Raum hier.

3 ► **un blanc** (= un espace vide) : **ein freier Raum**

4 ▷ Selon la recette, il faut ajouter quatre blancs d'œufs.
Laut Rezept kommen vier Eiweiß hinzu.

4 ► **blanc d'œuf :** das **Eiweiß**

ℹ *Ce mot s'emploie uniquement au singulier.*

blé

▷ Les agriculteurs cultivent du blé ici.
Die Landwirte bauen hier Weizen an.

der **Weizen**

blessé, blessée

1 ▷ Nous avons trouvé un oiseau blessé sur la route.
Wir haben einen verletzten Vogel auf der Straße gefunden.

1 (adjectif) **verletzt**

2 ▷ Combien de blessés y a-t-il ?
Wie viele Verletzte gibt es?

2 (= personne) der / die **Verletzte** (pluriel **Verletzten**)

ℹ *C'est un adjectif substantivé : on dit* ***ein Verletzter****.*

blesser

1 ▷ Léon a été blessé dans l'accident.
Léon wurde bei dem Unfall verletzt.
▷ Papa s'est blessé avec le couteau.
Papa hat sich mit dem Messer verletzt.
▷ Comment t'es-tu blessé ?
Wie hast du dich verletzt?

1 (= faire mal à) **verletzen**

► se **blesser :** sich **verletzen**

ℹ *Le pronom personnel allemand s'emploie à l'accusatif :* ***ich verletze mich, du verletzt dich, er / sie verletzt sich, wir verletzen uns, ihr verletzt euch, sie verletzen sich****.*

2 ▷ Tu as blessé Carole avec ta remarque.
Du hast Carole mit deiner Bemerkung gekränkt.

2 (= vexer) **kränken**

blessure

▷ Ta blessure n'est pas très grave.
Deine Verletzung ist nicht so schlimm.

die **Verletzung** (pluriel **Verletzungen**)

bleu, bleue

1 ▷ Karim portait un joli pull bleu.
Karim trug einen schönen blauen Pullover.
▷ Les policiers français portent des uniformes bleu marine.
Französische Polizisten tragen marineblaue Uniformen.

1 (en parlant de la couleur) **blau**

► **bleu marine :** **marineblau**

▷ Ce bleu va avec tes yeux.
Dieses Blau passt zu deinen Augen.

► **le bleu** (= la couleur bleue) : das **Blau**

2 ▷ Gégé a un bleu au bras.
Gégé hat einen blauen Fleck am Arm.

2 (quand on s'est fait mal) der **blaue Fleck** (pluriel **blaue Flecken**)

bloc

▷ Les icebergs sont des énormes blocs de glace.
Eisberge sind riesige Eisblöcke.
▷ Karine prend des notes sur un bloc.
Karine macht sich auf einem Block Notizen.

der **Block** (pluriel **Blöcke**)

ℹ *Notez les substantifs composés :* der ***Marmorblock*** (bloc de marbre), der ***Notizblock*** (bloc-notes).

blog

▷ Il a créé un blog.
Er hat einen Blog eröffnet.

der, das **Blog** (pluriel **Blogs**)

bloguer

▷ Quand as-tu commencé à bloguer ?
Wann hast du angefangen zu bloggen?

bloggen

blogueur, blogueuse

▷ Certains blogueurs sont des journalistes.
Manche Blogger sind Journalisten.

der **Blogger** (pluriel **Blogger**), die **Bloggerin** (pluriel **Bloggerinnen**)

blond, blonde

▷ C'est une grande fille blonde.
Sie ist ein großes blondes Mädchen.

blond

bloqué, bloquée

1 ▷ Oh non, la porte est bloquée !
Oh nein, die Tür ist blockiert!

1 (en parlant d'une porte, d'un tiroir) **blockiert**

2 ▷ La rue est bloquée à cause de la manifestation.
Die Straße ist wegen der Demonstration gesperrt.

2 (en parlant d'une rue, d'une route) **gesperrt**

blouse

▷ Vous devez porter une blouse blanche pour les cours de chimie.
Ihr müsst im Chemieunterricht einen weißen Kittel tragen.

(dans un laboratoire, au cours de chimie) der **Kittel** (pluriel **Kittel**)

Attention : le mot allemand ***Bluse*** *signifie « chemisier ».*

blouson

▷ Mon père porte un blouson en cuir marron.
Mein Vater trägt eine braune Lederjacke.

die **Jacke** (pluriel **Jacken**)

bocal

▷ Je n'arrive pas à ouvrir le bocal de cornichons, aide-moi !
Ich bekomme das Gurkenglas nicht auf, hilf mir!
▷ J'ai besoin d'un bocal pour mes poissons rouges.
Ich brauche ein Goldfischglas.

das **Glas** (pluriel **Gläser**)

ℹ *Notez les substantifs composés.*

bœuf

1 ▷ La charrette est tirée par des bœufs.
Der Karren wird von Ochsen gezogen.

1 (= l'animal) der **Ochse** /'ɔksə/ (pluriel Ochsen)

2 ▷ Qu'est-ce que tu prépares pour le dîner ? – Du bœuf avec des pommes de terre.
Was machst du zum Abendessen? – Rindfleisch mit Kartoffeln.

2 ► **le bœuf** (= la viande) : das **Rindfleisch**

boire

▷ Qu'est-ce que tu veux boire ?
Was willst du trinken?

▷ On va boire un verre ?
Gehen wir einen trinken?

trinken (trank, getrunken)

► **boire un verre :** einen trinken

bois

1 ▷ Nous avons cherché des champignons dans le bois.
Wir haben im Wald Pilze gesucht.

1 (= forêt) der **Wald** (pluriel Wälder)

ℹ *Le pluriel* ***Wälder*** *ne s'emploie qu'au sens de « plusieurs bois » :* les bois de la Nièvre = ***die Wälder der Nièvre.***

2 ▷ J'ai besoin de bois pour allumer un feu.
Ich brauche Holz, um ein Feuer anzuzünden.

▷ Cette sculpture est en bois.
Diese Skulptur ist aus Holz.

▷ Prenez la chaise en bois.
Nehmen Sie den Holzstuhl.

2 (= matériau) das **Holz**

► **être en bois** (= fait de bois) : aus Holz sein

Pour désigner les objets **en bois**, *on forme des mots composés avec* ***Holz*** *: der* ***Holztisch*** (table en bois), *der* ***Holzrahmen*** (cadre en bois).

boisson

▷ Les boissons ne sont pas incluses dans le prix.
Die Getränke sind im Preis nicht inbegriffen.

das **Getränk** (pluriel Getränke)

boîte

1 ▷ Qu'est-ce qu'il y a dans cette boîte ?
Was ist denn in dieser Schachtel?

1 (pour ranger des choses) die **Schachtel** (pluriel Schachteln)

2 ▷ C'est la boîte de nuit la plus célèbre de Berlin.
Das ist die bekannteste Disko Berlins.

▷ Ils vont en boîte le samedi soir.
Samstag abends gehen sie in die Disko.

2 ► **boîte** (de nuit) : die **Disko** (pluriel Diskos)

► **aller en boîte :** in die Disko gehen

3 ▷ Toute la pile de boîtes de conserve s'est écroulée.
Der ganze Stapel Dosen ist zusammengebrochen.

▷ Je n'aime pas les haricots en boîte.
Ich mag Dosenbohnen nicht.

3 ► **boîte** (de conserve) : die **Dose** (pluriel Dosen)

► **en boîte** (= en conserve) : Dosen-

ℹ *On peut dire aussi* ***aus der Dose.***

4 ▷ Il y a une boîte aux lettres de l'autre côté de la rue.
Auf der anderen Straßenseite steht ein Briefkasten.

4 ► **boîte aux lettres :** der **Briefkasten** (pluriel **-kästen**)

boiter

▷ Pourquoi tu boites ? Tu t'es fait mal ?
Warum hinkst du denn? Hast du dir wehgetan?

hinken

bol

1 ▷ Tu préfères une tasse ou un bol ?
Willst du lieber eine Tasse oder eine Schale ?

1 (= coupe) die **Schale** (pluriel **Schalen**)

En Allemagne, les boissons chaudes ne se prennent pas dans un bol, mais dans une tasse.

2 ▷ Suzanne a du bol, elle a gagné un voyage en Amérique.
Suzanne hat Glück, sie hat eine Reise nach Amerika gewonnen.

2 ► **avoir du bol** (sens familier) **:** **Glück haben**

ℹ *__Glück haben__ n'est pas familier. Une traduction plus familière est __Schwein haben__.*

bombe

1 ▷ Une bombe a explosé dans le centre commercial.
Eine Bombe ist im Einkaufszentrum explodiert.

1 (= explosif) die **Bombe** (pluriel **Bomben**)

2 ▷ Tu as vu la bombe d'insecticide ?
Hast du die Spraydose mit dem Insektenmittel gesehen?
▷ Il utilise du déodorant en bombe.
Er benützt ein Deospray.
▷ J'ai acheté de la crème chantilly en bombe.
Ich habe Sprühsahne gekauft.

2 (= conteneur d'aérosol) die **Spraydose** (pluriel **-dosen**)

ℹ *On dit aussi die __Sprühdose__.*

Pour dire que quelque chose est **en bombe**, *on emploie des mots composés soit avec __-spray__, soit avec __Sprüh-__ : das __Desinfectionsspray__ ; das __Klebespray__, der __Sprühlack__, die __Sprühsahne__.*

bon, bonne

1 ▷ La pièce de théâtre était bonne.
Das Theaterstück war gut.
▷ Mes résultats en histoire ne sont pas bons.
Meine Ergebnisse in Geschichte sind nicht gut.
▷ Bruno est très bon en français.
Bruno ist sehr gut in Französisch.
▷ Mmm, ce gâteau est vraiment bon !
Mmm, dieser Kuchen schmeckt wirklich gut!

1 (= de qualité, compétent) : **gut**

► **être bon en** quelque chose **:** **in** etwas **gut sein**
► **être bon** (= savoureux) : **gut schmecken**

ℹ *On dit aussi __lecker schmecken__.*

2 ▷ Tu as besoin d'un bon bain chaud.
Du brauchst ein schönes, warmes Bad.

2 (= agréable) **schön**

▷ Il fait bon ce matin.
Es ist schön warm heute Morgen.

► **il fait bon :** es ist schön warm

3 ▷ Ma carte de bus n'est plus bonne.
Meine Busfahrkarte ist nicht mehr gültig.

3 (= valable) gültig

4 ▷ Bravo, c'est la bonne réponse !
Bravo, das ist die richtige Antwort!

4 (= correct) richtig

5 ▷ Bon, on s'en va !
Also gut, gehen wir!

5 (exclamation) also gut!

6 ▷ Bonne nuit !
Gute Nacht!
▷ Bonne chance !
Viel Glück!
▷ Bon anniversaire !
Herzlichen Glückwunsch zum Geburtstag!

6 *Quand on veut exprimer un souhait, la traduction allemande varie. Reportez-vous au mot qui va avec* **bon** *(par exemple, pour* **bonne année !**, *regardez à* **année***).*

bonbon

▷ Mes parents ne me donnent jamais de bonbons.
Meine Eltern geben mir nie Bonbons.
▷ Un paquet de bonbons à la framboise, s'il vous plaît.
Ein Päckchen Himbeerbonbons, bitte.

das / der **Bonbon** (pluriel **Bonbons**)

Se prononce comme en français ou /bɔŋ'bɔŋ/. Le **s** *du pluriel se prononce en allemand.*

Notez les substantifs composés pour parler des parfums des bonbons.

bond

▷ Quand sa mère est entrée, Alain a fait un bond.
Als seine Mutter reinkam, sprang Alain auf.

► **faire un bond :** aufspringen

auf•springen *est un verbe à particule séparable et se conjugue comme* ***springen*** (sprang, gesprungen).

bonheur

▷ Le bonheur est parfois difficile à trouver.
Das Glück ist manchmal schwer zu finden.

das **Glück**

Attention : das ***Glück*** *signifie aussi « la chance ».*

bonhomme

1 ▷ Il y a un bonhomme bizarre derrière la maison.
Hinter dem Haus steht so ein komischer Typ.

1 (sens familier) der **Typ** (pluriel Typen)

On peut dire aussi der ***Kerl*** (pluriel Kerle).

2 ▷ Quel beau bonhomme de neige !
Was für ein schöner Schneemann!

2 ► **bonhomme de neige :** der Schneemann (pluriel –männer)

bonjour

1 ▷ Bonjour tout le monde !
Guten Tag zusammen!
▷ Bonjour ! Tu as bien dormi ?
Guten Morgen! Hast du gut geschlafen?
▷ Samir ne m'a même pas dit bonjour !
Samir hat mir nicht mal guten Tag gesagt!

1 (dans la journée) **Guten Tag**
(le matin) **Guten Morgen**
Dans le sud de l'Allemagne et en Autriche, on dit aussi ***Grüß Gott****.*
► **dire bonjour à** quelqu'un **:** jemandem (datif) **guten Tag sagen**

2 ▷ Donne-lui bien le bonjour de ma part.
Grüß ihn schön von mir.

2 ► **donner le bonjour à** quelqu'un (de la part de quelqu'un) **:** jemanden (von jemandem) **grüßen**

bonnet

▷ N'oublie pas ton bonnet, il fait froid dehors.
Vergiss deine Mütze nicht, es ist kalt draußen.

die **Mütze** (pluriel **Mützen**)

bonsoir

▷ Bonsoir ! Comment ça va ?
Guten Abend! Wie geht's?
▷ Bonsoir tout le monde, je rentre chez moi !
Auf Wiedersehen zusammen, ich gehe nach Hause!
▷ Bonsoir, je vais me coucher.
Gute Nacht, ich gehe ins Bett.
▷ J'ai oublié de dire bonsoir à Marc.
Ich habe vergessen, Marc guten Abend zu sagen. *ou* **Ich habe vergessen, Marc auf Wiedersehen zu sagen.** *ou* **Ich habe vergessen, Marc gute Nacht zu sagen.**

(en arrivant, en rencontrant quelqu'un) **Guten Abend!**
(en partant) **Auf Wiedersehen!**
(en allant se coucher) **Gute Nacht!**
► **dire bonsoir à** quelqu'un **:** (en arrivant, en rencontrant quelqu'un) jemandem (datif) **guten Abend sagen ;** (en partant) jemandem **auf Wiedersehen sagen ;** (en allant se coucher) jemandem **gute Nacht sagen**

bord

1 ▷ Le bord de la table est abîmé.
Die Tischkante ist kaputt.

1 (d'un meuble, du trottoir) die **Kante** (pluriel **Kanten**)

2 ▷ Le verre est rempli jusqu'au bord.
Das Glas ist bis zum Rand voll.
▷ Nous avons vu un petit chien au bord de la route.
Wir haben einen kleinen Hund am Straßenrand gesehen.

2 (d'un récipient, de la route) der **Rand** (pluriel **Ränder**)

3 ▷ Annika et sa famille ont une maison au bord de la mer.
Annika und ihre Familie haben ein Haus am Meer.

3 ► **au bord de la mer :** am (datif) **Meer**

4 ▷ Je me suis promenée au bord du lac.
Ich bin am Seeufer spazierengegangen.

4 (d'un lac, d'une rivière) das **Ufer** (pluriel Ufer)

bosse

1 ▷ Pei a une bosse sur le front.
Pei hat eine Beule an der Stirn.

1 (sur le front, à la tête) die **Beule** (pluriel Beulen)

2 ▷ Il avait une bosse et il boitait.
Er hatte einen Buckel und er hinkte.
▷ Cette route a beaucoup de bosses.
Diese Straße hat viele Buckel.

2 (dans le dos, sur la route) der **Buckel** (pluriel Buckel)

3 ▷ Combien de bosses a le chameau ?
Wieviele Höcker hat das Kamel?

3 (d'un chameau) der **Höcker** (pluriel Höcker)

botte

▷ Où sont mes bottes noires ?
Wo sind meine schwarzen Stiefel?
▷ Mets tes bottes en caoutchouc, il pleut.
Zieh deine Gummistiefel an, es regnet.

der **Stiefel** (pluriel Stiefel)

► **bottes en caoutchouc :** die Gummistiefel

bouche

1 ▷ Ferme la bouche quand tu mâches !
Mach den Mund zu beim Kauen!

1 der **Mund** (pluriel Münder)

2 ▷ On peut se retrouver devant la bouche de métro.
Wir können uns vor dem Metroeingang treffen.

2 ► **bouche de métro :** der Metroeingang (pluriel -eingänge)

bouché, bouchée

▷ L'évier est bouché.
Die Spüle ist verstopft.
▷ J'ai le nez bouché.
Meine Nase ist verstopft.

verstopft

ℹ *Remarquez l'emploi du pronom possessif en allemand.*

bouchée

1 ▷ Je peux prendre une bouchée de ta tartine ?
Kann ich einen Bissen von deiner Scheibe Brot haben?

1 (= morceau de nourriture) der **Bissen** (pluriel Bissen)

2 ▷ Il a eu son lecteur de CD pour une bouchée de pain.
Er hat seinen CD-Player für ein Butterbrot bekommen.

2 ► **pour une bouchée de pain :** für ein Butterbrot

ℹ ***Butterbrot*** *se traduit par* tartine beurrée.

boucher

1 ▷ Je ne sais pas comment boucher ce trou.
Ich weiß nicht, wie ich dieses Loch zumachen kann.

1 (= boucher un trou, une fente) **zumachen**

ℹ ***zu•machen*** *est un verbe à particule séparable.*

2 ▷ L'évier s'est encore bouché.
Die Spüle ist schon wieder verstopft.

2 ► **se boucher** (en parlant d'un évier, d'un tuyau) : **verstopfen**
ℹ *Le verbe pronominal français se traduit par un verbe intransitif +* ***sein*** *en allemand.*
ℹ *Les verbes commençant par le préfixe* ***ver-*** *ne prennent pas* ***ge-*** *au participe passé.*

3 ▷ Si tu ne veux pas entendre, bouche-toi les oreilles.
Wenn du nicht mithören willst, halte dir die Ohren zu.

3 ► se **boucher les oreilles :** **sich die Ohren zuhalten**
ℹ ***zu•halten*** *est un verbe à particule séparable et se conjugue comme* ***halten*** (**hält, hielt, gehalten**).

boucher, bouchère

▷ L'oncle de Fabien est boucher.
Fabiens Onkel ist Fleischer.

der **Fleischer** (pluriel **Fleischer**), die **Fleischerin** (pluriel **Fleischerinnen**)
ℹ *On dit aussi der* ***Metzger****, die* ***Metzgerin****.*

▷ André est chez le boucher.
André ist beim Fleischer.
▷ Maman m'a envoyé chez le boucher.
Mama hat mich zum Fleischer geschickt.

► **chez le boucher** (= dans le magasin) : **beim Fleischer**
► **chez le boucher** (= vers le magasin) : **zum Fleischer**

boucherie

▷ Où est la boucherie ?
Wo ist die Fleischerei?

die **Fleischerei** (pluriel **Fleischereien**)
ℹ *On dit aussi die* ***Metzgerei*** (pluriel **Metzgereien**).

bouchon

1 ▷ Garde le bouchon, la bouteille de vin n'est pas finie.
Behalte den Korken, die Weinflasche ist noch nicht leer.

1 (en liège) der **Korken** (pluriel **Korken**)

2 ▷ Où est le bouchon de la bouteille d'eau ?
Wo ist der Verschluss von der Wasserflasche?

2 (d'une bouteille en plastique) der **Verschluss** (pluriel **Verschlüsse**)

3 ▷ Il y a un énorme bouchon sur l'autoroute.
Auf der Autobahn gibt es einen riesigen Stau.

3 (= embouteillage) der **Stau** (pluriel **Staue, Staus**)

boucle

1 ▷ Ma sœur a des boucles blondes.
Meine Schwester hat blonde Locken.

1 (de cheveux) die **Locke** (pluriel **Locken**)

2 ▷ Ma boucle de ceinture est cassée.
Meine Gürtelschnalle ist kaputt.

2 (d'une ceinture) die **Schnalle** (pluriel **Schnallen**)

3 ▷ Tim porte une petite boucle d'oreille.
Tim trägt einen kleinen Ohrring.

3 ► **boucle d'oreille :** der **Ohrring** (pluriel **-ringe**)

bouclé, bouclée

▷ Aïcha a les cheveux bouclés.
Aïcha hat lockige Haare.

lockig

boucler

▷ Il faut boucler sa ceinture avant le décollage.
Vor dem Start muss man seinen Sicherheitsgurt zuschnallen.

(sa ceinture de sécurité) **zuschnallen**

ℹ *__zu•schnallen__ est un verbe à particule séparable.*

bouclier

▷ Son bouclier le protège contre les attaques.
Sein Schild schützt ihn vor Angriffen.

der **Schild** (pluriel **Schilde**)

Attention : ne confondez pas avec __das Schild__ = panneau et dont le pluriel est __Schilder__.

bouder

▷ Arrête de bouder, tu n'es plus un bébé !
Hör auf zu schmollen, du bist kein Baby mehr!

schmollen

boue

▷ Le jean d'Arnaud est couvert de boue.
Arnauds Jeans sind voller Schlamm.

der **Schlamm**

bouée

1 ▷ Jeanne nage avec une bouée.
Jeanne schwimmt mit einem Schwimmreifen.

1 (pour aider un enfant à nager) der **Schwimmreifen** (pluriel **-reifen**)

2 ▷ Il est passé par-dessus bord, alors on lui a lancé une bouée de sauvetage.
Er ist über Bord gefallen, da hat man ihm einen Rettungsring zugeworfen.

2 ► **bouée de sauvetage :** der **Rettungsring** (pluriel **-ringe**)

boueux, boueuse

▷ Tes bottes sont boueuses.
Deine Stiefel sind schlammig.

schlammig

bouger

1 ▷ Qui a bougé ma radio ?
Wer hat mein Radio verrückt?

1 (= déplacer) **verrücken**

ℹ *Les verbes commençant par le préfixe __ver-__ ne prennent pas __ge-__ au participe passé.*

2 ▷ Ne bouge pas, je vais prendre une photo.
Beweg dich nicht, ich mache ein Foto.

2 (= faire un mouvement) sich **bewegen**

ℹ *Le verbe intransitif français est traduit par un verbe pronominal en allemand.*

bougie

▷ Allez, tu dois souffler toutes les bougies sur ton gâteau !
Also los, du musst alle Kerzen auf deinem Kuchen ausblasen!

die **Kerze** (pluriel **Kerzen**)

bouillir

▷ L'eau commence à bouillir.
Das Wasser fängt an zu kochen.
▷ Déborah fait bouillir de l'eau pour le thé.
Déborah bringt Wasser für den Tee zum Kochen.

kochen

► **faire bouillir :** zum Kochen bringen (brachte, gebracht)

boulanger, boulangère

▷ Habib veut être boulanger.
Habib will Bäcker werden.
▷ La boulangère est très sympathique.
Die Bäckerin ist sehr nett.
▷ André est chez le boulanger.
André ist beim Bäcker.
▷ Maman m'a envoyé chez le boulanger.
Mama hat mich zum Bäcker geschickt.

der **Bäcker** (pluriel Bäcker), die **Bäckerin** (pluriel Bäckerinnen)

► **chez le boulanger** (= dans le magasin) : beim Bäcker
► **chez le boulanger** (= vers le magasin) : zum Bäcker

boulangerie

▷ Est-ce qu'il y a une boulangerie dans le village ?
Gibt es eine Bäckerei im Dorf?

die **Bäckerei** (pluriel Bäckereien)

boule

1 ▷ Tu fais une boule avec la pâte et puis tu l'étales.
Du knetest den Teig zu einer Kugel und rollst ihn aus.
▷ Tu veux une boule de glace ou deux ?
Willst du eine Eiskugel oder zwei?

1 die **Kugel** (pluriel Kugeln)

ℹ *Notez les substantifs composés.*

2 ▷ On fait une bataille de boules de neige ?
Machen wir eine Schneeballschlacht?

2 ► **boule de neige :** der Schneeball (pluriel -bälle)

3 ▷ Tous les après-midi, on joue aux boules sur la plage.
Jeden Nachmittag spielen wir am Strand Boule.

3 ► **jouer aux boules :** Boule spielen

boulevard

▷ Quentin habite sur le boulevard, près du carrefour.
Quentin wohnt auf dem Boulevard in der Nähe der Kreuzung.

der **Boulevard** /'buləva:r/ (pluriel Boulevards)

🔈 *Notez la prononciation.*

bouleversé, bouleversée

▷ Leurs parents étaient complètement bouleversés.
Ihre Eltern waren ganz erschüttert.

erschüttert

boulot

1 ▷ Je ne peux pas sortir, j'ai trop de boulot.
Ich kann nicht ausgehen, ich habe zu viel Arbeit.

1 (= travail, au sens familier) die **Arbeit**

ℹ *Le mot français est familier, mais sa traduction allemande ne l'est pas.*

▷ Il va au boulot en bus.
Er fährt mit dem Bus zur Arbeit.

► **aller au boulot :** zur Arbeit gehen / fahren

ℹ *En allemand, on précise le mode de déplacement, selon qu'on va* à pied *(**gehen**),* en vélo *(**mit dem Fahrrad fahren**),* en train *(**mit dem Zug fahren**).*

2 ▷ Ingrid a trouvé un boulot à la mairie.
Ingrid hat einen Job im Rathaus gefunden.

2 (= poste, au sens familier) der **Job** /dʒɔp/ (pluriel **Jobs**)

🔈 *Notez la prononciation.*

boum

1 ▷ Tu vas à la boum de Youssouf ?
Gehst du auf Youssoufs Party?

1 (nom féminin = fête) die **Party** (pluriel **Partys, Parties**)

ℹ *On peut dire aussi* die ***Fete*** /'fe:tə/ (pluriel **Feten**)

2 ▷ On a entendu un grand boum et tout a explosé.
Man hörte einen großen Knall und alles ist explodiert.

2 (nom masculin = bruit d'explosion ou de chute) der **Knall** (pluriel **Knalle**)

bouquet

▷ Papa a offert un beau bouquet de roses à maman.
Papa hat Mama einen schönen Strauß Rosen geschenkt.

der **Strauß** (pluriel **Sträuße**)

⚠ *Attention à ne pas confondre avec* der ***Strauß*** = autruche *dont le pluriel est* ***Strauße****.*

bouquin

▷ Tu dois absolument lire ce bouquin.
Du musst unbedingt dieses Buch lesen.

das **Buch** (pluriel **Bücher**)

ℹ *Il n'y a pas d'équivalent familier en allemand.*

bourse

1 ▷ Maya a fait une demande de bourse.
Maya hat einen Antrag auf Studienbeihilfe gestellt.

1 (= aide financière) die **Studienbeihilfe**

2 ▷ Demain, nous visiterons la Bourse de Paris.
Morgen besichtigen wir die Pariser Börse.

2 ► **la Bourse :** die **Börse**

bousculer

▷ Il m'a bousculé et il ne s'est même pas excusé !
Er hat mich angerempelt und hat sich nicht mal entschuldigt!

► **bousculer** quelqu'un **:** jemanden (accusatif) **anrempeln**

ℹ ***an•rempeln*** *est un verbe à particule séparable.*

boussole

▷ Nous avons retrouvé notre chemin à l'aide de la boussole.
Wir haben unseren Weg mit Hilfe des Kompasses wiedergefunden.

der **Kompass** (pluriel **Kompasse**)

⚠ *Attention faux ami : le mot français* compas *se traduit par* der ***Zirkel****.*

bout

1 ▷ Le bout de la table est trop près de la porte.
Das Tischende ist zu nah an der Tür.
▷ La cabine téléphonique est au bout de la rue.
Die Telefonzelle steht am Ende der Straße.

1 (= extrémité) das **Ende**

► **au bout de** (dans l'espace) **: am Ende** + *génitif*

2 ▷ Au bout de trois heures, tout le monde était fatigué.
Nach drei Stunden waren alle müde.

2 ► **au bout de** (dans le temps) **: nach** + *datif*

3 ▷ Tu me donnes un bout de pain ?
Gibst du mir ein Stück Brot?

3 (= morceau) das **Stück** (pluriel **Stücke**)
ℹ un petit bout *se dit* ***ein Stückchen***.

bouteille

▷ Tu pourrais remplir cette bouteille avec de l'eau, s'il te plaît ?
Könntest du bitte diese Flasche mit Wasser füllen?

die **Flasche** (pluriel **Flaschen**)

boutique

▷ Élodie a acheté sa robe dans une boutique à New York.
Élodie hat ihr Kleid in einer Boutique in New York gekauft.

die **Boutique** (pluriel **Boutiquen**)

🔈 *Se prononce comme en français.*

bouton

1 ▷ J'ai perdu un bouton.
Ich habe einen Knopf verloren.
▷ Appuie sur le bouton de gauche.
Drück auf den linken Knopf.

1 (sur un vêtement, une radio, une télévision) der **Knopf** (pluriel **Knöpfe**)

2 ▷ Aurélien a des boutons sur le visage.
Aurélien hat Pickel im Gesicht.

2 (sur le visage, sur le corps) der **Pickel** (pluriel **Pickel**)

boutonner

▷ Boutonne ton blouson, il fait froid dehors.
Knöpf deine Jacke zu, es ist kalt draußen.

zuknöpfen
ℹ ***zu•knöpfen*** *est un verbe à particule séparable.*

boxe

▷ Papa aime regarder la boxe à la télé.
Papa schaut gerne Boxen im Fernsehen.

► **la boxe : Boxen**
ℹ *Comme tous les verbes substantivés,* ***Boxen*** *est neutre, mais l'article est très rarement employé.*

▷ Manu fait de la boxe.
Manu boxt.

► **faire de la boxe : boxen**

▷ Nous sommes allés voir un match de boxe.
Wir haben einen Boxkampf gesehen.

► **match de boxe :** der **Boxkampf** (pluriel **-kämpfe**)

bracelet

▷ Samantha a un joli bracelet en argent.
Samantha hat ein schönes silbernes Armband.
▷ Pour mon anniversaire, j'ai eu un bracelet-montre.
Zum Geburtstag habe ich eine Armbanduhr bekommen.

(= bijou, bracelet d'une montre) das **Armband** (pluriel -bänder)
► **bracelet-montre :** die **Armbanduhr** (pluriel -uhren)

branche

▷ La tempête a arraché beaucoup de branches des arbres.
Der Sturm hat viele Äste von den Bäumen gerissen.

der **Ast** (pluriel Äste)

branché, branchée

▷ Il y a beaucoup de bars branchés à Berlin.
In Berlin gibt es viele trendige Bars.

trendig

brancher

1 ▷ Peux-tu brancher le grille-pain, s'il te plaît ?
Kannst du bitte den Stecker des Toasters einstecken?

1 ► **brancher** quelque chose (sur une prise électrique) **:** **den Stecker** + *génitif* + **einstecken**

2 ▷ Il faudra brancher la télévision sur l'amplificateur.
Wir müssen den Fernseher an den Verstärker anschließen.

2 (= raccorder) **anschließen**
ℹ ***an•schließen*** *est un verbe à particule séparable et se conjugue comme* ***schließen*** (schloss, geschlossen).

bras

▷ Mathieu a pris Anne par le bras.
Mathieu hat Anne am Arm genommen.
▷ Sabine m'a serré dans ses bras avant de partir.
Bevor sie ging, hat Sabine mich in die Arme geschlossen.

der **Arm** (pluriel Arme)

► **serrer** quelqu'un **dans ses bras :** jemanden (accusatif) **in die Arme schließen** (schloss, geschlossen)

brasse

▷ La brasse est plus facile que le crawl.
Brustschwimmen ist einfacher als Kraulen.
▷ Je ne sais nager que la brasse.
Ich kann nur brustschwimmen.

das **Brustschwimmen**

► **nager la brasse :** **brustschwimmen** (schwamm, geschwommen)
ℹ *Ce verbe s'emploie surtout à l'infinitif.*

brasserie

1 ▷ On se retrouve à la brasserie ?
Treffen wir uns in der Gaststätte?

1 (= restaurant) die **Gaststätte** (pluriel -stätten)

2 ▷ L'oncle de Marlène a une brasserie.
Marlènes Onkel hat eine Brauerei.

2 (= fabrique de bière) die **Brauerei** (pluriel Brauereien)

bravo

▷ Bravo, ta rédaction est très bonne !
Bravo, dein Aufsatz ist sehr gut!
▷ Bravo, tu as cassé le vase !
Bravo, du hast die Vase zerbrochen!

(pour féliciter quelqu'un ou ironiquement) **bravo!**

brebis

▷ Il a quarante brebis.
Er hat vierzig Mutterschafe.

das **Mutterschaf** (pluriel **-schafe**)

Bretagne

▷ Stan n'a jamais voulu quitter la Bretagne.
Stan hat die Bretagne nie verlassen wollen.
▷ Il y a des paysages sauvages en Bretagne.
Es gibt unberührte Landschaften in der Bretagne.
▷ On pourrait aller en Bretagne ce week-end.
Wir könnten dieses Wochenende in die Bretagne fahren.

die **Bretagne**

► **en Bretagne** (= dans la région) : **in der Bretagne**
► **en Bretagne** (= vers la région) : **in die Bretagne**

breton, bretonne

1 ▷ Le far est une spécialité bretonne.
Far ist eine bretonische Spezialität.

1 (adjectif) **bretonisch**

2 ▷ Beaucoup de Bretons sont navigateurs.
Viele Bretonen sind Seefahrer.

2 (= personne) der **Bretone** (pluriel **Bretonen**), die **Bretonin** (pluriel **Bretoninnen**)

3 ▷ Lucille parle français et breton.
Lucille spricht Französisch und Bretonisch.

3 (= langue) das **Bretonisch**

bricolage

▷ C'est au rayon bricolage.
Es ist in der Heimwerkerabteilung.

(= petits travaux) das **Heimwerken**

bricoler

▷ Mon oncle bricole dans son garage tous les dimanches.
Mein Onkel bastelt jedes Wochenende in seiner Garage.

basteln

brillant, brillante

1 ▷ J'ai brossé mon chien jusqu'à ce qu'il ait le poil tout brillant.
Ich habe meinen Hund gebürstet, bis er ganz glänzendes Fell hatte.

1 (= qui brille) **glänzend**

2 ▷ Leïla est une élève brillante.
Leïla ist eine hervorragende Schülerin.

2 (= excellent) **hervorragend**

briller

1 ▷ Regarde comme la voiture brille !
Schau mal wie das Auto glänzt!
▷ J'ai utilisé un chiffon pour faire briller mes chaussures.
Ich habe ein Tuch benutzt, um meine Schuhe zum Glänzen zu bringen.

1 (en parlant d'un objet) **glänzen**

► **faire briller** quelque chose : etwas (accusatif) **zum Glänzen bringen**

2 ▷ Ses yeux brillaient de plaisir.
Ihre Augen strahlten vor Freude.

2 (en parlant des yeux) **strahlen**

3 ▷ Réveille-toi, le soleil brille !
Wach auf, die Sonne scheint!

3 (en parlant du soleil) **scheinen** (schien, geschienen)

brioche

▷ J'aime manger de la brioche au petit-déjeuner.
Ich esse gern Brioche zum Frühstück.

die **Brioche**

Se prononce comme en français.

Les Allemands ne mangent pas souvent de la brioche : c'est une spécialité française.

brique

1 ▷ Papa a acheté des briques pour construire un mur dans le jardin.
Papa hat Ziegelsteine gekauft, um eine Mauer im Garten zu bauen.
▷ C'est une maison en brique.
Es ist ein Backsteinhaus.
▷ Tu vois ce mur en brique ?
Siehst du diese Ziegelsteinmauer?

1 (pour la construction) der **Ziegelstein** (pluriel Ziegelsteine)

*On dit aussi der **Backstein**.*

► **une maison en brique** : ein Backsteinhaus

► **en brique** : Ziegelstein-

Notez les substantifs composés.

2 ▷ Achète deux briques de lait et du pain.
Kauf einen Tetra Pak Milch und Brot.

2 (de lait, de jus de fruit) der **Tetra Pak®**

*Le ® indique que **Tetra Pak** est le nom d'une marque déposée. Vous n'avez pas besoin de l'écrire.*

briquet

▷ Tu peux me prêter ton briquet ?
Kannst du mir dein Feuerzeug leihen?

das **Feuerzeug** (pluriel Feuerzeuge)

britannique

1 ▷ Voici une photo de la famille royale britannique.
Hier ist ein Foto von der britischen Königsfamilie.

1 (adjectif) **britisch**

2 ▷ Un Britannique a gagné la course.
Ein Brite hat das Rennen gewonnen.

2 (= personne) der **Brite** (pluriel Briten), die **Britin** (pluriel Britinnen)

broche

▷ Cette broche appartenait à mon arrière-grand-mère.
Diese Brosche gehörte meine Urgroßmutter.

die **Brosche** (pluriel **Broschen**)

brochette

▷ Nous avons fait des brochettes au barbecue.
Wir haben Spieße gegrillt.

der **Spieß** (pluriel **Spieße**)

bronze

▷ C'est une statue en bronze.
Es ist eine bronzene Statue.

die **Bronze**
► **en bronze :** bronzen

bronzé, bronzée

▷ Qu'est-ce que tu es bronzé ! Tu es allé à la plage ?
Du bist aber schön braun! Warst du am Strand?

braun
ℹ *On dit aussi* ***gebräunt*** *ou* ***braun gebrannt****.*

bronzer

▷ Capucine bronze facilement.
Capucine wird schnell braun.

braun werden
ℹ *En allemand, on traduit par* **devenir bronzé**.

brosse

▷ Je nettoie mes chaussures avec une brosse.
Ich mache meine Schuhe mit einer Bürste sauber.
▷ Tu as vu ma brosse à dents ?
Hast du meine Zahnbürste gesehen?
▷ J'ai besoin d'une nouvelle brosse à cheveux.
Ich brauche eine neue Haarbürste.

die **Bürste** (pluriel **Bürsten**)

► **brosse à dents :** die **Zahnbürste**

► **brosse à cheveux :** die **Haarbürste**
ℹ *Notez les substantifs composés.*

brosser

1 ▷ Je vais brosser le chien, il est vraiment sale !
Ich bürste den Hund ab, er ist wirklich dreckig!

▷ Lisa se brosse les cheveux.
Lisa bürstet ihre Haare.

1 (= enlever la saleté) **abbürsten**
ℹ ***ab•bürsten*** *est un verbe à particule séparable.*

(en parlant des cheveux) **bürsten**
ℹ *Notez l'emploi du pronom possessif adjectival :* ***meine / deine / seine*** *ou* ***ihre / unsere / eure / ihre Haare bürsten****.*

2 ▷ Je me brosse les dents matin et soir.
Ich bürste mir die Zähne morgens und abends.
▷ N'oublie pas de te brosser les dents.
Vergiss nicht, dir die Zähne zu putzen.

2 ► **se brosser les dents :** sich die **Zähne putzen**
ℹ *Le verbe réfléchi allemand s'emploie au datif :* ***ich putze mir die Zähne, du putzt dir die Zähne, er / sie putzt sich die Zähne, wir putzen uns die Zähne, ihr putzt euch die Zähne, sie putzen sich die Zähne****.*

brouette

▷ Dan a mis toutes les feuilles mortes dans la brouette.
Dan hat das ganze Laub in den Schubkarren getan.

der **Schubkarren** (pluriel Schubkarren)

ℹ *On dit aussi die **Schubkarre** (pluriel Schubkarren.)*

brouillard

▷ Le brouillard est très épais aujourd'hui.
Der Nebel ist heute sehr dicht.

▷ Il y a du brouillard aujourd'hui.
Es ist heute nebelig.

der **Nebel** (pluriel Nebel)

► **il y a du brouillard :** es ist nebelig

brouillon

1 ▷ Fais un brouillon d'abord.
Mach zuerst ein Konzept.

1 das **Konzept** (pluriel Konzepte)

2 ▷ Tu as vu mon cahier de brouillon ?
Hast du mein Schmierheft gesehen?

2 ► **cahier de brouillon :** das Schmierheft (pluriel -hefte)

bruit

1 ▷ J'ai entendu le bruit d'une porte qui s'ouvrait.
Ich habe das Geräusch einer aufgehenden Tür gehört.

1 (= son) das **Geräusch** (pluriel Geräusche)

2 ▷ Je ne peux pas travailler ici, il y a trop de bruit.
Ich kann hier nicht arbeiten, es ist zu viel Lärm.

2 (= vacarme) der **Lärm**

ℹ *On peut aussi dire der **Krach**.*

3 ▷ Le bruit court que le directeur va partir.
Es gehen Gerüchte um, dass der Direktor geht.

3 (= rumeur) das **Gerücht** (pluriel Gerüchte)

brûlant, brûlante

▷ Attention, l'assiette est brûlante !
Vorsicht, der Teller ist sehr heiß!

sehr heiß

brûler

1 ▷ Jérémie est en train de brûler les branches dans le jardin.
Jérémie ist dabei, die Äste im Garten zu verbrennen.

1 ► **brûler** quelque chose **:** etwas (accusatif) **verbrennen** (verbrannte, verbrannt)

ℹ *Les verbes commençant par le préfixe **ver-** ne prennent pas **ge-** au participe passé.*

2 ▷ Regarde, cette voiture a brûlé le feu rouge !
Schau mal, das Auto ist bei Rot über die Ampel gefahren!

2 ► **brûler un feu rouge :** bei Rot über die Ampel fahren

3 ▷ Tout l'immeuble a brûlé.
Das ganze Haus ist abgebrannt.

3 (= être détruit) **abbrennen**

ℹ ***ab•brennen** est un verbe à particule séparable et se conjugue comme **brennen** (brannte, gebrannt).*

4 ▷ Ne touche pas, ça brûle !
Fass das nicht an, es ist sehr heiß!

4 ► **ça brûle !** (= c'est très chaud) **:** es ist sehr heiß!

brume

▷ La brume couvre les champs.
Der Dunst hängt über den Feldern.
▷ Il y a de la brume ce matin.
Heute Morgen ist es dunstig.

der **Dunst** (pluriel Dünste)

► **il y a de la brume :** es ist dunstig

brun, brune

1 ▷ Olivier a les cheveux bruns.
Olivier hat dunkle Haare.

1 (en parlant des cheveux, de la peau) **dunkel**

Attention : à la déclinaison, la lettre **e** *disparaît.*

2 ▷ C'est une petite dame brune.
Sie ist eine kleine, dunkelhaarige Dame.

2 (en parlant d'une personne) **dunkelhaarig**

Bruxelles

▷ Bruxelles est la capitale de la Belgique.
Brüssel ist die Hauptstadt von Belgien.

Brüssel

bruyant, bruyante

▷ Qu'est-ce que vous êtes bruyants !
Ihr seid aber laut!

laut

bûche

▷ Harry a mis une grosse bûche dans la cheminée.
Harry hat ein großes Holzscheit in den Kamin gelegt.

das **Holzscheit** (pluriel -scheite)

buée

▷ S'il te plaît, essuie la buée sur la vitre.
Wisch bitte den Beschlag von der Scheibe.
▷ Il y a de la buée sur la fenêtre de la cuisine.
Das Küchenfenster ist beschlagen.

der **Beschlag**

► **il y a de la buée sur** quelque chose **:** etwas ist beschlagen

buffet

1 ▷ Il y avait un très bon buffet au mariage de Christine.
Auf Christines Hochzeit gab es ein tolles Büfett.
▷ Les clés sont sur le buffet.
Die Schlüssel liegen auf dem Büfett.

1 (= le repas, le meuble) das **Büfett** (pluriel Büfette, Büfetts)

Remarquez que, contrairement au français, **Büfett** *s'écrit avec un* **f** *et deux* **t**.

2 ▷ Nous nous sommes rencontrés au buffet de la gare.
Wir sind uns in der Bahnhofsgaststätte begegnet.

2 ► **buffet de la gare :** die Bahnhofsgaststätte (pluriel -gaststätten)

buisson

▷ Ils se sont cachés dans les buissons.
Sie haben sich in den Büschen versteckt.

der **Busch** (pluriel Büsche)

buissonnière

▷ Marco fait parfois l'école buissonnière.
Marco schwänzt manchmal.

► **faire l'école buissonnière :** schwänzen

bulgare

1 ▷ Le yaourt bulgare est délicieux.
Bulgarisches Joghurt schmeckt sehr gut.

1 (adjectif) **bulgarisch**

2 ▷ J'ai fait la connaissance d'une Bulgare.
Ich habe eine Bulgarin kennen gelernt.

2 (= personne) der **Bulgare** (pluriel Bulgaren), die **Bulgarin** (pluriel Bulgarinnen)

Bulgarie

▷ La capitale de la Bulgarie est Sofia.
Die Hauptstadt von Bulgarien ist Sofia.

Bulgarien
► **la Bulgarie :** Bulgarien
/bul'gariən/

ℹ *Ne prend l'article neutre que précédé d'un adjectif :* ***das europäische Bulgarien*** (la Bulgarie européenne).

▷ Il y a plusieurs chaînes de montagnes en Bulgarie.
In Bulgarien gibt es mehrere Gebirge.

► **en Bulgarie** (= dans le pays) **:** in Bulgarien

▷ Cette année, je vais en vacances en Bulgarie.
Dieses Jahr fahre ich nach Bulgarien in Urlaub

► **en Bulgarie** (= vers le pays) **:** nach Bulgarien

▷ Es-tu déjà allé en Bulgarie ?
Warst du schon in Bulgarien?

Attention : pour dire que quelqu'un est déjà allé quelque part, *on emploie une expression avec le prétérit du verbe* ***sein*** *+* ***schon****.*

bulle

▷ Des bulles de savon flottaient dans l'air.
Seifenblasen schwebten durch die Luft.

die **Blase** (pluriel Blasen)

bulletin

1 ▷ Tu as oublié de remplir le bulletin de réponse.
Du hast vergessen, den Antwortschein auszufüllen.

1 (= formulaire) der **Schein** (pluriel Scheine)

2 ▷ Mon bulletin n'est pas très bon ce trimestre.
Mein Zeugnis für dieses Trimester ist nicht sehr gut.

2 (= notes à l'école) das **Zeugnis** (pluriel Zeugnisse)

bureau

1 ▷ La mère de Lucie travaille dans un bureau.
Lucies Mutter arbeitet in einem Büro.

1 (= lieu où on travaille) das **Büro** (pluriel Büros)

2 ▷ Le grenier sera transformé en bureau.
Der Speicher wird zu einem Arbeitszimmer umgebaut.

2 (= pièce dans une maison) das **Arbeitszimmer** (pluriel -zimmer)

3 ▷ Le bureau est trop grand pour cette chambre.
Der Schreibtisch ist zu groß für dieses Zimmer.

3 (= meuble) der **Schreibtisch** (pluriel -tische)

4 ▷ Est-ce qu'il y a un bureau de tabac dans le village ?
Gibt es einen Tabakladen im Dorf?

4 ► **bureau de tabac :** der **Tabakladen** (pluriel -läden)

bus

▷ Est-ce que le bus est déjà parti ?
Ist der Bus schon abgefahren?

▷ Sandrine va à l'école en bus.
Sandrine fährt mit dem Bus zur Schule.

der **Bus** (pluriel Busse)

► **aller en bus :** mit dem Bus fahren (fährt, fuhr, gefahren)

but

1 ▷ Le premier but était fantastique.
Das erste Tor war fantastisch.

▷ Qui a marqué le but ?
Wer hat das Tor geschossen? *ou* Wer hat das Tor geworfen?

1 (dans les sports) das **Tor** (pluriel Tore)

► **marquer un but :** (au football, au hockey) ein Tor schießen (schoss, geschossen) ; (au handball) ein Tor werfen (wirft, warf, geworfen)

2 ▷ Le but de la visite était de rencontrer de jeunes Allemands.
Das Ziel des Besuchs war, junge Deutsche kennenzulernen.

2 (= objectif) das **Ziel** (pluriel Ziele)

Cc

ça

1 ▷ Ça sent bon ici.
Es riecht gut hier.
▷ Ça ne fait rien.
Das macht nichts.
▷ Comment ça va ?
Wie geht's?

1 *Quand* **ça** *est impersonnel, on traduit par* ***es*** *ou* ***das****.*

ℹ *Dans l'expression* **ça va**, *on remplace le* ***e*** *de* ***es*** *par une apostrophe.*

2 ▷ Ça, c'est un gâteau au café. Tu en veux un morceau ?
Das ist Mokkakuchen. Möchtest du ein Stück?
▷ Qui c'est, ça ?
Wer ist das?

2 *Quand* **ça** *désigne un objet ou une personne, on traduit par* ***das****.*

3 ▷ Ça y est, j'ai terminé !
So, ich bin fertig!
▷ Ça y est, tu viens ?
Also, kommst du?

3 ► **ça y est !** (pour marquer la fin) **:** so!
► **ça y est ? :** also?

4 ▷ On part lundi et on revient mercredi ? – Oui, c'est ça.
Wir fahren am Montag und kommen am Mittwoch zurück? – Ja, genau.

4 ► **c'est ça** (= c'est exact) **:** genau

cabane

▷ Marcel et Loïc ont construit une cabane dans la forêt.
Marcel und Loïc haben eine Hütte im Wald gebaut.

die **Hütte** (pluriel Hütten)

cabine

1 ▷ Toutes les cabines de la piscine sont occupées.
Alle Umkleidekabinen im Schwimmbad sind besetzt.

1 (à la piscine) die **Umkleidekabine** (pluriel -kabinen)

▷ Où sont les cabines d'essayage, s'il vous plaît ?
Wo sind die Umkleidekabinen, bitte?

► **cabine d'essayage :** die Umkleidekabine

2 ▷ Est-ce qu'il y a une cabine téléphonique dans cette rue ?
Gibt es eine Telefonzelle in dieser Straße?

2 ► **cabine téléphonique :** die Telefonzelle (pluriel –zellen)

câble

▷ J'ai trébuché sur un câble.
Ich bin über ein Kabel gestolpert.
▷ Il y a beaucoup de films sur le câble.
Es gibt viele Filme im Kabelfernsehen.
▷ Depuis trois mois, nous avons le câble.
Seit drei Monaten sind wir verkabelt.

das **Kabel** (pluriel Kabel)

► **le câble** (= la télévision par câble) : das Kabelfernsehen
► **avoir le câble :** verkabelt sein

cacahuète

▷ Deux jus d'orange et un paquet de cacahuètes, s'il vous plaît.
Zwei Orangensäfte und ein Päckchen Erdnüsse, bitte.

die **Erdnuss** (pluriel Erdnüsse)

cacao

▷ Je prends du cacao au petit déjeuner.
Zum Frühstück trinke ich Kakao.

(= boisson) der **Kakao**
ℹ *On dit aussi die* ***Trinkschokolade****.*

cache-cache

▷ J'ai joué à cache-cache avec mon petit frère pendant des heures.
Ich habe stundenlang mit meinem kleinen Bruder Verstecken gespielt.

► **jouer à cache-cache :** Verstecken spielen
ℹ *On dit aussi* ***Versteck spielen****.*

cacher

1 ▷ Cache ton portable ! Le professeur arrive !
Versteck dein Handy! Der Lehrer kommt!
▷ Pierre s'est caché sous l'escalier.
Pierre hat sich unter der Treppe versteckt.

1 (un objet) **verstecken**

► **se cacher :** sich verstecken

2 ▷ Elle cache bien ses sentiments.
Sie verbirgt ihre Gefühle gut.

2 (des sentiments, des pensées) **verbergen** (verbirgt, verbarg, verborgen)
ℹ *Les verbes commençant par le préfixe* ***ver-*** *ne prennent pas* ***ge-*** *au participe passé.*

cachet

▷ Si tu as mal à la tête, prends un cachet.
Wenn du Kopfschmerzen hast, nimm eine Tablette.

(= médicament) die **Tablette** (pluriel Tabletten)

cachette

▷ Sylvia fume en cachette.
Sylvia raucht heimlich.

► **en cachette :** heimlich

cactus

▷ Je me suis piqué aux épines du cactus.
Ich habe mich an den Dornen des Kaktus gestochen.

der **Kaktus** (pluriel Kakteen)

cadavre

▷ Ils ont trouvé un cadavre dans l'armoire.
Sie haben eine Leiche im Schrank gefunden.

die **Leiche** (pluriel Leichen)

caddie®

▷ David a rempli le caddie de boîtes de conserve.
David hat den Einkaufswagen mit Konservendosen gefüllt.

der **Einkaufswagen** (pluriel -wagen)

ℹ *Le ® signifie que c'est le nom d'une marque. Vous n'avez pas besoin de l'écrire.*

cadeau

▷ Quel super cadeau ! Tu as vraiment de la chance !
So ein tolles Geschenk! Du hast wirklich Glück!
▷ Elle m'a fait cadeau de son bracelet.
Sie hat mir ihr Armband geschenkt.
▷ Benoît a eu beaucoup de cadeaux de Noël.
Benoît hat viele Weihnachtsgeschenke bekommen.

das **Geschenk** (pluriel Geschenke)

► **faire un cadeau à** quelqu'un **:** jemandem (datif) etwas **schenken**
► **cadeau de Noël :** das Weihnachtsgeschenk

cadenas

▷ Je vais mettre un cadenas sur la porte de mon casier.
Ich werde ein Vorhängeschloss an meine Schranktür tun.

das **Vorhängeschloss** (pluriel -schlösser)

cadre

▷ Où se trouve le rayon des cadres, s'il vous plaît ?
Wo ist die Abteilung für Rahmen, bitte?
▷ Clémence met toutes les photos de son copain dans des cadres.
Clémence rahmt alle Fotos von ihrem Freund ein.

(pour un tableau, une photo) der **Rahmen** (pluriel Rahmen)
► **mettre dans un cadre :** einrahmen

ℹ ***ein•rahmen*** *est un verbe à particule séparable.*

cafard

1 ▷ Il y a des cafards dans la cuisine.
In der Küche sind Schaben.

1 (= insecte) die **Schabe** (pluriel Schaben)

2 ▷ Jean a le cafard parce que sa copine l'a quitté.
Jean ist trübselig, weil seine Freundin ihn verlassen hat.

2 ► **avoir le cafard :** trübselig sein

café

1 ▷ Un café et une limonade, s'il vous plaît.
Einen Kaffee und eine Limonade, bitte.

1 (= boisson) der **Kaffee** (pluriel **Kaffees**)

ℹ *Kaffee n'est dénombrable que dans le sens d'une portion.*

▷ Je bois toujours du café au lait au petit déjeuner.
Ich trinke immer Milchkaffee zum Frühstück.

► **café au lait :** der **Milchkaffee**

2 ▷ Sa robe est couleur café.
Ihr Kleid ist kaffeebraun.

2 (= couleur) **kaffeebraun**

3 ▷ J'ai vu Sylvie au café près de l'école.
Ich habe Sylvie in der Kneipe bei der Schule gesehen.

3 (= bar) die **Kneipe** (pluriel **Kneipen**)

ℹ *En Allemagne, Café correspond plutôt à un salon de thé.*

cafétéria

▷ Ma mère déjeune tous les jours à la cafétéria.
Meine Mutter isst jeden Tag in der Cafeteria zu Mittag.

die **Cafeteria** (pluriel **Cafeterias**)

ℹ *Attention, il n'y a pas d'accent en allemand.*

cafetière

1 ▷ Nous avons offert une cafetière électrique à nos parents.
Wir haben unseren Eltern eine Kaffeemaschine geschenkt.

1 (pour faire le café) die **Kaffeemaschine** (pluriel **-maschinen**)

2 ▷ C'est plus élégant de servir le café dans une cafetière.
Es ist eleganter, Kaffee in einer Kaffekanne zu servieren.

2 (pour servir le café) die **Kaffeekanne** (pluriel **-kannen**)

cage

▷ Je n'aime pas les zoos ; c'est triste de voir les animaux dans des cages.
Ich mag Zoos nicht; es ist traurig, die Tiere in Käfigen zu sehen.

der **Käfig** (pluriel **Käfige**)

cagoule

▷ Il fait très froid, n'oublie pas ta cagoule.
Es ist sehr kalt, vergiss deine Kapuzenmütze nicht.

die **Kapuzenmütze** (pluriel **-mützen**)

cahier

▷ C'est mon cahier, pas le tien !
Das ist mein Heft, nicht deins!

das **Heft** (pluriel **Hefte**)

▷ Fais d'abord tes exercices dans ton cahier de brouillon.
Mach deine Übungen zuerst in deinem Schmierheft.

▷ Oh non, j'ai oublié mon cahier de textes !
Oh nein, ich habe mein Aufgabenheft vergessen!

► **cahier de brouillon :** das Schmierheft (pluriel -hefte)

ℹ *On dit aussi das Konzeptheft.*

► **cahier de textes :** das Aufgabenheft

cailler

1 ▷ Ça caille ici !
Es ist ja furchtbar kalt hier!

1 ► **ça caille ! :** es ist furchtbar kalt!

2 ▷ On s'est caillés dans le chalet.
Wir sind in dem Chalet fast erfroren.

2 ► **se cailler :** fast erfrieren (erfror, erfroren)

ℹ Cailler *est un mot familier, mais les traductions allemandes ne le sont pas.*

caillou

▷ J'aime bien lancer des cailloux dans l'eau.
Ich werfe gern Steine ins Wasser.

der Stein (pluriel Steine)

caisse

1 ▷ Papa a ouvert la caisse : elle était vide.
Papa hat die Kiste geöffnet: Sie war leer.

1 (= boîte) die Kiste (pluriel Kisten)

2 ▷ Cette caisse va fermer, allez à côté, s'il vous plaît.
Diese Kasse schließt, gehen Sie bitte an die nächste.

2 (dans un magasin) die Kasse (pluriel Kassen)

3 ▷ J'ai mis mes économies à la caisse d'épargne.
Ich habe meine Ersparnisse auf die Sparkasse gegeben.

3 ► **caisse d'épargne :** die Sparkasse (pluriel Sparkassen)

caissier, caissière

▷ Le caissier m'a aidé à mettre les courses dans des sacs.
Der Kassierer hat mir geholfen, die Einkäufe in den Taschen zu verstauen.

▷ La mère d'Aline est caissière au supermarché.
Alines Mutter ist Kassiererin im Supermarkt.

der Kassierer (pluriel Kassierer), die Kassiererin (pluriel Kassiererinnen)

cake

▷ Ma tante a fait un cake.
Meine Tante hat einen englischen Kuchen gebacken.

der englische Kuchen (pluriel Kuchen)

ℹ ***Englischer Kuchen*** *veut dire* « gâteau anglais ».

calcul

1 ▷ Ma petite sœur apprend le calcul.
Meine kleine Schwester lernt das Rechnen.

1 ► **le calcul :** das Rechnen

ℹ ***Rechnen*** *est un verbe substantivé ; il est indénombrable : on ne dit pas* ***ein Rechnen.***

2 ▷ Nous avons fait des calculs pour voir si nous avions assez d'argent.
Wir haben gerechnet, um zu sehen, ob wir genug Geld haben.

2 ► **faire des calculs :** rechnen

calculatrice

▷ Les calculatrices sont interdites pendant l'examen.
Taschenrechner sind während der Prüfung verboten.

der **Taschenrechner** (pluriel -rechner)

calculer

▷ Calculons combien ça va coûter.
Rechnen wir mal, wieviel es kostet.
▷ J'ai calculé mes chances, ça devrait aller.
Ich habe meine Chancen ausgerechnet, es sollte ja gehen.

rechnen

► **calculer ses chances :** *pronom possessif +* Chancen ausrechnen

ℹ *aus•rechnen est un verbe à particule séparable.*

calculette

▷ Les calculettes sont interdites pendant l'examen.
Taschenrechner sind während der Prüfung verboten.

der **Taschenrechner** (pluriel -rechner)

caleçon

▷ Ce caleçon est beaucoup trop grand pour moi !
Diese Unterhose ist viel zu groß für mich!
▷ Mon frère ne porte que des caleçons.
Mein Bruder trägt nur Boxershorts.

(= sous-vêtement) die **Unterhose** (pluriel Unterhosen)

ℹ *On dit aussi die **Boxershorts**, qui est un pluriel.*

calendrier

▷ Cette semaine, les facteurs passent avec les calendriers.
Diese Woche kommen die Briefträger mit den Kalendern vorbei.

der **Kalender** (pluriel Kalender)

câlin

▷ J'adore faire des câlins à ma petite sœur.
Ich schmuse so gerne mit meiner kleinen Schwester.

► **faire des câlins à** quelqu'un **:** mit jemandem (datif) schmusen

calme

1 ▷ Cyril est un enfant très calme.
Cyril ist ein sehr ruhiges Kind.
▷ C'est une rue calme.
Es ist eine ruhige Straße.

1 (en parlant d'une personne, d'un endroit) **ruhig**

2 ▷ À la campagne, j'apprécie surtout le calme.
Auf dem Land mag ich vor allem die Ruhe.

2 ► **le calme** (= le silence) : die **Ruhe**

▷ Du calme ! On ne s'entend plus parler !
Ruhe! Man hört ja sein eigenes Wort nicht mehr!

► **du calme ! : Ruhe!**

calmement

▷ Si tu lui parles calmement, je suis sûr qu'il comprendra.
Wenn du ruhig mit ihm sprichst, bin ich sicher, dass er es versteht.

ruhig

calmer

1 ▷ Personne n'a réussi à calmer Daphné.
Niemand konnte Daphné beruhigen.

1 ► **calmer** quelqu'un : jemanden (accusatif) **beruhigen**

2 ▷ Calme-toi, ce n'est pas grave !
Beruhige dich, es ist nicht schlimm!
▷ La vue de l'accident l'a beaucoup perturbée, elle a mis trois heures pour se calmer.
Der Anblick des Unfalls hat sie sehr durcheinander gebracht, sie brauchte drei Stunden, um sich zu beruhigen.

2 ► se **calmer** (en parlant d'une personne) : sich **beruhigen**

ℹ *Le pronom personnel allemand s'emploie à l'accusatif :* ***ich beruhige mich, du beruhigst dich, er / sie beruhigt sich, wir beruhigen uns, ihr beruhigt euch, sie beruhigen sich.***

3 ▷ Finalement, la tempête s'est calmée.
Der Sturm hat sich schließlich gelegt.

3 ► se **calmer** (en parlant de la tempête) : sich **legen**

camarade

▷ Théo est mon camarade de classe.
Théo ist mein Klassenkamerad.

der **Kamerad** (pluriel Kameraden), die **Kameradin** (pluriel Kameradinnen)

cambrioler

▷ La police a arrêté les hommes qui ont cambriolé notre maison.
Die Polizei hat die Männer festgenommen, die bei uns eingebrochen sind.

einbrechen

ℹ ***ein•brechen*** *est un verbe à particule séparable qui se conjugue comme* ***brechen*** (bricht, brach, gebrochen).

cambrioleur, cambrioleuse

▷ Les cambrioleurs ont pris notre télé.
Die Einbrecher haben unseren Fernseher gestohlen.

der **Einbrecher** (pluriel Einbrecher), die **Einbrecherin** (pluriel Einbrecherinnen)

camembert

▷ Tu préfères du camembert ou du gruyère ?
Magst du lieber Camembert oder Schweizer Käse?

der **Camembert**

caméra

▷ Regardez la caméra et souriez !
Lächelt in die Kamera!

die **Kamera** (pluriel Kameras)

camescope®

▻ Est-ce que tu vas emporter ton camescope en Allemagne ?
Nimmst du deinen Kamerarekorder mit nach Deutschland?

der **Kamerarekorder** (pluriel **-rekorder**)

ℹ *On utilise aussi le mot der* ***Camcorder*** *qui vient de l'anglais.*

ℹ *Le ® signifie que c'est le nom d'une marque. Vous n'avez pas besoin de l'écrire.*

camion

▻ Un énorme camion s'est arrêté devant la maison.
Ein riesiger Lastwagen hat vor dem Haus gehalten.

der **Lastwagen** (pluriel **Lastwagen**)

ℹ *On dit aussi der* ***Laster****.*

camionnette

▻ Nous avons loué une camionnette pour le déménagement.
Wir haben einen Lieferwagen für den Umzug gemietet.

der **Lieferwagen** (pluriel **-wagen**)

camp

1 ▻ Cet été, Thomas a fait un camp en Auvergne.
Diesen Sommer war Thomas in einem Ferienlager in der Auvergne.

1 (= camp de vacances) das **Ferienlager** (pluriel **-lager**)

2 ▻ Il y avait deux camps : les rouges et les bleus.
Es gab zwei Seiten: die Roten und die Blauen.

2 (= équipe) die **Seite** (pluriel **Seiten**)

campagne

1 ▻ Ils veulent vivre à la campagne.
Sie wollen auf dem Land wohnen.

1 ► **la campagne** (par opposition à la ville) **:** das **Land**

ℹ *Notez la préposition en allemand : à la campagne =* ***auf dem Land****.*

2 ▻ La campagne anglaise est très jolie.
Die englische Landschaft ist sehr schön.

2 ► **la campagne** (= les paysages) : die **Landschaft** (pluriel **Landschaften**)

3 ▻ La campagne électorale a commencé.
Der Wahlkampf hat begonnen.

3 ► **campagne électorale :** der **Wahlkampf** (pluriel **-kämpfe**)

camper

▻ Manu et ses copains ont campé près de Tours.
Manu und seine Freunde haben in der Nähe von Tours gecampt.

campen /ˈkɛmpn/

🔈 *Notez la prononciation.*

ℹ *On dit aussi* ***zelten****.*

camping

1 ▻ Le camping est interdit ici.
Campen ist hier verboten.

1 das **Campen** /ˈkɛmpn/

ℹ *On dit aussi das* ***Zelten****.*

2 ▷ J'aimerais faire du camping cet été.
Diesen Sommer würde ich gerne campen.

2 ► **faire du camping** : campen

ℹ *On dit aussi* ***zelten.***

3 ▷ Savez-vous où est le camping ?
Wissen Sie, wo der Campingplatz ist?

3 ► **un camping** (= un lieu où on campe) : der **Campingplatz** (pluriel -plätze)

ℹ *On dit aussi* der ***Zeltplatz.***

Canada

▷ Le Canada est le deuxième plus grand pays du monde.
Kanada ist das zweitgrösste Land der Welt.

▷ Il y a des paysages magnifiques au Canada.
In Kanada gibt es wunderschöne Landschaften.

▷ Ils sont allés au Canada pour chercher du travail.
Sie sind nach Kanada gegangen, um Arbeit zu suchen.

▷ Tu es déjà allée au Canada ?
Warst du schon in Kanada?

Kanada

► **le Canada** : Kanada

ℹ *Ne prend l'article neutre que précédé d'un adjectif :* ***das eingeborene Kanada*** (le Canada indigène).

► **au Canada** (= dans le pays) : in Kanada

► **au Canada** (= vers le pays) : nach Kanada

⚠ *Attention : pour dire que quelqu'un* est déjà allé quelque part, *on emploie une expression avec le prétérit du verbe* ***sein*** *+* ***schon.***

canadien, canadienne

1 ▷ David lisait un journal canadien.
David las eine kanadische Zeitung.

1 (adjectif) **kanadisch**

2 ▷ Les Canadiens ont une bonne équipe de hockey sur glace.
Die Kanadier haben eine gute Eishockeymannschaft.

2 (= personne) der **Kanadier** (pluriel Kanadier), die **Kanadierin** (pluriel Kanadierinnen)

canal

▷ Allons nous promener au bord du canal.
Komm, gehen wir am Kanal spazieren.

der **Kanal** (pluriel Kanäle)

canapé

▷ Christelle dormait dans le lit et Julie sur le canapé.
Christelle hat im Bett geschlafen und Julie auf dem Sofa.

das **Sofa** (pluriel Sofas)

ℹ *On dit aussi* die ***Couch*** /kautʃ/.

canard

▷ Emporte du pain pour les canards !
Nimm Brot für die Enten mit!

die **Ente** (pluriel Enten)

cancer

▷ Le cancer est une maladie grave.
Krebs ist eine schwere Krankheit.
▷ Il est Cancer.
Er ist Krebs.

► le cancer : der Krebs

► être Cancer (= du signe zodiaque) : Krebs sein

canette

▷ Tu as pris les canettes de coca ?
Hast du die Coladosen mitgenommen?

die Dose (pluriel Dosen)

canne

1 ▷ Papy marche avec une canne maintenant.
Opa läuft jetzt mit einem Stock.

1 (pour s'appuyer) der Stock (pluriel Stöcke)

2 ▷ Laurent m'a prêté sa canne à pêche.
Laurent hat mir seine Angel geliehen.

2 ► canne à pêche : die Angel (pluriel Angeln)

canon

1 ▷ Il y a des canons anciens à Versailles.
In Versailles gibt es alte Kanonen.

1 (= arme) die Kanone (pluriel Kanonen)

2 ▷ On peut chanter cette chanson en canon.
Dieses Lied kann man im Kanon singen.

2 ► chanter en canon : im Kanon singen

cantine

▷ Je mange à la cantine tous les jours.
Ich esse jeden Tag in der Kantine.

die Kantine (pluriel Kantinen)

caoutchouc

1 ▷ Le caoutchouc est produit par un arbre.
Kautschuk wird von einem Baum produziert.

1 (= la matière première) der Kautschuk

2 ▷ Mes chaussures ont des semelles en caoutchouc.
Meine Schuhe haben Gummisohlen.
▷ Maman porte des gants en caoutchouc pour faire la vaisselle.
Mama trägt Gummihandschuhe zum Geschirrspülen.

2 *Pour désigner des objets* **en caoutchouc**, *on forme des mots composés avec* ***Gummi*** *:* *der* ***Gummischlauch*** **(tuyau en caoutchouc),** *die* ***Gummistiefel*** **(bottes en caoutchouc),** *etc.*

capable

▷ Elle est capable de nager très longtemps.
Sie kann sehr lange schwimmen.

► être capable de faire quelque chose : etwas tun können (kann, konnte, können)

capitaine

▷ Qui est le capitaine de votre équipe de foot ?
Wer ist euer Mannschaftskapitän?

der Kapitän (pluriel Kapitäne)

capitale

▷ Copenhague est la capitale du Danemark.
Kopenhagen ist die Hauptstadt von Dänemark.

die Hauptstadt (pluriel Hauptstädte)

Capricorne

▷ Alice est Capricorne.
Alice ist Steinbock.

(= signe astrologique) der **Steinbock**

capuche

▷ Je voudrais une veste avec une capuche.
Ich hätte gerne eine Jacke mit einer Kapuze.

die **Kapuze** (pluriel Kapuzen)

car (NOM MASCULIN)

▷ Pour le voyage scolaire nous avons pris un beau car.
Zur Schulreise fuhren wir mit einem tollen Reisebus.
▷ J'ai fait le voyage à Berlin en car.
Ich bin mit dem Reisebus nach Berlin gefahren.
▷ J'ai raté le car de ramassage scolaire.
Ich habe den Schulbus verpasst.

der **Reisebus** (pluriel Reisebusse)

► **en car :** mit dem Reisebus

► **car de ramassage scolaire :** der Schulbus (pluriel -busse)

car (CONJONCTION)

▷ Je ne l'ai pas attendu car il était très en retard.
Ich habe nicht auf ihn gewartet, denn er hatte viel Verspätung.

denn

caractère

▷ Mon frère a bon caractère.
Mein Bruder ist gutmütig.
▷ Tu as vraiment mauvais caractère !
Du hast wirklich einen üblen Charakter!

► **avoir bon caractère :** gutmütig sein
► **avoir mauvais caractère :** einen üblen Charakter haben

ℹ *Notez l'orthographe du mot allemand.*

carafe

▷ Une bouteille de vin et une carafe d'eau, s'il vous plaît.
Eine Flasche Wein und eine Karaffe Wasser, bitte.

die **Karaffe** (pluriel Karaffen)

caramel

1 ▷ Il y a du caramel sur le gâteau.
Auf dem Kuchen ist Karamell.

1 ► **du caramel** (= du sucre cuit) : Karamell

2 ▷ J'ai mangé tout le paquet de caramels !
Ich habe das ganze Päckchen Karamellbonbons gegessen!

2 (= un bonbon) das / der **Karamellbonbon** (pluriel -bonbons)

carapace

▷ Les tortues ont une carapace très dure.
Schildkröten haben einen sehr harten Panzer.

der **Panzer** (pluriel Panzer)

caravane

▷ Ils ont acheté une grande caravane pour partir en vacances.
Sie haben einen großen Wohnwagen gekauft, um in die Ferien zu fahren.

der **Wohnwagen** (pluriel **-wagen**)

carburant

▷ Le prix du carburant a augmenté.
Die Benzinpreise sind gestiegen.

(pour voitures) das **Benzin**

cardiaque

▷ Monsieur Lopez est cardiaque.
Herr Lopez ist herzkrank.

herzkrank

caresser

▷ Le chat ronronne quand on le caresse.
Die Katze schnurrt, wenn man sie streichelt.

streicheln

carnaval

▷ Tu vas te déguiser pour le carnaval ?
Wirst du dich zum Karneval kostümieren?

der **Karneval** (pluriel **Karnevale, Karnevals**)

ℹ *Dans le sud de l'Allemagne et en Autriche, on dit **Fasching**.*

carnet

▷ Tous les mots allemands que j'apprends, je les écris dans un carnet.
Alle deutschen Wörter, die ich lerne, schreibe ich in ein Notizbuch.

(= pour écrire) das **Notizbuch** (pluriel **-bücher**)

▷ J'ai perdu mon carnet d'adresses !
Ich habe mein Adressbuch verloren!

► **carnet d'adresses :** das **Adressbuch**

▷ Mes parents n'ont pas encore vu mon carnet de notes.
Meine Eltern haben mein Zeugnisheft noch nicht gesehen.

► **carnet de notes :** das **Zeugnisheft** (pluriel **-hefte**)

▷ Deux carnets de timbres, s'il vous plaît.
Zwei Briefmarkenheftchen, bitte.

► **carnet de timbres :** das **Briefmarkenheftchen** (pluriel **-heftchen**)

ℹ *Le suffixe **-chen** indique le diminutif.*

carotte

▷ Il faut que j'achète des carottes pour le lapin.
Ich muss Möhren für das Kaninchen kaufen.

die **Möhre** (pluriel **Möhren**)

ℹ *On dit aussi die **Karotte** (pluriel **Karotten**).*

carré, carrée

1 ▷ Dessine un carré et un cercle.
Zeichne ein Quadrat und einen Kreis.

1 (= forme géométrique) das **Quadrat** (pluriel **Quadrate**)

2 ▷ L'écran de l'ordinateur est presque carré.
Der Computerbildschirm ist fast quadratisch.

2 (adjectif) **quadratisch**

carreau

1 ▷ Nous avons choisi des carreaux bleus pour le sol de la cuisine.
Wir haben blaue Fliesen für den Küchenboden ausgesucht.

1 (au sol) die **Fliese** (pluriel Fliesen)

2 ▷ Il nous faudrait des carreaux au-dessus de l'évier.
Wir bräuchten Kacheln über dem Spülbecken.

2 (sur les murs) die **Kachel** (pluriel Kacheln)

3 ▷ Ces carreaux sont vraiment sales, je ne vois rien !
Diese Fensterscheiben sind wirklich dreckig, ich sehe gar nichts!

3 (= vitre) die **Fensterscheibe** (pluriel –scheiben)

4 ▷ Annie porte un pantalon à carreaux.
Annie trägt eine karierte Hose.

4 ► **à carreaux :** kariert

5 ▷ Qui a l'as de carreau ?
Wer hat das Karo-As?

5 (dans un jeu de cartes) das **Karo**

carrefour

▷ Il y a encore eu un accident au carrefour.
Es gab schon wieder einen Unfall an der Kreuzung.

die **Kreuzung** (pluriel Kreuzungen)

carrelage

▷ Un carrelage est facile à entretenir.
Ein Fliesenboden ist pflegeleicht.

der **Fliesenboden** (pluriel –böden)

ℹ *Littéralement,* ***Fliesenboden*** *signifie « sol en carreaux ».*

▷ Ils vont enfin poser le carrelage dans la cuisine.
Sie werden endlich in der Küche die Fliesen verlegen.

► **poser du carrelage :** Fliesen verlegen

cartable

▷ Mon cartable est trop lourd !
Meine Schultasche ist zu schwer!

▷ Ma petite sœur est toute fière de son cartable neuf.
Meine kleine Schwester ist ganz stolz auf ihren neuen Schulranzen.

die **Schultasche** (pluriel Schultaschen)
Quand il s'agit d'un **cartable à bretelles**, *on dit der* ***Schulranzen*** (pluriel –ranzen).

carte

1 ▷ Je vais envoyer une carte à Laura pour son anniversaire.
Ich werde Laura eine Karte zum Geburtstag schicken.

▷ On joue aux cartes ce soir ?
Wollen wir heute Abend Karten spielen?

1 (= carte de vœux, carte à jouer) die **Karte** (pluriel Karten)

► **jouer aux cartes :** Karten spielen

▷ Prends la carte routière et guide-moi.
Nimm die Straßenkarte und leite mich.

► **carte routière :** die Straßenkarte

▷ Nous avons acheté une carte de la Corse pour préparer les vacances.
Wir haben eine Landkarte von Korsika gekauft, um die Ferien zu planen.

► **carte** (de géographie) **:** die Landkarte

▷ Regarde la carte et choisis ce que tu veux manger.
Schau dir die Speisekarte an und wähle dir aus, was du essen willst.

► **la carte** (dans un restaurant) **:** die Speisekarte

▷ J'ai écrit plus de vingt cartes postales aujourd'hui.
Ich habe heute mehr als zwanzig Postkarten geschrieben.

► **carte postale :** die Postkarte

▷ Où est-ce que je pourrais acheter une carte de téléphone ?
Wo könnte ich eine Telefonkarte kaufen?

► **carte de téléphone :** die Telefonkarte

2 ▷ N'oublie pas ta carte d'identité.
Vergiss deinen Personalausweis nicht.

2 ► **carte d'identité :** der Personalausweis (pluriel –ausweise)

carton

1 ▷ Colle le poster sur ce bout de carton, ce sera plus solide.
Kleb das Poster auf dieses Stück Pappe, dann ist es solider.
▷ Est-ce que cette boîte est en carton ?
Ist die Schachtel aus Pappe?
▷ Anaïs a fabriqué un avion en carton.
Anaïs hat ein Pappflugzeug gebaut.
▷ Achète des gobelets en carton, s'il te plaît.
Kauf bitte Pappbecher.

1 (= matériau) die Pappe

ℹ *On dit aussi der* ***Karton****.*

► **être en carton :** aus Pappe sein

Pour désigner les objets **en carton** *en allemand, on forme des mots composés avec* ***Papp–****: der* ***Pappteller*** (assiette en carton), *der* ***Pappkarton*** (boîte en carton).

2 ▷ Nous avons tout mis dans des cartons avant de déménager.
Vor dem Umzug haben wir alles in Kartons geräumt.

2 (= récipient) der Karton /kar'tõ:/ (pluriel Kartons)

◀ *Notez la prononciation.*

cartouche

▷ Les chasseurs laissent beaucoup de cartouches vides dans la forêt.
Die Jäger lassen viele leere Patronen im Wald liegen.

(de fusil, d'encre) die Patrone (pluriel Patronen)

cas

1 ▷ C'est un cas particulier.
Das ist ein spezieller Fall.

1 (= situation) der Fall (pluriel Fälle)

2 ▷ Prends ton parapluie au cas où il pleuvrait.
Nimm deinen Schirm, falls es regnen sollte.
▷ Au cas où il viendrait, nous laisserons la porte ouverte.
Falls er kommen sollte, lassen wir die Tür offen.

2 ► **au cas où** + *conditionnel* : **falls** + *verbe* + **sollen** (au subjonctif I)

3 ▷ Je ne sais pas ce que vous allez faire, mais moi en tout cas je pars.
Ich weiß nicht, was ihr machen wollt, aber ich gehe auf jeden Fall.

3 ► **en tout cas : auf jeden Fall**

ℹ *On dit aussi* ***jedenfalls*** *ou* ***auf alle Fälle***.

case

▷ J'ai oublié de remplir la dernière case du questionnaire.
Ich habe vergessen, das letzte Feld auf dem Fragebogen auszufüllen.
▷ Tu dois avancer de trois cases.
Du musst drei Felder vorgehen.

(dans un questionnaire, les mots croisés, dans un jeu de société) das **Feld** (pluriel **Felder**)

casque

1 ▷ Je mets un casque quand je prends mon vélo.
Ich nehme einen Helm zum Fahrradfahren.
▷ Tu es fou de faire de la moto sans casque !
Du bist wohl verrückt, ohne Sturzhelm Motorrad zu fahren!

1 (= protection) der **Helm** (pluriel **Helme**)
(pour faire de la moto) der **Sturzhelm**

2 ▷ Lou aime écouter de la musique avec un casque.
Lou hört sich gern Musik über Kopfhörer an.

2 (pour écouter de la musique) der **Kopfhörer** (pluriel **Kopfhörer**)

casquette

▷ Les casquettes de base-ball sont à la mode.
Baseballkappen sind gerade in.

die **Kappe** (pluriel **Kappen**)

cassé, cassée

1 ▷ Le vase est cassé.
Die Vase ist zerbrochen.

1 (= brisé) **zerbrochen**

2 ▷ J'ai tondu la pelouse, je suis cassé !
Ich habe den Rasen gemäht, ich bin fix und fertig!

2 (= fatigué) **fix und fertig**

ℹ *Le mot français et sa traduction sont familiers.*

casse-croûte

▷ On a des casse-croûtes pour midi.
Wir haben Imbisse für das Mittagessen.

der **Imbiss** (pluriel **Imbisse**)

casser

1 ▷ Attention, tu vas casser l'assiette !
Vorsicht, du wirst den Teller zerbrechen!
▷ Ces verres se cassent facilement.
Diese Gläser zerbrechen leicht.

1 (= briser) **zerbrechen** (zerbricht, zerbrach, zerbrochen)
► **se casser** (en parlant d'un objet) : zerbrechen

2 ▷ Roxanne s'est cassé la jambe en skiant.
Roxanne hat sich beim Skifahren das Bein gebrochen.
▷ J'ai peur de me casser quelque chose.
Ich habe Angst, mir etwas zu brechen.
▷ Je me suis déjà cassé deux fois la cheville.
Ich habe mir schon zweimal den Knöchel gebrochen.

2 ► se **casser la jambe,** se **casser le bras :** sich **das Bein brechen,** sich **den Arm brechen** (bricht, brach, gebrochen)

Le pronom personnel allemand s'emploie au datif : ***ich breche mir…, du brichst dir…, er / sie bricht sich…, wir brechen uns…, ihr brecht euch…, sie brechen sich…***

3 ▷ Ne te casse pas la tête, on trouvera bien une solution !
Zerbrich dir nicht den Kopf, wir finden schon eine Lösung!

3 ► se **casser la tête :** sich **den Kopf zerbrechen**

casserole

▷ Les oignons ont brûlé dans la casserole.
Die Zwiebeln sind im Topf angebrannt.

der **Topf** (pluriel Töpfe)

cassette

▷ Pendant le cours d'anglais, nous écoutons des cassettes.
Im Englischunterricht hören wir uns Kassetten an.
▷ J'ai le film sur cassette vidéo, mais pas sur DVD.
Ich habe den Film auf Videokassette, aber nicht auf DVD.

die **Kassette** (pluriel Kassetten)

► **cassette vidéo :** die **Videokassette**

cassis

▷ J'adore la confiture de cassis.
Ich liebe schwarze Johannisbeermarmelade.

die **schwarze Johannisbeere** (pluriel -beeren)

Attention : n'oubliez pas de préciser ***schwarze****. Sans la précision de l'adjectif,* ***Johannisbeere*** *sous-entend* ***rote Johannisbeere*** *qui signifie « groseille ».*

castor

▷ Hier soir, j'ai vu un documentaire sur les castors.
Gestern Abend habe ich einen Dokumentarfilm über Biber gesehen.

der **Biber** (pluriel Biber)

catalogue

▷ Quelqu'un a vu le catalogue de l'exposition ?
Hat jemand den Katalog der Ausstellung gesehen?

der **Katalog** (pluriel Kataloge)

catastrophe

▷ J'ai perdu mes clés ! C'est une catastrophe !
Ich habe meine Schlüssel verloren! Das ist ja eine Katastrophe!

▷ Cette marée noire est une nouvelle catastrophe écologique.
Diese Ölpest ist eine neue Umweltkatastrophe.

▷ Il y a eu plusieurs catastrophes naturelles cette année.
Dieses Jahr gab es mehrere Naturkatastrophen.

die **Katastrophe** (pluriel Katastrophen)

► **catastrophe écologique :** Umweltkatastrophe

ℹ *Quand* catastrophe *est utilisé avec un adjectif, on forme un mot composé : die* ***Flugzeugkatastrophe*** (catastrophe aérienne) *; die* ***Eisenbahnkatastrophe*** (catastrophe ferroviaire).

catch

▷ Mon père adore regarder le catch à la télé.
Mein Vater schaut liebend gern Catchen im Fernsehen.

das **Catchen** /'kætʃn/

🔈 *Notez la prononciation.*

catégorie

1 ▷ Il y a plusieurs catégories de modems.
Es gibt mehrere Kategorien von Modems.

1 die **Kategorie** (pluriel Kategorien)

2 ▷ Au judo, les cours se font par catégories d'âge.
Im Judo finden die Kurse nach Alterklassen statt.

2 *Dans le domaine du sport, on traduit par die* ***Klasse*** (pluriel Klassen).

cathédrale

▷ La cathédrale est magnifique.
Die Kathedrale ist prachtvoll.

die **Kathedrale** (pluriel Kathedralen)

ℹ *En allemand, il existe aussi les mots der* ***Dom*** *et das* ***Münster****.*

cauchemar

▷ Le cauchemar m'a réveillé.
Der Albtraum hat mich geweckt.

▷ J'ai fait un horrible cauchemar cette nuit.
Ich hatte diese Nacht einen furchtbaren Albtraum.

der **Albtraum** (pluriel -träume)

► **faire un cauchemar :** einen Albtraum haben

cause

1 ▷ Personne ne connaît la cause de l'accident.
Niemand kennt die Ursache des Unfalls.

1 (= raison) die **Ursache** (pluriel Ursachen)

2 ▷ À cause des embouteillages, j'ai raté mon rendez-vous.
Wegen der Staus habe ich meinen Termin verpasst.

2 ► **à cause de :** wegen

▻ À cause de toi, je dois rester à la maison.
Deinetwegen muss ich zu Hause bleiben.
▻ À cause d'elle, nous avons été punis.
Wir wurden ihretwegen bestraft.

Quand on utilise **à cause de** *avec un pronom personnel, on traduit par* ***meinetwegen, deinetwegen, seinetwegen, ihretwegen, unsertwegen, euretwegen, ihretwegen.***

cavalier, cavalière

(= personne à cheval) der **Reiter** (pluriel **Reiter**), die **Reiterin** (pluriel **Reiterinnen**)

▻ Tu as vu les cavaliers?
Hast du die Reiter gesehen?

cave

der **Keller** (pluriel **Keller**)

▻ Je n'aime pas aller à la cave, elle est pleine d'araignées.
Ich gehe nicht gern in den Keller, er ist voller Spinnen.
▻ Mon oncle s'est fait construire une cave à vin.
Mein Onkel hat sich einen Weinkeller bauen lassen.

► **cave à vin :** der **Weinkeller**

caverne

die **Höhle** (pluriel **Höhlen**)

▻ Les hommes préhistoriques vivaient dans des cavernes.
Die Urmenschen lebten in Höhlen.

CD

die **CD** (pluriel **CDs**)

▻ J'ai offert un CD à Juliette pour son anniversaire.
Ich habe Juliette eine CD zum Geburtstag geschenkt.
▻ Mon père a des centaines de CD de musique classique.
Mein Vater hat hunderte von klassischen CDs.

ℹ *En allemand, on forme le pluriel de* ***CD*** *en ajoutant un* ***s*** *minuscule à la fin.*

CDI

die **Schulbücherei** (pluriel **-büchereien**)

▻ Je vais au CDI chercher un livre sur Berlin.
Ich gehe zur Schulbücherei, um mir ein Buch über Berlin zu holen.

CD-ROM

die **CD-ROM** (pluriel **CD-ROMs**)

ℹ *En allemand, on forme le pluriel de* ***CD-ROM*** *en ajoutant un* ***s*** *minuscule à la fin.*

▻ Ali a une encyclopédie sur CD-ROM, c'est vraiment bien.
Ali hat eine Lexikon auf CD-ROM, das ist wirklich toll.

ce

1 (= cela) **das**

1 ▻ Ce n'est pas vrai.
Das ist nicht wahr.
▻ Ce sont des roses.
Das sind Rosen.

2 ▷ Qui a jeté ce chewing-gum ? – Ce n'était pas lui !
Wer hat das Kaugummi weggeschmissen? – Er war es nicht.
▷ C'est moi !
Ich bin's!

2 ► **ce** + **être** + *pronom personnel* **:** es + sein

3 ▷ Je ne sais pas ce que je dois faire.
Ich weiß nicht, was ich tun soll.
▷ Personne ne comprend ce qui se passe.
Niemand versteht, was los ist.

3 ► **ce que :** was

► **ce qui :** was

ce, cet, cette

1 ▷ Ce chien me rendra fou !
Dieser Hund macht mich verrückt!
▷ Ce blouson est trop petit pour moi.
Diese Jacke ist zu klein für mich.
▷ Cette maison au bout de la rue est la maison de Cédric.
Dieses Haus am Ende der Straße ist Cedrics.

1 *Pour désigner une chose ou une personne, on traduit par* ***dieser*** *(pour le masculin),* ***diese*** *(pour le féminin) ou* ***dieses*** *(pour le neutre), en fonction du genre en allemand.*

2 ▷ Cet après-midi, je vais faire des courses avec ma mère.
Heute Nachmittag gehe ich mit meiner Mutter einkaufen.

2 (en parlant d'un moment de la journée en cours) heute
ℹ *On ajoute le moment de la journée après* ***heute*** *:* ***heute Abend*** (ce soir), ***heute Morgen*** (ce matin).

3 ▷ Il va faire froid cette nuit.
Heute Nacht wird es kalt.
▷ Je n'ai pas bien dormi cette nuit.
Gestern Nacht habe ich schlecht geschlafen.

3 ► **cette nuit** (= la nuit qui vient) : heute Nacht
► **cette nuit** (= la nuit passée) : gestern Nacht

céder

▷ J'ai essayé de convaincre mes parents, mais ils n'ont pas cédé.
Ich habe versucht, meine Eltern zu überzeugen, aber sie haben nicht nachgegeben.

nachgeben
ℹ ***nach•geben*** *est un verbe à particule séparable et se conjugue comme* ***geben*** (gibt, gab, gegeben).

ceinture

1 ▷ Mets une ceinture si ton pantalon est trop grand.
Schnall einen Gürtel um, wenn deine Hose zu weit ist.

1 der Gürtel (pluriel Gürtel)

2 ▷ Attache ta ceinture de sécurité.
Schnall deinen Sicherheitsgurt an.

2 ► **ceinture de sécurité :** der Sicherheitsgurt (pluriel –gurte)

célèbre

▻ Matisse est un peintre célèbre.
Matisse ist ein berühmter Maler.

berühmt

céleri

▻ Je déteste le céleri.
Ich hasse Sellerie.

der **Sellerie**
ℹ *Sellerie est indénombrable, on ne dit pas ein Sellerie.*

célibataire

1 ▻ Est-ce que ton grand frère est célibataire ?
Ist dein großer Bruder ledig?

1 (adjectif) **ledig**

2 ▻ Je connais plusieurs célibataires qui partagent des appartements.
Ich kenne mehrere Junggesellen, die eine Wohnung teilen.

2 (= personne) der **Junggeselle** (pluriel **-gesellen**), die **Junggesellin** (pluriel **-gesellinnen**)

celle, celle-ci, celle-là

*Regardez à **celui, celui-ci, celui-là**.*

celles, celles-ci, celles-là

*Regardez à **ceux, ceux-ci, ceux-là**.*

celui, celle

1 ▻ Ne prends pas cet imper, c'est celui de mon frère.
Nimm nicht diesen Regenmantel, das ist der meines Bruders.
▻ J'ai raté le tram, je prendrai celui de neuf heures.
Ich habe die Straßenbahn verpasst, ich nehme die um neun.
▻ C'est son cahier, celui avec la couverture bleue.
Das ist sein Heft, das mit dem blauen Umschlag.

1 *Quand **celui** ou **celle** est suivi d'une préposition, on traduit par **der**, **die** ou **das**, selon le genre du sujet en allemand.*

2 ▻ Le pull bleu est celui que je préfère.
Der blaue Pulli ist der, den ich am liebsten mag.
▻ Cette fille est celle qui m'a insulté.
Dieses Mädchen ist das, das mich beschimpft hat.
▻ Ce CD n'est pas mal, mais celui que j'ai entendu hier est encore mieux.
Diese CD ist nicht schlecht, aber die, die ich gestern gehört habe, war besser.

2 *Lorsque **celui** ou **celle** est suivi d'un pronom relatif (**que** ou **qui**), on traduit par **der, den...** (pour le masculin), **die, die...** (pour le féminin) ou **das, das...** (pour le neutre), en fonction du genre du sujet qu'il remplace en allemand.*

celui-ci, celle-ci

▷ Ton T-shirt est bien, mais celui-ci est encore mieux.
Dein T-Shirt ist gut, aber dieses hier ist noch besser.
▷ Essaie celle-ci, je pense qu'elle t'irait mieux.
Probier diese hier mal an, ich glaube, sie steht dir besser.

Selon le genre du sujet en allemand, on traduit par ***dieser hier*** *(pour le masculin),* ***diese hier*** *(pour le féminin),* ***dieses hier*** *(pour le neutre).*

ℹ *On dit aussi* ***der hier, die hier, das hier****.*

celui-là, celle-là

▷ Je n'aime pas cette couleur. – Et celle-là ?
Ich mag diese Farbe nicht. – Und diese da?

Selon le genre du sujet en allemand, on traduit par ***dieser da*** *(pour le masculin),* ***diese da*** *(pour le féminin),* ***dieses da*** *(pour le neutre).*

ℹ *On dit aussi* ***der da, die da, das da****.*

cendre

▷ La cheminée est pleine de cendres.
Der Kamin ist voller Asche.

die **Asche**

ℹ *Ce mot s'emploie surtout au singulier.*
ℹ ***Aschenputtel*** *ou* ***Aschenbrödel*** *veut dire* Cendrillon.

cent

1 ▷ J'ai économisé deux cents euros.
Ich habe zweihundert Euro gespart.

▷ L'arrière-grand-mère de Lucien a cent ans.
Luciens Urgroßmutter ist hundert Jahre alt. *ou* **Luciens Urgroßmutter ist hundert.**

1 **hundert**

ℹ *Quand* ***hundert*** *est précédé d'un nombre, les deux sont collés.*

Quand on dit l'âge de quelqu'un, on dit ***ist hundert Jahre alt****, ou on peut dire simplement le nombre :* ***ist hundert****.*

2 ▷ Les prix ont augmenté de trois pour cent.
Die Preise sind um drei Prozent gestiegen.

2 ► **pour cent :** **Prozent**

centaine

▷ Il y avait une centaine d'enfants à la piscine.
Es waren ungefähr hundert Kinder im Schwimmbad.

► **une centaine de ...** (= environ cent) : **ungefähr hundert ...**

ℹ *On dit aussi* ***etwa hundert****.*
ℹ *Dans cette expression,* ***hundert*** *est adjectif.*

▷ Bruno a des centaines de BD.
Bruno hat Hunderte von Comics.

► **des centaines de ... : Hunderte von ...**

ℹ *Dans cette expression,* ***Hundert*** *est substantif.*

centime

▷ Tu peux me prêter vingt centimes ?
Kannst du mir zwanzig Cent leihen?

der **Cent** (pluriel **Cents**)

ℹ *Pour les devises, le pluriel n'est généralement pas employé.*

centre

1 ▷ Dessinez un cercle au centre du carré.
Zeichnet einen Kreis in der Mitte des Quadrats.

1 (= le milieu) die **Mitte**

2 ▷ Je vais au centre de loisirs le mercredi après-midi.
Mittwochnachmittags gehe ich ins Freizeitzentrum.
▷ Ils construisent un centre commercial près de la gare.
Sie bauen ein Einkaufszentrum neben dem Bahnhof.

2 (= lieu) das **Zentrum** (pluriel Zentren)

► **centre commercial :** das Einkaufszentrum (pluriel –zentren)

centre-ville

▷ Où est le centre-ville ?
Wo ist das Stadtzentrum?
▷ On pourrait se rencontrer au centre-ville.
Wir könnten uns im Stadtzentrum treffen.
▷ Je vais au centre-ville avec mes copines.
Ich gehe mit meinen Freundinnen ins Stadtzentrum.

das **Stadtzentrum**

ℹ *On dit aussi die* ***Stadtmitte****.*

► **au centre-ville** (= dans le centre) : im Stadtzentrum

► **au centre-ville** (= vers le centre) : ins Stadtzentrum

cercle

▷ Fais un cercle avec ton compas.
Zieh mit deinem Zirkel einen Kreis.

der **Kreis** (pluriel Kreise)

céréale

1 ▷ Dans cette région, on cultive surtout des céréales.
In dieser Gegend baut man vor allem Getreide an.
▷ Le riz est une céréale.
Reis ist eine Getreideart.

1 ► **céréales :** das Getreide

ℹ *Ce mot s'emploie uniquement au singulier.*

ℹ *Quand on parle d'une céréale en particulier, on traduit par die* ***Getreideart*** (pluriel *–arten*) *en allemand.*

2 ▷ Je mange des céréales au petit déjeuner.
Ich esse Müsli zum Frühstück.

2 *On traduit par das* ***Müsli*** *toutes les sortes de* **céréales** *qu'on mange au petit-déjeuner.*

cerf

▷ Nous avons vu des cerfs dans la forêt.
Wir haben im Wald Hirsche gesehen.

der **Hirsch** (pluriel Hirsche)

cerf-volant

▷ Florian veut un cerf-volant pour son anniversaire.
Florian will einen Drachen zum Geburtstag.
▷ Mon cousin aime jouer au cerf-volant dans le pré.
Mein Cousin lässt gern den Drachen auf der Wiese steigen.

der **Drache** (pluriel Drachen)

ℹ ***Drache*** *veut dire aussi* **dragon**.

► **jouer au cerf-volant :** den Drachen steigen lassen (lässt, ließ, gelassen)

cerise

▷ J'adore les cerises !
Ich liebe Kirschen!
▷ Mario préfère la glace à la cerise.
Mario mag Kirscheis lieber.
▷ Je t'échange mes bonbons à la menthe contre tes bonbons à la cerise.
Ich tausche meine Minzbonbons gegen deine Kirschbonbons ein.

die **Kirsche** (pluriel **Kirschen**)

Pour dire que quelque chose est **à la cerise**, *on forme des mots composés avec* ***Kirsch–*** *:* *das* ***Kirschjoghurt*** **(yaourt à la cerise)**, *die* ***Kirschtorte*** **(tarte aux cerises)**, *etc.*

Ne confondez pas avec die **Kirche** *qui veut dire* église.

certain, certaine, certains

1 ▷ Tu es certain que ton vélo a été volé ?
Bist du sicher, dass dein Fahrrad gestohlen wurde?
▷ Je suis certaine que c'était Andreas.
Ich bin sicher, dass es Andreas war.

1 (= sûr) **sicher**

2 ▷ Certains élèves n'aiment pas la directrice.
Manche Schüler mögen die Schulleiterin nicht.

2 ► **certains** (= quelques) : **manche**

certainement

▷ Charlotte ira certainement à la soirée chez Cyril.
Charlotte wird sicherlich auf Cyrils Party gehen.

(= très probablement) **sicherlich**

certificat

▷ J'ai besoin d'un certificat pour l'école.
Ich brauche eine Bescheinigung für die Schule.

▷ Le professeur demande un certificat médical.
Der Lehrer möchte ein Attest.

(= attestation administrative) die **Bescheinigung** (pluriel **Bescheinigungen**)
► **certificat médical :** das **Attest** (pluriel **Atteste**)

cerveau

▷ Nous avons regardé une émission sur le cerveau humain.
Wir haben eine Sendung über das menschliche Gehirn gesehen.

das **Gehirn** (pluriel **Gehirne**)

ces

▷ Regarde ces photos : elles sont bien, non ?
Schau mal diese Fotos an: Sie sind gut, oder?

diese

c'est-à-dire

▷ Ma famille viendra, c'est-à-dire mes parents et mes grands-parents.
Meine Familie wird kommen, das heißt, meine Eltern und meine Großeltern.

(pour donner une explication) **das heißt**

cet, cette

Regardez au mot ***ce***.

ceux, celles

▷ Ceux avec un billet peuvent entrer.
Diejenigen mit einer Eintrittskarte dürfen hineingehen.
▷ Ces pulls ne sont pas mal, mais ceux que j'ai vus hier sont encore mieux.
Diese Pullis sind nicht schlecht, aber die, die ich gestern gesehen habe, waren noch besser.

diejenigen

► **ceux que...** *ou* **celles que..., ceux qui...** *ou* **celles qui... :** die, die...

ceux-ci, celles-ci

▷ Tes chaussures ne sont pas mal, mais je préfère celles-ci.
Deine Schuhe sind nicht schlecht, aber ich mag diese hier lieber.

diese hier

ceux-là, celles-là

▷ Ne jette pas ceux-là, je les garde.
Wirf diese da nicht weg, ich behalte sie.

diese da

chacun, chacune

1 ▷ Nous avons dix euros chacun.
Jeder von uns hat zehn Euro.

2 ▷ Chacun apportera quelque chose à boire.
Jeder bringt etwas zu trinken mit.

1 (= chaque personne) jeder von uns *(ou von euch ou von ihnen)*

2 (= tout le monde) jeder

chagrin

▷ Angélique a du chagrin parce que son chat est mort.
Angélique ist traurig, weil ihre Katze tot ist.

► **avoir du chagrin :** traurig sein

chaîne

1 ▷ Quelle jolie chaîne ! Elle est en or ?
Was für eine schöne Kette! Ist sie aus Gold?

2 ▷ Est-ce qu'il y a un film sur une autre chaîne ?
Gibt es auf einem anderen Sender einen Film?

3 ▷ Kiki a eu une chaîne pour son anniversaire.
Kiki hat eine Stereoanlage zum Geburtstag bekommen.

1 (= bijou, chaîne pour attacher) die Kette (pluriel Ketten)

2 (à la télévision) der Sender (pluriel Sender)

3 (pour écouter de la musique) die Stereoanlage (pluriel -anlagen)

chaise

▷ Assieds-toi sur cette chaise.
Setz dich auf diesen Stuhl.
▷ J'ai passé la journée dans une chaise longue.
Ich habe den Tag auf einem Liegestuhl verbracht.

der Stuhl (pluriel Stühle)

► **chaise longue :** der Liegestuhl (pluriel -stühle)

chalet

▷ Tous les hivers, nous louons un chalet dans les Vosges.
Jeden Winter mieten wir ein Chalet in den Vogesen.

das **Chalet** (pluriel **Chalets**)

Se prononce comme en français. Le **s** *du pluriel se prononce en allemand.*

chaleur

▷ On ne peut pas travailler par cette chaleur !
Bei dieser Hitze kann man doch nicht arbeiten!

die **Hitze**

chaleureux, chaleureuse

▷ C'était un accueil très chaleureux.
Es war ein sehr herzlicher Empfang.

herzlich

chambre

▷ Tu dormiras dans cette chambre.
Du schläfst in diesem Schlafzimmer.

▷ Une chambre pour une personne, s'il vous plaît.
Ein Einzelzimmer, bitte.

(chez soi) das **Schlafzimmer** (pluriel **–zimmer**)
(dans un hôtel) das **Zimmer** (pluriel **Zimmer**)

Une **chambre double** *se dit das* ***Doppelzimmer****.*

▷ J'ai dormi dans la chambre d'amis.
Ich habe im Gästezimmer geschlafen.

► **chambre d'amis :** das **Gästezimmer** (pluriel **–zimmer**)

chameau

▷ Les chameaux ont deux bosses.
Kamele haben zwei Höcker.

das **Kamel** (pluriel **Kamele**)

L'accent tonique est sur la deuxième syllabe.

champ

▷ Je me suis promené dans les champs avec Grégoire.
Ich bin mit Grégoire über die Felder spazieren gegangen.

das **Feld** (pluriel **Felder**)

Notez la préposition dans cette expression : **dans les champs** = ***über die Felder****.*

champagne

▷ On a bu une bouteille de champagne pour mon anniversaire.
Zu meinem Geburtstag haben wir eine Flasche Champagner getrunken.

der **Champagner** /ʃam'panjɐ/

Notez la prononciation.

champignon

▷ Est-ce que tu pourrais laver les champignons ?
Könntest du die Pilze waschen?

▷ Achète un kilo de champignons de Paris.
Kauf ein Kilo Champignons.

der **Pilz** (pluriel **Pilze**)

► **champignon de Paris :** der **Champignon** /'ʃampɪnjɔŋ/ (pluriel **Champignons**)

champion, championne

▻ Carl Lewis était un grand champion.
Carl Lewis war ein großer Meister.
▻ Qui est la championne du monde de natation ?
Wer ist die Schwimmweltmeisterin?

▻ Il est champion d'Europe de saut en hauteur.
Er ist Hochsprung-Europameister.

der Meister (pluriel Meister), die Meisterin (pluriel Meisterinnen)
► **champion du monde, championne du monde :** der Weltmeister, die Weltmeisterin
► **champion d'Europe, championne d'Europe :** der Europameister, die Europameisterin

championnat

▻ Cette année, notre équipe ne participe pas au championnat.
Dieses Jahr nimmt unsere Mannschaft nicht an der Meisterschaft teil.
▻ Il a gagné le championnat du monde de judo.
Er hat die Judo-Weltmeisterschaft gewonnen.
▻ Le championnat d'Europe d'athlétisme est terminé.
Die Leichtathletik-Europameisterschaft ist beendet.

die Meisterschaft (pluriel Meisterschaften)
► **championnat du monde :** die Weltmeisterschaft
► **championnat d'Europe :** die Europameisterschaft

chance

1 ▻ Tu vas à New York ? Tu as de la chance !
Du fliegst nach New York? Du hast ja Glück!
▻ Tu n'as pas eu de chance, mais ça ira mieux la prochaine fois.
Du hast kein Glück gehabt, aber nächstes Mal geht es besser.
▻ Bonne chance pour ton examen !
Viel Glück für deine Prüfung!

1 ► **avoir de la chance :** Glück haben
► **ne pas avoir de chance :** kein Glück haben
► **bonne chance ! :** viel Glück!

2 ▻ Paola a des chances de gagner.
Paola hat gute Chancen zu gewinnen.

2 ► **avoir des chances de** + *infinitif* **:** Chancen haben, zu + *infinitif*

changement

1 ▻ Je vois qu'il y a des changements ici.
Ich sehe, dass es hier Veränderungen gibt.

1 (= modification) die Veränderung (pluriel Veränderungen)

2 ▻ Le changement climatique est un problème très sérieux.
Der Klimawandel ist ein sehr ernstes Problem.

2 ► **le changement climatique :** der Klimawandel

changer

1 ▻ Tu devrais changer le titre de ta rédaction.
Du solltest die Überschrift deines Aufsatzes ändern.

1 (= modifier) ändern

2 ▷ Je voudrais changer cent euros en dollars.
Ich möchte hundert Euro in Dollar wechseln.
▷ Je vais d'abord changer de chaussures.
Ich wechsle zuerst die Schuhe.

2 (= convertir, remplacer) **wechseln**

3 ▷ Tu veux changer de place avec moi ?
Willst du mit mir Plätze tauschen?

3 (= échanger) **tauschen**

4 ▷ Le village a beaucoup changé.
Das Dorf hat sich sehr verändert.

4 (= se transformer) sich **verändern**

5 ▷ Nous changeons à Montparnasse.
Wir steigen in Montparnasse um.

5 (dans les transports) **umsteigen**

ℹ ***um•steigen*** *est un verbe à particule séparable et se conjugue comme* ***steigen*** (**stieg**, **gestiegen**).

6 ▷ J'ai changé d'avis : je viens avec vous.
Ich habe meine Meinung geändert: Ich komme mit euch.
▷ Il n'a jamais voulu changer d'avis.
Er wollte seine Meinung nie ändern.
▷ Après l'avoir rencontré, ils ont changé d'avis sur lui.
Nachdem sie ihn getroffen hatten, änderten sie ihre Meinung über ihn.

6 ► **changer d'avis :** seine Meinung ändern

ℹ *L'adjectif possessif s'emploie de façon suivante en allemand :* ***ich ändere meine Meinung, du änderst deine Meinung, er ändert seine Meinung, sie ändert ihre Meinung, wir ändern unsere Meinung, ihr ändert eure Meinung, sie ändern ihre Meinung.***

7 ▷ Attends-moi, je vais me changer.
Warte auf mich, ich ziehe mich um.
▷ Vous devez vous changer avant de sortir.
Ihr müsst euch umziehen, bevor ihr weggeht.
▷ Tu devrais te changer, il commence à faire froid.
Du solltest dich umziehen, es wird jetzt kalt.

7 ► se **changer** (= changer de vêtements) : sich **umziehen**

ℹ *Le pronom personnel allemand s'emploie à l'accusatif :* ***ich ziehe mich um, du ziehst dich um, er / sie zieht sich um, wir ziehen uns um, ihr zieht euch um, sie ziehen sich um.***

ℹ ***um•ziehen*** *est un verbe à particule séparable et se conjugue comme* ***ziehen*** (**zog**, **gezogen**).

chanson

▷ Chante-nous une chanson !
Sing uns ein Lied vor!

das **Lied** (pluriel **Lieder**)

chant

▷ Momo prend des cours de chant.
Momo nimmt Gesangsstunden.

► **le chant :** der **Gesang**

chantage

▷ C'est du chantage affectif.
Das ist emotionale Erpressung.

die **Erpressung**

▷ Ils lui ont fait du chantage pour obtenir le document.
Sie haben ihn erpresst, um das Dokument zu bekommen.

► **faire du chantage** à quelqu'un : jemanden (accusatif) **erpressen**

chanter

1 ▷ Joëlle chante toujours sous la douche.
Joëlle singt immer unter der Dusche.

1 (en parlant d'une personne, d'un oiseau) **singen** (sang, gesungen)

2 ▷ Quand j'étais petite, ma mère me chantait des chansons.
Als ich klein war, sang meine Mutter mir Lieder vor.

2 ► **chanter** quelque chose **à** quelqu'un **:** jemandem etwas **vorsingen**

ℹ *vor•singen est un verbe à particule séparable et se conjugue comme singen.*

3 ▷ Je déteste ce coq qui chante à cinq heures du matin.
Ich hasse diesen Hahn, der um fünf Uhr morgens kräht.

3 (en parlant d'un coq) **krähen**

chanteur, chanteuse

▷ Qui est ton chanteur préféré ?
Wer ist dein Lieblingssänger?

der **Sänger** (pluriel Sänger), die **Sängerin** (pluriel Sängerinnen)

chapeau

▷ Ma mère a plusieurs chapeaux.
Meine Mutter hat mehrere Hüte.
▷ Chapeau ! Ce que tu as fait était formidable !
Hut ab! Was du getan hast, war wirklich stark!

der **Hut** (pluriel Hüte)

► **chapeau !** (pour féliciter quelqu'un) **: Hut ab!**

chapiteau

▷ Le chapiteau est installé sur la place du marché.
Das Zirkuszelt steht auf dem Marktplatz.

(= tente d'un cirque) das **Zirkuszelt** (pluriel –zelte)

chapitre

▷ Le premier chapitre du livre n'est pas très intéressant.
Das erste Kapitel des Buchs ist nicht sehr interessant.

das **Kapitel** (pluriel Kapitel)

chaque

1 ▷ Chaque coureur a une technique différente.
Jeder Läufer hat eine verschiedene Technik.
▷ Nous allons en Espagne chaque année.
Wir fahren jedes Jahr nach Spanien.

1 *On traduit **chaque** par **jeder** (pour le masculin), **jede** (pour le féminin), **jedes** (pour le neutre), selon le genre du mot auquel il se rapporte.*

2 ▷ Je ne savais pas quelle chemise choisir, alors j'en ai pris une de chaque.
Ich wusste nicht, welches Hemd ich wählen sollte, also habe ich jeweils eins genommen.

2 ► **un de chaque, une de chaque : jeweils eins** *ou* **jeweils eine**

charcuterie

1 ▷ Il y a une charcuterie près d'ici.
In der Nähe ist eine Fleischerei.

1 (= magasin) die **Fleischerei** (pluriel **Fleischereien**)

2 ▷ J'ai commandé une assiette de charcuterie.
Ich habe eine Wurstplatte bestellt.

2 (= viandes) die **Wurst**

ℹ *Ici, **Wurst** ne s'emploie qu'au singulier.*

charcutier, charcutière

▷ Va prendre un kilo de saucisses chez le charcutier.
Geh ein Kilo Würstchen beim Fleischer holen.

der **Fleischer** (pluriel **Fleischer**), die **Fleischerin** (pluriel **Fleischerinnen**)

chardon

▷ Le chardon est l'emblème de l'Écosse.
Die Distel ist das Nationalsymbol Schottlands.

die **Distel** (pluriel **Disteln**)

chargement

▷ Un camion a renversé son chargement sur la route.
Der Lastwagen hat seine Ladung auf die Straße gekippt.

(= marchandises) die **Ladung** (pluriel **Ladungen**)

charger

1 ▷ Vous pouvez charger la voiture, c'est l'heure de partir.
Ihr könnt das Auto beladen, es ist Zeit zu fahren.

1 ► **charger** quelque chose (= mettre du poids sur ou dans quelque chose) : etwas **beladen** (**belädt**, **belud**, **beladen**)

ℹ *Les verbes commençant par le préfixe **be-** ne prennent pas **ge-** au participe passé.*

2 ▷ Noémie m'a chargé de téléphoner à Louis.
Noémie hat mich beauftragt, Louis anzurufen.

2 ► **charger** quelqu'un **de faire** quelque chose : jemanden **beauftragen**, etwas **zu tun**

chargeur

▷ J'ai perdu mon chargeur de téléphone.
Ich habe das Ladegerät für mein Handy verloren.

das **Ladegerät** (pluriel **-geräte**)

chariot

1 ▷ Prends un chariot, on a beaucoup de courses à faire.
Nimm einen Einkaufswagen, wir haben viel einzukaufen.

1 (= caddie) der **Einkaufswagen** (pluriel **-wagen**)

2 ▷ Où sont les chariots à bagages dans cet aéroport ?
Wo sind denn die Kofferkulis in diesem Flughafen?

2 ► **chariot à bagages :** der **Kofferkuli** (pluriel **-kulis**)

charme

▷ Je trouve que Louise a beaucoup de charme.
Ich finde, dass Louise viel Charme hat.

► **avoir du charme :** Charme haben (hat, hatte, gehabt)

Se prononce comme en français.

chasse

▷ Les Verts sont contre la chasse.
Die Grünen sind gegen die Jagd.

▷ Le père d'Estelle va souvent à la chasse.
Estelles Vater geht oft auf die Jagd.

▷ Nous avons organisé une chasse au trésor.
Wir haben eine Schnitzeljagd organisiert.

► **la chasse :** die Jagd

► **aller à la chasse :** auf die Jagd gehen (ging, gegangen)

► **chasse au trésor** (= jeu) **:** die Schnitzeljagd

chasser

1 ▷ En Angleterre, ils chassent les renards avec des chiens.
In England jagen sie Füchse mit Hunden.

1 (= chasser des animaux) jagen

2 ▷ La boulangère nous a chassés du magasin.
Die Bäckerin hat uns aus dem Geschäft vertrieben.

2 ► **chasser** quelqu'un (= le faire partir) **:** jemanden vertreiben (vertrieb, vertrieben)

Les verbes commençant par le préfixe ***ver-*** *ne prennent pas* ***ge-*** *au participe passé.*

chasseur

▷ Nous avons rencontré un groupe de chasseurs dans la forêt.
Wir haben eine Gruppe Jäger im Wald getroffen.

der Jäger (pluriel Jäger)

chat

▷ Ma grand-mère a quatre chats.
Meine Großmutter hat vier Katzen.

die Katze (pluriel Katzen)

Pour un chat mâle, *on dit* ***der Kater*** (pluriel Kater).

châtaigne

▷ J'ai ramassé des châtaignes avec Madeleine.
Ich habe mit Madeleine Kastanien gesammelt.

die Kastanie (pluriel Kastanien)

châtain

▷ Guillaume a les cheveux châtains. *ou* Guillaume est châtain.
Guillaume hat braune Haare.

(en parlant des cheveux) braun

► **être châtain :** braune Haare haben

châtain clair *se dit* ***hellbraun***.

château

1 ▷ Nous avons visité les châteaux de la Loire avec mes parents.
Mit meinen Eltern haben wir die Schlösser der Loire besichtigt.

1 (= palais) das Schloss (pluriel Schlösser)

Schloss *signifie aussi « verrou ».*

2 ▷ Le château de Montségur se trouve en haut d'une montagne.
Die Burg von Montségur steht auf einem Berggipfel.

2 (= forteresse) die **Burg** (pluriel Burgen)

chaton

▷ Caro m'a donné un chaton.
Caro hat mir ein Kätzchen geschenkt.

das **Kätzchen** (pluriel Kätzchen)

ℹ *En allemand, le suffixe* ***-chen*** *est diminutif.*

chatouiller

▷ Je l'ai chatouillée jusqu'à ce qu'elle crie au secours.
Ich habe sie so lange gekitzelt, bis sie um Hilfe schrie.

kitzeln

chaud, chaude

1 ▷ Le pain est encore tout chaud.
Das Brot ist noch ganz warm.

▷ Rentrons, il fait chaud dans la maison.
Gehen wir hinein, es ist warm im Haus.

▷ Tu te sens mieux ? Tu as chaud maintenant ?
Fühlst du dich besser? Ist es dir jetzt warm?

1 (= agréablement chaud) **warm** (**plus chaud** wärmer ; **le plus chaud** der wärmste)

► **il fait chaud** (= c'est agréable) : es ist warm

Pour dire que quelqu'un **a chaud**, *qu'il se sent bien, on traduit par* jemandem (datif) ***ist warm***.

2 ▷ Cette soupe est trop chaude !
Diese Suppe ist zu heiß!

▷ Qu'est-ce qu'il fait chaud ici !
Es ist aber heiß hier!

▷ J'ai chaud, j'enlève mon pull.
Mir ist heiß, ich ziehe meinen Pulli aus.

2 (= très chaud) **heiß**

► **il fait chaud** (= c'est désagréable) : es ist heiß

Pour dire que quelqu'un **a chaud, qu'il ne se sent pas bien**, *on traduit par* jemandem (datif) ***ist heiß***.

chauffage

▷ Tu peux monter le chauffage, s'il te plaît ?
Kannst du bitte die Heizung aufdrehen?

▷ Ils ont le chauffage central dans leur appartement.
In ihrer Wohnung haben sie Zentralheizung.

die **Heizung** (pluriel Heizungen)

► **chauffage central :** die Zentralheizung

chauffer

1 ▷ Fais un feu pour chauffer la pièce.
Mach ein Feuer, um das Zimmer zu heizen.

1 (en parlant d'une maison, d'une pièce) **heizen**

2 ▷ Je fais chauffer de la soupe pour le dîner.
Zum Abendessen wärme ich Suppe auf.

2 ► **faire chauffer** (en parlant d'un aliment) **:** aufwärmen

ℹ ***auf•wärmen*** *est un verbe à particule séparable.*

3 ▷ Viens te chauffer au soleil.
Komm und wärm dich in der Sonne.

3 ► se **chauffer** (= se réchauffer) : sich **wärmen**

ℹ *Le pronom personnel allemand s'emploie à l'accusatif :* ***ich wärme mich, du wärmst dich, er / sie wärmt sich, wir wärmen uns, ihr wärmt euch, sie wärmen sich.***

chauffeur

▷ Demande au chauffeur d'éteindre la radio.
Bitte den Fahrer, das Radio auszumachen.
▷ L'oncle de Sinda est chauffeur de camion.
Sindas Onkel ist Lastwagenfahrer.

(d'autobus, de camion, de taxi) der **Fahrer** (pluriel **Fahrer**)

ℹ *Pour dire* **chauffeur de** *quelque chose, on forme des mots composés avec* ***Fahrer*** *:* *der* ***Taxifahrer*** **(chauffeur de taxi)**, *der* ***Busfahrer*** **(chauffeur de bus)**, *etc.*

chausser

▷ Je chausse du 37.
Ich habe Schuhgröße 37.
▷ Tu chausses du combien ?
Welche Schuhgröße hast du?

► **chausser du ... : Schuhgröße ... haben**
Pour demander **combien** *quelqu'un* **chausse**, *on forme une phrase avec* ***welche Schuhgröße... ?***

chaussette

▷ Est-ce que tu as vu mes chaussettes jaunes ?
Hast du meine gelben Strümpfe gesehen?

der **Strumpf** (pluriel **Strümpfe**)

chausson

1 ▷ À la maison je porte des chaussons.
Zu Hause trage ich Hausschuhe.

1 (= chaussure d'intérieur) der **Hausschuh** (pluriel **-schuhe**)

2 ▷ Deux chaussons aux pommes, s'il vous plaît.
Zwei Apfeltaschen, bitte.

2 ► **chausson aux pommes :** die **Apfeltasche** (pluriel **-taschen**)

chaussure

▷ Latifa a au moins dix paires de chaussures.
Latifa hat mindestens zehn Paar Schuhe.
▷ Mon père m'a acheté des chaussures de montagne pour les vacances.
Mein Vater hat mir für die Ferien Wanderschuhe gekauft.
▷ Tu peux louer des chaussures de ski pour la journée.
Du kannst für einen Tag Skistiefel mieten.

der **Schuh** (pluriel **Schuhe**)

► **chaussures de montagne** *ou* **chaussures de marche :** die **Wanderschuhe**

► **chaussures de ski :** die **Skistiefel**

chauve

▷ Le père de Janine est chauve.
Janines Vater ist glatzköpfig.

glatzköpfig

ℹ *On emploie aussi la forme verbale* ***eine Glatze haben.***

chauve-souris

▷ La nuit on peut voir des chauves-souris dans le jardin.
Nachts kann man im Garten Fledermäuse sehen.

die **Fledermaus** (pluriel **-mäuse**)

chef

1 ▷ Qui est le chef ici ?
Wer ist hier der Chef?

1 (= celui ou celle qui commande) der **Chef** (pluriel **Chefs**), die **Chefin** (pluriel **Chefinnen**)

Se prononce comme en français.

2 ▷ Julien est chef de classe.
Julien ist Klassensprecher.

2 ► **chef de classe :** der **Klassensprecher** (pluriel **-sprecher**), die **Klassensprecherin** (pluriel **-sprecherinnen**)

3 ▷ C'est un chef d'orchestre très connu.
Er ist ein berühmter Dirigent.

3 ► **chef d'orchestre :** der **Dirigent** (pluriel **Dirigenten**), die **Dirigentin** (pluriel **Dirigentinnen**)

chef-d'œuvre

▷ Ce film est un vrai chef-d'œuvre.
Dieser Film ist ein wahres Meisterwerk.

das **Meisterwerk** (pluriel **-werke**)

chemin

1 ▷ Prenez le chemin à gauche après l'église.
Nehmen sie den Weg links nach der Kirche.
▷ Des touristes m'ont demandé leur chemin.
Touristen haben mich nach ihrem Weg gefragt.
▷ Je vais vous montrer le chemin.
Ich zeige euch den Weg.

1 (= sentier) der **Weg** (pluriel **Wege**)

► **demander son chemin à** quelqu'un : jemanden (accusatif) **nach dem Weg fragen**
► **montrer le chemin à** quelqu'un : jemandem (datif) **den Weg zeigen**

2 ▷ Nous nous sommes arrêtés en chemin pour acheter des boissons.
Wir haben unterwegs gehalten, um Getränke zu kaufen.

2 ► **en chemin :** **unterwegs**

cheminée

1 ▷ Assieds-toi près de la cheminée.
Setz dich an den Kamin.

1 (à l'intérieur) der **Kamin** (pluriel **Kamine**)

2 ▷ Il faut faire ramoner la cheminée.
Wir müssen den Schornstein fegen lassen.

2 (= conduit de cheminée d'une maison) der **Schornstein** (pluriel **-steine**)

3 ▷ La cheminée de cette usine est la plus haute de la ville.
Der Schlot dieser Fabrik ist der höchste der Stadt.

3 (d'une usine) der **Schlot** (pluriel **Schlote**)

chemise

1 ▷ J'ai trois chemises à carreaux.
Ich habe drei karierte Hemden.
▷ Cette chemise de nuit est trop chaude.
Dieses Nachthemd ist zu warm.

1 (= vêtement) das **Hemd** (pluriel Hemden)
► **chemise de nuit :** das Nachthemd

2 ▷ J'ai mis toutes les photocopies dans une chemise.
Ich habe alle Kopien in eine Aktenmappe gesteckt.

2 (= dossier) die **Aktenmappe** (pluriel –mappen)

3 ▷ Je garde mes notes dans des chemises transparentes.
Ich hebe meine Notizen in Klarsichthüllen auf.

3 ► **chemise transparente** (pour conserver des feuilles) **:** die Klarsichthülle (pluriel –hüllen)

chemisier

▷ Est-ce que tu as vu mon chemisier bleu ?
Hast du meine blaue Bluse gesehen?

die **Bluse** (pluriel Blusen)

chêne

1 ▷ Il y a un très vieux chêne dans le parc.
Im Park steht eine sehr alte Eiche.

1 (= arbre) die **Eiche** (pluriel Eichen)

2 ▷ Notre table de cuisine est en chêne.
Unser Küchentisch ist aus Eichenholz.
▷ Nous voudrions une armoire en chêne pour la chambre.
Für das Schlafzimmer möchten wir einen Schrank aus Eiche.

2 (= bois) das **Eichenholz**
► **en chêne :** aus Eichenholz *ou* aus Eiche

chenille

▷ Regarde, une chenille jaune !
Schau mal, eine gelbe Raupe!

die **Raupe** (pluriel Raupen)

chèque

▷ Est-ce que vous acceptez les chèques ?
Nehmen Sie Schecks an?
▷ Renaud m'a fait un chèque de cinquante euros.
Renaud hat mir einen Scheck über fünzig Euro ausgestellt.

der **Scheck** (pluriel Schecks)
► **un chèque de ... :** ein Scheck über ...

chéquier

▷ Maman cherche son chéquier.
Mama sucht ihr Scheckbuch.

das **Scheckbuch** (pluriel –bücher)
ℹ *On dit aussi das* ***Scheckheft****.*

cher, chère

1 ▷ Deux euros pour un café, c'est cher !
Zwei Euro für einen Kaffee, das ist teuer!

▷ Je me suis acheté un pull pas cher.
Ich habe mir einen billigen Pulli gekauft.

1 (= qui coûte beaucoup d'argent) **teuer** (plus cher teurer ; le plus cher der teuerste)
► **pas cher, pas chère :** billig

▻ Un voyage en Islande coûte cher.
Eine Reise nach Island kostet viel.

► **coûter cher :** viel kosten
ℹ *On dit aussi* ***teuer sein****.*

2 ▻ Chère Barbara, ...
Liebe Barbara, ...

2 *Pour commencer une lettre, on dit* ***Lieber...*** *quand on s'adresse à un garçon ou un homme,* ***Liebe...*** *quand on s'adresse à une fille ou une femme.*

chercher

1 ▻ Je cherche mes lunettes.
Ich suche meine Brille.

1 (= essayer de trouver) **suchen**

2 ▻ Allons chercher le mot dans le dictionnaire.
Schlagen wir mal das Wort im Wörterbuch nach.

2 (= chercher dans un dictionnaire ou un annuaire) **nachschlagen**
ℹ ***nach•schlagen*** *est un verbe à particule séparable et se conjugue comme* ***schlagen*** (schlägt, schlug, geschlagen).

3 ▻ Va chercher le journal s'il te plaît, il est sur la table.
Hol bitte die Zeitung, sie liegt auf dem Tisch.

3 ► **aller chercher** quelque chose **:** etwas (accusatif) **holen**

4 ▻ Tu vas chercher Paul à l'aéroport ?
Holst du Paul am Flughafen ab?
▻ Ma mère vient me chercher à l'école tous les soirs.
Meine Mutter holt mich jeden Abend von der Schule ab.

4 ► **aller chercher** quelqu'un**, venir chercher** quelqu'un **:** jemanden (accusatif) **abholen**
ℹ ***ab•holen*** *est un verbe à particule séparable.*

5 ▻ Alexandre a cherché à m'attraper mais je cours plus vite que lui.
Alexandre hat versucht, mich zu fangen, aber ich renne schneller als er.

5 ► **chercher à** + *infinitif* **:** **versuchen, zu** + *infinitif*
ℹ *Les verbes commençant par le préfixe* ***ver-*** *ne prennent pas* ***ge-*** *au participe passé.*

cheval

1 ▻ J'aime beaucoup les chevaux.
Ich mag Pferde sehr.

1 das **Pferd** (pluriel Pferde)

2 ▻ Claire fait du cheval le dimanche.
Claire reitet sonntags.

2 ► **faire du cheval :** reiten (ritt, geritten)

cheveu

▻ Il y a un cheveu dans mon assiette !
Auf meinem Teller liegt ein Haar!
▻ Gilda a les cheveux roux.
Gilda hat rote Haare. *ou* Gilda hat rotes Haar.

das **Haar** (pluriel Haare)
ℹ *Quand on parle des* **cheveux***, on peut dire aussi bien* ***die Haare*** *que* ***das Haar****.*

cheville

▻ Rudy s'est cassé la cheville.
Rudy hat sich den Knöchel gebrochen.

(= partie du corps) der **Knöchel** (pluriel Knöchel)

chèvre

▷ Le fermier a plusieurs chèvres.
Der Bauer hat mehrere Ziegen.

die **Ziege** (pluriel Ziegen)
ℹ *On traduit* bouc *par* der *Ziegenbock.*

chewing-gum

▷ Tu veux un chewing-gum ?
Möchtest du ein Kaugummi?

das **Kaugummi** (pluriel Kaugummis)

chez

1 ▷ Chez moi nous n'avons pas de télé.
Zu Hause haben wir keinen Fernseher.

1 ► **chez moi, chez toi, chez lui / elle, chez nous, chez vous, chez eux** (= à la maison) : zu Hause

2 ▷ Tu veux rentrer chez toi ?
Willst du nach Hause gehen?
▷ Moi je rentre chez moi maintenant.
Ich gehe jetzt nach Hause.

2 ► **aller** *ou* **rentrer chez soi** (= aller à la maison) : nach Hause gehen (ging, gegangen)

3 ▷ Je vais manger chez Didier ce soir.
Heute Abend esse ich bei Didier.
▷ Anaïs est chez le coiffeur.
Anaïs ist beim Friseur.

3 ► **chez** quelqu'un **:** bei jemandem (datif)

4 ▷ Après mon cours de saxophone, je vais chez Léa.
Nach meinem Saxophonkurs gehe ich zu Léa.
▷ Dominique doit aller chez le médecin.
Dominique muss zum Arzt gehen.

4 ► **aller chez** quelqu'un **:** zu jemandem (datif) gehen (ging, gegangen)

5 ▷ Viens chez moi ce soir.
Komme heute Abend zu mir.

5 ► **venir chez** quelqu'un **:** zu jemandem (datif) kommen (kam, gekommen)

chic

▷ Tu es très chic, tu sors ce soir ?
Du bist sehr schick, gehst du heute Abend aus?

(= élégant) **schick**

chien, chienne

▷ Le chien de Sylvain est très gentil.
Sylvains Hund ist sehr lieb.

der **Hund** (pluriel Hunde), die **Hündin** (pluriel Hündinnen)

chiffon

▷ Donne-moi un chiffon, je vais nettoyer la table.
Gib mir einen Lappen, ich wische den Tisch ab.

der **Lappen** (pluriel Lappen)

chiffre

▷ Pense à un chiffre entre un et neuf.
Denk an eine Zahl zwischen eins und neun.

die **Zahl** (pluriel Zahlen)

chignon

▷ Ton chignon ne tient pas bien.
Dein Haarknoten hält nicht gut.

der **Haarknoten** (pluriel -knoten)
ℹ *On dit aussi* der **Knoten** *tout court.*

chimie

▷ La chimie est ma matière préférée.
Chemie ist mein Lieblingsfach.

die **Chemie** /çe'mi:/

Quand on parle d'une matière scolaire, on n'emploie pas d'article.

*Le **ch** se prononce comme dans **Becher**. Dans le sud de l'Allemagne et en Autriche, le **ch** se prononce **k**.*

Chine

▷ La Chine a envoyé un homme dans l'espace.
China hat einen Menschen ins Weltall geschickt.

China /'çi:na/

*Le **ch** se prononce comme dans **Becher**. Dans le sud de l'Allemagne et en Autriche, le **ch** se prononce **k**.*

▷ Le barrage des Trois-Gorges se trouve en Chine.
Der Drei-Schluchten-Damm befindet sich in China.

► **la Chine : China**

*Ne prend l'article neutre que précédé d'un adjectif : **das kommunistische China*** (la Chine communiste).

▷ Nous avons passé trois semaines en Chine.
Wir haben drei Wochen in China verbracht.

▷ Si je vais en Chine, j'aimerais avoir un interprète.
Wenn ich nach China reise, hätte ich gern einen Dolmetscher.

► **en Chine** (= dans le pays) : **in China**

► **en Chine** (= vers le pays) : **nach China**

▷ Es-tu déjà allé en Chine ?
Warst du schon in China?

Attention : pour dire que quelqu'un **est déjà allé quelque part**, *on emploie une expression avec le prétérit du verbe **sein** + **schon**.*

chinois, chinoise

1 ▷ Tu connais ce restaurant chinois ?
Kennst du dieses chinesische Restaurant?

1 (adjectif) **chinesisch** /çi'ne:zɪʃ/

*Le **ch** se prononce comme dans **Becher**. Dans le sud de l'Allemagne et en Autriche, le **ch** se prononce **k**.*

2 ▷ Une Chinoise nous a accueillis.
Eine Chinesin hat uns begrüßt.

2 (= personne) der **Chinese** (pluriel **Chinesen**), die **Chinesin** (pluriel **Chinesinnen**)

3 ▷ Je connais quelques mots en chinois.
Ich kenne ein paar Wörter auf Chinesisch.

3 (= langue) **Chinesisch**

En allemand, les noms de langue ne prennent pas d'article.

chips

▷ On trouve des chips avec des parfums étonnants.
Man findet Kartoffelchips mit erstaunlichen Geschmacksrichtungen.

der **Kartoffelchip** /tʃip/ (pluriel **-chips**)

Notez la prononciation.

*On dit aussi **Chip** tout court.*

chirurgien, chirurgienne

▷ Le chirurgien est venu me voir après l'opération.
Der Chirurg kam nach der Operation vorbei.

der **Chirurg** /çi'rʊrk/ (pluriel Chirurgen), die **Chirurgin** (pluriel Chirurginnen)

chirurgie

▷ Il veut se spécialiser en chirurgie.
Er will sich auf Chirurgie spezialisieren.

die **Chirurgie**

choc

1 ▷ Je me souviens juste du bruit du frein, puis d'un choc.
Ich erinnere mich nur an das Geräusch der Bremsen und an einen Zusammenstoß.

1 (= collision) der **Zusammenstoß** (pluriel –stöße)

2 ▷ J'ai eu un choc quand j'ai vu Cédric.
Ich bekam einen Schock, als ich Cédric sah.

2 (= choc émotionnel) der **Schock** (pluriel Schocks)

chocolat

▷ J'adore le chocolat.
Ich liebe Schokolade.

die **Schokolade**

▷ Tu préfères le chocolat noir ou le chocolat au lait ?
Magst du lieber Zartbitterschokolade oder Milchschokolade?

► **chocolat noir / chocolat au lait :** die Zartbitterschokolade / Milchschokolade

▷ Un café et un chocolat chaud, s'il vous plaît.
Einen Kaffee und eine heiße Schokolade, bitte.

► **chocolat chaud :** die heiße Schokolade

ℹ *On dit aussi der* ***heiße Kakao***.

▷ Tu peux me passer le chocolat en poudre ?
Kannst du mir die Trinkschokolade geben?

► **chocolat en poudre :** die Trinkschokolade

▷ Comme dessert, il y a de la crème au chocolat.
Zum Nachtisch gibt es Schokoladenpudding.
▷ Regarde cette cloche en chocolat !
Sieh dir mal diese Schokoladenglocke an!

Pour désigner les objets **en chocolat** *ou* **de chocolat**, *on forme des mots composés avec* ***Schokoladen–*** *: das* ***Schokoladenei*** **(œuf en chocolat)**, *der* ***Schokoladenriegel*** **(barre de chocolat)**.

chœur

▷ Elle chante dans un chœur.
Sie singt in einem Chor.

der **Chor** /koːɐ/ (pluriel Chöre)

choisir

1 ▷ Je n'arrive pas à choisir.
Ich kann mich nicht entscheiden.
▷ Est-ce que tu as choisi une date de départ ?
Hast du dich für ein Abreisedatum entschieden?
▷ Il a enfin choisi une date.
Er hat sich endlich für ein Datum entschieden.

1 (= se décider, trancher) sich **entscheiden** (entschied, entschieden)

ℹ *Le pronom personnel s'emploie à l'accusatif :* ***ich entscheide mich, du entscheidest dich, er / sie entscheidet sich, wir entscheiden uns, ihr entscheidet euch, sie entscheiden sich.***

2 ▷ Je dois choisir un cadeau pour Astrid.
Ich muss ein Geschenk für Astrid auswählen.

2 (= sélectionner) **auswählen**

ℹ *aus•wählen est un verbe à particule séparable.*

choix

1 ▷ Il n'y a pas beaucoup de choix ici.
Es gibt nicht viel Auswahl hier.

1 (= assortiment) die **Auswahl**

2 ▷ Tu as le choix, tu n'es pas obligé d'y aller.
Du hast die Wahl, du musst nicht hingehen.
▷ Je n'ai pas le choix, je dois finir ma rédaction.
Ich habe keine Wahl, ich muss meinen Aufsatz fertigschreiben.

2 ► **avoir le choix :** die Wahl haben
► **ne pas avoir le choix :** keine Wahl haben

chômage

1 ▷ Le chômage est de nouveau en hausse.
Die Arbeitslosigkeit steigt wieder an.

1 die **Arbeitslosigkeit**

2 ▷ Le père de Christine est au chômage.
Christines Vater ist arbeitslos.

2 ► **être au chômage :** arbeitslos sein

chômeur, chômeuse

▷ Combien y a-t-il de chômeurs en France ?
Wie viele Arbeitslose gibt es in Frankreich?

der / die **Arbeitslose** (pluriel Arbeitslosen)

ℹ *C'est un adjectif substantivé : on dit **ein Arbeitsloser**.*

▷ Le frère d'Ismaël est chômeur.
Ismaëls Bruder ist arbeitslos.

► **être chômeur :** arbeitslos sein

choquant, choquante

▷ Parfois, je trouve l'agressivité des gens choquante.
Manchmal finde ich die Aggressivität der Leute schockierend.

schockierend

chorale

▷ Dorothée chante dans la chorale de l'école.
Dorothée singt im Schulchor.

der **Chor** /koːɐ/ (pluriel Chöre)

🔈 *Dans ce mot, le **ch** se prononce **k**.*

chose

1 ▷ La chose est la suivante ...
Die Sache ist die Folgende ...

1 (abstrait) die **Sache** (pluriel Sachen)

2 ▷ Qu'est-ce que c'est que cette chose ?
Was ist denn dieses Ding?

2 (= objet) das **Ding** (pluriel Dinge)

3 ▷ J'ai beaucoup de choses à faire.
Ich habe viel zu tun.

3 ► **avoir des choses à faire :** zu tun haben

chou

1 ▷ Ma petite sœur déteste le chou.
Meine kleine Schwester hasst Kohl.
▷ Un kilo de choux de Bruxelles, s'il vous plaît.
Ein Kilo Rosenkohl, bitte.
▷ En Allemagne, on mange souvent le gibier avec du chou rouge.
In Deutschland isst man oft Rotkohl zum Wild.

1 (= légume) der **Kohl** (pluriel **Kohle**)

► **chou de Bruxelles :** der Rosenkohl
► **chou rouge :** der Rotkohl
ℹ *On dit aussi das* ***Rotkraut*** *ou das* ***Blaukraut.***

2 ▷ Maman a acheté des choux à la crème comme dessert.
Mama hat Windbeutel zum Nachtisch gekauft.

2 ► **chou à la crème :** der Windbeutel (pluriel -beutel)

chouchou, chouchoute

▷ Antoine est le chouchou du prof.
Antoine ist der Liebling des Lehrers.

der **Liebling** (pluriel **Lieblinge**)
ℹ *Le mot allemand n'a pas de flexion féminine.*

choucroute

▷ Est-ce que tu aimes la choucroute ?
Magst du Sauerkraut?

das **Sauerkraut**
ℹ *Ce mot s'emploie uniquement au singulier.*

chouette

1 ▷ Les chouettes dorment pendant la journée.
Eulen schlafen tagsüber.

1 (= oiseau) die **Eule** (pluriel **Eulen**)

2 ▷ Ta montre est chouette, elle est neuve ?
Deine Uhr ist klasse, ist sie neu?

2 (= bien, beau) **klasse**

chou-fleur

▷ Papa a préparé du rôti et du chou-fleur.
Papa hat Braten mit Blumenkohl zubereitet.

der **Blumenkohl** (pluriel **-kohle**)

chuchoter

▷ Arrêtez de chuchoter !
Hört auf zu flüstern!
▷ Judith me chuchotait quelque chose, mais je ne comprenais pas.
Judith flüsterte mir etwas zu, aber ich verstand es nicht.

flüstern

► **chuchoter** quelque chose **à** quelqu'un **:** jemandem (datif) etwas zuflüstern
ℹ ***zu•flüstern*** *est un verbe à particule séparable.*

chut !

▷ Chut ! Le prof va t'entendre !
Pst! Der Lehrer wird dich hören!

pst!

chute

▷ Barbara a remis ses skis tout de suite après sa chute.
Barbara hat sofort nach ihrem Fall die Skier wieder angeschnallt.
▷ Marco a fait une chute dans les escaliers.
Marco ist auf der Treppe gefallen.
▷ Il y a une très belle chute d'eau ici.
Hier ist ein sehr schöner Wasserfall.

der **Fall**

ℹ *Ce mot s'emploie au singulier. Attention à ne pas confondre avec der* ***Fall*** = cas, *dont le pluriel est* ***Fälle****.*

► **faire une chute :** fallen (fällt, fiel, gefallen)
► **chute d'eau :** der Wasserfall (pluriel –fälle)

Chypre

▷ Chypre est une île de la Méditerranée.
Zypern ist eine Mittelmeerinsel.
▷ Nous avons passé nos vacances à Chypre.
Wir haben unsere Ferien in Zypern verbracht.
▷ Quand pars-tu à Chypre ?
Wann fährst du nach Zypern?
▷ Es-tu déjà allé à Chypre ?
Warst du schon in Zypern?

Zypern

► **à Chypre** (= dans le pays) : in Zypern
► **à Chypre** (= vers le pays) : nach Zypern

Attention : pour dire que quelqu'un **est déjà allé quelque part**, *on emploie une expression avec le prétérit du verbe* ***sein*** *+* ***schon****.*

chypriote, cypriote

1 ▷ La monnaie chypriote est l'euro.
Die zypriotische Währung ist der Euro.

1 (adjectif) zypriotisch

2 ▷ Le père de mon amie est marié avec une Chypriote.
Der Vater meiner Freundin ist mit einer Zypriotin verheiratet.

2 (= personne) der **Zypriot** (pluriel Zyprioten), die **Zypriotin** (pluriel Zypriotinnen)

cible

▷ Diane a raté la cible.
Diane hat die Zielscheibe verfehlt.

die **Zielscheibe** (pluriel –scheiben)

cicatrice

▷ Attends, je vais te montrer ma cicatrice !
Warte, ich zeige dir mal meine Narbe!

die **Narbe** (pluriel Narben)

cicatriser

▷ Sa jambe est cicatrisée.
Sein Bein ist vernarbt.

vernarben

ℹ *Les verbes commençant par le préfixe* ***ver-*** *ne prennent pas* ***ge-*** *au participe passé.*

cidre

▷ Tu voudrais un verre de cidre ?
Möchtest du ein Glas Cidre?

der **Cidre**

Se prononce comme en français.

En Allemagne, il existe une boisson alcoolisée faite de pommes, qui s'appelle der **Apfelwein***, mais qui est très peu ou pas gazeuse.*

ciel

▷ Quel beau ciel bleu !
So ein schöner blauer Himmel!

der **Himmel**

cigare

▷ Mon oncle fume de gros cigares.
Mein Onkel raucht große Zigarren.

die **Zigarre** (pluriel **Zigarren**)

Attention à l'orthographe du mot allemand.

cigarette

▷ La mère de Coralie a trouvé des cigarettes dans sa poche.
Coralies Mutter hat Zigaretten in ihrer Tasche gefunden.

die **Zigarette** (pluriel **Zigaretten**)

cigogne

▷ En automne, les cigognes volent jusqu'en Afrique du Sud.
Im Herbst fliegen die Störche bis nach Südafrika.

der **Storch** (pluriel **Störche**)

cil

▷ Je crois que j'ai un cil dans l'œil.
Ich glaube, ich habe eine Wimper im Auge.

die **Wimper** (pluriel **Wimpern**)

ciment

▷ C'est un escalier en ciment.
Die Treppe ist aus Zement.

der **Zement**

cimetière

▷ Marion habite en face du cimetière.
Marion wohnt gegenüber des Friedhofs.

der **Friedhof** (pluriel **–höfe**)

cinéma

1 ▷ Il y a trois cinémas dans la ville.
Es gibt drei Kinos in der Stadt.
▷ Thomas va au cinéma toutes les semaines.
Thomas geht jede Woche ins Kino.

1 das **Kino** (pluriel **Kinos**)

► **aller au cinéma :** **ins Kino gehen**

2 ▷ Arrête de faire du cinéma !
Hör auf, so ein Theater zu machen!

2 ► **faire du cinéma** (= un caprice) : **Theater machen**

On dit aussi ***Zirkus machen****.*

cinq

▷ Je l'ai vu il y a cinq jours.
Ich habe ihn vor fünf Tagen gesehen.
▷ Ma petite sœur a cinq ans.
Meine kleine Schwester ist fünf Jahre alt. *ou* Meine kleine Schwester ist fünf.
▷ Aujourd'hui, c'est le cinq novembre.
Heute ist der fünfte November.
▷ Nous partons le cinq février.
Wir fahren am fünften Februar.

fünf

Quand on dit l'âge de quelqu'un, on dit ***ist fünf Jahre alt****, ou on peut dire simplement le nombre :* ***ist fünf****.*

Quand on dit la date, on emploie ***der fünfte****.*

Quand on dit que quelque chose a eu lieu ou aura lieu à cette date, on emploie ***am fünften****.*

ℹ *On écrit* ***der 5. November****.*

cinquante

▷ Cinquante parents étaient venus à la réunion.
Fünfzig Eltern kamen zur Versammlung.
▷ Mon oncle a cinquante ans.
Mein Onkel ist fünfzig Jahre alt. *ou* Mein Onkel ist fünfzig.

fünfzig

Quand on dit l'âge de quelqu'un, on dit ***ist fünfzig Jahre alt****, ou on peut dire simplement le nombre :* ***ist fünfzig****.*

cintre

▷ Mets ta veste sur un cintre.
Häng deine Jacke auf einen Bügel.

der **Bügel** (pluriel Bügel)

cirage

▷ Il me faut du cirage noir.
Ich brauche schwarze Schuhcreme.

die **Schuhcreme**

circuit

1 ▷ Nous avons fait un beau circuit en Bavière.
Wir haben eine schöne Rundreise durch Bayern gemacht.

1 (= voyage) die **Rundreise** (pluriel -reisen)

2 ▷ Le circuit automobile du Mans est célèbre.
Die Rennstrecke von Le Mans ist berühmt.

2 ► **circuit automobile :** die Rennstrecke (pluriel -strecken)

circulation

▷ Qu'est-ce qu'il y a comme circulation !
Da ist ja ein Verkehr!

(de voitures) der **Verkehr**

circuler

1 ▷ Il est difficile de circuler à Paris.
Es ist schwierig, in Paris Auto zu fahren.

1 (= conduire) **Auto fahren** (fährt, fuhr, gefahren)

2 ▷ Est-ce que ce bus circule le dimanche ?
Fährt dieser Bus sonntags?

2 (en parlant des transports en commun) **fahren** (fährt, fuhr, gefahren)

3 ▷ Faites circuler le plat !
Reicht die Platte herum!

3 ► **faire circuler** quelque chose : etwas (accusatif) **herumreichen**

ℹ ***herum•reichen*** *est un verbe à particule séparable.*

cirer

▷ Cire tes chaussures avant de sortir.
Putz deine Schuhe, bevor du gehst.

putzen

cirque

▷ Luc et Justine sont allés au cirque hier.
Luc und Justine waren gestern im Zirkus.

(= spectacle) der **Zirkus** (pluriel Zirkusse)

ciseaux

▷ Claire apprend à découper des images avec des ciseaux.
Claire lernt, Bilder mit der Schere auszuschneiden.
▷ Tu peux me prêter une paire de ciseaux ?
Kannst du mir eine Schere leihen?

die **Schere** (pluriel Scheren)

ℹ ***Schere*** *signifie une « paire de ciseaux » ;* ***Scheren*** *s'applique à « plusieurs paires de ciseaux ».*

cité

1 ▷ Les Dutoit habitent dans une cité en banlieue.
Dutoits wohnen in einer Vorortssiedlung.

1 (= immeubles) die **Siedlung** (pluriel Siedlungen)

2 ▷ Ma grande sœur a une chambre à la cité universitaire.
Meine große Schwester hat ein Zimmer im Studentenwohnheim.

2 ► **cité universitaire :** das **Studentenwohnheim** (pluriel -heime)

citer

1 ▷ Il a cité un passage de son roman.
Er hat eine Passage aus seinem Roman zitiert.

1 (= donner un extrait d'un texte, d'un auteur) **zitieren**

ℹ *Les verbes se terminant en* ***-ieren*** *ne prennent pas* ***ge-*** *au participe passé.*

2 ▷ Peux-tu me citer deux pièces de Shakespeare ?
Kannst du zwei Theaterstücke von Shakespeare nennen?

2 (= nommer) **nennen** (nannte, genannt)

citoyen, citoyenne

▷ Nous sommes des citoyens du monde.
Wir sind Weltbürger.

der **Bürger** (pluriel Bürger), die **Bürgerin** (pluriel Bürgerinnen)

citron

▷ Alissa arrive à manger du citron comme ça.
Alissa kann Zitrone so essen.

die **Zitrone** (pluriel Zitronen)

▷ C'est de la glace au citron ?
Ist das Zitroneneis?
▷ Il y a de l'entremets au citron au dessert.
Zum Nachtisch gibt es Zitronenpudding.

Pour dire que quelque chose est **au citron**, *on forme des mots composés avec* ***Zitronen-*** *: das* ***Zitronenbonbon*** **(bonbon au citron)**, *der* ***Zitronensirup*** **(sirop au citron)**, *etc.*

citrouille

▷ Quelle énorme citrouille !
So ein riesiger Kürbis!

der **Kürbis** (pluriel **Kürbisse**)

civil, civile

▷ La guerre civile a duré deux ans.
Der Bürgerkrieg hat zwei Jahre gedauert.

► la **guerre civile :** der **Bürgerkrieg** (pluriel **-kriege**)

clair, claire

1 ▷ La cuisine est la pièce la plus claire de l'appartement.
Die Küche ist der hellste Raum der Wohnung.
▷ Les couleurs claires sont à la mode.
Helle Farben sind in Mode.
▷ Il portait des chaussettes bleu clair.
Er trug hellblaue Strümpfe.

1 (= lumineux, opposé à foncé) **hell**

Quand **clair** *s'applique à une couleur, on forme un mot avec* ***hell*** *+ la couleur en allemand :* ***hellgrün***, ***hellrot***, *etc.*

2 ▷ Son explication n'était pas très claire.
Seine Erklärung war nicht sehr klar.

2 (= compréhensible) **klar**

claque

▷ J'étais tellement furieuse, je lui ai donné une claque.
Ich war so wütend, dass ich ihm eine Ohrfeige gab.

► **donner une claque à** quelqu'un **:** jemandem **eine Ohrfeige geben** (**gibt**, **gab**, **gegeben**)

claquer

1 ▷ L'élastique a claqué.
Das Gummiband ist gerissen.

1 (= casser) **reißen** (**riss**, **gerissen**)
ℹ *Notez que le participe passé du verbe allemand s'emploie avec l'auxiliaire* ***sein***.

2 ▷ Il fait tellement froid qu'elle claque des dents.
Es ist so kalt, dass sie mit den Zähnen klappert.

2 ► **claquer des dents :** mit den **Zähnen klappern**

3 ▷ On ne claque pas des doigts pour appeler le serveur !
Man schnalzt nicht mit den Fingern, um den Kellner zu rufen!

3 ► **claquer des doigts :** mit den **Fingern schnalzen**

4 ▷ Le courant d'air a fait claquer la porte.
Der Luftzug hat die Tür zugeschlagen.

4 ► **claquer la porte :** die **Tür zuschlagen**
ℹ ***zu•schlagen*** *est un verbe à particule séparable et se conjugue comme* ***schlagen*** (**schlägt**, **geschlagen**).

clarinette

▷ J'ai oublié ma clarinette à l'école.
Ich habe meine Klarinette in der Schule vergessen.
▷ Juliette joue de la clarinette.
Juliette spielt Klarinette.

die **Klarinette** (pluriel Klarinetten)

► **jouer de la clarinette :** Klarinette spielen

classe

1 ▷ Il y a vingt-cinq élèves dans ma classe.
In meiner Klasse sind fünfundzwanzig Schüler.
▷ Tu es dans quelle classe ?
In welcher Klasse bist du?

1 (= groupe d'élèves, année d'étude) die **Klasse** (pluriel Klassen)

2 ▷ La classe était vide quand nous sommes arrivés.
Das Klassenzimmer war leer, als wir ankamen.

2 (= salle) das **Klassenzimmer** (pluriel –zimmer)

3 ▷ Léo ne va pas en classe, il est malade.
Léo geht nicht in die Schule, er ist krank.

3 ► **aller en classe :** in die Schule gehen (ging, gegangen)

4 ▷ À quelle heure sortez-vous de classe ?
Um wieviel Uhr kommt ihr aus der Schule?

4 ► **sortir de classe :** aus der Schule kommen (kam, gekommen)

5 ▷ Cette année, nous allons en classe de neige dans les Pyrénées.
Dieses Jahr fahren wir mit der Schule zum Skifahren in die Pyrenäen.
▷ J'aimerais aller en classe de mer.
Ich würde gern mit der Schule ans Meer fahren.
▷ Ma petite sœur va en classe verte l'année prochaine.
Meine kleine Schwester fährt nächstes Jahr ins Schullandheim.

5 ► **aller en classe de neige :** mit der Schule zum Skifahren fahren (fährt, fuhr, gefahren)

► **aller en classe de mer :** mit der Schule ans Meer fahren

► **aller en classe verte :** ins Schullandheim fahren

ℹ *On dit aussi das* ***Landschulheim****.*

classer

1 ▷ Classez ces animaux en trois catégories.
Teilt diese Tiere in drei Kategorien ein.

1 (= mettre en catégories) **einteilen**

ℹ ***ein•teilen*** *est un verbe à particule séparable.*

2 ▷ Classe tes notes, sinon tu ne trouveras rien.
Ordne deine Notizen, sonst findest du nichts.
▷ J'ai tout classé par couleurs.
Ich habe alles nach Farbe geordnet.

▷ Les fiches doivent être classées par ordre alphabétique.
Die Karten müssen alphabetisch geordnet werden.

2 (= ranger) **ordnen**

► **classer par** quelque chose (un ordre, la taille, etc.) **:** nach etwas ordnen

► **classer par ordre alphabétique :** alphabetisch ordnen

classeur

▷ Est-ce que quelqu'un a vu mon classeur d'anglais ?
Hat jemand meinen Englischordner gesehen?

der **Ordner** (pluriel Ordner)

classique

▷ Mon père écoute surtout de la musique classique.
Mein Vater hört vor allem klassische Musik.

klassisch

clavicule

▷ Jean s'est cassé la clavicule.
Jean hat sich das Schlüsselbein gebrochen.

das **Schlüsselbein** (pluriel -beine)

clavier

1 ▷ J'ai un problème avec le clavier de mon ordinateur.
Ich habe ein Problem mit der Tastatur meines Computers.

1 (d'une machine) die **Tastatur** (pluriel Tastaturen)

2 ▷ Je ne connais pas le clavier du piano.
Ich kenne die Klaviatur des Klaviers nicht.

2 (d'un piano) die **Klaviatur** (pluriel Klaviaturen)

clé *ou* clef

▷ Lucas a perdu sa clé, il ne peut pas rentrer chez lui.
Lucas hat seinen Schlüssel verloren, er kommt nicht ins Haus.

der **Schlüssel** (pluriel Schlüssel)

clémentine

▷ Deux kilos de clémentines, s'il vous plaît.
Zwei Kilo Klementinen, bitte.

die **Klementine** (pluriel Klementinen)

clic

▷ Le menu s'ouvre d'un seul clic.
Das Menü öffnet sich mit einem einzigen Mausklick.

(sur souris d'ordinateur) der **Mausklick** (pluriel -klicks)

client, cliente

1 ▷ Les clients du restaurant ont été évacués.
Die Gäste des Restaurants wurden evakuiert.

1 (en parlant d'un hôtel, d'un restaurant) der **Gast** (pluriel Gäste)

ℹ *Le mot allemand n'a pas de flexion féminine.*

2 ▷ Il y avait au moins dix clients avant moi à la caisse.
Es standen mindestens zehn Kunden vor mir an der Kasse.

2 (en parlant d'un magasin) der **Kunde** (pluriel Kunden), die **Kundin** (pluriel Kundinnen)

cligner

▷ Boris a un tic : il cligne des yeux tout le temps.
Boris hat einen Tick: Er blinzelt dauernd.

► **cligner des yeux** (= clignoter) : **blinzeln**

clignotant

▷ Le clignotant gauche ne marche pas.
Der linke Blinker funktioniert nicht.

▷ N'oublie pas de mettre ton clignotant.
Vergiss nicht zu blinken.

der **Blinker** (pluriel **Blinker**)

► **mettre son clignotant : blinken**

clignoter

▷ Qu'est-ce que c'est cette lumière qui clignote ?
Was ist dieses Licht, das da blinkt?

blinken

climat

▷ Le climat français est plus doux que le climat allemand.
Das französische Klima ist wärmer als das deutsche.

das **Klima** (pluriel **Klimas, Klimate**)

climatisation

▷ Maman voudrait une voiture avec la climatisation.
Mutti hätte gern ein Auto mit Klimaanlage.

die **Klimaanlage** (pluriel **-anlagen**)

climatisé, climatisée

▷ Le train est climatisé.
Der Zug ist klimatisiert.

klimatisiert

climatiseur

▷ Le climatiseur ne fonctionne pas.
Die Klimaanlage funktioniert nicht.

die **Klimaanlage** (pluriel **-anlagen**)

clin d'œil

▷ Barry m'a fait un clin d'œil.
Barry hat mir zugezwinkert.

► **faire un clin d'œil à** quelqu'un : jemandem (datif) **zuzwinkern**

clinique

▷ Il n'y avait pas de place à l'hôpital, alors il a été emmené dans une clinique.
Es gab im Krankenhaus keinen Platz mehr, also wurde er in eine Klinik eingeliefert.

die **Klinik** (pluriel **Kliniken**)

clip

▷ Tu as vu le clip de Madonna ?
Hast du Madonnas Clip gesehen?

der **Clip** /klɪp/ (pluriel **Clips**)

clique

▷ Tu voudrais faire partie de ma clique ?
Möchtest du in meiner Clique sein?

(= amis sur réseau social) die **Clique** /'klɪkə/ (pluriel **Cliquen**)

cliquer

▷ Si je clique ici, qu'est-ce qui se passe ?
Wenn ich hier klicke, was passiert dann?
▷ Clique deux fois sur cette icône.
Doppelklick auf dieses Icon.

klicken

► **cliquer deux fois :**
doppelklicken

clochard, clocharde

▷ Les clochards dormaient en groupe sur des cartons.
Die Penner schliefen in einer Gruppe auf Kartons.

der **Penner** (pluriel **Penner**), die **Pennerin** (pluriel **Pennerinnen**)

cloche

▷ Ce sont les cloches de l'église qui m'ont réveillé.
Die Kirchenglocken haben mich geweckt.

die **Glocke** (pluriel **Glocken**)

clocher (NOM MASCULIN)

1 ▷ Je vois le clocher de ma fenêtre.
Ich sehe den Kirchturm von meinem Fenster aus.

1 (d'une église) der **Kirchturm** (pluriel **–türme**)

2 ▷ Le clocher de la mairie est tout petit.
Der Glockenturm des Rathauses ist ganz klein.

2 (d'un bâtiment) der **Glockenturm** (pluriel **–türme**)

clocher (VERBE)

▷ Il y a quelque chose qui cloche ici.
Etwas stimmt hier nicht.
▷ Qu'est-ce qui cloche ?
Was stimmt nicht?

Pour dire que quelque chose **cloche** *(= ne va pas comme il faut, au sens familier), on emploie une expression avec* ***nicht stimmen*** *en allemand.*

cloque

▷ Latifa s'est brûlée, elle a des cloques sur la main.
Latifa hat sich verbrannt, sie hat Blasen an den Händen.

die **Blase** (pluriel **Blasen**)

clôture

▷ Notre voisin a mis une clôture autour de son jardin.
Unser Nachbar hat einen Zaun um seinen Garten gebaut.

(= barrière) der **Zaun** (pluriel **Zäune**)

clou

1 ▷ Tu peux me passer les clous, s'il te plaît ?
Kannst du mir bitte die Nägel geben?

1 (= pointe) der **Nagel** (pluriel Nägel)

2 ▷ Il y a des clous de girofle dans cette soupe.
In dieser Suppe sind Gewürznelken.

2 ► **clou de girofle :** die **Gewürznelke** (pluriel –nelken)

clouer

▷ Ils ont cloué des planches en travers de la fenêtre.
Sie haben Bretter über das Fenster genagelt.

nageln

clown

1 ▷ Le clown était vraiment très drôle.
Der Clown war wirklich sehr lustig.

1 (au cirque) der **Clown** /klaun/ (pluriel Clowns)

Notez la prononciation.

2 ▷ Il fait sans arrêt le clown, ça m'énerve !
Er kaspert dauernd herum, das geht mir auf die Nerven!

2 ► **faire le clown : herumkaspern**

ℹ ***herum•kaspern*** *est un verbe à particule séparable.*

club

▷ Tu viens au club de tennis samedi après-midi ?
Kommst du Samstagnachmittag zum Tennisklub?

der **Klub** (pluriel Klubs)

coca

▷ J'ai commandé un coca, qu'est-ce que tu prends ?
Ich habe ein Cola bestellt, was möchtest du?

(= boisson) das, die **Cola®** (pluriel Colas)

ℹ *Le ® signifie que c'est le nom d'une marque. Vous n'avez pas besoin de l'écrire.*

coccinelle

▷ Regarde, une coccinelle !
Schau mal, ein Marienkäfer!

(= insecte) der **Marienkäfer** (pluriel –käfer)

cocher

▷ Ne cochez qu'une seule case par question.
Kreuzt nur ein Feld pro Frage an.

ankreuzen

ℹ ***an•kreuzen*** *est un verbe à particule séparable.*

cochon

▷ Nous avons nourri les cochons à la ferme.
Wir haben die Schweine auf dem Bauernhof gefüttert.

das **Schwein** (pluriel Schweine)

cochonnerie

1 ▷ Emma mange trop de cochonneries.
Emma isst zu viel Junkfood.

1 *Il n'existe pas d'équivalent en allemand. On emploie souvent le mot anglais* ***Junkfood*** /'dzaŋkfu:d/.

2 ▷ Tu as fait des cochonneries partout !
Du hast überall geferkelt!

2 ► **faire des cochonneries** (= faire des saletés) : ferkeln

cocktail

▷ C'est un cocktail fait avec du whisky et du jus d'orange.
Es ist ein Cocktail mit Whisky und Orangensaft.

der **Cocktail** /'kɔktel/ (pluriel Cocktails)
Notez la prononciation.

code

1 ▷ Tu connais le code pour entrer dans l'immeuble ?
Kennst du die Codenummer zu dem Haus?

1 (pour ouvrir une porte) die **Codenummer** (pluriel **-nummern**)

2 ▷ J'ai noté mon code confidentiel parce que je l'oublie tout le temps.
Ich habe meine Geheimzahl notiert, weil ich sie dauernd vergesse.

2 ► **code confidentiel** (d'une carte bancaire) **:** die **Geheimzahl** (pluriel **-zahlen**)
On dit aussi die ***PIN-Nummer****.*

3 ▷ Quel est le code postal de Mannheim ?
Was ist die Postleitzahl für Mannheim?

3 ► **code postal :** die **Postleitzahl**

4 ▷ Nous apprenons le code de la route à l'école.
Wir lernen die Straßenverkehrsordnung in der Schule.

4 ► **code de la route :** die **Straßenverkehrsordnung**

cœur

1 ▷ J'ai acheté un cœur en pain d'épice sur le marché de Noël.
Ich habe auf dem Weihnachtsmarkt ein Lebkuchenherz gekauft.
▷ Le père de Salvador a des problèmes de cœur.
Salvadors Vater hat Herzprobleme.

1 (= partie du corps, objet en forme de cœur) das **Herz** (pluriel **Herzen**)

2 ▷ J'ai mal au cœur, je vais baisser la vitre.
Mir ist schlecht, ich drehe die Scheibe herunter.
▷ Nous avions tous mal au cœur.
Uns war allen schlecht.

2 *Pour dire que quelqu'un a* **mal au cœur***, on emploie une phrase avec le pronom personnel au datif +* ***sein*** *+* ***schlecht*** *(au présent :* ***ist schlecht*** *; au prétérit :* ***war schlecht*** *; au futur :* ***wird schlecht****).*

3 ▷ Nous devons apprendre le poème par cœur pour demain.
Wir müssen das Gedicht bis morgen auswendig lernen.

3 ► **par cœur :** auswendig

coffre

▷ Les valises sont déjà dans le coffre.
Die Koffer sind schon im Kofferraum.

(de la voiture) der **Kofferraum** (pluriel **-räume**)
Attention : le mot allemand ***Koffer*** *signifie « valise » ou « malle ».*

coffre-fort

▷ Elle garde ses bijoux dans un coffre-fort.
Sie bewahrt ihren Schmuck in einem Tresor auf.

der **Tresor** (pluriel **Tresore**)

cogner

1 ▷ Pourquoi tu cognes à la porte ? Il y a une sonnette.
Warum klopfst du an die Tür? Da ist eine Klingel.

1 ► **cogner à la porte :** an die Tür **klopfen**

2 ▷ Je me suis cognée contre l'armoire.
Ich habe mich am Schrank gestoßen.
▷ Lisa n'arrête pas de se cogner partout.
Lisa stößt sich überall.
▷ À chaque fois qu'il passe, il se cogne contre l'armoire.
Jedes Mal, wenn er vorbeigeht, stößt er sich am Schrank.

2 ► se **cogner contre** quelque chose : sich **an** etwas (datif) **stoßen** (**stößt**, **stieß**, **gestoßen**)

ℹ *Le pronom personnel allemand s'emploie à l'accusatif :* ***ich stoße mich, du stößt dich, er / sie stößt sich, wir stoßen uns, ihr stoßt euch, sie stoßen sich.***

3 ▷ Tu t'es cogné la tête ?
Hast du dir den Kopf angestoßen?
▷ Peter s'est cogné le genou contre la table.
Peter stieß sich am Tisch das Knie an.
▷ Je me suis encore cogné le pied contre le frigo.
Ich habe mir schon wieder den Fuß am Kühlschrank angestoßen.

3 ► se **cogner** quelque chose (la tête, le genou etc.) **contre** quelque chose : sich etwas (accusatif) **an** etwas **anstoßen**

ℹ *Le verbe réfléchi allemand est à particule séparable, le pronom personnel s'emploie au datif :* ***ich stoße mir... an, du stößt dir... an, er / sie stößt sich... an, wir stoßen uns... an, ihr stoßt euch... an, sie stoßen sich... an.***

coiffé, coiffée

▷ Tu es très bien coiffé ce matin.
Du bist heute Morgen schön frisiert.

frisiert

coiffer

1 ▷ Viens, je vais te coiffer.
Komme, ich frisiere dich.
▷ C'est sa mère qui l'a coiffée.
Ihre Mutter hat sie frisiert.

1 ► **coiffer** quelqu'un (= s'occuper de ses cheveux) : jemanden (accusatif) **frisieren**

ℹ *Les verbes se terminant en* ***–ieren*** *ne prennent pas* ***ge-*** *au participe passé.*

2 ▷ Charlotte passe des heures à se coiffer avant de sortir.
Charlotte frisiert sich stundenlang, bevor sie ausgeht.

2 ► se **coiffer** (= arranger ses cheveux) : sich **frisieren**

ℹ *Le pronom personnel allemand s'emploie à l'accusatif :* ***ich frisiere mich, du frisierst dich, er / sie frisiert sich, wir frisieren uns, ihr frisiert euch, sie frisieren sich.***

coiffeur, coiffeuse

▷ La coiffeuse m'a lavé les cheveux.
Die Friseurin hat mir die Haare gewaschen.

▷ André est encore chez le coiffeur.
André ist noch beim Friseur.

▷ Je vais chez le coiffeur une fois par mois.
Ich gehe einmal im Monat zum Friseur.

der **Friseur** (pluriel **Friseure**) *ou* **Frisör** (pluriel **Frisöre**), die **Friseurin** (pluriel **Friseurinnen**) *ou* **Frisörin** (pluriel **Frisörinnen**)

► **chez le coiffeur** (= dans le magasin) : **beim Friseur**

► **chez le coiffeur** (= vers le magasin) : **zum Friseur**

coiffure

▷ J'aime bien ta nouvelle coiffure.
Ich mag deine neue Frisur.

die **Frisur** (pluriel **Frisuren**)

coin

1 ▷ Les coins de mon livre sont abîmés.
Die Ecken meines Buches sind beschädigt.

1 (= angle) die **Ecke** (pluriel **Ecken**)

2 ▷ La boulangerie est au coin de la rue.
Die Bäckerei ist an der Straßenecke.

2 ► **au coin de la rue : an der Straßenecke**

3 ▷ Mets-toi au coin du feu.
Setz dich an den Kamin.
▷ Le chat dort au coin du feu.
Die Katze schläft am Kamin.

3 *Quand le verbe indique une direction ou un déplacement,* **au coin du feu** *se traduit par* ***an den Kamin****. Quand le verbe indique un séjour dans un lieu, il est traduit par* ***am Kamin****.*

coincé, coincée

1 ▷ Le tiroir est coincé.
Die Schublade klemmt.

1 ► **être coincé** (en parlant d'un tiroir, d'une porte) **: klemmen**

2 ▷ Nous étions coincés dans l'ascenseur.
Wir steckten im Aufzug fest.

2 ► **être coincé** (en parlant d'une personne) **: feststecken**

ℹ ***fest•stecken*** *est un verbe à particule séparable.*

coincer

1 ▷ Nous avons coincé la porte avec un bout de bois.
Wir haben die Tür mit einem Stück Holz eingeklemmt.

1 (pour empêcher quelque chose de bouger) **einklemmen**

ℹ ***ein•klemmen*** *est un verbe à particule séparable.*

2 ▷ La porte de l'armoire coince.
Die Schranktür klemmt.

2 (= être bloqué) **klemmen**

3 ▷ Zut, ma fermeture s'est coincée.
Mist, mein Reißverschluss hat sich verklemmt.

3 ► **se coincer : sich verklemmen**

ℹ *Les verbes commençant par le préfixe* ***ver-*** *ne prennent pas* ***ge-*** *au participe passé.*

4 ▷ Renaud s'est coincé le doigt dans la portière.
Renaud hat sich die Finger in der Autotür eingeklemmt.
▷ Je me coince tout le temps la main dans ce tiroir.
Ich klemme mir dauernd die Hand in dieser Schublade ein.
▷ Comment as-tu fait pour te coincer le pied ?
Wie hast du es geschafft, dir den Fuß einzuklemmen?

4 ► **se coincer** quelque chose (les doigts, un pied, etc.) **dans** quelque chose : sich etwas (accusatif) **in** etwas **einklemmen**

ℹ *Le verbe réfléchi allemand est à particule séparable, le pronom personnel s'emploie au datif : **ich klemme mir... ein, du klemmst dir... ein, er / sie klemmt sich... ein, wir klemmen uns... ein, ihr klemmt euch... ein, sie klemmen sich... ein**.*

col

▷ Le col de ton manteau est déchiré.
Der Kragen deines Mantels ist zerrissen.

(d'un vêtement) der **Kragen** (pluriel Kragen)

ℹ *Dans le sud de l'Allemagne et en Autriche, le pluriel se dit **Krägen**.*

colère

▷ Le père d'Aïcha est très en colère.
Aïchas Vater ist sehr wütend.
▷ Ne te mets pas en colère, ce n'est pas ma faute !
Werde nicht wütend, es ist nicht meine Schuld!

► **être en colère :** wütend sein

► **se mettre en colère :** wütend werden (wird, wurde, geworden)

collant, collante

1 ▷ Tes mains sont collantes, va les laver.
Deine Hände sind klebrig, geh sie waschen.

1 (adjectif = poisseux) **klebrig**

2 ▷ Il y a un trou à ton collant.
Deine Strumpfhose hat ein Loch.

2 (= vêtement) die **Strumpfhose** (pluriel –hosen)

colle

1 ▷ Tu peux facilement réparer ça avec de la colle.
Du kannst das mit Klebstoff leicht reparieren.

1 (= adhésif) der **Klebstoff**

2 ▷ Le prof de sport m'a donné deux heures de colle.
Der Sportlehrer ließ mich zwei Stunden nachsitzen.
▷ Sébastien a eu une heure de colle.
Sébastien musste eine Stunde nachsitzen.

2 ► **donner une colle à** quelqu'un (= punition) : jemanden (accusatif) **nachsitzen lassen**

► **avoir des heures de colle :** nachsitzen müssen (muss, musste, müssen)

collection

▷ Les parents de Nadia ont une collection de livres anciens.
Nadias Eltern haben eine Sammlung alter Bücher.
▷ Tania fait collection de peluches.
Tania sammelt Plüschtiere.

(de timbres, d'objets, etc.) die **Sammlung** (pluriel Sammlungen)

► **faire collection de** quelque chose : etwas (accusatif) **sammeln**

collectionner

▷ Gilles collectionne les timbres.
Gilles sammelt Briefmarken.

sammeln

collège

▷ J'avais un peu peur quand j'ai commencé le collège.
Ich hatte ein bisschen Angst, als ich in die Realschule kam.
▷ En Allemagne, le collège tel qu'on le connaît en France n'existe pas.
In Deutschland gibt es das "collège", so wie man es in Frankreich kennt, nicht.

En Allemagne, l'enseignement dépend de chaque ***Land*** *et fonctionne différemment du système scolaire français. Après l'école élémentaire (****Grundschule****) qui dure quatre ans, les élèves intègrent soit la* ***Hauptschule*** *(cycle scolaire court, de la cinquième à la neuvième année), soit la* ***Realschule*** *(cycle intermédiaire, de la cinquième à la dixième année), soit le* ***Gymnasium*** *(cycle long jusqu'au baccalauréat), ou encore la* ***Gesamtschule*** *qui regroupe les trois.*

collègue

▷ Hier soir, les collègues de ma mère sont venus dîner.
Gestern Abend sind die Kollegen meiner Mutter zum Abendessen gekommen.

der **Kollege** (pluriel **Kollegen**), die **Kollegin** (pluriel **Kolleginnen**)

coller

1 ▷ J'ai découpé les articles, je ne les ai pas encore collés dans le cahier.
Ich habe die Artikel ausgeschnitten, ich habe sie noch nicht ins Heft geklebt.

1 ► **coller** quelque chose (un timbre, du papier, etc.) : etwas **kleben**

2 ▷ Ce timbre ne colle pas.
Diese Briefmarke klebt nicht.

2 (= adhérer) **kleben**

3 ▷ J'ai les mains qui collent, je vais les laver.
Meine Hände sind klebrig, ich gehe sie waschen.

3 (= être poisseux) **klebrig sein**

ℹ *On dit aussi* ***klebrige Hände haben*** (= avoir des mains collantes).

4 ▷ Le professeur m'a collé, mais je n'avais rien fait.
Der Lehrer ließ mich nachsitzen, aber ich hatte nichts getan.

4 ► **coller** quelqu'un (= le punir) : jemanden (accusatif) **nachsitzen lassen** (lässt, ließ, lassen)

collier

1 ▷ Jeanne a un joli collier en argent.
Jeanne hat eine hübsche silberne Halskette.

1 (= bijou) die **Halskette** (pluriel **–ketten**)

2 ▷ Où est le collier du chien ?
Wo ist das Halsband des Hundes?

2 (d'un animal) das **Halsband** (pluriel **–bänder**)

colo

▷ La colo était super !
Das Ferienlager war toll!

▷ Cet été, je vais en colo dans les Alpes.
Diesen Sommer gehe ich ins Ferienlager in den Alpen.

das **Ferienlager** (pluriel –lager)

► **aller en colo :** ins Ferienlager gehen (ging, gegangen)

colocataire

▷ Marie est ma colocataire.
Marie ist meine Mitbewohnerin.

der **Mitbewohner** (pluriel Mitbewohner), die **Mitbewohnerin** (pluriel Mitbewohnerinnen)

colombe

▷ Kevin a vu une colombe dans le jardin.
Kevin hat eine Taube im Garten gesehen.

die **Taube** (pluriel Tauben)

ℹ *En allemand, on emploie le même mot pour* **colombe** *et* **pigeon**.

colonie de vacances

▷ Les colonies de vacances, c'est super !
Ferienlager ist toll!

▷ J'aime bien aller en colonie de vacances.
Ich gehe gern ins Ferienlager.

das **Ferienlager** (pluriel –lager)

► **aller en colo :** ins Ferienlager gehen (ging, gegangen)

colonne

▷ Écris ces chiffres sur deux colonnes.
Schreib diese Zahlen in zwei Kolonnen.

die **Kolonne** (pluriel Kolonnen)

coloré, colorée

▷ Mon petit frère fait des dessins très colorés.
Mein kleiner Bruder malt sehr bunte Bilder.

(= aux couleurs vives) **bunt**

coloriage

▷ Je suis un peu vieux pour faire des coloriages !
Ich bin zu alt, um noch auszumalen!

► **faire des coloriages :** ausmalen

ℹ ***aus•malen*** *est un verbe à particule séparable.*

colorier

▷ Pourquoi tu ne colories pas ton dessin ?
Warum malst du deine Zeichnung nicht aus?

ausmalen

ℹ ***aus•malen*** *est un verbe à particule séparable.*

coma

▷ Le père de Lucie a eu un accident, il est dans le coma.
Lucies Vater hat einen Unfall gehabt, er liegt im Koma.

das **Koma**

► **être dans le coma :** im Koma liegen (lag, gelegen)

combat

▷ Il y a eu de violents combats de rue.
Es hat heftige Straßenkämpfe gegeben.
▷ Je suis allé voir un combat de boxe.
Ich habe einen Boxkampf gesehen.

(entre deux adversaires, en sport) der **Kampf** (pluriel Kämpfe)

combattre

▷ Nous combattrons toujours la discrimination.
Wir werden Diskriminierung immer bekämpfen.

bekämpfen

ℹ *Les verbes commençant par le préfixe* **be-** *ne prennent pas* **ge-** *au participe passé.*

combien

1 ▷ C'est combien, un café ici ?
Wie viel kostet hier ein Kaffee?
▷ Combien tu pèses ?
Wie viel wiegst du?

1 (en parlant d'un prix, d'une mesure) **wie viel**

2 ▷ Combien d'argent voudrais-tu emporter ?
Wie viel Geld möchtest du mitnehmen?
▷ Combien de profs sont en grève ?
Wie viele Lehrer streiken?

2 ► **combien de** + *nom singulier* : wie viel + *nom*
► **combien de** + *nom pluriel* : wie viele + *nom*

3 ▷ Combien de temps nous faut-il pour aller au centre-ville ?
Wie lange brauchen wir, um ins Stadtzentrum zu kommen?

3 ► **combien de temps** : wie lange

4 ▷ Tu chausses du combien ?
Welche Größe trägst du?

4 *En parlant de la taille d'un vêtement ou d'une pointure, on dit* **welche Größe ...?** *en allemand.*

combinaison

1 ▷ J'ai oublié la combinaison du cadenas !
Ich habe die Kombination des Schlosses vergessen!

1 (= suite de chiffres) die **Kombination** (pluriel Kombinationen)

2 ▷ Il me faudrait une nouvelle combinaison de ski.
Ich brauche einen neuen Skianzug.

2 ► **combinaison de ski** : der **Skianzug** /'ʃiːantsuːk/ (pluriel -anzüge)

Notez la prononciation.

comédie

1 ▷ J'ai vu une comédie très drôle à la télé hier.
Ich habe gestern eine sehr lustige Komödie im Fernsehen gesehen.

1 (en parlant d'un film, d'une pièce de théâtre) die **Komödie** /ko'møːdiə/ (pluriel Komödien)

2 ▷ Arrête avec ta comédie !
Hör mit deinem Theater auf!

2 (= caprice, simulation) das **Theater**

3 ▷ J'adore les comédies musicales.
Ich liebe Musicals.

3 ► **comédie musicale :** das **Musical** /ˈmjuːzikəl/ (pluriel **Musicals**)

comédien, comédienne

▷ Jean Dujardin est un comédien très connu.
Jean Dujardin ist ein berühmter Schauspieler.
▷ Emma veut devenir comédienne.
Emma will Schauspielerin werden.

(= acteur) der **Schauspieler** (pluriel **Schauspieler**), die **Schauspielerin** (pluriel **Schauspielerinnen**)

commande

1 ▷ Votre commande sera livrée demain.
Ihre Bestellung wird morgen geliefert.
▷ Maman passe la commande par téléphone.
Mutti gibt die Bestellung per Telefon auf.

1 (= achat par correspondance) die **Bestellung** (pluriel **Bestellungen**)
► **passer une commande :** eine **Bestellung aufgeben**

ℹ ***auf•geben*** *est un verbe à particule séparable et se conjugue comme* ***geben*** (**gibt, gab, gegeben**).

2 ▷ Le pilote m'a montré les commandes de l'avion.
Der Pilot hat mir die Bedienung des Flugzeugs gezeigt.

2 ► **les commandes** (d'un avion, d'une machine) **:** die **Bedienung**

ℹ *Ce mot s'emploie uniquement au singulier.*

commander

▷ Qu'est-ce que tu as commandé pour le dessert ?
Was hast du zum Nachtisch bestellt?
▷ Sophie a commandé un jeu vidéo.
Sophie hat ein Videospiel bestellt.

(au restaurant, par catalogue) **bestellen**

ℹ *Les verbes commençant par le préfixe* ***be-*** *ne prennent pas* ***ge-*** *au participe passé.*

comme

1 ▷ Arthur est comme moi, il n'aime pas les maths.
Arthur ist wie ich, er mag Mathe nicht.

1 (pour comparer) **wie**

2 ▷ Comme on était en retard, on a dû courir.
Da wir Verspätung hatten, mussten wir rennen.

2 (= puisque) **da**

3 ▷ Tiens la feuille comme ça.
Halte das Blatt so.
▷ Je n'ai jamais vu une maison comme ça.
Ich habe noch nie so ein Haus gesehen.

3 ► **comme ça :** so

4 ▷ Écris comme il faut, tu n'auras pas à le refaire.
Schreib, wie es sich gehört, dann musst du es nicht noch einmal machen.

4 ► **comme il faut** (= correctement) **:** wie es sich gehört

5 ▷ Tristan se conduit comme s'il était malade.
Tristan verhält sich, als ob er krank wäre.

5 ► **comme si** + *imparfait* **: als ob** + *verbe au subjonctif II présent*

commencer

▷ Michel a commencé le livre hier et il l'a déjà fini !
Michel hat das Buch gestern angefangen und hat es schon ausgelesen!

▷ L'école commence en septembre.
Die Schule fängt im September an. *ou* Die Schule beginnt im September.
▷ Emma commence à s'inquiéter.
Emma fängt an, sich Sorgen zu machen.

► **commencer** quelque chose : etwas anfangen
ℹ *an•fangen est un verbe à particule séparable et se conjugue comme* **fangen** (fängt, fing, gefangen).
Pour dire que quelque chose **commence**, *on traduit soit par* ***anfangen***, *soit par* ***beginnen*** (begann, begonnen).
► **commencer à** + *infinitif* : anfangen, zu + *infinitif*
ℹ *On dit aussi* ***beginnen, zu*** + *infinitif.*

comment

1 ▷ Comment est-ce qu'on écrit ça ?
Wie schreibt man das?
▷ Martin m'a montré comment faire un gâteau.
Martin hat mir gezeigt, wie man einen Kuchen backt.

1 (en parlant de la manière dont on fait quelque chose) wie

2 ▷ Comment vas-tu ?
Wie geht es dir?

2 *Pour demander comment quelqu'un* **va**, *on emploie la formule* ***wie geht es*** + *pronom personnel au datif.*

3 ▷ Il est comment, le prof de français ?
Wie ist der Französischlehrer?
▷ C'était comment, tes vacances ?
Wie waren deine Ferien?

3 *Pour demander* **comment est** *quelque chose ou quelqu'un, on dit* ***wie*** + ***sein***+ *sujet.*

commentaire

▷ Clara fait des commentaires idiots.
Clara macht dumme Kommentare.

(= remarque) der **Kommentar** (pluriel Kommentare)

commenter

▷ Je préfère ne pas commenter son attitude.
Ich kommentiere seine Haltung lieber nicht.
▷ La rencontre sera commentée par Luc Amy.
Das Spiel wird von Luc Amy kommentiert.

kommentieren
ℹ *Les verbes se terminant en* ***-ieren*** *ne prennent pas* ***ge-*** *au participe passé.*

commérages

▷ Ce ne sont que des commérages.
Das ist nur Gerede.

das **Gerede**
ℹ *Le mot* ***Gerede*** *est toujours singulier.*

commerçant, commerçante

▷ Les commerçants de notre quartier organisent une tombola.
Die Händler in unserem Viertel veranstalten eine Tombola.

(= personne qui tient un magasin) der **Händler** (pluriel Händler), die **Händlerin** (pluriel Händlerinnen)

commerce

1 ▷ Il y a beaucoup de commerces dans notre quartier.
In unserem Viertel gibt es viele Geschäfte.

2 ▷ L'Europe fait du commerce avec l'Asie.
Europa treibt Handel mit Asien.

3 ▷ Roland veut aller dans une école de commerce.
Roland will auf eine Handelsschule gehen.

4 ▷ Ma mère aime bien acheter des produits du commerce équitable.
Meine Mutter kauft gern Produkte aus fairem Handel.

1 (= magasin) das **Geschäft** (pluriel Geschäfte)

2 ► **faire du commerce avec... :** mit ... Handel treiben (trieb, getrieben)

3 ► **école de commerce :** die Handelsschule (pluriel -schulen)

4 ► **commerce équitable :** fairer Handel

commissariat

▷ Ils l'ont emmené au commissariat.
Sie haben ihn aufs Revier mitgenommen.

das **Revier** (pluriel Reviere)

commode

1 ▷ Ce n'est pas très commode d'habiter à l'autre bout de la ville.
Es ist nicht sehr praktisch, am anderen Ende der Stadt zu wohnen.

2 ▷ Les serviettes sont dans la commode.
Die Handtücher sind in der Kommode.

1 (= pratique) **praktisch**

2 (= meuble) die **Kommode** (pluriel Kommoden)

commun, commune

▷ Il y a une salle de bains commune dans l'auberge de jeunesse.
In der Jugendherberge gibt es ein gemeinsames Badezimmer.

▷ Ces deux événements n'ont rien en commun.
Diese beiden Ereignisse haben nichts gemeinsam.

(= partagé) **gemeinsam**

► **avoir quelque chose en commun :** etwas (accusatif) gemeinsam haben

communauté

▷ Ils forment une communauté très solidaire.
Sie bilden eine sehr solidarische Gemeinschaft.

▷ La France appartient à la Communauté européenne.
Frankreich gehört der Europäischen Gemeinschaft an.

die **Gemeinschaft** (pluriel Gemeinschaften)

► **la Communauté européenne :** die Europäische Gemeinschaft

ℹ *Notez la majuscule à l'adjectif en allemand.*

communication

1 ▷ Il faut améliorer les moyens de communication.
Die Verkehrsmittel müssen verbessert werden.

1 (= liaison) der **Verkehr**

2 ▷ Tu connais le prix d'une communication locale ?
Kennst du den Preis für ein Ortsgespräch?

2 ► **communication (téléphonique) :** das **Gespräch** (pluriel **Gespräche**)

3 ▷ Elle travaille pour une agence de communication.
Sie arbeitet für eine Kommunikationsagentur.

3 (= relations publiques) die **Kommunikation**

communion

▷ Ma petite sœur vient de faire sa communion.
Meine kleine Schwester hatte gerade ihre Kommunion.

die **Kommunion**
► **faire sa communion :** *pronom personnel au génitif* + **Kommunion haben**

communiquer

▷ Elles communiquent par e-mails.
Sie kommunizieren per E-Mail.

(= correspondre) **kommunizieren**
ℹ *Les verbes se terminant en* ***-ieren*** *ne prennent pas* ***ge-*** *au participe passé.*

compagne

Regardez le mot ***compagnon***

compagnie

1 ▷ J'aime bien sa compagnie, elle est sympa.
Ich mag ihre Gesellschaft, sie ist nett.

▷ Le samedi après-midi, je tiens compagnie à mes grands-parents.
Samstagnachmittags leiste ich meinen Großeltern Gesellschaft.

1 (= présence) die **Gesellschaft**
ℹ *Dans ce cas, le mot allemand est employé au singulier.*
► **tenir compagnie à** quelqu'un **:** jemandem (datif) **Gesellschaft leisten**

2 ▷ Le père de Samuel travaille pour une compagnie d'assurances.
Samuels Vater arbeitet bei einer Versicherungsgesellschaft.

2 (= société) die **Gesellschaft** (pluriel **Gesellschaften**)

compagnon, compagne

▷ Il est venu avec sa compagne.
Er ist mit seiner Lebensgefährtin gekommen.

(= concubin) der **Lebensgefährte** (pluriel **-gefährten**), die **Lebensgefährtin** (pluriel **-gefährtinnen**)

comparaison

▷ Une comparaison est impossible.
Ein Vergleich ist unmöglich.

der **Vergleich** (pluriel **Vergleiche**)

▷ Nous devons faire une comparaison des deux textes.
Wir müssen die beiden Texte vergleichen.

▷ Nous avons beaucoup d'argent en comparaison.
Im Vergleich haben wir viel Geld.

▷ En comparaison de Tania je suis une géante !
Im Vergleich zu Tania bin ich eine Riesin!

► **faire une comparaison :** vergleichen (verglich, verglichen)

► **en comparaison :** im Vergleich

► **en comparaison de :** im Vergleich zu

comparé à

▷ Comparé à Juan, Clément est tout petit.
Im Vergleich zu Juan ist Clément ganz klein.

im Vergleich zu

comparer

▷ On ne peut pas les comparer, ils sont très différents.
Man kann sie nicht vergleichen, sie sind sehr verschieden.

▷ Léo m'a comparée à sa sœur.
Léo hat mich mit seiner Schwester verglichen.

vergleichen (verglich, verglichen)

ℹ *Les verbes commençant par le préfixe* **ver-** *ne prennent pas* **ge-** *au participe passé.*

► **comparer à** *ou* **avec :** mit *+ datif +* vergleichen

compartiment

▷ C'est dommage, nous ne sommes pas dans le même compartiment.
Schade, wir sind nicht im selben Abteil.

▷ Il n'y a plus de compartiments fumeurs.
Es gibt keine Raucherabteile mehr.

das **Abteil** (pluriel Abteile)

🔈 *L'accent tonique est sur la deuxième syllabe.*

► **compartiment fumeurs / non fumeurs :** das Raucherabteil / Nichtraucherabteil

compas

▷ Trace un cercle avec un compas.
Zieh mit dem Zirkel einen Kreis.

(= instrument de géométrie) der **Zirkel** (pluriel Zirkel)

Attention : le mot allemand der ***Kompass*** *s'applique uniquement à l'instrument de navigation.*

compétition

1 ▷ Une compétition d'athlétisme entre les deux écoles aura lieu ce week-end.
Dieses Wochenende findet ein Leichtathletikwettkampf zwischen den beiden Schulen statt.

▷ Tu participes à cette compétition ?
Nimmst du an diesem Wettkampf teil?

1 (= épreuve sportive) der **Wettkampf** (pluriel -kämpfe)

► **participer à une compétition :** an einem Wettkampf teilnehmen

ℹ ***teil•nehmen*** *est un verbe à particule séparable et se conjugue comme* ***nehmen*** (nimmt, nahm, genommen).

2 ▷ Julien fait de la compétition de tennis.
Julien betreibt Tennis als Leistungssport.

2 (= sport) der **Leistungssport**

complet, complète

1 ▷ Cédric a la série complète d'Astérix.
Cédric hat die vollständige Asterix-Serie.

1 (= sans rien qui manque)
vollständig

2 ▷ Malheureusement, l'hôtel était complet.
Leider war das Hotel voll.

▷ Le parking est complet, on doit se garer ailleurs.
Der Parkplatz ist besetzt, wir müssen woanders parken.

2 *Quand* **complet** *signifie « plein », on emploie* ***voll*** *en parlant d'un hôtel, d'un moyen de transport.*
Quand on parle d'un parking, on traduit par ***besetzt***.

3 ▷ Je préfère le pain complet.
Ich mag Vollkornbrot lieber.

3 *Quand on parle des aliments, on forme des mots composés avec* ***Vollkorn–*** *: das* ***Vollkornmehl*** (farine complète), ***Vollkornnudeln*** (pâtes au blé complet).

complètement

▷ Mais c'est complètement idiot !
Das ist ja völlig idiotisch!

völlig

compléter

▷ Je dois compléter ces dix phrases avec des noms d'écrivains.
Ich muss diese zehn Sätze mit den Namen von Schriftstellern vervollständigen.
▷ Bruno veut compléter sa collection de BD.
Bruno will seine Comicsammlung vervollständigen.

(en parlant de quelque chose qui n'est pas terminé ou qui n'est pas complet)
vervollständigen

ℹ *Les verbes commençant par le préfixe* ***ver-*** *ne prennent pas* ***ge-*** *au participe passé.*
ℹ *On dit aussi* ***ergänzen***.

complexe

▷ Il a un complexe d'infériorité.
Er hat einen Minderwertigkeitskomplex.

der **Komplex** (pluriel **Komplexe**)

complexé, complexée

▷ Il est très complexé.
Er hat viele Komplexe.

► **être complexé : Komplexe haben**

compliment

▷ Elle a pris la remarque pour un compliment.
Sie hat die Bemerkung als Kompliment aufgefasst.

▷ Je suis contente, Simon m'a fait un compliment.
Ich freue mich, Simon hat mir ein Kompliment gemacht.

das **Kompliment** /kɔmpli'mɛnt/ (pluriel **Komplimente**)

🔈 *Notez la prononciation.*

► **faire un compliment à** quelqu'un : jemandem (datif) **ein Kompliment machen**

compliqué, compliquée

▷ Je n'arrive pas à faire cet exercice, il est trop compliqué !
Ich schaffe diese Übung nicht, sie ist zu kompliziert!

kompliziert

comportement

▷ Je ne comprends pas leur comportement.
Ich verstehe ihr Verhalten nicht.

das **Verhalten**

se comporter

▷ Tu te comportes comme un enfant !
Du benimmst dich wie ein Kind!
▷ Comporte-toi correctement, s'il te plaît.
Benimm dich bitte anständig.
▷ Il s'est comporté comme un goujat, c'était très embarrassant.
Er hat sich wie ein Flegel benommen, es war sehr peinlich.

sich **benehmen** (benimmt, benahm, benommen)

ℹ *Les verbes commençant par le préfixe **be-** ne prennent pas **ge-** au participe passé.*

ℹ *Le pronom personnel allemand s'emploie à l'accusatif : **ich benehme mich, du benimmst dich, er / sie benimmt sich, wir benehmen uns, ihr benehmt euch, sie benehmen sich**.*

composer

1 ▷ Joël a composé de la musique sur son ordinateur.
Joël hat auf seinem Computer Musik komponiert.

1 (= composer de la musique) **komponieren**

ℹ *Les verbes se terminant en **–ieren** ne prennent pas **ge-** au participe passé.*

2 ▷ N'oublie pas de composer l'indicatif.
Vergiss nicht, die Vorwahlnummer zu wählen.

2 (= composer un numéro de téléphone) **wählen**

3 ▷ La classe se compose de dix garçons et treize filles.
Die Klasse besteht aus zehn Jungen und dreizehn Mädchen.

3 ► **se composer de** quelque chose : aus etwas (datif) **bestehen** (bestand, bestanden)

ℹ *Les verbes commençant par le préfixe **be-** ne prennent pas **ge-** au participe passé.*

composter

▷ Je n'ai pas composté mon billet !
Ich habe meine Fahrkarte nicht entwertet!

entwerten

ℹ *Les verbes commençant par le préfixe **ent-** ne prennent pas **ge-** au participe passé.*

composteur

▷ Je n'ai pas trouvé le composteur à la gare.
Ich habe am Bahnhof den Entwerter nicht gefunden.

der **Entwerter** (pluriel Entwerter)

compote

▻ Il y a de la compote de poires comme dessert.
Zum Nachtisch gibt es Birnenkompott.
▻ J'aime bien la compote de pommes.
Ich mag Apfelmus gern.

das **Kompott** (pluriel **Kompotte**)
ℹ *Quand la* **compote** *ne contient pas de morceaux de fruits, on traduit aussi par* ***das Mus*** (pluriel **Muse**).

compréhensible

1 ▻ Il était en colère, c'est compréhensible.
Er war wütend, das ist begreiflich.

1 (= concevable) **begreiflich**

2 ▻ Ta lettre est à peine compréhensible.
Dein Brief ist kaum verständlich.

2 (= clair) **verständlich**

compréhensif, compréhensive

▻ Il a été très compréhensif.
Er war sehr verständnisvoll.

verständnisvoll

comprendre

1 ▻ Tu comprends ce que je veux dire ?
Verstehst du, was ich meine?

1 (= saisir) **verstehen** (**verstand**, **verstanden**)
ℹ *Les verbes commençant par le préfixe* ***ver-*** *ne prennent pas* ***ge-*** *au participe passé.*

▻ Oh pardon, j'ai mal compris.
Entschuldigung, ich habe es falsch verstanden.

► **mal comprendre : falsch verstehen**
ℹ *On dit aussi* ***missverstehen****.*

2 ▻ Le livre comprend trois parties.
Das Buch besteht aus drei Teilen.

2 (= se composer de) **aus ... bestehen** (**bestand**, **bestanden**)
ℹ *Les verbes commençant par le préfixe* ***be-*** *ne prennent pas* ***ge-*** *au participe passé.*

comprimé

▻ Je dois prendre deux comprimés le matin.
Ich muss morgens zwei Tabletten nehmen.

(= cachet) die **Tablette** (pluriel **Tabletten**)

compris, comprise

1 ▻ Est-ce que le petit-déjeuner est compris dans le prix ?
Ist das Frühstück im Preis inbegriffen?

1 ► **compris dans : in** + *datif* + **inbegriffen**

2 ▻ Ça fait cinquante euros tout compris.
Das macht insgesamt fünfzig Euro.

2 ► **tout compris : insgesamt**

3 ▻ Il y avait dix joueurs, y compris mon frère.
Es waren zehn Spieler, einschließlich meines Bruders.

3 ► **y compris : einschließlich** + *génitif*

comptable

▷ La mère de Cécilia est comptable.
Cécilias Mutter ist Buchhalterin.

der **Buchhalter** (pluriel **-halter**), die **Buchhalterin** (pluriel **-halterinnen**)

compte

1 ▷ On fait les comptes pour voir si on a assez d'argent.
Wir rechnen ab, um zu sehen, ob wir genug Geld haben.

1 ► **faire les comptes** : abrechnen

ℹ ***ab•rechnen*** *est un verbe à particule séparable.*

2 ▷ Paul a déjà un compte dans une caisse d'épargne.
Paul hat schon ein Konto bei der Sparkasse.

2 (dans une banque) das **Konto** (pluriel **Konten**)

3 ▷ Tu te rends compte du détour qu'on doit faire ?
Bist du dir über den Umweg im Klaren, den wir da machen müssen?
▷ Alice ne se rend pas compte qu'elle l'a blessé.
Alice ist sich nicht darüber im Klaren, dass sie ihn verletzt hat.
▷ Je me rends très bien compte que c'est difficile pour lui.
Ich bin mir völlig darüber im Klaren, dass es für ihn schwierig ist.

3 ► se **rendre compte de** quelque chose : sich **über** etwas (accusatif) **im Klaren sein**

► se **rendre compte que ...** : sich **darüber im Klaren sein, dass ...**

ℹ *Le pronom personnel allemand s'emploie au datif :* ***ich bin mir im Klaren, du bist dir im Klaren, er / sie ist sich im Klaren, wir sind uns im Klaren, ihr seid euch im Klaren, sie sind sich im Klaren.***

compter

1 ▷ Le professeur a compté les élèves dans le bus.
Der Lehrer hat im Bus die Schüler gezählt.

1 (= calculer) **zählen**

2 ▷ Sacha et Dany comptent partir demain.
Sacha und Dany haben vor, morgen zu gehen.
▷ Qu'est-ce que tu comptes faire ?
Was hast du vor?

2 ► **compter faire** quelque chose : **vorhaben,** etwas **zu tun**

ℹ ***vor•haben*** *est un verbe à particule séparable et se conjugue comme* ***haben*** (**hat, hatte, gehabt**).

3 ▷ Tu peux compter sur moi !
Du kannst dich auf mich verlassen!
▷ Ce que j'apprécie, c'est qu'on peut toujours compter sur lui.
Was ich schätze ist, dass man sich immer auf ihn verlassen kann.
▷ Je dois pouvoir compter sur toi.
Ich muss mich auf dich verlassen können.

3 ► **compter sur** quelqu'un : sich **auf** jemanden (accusatif) **verlassen** (**verlässt, verließ, verlassen**)

ℹ *Les verbes commençant par le préfixe* ***ver-*** *ne prennent pas* ***ge-*** *au participe passé.*

ℹ *Le pronom personnel allemand s'emploie à l'accusatif :* ***ich verlasse mich auf..., du verlässt dich auf..., er / sie verlässt sich auf..., wir verlassen uns auf..., ihr verlasst euch auf..., sie verlassen sich auf...***

comptine

▷ Jeanne connaît plusieurs comptines.
Jeanne kennt mehrere Abzählreime.

der **Abzählreim** (pluriel **-reime**)

comptoir

▷ C'est moins cher de prendre un café au comptoir.
Es ist billiger, einen Kaffee am Tresen zu trinken.

(dans un café) der **Tresen** (pluriel **Tresen**)

se concentrer

▷ Essaie de te concentrer !
Versuch, dich zu konzentrieren!
▷ Elle s'est concentrée et elle a réussi facilement son exercice.
Sie hat sich konzentriert und ihre Übung leicht geschafft.

sich **konzentrieren**

ℹ *Le pronom personnel allemand s'emploie à l'accusatif :* ***ich konzentriere mich, du konzentrierst dich, er / sie konzentriert sich, wir konzentrieren uns, ihr konzentriert euch, sie konzentrieren sich.***

ℹ *Les verbes se terminant en* ***-ieren*** *ne prennent pas* ***ge-*** *au participe passé.*

concerner

▷ Le nouveau règlement nous concerne aussi.
Die neue Ordnung betrifft auch uns.

betreffen (**betrifft, betraf, betroffen**)

ℹ *Les verbes commençant par le préfixe* ***be-*** *ne prennent pas* ***ge-*** *au participe passé.*

concert

▷ Tu vas au concert ce soir ?
Gehst du heute Abend zum Konzert?
▷ Le concert de rock était super !
Das Rockkonzert war toll!

das **Konzert** (pluriel **Konzerte**)

Pour préciser le genre de **concert** *en allemand, on forme des mots composés avec* ***Konzert*** *: das* ***Jazzkonzert*** **(concert de jazz)**, *das* ***Klassikkonzert*** **(concert de musique classique)**, *etc.*

concierge

▷ Demande au concierge si le paquet est arrivé.
Frag den Hausmeister, ob das Paket angekommen ist.

der **Hausmeister** (pluriel **-meister**), die **Hausmeisterin** (pluriel **-meisterinnen**)

conclure

▷ Comment tu vas conclure ton exposé ?
Wie wirst du dein Referat abschließen?

▷ Et pour conclure, merci à tous!
Zum Abschluss danke ich (ou **danken wir**) **euch** (ou **Ihnen**) **allen!**

abschließen

ℹ ***ab•schließen*** *est un verbe à particule séparable et se conjugue comme* ***schließen*** (**schloss, geschlossen**).

► **pour conclure : zum Abschluss**

conclusion

▷ Je n'ai pas encore écrit la conclusion de ma rédaction.
Ich habe den Schluss meines Aufsatzes noch nicht geschrieben.

▷ Je suis arrivé à la conclusion qu'on ne peut pas lui faire confiance.
Ich bin zu dem Schluss gekommen, dass man ihm nicht vertrauen kann.

der **Schluss** (pluriel **Schlüsse**)

► **arriver à la conclusion que... :**
zu dem Schluss kommen, dass...

concombre

▷ J'ai fait une salade de riz avec du concombre.
Ich habe einen Reissalat mit Salatgurke gemacht.

die **Salatgurke** (pluriel **-gurken**)

concours

1 ▷ Il y a un concours pour entrer dans certaines écoles.
In manchen Schulen gibt es eine Aufnahmeprüfung.

1 (pour entrer dans une école) die **Aufnahmeprüfung** (pluriel **-prüfungen**)

2 ▷ Paul a gagné une montre au concours du journal.
Paul hat eine Uhr im Preisausschreiben der Zeitung gewonnen.

2 (= jeu) das **Preisausschreiben** (pluriel **-ausschreiben**)

Attention : le mot allemand ***Konkurs*** *signifie « faillite ».*

concret, concrète

▷ Donne-moi un exemple concret.
Gib mir ein konkretes Beispiel.

konkret

concurrence

▷ Il y a beaucoup de concurrence entre les deux librairies.
Es besteht viel Konkurrenz zwischen den beiden Buchläden.

die **Konkurrenz**

L'accent tonique est sur la dernière syllabe.

concurrent, concurrente

▷ L'entreprise de mes parents a beaucoup de concurrents.
Die Firma meiner Eltern hat viele Konkurrenten.

der **Konkurrent** (pluriel **Konkurrenten**), die **Konkurrentin** (pluriel **Konkurrentinnen**)

condamnation

▷ Elle a eu une condamnation à 2 ans de prison.
Sie wurde zu einer 2-jährigen Gefängnisstrafe verurteilt.

Pour dire que quelqu'un a eu une **condamnation** *au sens de « peine », on emploie l'expression* ***zu... verurteilt werden****, qui veut dire littéralement « être condamné à ».*

condamner

▷ Le tribunal l'a condamné à un an de prison.
Das Gericht hat ihn zu einem Jahr Gefängnis verurteilt.
▷ Le juge m'a condamné à une amende.
Der Richter hat mich zu einer Geldstrafe verurteilt.

► **condamner** quelqu'un **à** quelque chose : jemanden **zu** etwas (datif) **verurteilen**

ℹ *Les verbes commençant par le préfixe **ver-** ne prennent pas **ge-** au participe passé.*

condition

1 ▷ Ils vivent dans des conditions atroces.
Sie leben unter furchtbaren Bedingungen.

1 ► **les conditions** (= situation) : die **Bedingungen**

ℹ *Notez l'emploi de la préposition en allemand :* dans des conditions ... = ***unter ... Bedingungen.***

2 ▷ Je le ferai, mais à une condition : tu dois m'aider.
Ich werde es tun, aber unter einer Bedingung: Du musst mir helfen.

2 ► **à une condition :** unter einer **Bedingung**

ℹ *Notez l'emploi de la préposition en allemand :* à une conditions = ***unter einer Bedingung.***

conducteur, conductrice

▷ La conductrice était ivre.
Die Fahrerin war betrunken.

der **Fahrer** (pluriel **Fahrer**), die **Fahrerin** (pluriel **Fahrerinnen**)

conduire

1 ▷ En Angleterre, on conduit à gauche.
In England fährt man links.

1 (en parlant d'un véhicule) **fahren** (**fährt, fuhr, gefahren**)

2 ▷ Je conduis mon petit frère à l'école tous les matins.
Jeden Morgen bringe ich meinen kleinen Bruder zur Schule.

2 ► **conduire** quelqu'un quelque part : jemanden (accusatif) irgendwohin **bringen** (**brachte, gebracht**)

3 ▷ Tu t'es conduit comme un imbécile !
Du hast dich wie ein Trottel benommen!
▷ Conduis-toi correctement.
Benimm dich anständig.
▷ Il se conduisait très mal, j'avais honte pour lui.
Er benahm sich sehr schlecht, ich schämte mich für ihn.

3 ► se **conduire :** sich **benehmen** (**benimmt, benahm, benommen**)

ℹ *Les verbes commençant par le préfixe **be-** ne prennent pas **ge-** au participe passé.*

ℹ *Le pronom personnel allemand s'emploie à l'accusatif : **ich benehme mich, du benimmst dich, er / sie benimmt sich, wir benehmen uns, ihr benehmt euch, sie benehmen sich.***

conduite

1 ▷ Sa conduite était inacceptable.
Sein Benehmen war unannehmbar.

1 (= comportement) das **Benehmen**

ℹ *On dit aussi* das ***Verhalten.***

2 ▷ Sarah prend des leçons de conduite.
Sarah nimmt Fahrstunden.

2 ► **leçon de conduite :** die **Fahrstunde** (pluriel **-stunden**)

cône

▷ Tu prends une feuille de papier et tu la roules en cône.
Du nimmst ein Blatt Papier und rollst es zu einem Kegel.

(= figure géométrique) der **Kegel** (pluriel **Kegel**)

conférence

▷ Il y a une conférence sur la Chine à la mairie.
Im Rathaus wird eine Konferenz über China gehalten.

(= réunion publique) die **Konferenz** (pluriel **Konferenzen**)

confetti

▷ Tout le monde a jeté des confettis sur André.
Alle haben Konfetti auf André geworfen.

das **Konfetti**

ℹ *Ce mot s'emploie uniquement au singulier.*

confiance

▷ Je te fais confiance. *ou* J'ai confiance en toi.
Ich vertraue dir.

► **faire confiance à** quelqu'un *ou* **avoir confiance en** quelqu'un **:** jemandem (datif) **vertrauen**

confidence

▷ Davina fait des confidences à Myriam.
Davina vertraut sich Myriam an.

▷ Je lui ai fait des confidences, mais maintenant je regrette.
Ich habe mich ihm anvertraut, aber jetzt bereue ich es.

▷ Il ne fait de confidences à personne.
Er vertraut sich niemandem an.

► **faire des confidences à** quelqu'un **:** sich jemandem (datif) **anvertrauen**

ℹ ***an•vertrauen*** *est un verbe à particule séparable.*

ℹ *Le pronom personnel allemand s'emploie à l'accusatif :* ***ich vertraue mich an, du vertraust dich an, er / sie vertraut sich an, wir vertrauen uns an, ihr vertraut euch an, sie vertrauen sich an.***

confirmer

▷ Le directeur a confirmé que nous irions en voyage scolaire en mai.
Der Direktor hat bestätigt, dass wir im Mai eine Schulreise machen werden.

bestätigen

ℹ *Les verbes commençant par le préfixe* ***be-*** *ne prennent pas* ***ge-*** *au participe passé.*

confiserie

1 ▷ Où as-tu acheté ces caramels ? – À la confiserie.
Wo hast du diese Karamellbonbons gekauft? – Im Süßwarenladen.

1 (= magasin) der **Süßwarenladen** (pluriel **–läden**)

2 ▷ Clémentine mange trop de confiseries.
Clémentine isst zu viele Süßigkeiten.

2 (= sucrerie) die **Süßigkeit** (pluriel **Süßigkeiten**)

confisquer

▷ Le prof a confisqué les cartes de Manu.
Der Lehrer hat Manus Karten konfisziert.

konfiszieren /kɔnfɪsˈtsiːrən/

ℹ *Les verbes se terminant en* ***–ieren*** *ne prennent pas* ***ge-*** *au participe passé.*

confiture

▷ Sandra mange toujours du pain et de la confiture au petit-déjeuner.
Sandra isst immer Brot mit Marmelade zum Frühstück.

▷ Je préfère la confiture de fraises à la confiture de framboises.
Ich mag Erdbeermarmelade lieber als Himbeermarmelade.

die **Marmelade** (pluriel **Marmeladen**)

Pour préciser le genre de **confiture**, *on forme des mots composés avec* ***Marmelade*** *: die* ***Aprikosenmarmelade*** **(confiture d'abricots)**, *die* ***Heidelbeermarmelade*** **(confiture de myrtilles)**, *etc.*

confondre

▷ Ils se ressemblent tellement que je les confonds toujours.
Sie sehen sich so ähnlich, dass ich sie immer verwechsle.

▷ Je confonds toujours Marie avec sa sœur.
Ich verwechsle Marie immer mit ihrer Schwester.

► **confondre** quelque chose *ou* quelqu'un : etwas *ou* jemanden (accusatif) **verwechseln**

ℹ *Les verbes commençant par le préfixe* ***ver-*** *ne prennent pas* ***ge-*** *au participe passé.*

► **confondre avec ... : mit** *+ datif +* **verwechseln**

confort

▷ Mes parents vont dans de bons hôtels parce qu'ils aiment le confort.
Meine Eltern gehen in gute Hotels, weil sie gern Komfort haben.

der **Komfort** /kɔm'foːɐ/

ℹ *Ce mot s'emploie uniquement au singulier.*

confortable

▷ L'auberge de jeunesse était assez confortable.
Die Jugendherberge war ziemlich komfortabel.

komfortabel

confus, confuse

1 ▷ La situation est assez confuse.
Die Lage ist ziemlich konfus.

1 (= peu clair) **konfus**

2 ▷ Il était confus d'avoir dit cela.
Er war verlegen, das gesagt zu haben.

2 (= embarrassé) **verlegen**

congé

▷ Mes parents participent à une conférence pendant leur congé.
Meine Eltern nehmen während ihres Urlaubs an einer Konferenz teil.

▷ Ma mère est en congé.
Meine Mutter hat Urlaub.

▷ Mon chef est en congé.
Mein Chef ist im Urlaub.

▷ Je vais prendre un jour de congé.
Ich nehme einen Tag Urlaub.

► **le congé, les congés**
(= vacances) : der **Urlaub**

► **être en congé** (= ne pas travailler) : **Urlaub haben**

► **être en congé** (= parti en vacances) : **im Urlaub sein**

► **jour de congé :** der **Tag Urlaub**

▷ Hervé a deux semaines de congé.
Hervé hat zwei Wochen Urlaub.

► **semaine de congé :** die **Woche Urlaub**

congélateur

▷ Le congélateur ne marche pas.
Der Gefrierschrank geht nicht.
▷ Nous avons un congélateur à la cave.
Wir haben eine Gefriertruhe im Keller.
▷ Tu peux sortir la viande du congélateur ?
Kannst du das Fleisch aus dem Gefrierschrank *ou* aus der Gerfriertruhe holen?

Si le **congélateur** *a la forme d'un réfrigérateur ou fait partie d'un réfrigérateur, on traduit par* der ***Gefrierschrank*** (pluriel -schränke). *S'il a la forme d'un coffre, on traduit par* die ***Gefriertruhe*** (pluriel -truhen).

congeler

▷ Comment est-ce que je congèle cette viande ?
Wie frier ich dieses Fleisch ein?

einfrieren
ℹ ***ein•frieren*** *est un verbe à particule séparable et se conjugue comme* ***frieren*** (fror, gefroren).

connaissance

1 ▷ Justine a des connaissances en russe.
Justine hat Russischkenntnisse.
▷ Martin a de bonnes connaissances en chimie.
Martin hat gute Chemiekenntnisse.
▷ Mes connaissances en italien sont faibles.
Meine Italienischkenntnisse sind gering.

1 *Pour dire que quelqu'un* **a des connaissances** *en quelque chose, on emploie une expression en formant des mots composés avec* ***Kenntnisse*** *:* ***Englischkenntnisse haben*** (avoir des connaissances en anglais), ***Mathekenntnisse haben*** (avoir des connaissances en maths), *etc.*

2 ▷ Où as-tu fait la connaissance de Peter ?
Wo hast du Peter kennen gelernt?

2 ► **faire la connaissance de** quelqu'un : jemanden (accusatif) **kennen lernen**

connaître

1 ▷ Est-ce que vous connaissez Liam ?
Kennen Sie Liam?

1 (en parlant d'une personne, d'un endroit, d'un mot) **kennen**

2 ▷ Isabelle a connu Sébastien à Biarritz.
Isabelle hat Sébastien in Biarritz kennen gelernt.

2 (= rencontrer) **kennen lernen**

3 ▷ Ils se sont connus il y a trois ans.
Sie haben sich vor drei Jahren kennen gelernt.

3 ► **se connaître** (= se rencontrer) : sich **kennen lernen**

connexion

▷ Il me faut une connexion Internet.
Ich brauche einen Internetanschluss.

(= raccordement) der **Anschluss** (pluriel Anschlüsse)

connu, connue

1 ▷ Cette marque n'est pas très connue.
Diese Marke ist nicht sehr bekannt.

1 (= qu'on connaît) **bekannt**

2 ▷ C'est un acteur connu.
Er ist ein berühmter Schauspieler.

2 (= célèbre) **berühmt**

conscience

1 ▷ J'avais très mauvaise conscience après avoir fait ça.
Nachdem ich das gemacht hatte, hatte ich ein sehr schlechtes Gewissen.
▷ Je parie qu'il a quelque chose sur la conscience.
Ich wette, dass er etwas auf dem Gewissen hat.

1 ► **avoir mauvaise conscience :** **ein schlechtes Gewissen haben**
ℹ *De même, on dit : **ein gutes Gewissen haben** = avoir bonne conscience.*
► **avoir** quelque chose **sur la conscience :** etwas **auf dem Gewissen haben**

2 ▷ Il a pris conscience qu'il allait dans la mauvaise direction.
Er wurde sich bewusst, dass er in die falsche Richtung ging.

2 ► **prendre conscience :** sich **bewusst werden**
ℹ *Le pronom personnel allemand s'emploie au datif : **ich werde mir bewusst, du wirst dir bewusst, er / sie wird sich bewusst, wir werden uns bewusst, ihr werdet euch bewusst, sie werden sich bewusst.***

conscieneux, consciencieuse

▷ Il est très consciencieux.
Er ist sehr gewissenhaft.

gewissenhaft

conscient, consciente

1 ▷ Le conducteur de la voiture était encore conscient.
Der Fahrer des Autos war noch bei Bewusstsein.

1 (= éveillé) **bei Bewusstsein**

2 ▷ J'espère que tu es consciente de ton erreur !
Ich hoffe, du bist dir deines Fehlers bewusst!
▷ Il était conscient de l'avoir blessée avec sa remarque.
Er war sich bewusst, sie mit seiner Bemerkung verletzt zu haben.

2 ► **être conscient de** quelque chose **:** sich etwas (génitif) **bewusst sein**
ℹ *Le pronom personnel allemand s'emploie au datif : **ich bin mir bewusst, du bist dir bewusst, er / sie ist sich bewusst, wir sind uns bewusst, ihr seid euch bewusst, sie sind sich bewusst.***

conseil

1 ▷ Merci pour le conseil !
Danke für den Ratschlag!
▷ Tes conseils ont été très utiles.
Deine Ratschläge waren sehr nützlich.

1 (= recommandation) der **Ratschlag** (pluriel **-schläge**)

2 ▷ Demain, il y a le conseil de classe.
Morgen ist die Notenkonferenz.

2 ► **conseil de classe :** die **Notenkonferenz** (pluriel **-konferenzen**)

conseiller

1 ▷ Pouvez-vous nous conseiller un bon restaurant ?
Können Sie uns ein gutes Restaurant empfehlen?

1 ► **conseiller** quelque chose : etwas (accusatif) **empfehlen** (empfiehlt, empfahl, empfohlen)

2 ▷ Je vous conseille de partir tout de suite.
Ich rate euch, sofort zu gehen.

2 ► **conseiller à** quelqu'un **de** + *infinitif* : jemandem (datif) **raten, zu** + *infinitif* (rät, riet, geraten)

conseiller, conseillère

▷ Leur père est conseiller financier.
Ihr Vater ist Finanzberater.

▷ J'ai rendez-vous avec le conseiller d'orientation.
Ich habe einen Termin beim Berufsberater.

(= expert) der **Berater** (pluriel Berater), die **Beraterin** (pluriel Beraterinnen)
► **conseiller d'orientation** : der Berufsberater

conséquence

▷ L'accident a eu de graves conséquences.
Der Unfall hatte schwere Folgen.

die **Folge** (pluriel Folgen)

par conséquent

▷ L'avion était en retard et, par conséquent, ils ont raté la correspondance.
Das Flugzeug hatte Verspätung und folglich haben sie den Anschluss verpasst.

folglich

conservateur, conservatrice

▷ Leurs parents sont très conservateurs.
Ihre Eltern sind sehr konservativ.

konservativ

conservatoire

1 ▷ Le conservatoire (de théâtre) est dans la rue de Richelieu.
Die Schauspielschule ist in der rue de Richelieu.

1 ► **conservatoire** (de théâtre) : die Schauspielschule (pluriel -schulen)

2 ▷ Lisa prend des cours de saxophone au conservatoire (de musique).
Lisa nimmt am Konservatorium Saxophonstunden.

2 ► **conservatoire** (de musique) : das Konservatorium (pluriel Konservatorien)

conserve

1 ▷ Ce n'est pas bon pour la santé de manger trop de conserves.
Es ist nicht gut für die Gesundheit, zu viele Konserven zu essen.

1 ► **des conserves** : Konserven

2 ▷ Achète des tomates en conserve.
Kaufe Dosentomaten.
▷ Elle n'aime que les petits pois en conserve.
Sie mag nur Dosenerbsen.

2 *Pour dire que quelque chose est* **en conserve** *en allemand, on forme des mots composés avec* ***Dosen–*** *: die* ***Dosenbohnen*** **(haricots en conserve)**, *die* ***Dosenpfirsiche*** **(pêches en conserve)**, *etc.*

conserver

1 ▷ Comment conserve-t-on les œufs ?
Wie bewahrt man Eier auf?

1 (en parlant d'aliment)
aufbewahren
ℹ ***auf•bewahren*** *est un verbe à particule séparable.*

2 ▷ Ces sauces se conservent bien au congélateur.
Diese Soßen halten sich im Gefrierschrank gut.

2 ► se **conserver** : sich **halten** (**hält, hielt, gehalten**)

considérer

▷ Le professeur considère que je pourrais avoir de meilleurs résultats.
Der Lehrer ist der Meinung, dass ich bessere Ergebnisse haben könnte.

► **considérer que...** (= penser que) :
der Meinung sein, dass ...
ℹ *On dit aussi* ***finden, dass ...*** (**fand, gefunden**).

consigne

1 ▷ Nous pourrions laisser nos bagages à la consigne.
Wir könnten unser Gepäck in der Gepäckaufbewahrung lassen.

1 (= bureau où on laisse ses bagages)
die **Gepäckaufbewahrung**

2 ▷ Les consignes automatiques sont là à droite.
Die Schließfächer sind dort rechts.

2 ► **consigne automatique** : das **Schließfach** (pluriel **–fächer**)

3 ▷ Le prof nous a laissé des consignes très précises.
Der Lehrer hat uns sehr genaue Anweisungen gegeben.

3 (= instruction) die **Anweisung** (pluriel **Anweisungen**)

4 ▷ En Allemagne il y a une consigne sur les bouteilles.
In Deutschland gibt es Flaschenpfand.

4 (= argent) das **Pfand**

console de jeux

▷ Julien a trois consoles de jeux chez lui.
Julien hat drei Spielkonsolen zu Hause.

die **Spielkonsole** (pluriel **–konsolen**)
ℹ *On dit aussi* die ***Konsole*** *tout court.*

consoler

▷ Bénédicte pleurait, alors j'ai essayé de la consoler.
Bénédicte weinte, also habe ich versucht, sie zu trösten.

► **consoler** quelqu'un : jemanden (accusatif) **trösten**

consommer

1 ▷ Cette voiture consomme beaucoup d'essence.
Dieses Auto verbraucht viel Benzin.

1 (en parlant d'énergie, d'essence) **verbrauchen**

Les verbes commençant par le préfixe ***ver-*** *ne prennent pas* ***ge-*** *au participe passé.*

2 ▷ Les Japonais consomment beaucoup de poisson.
Die Japaner essen viel Fisch.

2 (= manger) **essen** (isst, aß, gegessen)

3 ▷ Il consomme trop de bière.
Er trinkt zu viel Bier.

3 (= boire) **trinken** (trank, getrunken)

consonne

▷ Le « p » est une consonne.
„P" ist ein Konsonant.

der **Konsonant** (pluriel Konsonanten)

Attention à l'orthographe du mot allemand.

constatation

▷ Ce n'est pas une question, c'est une constatation.
Es ist keine Frage, sondern eine Feststellung.

die **Feststellung** (pluriel -stellungen)

construction

▷ La construction de la nouvelle école a commencé il y a un an.
Der Bau der neuen Schule hat vor einem Jahr begonnen.

(= travaux) der **Bau**

▷ Le cinéma est encore en construction.
Das Kino ist noch im Bau.

► **en construction :** im Bau

construire

▷ Nos voisins veulent construire un garage dans leur jardin.
Unsere Nachbarn wollen eine Garage in ihrem Garten bauen.

bauen

consulter

1 ▷ J'ai consulté un spécialiste.
Ich habe einen Facharzt aufgesucht.

1 (un médecin, un expert) **aufsuchen**

auf•suchen *est un verbe à particule séparable.*

2 ▷ Tu as consulté tes e-mails ?
Hast du deine E-Mail abgerufen?

2 (sa messagerie) **abrufen**

ab•rufen *est un verbe à particule séparable qui se conjugue comme* ***rufen*** (rief, gerufen).

contact

1 ▷ Nous ne sommes pas restés en contact, c'est dommage.
Wir sind nicht in Verbindung geblieben, das ist schade.

1 ► **rester en contact :** in Verbindung bleiben (blieb, geblieben)

2 ▷ Maintenant, mets le contact.
Und jetzt lass den Motor an.

2 ► **mettre le contact** (d'une voiture) **:** den Motor anlassen

an•lassen est un verbe à particule séparable et se conjugue comme lassen (lässt, ließ, gelassen).

3 ▷ Coupe le contact !
Stell den Motor ab!

3 ► **couper le contact** (d'une voiture) **:** den Motor abstellen

ab•stellen est un verbe à particule séparable.

contagieux, contagieuse

▷ J'espère que ce n'est pas contagieux !
Ich hoffe, dass das nicht ansteckend ist!

ansteckend

contaminer

▷ L'eau est contaminée par des pesticides.
Das Wasser ist mit Pestiziden verseucht.

(= infecter) verseuchen

Les verbes commençant par le préfixe ver- ne prennent pas ge- au participe passé.

conte

1 ▷ Charlène a un livre de contes africains.
Charlène hat ein Buch mit afrikanischen Geschichten.

1 (= histoire) die Geschichte (pluriel Geschichten)

2 ▷ Ma petite sœur adore les contes de fées.
Meine kleine Schwester liebt Märchen.

2 ► **conte de fées :** das Märchen (pluriel Märchen)

contenir

1 ▷ Est-ce que tu sais ce que contient cette boîte ?
Weißt du, was diese Schachtel enthält?

1 (= renfermer) enthalten (enthält, enthielt, enthalten)

Les verbes commençant par le préfixe ent- ne prennent pas ge- au participe passé.

2 ▷ Ce seau contient au moins dix litres.
Dieser Eimer fasst mindestens zehn Liter.

2 (en parlant de capacité) fassen

content, contente

1 ▷ Tu n'as pas l'air content, qu'est-ce qu'il y a ?
Du siehst nicht glücklich aus, was ist denn los?

1 (= heureux) glücklich

2 ▷ J'étais très contente de le voir.
Ich habe mich sehr gefreut, ihn zu sehen.
▷ Tu es content de partir en Allemagne ?
Freust du dich, nach Deutschland zu fahren?

2 ► **être content de** + *infinitif* **:** sich **freuen, zu** + *infinitif*

ℹ *Le pronom personnel allemand s'emploie à l'accusatif :* ***ich freue mich, du freust dich, er / sie freut sich, wir freuen uns, ihr freut euch, sie freuen sich.***

▷ Quentin est content de ses cadeaux d'anniversaire.
Quentin freut sich über seine Geburtstags-geschenke.

► **être content de** quelque chose **:** sich **über** etwas **freuen**

3 ▷ Mes parents étaient contents de mes résultats.
Meine Eltern waren mit meinen Ergebnissen zufrieden.
▷ Ta sœur a l'air très contente d'elle.
Deine Schwester sieht sehr selbstzufrieden aus.

3 (= satisfait) **zufrieden**
► **être content de** quelque chose **:** mit etwas (datif) **zufrieden sein**
► **content de soi : selbstzufrieden**

contenu

▷ C'est le contenu qui est important, pas le contenant.
Der Inhalt ist wichtig, nicht das Behältnis.

der **Inhalt** (pluriel **Inhalte**)

continent

▷ L'Asie est le plus grand continent.
Asien ist der größte Kontinent.

der **Kontinent** (pluriel **Kontinente**)
ℹ *On dit aussi* der ***Erdteil*** (pluriel **-teile**).

continuellement

▷ Il a plu continuellement pendant une semaine !
Es hat eine Woche über ununterbrochen geregnet!

(= sans interruption) **ununterbrochen**

continuer

1 ▷ Continue, c'est très bien.
Mach weiter, es ist sehr gut so.

1 (= poursuivre ce qu'on faisait) **weitermachen**
ℹ ***weiter•machen*** *est un verbe à particule séparable.*

▷ J'ai continué mon exposé sans faire attention à eux.
Ich habe mit meinem Referat weitergemacht, ohne auf sie zu achten.

► **continuer** quelque chose **: mit** etwas (datif) **weitermachen**

2 ▷ Continuez jusqu'à l'église.
Gehen Sie bis zur Kirche. *ou* **Fahren Sie bis zur Kirche.**

2 *Lorsqu'une personne à pied prend un chemin, on dit* ***bis ... gehen*** (**ging, gegangen**). *Quand la personne est en voiture ou en vélo, on dit* ***bis ... fahren*** (**fährt, fuhr, gefahren**).

3 ▷ Continue à lire, ça ne me dérange pas.
Lies weiter, das stört mich nicht.
▷ Je lui ai demandé d'arrêter, mais il continue à faire le clown.
Ich habe ihn gebeten aufzuhören, aber er kaspert weiter herum.

3 *Pour dire que quelqu'un* **continu** *à faire quelque chose, on emploie* ***weiter*** *avec le verbe qui convient.*

contour

▷ En une minute, elle avait dessiné le contour du château.
In einer Minute hatte sie den Umriss des Schlosses gezeichnet.

der **Umriss** (pluriel **Umrisse**)

contraire

▷ « Chaud » est le contraire de « froid ».
"Warm" ist das Gegenteil von "kalt".
▷ Ça ne me dérange pas, au contraire.
Das stört mich nicht, im Gegenteil.

das **Gegenteil** (pluriel **-teile**)

► **au contraire : im Gegenteil**

contrairement à

▷ Contrairement à son frère, elle est très ordonnée.
Im Gegensatz zu ihrem Bruder ist sie sehr ordentlich.

im Gegensatz zu + *datif*

contrarier

▷ J'espère que je ne t'ai pas contrarié.
Ich hoffe, dass ich dich nicht geärgert habe.

(= fâcher) **ärgern**

contravention

▷ Mon père s'est mal garé et il a eu une contravention.
Mein Vater hat falsch geparkt und er hat einen Strafzettel bekommen.

► **avoir une contravention : einen Strafzettel** (pluriel **-zettel**) **bekommen** (**bekam, bekommen**)

contre

1 ▷ Ne t'appuie pas contre le mur, je viens de le peindre !
Lehn dich nicht an die Wand, ich habe sie gerade gestrichen!
▷ Il la tenait tout contre lui.
Er drückte sie eng an sich.
▷ Le tableau est posé contre la fenêtre.
Das Bild lehnt am Fenster.

1 *Quand* **contre** *indique le contact avec quelqu'un ou quelque chose, on traduit par* ***an****. Avec un verbe de mouvement,* ***an*** *est suivi de l'accusatif. Sans verbe de mouvement,* ***an*** *est suivi du datif.*

2 ▷ La France joue contre l'Allemagne ce week-end.
Frankreich spielt dieses Wochenende gegen Deutschland.

2 *Quand* **contre** *marque l'opposition, on traduit par* ***gegen****.*

▷ Tout le monde était contre lui.
Alle waren gegen ihn.
▷ Tu es d'accord avec notre décision ? – Non, je suis contre.
Bist du mit unserer Entscheidung einverstanden? – Nein, ich bin dagegen.
▷ Kevin n'aime pas le poisson, mais par contre il adore les frites.
Kevin mag keinen Fisch, dagegen liebt er Pommes frites.

► **être contre** (= être opposé) : dagegen sein

► **par contre :** dagegen

contrebande

▷ Ils passent des cigarettes en contrebande.
Sie schmuggeln Zigaretten.

der Schmuggel
► **passer** quelque chose **en contrebande :** etwas schmuggeln

contrebandier, contrebandière

▷ La police a arrêté les contrebandiers.
Die Polizei hat die Schmuggler verhaftet.

der Schmuggler (pluriel Schmuggler), die Schmugglerin (pluriel Schmugglerinnen)

contredire

▷ Tu me contredis tout le temps !
Du widersprichst mir dauernd!
▷ Arrête de le contredire.
Hör auf, ihm zu widersprechen.

► **contredire** quelqu'un **:** jemandem (datif) widersprechen (widerspricht, widersprach, widersprochen)

ℹ *Attention à l'orthographe du mot allemand : ne confondez pas avec* ***wieder*** *=* à nouveau.

contribuer à

▷ Ils ont beaucoup contribué au succès de la fête.
Sie trugen viel zum Erfolg der Party bei.

zu + *datif* + beitragen

ℹ ***bei•tragen*** *est un verbe à particule séparable et se conjugue comme* ***tragen*** (trägt, trug, getragen).

contrôle

1 ▷ J'ai raté mon contrôle de maths.
Ich habe meinen Mathetest verpfuscht.

1 (= interrogation) der Test (pluriel Tests)

2 ▷ Il n'y a pas de contrôle de passeports à la frontière.
An der Grenze gibt es keine Passkontrolle.
▷ La police peut faire des contrôles d'identité n'importe où.
Die Polizei kann überall Ausweiskontrollen durchführen.

2 ► **contrôle des passeports :** die Passkontrolle (pluriel -kontrollen)

ℹ *Attention, il y a deux* ***l*** *au mot allemand.*

► **controle d'identité :** die Ausweiskontrolle (pluriel -kontrollen)

contrôler

▷ Mes parents contrôlent mes devoirs.
Meine Eltern kontrollieren meine Hausaufgaben.

(= vérifier) **kontrollieren**

Les verbes se terminant en ***–ieren*** *ne prennent pas* ***ge-*** *au participe passé.*

Attention, il y a deux ***l*** *au mot allemand.*

contrôleur, contrôleuse

▷ Retourne à ta place, le contrôleur arrive.
Geh an deinen Platz zurück, der Kontrolleur kommt.

▷ Aujourd'hui il y avait des contrôleurs dans le bus.
Heute waren Kontrolleure im Bus.

(dans les transports) der **Kontrolleur** /kɔntrɔ'løːɐ/ (pluriel Kontrolleure), die **Kontrolleurin** (pluriel Kontrolleurinnen)

Notez la prononciation.

Attention, il y a deux ***l*** *au mot allemand.*

convaincre

▷ Nous voulions convaincre Luc, mais nous n'avons pas réussi.
Wir wollten Luc überzeugen, aber wir haben es nicht geschafft.

überzeugen

convenir

▷ Est-ce que l'heure te convient ?
Passt dir die Uhrzeit?

► **convenir à** quelqu'un **:** jemandem (datif) passen

conversation

▷ Nous avons eu une conversation très intéressante.
Wir hatten eine sehr interessante Unterhaltung.

▷ Ma conversation avec le directeur a duré une heure.
Mein Gespräch mit dem Direktor hat eine Stunde gedauert.

die **Unterhaltung** (pluriel Unterhaltungen)

Quand il s'agit d'un entretien, on dit plutôt das ***Gespräch*** (pluriel Gespräche).

convoquer

▷ Le proviseur a convoqué Victor dans son bureau.
Der Schulleiter hat Victor in sein Büro bestellt.

bestellen

Les verbes commençant par le préfixe ***be-*** *ne prennent pas* ***ge-*** *au participe passé.*

copain

▷ Est-ce que je peux aller au cinéma avec mes copains ?
Darf ich mit meinen Freunden ins Kino gehen?

▷ Josie a un nouveau copain.
Josie hat einen neuen Freund.

(= ami, amoureux) der **Freund** (pluriel Freunde)

copie

1 ▷ Il est l'heure de rendre les copies.
Es ist Zeit, die Arbeiten abzugeben.

1 (= devoir) die **Arbeit** (pluriel Arbeiten)

2 ▷ Je vais faire des copies de cet article.
Ich werde Kopien von diesem Artikel machen.

2 (en parlant d'un texte, d'une cassette) die **Kopie** (pluriel **Kopien** /kɔ'piːən/)
Notez la prononciation du pluriel.

copier

1 ▷ Leila a copié toute la page.
Leila schrieb die ganze Seite ab.

▷ Il a tout copié sur moi !
Er hat alles bei mir abgeschrieben!

1 (en écrivant) **abschreiben**
ab•schreiben est un verbe à particule séparable et se conjugue comme schreiben (schrieb, geschrieben).
► **copier sur** quelqu'un **: bei jemandem** (datif) **abschreiben**

2 ▷ Momo copiait un tableau de Picasso.
Momo malte ein Bild von Picasso ab.

2 (en dessinant ou en peignant) **abmalen**
ab•malen est un verbe à particule séparable.

copieux, copieuse

▷ Les repas sont très copieux à l'hôtel.
Die Mahlzeiten im Hotel sind sehr reichlich.

reichlich

copine

▷ Est-ce que je peux aller au cinéma avec mes copines ?
Darf ich mit meinen Freundinnen ins Kino gehen?
▷ Ben a une nouvelle copine.
Ben hat eine neue Freundin.

(= amie, amoureuse) die **Freundin** (pluriel **Freundinnen**)

coq

▷ Le coq chante tous les matins à cinq heures.
Der Hahn kräht jeden Morgen um fünf Uhr.

der **Hahn** (pluriel **Hähne**)

coque

▷ Il y a des œufs à la coque au petit-déjeuner.
Es gibt weiche Eier zum Frühstück.

► **œuf à la coque :** das **weiche Ei** (pluriel **weiche Eier**)

coquelicot

▷ Les coquelicots se fanent tout de suite quand on les cueille.
Klatschmohn verwelk sehr schnell, wenn man ihn pflückt.

der **Klatschmohn** (pluriel **-mohne**)
Le pluriel est rarement employé.

coquet, coquette

▷ Éva est très coquette.
Éva ist sehr kokett.

kokett

coquillage

1 ▷ On va ramasser des coquillages sur la plage.
Am Strand gehen wir Muschelschalen sammeln.

1 (= coquille vide) die **Muschelschale** (pluriel **-schalen**)

2 ▷ J'aime les coquillages, surtout les huîtres.
Ich mag Muscheln, vor allem Austern.

2 (= animal) die **Muscheln** (pluriel Muscheln)

coquille

1 ▷ J'ai trouvé de la coquille d'œuf dans l'omelette.
Ich habe Eierschale im Omelette gefunden.

1 (d'un œuf, d'une noix, d'une huître) die **Schale** (pluriel Schalen)

2 ▷ Nous avons vu plein de coquilles d'escargot.
Wir haben eine Menge Schneckenhäuser gesehen.

2 (d'un escargot) das **Schneckenhaus** (pluriel -häuser)

coquin, coquine

▷ Le petit frère de Claudia est coquin.
Claudias kleiner Bruder ist verschmitzt.

verschmitzt

corbeau

▷ Le champ était plein de corbeaux.
Das Feld war voller Raben.

der **Rabe** (pluriel Raben)

corbeille

▷ Notre corbeille était pleine de champignons.
Unser Korb war mit Pilzen gefüllt.

▷ Jette ça dans la corbeille à papier.
Wirf das in den Papierkorb.

der **Korb** (pluriel Körbe)

► **corbeille à papier :** der Papierkorb

corde

▷ La corde s'est cassée et Quentin est tombé.
Das Seil ist gerissen und Quentin ist hingefallen.

▷ Est-ce que tu as vu ma corde à sauter ?
Hast du mein Springseil gesehen?

das **Seil** (pluriel Seile)

► **corde à sauter :** das Springseil

cordonnerie

▷ Mes bottes sont à la cordonnerie.
Meine Stiefel sind beim Schuster.

Pour traduire **cordonnerie** *en allemand, on emploie le nom du métier : der* ***Schuster****.*

cordonnier, cordonnière

▷ Mon grand-père était cordonnier.
Mein Großvater war Schuster.

▷ Maman est encore chez le cordonnier.
Mutti ist noch beim Schuster.

▷ On m'a envoyé chez le cordonnier.
Man hat mich zum Schuster geschickt.

der **Schuster** (pluriel Schuster), die **Schusterin** (pluriel Schusterinnen)

► **chez le cordonnier** (= dans le magasin) : beim Schuster

► **chez le cordonnier** (= vers le magasin) : zum Schuster

corne

1 ▷ Tu as vu les cornes de cette vache ?
Hast du die Hörner dieser Kuh gesehen?

1 (= cornes d'un animal) das **Horn** (pluriel Hörner)

2 ▷ J'ai plein de corne aux pieds.
Ich habe viel Hornhaut an den Füßen.

2 (sur la peau) die **Hornhaut**

ℹ *Ce mot s'emploie uniquement au singulier.*

cornemuse

▻ Cette cornemuse appartient à mon grand-père.
Dieser Dudelsack gehört meinem Großvater.

▻ Il sait jouer de la cornemuse.
Er kann Dudelsack spielen.

der **Dudelsack** (pluriel -säcke)

► **jouer de la cornemuse :** Dudelsack spielen

cornet

▻ Un cornet de frites, s'il vous plaît.
Eine Tüte Pommes frites, bitte.

die **Tüte** (pluriel Tüten)

cornichon

▻ Je n'aime pas les cornichons.
Ich mag Gewürzgurken nicht.

die **Gewürzgurke** (pluriel -gurken)

corps

1 ▻ Julien a un corps très musclé.
Julien hat einen sehr muskulösen Körper.

1 der **Körper** (pluriel Körper)

2 ▻ La police a trouvé un corps sur le parking.
Die Polizei hat eine Leiche auf dem Parkplatz gefunden.

2 (= cadavre) die **Leiche** (pluriel Leichen)

correct, correcte

1 ▻ Ton calcul est correct.
Deine Rechnung ist richtig.

1 (= exact) **richtig**

2 ▻ Les repas sont corrects mais pas excellents.
Das Essen ist korrekt, aber nicht ausgezeichnet.

2 (= pas mal) **korrekt**

correctement

1 ▻ Assieds-toi correctement !
Setz dich anständig hin!

1 (= comme il faut) **anständig**

2 ▻ Nous avons mangé correctement pour huit euros.
Wir haben für acht Euro korrekt gegessen.

2 (= pas mal) **korrekt**

correction

1 ▻ Les corrections de la prof ne sont pas claires.
Die Korrekturen der Lehrerin sind unklar.

1 (sur un texte, un devoir) die **Korrektur** (pluriel Korrekturen)

2 ▻ Ludovic a reçu une bonne correction.
Ludovic hat eine ordentliche Tracht Prügel bekommen.

2 ► **recevoir une correction :** eine Tracht Prügel bekommen (bekam, bekommen)

correspondance

▻ Dépêche-toi, nous allons rater la correspondance !
Beeil dich, wir werden den Anschluss verpassen!

(dans les transports) der **Anschluss** (pluriel Anschlüsse)

correspondant, correspondante

▷ La correspondante d'Agathe habite à Mannheim.
Agathes Brieffreundin wohnt in Mannheim.

(= personne à qui écrit un élève) der **Brieffreund** (pluriel **–freunde**), die **Brieffreundin** (pluriel **–freundinnen**)

correspondre

1 ▷ Alban correspond avec un garçon ukrainien.
Alban korrespondiert mit einem ukrainischen Jungen.

1 ► **correspondre avec** quelqu'un : **mit** jemandem (datif) **korrespondieren**

Les verbes se terminant en ***–ieren*** *ne prennent pas* ***ge-*** *au participe passé.*

2 ▷ Un mille correspond à un peu plus d'un kilomètre et demi.
Eine Meile entspricht etwas mehr als anderthalb Kilometern.

2 ► **correspondre à** quelque chose : etwas (datif) **entsprechen** (**entspricht, entsprach, entsprochen**)

Les verbes commençant par le préfixe ***ent-*** *ne prennent pas* ***ge-*** *au participe passé.*

corriger

1 ▷ Tu n'as pas corrigé cette faute.
Du hast diesen Fehler nicht verbessert.

1 (= corriger une faute) **verbessern**

Les verbes commençant par le préfixe ***ver-*** *ne prennent pas* ***ge-*** *au participe passé.*

2 ▷ Le professeur va corriger les copies pour lundi.
Der Lehrer wird die Arbeiten bis Montag korrigieren.

2 (= corriger des copies) **korrigieren**

Les verbes se terminant en ***–ieren*** *ne prennent pas* ***ge-*** *au participe passé.*

corse, Corse

1 ▷ Jean-Marc a l'accent corse.
Jean-Marc hat einen korsischen Akzent.

1 (adjectif) **korsisch**

2 ▷ La Corse est une île.
Korsika ist eine Insel.

2 (= région) **Korsika**
► **la Corse** : **Korsika**

Ne prend l'article neutre que précédé d'un adjectif : ***das touristische Korsika*** (la Corse touristique).

▷ Il y a des paysages magnifiques en Corse.
In Korsika gibt es wunderschönde Landschaften.
▷ Nous irons en Corse en voiture.
Wir werden mit dem Auto nach Korsika fahren.
▷ Je suis déjà allé en Corse.
Ich war schon in Korsika.

► **en Corse** (= dans la région) : **in Korsika**
► **en Corse** (= vers la région) : **nach Korsika**

Attention : pour dire que quelqu'un est déjà allé quelque part, *on emploie une expression avec le prétérit du verbe* ***sein*** *+* ***schon***.

3 ▷ En voyage, j'ai rencontré des Corses.
Auf der Reise habe ich Korsen kennengelernt.

3 (= personne) der **Korse** (pluriel **Korsen**), die **Korsin** (pluriel **Korsinnen**)

4 ▻ Les grands-parents de Pierre parlent corse.
Pierres Großeltern sprechen Korsisch.

4 (= langue) **Korsisch**

corvée

▻ Quelle corvée !
Wie lästig!

die **lästige Pflicht** (pluriel **lästige Pflichten**)

costaud, costaude

▻ Paul est très très costaud !
Paul ist sehr sehr stark!

stark (**plus costaud** stärker ; **le plus costaud** der stärkste)

costume

▻ Mon père porte un costume pour aller travailler.
Zur Arbeit trägt mein Vater einen Anzug.

der **Anzug** (pluriel **Anzüge**)

*Attention : le mot allemand **Kostüm** signifie « déguisement » ou « tailleur ».*

côte

1 ▻ Nous avons longé la côte.
Wir sind die Küste entlang gegangen.

1 (= le bord de la mer) die **Küste** (pluriel **Küsten**)

2 ▻ Je vous attendrai en haut de la côte.
Ich warte oben am Hang auf euch.

2 (= pente) der **Hang** (pluriel **Hänge**)

3 ▻ Moussa a deux côtes cassées.
Moussa hat zwei gebrochene Rippen.

3 (= partie du corps) die **Rippe** (pluriel **Rippen**)

4 ▻ Il y a des côtes de porc pour le dîner.
Zum Abendessen gibt es Schweinekoteletts.

4 (= la côte de porc ou d'agneau) das **Kotelett** (pluriel **Koteletts**)

côté

1 ▻ Les deux côtés de la feuille sont pleins.
Beide Seiten des Blattes sind voll.
▻ Mets-toi de l'autre côté de la salle, tu verras mieux.
Stell dich auf die andere Seit der Halle, da siehst du besser.
▻ La librairie est de l'autre côté de la rue.
Die Buchhandlung ist auf der anderen Seite der Straße.

1 (= face, partie latérale) die **Seite** (pluriel **Seiten**)
► **de l'autre côté de :** (avec verbe de mouvement) **auf die andere Seite** + *génitif* ; (sans verbe de mouvement) **auf der anderen Seite** + *génitif*

2 ▻ Je me suis assise à côté de mon père.
Ich habe mich neben meinen Vater gesetzt.
▻ Le supermarché est à côté du stade.
Der Supermarkt ist neben dem Stadium.
▻ À côté de sa sœur, Constance est minuscule !
Neben ihrer Schwester sieht Constance winzig aus!

2 ► **à côté de : neben**

*Quand **neben** est employé avec un verbe de mouvement, il est suivi de l'accusatif. Sans verbe de mouvement, il est suivi du datif.*

3 ▻ L'école est juste à côté.
Die Schule ist gleich nebenan.

3 ► **à côté** (= tout près) : **nebenan**

4 ▷ J'ai mis du gâteau de côté pour tout à l'heure.
Ich habe für nachher Kuchen aufgehoben.

4 ► **mettre** quelque chose **de côté :** etwas **aufheben**

ℹ ***auf•heben*** *est un verbe à particule séparable et se conjugue comme* ***heben*** (hob, gehoben).

5 ▷ J'ai mis de l'argent de côté pour les vacances.
Ich habe Geld für die Ferien gespart.

5 ► **mettre de l'argent de côté :** **sparen**

coton

1 ▷ Le coton est plus facile à repasser que le lin.
Baumwolle lässt sich leichter bügeln als Leinen.
▷ Mon pull est en coton.
Mein Pulli ist aus Baumwolle.
▷ Les chaussettes en coton sont plus chères.
Die Baumwollstrümpfe sind teurer.

1 (= tissu, fibre) die **Baumwolle**

► **être en coton :** **aus Baumwolle sein**

Pour désigner des objets **en coton**, *on forme des mots composés avec* ***Baumwoll-*** *: das* ***Baumwolllaken*** (drap en coton), *die* ***Baumwollbluse*** (chemisier en coton), *etc.*

2 ▷ Donne-moi du coton, vite ! Je saigne du nez !
Gib mir schnell Watte! Ich habe Nasenbluten!

2 (= ouate) die **Watte**

coton-tige®

▷ Les cotons-tiges sont au-dessus du lavabo.
Die Wattestäbchen liegen über dem Waschbecken.

das **Wattestäbchen** (pluriel **-stäbchen**)

ℹ *Le ® signifie que c'est le nom d'une marque. Vous n'avez pas besoin de l'écrire.*

cou

▷ J'ai une énorme griffure au cou.
Ich habe einen Riesenkratzer am Hals.
▷ Elle s'est jetée au cou de son père.
Sie fiel ihrem Vater um den Hals.

der **Hals** (pluriel **Hälse**)

► **se jeter au cou de** quelqu'un **:** jemandem (datif) **um den Hals fallen** (**fällt**, **fiel**, **gefallen**)

couche

1 ▷ Le gâteau est fait de trois couches de chocolat et de meringue.
Der Kuchen besteht aus drei Schichten Schokolade und Baiser.
▷ La pollution de l'air provoque des trous dans la couche d'ozone.
Die Luftverschmutzung verursacht Löcher in der Ozonschicht.

1 (= épaisseur) die **Schicht** (pluriel **Schichten**)

► **la couche d'ozone :** die **Ozonschicht**

2 ▷ Tu peux changer la couche de Léonie ?
Kannst du Léonies Windel wechseln?

2 (pour bébé) die **Windel** (pluriel Windeln)

couché, couchée

1 ▷ Est-ce que tes parents sont déjà couchés ?
Sind deine Eltern schon im Bett?

1 ► **être couché** (= être au lit) : im Bett sein

2 ▷ Lorna était couchée dans l'herbe.
Lorna lag im Gras.

2 ► **être couché** (= être étendu) : liegen (lag, gelegen)

coucher

1 ▷ On ne sait pas encore où on va coucher ce soir.
Wir wissen noch nicht, wo wir heute Nacht schlafen werden.

1 (= dormir) **schlafen** (schläft, schlief, geschlafen)

2 ▷ Je ne veux pas me coucher, je ne suis pas fatiguée !
Ich will nicht ins Bett gehen, ich bin nicht müde!

2 ► **se coucher** (= aller au lit) : ins Bett gehen (ging, gegangen)

3 ▷ Je me couche dix minutes pour me reposer.
Ich lege mich zehn Minuten hin, um mich auszuruhen.
▷ Couche-toi un petit moment, ça te fera du bien.
Leg dich eine Weile hin, das wird dir gut tun.

3 ► se **coucher** (= s'étendre) : sich hinlegen

ℹ ***hin•legen*** *est un verbe à particule séparable.*

ℹ *Le pronom personnel allemand est employé à l'accusatif :* ***ich lege mich hin, du legst dich hin, er / sie legt sich hin, wir legen uns hin, ihr legt euch hin, sie legen sich hin.***

4 ▷ Le soleil se couche tôt en hiver.
Die Sonne geht im Winter früh unter.

4 ► **se coucher** (en parlant du soleil, de la lune) : untergehen

ℹ ***unter•gehen*** *est un verbe à particule séparable et se conjugue comme* ***gehen*** *(ging, gegangen).*

5 ▷ Quel beau coucher de soleil !
Welch ein schöner Sonnenuntergang!

5 ► **coucher de soleil :** der Sonnenuntergang (pluriel -untergänge)

couchette

▷ J'ai réservé deux couchettes.
Ich habe zwei Liegewagenplätze reserviert.

(dans un train) der **Liegewagenplatz** (pluriel -plätze)

coucou

1 ▷ Coucou, il y a quelqu'un ?
Kuckuck, ist hier jemand?

1 (= bonjour) **kuckuck**

2 ▷ Tu as entendu le coucou ?
Hast du den Kuckuck gehört?

2 (= oiseau) der **Kuckuck** (pluriel Kuckucke)

3 ▷ Ils ont rapporté un coucou de Suisse.
Sie haben eine Kuckucksuhr aus der Schweiz mitgebracht.

3 (= pendule) die **Kuckucksuhr** (pluriel –uhren)

coude

▷ Je me suis écorché le coude en tombant.
Ich habe mir beim Fallen den Ellbogen aufgeschürft.

der **Ellbogen** (pluriel Ellbogen)

coudre

▷ Ma mère sait très bien coudre.
Meine Mutter kann sehr gut nähen.

▷ Juan ne sait même pas coudre un bouton !
Juan kann noch nicht mal einen Knopf annähen!

▷ Couds les deux tissus pour en faire un grand.
Näh die beiden Stoffe zusammen, um einen großen zu machen.

(= faire de la couture) **nähen**

Pour dire qu'on **coud** *quelque chose, on traduit par* ***annähen*** *quand on fixe quelque chose (par exemple un bouton), et* ***zusammennähen*** *quand on assemble des morceaux différents.*

ℹ ***an•nähen*** *et* ***zusammen•nähen*** *sont des verbes à particule séparable.*

couette

1 ▷ Cette couette n'est pas assez chaude.
Diese Bettdecke ist nicht warm genug.

1 (sur le lit) die **Bettdecke** (pluriel –decken)

2 ▷ Bénédicte se fait des couettes.
Bénédicte trägt Rattenschwänze.

2 ► **couettes** (= coiffure) : Rattenschwänze

ℹ ***Rattenschwänze*** *est le pluriel de der* ***Rattenschwanz*** *qui signifie littéralement « queue de rat ».*

couler

1 ▷ L'eau coulait dans le caniveau.
Das Wasser floss im Rinnstein.

1 (= s'écouler) **fließen** (floss, geflossen)

2 ▷ Ne laisse pas couler l'eau !
Lass das Wasser nicht laufen!

2 ► **faire couler :** laufen lassen (lässt, ließ, gelassen)

3 ▷ S'il te plaît, fais-moi couler un bain.
Lass mir bitte ein Bad ein.

3 ► **faire couler un bain :** ein Bad einlassen

ℹ ***ein•lassen*** *est un verbe à particule séparable et se conjugue comme* ***lassen****.*

4 ▷ Mon stylo coule, j'ai taché mon cahier !
Mein Füller kleckst, ich habe mein Heft beschmiert!

4 (en parlant d'un stylo) **klecksen**

5 ▷ Noémie est enrhumée, elle a le nez qui coule.
Noémie hat einen Schnupfen, ihre Nase läuft.
▷ Donne-moi un mouchoir s'il te plaît, j'ai le nez qui coule.
Gib mir bitte ein Taschentuch, meine Nase läuft.

5 *Pour dire que quelqu'un a* **le nez qui coule**, *on emploie une expression avec le pronom possessif +* **Nase** + ***laufen*** (**läuft, lief, gelaufen**).

ℹ *Dans cet exemple, les pronoms possessifs sont les suivants :* ***meine, deine, ihre, seine, unsere, eure, ihre***

6 ▷ Le bateau a coulé en vingt minutes.
Das Boot ist in zwanzig Minuten gesunken.

6 (en parlant d'un bateau) **sinken** (**sank, gesunken**)

couleur

▷ La couleur préférée de Guillaume est le rouge.
Guillaumes Lieblingsfarbe ist Rot.
▷ De quelle couleur est la voiture de ton frère ?
Welche Farbe hat das Auto deines Bruders?
▷ C'est l'un des premiers films en couleur.
Es ist einer der ersten Farbfilme.

die **Farbe** (pluriel **Farben**)

► **de quelle couleur ... ? : welche Farbe ...?**
Pour dire que quelque chose est **en couleur**, *on forme des mots composés avec* ***Farb-*** *: das* ***Farbfoto*** (photo en couleur), *der* ***Farbfernseher*** (télévision en couleur), *etc.*

couleuvre

▷ J'ai vu une couleuvre.
Ich habe eine Natter gesehen.

die **Natter** (pluriel **Nattern**)

couloir

1 ▷ Attends-nous dans le couloir.
Warte im Korridor auf uns.

1 (dans une maison) der **Korridor** (pluriel **Korridore**)

ℹ *On dit aussi der* ***Flur*** (pluriel **Flure**).

2 ▷ Je préfère un siège près du couloir.
Ich hätte lieber einen Sitz am Gang.

2 (dans le train, dans l'avion) der **Gang** (pluriel **Gänge**)

coup

1 ▷ Yann a donné un coup sur la tête de Marc.
Yann hat Marc auf den Kopf geschlagen.

1 ► **donner un coup à** quelqu'un **:** jemanden (accusatif) **schlagen** (**schlägt, schlug, geschlagen**)

2 ▷ Pas de coups de pied !
Keine Fußtritte!
▷ Les garçons lui ont donné des coups de pied.
Die Jungen haben ihn getreten. *ou* Die Jungen haben ihm Fußtritte gegeben.
▷ Elle a essayé de me donner un coup de pied.
Sie hat versucht, mich zu treten. *ou* Sie hat versucht, mir einen Fußtritt zu geben.

2 ► **coup de pied :** der **Fußtritt** (pluriel **-tritte**)
► **donner un coup de pied** *ou* **des coups de pied à** quelqu'un **:** jemanden (accusatif) **treten** *ou* jemandem (datif) **einen Fußtritt geben** *ou* **Fußtritte geben** (**gibt, gab, gegeben**)

3 ▷ Ton coup de poing me fait toujours mal.
Dein Faustschlag tut mir immer noch weh.
▷ Pauline a voulu me donner un coup de poing !
Pauline wollte mir einen Faustschlag geben!

3 ► **coup de poing :** der **Faustschlag** (pluriel **-schläge**)
► **donner un coup de poing** *ou* **des coups de poing à** quelqu'un **:** jemandem (datif) **einen Faustschlag geben** *ou* **Faustschläge geben**

4 ▷ On a entendu un coup à la porte.
Wir haben ein Klopfen an der Tür gehört.

4 (à la porte, sur une table) das **Klopfen**
C'est un verbe substantivé qui s'emploie uniquement au singulier.

5 ▷ On a bu un coup chez Suzanne.
Wir haben bei Suzanne einen getrunken.

5 ► **boire un coup : einen trinken** (**trank, getrunken**)

6 ▷ Bravo, tu as réussi du premier coup !
Bravo, du hast es auf Anhieb geschafft!

6 ► **du premier coup : auf Anhieb**

7 ▷ Fabrice a tout avalé d'un seul coup.
Fabrice hat alles auf einmal runtergeschluckt.

7 ► **d'un seul coup : auf einmal**

8 ▷ Tout à coup *ou* tout d'un coup, la lumière s'est éteinte.
Plötzlich ging das Licht aus.

8 ► **tout à coup** *ou* **tout d'un coup : plötzlich**

9 ▷ Vous avez entendu les coups de feu ?
Habt ihr die Schüsse gehört?

9 ► **coup de feu :** der **Schuss** (pluriel **Schüsse**)

10 ▷ Il y a eu deux coups de fil pour toi.
Es kamen zwei Anrufe für dich.
▷ Passe-moi un coup de fil demain, nous fixerons une date.
Ruf mich morgen an, dann machen wir ein Datum aus.

10 ► **coup de fil :** der **Anruf** (pluriel **Anrufe**)
► **passer un coup de fil : anrufen**
an•rufen *est un verbe à particule séparable et se conjugue comme* ***rufen*** (**rief, gerufen**).

11 ▷ Donne un coup sur la table, s'il te plaît.
Wisch bitte den Tisch ab.

11 ► **donner un coup sur** quelque chose (= l'essuyer) **:** etwas (accusatif) **abwischen**
ab•wischen *est un verbe à particule séparable.*

coupable

1 ▷ Tout le monde pense que Cyril est coupable.
Alle glauben, dass Cyril schuldig ist.
▷ Je me sens coupable.
Ich fühle mich schuldig.

1 (adjectif = fautif) **schuldig**

2 ▷ Le coupable a été arrêté par la police.
Der Schuldige wurde von der Polizei festgenommen.

2 (= personne) der / die **Schuldige** (pluriel **Schuldigen**)
C'est un adjectif subtantivé : on dit ***ein Schuldiger****.*

coupe

1 ▷ Notre équipe de handball a gagné la coupe.
Unsere Mannschaft hat den Pokal gewonnen.
▷ C'est un match de coupe.
Das ist ein Pokalspiel.

1 (= récompense sportive) der **Pokal** (pluriel **Pokale**)
Un match comptant pour une **coupe** *se traduit par das* ***Pokalspiel*** (pluriel **-spiele**).

2 ▷ La coupe d'Europe a lieu tous les quatre ans.
Die Europameisterschaft findet alle vier Jahre statt.

2 ► **coupe d'Europe :** die **Europameisterschaft**
ℹ *De même, on dit die* ***Weltmeisterschaft*** = **coupe du monde**.

3 ▷ Tu peux prendre soit un gâteau, soit une coupe de glace.
Du kannst entweder Kuchen oder einen Eisbecher nehmen.

3 ► **coupe de glace :** der **Eisbecher** (pluriel **-becher**)

4 ▷ Je n'ai bu qu'une coupe de champagne.
Ich habe nur ein Glas Champagner getrunken.

4 (= verre) das **Glas** (pluriel **Gläser**)

5 ▷ Tu as une très jolie coupe de cheveux.
Du hast einen sehr hübschen Haarschnitt.

5 ► **coupe de cheveux :** der **Haarschnitt** (pluriel **-schnitte**)

couper

1 ▷ Tu peux couper le pain, s'il te plaît ?
Kannst du bitte das Brot schneiden?
▷ Il faut couper le tissu en deux.
Man muss den Stoff in zwei Teile schneiden.
▷ Coupe le fil maintenant.
Schneide jetzt die Schnur durch.

▷ Ma mère coupe le poulet en morceaux.
Meine Mutter schneidet das Hähnchen auf.

1 (avec un couteau, des ciseaux) **schneiden** (**schnitt**, **geschnitten**)
► **couper en deux :** **in zwei Teile schneiden**
ℹ *Quand on coupe du fil, on dit* ***durchschneiden****, qui est un verbe à particule séparable et se conjugue comme* ***schneiden****.*
► **couper en morceaux :** **aufschneiden**
ℹ ***auf•schneiden*** *est un verbe à particule séparable et se conjugue comme* ***schneiden****.*

2 ▷ Papa a dû couper l'arbre.
Papa musste den Baum fällen.

2 (en parlant d'un arbre) **fällen**

3 ▷ Le téléphone est coupé à cause de l'orage.
Das Telefon ist wegen des Gewitters unterbrochen.

3 (en parlant de l'eau, du téléphone) **unterbrechen** (**unterbricht**, **unterbrach**, **unterbrochen**)

4 ▷ Cette histoire m'a coupé l'appétit !
Diese Geschichte hat mir den Appetit verdorben!
▷ Ne bois pas trop, ça te coupera l'appétit.
Trink nicht zu viel, das wird dir den Appetit verderben.

4 ► **couper l'appétit à** quelqu'un : jemandem (datif) **den Appetit verderben** (verdirbt, verdarb, verdorben)

ℹ *Les verbes commençant par le préfixe* ***ver-*** *ne prennent pas* ***ge-*** *au participe passé.*

5 ▷ Mon couteau ne coupe pas bien.
Mein Messer schneidet schlecht.

5 (en parlant d'un couteau, d'un instrument) **schneiden** (schnitt, geschnitten)

6 ▷ Attention, ne te coupe pas !
Vorsicht, schneid dich nicht!
▷ Je me suis coupé avec un éclat de verre.
Ich habe mich mit einem Glasplitter geschnitten.
▷ Comment as-tu fait pour te couper ?
Wie hast du es geschafft, dich zu schneiden?

6 ► se **couper** : sich **schneiden** (schnitt, geschnitten)

ℹ *Le pronom personnel allemand s'emploie à l'accusatif :* ***ich schneide mich, du schneidest dich, er / sie schneidet sich, wir schneiden uns, ihr schneidet euch, sie schneiden sich.***

7 ▷ Tu t'es coupé les cheveux ?
Hast du dir die Haare geschnitten?
▷ Caroline se coupe les cheveux elle-même.
Caroline schneidet sich selbst die Haare.
▷ Je vais bientôt me couper les cheveux.
Ich werde mir bald die Haare schneiden.

7 ► se **couper les cheveux** : sich **die Haare schneiden**

ℹ *Le pronom personnel allemand s'emploie au datif :* ***ich schneide mir die Haare, du schneidest dir die Haare, er / sie schneidet sich die Haare, wir schneiden uns die Haare, ihr schneidet euch die Haare, sie schneiden sich die Haare.***

▷ Je dois me faire couper les cheveux.
Ich muss mir die Haare schneiden lassen.
▷ Quand est-ce que tu t'es fait couper les cheveux ?
Wann hast du dir die Haare schneiden lassen?

► se **faire couper les cheveux** : sich **die Haare schneiden lassen** (lässt, ließ, lassen)

ℹ *Le pronom personnel allemand s'emploie au datif :* ***ich lasse mir die Haare schneiden, du lässt dir die Haare schneiden****, etc.*

couple

▷ En face de nous il y avait un jeune couple.
Uns gegenüber saß ein junges Paar.

das **Paar** (pluriel Paare)

coupure

1 ▷ J'ai une petite coupure au doigt.
Ich habe einen kleinen Schnitt im Finger.

1 (= blessure) der **Schnitt** (pluriel Schnitte)

2 ▷ La coupure de courant a duré trois heures.
Die Stromausfall dauerte drei Stunden.

2 ► **coupure de courant :** der **Stromausfall** (pluriel –ausfälle)

cour

▷ Nous avons pris des photos de la cour du château.
Wir haben Fotos des Schlosshofes gemacht.
▷ La cour de récréation est vide.
Der Schulhof ist leer.

der **Hof** (pluriel **Höfe**)

► **cour de récréation :** der Schulhof

On dit aussi der ***Pausenhof.***

courage

1 ▷ Il faut du courage pour faire ça.
Man braucht Mut, um das zu tun.
▷ Je t'admire, tu as beaucoup de courage.
Ich bewundere dich, du hast viel Mut. *ou* Ich bewundere dich, du bist sehr mutig.

2 ▷ Bon courage, Jeanne !
Mach's gut, Jeanne!

1 (= bravoure) der **Mut**

► **avoir du courage :** Mut haben *ou* mutig sein

2 ► **bon courage :** mach's gut! *ou* macht's gut! *ou* machen Sie's gut!

courageux, courageuse

▷ Julie est très courageuse, elle n'a peur de rien.
Julie ist sehr mutig, sie hat vor gar nichts Angst.

mutig

couramment

▷ Monsieur Lambert parle allemand couramment.
Herr Lambert spricht fließend Deutsch.

(quand on parle très bien une langue) **fließend**

courant, courante (ADJECTIF)

▷ Cette expression n'est pas très courante.
Dieser Ausdruck ist nicht sehr geläufig.

(= fréquent) **geläufig**

courant (NOM)

1 ▷ Le canoë a été emporté par le courant.
Das Kanu wurde von der Strömung fortgerissen.

2 ▷ Coupe le courant, s'il te plaît.
Stell bitte den Strom ab.

3 ▷ Vous êtes au courant de l'accident d'Henri ?
Wisst ihr über Henris Unfall Bescheid?

1 (= mouvement de l'eau) die **Strömung** (pluriel **Strömungen**)

2 (= courant électrique) der **Strom**

3 ► **être au courant de** quelque chose **:** **über** etwas **Bescheid wissen** (weiß, wusste, gewusst)

Pour l'expression **en courant**, *regardez le mot* ***courir.***

coureur, coureuse

1 ▷ Trois coureurs allemands participent à la compétition.
Drei deutsche Läufer nehmen am Wettkampf teil.

1 (= athlète) der **Läufer** (pluriel **Läufer**), die **Läuferin** (pluriel **Läuferinnen**)

▷ Mehdi est coureur de fond et son frère est coureur de demi-fond.
Mehdi ist Langstreckenläufer und sein Bruder ist Mittelstreckenläufer.

► **coureur, coureuse de fond / de demi-fond :** der Langstreckenläufer / Mittelstreckenläufer, die Langstreckenläuferin / Mittelstreckenläuferin

2 ▷ Momo veut devenir coureur automobile.
Momo will Rennfahrer werden.

2 ► **coureur, coureuse automobile :** der Rennfahrer (pluriel –fahrer), die Rennfahrerin (pluriel –fahrerinnen)

3 ▷ C'est une grande coureuse cycliste.
Sie ist eine große Radrennfahrerin.

3 ► **coureur, coureuse cycliste :** der Radrennfahrer, die Radrennfahrerin

courgette

▷ Un kilo de courgettes, s'il vous plaît.
Ein Kilo Zucchini bitte.

die Zucchini /tsʊ'kiːni/

ℹ *Ce mot s'emploie aussi bien au singulier qu'au pluriel.*

🔈 *Notez la prononciation.*

courir

1 ▷ Maya court très vite.
Maya rennt sehr schnell.
▷ Ils sont partis en courant.
Sie rannten weg.
▷ Pam est entrée en courant.
Pam rannte herein.
▷ Le voleur est sorti en courant.
Der Dieb rannte hinaus.

1 rennen (rannte, gerannt)

Pour dire qu'on fait quelque chose **en courant** *en allemand, on emploie le verbe* ***rennen*** *avec la particule séparable qui convient :* ***wegrennen*** *pour indiquer qu'on s'éloigne,* ***hereinrennen*** *pour indiquer qu'on rentre,* ***hinausrennen*** *pour indiquer qu'on sort.*

2 ▷ Il court un risque énorme.
Er geht ein enormes Risiko ein.

2 ► **courir un risque :** ein Risiko eingehen

ℹ ***ein•gehen*** *est un verbe à particule séparable et se conjugue comme* ***gehen*** (ging, gegangen).

couronne

1 ▷ Le roi porte une couronne en or.
Der König trägt eine goldene Krone.

1 (d'un roi, d'une reine) die Krone (pluriel Kronen)

2 ▷ Tu peux m'aider à faire une couronne de fleurs ?
Kannst du mir helfen, einen Blumenkranz zu machen?

2 (= parure, décoration) der Kranz (pluriel Kränze)

courrier

1 ▷ Est-ce qu'il y a du courrier pour moi ?
Ist Post für mich da?

1 (= lettres) die Post

2 ▷ Laisse-moi juste consulter mon courrier électronique.
Lass michnur schnell meine E-Mail abrufen.

▷ Tu peux me l'envoyer par courrier électronique.
Du kannst es mir per E-Mail schicken.

2 ► **courrier électronique :** die **E-Mail** /ˈiːmeɪl/
Notez la prononciation.

► **envoyer** quelque chose **par courrier électronique :** etwas **per E-Mail schicken**

cours

1 ▷ Le cours d'allemand commence à onze heures.
Der Deutschunterricht fängt um elf an.

▷ Nous avons cours le samedi matin.
Wir haben samstagmorgens Unterricht.

▷ Mélanie prend des cours particuliers d'anglais.
Mélanie nimmt Privatunterricht in Englisch.

▷ J'ai des cours de soutien en maths.
Ich bekomme Nachhilfeunterricht in Mathe.

1 (= leçon à l'école) der **Unterricht**
Ce mot s'emploie au singulier.
On dit aussi die ***Stunde*** (pluriel Stunden).

► **avoir cours** (= aller à l'école) : **Unterricht haben** (hat, hatte, gehabt)

► **prendre des cours particuliers : Privatunterricht nehmen** (nimmt, nahm, genommen)

► **cours de soutien :** der **Nachhilfeunterricht**

2 ▷ Ce soir, je ne peux pas, j'ai mon cours de danse.
Heute Abend kann ich nicht, ich habe meinen Tanzkurs.

2 (= activité) der **Kurs** (pluriel **Kurse**)

course

1 ▷ La course est un sport fatigant.
Laufen ist ein anstrengender Sport.

▷ Je fais de la course tous les week-ends.
Ich laufe jedes Wochenende.

1 ► **la course** (= la course à pied) : das **Laufen**
Ce mot est un verbe substantivé et s'emploie uniquement au singulier.

► **faire de la course : laufen** (läuft, lief, gelaufen)

2 ▷ Une course se tient à Chantilly vendredi.
Freitag findet in Chantilly ein Rennen statt.

▷ Tu veux faire la course avec moi ?
Willst du ein Wettrennen mit mir machen?

▷ Non, je ne vais pas faire la course avec toi.
Nein, ich werde nicht mit dir um die Wette rennen.

2 (= compétition) das **Rennen** (pluriel **Rennen**)

► **faire la course avec** quelqu'un **: ein Wettrennen mit** jemandem (datif) **machen** *ou* **mit** jemandem (datif) **um die Wette rennen** (rannte, gerannt).

3 ▷ Ma mère va faire les courses deux fois par semaine.
Meine Mutter geht zweimal in der Woche einkaufen.

3 ► **faire les courses** (= faire des achats) : **einkaufen**

court, courte (ADJECTIF)

▷ Les jupes courtes sont à la mode.
Kurze Röcke sind in Mode.

kurz (plus court kürzer ; le plus court der kürzeste)

court (NOM)

▷ À l'hôtel, il y avait une piscine et trois courts de tennis.
Im Hotel gab es ein Schwimmbad und drei Tennisplätze.

(= court de tennis, de squash, de badminton) der **Platz** (pluriel Plätze)

couscous

▷ Nous avons mangé un excellent couscous.
Wir haben einen ausgezeichneten Kuskus gegessen.

der **Kuskus**

ℹ *On écrit aussi der Couscous.*

cousin, cousine

▷ Ma cousine s'appelle Danielle.
Meine Cousine heißt Danielle.

der **Cousin** /ku'zɛ̃/ (pluriel Cousins), die **Cousine** /ku'zinə/ (pluriel Cousinen)

coussin

▷ Tu peux me passer un coussin, s'il te plaît ?
Kannst du mir bitte ein Kissen geben?

das **Kissen** (pluriel Kissen)

couteau

▷ Il faudrait aiguiser ce couteau.
Dieses Messer muss man schleifen.

das **Messer** (pluriel Messer)

coûter

▷ Le repas coûte dix euros.
Die Mahlzeit kostet zehn Euro.

▷ Combien ça coûte ?
Wie viel kostet das?

▷ Combien coûtent ces chaussures ?
Wie viel kosten diese Schuhe?

▷ Mes lunettes ont coûté très cher.
Meine Brille hat viel gekostet.

kosten

► **combien coûte ... ? : wie viel kostet ...?**

► **coûter cher : viel kosten**

ℹ *On dit aussi **teuer sein**.*

coutume

▷ C'est une coutume allemande de faire des petits gâteaux avant Noël.
Es ist ein deutscher Brauch, vor Weihnachten Kekse zu backen.

(= tradition) der **Brauch** (pluriel Bräuche)

couture

1 ▷ La couture est parfois difficile.
Nähen ist manchmal schwer.

1 ► **la couture** (quand on coud) **:** das **Nähen**

ℹ *C'est un verbe substantivé : on ne dit pas **ein Nähen**.*

2 ▷ La couture de ta veste est déchirée.
Die Naht deiner Jacke ist aufgerissen.

2 (sur un tissu qu'on a cousu) die **Naht** (pluriel **Nähte**)

couvercle

▷ Je n'arrive pas à ouvrir le couvercle du bocal.
Ich bekomme den Deckel des Glases nicht auf.

der **Deckel** (pluriel **Deckel**)

couvert, couverte

1 ▷ Les Poulain ont une piscine couverte.
Poulains haben ein überdachtes Schwimmbad.

1 (= en parlant d'une piscine privée, d'un court de tennis) **überdacht**

2 ▷ Mathieu est rentré de l'école couvert de bleus !
Mathieu kam mit blauen Flecken bedeckt nach Hause.

2 ► **couvert de ... : mit ... bedeckt**

3 ▷ Le ciel est couvert aujourd'hui.
Der Himmel ist heute bedeckt.

3 (en parlant du ciel, du temps) **bedeckt**

couvert

▷ Pour le pique-nique, on va utiliser des couverts en plastique.
Für das Picknick werden wir Plastikbesteck benutzen.

(pour manger) das **Besteck**

*Attention : le mot allemand **Kuvert** signifie « enveloppe ».*

couverture

1 ▷ Si tu as froid, prends cette couverture.
Falls dir kalt wird, nimm diese Decke.

1 (pour se couvrir) die **Decke** (pluriel **Decken**)

2 ▷ La couverture du cahier est déchirée.
Der Umschlag des Heftes ist zerrissen.

2 (= couverture d'un cahier ou d'un livre) der **Umschlag** (pluriel **Umschläge**)

couvrir

1 ▷ Elle couvre le bébé avec son manteau.
Sie deckt das Baby mit ihrem Mantel zu.

1 (= protéger) **zudecken**

*ℹ **zu•decken** est un verbe à particule séparable.*

2 ▷ Mariam a couvert le mur de dessins.
Mariam hat die Wand mit Zeichnungen bedeckt.

2 ► **couvrir** quelque chose **de... :** etwas **mit** + *datif* + **bedecken**

*ℹ Les verbes commençant par le préfixe **be-** ne prennent pas **ge-** au participe passé.*

3 ▷ Ne le couvre pas comme ça, il ne fait pas si froid !
Zieh ihn nicht so warm an, so kalt ist es nicht!
▷ Couvre-toi bien, il fait froid dehors.
Zieh dich warm an, es ist kalt draußen.

3 ► **couvrir** quelqu'un (= habiller chaudement) : jemanden (accusatif) **warm anziehen**

*ℹ **an•ziehen** est un verbe à particule séparable et se conjugue comme **ziehen** (zog, gezogen).*

crabe

▷ J'ai attrapé un petit crabe sur la plage.
Am Strand habe ich eine kleine Krabbe gefangen.

die **Krabbe** (pluriel **Krabben**)

cracher

▷ C'est dégoûtant de cracher par terre !
Es ist ja widerlich, auf den Boden zu spucken!

spucken

craie

▷ Tu peux me passer la craie, s'il te plaît ?
Kannst du mir bitte die Kreide geben?

die **Kreide** (pluriel **Kreiden**)

craindre

1 ▷ Ma petite sœur craint l'orage.
Meine kleine Schwester fürchtet sich vor dem Gewitter.
▷ Depuis que j'ai été piquée, je crains les guêpes.
Seit ich gestochen wurde, fürchte ich mich vor Wespen.

1 ► **craindre** quelque chose (= avoir peur) : sich **vor** etwas (datif) **fürchten**

Le pronom personnel s'emploie à l'accusatif : ***ich fürchte mich, du fürchtest dich, er / sie fürchtet sich, wir fürchten uns, ihr fürchtet euch, sie fürchten sich.***

2 ▷ Elle craint le soleil, elle attrape très vite des coups de soleil.
Sie ist gegen die Sonne empfindlich, sie holt sich sofort Sonnenbrand.

2 ► **craindre** quelque chose (= être sensible) : **gegen** etwas (accusatif) **empfindlich sein**

cramer

▷ Maman a cramé le dîner !
Mama hat das Abendessen verbrannt!

verbrennen (**verbrannte, verbrannt**)

Le mot français est familier, mais sa traduction allemande ne l'est pas.

crampe

▷ Je ne peux plus courir, j'ai une crampe dans le mollet !
Ich kann nicht mehr laufen, ich habe einen Krampf in der Wade!

der **Krampf** (pluriel **Krämpfe**)

crâne

▷ Nous avons trouvé un crâne de souris dans le nid de la chouette.
Wir haben einen Mäuseschädel im Eulennest gefunden.

der **Schädel** (pluriel **Schädel**)

crapaud

▷ Tu vois les crapauds dans la mare ?
Siehst du die Kröten im Tümpel?

die **Kröte** (pluriel **Kröten**)

craquer

1 ▷ Le parquet craquait de partout.
Das Parkett knarrte überall.

1 (= grincer) **knarren**

2 ▷ La couture de mon pantalon a craqué.
Die Naht meiner Hose ist gerissen.

2 (= se déchirer) **reißen** (riss, gerissen)

3 ▷ Ce devoir est trop dur, je craque !
Diese Hausaufgabe ist zu schwierig, ich kann nicht mehr!

3 ► **je craque !** (= je n'en peux plus) : **ich kann nicht mehr!**

4 ▷ Marine craque pour Vincent.
Marine hat eine Schwäche für Vincent.

4 ► **craquer pour** quelqu'un : **für** jemanden (accusatif) **eine Schwäche haben**

cravate

▷ Ta cravate ne va pas avec ta chemise.
Deine Krawatte passt nicht zu deinem Hemd.

die **Krawatte** (pluriel **Krawatten**)

ℹ *Attention à l'orthographe du mot allemand.*

crawl

▷ Mon père m'a appris le crawl.
Mein Vater hat mir das Kraulen beigebracht.

das **Kraulen**

ℹ *C'est un verbe substantivé : on ne dit pas **ein Kraulen** et on l'emploie uniquement au singulier.*

▷ Érika nage vraiment bien le crawl.
Érika krault sehr gut.

► **nager le crawl : kraulen**

crayon

1 ▷ Où est mon crayon ?
Wo ist mein Bleistift?
▷ Le professeur a dit d'écrire au crayon.
Der Lehrer hat gesagt, wir sollten mit dem Bleistift schreiben.

1 (= crayon à papier) der **Bleistift** (pluriel **-stifte**)
► **écrire au crayon : mit dem Bleistift schreiben** (schrieb, geschrieben)

2 ▷ J'ai prêté mes crayons de couleur à Jackie.
Ich habe Jackie meine Buntstifte geliehen.

2 ► **crayon de couleur :** der **Buntstift** (pluriel **-stifte**)

crèche

1 ▷ La petite sœur de Lola va à la crèche.
Lolas kleine Schwester geht in die Kinderkrippe.

1 (= garderie) die **Kinderkrippe** (pluriel **-krippen**)

2 ▷ Pour Noël, il y a toujours une crèche à l'église.
Zu Weihnachten steht immer eine Krippe in der Kirche.

2 (= crèche de Noël) die **Krippe** (pluriel **Krippen**)

crédit

▷ La banque leur a refusé un crédit.
Die Bank hat ihnen einen Kredit verweigert.

(= prêt) der **Kredit** (pluriel **Kredite**)

🔈 *L'accent tonique est sur la deuxième syllabe.*

▷ Mes parents ont acheté la voiture à crédit.
Meine Eltern haben das Auto auf Kredit gekauft.

► **acheter** quelque chose **à crédit :** etwas **auf Kredit kaufen**

crème

▷ Il y a de la crème dans ce gâteau.
In diesem Kuchen ist Creme.

die **Creme** /kreːm, krɛːm/ (pluriel **Cremes**)

🔈 *Notez la prononciation.*

▷ Quand il fait froid, je me mets de la crème sur le visage.
Wenn es kalt ist, creme ich mir das Gesicht ein.

▷ Passe-moi la crème fraîche, s'il te plaît.
Gib mir bitte die Crème fraîche.

► **mettre de la crème** (sur les mains, le visage, etc.) **:** **eincremen**

► **crème fraîche :** die **Crème fraîche**

🔈 *Se prononce comme en français.*

ℹ *Attention, il y a une majuscule à* ***Crème*** *en allemand.*

crèmerie

▷ Où est la crèmerie ? Je dois acheter du fromage.
Wo ist das Milchgeschäft? Ich muss Käse kaufen.

das **Milchgeschäft** (pluriel **–geschäfte**)

crêpe

▷ On va faire des crêpes cet après-midi.
Heute Nachmittag machen wir Crêpes.

die **Crêpe** (pluriel **Crêpes**)

🔈 *Se prononce comme en français.*

crêpu, crêpue

▷ Malik a les cheveux crépus.
Malik hat krauses Haar.

kraus

crépuscule

▷ Nous avons attendu le crépuscule.
Wir haben auf die Dämmerung gewartet.

die **Dämmerung**

crétin, crétine

▷ Quel crétin ! Il a perdu mon livre !
So ein Idiot! Er hat mein Buch verloren!

der **Idiot** (pluriel **Idioten**), die **Idiotin** (pluriel **Idiotinnen**)

creuser

1 ▷ Nous avons creusé un trou dans le jardin pour planter un arbre.
Wir haben ein Loch im Garten gegraben, um einen Baum zu pflanzen.

1 (= creuser un trou ou une tranchée) **graben** (**gräbt**, **grub**, **gegraben**)

2 ▷ Les ouvriers creusent le trottoir.
Die Arbeiter graben den Bürgersteig auf.

2 (= creuser le sol) **aufgraben**

ℹ ***auf•graben*** *est un verbe à particule séparable et se conjugue comme* ***graben****.*

creux, creuse

1 ▷ Le tronc de l'arbre est creux.
Der Baumstamm ist hohl.

1 (adjectif = vide) **hohl**

2 ▷ Viens, on va se cacher dans ce creux.
Komm, wir verstecken uns in diesem Loch.

2 (= trou) das **Loch** (pluriel **Löcher**)

3 ▷ J'ai un creux, quand est-ce qu'on mange ?
Ich habe Hunger, wann essen wir denn?

3 ► **avoir un creux** (= avoir faim) : Hunger haben

*On dit aussi **Kohldampf haben**, qui est familier.*

4 ▷ Pat peut venir, elle a un creux entre trois et quatre.
Pat kann kommen, sie hat zwischen drei und vier eine Flaute.

4 ► **avoir un creux** (= un moment de libre) : eine Flaute haben

crevant, crevante

▷ Cette balade était crevante !
Dieser Spaziergang war angstrengend!

(qui fatigue) anstrengend

Le mot français est familier, mais sa traduction allemande ne l'est pas.

crevé, crevée

1 ▷ Je crois que le pneu est crevé !
Ich glaube, der Reifen ist platt!

1 (en parlant d'un pneu) platt

2 ▷ Karim avait un pneu crevé.
Karim hatte eine Reifenpanne.

2 ► **avoir un pneu crevé :** eine Reifenpanne haben (hat, hatte, gehabt)

3 ▷ Flora était crevée, elle est allée au lit.
Flora war kaputt, sie ist ins Bett gegangen.

3 (= fatigué) kaputt

Le mot français et la traduction allemande sont familiers.

crever

1 ▷ Les bulles de savon crèvent très vite.
Seifenblasen platzen schnell.
▷ Noémie a crevé le ballon de Fabio.
Noémie hat Fabios Ballon platzen lassen.

1 (= exploser) platzen

(= faire exploser) platzen lassen (lässt, ließ, gelassen)

2 ▷ Nous avons crevé sur l'autoroute.
Wir hatten auf der Autobahn eine Reifenpanne.

2 (= avoir un pneu crevé) eine Reifenpanne haben (hat, hatte, gehabt)

3 ▷ Je crève de faim ! Quand est-ce qu'on mange ?
Ich bin am Verhungern! Wann essen wir denn?

3 ► **crever de faim :** am Verhungern sein

4 ▷ On crève de chaud dans cette pièce !
Man kommt ja in diesem Zimmer um vor Hitze!
▷ On crevait de froid devant le cinéma.
Wir kamen vor dem Kino vor Kälte um.

4 ► **crever de chaud / de froid :** vor Hitze / vor Kälte umkommen

*um•kommen est un verbe à particule séparable et se conjugue comme **kommen** (kam, gekommen).*

crevette

▷ Ma mère a fait un curry aux crevettes.
Meine Mutter hat ein Garnelencurry gekocht.

die Garnele (pluriel Garnelen)

cri

▷ J'ai entendu des cris dans la rue.
Ich hörte Schreie auf der Straße.

(d'une personne) der **Schrei** (pluriel Schreie)

crier

▷ Ne crie pas, je ne suis pas sourde !
Schrei doch nicht, ich bin nicht taub!
▷ Dan criait de peur.
Dan schrie vor Angst.

schreien (schrie, geschrien)

► **crier de ...** (douleur, peur) : vor ... (datif) schreien

crime

1 ▷ Dans le journal, il y avait un article sur un crime atroce.
In der Zeitung stand ein Artikel über einen furchtbaren Mord.

1 (= meurtre) der **Mord** (pluriel Morde)

2 ▷ Il est arrivé en retard ? Ce n'est pas un crime !
Er kam zu spät? Das ist doch kein Verbrechen!

2 (= quelque chose de mal, délit) das **Verbrechen** (pluriel Verbrechen)

criminel, criminelle

1 ▷ Le criminel s'est échappé après avoir tué un policier.
Der Mörder entkam, nachdem er einen Polizisten umgebracht hatte.

1 (= meurtrier) der **Mörder** (pluriel Mörder), die **Mörderin** (pluriel Mörderinnen)

2 ▷ Le criminel a avoué.
Der Verbrecher hat gestanden.

2 (= malfaiteur) der **Verbrecher** (pluriel Verbrecher), die **Verbrecherin** (pluriel Verbrecherinnen)

crinière

▷ On reconnaît le lion à sa crinière.
Man erkennt den Löwen an seiner Mähne.

(d'un lion, d'un cheval) die **Mähne** (pluriel Mähnen)

criquet

▷ Les criquets ont mangé leur récolte.
Die Heuschrecken haben ihre Ernte gefressen.

die **Heuschrecke** (pluriel Heuschrecken)

crise

1 ▷ La crise économique concerne la plupart des pays européens.
Die Wirtschaftskrise betrifft die meisten europäischen Länder.

1 (= situation difficile) die **Krise** (pluriel Krisen)

2 ▷ Hubert a souvent des crises d'asthme.
Hubert hat oft Asthmaanfälle.
▷ Mon grand-père a eu une crise cardiaque.
Mein Großvater hatte einen Herzanfall.

2 (= crise d'asthme, de colique) der **Anfall** (pluriel Anfälle)

► **avoir une crise cardiaque :** einen Herzanfall haben

▷ Le père de Naïma a piqué une crise quand elle est rentrée à minuit.
Naïmas Vater hatte einen Anfall, als sie um Mitternacht nach Hause kam.

► **piquer une crise :** einen Anfall haben

crispé, crispée

▷ Ne sois pas si crispé, ça va bien se passer.
Sei doch nicht so verkrampft, es wird schon gut gehen.

(= nerveux) **verkrampft**

cristal

▷ Le cristal se casse facilement.
Kristall zerbricht leicht.

▷ Ce vase est en cristal.
Diese Vase ist aus Kristall.

▷ Nous avons bu dans des verres en cristal.
Wir haben aus Kristallgläsern getrunken.

▷ Dans la salle de bal, il y avait un énorme lustre en cristal.
Im Ballsaal hing ein riesiger Kristallleuchter.

(= verre) das **Kristall**

► **être en cristal :** aus Kristall sein

Pour désigner les objets **en cristal** *ou* **de cristal**, *on forme des mots composés avec* ***Kristall*** *: das* ***Kristallglöckchen*** (clochette en cristal), *die* ***Kristallschale*** (bol en cristal), *etc.*

critique

1 ▷ Mon père est très critique.
Mein Vater ist sehr kritisch.

▷ Je dois me dépêcher, ça devient critique !
Ich muss mich beeilen, es wird kritisch!

1 (adjectif = difficile, grave) **kritisch**

2 ▷ Toujours des critiques !
Immer nur Kritik!

2 (= remarque) die **Kritik**

ℹ *Ce mot s'emploie uniquement au singulier.*

3 ▷ Elle m'énerve, elle n'arrête pas de faire des critiques.
Sie geht mir auf die Nerven, sie kritisiert dauernd.

3 ► **faire des critiques :** kritisieren

ℹ *Les verbes se terminant en* ***–ieren*** *ne prennent pas* ***ge-*** *au participe passé.*

critiquer

▷ Arrête de nous critiquer et fais quelque chose !
Hör auf, uns zu kritisieren und tu etwas!

kritisieren

ℹ *Les verbes se terminant en* ***–ieren*** *ne prennent pas* ***ge-*** *au participe passé.*

croche-patte, croche-pied

▷ Quentin m'a fait un croche-patte !
Quentin hat mir ein Bein gestellt!

► **faire un croche-patte** *ou* **un croche-pied à** quelqu'un **:** jemandem (datif) ein Bein stellen

crochet

▻ J'ai besoin d'un crochet pour suspendre le tableau.
Ich brauche einen Haken, um das Bild aufzuhängen.

(pour accrocher) der **Haken** (pluriel Haken)

crocodile

▻ Tu as vu ce crocodile ? Il est énorme !
Hast du das Krokodil gesehen? Es ist ja riesig!

das **Krokodil** (pluriel Krokodile)

croire

1 ▻ Je ne te crois pas !
Ich glaube dir nicht!
▻ Je crois que le film est à huit heures.
Ich glaube, dass der Film um acht beginnt.
▻ Mes parents croient en Dieu.
Meine Eltern glauben an Gott.

1 (= tenir pour vrai) **glauben**

► **croire que ...** (= penser) : glauben, dass ...

► **croire en ...** : an... glauben

2 ▻ Tu te crois malin !
Du hältst dich wohl für schlau!
▻ Il m'énerve, il se croit plus intelligent que les autres.
Er geht mir auf die Nerven, er hält sich für intelligenter als andere.

2 ► se **croire** + *adjectif* : sich für + *adjectif* + **halten** (hält, hielt, gehalten)

ℹ *Le pronom personnel allemand s'emploie à l'accusatif : **ich halte mich für..., du hältst dich für..., er / sie hält sich für..., wir halten uns für..., ihr haltet euch für, sie halten sich für...***

croisement

▻ Il y a encore eu un accident au croisement.
Es gab schon wieder einen Unfall an der Kreuzung.
▻ Son chien est un croisement entre un berger allemand et un colley.
Sein Hund ist eine Kreuzung zwischen einem Schäferhund und einem Collie.

(= carrefour ; croisement d'espèces différentes) die **Kreuzung** (pluriel Kreuzungen)

croiser

1 ▻ Ce n'est pas bon de croiser les jambes.
Es ist nicht gut, die Beine übereinander zu schlagen.

1 (en parlant des jambes) **übereinander schlagen** (schlägt, schlug, geschlagen)

2 ▻ Papa a croisé les bras.
Papa verschränkte die Arme.

2 (en parlant des bras) **verschränken**

ℹ *Les verbes commençant par le préfixe **ver-** ne prennent pas **ge-** au participe passé.*

3 ▷ J'ai croisé Michelle dans la rue.
Ich bin Michelle auf der Straße begegnet.
▷ Hier soir nous avons croisé notre prof de sport.
Gestern Abend sind wir unserem Sportlehrer begegnet.
▷ On s'est croisés à la bibliothèque.
Wir sind uns in der Bücherei begegnet.

3 ► **croiser** quelqu'un (= rencontrer) : jemandem (datif) **begegnen**

ℹ *Les verbes commençant par le préfixe* ***be-*** *ne prennent pas* ***ge-*** *au participe passé.*

► se **croiser** (= se rencontrer) : sich **begegnen**

ℹ *Notez que le participe passé s'emploie avec l'auxiliaire* ***sein****.*

croisière

▷ Mes grands-parents font une croisière dans les Caraïbes.
Meine Großeltern machen eine Kreuzfahrt in der Karibik.

die **Kreuzfahrt** (pluriel **-fahrten**)
► **faire une croisière** : eine Kreuzfahrt machen

croissant

▷ Je voudrais deux croissants, s'il vous plaît.
Ich hätte gern zwei Croissants, bitte.

(= pâtisserie) das **Croissant** (pluriel **Croissants**)

🔈 *Se prononce comme en français. Le* ***s*** *du pluriel se prononce en allemand.*

croix

1 ▷ Marine porte une croix en pendentif.
Marine trägt ein Kreuz als Anhänger.

1 das **Kreuz** (pluriel **Kreuze**)

2 ▷ Mettez une croix en face de la bonne réponse.
Kreuzen Sie die richtige Antwort an.

2 ► **mettre une croix** (= cocher) : **ankreuzen**

ℹ ***an•kreuzen*** *est un verbe à particule séparable.*

3 ▷ Tu peux faire une croix sur ton voyage en Norvège !
Du kannst deine Reise nach Norwegen abschreiben!

3 ► **faire une croix sur** quelque chose : etwas (accusatif) **abschreiben**

ℹ ***ab•schreiben*** *est un verbe à particule séparable et se conjugue comme* ***schreiben*** (**schrieb, geschrieben**).

croquant, croquante

▷ Ces pommes sont très croquantes.
Diese Äpfel sind sehr knackig.

knackig

croque-monsieur

▷ Suzie a fait des croque-monsieur pour le déjeuner.
Suzie hat getoastetes Sandwich mit Käse und Schinken zum Mittagessen gemacht.

das **getoastete Sandwich mit Käse und Schinken**

croquer

1 ▷ Ne croque pas le bonbon, c'est mauvais pour les dents.
Zerbeiß das Bonbon nicht, das ist schlecht für die Zähne.

1 (= mordre dans quelque chose de dur) **zerbeißen** (zerbiss, zerbissen)

Les verbes commençant par le préfixe ***zer-*** *ne prennent pas* ***ge-*** *au participe passé.*

2 ▷ Elle a croqué dans la pomme et a fait une grimace.
Sie hat in den Apfel gebissen und eine Grimasse gemacht.

2 ► **croquer dans** quelque chose **: in** etwas (accusatif) **beißen** (biss, gebissen)

3 ▷ Ces pommes croquent, elles sont délicieuses.
Diese Äpfel knacken, sie schmecken sehr gut.

3 (= être croquant) **knacken**

croquette

▷ Madame Lemaire a fait des croquettes de poisson.
Frau Lemaire hat Fischkroketten gemacht.

die **Krokette** /kro'kɛtə/ (pluriel Kroketten)

Notez la prononciation.

croquis

▷ Je fais un croquis, ça t'aidera à comprendre.
Ich mache eine Skizze, das wird dir helfen, es zu verstehen.

die **Skizze** (pluriel Skizzen)

crotte

▷ Il y a des crottes de brebis partout dans les prés.
Überall auf den Wiesen liegt Schafkot.

Le mot allemand le plus général pour les **crottes d'animaux** *est das* ***Kot****, qui s'emploie uniquement au singulier.*

croustillant, croustillante

▷ J'aime le bon pain croustillant.
Ich liebe gutes, knuspriges Brot.

knusprig

croûte

1 ▷ La croûte du pain est un peu brûlée.
Die Brotrinde ist etwas verbrannt.

1 (en parlant du pain ou du fromage) die **Rinde** (pluriel Rinden)

2 ▷ Il ne faut pas gratter la croûte, sinon la plaie va encore s'ouvrir.
Du sollst den Schorf nicht abkratzen, sonst geht die Wunde wieder auf.

2 (en parlant d'une plaie) der **Schorf**

Ce mot s'emploie uniquement au singulier.

croûton

1 ▷ Est-ce que je peux avoir le croûton du pain ?
Kann ich den Brotkanten haben?

1 (en parlant du pain) der **Kanten** (pluriel Kanten)

2 ▷ J'ai mis des croûtons dans la salade.
Ich habe Croutons in den Salat getan.

2 (= petit morceau de pain frit) der **Crouton** (pluriel Croutons)

Se prononce comme en français. Le ***s*** *du pluriel se prononce en allemand.*

croyance

▷ Cette pratique va à l'encontre de leurs croyances religieuses.
Dieser Brauch steht im Gegensatz zu ihrem religiösen Glauben.

der **Glaube**

croyant, croyante

▷ Mon grand-père est croyant.
Mein Großvater ist gläubig.

► **être croyant : gläubig sein**

cru, crue

▷ Un steak tartare est fait de viande crue.
Ein Tartarsteak besteht aus rohem Fleisch.

(= pas cuit) **roh**

cruauté

▷ C'est de la cruauté mentale !
Das ist seelische Grausamkeit!

die **Grausamkeit**

cruche

▷ Mets l'eau dans cette cruche.
Gieß Wasser in diesen Krug.

(= récipient) der **Krug** (pluriel **Krüge**)

crudités

▷ À midi, je mange des crudités.
Zu Mittag esse ich Rohkost.

die **Rohkost**

Ce mot s'emploie uniquement au singulier.

cruel, cruelle

▷ Ne sois pas cruel !
Sei doch nicht grausam!

grausam

crustacé

▷ Jean-Michel est allergique aux crustacés.
Jean-Michel ist gegen Schalentiere allergisch.

das **Schalentier** (pluriel **-tiere**)

cube

▷ Le bâtiment ressemble à un gros cube.
Das Gebäude ähnelt einem großen Würfel.
▷ Mon frère adore jouer avec ses cubes en bois.
Mein Bruder spielt liebend gern mit seinen Holzwürfeln.

der **Würfel** (pluriel **Würfel**)

cueillir

1 ▷ J'ai cueilli des fleurs pour les mettre sur la table.
Ich habe Blumen gepflückt, um sie auf den Tisch zu stellen.

1 (en parlant des fleurs, des baies) **pflücken**

2 ▷ Cet après-midi, on va cueillir des champignons.
Heute Nachmittag gehen wir Pilze sammeln.

2 (en parlant de champignons, de châtaignes) **sammeln**

cuillère ou cuiller

▷ Les cuillères sont dans le tiroir de droite.
Die Löffel sind in der rechten Schublade.

▷ Je dois prendre une cuillère de sirop tous les matins.
Ich muss jeden Morgen einen Löffel Sirup nehmen.

▷ Les cuillères à café sont en argent.
Die Kaffeelöffel sind aus Silber.

▷ Je n'ai pas de cuillère à soupe.
Ich habe keinen Suppenlöffel.

(= ustensile, quantité) der **Löffel** (pluriel Löffel)

► **cuillère à café :** der **Kaffeelöffel**

ℹ *On dit aussi der* ***Teelöffel****.*

► **cuillère à soupe :** der **Suppenlöffel**

cuillerée

▷ Je dois prendre une cuillerée de sirop tous les matins.
Ich muss jeden Morgen einen Löffel Sirup nehmen.

der **Löffel** (pluriel Löffel)

cuir

▷ Le cuir est à la mode cette année.
Leder ist dieses Jahr in Mode.

▷ Le cartable de Basile est en cuir.
Basiles Schultasche ist aus Leder.

▷ Camille porte une jupe en cuir.
Camille trägt einen Lederrock.

das **Leder** (pluriel Leder)

► **être en cuir :** **aus Leder sein**

Pour désigner les objets **en cuir**, *on forme des mots composés avec* ***Leder*** *: die* ***Lederhose*** **(pantalon en cuir)**, *der* ***Ledermantel*** **(manteau en cuir)**, *etc.*

cuire

1 ▷ La soupe est en train de cuire.
Die Suppe kocht.

▷ D'après la recette, il faut faire cuire les légumes dix minutes.
Dem Rezept nach muss man das Gemüse zehn Minuten lang kochen.

1 (= cuire à l'eau, au bouillon) **kochen**

► **faire cuire** (à l'eau, au bouillon) **:** **kochen**

2 ▷ Fais cuire les biftecks deux minutes de chaque côté.
Brate die Steaks zwei Minuten pro Seite.

2 (= cuire à la poêle) **braten** (brät, briet, gebraten)

3 ▷ Mettre au four et cuire à température moyenne pendant quarante minutes.
In den Ofen geben und bei mittlerer Hitze vierzig Minuten lang backen.

3 (= cuire au four) **backen**

cuisine

1 ▷ Joël est dans la cuisine.
Joël ist in der Küche.

1 (= la pièce où on prépare les repas) die **Küche** (pluriel Küchen)

2 ▷ Ma mère dit que la cuisine c'est facile !
Meine Mutter sagt, dass Kochen leicht ist!

2 ► **la cuisine** (= la préparation des repas) : das Kochen

ℹ *C'est un verbe substantivé : on ne dit pas **ein Kochen** et on l'emploie uniquement au singulier.*

3 ▷ Mon père fait souvent la cuisine.
Mein Vater kocht oft.

3 ► **faire la cuisine :** kochen

4 ▷ J'adore la cuisine indienne.
Ich liebe die indische Küche.

4 (= la nourriture) die Küche

cuisiner

▷ Il ne faut pas le déranger quand il cuisine.
Wenn er kocht, darf man ihn nicht stören.

kochen

cuisinier, cuisinière

1 ▷ Le cuisinier est très gentil.
Der Koch ist sehr nett.

1 (= personne qui fait la cuisine) der Koch (pluriel Köche), die Köchin (pluriel Köchinnen)

2 ▷ Vous avez une cuisinière à gaz ou électrique ?
Haben Sie einen Gasherd oder einen Elektroherd?

2 (= appareil ménager) der Herd (pluriel Herde)

cuisse

1 ▷ Je me suis fait mal à la cuisse.
Ich habe mir am Schenkel weh getan.

1 (en parlant d'une personne) der Schenkel (pluriel Schenkel)

2 ▷ Tu préfères l'aile ou la cuisse ?
Willst du lieber den Flügel oder die Keule?

2 (en parlant d'un animal) die Keule (pluriel Keulen)

cuit, cuite

1 ▷ Je n'aime pas les carottes cuites.
Ich mag gekochte Karotten nicht.

1 (= cuit à l'eau, au bouillon) gekocht

2 ▷ Mon steak est cuit à point.
Mein Steak ist rosa gebraten.

2 (= cuit à la poêle) gebraten

3 ▷ Les pâtes sont trop cuites.
Die Nudeln sind zerkocht.
▷ Est-ce que ta viande est trop cuite ?
Ist dein Fleisch verbrannt?

3 *Pour dire que quelque chose est* **trop cuit** *en allemand, on traduit par **zerkocht** en parlant de ce qui est cuit à l'eau, et **verbrannt** en parlant de ce qui est cuit à la poêle.*

cuivre

▷ Le cuivre coûte cher.
Kupfer ist teuer.
▷ Ton bracelet est en cuivre ?
Ist dein Armband aus Kupfer?

das Kupfer

► **être en cuivre :** aus Kupfer sein

▷ J'ai acheté des casseroles en cuivre.
Ich habe Kupfertöpfe gekauft.
▷ C'est une mine de cuivre.
Das ist ein Kupferbergwerk.

Pour désigner les objets **en cuivre** *ou* **de cuivre**, *on forme des mots composés avec* ***Kupfer*** *: der* ***Kupferkessel*** **(chaudron en cuivre)**, *die* ***Kupfermünze*** **(pièce de monnaie en cuivre)**.

culot

1 ▷ Son culot m'étonne toujours.
Seine Frechheit erstaunt mich immer.

1 (= effronterie) die **Frechheit**

2 ▷ Damien a du culot !
Damien ist ja unverschämt!

2 ► **avoir du culot :** unverschämt sein

culotte

▷ Sa jupe est transparente, on voit sa culotte.
Ihr Rock ist durchsichtig, man sieht ihren Schlüpfer.

(= sous-vêtement) der **Schlüpfer** (pluriel Schlüpfer)

cultivé, cultivée

▷ Notre prof de français est très cultivée.
Unsere Französischlehrerin ist sehr gebildet.

gebildet

cultiver

▷ Dans cette région on cultive du blé.
In dieser Gegend wird Weizen angebaut.

(en parlant de légumes ou de céréales) **anbauen**

culture

1 ▷ Cet agriculteur vit surtout de la culture du blé.
Dieser Landwirt lebt hauptsächlich vom Weizenanbau.

1 (= plantes cultivée) der **Anbau**
ℹ *Ce mot s'emploie uniquement au singulier.*

2 ▷ C'est un magazine sur la culture.
Es ist eine Kulturzeitschrift.

2 (= les modes de vie) die **Kultur** (pluriel Kulturen)

3 ▷ Il manque de culture.
Es fehlt ihm an Bildung.
▷ Bastien a une bonne culture générale.
Bastien besitzt eine gute Allgemeinbildung.

3 (= savoir, connaissances) die **Bildung**
► **culture générale :** die Allgemeinbildung

curé

▷ Mon père connaît bien le curé du village.
Mein Vater kennt den Pfarrer des Ortes gut.

der **Pfarrer** (pluriel Pfarrer)

cure-dent

▷ Tu as vu les cure-dents ?
Hast du die Zahnstocher gesehen?

der **Zahnstocher** (pluriel Zahnstocher)

curieux, curieuse

1 ▷ Ne sois pas si curieux !
Sei nicht so neugierig!

1 (= indiscret) **neugierig**

2 ▷ C'est curieux, je pensais que la porte était fermée.
Seltsam, ich dachte, die Tür sei zu.

2 (= bizarre) **seltsam**

ℹ *On dit aussi* ***komisch***.

curiosité

▷ Sa curiosité énerve beaucoup de gens.
Seine Neugier geht vielen Leuten auf die Nerven.

(= indiscrétion) die **Neugier**

curry

▷ Ce soir, nous mangeons du curry.
Heute Abend essen wir Curry.

das **Curry** /ˈkœri/ (pluriel **Currys**)

🔈 *Notez la prononciation.*

curseur

▷ Ces touches servent à déplacer le curseur.
Mit diesen Tasten versetzt man den Cursor.

der **Cursor** /ˈkœrsɐ/ (pluriel **Cursor**)

🔈 *Notez la prononciation.*

cutter

▷ Tu peux me prêter ton cutter ?
Kannst du mir deinen Cutter leihen?

der **Cutter** /ˈkatɐ/ (pluriel **Cutter**)

🔈 *Notez la prononciation.*

cybercafé

▷ Gilles va au cybercafé parce qu'il n'a pas d'ordinateur chez lui.
Gilles geht ins Internet-Café, weil er zu Hause keinen Computer hat.

das **Internet-Café** (pluriel **-Cafés**)

cyberespace

▷ Cela n'existe que dans le cyberespace.
Das gibt es nur im Cyberspace.

der **Cyberspace** /ˈsaɪbɐspeɪs/

🔈 *Attention à la prononciation.*

cybernaute

▷ Les cybernautes explorent le cyberespace.
Die Websurfer erforschen den Cyberspace.

der **Websurfer** (pluriel **Websurfer**), die **Websurferin** (pluriel **Websurferinnen**)

cyborg

▷ La planète est peuplée de cyborgs.
Der Planet ist von Cyborgs bewohnt.

der **Cyborg** (pluriel **Cyborgs**)

cyclomoteur

▷ Il est arrivé en cyclomoteur.
Er ist mit dem Moped gekommen.

das **Moped** (pluriel **Mopeds**)

cymbale

▷ J'ai acheté des cymbales.
Ich habe Becken gekauft.

▷ Il sait jouer de la cymbale.
Er kann Becken spielen.

das **Becken** (pluriel **Becken**)

► **jouer de la cymbale** : **Becken spielen**

cypriote

Regardez au mot ***chypriote***.

Dd

d'abord

▻ D'abord, j'aimerais te remercier.
Zuerst möchte ich mich bei dir bedanken.

zuerst

dame

▻ Une dame t'a demandé au téléphone.
Eine Dame hat dich am Telefon verlangt.

(= femme) die **Dame** (pluriel Damen)

▻ Je joue souvent aux dames avec Lucie.
Ich spiele oft Dame mit Lucie.

► **jouer aux dames :** Dame spielen

ℹ *Remarquez qu'en allemand le jeu est au singulier.*

Danemark

▻ Ils ont pris l'avion pour le Danemark ce matin.
Sie sind heute Morgen nach Dänemark geflogen.

Dänemark

► **le Danemark :** Dänemark

ℹ *Ne prend l'article neutre que précédé d'un adjectif :* ***das umweltfreundliche Dänemark*** (le Danemark écologique).

▻ Martha voulait rester au Danemark.
Martha wollte in Dänemark bleiben.

► **au Danemark** (= dans le pays) **:** in Dänemark

▻ J'aimerais bien aller au Danemark.
Ich würde gerne nach Dänemark reisen.

► **au Danemark** (= vers le pays) **:** nach Dänemark

▻ Je ne suis jamais allé au Danemark.
Ich war noch nie in Dänemark.

Attention : pour dire que quelqu'un est déjà allé quelque part, *on emploie une expression avec le prétérit du verbe* ***sein*** *+* ***schon****.*

danger

▻ C'est un documentaire sur les dangers du tabac.
Es ist ein Dokumentarfilm über die Tabakgefahr.

die **Gefahr** (pluriel Gefahren)

▻ Sa vie est en danger.
Sein Leben ist in Gefahr.

► **être en danger :** in Gefahr sein

▻ Allez-y, c'est sans danger.
Nur los, es ist ohne Gefahr.

► **sans danger :** ohne Gefahr

ℹ *On dit aussi* ***gefahrlos****.*

dangereux

▷ C'est dangereux de traverser la route ici.
Es ist gefährlich, hier die Straße zu überqueren.

gefährlich

danois, danoise

1 ▷ C'est une spécialité danoise.
Das ist eine dänische Spezialität.

1 (adjectif) **dänisch**

2 ▷ Il y avait des Danois à l'auberge de jeunesse.
In der Jugendherberge waren Dänen.

2 (= personnes) der **Däne** (pluriel **Dänen**), die **Dänin** (pluriel **Däninnen**)

3 ▷ Le danois est une langue scandinave.
Dänisch ist eine skandinavische Sprache.

3 (= langue) **Dänisch**

ℹ *En allemand, les noms de langue ne prennent pas d'article.*

dans

1 ▷ Les agrafes sont dans le tiroir.
Die Heftklammern sind in der Schublade.
▷ Nous nous sommes promenés dans la forêt.
Wir sind im Wald spazierengegangen.
▷ Cédric a sauté dans l'eau.
Cédric ist ins Wasser gesprungen.

1 (= dans quelque chose) **in**

Sans changement d'endroit, ***in*** *est suivi du datif :* ***in der*** *(pour le féminin),* ***im*** *(pour le masculin et le neutre),* ***in den*** *(pour le pluriel).*
Avec un changement d'endroit, ***in*** *est suivi de l'accusatif :* ***in die*** *(pour le féminin et le pluriel),* ***in den*** *(pour le masculin),* ***ins*** *(pour le neutre).*

2 ▷ Il prend les ciseaux dans le tiroir.
Er nimmt die Schere aus der Schublade.
▷ Je préfère boire dans une tasse.
Ich trinke lieber aus einer Tasse.

2 (= hors de quelque chose) **aus** + *datif*

3 ▷ Le film commence dans cinq minutes.
Der Film fängt in fünf Minuten an.

3 (en parlant d'un moment, d'un délai) **in**

4 ▷ Ça fait dans les huit kilomètres.
Es sind ungefähr acht Kilometer.

4 ► **dans les** (= environ) : **ungefähr**

danse

1 ▷ Le sirtaki est une danse grecque.
Sirtaki ist ein griechischer Tanz.
▷ Amélie apprend la danse du ventre.
Amélie lernt Bauchtanz.

1 der **Tanz** (pluriel **Tänze**)

ℹ *Notez les substantifs composés :* ***Volkstanz*** (danse folklorique), ***Eistanz*** (danse sur glace).

2 ▷ Clémence fait de la danse classique.
Clémence macht Ballett.

2 ► **danse classique :** das **Ballett**

danser

▷ On a dansé jusqu'à l'aube.
Wir haben bis ins Morgengrauen getanzt.

tanzen

danseur, danseuse

▷ Margot est une super danseuse.
Margot ist eine tolle Tänzerin.

der **Tänzer** (pluriel **Tänzer**), die **Tänzerin** (pluriel **Tänzerinnen**)

date

▷ Le professeur écrit toujours la date sur le tableau.
Der Lehrer schreibt immer das Datum an die Tafel.

▷ Regarde la date de péremption.
Schau mal nach dem Haltbarkeitsdatum.

▷ À quelle date devez-vous partir ?
Wann müsst ihr wieder fahren *(ou* ***fliegen****)***?**

(= le jour de l'année) das **Datum** (pluriel **Daten**)

► **à quelle date... ? : wann... ?**

datte

▷ Nous avons acheté des dattes fraîches au marché.
Wir haben frische Datteln auf dem Markt gekauft.

die **Dattel** (pluriel **Datteln**)

dauphin

▷ Des dauphins nageaient près du bateau.
Delphine schwammen neben dem Boot.

der **Delphin** (pluriel **Delphine**)

davantage

▷ Tu devrais sortir davantage.
Du solltest mehr ausgehen.

▷ Ce prof nous donne davantage de devoirs que les autres.
Dieser Lehrer gibt uns mehr Hausarbeiten als die anderen.

mehr

► **davantage de... : mehr...**

de, des, du

1 ▷ Le bracelet de ma sœur est en argent.
Das Armband meiner Schwester ist aus Silber.

▷ Le collier du chien est trop serré.
Das Halsband des Hundes ist zu eng.

▷ Le cartable de Carla est très lourd.
Carlas Schultasche ist sehr schwer.

1 *Quand on parle de quelque chose qui* **appartient** *à une personne ou à un animal, ou qui* **fait partie de** *quelque chose, on emploie le génitif.*

ℹ *Avec un nom de personne, on emploie le cas possessif avec* ***s****.*

2 ▷ Une bouteille d'eau minérale, s'il vous plaît.
Eine Flasche Mineralwasser, bitte.

▷ Peux-tu acheter deux kilos d'oranges ?
Kannst du zwei Kilo Orangen kaufen?

2 *Quand on parle du* **contenu** *de quelque chose ou d'une* **quantité***, aucune préposition n'est employée.*

3 ▷ L'avion de Londres atterrit à trois heures.
Das Flugzeug aus London landet um drei Uhr.

3 *Quand on parle du* **lieu d'où vient** *quelqu'un ou quelque chose, on emploie* ***aus****.*

4 ▷ De Paris à Lyon, il y a 460 kilomètres.
Von Paris bis Lyon sind es 460 Kilometer.
▷ Je l'ai vu de ma fenêtre.
Ich habe ihn von meinem Fenster aus gesehen.

4 *Quand on veut dire* **à partir de**, *on emploie* **von**.

5 ▷ C'est un film de Blake Edwards.
Das ist ein Film von Blake Edwards.

5 *Quand on parle de l'auteur d'un livre, d'un film, d'une chanson, etc., on emploie* **von**.

6 ▷ Ils habitent dans une maison de deux étages.
Sie wohnen in einem zweistöckigen Haus.
▷ Marina a une sœur de cinq ans.
Marina hat eine fünfjährige Schwester.
▷ Ils ont fait un voyage de trois semaines en Nouvelle-Zélande.
Sie haben eine dreiwöchige Reise nach Neuseeland gemacht.

6 *Quand on parle des dimensions, de l'âge, de la durée, etc., on met la mesure dans une forme adjectivale devant le nom auquel elle se reporte.*

7 ▷ Nous avons vu de belles sculptures à Florence.
Wir haben schöne Skulpturen in Florenz gesehen.
▷ Voulez-vous du thé ?
Möchten Sie Tee?
▷ Tu pourrais acheter des timbres ?
Könntest du Briefmarken kaufen?
▷ J'ai des amis à Toulouse.
Ich habe Freunde in Toulouse.

7 *Quand* **de** *est un article partitif, c'est-à-dire quand il se rapporte à un mot qui n'est pas compté, il n'est pas traduit.*

dé

▷ Où sont les dés ?
Wo sind die Würfel?
▷ Lance les dés, à la fin !
Jetzt würfel doch endlich!

der **Würfel** (pluriel Würfel)

► **lancer les dés** *ou* **jeter les dés :** würfeln

déballer

▷ En arrivant, nous avons déballé nos affaires.
Als wir angekommen waren, haben wir unsere Sachen ausgepackt.

auspacken

ℹ ***aus•packen*** *est un verbe à particule séparable.*

débarquer

1 ▷ Nous n'avons pas pu débarquer tout de suite, la porte de l'avion était coincée.
Wir konnten nicht sofort von Bord gehen, die Tür des Flugzeugs klemmte.

1 (en parlant des passagers d'un avion ou d'un bateau) **von Bord gehen** (ging, gegangen)

2 ▷ Ludo a débarqué chez nous à minuit !
Ludo ist um Mitternacht bei uns aufgekreuzt!

2 ► **débarquer chez** quelqu'un **:** bei jemandem (datif) **aufkreuzen**

ℹ ***auf•kreuzen*** *est un verbe à particule séparable.*

débarras

1 ▻ Il y a un débarras sous l'escalier.
Unter der Treppe ist ein Abstellraum.

1 (= placard) der **Abstellraum** (pluriel **–räume**)

2 ▻ Il est parti ? Bon débarras !
Ist er weg? Den wären wir los!

2 ► **bon débarras ! :** den *ou* die *ou* das wären wir los!

débarrasser

1 ▻ Débarrasse ma chambre de tout ce bazar !
Räum deinen Rümpel aus meinem Zimmer!
▻ C'est toujours moi qui débarrasse la table !
Immer muss ich den Tisch abräumen!

1 (une pièce) **ausräumen**
(la table) **abräumen**
ℹ ***aus•räumen*** *et* ***ab•räumen*** *sont des verbes à particule séparable.*

2 ▻ Nous n'arrivons pas à nous débarrasser de Martial.
Wir werden Martial einfach nicht los.
▻ Je dois me débarrasser de ce vieux manteau et en acheter un autre.
Ich muss diesen alten Mantel loswerden und mir einen neuen kaufen.

2 ► **se débarrasser de :** loswerden
ℹ ***los•werden*** *est un verbe à particule séparable et se conjugue comme* ***werden*** (**wird**, **wurde**, **geworden**).

se débattre

▻ Les quatre garçons tenaient Romain qui se débattait.
Die vier Jungen hielten Romain fest, der sich wehrte.

sich **wehren**

débile

1 ▻ Ce film est complètement débile.
Dieser Film ist total schwachsinnig.

1 (= stupide, au sens familier) **schwachsinnig**

2 ▻ Quelle débile !
So eine Idiotin!

2 (= personne stupide) der **Idiot** (pluriel **Idioten**), die **Idiotin** (pluriel **Idiotinnen**)
ℹ *La flexion féminine existe en allemand.*

débloquer

▻ Je n'arrive pas à débloquer le tiroir.
Ich bekomme die Schublade nicht auf.

► **débloquer** quelque chose **:** etwas (accusatif) **aufbekommen**
ℹ ***auf•bekommen*** *est un verbe à particule séparable et se conjugue comme* ***bekommen*** (**bekon**, **bekommen**).

débordé, débordée

▻ Le prof est débordé, il a plus de cent copies à corriger.
Der Lehrer ist überlastet, er hat mehr als hundert Arbeiten zu korrigieren.

überlastet

déboucher

1 ▷ Il faut déboucher la bouteille une heure avant le repas.
Man muss die Flasche eine Stunde vor dem Essen entkorken.

1 (en parlant d'une bouteille)
entkorken
ℹ *Les verbes commençant par le préfixe **ent-** ne prennent pas **ge-** au participe passé.*

2 ▷ Je sais comment déboucher le lavabo.
Ich weiß, wie man das Waschbecken frei macht.

2 (en parlant d'un lavabo, d'un tuyau)
frei machen

3 ▷ Le couloir débouche sur une grande pièce.
Der Gang mündet in einen großen Raum.

3 ► **déboucher sur** (en parlant d'une rue, d'un passage) **: in** + *accusatif* + **münden**

debout

1 ▷ Colin était debout près de la porte.
Colin stand neben der Tür.

▷ Elle est restée debout pendant tout le voyage.
Sie blieb die ganze Reise über stehen.
▷ Nous avons voyagé debout.
Wir sind im Stehen gereist.

1 ► **être debout** (= ne pas être assis, en parlant d'une personne) : **stehen** (stand, gestanden)
► **rester debout : stehen bleiben** (blieb, geblieben)
► **faire** quelque chose **debout :** etwas **im Stehen tun**

2 ▷ Il est onze heures et elle n'est pas encore debout !
Es ist schon elf und sie ist immer noch nicht auf!
▷ Allez, debout, c'est l'heure !
Los, aufgestanden, es ist Zeit!

2 ► **être debout** (= être sorti du lit, n'être pas encore au lit) : **auf sein**

► **debout !** (pour dire à quelqu'un de se lever) **: aufgestanden!**

3 ▷ Mets la bouteille debout, s'il te plaît.
Stell die Flasche bitte aufrecht hin.

3 ► **mettre** quelque chose **debout :** etwas **aufrecht hinstellen**

débrancher

▷ Je vais débrancher l'ordinateur.
Ich ziehe gleich den Stecker des Computers raus.

den **Stecker rausziehen**
ℹ ***raus•ziehen*** *est un verbe à particule séparable et se conjugue comme* ***ziehen*** (zog, gezogen).

se débrouiller

1 ▷ Je peux me débrouiller toute seule, je suis assez grande !
Ich komme schon alleine zurecht, ich bin groß genug!

▷ Julien se débrouille très bien en allemand.
Julien kommt gut in Deutsch zurecht.

1 ► **se débrouiller :**
zurechtkommen
ℹ ***zurecht•kommen*** *est un verbe à particule séparable et se conjugue comme* ***kommen*** (kam, gekommen).
► **se débrouiller en** quelque chose (une matière, une discipline) **: in** etwas **zurechtkommen**

2 ▷ Karine s'est débrouillée pour avoir des billets.
Karine hat es geschafft, Karten zu bekommen.

2 ► **se débrouiller pour** + *infinitif* **:**
es schaffen, zu + *infinitif*

début

▷ Le début du roman n'est pas très bon.
Der Anfang des Romans ist nicht sehr gut.
▷ Au début de l'automne il peut encore faire chaud.
Am Anfang des Herbstes kann es noch warm sein.
▷ Au début, je n'aimais pas Florence.
Anfangs mochte ich Florence nicht.

der **Anfang** (pluriel **Anfänge**)

► **au début de :** am Anfang + *génitif*

► **au début** (= d'abord) **:** anfangs

décalquer

▷ Tu peux juste décalquer la carte au lieu de la dessiner toi-même.
Du kannst die Landkarte einfach abpausen, anstatt sie selbst zu zeichnen.

abpausen

ℹ *ab•pausen est un verbe à particule séparable.*

décapsuler

▷ Je n'arrive pas à décapsuler cette bouteille.
Ich kann diese Flasche nicht öffnen.

öffnen

décembre

▷ Nous partons le vingt-six décembre.
Wir fahren am sechsundzwanzigsten Dezember.
▷ En décembre, il fait très froid ici.
Im Dezember ist es hier sehr kalt.

der **Dezember**

ℹ *On écrit* ***am 26. Dezember****.*

► **en décembre, au mois de décembre :** im Dezember

déception

▷ Le voyage scolaire a été annulé. Quelle déception !
Die Schulreise wurde abgesagt! So eine Enttäuschung!

die **Enttäuschung** (pluriel Enttäuschungen)

décevant, décevante

▷ Notre équipe de basket a eu des résultats décevants cette année.
Unsere Basketballmannschaft hatte dieses Jahr enttäuschende Ergebnisse.

enttäuschend

décevoir

▷ Je ne veux pas te décevoir, mais je ne peux pas venir au concert ce soir.
Ich will dich nicht enttäuschen, aber ich kann heute Abend nicht mit ins Konzert kommen.

► **décevoir** quelqu'un **:** jemanden (accusatif) enttäuschen

décharge

▷ Je vais emporter tout cela à la décharge.
Ich bringe das Ganze auf die Müllhalde.

(d'ordures) die **Müllhalde** (pluriel -halden)

décharger

1 ▷ Aide-moi à décharger la voiture, s'il te plaît.
Hilf mir bitte das Auto auszuladen.

1 (en parlant d'une voiture, de bagages) **ausladen**

ℹ ***aus•laden*** *est un verbe à particule séparable et se conjugue comme* ***laden*** (lädt, lud, geladen).

2 ▷ Il se décharge toujours de son travail sur les autres.
Er lädt immer seine Arbeit auf andere ab.

2 ► **se décharger de** quelque chose **sur** quelqu'un **:** etwas **auf** jemanden (accusatif) **abladen**

ℹ ***ab•laden*** *est un verbe à particule séparable et se conjugue comme* ***laden*** (lädt, lud, geladen).

se déchausser

▷ Il faut se déchausser avant d'entrer dans les maisons japonaises.
Man muss die Schuhe ausziehen, bevor man in ein japanisches Haus tritt.

die **Schuhe ausziehen**

ℹ ***aus•ziehen*** *est un verbe à particule séparable et se conjugue comme* ***ziehen*** (zog, gezogen).

déchets

▷ Nous recyclons nos déchets.
Wir recyceln unsern Müll.

(= ordures) der **Müll**

déchirer

▷ Attention, tu vas déchirer ton pantalon !
Vorsicht, sonst zerreißt du deine Hose!
▷ Raïssa a déchiré la lettre de Paul.
Raïssa hat Pauls Brief zerrissen.

zerreißen (zerriss, zerrissen)

ℹ *Les verbes commençant par le préfixe* ***zer-*** *ne prennent pas* ***ge-*** *au participe passé.*

décidément

▷ Décidément, il fait trop beau pour travailler !
Es ist wirklich zu schön zum Arbeiten!

wirklich

décider

1 ▷ La prof a décidé que nous ferions un test mardi prochain.
Die Lehrerin hat beschlossen, dass wir nächsten Dienstag einen Test machen.
▷ Paul a décidé de peindre la cuisine.
Paul hat beschlossen, die Küche zu streichen.

1 ► **décider que... : beschließen, dass...** (beschloss, beschlossen)

ℹ *Les verbes commençant par le préfixe* ***be-*** *ne prennent pas* ***ge-*** *au participe passé.*

► **décider de faire** quelque chose **:** **beschließen,** etwas **zu tun**

2 ▷ Décide-toi, je suis pressé !
Jetzt entscheide dich doch, ich hab's eilig!

2 ► se **décider :** sich **entscheiden** (entschied, entschieden)

ℹ *Les verbes commençant par le préfixe* ***ent-*** *ne prennent pas* ***ge-*** *au participe passé.*

▷ Je me suis enfin décidée pour la robe verte.
Ich habe mich endlich für das grüne Kleid entschieden.

► se **décider pour** quelque chose **:** sich **für** etwas **entscheiden**

3 ▷ Ben s'est décidé à réparer sa mobylette.
Ben hat sich dazu entschlossen, sein Mofa zu reparieren.

3 ► se **décider à faire** quelque chose : sich **dazu entschließen,** etwas **zu tun**

ℹ *Les verbes commençant par le préfixe* ***ent-*** *ne prennent pas* ***ge-*** *au participe passé.*

décision

▷ C'est une décision très injuste.
Das ist eine sehr ungerechte Entscheidung.

▷ Nous avons pris la décision ensemble.
Wir haben die Entscheidung gemeinsam getroffen.

die **Entscheidung** (pluriel **Entscheidungen**)

► **prendre une décision : eine Entscheidung treffen** (**trifft, traf, getroffen**)

déclarer

1 ▷ Il a déclaré qu'il était contre la guerre.
Er hat erklärt, dass er gegen den Krieg ist.

1 (= faire savoir) **erklären**

ℹ *Les verbes commençant par le préfixe* ***er-*** *ne prennent pas* ***ge-*** *au participe passé.*

2 ▷ Avez-vous quelque chose à déclarer ?
Haben Sie etwas zu verzollen?

2 (à la douane) **verzollen**

ℹ *Les verbes commençant par le préfixe* ***ver-*** *ne prennent pas* ***ge-*** *au participe passé.*

déclencher

1 ▷ Myriam a déclenché l'alarme par erreur.
Myriam hat aus Versehen die Alarmanlage ausgelöst.

1 (en parlant d'une alarme, d'une sonnerie) **auslösen**

ℹ ***aus•lösen*** *est un verbe à particule séparable.*

2 ▷ L'alarme de la voiture s'est déclenchée pendant la nuit.
Die Alarmanlage ist während der Nacht losgegangen.

2 ► **se déclencher** (en parlant d'une alarme, d'une sonnerie) : **losgehen**

ℹ ***los•gehen*** *est un verbe à particule séparable et se conjugue comme* ***gehen*** *(****ging, gegangen****).*

décodeur

▷ Le décodeur est sur la télé.
Der Decoder liegt auf dem Fernseher.

der **Decoder** /de'koʊdɐ/ (pluriel **Decoder**)

🔈 *Notez la prononciation.*

décollage

▷ Le décollage a été retardé.
Der Start wurde verzögert.

(d'un avion) der **Start** (pluriel **Starts**)

ℹ *On dit aussi der* ***Abflug****.*

décoller

1 ▷ L'avion a décollé à trois heures cinq.
Das Flugzeug ist um drei Uhr fünf gestartet.

1 (en parlant d'un avion) **starten**

ℹ *On peut dire aussi* ***ab•fliegen****.*

2 ▷ Geoffroy décolle les timbres pour les classer dans son album.
Geoffroy löst die Briefmarken ab, um sie in sein Album zu sortieren.

2 ► **décoller** quelque chose : etwas ablösen

ℹ ***ab•lösen*** *est un verbe à particule séparable.*

3 ▷ Le papier peint se décolle dans le couloir.
Die Tapete im Gang geht ab.

3 ► **se décoller** : abgehen

ℹ ***ab•gehen*** *est un verbe à particule séparable et se conjugue comme* ***gehen*** (ging, gegangen).

décolleté, décolletée

▷ La robe de Sabrina est très décolletée.
Sabrinas Kleid ist tief ausgeschnitten.

ausgeschnitten

► **très décolleté** : tief ausgeschnitten

décoloré, décolorée

1 ▷ Cédric porte toujours des jeans décolorés.
Cédric trägt immer verblichene Jeans.

1 (en parlant d'un tissu, d'un vêtement) verblichen

ℹ *On peut dire aussi* ***verschossen****.*

2 ▷ La prof de biologie a les cheveux décolorés.
Die Biolehrerin hat gebleichte Haare.

2 (en parlant des cheveux) gebleicht

décongeler

▷ Les crevettes ont décongelé en deux heures.
Die Garnelen sind in zwei Stunden aufgetaut.

auftauen

ℹ ***auf•tauen*** *est un verbe à particule séparable.*

se déconnecter

1 ▷ Je dois me déconnecter dans cinq minutes.
Ich muss mich in fünf Minuten ausloggen.

1 sich ausloggen

ℹ ***aus•loggen*** *est un verbe à particule séparable.*

2 ▷ Ils sont complètement déconnectés de la réalité.
Sie sind total wirklichkeitsfremd.

2 ► **être déconnecté de la réalité** : wirklichkeitsfremd sein

déconseiller

▷ Nos amis nous ont déconseillé ce camping.
Unsere Freunde haben uns von diesem Campingplatz abgeraten.

▷ Je te le déconseille !
Ich rate dir davon ab!

▷ Je te déconseille d'aller voir ce film.
Ich rate dir davon ab, diesen Film zu sehen.

► **déconseiller** quelque chose **à** quelqu'un : jemandem (datif) von etwas abraten

ℹ ***ab•raten*** *est un verbe à particule séparable et se conjugue comme* ***raten*** (rät, riet, geraten).

► **déconseiller à** quelqu'un **de faire** quelque chose : jemandem (datif) davon abraten, etwas zu tun

décontracté, décontractée

1 ▷ L'ambiance est très décontractée dans ce bar.
Es herrscht eine ganz entspannte Stimmung in dieser Kneipe.
▷ Jules avait l'air décontracté.
Jules sah entspannt aus.

1 (en parlant de l'ambiance, d'une personne) **entspannt**

2 ▷ Le week-end, ma mère aime porter des vêtements décontractés.
Am Wochenende trägt meine Mutter gern bequeme Kleidung.

2 (en parlant des vêtements) **bequem**

décor

1 ▷ Les décors sont vraiment beaux dans ce film.
Die Dekore dieses Films ist wirklich schön.

1 (d'une pièce de théâtre, d'un film) der, das **Dekor** (pluriel **Dekore, Dekors**)

2 ▷ Son restaurant a un décor magnifique
Sein Restaurant hat eine wunderschöne Ausstattung.

2 (d'une maison, d'un restaurant) die **Ausstattung** (pluriel **Ausstattungen**)

3 ▷ Elle a besoin d'un changement de décor.
Sie braucht einen Tapetenwechsel.

3 ► **changement de décor :** der **Tapetenwechsel**

ℹ *Littéralement,* ***Tapetenwechsel*** *veut dire* changement de papier peint.

décoration

▷ Nous avons regardé les décorations de Noël.
Wir haben uns die Weihnachtsdekorationen angeschaut.

die **Dekoration** (pluriel **Dekorationen**)

décorer

1 ▷ Je n'aime pas la façon dont ils ont décoré leur maison.
Ich mag nicht, wie sie ihr Haus ausgestattet haben.

1 (= aménager) **ausstatten**

ℹ ***aus•statten*** *est un verbe à particule séparable.*

2 ▷ Viens, nous allons décorer le sapin.
Komm, wir schmücken den Weihnachtsbaum.

2 (= orner) **schmücken**

décortiquer

1 ▷ Ces crevettes sont difficiles à décortiquer.
Diese Garnelen sind schwer zu schälen.

1 (en parlant des crevettes ou des amandes) **schälen**

2 ▷ En classe de français, nous avons décortiqué un texte de Victor Hugo.
Im Französischunterricht haben wir einen Text von Victor Hugo analysiert.

2 (en parlant d'un texte) **analysieren**

ℹ *Les verbes se terminant en* ***–ieren*** *ne prennent pas* ***ge-*** *au participe passé.*

découper

1 ▷ Sonia découpe des photos de vedettes dans les magazines.
Sonia schneidet Fotos von Berühmtheiten aus den Zeitschriften aus.

1 (= découper dans quelque chose)
ausschneiden
ℹ *aus•schneiden est un verbe à particule séparable et se conjugue comme schneiden* (schnitt, geschnitten).

2 ▷ Je peux découper le gâteau ?
Kann ich den Kuchen aufschneiden?

2 (= découper un gâteau, de la viande)
aufschneiden
ℹ *auf•schneiden est un verbe à particule séparable et se conjugue comme schneiden* (schnitt, geschnitten).

décourageant, décourageante

▷ Tes notes sont décourageantes.
Deine Noten sind entmutigend.

entmutigend

décourager

1 ▷ Je ne veux pas te décourager, mais...
Ich will dich nicht entmutigen, aber...

1 **entmutigen**
ℹ *Les verbes commençant par le préfixe ent- ne prennent pas ge- au participe passé.*

2 ▷ Ne te décourage pas, tu y arriveras la prochaine fois.
Verlier den Mut nicht, nächstes Mal wirst du es schaffen.

2 ► **se décourager :** den Mut verlieren (verlor, verloren)
ℹ *Les verbes commençant par le préfixe ver- ne prennent pas ge- au participe passé.*

découverte

▷ C'est une découverte extraordinaire.
Das ist eine außerordentliche Entdeckung.
▷ Des scientifiques américains ont fait une découverte très importante.
Amerikanische Wissenschaftler haben etwas sehr Wichtiges entdeckt.

die **Entdeckung** (pluriel Entdeckungen)
► **faire une découverte :** *accusatif +* entdecken
ℹ *Les verbes commençant par le préfixe ent- ne prennent pas ge- au participe passé.*

découvrir

▷ Un navire espagnol a été découvert au fond de la mer.
Ein spanisches Schiff wurde auf dem Meeresgrund entdeckt.

entdecken
ℹ *Les verbes commençant par le préfixe ent- ne prennent pas ge- au participe passé.*

décrire

▷ Décris-le, je le connais peut-être.
Beschreib ihn mal, vielleicht kenne ich ihn.

beschreiben (beschrieb, beschrieben)
ℹ *Les verbes commençant par le préfixe be- ne prennent pas ge- au participe passé.*

décrocher

1 ▷ On doit décrocher ce tableau.
Wir müssen dieses Bild herunternehmen.

1 (en parlant de quelque chose qui était en hauteur) **herunternehmen**

ℹ ***herunter•nehmen*** *est un verbe à particule séparable et se conjugue comme* ***nehmen*** (**nimmt**, **nahm**, **genommen**).

2 ▷ C'est toujours Martin qui décroche le téléphone.
Es ist immer Martin, der (den Hörer) abnimmt.

2 ► **décrocher le téléphone :** **(den Hörer) abnehmen**

ℹ ***ab•nehmen*** *est un verbe à particule séparable et se conjugue comme* ***nehmen*** (**nimmt**, **nahm**, **genommen**).

3 ▷ Les rideaux se sont encore décrochés.
Die Vorhänge sind schon wieder runtergefallen.

3 ► **se décrocher** (en parlant de quelque chose qui était en hauteur) **:** **runterfallen**

ℹ ***runter•fallen*** *est un verbe à particule séparable et se conjugue comme* ***fallen*** (**fällt**, **fiel**, **gefallen**).

déçu, déçue

▷ J'espère que tu n'es pas trop déçu.
Ich hoffe, du bist nicht zu enttäuscht.

enttäuscht

dedans

1 ▷ Vous voulez déjeuner dehors ou dedans ?
Wollt ihr draußen oder drinnen zu Mittag essen?

1 (= à l'intérieur, par opposition à dehors) **drinnen**

2 ▷ J'ai ouvert l'enveloppe, il n'y avait rien dedans.
Ich habe den Umschlag geöffnet, es war nichts darin.

2 (= dans quelque chose) **darin**

ℹ *On dit aussi* ***drin****.*

3 ▷ Elle a ouvert la voiture et s'est glissée dedans.
Sie hat das Auto aufgemacht und ist hineingeschlüpft.

3 (= vers l'intérieur, avec un verbe de mouvement) **hinein**

dédicacé, dédicacée

▷ Hubert a une photo dédicacée d'un footballeur célèbre.
Hubert hat ein Foto mit einer Widmung von einem berühmten Fußballspieler.

mit einer Widmung

ℹ ***Widmung*** *signifie « dédicace ».*

déduire

1 ▷ N'oubliez pas de déduire le prix du billet de train.
Vergessen Sie nicht, den Preis der Fahrkarte abzuziehen.

▷ Il faut déduire les frais de voyage du total.
Man muss die Reisekosten vom Gesamtbetrag abziehen.

1 (= soustraire) **abziehen**

ℹ ***ab•ziehen*** *est un verbe à particule séparable et se conjugue comme* ***ziehen*** (**zog**, **gezogen**).

► **déduire** quelque chose **de** quelque chose **:** etwas **von** etwas **abziehen**

2 ▷ J'en déduis que tu ne viendras pas au match.
Ich leite davon ab, dass du nicht zum Spiel kommst.

2 (= conclure) **ableiten**
ℹ *ab•leiten est un verbe à particule séparable.*

défaire

1 ▷ Tu peux m'aider à défaire ce nœud, s'il te plaît ?
Kannst du mir bitte helfen, diesen Knoten zu lösen?

1 (en parlant d'un nœud) **lösen**

2 ▷ Défais les lacets avant d'enlever tes chaussures !
Mach die Schnürsenkel auf, bevor du die Schuhe ausziehst!

2 (en parlant d'un lacet, d'un bouton) **aufmachen**
ℹ *auf•machen est un verbe à particule séparable.*

3 ▷ Je déferai ma valise plus tard.
Ich werde meinen Koffer später auspacken.

3 (en parlant des bagages) **auspacken**
ℹ *aus•packen est un verbe à particule séparable.*

défaut

▷ Il y a un défaut dans ce tissu.
Dieser Stoff hat einen Fehler.
▷ Tout le monde a ses défauts.
Jeder hat seine Fehler.

der **Fehler** (pluriel Fehler)

défendre

1 ▷ Pourquoi est-ce que tu le défends toujours ?
Warum verteidigst du ihn immer?

▷ Il faut que tu apprennes à te défendre.
Du musst lernen, dich zu verteidigen.
▷ Je me suis seulement défendu.
Ich habe mich nur verteidigt.

1 **verteidigen**
ℹ *Les verbes commençant par le préfixe ver- ne prennent pas ge- au participe passé.*
► se **défendre :** sich **verteidigen**
ℹ *On dit aussi sich wehren.*
ℹ *Le pronom personnel allemand s'emploie à l'accusatif : ich verteidige mich, du verteidigst dich, er / sie verteidigt sich, wir verteidigen uns, ihr verteidigt euch, sie verteidigen sich.*

2 ▷ Mes parents m'ont défendu de sortir.
Meine Eltern haben mir verboten auszugehen.

2 (= interdire) **verbieten** (verbat, verboten)
ℹ *Les verbes commençant par le préfixe ver- ne prennent pas ge- au participe passé.*

défense

1 ▷ Le gouvernement dépense beaucoup d'argent pour la défense.
Die Regierung gibt viel Geld für die Verteidigung aus.

1 ► **la défense** (d'un pays par exemple) **:** die **Verteidigung**

2 ▷ Sylvia a pris la défense de Yann.
Sylvia hat Yann verteidigt.

2 ► **prendre la défense de** quelqu'un : jemanden (accusatif) verteidigen

3 ▷ Sur l'écriteau était marqué « défense de fumer ».
Auf dem Schild stand „Rauchen verboten".
▷ « Défense d'entrer ».
„Eintritt verboten".

3 ► **défense de...** (sur un panneau) : ... verboten

ℹ *Notez l'emploi du substantif.*

4 ▷ Les braconniers tuent les éléphants pour prendre leurs défenses.
Die Wilderer töten die Elefanten für ihre Stoßzähne.

4 (= dent d'éléphant) der **Stoßzahn** (pluriel –zähne)

défilé

1 ▷ Nous sommes allés voir le défilé du 14 Juillet.
Wir waren bei der Nationalfeiertagsparade.

1 (= marche) die **Parade** (pluriel Paraden)

2 ▷ Marine a été invitée à un défilé de mode.
Marine wurde zu einer Modenschau eingeladen.

2 ► **défilé de mode :** die Modenschau (pluriel –schauen)

ℹ *On dit aussi die* ***Modeschau****.*

défiler

1 ▷ Les militaires défilaient devant nous.
Die Soldaten marschierten an uns vorbei.

1 (en parlant de soldats) **marschieren**

ℹ *Les verbes se terminant en* ***-ieren*** *ne prennent pas* ***ge-*** *au participe passé.*

2 ▷ Anna devait venir, mais elle s'est défilée.
Anna sollte kommen, aber sie hat sich gedrückt.

2 ► se **défiler** (= se dérober) : sich drücken

ℹ *L'expression française et sa traduction allemande sont familières.*

définir

▷ Ce mot est difficile à définir.
Dieses Wort ist schwer zu definieren.

definieren

ℹ *Les verbes se terminant en* ***-ieren*** *ne prennent pas* ***ge-*** *au participe passé.*

définitif, définitive

▷ Est-ce que c'est définitif ?
Ist es endgültig?

(= qui ne change plus) **endgültig**

définition

▷ Voici la définition que j'ai trouvée dans le dictionnaire.
Hier ist die Definition, die ich im Wörterbuch gefunden habe.

die **Definition** (pluriel Definitionen)

définitivement

▷ Il a été renvoyé définitivement.
Er wurde endgültig verwiesen.

(= pour de bon) **endgültig**

défoncé, défoncée

1 ▷ La portière était complètement défoncée.
Die Autotür war völlig eingedrückt.

1 (= enfoncé) eingedrückt

2 ▷ La vitre est défoncée.
Die Scheibe ist eingeschlagen.

2 (= cassé) eingeschlagen

défoncer

1 ▷ Les cambrioleurs ont défoncé la porte.
Die Einbrecher haben die Tür eingeschlagen.

1 (= défoncer une porte) einschlagen

ℹ *ein•schlagen est un verbe à particule séparable et se conjugue comme schlagen* (schlägt, schlug, geschlagen).

2 ▷ Elle s'est vraiment défoncée pour son exposé.
Sie hat sich wirklich für ihr Referat krumm gelegt.

2 ► se **défoncer** (= se donner du mal) : sich krumm legen

ℹ *L'expression française et sa traduction allemande sont familières.*

déforestation

▷ Ils veulent stopper la déforestation.
Sie wollen die Entwaldung aufhalten.

die Entwaldung (pluriel Entwaldungen)

déformé, déformée

1 ▷ Mes chaussures sont déformées.
Meine Schuhe sind ausgetreten.

1 (en parlant de chaussures) ausgetreten

2 ▷ Je ne peux pas porter cette jupe, elle est déformée !
Ich kann diesen Rock nicht tragen, der ist verformt!

2 (en parlant d'un vêtement, d'une barre, d'un métal) verformt

se défouler

1 ▷ Tu devrais faire du sport pour te défouler.
Du solltest Sport treiben, um dich abzureagieren.

1 (= se décontracter) sich abreagieren

ℹ *ab•reagieren est un verbe à particule séparable.*

ℹ *Les verbes commençant par le préfixe ab- ne prennent pas ge- au participe passé.*

▷ J'emmène mon petit frère au parc, il a besoin de se défouler.
Ich nehme meinen kleinen Bruder mit in den Park, er muss sich mal austoben.

(= dépenser son énergie, en parlant d'un enfant) sich austoben

ℹ *aus•toben est un verbe à particule séparable.*

2 ▷ Tu n'as pas besoin de te défouler sur moi !
Du brauchst deinen Ärger nicht an mir auslassen !

2 ► **se défouler sur** quelqu'un : seinen Ärger an jemandem (datif) auslassen

ℹ *aus•lassen est un verbe à particule séparable et se conjugue comme lassen* (lässt, ließ, gelassen).

se dégager

▻ Je me suis débattu et j'ai réussi à me dégager.
Ich habe mich gewehrt und habe es geschafft mich zu befreien.
▻ Le chien se tortillait pour se dégager.
Der Hund windete sich, um sich zu befreien.

(= se libérer) sich **befreien**

ℹ *Les verbes commençant par le préfixe **be-** ne prennent pas **ge-** au participe passé.*

ℹ *Le pronom personnel allemand s'emploie à l'accusatif : **ich befreie mich, du befreist dich, er / sie befreit sich, wir befreien uns, ihr befreit euch, sie befreien sich**.*

dégâts

▻ Les dégâts sont estimés à dix mille euros.
Der Schaden wird auf zehntausend Euro geschätzt.
▻ L'incendie a fait beaucoup de dégâts.
Das Feuer hat große Schäden verursacht.

der **Schaden** (pluriel **Schäden**)

► **faire des dégâts :** **Schäden verursachen**

ℹ *Les verbes commençant par le préfixe **ver-** ne prennent pas **ge-** au participe passé.*

dégouliner

1 ▻ Fais attention, la peinture dégouline sur tes chaussures !
Vorsicht, die Farbe tropft auf deine Schuhe!

1 (en parlant de quelque chose qui tombe goutte à goutte) **tropfen**

2 ▻ Les larmes dégoulinaient sur ses joues.
Die Tränen liefen über ihre Wangen.

2 (en parlant des larmes, du sang) **laufen** (**läuft, lief, gelaufen**)

dégourdi, dégourdie

▻ Martine est une fille très dégourdie.
Martine ist ein sehr aufgewecktes Mädchen.

aufgeweckt

ℹ *On dit aussi **clever**.*

dégoût

▻ J'ai essayé de cacher mon dégoût.
Ich habe versucht, meine Abscheu nicht zu zeigen.

die **Abscheu**

dégoûtant, dégoûtante

▻ Il raconte toujours des histoires dégoûtantes.
Er erzählt immer so widerliche Geschichten.

widerlich

dégoûter

1 ▻ Ça ne te dégoûte pas de manger ça ?
Widert es dich nicht an, sowas zu essen?
▻ Son attitude m'a vraiment dégoûté.
Sein Verhalten hat mich wirklich angewidert.

1 ► **dégoûter** quelqu'un (= répugner) : jemanden (accusatif) **anwidern**

ℹ ***an•widern** est un verbe à particule séparable.*

2 ▷ Ce prof m'a dégoûté pour toujours du piano.
Dieser Lehrer hat mir das Klavierspielen für immer verleidet.

2 ► **dégoûter** quelqu'un **de** quelque chose : jemandem (datif) etwas verleiden

ℹ *Les verbes commençant par le préfixe* ***ver-*** *ne prennent pas* ***ge-*** *au participe passé.*

degré

▷ Aujourd'hui, il fait plus froid de quelques degrés.
Heute ist es einige Grad kälter.
▷ Il fait au moins trente degrés aujourd'hui.
Wir haben mindestens dreißig Grad heute.

der **Grad** (pluriel **Grade**)

ℹ *Le pluriel est rarement employé.*

dégueulasse

1 ▷ Le repas était dégueulasse.
Das Essen war eklig.

1 (= mauvais, sale) **eklig**

ℹ *Contrairement à* dégueulasse, ***eklig*** *n'est pas vulgaire.*

2 ▷ Tu es vraiment dégueulasse avec elle.
Du bist wirklich fies zu ihr.

2 (= injuste, très désagréable) **fies**

ℹ *Notez la préposition employée en allemand :* dégueulasse avec = ***fies zu***.

ℹ ***Fies*** *est un mot familier.*

déguisement

1 ▷ Son déguisement de Spiderman est trop petit.
Sein Spidermankostüm ist zu klein.

1 (pour jouer) das **Kostüm** (pluriel **Kostüme**)

2 ▷ Le déguisement des voleurs a trompé la police.
Die Verkleidung der Diebe hat die Polizei getäuscht.

2 (pour tromper quelqu'un) die **Verkleidung** (pluriel **Verkleidungen**)

déguiser

1 ▷ Frank a déguisé sa voix pour faire une blague à Inès.
Frank hat seine Stimme verstellt, um Inès einen Streich zu spielen.

1 (= contrefaire) **verstellen**

2 ▷ Tu vas te déguiser pour la soirée de Cyril ?
Wirst du dich für Cyrils Party verkleiden?
▷ Je me suis déguisée en elfe.
Ich war als Elfe verkleidet.

2 ► se **déguiser** (= mettre un déguisement) : sich **verkleiden**
► se **déguiser en... :** sich **als... verkleiden**

ℹ *Les verbes commençant par le préfixe* ***ver-*** *ne prennent pas* ***ge-*** *au participe passé.*

dehors

1 ▷ Est-ce qu'il fait froid dehors ?
Ist es draußen kalt?

1 (= à l'extérieur) **draußen**

2 ▷ Je vais dehors, tu veux venir ?
Ich gehe raus, willst du mitkommen?

2 (= vers l'extérieur) **raus**

3 ▷ En dehors de Pat et Laurent, tout le monde est venu.
Außer Pat und Laurent sind alle gekommen.

3 ► **en dehors de** (= sauf) : **außer**

déjà

▷ Tu as déjà fini ?
Bist du schon fertig?
▷ Es-tu déjà allé à Paris ?
Warst du schon in Paris?

(= déjà maintenant) **schon**

(= déjà avant) **schon**

ℹ *On dit aussi* ***schon einmal****.*

déjeuner

1 ▷ Le déjeuner est prêt !
Das Mittagessen ist fertig!

1 ► **le déjeuner** (= le repas de midi) : das **Mittagessen** (pluriel **Mittagessen**)

2 ▷ Nous déjeunons à midi.
Wir essen um zwölf zu Mittag.

2 ► **déjeuner** (verbe = manger) **: zu Mittag essen** (**isst**, **aß**, **gegessen**)

délai

1 ▷ Le professeur nous a donné un délai de deux semaines pour préparer l'exposé.
Der Lehrer hat uns zwei Wochen Zeit gegeben, um das Referat vorzubereiten.

1 (= temps accordé) die **Zeit**

2 ▷ Nous avons demandé un délai au prof parce que nous n'avions pas fini.
Wir haben den Lehrer um einen Aufschub gebeten, weil wir noch nicht fertig waren.

2 (= temps supplémentaire) der **Aufschub**

ℹ *Ce mot s'emploie uniquement au singulier.*

3 ▷ Vous avez dépassé le délai.
Sie haben die Frist überschritten.

3 (= échéance) die **Frist** (pluriel **Fristen**)

délavé, délavée

▷ Les jeans délavés ne sont plus à la mode.
Verwaschene Jeans sind aus der Mode gekommen.

(en parlant d'une couleur, d'un tissu) **verwaschen**

délégué, déléguée

▷ Julien est notre délégué de classe.
Julien ist unser Klassensprecher.

► **délégué de classe, déléguée de classe :** der **Klassensprecher** (pluriel **-sprecher**), die **Klassensprecherin** (pluriel **-sprecherinnen**)

délicat, délicate

1 ▷ La soie est un tissu délicat.
Seide ist ein feiner Stoff.

1 (= en parlant d'un tissu) **fein**

2 ▷ C'est une question délicate.
Das ist ein heikles Thema.

2 (= difficile) heikel

ℹ *Remarquez : le deuxième **e** est supprimé lorsque l'adjectif est décliné.*

délicieux, délicieuse

▷ Le repas était délicieux, merci.
Danke, das Essen war köstlich.

(en parlant de nourriture) **köstlich**

délinquant, délinquante

▷ Leurs enfants sont devenus des délinquants.
Ihre Kinder sind Straftäter geworden.

der **Straftäter** (pluriel **-täter**), die **Straftäterin** (pluriel **-täterinnen**)

délirer

1 ▷ Il a beaucoup de fièvre, il délire.
Er hat hohes Fieber, er fantasiert.

1 (en parlant d'un malade fiévreux) **fantasieren**

ℹ *Les verbes se terminant en **-ieren** ne prennent pas **ge-** au participe passé.*

2 ▷ Tu délires ! Tu ne penses pas sérieusement que je vais faire ça !
Du bist verrückt! Du glaubst doch nicht ernsthaft, dass ich das machen werde!

2 (= être fou) **verrückt sein**

ℹ *On dit aussi **spinnen**.*

délivrer

▷ C'est un jeu où tu dois délivrer les prisonniers.
Das ist ein Spiel, bei dem du die Gefangenen befreien musst.

befreien

ℹ *Les verbes commençant par le préfixe **be-** ne prennent pas **ge-** au participe passé.*

demain

▷ Demain, c'est l'anniversaire de Rose.
Morgen hat Rose Geburtstag.

▷ Je dois partir. À demain !
Ich muss jetzt gehen. Bis morgen!

morgen

► **à demain ! :** bis morgen!

demande

1 ▷ Je n'ai pas compris leur demande.
Ich habe ihre Bitte nicht verstanden.

1 (= souhait) die **Bitte** (pluriel **Bitten**)

2 ▷ Lionel a fait une demande de bourse.
Lionel hat einen Antrag auf Studienbeihilfe gestellt.

2 ► **faire une demande de...** (= requête) : einen Antrag auf... stellen

3 ▷ Sur demande, nous vous enverrons un exemplaire.
Auf Anfrage schicken wir Ihnen ein Exemplar.

3 ► **sur demande :** auf Anfrage

demander

1 ▷ « Que faites-vous ? » demanda-t-il.
Was machen Sie?" fragte er.

▷ Emma a demandé conseil à sa mère.
Emma hat ihre Mutter um Rat gefragt.

1 (= poser une question) **fragen**

► **demander conseil à** quelqu'un : jemanden **um Rat fragen**

▷ Je me demande pourquoi il n'est pas venu.
Ich frage mich, warum er nicht gekommen ist.
▷ Nous nous demandions si c'était vraiment utile.
Wir fragten uns, ob es wirklich nützlich wäre.

► se **demander :** sich **fragen**
ℹ *Le pronom personnel allemand s'emploie à l'accusatif :* ***ich frage mich, du fragst dich, er / sie fragt sich, wir fragen uns, ihr fragt euch, sie fragen sich.***

2 ▷ Quentin m'a demandé une gomme.
Quentin hat mich um ein Radiergummi gebeten.

▷ Le prof nous a demandé de lire ce texte pour demain.
Der Lehrer hat uns gebeten, den Text bis morgen zu lesen.

2 ► **demander** quelque chose **à** quelqu'un **:** jemanden (accusatif) **um** etwas **bitten** (bat, gebeten)
► **demander à** quelqu'un **de** + *infinitif* **:** jemanden **bitten, zu** + *infinitif*

3 ▷ Quelqu'un te demande au téléphone.
Jemand verlangt dich am Telefon.

3 ► **demander** quelqu'un (quand on veut le voir ou lui parler) **:** jemanden **verlangen**

démanger

▷ Ça me démange !
Es juckt mich!
▷ Mes piqûres de moustique me démangent.
Meine Mückenstiche jucken mich.

jucken

se démaquiller

▷ Où est Sophie ? – Elle se démaquille.
Wo ist Sophie? – Sie schminkt sich ab.

sich **abschminken**

démarrer

▷ La voiture a démarré sans problème.
Das Auto ist problemlos angesprungen.

anspringen
ℹ ***an•springen*** *est un verbe à particule séparable et se conjugue comme* ***springen*** (sprang, gesprungen).

déménager

1 ▷ Notre voisine déménage.
Unsere Nachbarin zieht aus.

1 (= quitter un lieu) **ausziehen**
ℹ ***aus•ziehen*** *est un verbe à particule séparable et se conjugue comme* ***ziehen*** (zog, gezogen).

2 ▷ Samir et sa famille déménagent à Bordeaux.
Samir und seine Familie ziehen nach Bordeaux (um).

2 ► **déménager à** + *nom de lieu* **:** **nach** + *nom de lieu* + **(um)ziehen**
ℹ ***um•ziehen*** *est un verbe à particule séparable et se conjugue comme* ***ziehen*** (zog, gezogen).

dément, démente

▷ Ils vendent ces T-shirts à des prix déments.
Sie verkaufen diese T-Shirts zu verrückten Preisen.

(= incroyable) **verrückt**

demi

1 ▷ Donne-moi juste un demi-verre de vin.
Gib mir nur ein halbes Glas Wein.
▷ Un demi-litre de lait, s'il vous plaît.
Einen halben Liter Milch, bitte.

Pour dire **la moitié** *de quelque chose en allemand, on emploie l'expression à l'accusatif* ***einen halben... / eine halbe... / ein halbes...*** *en fonction du substantif qui suit.*

▷ Le vol dure deux heures et demie.
Der Flug dauert zweieinhalb Stunden.
▷ Trois kilos et demi de pommes de terre, s'il vous plaît.
Dreieinhalb Kilo Kartoffeln, bitte.
▷ Mon petit frère a un an et demi.
Mein kleiner Bruder ist anderthalb Jahre alt.
▷ Le train arrive à deux heures et demie.
Der Zug kommt um halb drei an.

Pour dire **et demi, et demie** *en allemand, on ajoute* ***-einhalb*** *après le chiffre.*

Un et demi, une et demie *se dit* ***anderthalb****.*

Pour dire l'heure, on fait précéder l'heure dont c'est la demie par ***halb*** *:* ***halb fünf*** *veut dire* **la demie de cinq**, *donc* **quatre heures et demie**.

2 ▷ Mon père a bu un demi.
Mein Vater hat ein Bier getrunken.

► **un demi** (de bière) **:** ein Bier

ℹ *Vous trouverez des mots qui commencent par* **demi-** *(comme* **demi-heure** *ou* **demi-tour***) à leur place alphabétique dans ce dictionnaire.*

demi-finale

▷ La demi-finale se jouera à Wembley.
Das Halbfinale wird in Wembley gespielt.

das **Halbfinale**

demi-frère

▷ Roland a une sœur et un demi-frère.
Roland hat eine Schwester und einen Halbbruder.

der **Halbbruder** (pluriel **-brüder**)

demi-heure

▷ Ça m'a pris une demi-heure.
Ich habe eine halbe Stunde dafür gebraucht.
▷ Il y a un bus toutes les demi-heures.
Jede halbe Stunde kommt ein Bus.

► **une demi-heure :** eine halbe Stunde
► **toutes les demi-heures :** jede halbe Stunde

demi-pensionnaire

▷ La plupart des élèves de ma classe sont demi-pensionnaires.
Die meisten Schüler in meiner Klasse essen in der Schulkantine.

► **être demi-pensionnaire :** in der Schulkantine essen

ℹ *Il n'y a pas de substantif pour* **demi-pensionnaire** *en allemand. On traduit par* **qui mange à la cantine scolaire**.

demi-sœur

▷ Je m'entends très bien avec ma demi-sœur.
Ich verstehe mich sehr gut mit meiner Halbschwester.

die **Halbschwester** (pluriel **-schwestern**)

démission

1 ▷ Ils réclament la démission du ministre.
Sie verlangen den Rücktritt des Ministers.

1 (d'un poste officiel) der **Rücktritt**

2 ▷ Elle a donné sa démission hier.
Sie hat gestern gekündigt.

2 ► **donner sa démission** (en parlant d'un salarié) : **kündigen**

ℹ *La traduction simple de* **démission** *est die* ***Kündigung***.

démissionner

1 ▷ Le chef de mon père a démissionné.
Der Vorgesetzte meines Vaters hat gekündigt.

1 (en parlant d'un salarié) **kündigen**

Attention : jemandem (datif) ***kündigen*** *veut dire* **licencier** quelqu'un.

2 ▷ Le ministre de la Défense a démissionné.
Der Verteidigungsminister ist zurückgetreten.

2 (en parlant d'un homme politique, de quelqu'un qui occupe un poste haut placé) **zurücktreten**

ℹ ***zurück•treten*** *est un verbe à particule séparable et se conjugue comme* ***treten*** (**tritt, trat, getreten**).

demi-tarif

▷ Un demi-tarif pour « Le Livre de la jungle », s'il vous plaît.
Eine Eintrittskarte zum halben Preis für „Das Dschungelbuch", bitte.

(= un billet) die **Eintrittskarte zum halben Preis**

demi-tour

1 ▷ Quand nous avons vu que le parc était fermé, nous avons fait demi-tour.
Als wir gesehen haben, dass der Park zu war, sind wir umgekehrt.

1 ► **faire demi-tour** (à pied) : **umkehren**

ℹ ***um•kehren*** *est un verbe à particule séparable.*

2 ▷ On n'a pas le droit de faire demi-tour au milieu de la rue.
Man darf auf der Mitte der Straße nicht wenden.

2 ► **faire demi-tour** (en voiture) : **wenden**

démocratie

▷ Ils veulent plus de démocratie dans leur pays.
Sie verlangen mehr Demokratie in ihrem Land.

die **Demokratie**

démocratique

▷ C'est un droit dans les sociétés démocratiques.
In demokratischen Gesellschaften ist es ein Recht.

demokratisch

démodé, démodée

▷ Ma tante porte toujours des vêtements démodés.
Meine Tante trägt immer altmodische Kleidung.

altmodisch

démolir

▷ Ils ont démoli le vieux cinéma.
Sie haben das alte Kino abgerissen.

abreißen

ℹ ***ab•reißen*** *est un verbe à particule séparable et se conjugue comme* ***reißen*** (riss, gerissen).

démonstration

▷ Nous avons demandé une démonstration.
Wir haben um eine Vorführung gebeten.

▷ Le vendeur a fait une démonstration de l'appareil.
Der Verkäufer hat das Gerät vorgeführt.

(d'un appareil, d'un fonctionnement) die **Vorführung** (pluriel Vorführungen)

► **faire une démonstration : vorführen**

ℹ ***vor•führen*** *est un verbe à particule séparable.*

Attention : le mot allemand ***Demonstration*** *signifie « manifestation ».*

démonter

1 ▷ Georges a démonté son vélo pour le réparer.
Georges hat sein Fahrrad auseinandergenommen, um es zu reparieren.

1 (en parlant d'un appareil, d'un vélo) **auseinandernehmen**

ℹ ***auseinander•nehmen*** *est un verbe à particule séparable et se conjugue comme* ***nehmen*** (nimmt, nahm, genommen).

2 ▷ On a démonté la tente en dix minutes.
Wir haben das Zelt in zehn Minuten abgebaut.

2 (en parlant d'une tente) **abbauen**

ℹ ***ab•bauen*** *est un verbe à particule séparable.*

démontrer

▷ Si tu me démontres que c'est possible, je le ferai.
Wenn du mir beweist, dass es möglich ist, mache ich es.

(= prouver) **beweisen** (bewies, bewiesen)

ℹ *Les verbes commençant avec le préfixe* ***be-*** *ne prennent pas* ***ge-*** *au participe passé.*

démoralisé, démoralisée

▷ Suzie est démoralisée par ses notes.
Suzie ist von ihren Noten entmutigt.

entmutigt

se démoraliser

▷ En voyant le résultat, il s'est démoralisé.
Als er das Ergebnis sah, verlor er den Mut.

den Mut verlieren (verlor, verloren)

dénoncer

1 ▷ C'est dégoûtant de dénoncer tes copains !
Es ist widerlich, deine Freunde zu verraten!

1 ► **dénoncer** quelqu'un (en parlant de camarades de classe) **:** jemanden (accusatif) **verraten** (**verrät, verriet, verraten**)

ℹ *Les verbes commençant avec le préfixe* ***ver-*** *ne prennent pas* ***ge-*** *au participe passé.*

2 ▷ L'organisation a dénoncé la pollution de la rivière par les produits chimiques.
Die Organisation hat die Verschmutzung des Flusses durch Chemiekalien angeprangert.

2 ► **dénoncer** quelque chose (= faire connaître) : **anprangern**

ℹ ***an•prangern*** *est un verbe à particule séparable.*

3 ▷ Le coupable s'est finalement dénoncé.
Der Schuldige hat sich schließlich gestellt.

3 ► se **dénoncer :** sich **stellen**

dent

▷ Olivier s'est cassé une dent.
Olivier ist ein Zahn zerbrochen.
▷ J'ai mal aux dents.
Ich habe Zahnschmerzen.
▷ Margot a encore des dents de lait.
Margot hat noch Milchzähne.
▷ J'ai déjà une dent de sagesse.
Ich habe schon einen Weisheitszahn.

der **Zahn** (pluriel **Zähne**)

► **avoir mal aux dents :** **Zahnschmerzen haben**
► **dent de lait :** der **Milchzahn**
► **dent de sagesse :** der **Weisheitszahn**

ℹ *Notez les substantifs composés.*

dentelle

▷ Je trouve cette dentelle très jolie.
Ich finde diese Spitze sehr hübsch.
▷ Cette nappe est en dentelle.
Dieses Tischtuch ist aus Spitze.
▷ La robe de Domi a un col de dentelle.
Domis Kleid hat einen Spitzenkragen.

die **Spitze**

► **être en dentelle :** **aus Spitze sein**

Pour désigner les objets **en dentelle** *ou* **de dentelle**, *on forme des mots composés avec* ***Spitzen-*** *: das* ***Spitzendeckchen*** (napperon en dentelle), *die* ***Spitzenbluse*** (chemisier en dentelle), *etc.*

dentier

▷ Mon grand-père porte un dentier.
Mein Großvater hat ein Gebiss.

das **Gebiss** (pluriel **Gebisse**)

dentifrice

▷ Zut, j'ai oublié le dentifrice !
Mist, ich habe die Zahnpasta vergessen!

die **Zahnpasta**

dentiste

▷ Le dentiste est très gentil.
Der Zahnarzt ist sehr nett.

▷ Marc est chez le dentiste.
Marc ist beim Zahnarzt.
▷ Je dois aller chez le dentiste une fois par semaine.
Ich muss einmal in der Woche zum Zahnarzt.

der **Zahnarzt** (pluriel **Zahnärzte**), die **Zahnärztin** (pluriel **Zahnärztinnen**)
► **chez le dentiste** (= dans son cabinet) : **beim Zahnarzt**
► **chez le dentiste** (= vers son cabinet) : **zum Zahnarzt**

dépanner

1 ▷ Quelqu'un est venu dépanner la machine à laver.
Jemand ist gekommen, um die Waschmaschine zu reparieren.

1 (= réparer) **reparieren**

ℹ *Les verbes se terminant en* ***-ieren*** *ne prennent pas* ***ge-*** *au participe passé.*

2 ▷ Nous avons attendu qu'on vienne nous dépanner sur l'autoroute.
Wir haben gewartet, von der Autobahn abgeschleppt zu werden.

2 (= remorquer sur l'autoroute) **abschleppen**

ℹ ***ab•schleppen*** *est un verbe à particule séparable.*

3 ▷ Tu pourrais me dépanner de dix euros ?
Könntest du mir mit zehn Euro aushelfen?

3 ► **dépanner** quelqu'un (= l'aider) : jemandem (datif) **aushelfen**

ℹ ***aus•helfen*** *est un verbe à particule séparable et se conjugue comme* ***helfen*** (**hilft**, **half**, **geholfen**).

départ

1 ▷ Le départ est prévu pour onze heures.
Die Abreise ist für elf Uhr geplant.
▷ Après le départ de Frank, tout le monde était triste.
Nach Franks Abreise waren alle traurig.

1 (en parlant d'un voyage, du départ de quelqu'un) die **Abreise** (pluriel **Abreisen**)

2 ▷ Nous devons être à l'aéroport deux heures avant le départ de l'avion.
Wir müssen zwei Stunden vor dem Abflug am Flughafen sein.

2 (d'un avion) der **Abflug** (pluriel **Abflüge**)

3 ▷ Le départ du train est retardé de deux minutes.
Die Abfahrt des Zuges ist um zwei Minuten verzögert worden.

3 (d'un train) die **Abfahrt** (pluriel **Abfahrten**)

4 ▷ Nous avons raté le départ de la course.
Wir haben den Start verpasst.

4 (d'une course) der **Start**

5 ▷ Au départ, Laure pensait que ce serait facile.
Anfangs dachte Laure, es wäre einfach.

5 ► **au départ** (= d'abord) : **anfangs**

département

1 ▷ Où est le département des passeports ?
Wo ist die Passabteilung?

1 (dans une entreprise, un ministère) die **Abteilung** (pluriel Abteilungen)

2 ▷ L'université a plusieurs départements.
Die Universität hat mehrere Fachbereiche.

2 (dans une université) der **Fachbereich** (pluriel -bereiche)

dépasser

1 ▷ C'était la voiture de Luc qui nous a dépassés !
Das war Lucs Auto, das uns da überholt hat!

1 (= doubler, en voiture ou à pied) **überholen**

2 ▷ Nous avons dépassé l'hôtel et nous avons dû faire demi-tour.
Wir gingen am Hotel vorbei und mussten umkehren.

2 (= aller plus loin que) **an** + *datif* + **vorbeigehen**

ℹ *vorbei•gehen est un verbe à particule séparable et se conjugue comme gehen (ging, gegangen).*

3 ▷ Mon frère me dépasse de dix centimètres.
Mein Bruder ist zehn Zentimeter größer als ich.

3 *Pour dire que quelqu'un* **dépasse** *quelqu'un d'autre en taille, on emploie l'expression* ***größer sein als...***

4 ▷ Si ça dépasse dix euros, je ne l'achète pas.
Wenn es teurer als zehn Euro ist, kaufe ich es nicht.

4 *Pour dire qu'un prix* **dépasse** *un certain montant, on emploie l'expression* ***teurer sein als...***

5 ▷ L'exposé ne doit pas dépasser une demi-heure.
Das Referat darf nicht länger als eine halbe Stunde dauern.

5 *Pour dire que quelque chose* **dépasse** *une certaine durée, on emploie l'expression* ***länger dauern als...***

6 ▷ Ta robe dépasse sous le manteau.
Dein Kleid schaut unter dem Mantel hervor.

6 (en parlant d'un vêtement qui dépasse) **hervorschauen**

ℹ *hervor•schauen est un verbe à particule séparable.*

7 ▷ Son attitude me dépasse.
Sein Verhalten geht mir über den Verstand.

7 ► **dépasser** quelqu'un (= l'étonner) : jemandem (datif) **über den Verstand gehen**

ℹ *L'expression française et sa traduction allemande sont familières.*

se dépêcher

▷ Je dois me dépêcher si je veux attraper le bus.
Ich muss mich beeilen, wenn ich den Bus kriegen will.

▷ Dépêche-toi, on est en retard !
Beeil dich, wir sind spät dran!

sich **beeilen**

► **dépêche-toi ! :** beeil dich!

dépendre

1 ▷ Le résultat dépendra du nombre d'élèves.
Das Ergebnis hängt von der Schülerzahl ab.

1 ► **dépendre de** quelque chose (= résulter): von etwas **abhängen**

ℹ *ab•hängen est un verbe à particule séparable. Le verbe intransitif est irrégulier : hing, gehangen.*

2 ▷ Marion dépend encore de ses parents.
Marion ist noch von ihren Eltern abhängig.

2 ► **dépendre de** quelqu'un (= être dépendant de) : von jemandem (datif) **abhängig sein**

3 ▷ Est-ce que tu vas à la soirée ? – Ça dépend.
Gehst du zur Party? – Es kommt drauf an.

3 ► **ça dépend** (= peut-être) : **es kommt drauf an**

dépense

▷ C'est une grosse dépense pour moi.
Das ist eine große Ausgabe für mich.

die **Ausgabe** (pluriel Ausgaben)

dépenser

1 ▷ J'ai dépensé beaucoup d'argent le mois dernier.
Ich habe im letzten Monat viel ausgegeben.

1 (= dépenser de l'argent) **ausgeben**

ℹ *aus•geben est un verbe à particule séparable et se conjugue comme geben (gibt, gab, gegeben).*

2 ▷ Cette machine à laver dépense beaucoup d'électricité.
Diese Waschmaschine verbraucht viel Strom.

2 (= dépenser de l'énergie) **verbrauchen**

ℹ *Les verbes commençant par le préfixe ver- ne prennent pas ge- au participe passé.*

3 ▷ J'ai besoin de me dépenser après l'école.
Ich muss mich nach der Schule austoben.

3 ► se **dépenser** : sich **austoben**

déplacé, déplacée

▷ Bertrand a fait une remarque déplacée.
Bertrand hat eine unangebrachte Bemerkung gemacht.

unangebracht

ℹ *On peut dire aussi ungehörig.*

déplacer

1 ▷ Si on déplace les tables et les chaises, il y aura plus de place au milieu.
Wenn wir die Tische und Stühle umstellen, haben wir mehr Platz in der Mitte.

1 (= déplacer un objet) **umstellen**

ℹ *um•stellen est un verbe à particule séparable.*

2 ▷ Le monsieur s'est très gentiment déplacé.
Der Herr ist netterweise zur Seite gerückt.
▷ On s'est déplacés pour laisser passer le médecin.
Wir sind zur Seite gegangen, um den Arzt durchzulassen.

2 ► **se déplacer** (quand on est assis) : **zur Seite rücken**
► **se déplacer** (quand on est debout) : **zur Seite gehen** (ging, gegangen)

3 ▷ La mère de Rita se déplace souvent pour son travail.
Ritas Mutter muss oft geschäftlich reisen.

3 ► **se déplacer** (= voyager) : **reisen**

déplaire

1 ▷ Leur attitude me déplaît.
Ihr Verhalten gefällt mir nicht.
▷ Ça lui a déplu.
Es hat ihm nicht gefallen.

1 *Pour dire que quelque chose* **déplaît à** quelqu'un *en allemand, on emploie la forme négative de* ***gefallen*** (**gefällt, gefiel, gefallen**) avec le datif.

2 ▷ Ça ne me déplairait pas d'aller au Canada.
Es würde mir gefallen, nach Kanada zu reisen.

2 *Pour dire que quelque chose* **ne déplairait pas à** quelqu'un *en allemand, on emploie* ***würde*** *+ datif +* ***gefallen****.*

dépliant

▷ L'office du tourisme nous a envoyé des dépliants sur la région.
Das Fremdenverkehrsamt hat uns einen Prospekt über die Gegend geschickt.

der **Prospekt** (pluriel **Prospekte**)

déplier

▷ Quand j'ai déplié la carte, elle s'est envolée.
Als ich die Karte auseinandergefaltet habe, ist sie weggeflogen.

auseinanderfalten
ℹ ***auseinander•falten*** *est un verbe à particule séparable.*

déposer

1 ▷ Anita a déposé ses bagages devant la porte.
Anita hat ihr Gepäck vor der Tür abgestellt.

1 (= poser) **abstellen**
ℹ ***ab•stellen*** *est un verbe à particule séparable.*

2 ▷ Tu veux que je te dépose à la gare ?
Soll ich dich am Bahnhof absetzen?

2 ► **déposer** quelqu'un (en voiture) : **jemanden** (accusatif) **absetzen**
ℹ ***ab•setzen*** *est un verbe à particule séparable.*

3 ▷ Je dépose mes économies à la caisse d'épargne.
Ich zahle meine Ersparnisse bei der Sparkasse ein.

3 (en parlant d'argent liquide) **einzahlen**
ℹ ***ein•zahlen*** *est un verbe à particule séparable.*

4 ▷ Maman est allée à la banque pour déposer un chèque.
Mama ist zur Bank gegangen, um einen Scheck einzureichen.

4 (en parlant d'un chèque) **einreichen**
ℹ ***ein•reichen*** *est un verbe à particule séparable.*

dépression

1 ▷ La dépression peut être une maladie grave.
Depression kann eine schwere Krankheit sein.

1 ► **la dépression** (= maladie) : **Depression**
ℹ *Pour les maladies, l'article est rarement employé en allemand.*

▷ La prof de français fait de la dépression.
Die Französischlehrerin ist depressiv.

► **faire de la dépression :** depressiv sein

2 ▷ La mère de Nanou a fait une dépression nerveuse.
Nanous Mutter hatte einen Nervenzusammenbruch.

2 ► **dépression nerveuse :** der Nervenzusammenbruch (pluriel -brüche)

déprimant, déprimante

▷ Ce temps est déprimant.
Dieses Wetter ist deprimierend.

deprimierend

déprimé, déprimée

▷ Gabriel a l'air déprimé.
Gabriel sieht deprimiert aus.

deprimiert

depuis

1 ▷ Nous sommes en vacances depuis vendredi.
Wir haben seit Freitag Ferien.
▷ J'habite ici depuis 1999.
Ich wohne seit 1999 hier.
▷ Je connais Paul depuis trois mois.
Ich kenne Paul seit drei Monaten.

1 *La traduction allemande de* **depuis** *est* ***seit****, qu'elle exprime une date ou un moment donné dans le temps (par exemple :* ***seit Donnerstag*** = **depuis jeudi**, ***seit heute morgen*** = **depuis ce matin***), ou une durée (par exemple :* ***seit drei Tagen*** = **depuis trois jours**, ***seit einer Stunde*** = **depuis une heure***).*

▷ Depuis quand le connais-tu ?
Seit wann kennst du ihn?

► **depuis quand... ? :** seit wann...?

▷ Depuis que j'habite à Londres, je sors beaucoup.
Seit ich in London wohne, gehe ich viel aus.

► **depuis que... :** seit...

ℹ *On peut dire aussi* ***seitdem****.*

2 ▷ Depuis combien de temps est-ce que tu la connais ?
Wie lange kennst du sie schon?

2 ► **depuis combien de temps... ? :** wie lange... schon...?

déranger

▷ Je ne veux pas vous déranger.
Ich will Sie nicht stören.
▷ Ça te dérangerait de t'arrêter au supermarché ?
Würde es dich stören, beim Supermarkt zu halten?

stören

déraper

1 ▷ La voiture a dérapé.
Das Auto ist ins Schleudern geraten.

1 (en parlant d'une voiture) ins Schleudern geraten (gerät, geriet, geraten)

2 ▷ J'ai dérapé sur le trottoir et je suis tombé.
Ich bin auf dem Gehsteig ausgerutscht und hingefallen.

2 (en parlant d'une personne) ausrutschen

ℹ ***aus•rutschen*** *est un verbe à particule séparable.*

dériver

1 ▷ Ils ont dérivé pendant plusieurs jours.
Sie sind mehrere Tage lang abgetrieben.

1 (en parlant d'un bateau) **abtreiben**
ℹ ***ab•treiben*** *est un verbe à particule séparable et se conjugue comme* ***treiben*** (trieb, getrieben).

2 ▷ Ce mot dérive du latin.
Dieses Wort kommt aus dem Lateinischen.

2 ► **dériver de :** aus *+ datif +* kommen (kam, gekommen)

dériveur

▷ Mon père a acheté un dériveur.
Mein Vater hat eine Jolle gekauft.

die **Jolle** (pluriel Jollen)

dermatologue

▷ Mon neveu est dermatologue.
Mein Neffe ist Hautarzt.
▷ Adeline est chez le dermatologue.
Adeline ist beim Hautarzt.
▷ Cet après-midi, Léon va chez le dermatologue.
Heute Nachmittag geht Léon zum Hautarzt.

der **Hautarzt** (pluriel -ärzte), die **Hautärztin** (pluriel -ärztinnen)
► **chez le dermatologue** (= dans son cabinet) : beim Hautarzt
► **chez le dermatologue** (= vers son cabinet) : zum Hautarzt

dernier, dernière

1 ▷ C'est le dernier bonbon, tu le veux ?
Das ist das letzte Bonbon, willst du es?

1 (= après tous les autres) **letzte**

2 ▷ Nous avons eu un test de géo lundi dernier.
Letzten Montag hatten wir einen Erdkundetest.
▷ La semaine dernière il a beaucoup plu.
Letzte Woche hat es stark geregnet.
▷ Le week-end dernier, je suis allée à la mer.
Letztes Wochenende war ich am Meer.

2 (dans le temps) **letzten / letzte / letztes**

3 ▷ Ils habitent au dernier étage.
Sie wohnen im obersten Stock.

3 (= le plus haut) **oberste**

4 ▷ Les couteaux sont dans le dernier tiroir.
Die Messer sind in der untersten Schublade.

4 (= le plus bas) **unterste**

5 ▷ Ce biscuit est le dernier.
Dieser Keks ist der Letzte.

5 ► **le dernier, la dernière :** der / die / das Letzte

6 ▷ Ursula et Jack sont arrivés les derniers.
Ursula und Jack sind als Letzte angekommen.

6 ► **le dernier, la dernière** (employé avec arriver, partir) **:** als Letzter / Letzte / Letztes

7 ▷ Corentin a été interrogé en dernier.
Corentin wurde als Letzter abgefragt.

7 ► **en dernier :** als Letzter / Letzte / Letztes

dernièrement

▷ Est-ce que tu as vu Adèle dernièrement ?
Hast du Adèle kürzlich gesehen?

kürzlich
ℹ *On peut dire aussi* ***vor kurzem****.*

dérouler

1 ▷ Aide-moi à dérouler le tuyau d'arrosage.
Hilf mir, den Wasserschlauch aufzurollen.

1 (= dérouler quelque chose qui est roulé sur lui-même) **aufrollen**
ℹ ***auf•rollen*** *est un verbe à particule séparable.*

2 ▷ La cérémonie se déroulera à la mairie.
Die Zeremonie wird im Rathaus stattfinden.

2 (= avoir lieu) **stattfinden**
ℹ ***statt•finden*** *est un verbe à particule séparable et se conjugue comme* ***finden*** (fand, gefunden).

3 ▷ Le film se déroule en Alaska.
Der Film spielt in Alaska.

3 (= avoir pour décor) **spielen**

derrière

1 ▷ Attention, le chien est derrière toi !
Vorsicht, der Hund ist hinter dir!

1 ► **derrière** quelqu'un *ou* quelque chose **:** **hinter** jemandem *ou* etwas (datif)

2 ▷ Elle était assise derrière avec le bébé.
Sie saß hinten mit dem Baby.
▷ Les élèves les plus grands se mettront derrière pour la photo.
Die größten Schüler stellen sich nach hinten für das Foto.

2 *Quand* **derrière** *signifie « au fond » (en parlant d'une classe, d'une voiture, d'une photo), on traduit par* ***hinten*** *lorsque la phrase ne comporte pas de verbe de mouvement, et par* ***nach hinten*** *avec un verbe de mouvement.*

3 ▷ Il m'a pincé le derrière !
Er hat mich in den Hintern gekniffen!

3 (= les fesses) der **Hintern** (pluriel Hintern)

des

Regardez au mot ***de****.*

dès

1 ▷ Dès le matin, ils étaient tout excités.
Schon am Morgen waren sie ganz aufgeregt.

1 (= à partir de) **schon**

2 ▷ Dès le début, j'ai su que ce serait difficile.
Von Anfang an wusste ich, dass es schwer wäre.

2 ► **dès le début :** von Anfang an

3 ▷ Téléphonez dès que vous arriverez.
Ruft an, sobald ihr ankommt.

3 ► **dès que** + *futur* **:** sobald + *présent*

4 ▷ Je le ferai dès que possible.
Ich tu es sobald wie möglich.

4 ► **dès que possible :** sobald wie möglich

désaccord

▷ Il y a des désaccords.
Es gibt Meinungsverschiedenheiten.

▷ Nous sommes en désaccord sur le voyage.
Wir sind verschiedener Meinung über die Reise.

(= divergence de points de vue) die **Meinungsverschiedenheit** (pluriel **-heiten**)
► **être en désaccord :** verschiedener Meinung sein

désagréable

▷ Cette chaleur est très désagréable.
Diese Hitze ist sehr unangenehm.
▷ Lara a été désagréable avec moi.
Lara war mir gegenüber unangenehm.

(= pénible) **unangenehm**
► **être désagréable avec** quelqu'un **:** jemandem **gegenüber unangenehm sein**
ℹ *On peut dire aussi **zu** jemandem **unfreundlich sein**.*

désapprouver

▷ Ils désapprouvent ces méthodes.
Sie missbilligen diese Methoden.

missbilligen
ℹ *Les verbes commençant par **miss-** ne prennent pas **ge-** au participe passé.*

désastre

1 ▷ La déforestation est un désastre écologique.
Die Entwaldung ist eine Umweltkatastrophe.

2 ▷ Sur quinze invités, seulement six sont venus. Quel désastre !
Von fünfzehn Gästen sind nur sechs gekommen. So ein Fiasko!

1 (= catastrophe) die **Katastrophe** (pluriel **Katastrophen**)

2 (= échec) das **Fiasko**

désastreux, désastreuse

▷ Le résultat a été désastreux.
Das Ergebnis war katastrophal.

katastrophal

descendre

1 ▷ Descends, s'il te plaît, j'ai quelque chose à te dire.
Komm bitte herunter, ich muss dir etwas sagen.
▷ Descends du toit, tu vas te tuer !
Komm vom Dach herunter, du wirst dich töten!

1 (= venir vers le bas, quand la personne qui parle est déjà en bas) **herunterkommen**
► **descendre de** (en parlant d'une échelle, d'un mur, d'un toit) **:** **von** + *datif* + **herunterkommen**
ℹ ***herunter•kommen** est un verbe à particule séparable et se conjugue comme **kommen** (kam, gekommen).*

2 ▷ Descends, j'arrive tout de suite !
Geh schon hinunter, ich komme gleich!

2 (= aller vers le bas, quand la personne qui parle est en haut) **hinuntergehen**

ℹ ***hinunter•gehen*** *est un verbe à particule séparable qui se conjugue comme* ***gehen*** (ging, gegangen).

Quand on va en voiture, en train ou en bus, on dit ***hinunterfahren*** (fährt, fuhr, gefahren). *Quand on va en avion, on dit* ***hinunterfliegen*** (flog, geflogen).

▷ Nous descendons à Nice, tu veux venir avec nous ?
Wir fahren nach Nizza hinunter, willst du mitkommen?

3 ▷ On descend au prochain arrêt.
Wir steigen an der nächsten Haltestelle aus.
▷ Nous étions les premiers à descendre du train.
Wir stiegen als Erste aus dem Zug aus.

3 (en parlant du train, du métro, du bus, de la voiture) **aussteigen**
► **descendre de** (en parlant du train, du bus, du métro, de la voiture) : aus + *datif* + aussteigen

ℹ ***aus•steigen*** *est un verbe à particule séparable qui se conjugue comme* ***steigen*** (stieg, gestiegen).

4 ▷ Jean-Loup a descendu la piste à toute vitesse.
Jean-Loup ist blitzschnell die Piste hinuntergefahren.

4 *Pour dire que quelqu'un suit une pente, une piste ou une rue vers le bas, on emploie* ***hinunter*** *+ le verbe qui convient :* ***gehen, laufen, fahren***.

5 ▷ Tu peux m'aider à descendre les valises ?
Kannst du mir helfen, die Koffer hinunterzubringen?

▷ Descends la petite lampe dans le salon.
Bring die kleine Lampe ins Wohnzimmer herunter.

5 ► **descendre** quelque chose
(= porter vers le bas, quand la personne qui parle est en haut) :
hinunterbringen
(= porter vers le bas, quand la personne qui parle est déjà en bas)
herunterbringen

ℹ ***hinunter•bringen*** *et* ***herunter•bringen*** *sont des verbes à particule séparable et se conjuguent comme* ***bringen*** (brachte, gebracht).

descente

▷ La descente était très raide.
Der Abhang war sehr steil.

(= pente) der **Abhang** (pluriel Abhänge)

description

▷ Sa description du voyage scolaire était très drôle.
Seine Beschreibung der Schulfahrt war sehr lustig.

die **Beschreibung** (pluriel Beschreibungen)

désemparé, désemparée

▷ Il était complètement désemparé.
Er war völlig ratlos.

ratlos

désert

▷ En Tunisie, ils ont passé trois jours dans le désert.
In Tunesien haben sie drei Tage in der Wüste verbracht.

die **Wüste** (pluriel **Wüsten**)

désert, déserte

▷ Les rues sont désertes le soir à partir de onze heures.
Die Straßen sind abends ab elf Uhr verlassen.

(= abandonné) **verlassen**

désespéré, désespérée

▷ Olivia était désespérée quand ses parents lui ont interdit de sortir.
Olivia war verzweifelt, als ihre Eltern ihr verboten haben auszugehen.

verzweifelt

désespoir

▷ Le poème exprime son désespoir.
Das Gedicht drückt seine Verzweiflung aus.

die **Verzweiflung**

déshabiller

1 ▷ Thomas a déshabillé son bébé pour le laver.
Thomas hat sein Baby ausgezogen, um es zu waschen.

1 ► **déshabiller** quelqu'un : jemanden **ausziehen**

ℹ ***aus•ziehen*** *est un verbe à particule séparable et se conjugue comme* ***ziehen*** *(**zog**, **gezogen**).*

2 ▷ Je n'aime pas me déshabiller devant les autres.
Ich ziehe mich ungern vor den anderen aus.

2 ► se **déshabiller** : sich **ausziehen**

désherber

▷ J'ai aidé ma mère à désherber le jardin.
Ich habe meiner Mutter geholfen, den Garten zu jäten.

jäten

désigner

1 ▷ La flèche désigne la sortie.
Der Pfeil deutet auf den Ausgang hin.

1 ► **désigner** quelque chose (= montrer) : **auf** etwas **hindeuten**

ℹ ***hin•deuten*** *est un verbe à particule séparable.*

2 ▷ Demain nous désignerons les délégués de classe.
Morgen ernennen wir die Klassensprecher.

2 (= élire, nommer) ernennen (ernannte, ernannt)
ℹ *Les verbes commençant par le préfixe* ***er-*** *ne prennent pas* ***ge-*** *au participe passé.*

3 ▷ C'est un mot qui désigne un certain type d'oiseau.
Dieses Wort bezeichnet eine bestimmte Art von Vögeln.

3 (= s'appliquer à, en parlant d'un mot) bezeichnen
ℹ *Les verbes commençant par le préfixe* ***be-*** *ne prennent pas* ***ge-*** *au participe passé.*

désinfecter

▷ Tu devrais désinfecter ton doigt.
Du solltest deinen Finger desinfizieren.

desinfizieren
ℹ *Les verbes se terminant en* ***-ieren*** *ne prennent pas* ***ge-*** *au participe passé.*

désirer

▷ Je désire parler à votre mère, s'il vous plaît.
Ich möchte gern mit Ihrer Mutter sprechen, bitte.

► **je désire... :** ich möchte gern...

désobéir

▷ Mon petit frère a encore désobéi et il s'est fait punir.
Mein kleiner Bruder hat wieder nicht gehorcht und ist bestraft worden.
▷ Je n'ose pas désobéir à mon père.
Ich wage es nicht, meinem Vater nicht zu gehorchen.

(= être désobéissant) nicht gehorchen
ℹ *En allemand, on emploie la forme négative avec* ***gehorchen*** (obéir).
► **désobéir à** quelqu'un **:** jemandem (datif) nicht gehorchen

désobéissant, désobéissante

▷ Lionel est très désobéissant.
Lionel ist sehr ungehorsam.

ungehorsam

désolé, désolée

▷ Je suis désolé de vous déranger.
Es tut mir leid, Sie zu stören.
▷ Désolé, c'est trop tard !
Tut mir leid, es ist zu spät!

► quelqu'un **est désolé :** es tut jemandem (datif) leid

désordre

1 ▷ Quel désordre dans ta chambre !
Was für eine Unordnung in deinem Zimmer!

1 (dans une pièce ou une maison) die Unordnung

2 ▷ Quelques désordres ont suivi la manifestation.
Der Demonstration folgten Unruhen.

2 (= bagarres, troubles) die Unruhen
ℹ ***Unruhen*** *est un nom pluriel.*

désorganisé, désorganisée

▷ C'est quelqu'un de très désorganisé.
Er ist sehr unorganisiert.

unorganisiert

désormais

▷ Désormais, j'irai à l'école en vélo.
Von jetzt an fahre ich mit dem Fahrrad zur Schule.

von jetzt an

dessécher

▷ Le vent dessèche la peau.
Der Wind trocknet die Haut aus.

austrocknen

ℹ ***aus•trocknen*** *est un verbe à particule séparable.*

dessert

▷ La glace est mon dessert préféré.
Eis ist mein Lieblingsnachtisch.

▷ Qu'est-ce qu'il y a au dessert ?
Was gibt es zum Nachtisch?

der **Nachtisch** (pluriel -tische)

ℹ *On peut dire aussi die* ***Nachspeise****.*

► **au dessert :** zum Nachtisch

dessin

▷ Nous avons visité une exposition de dessins de Picasso.
Wir haben eine Ausstellung von Picassos Zeichnungen besichtigt.

▷ Qui a fait ce dessin ? Il est très joli.
Wer hat diese Zeichnung gemacht? Sie ist sehr hübsch.

▷ Lola regarde des dessins animés à la télé.
Lola schaut Zeichentrickfilme im Fernsehen.

die **Zeichnung** (pluriel Zeichnungen)

► **faire un dessin :** eine Zeichnung machen

ℹ *On emploie aussi le verbe* ***zeichnen****.*

► **dessin animé :** der Zeichentrickfilm (pluriel -filme)

dessiner

▷ Aurélien aime bien dessiner.
Aurélien zeichnet gern.

zeichnen

dessous

1 ▷ Le cahier de maths est là et le classeur de français est dessous.
Das Matheheft ist da und der Französischordner ist darunter.

1 **darunter**

ℹ *On dit aussi* ***drunter***

2 ▷ Tu vois ce tas de livres ? Ton CD est en dessous.
Siehst du den Bücherstapel? Deine CD ist darunter.

2 ► **en dessous** (= sous un objet) : darunter

3 ▷ Les gens qui habitent en dessous sont très sympas.
Die Leute, die unter uns wohnen, sind sehr nett.

3 ► **en dessous** (= à l'étage inférieur) : unter + *datif*

4 ▷ En dessous de dix euros, ce n'est pas cher.
Unter zehn Euro ist es nicht teuer.

4 ► **en dessous de** (en parlant d'un prix) : unter

5 ▷ Le dessous de la table est plein de toiles d'araignées !
Die Unterseite des Tisches ist voller Spinnweben!

5 ► **le dessous de** quelque chose : die Unterseite + *génitif*
ℹ *On dit aussi die* ***untere Seite****.*

6 ▷ Il a encore eu le dessous.
Er war wieder unterlegen.

6 ► **avoir le dessous :** unterlegen sein

dessus

1 ▷ Ferme l'enveloppe et écris l'adresse dessus.
Mach den Umschlag zu und schreib die Adresse darauf.
▷ Les chaises sont solides, tu peux poser le carton dessus.
Die Stühle sind solide, du kannst den Karton darauf stellen.

1 darauf
ℹ *On dit aussi* ***drauf****.*

2 ▷ Le dessus de l'armoire est couvert de poussière.
Die Oberseite des Schranks ist voller Staub.

2 ► **le dessus de** quelque chose : die Oberseite + *génitif*
ℹ *On dit aussi die* ***obere Seite****.*

3 ▷ Au tennis j'ai toujours le dessus.
Beim Tennisspielen bin ich immer überlegen.

3 ► **avoir le dessus :** überlegen sein

destination

1 ▷ Quelle est votre destination ?
Was ist Ihr Reiseziel?

1 (en parlant d'un voyage) das Reiseziel (pluriel -ziele)

2 ▷ De quel quai part le train à destination de Düsseldorf ?
Von welchem Gleis fährt der Zug nach Düsseldorf ab?

2 ► **à destination de** (en parlant d'un train, d'un vol) **:** nach

détacher

1 ▷ Qui a détaché le chien ?
Wer hat den Hund losgebunden?
▷ Détache-moi les mains maintenant, ce n'est plus drôle du tout !
Binde mir jetzt die Hände los, es ist überhaupt nicht mehr lustig!

1 (un prisonnier ou un animal) losbinden
ℹ ***los•binden*** *est un verbe à particule séparable et se conjugue comme* ***binden*** (band, gebunden).

2 ▷ Ne détache pas ta ceinture de sécurité.
Schnall dich nicht los.

2 (une ceinture de sécurité) *accusatif* + losschnallen

3 ▷ Les chèques sont difficiles à détacher du chéquier.
Die Schecks lassen sich schwer aus dem Scheckheft abtrennen.

3 (un chèque, un ticket ou un timbre) abtrennen
ℹ ***ab•trennen*** *est un verbe à particule séparable.*

4 ▷ L'affiche s'est détachée du mur.
Das Poster hat sich von der Wand abgelöst.

4 ► se **détacher** (= se décoller) : sich **ablösen**
ℹ ***ab•lösen*** *est un verbe à particule séparable.*

détail

▷ Il y a un détail que je n'ai pas compris.
Da ist eine Einzelheit, die ich nicht verstanden habe.
▷ Il nous a raconté sa soirée en détail.
Er hat uns seinen Abend im Einzelnen erzählt.

die **Einzelheit** (pluriel **Einzelheiten**)
ℹ *On dit aussi das* ***Detail*** /de'tai/.

► **en détail :** im Einzelnen
ℹ *On dit aussi* ***ausführlich***.

détaillé, détaillée

▷ C'est un rapport très détaillé.
Das ist ein sehr ausführlicher Bericht.

ausführlich

détecter

▷ Ils ont détecté une fuite de gaz.
Sie haben eine defekte Gasleitung ausfindig gemacht.

ausfindig machen

détective

▷ Sherlock Holmes est un célèbre détective privé.
Sherlock Holmes ist ein berühmter Privatdetektiv.

der **Detektiv** (pluriel **Detektive**), die **Detektivin** (pluriel **Detektivinnen**)

déteindre

1 ▷ Mon jean a déteint, il est presque blanc maintenant.
Meine Jeans haben ihre Farbe verloren, sie sind jetzt fast weiß.

1 (= perdre sa couleur) die **Farbe verlieren** (verlor, verloren)

2 ▷ La chemise rouge a déteint sur tous les autres vêtements !
Das rote Hemd hat auf alle anderen Kleider abgefärbt!

2 (= déteindre sur quelque chose) **auf** *+ accusatif +* **abfärben**
ℹ ***ab•färben*** *est un verbe à particule séparable.*

se détendre

▷ Détends-toi, le dentiste ne te fera pas mal.
Entspann dich, der Zahnarzt wird dir nicht weh tun.
▷ Je me suis bien détendue pendant les vacances.
Ich habe mich während der Ferien gut entspannt.

(= se décontracter) sich **entspannen**
ℹ *Les verbes commençant par le préfixe* ***ent-*** *ne prennent pas* ***ge-*** *au participe passé.*
ℹ *Le pronom personnel allemand s'emploie à l'accusatif :* ***ich entspanne mich, du entspannst dich, er / sie entspannt sich, wir entspannen uns, ihr entspannt euch, sie eutspannen sich.***

détendu, détendue

▷ J'ai trouvé Karim très détendu.
Ich fand Karim sehr entspannt.

(= décontracté) **entspannt**

déterminé, déterminée

▷ Il est déterminé à le faire.
Er ist fest entschlossen, es zu tun.

(= décidé) **entschlossen**

détester

▷ Je sais que Nicole me déteste.
Ich weiß, dass Nicole mich hasst.

▷ Ma mère déteste faire la cuisine.
Meine Mutter hasst es zu kochen.

hassen

► **détester faire** quelque chose : **es hassen,** etwas **zu tun**

détonation

▷ On a entendu une détonation et de la fumée est sortie de la voiture.
Wir haben einen Knall gehört und Rauch kam aus dem Auto.

der **Knall** (pluriel **Knalle**)

détour

▷ Nous avons dû faire un détour parce que la rue était bloquée.
Wir mussten einen Umweg machen, weil die Straße gesperrt war.

▷ Je t'assure que cette exposition vaut le détour.
Ich versichere dir, dass diese Ausstellung den Umweg lohnt.

der **Umweg** (pluriel **Umwege**)

► **faire un détour : einen Umweg machen**

► **valoir le détour : den Umweg lohnen**

détourner

1 ▷ J'ai essayé de détourner l'attention de Helena, mais ça n'a pas marché.
Ich habe versucht, Helenas Aufmerksamkeit abzulenken, aber es hat nicht geklappt.

1 ► **détourner l'attention de** quelqu'un : *génitif* + **Aufmerksamkeit ablenken**

ℹ *__ab•lenken__ est un verbe à particule séparable.*

2 ▷ N'essaie pas de détourner la conversation !
Versuch nicht, das Gespräch auf ein anderes Thema zu lenken!

2 ► **détourner la conversation : das Gespräch auf ein anderes Thema lenken**

3 ▷ Un autre avion a été détourné hier.
Ein anderes Flugzeug wurde gestern entführt.

3 ► **détourner un avion : ein Flugzeug entführen**

ℹ *Les verbes commençant par le préfixe __ent-__ ne prennent pas __ge-__ au participe passé.*

détraqué, détraquée

1 ▷ La radio est détraquée.
Das Radio ist kaputt.

1 (= cassé, en parlant d'une machine, d'un appareil) **kaputt**

2 ▷ Ce mec est complètement détraqué !
Dieser Typ ist völlig verrückt!

2 (= fou, au sens familier) **verrückt**

ℹ *On dit aussi __übergeschnappt__.*

détritus

▷ Les rues sont pleines de détritus.
Die Straßen sind voller Müll.

der **Müll**

ℹ *Ce mot s'emploie uniquement au singulier.*

ℹ *On dit aussi der **Abfall**.*

détruire

▷ La bombe a détruit tout l'immeuble.
Die Bombe hat das ganze Gebäude zerstört.

(= démolir) **zerstören**

ℹ *Les verbes commençant par le préfixe **zer-** ne prennent pas **ge-** au participe passé.*

dette

▷ Je ne peux pas m'acheter ce CD, je dois d'abord payer mes dettes.
Ich kann diese CD nicht kaufen, ich muss erst meine Schulden bezahlen.

die **Schuld** (pluriel **Schulden**)

ℹ *Ce mot s'emploie surtout au pluriel.*

deuil

▷ Ils ont décrété 3 jours de deuil national.
Es wurden 3 Tage Staatstrauer angeordnet.
▷ Tout le pays est en deuil.
Das ganze Land trauert.

die **Trauer**

► **être en deuil : trauern**

deux

1 ▷ Saïd a deux VTT.
Saïd hat zwei Mountainbikes.
▷ Florian a deux ans depuis hier.
Florian ist seit gestern zwei Jahre alt. *ou* Florian ist seit gestern zwei.
▷ Aujoud'hui c'est le deux avril.
Heute ist der zweite April.
▷ Mon petit frère est né le deux mars.
Mein kleiner Bruder wurde am zweiten März geboren.

1 **zwei**

*Quand on dit l'âge de quelqu'un, on dit **ist zwei Jahre alt**, ou on peut dire simplement le nombre : **ist zwei**.*

*Quand on dit la date, on emploie **der zweite**.*

*Quand on dit que quelque chose a eu lieu ou aura lieu à cette date, on emploie **am zweiten**.*

ℹ *On écrit **am 2. März**.*

2 ▷ Les deux écoles sont dans le même village.
Beide Schulen sind im selben Dorf.
▷ Je vais prendre les deux.
Ich nehme beide.
▷ Nous sommes d'accord tous les deux.
Wir sind uns beide einig.
▷ Ils sont venus tous les deux.
Sie sind beide gekommen.

2 ► **les deux : beide**

► **tous les deux, toutes les deux : beide**

deuxième

▷ Le deuxième exercice est plus facile que le premier.
Die zweite Übung ist leichter als die erste.
▷ Jochen est le deuxième de la classe.
Jochen ist der Zweite der Klasse.
▷ Elle est arrivée deuxième.
Sie ist Zweite geworden.

zweite

► **le / la deuxième :** der / die / das Zweite

dévaliser

▷ La banque a été dévalisée.
Die Bank ist ausgeraubt worden.

ausrauben

ℹ *aus•rauben est un verbe à particule séparable.*

devant

1 ▷ Nous nous sommes garés devant la boulangerie.
Wir haben vor der Bäckerei geparkt.
▷ Ils sont loin devant nous.
Sie sind weit vor uns.
▷ Il y avait dix personnes devant moi dans la file d'attente.
Vor mir standen zehn Leute in der Schlange.
▷ Mets-toi devant moi.
Stell dich vor mich.

1 (= devant un objet, un endroit ou une personne) vor + *datif*

Quand **devant** *signifie « vers le devant »,* ***vor*** *est suivi de l'accusatif.*

2 ▷ Tu veux t'asseoir devant ?
Willst du vorne sitzen?
▷ Les élèves les plus petits doivent se mettre devant.
Die kleineren Schüler sollen sich nach vorne stellen.

2 *Quand* **devant** *signifie « à l'avant », on traduit par* ***vorne*** *lorsque la phrase ne comporte pas de verbe de mouvement, et par* ***nach vorne*** *avec un verbe de mouvement.*

3 ▷ Le devant de la voiture est éraflé.
Das Vorderteil des Autos ist zerkratzt.

3 ► **le devant :** das Vorderteil (pluriel -teile)

développement

▷ Le développement social a fait des progrès.
Die soziale Entwicklung hat Fortschritte gemacht.
▷ Il veut promouvoir le développement durable dans la région.
Er möchte die nachhaltige Entwicklung in seiner Region fördern.

die Entwicklung (pluriel Entwicklungen)
► **développement durable :** die nachhaltige Entwicklung

développer

▷ Avec de l'exercice, on peut développer un talent.
Mit Übung kann man ein Talent enwickeln.

entwickeln

ℹ *Notez l'orthographe au présent de la première personne du singulier.*

▷ Où fais-tu développer tes photos ?
Wo lässt du deine Fotos entwickeln?

► **faire développer des photos :** Fotos enwickeln lassen (lässt, lies, gelassen)

devenir

1 ▷ Personne ne sait comment ils sont devenus riches.
Niemand weiß, wie sie reich geworden sind.
▷ Mélissa veut devenir chanteuse.
Mélissa will Sängerin werden.
▷ Elle est devenue toute rouge.
Sie ist ganz rot geworden.

1 (= se transformer) **werden** (wird, wurde, geworden)

2 ▷ Tiens, bonjour ! Qu'est-ce que tu deviens ?
Hallo! Was machst du denn ?

2 ► **qu'est-ce que tu deviens ? :** was machst du denn?

déviation

▷ Nous avons perdu du temps à cause de la déviation.
Wir haben wegen der Umleitung Zeit verloren.

(sur route) die **Umleitung** (pluriel Umleitungen)

deviner

▷ Devine quelle note j'ai eue en français !
Rat mal, welche Note ich in Französisch bekommen habe!

raten (rät, riet, geraten)

devinette

▷ Vous connaissez cette devinette ?
Kennt ihr dieses Rätsel?
▷ Dans la voiture, nous avons joué aux devinettes.
Im Auto haben wir Rätselraten gespielt.

das **Rätsel** (pluriel Rätsel)

► **jouer aux devinettes :** Rätselraten spielen

dévisager

▷ Pourquoi est-ce qu'il me dévisage comme ça ?
Warum starrt er mich denn so an?

► **dévisager** quelqu'un **:** jemanden (accusatif) **anstarren**

ℹ ***an•starren*** *est un verbe à particule séparable.*

le devoir, les devoirs

1 ▷ On a un devoir sur table d'anglais la semaine prochaine.
Nächste Woche haben wir eine Englisch-Klassenarbeit.

1 ► **devoir sur table :** die Klassenarbeit (pluriel -arbeiten)

2 ▷ J'ai un seul devoir à faire pour demain.
Ich habe nur eine Hausaufgabe für morgen.
▷ La prof ne nous a pas donné de devoirs pour les vacances.
Die Lehrerin hat uns über die Ferien keine Hausaufgaben gegeben.

2 ► **devoir** (à faire à la maison) **:** die Hausaufgabe (pluriel Hausaufgaben)

▷ Tu regarderas la télé quand tu auras fait tes devoirs.
Du kannst fernsehen, wenn du deine Hausaufgaben gemacht hast.

► **faire** ses **devoirs** : seine **Hausaufgaben machen**

ℹ *On emploie le génitif :* ***meine***, ***deine***, ***seine / ihre***, ***unsere***, ***eure***, ***ihre***, ***Hausaufgaben machen***.

devoir (de l'argent)

▷ N'oublie pas que tu me dois cinq euros !
Vergiss nicht, dass du mir fünf Euro schuldest!

schulden
► **devoir** quelque chose **à** quelqu'un (en parlant d'argent) **:** jemandem (datif) etwas **schulden**

devoir faire quelque chose

1 ▷ Je ne peux pas venir, je dois travailler.
Ich kann nicht kommen, ich muss arbeiten.
▷ Il a dû avoir beaucoup de patience pour la convaincre.
Er hat viel Geduld haben müssen, um sie zu überzeugen.

1 *Pour dire qu'on est* **obligé de faire** *quelque chose, ou que* **c'est bien de faire** *quelque chose, on emploie le mot* ***müssen*** (**muss**, **musste**, **müssen**).

Attention au participe passé.

2 ▷ Loïc devrait travailler un peu plus.
Loïc sollte etwas mehr arbeiten.
▷ Tu aurais dû me le dire avant !
Du hättest es mir vorher sagen sollen!
▷ J'aurais dû le faire hier.
Ich hätte es gestern tun sollen.

2 *Pour donner un conseil ou une opinion, on emploie le mot* ***sollen***.

ℹ *Au passé, on emploie le verbe* ***haben*** *au subjonctif II présent + verbe* ***sollen***.

3 ▷ Tu dois être contente de partir en vacances.
Du musst froh sein, in die Ferien zu fahren.

3 *Pour dire que quelque chose est probable au présent, on emploie* ***müssen***.

dévorer

1 ▷ Emma a dévoré le gâteau en trois minutes.
Emma hat den Kuchen in drei Minuten verschlungen.

1 (en parlant d'une personne) **verschlingen** (**verschlang**, **verschlungen**)

ℹ *Les verbes commençant par le préfixe* ***ver-*** *ne prennent pas* ***ge-*** *au participe passé.*

2 ▷ Le lion dévorait une antilope.
Der Löwe fraß eine Antilope.

2 (en parlant d'un animal) **fressen** (**frisst**, **fraß**, **gefressen**)

ℹ ***fressen*** *s'emploie avec l'accusatif.*

dévoué, dévouée

▷ C'est un ami très dévoué.
Er ist ein sehr ergebener Freund.

ergeben

dézipper

▷ Tu as dézippé le fichier ?
Hast du die Datei entpackt?

(en informatique) **entpacken**

ℹ *Les verbes commençant par* ***ent-*** *ne prennent pas* ***ge-*** *au participe passé.*

diabète

▷ Mon oncle a du diabète.
Mein Onkel hat Diabetes.

► **avoir du diabète :** Diabetes haben

ℹ *De façon moins formelle, on dit* ***Zucker haben****.*

diable

▷ Petit diable !
Du kleiner Teufel!
▷ Qu'il aille au diable !
Er soll sich zum Teufel scheren!

der **Teufel** (pluriel Teufel)

► **aller au diable :** sich zum Teufel scheren

dialogue

▷ Les dialogues du film sont très drôles.
Die Dialoge dieses Films sind wirklich lustig.

der **Dialog** (pluriel Dialoge)

diamant

▷ Béatrice a une bague avec un diamant.
Béatrice hat einen Ring mit einem Diamanten.
▷ Le mannequin portait un collier de diamants.
Das Mannequin trug ein Diamantkollier.

der **Diamant** (pluriel Diamanten)

Pour désigner les objets **en diamants** *ou* **de diamants**, *on forme des mots composés avec* ***Diamant-*** *: der* ***Diamantring*** **(bague de diamants)**.

diamètre

▷ Ton cercle doit faire cinq centimètres de diamètre.
Dein Kreis muss einen Durchmesser von fünf Zentimetern haben.

der **Durchmesser** (pluriel Durchmesser)

diapositive

▷ Le prof nous a montré des diapositives de Dresde.
Der Lehrer hat uns Dias von Dresden gezeigt.

das **Dia** (pluriel Dias)

diarrhée

▷ Plusieurs personnes ont eu la diarrhée pendant le voyage.
Mehrere Leute haben während der Reise Durchfall gehabt.

der **Durchfall**
► **avoir la diarrhée :** Durchfall haben

dictateur

▷ Ce dictateur a gouverné le pays pendant 30 ans.
Dieser Diktator hat das Land über 30 Jahre regiert.

der **Diktator** (pluriel Diktatoren)

dictée

▷ La dictée était vraiment difficile.
Das Diktat war wirklich schwierig.

das **Diktat** (pluriel Diktate)

▷ On a fait une dictée ce matin.
Wir haben heute Morgen ein Diktat geschrieben.

► **faire une dictée :** ein Diktat schreiben (schrieb, geschrieben)

dicter

▷ Tu peux me dicter ce paragraphe ?
Kannst du mir diesen Absatz diktieren?

diktieren

ℹ *Les verbes se terminant par* ***-ieren*** *ne prennent pas* ***ge-*** *au participe passé.*

dictionnaire

▷ Regarde dans le dictionnaire.
Schau mal im Wörterbuch nach.

das Wörterbuch (pluriel Wörterbücher)

diesel

▷ Notre voiture marche au diesel.
Unser Auto fährt mit Diesel.

der Diesel

diététique

1 ▷ Ursula ne mange que des produits diététiques.
Ursula isst nur Diätkost.

1 *Pour traduire l'adjectif* **diététique**, *on utilise des substantifs composés avec* ***Diät-***.

2 ▷ J'achète mes légumes au magasin diététique.
Ich kaufe mein Gemüse im Reformhaus.

2 ► **magasin diététique :** das Reformhaus

dieu

1 ▷ Est-ce que tu crois en Dieu ?
Glaubst du an Gott?
▷ Mon Dieu, quelle horreur !
Mein Gott, wie furchtbar!

1 ► **Dieu :** Gott
► **mon Dieu ! :** mein Gott!

2 ▷ J'ai lu un livre sur les dieux nordiques.
Ich habe ein Buch über die nordischen Götter gelesen.

2 (= divinité) der Gott (pluriel Götter)

différence

▷ Quelle est la différence entre cette crème et l'autre ?
Was ist der Unterschied zwischen dieser Creme und der anderen?

der Unterschied (pluriel Unterschiede)

différencier

▷ Comment peut-on différencier les jumeaux ?
Wie kann man die Zwillinge unterscheiden?

unterscheiden

ℹ *Les verbes à particule non séparables commençant par le préfixe* ***unter-*** *ne prennent pas* ***ge-*** *au participe passé.*

différent, différente

▷ Marcel et son frère sont très différents.
Marcel und sein Bruder sind sehr unterschiedlich.
▷ Nous avons des opinions différentes.
Wir sind unterschiedlicher Meinung.

unterschiedlich

▻ Le climat écossais est différent du climat anglais.
Das schottische Klima ist unterschiedlich vom englischen Klima.

► **différent de : unterschiedlich von** + *datif*

difficile

1 ▻ Est-ce que tu as trouvé le devoir sur table difficile ?
Fandest du die Klassenarbeit schwierig?
▻ Ce tiroir est difficile à ouvrir.
Diese Schublade ist schwierig zu öffnen.

1 (= compliqué) **schwierig**

► **difficile à... : schwierig zu** + *infinitif*

ℹ *On dit aussi* ***schwer zu*** *+ infinitif*

▻ Quel âge a-t-il ? – Difficile à dire.
Wie alt ist er? – Schwer zu sagen.

► **difficile à dire : schwer zu sagen**

2 ▻ Ne sois pas si difficile, mange !
Sei doch nicht so heikel, iss!

2 (= difficile sur la nourriture) **heikel**

difficulté

▻ Nous avons eu des difficultés à l'aéroport.
Wir hatten Schwierigkeiten am Flughafen.
▻ J'ai eu des difficultés pour trouver l'adresse.
Ich hatte Schwierigkeiten, die Adresse zu finden.

die **Schwierigkeit** (pluriel **Schwierigkeiten**)
► **avoir des difficultés pour faire** quelque chose **: Schwierigkeiten haben,** etwas **zu tun**

diffuser

▻ Le match est diffusé en direct.
Das Spiel wird live übertragen.

(à la télévision, à la radio) **übertragen** (**überträgt, übertrug, übertragen**)

digérer

1 ▻ J'ai du mal à digérer le dîner.
Ich verdaue das Abendessen schlecht.

1 (en parlant de nourriture) **verdauen**

ℹ *Les verbes commençant par le préfixe* ***ver-*** *ne prennent pas* ***ge-*** *au participe passé.*

▻ La semoule se digère très bien.
Grieß ist leicht verdaulich.

► **se digérer : verdaulich sein**

2 ▻ Je n'ai pas digéré ce qu'il m'a fait.
Ich habe nicht geschluckt, was er mir angetan hat.

2 (en parlant d'un offense) **schlucken**

digestif, digestive

1 ▻ Ce sont des comprimés pour les problèmes digestifs.
Das sind Tabletten gegen Verdauungsprobleme.

1 *Pour traduire l'adjectif* **digestif**, *on emploie des substantifs composés avec* ***Verdauung*** **(digestion)**.

2 ▻ Voulez-vous un digestif ?
Möchten Sie einen Verdauungsschnaps?

2 (= l'alcool) der **Verdauungsschnaps** (pluriel **-schnäpse**)

digicode®

▷ Il y a un digicode à l'entrée.
Am Eingang ist ein Codeschloss.

das **Codeschloss** /koːtʃlɔs/ (pluriel -schlösser)

Notez la prononciation.

Le ®signifie que c'est le nom d'une marque. Vous n'avez pas besoin de l'écrire.

diluer

▷ Ton café est trop fort, je vais le diluer un peu.
Dein Kaffee ist zu stark, ich werde ihn ein bisschen verdünnen.

(en parlant d'un liquide, d'une boisson) **verdünnen**

*Les verbes commençant par le préfixe **ver-** ne prennent pas **ge-** au participe passé.*

dimanche

▷ Aujourd'hui c'est dimanche.
Heute ist Sonntag.
▷ Nous viendrons dimanche.
Wir kommen am Sonntag.
▷ Le dimanche, on va tous faire du vélo.
Sonntags gehen wir alle Fahrrad fahren.

der **Sonntag**

► **faire** quelque chose **dimanche :** etwas **am Sonntag tun**
► **le dimanche** (= tous les dimanches) : **sonntags**

dimensions

▷ Je ne connais pas les dimensions de la table.
Ich kenne die Abmessungen des Tischs nicht.

die **Abmessungen**

Ce mot est un pluriel.

*On peut dire aussi die **Maße**.*

▷ Nous allons prendre les dimensions de la pièce.
Wir werden das Zimmer ausmessen.

▷ Tu as pris les dimensions de la haie ?
Hast du die Hecke abgemessen?

► **prendre les dimensions de** quelque chose (en volume) **:** etwas **ausmessen**
► **prendre les dimensions de** quelque chose (en linéaire) **:** etwas **abmessen**

diminuer

1 ▷ Ils ont diminué le prix.
Sie haben den Preis gesenkt.

1 ► **diminuer** quelque chose (en parlant des prix) **: senken**

2 ▷ Le nombre d'élèves a diminué cette année.
Die Anzahl der Schüler ist dieses Jahr zurückgegangen.
▷ Les températures vont encore diminuer.
Die Temperaturen werden noch weiter zurückgehen.

2 ► **diminuer** (en parlant d'un nombre, d'un volume ou d'une température qui diminue) **:** **zurückgehen**

*__zurück•gehen__ est un verbe à particule séparable et se conjugue comme **gehen** (ging, gegangen).*

*On dit aussi **sinken** (sank, gesunken).*

diminution

▷ Il y a eu une diminution du nombre de chômeurs.
Es gibt einen Rückgang der Arbeitslosenzahl.

(= baisse) der **Rückgang** (pluriel Rückgänge)

dinde

▷ À Noël, nous mangeons de la dinde farcie.
Zu Weihnachten essen wir gefüllten Truthahn.

der **Truthahn** (pluriel Truthähne)

ℹ *On dit aussi die* ***Pute*** (pluriel Puten) *ou der* ***Puter*** (pluriel Puter)

▷ Encore des escalopes de dinde !
Schon wieder Putenschnitzel!

► **escalope de dinde :** das Putenschnitzel (pluriel -schnitzel)

dîner

1 ▷ Le dîner est prêt !
Das Abendessen ist fertig!

1 ► **le dîner** (= le repas du soir) : das Abendessen

2 ▷ Nous dînons à huit heures.
Wir essen um acht zu Abend.

2 (= manger) **zu Abend essen**

dînette

▷ Tu n'es pas un peu grande pour jouer à la dînette ?
Bist du nicht zu alt, um mit der Puppenküche zu spielen?

► **jouer à la dînette :** mit der Puppenküche spielen

dingue

▷ Cette fille est complètement dingue !
Dieses Mädchen ist völlig verrückt!

verrückt

ℹ *Si* **dingue** *est un mot familier,* ***verrückt*** *ne l'est pas. Pour traduire par une expression familière, on peut dire* ***bekloppt****.*

▷ Il est dingue de Marlène.
Er ist verrückt auf Marlène.

► **être dingue de** quelqu'un *ou* **de** quelque chose **:** auf jemanden *ou* etwas (accusatif) verrückt sein

dinosaure

▷ Au muséum, j'ai vu des squelettes de dinosaures.
Im Naturkundemuseum habe ich Dinosaurierskelette gesehen.

der **Dinosaurier** /dino'zaʊriɐ/ (pluriel Dinosaurier)

🔈 *Notez la prononciation.*

diplôme

1 ▷ Est-ce qu'il faut des diplômes pour faire ce métier ?
Braucht man für diesen Beruf Qualifikationen?

1 (= formation) die **Qualifikation** (pluriel Qualifikationen)

2 ▷ Le frère de Fahrid a un diplôme d'ingénieur.
Fahrids Bruder hat ein Ingenieurdiplom.

2 (= titre universitaire) das **Diplom** (pluriel Diplome)

diplômé, diplômée

1 ▷ Il est architecte diplômé.
Er ist diplomierter Architekt.

1 (en général) **diplomiert**

2 ▷ Elle est infirmière diplômée.
Sie ist staatlich geprüfte Krankenschwester.

2 (infirmiers, infirmières) **staatlich geprüft**

3 ▷ Ils recrutent de jeunes diplômés.
Sie werben junge Absolventen an.

3 (= personne ayant fini un cursus universitaire) der **Absolvent** (pluriel Absolventen), die **Absolventin** (pluriel Absolventinnen)

dire

1 ▷ Pardon, qu'est-ce que tu as dit ?
Entschuldigung, was hast du gesagt?
▷ Comment dit-on « écologie » en allemand ?
Wie sagt man „écologie" auf Deutsch?
▷ Clara m'a dit qu'elle n'est pas heureuse.
Clara hat mir gesagt, dass sie nicht glücklich ist.
▷ Il lui dit d'arrêter.
Er sagt ihm, er solle aufhören.
▷ Pierre a dit à ses enfants de se dépêcher.
Pierre hat seinen Kindern gesagt, sie sollten sich beeilen.

1 **sagen**

► **dire à** quelqu'un **que... :** jemandem (datif) **sagen, dass...**
Quand quelqu'un **dit à** *quelqu'un de faire quelque chose, on traduit par* jemandem ***sagen,...*** *+ le subjonctif de* ***sollen***.

2 ▷ Est-ce que ça te dirait d'aller à la piscine ?
Hast du Lust, ins Schwimmbad zu gehen?
▷ Tu veux regarder le film ? – Non, ça ne me dit rien.
Willst du den Film sehen? – Nein, dazu habe ich keine Lust.

2 *Pour dire qu'on a* **envie de faire** quelque chose, *on emploie l'expression* ***Lust haben,*** *etwas* ***zu tun***.

3 ▷ On dirait Paul.
Man könnte meinen, es sei Paul.
▷ On dirait de la musique écossaise.
Man könnte meinen, es sei schottische Musik.
▷ On dirait qu'elle pleure.
Man könnte meinen, dass sie weint.

3 ► **on dirait... : man könnte meinen, es sei...**

► **on dirait que... : man könnte meinen, dass...**

4 ▷ Cette musique me dit quelque chose.
Diese Musik kommt mir bekannt vor.

4 ► **dire** quelque chose **à** quelqu'un (= lui évoquer quelque chose) : jemandem (datif) **bekannt vorkommen**

ℹ ***vor•kommen*** *est un verbe à particule séparable et se conjugue comme* ***kommen*** (kam, gekommen).

▷ Tu te souviens de la fête chez Farida ? – Non, ça ne me dit rien.
Erinnerst du dich an die Party bei Farida? – Nein, das sagt mir nichts.

► **ça ne me dit rien** (= je ne me rappelle pas) : **das sagt mir nichts**

direct, directe

1 ▷ Nous avons pris un vol direct pour Nairobi.
Wir haben einen direkten Flug nach Nairobi genommen.

1 (= en parlant des transports) **direkt**

2 ▷ Le concert a été diffusé en direct.
Das Konzert wurde live übertragen.

2 ► **en direct :** **live**

live est un mot anglais qui se prononce /laif/.

directement

▷ Nous sommes rentrés directement à la maison.
Wir sind direkt nach Hause gegangen.
▷ Tu dois t'adresser directement au directeur.
Du musst dich direkt an den Schulleiter wenden.

(= sans détour, sans intermédiaire) **direkt**

directeur

1 ▷ Les élèves qui entrent au CP sont accueillis par le directeur.
Die Schüler, die in die erste Klasse kommen, werden vom Rektor empfangen.

1 (en parlant de l'école primaire) der **Rektor** (pluriel **Rektoren**)

2 ▷ Le directeur a convoqué tous les parents.
Der Schulleiter hat alle Eltern bestellt.

2 (en parlant d'un collège, d'un lycée) der **Schulleiter** (pluriel **-leiter**)

ℹ *On dit aussi der* ***Direktor****.*

3 ▷ Mon père voulait parler au directeur du magasin.
Mein Vater wollte mit dem Geschäftsführer des Ladens sprechen.

3 (en parlant d'une entreprise ou d'un magasin) der **Geschäftsführer** (pluriel **-führer**)

direction

▷ Ils sont partis dans la mauvaise direction.
Sie sind in die falsche Richtung gegangen.
▷ Dans quelle direction est-ce qu'il est parti ?
In welche Richtung ist er gegangen?
▷ Dans quelle direction se trouve la tour Eiffel ?
In welcher Richtung liegt der Eiffelturm?
▷ Prenez la direction Porte de Clignancourt.
Fahren Sie in Richtung Porte de Clignancourt.

(= sens) die **Richtung** (pluriel **Richtungen**)
► **dans quelle direction... ?** (= vers où) : **in welche Richtung...?**
► **dans quelle direction... ?** (= où) : **in welcher Richtung...?**
► **prendre la direction...** (= suivre une direction) : **in Richtung... gehen / fahren**

directrice

1 ▷ Les élèves sont accueillis tous les matins par la directrice.
Die Schüler werden jeden Morgen von der Rektorin empfangen.

1 (en parlant de l'école primaire) die **Rektorin** (pluriel **Rektorinnen**)

2 ▷ La directrice a demandé à tous les parents de venir.
Die Schulleiterin hat alle Eltern gebeten zu kommen.

2 (en parlant d'un collège, d'un lycée) die **Schulleiterin** (pluriel **-leiterinnen**)

ℹ *On dit aussi die* ***Direktorin****.*

3 ▷ La directrice de la boutique est venue s'excuser.
Die Geschäftsführerin der Boutique ist gekommen, um sich zu entschuldigen.

3 (en parlant d'une entreprise ou d'un magasin) die **Geschäftsführerin** (pluriel **-führerinnen**)

diriger

1 ▷ Monsieur Martin dirige le centre de loisirs.
Herr Martin leitet das Freizeitzentrum.

1 (en parlant d'une entreprise, d'un magasin) **leiten**

2 ▷ Clotilde a appris à diriger un voilier.
Clotilde hat gelernt, ein Segelboot zu steuern.

2 (en parlant d'un bateau, d'un avion) **steuern**

3 ▷ Il a dirigé la voiture à travers la foule.
Er hat das Auto durch die Menschenmenge gelenkt.

3 (en parlant d'une voiture) **lenken**

4 ▷ L'éléphant se dirigeait vers nous.
Der Elefant steuerte auf uns zu.

4 ► **se diriger vers** (en parlant d'une personne, d'un animal) **:** **auf** + *accusatif* + **zusteuern**

ℹ ***zu•steuern*** *est un verbe à particule séparable.*

discipline

▷ La discipline semble lui poser un problème.
Disziplin scheint ein Problem für ihn zu sein.
▷ Plusieurs athlètes participent à deux disciplines.
Mehrere Athleten nehmen an zwei Disziplinen teil.

die **Disziplin** (pluriel **Disziplinen**)

ℹ *Le pluriel n'est employé que quand on parle de sport ou d'études.*

discothèque

1 ▷ J'ai emprunté le CD à la discothèque.
Ich hab mir die CD in der Musikbibliothek ausgeliehen.

1 (= où on prête des disques) die **Musikbibliothek** (pluriel **-bibliotheken**)

2 ▷ Tu connais la nouvelle discothèque ?
Kennst du die neue Diskothek?

2 (= boîte de nuit) die **Diskothek** (pluriel **Diskotheken**)

discours

▷ Le prof de sport a fait un très long discours.
Der Sportlehrer hat eine lange Rede gehalten.

die **Rede** (pluriel **Reden**)
► **faire un discours :** **eine Rede halten**

discret, discrète

▷ Moussa est très discret, il ne pose jamais de questions.
Moussa ist sehr diskret, er stellt nie Fragen.

diskret

discrètement

▷ Est-ce que tu peux passer ce mot à Muriel discrètement ?
Kannst du den Zettel diskret an Muriel weitergeben?

diskret

discussion

1 ▷ Nous avons eu une discussion très intéressante.
Wir hatten eine sehr interessante Unterhaltung.

1 (= conversation) die **Unterhaltung** (pluriel **Unterhaltungen**)

2 ▷ J'ai participé à une discussion sur l'écologie.
Ich habe an einer Diskussion über Umweltschutz teilgenommen.

2 (= débat) die **Diskussion** (pluriel **Diskussionen**)

discuter

1 ▷ Nous avons discuté toute la nuit.
Wir haben die ganze Nacht über geredet.

1 (= parler) **reden**

2 ▷ Chris a discuté avec le prof pendant longtemps.
Chris hat sich lange mit dem Lehrer unterhalten.

2 ► **discuter avec** quelqu'un **:** sich **mit** jemandem (datif) **unterhalten**

3 ▷ Nous devons discuter du voyage scolaire.
Wir müssen über die Schulreise diskutieren.

3 ► **discuter de** quelque chose **:** **über** etwas (accusatif) **diskutieren**

ℹ *Les verbes se terminant en **-ieren** ne prennent pas **ge-** au participe passé.*

4 ▷ Va tout de suite faire tes devoirs, et sans discuter !
Mach sofort deine Hausaufgaben, und ohne Widerrede!

4 ► **sans discuter ! : ohne Widerrede!**

disparaître

▷ Mes lunettes ont disparu.
Meine Brille ist verschwunden.

verschwinden (verschwand, verschwunden)

ℹ *Les verbes commençant par le préfixe **ver-** ne prennent pas **ge-** au participe passé.*

▷ Il a fait disparaître le lapin et personne n'a rien vu !
Er hat das Kaninchen verschwinden lassen, und niemand hat was gesehen!

► **faire disparaître** quelque chose **:** etwas **verschwinden lassen**

disparition

▷ Ils enquêtent sur la disparition de la jeune fille.
Sie haben Untersuchungen über das Verschwinden des jungen Mädchens eingeleitet.

das **Verschwinden**

ℹ *C'est un verbe substantivé, il ne s'emploie qu'au singulier.*

dispensé, dispensée

▷ À cause de son problème au genou, Sophie est dispensée de sport.
Wegen ihrem Knieproblem ist Sophie vom Sport befreit.

► **être dispensé de** quelque chose : von etwas (datif) befreit sein

disponible

1 ▷ Est-ce que la salle est disponible entre midi et deux heures ?
Ist der Raum zwischen zwölf und zwei Uhr frei?
▷ Je ne suis pas disponible ce soir.
Ich bin heute Abend nicht frei.

1 (en parlant d'un endroit, d'une personne) frei

2 ▷ Désolé, ce DVD n'est plus disponible.
Es tut mir leid, diese DVD ist nicht mehr verfügbar.

2 (en parlant d'un article) verfügbar

dispute

▷ Il y a eu une dispute entre deux élèves.
Es gab Streit zwischen zwei Schülern.

der Streit (pluriel Streite)
ℹ *Ce mot est très rarement employé au pluriel.*

se disputer

▷ Mes frères se disputent tout le temps.
Meine Brüder streiten sich die ganze Zeit.
▷ Arrêtez de vous disputer !
Hört auf, euch zu streiten!

sich streiten (stritt, gestritten)

disque

1 ▷ Mes parents ont une énorme collection de disques.
Meine Eltern haben eine riesige Schallplattensammlung.

1 (= disque vinyl) die Schallplatte (pluriel -platten)

2 ▷ On lui a offert un disque compact pour son anniversaire.
Wir haben ihm eine Compact Disc zum Geburtstag geschenkt.

2 ► **disque compact :** die Compact Disc (pluriel Compact Discs)
ℹ *On dit aussi CD* (pluriel CDs).

3 ▷ Le disque dur est plein.
Die Festplatte ist voll.

3 ► **disque dur :** die Festplatte (pluriel -platten)

dissertation

▷ Ma sœur a passé tout le week-end à préparer sa dissertation.
Meine Schwester hat das Wochenende damit verbracht, ihren Aufsatz vorzubereiten.

der Aufsatz (pluriel Aufsätze)

▻ Au lycée, nous apprendrons à faire des dissertations.
Im Gymnasium werden wir lernen, Aufsätze zu schreiben.

► **faire une dissertation : einen Aufsatz schreiben** (schrieb, geschrieben)

dissipé, dissipée

▻ Lucien est très dissipé.
Lucien ist sehr unaufmerksam.

unaufmerksam

dissolvant

▻ Est-ce que tu as du dissolvant ? J'ai oublié le mien.
Hast du Nagellackentferner? Ich habe meinen vergessen.

(pour les ongles) der **Nagellackentferner**

ℹ *Décomposez ce mot :* ***Nagel*** (ongle) + ***Lack*** (vernis) + ***entfernen*** (enlever).

dissoudre

▻ Tu dissous la poudre dans un verre d'eau et tu le bois lentement.
Du musst das Puder in einem Glas Wasser auflösen und es langsam trinken.

(= faire fondre) **auflösen**

ℹ ***auf•lösen*** *est un verbe à particule séparable.*

▻ Le sucre ne s'est pas bien dissous dans le café.
Der Zucker hat sich nicht gut im Kaffee aufgelöst.

► se **dissoudre :** sich **auflösen**

distance

1 ▻ La distance est indiquée sur la carte.
Die Entfernung ist auf der Karte angegeben.

1 die **Entfernung** (pluriel Entfernungen)

2 ▻ À quelle distance est l'Arc de triomphe ?
Wie weit ist es bis zum Triumphbogen?

2 ► **à quelle distance est** *ou* **se trouve... : wie weit ist es bis** + *datif*

distingué, distinguée

▻ Je trouve qu'elle a l'air très distinguée.
Ich finde, sie sieht sehr vornehm aus.

vornehm

distinguer

▻ J'ai du mal à le distinguer de son frère jumeau.
Es fällt mir schwer, ihn von seinem Zwillingsbruder zu unterscheiden.

► **distinguer** quelqu'un *ou* quelque chose **de... :** jemanden *ou* etwas (accusatif) **von... unterscheiden**

distraire

1 ▻ J'essaie de distraire mon petit frère.
Ich versuche, meinen kleinen Bruder zu unterhalten.

1 (= amuser) **unterhalten** (unterhält, unterhielt, unterhalten)

2 ▻ Aurélie a été punie parce qu'elle distrayait les autres élèves.
Aurélie ist bestraft worden, weil sie die anderen Schüler abgelenkt hat.

2 (= dissiper) **ablenken**

ℹ ***ab•lenken*** *est un verbe à particule séparable.*

3 ▷ Tu devrais te distraire, tu travailles trop.
Du solltest dich amüsieren, du arbeitest zu viel.

3 ► se **distraire** : sich **amüsieren**

distrait, distraite

▷ Ludmilla est très distraite, elle ne sait jamais où elle met ses affaires.
Ludmilla ist sehr zerstreut, sie weiß nie, wo sie ihre Sachen hinlegt.

zerstreut

distribuer

1 ▷ Le clown a distribué des bonbons aux enfants.
Der Clown hat Bonbons an die Kinder verteilt.

1 ► **distribuer** quelque chose **à** quelqu'un : etwas **an** jemanden (accusatif) **verteilen**

ℹ *Les verbes commençant par le préfixe **ver-** ne prennent pas **ge-** au participe passé.*

2 ▷ Qui distribue les cartes ?
Wer gibt die Karten aus?

2 ► **distribuer les cartes** : **die Karten ausgeben**

ℹ ***aus•geben** est un verbe à particule séparable et se conjugue comme **geben** (**gibt**, **gab**, **gegeben**).*

distributeur

▷ J'ai envie de chocolat et le distributeur est cassé !
Ich habe Lust auf Schokolade und der Automat ist kaputt!

▷ Est-ce qu'on peut s'arrêter au distributeur automatique ?
Können wir am Geldautomaten halten?

der **Automat** (pluriel **Automaten**)

ℹ *Notez que **Automat** est un masculin faible, c'est-à-dire qu'il prend **-en** à tous les cas sauf au nominatif singulier.*

ℹ *Pour préciser le genre de distributeur, on forme des mots composés avec **Automat** : der **Getränkeautomat** (distributeur de boissons), der **Kartenautomat** (distributeur de tickets).*

divertir

▷ Les clowns ont diverti les enfants.
Die Clowns haben die Kinder unterhalten.

unterhalten

ℹ *Les verbes à particule non séparable commençant par le préfixe **unter-** ne prennent pas **ge-** au participe passé.*

diviser

▷ Si on divise le total par quatre, on doit payer à peu près dix euros chacun.
Wenn wir den Gesamtbetrag durch vier teilen, muss jeder etwa zehn Euro zahlen.

teilen

► **diviser ... par ...** : ... **durch** ... **teilen**

division

▷ Cette division est trop difficile sans calculatrice.
Diese Division ist ohne Rechner zu schwierig.

die **Division** (pluriel **Divisionen**)

ℹ *On dit aussi die* ***Teilung****.*

divorcé, divorcée

▷ Les parents de Julie sont divorcés.
Julies Eltern sind geschieden.

geschieden

divorcer

▷ Les parents de Marco ont divorcé l'année dernière.
Marcos Eltern haben sich letztes Jahr scheiden lassen.

sich **scheiden lassen**

dix

▷ Annie a dix cousins.
Annie hat zehn Cousins.

▷ Ingrid a dix ans.
Ingrid ist zehn Jahre alt. *ou* **Ingrid ist zehn.**

▷ Aujourd'hui c'est le dix avril.
Heute ist der zehnte April.

▷ L'anniversaire de Quentin est le dix décembre.
Quentin hat am zehnten Dezember Geburtstag.

zehn

Quand on dit l'âge de quelqu'un, on dit ***ist zehn Jahre alt****, ou on peut dire simplement le nombre :* ***ist zehn****.*

Quand on dit la date, on emploie ***der zehnte****.*

Quand on dit que quelque chose a eu lieu ou aura lieu à cette date, on emploie ***am zehnten****.*

ℹ *On écrit* ***10. April****,* ***am 10. Dezember****.*

dix-huit

▷ Nous avons dix-huit invités.
Wir haben achtzehn Gäste.

▷ Mon cousin a dix-huit ans.
Mein Cousin ist achtzehn Jahre alt. *ou* **Mein Cousin ist achtzehn.**

▷ Aujourd'hui, c'est le dix-huit juillet.
Heute ist der achtzehnte Juli.

▷ Je vais à Paris le dix-huit mai.
Ich fahre am achtzehnten Mai nach Paris.

achtzehn

Quand on dit l'âge de quelqu'un, on dit ***ist achtzehn Jahre alt****, ou on peut dire simplement le nombre :* ***ist achtzehn****.*

Quand on dit la date, on emploie ***der achtzehnte****.*

Quand on dit que quelque chose a eu lieu ou aura lieu à cette date, on emploie ***am achtzehnten****.*

ℹ *On écrit* ***18. Mai****.*

dixième

1 ▷ J'habite au dixième étage.
Ich wohne im zehnten Stock.

▷ Marius est le dixième à partir de la gauche.
Marius ist der Zehnte von links.

1 **zehnte**

► **le / la dixième :** der / die / das Zehnte

2 ▷ Je l'ai acheté au dixième de son prix.
Ich habe es für ein Zehntel des Preises gekauft.

2 (= fraction) das **Zehntel**

dix-neuf

▷ J'ai dû monter les dix-neuf étages à pied.
Ich musste die neunzehn Stockwerke zu Fuß hochgehen.
▷ Lisa a déjà dix-neuf ans.
Lisa ist schon neunzehn Jahre alt. *ou* Lisa ist schon neunzehn.
▷ Aujourd'hui, c'est le dix-neuf novembre.
Heute ist der neunzehnte November.
▷ Nous allons en Grèce le dix-neuf juin.
Wir fliegen am neunzehnten Juni nach Griechenland.

neunzehn

Quand on dit l'âge de quelqu'un, on dit ***ist neunzehn Jahre alt****, ou on peut dire simplement le nombre :* ***ist neunzehn****.*

Quand on dit la date, on emploie ***der neunzehnte****.*

Quand on dit que quelque chose a eu lieu ou aura lieu à cette date, on emploie ***am neunzehnten****.*

ℹ *On écrit* ***19. Juni****.*

dix-sept

▷ Il me reste dix-sept bonbons.
Ich habe noch siebzehn Bonbons.
▷ J'ai dix-sept ans
Ich bin siebzehn Jahre alt. *ou* Ich bin siebzehn.

▷ Aujourd'hui, c'est le dix-sept janvier.
Heute ist der siebzehnte Januar.
▷ Nos amis allemands arrivent le dix-sept août.
Unsere deutschen Freunde kommen am siebzehnten August.

siebzehn

Quand on dit l'âge de quelqu'un, on dit ***ist siebzehn Jahre alt****, ou on peut dire simplement le nombre :* ***ist siebzehn****.*

Quand on dit la date, on emploie ***der siebzehnte****.*

Quand on dit que quelque chose a eu lieu ou aura lieu à cette date, on emploie ***am siebzehnten****.*

ℹ *On écrit* ***17. August****.*

dizaine

▷ Je voudrais une dizaine de pêches, s'il vous plaît.
Ich hätte gern zehn Pfirsiche, bitte.
▷ Il y avait une dizaine de personnes à la réunion.
Es kamen ungefähr zehn Leute zur Versammlung.

▷ Elle a des dizaines de robes.
Sie hat Dutzende von Kleidern.

► **une dizaine** (= dix exactement) : zehn
► **une dizaine** (= environ dix) : ungefähr zehn
ℹ *On dit aussi* ***etwa zehn****.*
► **des dizaines de... :** Dutzende von...
ℹ *Littéralement,* ***ein Dutzend*** *veut dire* une douzaine.

docteur

1 ▷ Le docteur a dit que je devais me reposer.
Der Arzt hat gesagt, dass ich mich ausruhen soll.

1 der **Arzt** (pluriel **Ärzte**), die **Ärztin** (pluriel **Ärztinnen**)
ℹ ***Doktor, Doktorin*** *existent en allemand mais sont familiers.*

▷ Maman est encore chez le docteur.
Mama ist noch beim Arzt.
▷ Je n'aime pas aller chez le docteur.
Ich gehe nicht gern zum Arzt.

► **chez le docteur** (= dans son cabinet) : **beim Arzt**
► **chez le docteur** (= vers son cabinet) : **zum Arzt**

2 ▷ Bonjour, docteur.
Guten Tag, Herr Doktor. *ou* **Guten Tag, Frau Doktor.**

2 *Dans les salutations, on emploie* ***Herr Doktor*** *ou* ***Frau Doktor****.*

Attention : dans ce cas, on n'emploie ni le féminin ***Doktorin****, ni le mot* ***Arzt****.*

document

▷ Il y a certains documents qu'on ne peut pas emprunter à la bibliothèque.
Einige Dokumente kann man sich nicht aus der Bücherei ausleihen.

das **Dokument** (pluriel **Dokumente**)

documentaire

▷ Tu as vu le documentaire sur les dinosaures hier soir ?
Hast du gestern Abend den Dokumentarfilm über die Dinosaurier gesehen?

der **Dokumentarfilm** (pluriel **-filme**)

documentaliste

▷ La documentaliste de l'école est très aimable.
Die Schularchivarin ist sehr nett.

der **Archivar** (pluriel **Archivare**), die **Archivarin** (pluriel **Archivarinnen**)

doigt

1 ▷ Anita s'est tordu le doigt en jouant au volley.
Anita hat sich beim Volleyballspielen den Finger verstaucht.

1 (= partie de la main) der **Finger** (pluriel **Finger**)

2 ▷ Sébastien avait des ampoules aux doigts de pied.
Sébastien hatte Blasen an den Zehen.

2 ► **doigt de pied :** der **Zeh**, die **Zehe** (pluriel **Zehen**)

3 ▷ Il était à deux doigts d'abandonner son projet de voyage.
Er stand kurz davor, seine Reisepläne aufzugeben.

3 ► **être à deux doigts de** + *infinitif* : **kurz davor stehen, zu** + *infinitif*

dominer

1 ▷ Ils se sont fait dominer par l'équipe adverse.
Sie wurden von der gegnerischen Mannschaft dominiert.

1 (un adversaire, un concurrent) **dominieren**

Les verbes se terminant en ***-ieren*** *ne prennent pas* ***ge-*** *au participe passé.*

2 ▷ La tour domine la ville.
Der Turm überragt die Stadt.

2 (= surplomber) **überragen**

ℹ *Les verbes à particule non séparable commençant par le préfixe **über-** ne prennent pas **ge-** au participe passé.*

dominos

▷ Je joue souvent aux dominos avec ma grand-mère.
Ich spiele oft Domino mit meiner Großmutter.

▷ On a construit un labyrinthe avec des dominos.
Wir haben ein Labyrinth aus Dominosteinen gebaut.

► **jouer aux dominos :** Domino spielen

(= pièce) der **Dominostein** (pluriel -steine)

dommage

▷ L'excursion est annulée à cause de la pluie. – Quel dommage !
Der Ausflug wurde wegen dem Regen abgesagt. – Wie schade!

▷ C'est dommage que tu ne puisses pas venir avec nous.
Es ist schade, dass du nicht mitkommen kannst.

► **quel dommage ! :** wie schade!

► **c'est dommage que... :** es ist schade, dass...

don

1 ▷ On nous a demandé un don.
Man hat uns um eine Spende gebeten.

1 (= action charitable) die **Spende** (pluriel Spenden)

2 ▷ Elle a un don pour le dessin.
Sie ist für Zeichnen begabt.

2 ► **avoir un don pour** (= aptitude) : für + *accusatif* + begabt sein

donc

1 ▷ Tu ne fais pas partie de l'équipe, donc tu ne peux pas venir.
Du bist nicht in der Mannschaft, deshalb darfst du nicht mitkommen.

1 (= en conclusion) **deshalb**

ℹ *On dit aussi **also**.*

2 ▷ Fais donc tes devoirs.
Mach doch deine Hausaufgaben.

2 (à l'impératif) **doch**

3 ▷ Tu ne peux donc pas faire attention ?
Kannst du denn nicht aufpassen?

3 (dans les questions) **denn**

données

▷ Que révèlent ces données ?
Was zeigen diese Daten auf?

die **Daten**

donner

1 ▷ Donne-moi ta lettre, je vais la poster.
Gib mir deinen Brief, ich bringe ihn zur Post.

1 ► **donner** quelque chose **à** quelqu'un **:** jemandem (datif) etwas **geben** (gibt, gab, gegeben)

2 ▷ La prof nous a donné plein de devoirs pour le week-end.
Die Lehrerin hat uns eine Menge Hausaufgaben über das Wochenende aufgegeben.

2 (en parlant des devoirs) **aufgeben**

ℹ *auf•geben est un verbe à particule séparable et se conjugue comme geben.*

3 ▷ Mes parents m'ont donné un appareil photo pour Noël.
Meine Eltern haben mir zu Weihnachten einen Fotoapparat geschenkt.

3 (= faire un cadeau) **schenken**

4 ▷ Est-ce que quelqu'un a donné à manger au chien ?
Hat jemand den Hund gefüttert?

4 ► **donner à manger** (à un animal) **: füttern**

5 ▷ Donne-moi à boire, s'il te plaît, j'ai très soif.
Gib mir bitte zu trinken, ich habe großen Durst.

5 ► **donner à boire / à manger à** quelqu'un **:** jemandem (datif) **zu trinken / zu essen geben**

6 ▷ Cette promenade m'a donné faim.
Der Spaziergang hat mich hungrig gemacht.

▷ Ça ne te donne pas soif de manger tous ces bonbons ?
Machen diese vielen Bonbons dich nicht durstig?

6 ► **donner faim à** quelqu'un **:** jemanden (accusatif) **hungrig machen**

► **donner soif à** quelqu'un **:** jemanden (accusatif) **durstig machen**

7 ▷ Ça ne donnera rien de discuter avec lui.
Es bringt nichts, mit ihm zu diskutieren.

7 (= avoir pour conséquence) **bringen** (brachte, gebracht)

ℹ *L'expression française et sa traduction allemande sont familières.*

8 ▷ Le salon donne au sud.
Das Wohnzimmer liegt nach Süden.

8 ► **donner à / au...** (en indiquant une direction) **: nach... liegen** (lag, gelegen)

dont

1 ▷ C'est le garçon dont le frère est en prison.
Das ist der Junge, dessen Bruder im Gefängnis ist.
▷ J'ai rencontré une dame dont le fils a ton âge.
Ich habe eine Frau getroffen, deren Sohn dein Alter hat.

1 *Pour parler de l'appartenance, on emploie le génitif, qui s'utilise avec le substantif dont il est le complément : masculin / neutre + **dessen**, féminin + **deren**, pluriel + **deren**.*

2 ▷ Nous sommes trente élèves dans la classe, dont deux Coréens.
Wir sind dreißig Schüler in der Klasse, davon zwei Koreaner.

2 (= parmi lesquels) **davon**

3 ▷ C'est Marion dont je te parlais hier.
Das ist Marion, von der ich dir gestern erzählt habe.
▷ Je vais faire un exposé sur un sujet dont je ne connais rien.
Ich mache ein Referat über ein Thema, von dem ich nichts weiß.

3 (= au sujet duquel / de laquelle / desquels) **von dem / der / denen**

4 ▷ Nous avons visité le Canada dont Brigitte est originaire.
Wir haben Kanada besucht, aus dem Brigitte stammt.

4 *Quand* **dont** *indique l'origine de quelque chose ou de quelqu'un, on traduit par* ***aus dem / der / denen.***

doré, dorée

▷ Le gâteau a une jolie couleur dorée.
Der Kuchen hat eine schöne goldene Färbung.

golden

dorénavant

▷ Dorénavant, tu feras tes devoirs en rentrant à la maison !
Von jetzt an machst du deine Hausaufgaben, sobald du nach Hause kommst!

von jetzt an

i *On dit aussi* ***in Zukunft.***

dormir

▷ Est-ce que tu as bien dormi ?
Hast du gut geschlafen?

schlafen (schläft, schlief, geschlafen)

dortoir

▷ Il y a deux dortoirs dans l'auberge de jeunesse.
In der Jugendherberge gibt es zwei Schlafsäle.

der **Schlafsaal** (pluriel **-säle**)

Attention : au pluriel, le ***aa*** *de* ***Saal*** *est transformé en* ***ä.***

dos

1 ▷ Marie s'est couchée sur le dos.
Marie hat sich auf den Rücken gelegt.
▷ J'ai un grain de beauté au milieu du dos.
Ich habe ein Muttermal mitten auf dem Rücken.
▷ André a des brûlures sur le dos de la main.
André hat Verbrennungen auf dem Handrücken.

1 der **Rücken** (pluriel **Rücken**)

► **le dos de la main :** der Handrücken

2 ▷ L'adresse est écrite au dos de l'enveloppe.
Die Adresse steht auf der Rückseite des Umschlags.

2 ► **au dos de :** auf der Rückseite *+ génitif*

3 ▷ Mon oncle a le fisc sur le dos.
Mein Onkel hat die Steuerbehörde am Hals.

3 ► **avoir** quelqu'un *ou* quelque chose **sur le dos :** jemanden *ou* etwas (accusatif) **am Hals haben**

ℹ *L'expression française et sa traduction allemande sont familières.*

4 ▷ Il a essayé de me mettre ça sur le dos.
Er hat versucht, mir das in die Schuhe zu schieben.

4 ► **mettre** quelque chose **sur le dos de** quelqu'un **:** jemandem etwas **in die Schuhe schieben** (schob, geschoben)

ℹ *L'expression française et sa traduction allemande sont familières.*

dose

▷ Elle a pris une grosse dose d'aspirine.
Sie hat eine starke Dosis Aspirin genommen.

die **Dosis** (pluriel **Dosen**)

*Attention : ce pluriel est le même que celui de **Dose** qui signifie « boîte de conserve ».*

dossard

▷ Pierre porte le dossard numéro trois.
Pierre hat Startnummer drei.

die **Startnummer** (pluriel **-nummern**)

ℹ *En allemand, on parle du numéro (**Nummer**) inscrit sur le dossard plutôt que du dossard lui-même.*

dossier

1 ▷ Ne t'assieds pas sur le dossier de la chaise, il est cassé.
Setz dich nicht auf die Stuhllehne, sie ist kaputt.

1 die **Lehne** (pluriel **Lehnen**)

ℹ *Notez les substantifs composés : die **Sessellehne*** (le dossier du fauteuil), *die **Sofalehne*** (le dossier du canapé).

2 ▷ Samia a tout un dossier sur les problèmes d'environnement.
Samia hat eine ganze Akte über Umwelt-probleme.

▷ Il classe ses magazines dans des dossiers par ordre chronologique.
Er ordnet seine Zeitschriften chronologisch in Aktenordner.

▷ Je me demande ce qu'il y a dans mon dossier scolaire.
Ich frage mich, was in meiner Schulakte steht.

2 (= un ensemble de documents) die **Akte** (pluriel **Akten**)

(= classeur) der **Aktenordner** (pluriel **-ordner**)

► **dossier scolaire :** die **Schulakte**

douane

▷ La tante de Claude travaille à la douane.
Claudes Tante arbeitet beim Zoll.

▷ Nous avons dû attendre longtemps à la douane.
Wir mussten lange am Zoll warten.

der **Zoll**

► **à la douane** (= dans l'administration) **:** **beim Zoll**

► **à la douane** (= au poste de douane) **:** **am Zoll**

douanier, douanière

▷ Les douaniers nous ont demandé d'ouvrir le coffre de la voiture.
Die Zollbeamten haben uns gebeten, den Kofferraum zu öffnen.

der **Zollbeamte** (pluriel **-beamten**), die **Zollbeamtin** (pluriel **-beamtinnen**)

double

1 ▷ Est-ce que tu peux me donner une feuille double ?
Kannst du mir ein Doppelblatt geben?
▷ Nous voudrions une chambre double, s'il vous plaît.
Wir hätten gern ein Doppelzimmer, bitte.

1 *Pour parler de quelque chose qui est fait* **de deux parties** *ou qui est* **deux fois plus grand**, *on emploie des substantifs composés avec* ***Doppel-***.

2 ▷ Le repas a coûté le double de ce que nous avions prévu.
Das Essen hat doppelt so viel gekostet, wie wir erwartet hatten.

2 ► **le double de :** **doppelt so viel**

3 ▷ Est-ce que tu as gardé un double de la lettre ?
Hast du eine Kopie des Briefes behalten?

3 (= deuxième exemplaire) die **Kopie** (pluriel **Kopien**)

4 ▷ Je dois faire faire un double de la clé.
Ich muss einen Zweitschlüssel machen lassen.

4 ► **double de clé :** der **Zweitschlüssel**

5 ▷ Nous regarderons le double messieurs à la télé.
Wir werden uns das Herrendoppel im Fernsehen anschauen.

5 (au tennis) das **Doppel**
ℹ *Notez les substantifs composés suivants :* ***das Damendoppel*** **(le double dames)**, ***das Herrendoppel*** **(le double messieurs)** ; **double mixte** *se dit* ***gemischtes Doppel***.

doubler

1 ▷ Cette voiture nous a doublés à plus de cent soixante-dix à l'heure !
Dieses Auto hat uns mit mehr als hundertsiebzig überholt!

1 (= dépasser) **überholen**

2 ▷ En Angleterre, les films étrangers sont rarement doublés.
In England werden ausländische Filme selten synchronisiert.

2 (= doubler la voix des acteurs dans un film) **synchronisieren**
ℹ *Les verbes se terminant en* ***-ieren*** *ne prennent pas* ***ge-*** *au participe passé.*

3 ▷ Le nombre d'élèves a doublé en dix ans.
Die Schülerzahl hat sich in zehn Jahren verdoppelt.

3 (= être multiplié par deux) sich **verdoppeln**
ℹ *Les verbes commençant par le préfixe* ***ver-*** *ne prennent pas* ***ge-*** *au participe passé.*

douce

Regardez à ***doux***.

doucement

1 ▷ Parle doucement, le bébé dort.
Sprich leise, das Baby schläft.

1 (= à voix basse) **leise**

2 ▷ Vas-y doucement avec le cochon d'Inde !
Geh vorsichtig mit dem Meerschweinchen um!

2 (= délicatement) **vorsichtig**

3 ▷ Après son opération, elle marchait tout doucement.
Nach ihrer Operation ging sie ganz langsam.

3 (= lentement) **langsam**

douche

▷ Nous avons installé une douche au premier étage.
Wir haben im ersten Stock eine Dusche installiert.
▷ Je vais prendre une douche.
Ich gehe duschen.

die **Dusche** (pluriel Duschen)

► **prendre une douche : duschen**

*On dit aussi **unter die Dusche gehen**.*

se doucher

▷ Je me douche tous les matins.
Ich dusche jeden Morgen. *ou* **Ich dusche mich jeden Morgen.**

(sich) **duschen**

doué, douée

▷ Serge est un garçon très doué.
Serge ist ein sehr begabter Junge.
▷ Séréna est douée pour les langues.
Séréna ist für Sprachen begabt.

begabt

► **être doué pour... : für... begabt sein**

douillet, douillette

1 ▷ Ne sois pas si douillet, ce n'est qu'une petite piqûre de moustique !
Sei doch nicht so zimperlich, es ist nur ein kleiner Mückenstich!

1 (en parlant d'une personne) **zimperlich**

2 ▷ Leur appartement est très douillet.
Ihre Wohnung ist sehr gemütlich.

2 (en parlant d'une maison, d'un appartement) **gemütlich**

douleur

▷ Tout à coup, j'ai senti une douleur dans le bras.
Plötzlich habe ich einen Schmerz im Arm gefühlt.

der **Schmerz** (pluriel Schmerzen)

douloureux, douloureuse

▷ Apparemment, c'est une opération assez douloureuse.
Es ist anscheinend eine ziemlich schmerzhafte Operation.

schmerzhaft

doute

1 ▷ J'ai des doutes sur lui, je ne sais pas si je peux lui faire confiance.
Ich habe Zweifel über ihn, ich weiß nicht, ob ich ihm vertrauen kann.
▷ Dans le doute, il vaut mieux téléphoner avant.
Im Zweifelsfalle telefonieren wir besser vorher.
▷ C'est vrai que Marine part en Australie ? – Sans aucun doute !
Fliegt Marine wirklich nach Australien? – Zweifellos!

1 der **Zweifel** (pluriel **Zweifel**)
► **dans le doute : im Zweifelsfalle**
► **sans aucun doute** (= certainement) : **zweifellos**

2 ▷ Patrice viendra sans doute avec sa nouvelle copine.
Patrice wird wahrscheinlich mit seiner neuen Freundin kommen.

2 ► **sans doute** (= probablement) : **wahrscheinlich**

douter

1 ▷ Je doute que ça marche.
Ich bezweifle, dass es funktioniert.
▷ Je doute qu'ils viennent.
Ich bezweifle, dass sie kommen.

1 ► **douter que...** *+ subjonctif* : **bezweifeln, dass...**

2 ▷ Mes parents se doutent de quelque chose.
Meine Eltern ahnen etwas.

2 ► **se douter de** quelque chose (= soupçonner) : etwas **ahnen**

3 ▷ Je me doutais que ce serait difficile.
Ich vermutete, dass es schwierig sein würde.

3 ► **se douter que** (= supposer) : **vermuten**

doux, douce

1 ▷ Ton pull est si doux !
Dein Pulli ist so weich!

1 (en parlant d'un tissu) **weich**

2 ▷ Ce que j'aime le plus chez les bébés, c'est leur peau douce.
Was ich bei Babys am meisten liebe, ist ihre zarte Haut.

2 (en parlant de la peau) **zart**

3 ▷ Notre professeur de musique est très douce, elle ne se fâche jamais.
Unsere Musiklehrerin ist sehr sanft, sie schimpft nie.

3 (en parlant d'une personne) **sanft**

4 ▷ Il fait doux aujourd'hui.
Es ist mild heute.

4 ► **il fait doux : es ist mild**

5 ▷ On s'est retrouvé en douce.
Wir haben uns heimlich getroffen.

5 ► **en douce : heimlich**
ℹ *L'expression française est familière, mais sa traduction allemande ne l'est pas.*

douzaine

1 ▷ Une douzaine d'œufs, s'il vous plaît.
Ein Dutzend Eier, bitte.

2 ▷ Une douzaine de parents sont venus à la réunion.
Ungefähr zwölf Eltern sind zur Versammlung gekommen.

1 ► **une douzaine de...** (= douze exactement) : ein Dutzend...

2 ► **une douzaine de...** (= environ douze) : ungefähr zwölf

ℹ *On dit aussi **etwa zwölf**.*

douze

▷ Mon arrière-grand-mère avait douze frères.
Meine Urgroßmutter hatte zwölf Brüder.

▷ Ma nièce a douze ans.
Meine Nichte ist zwölf Jahre alt. *ou* Meine Nichte ist zwölf.

▷ Aujourd'hui, c'est le douze avril.
Heute ist der zwölfte April.

▷ Le douze février commencent les vacances d'hiver.
Am zwölften Februar fangen die Winterferien an.

zwölf

*Quand on dit l'âge de quelqu'un, on dit **ist zwölf Jahre alt**, ou on peut dire simplement le nombre : **ist zwölf**.*

*Quand on dit la date, on emploie **der zwölfte**.*

*Quand on dit que quelque chose a eu lieu ou aura lieu à cette date, on emploie **am zwölften**.*

ℹ *On écrit **12. Februar**.*

dragée

▷ Léna nous a apporté des dragées après le baptême de son petit frère.
Léna hat uns nach der Taufe ihres kleinen Bruders Drageebonbons gebracht.

das **Drageebonbon** (pluriel -bonbons)

En Allemagne, on n'offre pas de dragées lors de baptêmes, mariages, etc.

drame

▷ Ma mère a fait tout un drame de cette histoire.
Meine Mutter hat so ein Drama aus dieser Geschichte gemacht.

das **Drama** (pluriel Dramen)

► **faire un drame de** quelque chose : ein Drama aus etwas machen

drap

▷ Les draps à l'auberge de jeunesse étaient très propres.
Die Laken in der Jugendherberge waren sehr sauber.

das **Laken** (pluriel Laken)

ℹ *On dit aussi das **Bettlaken**.*

drapeau

▷ Nous avons fabriqué un drapeau pour l'équipe de basket.
Wir haben eine Fahne für die Basketballmannschaft angefertigt.

die **Fahne** (pluriel Fahnen)

dresser

1 ▷ Nous avons essayé de dresser notre chien, mais il ne veut pas obéir !
Wir haben versucht, unsern Hund zu dressieren, aber er will nicht gehorchen!

1 (un chien ou un animal de cirque) **dressieren**
ℹ *Les verbes se terminant en* ***-ieren*** *ne prennent pas* ***ge-*** *au participe passé.*

2 ▷ Carlos a dressé la tête quand il a entendu la voix de Nicole.
Carlos hob den Kopf, als er Nicoles Stimme hörte.

2 ► **dresser la tête : den Kopf heben** (**hob, gehoben**)

3 ▷ Le chat dresse les oreilles dès qu'il entend un bruit.
Die Katze spitzt die Ohren, sobald sie ein Geräusch hört.

3 ► **dresser les oreilles : die Ohren spitzen**

4 ▷ Si tu te dresses sur la pointe des pieds, tu verras mieux.
Wenn du dich auf die Zehenspitzen stellst, siehst du besser.

4 ► se **dresser sur la pointe des pieds :** sich **auf die Zehenspitzen stellen**

drogue

▷ Le cannabis est une drogue.
Cannabis ist eine Droge.

die **Droge** (pluriel **Drogen**)
ℹ *On dit aussi das* ***Rauschgift*** (pluriel **-gifte.**)

▷ La police a arrêté un trafiquant de drogue.
Die Polizei hat einen Drogenhändler festgenommen.

► **trafiquant de drogue :** der **Drogenhändler**
ℹ *On dit aussi* ***der Rauschgifthändler.***

droit

1 ▷ Vous avez le droit de marcher sur la pelouse.
Ihr dürft auf den Rasen gehen.
▷ Tu n'as pas le droit de faire ça.
Du darfst das nicht tun.

1 ► **avoir le droit de faire** quelque chose (= avoir la permission) : etwas **tun dürfen** (**darf, durfte, gedurft** *ou* **dürfen** *après un infinitif*)

2 ▷ David a droit à une bourse.
David hat Anspruch auf Studienbeihilfe.

2 ► **avoir droit à** quelque chose : **Anspruch auf** etwas **haben**

3 ▷ Cette carte te donne droit à une entrée gratuite.
Diese Karte berechtigt dich zu einem Gratiseintritt.

3 ► **donner droit à** quelqu'un **à** quelque chose : jemanden **zu** etwas **berechtigen**
ℹ *Les verbes commençant par le préfixe* ***be-*** *ne prennent pas* ***ge-*** *au participe passé.*

4 ▷ Le droit est le même pour tous.
Das Recht ist dasselbe für alle.

4 ► **le droit** (= les lois) : das **Recht**

5 ▷ La sœur de Bertrand fait des études de droit.
Bertrands Schwester studiert Jura.

5 ► **le droit** (= les études de droit) : **Jura**

droit, droite

1 ▷ Ce trait n'est pas droit.
Diese Linie ist nicht gerade.
▷ Tiens-toi droit quand tu écris.
Halte dich beim Schreiben gerade.
▷ La gare ? Vous tournez à gauche et après c'est tout droit.
Der Bahnhof? Da fahren Sie links und dann ganz geradeaus.

1 (= non dévié, non penché) **gerade**

► se **tenir droit** : sich **gerade halten** (**hält, hielt, gehalten**)

► **tout droit** (pour indiquer le chemin) : **geradeaus**

2 ▷ J'ai mal à mon pied droit.
Mein rechter Fuß tut mir weh.

2 (par opposition à gauche) **rechte**

droite

1 ▷ L'arabe se lit de droite à gauche.
Arabisch liest man von rechts nach links.
▷ Mets-toi à ma droite.
Stell dich an meine rechte Seite.
▷ Muriel ne sait pas reconnaître sa droite de sa gauche.
Muriel kann rechts und links nicht unterscheiden.
▷ L'école est à droite après la station-service.
Die Schule ist rechts nach der Tankstelle.
▷ Tournez à droite aux feux.
Biegen Sie an der Ampel rechts ab.
▷ À droite du cinéma, il y un restaurant chinois.
Rechts des Kinos ist ein chinesiches Restaurant.
▷ Les couverts sont dans le tiroir de droite.
Das Besteck ist in der rechten Schublade.

1 **rechts**

(= le côté droit) die **rechte Seite**

► **ne pas reconnaître sa droite de sa gauche** : **rechts und links nicht unterscheiden können**

► **à droite** (= situé à droite) : **rechts**

► **tourner à droite** : **rechts abbiegen**

► **à droite de** : **rechts** + *génitif*

► **de droite** (= situé à droite) : **rechte**

2 ▷ Beaucoup de gens ont voté pour la droite.
Viele Leute haben für die Rechte gestimmt.
▷ Ils sont de droite.
Sie liegen rechts.

2 ► **la droite** (en parlant de politique) : die **Rechte**

► **être de droite** (politiquement) : **rechts liegen** (**lag, gelegen**)

droitier, droitière

▷ Tu es droitier ou gaucher ?
Bist du Rechtshänder oder Linkshänder?

der **Rechtshänder** (pluriel **Rechtshänder**), die **Rechtshänderin** (pluriel **Rechtshänderinnen**)

*Attention à ne pas dire ou écrire **Rechtshändler**. **Händler** signifie « commerçant ».*

drôle

1 ▷ C'est un film très drôle.
Das ist ein ganz lustiger Film.

1 (= comique) **lustig**

ℹ *On dit aussi **witzig**.*

2 ▷ C'est drôle, je pensais que j'avais fermé la porte.
Komisch, ich dachte, ich hätte die Tür zugemacht.
▷ Il a un drôle de chien.
Er hat so einen komischen Hund.

2 (= bizarre) **komisch**
ℹ *On dit aussi* ***seltsam****.*
► **un(e) drôle de** + *nom* **: ein / eine komischer / komische** + *nom*

drôlement

▷ Yang était drôlement content de nous voir.
Yang war ganz schön froh uns zu sehen.

(= très) **ganz schön**

du

Regardez le mot ***de****.*

dune

▷ La plage est juste derrière les dunes.
Der Strand ist gleich hinter den Dünen.

die **Düne** (pluriel Dünen)

dur, dure

1 ▷ Cette table est faite dans un bois très dur.
Dieser Tisch ist aus ganz hartem Holz.

1 (en parlant d'un matériau ou d'un lit) **hart** (**plus dur** härter **; le plus dur** der härteste)

2 ▷ Le repas était bon, mais la viande était un peu dure.
Das Essen war gut, aber das Fleisch war ein bisschen zäh.

2 (en parlant de viande) **zäh**

3 ▷ Le devoir de maths était vraiment dur.
Die Matheaufgabe war wirklich schwer.

3 (= difficile) **schwer**
ℹ *On dit aussi* ***schwierig****.*

4 ▷ Les parents de Fabien sont très dur avec lui.
Fabiens Eltern sind sehr streng mit ihm.

4 ► **dur avec** quelqu'un (= sévère) : **streng mit** jemandem (datif)

durée

▷ La durée de vie augmente.
Die Lebensdauer erhöht sich.

▷ Quelle est la durée du film ?
Wie lange dauert der Film?

die **Dauer**
ℹ *Le substantif est employé surtout dans des mots composés.*
Quand on demande la **durée** *de quelque chose, on emploie la forme verbale* ***Wie lange dauert...?***

durer

1 ▷ Ce beau temps ne va pas durer.
Dieses schöne Wetter wird nicht andauern.

1 (= continuer) **andauern**
ℹ *On dit aussi* ***anhalten****.*

2 ▷ Le voyage en avion dure deux heures.
Der Flug dauert zwei Stunden.

2 (= prendre) **dauern**

duvet

▷ Il n'y a pas de couvertures à l'auberge de jeunesse, alors on doit apporter notre propre duvet.
In der Jugendherberge gibt es keine Decken, also müssen wir unsere eigenen Schlafsäcke mitbringen.

(= sac de couchage) der **Schlafsack** (pluriel **-säcke**)

DVD

▷ Lulu a eu un DVD pour son anniversaire.
Lulu hat eine DVD zum Geburtstag bekommen.
▷ J'ai plus de trente DVD.
Ich habe mehr als dreißig DVDs.

die **DVD** /de:fau'de:/ (pluriel **DVDs**)
*En allemand, on forme le pluriel de **DVD** en ajoutant un **s** minuscule à la fin.*
Notez la prononciation.

dynamique

▷ Notre prof de maths est très dynamique.
Unser Mathelehrer ist sehr dynamisch.

dynamisch

dyslexique

▷ Ali est dyslexique, il a du mal à lire.
Ali ist legasthenisch, er hat Schwierigkeiten beim Lesen.

legasthenisch

Ee

eau

▷ L'eau est bonne, on peut se baigner.
Das Wasser ist schön warm, wir können baden.

das **Wasser**

▷ Je ne bois que de l'eau minérale.
Ich trinke nur stilles Wasser.

► **eau minérale :** stilles Wasser

▷ Une bouteille d'eau gazeuse, s'il vous plaît.
Eine Flasche Mineralwasser, bitte.

► **eau gazeuse :** das Mineralwasser

*L'eau plate minérale n'existe pas en Allemagne, elle est importée, notamment de France. Si vous demandez **eine Flasche Mineralwasser** dans un café ou un restaurant, on vous servira toujours de l'eau gazeuse. Pour avoir de l'**eau plate**, on demande **eine Flasche stilles Wasser**.*

▷ Tu peux boire l'eau du robinet.
Du kannst Leitungswasser trinken.

► **eau du robinet :** das Leitungswasser

éblouir

▷ Les phares de la voiture nous ont éblouis.
Die Scheinwerfer des Autos haben uns geblendet.

blenden

éboueur

▷ Est-ce que les éboueurs sont passés ?
Waren die Müllarbeiter schon da?

der **Müllarbeiter** (pluriel -arbeiter)

s'ébouillanter

▷ J'ai failli m'ébouillanter avec la soupe.
Ich habe mich fast mit der Suppe verbrüht.

sich **verbrühen**

i *Les verbes commençant par le préfixe **ver-** ne prennent pas **ge-** au participe passé.*

ébouriffé, ébouriffée

▷ Alexis avait les cheveux tout ébouriffés.
Alexis hatte ganz zerzauste Haare.

▷ Tu es tout ébouriffée !
Du bist ganz zerzaust!

(en parlant des cheveux) **zerzaust**

écaille

▷ Le poissonnier a gratté les écailles du poisson avec un couteau.
Der Fischhändler hat die Schuppen des Fisches mit einem Messer abgekratzt.

(d'un poisson) die **Schuppe** (pluriel **Schuppen**)

écart

1 ▷ Il y a un gros écart entre la meilleure note et la plus mauvaise.
Es gibt einen großen Unterschied zwischen der besten und der schlechtesten Note.

1 (= différence) der **Unterschied** (pluriel **Unterschiede**)

2 ▷ Le camion a fait un écart pour éviter la moto.
Der Lastwagen hat einen Schlenker gemacht, um dem Motorrad auszuweichen.

2 ► **faire un écart** (en parlant d'un véhicule) **: einen Schlenker machen**

3 ▷ Juliette sait faire le grand écart.
Juliette kann Spagat machen.

3 ► **faire le grand écart : Spagat machen**

ℹ ***Spagat*** *est masculin ou neutre, mais l'article ne s'emploie pas dans cette expression.*

écarter

1 ▷ Écartez les bras et redressez le dos.
Breitet die Arme aus und haltet den Rücken gerade.

1 (en parlant des bras, des jambes) **ausbreiten**

ℹ ***aus•breiten*** *est un verbe à particule séparable.*

2 ▷ Écartez les jambes et baissez-vous.
Spreizt die Beine und bückt euch.

2 (en parlant des jambes, des doigts) **spreizen**

3 ▷ Écarte ta chaise du feu, c'est dangereux.
Rück deinen Stuhl vom Feuer weg, es ist gefährlich.
▷ Il a écarté son enfant du bord du trottoir.
Er hat sein Kind vom Gehsteigrand weggezogen.

3 *En allemand, pour dire qu'on* **écarte** *quelque chose ou quelqu'un* **de** *quelque chose, on emploie* ***von... weg-*** *+ le verbe qui convient :* ***rücken*** *ou* ***schieben*** *(pousser),* ***ziehen*** *(tirer).*

4 ▷ Les gens se sont écartés pour nous laisser passer.
Die Leute sind zur Seite gegangen, um uns durchzulassen.
▷ Écarte-toi de lui, il va te frapper !
Geh weg von ihm, er wird dich schlagen!

4 ► s'**écarter** (= s'éloigner) : **zur Seite gehen** (**ging**, **gegangen**)

► s'**écarter de... : von... weggehen**

ℹ ***weg•gehen*** *est un verbe à particule séparable et se conjugue comme* ***gehen*** *(**ging**, **gegangen**).*

échafaudage

▷ La façade de la mairie est couverte d'échafaudages.
Die Fassade des Rathauses ist durch ein Gerüst verdeckt.

das **Gerüst** (pluriel **Gerüste**)

ℹ *Ce mot s'emploie surtout au singulier.*

échange

1 ▷ Il y a eu un échange entre notre école et une école allemande.
Es gab einen Austausch zwischen unserer und einer deutschen Schule.

1 der **Austausch** (pluriel Austausche)

2 ▷ Tu me donnes ton stylo et, en échange, je te donne ma casquette.
Du gibst mir deinen Kugelschreiber und dafür gebe ich dir meine Kappe.

2 ► **en échange : dafür**

échanger

1 ▷ Vous pouvez échanger l'article, mais vous devez garder le ticket de caisse.
Sie können den Artikel umtauschen, aber Sie müssen den Kassenzettel behalten.

1 (en parlant d'un achat qu'on souhaite échanger) **umtauschen**

2 ▷ Martin a échangé des timbres contre un billet de cinéma.
Martin hat Briefmarken gegen eine Kinokarte eingetauscht.

2 ► **échanger** quelque chose **contre** quelque chose : etwas **gegen** etwas **eintauschen**

ℹ ***um•tauschen*** *et* ***ein•tauschen*** *sont des verbes à particule séparable.*

échantillon

▷ La vendeuse m'a donné trois échantillons gratuits.
Die Verkäuferin hat mir drei Warenproben gratis gegeben.

die **Warenprobe** (pluriel -proben)

ℹ *On dit aussi plus simplement die* ***Probe****.*

écharpe

1 ▷ N'oublie pas ton écharpe, il fait froid dehors.
Vergiss deinen Schal nicht, es ist kalt draußen.

1 (= cache-nez) der **Schal** (pluriel Schale, Schals)

2 ▷ Leïla a le bras en écharpe, il est peut-être cassé.
Leïla trägt den Arm in der Schlinge, vielleicht ist er gebrochen.

2 ► **avoir le bras en écharpe : den Arm in der Schlinge tragen** (trägt, trug, getragen)

échec

▷ Il n'a pas été accepté ; c'est un grave échec pour lui.
Er ist nicht angenommen worden; das ist ein schwerer Misserfolg für ihn.

(= manque de succès) der **Misserfolg** (pluriel -erfolge)

échecs

▷ Michael joue souvent aux échecs avec son père.
Michael spielt oft mit seinem Vater Schach.

(= jeu) **Schach**
► **jouer aux échecs : Schach spielen**

ℹ ***Schach*** *est un singulier. L'article neutre n'est pas employé.*

▷ J'ai eu un jeu d'échecs pour mon anniversaire.
Ich habe ein Schachspiel zum Geburtstag bekommen.

► **jeu d'échecs** : das **Schachspiel** (pluriel **–spiele**)

échelle

1 ▷ Bérénice est tombée de l'échelle.
Bérénice ist von der Leiter gefallen.

1 (pour monter) die **Leiter** (pluriel **Leitern**)

2 ▷ Quelle est l'échelle de cette carte ?
Welchen Maßstab hat diese Karte?

2 (= échelle d'une carte, d'un plan) der **Maßstab** (pluriel **Maßstäbe**)

échiquier

▷ Amélie a un très bel échiquier en bois.
Amélie hat ein sehr schönes Schachbrett aus Holz.

das **Schachbrett** (pluriel **Schachbretter**)

écho

▷ Tu as entendu l'écho ?
Hast du das Echo gehört?

das **Echo** (pluriel **Echos**)

échouer

1 ▷ Ils ont fait un gros effort, mais ils ont échoué.
Sie haben sich große Mühe gegeben, aber sie sind gescheitert.

1 (= ne pas réussir) **scheitern**

ℹ ***scheitern*** *s'emploie avec l'auxiliaire* ***sein****.*

2 ▷ Ludovic a échoué à son permis de conduire.
Ludovic ist bei der Führerscheinprüfung durchgefallen.
▷ J'échoue à chaque fois à cause des maths.
Ich falle jedes Mal wegen der Mathe durch.

2 ► **échouer à** quelque chose (en parlant d'un examen) : **bei** etwas **durchfallen**

ℹ ***durch•fallen*** *est un verbe à particule séparable et se conjugue comme* ***fallen*** (**fällt, fiel, gefallen**).

3 ▷ Une baleine s'était échouée entre les rochers.
Ein Wal war zwischen den Felsen gestrandet.

3 ► s'**échouer** (en parlant d'un bateau ou d'une baleine) : **stranden**

ℹ *Le verbe réfléchi français se traduit par un verbe intransitif en allemand qui s'emploie avec l'auxiliaire* ***sein****.*

éclabousser

▷ Arrête de m'éclabousser !
Hör auf, mich zu bespritzen!

bespritzen

ℹ *Les verbes commençant par le préfixe* ***be-*** *ne prennent pas* ***ge-*** *au participe passé.*

éclair

1 ▷ Tu as vu cet éclair ?
Hast du diesen Blitz gesehen?

1 (= foudre) der **Blitz** (pluriel **Blitze**)

2 ▷ J'aimerais bien un éclair au café.
Ich hätte gern einen Mokkaeclair.

2 (= gâteau) der **Eclair** (pluriel **Eclairs**)

🔈 *Se prononce comme en français.*

éclairage

▷ L'éclairage n'est pas très bon dans cette salle.
Die Beleuchtung ist nicht sehr gut in diesem Saal.

(= lumière artificielle) die **Beleuchtung**

éclaircie

▷ La météo a annoncé des éclaircies pour cet après-midi.
Der Wetterdienst hat für heute Nachmittag Aufheiterungen vorhergesagt.

die **Aufheiterung** (pluriel Aufheiterungen)

éclaircir

1 ▷ Tu pourrais peindre ta chambre en jaune pour l'éclaircir.
Tu könntest dein Zimmer gelb anstreichen, um es aufzuhellen.

1 ► **éclaircir** quelque chose (en parlant d'une pièce) **:** etwas **aufhellen**

ℹ ***auf•hellen*** *est un verbe à particule séparable.*

2 ▷ Nous ferions mieux d'éclaircir tout de suite ce malentendu.
Wir sollten dieses Missverständnis besser sofort klären.

2 (en parlant d'un problème, d'un malentendu) **klären**

3 ▷ Enfin, le temps s'éclaircit !
Na endlich, das Wetter klart auf!

3 ► s'**éclaircir** (en parlant du temps) **:** **aufklaren**

ℹ ***auf•klaren*** *est un verbe à particule séparable.*

éclairer

▷ Plusieurs lampes éclairent la pièce.
Mehrere Lampen beleuchten den Raum.

(en parlant d'une lampe) **beleuchten**

ℹ *Les verbes commençant par le préfixe* ***be-*** *ne prennent pas* ***ge-*** *au participe passé.*

éclat

1 ▷ Lionel s'est coupé avec un éclat de verre.
Lionel hat sich mit einem Glassplitter geschnitten.

1 (= petit morceau) der **Splitter** (pluriel Splitter)

2 ▷ Nous avons entendu des éclats de rire dehors.
Wir haben draußen lautes Gelächter gehört.

2 ► **éclats de rire :** lautes Gelächter

ℹ *das* ***Gelächter*** *signifie « le rire » et s'emploie au singulier.* ***Laut*** *signifie « bruyant ».*

3 ▷ La blague de Marie nous a fait rire aux éclats.
Wir haben laut über Maries Witz gelacht.

3 ► **rire aux éclats :** laut lachen

éclatant

▷ Elle porte toujours des couleurs éclatantes.
Sie trägt immer leuchtende Farben.

leuchtend

éclater

1 ▷ Tout le monde a sursauté quand le ballon a éclaté.
Alle sind zusammengezuckt, als der Luftballon geplatzt ist.

1 (en parlant d'un ballon, d'un pneu)
platzen

2 ▷ Le verre va éclater si tu verses de l'eau brûlante dedans.
Das Glas wird zerspringen, wenn du kochendes Wasser reingießt.

2 (en parlant d'un verre, d'un vase)
zerspringen (zersprang, zersprungen)

ℹ *Les verbes commençant par le préfixe* ***zer-*** *ne prennent pas* ***ge-*** *au participe passé.*

3 ▷ Sonia a éclaté de rire quand Cédric lui a demandé si elle voulait sortir avec lui.
Sonia brach in lautes Gelächter aus, als Cédric sie gefragt hat, ob sie mit ihm gehen wolle.

3 ► **éclater de rire :** in lautes Gelächter ausbrechen

ℹ ***aus•brechen*** *est un verbe à particule séparable et se conjugue comme* ***brechen*** (bricht, brach, gebrochen).

▷ Devant la directrice, elle a éclaté en sanglots.
Vor der Schulleiterin ist sie in Tränen ausgebrochen.

► **éclater en sanglots :** in Tränen ausbrechen

4 ▷ On s'est éclatés à la soirée de Hassan.
Wir haben uns auf Hassans Party prima amüsiert.

4 ► **s'éclater** (= s'amuser) **:** sich prima amüsieren

éclipse

▷ Est-ce que vous avez vu l'éclipse de soleil ?
Habt ihr die Sonnenfinsternis gesehen?

die **Sonnenfinsternis** (pluriel –finsternisse)

ℹ Éclipse de lune *se dit* ***Mondfinsternis****.*

écœurant, écœurante

1 ▷ Ce gâteau est écœurant.
Dieser Kuchen ist widerlich süß.

1 *Pour dire qu'un aliment est* **écœurant** *en allemand, on emploie* ***widerlich*** *avec l'adjectif qui convient :* ***widerlich süß*** *(trop sucré),* ***widerlich fett*** *(trop gras).*

2 ▷ Suzanne traite Matthieu de façon écœurante.
Suzanne ist widerwärtig zu Matthieu.

2 (= injuste, révoltant) **widerwärtig**

ℹ *On dit aussi* ***widerlich****.*

écœurer

▷ Ça m'écœure.
Es widert mich an.

► **écœurer** quelqu'un **:** jemanden (accusatif) anwidern

ℹ ***an•widern*** *est un verbe à particule séparable.*

école

▷ L'école est tout près de l'église.
Die Schule liegt ganz in der Nähe der Kirche.

die **Schule** (pluriel Schulen)

▷ L'école maternelle et l'école primaire sont dans le même bâtiment.
Der Kindergarten und die Grundschule sind im selben Gebäude.

► **école maternelle :** der **Kindergarten** (pluriel **-ärten**)
► **école primaire :** die **Grundschule**
L'école maternelle, telle qu'on la connaît en France, n'existe pas en Allemagne, on on trouve des jardins d'enfants *(**Kindergarten**).*

▷ Quel jour est-ce que l'école finit ?
Wann ist die Schule aus?

► **l'école** (= les cours) : die **Schule**

▷ Marika va déjà à l'école.
Marika geht schon in die Schule.

► **aller à l'école :** **in die Schule gehen**
*On dit aussi **zur Schule gehen*** (ging, gegangen).

▷ Hélène entre à l'école en septembre.
Hélène kommt im September in die Schule.

Pour dire que quelqu'un **entre à l'école** *pour la première fois, on traduit par **in die Schule kommen*** (kam, gekommen).

écologie

▷ L'avenir de la Terre dépend de l'écologie.
Die Zukunft der Erde hängt vom Umweltschutz ab.

der **Umweltschutz**

écologique

1 ▷ Beaucoup de gens pensent que les problèmes écologiques sont très importants.
Viele Leute denken, dass Umweltprobleme sehr wichtig sind.

1 *Pour dire en allemand que quelque chose est lié à l'environnement, on utilise des mots composés avec **Umwelt** : die **Umweltkatastrophe*** (catastrophe écologique) *; die **Umweltpolitik*** (politique écologique).

2 ▷ Ma mère utilise des produits de nettoyage écologiques.
Meine Mutter benutzt umweltfreundliche Putzmittel.

2 (= qui respecte l'environnement) **umweltfreundlich**

écologiste

1 ▷ Les écologistes sont contre la construction de l'autoroute.
Die Umweltschützer sind gegen den Bau der Autobahn.

1 (= défenseur de l'environnement) der **Umweltschützer** (pluriel **-schützer**), die **Umweltschützerin** (pluriel **-schützerinnen**)

2 ▷ Les écologistes ont eu beaucoup de voix aux élections.
Die Grünen haben bei der Wahl viele Stimmen gewonnen.

2 (= le mouvement politique) die **Grünen**
*Le parti écologiste allemand s'appelle **Bündnis 90 / Die Grünen**.*

économie

1 ▷ L'économie française va mieux.
Der französischen Wirtschaft geht es besser.

1 (en parlant d'un pays) die **Wirtschaft**

2 ▷ Fabien fait des études d'économie.
Fabien studiert Wirtschaftswissenschaften.

2 (= matière, science) die **Wirtschaftswissenschaften**
Ce mot est un pluriel.

3 ▷ Lucille a mis ses économies à la banque.
Lucille hat ihre Ersparnisse auf die Bank gebracht.

3 ► **économies** (= argent mis de côté) : die **Ersparnisse**
Ce mot est un pluriel.

4 ▷ Mes parents font des économies pour payer les vacances.
Meine Eltern sparen, um die Ferien zu bezahlen.

4 ► **faire des économies** : **sparen**

économique

1 ▷ Beaucoup de pays ont des problèmes économiques.
Viele Länder haben Wirtschaftsprobleme.

1 *Pour dire en allemand que quelque chose est lié à l'***économie***, on utilise des mots composés avec* ***Wirtschaft*** *: die* ***Wirtschaftspolitik*** **(politique économique)** *; die* ***Wirtschaftszeitung*** **(journal économique)**.

2 ▷ C'est plus économique d'acheter un grand paquet.
Es ist sparsamer, ein großes Paket zu kaufen.

2 (= meilleur marché) **sparsam**

économiser

▷ Il faut économiser l'eau.
Wir müssen Wasser sparen.
▷ J'économise pour m'acheter un lecteur de CD.
Ich spare, um mir einen CD-Player zu kaufen.

sparen

économiseur d'écran

▷ Il est super ton économiseur d'écran !
Dein Bildschirmschoner ist ja toll!

der **Bildschirmschoner** (pluriel **-schoner**)

économiste

▷ Les économistes l'avaient prédit.
Die Wirtschaftswissenschaftler haben es vorausgesagt.

der **Wirtschaftswissenschaftler** (pluriel **-wissenschaftler**), die **Wirtschaftswissenschaftlerin** (pluriel **-wissenschaftlerinnen**)

écorce

1 ▷ Daphné a écrit son nom avec un couteau sur l'écorce de l'arbre.
Daphné hat ihren Namen mit einem Messer in die Baumrinde geschnitzt.

1 (d'un arbre) die **Rinde** (pluriel **Rinden**)

2 ▷ Tu peux mettre un peu d'écorce d'orange dans la pâte.
Du kannst etwas Orangenschale in den Teig geben.

2 (d'un citron, d'une orange) die **Schale** (pluriel **Schalen**)

écorcher

▷ Je suis tombé de vélo et je me suis écorché le genou.
Ich bin vom Fahrrad gefallen und habe mir das Knie aufgeschürft.

► **s'écorcher** quelque chose (le genou, le bras) **:** sich etwas (accusatif) **aufschürfen**

auf•schürfen est un verbe à particule séparable.

Le pronom personnel allemand s'utilise au datif : ***ich schürfe mir... auf, du schürfst dir... auf, er / sie schürft sich... auf, wir schürfen uns... auf, ihr schürft euch... auf, sie schürfen sich... auf.***

écossais, écossaise

1 ▷ Les îles écossaises sont très sauvages.
Die schottischen Inseln sind sehr unberührt.

1 (adjectif) **schottisch**

2 ▷ Beaucoup d'Écossais sont venus à Paris pour le match de rugby.
Viele Schotten kamen für das Rugbyspiel nach Paris.

2 (= personne) der **Schotte** (pluriel **Schotten**), die **Schottin** (pluriel **Schottinnen**)

3 ▷ Emmy portait une jupe écossaise.
Emmy trug einen Schottenrock.

3 (= tissu à carreaux) der **Schotten**

Écosse

▷ L'Écosse fait partie de la Grande-Bretagne.
Schottland gehört zu Großbritannien.

Schottland

► **l'Écosse :** Schottland

Ne prend l'article neutre que précédé d'un adjectif : ***das geheimnisvolle Schottland*** (l'Écosse mystérieuse).

▷ Il ne fait pas toujours froid en Écosse.
Es ist nicht immer kalt in Schottland.

► **en Écosse** (= dans la région) **:** in Schottland

▷ Sabine doit aller en Écosse pour son travail.
Sabine muss geschäftlich nach Schottland reisen.

► **en Écosse** (= vers la région) **:** nach Schottland

▷ Es-tu déjà allé en Écosse ?
Warst du schon in Schottland?

Attention : pour dire que quelqu'un est déjà allé quelque part, *on emploie une expression avec le prétérit du verbe* ***sein*** *+* ***schon***.

écouter

1 ▷ J'écoute cette émission de radio tous les dimanches.
Ich höre mir diese Radiosendung jeden Sonntag an.

1 ► **écouter** quelque chose **:** sich etwas **anhören**

▷ Tu peux écouter les CD dans le magasin.
Du kannst dir die CDs im Geschäft anhören.

ℹ **an•hören** *est un verbe à particule séparable.*
ℹ *Le pronom personnel allemand s'emploie au datif :* ***ich höre mir etwas an, du hörst dir etwas an, er / sie hört sich etwas an, wir hören uns etwas an, ihr hört euch etwas an, sie hören sich etwas an.***

2 ▷ Le prof parlait, mais Sam n'écoutait pas.
Der Lehrer sprach, aber Sam hörte nicht zu.

2 (= être attentif) **zuhören**
ℹ ***zu•hören*** *est un verbe à particule séparable.*

3 ▷ Maman a dit à Paul de venir, mais il ne l'a pas écouté.
Mama hat Paul gebeten zu kommen, aber er hat nicht auf sie gehört.

3 ► **écouter** quelqu'un (= obéir) : **auf** jemanden (accusatif) **hören**

4 ▷ Écoute, ça suffit maintenant !
Hör mal, jetzt reicht's aber!

4 ► **écoute / écoutez** (pour attirer l'attention) : **hör mal / hört mal**

écouteurs

▷ Mes écouteurs ne marchent plus.
Mein Kopfhörer funktioniert nicht mehr.

der **Kopfhörer**
ℹ *Ce mot s'emploie au singulier.*

écran

1 ▷ L'écran de cette télé est immense !
Dieser Fernseher hat ja einen riesigen Bildschirm!

1 (d'un téléviseur, d'un ordinateur) der **Bildschirm** (pluriel **Bildschirme**)

2 ▷ Au cinéma, j'étais assise trop près de l'écran.
Im Kino saß ich zu nah an der Leinwand.
▷ On ira voir le film sur grand écran.
Wir sehen uns den Film auf Breitwand an.

2 (d'un cinéma) die **Leinwand** (pluriel **Leinwände**)
► **grand écran** (au cinéma) : die **Breitwand**

3 ▷ N'oublie pas d'emporter l'écran total pour la plage.
Vergiss nicht, den Sunblocker an den Strand mitzunehmen.

3 ► **écran total** (= crème) : der **Sunblocker** /'sanblɔkɐ/
ℹ ***Sunblock*** *est un mot anglais.*

écraser

1 ▷ Il faut écraser les canettes avant de les recycler.
Dosen muss man platt drücken, bevor man sie recycelt.

1 (= aplatir) **platt drücken**

2 ▷ Tu écrases les pommes de terre et tu les mélanges avec du beurre.
Zerdrück die Kartoffeln und vermisch sie mit etwas Butter.

2 (= réduire en purée) **zerdrücken**
ℹ *Les verbes commençant par le préfixe* ***zer-*** *ne prennent pas* ***ge-*** *au participe passé.*

3 ▷ Mets l'araignée dehors au lieu de l'écraser.
Tu die Spinne raus, anstatt sie zu zerquetschen.

3 (en parlant d'un insecte ou d'une araignée) **zerquetschen**

ℹ *Les verbes commençant par le préfixe* ***zer–*** *ne prennent pas* ***ge-*** *au participe passé.*

4 ▷ Il m'a écrasé le pied en dansant.
Er ist mir beim Tanzen auf den Fuß getrampelt.

4 (en parlant du pied de quelqu'un) **auf... trampeln**

5 ▷ Un camion a écrasé notre chien.
Ein Lastwagen hat unseren Hund überfahren.
▷ Elle s'est fait écraser par une voiture.
Sie wurde von einem Auto überfahren.

5 (avec un véhicule) **überfahren**

► **se faire écraser** (par un véhicule) : **überfahren werden** (**wird**, **wurde**, **worden**)

écrémé, écrémée

▷ Laura boit du lait écrémé.
Laura trinkt entrahmte Milch.

entrahmt

ℹ Demi-écrémé *se dit* ***fettarm***.

écrire

▷ Nous devons écrire notre nom en haut de la page.
Wir müssen unseren Namen oben auf die Seite schreiben.
▷ J'espère que tu m'écriras.
Ich hoffe, du wirst mir schreiben.
▷ Marc et Valérie s'écrivent tous les jours.
Marc und Valérie schreiben sich jeden Tag.
▷ Est-ce que tu sais écrire « Eichhörnchen » ?
Weißt du, wie man „Eichhörnchen" schreibt?

schreiben (**schrieb**, **geschrieben**)

► **écrire à** quelqu'un : jemandem (datif) **schreiben**
► s'**écrire** (en parlant de deux personnes) : sich **schreiben**
► **écrire** quelque chose (= orthographier) : **schreiben**

écrit, écrite

▷ L'épreuve écrite était plus facile que l'épreuve orale.
Die schriftliche Prüfung war leichter als die mündliche.

schriftlich

écriteau

▷ L'écriteau dit « Interdit aux chiens ».
Auf dem Schild steht „Für Hunde verboten".

das **Schild** (pluriel **Schilder**)

⚠ *Attention à ne pas confondre avec* der ***Schild*** = bouclier *dont le pluriel est* ***Schilde***.

écriture

▷ Son écriture est illisible.
Seine Schrift ist unleserlich.

die **Schrift** (pluriel **Schriften**)

écrivain

▷ L'oncle de Jérémie est écrivain.
Jérémies Onkel ist Schriftsteller.

der **Schriftsteller** (pluriel **-steller**), die **Schriftstellerin** (pluriel **-stellerinnen**)

s'écrouler

▷ Une partie de l'immeuble s'est écroulée.
Ein Teil des Gebäudes ist eingestürzt.

einstürzen

ℹ ***ein•stürzen*** *est un verbe à particule séparable.*

écume

▷ Il y a de l'écume sur la plage.
Auf dem Strand liegt Schaum.

der **Schaum**

écureuil

▷ Nous avons donné des noisettes aux écureuils dans le parc.
Wir haben den Eichhörnchen im Park Haselnüsse gegeben.

das **Eichhörnchen** (pluriel **Eichhörnchen**)

écurie

▷ Je suis entré dans l'écurie et j'ai caressé le cheval.
Ich bin in den Stall gegangen und habe das Pferd gestreichelt.

der **Stall** (pluriel **Ställe**)

ℹ *Quand il est nécessaire de préciser, par exemple dans une même phrase avec* **étable**, *on dit der* ***Pferdestall***.

eczéma

▷ L'eczéma peut être provoqué par une allergie.
Ekzem kann von einer Allergie kommen.

▷ Étienne a de l'eczéma.
Étienne hat ein Ekzem.

Ekzem

ℹ *L'article neutre n'est pas employé.*

► **avoir de l'eczéma : ein Ekzem haben**

ℹ *En allemand, on emploie l'article indéfini.*

édredon

▷ J'ai trop chaud sous cet édredon.
Mir ist unter dieser Daunendecke zu warm.

die **Daunendecke** (pluriel **-decken**)

ℹ *On dit aussi das* ***Federbett*** (pluriel **-betten**)

éducation

▷ L'éducation est quelque chose de très important.
Erziehung ist etwas sehr Wichtiges.

▷ Nous n'avons pas de cours d'éducation sexuelle.
Wir haben keine Sexualerziehung in der Schule.

(des enfants) die **Erziehung**

► **éducation sexuelle : die Sexualerziehung**

effacer

1 ▷ Efface cette faute et réécris le mot.
Radier den Fehler aus und schreib das Wort neu.

1 (avec une gomme) **ausradieren**

ℹ *Les verbes se terminant en* ***-ieren*** *ne prennent pas* ***ge-*** *au participe passé.*

2 ▷ Le prof m'a demandé d'effacer le tableau.
Der Lehrer hat mich gebeten, die Tafel abzuwischen.

2 (en parlant d'un tableau) **abwischen**

ℹ ***ab•wischen*** *est un verbe à particule séparable.*

3 ▷ Zut, j'ai effacé le mauvais fichier !
Verflixt, ich habe die falsche Datei gelöscht!

3 (en parlant d'un document informatique) **löschen**

effectivement

▷ Tu as fait une faute là. – Effectivement, tu as raison.
Du hast da einen Fehler gemacht. – Tatsächlich, du hast Recht.

(= en effet) **tatsächlich**

ℹ *On dit aussi* ***in der Tat.***

effet

1 ▷ Notre plaisanterie n'a pas eu l'effet que nous avions prévu.
Unser Scherz hatte nicht die vorhergesehene Wirkung.

▷ L'aspirine ne m'a fait aucun effet.
Das Aspirin hat bei mir nicht gewirkt.

1 (= résultat) die **Wirkung**

► **faire de l'effet à** quelqu'un **:** bei jemandem (datif) **wirken**

2 ▷ Les effets spéciaux sont super dans ce film.
Die Spezialeffekte in dem Film sind toll.

2 ► **effets spéciaux :** die **Spezialeffekte**

3 ▷ Tu as fait une faute là. – En effet, tu as raison.
Du hast da einen Fehler gemacht. – Tatsächlich, du hast Recht.

3 ► **en effet** (= oui) **: tatsächlich**

efficace

1 ▷ Bravo, tu as été très efficace !
Bravo, du warst sehr kompetent!

1 (en parlant d'une personne) **kompetent**

2 ▷ Ces cachets ne sont pas très efficaces.
Diese Tabletten sind nicht sehr wirksam.

2 (en parlant d'un médicament, d'une mesure) **wirksam**

s'effondrer

▷ Tout l'immeuble s'est effondré.
Das ganze Gebäude ist eingestürzt.

einstürzen

ℹ ***ein•stürzen*** *est un verbe à particule séparable.*

s'efforcer

▷ Mathilde s'efforce de travailler plus, mais elle n'arrive pas à se concentrer.
Mathilde bemüht sich, mehr zu arbeiten, aber es gelingt ihr nicht, sich zu konzentrieren.

► s'**efforcer de faire** quelque chose **:** sich **bemühen,** etwas **zu tun**

ℹ *Le pronom personnel allemand s'emploie à l'accusatif :* ***ich bemühe mich, du bemühst dich, er / sie bemüht sich, wir bemühen uns, ihr bemüht euch, sie bemühen sich.***

ℹ *Les verbes commençant par le préfixe* ***be-*** *ne prennent pas* ***ge-*** *au participe passé.*

effort

1 ▷ Cette marche lui a demandé un trop gros effort.
Dieser Marsch hat sie viel Anstrengung gekostet.

1 die **Anstrengung** (pluriel **Anstrengungen**)

▷ Allez, fais un effort !
Los, streng dich an!
▷ J'ai dû faire un sacré effort pour soulever cette caisse.
Ich musste mich ganz schön anstrengen, um diese Kiste hochzuheben.

► **faire un effort :** sich **anstrengen**

Le pronom personnel allemand s'emploie à l'accusatif : ***ich strenge mich an, du strengst dich an, er / sie strengt sich an, wir strengen uns an, ihr strengt euch an, sie strengen sich an.***

2 ▷ Idriss fait des efforts pour être sage.
Idriss bemüht sich, artig zu sein.

2 ► **faire un effort** *ou* **faire des efforts pour** + *infinitif* (= s'appliquer) : sich **bemühen, zu** + *infinitif*

effrayé, effrayée

▷ Ils avaient l'air vraiment effrayés.
Sie sahen wirklich erschrocken aus.

erschrocken

égal, égale

1 ▷ Les deux dimensions sont égales.
Beide Abmessungen sind gleichwertig.

1 *Quand* **égal** *est employé seul, on traduit par* ***gleichwertig.***

2 ▷ Les deux chemins sont de longueur égale.
Beide Wege sind gleich lang.

2 *Quand* **égal** *qualifie un nom, on traduit par* ***gleich*** *+ adjectif :* ***gleich stark*** (de force égale), ***gleich alt*** (d'âge égal), ***gleich teuer*** (de prix égal).

3 ▷ « = » est le signe égal.
„=" ist das Gleichheitszeichen.

3 ► **le signe égal :** das **Gleichheitszeichen**

4 ▷ Tu veux aller au cinéma ou au théâtre ? – Ça m'est égal.
Willst du ins Kino oder ins Theater gehen? – Das ist mir egal.
▷ Hervé a dit des choses sur toi. – Ça m'est égal, il est idiot de toute façon !
Hervé hat Sachen über dich gesagt. – Das ist mir egal, er ist sowieso blöd!

4 ► **ça m'est égal** (= je n'ai pas de préférence, je m'en fiche) : **das ist mir egal**

égalité

▷ Ils sont pour l'égalité des sexes.
Sie sind für die Gleichheit der Geschlechter.
▷ Maintenant, les deux équipes sont à égalité.
Die beiden Mannschaften stehen jetzt punktgleich.

(= absence de différence) die **Gleichheit**
► **être à égalité** (en parlant de deux équipes, de deux concurrents) : **punktgleich stehen** (stand, gestanden)

égarer

1 ▷ J'ai égaré mes clés.
Ich habe meine Schlüssel verlegt.

1 (un objet) **verlegen**

Les verbes commençant par ***ver-*** *ne prennent pas* ***ge-*** *au participe passé.*

2 ▷ Elle s'est égarée dans la forêt.
Sie hat sich im Wald verirrt.

2 ► s'**égarer** : sich **verirren**
ℹ *Lorsque l'on s'égare à pied, on dit aussi sich* ***verlaufen****. Lorsque l'on s'égare en voiture, on dit aussi sich* ***verfahren****.*

église

▷ C'est une belle église du quinzième siècle.
Es ist eine schöne Kirche aus dem fünfzehnten Jahrhundert.
▷ Sylvaine et sa famille vont à l'église tous les dimanches.
Sylvaine und ihre Familie gehen jeden Sonntag in die Kirche.

die **Kirche** (pluriel **Kirchen**)
Attention : ne confondez pas avec die ***Kirsche*** *qui signifie « cerise ».*

► **aller à l'église** (= aller à la messe) : **in die Kirche gehen** (**ging**, **gegangen**)

égoïste

▷ Ne sois pas si égoïste, prête-moi ton livre.
Sei doch nicht so egoistisch, leih mir dein Buch.

egoistisch

égout

▷ L'égout est bouché.
Der Abwasserkanal ist verstopft.

der **Abwasserkanal** (pluriel **-kanäle**)

s'égratigner

▷ Tu vas t'égratigner les jambes si tu marches dans les ronces.
Du wirst dir die Beine zerkratzen, wenn du durch die Dornen gehst.
▷ Sophie s'est égratigné le bras.
Sophie hat sich den Arm zerkratzt.

► s'**égratigner les jambes, le bras, etc.** : sich **die Beine, den Arm** etc. **zerkratzen**
ℹ *Le pronom personnel allemand s'emploie au datif :* ***ich zerkratze mir..., du zerkratzt dir..., er / sie zerkratzt sich..., wir zerkratzen uns..., ihr zerkratzt euch..., sie zerkratzen sich...***
ℹ *Les verbes commençant par le préfixe* ***zer-*** *ne prennent pas* ***ge-*** *au participe passé.*

égratignure

▷ Ne pleure pas, ce n'est qu'une égratignure.
Wein doch nicht, es ist nur ein Kratzer.

der **Kratzer** (pluriel **Kratzer**)

élargir

1 ▷ La rue Rousseau va être élargie.
Die Rue Rousseau wird verbreitert werden.

1 (en parlant d'une rue, d'un trou) **verbreitern**
ℹ *Les verbes commençant par le préfixe* ***ver-*** *ne prennent pas* ***ge-*** *au participe passé.*

2 ▷ J'espère que ce jean va s'élargir, il est trop serré.
Ich hoffe, diese Jeans wird sich weiten, sie ist nämlich zu eng.

2 ► s'**élargir** (en parlant d'un vêtement, de chaussures) : sich **weiten**

3 ▷ La route s'élargit après le tournant.
Die Straße wird nach der Kurve breiter.

3 ► **s'élargir** (en parlant d'une rue, d'un trou) : **breiter werden** (wird, wurde, geworden)

ℹ *breiter est le comparatif de breit.*

élastique

1 ▷ Ce tissu est élastique.
Dieser Stoff ist elastisch.

1 (= extensible) **elastisch**

2 ▷ Margot attache ses cheveux avec un élastique.
Margot bindet ihre Haare mit einem Gummiband zusammen.

2 (= attache) das **Gummiband** (pluriel –bänder)

3 ▷ Je n'oserais jamais faire du saut à l'élastique.
Ich würde mir das Bungee-Jumping nie trauen.

3 ► **saut à l'élastique :** Bungee-Jumping /'bʌndʒidʒʌmpɪŋ/

Notez la prononciation.

élection

▷ Les élections ont lieu dans un mois.
Die Wahlen finden in einem Monat statt.

▷ Karim s'est présenté à l'élection des délégués de classe.
Karim kandidiert für die Wahl zum Klassensprecher.

die **Wahl** (pluriel Wahlen)

► **se présenter à une élection :** für eine Wahl kandidieren

électricien, électricienne

▷ L'électricien est venu réparer le radiateur.
Der Elektriker kam, um die Heizung zu reparieren.

der **Elektriker** (pluriel Elektriker), die **Elektrikerin** (pluriel Elektrikerinnen)

électricité

▷ Les ouvriers ont coupé l'électricité.
Die Arbeiter haben den Strom abgestellt.

der **Strom**

électrique

▷ Mon père a monté le train électrique dans le grenier.
Mein Vater hat die elektrische Eisenbahn im Speicher aufgebaut.

▷ Vous avez une cuisinière électrique ou une cuisinière à gaz ?
Habt ihr einen Elektroherd eder einen Gasherd?

elektrisch

Quand on parle d'appareils ***électriques****, on forme plutôt des mots composés avec* ***Elektro-*** *: die* ***Elektroheizung****,* (chauffage électrique), *der* ***Elektromotor*** (moteur électrique), *etc.*

électrocuter

▷ Andreas a failli s'électrocuter avec un sèche-cheveux.
Andreas starb fast an einem Stromstoß von einem Haartrockner.

► **s'électrocuter :** an einem Stromstoß sterben (stirbt, storb, gestorben)

ℹ *On dit aussi* ***an einem Stromschlag sterben.***

électronique

1 ▷ Cet appareil électronique fait un bruit épouvantable.
Dieses elektronische Gerät macht ein furchtbares Geräusch.

1 (en parlant d'un appareil, d'un jeu, etc.) **elektronisch**

2 ▷ Priscilla fait des études d'électronique.
Priscilla studiert Elektronik.

2 ► **l'électronique** (= la science) : die Elektronik

élégant, élégante

▷ La femme de Marc est toujours très élégante.
Marcs Frau ist immer sehr elegant.

elegant

éléphant

▷ Les éléphants d'Asie sont plus petits que les éléphants d'Afrique.
Indische Elefanten sind kleiner als afrikanische.

der **Elefant** (pluriel Elefanten)
► **l'éléphant d'Asie / d'Afrique :** der indische / afrikanische Elefant

ℹ *Notez qu'en allemand on ne répète pas le sujet dans les comparaisons.*

élevage

▷ Il y a beaucoup d'élevages de moutons dans la région.
Es gibt viele Schafzuchten in der Gegend.

(= ferme) die **Zucht** (pluriel Zuchten)

élève

▷ Claudie est la meilleure élève de la classe.
Claudie ist die beste Schülerin der Klasse.

der **Schüler** (pluriel Schüler), die **Schülerin** (pluriel Schülerinnen)

élevé, élevée

1 ▷ Cette colline n'est pas très élevée.
Dieser Hügel ist nicht sehr hoch.
▷ Au mois de mars on a rarement des températures aussi élevées.
Im März hat man selten so hohe Temperaturen.

1 (= haut) **hoch** (**plus élevé** höher ; **le plus élevé** der höchste)

Attention : à la déclinaison, le ***c*** *de* ***hoch*** *est supprimé.*

2 ▷ C'est un garçon très bien élevé.
Er ist ein sehr gut erzogener Junge.

2 ► **bien élevé, bien élevée :** gut erzogen

3 ▷ Elle est bête et mal élevée.
Sie ist dumm und schlecht erzogen.

3 ► **mal élevé, mal élevée :** schlecht erzogen

élever

1 ▷ Elle élève seule cinq enfants.
Sie zieht allein fünf Kinder auf.

1 (= entretenir) **aufziehen**

ℹ ***auf•ziehen*** *est un verbe à particule séparable et se conjugue comme* ***ziehen*** (zog, gezogen).

2 ▷ Mon oncle élève des lapins.
Mein Onkel züchtet Kaninchen.

2 (= faire l'élevage de) **züchten**

éliminer

1 ▷ Tu peux continuer le jeu, j'ai éliminé tous les obstacles.
Du kannst mit dem Spiel weitermachen, ich habe alle Schwierigkeiten beseitigt.

1 (= faire disparaître) **beseitigen**

ℹ *Les verbes commençant par le préfixe* ***be-*** *ne prennent pas* ***ge-*** *au participe passé.*

2 ▷ Ils ont été éliminés en demi-finale.
Sie sind im Halbfinale ausgeschieden.

2 ► **être éliminé** (en parlant d'un jeu, d'une compétition) **:** ausscheiden

ℹ ***aus•scheiden*** *est un verbe à particule séparable et se conjugue comme* ***scheiden*** (schied, geschieden).

ℹ *Le verbe transitif français est traduit par un verbe intransitif en allemand.*

élire

▷ Demain, nous élirons les délégués de classe.
Morgen wählen wir die Klassensprecher.
▷ Qui a été élu ?
Wer ist gewählt worden?

wählen

elle

1 ▷ Elle habite près de la piscine.
Sie wohnt in der Nähe des Schwimmbads.

1 *Quand* **elle** *est sujet, en parlant d'une personne, l'équivalent en allemand est* ***sie****.*

2 ▷ Tu as vu cette fleur ? Elle est belle, non ?
Hast du die Blume gesehen? Sie ist schön, oder?
▷ Regarde cette table, elle est de travers.
Schau dir mal den Tisch an, er steht quer.
▷ Ta maison, est-ce qu'elle est encore chauffée ?
Dein Haus, ist es noch geheizt?

2 *Quand* **elle** *est sujet, en parlant d'une chose, l'équivalent en allemand peut être* ***er****,* ***sie*** *ou* ***es****, selon le genre du mot en allemand.*

3 ▷ J'ai acheté ce livre pour elle.
Ich habe das Buch für sie gekauft.
▷ Je vais avec elle.
Ich gehe mit ihr.
▷ Nous sommes invités chez elle.
Wir sind bei ihr eingeladen.
▷ Il s'est jeté sur elle.
Er ist über sie hergefallen.
▷ Je n'aurais pas réussi sans elle.
Ohne sie hätte ich es nicht geschafft.
▷ Sonia est une amie à elle.
Sonia ist eine Freundin von ihr.

3 *Quand* **elle** *est complément introduit par une préposition, l'équivalent en allemand est* ***sie*** *(accusatif) ou* ***ihr*** *(datif), selon la préposition :* ***mit*** *+ datif,* ***für*** *+ accusatif,* ***bei*** *+ datif,* ***auf*** *+ datif ou accusatif (avec verbe de mouvement), etc.*

elle-même

1 ▷ Elle me l'a dit elle-même, alors ça doit être vrai !
Sie selbst hat es mir gesagt, also muss es wahr sein!

1 (= personnellement) **sie selbst**

2 ▷ L'antenne est un peu tordue, mais la radio elle-même n'a rien.
Die Antenne ist ein bisschen verbogen, aber das Radio selbst hat nichts.

2 (= la personne ou la chose en question) **selbst**

elles

1 ▷ Elles sont arrivées en même temps.
Sie sind gleichzeitig angekommen.

1 *Quand* **elles** *est sujet, on traduit par* ***sie****.*

2 ▷ Ce cadeau est pour elles.
Das Geschenk ist für sie.
▷ Je viens avec elles.
Ich komme mit ihnen.
▷ J'habite chez elles.
Ich wohne bei ihnen.
▷ Je réussirai sans elles.
Mir gelingt es auch ohne sie.
▷ C'est un ami à elles.
Er ist ein Freund von ihnen.

2 *Quand* **elles** *est complément introduit par une préposition, l'équivalent en allemand est* ***sie*** *(accusatif) ou* ***ihnen*** *(datif), selon la préposition :* ***mit*** *+ datif,* ***für*** *+ accusatif,* ***bei*** *+ datif,* ***ohne*** *+ accusatif, etc.*

elles-mêmes

1 ▷ Elles l'ont fabriqué elles-mêmes.
Sie selbst haben es angefertigt.

1 (= personnellement) **sie selbst**

2 ▷ Les hirondelles elles-mêmes étaient finalement arrivées.
Selbst die Schwalben waren endlich gekommen.

2 (= la personne ou la chose en question) **selbst**

éloigné, éloignée

1 ▷ Ils habitent dans un village éloigné.
Sie wohnen in einem abgelegenen Dorf.

1 (= loin de tout) **abgelegen**

2 ▷ Est-ce que c'est très éloigné d'ici ?
Ist es sehr weit von hier entfernt?

2 ► **éloigné de :** weit von + *datif* + entfernt

éloigner

1 ▷ Nous avons éloigné la table du feu.
Wir haben den Tisch vom Feuer weggeschoben.

1 ► **éloigner** quelque chose : wegschieben

ℹ ***weg•schieben*** *est un verbe à particule séparable et se conjugue comme* ***schieben*** (schob, geschoben).

2 ▷ Ne t'éloigne pas, on mange tout de suite.
Geh jetzt nicht weg, wir essen gleich.

2 ► s'**éloigner :** weggehen

ℹ ***weg•gehen*** *est un verbe à particule séparable et se conjugue comme* ***gehen*** (ging, gegangen).

3 ▷ James s'est éloigné de la cheminée parce qu'il avait trop chaud.
James hat sich vom Feuer entfernt, weil es ihm zu warm war.

3 ► s'**éloigner de :** sich von + *datif* + entfernen

ℹ *Le pronom personnel allemand s'emploie à l'accusatif :* ***ich entferne mich, du entfernst dich, er / sie entfernt sich, wir entfernen uns, ihr entfernt euch, sie entfernen sich****.*

emballage

▷ Quand le colis est arrivé, l'emballage était déchiré.
Als das Paket ankam, war die Verpackung zerrissen.

(= papier) die **Verpackung** (pluriel Verpackungen)

▷ Le chemin était plein de détritus et d'emballages vides.
Der Weg war voll von Abfall und leeren Packungen.

(= boîte, carton) die **Packung** (pluriel Packungen)

emballé, emballée

▷ J'étais emballé à l'idée d'aller à la mer.
Ich war begeistert von der Idee, ans Meer zu fahren.

begeistert

ℹ *L'expression française est familière, mais sa traduction allemande ne l'est pas.*

emballer

▷ Marina a emballé le cadeau dans du joli papier.
Marina hat das Geschenk in einem hübschen Papier verpackt.

(= envelopper) **verpacken**

ℹ *Les verbes commençant par le préfixe* ***ver-*** *ne prennent pas* ***ge-*** *au participe passé.*

embarquement

▷ J'ai perdu ma carte d'embarquement.
Ich habe meine Bordkarte verloren.

► **carte d'embarquement :** die Bordkarte (pluriel -karten)

embarquer

▷ Nous avons embarqué à trois heures.
Wir sind um drei Uhr an Bord gegangen.

(= monter dans un avion, dans un bateau) **an Bord gehen** (ging, gegangen)

embarrassé, embarrassée

▷ Tania a eu l'air embarrassé.
Tania schien verlegen zu sein.

verlegen

embarrasser

1 ▷ Il m'a embarrassée en me posant ces questions.
Er hat mich mit seinen Fragen in Verlegenheit gebracht.

1 (= mettre mal à l'aise) **in Verlegenheit bringen** (brachte, gebracht)

2 ▷ Si mes affaires t'embarrassent, déplace-les.
Wenn dich meine Sachen behindern, schieb sie zur Seite.

2 ► **embarrasser** quelqu'un (= l'encombrer) : jemanden (accusatif) **behindern**

embaucher

▷ Quentin a été embauché comme vendeur.
Quentin wurde als Verkäufer eingestellt.

(pour un poste) **einstellen**

ℹ ***ein•stellen*** *est un verbe à particule séparable.*

embêtant, embêtante

1 ▷ C'est embêtant de devoir prendre le bus.
Es ist lästig, den Bus nehmen zu müssen.

1 (= agaçant) **lästig**

2 ▷ L'embêtant, c'est que j'ai oublié mes baskets.
Das Dumme ist, dass ich meine Sportschuhe vergessen habe.

2 ► **l'embêtant c'est que... : das Dumme ist, dass...**

embêtements

▷ J'ai eu plein d'embêtements dernièrement.
Ich habe kürzlich viel Ärger gehabt.

(= contrariétés) der **Ärger**

ℹ *Ce mot s'emploie uniquement au singulier.*

embêter

1 ▷ Arrête d'embêter Lucas !
Hör auf, Lucas zu ärgern!

1 (= agacer) **ärgern**

2 ▷ Ça m'embête de lui demander ça.
Es stört mich, ihn danach zu fragen.

2 (= gêner) **stören**

3 ▷ Je me suis embêtée à la soirée.
Ich habe mich auf der Party gelangweilt.
▷ Qu'est-ce qu'on s'est embêtés !
Wir haben uns ja so gelangweilt!

3 ► **s'embêter** (= s'ennuyer) : **sich langweilen**

ℹ *Le pronom personnel allemand s'emploie à l'accusatif :* ***ich langweile mich, du langweilst dich, er / sie langweilt sich, wir langweilen uns, ihr langweilt euch, sie langweilen sich.***

emblème

▷ Nous avons créé un emblème pour l'équipe de basket.
Wir haben ein Emblem für die Basketball-mannschaft geschaffen.

das **Emblem** (pluriel Embleme)

embouteillage

▷ Nous sommes en retard à cause des embouteillages.
Wir haben wegen der Staus Verspätung.

der **Stau** (pluriel Staus, Staue)

embranchement

▷ Tournez à droite à l'embranchement.
Biegen Sie an der Kreuzung rechts ab.

(= croisement) die **Kreuzung** (pluriel Kreuzungen)

embrasser

▷ Sophie a essayé de m'embrasser !
Sophie hat versucht, mich zu küssen!
▷ Dany et Paula se sont embrassés.
Dany und Paula haben sich geküsst.

küssen

► s'**embrasser** : sich küssen

embrouiller

▷ Je m'embrouille dans tous ces calculs !
Ich komme bei all diesen Berechnungen ganz durcheinander.
▷ Il m'embrouille avec ses histoires.
Er bringt mich mit seinen Geschichten ganz durcheinander.

► s'**embrouiller** : durcheinander kommen (kam, gekommen)

► **embrouiller** quelqu'un : jemanden (accusatif) durcheinander bringen (brachte, gebracht)

émeraude

▷ Le lac est vert émeraude.
Der See ist smaragdgrün.

der **Smaragd** (pluriel Smaragde)

émeute

▷ Cela pourrait provoquer une émeute.
Das könnte einen Aufstand verursachen.

der **Aufstand** (pluriel Aufstände)

émigrer

▷ Ils ont émigré aux États-Unis.
Sie sind in die Vereinigten Staaten ausgewandert.

auswandern

ℹ ***aus•wandern*** *est un verbe à particule séparable.*

émission

1 ▷ C'est une bonne émission pour les adolescents.
Das ist eine gute Sendung für Jugendliche.
▷ Quelle est ton émission de télé préférée ?
Welche ist deine Lieblingsfernsehsendung?

1 (= diffusion) die **Sendung** (pluriel Sendungen)
► **émission de télé** : die Fernsehsendung

▷ J'ai écouté l'émission de radio dont tu m'as parlé.
Ich habe mir die Radiosendung angehört, von der du mir erzählt hast.

► **émission de radio :** die **Radiosendung**

2 ▷ Les émissions polluantes contribuent au réchauffement climatique.
Die Schadstoffemissionen tragen zur globalen Erwärmung bei.

2 (= émanation) die **Emission** (pluriel **Emissionen**)

emmêlé, emmêlée

▷ La corde est tout emmêlée.
Der Strick ist ganz verwickelt.

verwickelt

ℹ *On dit aussi* ***verheddert***.

emménager

▷ Nous avons emménagé ici le mois dernier.
Wir sind hier im letzten Monat eingezogen.

einziehen

ℹ ***ein•ziehen*** *est un verbe à particule séparable et se conjugue comme* ***ziehen*** (**zog**, **gezogen**).

emmener

1 ▷ Est-ce que tu vas emmener ton petit frère avec toi ?
Nimmst du deinen kleinen Bruder mit?

1 (= prendre avec soi) **mitnehmen**

ℹ ***mit•nehmen*** *est un verbe à particule séparable et se conjugue comme* ***nehmen*** (**nimmt**, **nahm**, **genommen**).

2 ▷ Si tu veux, je peux t'emmener à la gare.
Wenn du willst, kann ich dich zum Bahnhof bringen.

2 (= conduire) **bringen** (**brachte**, **gebracht**)

émotif, émotive

▷ Sa mère est très émotive.
Ihre Mutter ist sehr feinfühlig.

feinfühlig

émotion

▷ Il a du mal à contrôler ses émotions.
Er kann seine Gefühle nur schwer kontrollieren.

das **Gefühl** (pluriel **Gefühle**)

émouvant, émouvante

▷ J'ai trouvé la fin du film très émouvante.
Ich fand das Ende des Films sehr rührend.

rührend

ℹ *On dit aussi* ***bewegend***.

émouvoir

▷ Ça m'a émue de revoir mes amis après tout ce temps.
Es hat mich gerührt, meine Freunde nach all dieser Zeit wiederzusehen.

rühren

ℹ *On dit aussi* ***bewegen***.

empêcher

1 ▷ Il faut absolument empêcher la chasse à la baleine.
Man muss unbedingt den Walfang verhindern.
▷ Tu m'empêches de travailler !
Du hinderst mich daran, zu arbeiten!

1 (= éviter) **verhindern**
ℹ *Les verbes commençant par le préfixe* ***ver-*** *ne prennent pas* ***ge-*** *au participe passé.*
► **empêcher** quelqu'un **de** + *infinitif* : jemanden **daran hindern, zu** + *infinitif*

2 ▷ Je n'ai pas pu m'empêcher de rire.
Ich musste einfach lachen.

2 *Pour dire qu'on n'a* **pas pu s'empêcher de** *faire quelque chose, on emploie* ***müssen*** *avec le verbe à l'infinitif.*

empereur

▷ Quel est le nom du dernier empereur de Chine ?
Wie hieß der letzte Kaiser von China?

der **Kaiser** (pluriel **Kaiser**)

empester

▷ Ça empeste dans cette pièce !
Es stinkt ja in diesem Zimmer!
▷ Toute la maison empestait le poisson.
Das ganze Haus stank nach Fisch.

(= sentir mauvais) **stinken** (**stank, gestunken**)
► **empester le...** *ou* **la... : nach... stinken**

s'empiffrer

▷ Ne t'empiffre pas, on va bientôt dîner.
Stopf dich nicht so voll, wir essen bald zu Abend.
▷ Ils se sont empiffrés de bonbons et après ils ont été malades.
Sie haben sich mit Bonbons vollgestopft und dann war es ihnen schlecht.

sich **vollstopfen**
ℹ ***voll•stopfen*** *est un verbe à particule séparable.*
ℹ *Le pronom personnel allemand s'emploie à l'accusatif :* ***ich stopfe mich voll, du stopfst dich voll, er / sie stopft sich voll, wir stopfen uns voll, ihr stopft euch voll, sie stopfen sich voll.***

empiler

▷ Je n'ai pas beaucoup de place, alors j'empile mes livres.
Ich habe nicht viel Platz, also stapel ich meine Bücher auf.
▷ Les cahiers s'empilaient sur son bureau.
Die Hefte stapelten sich auf seinem Arbeitstisch.

aufstapeln
ℹ ***auf•stapeln*** *est un verbe à particule séparable.*
► **s'empiler : sich stapeln**

empire

1 ▷ L'Éthiopie a été un empire.
Äthiopien war früher ein Kaiserreich.

1 das **Kaiserreich** (pluriel **-reiche**)

2 ▷ Le pays a fait partie de l'Empire britannique.
Das Land gehörte dem britischen Empire an.

2 ► **l'Empire britannique : das britische Empire**
ℹ *Lorsque l'on parle de l'Empire britannique, on emploie le mot anglais.*

empirer

▷ Les résultats de Georgina en maths ont encore empiré.
Georginas Matheleistungen haben sich noch verschlechtert.

sich **verschlechtern**
*Les verbes commençant par le préfixe **ver-** ne prennent pas **ge-** au participe passé.*
Le verbe intransitif français se traduit par un verbe réfléchi en allemand.

emplacement

1 ▷ On a cherché un emplacement libre pendant une demi-heure.
Wie haben eine halbe Stunde lang einen freien Parkplatz gesucht.

1 (= place de parking) der **Parkplatz** (pluriel **-plätze**)

2 ▷ Ils vont construire un centre commercial sur l'emplacement de l'ancienne usine.
Sie bauen ein Einkaufszentrum an der Stelle der alten Fabrik.

2 (= site) die **Stelle** (pluriel **Stellen**)

emploi

1 ▷ La sœur de Grégory a trouvé un emploi au supermarché.
Grégorys Schwester hat eine Stelle im Supermarkt gefunden.

1 (= travail) die **Stelle** (pluriel **Stellen**)

2 ▷ Nous avons un emploi du temps bizarre cette année.
Wir haben dieses Jahr einen merkwürdigen Stundenplan.

2 ► **emploi du temps** (à l'école) : der **Stundenplan** (pluriel **-pläne**)

3 ▷ Le dentiste a un emploi du temps très chargé.
Der Zahnarzt hat einen vollen Terminkalender.

3 ► **emploi du temps** (professionnel) : der **Terminkalender** (pluriel **-kalender**)

employé, employée

▷ L'entreprise a trois cents employés.
Die Firma hat dreihundert Angestellte.

der / die **Angestellte** (pluriel **Angestellten**)
*C'est un adjectif substantivé : on dit **ein Angestellter**.*

employer

1 ▷ Martin a employé un mot que je ne connaissais pas.
Martin hat ein Wort verwendet, das ich nicht kannte.

1 (= utiliser) **verwenden**
*Les verbes commençant par le préfixe **ver-** ne prennent pas **ge-** au participe passé.*

2 ▷ Personne ne veut l'employer parce qu'il n'a pas d'expérience.
Niemand will ihn anstellen, weil er keine Berufserfahrung hat.

2 (en parlant d'un travailleur) **anstellen**

On dit aussi ***beschäftigen****.*

an•stellen *est un verbe à particule séparable.*

empoisonner

▷ Les voleurs ont empoisonné le chien.
Die Diebe haben den Hund vergiftet.

vergiften

Les verbes commençant par le préfixe ***ver-*** *ne prennent pas* ***ge-*** *au participe passé.*

emporter

1 ▷ N'oublie pas d'emporter de l'eau pour la randonnée.
Vergiss nicht, für die Wanderung Wasser mitzunehmen.
▷ Le boucher vend aussi des plats à emporter.
Der Metzger verkauft auch Speisen zum Mitnehmen.

1 (= prendre avec soi) **mitnehmen**

mit•nehmen *est un verbe à particule séparable et se conjugue comme* ***nehmen*** (**nimmt, nahm, genommen**).

► **à emporter** (en parlant de nourriture) **:** **zum Mitnehmen**

2 ▷ Le vent a emporté le toit.
Der Wind wehte das Dach weg.

2 (= arracher, en parlant du vent) **wegwehen**

weg•wehen *est un verbe à particule séparable.*

3 ▷ Ils ont été emportés par le courant.
Sie wurden von der Strömung mitgerissen.

3 (= entraîner) **mitreißen**

mit•reißen *est un verbe à particule séparable et se conjugue comme* ***reißen*** (**riss, gerissen**).

empreinte

1 ▷ Ils ont laissé des empreintes dans le sable.
Sie haben Fußabdrücke im Sand hinterlassen.

1 (= trace de pas) der **Fußabdruck** (pluriel **-abdrücke**)

2 ▷ La police a pris ses empreintes digitales.
Die Polizei hat seine Fingerabdrücke genommen.

2 ► **empreinte digitale :** der **Fingerabdruck** (pluriel **-abdrücke**)

emprunt

▷ Ils ne peuvent pas rembourser l'emprunt.
Sie können den Kredit nicht zurückzahlen.
▷ Mes parents font un emprunt pour acheter une nouvelle voiture.
Meine Eltern nehmen einen Kredit auf, um ein neues Auto zu kaufen.

der **Kredit** /kre'dit/ (pluriel **Kredite**)

► **faire un emprunt :** **einen Kredit aufnehmen**

auf•nehmen *est un verbe à particule séparable qui se conjugue comme* ***nehmen*** (**nimmt, nahm, genommen**).

emprunter

1 ▷ Idriss m'a emprunté dix euros hier.
Idriss hat sich gestern zehn Euro bei mir geliehen.
▷ Je peux emprunter ta voiture ?
Kann ich mir dein Auto leihen?

1 ► **emprunter** quelque chose **à** quelqu'un : sich etwas **bei** jemandem **leihen** (lieh, geliehen)

ℹ *Le pronom personnel allemand s'emploie au datif :* ***ich leihe mir..., du leihst dir..., er / sie leiht sich..., wir leihen uns..., ihr leiht euch..., sie leihen sich...***

2 ▷ J'ai emprunté de l'argent à la banque.
Ich habe einen Kredit aufgenommen.

2 (à la banque) **einen Kredit aufnehmen**

ℹ ***auf•nehmen*** *est un verbe à particule séparable qui se conjugue comme* ***nehmen*** (nimmt, nahm, genommen).

ému, émue

▷ Monsieur Lambert était très ému quand nous lui avons donné son cadeau.
Herr Lambert war sehr gerührt, als wir ihm sein Geschenk gaben.

gerührt

ℹ *On dit aussi* ***bewegt****.*

en

1 ▷ Lise et sa famille ont vécu en Amérique.
Lise und ihre Familie haben in Amerika gelebt.
▷ Il fait très froid ici en hiver.
Es ist hier sehr kalt im Winter.
▷ J'ai rencontré Samir en mars 2001.
Ich habe Samir im März 2001 kennengelernt.
▷ Tu crois que tu peux le faire en une heure ?
Glaubst du, dass du das in einer Stunde machen kannst?
▷ Il était midi et Claire était encore en pyjama.
Es war Mittag und Claire war noch im Schlafanzug.

1 (= dans) **in** + *datif (**in der** ou **im**)*

2 ▷ Nous allons en Espagne pour les vacances.
Wir fahren in den Ferien nach Spanien.
▷ Dans une semaine, je vais en Turquie.
In einer Woche reise ich in die Türkei.
▷ Mes cousins viennent en France pour deux semaines.
Meine Cousins kommen für zwei Wochen nach Frankreich.

2 ► **aller en** + *nom de pays ou de région* : **nach... fahren** *(ou **gehen** ou **fliegen**)*

Attention : quand le nom de pays ou de la région prend un article défini en allemand, on traduit par ***in die / den / das*** *:* ***in die Normandie*** (en Normandie), ***ins Elsass*** (en Alsace).

► **venir en** + *nom de pays ou de région* : **nach... kommen**

▷ Viens avec nous en Auvergne.
Komm mit uns in die Auvergne.

Attention : quand le nom de pays ou de la région prend un article défini en allemand, on traduit par ***in die / den / das*** *:* ***in die Normandie*** (en Normandie), ***ins Elsass*** (en Alsace).

3 ▷ On peut y aller en bus ou en taxi.
Wir können mit dem Bus oder mit dem Taxi fahren.

3 (en parlant d'un moyen de transport) **mit** + *datif*

4 ▷ Hervé est tombé en courant.
Hervé ist beim Rennen gefallen.
▷ Ce n'est pas poli de parler en mangeant.
Es ist unhöflich, beim Essen zu reden.

4 ► **en** + *gérondif* (pour dire que deux choses se passent en même temps) :
beim + *verbe substantivé*

5 ▷ Si le café est chaud, donne-m'en, s'il te plaît.
Wenn der Kaffee heiß ist, gib mir bitte welchen.
▷ Et de la soupe ? Tu en as ?
Was ist mit Suppe? Hast du welche?
▷ Tu en avais de cette glace, non ?
Du hattest doch welches von dem Eis, oder?

5 *Quand* **en** *indique quelque chose dont on parle, on traduit par* ***welchen*** *(pour les noms masculins),* ***welche*** *(pour les noms féminins et les pluriels),* ***welches*** *(pour les neutres).*

6 ▷ J'ai cru avoir du chocolat, mais il n'en reste pas.
Ich dachte, ich hätte Schokolade, aber es ist keine da.
▷ Tu m'as acheté mon programme de télé ? – Non, il n'y en avait plus.
Hast du mein Fernsehprogramm gekauft? – Nein, es war keins mehr da.

6 *Quand la chose n'existe pas ou plus, on emploie* ***keinen (mehr)*** *(pour le masculin),* ***keine (mehr)*** *(pour le féminin et pluriel),* ***keins (mehr)*** *(pour le neutre).*

encadrer

▷ Annabelle a encadré une photo de son acteur préféré.
Annabelle hat ein Foto von ihrem Lieblingsschauspieler eingerahmt.

(= mettre dans un cadre) **einrahmen**

ℹ ***ein•rahmen*** *est un verbe à particule séparable.*

enceinte

1 ▷ Ma cousine est enceinte.
Meine Cousine ist schwanger.
▷ Elle n'avait que seize ans quand elle est tombée enceinte.
Sie war erst sechzehn, als sie schwanger wurde.

1 (= qui attend un bébé) **schwanger**

► **tomber enceinte : schwanger werden** (**wird**, **wurde**, **geworden**)

2 ▷ Paul a une nouvelle chaîne avec des enceintes très puissantes.
Paul hat eine neue Stereoanlage mit sehr starken Lautsprechern.

2 (= haut-parleur) **der Lautsprecher** (pluriel **Lautsprecher**)

ℹ *Ce mot s'emploie surtout au pluriel.*

encercler

▷ C'est un jeu où les policiers encerclent les voleurs.
Das ist ein Spiel, wo die Polizisten die Räuber einkreisen.

einkreisen

ℹ *ein•kreisen est un verbe à particule séparable.*

enchanté, enchantée

1 ▷ Les parents de Tony sont enchantés de ses résultats scolaires.
Tonys Eltern freuen sich sehr über seine Schulleistungen.

1 ► **être enchanté de** quelque chose **:** sich sehr über etwas (accusatif) freuen

2 ▷ Bonsoir, je m'appelle Béatrice. – Enchanté !
Guten Abend, ich heiße Béatrice. – Angenehm!

2 *Quand on est présenté à quelqu'un, on dit* ***angenehm!****.*

enchères

▷ Nous sommes allés à une vente aux enchères ce week-end.
Dieses Wochenende waren wir bei einer Versteigerung.

► **vente aux enchères :** die Versteigerung (pluriel Versteigerungen)

ℹ *On dit aussi die* ***Auktion*** (pluriel Auktionen).

enclos

▷ Les agneaux étaient dans un enclos.
Die Lämmer waren in einer Einfriedung.

(pour les animaux) die Einfriedung (pluriel Einfriedungen)

encombrer

1 ▷ Si mes affaires t'encombrent, déplace-les.
Wenn dich meine Sachen behindern, schieb sie weg.

1 ► **encombrer** quelqu'un (= le gêner) **:** jemanden (accusatif) behindern

2 ▷ Les valises encombrent le couloir.
Die Koffer versperren den Gang.

2 (= bloquer, en parlant d'un passage, d'une route) versperren

ℹ *Les verbes commençant par les préfixes* ***be-*** *et* ***ver-*** *ne prennent pas* ***ge-*** *au participe passé.*

encore

1 ▷ Il est encore en retard !
Er hat schon wieder Verspätung!

1 (= de nouveau) schon wieder

2 ▷ Est-ce que Paola est encore chez elle ?
Ist Paola noch zu Hause?

2 (= toujours) noch

3 ▷ Je voudrais encore un peu de glace, s'il te plaît.
Ich hätte gern noch etwas Eis, bitte.
▷ Tu veux encore un bonbon ?
Willst du noch ein Bonbon?
▷ Il est encore plus bête que son frère.
Er ist noch dümmer als sein Bruder.

3 (= plus de) noch

► **encore un..., encore une... :** noch ein..., noch eine...

► **encore** + *comparatif* **:** noch + *comparatif*

4 ▷ C'est prêt ? – Pas encore !
Ist es fertig? – Noch nicht!

4 ► **pas encore :** noch nicht

encourager

1 ▷ La prof d'allemand nous encourage toujours.
Die Deutschlehrerin ermutigt uns immer.

▷ Harry m'a encouragé à faire du judo.
Harry hat mich dazu ermutigt, Judo zu machen.

1 (= donner du courage) **ermutigen**

ℹ *Les verbes commençant par le préfixe* ***er-*** *ne prennent pas* ***ge-*** *au participe passé.*

► **encourager** quelqu'un **à faire** quelque chose **:** jemanden (accusatif) dazu ermutigen, etwas zu tun

2 ▷ Les spectateurs nous ont encouragés.
Die Zuschauer haben uns angefeuert.

2 (en parlant d'une équipe, d'un sportif) **anfeuern**

ℹ ***an•feuern*** *est un verbe à particule séparable.*

encre

▷ Il n'y a plus d'encre dans mon stylo.
Mein Füller hat keine Tinte mehr.

▷ Est-ce que tu écris à l'encre ou au crayon ?
Schreibst du mit Tinte oder mit dem Bleistift?

die **Tinte** (pluriel Tinten)

► **écrire à l'encre :** mit Tinte schreiben

encyclopédie

▷ Je vais regarder dans l'encyclopédie.
Ich schau in der Enzyclopädie nach.

die **Enzyklopädie** (pluriel Enzyklopädien /ɛntsyklopɛ'diən/)

🔈 *Notez la prononciation du pluriel.*

endive

▷ Je n'aime pas les endives.
Ich mag Chicorée nicht.

der **Chicorée**

ℹ *Ce mot est indénombrable, on ne dit pas* ***ein Chicorée****.*

🔈 *Se prononce comme en français.*

endormi, endormie

1 ▷ Tu crois qu'il est endormi ?
Glaubst du, dass er schläft?

1 ► **être endormi :** schlafen (schläft, schlief, geschlafen)

2 ▷ Elle est encore tout endormie.
Sie ist noch ganz verschlafen.

2 (= pas bien réveillé) **verschlafen**

s'endormir

▷ Je me suis endormi sous un arbre.
Ich schlief unter einem Baum ein.

einschlafen

ℹ ***ein•schlafen*** *est un verbe à particule séparable et se conjugue comme* ***schlafen*** *(schläft, schlief, geschlafen).*

endroit

1 ▷ Essayons de trouver un endroit pour pique-niquer.
Versuchen wir mal, eine Stelle zum Picknicken zu finden.

1 (= lieu) die **Stelle** (pluriel **Stellen**)

2 ▷ Mets ton pull à l'endroit.
Zieh deinen Pullover richtig herum an.

2 ► **à l'endroit :** richtig herum

endurance

▷ Elle a de l'endurance.
Sie hat viel Ausdauer.
▷ Il a gagné la course d'endurance.
Er hat den Ausdauerlauf gewonnen.

(= résistance physique) die **Ausdauer**

► **course d'endurance :** der **Ausdauerlauf**

énergie

▷ Je n'ai plus d'énergie, j'abandonne !
Ich habe keine Energie mehr, ich geb's auf!
▷ Il faut économiser l'énergie.
Wir müssen Energie sparen.
▷ Que penses-tu des énergies alternatives ?
Was hältst du von alternativen Energien?

die **Energie** (pluriel **Energien** /enɛr'giːən/)

Notez la prononciation du pluriel.

énergique

▷ Sois un peu plus énergique !
Sei doch etwas energischer!

energisch

énervant, énervante

▷ Tu es vraiment énervante avec tes plaisanteries !
Du gehst mir wirklich auf die Nerven mit deinen Scherzen!

► **être énervant :** jemandem (datif) **auf die Nerven gehen** (ging, gegangen)

énervé, énervée

▷ Le prof était assez énervé ce matin.
Der Lehrer war heute Morgen ziemlich gereizt.

(= agacé) **gereizt**

énerver

1 ▷ Il m'énerve avec son sourire idiot !
Er geht mir auf die Nerven mit seinem blöden Lächeln!

1 ► **énerver** quelqu'un (= l'irriter) : jemandem (datif) **auf die Nerven gehen** (ging, gegangen)

2 ▷ N'énerve pas le bébé juste avant qu'il aille au lit.
Reg das Baby doch nicht kurz vor dem Schlafengehen auf.

2 ► **énerver** quelqu'un (= l'exciter) : jemanden (accusatif) **aufregen**

ℹ ***auf•regen*** *est un verbe à particule séparable.*

3 ▷ Julie s'énerve parce qu'elle n'arrive pas à faire son exercice.
Julie regt sich auf, weil sie ihre Übung nicht fertigbringt.

3 ► **s'énerver :** sich **aufregen**

ℹ *Le pronom personnel allemand s'emploie à l'accusatif :* ***ich rege mich auf, du regst dich auf, er / sie regt sich auf, wir regen uns auf, ihr regt euch auf, sie regen sich auf.***

enfant

▷ Ils ont un enfant de deux ans.
Sie haben ein zweijähriges Kind.
▷ Les enfants sont dans le jardin.
Die Kinder sind im Garten.

das **Kind** (pluriel **Kinder**)

enfer

1 ▷ Tu penses que l'enfer existe ?
Glaubst du, dass es die Hölle gibt?

1 die **Hölle**

2 ▷ J'ai une idée d'enfer.
Ich habe eine heiße Idee.

2 ► **d'enfer** (= génial) **:** **heiß**

ℹ *On dit aussi* ***toll.***

enfermer

1 ▷ Sabine a enfermé son chien dans le garage.
Sabine hat ihren Hund in die Garage eingesperrt.

1 ► **enfermer... dans** (en parlant d'une personne ou d'un animal) **:** **in** + *accusatif* + **einsperren**

2 ▷ Rupert s'est encore enfermé dans sa chambre.
Rupert hat sich schon wieder in seinem Zimmer eingeschlossen.

2 ► **s'enfermer dans :** sich **in** + *datif* + **einschließen**

ℹ *Le pronom personnel allemand s'emploie à l'accusatif :* ***ich schließe mich ein, du schließt dich ein, er / sie schließt sich ein, wir schließen uns ein, ihr schließt euch ein, sie schließen sich ein.***

enfiler

▷ Il a enfilé son blouson.
Er hat seine Jacke angezogen.

(= mettre, en parlant d'un vêtement)
anziehen

ℹ ***an•ziehen*** *est un verbe à particule séparable et se conjugue comme* ***ziehen*** (**zog**, **gezogen**).

enfin

1 ▷ Vous voilà enfin ! Où étiez-vous ?
Da seid ihr ja endlich! Wo wart ihr denn?

1 (= finalement) **endlich**

2 ▷ ... et enfin, je voudrais remercier mes parents.
... und zuletzt möchte ich meinen Eltern danken.

2 (= en dernier) **zuletzt**

enflé, enflée

▷ Ma cheville est enflée et elle me fait mal.
Mein Knöchel ist geschwollen und er tut mir weh.

geschwollen

enfoncer

1 ▷ Cyril enfonçait des clous dans une planche avec un marteau.
Cyril schlug Nägel mit einem Hammer in ein Brett.

1 ► **enfoncer** quelque chose **dans...** (avec un outil) **:** etwas **in** + *accusatif* + **schlagen** (schlägt, schlug, geschlagen)

2 ▷ Enfonce bien les graines dans la terre.
Drück die Samen gut in die Erde.

2 ► **enfoncer** quelque chose **dans...** (sans outil) **:** etwas **in** + *accusatif* + **drücken**

3 ▷ Elle lui a enfoncé l'aiguille dans la main.
Sie hat ihm die Nadel in die Hand gestochen.

3 ► **enfoncer** quelque chose **dans...** (en parlant d'un objet pointu) **:** etwas **in** + *accusatif* + **stechen** (sticht, stach, gestochen)

4 ▷ Les policiers enfonçaient la porte.
Die Polizisten brachen die Tür auf.

4 (une porte ou un mur) **aufbrechen**

ℹ ***auf•brechen*** *est un verbe à particule séparable et se conjugue comme* ***brechen*** (bricht, brach, gebrochen).

5 ▷ Nous avons vu le bateau s'enfoncer dans l'eau.
Wir haben gesehen, wie das Schiff im Wasser versank.

5 ► s'**enfoncer dans...** (l'eau, la boue) **:** **in** + *datif* + **versinken** (versank, versunken)

s'enfuir

▷ Ils ont réussi à s'enfuir.
Es ist ihnen gelungen zu fliehen.
▷ La police a arrêté les hommes qui se sont enfuis de la prison.
Die Polizei hat die Männer festgenommen, die aus dem Gefängnis geflohen waren.

fliehen (floh, geflohen)

► s'**enfuir de... :** **aus** + *datif* + **fliehen**

ℹ *Le verbe pronominal français est traduit par un verbe intransitif en allemand.*

engager

1 ▷ Suzie a été engagée comme secrétaire.
Suzie ist als Sekretärin angestellt worden.

1 (= donner du travail) **anstellen**

ℹ ***an•stellen*** *est un verbe à particule séparable.*

2 ▷ Je me suis engagé, je dois le faire.
Ich habe mich verpflichtet, ich muss es tun.
▷ Quand elle s'est engagée, elle ne savait pas ce qui l'attendait.
Als sie sich verpflichtete, wusste sie nicht, was auf sie zukam.

2 ► s'**engager** (= promettre) : **sich verplichten**

ℹ *Le pronom personnel allemand s'emploie à l'accusatif :* ***ich verpflichte mich, du verpflichtest dich, er / sie verpflichtet sich, wir verpflichten uns, ihr verpflichtet euch, sie verpflichten sich.***

engin

▷ Des ouvriers et de gros engins bloquent la rue.
Arbeiter und große Maschinen sperren die Straße.

(= machine, appareil) die **Maschine** (pluriel **Maschinen**)

engrais

▷ L'agriculture biologique utilise des engrais naturels.
In der biologischen Landwirtschaft benutzt man Naturdünger.

der **Dünger** (pluriel **Dünger**)

engueuler

1 ▷ Le prof a engueulé Patricia parce qu'elle n'avait pas fait ses devoirs.
Der Lehrer hat Patricia angeschnauzt, weil sie ihre Hausaufgaben nicht gemacht hatte.
▷ Je me suis encore fait engueuler par mes parents.
Ich bin schon wieder von meinen Eltern angeschnauzt worden.

1 **anschnauzen**

ℹ *an•schnauzen est un verbe à particule séparable.*

► **se faire engueuler : angeschnauzt werden**

2 ▷ Arrêtez de vous engueuler !
Hört auf, euch zu krachen!
▷ Ils s'engueulent tout le temps.
Sie krachen sich die ganze Zeit.

2 ► s'**engueuler** (= se disputer) : sich **krachen**

ℹ *Les expressions françaises et leurs traductions allemandes sont familières.*

énigme

▷ Tous les jours il y a une énigme dans le journal.
Jeden Tag gibt es ein Rätsel in der Zeitung.

(= devinette) das **Rätsel** (pluriel **Rätsel**)

enjamber

▷ Nous avons dû enjamber le muret pour aller de l'autre côté du pré.
Wir mussten über die Mauer steigen, um auf die andere Seite der Wiese zu kommen.

► **enjamber** quelque chose (en parlant d'un obstacle) : **über** etwas (accusatif) **steigen** (**stieg**, **gestiegen**)

enlacer

▷ Didier a enlacé Nathalie et ils se sont mis à danser.
Didier umschlang Nathalie und sie begannen zu tanzen.

► **enlacer** quelqu'un : jemanden (accusatif) **umschlingen** (**umschlang**, **umschlungen**)

ℹ *Les verbes à particule non séparable commençant par* ***um-*** *ne prennent pas* ***ge-*** *au participe passé.*

enlèvement

1 ▷ On dit qu'il s'agit d'un enlèvement.
Man sagt, es handle sich um eine Entführung.

1 (= le fait de kidnapper quelqu'un) die **Entführung** (pluriel **Entführungen**)

2 ▷ Nous payons une taxe pour l'enlèvement des ordures.
Wir bezahlen eine Steuer für die Müllabfuhr.

2 (en parlant des ordures ménagères) die **Abfuhr**

enlever

1 ▷ Enlève tes affaires, elles me gênent.
Nimm deine Sachen weg, sie stören mich.

▷ Enlève ce feutre au bébé !
Nimm dem Baby diesen Filzstift weg!

1 (= ôter) **wegnehmen**

ℹ *weg•nehmen est un verbe à particule séparable et se conjugue comme nehmen (nimmt, nahm, genommen).*

► **enlever** quelque chose **à** quelqu'un : jemandem (datif) etwas **wegnehmen**

2 ▷ Je n'arrive pas à enlever cette tache.
Ich kann diesen Fleck nicht entfernen.

2 (= effacer, faire disparaître) **entfernen**

3 ▷ Les terroristes ont enlevé la fille d'un homme politique.
Die Terroristen haben die Tochter eines Politikers entführt.

3 (= kidnapper) **entführen**

ℹ *Les verbes commençant par le préfixe ent- ne prennent pas ge- au participe passé.*

ennemi, ennemie

▷ Brice est le plus grand ennemi de Fabien.
Brice ist Fabiens größter Feind.

der **Feind** (pluriel Feinde)

ennui

1 ▷ On meurt d'ennui ici !
Man kommt hier ja vor Langeweile um!

1 (= désœuvrement) die **Langeweile**

2 ▷ Isabelle a eu plein d'ennuis dernièrement.
Isabelle hat in letzter Zeit viel Ärger gehabt.

2 (= problème) der **Ärger**

ℹ *Ce mot s'emploie uniquement au singulier.*

ennuyer

1 ▷ Ça m'ennuie de devoir lui demander ça.
Es stört mich, ihn danach zu fragen.
▷ Est-ce que ça t'ennuie si j'ouvre la fenêtre ?
Stört es dich, wenn ich das Fenster aufmache?

1 (= contrarier) **stören**

2 ▷ Si vous vous ennuyez, jouez aux cartes.
Wenn ihr euch langweilt, spielt doch Karten.

2 ► **s'ennuyer** : sich **langweilen**

ℹ *Le pronom personnel allemand s'emploie à l'accusatif : ich langweile mich, du langweilst dich, er / sie langweilt sich, wir langweilen uns, ihr langweilt euch, sie langweilen sich.*

ennuyeux, ennuyeuse

1 ▷ C'est l'homme le plus ennuyeux que je connaisse.
Das ist der langweiligste Mann, den ich kenne.

1 (= assommant) **langweilig**

2 ▷ C'est ennuyeux que tes cousins ne puissent pas venir.
Es ist ärgerlich, dass deine Cousins nicht kommen können.

2 (= contrariant) **ärgerlich**

énorme

▷ Nous avons un énorme tas d'assiettes à laver.
Wir müssen einen riesigen Haufen Teller spülen.

riesig

énormément

1 ▷ Je l'admire énormément.
Ich bewundere ihn sehr.

1 (= beaucoup) sehr

2 ▷ C'est une fille qui a énormément de problèmes.
Sie ist ein Mädchen mit ungeheuer viel Problemen.
▷ Il faut énormément de patience pour faire ça.
Man braucht ungeheuer viel Geduld, um das zu tun.

2 ► **énormément de :** ungeheuer viel

ℹ *On dit aussi* ***unheimlich viel****.*

enquête

1 ▷ L'enquête de la police n'avance pas.
Die polizeiliche Untersuchung kommt nicht voran.

1 (sur un crime, un délit) die Untersuchung (pluriel Untersuchungen)

ℹ *On dit aussi* ***Ermittlungen****, qui est un pluriel.*

2 ▷ Une jeune femme m'a arrêté dans la rue pour une enquête.
Eine junge Frau hat mich für eine Meinungsumfrage auf der Straße angehalten.

2 (= sondage) die Meinungsumfrage (pluriel -umfragen)

ℹ *On peut dire aussi die* ***Umfrage*** *tout court.*

enquêter

▷ Ils enquêtent sur sa disparition.
Sie haben Untersuchungen über sein Verschwinden eingeleitet.

► **enquêter sur :** Untersuchungen über *+ accusatif +* einleiten

enrager

▷ Il adore faire enrager sa petite sœur.
Er bringt seine kleine Schwester liebend gern zum Rasen.

► **faire enrager** quelqu'un (= taquiner) : jemanden (accusatif) zum Rasen bringen (brachte, gebracht)

enregistrement

1 ▷ C'est un vieil enregistrement.
Das ist eine alte Aufnahme.

1 (d'un disque) die Aufnahme (pluriel Aufnahmen)

2 ▷ Il ne s'est pas présenté à l'enregistrement.
Er hat sich nicht zum Einchecken begeben.

2 (des bagages) das Einchecken
► se **présenter à l'enregistrement** (à l'aéroport) **:** sich zum Einchecken begeben

enregistrer

1 ▷ Enregistre-moi le film de ce soir, s'il te plaît.
Nimm mir bitte den Film heute Abend auf.

1 (en parlant de musique ou d'un film) **aufnehmen**
ℹ ***auf•nehmen*** *est un verbe à particule séparable qui se conjugue comme* ***nehmen*** (nimmt, nahm, genommen).

2 ▷ Attendez-moi ici, je vais enregistrer les bagages.
Wartet hier auf mich, ich gebe das Gepäck auf.

2 (en parlant de bagages) **aufgeben**
ℹ ***auf•geben*** *est un verbe à particule séparable qui se conjugue comme* ***geben*** (gibt, gab, gegeben).

enrhumé, enrhumée

▷ Ludmilla est enrhumée, elle se mouche tout le temps.
Ludmilla hat Schnupfen, sie muss sich laufend schnäuzen.

► **être enrhumé :** Schnupfen haben

s'enrhumer

▷ Tu vas t'enrhumer si tu ne mets pas ton manteau.
Du wirst einen Schnupfen bekommen, wenn du deinen Mantel nicht anziehst.

einen Schnupfen bekommen (bekam, bekommen)

enroué, enrouée

▷ J'ai trop chanté pendant le concert, je suis tout enroué.
Ich habe auf dem Konzert zu viel gesungen, ich bin ganz heiser.

heiser

enrouler

▷ Pierre a enroulé la corde autour du piquet.
Pierre hat den Strick auf den Pflock gewickelt.

► **enrouler** quelque chose **autour de** *ou* **sur... :** etwas **auf** + *accusatif* + **wickeln**

enseignant, enseignante

▷ Quels diplômes faut-il pour devenir enseignant ?
Welche Diplome braucht man, um Lehrer zu werden?

der **Lehrer** (pluriel Lehrer), die **Lehrerin** (pluriel Lehrerinnen)

enseignement

1 ▷ L'enseignement public est gratuit.
Das staatliche Schulwesen ist kostenlos.
▷ Il travaille dans l'enseignement supérieur.
Er arbeitet im Hochschulwesen.

1 ► **l'enseignement** (= l'institution) : das **Schulwesen**
► **l'enseignement supérieur :** das **Hochschulwesen**

2 ▷ L'enseignement lui plaît beaucoup.
Das Lehramt gefällt ihr (*ou* ihm) gut.

2 ► **l'enseignement** (= le métier d'enseignant) : das **Lehramt**

enseigner

▷ Madame Moreau enseigne dans une école primaire.
Frau Moreau unterrichtet in einer Grundschule.
▷ J'aimerais enseigner à de jeunes enfants.
Ich würde gerne junge Kinder unterrichten.

(à l'école) unterrichten

► **enseigner à** quelqu'un **:** jemanden (accusatif) unterrichten

ensemble

1 ▷ On peut travailler ensemble si tu veux.
Wir können zusammen arbeiten, wenn du willst.

1 (= à plusieurs) zusammen

2 ▷ Ils ont construit la maison ensemble.
Sie haben das Haus gemeinsam gebaut.
▷ Ma sœur et moi avons acheté le CD ensemble.
Meine Schwester und ich haben die CD gemeinsam gekauft.

2 (= en commun) gemeinsam

3 ▷ Les deux écoles ont assisté ensemble à la conférence.
Die beiden Schulen haben miteinander an der Konferenz teilgenommen.

3 (= l'un avec l'autre) miteinander

4 ▷ Dans l'ensemble, le film n'était pas mal.
Alles in allem war der Film nicht schlecht.

4 ► **dans l'ensemble :** alles in allem

5 ▷ Maman portait un joli ensemble bleu.
Mama trug ein hübsches blaues Ensemble.

5 (= des vêtements) das Ensemble (pluriel Ensembles)

Se prononce comme en français.

ensoleillé, ensoleillée

▷ C'était une journée chaude et ensoleillée.
Es war ein warmer und sonniger Tag.

sonnig

ensuite

▷ On pourrait aller au cinéma et ensuite au restaurant.
Wir könnten ins Kino gehen und anschließend ins Restaurant.

anschließend

On dit aussi danach.

entaille

▷ Je me suis fait une entaille au pouce.
Ich habe mir in den Daumen geschnitten.
▷ Paul s'est fait une entaille au bras.
Paul hat sich in den Arm geschnitten.

► se **faire une entaille au pouce** *ou* **au bras,** *etc.* **:** sich in den Daumen *ou* in den Arm *etc.* schneiden

Le pronom personnel allemand s'emploie au datif : ich schneide mir..., du schneidest dir..., er / sie schneidet sich..., wir schneiden uns..., ihr schneidet euch..., sie schneiden sich...

entamer

1 ▷ Pourquoi tu entames le paquet de biscuits ? Il y en a un d'ouvert.
Warum brichst du das Päckchen Kekse an? Da ist noch ein offenes.

1 (en parlant d'un paquet, d'une boîte de conserve) **anbrechen**

ℹ ***an•brechen*** *est un verbe à particule séparable et se conjugue comme* ***brechen*** (**bricht**, **brach**, **gebrochen**).

2 ▷ Qui a entamé le pain ?
Wer hat das Brot angeschnitten?

2 (en parlant de tout ce qui se coupe) **anschneiden**

ℹ ***an•schneiden*** *est un verbe à particule séparable et se conjugue comme* ***schneiden*** (**schnitt**, **geschnitten**).

3 ▷ Tu peux entamer la bouteille.
Du kannst die Flasche öffnen.

3 (en parlant d'une bouteille) **öffnen**

entasser

1 ▷ Alice entasse toutes ses affaires sur son lit.
Alice häuft alle ihre Sachen auf ihrem Bett an.

1 ► **entasser** quelque chose : etwas **anhäufen**

ℹ ***an•häufen*** *est un verbe à particule séparable.*

▷ Des livres s'entassaient partout dans la pièce.
Bücher häuften sich überall im Zimmer an.

► s'**entasser** (= être en tas) : sich **anhäufen**

2 ▷ Les gens s'entassaient dans le métro, on pouvait à peine respirer.
Die Leute zwängten sich in die U-Bahn, man konnte kaum noch atmen.

2 ► s'**entasser dans...** : sich **in** + *accusatif* + **zwängen**

entendre

1 ▷ J'ai entendu un bruit dehors.
Ich habe draußen ein Geräusch gehört.

▷ Est-ce que tu as entendu parler de ce film ?
Hast du von diesem Film gehört?

▷ J'ai entendu dire qu'ils voulaient construire un cinéma.
Ich habe gehört, dass sie ein Kino bauen wollen.

1 (en parlant d'une voix, d'un bruit, etc.) **hören**

► **entendre parler de... : von... hören**

► **entendre dire que... : hören, dass...**

2 ▷ Ils ne s'entendent pas du tout.
Sie verstehen sich überhaupt nicht.

▷ Je m'entends bien avec mon demi-frère.
Ich verstehe mich gut mit meinem Halbbruder.

2 ► s'**entendre** *ou* s'**entendre bien** : sich **verstehen** *ou* sich **gut verstehen**

► s'**entendre** *ou* s'**entendre bien avec** quelqu'un : sich **gut mit** jemandem (datif) **verstehen**

enterrement

▷ Demain aura lieu l'enterrement du grand-père de Damien.
Morgen findet die Beerdigung von Damiens Großvater statt.

die **Beerdigung** (pluriel Beerdigungen)
ℹ *On dit aussi das **Begräbnis*** (pluriel Begräbnisse).

enterrer

1 ▷ Où est-ce qu'il est enterré ?
Wo ist er begraben?

1 (en parlant d'une personne) **begraben** (begräbt, begrub, begraben)
ℹ *Les verbes commençant par le préfixe **be-** ne prennent pas **ge-** au participe passé.*

2 ▷ Le chien enterre des os dans le jardin.
Der Hund vergräbt Knochen im Garten.

2 (en parlant de choses) **vergraben** (vergräbt, vergrub, vergraben)
ℹ *Les verbes commençant par le préfixe **ver-** ne prennent pas **ge-** au participe passé.*

entêté, entêtée

▷ Camille est très entêtée, elle refuse de nous parler.
Camille ist sehr stur, sie weigert sich, mit uns reden.

stur

enthousiaste

▷ Élie n'était pas très enthousiaste quand j'ai proposé d'aller à la piscine.
Élie war nicht sehr begeistert, als ich vorschlug, ins Schwimmbad zu gehen.

begeistert

entier, entière

1 ▷ À trois, ils ont mangé un poulet entier !
Zu dritt haben sie ein ganzes Hähnchen gegessen!
▷ Il est célèbre dans le monde entier.
Er ist in der ganzen Welt berühmt.
▷ Je n'ai jamais réussi à voir le film en entier.
Mir ist es nie gelungen, den Film ganz zu sehen.

1 (= complet) **ganz**

► **dans le monde entier :** in der ganzen Welt
► **en entier :** ganz

2 ▷ N'oublie pas d'acheter deux litres de lait entier.
Vergiss nicht, zwei Liter Vollmilch zu kaufen.

2 ► **lait entier :** die Vollmilch

entièrement

▷ La maison a été entièrement détruite.
Das Haus ist völlig zerstört.

völlig
ℹ *On dit aussi **ganz**.*

entonnoir

▷ Kevin a rempli la bouteille à l'aide d'un entonnoir.
Kevin hat die Flasche mit Hilfe eines Trichters gefüllt.

der **Trichter** (pluriel **Trichter**)

entorse

▷ Je ne peux pas venir, j'ai une entorse.
Ich kann nicht kommen, ich habe eine Verstauchung.
▷ Cécile s'est fait une entorse à la cheville.
Cécile hat sich den Knöchel verstaucht.
▷ Comment est-ce que tu t'es fait l'entorse au poignet ?
Wie hast du dir das Handgelenk verstaucht?

die **Verstauchung** (pluriel **Verstauchungen**)

► se **faire une entorse à** (la cheville, le poignet) : sich + *accusatif* + **verstauchen**

ℹ *Le pronom personnel allemand s'emploie au datif :* ***ich verstauche mir..., du verstauchst dir..., er / sie verstaucht sich..., wir verstauchen uns..., ihr verstaucht euch..., sie verstauchen sich...***

entourer

1 ▷ Entourez la bonne réponse en rouge.
Kreisen Sie die richtige Antwort rot ein.

1 (= mettre un trait autour de) **einkreisen**

ℹ ***ein•kreisen*** *est un verbe à particule séparable.*

2 ▷ Le mur qui entoure le jardin est en mauvais état.
Die Mauer, die den Garten umgibt, ist in schlechtem Zustand.

2 (= être ou mettre quelque chose autour de) **umgeben** (**umgibt**, **umgab**, **umgeben**)

3 ▷ Il ne va pas très bien, mais il est bien entouré.
Es geht ihm nicht sehr gut, aber er ist gut umsorgt.

3 ► **être entouré** (= aidé) : **umsorgt sein**

entracte

▷ Il y a un entracte au bout d'une heure.
Nach einer Stunde gibt es eine Pause.

die **Pause** (pluriel **Pausen**)

entraînement

1 ▷ Avec un peu d'entraînement, tu y arriveras facilement.
Mit ein bisschen Übung bringst du es leicht fertig.

1 (= habitude) die **Übung**

2 ▷ Nous avons deux entraînements de rugby par semaine.
Wir haben zweimal in der Woche Rugbytraining.

2 (= séance) das **Training** /'tre:niŋ/

🔈 *Notez la prononciation.*

entraîner

1 ▷ C'est monsieur Legrand qui nous entraîne le samedi.
Samstags trainiert uns Herr Legrand.

1 (en sport) **trainieren** /treːˈniːrən/
Notez la prononciation.
Les verbes se terminant en ***-ieren*** *ne prennent pas* ***ge-*** *au participe passé.*

2 ▷ Nous devons nous entraîner plus si nous voulons battre l'équipe de Lens.
Wir müssen mehr trainieren, wenn wir Lens schlagen wollen.

2 ► **s'entraîner** (en sport) : **trainieren**
Le verbe pronominal français est traduit par un verbe intransitif en allemand.

3 ▷ Je m'entraîne tous les soirs, mais je suis toujours aussi mauvais.
Ich übe jeden Abend, aber ich bin immer noch genauso schlecht.

3 ► **s'entraîner** (= s'habituer) : **üben**
Le verbe pronominal français est traduit par un verbe intransitif en allemand.

4 ▷ Le courant entraîne les branches mortes.
Die Strömung reißt tote Äste mit.

4 (= emporter) **mitreißen**
mit•reißen *est un verbe à particule séparable et se conjugue comme* ***reißen*** (**riss**, **gerissen**).

entraîneur, entraîneuse

▷ Il est devenu entraîneur national.
Er ist Nationaltrainer geworden.

(en sport) **der Trainer** (pluriel **Trainer**), **die Trainerin** (pluriel **Trainerinnen**)

entre

1 ▷ Luc est assis entre Gilles et Aïcha.
Luc sitzt zwischen Gilles und Aïcha.
▷ Je les ai vus deux fois entre lundi et vendredi.
Ich habe sie zwischen Montag und Freitag zweimal gesehen.
▷ Viens t'asseoir entre nous.
Komm und setz dich zwischen uns.

1 (indiquant la position) **zwischen** + *datif*

(avec un verbe de mouvement) **zwischen** + *accusatif*

2 ▷ Entre autres, il y avait le proviseur et sa femme.
Unter anderen waren der Schulleiter und seine Frau da.

2 ► **entre autres** (en parlant de personnes) : **unter anderen**

3 ▷ J'ai acheté, entre autres, du pain et du fromage.
Ich habe unter anderem Brot und Käse gekauft.

3 ► **entre autres** (en parlant de choses) : **unter anderem**

4 ▷ Qui d'entre vous veut venir avec moi ?
Wer von euch will mit mir kommen?
▷ La majorité d'entre eux a fait grève.
Die Mehrheit von ihnen hat gestreikt.

4 ► **d'entre... : von...**

entrée

1 ▷ Pose ta valise dans l'entrée.
Stell deinen Koffer in den Flur.

1 (d'une maison, d'un appartement) der **Flur** (pluriel Flure)
ℹ *On dit aussi die* ***Diele*** (pluriel Dielen)

2 ▷ Tous les employés étaient rassemblés dans l'entrée.
Alle Angestellten hatten sich in der Eingangshalle versammelt.

2 (d'un immeuble) die **Eingangshalle** (pluriel -hallen)

3 ▷ La maison a deux entrées indépendantes.
Das Haus hat zwei unabhängige Eingänge.

3 (= accès) der **Eingang** (pluriel Eingänge)

4 ▷ L'entrée était bloquée.
Die Einfahrt war blockiert.

4 (= accès pour véhicules) die **Einfahrt** (pluriel Einfahrten)

5 ▷ Simon m'a vendu son entrée au concert.
Simon hat mir seine Eintrittskarte fürs Konzert verkauft.

5 (= billet) die **Eintrittskarte** (pluriel -karten)

6 ▷ C'est marqué « Entrée interdite ».
Da steht „Eintritt verboten".

6 (= droit d'entrer) der **Eintritt**

7 ▷ Je ne prendrai pas d'entrée, juste un plat principal.
Ich nehme keine Vorspeise, nur ein Hauptgericht.
▷ Qu'est-ce que vous prenez en entrée ?
Was nehmen Sie als Vorspeise?

7 (= premier plat) die **Vorspeise** (pluriel Vorspeisen)

► **en entrée :** als Vorspeise

entrepôt

▷ Les entrepôts du supermarché sont en face.
Die Lagerhallen des Supermarkts sind gegenüber.

die **Lagerhalle** (pluriel -hallen)
ℹ *On dit aussi das* ***Lager*** *tout court* (pluriel Lager).

entreprise

▷ Les parents de Jeanne possèdent une entreprise.
Jeannes Eltern besitzen ein Unternehmen.

das **Unternehmen** (pluriel Unternehmen)
ℹ *On dit aussi der* ***Betrieb*** (pluriel Betriebe).

entrer

1 ▷ Entrez, c'est ouvert !
Kommt herein, es ist offen!

▷ Entre dans mon bureau, je vais te montrer mon ordinateur.
Komm in mein Arbeitszimmer, ich zeige dir meinen Computer.

1 (= venir dedans) **hereinkommen**
ℹ ***herein•kommen*** *est un verbe à particule séparable et se conjugue comme* ***kommen*** (kam, gekommen).

► **entrer dans...** (= venir dans) : in + *accusatif* + kommen

2 ▷ Entre, je te suis.
Geh hinein, ich folge dir.

2 (= aller dedans) **hineingehen**

ℹ *hinein•gehen est un verbe à particule séparable et se conjugue comme gehen (ging, gegangen).*

▷ Quand il a commencé à pleuvoir, nous sommes entrés dans une boulangerie.
Als es anfing zu regnen, sind wir in eine Bäckerei gegangen.

► **entrer dans...** (= aller dans) : in + *accusatif* + gehen

3 ▷ Sarah entre au lycée en septembre.
Sarah kommt im September ins Gymnasium.

3 ► **entrer à...** : in + *accusatif* + kommen

4 ▷ On a tous réussi à entrer dans la voiture.
Wir haben es geschafft, alle im Auto Platz zu finden.

4 ► **entrer dans...** (= tenir dans) : in + *datif* + Platz finden (fand, gefunden)

5 ▷ La voiture est entrée dans un mur.
Das Auto ist gegen eine Mauer gefahren.

5 ► **entrer dans...** (= heurter) : gegen + *accusatif* + laufen (läuft, lief, gelaufen) *ou* fahren (fährt, fuhr, gefahren)

entre-temps

▷ Céline était chez le coiffeur ; entre-temps, je suis allé au supermarché.
Céline war beim Friseur; ich bin inzwischen zum Supermarkt gegangen.

inzwischen

ℹ *On dit aussi in der Zwischenzeit.*

entretenir

▷ Quand on a une voiture, il faut l'entretenir.
Wenn man ein Auto hat, muss man es pflegen.

(= s'occuper de) **pflegen**

entretien

1 ▷ L'entretien de la voiture coûte cher.
Der Unterhalt des Autos ist teuer.

1 (= soins) der **Unterhalt**

2 ▷ Mes parents ont eu un entretien avec le proviseur.
Meine Eltern hatten eine Unterredung mit dem Schulleiter.

2 (= réunion) die **Unterredung** (pluriel Unterredungen)

entrevue

1 ▷ J'ai un rendez-vous pour une entrevue.
Ich habe einen Termin für eine Unterredung.

1 (= audience) die **Unterredung** (pluriel Unterredungen)

2 ▷ L'entrevue a duré plus de deux heures.
Die Besprechung hat mehr als zwei Stunden gedauert.

2 (= réunion) die **Besprechung** (pluriel Besprechungen)

énumérer

▷ Anita a énuméré tous les garçons avec lesquels elle est sortie.
Anita hat alle Jungen aufgezählt, mit denen sie gegangen ist.

aufzählen

ℹ *auf•zählen est un verbe à particule séparable.*

envahir

▷ Les touristes envahissent le village chaque été.
Jeden Sommer überfallen die Touristen das Dorf.

überfallen (überfällt, überfiel, überfallen)

envahisseur

▷ Ils ont essayé de repousser les envahisseurs.
Sie haben versucht, die Eindringlinge abzuwehren.

der **Eindringling** (pluriel Eindringlinge)

enveloppe

▷ N'oubliez pas d'écrire ton adresse au dos de l'enveloppe.
Vergiss nicht, deine Adresse auf die Rückseite des Briefumschlags zu schreiben.

der **Briefumschläg** (pluriel -umschläge)

ℹ *On dit aussi der Umschlag tout court.*

envelopper

1 ▷ Le cadeau est enveloppé dans du joli papier.
Das Geschenk ist in hübsches Papier eingepackt.

1 (= emballer) **einpacken**

ℹ *ein•packen est un verbe à particule séparable.*

2 ▷ J'ai enveloppé ma petite sœur dans une couverture et je l'ai portée jusqu'à la voiture.
Ich wickelte meine kleine Schwester in eine Decke ein und trug sie zum Auto.

2 (= emmitoufler) **einwickeln**

ℹ *ein•wickeln est un verbe à particule séparable.*

envers

1 ▷ Il y a quelque chose d'écrit sur l'envers de la feuille.
Da steht etwas auf der Rückseite des Blattes.

1 ► **l'envers** (= l'autre côté) : die **Rückseite**

2 ▷ Tu as mis ton T-shirt à l'envers, le motif devrait être devant.
Du hast dein T-Shirt verkehrt herum angezogen, das Muster sollte vorne sein.

2 ► **à l'envers** (= devant derrière, l'extérieur à l'intérieur) : **verkehrt herum**

3 ▷ Ce tableau est à l'envers.
Dieses Bild steht auf dem Kopf.

3 ► **être à l'envers** (= avec le bas en haut) : **auf dem Kopf stehen** (stand, gestanden)

envie

▷ J'ai envie d'une glace.
Ich habe Lust auf Eis.
▷ Parfois, j'ai envie de le frapper !
Manchmal habe ich Lust, ihn zu hauen!

► **avoir envie de** quelque chose : **auf** etwas **Lust haben** (hat, hatte, gehabt)
► **avoir envie de faire** quelque chose : **Lust haben,** etwas **zu tun**

▷ David voulait aller au cinéma avec moi, mais je n'avais pas envie.
David wollte mit mir ins Kino gehen, aber ich hatte keine Lust.

► **ne pas avoir envie :** keine Lust haben

envier

▷ Tu pars en vacances en Floride ? Je t'envie !
Du fliegst in den Ferien nach Florida? Ich beneide dich!

beneiden

ℹ *Les verbes commençant par le préfixe be- ne prennent pas ge- au participe passé.*

environ

▷ Il y a environ cinq cents élèves dans l'école.
Es sind ungefähr fünfhundert Schüler in der Schule.

(= à peu près) ungefähr

environnement

▷ Chacun devrait se soucier de l'environnement.
Jeder sollte sich um die Umwelt kümmern.

▷ La plupart des engrais sont mauvais pour l'environnement.
Die meisten Dünger sind umweltschädigend.

▷ C'est un produit sans danger pour l'environnement.
Das ist ein umweltfreundliches Produkt.

die Umwelt

► **mauvais** *ou* **dommageable pour l'environnement :** umweltschädigend

► **sans danger pour l'environnement :** umweltfreundlich

environs

▷ Ils habitent dans les environs de Reims.
Sie wohnen in der Umgebung von Reims.

► **dans les environs de :** in der Umgebung von

envisager

▷ Mes parents envisagent d'acheter une caravane.
Meine Eltern planen, einen Wohnwagen zu kaufen.

► **envisager de faire** quelque chose **:** planen, etwas zu tun

s'envoler

▷ Les oiseaux se sont envolés dès qu'ils nous ont entendus.
Sobald sie uns hörten, flogen die Vögel weg.

▷ La casquette de Yannick s'est envolée.
Yannicks Schirmmütze ist weggeflogen.

wegfliegen

ℹ *weg•fliegen est un verbe à particule séparable et se conjugue comme fliegen* (flog, geflogen).

envoyer

1 ▷ Je t'enverrai une carte postale de Grèce.
Ich werde dir eine Postkarte aus Griechenland schicken.

▷ Maman m'a envoyée chez le boulanger.
Mama hat mich zum Bäcker geschickt.

1 (en parlant du courrier ou d'une personne) schicken

2 ▷ Envoie-moi le ballon.
Wirf mir den Ball zu.

2 (= lancer à la main) werfen (wirft, warf, geworfen)

3 ▷ Il a envoyé le ballon dans le public.
Er hat den Ball ins Publikum geschossen.

3 (= envoyer avec le pied) **schießen** (schoss, geschossen)

éolien, éolienne

▷ Ils veulent développer l'énergie éolienne.
Sie wollen die Windkraft entwickeln.

▷ Les éoliennes produisent de l'électricité.
Windkraftanlagen erzeugen Strom.

► **énergie éolienne :** die **Windkraft**

► **éolienne** (= installation) : die **Windkraftanlage** (pluriel **-anlagen**)

épais, épaisse

▷ Ton pull n'est pas très épais, tu vas avoir froid.
Dein Pullover ist nicht sehr dick, dir wird kalt werden.

dick

épaisseur

1 ▷ Cela dépend de l'épaisseur du papier.
Das hängt von der Dicke des Papiers ab.

▷ Ce livre fait au moins dix centimètres d'épaisseur.
Dieses Buch ist mindestens zehn Zentimeter dick.

1 (= grosseur) die **Dicke**

*Pour dire l'**épaisseur** de quelque chose en allemand, on emploie l'expression **dick sein**.*

2 ▷ Quand il fait très froid, je porte plusieurs épaisseurs de vêtements.
Wenn es sehr kalt ist, ziehe ich mir mehrere Schichten an.

2 (= couche) die **Schicht** (pluriel **Schichten**)

épargner

1 ▷ Il a épargné son adversaire.
Er hat seinen Feind verschont.

1 (une personne, un ennemi) **verschonen**

ℹ *Les verbes commençant par **ver-** ne prennent pas **ge-** au participe passé.*

2 ▷ Je vous épargne les détails.
Ich erspare euch die Einzelheiten.

2 ► **épargner** quelque chose **à** quelqu'un **:** jemandem (datif) etwas (accusatif) **ersparen**

éparpillé, éparpillée

▷ Les papiers étaient éparpillés sur le bureau.
Die Papiere waren auf dem Schreibtisch verstreut.

verstreut

épaule

▷ J'ai mal à l'épaule.
Meine Schulter tut mir weh.

die **Schulter** (pluriel **Schultern**)

épave

▷ Des plongeurs ont exploré l'épave.
Die Taucher haben das Wrack erforscht.

(de bateau, de voiture) das **Wrack** (pluriel **Wracks**)

épée

▷ Le roi le nommait chevalier en lui touchant l'épaule avec son épée.
Der König ernannte ihn zum Ritter, indem er seine Schulter mit dem Schwert berührte.

das **Schwert** (pluriel **Schwerter**)

épeler

▷ Est-ce que vous pouvez épeler votre nom, s'il vous plaît ?
Könnten Sie Ihren Namen bitte buchstabieren?

buchstabieren

ℹ *Les verbes se terminant en* ***-ieren*** *ne prennet pas* ***ge-*** *au participe passé.*

épicé, épicée

▷ Ce curry est trop épicé.
Dieses Curry ist zu scharf.

scharf

épicerie

▷ Est-ce qu'il y a une épicerie par ici ?
Ist hier in der Nähe ein Lebensmittelgeschäft?

das **Lebensmittelgeschäft** (pluriel **-geschäfte**)

épicier, épicière

▷ Le père de Vincent est épicier depuis vingt ans.
Vincents Vater ist seit zwanzig Jahren Lebensmittelhändler.

▷ Léa est encore chez l'épicier.
Léa ist noch beim Lebensmittelhändler.

▷ Ils m'ont envoyé chez l'épicier.
Sie haben mich zum Lebensmittelhändler geschickt.

der **Lebensmittelhändler** (pluriel **-händler**), die **Lebensmittelhändlerin** (pluriel **-händlerinnen**)

► **chez l'épicier** (= dans le magasin) : **beim Lebensmittelhändler**

► **chez l'épicier** (= vers le magasin) : **zum Lebensmittelhändler**

épidémie

▷ Il y a une épidémie de varicelle à l'école.
Eine Windpockenepidemie geht durch die Schule.

die **Epidemie** (pluriel **Epidemien** /epide'mi:ən/)

🔈 *Notez la prononciation du pluriel.*

épinards

▷ Il y avait encore des épinards au déjeuner.
Es gab schon wieder Spinat zum Mittagessen.

der **Spinat**

ℹ *Ce mot est indénombrable, on ne dit pas* ***ein Spinat****.*

épine

1 ▷ Ces roses ont de grosses épines.
Diese Rosen haben große Dornen.

1 (en parlant d'une rose, d'un buisson) der **Dorn** (pluriel **Dornen**)

2 ▷ Le hérisson se défend avec ses épines.
Der Igel verteidigt sich mit seinen Stacheln.

2 (en parlant d'un animal, d'un cactus) der **Stachel** (pluriel **Stacheln**)

épingle

▷ Il restait des épingles dans la chemise que mon père a achetée.
In dem Hemd, das mein Vater gekauft hatte, waren noch Nadeln.
▷ Tu as perdu une épingle à cheveux.
Du hast eine Haarnadel verloren.
▷ Élodie a fermé son pantalon avec une épingle de nourrice.
Élodie hat ihre Hose mit einer Sicherheitsnadel zugemacht.

die **Nadel** (pluriel Nadeln)
► **épingle à cheveux :** die Haarnadel
► **épingle de nourrice :** die Sicherheitsnadel

épisode

▷ Le dernier épisode du feuilleton était super !
Die letzte Folge der Serie war toll!

die **Folge** (pluriel Folgen)

éplucher

▷ C'est toujours moi qui dois éplucher les pommes de terre !
Immer muss ich Kartoffeln schälen!

(en parlant des fruits et des légumes) **schälen**

épluchures

▷ Il y avait plein d'épluchures par terre.
Auf dem Boden lagen viele Schalen.

die **Schalen**

éponge

1 ▷ Passe-moi l'éponge, je vais nettoyer la table.
Gib mir den Schwamm, ich wische den Tisch ab.

1 (pour nettoyer) der **Schwamm** (pluriel Schwämme)

2 ▷ J'aime bien les peignoirs en éponge.
Ich mag Frotteebademäntel.

2 (= tissu) das / der **Frottee**

époque

▷ C'était une époque difficile.
Es war eine schwierige Zeit.
▷ À cette époque, les enfants n'avaient pas autant de liberté.
In dieser Zeit hatten die Kinder nicht so viel Freiheit.
▷ À l'époque, mes grands-parents vivaient à la campagne.
Zu der Zeit lebten meine Großeltern auf dem Land.

(= période) die **Zeit** (pluriel Zeiten)
► **à cette époque :** in dieser Zeit
► **à l'époque :** zu der Zeit

ℹ *On dit aussi **damals**.*

épouser

▷ Mon père a épousé ma mère en 1990.
Mein Vater hat meine Mutter 1990 geheiratet.

(= se marier avec) **heiraten**

épouvantable

▷ Ça a dû être un choc épouvantable.
Das muss ein schrecklicher Schock gewesen sein.

schrecklich

épouvantail

▷ Ils ont mis des épouvantails dans le champ.
Sie haben Vogelscheuchen aufs Feld gestellt.

die **Vogelscheuche** (pluriel **-scheuchen**)

épreuve

1 ▷ Nous aurons trois épreuves différentes.
Wir werden drei verschiedene Prüfungen haben.

▷ L'épreuve orale était plus facile que l'épreuve écrite.
Die mündliche Prüfung war leichter als die schriftliche.

1 (à l'école ou à l'université) die **Prüfung** (pluriel **Prüfungen**)
► **épreuve orale / écrite :** die **mündliche / schriftliche Prüfung**

ℹ *Prüfung signifie aussi « examen ».*

2 ▷ Notre équipe a été la meilleure dans toutes les épreuves.
Unsere Mannschaft war die beste in allen Wettkämpfen.

2 (en sport) der **Wettkampf** (pluriel **-kämpfe**)

3 ▷ C'était une vraie épreuve de force entre mon frère et moi.
Es war eine echte Kraftprobe zwischen meinem Bruder und mir.

3 ► **épreuve de force :** die **Kraftprobe** (pluriel **-proben**)

épuisant, épuisante

▷ Cette randonnée était épuisante.
Diese Wanderung war erschöpfend.

erschöpfend

épuisé, épuisée

1 ▷ Je veux m'asseoir, je suis complètement épuisé !
Ich will mich hinsetzen, ich bin völlig erschöpft!

1 (= très fatigué) **erschöpft**

2 ▷ Le modèle que je voulais était épuisé.
Das Modell, das ich wollte, war ausverkauft.

2 (en parlant d'un article dans un magasin) **ausverkauft**

équateur

▷ Est-ce que le Japon est au nord de l'équateur ?
Liegt Japan nördlich des Äquators?

der **Äquator**

équilibre

1 ▷ Déborah a perdu l'équilibre et elle est tombée.
Déborah hat das Gleichgewicht verloren und ist hingefallen.

1 ► **perdre l'équilibre :** das **Gleichgewicht verlieren** (**verlor**, **verloren**)

2 ▷ J'ai réussi à garder mon équilibre en m'appuyant sur Robert.
Ich konnte mein Gleichgewicht halten, indem ich mich auf Robert stützte.

2 ► **garder l'équilibre :** das **Gleichgewicht halten** (**hält**, **hielt**, **gehalten**)

3 ▷ La pile de livres tient en équilibre.
Der Stapel Bücher hält sich im Gleichgewicht.

3 ► **tenir en équilibre :** sich im Gleichgewicht halten (hält, hielt, gehalten)

4 ▷ J'ai marché en équilibre sur le fil.
Ich bin über den Draht balanciert.

4 ► **marcher en équilibre sur** quelque chose **:** über etwas balancieren /balɑ̃'siːrən/

ℹ *Les verbes se terminant en* ***-ieren*** *ne prennent pas* ***ge-*** *au participe passé.*

équilibré, équilibrée

1 ▷ Les repas de la cantine sont équilibrés.
Die Kantinenmahlzeiten sind ausgewogen.

1 (en parlant de l'alimentation) ausgewogen

2 ▷ C'est une personne très équilibrée.
Er ist ein sehr ausgeglichener Mensch.

2 (en parlant d'une personne) ausgeglichen

équipage

▷ Un membre de l'équipage m'a aidé.
Ein Besatzungsmitglied hat mir geholfen.

die Besatzung (pluriel Besatzungen)

équipe

1 ▷ Notre équipe a gagné tous les matches cette saison.
Diese Saison hat unsere Mannschaft alle Spiele gewonnen.

1 (en sport) die Mannschaft (pluriel Mannschaften)

2 ▷ L'équipe du journal de l'école se réunira ce soir.
Das Team der Schulzeitung versammelt sich heute Abend.

2 (= groupe de personnes) das Team /tiːm/ (pluriel Teams)

🔈 *Notez la prononciation.*

équipement

▷ J'emporte mon équipement de plongée en vacances.
Ich nehme meine Tauchausrüstung in die Ferien mit.

die Ausrüstung (pluriel Ausrüstungen)

équiper

▷ L'école est équipée d'ordinateurs.
Die Schule ist mit Computern ausgerüstet.

ausrüsten

ℹ ***aus•rüsten*** *est un verbe à particule séparable.*

ℹ *On dit aussi* ***ausstatten****.*

équitable

1 ▷ Il n'a pas eu un procès équitable.
Er hatte keinen gerechten Prozess.

1 gerecht

▷ Ils ne vendent que des produits équitables.
Sie verkaufen nur Produkte aus fairem Handel.

2 ► **produits équitables :** Produkte aus fairem Handel

équitation

▷ Charles fait de l'équitation tous les mercredis.
Charles reitet jeden Mittwoch.

► **faire de l'équitation : reiten** (ritt, geritten)

équivaloir

▷ Un euro équivaut à un dollar environ.
Ein Euro entspricht etwa einem Dollar.

► **équivaloir à :** *datif* + **entsprechen** (entspricht, entsprach, entsprochen)

érable

▷ J'adore le sirop d'érable.
Ich liebe Ahornsirup.

der **Ahorn** (pluriel Ahorne)

érafler

▷ Ça n'a fait qu'érafler la surface.
Es hat nur die Oberfläche zerkratzt.

zerkratzen

ℹ *Les verbes commençant par* ***zer-*** *ne prennent pas* ***ge-*** *au participe passé.*

éraflure

▷ Tu as vu l'éraflure sur le CD ?
Hast du den Kratzer auf der CD gesehen?

der **Kratzer** (pluriel Kratzer)

erreur

1 ▷ Il y a plusieurs erreurs dans tes calculs.
In deinen Rechnungen sind mehrere Fehler.
▷ Tu as fait une erreur là.
Du hast da einen Fehler gemacht.
▷ Tu as commis une erreur quand tu lui as tout raconté.
Du hast einen Fehler begangen, als du ihm alles erzählt hast.

1 (= faute) der **Fehler** (pluriel Fehler)
► **faire une erreur : einen Fehler machen**
► **commettre une erreur : einen Fehler begehen** (beging, begangen)

2 ▷ J'ai emporté le parapluie de Malika par erreur.
Ich habe versehentlich Malikas Regenschirm mitgenommen.

2 ► **par erreur : versehentlich**

ℹ *On dit aussi* ***aus Versehen****.*

éruption

1 ▷ Ils prédisent l'éruption du volcan pour bientôt.
Sie sagen einen baldigen Ausbruch des Vulkans voraus.

1 (de volcan) der **Ausbruch** (pluriel Ausbrüche)

2 ▷ Le volcan est entré en éruption la semaine dernière.
Der Vulkan ist letzte Woche ausgebrochen.

2 ► **entrer en éruption : ausbrechen**

ℹ ***aus•brechen*** *est un verbe à particule séparable et se conjugue comme* ***brechen*** (brach, gebrochen).

escabeau

▷ J'ai dû monter sur l'escabeau pour prendre le livre.
Ich musste auf die Trittleiter steigen, um das Buch herunterzunehmen.

die **Trittleiter** (pluriel -leitern)

escalade

▷ J'aimerais faire de l'escalade dans les Alpes.
Ich würde in den Alpen gern klettern.

► **faire de l'escalade :** klettern

escalader

▷ Denis et Steven ont escaladé le mur et se sont échappés.
Denis und Steven sind über die Mauer geklettert und weggelaufen.

klettern
► **escalader** quelque chose **:** auf *ou* über etwas **klettern**

escalator

▷ Tu prends l'escalator jusqu'au troisième étage.
Du nimmst die Rolltreppe bis zum dritten Stock.

die **Rolltreppe** (pluriel -treppen)

escale

▷ Nous avons pris un vol Paris-Montréal avec une escale à Londres.
Wir haben einen Flug Paris-Montreal genommen, mit einer Zwischenlandung in London.
▷ C'est un vol sans escale.
Es ist ein Flug ohne Zwischenlandung.
▷ L'avion fait escale à Rio.
Das Flugzeug macht in Rio eine Zwischenlandung.

(= arrêt, en parlant d'un avion) die **Zwischenlandung** (pluriel -landungen)

► **faire escale :** eine Zwischenlandung machen

ℹ *Notez l'emploi de l'article indéfini en allemand.*

escalier

▷ Barnabé a monté l'escalier à toute vitesse.
Barnabé ist blitzschnell die Treppe hochgelaufen.
▷ Prends l'escalier roulant, ça sera plus rapide.
Nimm die Rolltreppe, das geht schneller.

die **Treppe** (pluriel Treppen)

► **escalier roulant** *ou* **escalier mécanique :** die Rolltreppe

escalope

▷ Trois escalopes de dinde, s'il vous plaît.
Drei Putenschnitzel, bitte.

das **Schnitzel** (pluriel Schnitzel)

escargot

▷ Je n'ai jamais mangé d'escargots.
Ich habe noch nie Schnecken gegessen.

die **Schnecke** (pluriel Schnecken)

esclave

▷ Fais-le toi-même, je ne suis pas ton esclave !
Mach es doch selber, ich bin nicht dein Sklave!

der **Sklave** (pluriel Sklaven), die **Sklavin** (pluriel Sklavinnen)

escrime

▷ L'escrime est mon sport préféré.
Fechten ist mein Lieblingssport.

▷ Michael fait de l'escrime chaque week-end.
Michael ficht jedes Wochenende.

► **l'escrime :** das Fechten
L'article neutre n'est pas utilisé quand on parle du sport en général.
► **faire de l'escrime :** fechten (ficht, focht, gefochten)

escroc

▷ Ce vendeur est un escroc.
Dieser Verkäufer ist ein Betrüger.

der Betrüger (pluriel Betrüger), die Betrügerin (pluriel Betrügerinnen)

espace

1 ▷ Il n'y a pas assez d'espace ici.
Hier ist nicht genug Platz.

1 (= place) der Platz
Ce mot s'emploie uniquement au singulier.

2 ▷ La Russie a envoyé une fusée dans l'espace.
Russland hat eine Rakete in den Weltraum geschossen.

2 ► **l'espace** (= le cosmos) : der Weltraum

espadrilles

▷ En été, j'aime porter des espadrilles.
Im Sommer trage ich gerne Espadrillen.

die Espadrillen

Espagne

▷ L'Espagne et la France sont voisines.
Spanien und Frankreich sind Nachbarn.

Spanien /ˈʃpa:niən/
► **l'Espagne :** Spanien
*Ne prend l'article neutre que précédé d'un adjectif : **das maurische Spanien*** (l'Espagne mauresque).

▷ En Espagne, les gens dînent tard.
In Spanien isst man spät zu Abend.

▷ Nous allons souvent en Espagne.
Wir fahren oft nach Spanien.

▷ Nous sommes déjà allés trois fois en Espagne.
Wir waren schon dreimal in Spanien.

► **en Espagne** (= dans le pays) : in Spanien
► **en Espagne** (= vers le pays) : nach Spanien
Attention : pour dire que quelqu'un est déjà allé *quelque part, on emploie une expression avec le prétérit du verbe **sein** + **schon**.*

espagnol, espagnole

1 ▷ J'aime la cuisine espagnole.
Ich mag die spanische Küche gern.

1 (adjectif) spanisch

2 ▷ Les Espagnols sortent beaucoup le soir.
Die Spanier gehen abends viel aus.

2 (= personne) der Spanier / /ˈʃpa:niɐ/ (pluriel Spanier), die Spanierin (pluriel Spanierinnen)

3 ▷ Madame Sernan nous apprend l'espagnol.
Frau Sernan unterrichtet uns in Spanisch.

3 (= langue) Spanisch

espèce

1 ▷ Cet arbre n'est pas de la même espèce.
Dieser Baum ist nicht von der selben Art.
▷ C'est une espèce d'outil avec deux pointes.
Es ist eine Art von Werkzeug mit zwei Zinken.

1 (= sorte, variété) die **Art** (pluriel **Arten**)
► **une espèce de...** (pour décrire un objet) **:** eine Art von...

2 ▷ Espèce d'imbécile !
Du Dummkopf!

2 *Pour insulter quelqu'un en allemand, on dit couramment* ***du...!*** *suivi d'un nom.*

espérer

▷ J'espère que vous allez bien.
Ich hoffe, dass es euch gut geht.
▷ Lise espère réussir son examen.
Lise hofft, ihre Prüfung zu bestehen.

hoffen
► **espérer que... : hoffen, dass...**
► **espérer** + *infinitif* **: hoffen, zu** + *infinitif*

espion, espionne

▷ James Bond est un espion anglais.
James Bond ist ein englischer Spion.

der **Spion** (pluriel **Spione**), die **Spionin** (pluriel **Spioninnen**)

espionner

▷ Arrête de nous espionner !
Hör auf, uns auszuspionieren!

ausspionieren
ℹ ***aus•spionieren*** *est un verbe à particule séparable.*
ℹ *Les verbes se terminant en* ***-ieren*** *ne prennent pas* ***ge-*** *au participe passé.*

esprit

▷ L'esprit humain est très complexe.
Der Geist des Menschen ist sehr komplex.
▷ Oscar Wilde était connu pour son esprit.
Oscar Wilde war für seinen Geist bekannt.
▷ Elle a beaucoup d'esprit.
Sie ist sehr geistreich.

(= pensée, humour) der **Geist**
► **avoir de l'esprit : geistreich sein**

esquimau, esquimaude

1 ▷ Les Esquimaux habitent dans l'Arctique.
Die Eskimos leben in der Arktis.

1 ► **Esquimau, Esquimaude** (= personne) : der **Eskimo** (pluriel **Eskimos**), die **Eskimofrau** (pluriel **-frauen**)

2 ▷ Un esquimau à la vanille, s'il vous plaît.
Ein Vanilleeis am Stiel, bitte.

2 (nom masculin = glace) das **Eis am Stiel**

essai

▷ Joël a réussi à son premier essai.
Joël hat es bei seinem ersten Versuch geschafft.

der **Versuch** (pluriel **Versuche**)

▷ J'ai fait trois essais, mais je n'ai pas pu le joindre.
Ich habe drei Versuche gemacht, aber ich konnte ihn nicht erreichen.
▷ La France a marqué un bel essai.
Frankreich hat einen schönen Versuch erzielt.

► **faire un essai :** **einen Versuch machen**

► **marquer un essai** (au rugby) **:** **einen Versuch erzielen**

ℹ *Les verbes commençant par le préfixe* ***er-*** *ne prennent pas* ***ge-*** *au participe passé.*

essayer

1 ▷ Pam a essayé une nouvelle coloration et maintenant elle a les cheveux orange !
Pam hat eine neue Haarfärbung ausprobiert und jetzt hat sie orangefarbene Haare!

1 (= tester) **ausprobieren**
ℹ ***aus•probieren*** *est un verbe à particule séparable.*
ℹ *Les verbes se terminant en* ***-ieren*** *ne prennent pas* ***ge-*** *au participe passé.*

2 ▷ Pouvez-vous parler moins fort ? J'essaie de travailler.
Könnt ihr etwas leiser sprechen? Ich versuche, zu arbeiten.

2 ► **essayer de** + *infinitif* **:** **versuchen, zu** + *infinitif*

3 ▷ Essaie cette jupe, elle devrait t'aller.
Probier diesen Rock an, der sollte dir passen.

3 (en parlant d'un vêtement) **anprobieren**
ℹ ***an•probieren*** *est un verbe à particule séparable.*

essence

1 ▷ Le prix de l'essence a encore augmenté.
Die Benzinpreise sind schon wieder gestiegen.
▷ L'essence sans plomb est moins nocive pour l'environnement.
Bleifreies Benzin ist weniger umweltfeindlich.

1 (= carburant) das **Benzin**

► **essence sans plomb :** das **bleifreie Benzin**

2 ▷ On va prendre de l'essence en chemin.
Wir tanken auf dem Weg.

2 ► **prendre de l'essence :** **tanken**

essentiel, essentielle

1 ▷ La musique est essentielle pour moi.
Musik ist für mich unentbehrlich.

1 (= indispensable) **unentbehrlich**

2 ▷ Il est essentiel que je réussisse cet examen.
Es ist sehr wichtig, dass ich diese Prüfung bestehe.

2 (= très important) **sehr wichtig**

3 ▷ L'essentiel c'est que vous ne soyez pas blessés.
Die Hauptsache ist, dass ihr unverletzt seid.

3 ► **l'essentiel :** die **Hauptsache**

essoufflé, essoufflée

▷ J'ai réussi à faire trois fois le tour du parc, mais j'étais complètement essoufflée.
Ich habe es geschafft, dreimal um den Park zu laufen, aber ich war völlig außer Atem.

außer Atem

essuie-glace

▷ L'essuie-glace arrière ne marche pas.
Der hintere Scheibenwischer geht nicht.

der **Scheibenwischer** (pluriel Scheibenwischer)

essuyer

1 ▷ Passe-moi l'éponge, je vais essuyer la table.
Gib mir den Schwamm, ich wische den Tisch ab.

1 (= nettoyer) **abwischen**

ℹ *Quand on essuie quelque chose qui est par terre, on dit* ***aufwischen****.*

ℹ ***ab•wischen*** *et* ***auf•wischen*** *sont des verbes à particule séparable.*

2 ▷ C'est toujours moi qui dois essuyer la vaisselle !
Immer muss ich das Geschirr abtrocknen!

▷ Je n'ai pas eu le temps de m'essuyer après mon bain.
Ich hatte nach meinem Bad nicht einmal Zeit, mich abzutrocknen.

2 (= sécher) **abtrocknen**

ℹ ***ab•trocknen*** *est un verbe à particule séparable.*

► s'**essuyer** (= se sécher) : sich **abtrocknen**

ℹ *Le pronom personnel allemand s'emploie à l'accusatif :* ***ich trockne mich ab, du trocknest dich ab, er / sie trocknet sich ab, wir trocknen uns ab, ihr trocknet euch ab, sie trocknen sich ab.***

3 ▷ Essuie-toi les pieds avant d'entrer.
Tritt dir die Füße ab, bevor du hereinkommst.
▷ Tu as tout sali ! - Pourtant, je me suis essuyé les pieds !
Du hast alles verschmutzt! - Ich habe mir aber doch die Füße abgetreten!

3 ► s'**essuyer les pieds** (= les chaussures) : sich **die Füße abtreten**

ℹ *Le pronom personnel allemand s'emploie au datif :* ***ich trete mir... ab, du trittst dir... ab, er / sie tritt sich... ab, wir treten uns... ab, ihr tretet euch... ab, sie treten sich... ab.***

ℹ ***ab•treten*** *est un verbe à particule séparable et se conjugue comme* ***treten*** *(****tritt, trat, getreten****).*

est

1 ▷ Ils habitent dans l'est.
Sie wohnen im Osten.

1 (= la direction) der **Osten**

2 ▷ Mon village est à l'est de Metz.
Mein Dorf liegt östlich von Metz.

2 ► **à l'est de... : östlich von...**

est-ce que

▷ Est-ce que tu le connais ?
Kennst du ihn?
▷ Est-ce que vous pouvez le faire ?
Könnt ihr es tun?

Cette formule interrogative n'existe pas en allemand. On emploie des phrases comportant verbe + sujet + objet.

estime

▷ J'ai beaucoup d'estime pour elle.
Ich habe viel Achtung vor ihr.

die **Achtung**
ℹ *Notez l'emploi de la préposition :* estime pour = ***Achtung vor***.

estimer

▷ J'estime que tu as eu tort et que tu devrais t'excuser.
Ich meine, dass du Unrecht hattest und dich entschuldigen solltest.

► **estimer que...** (= juger que) : **meinen, dass...**

estomac

▷ Jeanne a l'estomac fragile.
Jeanne hat einen empfindlichen Magen.
▷ J'ai mal à l'estomac.
Ich habe Magenschmerzen.

der **Magen** (pluriel **Mägen**)

► **avoir mal à l'estomac :** **Magenschmerzen haben**

Estonie

▷ La capitale de l'Estonie est Tallinn.
Die Hauptstadt von Estland ist Tallinn.
▷ Il est né en Estonie.
Er ist in Estland geboren.
▷ Qu'est-ce qui t'amène en Estonie ?
Was bringt dich nach Estland?
▷ Es-tu déjà allé en Estonie ?
Warst du schon in Estland?

Estland
► **l'Estonie :** **Estland**
► **en Estonie** (= dans le pays) : **in Estland**
► **en Estonie** (= vers le pays) : **nach Estland.**

Attention : pour dire que quelqu'un est déjà allé *quelque part, on emploie une expression avec le prétérit du verbe* ***sein*** *+* ***schon****.*

estonien, estonienne

1 ▷ Quel est le plat national estonien ?
Was ist das estnische Nationalgericht?

1 (adjectif) **estnisch**

2 ▷ Elle s'est mariée avec un Estonien.
Sie ist mit einem Esten verheiratet.

2 (= personne) der **Este** (pluriel **Esten**), die **Estin** (pluriel **Estinnen**)

3 ▷ C'est vrai que tu parle l'estonien ?
Ist es war, dass du Estnisch sprichst?

3 (= langue) **Estnisch**

estrade

▷ Le bureau du prof est sur une estrade.
Der Schreibtisch des Lehrers steht auf einem Podium.

das **Podium** (pluriel **Podien** /'po:diən/)

et

1 ▷ Lise et André sont partis les premiers.
Lise und André sind als Erste gegangen.
▷ Et maintenant, qu'est-ce qu'on fait ?
Und was machen wir jetzt?
▷ J'ai faim, et toi ?
Ich habe Hunger, und du?

1 *La traduction allemande la plus courante est* ***und****.*

2 ▷ Il a acheté et le DVD et la musique du film.
Er hat sowohl die DVD als auch die Musik des Films gekauft.

2 ► **et... et...** (= aussi bien... que...) : **sowohl... als auch...**

étable

▷ Tous les petits veaux étaient dans l'étable.
Alle kleinen Kälber waren im Stall.

der **Stall** (pluriel **Ställe**)

établissement

▷ Le lycée Carnot est le plus grand établissement de la ville.
Das Carnot-Gymnasium ist die größte Schule der Stadt.

(= école) die **Schule** (pluriel **Schulen**)

étage

▷ Le grand magasin a cinq étages.
Das Kaufhaus hat fünf Stockwerke.
▷ Marie habite un immeuble à trois étages.
Marie wohnt in einem dreistöckigen Haus.
▷ Mes amis habitent au dernier étage.
Meine Freunde wohnen im letzten Stock.

(d'un bâtiment) das **Stockwerk** (pluriel **Stockwerke**)
Pour dire qu'un bâtiment est **à... étages**, *on emploie la formule chiffre +* ***-stöckig****.*
► **au... étage : im... Stock**

étagère

1 ▷ Le sel est sur l'étagère du bas.
Das Salz steht auf dem unteren Brett.

1 (= planche) das **Brett** (pluriel **Bretter**)

2 ▷ J'ai acheté une étagère pour mes CD.
Ich habe ein Regal für meine CDs gekauft.

2 (= meuble) das **Regal** (pluriel **Regale**)

étalage

1 ▷ Toutes les oranges ont dégringolé de l'étalage.
Alle Orangen sind vom Marktstand heruntergerollt.

1 (sur un marché) der **Marktstand** (pluriel **-stände**)

2 ▷ L'étalage de cette boutique est très réussi.
Die Auslage dieser Boutique ist sehr gelungen.

2 (= vitrine d'un magasin) die **Auslage** (pluriel **Auslagen**)

étaler

1 ▷ Est-ce que tu pourrais étaler le beurre sur le pain ?
Könntest du die Butter aufs Brot streichen?

1 (en parlant du beurre, de la confiture) **streichen** (strich, gestrichen)

2 ▷ J'ai étalé la pâte et je l'ai recouverte de tranches de pommes.
Ich habe den Teig ausgerollt und ihn mit Apfelscheiben belegt.

2 (en parlant de la pâte d'un gâteau) **ausrollen**

ℹ ***aus•rollen*** *est un verbe à particule séparable.*

3 ▷ Pierre a étalé son journal par terre.
Pierre hat seine Zeitung auf dem Boden ausgebreitet.

3 (en parlant d'un journal, d'une carte routière) **ausbreiten**

ℹ ***aus•breiten*** *est un verbe à particule séparable.*

4 ▷ Il faut toujours qu'elle étale ses connaissances.
Immer muss sie mit ihren Kenntnissen prahlen.

4 ► **étaler** quelque chose (= montrer fièrement) : **mit** etwas (datif) **prahlen**

étanche

▷ Heureusement ma montre est étanche !
Zum Glück ist meine Uhr wasserdicht!

wasserdicht

étang

▷ L'étang est gelé.
Der Teich ist zugefroren.

der **Teich** (pluriel **Teiche**)

étant donné

▷ Étant donné la situation, que peut-on faire ?
Was ist in Anbetracht der Lage zu tun?

in Anbetracht + *génitif*

étape

1 ▷ Nous allons faire ce travail en trois étapes.
Wir werden diese Arbeit in drei Abschnitten erledigen.

1 (= phase) der **Abschnitt** (pluriel **Abschnitte**)

2 ▷ Notre première étape est Carcassonne.
Unsere erste Etappe ist Carcassonne.

2 (= lieu où l'on s'arrête) die **Etappe** (pluriel **Etappen**)

ℹ *Attention à l'orthographe.*

état

1 ▷ Il était dans un état lamentable.
Er war in einem erbärmlichen Zustand.
▷ La moto est en très bon état.
Das Motorrad ist in sehr gutem Zustand.
▷ Le toit est en mauvais état, mon père va le réparer.
Das Dach ist in schlechtem Zustand, mein Vater wird est reparieren.

1 (= manière d'être) der **Zustand**

► **en bon état : in gutem Zustand**

► **en mauvais état : in schlechtem Zustand**

2 ▷ Nadine est hors d'état de réviser.
Nadine ist nicht in der Lage zu lernen.

2 ► **être hors d'état de faire** quelque chose **: nicht in der Lage sein,** etwas **zu tun**

3 ▷ Ma mère était dans tous ses états quand je suis rentré !
Meine Mutter war ganz aus dem Häuschen, als ich nach Hause kam!

3 ► **être dans tous ses états :** ganz aus dem Häuschen sein
ℹ *L'expression française et sa traduction allemande sont familières.*

4 ▷ Les retraites sont versées par l'État.
Die Renten werden vom Staat ausgezahlt.

4 ► **État** (= pays, nation) : der Staat (pluriel Staaten)

États-Unis

▷ Les États-Unis sont un pays très puissant.
Die Vereinigten Staaten sind ein mächtiges Land.

► **les États-Unis :** die Vereinigten Staaten

▷ Aux États-Unis, beaucoup d'Indiens vivent dans des réserves.
In den Vereinigten Staaten leben viele Indianer auf den Reservaten.

► **aux États-Unis** (= dans le pays) : in den Vereinigten Staaten

▷ Mon père doit aller aux États-Unis pour son travail.
Mein Vater muss geschäftlich in die Vereinigten Staaten reisen.

► **aux États-Unis** (= vers le pays) : in die Vereinigten Staaten

▷ Es-tu déjà allé aux États-Unis ?
Warst du schon in den Vereinigten Staaten?

Attention : pour dire que quelqu'un **est déjà allé** *quelque part, on emploie une expression avec le prétérit du verbe* ***sein*** *+* ***schon****.*

et cætera, et cetera, etc.

▷ La France, l'Allemagne, l'Espagne, etc.
Frankreich, Deutschland, Spanien, usw.

La traduction allemande de **et cætera** *est* ***und so weiter****. Comme en français, on emploie la plupart du temps l'abréviation* ***usw.***

été

▷ L'été sera chaud.
Der Sommer wird heiß.

der Sommer (pluriel Sommer)

▷ En été, nous allons en Bretagne.
Im Sommer fahren wir in die Bretagne.

► **en été :** im Sommer

éteindre

1 ▷ Éteins la lumière, s'il te plaît.
Schalte bitte das Licht aus.

1 (en parlant de la lumière, de la télévision) ausschalten
ℹ ***aus•schalten*** *est un verbe à particule séparable.*

2 ▷ J'ai oublié d'éteindre la radio.
Ich habe vergessen, das Radio abzustellen.

2 (en parlant de la radio, d'un appareil) abstellen
ℹ ***ab•stellen*** *est un verbe à particule séparable.*

3 ▷ Les pompiers ont réussi à éteindre le feu.
Die Feuerwehr konnte den Brand löschen.

3 (en parlant d'un feu, d'un incendie) löschen

4 ▷ Éteins la bougie avant d'aller te coucher.
Blas die Kerze aus, bevor du ins Bett gehst.

4 (en parlant d'une bougie) ausblasen

ℹ *aus•blasen est un verbe à particule séparable et se conjugue comme blasen* (bläst, blies, geblasen).

5 ▷ Tout d'un coup, les lumières se sont éteintes.
Plötzlich ging das Licht aus.

5 ► **s'éteindre :** ausgehen

ℹ *aus•gehen est un verbe à particule séparable et se conjugue comme gehen* (ging, gegangen).

étendre

1 ▷ Céline a étendu une couverture sur la pelouse.
Celine hat eine Decke auf dem Rasen ausgebreitet.

1 (= étaler) ausbreiten

ℹ *aus•breiten est un verbe à particule séparable.*

2 ▷ Il n'y a pas de place pour étendre ses jambes dans ce cinéma.
In diesem Kino ist kein Platz, um seine Beine auszustrecken.

2 (en parlant des bras, des jambes) ausstrecken

ℹ *aus•strecken est un verbe à particule séparable.*

3 ▷ Étends le linge s'il te plaît.
Häng bitte die Wäsche auf.

3 ► **étendre le linge :** die Wäsche aufhängen

ℹ *auf•hängen est un verbe à particule séparable.*

ℹ *Quand hängen est transitif, il se conjugue de façon régulière.*

4 ▷ Étends-toi deux minutes, tu te sentiras mieux.
Leg dich zwei Minuten hin, dann fühlst du dich besser.

4 ► **s'étendre :** sich hinlegen

ℹ *hin•legen est un verbe à particule séparable.*

ℹ *Le pronom personnel allemand s'emploie à l'accusatif : ich lege mich hin, du legst dich hin, er / sie legt sich hin, wir legen uns hin, ihr legt euch hin, sie legen sich hin.*

5 ▷ La plage s'étend sur plusieurs kilomètres.
Der Strand zieht sich über mehrere Kilometer hin.

5 (en parlant d'une ville, d'un espace) : sich hinziehen

ℹ *hin•ziehen est un verbe à particule séparable et se conjugue comme ziehen* (zog, gezogen).

étendu, étendue

1 ▷ La banlieue où nous habitons est très étendue.
Der Vorort, wo wir wohnen, ist sehr groß.

1 (= vaste) groß (**plus étendu** größer ; **le plus étendu** der größte)

2 ▷ Allongez-vous, les bras étendus au-dessus de la tête.
Legt euch hin, die Arme über dem Kopf ausgestreckt.

2 (en parlant des bras, des jambes) ausgestreckt

3 ▷ Je les ai trouvés étendus dans l'herbe.
Ich fand sie im Gras liegend.

3 (= couché) **liegend**

éternel, éternelle

▷ C'est l'éternel problème !
Das ist ein ewiges Problem!

ewig

éternuement

▷ On dit « à tes souhaits ! » après un éternuement.
Nach dem Niesen sagt man „Gesundheit!"

das **Niesen**

éternuer

▷ Fatima a éternué cinq fois de suite.
Fatima hat fünfmal hintereinander geniest.

niesen

ethnique

▷ Ils appartiennent à différentes minorités ethniques.
Sie gehören verschiedenen ethnischen Minderheiten an.

ethnisch

étincelle

▷ L'incendie a été provoqué par une étincelle.
Der Brand wurde von einem Funken verursacht.

der **Funke** (pluriel **Funken**)

ℹ *On dit aussi der **Funken**.*

étiquette

1 ▷ C'est le classeur avec l'étiquette bleue.
Es ist der Aktenordner mit dem blauen Etikett.

1 (= étiquette qui porte une marque, un nom, etc.) das **Etikett** (pluriel **Etikette**)

2 ▷ J'ai oublié d'ôter l'étiquette du cadeau de Sacha !
Ich habe vergessen, das Preisschild von Sachas Geschenk abzumachen!

2 (= étiquette qui porte le prix) das **Preisschild** (pluriel **-schilder**)

étirer

1 ▷ Arrête d'étirer ton pull comme ça !
Hör auf, deinen Pulli so zu dehnen!

1 ► **étirer** quelque chose : etwas **dehnen**

2 ▷ J'adore m'étirer le matin en me réveillant.
Ich liebe es, mich morgens nach dem Aufwachen zu strecken.

2 ► s'**étirer** (en parlant d'une personne, d'un animal) : sich **strecken**

ℹ *Le pronom personnel allemand s'emploie à l'accusatif : **ich strecke mich, du streckst dich, er / sie streckt sich, wir strecken uns, ihr streckt euch, sie strecken sich**.*

étoile

▷ On voit beaucoup d'étoiles ce soir.
Man sieht viele Sterne heute Abend.
▷ Regarde, une étoile de mer !
Schau mal, ein Seestern!

der **Stern** (pluriel **Sterne**)

► **étoile de mer :** der **Seestern**

étonnant, étonnante

▷ C'est étonnant qu'il ne soit pas venu.
Es ist erstaunlich, dass er nicht gekommen ist.

erstaunlich

étonné, étonnée

▷ J'ai été très étonnée de la voir à la réunion.
Ich war sehr erstaunt, sie bei der Versammlung zu sehen.

erstaunt

étonnement

▷ Imagine mon étonnement quand je les ai vus.
Stell dir mein Erstaunen vor, als ich sie gesehen habe.

das **Erstaunen**

étonner

▷ Les progrès d'Aurore en anglais ont étonné tout le monde.
Aurores Fortschritte in Englisch haben alle erstaunt.

erstaunen

ℹ *Les verbes commençant par le préfixe* ***er-*** *ne prennent pas* ***ge-*** *au participe passé.*

étouffer

▷ On étouffe ici !
Hier erstickt man ja!
▷ Il m'a presque étouffé, tellement il m'a serré.
Er hat mich fast erstickt, so hat er mich gedrückt.
▷ Je me suis presque étouffé avec une arête.
Ich bin fast an einer Gräte erstickt.

ersticken

Le verbe transitif allemand s'emploie avec l'auxiliaire ***haben****.*

Le verbe réfléchi français est traduit par un verbe intransitif en allemand, qui s'emploie avec l'auxiliaire ***sein****.*

étourderie

▷ J'ai fait deux fautes d'étourderie dans ma dictée.
Ich habe zwei Flüchtigkeitsfehler in meinem Diktat gemacht.

► **faute d'étourderie :** der **Flüchtigkeitsfehler** (pluriel **-fehler**)

étourdi, étourdie

▷ Maya est très étourdie, elle perd sans arrêt ses affaires.
Maya ist sehr zerstreut, sie verliert ständig ihre Sachen.

zerstreut

étrange

▷ L'ambiance était très étrange.
Es herrschte eine sehr seltsame Stimmung.

seltsam
ℹ *On dit aussi* ***merkwürdig****.*

étranger, étrangère

1 ▷ Un groupe de touristes étrangers est descendu à l'hôtel.
Eine Gruppe ausländischer Touristen ist im Hotel abgestiegen.

1 (adjectif = qui vient d'un autre pays) **ausländisch**

2 ▷ Les étrangers n'ont pas le droit de voter.
Die Ausländer dürfen nicht wählen.

2 (= personne) der **Ausländer** (pluriel Ausländer), die **Ausländerin** (pluriel Ausländerinnen)

3 ▷ David a vécu longtemps à l'étranger.
David hat lange im Ausland gelebt.

3 ► **à l'étranger :** im Ausland

étrangler

1 ▷ Le tueur a étranglé sa victime.
Der Mörder hat sein Opfer erwürgt.

1 (= tuer) **erwürgen**
ℹ *On dit aussi* ***erdrosseln****.*

2 ▷ Je me suis étranglé avec une arête.
Ich habe mich an einer Gräte verschluckt.
▷ Mâche, sinon tu vas encore t'étrangler.
Kau, sonst verschluckst du dich wieder.

2 ► s'**étrangler** (par accident) **:** sich verschlucken
ℹ *Le pronom personnel allemand s'emploie à l'accusatif :* ***ich verschlucke mich, du verschluckst dich, er / sie verschluckt sich, wir verschlucken uns, ihr verschluckt euch, sie verschlucken sich****.*

être

1 ▷ Le boulanger est sympa.
Der Bäcker ist nett.
▷ Est-ce qu'ils sont là ?
Sind sie da?
▷ Où étiez-vous ?
Wo wart ihr?

1 *La traduction la plus fréquente du verbe* **être** *est* ***sein****.*
ℹ *Au présent :* ***ich bin, du bist, er / sie ist, wir sind, ihr seid, sie sind****. Au prétérit :* ***ich war, du warst, er / sie war, wir waren, ihr wart, sie waren****. Au participe passé :* ***gewesen****.*

2 ▷ Mes cousins sont restés toute la journée.
Meine Cousins sind den ganzen Tag über dageblieben.
▷ Elle s'est cassé le bras à l'escalade.
Sie hat sich beim Klettern den Arm gebrochen.

2 *Lorsque* **être** *est auxiliaire et qu'il sert à former le passé composé, l'allemand suit la forme française soit avec* ***sein*** *+ participe passé, soit avec* ***haben*** *+ participe passé.*

3 ▷ Ce livre est à Joanna.
Dieses Buch gehört Joanna.

3 ► **être à ...** (= appartenir à) **:** gehören

4 ▷ Ta soupe est très bonne !
Deine Suppe schmeckt sehr gut!

4 (en parlant de nourriture) **schmecken**

5 ▷ Tu pourrais au moins le traiter comme un être humain !
Du könntest ihn mindestens wie einen Menschen behandeln!

5 ► **être humain :** der **Mensch** (pluriel **Menschen**)

étroit, étroite

▷ Le chemin est trop étroit pour deux voitures.
Der Weg ist zu eng für zwei Autos.

eng

étude

1 ▷ Ils ont fait une étude sur la violence dans les écoles.
Sie haben eine Studie über Gewalt in der Schule gemacht.

1 (= enquête) die **Studie** (pluriel **Studien**)

2 ▷ Il y a quatre salles d'étude dans l'école.
In der Schule gibt es vier Studierzimmer.

2 ► **salle d'étude ou étude :** das **Studierzimmer** (pluriel **-zimmer**)

3 ▷ Laïla ne veut pas faire d'études.
Laïla will nicht studieren.
▷ Le frère de Guy a fait des études de droit.
Guys Bruder hat Jura studiert.

3 ► **faire des études, faire des études de :** **studieren**

ℹ *Les verbes se terminant en* ***-ieren*** *ne prennent pas* ***ge-*** *au participe passé.*

étudiant, étudiante

▷ Les pions de l'école sont tous des étudiants.
Die Schulaufseher sind alle Studenten.

der **Student** (pluriel **Studenten**), die **Studentin** (pluriel **Studentinnen**)

étudier

▷ Laura étudie le russe.
Laura studiert Russisch.

studieren

ℹ *Les verbes se terminant en* ***-ieren*** *ne prennent pas* ***ge-*** *au participe passé.*

étui

▷ J'ai perdu mon étui à lunettes.
Ich habe mein Brillenetui verloren.

(pour les lunettes, les cigarettes) das **Etui** (pluriel **Etuis**)

euro

▷ Je voudrais changer cent euros en livres.
Ich würde gern hundert Euro in Pfund wechseln.

der **Euro** (pluriel **Euro**)

ℹ *Pour les devises, le pluriel n'est généralement pas employé.*

Europe

▷ La France fait partie de l'Europe.
Frankreich gehört zu Europa.

Europa
► **l'Europe :** **Europa**

ℹ *Ne prend l'article neutre que précédé d'un adjectif :* *das* ***slawische Europa*** (l'Europe slave).

▷ Miho voudrait vivre en Europe.
Miho würde gern in Europa leben.
▷ Beaucoup d'Américains viennent en Europe pour faire leurs études.
Viele Amerikaner kommen nach Europa, um zu studieren.

► **en Europe** (= dans le pays) : **in Europa**
► **en Europe** (= vers le pays) : **nach Europa**

européen, européenne

1 ▷ L'Italie est un pays européen.
Italien ist ein europäisches Land.
▷ Les élections européennes ont lieu tous les cinq ans.
Die Europawahlen finden alle fünf Jahre statt.

1 (adjectif) **europäisch**

► **élections européennes :** die **Europawahlen**

2 ▷ Beaucoup d'Européens sont écologistes.
Viele Europäer sind Umweltschützer.

2 (= personne) der **Europäer** (pluriel **Europäer**), die **Europäerin** (pluriel **Europäerinnen**)

eux

1 ▷ Nous avons dit oui, mais eux ont refusé.
Wir haben ja gesagt, aber sie haben abgelehnt.

1 *Quand* **eux** *est sujet, on traduit par* ***sie****.*

2 ▷ Tu as acheté les bonbons pour eux ?
Hast du die Bonbons für sie gekauft?
▷ Je vais avec eux.
Ich gehe mit ihnen.
▷ J'habite chez eux.
Ich wohne bei ihnen.
▷ Je réussirai sans eux.
Mir gelingt es auch ohne sie.
▷ C'est un ami à eux.
Er ist ein Freund von ihnen.

2 *Quand* **eux** *est complément introduit par une préposition, l'équivalent en allemand est* ***sie*** *(accusatif) ou* ***ihnen*** *(datif), selon la préposition :* ***mit*** *+ datif,* ***für*** *+ accusatif,* ***bei*** *+ datif,* ***ohne*** *+ accusatif, etc.*

eux-mêmes

1 ▷ Ils l'ont fabriqué eux-mêmes.
Sie selbst haben es angefertigt.

1 (= personnellement) **sie selbst**

2 ▷ Mes frères eux-mêmes ne pouvaient pas soulever la caisse.
Selbst meine Brüder konnten die Kiste nicht hochheben.

2 (= la personne ou la chose en question) **selbst**

évacuer

▷ Les pompiers ont évacué les élèves.
Die Feuerwehr hat die Schüler evakuiert.

(= faire partir) **evakuieren**

ℹ *Les verbes se terminant en* ***-ieren*** *ne prennent pas* ***ge-*** *au participe passé.*

s'évader

▷ Deux prisonniers se sont évadés cette nuit.
Zwei Gefangene sind letzte Nacht ausgebrochen.

(= s'échapper) **ausbrechen**

ℹ *aus•brechen est un verbe à particule séparable et se conjugue comme* ***brechen*** (**bricht**, **brach**, **gebrochen**).

évaluer

▷ J'ai du mal à évaluer la quantité de nourriture qu'il nous faut.
Ich habe Schwierigkeiten zu schätzen, wie viel Nahrung wir brauchen.

schätzen

s'évanouir

▷ Quand j'ai vu tout ce sang, j'ai failli m'évanouir.
Als ich all dieses Blut sah, wurde ich fast ohnmächtig.

(= perdre connaissance) **ohnmächtig werden** (**wird**, **wurde**, **geworden**)

s'évaporer

▷ Toute l'eau s'est évaporée.
Das ganze Wasser ist verdunstet.

verdunsten

ℹ *Les verbes commençant par le préfixe* ***ver-*** *ne prennent pas* ***ge-*** *au participe passé.*

ℹ *Le verbe réfléchi français se traduit par un verbe intransitif en allemand.*

événement

▷ La visite du ministre est un événement très important.
Der Besuch des Ministers ist ein wichtiges Ereignis.

das **Ereignis** (pluriel **Ereignisse**)

éventail

▷ Pour Sarah, j'ai rapporté un éventail d'Espagne.
Für Sarah habe ich einen Fächer aus Spanien mitgebracht.

der **Fächer** (pluriel **Fächer**)

éventuellement

1 ▷ On pourrait éventuellement prendre un taxi.
Wir könnten eventuell ein Taxi nehmen.

1 **eventuell**

2 ▷ Tu pourrais nous aider ? – Oui, éventuellement.
Könntest du uns helfen? – Ja, das wäre möglich.

2 *Quand* **éventuellement** *fait partie d'une réponse à quelqu'un, on emploie la formule* ***das wäre möglich.***

évidemment

▷ Tu crois que c'est vrai ? – Évidemment !
Glaubst du, dass das wahr ist? – Natürlich!

(= bien sûr, dans une réponse) **natürlich**

ℹ *On dit aussi* ***klar.***

évident, évidente

1 ▷ Il est évident que tu ne finiras pas à temps.
Es ist klar, dass du nicht rechtzeitig fertig wirst.

1 (= clair) **klar**

2 ▷ Cet exercice n'est pas évident.
Diese Übung ist nicht leicht.

2 ► **pas évident** (= pas facile) : **nicht leicht**

évier

▷ L'évier est encore bouché.
Die Spüle ist schon wieder verstopft.

die **Spüle** (pluriel **Spülen**)

ℹ *On dit aussi das* ***Spülbecken*** (pluriel **-becken**).

éviter

1 ▷ Le camion a fait un écart pour éviter la moto.
Der Laster hat einen Schlenker gemacht, um dem Motorrad auszuweichen.

1 ► **éviter** quelqu'un *ou* quelque chose (= esquiver) : jemandem *ou* etwas (datif) **ausweichen**

ℹ ***aus•weichen*** *est un verbe à particule séparable et se conjugue comme* ***weichen*** (**wich, gewichen**).

2 ▷ Évite de faire du bruit, ma petite sœur dort.
Vermeide es, Lärm zu machen, meine kleine Schwester schläft.

2 ► **éviter de** + *infinitif* : **es vermeiden, zu** + *infinitif*

3 ▷ Depuis qu'on s'est disputés, elle m'évite.
Seit wir uns gestritten haben, geht sie mir aus dem Weg.

3 ► **éviter** quelqu'un (= ne pas le rencontrer) : jemandem (datif) **aus dem Weg gehen** (**ging, gegangen**)

évoluer

▷ La situation n'a pas évolué depuis le mois dernier.
Seit letztem Monat hat sich die Lage nicht geändert.

(= changer) sich **ändern**

évolution

▷ Ils étudient l'évolution de l'univers.
Sie studieren die Evolution des Universums.

die **Evolution**

exact, exacte

1 ▷ Le résultat de la soustraction est exact.
Das Ergebnis der Subtraktion ist richtig.

1 (= correct, sans faute) **richtig**

▷ Oui, c'est exact.
Ja, das stimmt.

2 ► **c'est exact** : **das** *ou* **es stimmt**

3 ▷ Est-ce que tu as l'heure exacte ?
Hast du die genaue Uhrzeit?

3 (= précis) **genau**

exactement

▷ Les deux T-shirts sont exactement pareils.
Die beiden T-Shirts sind genau gleich.

genau

exagération

▷ On peut parler sans exagération de massacre.
Man kann ohne Übertreibung von einem Gemetzel reden.

die **Übertreibung** (pluriel Übertreibungen)

exagérer

▷ Elle exagère toujours.
Sie übertreibt immer.

▷ Tu exagères ! Tu aurais pu lui dire bonjour !
Du übertreibst es aber! Du hättest ihn doch grüßen können!

übertreiben (übertrieb, übertrieben)

examen

1 ▷ C'est quand ton examen ?
Wann ist deine Prüfung?

▷ Benoît passe son examen de chimie demain.
Benoît macht morgen seine Chemieprüfung.

▷ Tu as réussi ton examen ?
Hast du deine Prüfung bestanden?

1 (= épreuve) die **Prüfung** (pluriel Prüfungen)

► **passer un examen :** eine Prüfung machen

► **réussir un examen :** eine Prüfung bestehen (bestand, bestanden)

ℹ *Les verbes commençant par le préfixe* ***be-*** *ne prennent pas* ***ge-*** *au participe passé.*

2 ▷ Demain, je dois aller à l'hôpital pour un examen médical.
Morgen muss ich für eine Untersuchung ins Krankenhaus.

2 ► **examen médical :** die Untersuchung (pluriel Untersuchungen)

examiner

▷ Le médecin m'a examiné et a dit que tout allait bien.
Der Arzt hat mich untersucht und gesagt, alles sei in Ordnung.

untersuchen

ℹ *Les verbes commençant par le préfixe* ***unter-*** *ne prennent pas* ***ge-*** *au participe passé.*

exaspérant, exaspérante

▷ C'est le livre le plus exaspérant que j'aie jamais lu.
Ich habe nie ein nervenaufreibenderes Buch gelesen.

nervenaufreibend

excellent, excellente

▷ Ce fromage est excellent !
Dieser Käse schmeckt ausgezeichnet!

ausgezeichnet

excentrique

▷ Leur père est très excentrique.
Ihr Vater ist sehr exzentrisch.

exzentrisch

exception

▷ En principe je n'aime pas trop ses films, mais celui-ci est une exception.
Eigentlich mag ich seine Filme nicht sehr, aber dieser ist eine Ausnahme.

▷ Tu pourrais faire une exception pour moi !
Für mich könntest du eine Ausnahme machen!

die **Ausnahme** (pluriel Ausnahmen)

► **faire une exception :** eine Ausnahme machen

exceptionnel, exceptionnelle

▷ C'est un garçon assez exceptionnel.
Er ist ein ziemlich außergewöhnlicher Junge.

außergewöhnlich

exceptionnellement

1 ▷ Cette fille est exceptionnellement intelligente.
Dieses Mädchen ist außergewöhnlich intelligent.

1 (= extraordinairement) **außergewöhnlich**

2 ▷ Exceptionnellement, le magasin fermera à 15 heures aujourd'hui.
Ausnahmsweise schließt das Geschäft heute um 15 Uhr.

2 (= par exception) **ausnahmsweise**

excessif, excessive

▷ Le documentaire parlait de la consommation excessive d'alcool.
Der Dokumentarfilm handelte von extremem Alkoholkonsum.

extrem

excitant, excitante

▷ Ce n'est pas très excitant !
Das ist nicht unbedingt aufregend!

(idée, livre, projet) **aufregend**

excitation

▷ On sentait l'excitation des spectateurs.
Man spürte die Aufregung der Zuschauer.

die **Aufregung**

excité, excitée

▷ Elle était tout excitée à l'idée de le revoir.
Sie war ganz aufgeregt, ihn wiederzusehen.

(= enthousiasmé) **aufgeregt**

exciter

1 ▷ N'excite pas le chien comme ça, il va te mordre.
Reg den Hund nicht so auf, er wird dich beißen.

1 ► **exciter** quelqu'un (= énerver) : jemanden (accusatif) **aufregen**

ℹ *auf•regen est un verbe à particule séparable.*

2 ▷ Ne t'excite pas trop, ce n'est pas encore sûr.
Reg dich nicht zu sehr auf, es ist noch nicht sicher.

2 ► **s'exciter :** sich **aufregen**

ℹ *Le pronom personnel allemand s'emploie à l'accusatif : ich rege mich auf, du regst dich auf, er / sie regt sich auf, wir regen uns auf, ihr regt euch auf, sie regen sich auf.*

exclure

▷ Baptiste a été exclu de l'équipe de foot.
Baptiste wurde aus der Fußballmannschaft ausgeschlossen.

ausschließen

ℹ *aus•schließen est un verbe à particule séparable et se conjugue comme* ***schließen*** (schloss, geschlossen).

excursion

▷ L'excursion n'a duré qu'une demi-heure.
Der Ausflug hat nur eine halbe Stunde gedauert.

der **Ausflug** (pluriel Ausflüge)

excuse

1 ▷ Tu n'as aucune excuse !
Du hast keine Ausrede!

1 (= prétexte) die **Ausrede** (pluriel Ausreden)

2 ▷ J'ai dû faire des excuses au prof.
Ich musste mich beim Lehrer entschuldigen.
▷ Il a intérêt à me faire des excuses !
Er täte gut daran, sich bei mir zu entschuldigen!

2 ► **faire des excuses à** quelqu'un : sich **bei** jemandem (datif) **entschuldigen**

ℹ *Le pronom personnel allemand s'emploie à l'accusatif :* ***ich entschuldige mich, du entschuldigst dich, er / sie entschuldigt sich, wir entschuldigen uns, ihr entschuldigt euch, sie entschuldigen sich.***

excuser

1 ▷ Pourquoi est-ce que je devrais l'excuser ?
Warum sollte ich ihm denn verzeihen?
▷ Ich habe ihm seinen Wutausbruch verziehen.
Je lui ai pardonné son accès de colère.

1 ► **excuser** quelqu'un *ou* quelque chose (= pardonner) : jemandem (datif) *ou* etwas (accusatif) **verzeihen** (verzieh, verziehen)

ℹ *On dit aussi* jemanden *ou* etwas (accusatif) ***entschuldigen.***

2 ▷ Oh ! excusez-moi ! Je vous ai fait mal ?
Oh! Entschuldigung! Habe ich Ihnen weh getan?

2 ► **excusez-moi** (= je suis désolé) : **Entschuldigung**

ℹ *On dit aussi* ***Verzeihung.***

3 ▷ Excusez-moi, est-ce que vous avez l'heure, s'il vous plaît ?
Entschuldigen Sie bitte, könnten Sie mir sagen, wie spät es ist?

3 ► **excusez-moi** (pour demander un renseignement) **: entschuldigen Sie bitte**

4 ▷ Il a refusé de s'excuser.
Er wollte sich nicht entschuldigen.
▷ Je voudrais m'excuser.
Ich möchte mich entschuldigen.

4 ► **s'excuser :** sich **entschuldigen**

ℹ *Le pronom personnel allemand s'emploie à l'accusatif :* ***ich entschuldige mich, du entschuldigst dich, er / sie entschuldigt sich, wir entschuldigen uns, ihr entschuldigt euch, sie entschuldigen sich.***

exemplaire

▷ J'ai un autre exemplaire de la facture.
Ich habe noch ein Exemplar der Rechnung.

das **Exemplar** (pluriel **Exemplare**)

exemple

▷ Peux-tu me donner un exemple ?
Kannst du mir ein Beispiel geben?

▷ Certains fauves sont bons nageurs, par exemple le tigre.
Einige Raubtiere sind gute Schwimmer, zum Beispiel der Tiger.

das **Beispiel** (pluriel **Beispiele**)

► **par exemple :** zum Beispiel

ℹ ***zum Beispiel*** *s'abrège* ***z.B.***

s'exercer

▷ Si tu veux t'améliorer, tu devrais t'exercer.
Wenn du besser werden willst, musst du üben.

▷ Anna s'exerce à rester sous l'eau.
Anna übt, unter Wasser zu bleiben.

üben

► s'**exercer à** + *infinitif* **:** üben, zu + *infinitif*

exercice

1 ▷ Le premier exercice de maths est très dur.
Die erste Matheübung ist sehr schwer.

1 (= entraînement) die **Übung** (pluriel **Übungen**)

2 ▷ Le médecin a conseillé à mon père de faire de l'exercice.
Der Arzt hat meinem Vater geraten, sich Bewegung zu verschaffen.

2 ► **faire de l'exercice** (= du sport) **:** sich **Bewegung verschaffen**

ℹ *Le pronom personnel allemand s'emploie au datif :* ***ich verschaffe mir Bewegung, du verschaffst dir Bewegung, er / sie verschafft sich Bewegung, wir verschaffen uns Bewegung, ihr verschafft euch Bewegung, sie verschaffen sich Bewegung.***

exigeant, exigeante

▷ Ludo est un entraîneur très exigeant.
Ludo ist ein Trainer, der viel verlangt.

Pour dire que quelqu'un est **exigeant** *en allemand, on emploie la formule* ***viel verlangen.***

exigence

▷ Quelles sont les exigences des employés ?
Welche Forderungen haben die Angestellten?

(= demande) die **Forderung** (pluriel **Forderungen**)

exiger

▷ Ils ont exigé du jus d'orange frais au petit-déjeuner.
Sie haben frischen Orangensaft zum Frühstück verlangt.

▷ Marie a exigé que je lui fasse des excuses.
Marie hat verlangt, dass ich mich bei ihr entschuldige.

(= réclamer) **verlangen**

ℹ *Les verbes commençant par le préfixe* ***ver-*** *ne prennent pas* ***ge-*** *au participe passé.*

► **exiger que... :** verlangen, dass...

exister

1 ▷ Crois-tu que les extraterrestres existent ?
Glaubst du, dass Außerirdische existieren? *ou* **Glaubst du, dass es Außerirdische gibt?**

1 *Pour dire que quelque chose est réel, on peut dire soit* ***existieren****, soit on emploie la formule* ***es*** *+* ***geben*** (es gibt, es gab, es hat gegeben).

2 ▷ Il existe une exception.
Es gibt eine Ausnahme.
▷ Il existe des téléphones avec courrier électronique.
Es gibt Telefone mit E-mail.

2 ► **il existe** : es gibt

expédier

1 ▷ Quand est-ce que tu vas expédier ce paquet ?
Wann schickst du dieses Paket ab?

1 (= envoyer) **abschicken**
ℹ ***ab•schicken*** *est un verbe à particule séparable.*

2 ▷ Il expédie toujours son travail.
Er erledigt immer ganz schnell seine Arbeit.

2 ► **expédier** quelque chose (= le faire vite) : etwas **schnell erledigen**
ℹ *Les verbes commençant par le préfixe* ***er-*** *ne prennent pas* ***ge-*** *au participe passé.*

expérience

1 ▷ Il y a eu une explosion pendant l'expérience de chimie.
Beim Chemieexperiment gab es eine Explosion.

1 (= essai scientifique) das **Experiment** (pluriel Experimente)
ℹ *On dit aussi* der ***Versuch*** (pluriel Versuche)

2 ▷ C'est un chanteur avec beaucoup d'expérience.
Er ist ein Sänger mit viel Erfahrung.

2 (= habitude, pratique) die **Erfahrung**

expert, experte

▷ Je te donne mon avis, mais je ne suis pas une experte.
Ich sag dir meine Meinung, aber bin keine Expertin.

der **Experte** (pluriel Experten), die **Expertin** (pluriel Expertinnen)

expirer

1 ▷ Inspirez ! Expirez !
Einatmen! Ausatmen!

1 (= souffler) **ausatmen**
ℹ ***aus•atmen*** *est un verbe à particule séparable.*

2 ▷ Mon passeport expire en juin.
Mein Pass läuft im Juni ab.

2 (= ne plus être valable) **ablaufen**
ℹ ***ab•laufen*** *est un verbe à particule séparable et se conjugue comme* ***laufen*** (läuft, lief, gelaufen).

explication

1 ▷ Est-ce que tu as compris l'explication ?
Hast du die Erklärung verstanden?

1 (= éclaircissement) die **Erklärung** (pluriel Erklärungen)

2 ▷ Denis et Béa ont eu une explication.
Denis und Béa hatten eine Aussprache.

2 ► **avoir une explication** (= une dispute) : eine Aussprache haben

expliquer

1 ▷ Tu peux m'expliquer pourquoi tu as fait ça ?
Kannst du mir erklären, warum du das getan hast?

1 (= rendre clair) **erklären**

ℹ *Les verbes commençant par le préfixe* ***er-*** *ne prennent pas* ***ge-*** *au participe passé.*

2 ▷ Je ne m'explique pas assez clairement.
Ich drücke mich nicht klar genug aus.

2 ► **s'expliquer** (= se faire comprendre) : sich **ausdrücken**

ℹ *Le pronom personnel allemand s'emploie à l'accusatif :* ***ich drücke mich aus, du drückst dich aus, er / sie drückt sich aus, wir drücken uns aus, ihr drückt euch aus, sie drücken sich aus.***

ℹ ***aus•drücken*** *est un verbe à particule séparable.*

exploit

▷ Sergio nous a raconté ses exploits en Allemagne.
Sergio hat uns von seine Großtaten in Deutschland erzählt.

die **Großtat** (pluriel **-taten**)

exploration

▷ L'exploration spatiale n'a jamais cessé.
Die Weltraumerforschung wurde nie eingestellt.

die **Erforschung**

explorer

▷ Hier, on a exploré le nord de la ville.
Gestern haben wir den Norden der Stadt erforscht.

erforschen

ℹ *Les verbes commençant par le préfixe* ***er-*** *ne prennent pas* ***ge-*** *au participe passé.*

exploser

▷ La bombe a explosé tout près du marché.
Die Bombe ist ganz in der Nähe des Markts explodiert.

explodieren

ℹ *Les verbes se terminant par* ***-ieren*** *ne prennent pas* ***ge-*** *au participe passé.*

explosion

▷ Est-ce que vous avez entendu l'explosion ?
Habt ihr die Explosion gehört?

die **Explosion** (pluriel **Explosionen**)

exposé

▷ Le prof a noté nos exposés.
Der Lehrer hat unser Referat benotet.

▷ J'ai fait un exposé sur les volcans.
Ich habe ein Referat über Vulkane gehalten.

(= devoir) das **Referat** (pluriel **Referate**)

► **faire un exposé :** ein Referat halten

exposition

▷ L'exposition Cézanne est magnifique.
Die Cézanne-Ausstellung ist wunderschön.

(= exposition d'œuvres) die **Ausstellung** (pluriel **Ausstellungen**)

exprès

1 ▷ Je suis venu exprès pour te voir.
Ich bin eigens gekommen, um dich zu sehen.

1 (= spécialement) **eigens**

2 ▷ Laisse-la tranquille, elle ne l'a pas fait exprès.
Lass sie in Ruhe, sie hat es nicht absichtlich getan.

2 (= délibérément) **absichtlich**

ℹ *On dit aussi* ***mit Absicht.***

expression

▷ Je ne connaissais pas cette expression.
Ich kannte diesen Ausdruck nicht.

der **Ausdruck** (pluriel Ausdrücke)

exprimer

1 ▷ Léo a du mal à exprimer ses sentiments.
Léo hat Schwierigkeiten, seine Gefühle zum Ausdruck zu bringen.

1 (= manifester) **zum Ausdruck bringen** (brachte, gebracht)

2 ▷ Priscilla s'exprime très bien.
Priscilla drückt sich sehr gut aus.

2 ► **s'exprimer** (= parler) : sich ausdrücken

ℹ *Le pronom personnel allemand s'emploie à l'accusatif :* ***ich drücke mich aus, du drückst dich aus, er / sie drückt sich aus, wir drücken uns aus, ihr drückt euch aus, sie drücken sich aus.***

expulser

1 ▷ Plusieurs familles ont été expulsées de cet immeuble.
Mehrere Familien wurden aus diesem Haus hinausgeworfen.

1 (= expulser quelqu'un d'un logement) **hinauswerfen**

ℹ ***hinaus•werfen*** *est un verbe à particule séparable et se conjugue comme* ***werfen*** (wirft, warf, geworfen).

ℹ *On dit aussi* ***rauswerfen.***

2 ▷ Le père de Mouhad va être expulsé parce qu'il n'a pas de permis de séjour.
Mouhads Vater wird abgeschoben, weil er keine Aufenthaltsgenehmigung hat.

2 (en parlant des étrangers en situation irrégulière) **abschieben**

ℹ ***ab•schieben*** *est un verbe à particule séparable et se conjugue comme* ***schieben*** (schob, geschoben).

3 ▷ Matthieu a été expulsé du terrain parce qu'il a donné un coup de pied à un joueur.
Matthieu wurde verwiesen, weil er einem Spieler einen Fußtritt gegeben hatte.

3 (= expulser un joueur pour une faute) **verweisen** (verwies, verwiesen)

ℹ *Les verbes commençant par le préfixe* ***ver-*** *ne prennent pas* ***ge-*** *au participe passé.*

extérieur

1 ▷ L'extérieur de la maison n'est pas très bien entretenu.
Die Außenseite des Hauses ist schlecht gepflegt.

1 ► **l'extérieur** (= la partie qui est dehors) : die **Außenseite**

2 ▷ Je vous attends à l'extérieur.
Ich warte draußen auf euch.

2 ► **à l'extérieur :** **draußen**

3 ▷ Vous devez laisser vos vélos à l'extérieur de l'école.
Ihr müsst eure Fahrräder außerhalb der Schule stehenlassen.

3 ► **à l'extérieur de :** **außerhalb** + *génitif*

externe

▷ Les externes peuvent partir à trois heures.
Die Externen können um drei Uhr gehen.

(= élève) der / die **Externe** (pluriel **Externen**)

ℹ *C'est un adjectif substantivé : on dit* ***ein Externer****.*

extrait

▷ La prof nous a lu un extrait de « Momo ».
Die Lehrerin hat uns einen Auszug aus „Momo" vorgelesen.

(= passage) der **Auszug** (pluriel **Auszüge**)

extraordinaire

1 ▷ C'était vraiment un voyage extraordinaire.
Es war wirklich eine außergewöhnliche Reise.

1 (= inhabituel) **außergewöhnlich**

2 ▷ Comment était le film ? – Pas extraordinaire.
Wie war der Film? – Nicht besonders.

2 ► **pas extraordinaire** (= pas terrible) : **nicht besonders**

extraterrestre

1 ▷ La vie extraterrestre n'a pas été prouvée.
Außerirdisches Leben wurde nicht bewiesen.

1 (adjectif) **außerirdisch**

2 ▷ Tu crois qu'il existe des extraterrestres ?
Glaubst du, dass es Außerirdische gibt?

2 (= créature) der / die **Außerirdische** (pluriel **Außerirdischen**)

ℹ *C'est un adjectif substantivé : on dit* ***ein Außerirdischer****.*

extrême

1 ▷ Ils travaillent dans des conditions extrêmes.
Sie arbeiten unter äußersten Bedingungen.

1 (= très difficile) **äußerst**

2 ▷ L'extrême gauche n'a pas eu beaucoup de voix aux élections.
Die Linksextremisten haben bei der Wahl nicht so viele Stimmen bekommen.

2 ► **l'extrême gauche :** die **Linksextremisten**

ℹ *De même :* l'extrême droite = *die* ***Rechtsextremisten****.*

3 ▷ C'est un journal d'extrême gauche.
Das ist eine linksextremistische Zeitung.

3 ► **d'extrême gauche :**
linksextremistisch

i *De même :* d'extrême droite
= *rechtsextremistisch.*

extrêmement

▷ Quentin a été extrêmement déçu.
Quentin war äußerst enttäuscht.

äußerst

Ff

fable

▻ J'aime bien les fables de La Fontaine.
Ich mag die Fabeln von La Fontaine gern.

die **Fabel** (pluriel **Fabeln**)

fabricant, fabricante

▻ Quel est le nom du fabricant ?
Wie heißt der Hersteller?

der **Hersteller** (pluriel **Hersteller**), die **Herstellerin** (pluriel **Herstellerinnen**)

fabriquer

1 ▻ Cédric est en train de fabriquer un cadeau pour sa mère.
Cédric fertigt ein Geschenk für seine Mutter an.

1 (= faire à la main) **anfertigen**
ℹ *an•fertigen est un verbe à particule séparable.*

2 ▻ Cette usine fabrique des chaussures.
Diese Fabrik stellt Schuhe her.

2 (= fabriquer à l'usine) **herstellen**
ℹ *her•stellen est un verbe à particule séparable.*

3 ▻ Qu'est-ce que tu fabriques ? Il est temps de partir !
Was machst du denn? Es ist Zeit zu gehen!

3 (= faire, au sens familier) **machen**
ℹ *On dit aussi* ***treiben*** (trieb, getrieben).

fabuleux, fabuleuse

▻ Des centaines de fabuleux cadeaux à gagner !
Hunderte von fantastischen Geschenken zu gewinnen!

fantastisch

fac

▻ Ils vont construire une nouvelle fac.
Sie werden eine neue Uni bauen.

die **Uni**
ℹ ***Uni*** *est l'abréviation de* ***Universität****, tout comme* fac *est l'abréviation de* faculté.

▻ Je voudrais aller en fac après le bac.
Ich will nach dem Abitur auf die Uni gehen.
▻ Le frère de Ramona est en fac.
Ramonas Bruder ist an der Uni.

► **aller en fac :** auf die Uni gehen (ging, gegangen)
► **être en fac :** an der Uni sein

façade

▷ Mes parents ont repeint la façade.
Meine Eltern haben die Fassade neu gestrichen.

die **Fassade** (pluriel **Fassaden**)

face

1 ▷ On a déjà écouté les deux faces du disque.
Wir haben uns schon beide Seiten der Platte angehört.

1 (= le côté d'un disque, d'une cassette) die **Seite** (pluriel **Seiten**)

2 ▷ Il y a une boulangerie en face.
Gegenüber ist eine Bäckerei.
▷ Rachid s'est assis en face de moi.
Rachid hat sich mir gegenüber gesetzt.

2 ► **en face** (= de l'autre côté de la rue) : **gegenüber**
► **en face de** quelqu'un *ou* quelque chose : jemandem *ou* etwas (datif) **gegenüber**

fâché, fâchée

▷ Lucille est fâchée parce que Marc a menti.
Lucille ist verärgert, weil Marc gelogen hat.

(= pas content) **verärgert**

se fâcher

1 ▷ Ne te fâche pas, je vais le réparer !
Ärger dich nicht, ich reparier das schon!

1 (= se mettre en colère) sich **ärgern**
Le jeu de société allemand qui correspond au jeu français des petits chevaux s'appelle ***Mensch, ärger dich nicht!***

2 ▷ Ils se sont fâchés pour une histoire d'argent.
Sie haben sich wegen einer Geldsache zerstritten.

2 (= se brouiller) sich **zerstreiten** (zerstritt, zerstritten)

facile

▷ Cet exercice est facile.
Diese Übung ist leicht.
▷ Son nouveau roman est facile à lire.
Sein neuer Roman ist leicht zu lesen.

leicht

► **facile à** + *infinitif* : **leicht zu** + *infinitif*

ℹ *On peut dire aussi* ***einfach.***

▷ C'est plus facile à dire qu'à faire.
Das ist leichter gesagt als getan.

► **plus facile à dire qu'à faire :** **leichter gesagt als getan**

facilement

▷ Aurélien y est arrivé facilement.
Aurélien hat es leicht geschafft.

leicht

façon

1 ▷ Il y a plusieurs façons de le faire.
Man kann es auf mehrere Weisen tun.

1 (= manière, méthode) die **Weise** (pluriel **Weisen**)

2 ▷ Il se comporte d'une façon bizarre.
Er benimmt sich seltsam.

2 *Quand on veut dire* **de façon** + *adjectif en allemand, on traduit simplement par l'adjectif.*

3 ▷ De toute façon, ça m'est égal.
Es ist mir sowieso egal.

3 ► **de toute façon :** sowieso

4 ▷ De quelle façon est-ce que tu vas t'y prendre ?
Wie willst du das machen?

4 ► **de quelle façon... ? :** wie...?

facteur

▷ Est-ce que le facteur est passé ?
Ist der Briefträger schon vorbeigekommen?

(= employé de la poste) der **Briefträger** (pluriel –träger)

factrice

▷ La factrice est très aimable.
Die Briefträgerin ist sehr nett.

(= employée de la poste) die **Briefträgerin** (pluriel -trägerinnen)

facture

▷ Est-ce que tu as payé la facture de téléphone ?
Hast du die Telefonrechnung bezahlt?

die **Rechnung** (pluriel Rechnungen)

fade

▷ Cette soupe est fade.
Die Suppe ist fade.

(en parlant de nourriture) **fade**

faible

1 ▷ Je me sens un peu faible aujourd'hui.
Ich fühle mich etwas schwach heute.
▷ Coralie est trop faible en maths pour faire une section scientifique.
Coralie ist zu schwach in Mathe, um einen wissenschaftlichen Kursus zu machen.

1 (= pas fort) **schwach** (**plus faible** schwächer ; **le plus faible** der schwächste)

2 ▷ Je crois que Suzie a un faible pour Pablo.
Ich glaube, dass Suzie eine Schwäche für Pablo hat.
▷ J'ai un faible pour le chocolat.
Ich habe eine Schwäche für Schokolade.

2 ► **avoir un faible pour** quelqu'un *ou* quelque chose **:** **eine Schwäche für** jemanden *ou* etwas (accusatif) **haben**

faillir

▷ J'ai failli rater le train.
Ich hätte beinahe den Zug versäumt.
▷ Il a failli tomber.
Er wäre fast hingefallen.

Quand on veut dire qu'on a **failli faire** *quelque chose en allemand, on emploie une expression avec les mots* ***beinahe*** *ou* ***fast*** *et le verbe au subjonctif II.*

faim

▷ J'ai faim ! Quand est-ce qu'on mange ?
Ich habe Hunger! Wann essen wir?
▷ La promenade m'a donné faim.
Der Spaziergang hat mich hungrig gemacht.

► **avoir faim :** Hunger haben

ℹ *On dit aussi* ***hungrig sein.***

► **donner faim à** quelqu'un **:** jemanden (accusatif) **hungrig machen**

fainéant, fainéante

1 ▷ Serge est fainéant, il ne veut jamais faire ses devoirs.
Serge ist faul, er will nie seine Hausaufgaben machen.

1 (adjectif = paresseux) **faul**

2 ▷ C'est une fainéante qui passe ses journées devant la télé.
Sie ist eine Faulenzerin, die den ganzen Tag über vor dem Fernseher sitzt.

2 (= personne) der **Faulenzer** (pluriel Faulenzer), die **Faulenzerin** (pluriel Faulenzerinnen)

faire

1 ▷ J'ai beaucoup de choses à faire.
Ich habe viel zu tun.
▷ C'est fait !
Das ist getan!

1 *Quand* **faire** *n'est pas synonyme de « fabriquer, construire », il se traduit généralement par* ***tun*** (tat, getan).

2 ▷ Simon fait des gâteaux pour ses amis.
Simon macht Kekse für seine Freunde.

▷ Pour occuper ma petite sœur, je lui fais faire des dessins.
Um meine kleine Schwester zu beschäftigen, lasse ich sie Zeichnungen machen.

2 *Quand* **faire** *signifie « fabriquer, préparer », il se traduit généralement par* ***machen****.*

► **faire faire** quelque chose **à** quelqu'un : jemanden etwas **machen lassen** (lässt, ließ, gelassen)

3 ▷ Mon frère fait du violon.
Mein Bruder spielt Geige.
▷ Anna fait du tennis.
Anna spielt Tennis.

3 *Quand on parle d'un instrument ou d'un sport de balle ou de ballon, on emploie le verbe* ***spielen****.*

ℹ *D'autres sports s'emploient avec d'autres verbes :* ***Judo machen*** (faire du judo), ***Leichtathletik treiben*** (faire de l'athlétisme). *Reportez-vous au nom en question.*

4 ▷ La salle fait dix mètres de long.
Der Saal ist zehn Meter lang.

4 *Pour donner des mesures, on emploie le verbe* ***sein****.*

5 ▷ Il fait très beau aujourd'hui.
Es ist sehr schön heute.

5 *Quand* **faire** *est impersonnel, on le traduit par* ***sein****.*

6 ▷ Ça fait combien ?
Wieviel kostet das?
▷ Ça fait vingt euros.
Das kostet zwanzig Euro.

6 *Pour donner des prix, on emploie le verbe* ***kosten****.*

7 ▷ Le prof de français fait vieux.
Der Französischlehrer sieht alt aus.

7 (= paraître) **aussehen**

ℹ ***aus•sehen*** *est un verbe à particule séparable et se conjugue comme* ***sehen*** (sieht, sah, gesehen).

8 ▷ Cyril nous a fait rire avec ses blagues.
Cyril hat uns mit seinen Witzen zum Lachen gebracht.

8 *Pour traduire* **faire** *+ infinitif + complément de personne en allemand, regardez au verbe en question.*

9 ▷ Ils se sont fait renvoyer de l'école.
Sie wurden von der Schule verwiesen.

9 ► **se faire** *+ infinitif* **: werden** *+ participe passé*

Attention : le verbe **faire** *a des traductions différentes selon les mots auxquels il est associé. Regardez sous l'autre mot (par exemple, pour savoir comment on dit* **faire une surprise**, *regardez sous* **surprise***).*

fait

1 ▷ C'est un fait.
Das ist eine Tatsache.
▷ On nous a mis devant le fait accompli.
Man hat uns vor die vollendete Tatsache gestellt.

1 (= chose réelle) die **Tatsache** (pluriel Tatsachen)
► **fait accompli : vollendete Tatsache**

2 ▷ En fait, je pensais que Ludmila serait là.
Eigentlich dachte ich, dass Ludmila kommen würde.

2 ► **en fait : eigentlich**

3 ▷ Au fait, est-ce que tu as vu Marco hier ?
Übrigens, hast du Marco gestern gesehen?

3 ► **au fait : übrigens**
Regardez aussi le mot **faire**.

falaise

▷ Ne va pas sur la falaise, c'est dangereux.
Geh nicht auf die Klippe, das ist gefährlich.

die **Klippe** (pluriel Klippen)

falloir

1 ▷ Il faut du courage pour faire ça.
Man braucht Mut, um das zu tun.
▷ Il nous faut au moins cent euros.
Wir brauchen mindestens hundert Euro.
▷ Il faut deux heures pour aller jusqu'à Dijon.
Man braucht zwei Stunden bis Dijon.

1 *Quand on veut dire qu'on a* **besoin de** *quelque chose, on traduit par le verbe* ***brauchen****.*

2 ▷ Il faut réserver à l'avance.
Man muss vorher reservieren.
▷ Il faut qu'il parte tout de suite.
Er muss sofort gehen.
▷ S'il le faut, je peux rester.
Wenn es sein muss, kann ich dableiben.

2 *Quand on veut dire qu'on est* **obligé** *de faire quelque chose, on traduit par le verbe* ***müssen*** (muss, musste, müssen).

► **s'il le faut : wenn es sein muss**

3 ▷ Il ne faut pas t'inquiéter.
Du musst dir keine Sorgen machen.

3 *Quand* **il ne faut pas (que)** *signifie « ne devrait pas », on traduit par* ***müssen*** *+ base verbale.*

4 ▷ Il ne faut pas que nous sortions après minuit.
Wir dürfen nach Mitternacht nicht ausgehen.

4 *Quand* **il ne faut pas (que)** *signifie « ne doit pas », on traduit par* ***dürfen*** *+ base verbale.*

5 ▷ Il faudrait fermer les fenêtres avant de partir.
Wir sollten die Fenster schließen, bevor wir gehen.

5 *Pour parler de quelque chose qu'il* **faudrait faire**, *on emploie le verbe* ***sollen*** *au subjonctif.*

familial, familiale

▷ Elle a des problèmes familiaux.
Sie hat Familienprobleme.

Pour dire que quelque chose est **familial**, *on forme des mots composés avec* ***Familie*** *: der* ***Familienbetrieb*** (entreprise familiale), *das* ***Familienleben*** (vie familiale).

familier, familière

1 ▷ Son visage m'est familier.
Sein Gesicht ist mir bekannt.

1 (= bien connu) **bekannt**

2 ▷ C'est un mot très familier.
Dieses Wort ist sehr umgangssprachlich.

2 (mot, langage) **umgangssprachlich**

famille

▷ Les familles nombreuses ont droit à une réduction.
Kinderreiche Familien bekommen eine Ermäßigung.

die **Familie** /fa'mi:liə/ (pluriel **Familien**)

fan

▷ C'est un fan du Bayern de Munich.
Er ist Fan von Bayern München.

der **Fan** /fæn/ (pluriel **Fans**)
Notez la prononciation.

se faner

▷ Toutes les fleurs se sont fanées.
Alle Blumen sind verwelkt.

(en parlant d'une fleur) **verwelken**
Les mots commençant par le préfixe ***ver-*** *ne prennent pas* ***ge-*** *au participe passé.*

fantastique

1 ▷ Tu as gagné un lecteur de CD ? C'est fantastique !
Du hast einen CD-Player gewonnen? Das ist ja fantastisch!

1 (= super) **fantastisch**

2 ▷ Raoul adore les films fantastiques.
Raoul liebt Fantasy-Filme.

2 (en parlant de films ou de romans fantastiques) **Fantasy** /'fæntəzi:/
Notez la prononciation.

fantôme

▷ Les gens disent qu'il y a un fantôme dans ce château.
Die Leute sagen, dass es in diesem Schloss ein Gespenst gibt.

das **Gespenst** (pluriel **Gespenster**)

farce

1 ▷ Nous avons voulu faire une farce à nos parents.
Wir wollten unsern Eltern einen Streich spielen.

1 ► **faire une farce à** quelqu'un : jemandem (datif) **einen Streich spielen**

2 ▷ Nous avons préparé la farce pour la dinde.
Wir haben die Füllung für den Truthahn zubereitet.

2 (= la farce qu'on mange) die **Füllung** (pluriel **Füllungen**)

farci, farcie

▷ À Noël, les Anglais mangent de la dinde farcie.
Zu Weihnachten essen die Engländer gefüllten Truthahn.

gefüllt

fard

▷ Où est mon fard à paupières bleu?
Wo ist mein blauer Lidschatten?
▷ Je n'ai plus de fard à joues.
Ich habe kein Rouge mehr.

► **fard à paupières :** der **Lidschatten**
► **fard à joues :** das **Rouge**
Ce mot se prononce comme en français.

farine

▷ Il faut deux cents grammes de farine.
Du brauchst zweihundert Gramm Mehl.

das **Mehl**
ℹ ***Mehl*** *est indénombrable : on ne dit pas* ***ein Mehl****.*

fascinant, fascinante

▷ J'ai trouvé la leçon d'histoire fascinante.
Ich fand die Geschichtsstunde faszinierend.

faszinierend

fast-food

▷ On pourrait aller dans un fast-food.
Wir könnten in ein Fastfood-Restaurant gehen.

das **Fastfood-Restaurant**

fatigant, fatigante

▷ C'est un métier très fatigant.
Das ist ein sehr anstrengender Beruf.

anstrengend

fatigué, fatiguée

▷ Ma grand-mère est souvent fatiguée.
Meine Großmutter ist oft müde.

müde

fatiguer

1 ▷ La randonnée nous a tous fatigués.
Die Wanderung hat uns alle müde gemacht.

1 ► **fatiguer** quelqu'un : jemanden (accusatif) **müde machen**

2 ▷ Le travail sur écran me fatigue les yeux.
Die Arbeit am Bildschirm strengt meine Augen an.

2 (en parlant des yeux ou du cœur) **anstrengen**
ℹ ***an•strengen*** *est un verbe à particule séparable.*

3 ▷ Le médecin a dit que je ne devais pas me fatiguer.
Der Arzt hat gesagt, ich sollte mich nicht anstrengen.

3 ► **se fatiguer :** sich anstrengen

ℹ *Le pronom personnel allemand s'emploie à l'accusatif :* ***ich strenge mich an, du strengst dich an, er / sie strengt sich an, wir strengen uns an, ihr strengt euch an, sie strengen sich an.***

fauché, fauchée

▷ Je suis complètement fauché.
Ich bin vollkommen pleite.

(= sans argent) pleite

ℹ *Le mot français et sa traduction allemande sont familiers.*

faucon

▷ Il a un faucon apprivoisé.
Er hat einen zahmen Falken.

der Falke (pluriel Falken)

faune

▷ Elle s'intéresse à la faune et la flore d'Australie.
Sie interessiert sich für die Fauna und Flora Australiens.

► **la faune et la flore :** die Fauna und Flora

ℹ *On dit aussi* die ***Tier- und Pflanzenwelt.***

faut

Regardez le mot ***falloir.***

faute

1 ▷ La dictée de Jérémie est pleine de fautes.
Jérémies Diktat ist voller Fehler.
▷ Tu as fait une faute là.
Du hast da einen Fehler gemacht.
▷ Il y a des fautes d'orthographe dans cet article.
In diesem Artikel sind Rechtschreibfehler.

1 (= erreur) der Fehler (pluriel Fehler)
► **faire une faute :** einen Fehler machen
► **faute d'orthographe :** der Rechtschreibfehler

2 ▷ Ce n'est pas ma faute !
Das ist nicht meine Schuld!

2 (= la faute de quelqu'un, sa responsabilité) die Schuld

ℹ *Le pronom possessif allemand est employé de la façon suivante :* ***meine Schuld, deine Schuld, seine / ihre Schuld, unsere Schuld, eure Schuld, ihre Schuld.***

fauteuil

1 ▷ Il y a deux fauteuils dans le salon.
Im Wohnzimmer stehen zwei Sessel.

1 (= un fauteuil dans une maison) der Sessel (pluriel Sessel)

2 ▷ Les fauteuils de cinéma sont inconfortables.
Die Kinositze sind unbequem.

2 (= un fauteuil dans un théâtre ou au cinéma) der Sitz (pluriel Sitze)

3 ▷ Ma tante a un fauteuil à bascule.
Meine Tante hat einen Schaukelstuhl.

3 ► **fauteuil à bascule :** der Schaukelstuhl (pluriel –stühle)

fauve

▷ Tu as vu l'émission sur les fauves ?
Hast du die Sendung über Raubtiere gesehen?

das **Raubtier** (pluriel **-tiere**)

faux, fausse

1 ▷ Ton calcul est faux.
Deine Rechnung ist falsch.
▷ Quelqu'un m'a donné un faux billet de dix euros.
Jemand hat mir einen falschen Zehneuroschein gegeben.

1 (= inexact, imité, pas vrai) **falsch**

2 ▷ Vous pouvez rentrer, c'était une fausse alerte.
Ihr könnt wieder reingehen, es war blinder Alarm.

2 ► **fausse alerte : blinder Alarm**

faveur

▷ Tu pourrais me faire une faveur ?
Könntest du mir einen Gefallen tun?

► **faire une faveur à** quelqu'un **:** jemandem (datif) **einen Gefallen tun**

favori, favorite

▷ C'est mon chanteur favori.
Er ist mein Lieblingssänger.

Pour dire que quelque chose est **favori**, *on forme des mots composés avec* ***Lieblings-*** *:* ***Lieblingslehrer*** (prof favori), ***Lieblingslektüre*** (lecture favorite).

fax

▷ Domi m'a envoyé un fax.
Domi hat mir ein Fax geschickt.
▷ Mon père a un fax et une photocopieuse.
Mein Vater hat ein Fax und einen Fotokopierer.

(= document, machine) das **Fax** (pluriel **Faxe**)

faxer

▷ Tu peux me faxer la lettre si tu veux.
Du kannst mir den Brief faxen, wenn du willst.

faxen

fée

▷ C'est une bonne fée.
Sie ist eine gute Fee.

die **Fee** (pluriel **Feen**)

fêlé, fêlée

1 ▷ Le verre est fêlé.
Das Glas ist gesprungen.

1 (= fissuré) **gesprungen**

2 ▷ Tu es complètement fêlé !
Du bist total bekloppt!

2 (= fou) **bekloppt**

ℹ *Le mot français et sa traduction allemande sont familiers.*

félicitations

1 ▷ Tu as eu ton examen ? Félicitations !
Du hast deine Prüfung bestanden? Gratuliere!

1 ► **Félicitations !** (exclamation) **: Gratuliere!**

2 ▷ J'ai terminé le semestre avec des félicitations.
Ich habe das Semester mit Auszeichnung abgeschlossen.

2 (à l'école) die **Auszeichnung**

féliciter

▷ Je vais appeler Marco pour le féliciter.
Ich rufe gleich Marco an, um ihm zu gratulieren.

► **féliciter** quelqu'un : jemandem (datif) **gratulieren**

femelle

1 ▷ Les femelles ont la tête noire et les mâles ont la tête blanche.
Die Weibchen haben schwarze Köpfe und die Männchen weiße.

1 (= animal femelle) das **Weibchen** (pluriel **Weibchen**)

2 ▷ C'est une souris femelle.
Das ist eine weibliche Maus.

2 (adjectif) **weiblich**

féminin, féminine

1 ▷ Elle porte des vêtements très féminins.
Sie trägt sehr weibliche Kleidung.

1 (en parlant d'une fille, d'une femme, de vêtements) **weiblich**

i *On dit aussi* ***feminin****.*

2 ▷ Karine est abonnée à trois magazines féminins.
Karine abonniert drei Frauenzeitschriften.
▷ Manon joue dans l'équipe féminine.
Manon spielt in der Frauenmannschaft.

2 *Quand on parle de la presse féminine ou d'une équipe féminine, on forme des mots composés avec* ***Frauen-****.*

femme

▷ C'est une femme très intelligente.
Sie ist eine sehr intelligente Frau.
▷ Tu as rencontré la femme de monsieur Carré ?
Hast du Herrn Carrés Frau kennengelernt?
▷ C'est une femme d'affaires très compétente.
Sie ist eine sehr kompetente Geschäftsfrau.
▷ Qu'est-ce qu'elle fait comme métier ? – Elle est femme au foyer.
Was ist ihr Beruf? – Sie ist Hausfrau.
▷ Les femmes de ménage de l'école sont très gentilles.
Die Putzfrauen in der Schule sind sehr nett.

die **Frau** (pluriel **Frauen**)

► **femme d'affaires :** die **Geschäftsfrau** (pluriel **-frauen**)

► **femme au foyer :** die **Hausfrau**

► **femme de ménage : :** die **Putzfrau**

fenêtre

▷ J'ai regardé par la fenêtre et j'ai vu que les voisins partaient.
Ich habe aus dem Fenster geschaut und habe gesehen, dass die Nachbarn wegfuhren.

das **Fenster** (pluriel **Fenster**)

fente

1 ▷ Il faudrait réparer la fente dans le mur.
Wir sollten den Spalt in der Mauer reparieren.

1 (= fissure) der **Spalt** (pluriel **Spalten**)

2 ▷ Tu dois mettre la pièce dans la fente.
Du musst die Münze in den Schlitz werfen.
▷ Elle portait une jupe avec une fente sur le côté.
Sie trug einen Rock mit seitlichem Schlitz.

2 (en parlant d'un distributeur, d'une cabine téléphonique, d'une boîte aux lettres ou d'un vêtement) der **Schlitz** (pluriel **Schlitze**)

fer

▷ Les épinards contiennent du fer.
Spinat enthält Eisen.
▷ Cette grille est en fer.
Dieses Gitter ist aus Eisen.
▷ Ils ont ouvert la porte avec une barre de fer.
Sie haben die Tür mit einer Eisenstange aufgebrochen.

▷ Le fer à repasser est cassé.
Das Bügeleisen ist kaputt.

das **Eisen**

► **être en fer : aus Eisen sein**

Pour désigner les objets **en fer** *ou* **de fer** *en allemand, on forme des mots composés avec* ***Eisen*** *: das* ***Eisenoxid*** (oxyde de fer), *die* ***Eisenplatte*** (plaque en fer).

► **fer à repasser :** das **Bügeleisen**

férié

▷ Le vingt-six décembre est un jour férié en Allemagne.
Der sechsundzwanzigste Dezember ist ein Feiertag in Deutschland.
▷ Demain est férié.
Morgen ist ein Feiertag.

► **jour férié :** der **Feiertag** (pluriel **-tage**)

ferme

1 ▷ J'aime les matelas fermes.
Ich mag feste Matratzen.

1 (adjectif = un peu dur) **fest**

2 ▷ Nous avons visité une ferme en Dordogne.
Wir haben einen Bauernhof in der Dordogne besucht.

2 (= exploitation agricole) der **Bauernhof** (pluriel **-höfe**)

fermer

1 ▷ Ferme les yeux et pense à quelque chose d'agréable.
Mach die Augen zu und denk an etwas Angenehmes.
▷ J'ai fermé la fenêtre parce qu'il y avait trop de bruit dehors.
Ich habe das Fenster zugemacht, weil draußen zu viel Lärm war.
▷ Ferme la porte, s'il te plaît.
Schließ bitte die Tür.

1 *Quand on parle de quelque chose qu'on* **ferme**, *on traduit par le verbe* ***zumachen***.

ℹ ***zu•machen*** *est un verbe à particule séparable.*

ℹ *Le verbe* ***schließen*** (**schloss, geschlossen**) *est aussi employé.*

2 ▷ Ce tiroir ne ferme pas bien.
Diese Schublade geht nicht richtig zu.
▷ La porte s'est fermée toute seule.
Die Tür ist von allein zugegangen.

2 *Quand on parle de quelque chose qui* **ferme** *ou qui* **se ferme***, on traduit par* ***zugehen****.*
ℹ ***zu•gehen*** *est un verbe à particule séparable et se conjugue comme* ***gehen*** (**ging**, **gegangen**).
ℹ *Le verbe* ***schließen*** (**schloss**, **geschlossen**) est aussi employé.

3 ▷ Ferme ton manteau, il fait froid dehors.
Knöpf deinen Mantel zu, es ist kalt draußen.

3 (= boutonner) **zuknöpfen**
ℹ ***zu•knöpfen*** *est un verbe à particule séparable.*

4 ▷ N'oubliez pas de fermer l'eau.
Vergesst nicht, das Wasser abzudrehen.

4 (en parlant de l'eau, du gaz) **abdrehen**
ℹ ***ab•drehen*** *est un verbe à particule séparable.*

fermeture

1 ▷ J'espère que nous arriverons avant la fermeture du magasin.
Ich hoffe, wir kommen noch vor Ladenschluss hin.
▷ Viens me chercher après la fermeture des bureaux.
Hol mich nach Büroschluss ab.

1 *Quand on parle d'une* **fermeture** *en fin de journée, on forme des mots composés avec* ***Schluss****.*

2 ▷ Ils ont voté contre la fermeture de l'école.
Sie haben gegen die Schließung der Schule gestimmt.

2 *Quand on parle d'une* **fermeture** *définitive, on traduit par* ***Schließung****.*

3 ▷ La fermeture éclair est coincée.
Der Reißverschluss klemmt.

3 ► **fermeture éclair® :** der **Reißverschluss** (pluriel **-verschlüsse**)
ℹ ® *signifie que* **fermeture éclair** *est un nom déposé. Vous n'avez pas besoin de l'écrire.*

fermier, fermière

1 ▷ Le fermier nous a vendu du lait.
Der Bauer hat uns Milch verkauft.

1 (en parlant de la personne) der **Bauer** (pluriel **Bauern**), die **Bäuerin** (pluriel **Bäuerinnen**)

2 ▷ Mon cousin a toujours voulu être fermier.
Mein Cousin wollte schon immer Landwirt werden.

2 (en parlant du métier) der **Landwirt** (pluriel **-wirte**), die **Landwirtin** (pluriel **-wirtinnen**)

féroce

1 ▷ Le chien est devenu féroce.
Der Hund ist wild geworden.

1 (animal) **wild**

2 ▷ La concurrence était féroce.
Die Konkurrenz war unbarmherzig.

2 (= impitoyable) **unbarmherzig**

ferry

▷ Nous avons pris le ferry de Calais à Douvres.
Wir haben die Fähre von Calais nach Dover genommen.

die **Fähre** (pluriel **Fähren**)

fesse

▷ Le médecin m'a fait une piqûre dans la fesse droite.
Der Doktor hat mir eine Spritze in die rechte Hinterbacke gesetzt.

▷ Marie m'a dit que j'avais de grosses fesses.
Marie hat mir gesagt, ich hätte einen dicken Hintern.

die **Hinterbacke** (pluriel **-backen**)

► **les fesses :** der **Hintern**

fessée

▷ Mon petit frère a eu une de ces fessées !
Mein kleiner Bruder hat so den Hintern vollbekommen!

▷ Mes parents me donnaient rarement la fessée.
Meine Eltern haben mir selten den Hintern verhauen.

► **avoir** *ou* **recevoir une fessée :** den Hintern vollbekommen

► **donner la fessée :** den Hintern verhauen

ℹ *Les verbes commençant par le préfixe* ***ver-*** *ne prennent pas* ***ge-*** *au participe passé.*

festival

▷ Il y a un festival de cinéma au mois de juin.
Im Juni findet ein Filmfestival statt.

das **Festival** (pluriel **Festivals**)

fête

1 ▷ Est-ce que tu vas à la fête de Matthieu ?
Gehst du auf Matthieus Party?

▷ J'ai envie de faire une fête pour mon anniversaire.
Ich habe Lust, zu meinem Geburtstag eine Party zu geben.

1 (= soirée) die **Party** (pluriel **Partys**)

► **faire une fête :** eine Party geben (gibt, gab, gegeben)

2 ▷ Aujourd'hui, c'est la fête de Catherine.
Heute ist Catherines Namenstag.

2 (= jour du prénom) der **Namenstag**

3 ▷ Toute la famille était à la fête du village.
Die ganze Familie war auf dem Dorffest.

3 (= kermesse) das **Fest** (pluriel **Feste**)

4 ▷ La fête foraine se termine dimanche.
Der Jahrmarkt ist Sonntag zu Ende.

4 ► **fête foraine :** der **Jahrmarkt** (pluriel **-märkte**)

5 ▷ Ils ont fait la fête toute la nuit.
Sie haben die ganze Nacht über gefeiert.

5 ► **faire la fête :** **feiern**

6 ▷ N'oublie pas la fête des Mères !
Vergiss den Muttertag nicht!
▷ Dimanche, c'est la fête des Pères.
Sonntag ist Vatertag.

6 ► **la fête des Mères :** der **Muttertag**
► **la fête des Pères :** der **Vatertag**

7 ▷ Joyeuses fêtes !
Schöne Feiertage!
▷ La fête nationale allemande est le trois octobre.
Der deutsche Nationalfeiertag ist am dritten Oktober.

7 (= jour férié, les fêtes de fin d'année) der **Feiertag** (pluriel **-tage**)
► **fête nationale :** der **Nationalfeiertag**

fêter

▷ Nous avons fêté l'anniversaire de Joanne.
Wir haben Joannes Geburtstag gefeiert.
▷ Ça se fête !
Das muss man feiern!

(= fêter un événement) **feiern**

feu

1 ▷ Les pompiers ont réussi à éteindre le feu.
Der Feuerwehr ist es gelungen, das Feuer zu löschen.
▷ Faisons un feu pour nous réchauffer.
Machen wir ein Feuer, um uns zu wärmen.
▷ Quelqu'un a mis le feu à l'immeuble.
Jemand hat das Gebäude in Brand gesteckt.
▷ Les rideaux ont pris feu tout de suite.
Die Vorhänge haben sofort Feuer gefangen.
▷ Est-ce que vous auriez du feu, s'il vous plaît ?
Hätten Sie bitte Feuer?

1 (= le feu qui brûle) das **Feuer**
► **faire un feu :** **ein Feuer machen**
► **mettre le feu à** quelque chose : etwas **in Brand stecken**
► **prendre feu :** **Feuer fangen** (**fängt, fing, gefangen**)
► **du feu** (pour allumer une cigarette) : **Feuer**

2 ▷ Tournez à gauche au feu rouge.
Biegen Sie an der Ampel links ab.
▷ La voiture ne s'est pas arrêtée aux feux.
Das Auto hat nicht an der Ampel gehalten.

2 ► **feu rouge** *ou* **feux :** die **Ampel** (pluriel **Ampeln**)

3 ▷ Je ne veux pas manquer le feu d'artifice.
Ich will das Feuerwerk nicht verpassen.

3 ► **feu d'artifice : :** das **Feuerwerk** (pluriel **-werke**)

feuille

▷ Les feuilles tombent déjà.
Die Blätter fallen schon.
▷ Est-ce que tu peux me donner une feuille de papier ?
Kannst du mir ein Blatt Papier geben?

das **Blatt** (pluriel **Blätter**)

feuilleton

▷ Luigi ne rate jamais un épisode de ce feuilleton.
Luigi versäumt keine Folge dieser Fernsehserie.

die **Fernsehserie** (pluriel **–serien**)
Attention : le mot allemand ***Feuilleton*** *désigne les pages culturelles et littéraires d'un journal.*

feutre

▷ J'ai besoin d'un feutre rouge pour mon dessin.
Ich brauche einen roten Filzstift für meine Zeichnung.

der **Filzstift** (pluriel **–stifte**)

fève

1 ▷ Nous avons mangé des fèves chez ma tante.
Bei meiner Tante haben wir dicke Bohnen gegessen.

1 (= la fève qu'on mange) die **dicke Bohne** (pluriel **dicke Bohnen**)

2 ▷ La personne qui trouve la fève achète une autre galette !
Wer die Bohne findet, kauft eine neue Galette!

2 (= la figurine de la galette des Rois) die **Bohne** (pluriel **Bohnen**)

février

▷ Stéphanie est née le trois février.
Stéphanie wurde am dritten Februar geboren.

▷ Il fait souvent froid en février.
Im Februar ist es oft kalt.

der **Februar**
On écrit ***am 3. Februar****.*

► **en février, au mois de février : im Februar**

fiancé, fiancée

▷ Le fiancé d'Isabelle est très sympa.
Isabelles Verlobter ist sehr nett.
▷ Éric est venu avec sa fiancée.
Éric ist mit seiner Verlobten gekommen.

der / die **Verlobte** (pluriel **Verlobten**)
C'est un adjectif substantivé : on dit ***ein Verlobter****.*

fiche

▷ Charlotte a des fiches de vocabulaire.
Charlotte hat Vokabelkarten.

(= carte) die **Karte** (pluriel **Karten**)

ficher

1 ▷ Il n'a rien fichu pendant les vacances.
Er hat während der Ferien nichts getan.

1 (= faire, sens familier) **tun** (**tat, getan**)

2 ▷ Où est-ce que tu as fichu le journal ?
Wo hast du denn die Zeitung hingelegt?

2 (= mettre, sens familier) **hinlegen**
hin•legen *est un verbe à particule séparable.*

3 ▷ Elle lui a fichu une claque.
Sie hat ihm eine Ohrfeige gegeben.

3 (= donner, sens familier) **geben** (**gibt, gab, gegeben**)

4 ▷ Arrêtez de vous ficher de moi !
Hört auf, euch über mich lustig zu machen!

4 ► se **ficher de** quelqu'un (= se moquer, sens familier) : sich **über** jemanden (accusatif) **lustig machen**

5 ▷ Tu peux dire ce que tu veux, je m'en fiche !
Du kannst sagen, was du willst, das ist mir egal!

5 ► **je m'en fiche :** das ist mir egal

fichier

1 ▷ Je n'ai pas cette expression dans mon fichier de vocabulaire.
Ich habe diesen Ausdruck nicht in meiner Vokabelkartei.

1 (= fichier de cartes) die **Kartei** (pluriel Karteien)

2 ▷ Charles a effacé deux fichiers par erreur.
Charles hat aus Versehen zwei Dateien gelöscht.

2 (= fichier informatique) die **Datei** (pluriel Dateien)

fictif, fictive

▷ Les personnages sont fictifs.
Die Figuren sind erfunden.

(= imaginaire) **erfunden**

fidèle

▷ Il lui est resté fidèle.
Er ist ihr (*ou* ihm) treu geblieben.

(= loyal) **treu**

fier, fière

▷ Emmanuelle est très fière de sa nouvelle montre.
Emmanuelle ist auf ihre neue Uhr sehr stolz.

stolz

ℹ *Notez que* fière de... *se dit* ***stolz auf...***

fierté

▷ J'ai refusé son aide, j'ai ma fierté !
Ich habe seine Hilfe abgelehnt, ich habe meinen Stolz!

der **Stolz**

fièvre

▷ Je crois que j'ai de la fièvre.
Ich glaube, dass ich Fieber habe.
▷ Cécile avait 39 de fièvre.
Cécile hatte 39 Grad Fieber.

das **Fieber**

ℹ *Quand on dit la température en parlant de la fièvre en allemand, on ajoute* ***Grad*** *après le nombre.*

figue

▷ J'ai mis des figues dans la salade de fruits.
Ich habe Feigen in den Obstsalat gegeben.

die **Feige** (pluriel Feigen)

figure

▷ Il a des boutons sur la figure.
Er hat Pickel im Gesicht.

(= visage) das **Gesicht** (pluriel Gesichter)

figurer

1 ▷ Apparemment, mon nom ne figure pas sur la liste.
Anscheinend steht mein Name nicht auf der Liste.

1 (= être mentionné) **stehen** (stand, gestanden)

2 ▷ Elle se figure que ça va être facile !
Sie stellt sich vor, dass das einfach ist!

2 ► **se figurer que...** (= croire que) : sich **vorstellen, dass...**

ℹ *Le pronom personnel allemand s'emploie au datif : **ich stelle mir vor, du stellst dir vor, er / sie stellt sich vor, wir stellen uns vor, ihr stellt euch vor, sie stellen sich vor.***

fil

1 ▷ J'ai besoin de fil pour coudre ce bouton.
Ich brauche Garn, um den Knopf anzunähen.

1 (= le fil pour coudre) das **Garn**

ℹ *Ce mot s'emploie au singulier.*

2 ▷ Le fil du fer à repasser est tout emmêlé.
Das Kabel vom Bügeleisen ist ganz verwickelt.

2 (= le fil d'un appareil électrique) das **Kabel** (pluriel Kabel)

3 ▷ Passe-moi ce morceau de fil de fer, s'il te plaît.
Gib mir bitte das Stück Draht.

▷ Il a fabriqué un chien en fil de fer.
Er hat einen Hund aus Draht angefertigt.

3 ► **fil de fer :** der **Draht**

ℹ *Ce mot s'emploie au singulier.*

► **en fil de fer :** aus Draht

file

1 ▷ Une longue file de voitures attendait devant la station-service.
Eine lange Schlange Autos wartete vor der Tankstelle.

1 (= rangée) die **Schlange** (pluriel Schlangen)

ℹ *On dit aussi die **Reihe*** (pluriel Reihen).

2 ▷ Quelle file d'attente !
So eine Schlange!

▷ Ali est déjà dans la file d'attente.
Ali steht schon Schlange.

2 ► **file d'attente :** die **Schlange**

► **être dans une file d'attente :** Schlange stehen (stand, gestanden)

3 ▷ Nous sommes restés dans la file de droite.
Wir sind auf der rechten Fahrspur geblieben.

3 (= la partie de la route) die **Fahrspur** (pluriel –spuren)

ℹ *On dit aussi die **Spur** tout court.*

4 ▷ On a regardé deux films à la file.
Wir haben zwei Filme hintereinander gesehen.

4 ► **à la file :** hintereinander

5 ▷ Les fourmis ont traversé la cuisine en file indienne.
Die Ameisen haben die Küche im Gänsemasch durchquert.

5 ► **en file indienne :** im Gänsemarsch

filer

1 ▷ Le chat filait à travers la cuisine.
Die Katze raste durch die Küche.

1 (= aller vite) **rasen**

2 ▻ Il faut que je file !
Ich muss jetzt abzischen!

2 (= partir vite) **abzischen**
ℹ *L'expression française et sa traduction allemande sont familières.*

3 ▻ Tu peux me filer un timbre ?
Kannst du mir eine Briefmarke geben?

3 (= donner) **geben** (gibt, gab, gegeben)
ℹ *L'expression française est familière, mais sa traduction allemande ne l'est pas.*

filet

1 ▻ Ils pêchent avec d'immenses filets.
Sie fischen mit riesigen Netzen.

1 (= le filet pour pêcher) das **Netz** (pluriel Netze)

2 ▻ Je vais prendre le filet de porc.
Ich nehme das Schweinefilet.

2 (= le filet de viande ou de poisson) das **Filet** (pluriel Filets)
ℹ *Pour dire* filet de... *on emploie des mots composés avec* ***Filet*** *:* ***Rindsfilet*** (filet de bœuf), ***Fischfilet*** (filet de poisson).
🔈 *Se prononce comme en français.*

fille

1 ▻ Sylvie est une fille bizarre.
Sylvie ist ein merkwürdiges Mädchen.

1 (par opposition à garçon) das **Mädchen** (pluriel Mädchen)

2 ▻ Ils ont un fils et deux filles.
Sie haben einen Sohn und zwei Töchter.

2 (= la fille de quelqu'un) die **Tochter** (pluriel Töchter)

filleul

▻ Il apporte souvent des cadeaux à son filleul.
Er bringt seinem Patensohn oft Geschenke mit.

der **Patensohn** (pluriel -söhne)

filleule

▻ Mélissa est la filleule de ma mère.
Mélissa ist die Patentochter meiner Mutter.

die **Patentochter** (pluriel -töchter)

film

▻ Est-ce que tu as vu son dernier film ?
Hast du seinen neuesten Film gesehen?

der **Film** (pluriel Filme)

fils

▻ Comment s'appelle votre fils ?
Wie heißt Ihr Sohn?

der **Sohn** (pluriel Söhne)

filtre

▻ Zut, il n'y a plus de filtres à café !
Mist, es sind keine Kaffeefilter mehr da!

der **Filter** (pluriel Filter)
ℹ *Attention à l'orthographe.*

fin (NOM)

1 ▷ J'ai trouvé la fin du film très triste.
Ich fand das Ende des Films sehr traurig.
▷ Ils partiront fin septembre.
Sie gehen Ende September.

1 (= conclusion) das **Ende**

ℹ *Lorsque* fin *est suivi directement d'un nom de mois, la construction est la même en français qu'en allemand.*

▷ En fin de compte, c'était une réussite !
Letzten Endes war es ein Erfolg!

► **en fin de compte :** letzten Endes

▷ Tu vas arrêter, à la fin ?
Hörst du jetzt endlich auf?

► **à la fin** (dans une exclamation) **:** endlich

2 ▷ On peut se retrouver en fin d'après-midi.
Wir können uns am späten Nachmittag treffen.

2 ► **en fin de** + *moment de la journée* **:** am späten + *moment de la journée*

fin, fine (ADJECTIF)

1 ▷ J'ai mis une fine couche de confiture dans le gâteau.
Ich habe eine dünne Schicht Marmelade in den Kuchen getan.

1 (en parlant d'une couche de quelque chose, des cheveux) **dünn**

2 ▷ Attention, c'est de la poudre très fine.
Vorsicht, das ist ganz feines Pulver.

2 (en parlant d'une poudre, du sable, etc.) **fein**

3 ▷ Il n'est vraiment pas fin !
Er ist wirklich nicht schlau!

3 (= intelligent) **schlau**

finale

▷ Qui a gagné la finale du championnat ?
Wer hat das Finale der Meisterschaft gewonnen?

(= match) das **Finale** (pluriel **Finale**)

ℹ *On dit aussi das* ***Endspiel*** (pluriel **-spiele**)

▷ Notre équipe est en finale.
Unsere Mannschaft ist im Finale.

► **être en finale :** im Finale sein

finalement

1 ▷ Qu'est-ce qui s'est passé finalement ?
Was ist am Ende passiert?

1 (= à la fin) **am Ende**

2 ▷ Finalement, ce n'est pas mal.
Letzten Endes ist es nicht schlecht.

2 (= après tout) **letzten Endes**

finir

1 ▷ La pièce de théâtre finit à dix heures.
Die Theatervorstellung endet um zehn Uhr.

1 (= se terminer) **enden**

2 ▷ Je n'ai pas encore fini ma rédaction.
Ich bin noch nicht mit meinem Aufsatz fertig.
▷ Si tu as fini de t'habiller, est-ce que tu peux m'aider ?
Wenn du mit dem Anziehen fertig bist, kannst du mir mal helfen?

2 ► **finir** quelque chose (= arriver au bout) : **mit** etwas (datif) **fertig sein**
► **finir de** + *infinitif* **:** **mit** etwas (datif) **fertig sein**

3 ▷ Jérémie a fini par accepter.
Jérémie hat schließlich zugesagt.

3 *Pour dire qu'on* **finit par faire** *quelque chose en allemand, on emploie* ***schließlich*** *devant le verbe.*

finlandais, finlandaise

1 ▷ Les paysages finlandais sont très beaux.
Die finnischen Landschaften sind sehr schön.

1 (adjectif) **finnisch**

2 ▷ Dans l'hôtel, il y avait un groupe de Finlandais.
Im Hotel wohnte eine Gruppe von Finnen.

2 (= personne) der **Finne** (pluriel Finnen), die **Finnin** (pluriel Finninnen)

Finlande

▷ J'ai lu un livre sur la Finlande.
Ich habe ein Buch über Finnland gelesen.

▷ L'oncle de Marie vit en Finlande.
Maries Onkel lebt in Finland.

▷ Mon père va en Finlande pour son travail.
Mein Vater fliegt geschäftlich nach Finnland.

▷ Es-tu déjà allé en Finlande ?
Warst du schon mal in Finnland?

Finnland

► **la Finlande :** Finnland

ℹ *Ne prend l'adjectif neutre que précédé d'un adjectif :* ***das waldreiche Finnland*** (la Finlande boisée).

► **en Finlande** (= dans le pays) : in Finnland

► **en Finlande** (= vers le pays) : nach Finnland

Attention : pour dire que quelqu'un **est déjà allé quelque part**, *on emploie une expression avec le prétérit du verbe* ***sein*** *+* ***schon****.*

finnois

▷ Marta parle le finnois.
Marta spricht Finnisch.

(= langue) **Finnisch**

ℹ *En allemand, les noms de langue ne prennent pas d'article.*

fissure

▷ Tu as vu cette fissure dans le mur ?
Hast du diesen Riss in der Mauer gesehen?

der **Riss** (pluriel Risse)

fixe

▷ C'est un prix fixe.
Das ist ein fester Preis.

fest

fixer

1 ▷ Tu pourrais m'aider à fixer l'affiche au mur ?
Könntest du mir helfen, das Poster aufzuhängen?

1 (= accrocher) **aufhängen**

ℹ ***auf•hängen*** *est un verbe à particule séparable.*

2 ▷ J'ai fixé l'aile sur ma maquette d'avion.
Ich habe den Flügel meines Flugzeugmodells befestigt.

2 (= coller, visser) **befestigen**

ℹ *Les verbes commençant par le préfixe* ***be-*** *ne prennent pas* ***ge-*** *au participe passé.*

3 ▷ On doit fixer une date pour la soirée.
Wir müssen ein Datum für die Party festlegen.

3 (= décider, établir) **festlegen**
ℹ *fest•legen est un verbe à particule séparable.*

4 ▷ Pourquoi est-ce que tu me fixes comme ça ?
Warum starrst du mich so an?

4 (= regarder fixement) **anstarren**
ℹ *an•starren est un verbe à particule séparable.*

flacon

▷ À qui est ce flacon de parfum ?
Wem gehört dieses Fläschchen Parfüm?

das **Fläschchen** /'flɛʃçən/ (pluriel Fläschchen)
🔈 *Notez la prononciation.*
ℹ *Fläschchen est le diminutif de Flasche.*

flamber

1 ▷ Le bois flambe dans la cheminée.
Das Holz brennt im Kamin.

1 (= brûler) **brennen** (brannte, gebrannt)

2 ▷ On pourrait faire flamber les crêpes.
Wir könnten die Crêpes flambieren.

2 (= faire flamber quelque chose qu'on mange) **flambieren**
ℹ *Les verbes se terminant par -ieren ne prennent pas ge- au participe passé.*

flamme

▷ Fais attention, les flammes sont très hautes.
Sei vorsichtig, die Flammen sind sehr hoch.
▷ L'immeuble était en flammes.
Das Haus stand in Flammen.

die **Flamme** (pluriel Flammen)

► **être en flammes :** in Flammen stehen (stand, gestanden)

flan

▷ Il y a du flan comme dessert.
Zum Nachtisch gibt's Puddingkuchen.

der **Puddingkuchen** (pluriel -kuchen)

flâner

▷ J'adore flâner dans les rues.
Ich liebe es, durch die Straßen zu bummeln.

bummeln

flanquer

▷ Amélie a flanqué une claque à Georges.
Amélie hat Georges eine Ohrfeige verpasst.

(= donner) **verpassen**
ℹ *Les verbes commençant par le préfixe ver- ne prennent pas ge- au participe passé.*
ℹ *L'expression française et sa traduction allemande sont familières.*

flaque

▷ J'aime sauter dans les flaques.
Ich springe gern in die Pfützen.

die **Pfütze** (pluriel Pfützen)

flash

▷ Le flash n'a pas fonctionné.
Das Blitzlicht hat nicht funktioniert.

das **Blitzlicht** (pluriel -lichter)

flèche

▷ Je n'ai plus beaucoup de flèches pour mon arc.
Ich habe nicht mehr viele Pfeile für meinen Bogen.
▷ Suis la flèche et tu trouveras la sortie.
Folge dem Pfeil, dann findest du den Ausgang.

der **Pfeil** (pluriel Pfeile)

flemme

▷ J'ai la flemme d'écrire à ma correspondante.
Ich bin zu faul, um meiner Brieffreundin zu schreiben.

► **avoir la flemme de** + *infinitif* : zu faul sein, um zu + *infinitif*

fleur

▷ Ma mère a planté des fleurs partout.
Meine Mutter hat überall Blumen gepflanzt.
▷ Les rosiers sont en fleurs.
Die Rosen blühen.

die **Blume** (pluriel Blumen)

► **être en fleurs** : blühen

ℹ *On dit aussi* ***in Blüte stehen*** (stand, gestanden).

fleurir

▷ Les tulipes ne fleurissent pas encore.
Die Tulpen blühen noch nicht.

blühen

ℹ *On dit aussi* ***in Blüte stehen*** (stand, gestanden).

fleuriste

▷ La fleuriste est sympa.
Die Blumenhändlerin ist nett.
▷ Où est Luc ? – Chez le fleuriste.
Wo ist Luc? – Beim Blumenhändler.
▷ J'ai couru chez le fleuriste.
Ich bin schnell zum Blumenhändler gelaufen.

der **Blumenhändler** (pluriel -händler), die **Blumenhändlerin** (pluriel -händlerinnen)

► **chez le fleuriste** (= dans le magasin) : beim Blumenhändler

► **chez le fleuriste** (= vers le magasin) : zum Blumenhändler

fleuve

▷ Le Rhin est un grand fleuve.
Der Rhein ist ein großer Strom.

der **Strom** (pluriel Ströme)

flic

▷ Il y avait des flics partout.
Überall waren Polypen.

der **Polyp** (pluriel Polypen)

ℹ *On dit aussi* der ***Bulle*** (pluriel Bullen).

ℹ *Le mot français et ses traductions allemandes sont familiers.*

flipper

▷ Est-ce qu'il y a un flipper dans ce café ?
Gibt's einen Flipper in der Kneipe?
▷ Tu veux jouer au flipper avec moi ?
Willst du mit mir Flipper spielen?

der **Flipper** (pluriel Flipper)

► **jouer au flipper** : Flipper spielen

flirter

▷ Il a flirté plusieurs mois avec ma sœur.
Er hat einige Monate mit meiner Schwester geflirtet.

► **flirter avec** quelqu'un **:** **mit** jemandem (datif) **flirten**

flocon

▷ La neige tombait à gros flocons.
Der Schnee fiel in dicken Flocken.

▷ Tu as un flocon de neige sur le nez.
Du hast eine Schneeflocke auf der Nase.

▷ Je prends des flocons d'avoine au petit-déjeuner.
Zum Frühstück esse ich Haferflocken.

die **Flocke** (pluriel **Flocken**)

► **flocon de neige :** die **Schneeflocke**

► **flocons d'avoine :** die **Haferflocken**

ℹ *C'est un pluriel.*

flotter

1 ▷ Des feuilles mortes flottaient sur la rivière.
Blätter schwammen auf dem Fluss.

1 (= flotter sur l'eau) **schwimmen** (**schwamm, geschwommen**)

2 ▷ Le brouillard flottait sur les prés.
Der Nebel hing über den Wiesen.

2 (= flotter dans l'air) **hängen** (**hing, gehangen**)

flou, floue

1 ▷ La photo est floue.
Das Foto ist unscharf.

1 (en parlant d'une photo) **unscharf**

2 ▷ Quand je me suis cogné la tête, je voyais tout flou.
Als ich mir den Kopf anhaute, sah ich alles verschwommen.

2 ► **voir flou : verschwommen sehen** (**sieht, sah, gesehen**)

fluo

▷ Pat a toujours des chaussettes fluo.
Pat hat immer so leuchtfarbene Strümpfe an.

leuchtfarben

flûte

1 ▷ Je ne trouve pas ma flûte.
Ich finde meine Flöte nicht.

▷ De quelle sorte de flûte joues-tu ?
Welche Art Flöte spielst du?

▷ Mon oncle s'est acheté une nouvelle flûte traversière.
Mein Onkel hat sich eine neue Querflöte gekauft.

▷ En cours de musique, nous jouons de la flûte à bec.
Im Musikunterricht spielen wir Blockflöte.

1 die **Flöte** (pluriel **Flöten**)

► **jouer de la flûte : Flöte spielen**

► **flûte traversière :** die **Querflöte**

► **flûte à bec :** die **Blockflöte**

2 ▷ Où sont les flûtes à champagne ?
Wo sind die Sektkelche?

2 ► **flûte à champagne :** der **Sektkelch** (pluriel **-kelche**)

foie

▷ C'est mauvais pour le foie de manger trop de chocolat.
Es ist schlecht für die Leber, zu viel Schokolade zu essen.

die **Leber** (pluriel **Lebern**)

foin

▷ On pourrait prendre du foin pour le lapin ?
Können wir Heu für das Kaninchen mitnehmen?

das **Heu**

ℹ *Heu est indénombrable : on ne dit pas ein Heu.*

foire

▷ Est-ce que tu vas à la Foire du livre cette année ?
Gehst du dieses Jahr auf die Buchmesse?

die **Messe** (pluriel **Messen**)

fois

1 ▷ C'est la première fois que je vois ça.
Das ist das erste Mal, dass ich so etwas sehe.
▷ J'ai vu le film une fois. – Et moi deux fois.
Ich habe den Film einmal gesehen – Und ich zweimal.
▷ Quatre fois cinq égale vingt.
Vier mal fünf gleich zwanzig.
▷ C'est arrivé une seule fois.
Es ist nur ein einziges Mal passiert.
▷ Pour une fois, tu pourrais me prêter ton vélo.
Du könntest mir ja dieses eine Mal dein Fahrrad leihen.
▷ Je te l'ai dit plusieurs fois.
Ich habe es dir mehrmals gesagt.
▷ Des fois je me dis qu'il est fou.
Manchmal denke ich, dass er verrückt ist.

1 das **Mal** (pluriel **Male**)

► **une fois :** einmal
► **deux fois :** zweimal

ℹ *En allemand, on joint le nombre à **mal** : **fünfzehnmal**, **hundertmal**.*
*En calcul, on détache le nombre de **mal**.*

► **une seule fois :** ein einziges Mal
► **pour une fois :** dieses eine Mal
► **plusieurs fois :** mehrmals
► **des fois** (= parfois) **:** manchmal

2 ▷ Appelle-moi une fois qu'il sera parti.
Ruf mich an, sobald er weg ist.

2 ► **une fois que** + *futur antérieur* **:** sobald + *présent*

3 ▷ Ne parlez pas tous à la fois !
Redet doch nicht alle gleichzeitig!

3 ► **à la fois :** gleichzeitig

folie

▷ Il veut partir tout seul ? C'est de la folie !
Er will allein fahren? Das ist doch Wahnsinn!

der **Wahnsinn**

ℹ *On dit aussi der **Irrsinn**.*

folklorique

▷ Il y a un festival de musique folklorique à Lorient.
In Lorient findet ein Folkloremusikfestival statt.

Pour dire que quelque chose est **folklorique**, *on forme des mots composés avec* ***Folklore*** *:* ***Folkloretänzer*** **(danseurs folkloriques).**

folle

Regardez au mot ***fou****.*

foncé, foncée

▷ Les couleurs foncées me vont mieux que les couleurs claires.
Dunkle Farben stehen mir besser als helle.
▷ Je voudrais peindre la chaise en rouge foncé.
Ich würde den Stuhl gern dunkelrot streichen.

dunkel
ℹ *Notez que le* ***e*** *est supprimé à la déclinaison.*
ℹ *Quand on parle des couleurs, on emploie un mot composé de* ***dunkel*** *+ la couleur.*

fonctionner

▷ Ce réveil ne fonctionne pas.
Dieser Wecker funktioniert nicht.

funktionieren
ℹ *Quand on parle d'un appareil, on dit aussi* ***gehen*** (ging, gegangen).
ℹ *Les verbes se terminant en* ***-ieren*** *ne prennent pas* ***ge-*** *au participe passé.*

fond

1 ▷ Le bateau a coulé au fond de la mer.
Das Schiff ist auf den Meeresgrund gesunken.

1 (en parlant de la mer, d'un fleuve) der **Grund**
ℹ *Ce mot s'emploie uniquement au singulier.*

2 ▷ Mes clés sont au fond de mon cartable.
Meine Schlüssel liegen auf dem Boden meiner Schultasche.

2 (en parlant d'un sac, d'un récipient) der **Boden**

3 ▷ Mon bureau est dans la pièce du fond.
Mein Büro ist im hinteren Zimmer.
▷ Cédric s'assied toujours au fond de la classe.
Cédric setzt sich immer hinten in die Klasse.

3 *Quand* **fond** *désigne la partie arrière, on traduit par l'adjectif* ***hinterer / hintere****.*
► **au fond** (= à l'arrière) **: hinten**

4 ▷ Au fond, il a raison.
Eigentlich hat er ja recht.

4 ► **au fond** (= finalement) : **eigentlich**

5 ▷ Ce fond de teint est trop foncé.
Diese Grundierung ist zu dunkel.

5 ► **fond de teint :** die **Grundierung**

6 ▷ Jacob pratique la course de fond.
Jacob macht Langstreckenlauf.

6 ► (en athlétisme) **course de fond :** der **Langstreckenlauf**

fondamental, fondamentale

▷ C'est un problème fondamental.
Es handelt sich um ein Grundproblem.

Pour dire que quelque chose est **fondamental**, *on forme des mots composés avec* ***Grund*** *: das* ***Grundprinzip*** (principe fondamental), *die* ***Grundfrage*** (question fondamentale).

fondre

1 ▷ La neige est en train de fondre.
Der Schnee schmilzt.

1 (en parlant de la neige, de la glace) **schmelzen** (schmilzt, schmolz, geschmolzen)

2 ▷ Attends que le sucre fonde dans le café.
Warte, bis der Zucker sich im Kaffee auflöst.

2 (= se dissoudre) sich **auflösen**

ℹ *Le verbe intransitif français est traduit par un verbe réfléchi en allemand.*

3 ▷ Cassy a fondu en larmes.
Cassy ist in Tränen ausgebrochen.

3 ► **fondre en larmes :** in Tränen ausbrechen

ℹ ***aus•brechen*** *est un verbe à particule séparable et se conjugue comme* ***brechen*** (bricht, brach, gebrochen).

fontaine

▷ On pourrait se retrouver dans le parc, près de la fontaine.
Wir könnten uns im Park in der Nähe des Brunnens treffen.

der **Brunnen** (pluriel Brunnen)

ℹ *Quand il s'agit d'une fontaine à jets d'eau, on dit* ***Springbrunnen****.*

foot

▷ Le foot est un sport super.
Fußball ist ein toller Sport.

▷ Karim joue au foot tous les samedis.
Karim spielt jeden Samstag Fußball.

der **Fußball**

► **jouer au foot, faire du foot :** Fußball spielen

football

▷ Le football est un sport super.
Fußball ist ein toller Sport.

▷ Karim joue au football tous les samedis.
Karim spielt jeden Samstag Fußball.

der **Fußball**

► **jouer au football, faire du football :** Fußball spielen

footballeur, footballeuse

▷ Certains footballeurs gagnent des millions.
Manche Fußballspieler verdienen Millionen.

der **Fußballspieler** (pluriel -spieler), die **Fußballspielerin** (pluriel -spielerinnen)

force

1 ▷ Il faut de la force pour faire ce métier.
Man braucht Kraft, um diesen Beruf auszuüben.

1 (= force physique) die **Kraft** (pluriel Kräfte)

2 ▷ Robert a beaucoup de force.
Robert ist sehr stark.

2 ► **avoir de la force :** stark sein

3 ▷ Il va se faire mal à force de faire l'imbécile.
Er wird sich noch weh tun, wenn er sich weiter so blöd benimmt.

3 *Pour traduire* **à force de**, *on emploie une expression avec* ***weiter*** *+ verbe.*

forcément

1 ▷ Tu as forcément dû le voir.
Du musstest ihn zwangsläufig sehen.

1 (= par la force des choses) **zwangsläufig**

2 ▷ Il faut avoir au moins seize ans. – Non, pas forcément.
Man muss mindestens sechzehn sein. – Nein, nicht unbedingt.

2 ► **pas forcément** (= pas nécessairement) : **nicht unbedingt**

forcer

1 ▷ On a dû le forcer à s'excuser.
Wir mussten ihn zwingen, sich zu entschuldigen.

1 ► **forcer** quelqu'un **à** + *infinitif* : **jemanden** (accusatif) **zwingen, zu** + *infinitif*

On peut dire aussi **jemanden** ***zum / zur*** *+ substantif +* ***zwingen****.*

▷ Elle a dû se forcer à finir le livre.
Sie musste sich zwingen, das Buch auszulesen.
Ne te force pas !
Zwing dich nicht!
▷ Je me suis forcé à ranger.
Ich habe mich zum Aufräumen gezwungen.

► se **forcer à** + *infinitif* : **sich zwingen, zu** + *infinitif*

On peut dire aussi **sich** ***zum / zur*** *+ substantif +* ***zwingen****.*

Le pronom personnel allemand s'emploie à l'accusatif : ***ich zwinge mich, du zwingst dich, er / sie zwingt sich, wir zwingen uns, ihr zwingt euch, sie zwingen sich****.*

2 ▷ Les voleurs ont forcé la porte du musée.
Die Diebe haben die Museumstür aufgebrochen.

2 (= enfoncer) **aufbrechen**

auf•brechen *est un verbe à particule séparable et se conjugue comme* ***brechen*** (**bricht**, **brach**, **gebrochen**).

forêt

▷ C'est plus agréable de passer par la forêt.
Es ist angenehmer, durch den Wald zu gehen.

der Wald (pluriel **Wälder**)

forme

1 ▷ Ce vase a une drôle de forme.
Diese Vase hat eine komische Form.
▷ Lucie a un réveil en forme de grenouille.
Lucie hat einen froschförmigen Wecker.

1 (= silhouette) **die Form** (pluriel **Formen**)
Pour traduire **en forme de**, *on ajoute* ***–förmig*** *au mot en minuscules :* ***herzförmig*** (en forme de cœur), ***sternförmig*** (en forme d'étoile), *etc.*

2 ▻ On voit que Charles est en forme.
Man sieht, dass Charles in Form ist.

2 ► être en forme : in Form sein

formidable

▻ C'est une fille formidable.
Sie ist ein tolles Mädchen.

(= génial) toll

formulaire

▻ Est-ce que tu as rempli le formulaire ?
Hast du das Formular ausgefüllt?

das Formular (pluriel Formulare)

fort, forte

1 ▻ Il est très fort, il peut soulever cent kilos.
Er ist sehr stark, er kann hundert Kilo heben.
▻ Cette moutarde est trop forte pour moi.
Dieser Senf ist zu stark für mich.

1 (= costaud, piquant) stark (plus fort stärker ; le plus fort der stärkste)

2 ▻ Latifa est forte en histoire.
Latifa ist gut in Geschichte.

2 ► être fort en... : in... gut sein

3 ▻ La prof d'espagnol a une voix forte.
Die Spanischlehrerin hat eine laute Stimme.
▻ Vous parlez trop fort, vous allez réveiller le bébé !
Ihr sprecht zu laut, ihr werdet das Baby wecken!

3 (= bruyant, bruyamment) laut

4 ▻ J'ai dû taper trop fort sur le clou.
Ich habe wohl zu heftig auf den Nagel gehauen.

4 (adverbe = avec force) heftig
ℹ *On dit aussi* ***stark*** *ou* ***kräftig***.

fortune

▻ Ils ont une immense fortune.
Sie haben ein riesiges Vermögen.
▻ Il a fait fortune en vendant des télés d'occasion.
Er hat sein Vermögen mit dem Verkauf von Gebrauchtfernsehern gemacht.

das Vermögen

► faire fortune : sein Vermögen machen
ℹ *On dit aussi :* ***reich werden***.

forum

▻ J'ai ouvert un forum sur mon site.
Ich habe auf meiner Webseite ein Forum geöffnet.

(sur Internet) das Forum (pluriel Foren)

fossé

▻ La voiture s'est retrouvée dans le fossé.
Das Auto ist im Graben gelandet.

der Graben (pluriel Gräben)

fossette

▷ Elle a de jolies fossettes.
Sie hat hübsche Grübchen.

das **Grübchen** (pluriel Grübchen)

fou, folle

1 ▷ Tu es fou ! Arrête !
Du bist wahnsinnig! Hör auf!

1 (= malade) **wahnsinnig**

ℹ *On dit aussi* ***verrückt***.

2 ▷ Ce chanteur a eu un succès fou.
Dieser Sänger hatte einen Wahnsinnserfolg.

2 *Pour dire que quelque chose est* **fou** *au sens d'« énorme », on forme des mots composés avec* ***Wahnsinn*** *: eine* ***Wahnsinnsparty*** (une fête complètement folle).

3 ▷ Élodie a encore réussi ; c'est fou !
Élodie hat es wieder geschafft; das ist ja unglaublich!

3 (= incroyable) **unglaublich**

4 ▷ Il est fou de Sabrina.
Er ist völlig auf Sabrina verrückt.

4 ► **être fou de** quelqu'un *ou* **de** quelque chose **: auf** jemanden *ou* etwas (accusatif) **verrückt sein**

foudre

▷ Le grand chêne a été frappé par la foudre.
Die große Eiche ist vom Blitz getroffen worden.

der **Blitz** (pluriel Blitze)

fouet

1 ▷ Le tigre a peur du fouet.
Der Tiger hat Angst vor der Peitsche.

1 (= un fouet pour frapper) die **Peitsche** (pluriel Peitschen)

2 ▷ Il faut battre les œufs avec un fouet.
Man muss die Eier mit einem Schneebesen schlagen.

2 (= un fouet pour faire la cuisine) der **Schneebesen** (pluriel –besen)

fouetter

1 ▷ Autrefois, les criminels étaient parfois fouettés.
Früher wurden Verbrecher manchmal ausgepeitscht.

1 (= frapper) **auspeitschen**

ℹ ***aus•peitschen*** *est un verbe à particule séparable.*

2 ▷ Fouette les œufs, puis ajoute-les à la pâte.
Schlag die Eier und gib sie zum Teig.

▷ Voudrais-tu de la crème fouettée avec la tarte aux pommes ?
Möchtest du Schlagsahne zum Apfelkuchen?

2 (= battre des ingrédients) **schlagen** (schlägt, schlug, geschlagen)

► **crème fouettée :** die **Schlagsahne**

fougère

▷ Je lui ai offert une fougère.
Ich habe ihr ein Farnkraut geschenkt.

das **Farnkraut**

fouiller

▷ Ils ont été fouillés à la frontière.
Sie wurden an der Grenze durchsucht.
▷ Qui t'a permis de fouiller dans mes affaires ?
Wer hat dir erlaubt, meine Sachen zu durchsuchen?

► **fouiller** quelqu'un *ou* quelque chose : jemanden *ou* etwas (accusatif) **durchsuchen**

foulard

1 ▷ Daphné porte un foulard parce qu'elle a mal à la gorge.
Daphné trägt ein Halstuch, weil sie Halsschmerzen hat.

1 (qu'on porte autour du cou) das **Halstuch** (pluriel **-tücher**)

2 ▷ Le foulard islamique à l'école prête à controverse.
Das islamische Kopftuch in der Schule ist sehr umstritten.

2 ► **foulard islamique :** das **islamische Kopftuch**

foule

▷ J'ai perdu mes copains dans la foule.
Ich habe meine Freunde in der Menge verloren.
▷ J'ai une foule de choses à faire.
Ich habe eine Menge zu tun.

die **Menge** (pluriel **Mengen**)

ℹ *Quand on parle de personnes, on dit aussi* ***Menschenmenge****.*

fouler

▷ Yacine s'est foulé la cheville en jouant au rugby.
Yacine hat sich beim Rugbyspielen den Knöchel verstaucht.
▷ Comment est-ce que tu t'es foulé le poignet ?
Wie hast du dir das Handgelenk verstaucht?

► se **fouler** quelque chose **:** sich + *accusatif* + **verstauchen**

ℹ *Le pronom personnel allemand s'emploie au datif :* ***ich verstauche mir..., du verstauchst dir..., er / sie verstaucht sich..., wir verstauchen uns..., ihr verstaucht euch..., sie verstauchen sich...***

foulure

▷ C'est la deuxième foulure en trois mois.
Das ist die zweite Verstauchung in drei Monaten.
▷ Il s'est fait une foulure à la cheville.
Er hat sich den Knöchel verstaucht.

die **Verstauchung**

► se **faire une foulure à :** sich + *accusatif* + **verstauchen**

four

▷ Il faut préchauffer le four.
Man muss den Ofen vorheizen.
▷ Je vais cuire ce poisson au four.
Ich backe diesen Fisch im Ofen.

der **Ofen** (pluriel **Öfen**)

ℹ *Quand quelque chose cuit* **au four**, *on emploie le verbe* ***backen*** *et non le verbe* ***kochen****.*

fourchette

▷ Il manque une fourchette.
Es fehlt eine Gabel.

(pour manger) die **Gabel** (pluriel **Gabeln**)

fourmi

1 ▷ Les fourmis sont attirées par les miettes.
Ameisen werden von den Krümeln angezogen.

1 (= insecte) die **Ameise** (pluriel Ameisen)

2 ▷ J'ai des fourmis dans les jambes !
Mir sind die Beine eingeschlafen!

2 *Pour dire que* quelqu'un **a des fourmis dans les jambes** (ou dans les bras, etc.) *en allemand, on emploie l'expression jemandem (datif)* ***sind die Beine*** *(ou die Arme, etc.)* ***eingeschlafen***.

fournir

▷ L'école nous fournit les livres.
Die Schule beschafft uns die Bücher.

beschaffen
► **fournir** quelque chose **à** quelqu'un **:** jemandem (datif) etwas **beschaffen**

fournisseur

▷ Quel est ton fournisseur d'accès ?
Wer ist dein Internetdienstanbieter?

► **fournisseur d'accès (Internet) :** der **Internetdienstanbieter**
ℹ *En allemand, on dit aussi* ***Provider*** /pro'vaidɐ/.

fournitures (scolaires)

▷ J'achète mes fournitures au supermarché.
Ich kaufe meinen Schulbedarf im Supermarkt.

der **Schulbedarf**
ℹ *Ce mot ne s'emploie qu'au singulier.*

fourrure

▷ La fausse fourrure est à la mode.
Falscher Pelz ist in Mode.

der **Pelz** (pluriel Pelze)
► **fausse fourrure :** falscher Pelz

foutre

1 ▷ Il n'a rien foutu pendant les vacances.
Er hat während der Ferien nichts getan.

1 (= faire, sens familier) **tun** (tat, getan)

2 ▷ Où est-ce que tu as foutu le journal ?
Wo hast du denn die Zeitung hingelegt?

2 (= mettre, sens familier) **hinlegen**
ℹ ***hin•legen*** *est un verbe à particule séparable.*

3 ▷ Elle lui a foutu une claque.
Sie hat ihm eine Ohrfeige gegeben.

3 (= donner, sens familier) **geben** (gibt, gab, gegeben)

4 ▷ Arrêtez de vous foutre de moi !
Hört auf, euch über mich lustig zu machen!

4 ► se **foutre de** quelqu'un (= se moquer, sens familier) : sich **über** jemanden (accusatif) **lustig machen**

5 ▷ Tu peux dire ce que tu veux, je m'en fous !
Du kannst sagen, was du willst, das ist mir egal!

5 ► **je m'en fous :** das ist mir egal

foyer

▷ Elle vit dans un foyer.
Sie lebt in einem Wohnheim.

(de jeunes, d'étudiants) das **Wohnheim** (pluriel Wohnheime)

foyer des jeunes

▷ On se retrouve tous les samedis après-midi au foyer des jeunes.
Wir treffen uns jeden Samstagnachmittag im Jugendzentrum.

das **Jugendzentrum** (pluriel -zentren)

fracture

1 ▷ Il a des fractures multiples.
Er hat komplizierte Knochenbrüche.

1 (d'os) der **Bruch** (pluriel Brüche)

2 ▷ La fracture sociale ne cesse de s'agrandir.
Die soziale Kluft vergrößert sich immer weiter.

2 ► **la fracture sociale :** die soziale Kluft

3 ▷ Ce sont des mesures destinées à réduire la fracture numérique.
Diese Maßnahmen sollen die digitale Kluft überwinden.

3 ► **la fracture numérique :** die digitale Kluft

fragile

1 ▷ Attention, ce vase est très fragile !
Sei vorsichtig, diese Vase ist sehr zerbrechlich!

1 (= qui casse facilement) **zerbrechlich**

2 ▷ Soyez gentils avec elle, elle est fragile en ce moment.
Seid nett zu ihr, sie ist im Moment empfindlich.

2 (= fragile mentalement) **empfindlich**

frais (NOM)

1 ▷ N'oubliez pas les frais de transport.
Vergesst die Transportkosten nicht.

1 (= dépenses) die **Kosten**

2 ▷ Les frais de scolarité ont augmenté.
Das Schulgeld ist gestiegen.

2 ► **frais de scolarité :** das Schulgeld

frais, fraîche (ADJECTIF)

1 ▷ Le jus de fruit est meilleur quand il est frais.
Der Fruchtsaft schmeckt besser, wenn er kühl ist.
▷ Est-ce que vous voulez une boisson fraîche ?
Möchten Sie ein kühles Getränk?
▷ Il fait frais ce soir, je vais mettre un pull.
Es ist kühl heute Abend, ich zieh mir einen Pulli über.
▷ Dans la maison, il fait bien frais.
Im Haus ist es schön kühl.
▷ Tu devrais mettre le vin au frais.
Du solltest den Wein kühl stellen.

1 (= légèrement froid) **kühl**
► **boisson fraîche :** das kühle Getränk
► **il fait frais :** es ist kühl
► **mettre au frais** (= dans un endroit froid) **:** kühl stellen

2 ▷ Ces moules ne sont pas très fraîches.
Diese Muscheln sind nicht sehr frisch.

2 (= récent, en parlant d'un aliment) **frisch**

fraise

▷ Il y a des fraises dans la salade de fruits.
Im Obstalat sind Erdbeeren.
▷ Tu veux de la glace à la fraise ?
Willst du Erdbeereis?

die **Erdbeere** (pluriel **Erdbeeren**)

Pour dire que quelque chose est **à la fraise** *ou* **aux fraises**, *on forme des mots composés avec* ***Erdbeer-*** *: die* ***Erdbeertorte*** (tarte aux fraises), *der* ***Erdbeersirup*** (sirop à la fraise).

framboise

▷ Les framboises ne sont pas encore mûres.
Die Himbeeren sind noch nicht reif.
▷ J'adore le sirop à la framboise.
Ich liebe Himbeersirup.

die **Himbeere** (pluriel **Himbeeren**)

Pour dire que quelque chose est **à la framboise** *ou* **aux framboises**, *on forme des mots composés avec* ***Himbeer-*** *: das* ***Himbeereis*** (glace aux framboises), *die* ***Himbeertorte*** (tarte aux framboises).

franc

1 ▷ Le franc a été remplacé par l'euro.
Der Franc wurde durch der Euro ersetzt.

1 (= franc français ou belge) der **Franc**
🔈 *Se prononce comme en français.*

2 ▷ Ma tante, qui habite à Genève, m'a donné des francs.
Meine Tante, die in Genf wohnt, hat mir Franken geschenkt.

2 (= franc suisse) der **Franken**

franc, franche

▷ Sophie est une fille franche.
Sophie ist ein offenes Mädchen.

offen
ℹ *On dit aussi* ***aufrichtig***.

français, française

1 ▷ Le gouvernement français a pris des mesures radicales.
Die französische Regierung hat strenge Maßnahmen getroffen.

1 (adjectif) **französisch**

2 ▷ J'ai rencontré beaucoup de Français en Californie.
Ich habe in Kalifornien viele Franzosen getroffen.
▷ Une Française s'occupe de nos enfants.
Eine Französin kümmert sich um unsere Kinder.

2 (= personne) der **Franzose** (pluriel **Franzosen**), die **Französin** (pluriel **Französinnen**)

3 ▷ Je trouve que tu parles très bien français.
Ich finde, dass du sehr gut Französisch sprichst.

3 (= langue) **Französisch**
ℹ *En allemand, les noms de langue ne prennent pas d'article.*

France

▷ La France est réputée pour ses fromages.
Frankreich ist berühmt für seine Käse.

Frankreich
► **la France :** Frankreich
ℹ *Ne prend l'article neutre que précédé d'un adjectif :* ***das europäische Frankreich*** (la France européenne).

▷ En France, les gens dînent plus tard qu'en Allemagne.
In Frankreich isst man später zu Abend als in Deutschland.

► **en France** (= dans le pays) **:** in Frankreich

▷ Tu devrais venir en France.
Du solltest nach Frankreich kommen.
▷ Johanna est déjà allée quatre fois en France.
Johanna war schon viermal in Frankreich.

► **en France** (= vers le pays) **:** nach Frankreich
Attention : pour dire que quelqu'un **est déjà allé quelque part**, *on emploie une expression avec le prétérit du verbe* ***sein*** *+* ***schon***.

franchement

1 ▷ Dis-moi franchement ce que tu en penses.
Sag mir mal ganz offen, was du davon hältst.

1 (= sans mentir) **offen**

2 ▷ Franchement, tu exagères !
Offen gesagt, du übertreibst es!

2 (pour dire qu'on est indigné) **offen gesagt**

3 ▷ Ses blagues sont franchement mauvaises.
Seine Witze sind wirklich schlecht.

3 (= vraiment) **wirklich**

frange

▷ Tania coupe sa frange elle-même.
Tania schneidet ihren Pony selbst.

(de cheveux) der **Pony**
Attention : ne confondez pas avec das *Pony* (le poney).

frapper

1 ▷ C'est lâche de frapper les petits.
Es ist feige, Kleine zu schlagen.

1 (= battre) **schlagen** (schlägt, schlug, geschlagen)

2 ▷ Quelqu'un a frappé, va ouvrir.
Jemand hat geklopft, mach auf.

2 (= cogner à la porte) **klopfen**

▷ Qui frappe à la porte ?
Wer klopft an der Tür?

► **frapper à la porte :** an der Tür klopfen

3 ▷ Lucien a frappé dans ses mains pour appeler son chien.
Lucien hat in die Hände geklatscht, um seinen Hund zu rufen.

3 ► **frapper dans ses mains :** in die Hände klatschen

freezer

▷ Les glaçons sont dans le freezer.
Die Eiswürfel sind im Gefrierfach.

das **Gefrierfach** (pluriel –fächer)

frein

▷ Le mécanicien a dit que c'était un problème de freins.
Der Mechaniker hat gesagt, es sei ein Problem mit den Bremsen.

▷ N'oublie pas de mettre le frein à main.
Vergiss nicht, die Handbremse zu ziehen.

die **Bremse** (pluriel Bremsen)

► **mettre le frein à main :** die Handbremse ziehen (zog, gezogen)

freiner

▷ J'ai freiné au dernier moment.
Ich habe im letzten Moment gebremst.

bremsen

fréquemment

▷ Nos cousins viennent fréquemment nous voir.
Unsere Cousins kommen uns oft besuchen.

oft

ℹ *On dit aussi* ***häufig***.

fréquenter

▷ Je les connais, mais je ne les fréquente pas.
Ich kenne sie, aber ich habe keinen Umgang mit ihnen.

► **fréquenter** quelqu'un **:** mit jemandem (datif) **Umgang haben**

frère

▷ Je ne connais pas le frère de Djamila.
Ich kenne Djamilas Bruder nicht.

der **Bruder** (pluriel Brüder)

friandise

▷ Tu manges trop de friandises, c'est mauvais pour les dents.
Du isst zu viele Süßigkeiten, das ist schlecht für die Zähne.

die **Süßigkeit** (pluriel Süßigkeiten)

fric

▷ Est-ce qu'il te reste du fric ?
Hast du noch Kohle übrig?

die **Kohle**

ℹ *Le mot français et sa traduction allemande sont familiers.*

ℹ *Le premier sens de* ***Kohle*** *est* charbon.

frigo

▷ Les carottes sont dans le frigo.
Die Möhren sind im Kühlschrank.

der **Kühlschrank** (pluriel -schränke)

frileux, frileuse

▷ Je vais mettre le chauffage, je sais que Mylène est frileuse.
Ich dreh mal die Heizung auf, ich weiß, dass Mylène leicht friert.

► **être frileux :** leicht frieren (fror, gefroren)

frimer

▷ Arrête de frimer avec ton nouveau blouson !
Hör mal auf, mit deiner neuen Jacke anzugeben!

angeben

ℹ *an•geben est un verbe à particule séparable et se conjugue comme geben* (gibt, gab, gegeben).

fringues

▷ Julie a toujours des fringues incroyables.
Julie hat immer unglaubliche Klamotten.

die **Klamotten**

ℹ *L'expression française et sa traduction allemande sont familières.*

frire

▷ D'abord, tu fais frire les oignons.
Zuerst musst du die Zwiebeln braten.

braten (brät, briet, gebraten)

frisé, frisée

▷ J'aimerais avoir les cheveux frisés.
Ich hätte gern lockige Haare.
▷ Véro est frisée.
Véro hat lockige Haare.

► **avoir les cheveux frisés** *ou* **être frisé :** lockige Haare haben (hat, hatte, gehabt)

frisson

▷ Simon a des frissons à cause de la fièvre.
Simon hat Schüttelfrost wegen des Fiebers.

► **avoir des frissons :** Schüttelfrost haben

frissonner

▷ Il a frissonné de froid.
Er hat vor Kälte gezittert.

zittern

frit, frite

▷ Tu préfères du poisson frit ou du poisson cuit au four ?
Magst du lieber gebratenen oder gebackenen Fisch?

gebraten

frites

▷ Je voudrais des frites avec mes saucisses.
Ich hätte gern Pommes frites zu meinen Würstchen.

die **Pommes frites** /pɔm'frɪt/

Notez la prononciation.

froid, froide

1 ▷ Cette soupe est froide !
Diese Suppe ist kalt!
▷ Je peux te prêter mon blouson si tu as froid.
Ich kann dir meine Jacke leihen, wenn dir kalt ist.
▷ Ferme la fenêtre, j'ai froid.
Schließ das Fenster, mir ist kalt.

▷ Il fait vraiment froid ce soir.
Es ist wirklich kalt heute Abend.

1 **kalt** (plus froid ***kälter*** ; le plus froid ***der kälteste***)

► quelqu'un **a froid :** jemandem (datif) ist kalt

L'expression allemande s'emploie au datif de la façon suivante : mir ist kalt, dir ist kalt, ihm / ihr ist kalt, uns ist kalt, euch ist kalt, ihnen ist kalt.

► **il fait froid :** es ist kalt

2 ▷ Je trouve son père très froid.
Ich finde seinen Vater sehr kühl.

2 (= distant) **kühl**

3 ▷ C'est une personne froide et sans scrupules.
Er ist ein kaltherziger und skrupelloser Mensch.

3 (= sans cœur) **kaltherzig**

froissé, froissée

▷ Ma robe est toute froissée, il faut que je la repasse.
Mein Kleid ist ganz zerknittert, ich muss es bügeln.

(= avec des plis) **zerknittert**

fromage

1 ▷ On peut choisir un dessert ou un fromage.
Man kann sich einen Nachtisch oder Käse aussuchen.

2 ▷ Je voudrais du fromage blanc avec du sucre.
Ich hätte gern Quark mit Zucker.

1 der **Käse** (pluriel Käse)

2 ► **fromage blanc :** der **Quark**

froncer

▷ Pourquoi est-ce que tu fronces les sourcils ?
Warum runzelst du die Stirn?

► **froncer les sourcils :** die **Stirn runzeln**

front

▷ Martin a une cicatrice sur le front.
Martin hat eine Narbe auf der Stirn.

(= partie du visage) die **Stirn**

frontière

▷ Il n'y a pas de contrôle des passeports à la frontière.
Es gibt keine Passkontrolle an der Grenze.

die **Grenze** (pluriel **Grenzen**)

frotter

1 ▷ Mélanie a frotté son bébé avec une serviette.
Mélanie hat ihr Baby mit einem Handtuch abgerieben.

1 (pour sécher) **abreiben**

ℹ ***ab•reiben*** *est un verbe à particule séparable et se conjugue comme* ***reiben*** (rieb, gerieben).

2 ▷ Il faut frotter tes mains avec la crème.
Du musst die Creme in die Hände einreiben.

2 (pour faire pénétrer la crème) **einreiben**

ℹ ***ein•reiben*** *est un verbe à particule séparable et se conjugue comme* ***reiben*** (rieb, gerieben).

3 ▷ Frotte bien la casserole, elle est très sale.
Putz den Topf gut, er ist sehr schmutzig.

3 (pour nettoyer) **putzen**

4 ▷ Le chat se frottait contre moi.
Die Katze hat sich an mir gerieben.

4 ► se **frotter** : sich **reiben**

ℹ *Le pronom personnel s'emploie à l'accusatif :* ***ich reibe mich, du reibst dich, er / sie reibt sich, wir reiben uns, ihr reibt euch, sie reiben sich.***

5 ▷ Ne te frotte pas les yeux si tu viens de toucher du piment !
Reib dir nicht die Augen, wenn du gerade Paprika angefasst hast!

▷ Marc se frottait les mains pour se réchauffer.
Marc rieb sich die Hände, um sich zu wärmen.

5 ► se **frotter** quelque chose (les yeux, les mains) : sich etwas **reiben**

ℹ *Avec un complément direct, l'expression allemande s'emploie au datif :* ***mir... reiben, dir... reiben, sich... reiben, uns... reiben, euch... reiben, sich... reiben.***

fruit

1 ▷ Donne-moi un fruit, s'il te plaît.
Gib mir eine Frucht, bitte.

▷ Nous avons plein de fruits rouges dans notre jardin.
Wir haben viele rote Früchte in unserem Garten.

▷ Tu aimes les fruits confits ?
Magst du kandierte Früchte?

1 die **Frucht** (pluriel **Früchte**)

► **fruits confits** : **kandierte Früchte**

2 ▷ Les fruits sont chers ici.
Obst ist teuer hier.

▷ Ma mère a fait une tarte aux fruits.
Meine Mutter hat einen Obstkuchen gebacken.

2 *Quand on parle des* **fruits** *en général, on traduit par* das ***Obst*** *qui est employé uniquement au singulier.*

▷ Je mange beaucoup de fruits secs.
Ich esse viel Dörrobst.

► **fruits secs :** das **Dörrobst**

*On dit aussi das **Backobst**.*

frustré, frustrée

▷ Il s'est senti frustré de ne pas pouvoir aller à la fête.
Er war frustriert, weil er nicht auf die Party gehen konnte.

frustriert

fugue

▷ Apparemment, Léo a fait une fugue.
Anscheinend ist Léo ausgerissen.

► **faire une fugue :** ausreißen

***aus•reißen** est un verbe à particule séparable et se conjugue comme **reißen** (riss, gerissen).*

fuir

1 ▷ Ils ont essayé de fuir mais la police les a rattrapés.
Sie haben versucht zu fliehen, aber die Polizei hat sie wieder eingefangen.

1 (= se sauver) **fliehen** (floh, geflohen)

*On dit aussi **flüchten**.*

2 ▷ Le robinet fuit toujours.
Der Wasserhahn leckt immer noch.

2 (= couler) **lecken**

fuite

▷ Il y a une fuite quelque part : le plafond est tout mouillé.
Irgendwo ist ein Leck: Die Decke ist ganz nass.

(= écoulement) das **Leck** (pluriel Lecks)

fumé, fumée

▷ Je vais prendre le saumon fumé en entrée.
Als Vorspeise nehme ich den geräucherten Lachs.

geräuchert

fumée

▷ La fumée me fait mal aux yeux.
Der Rauch tut meinen Augen weh.

der **Rauch**

fumer

▷ On n'a pas le droit de fumer ici.
Hier darf man nicht rauchen.

rauchen

furieux, furieuse

▷ Mon père était furieux quand je suis rentré à deux heures du matin.
Mein Vater war wütend, als ich um zwei Uhr morgens nach Hause kam.

wütend

fusée

▷ La fusée a explosé dans l'espace.
Die Rakete ist im Weltraum explodiert.

die **Rakete** (pluriel Raketen)

fusil

▷ Notre voisin qui est chasseur possède quatre fusils.
Unser Nachbar, der Jäger ist, besitzt vier Gewehre.

das **Gewehr** (pluriel Gewehre)

futur, future

1 ▷ Ça arrivera peut-être dans le futur.
Das geschieht vielleicht in der Zukunft.

1 (nom) die **Zukunft**

2 ▷ Mon cousin nous a présenté sa future femme.
Mein Cousin hat uns seine zukünftige Frau vorgestellt.

2 (adjectif) **zukünftig**

Gg

gâcher

1 ▷ Tu as tout gâché !
Du hast alles verdorben!

1 (= rendre moins agréable) **verderben** (verdirbt, verdarb, verdorben)

2 ▷ Tu as déjà gâché trois feutres.
Du hast schon drei Filzstifte verschwendet.

2 (= gaspiller) **verschwenden**

ℹ *Les verbes commençant par le préfixe* ***ver-*** *ne prennent pas* ***ge-*** *au participe passé.*

gadget

▷ C'est un gadget très utile dans la cuisine.
Das ist eine sehr nützliche Spielerei für die Küche.

die **Spielerei** (pluriel Spielereien)

gaffe

1 ▷ Oh non ! Je crois que j'ai fait une gaffe !
Oh nein! Ich glaube, ich hab einen Schnitzer gemacht!

1 ► **faire une gaffe :** einen Schnitzer machen

2 ▷ Fais gaffe, ça risque de tomber !
Pass auf, es könnte herunterfallen!

2 ► **faire gaffe** (= faire attention, sens familier) : **aufpassen**

ℹ ***auf•passen*** *est un verbe à particule séparable.*

gagnant, gagnante

1 ▷ J'ai le numéro gagnant !
Ich habe das Gewinnlos!

1 *Quand on veut dire que quelque chose est* **gagnant**, *on emploie des mots composés avec* ***Gewinn*** *: die* ***Gewinnnummer*** (le numéro gagnant), *das* ***Gewinnlos*** (le ticket gagnant).

2 ▷ Et le gagnant est... Julien !
Und der Gewinner ist... Julien!

2 ► **le gagnant, la gagnante** (= personne, équipe) : der **Gewinner** (pluriel Gewinner), die **Gewinnerin** (pluriel Gewinnerinnen)

gagner

1 ▷ À ton avis, qui va gagner ?
Wer wird deiner Meinung nach gewinnen?
▷ Arthur a gagné mille euros à la loterie.
Arthur hat tausend Euro in der Lotterie gewonnen.

1 (= gagner en jouant) **gewinnen** (gewann, gewonnen)

2 ▷ Ma mère gagne plus d'argent que mon père.
Meine Mutter verdient mehr Geld als mein Vater.
▷ Combien peut-il gagner ?
Wieviel kann er wohl verdienen?

2 (= gagner en travaillant) **verdienen**

Les verbes commençant par le préfixe ***ver-*** *ne prennent pas* ***ge-*** *au participe passé.*

gai, gaie

▷ Tu as l'air bien gai aujourd'hui !
Du siehst heute ja sehr fröhlich aus!

fröhlich

galant

▷ Sois galant, ouvre-lui la porte.
Sei Kavalier, halt ihr die Tür auf!

► **être galant :** Kavalier sein

galaxie

▷ Y a-t-il de la vie dans d'autres galaxies ?
Gibt es in anderen Galaxien Leben?

die **Galaxie** /gala'ksi:/ (pluriel Galaxien)

galerie

1 ▷ Anita expose ses photos dans une galerie d'art.
Anita stellt ihre Fotos in einer Kunstgalerie aus.

1 ► **galerie d'art :** die Kunstgalerie (pluriel -galerien)

2 ▷ Ils se retrouvent tous les samedis dans la galerie marchande.
Sie treffen sich jeden Samstag in der Einkaufspassage.

2 ► **galerie marchande :** die Einkaufspassage (pluriel -passagen)

Passage *se prononce comme en français.*

galet

▷ Pierre et Anaïs lancent des galets dans l'eau.
Pierre und Anaïs werfen Kieselsteine ins Wasser.

der **Kieselstein** (pluriel -steine)

galette

1 ▷ Nous avons mangé des galettes dans un restaurant breton.
Wir haben in einem bretonischen Restaurant Galetten gegessen.

1 (= crêpe) die **Galette** (pluriel Galetten)

Se prononce comme en français.

2 ▷ Cette galette des Rois est excellente.
Diese Galette des Rois schmeckt ausgezeichnet.

2 *La tradition de la* **galette des Rois** *n'existe pas en Allemagne, et l'expression ne se traduit pas.*

galoper

1 ▷ Les chevaux galopent dans le pré.
Die Pferde galoppieren auf der Weide.

1 (= courir, en parlant d'un cheval) **galoppieren**

ℹ *Les verbes se terminant en* ***-ieren*** *ne prennent pas* ***ge-*** *au participe passé.*

ℹ *Attention à l'orthographe.*

2 ▷ Arrêtez de galoper partout !
Hört auf, überall so herumzurennen!

2 (= courir, en parlant d'une personne) **herumrennen**

ℹ ***herum•rennen*** *est un verbe à particule séparable et se conjugue comme* ***rennen*** (rannte, gerannt).

gamin, gamine

▷ Tous les gamins criaient et chantaient.
Alle Kinder schrien und sangen.

das **Kind** (pluriel Kinder)

ℹ *Quand on parle d'un* garçon, *on dit der* ***Junge****. Quand on parle d'une* fille, *on dit das* ***Mädchen****.*

gamme

▷ Il nous a présenté sa nouvelle gamme de produits.
Er hat uns seine neue Produktpalette vorgeführt.

(de couleurs, de produits, de prix) die **Palette** (pluriel Paletten)

gant

1 ▷ J'ai pris les gants de Mathieu par erreur.
Ich habe aus Versehen Mathieus Handschuhe genommen.

1 der **Handschuh** (pluriel -schuhe)

2 ▷ Voici une serviette et un gant de toilette.
Hier sind ein Handtuch und ein Waschlappen.

2 ► **gant de toilette :** der **Waschlappen** (pluriel -lappen)

garage

1 ▷ Ils ont acheté une maison avec un garage.
Sie haben ein Haus mit Garage gekauft.

1 (pour garer la voiture) die **Garage** /ga'ra:ʒə/ (pluriel Garagen)

🔊 *Notez la prononciation.*

2 ▷ J'ai un problème avec la voiture, je dois la conduire au garage pour la révision.
Ich habe ein Problem mit dem Auto, ich muss es in die Autowerkstatt bringen.

2 (= l'atelier) die **Autowerkstatt**

garagiste

1 ▷ Le garagiste a dit qu'il ne pouvait pas réparer les freins.
Der Mechaniker hat gesagt, er könnte die Bremsen nicht reparieren.

1 (= mécanicien) der **Mechaniker** (pluriel Mechaniker), die **Mechanikerin** (pluriel Mechanikerinnen)

2 ▷ La voiture est chez le garagiste.
Das Auto ist in der Autowerkstatt.
▷ Je dois aller chez le garagiste.
Ich muss zur Autowerkstatt.

2 ► **chez le garagiste** (= dans l'atelier) : in der Autowerkstatt
► **chez le garagiste** (= vers l'atelier) : zur Autowerkstatt

garantie

▷ Est-ce que tu as gardé la garantie du sèche-cheveux ?
Hast du die Garantie des Haartrockners behalten?
▷ La télé est encore sous garantie.
Der Fernseher steht noch unter Garantie.

die **Garantie** (pluriel Garantien)

► **être sous garantie :** unter Garantie stehen (stand, gestanden)

garantir

▷ L'ordinateur est garanti un an.
Der Computer hat ein Jahr Garantie.

► **être garanti :** Garantie haben

garçon

1 ▷ Il n'y a que des garçons dans cette classe.
In dieser Klasse sind nur Jungen.

1 (par opposition à fille) der **Junge** (pluriel Jungen)

2 ▷ Tu peux appeler le garçon et commander un café ?
Kannst du den Kellner rufen und einen Kaffee bestellen?

2 (= serveur) der **Kellner** (pluriel Kellner)

ℹ *On dit aussi der **Ober**.*

garde (NOM FÉMININ)

▷ Quand les parents de Joëlle ont divorcé, le père a eu la garde des enfants.
Als Joëlles Eltern geschieden wurden, bekam der Vater das Sorgerecht.

► **la garde** (en parlant des enfants en cas de divorce des parents) **:** das Sorgerecht

garde (NOM MASCULIN)

▷ Il y a des gardes devant le palais de l'Élysée.
Vor dem Elyseepalast stehen Wachen.

die **Wache** (pluriel Wachen)

garder

1 ▷ Tu peux garder mon stylo, je n'en ai pas besoin.
Du kannst meinen Kugelschreiber behalten, ich brauche ihn nicht.

1 (= conserver, ne pas rendre) **behalten** (behält, behielt, behalten)

2 ▷ Je t'ai gardé un morceau de gâteau.
Ich habe dir ein Stück Kuchen aufgehoben.

2 (= mettre de côté) **aufheben**

ℹ ***auf•heben** est un verbe à particule séparable et se conjugue comme **heben** (hob, gehoben).*

3 ▷ Étienne a dû garder son petit frère hier soir.
Étienne musste gestern Abend seinen kleinen Bruder hüten.

3 (= s'occuper de) **hüten**

4 ▷ Le chien a gardé la maison.
Der Hund hat das Haus bewacht.

4 (= surveiller, monter la garde) **bewachen**

ℹ *Les verbes commençant par le préfixe* ***be-*** *ne prennent pas* ***ge-*** *au participe passé.*

garderie

▷ Éloïse laisse ses enfants à la garderie le mercredi.
Éloïse lässt ihre Kinder mittwochs in der Tagesstätte.

die **Tagesstätte** (pluriel **stätten**)

ℹ *On dit aussi der* ***Hort*** (pluriel **Horte**).

gardien, gardienne

1 ▷ Va chercher le paquet chez la gardienne, s'il te plaît.
Geh bitte das Paket bei der Hausmeisterin abholen.

1 (= gardien d'immeuble) der **Hausmeister** (pluriel **-meister**), die **Hausmeisterin** (pluriel **-meisterinnen**)

2 ▷ Le gardien de but a été formidable.
Der Torhüter war toll.

2 ► **gardien / gardienne de but :** der **Torhüter** (pluriel **-hüter**), die **Torhüterin** (pluriel **-hüterinnen**)

ℹ *On dit aussi der* ***Torwart****; le féminin se dit die* ***Torfrau****.*

3 ▷ La gardienne de musée les a renseignés.
Die Museumswärterin hat ihnen Auskunft gegeben.

3 ► **gardien / gardienne de musée :** der **Museumswärter** (pluriel **-wärter**), die **Museumswärterin** (pluriel **-wärterinnen**)

4 ▷ Le père de Léon est gardien de nuit.
Léons Vater ist Nachtwächter.

4 ► **gardien / gardienne de nuit :** der **Nachtwächter** (pluriel **-wächter**), die **Nachtwächterin** (pluriel **-wächterinnen**)

5 ▷ Les gardiens de prison sont en grève.
Die Gefängniswärter streiken.

5 ► **gardien / gardienne de prison :** der **Gefängniswärter** (pluriel **-wärter**), die **Gefängniswärterin** (pluriel **-wärterinnen**)

gare

1 ▷ Tu peux m'emmener à la gare ?
Kannst du mich zum Bahnhof bringen?

1 (pour les trains) der **Bahnhof** (pluriel **-höfe**)

2 ▷ Gare à toi ! Je vais me fâcher !
Vorsicht! Ich werde böse!

2 ► **gare à toi ! :** **Vorsicht!**

garer

▷ Où as-tu garé la voiture ?
Wo hast du das Auto geparkt?

▷ Comment est-ce que tu t'es garé ?
Wie hast du denn geparkt?

parken

► se **garer** : **parken**

garniture

1 ▷ Qu'y a-t-il comme garniture avec le steak ?
Was gibt es als Beilage zum Steak?

2 ▷ Il n'a mangé que la garniture.
Er hat nur die Zutaten gegessen.

1 (de plat) die **Beilage** (pluriel **Beilagen**)

2 (de pizza) die **Zutaten**

ℹ *Ce mot est un pluriel.*

gaspillage

▷ Tu as utilisé toute cette eau ? Quel gaspillage !
Du hast das ganze Wasser verbraucht? So eine Verschwendung!

die **Verschwendung**

gaspiller

▷ Je n'aime pas les gens qui gaspillent la nourriture.
Ich mag Leute nicht, die Nahrung verschwenden.

verschwenden

ℹ *Les verbes commençant par le préfixe* ***ver-*** *ne prennent pas* ***ge-*** *au participe passé.*

gâteau

1 ▷ J'ai fait un gâteau au chocolat pour ton anniversaire.
Ich habe zu deinem Geburtstag einen Schokoladenkuchen gebacken.

2 ▷ Rowan a mangé tout le paquet de gâteaux !
Rowan hat das ganze Päckchen Kekse gegessen!

1 (= pâtisserie) der **Kuchen** (pluriel **Kuchen**)

2 (= biscuit) der **Keks** (pluriel **Kekse**)

gâter

▷ Ses grands-parents le gâtent.
Seine Großeltern verwöhnen ihn.

verwöhnen

ℹ *Les verbes commençant par le préfixe* ***ver-*** *ne prennent pas* ***ge-*** *au participe passé.*

gauche

▷ Tire un trait de gauche à droite.
Zieh einen Strich von links nach rechts.

▷ Le côté droit est plus foncé que le côté gauche.
Die rechte Seite ist dunkler als die linke Seite.

▷ L'école est à gauche après la station-service.
Die Schule ist links nach der Tankstelle.

▷ Tournez à gauche aux feux.
Biegen Sie an der Ampel links ab.

▷ À gauche du cinéma il y a un restaurant chinois.
Links des Kinos ist ein chinesisches Restaurant.

links

► **le côté gauche** : die **linke Seite**

► **à gauche** (= situé sur la gauche) : **links**

► **tourner à gauche** : **links abbiegen**

► **à gauche de** : **links** + *génitif*

▻ Les couverts sont dans le tiroir de gauche.
Das Besteck ist in der linken Schublade.
▻ Beaucoup de gens ont voté pour la gauche.
Viele Leute haben für die Linke gewählt.
▻ Ils sont de gauche.
Sie stehen links.

► **de gauche** (= situé à gauche) : linke
► **la gauche** (en parlant de politique) : die Linke
► **être de gauche** (politiquement) : links stehen

gaucher, gauchère

▻ Tu es droitière ou gauchère ?
Bist du Rechtshänderin oder Linkshänderin?

der **Linkshänder** (pluriel -händer), die **Linkshänderin** (pluriel -händerinnen)

Attention à ne pas dire ou écrire ***Linkshändler****.* ***Händler*** *signifie « commerçant ».*

gaufre

▻ J'adore les gaufres.
Ich liebe Waffeln.

die **Waffel** (pluriel Waffeln)

gaufrette

▻ J'ai emporté un paquet de gaufrettes à la vanille.
Ich habe ein Päckchen Vanillewaffeln mitgenommen.

die **Waffel** (pluriel Waffeln)

gaver

▻ Ne vous gavez pas de bonbons, on va dîner dans une minute.
Stopft euch nicht mit Bonbons voll, wir essen gleich.
▻ Tu n'as pas besoin de te gaver comme ça !
Du brauchst dich nicht so vollzustopfen.

► se **gaver de** quelque chose : sich mit etwas (datif) vollstopfen

ℹ ***voll•stopfen*** *est un verbe à particule séparable.*

ℹ *Le pronom personnel allemand s'emploie à l'accusatif :* ***ich stopfe mich voll, du stopfst dich voll, er / sie stopft sich voll, wir stopfen uns voll, ihr stopft euch voll, sie stopfen sich voll.***

gaz

▻ Est-ce que tu as coupé le gaz ?
Hast du das Gas abgedreht?

das **Gas** (pluriel Gase)

gazeux, gazeuse

1 ▻ Les boissons gazeuses sont souvent très sucrées.
Kohlensäurehaltige Getränke sind oft sehr süß.

1 ► **boisson gazeuse :** das kohlensäurehaltige Getränk

2 ▷ Je voudrais de l'eau gazeuse, s'il vous plaît.
Ich hätte gern Mineralwasser, bitte.

2 ► **eau gazeuse :** das Mineralwasser

ℹ *On dit aussi der* ***Sprudel****.*

Attention : en allemand, **eau minérale** *se dit* ***stilles Wasser****.*

gazon

▷ Il y a du gazon devant la maison.
Vor dem Haus ist ein Rasen.

▷ Mon père tond le gazon le samedi.
Mein Vater mäht den Rasen samstags.

der Rasen
► **du gazon :** ein Rasen
► **tondre le gazon :** den Rasen mähen

gazouiller

▷ J'entendais les oiseaux gazouiller.
Ich hörte die Vögel zwitschern.

(oiseau) zwitschern

géant, géante

1 ▷ C'est l'histoire d'un géant et d'une souris.
Es ist die Geschichte von einem Riesen und einer Maus.

1 (= personne, personnage) der Riese (pluriel Riesen)

2 ▷ Mon frère s'est acheté une glace géante.
Mein Bruder hat sich ein riesiges Eis gekauft.

2 (adjectif) riesig

gel

1 ▷ Il y a encore du gel sur les arbres.
Auf den Bäumen liegt noch Frost.

1 (= glace) der Frost

2 ▷ Je mets du gel sur mes cheveux tous les matins.
Ich schmiere jeden Morgen Gel auf meine Haare.

2 (= produit cosmétique) das Gel /ge:l/ (pluriel Gele)

Notez la prononciation.

▷ N'oublie pas d'acheter du gel douche.
Vergiss nicht, Duschgel zu kaufen.

► **gel douche :** das Duschgel

gelé, gelée

1 ▷ Le lac est gelé, on peut patiner dessus.
Der See ist zugefroren, wir können darauf Schlittschuh laufen.

1 (en parlant d'un lac, d'une rivière) zugefroren

2 ▷ Je suis complètement gelé !
Mir ist eiskalt!

2 *Pour dire que* quelqu'un **est gelé**, *on dit jemandem (datif)* ***ist eiskalt****.*

gelée

▷ Ma mère fait de la gelée de coings.
Meine Mutter macht Quittengelee.

► **la gelée** (qu'on mange) **:** das Gelee (pluriel Gelees)

Se prononce comme en français.

geler

▷ Il a gelé la nuit dernière.
Es hat gestern Nacht gefroren.
▷ Les tuyaux ont gelé pendant que nous étions en vacances.
Während unserer Ferien sind die Rohre gefroren.

frieren (fror, gefroren)

Le verbe impersonnel s'emploie avec l'auxiliaire ***haben****.*

Le verbe intransitif s'emploie avec l'auxiliaire ***sein****.*

gélule

▷ Je dois prendre une gélule tous les matins.
Ich muss jeden Morgen eine Kapsel nehmen.

die **Kapsel** (pluriel Kapseln)

Gémeaux

▷ Il est Gémeaux.
Er ist Zwilling.

die **Zwillinge**

gémir

▷ Arrête de gémir !
Hör auf zu stöhnen!

stöhnen

gênant, gênante

1 ▷ C'était une situation gênante.
Es war eine peinliche Lage.

1 (= embarrassant) **peinlich**

2 ▷ Je lui ai dit que ce n'était pas gênant.
Ich habe ihm gesagt, dass das kein Problem sei.

2 *Pour dire que quelque chose* **n'est pas gênant** *en allemand, on emploie l'expression* ***kein Problem sein****.*

gencives

▷ Ce dentifrice est bon pour les gencives.
Diese Zahnpasta ist für das Zahnfleisch sehr gut.

das **Zahnfleisch**

Ce mot ne s'emploie qu'au singulier.

gendarme

▷ Voilà un gendarme, allons lui demander.
Da ist ein Polizist, fragen wir ihn.

der **Polizist** (pluriel Polizisten)

gendre

▷ Les Murat aiment beaucoup leur gendre.
Murats mögen ihren Schwiegersohn sehr.

der **Schwiegersohn** (pluriel -söhne)

gêné, gênée

▷ Hubert avait l'air gêné.
Hubert sah verlegen aus.

verlegen

gêner

▷ Je ne veux pas te gêner.
Ich will dich nicht stören.
▷ Est-ce que ça te gêne si j'ouvre la fenêtre ?
Stört es dich, wenn ich das Fenster öffne?

(= déranger) **stören**

général, générale

1 ▷ Mon impression générale, c'est que le film était trop long.
Mein allgemeiner Eindruck war, dass der Film zu lang war.
▷ En général, j'arrive au collège vers huit heures et quart.
Im Allgemeinen bin ich um Viertel nach acht in der Schule.

1 (= global) **allgemein**

► **en général** (= d'habitude) : **im Allgemeinen**

ℹ *On dit aussi* ***in der Regel****.*

2 ▷ L'oncle de Benoît est général.
Benoîts Onkel ist General.

2 (= militaire) der **General** (pluriel **Generale, Generäle**)

généralement

▷ Généralement, l'école finit fin juin.
Im Allgemeinen ist die Schule Ende Juni aus.

im Allgemeinen

ℹ *On dit aussi* ***in der Regel****.*

génération

▷ Trois générations différentes vivent dans la même maison.
Drei verschiedene Generationen leben im selben Haus.

die **Generation** (pluriel **Generationen**)

générer

▷ Les réacteurs génèrent de l'électricité.
Die Reaktoren erzeugen Strom.

erzeugen

ℹ *Les verbes commençant par le préfixe* ***ver-*** *ne prennent pas* ***ge-*** *au participe passé.*

généreux, généreuse

▷ Tu n'es pas très généreuse ! Tu pourrais partager tes bonbons avec d'autres !
Du bist nicht sehr großzügig! Du könntest deine Bonbons mit anderen teilen!

großzügig

génétique

▷ Cela pourrait provoquer des mutations génétiques.
Das könnte genetische Mutationen auslösen.

genetisch

génial, géniale

▷ Ce jeu vidéo est génial !
Dieses Videospiel ist super!

(= super) **super**
ℹ *On dit aussi **toll** ou **genial**.*

genou

▷ Ali s'est cogné le genou.
Ali hat sich das Knie gestoßen.

das **Knie** (pluriel **Knie** /ˈkniːə/)
🔈 *Notez la prononciation du pluriel.*

▷ Ne te mets pas à genoux, sinon tu vas te salir.
Knie dich nicht hin, sonst wirst du ganz schmutzig.

► se **mettre à genoux :** sich **hinknien** /ˈkniːən, kniːn/
ℹ ***hin•knien** est un verbe à particule séparable.*
ℹ *Le pronom personnel allemand s'emploie à l'accusatif : **ich knie mich hin, du kniest dich hin, er / sie kniet sich hin, wir knien uns hin, ihr kniet euch hin, sie knien sich hin**.*

▷ Viens t'asseoir sur mes genoux.
Setz dich auf meinen Schoß.

► **sur les genoux de** quelqu'un **:** **auf** + *génitif* + **Schoß**

genre

▷ Je n'aime pas ce genre de musique.
Ich mag diese Art Musik nicht.

(= sorte, catégorie) die **Art**
ℹ *On dit aussi die **Sorte**.*

▷ C'est un genre de vélo, mais avec une roue beaucoup plus grande que l'autre.
Es ist eine Art von Fahrrad, aber mit einem Rad, das viel größer ist als das andere.

► **un genre de...** (= une espèce de) : **eine Art..., eine Art von...**
ℹ *On dit aussi **eine Sorte..., eine Sorte von...***

gens

▷ Il y a des gens qui aiment ça.
Es gibt Leute, die das mögen.

die **Leute**
ℹ *Ce mot est un pluriel.*

gentil, gentille

▷ Ma cousine est très gentille.
Meine Cousine ist sehr nett.

nett

▷ Tu n'as pas été gentil avec Hélène.
Du warst nicht sehr nett zu Hélène.

► **être gentil avec** quelqu'un **: nett zu** jemandem (datif) **sein**
ℹ *Notez l'emploi de la préposition en allemand :* **gentil avec** = ***nett zu***.

gentiment

▷ Ils m'ont très gentiment accueillie.
Sie haben mich sehr freundlich empfangen.

freundlich

géo

▷ La géo est ma matière préférée.
Geographie ist mein Lieblingsfach.

die **Geographie**

*On dit aussi die **Erdkunde**.*

En allemand, on n'emploie pas d'article pour les matières d'étude.

géographie

▷ Je ne suis pas très bon en géographie.
Ich bin nicht sehr gut in Geographie.

die **Geographie**

*On dit aussi die **Erdkunde**.*

géométrie

▷ Ce trimestre on fait de la géométrie.
Dieses Trimester machen wir Geometrie.

die **Geometrie**

geste

▷ Leurs gestes sont maladroits.
Ihre Gesten sind ungeschickt.
▷ C'est un geste généreux de ta part.
Das ist eine großzügige Geste von dir.

die **Geste** (pluriel **Gesten**)

gibier

▷ Il y a beaucoup de gibier dans cette région.
Es gibt viel Wild in dieser Gegend.

das **Wild**

gifle

▷ Il m'a donné une gifle !
Er hat mir eine Ohrfeige gegeben!

die **Ohrfeige** (pluriel **-feigen**)

gifler

▷ Laure a giflé son frère devant tout le monde.
Laure hat ihren Bruder vor allen Leuten geohrfeigt.

ohrfeigen

gigantesque

▷ À Hong-Kong, il y a des immeubles gigantesques.
In Hong Kong stehen riesige Gebäude.

riesig

*On dit aussi **gigantisch**.*

gigot

▷ Ce gigot d'agneau est délicieux.
Diese Lammkeule ist köstlich.
▷ Ma sœur cuisine très bien le gigot de chevreuil.
Meine Schwester kocht sehr gut Rehkeule.

die **Keule** (pluriel **Keulen**)

Notez les substantifs composés.

gigoter

▷ Arrête de gigoter !
Zappel doch nicht so!

zappeln

ℹ *On peut dire aussi* ***herum•zappeln****, qui est un verbe à particule séparable.*

gilet

1 ▷ Mets un gilet si tu as froid.
Falls dir kalt ist, zieh dir eine Strickjacke über.

1 (= pull ouvert devant) die **Strickjacke** (pluriel –jacken)

2 ▷ Il portait un costume avec un gilet rouge.
Er trug einen Anzug mit einer roten Weste.

2 (= vêtement sans manches) die **Weste** (pluriel Westen)

Attention : le mot français **veste** *se traduit par die* ***Jacke****.*

girafe

▷ As-tu vu des girafes en Afrique ?
Hast du in Afrika Giraffen gesehen?

die **Giraffe** /gi'rafə/ (pluriel Giraffen)

Notez la prononciation.

ℹ *Attention à l'orthographe du mot allemand.*

girouette

▷ Nous avons installé une girouette sur le toit de notre maison.
Wir haben einen Wetterhahn auf dem Dach unseres Hauses installiert.

der **Wetterhahn** (pluriel –hähne)

gîte

▷ Nous avons loué un gîte dans les Vosges pour les vacances.
Wir haben ein Ferienhaus in den Vogesen gemietet.

(= gîte rural) das **Ferienhaus** (pluriel –häuser)

givre

▷ Les feuilles sont couvertes de givre, c'est très joli.
Die Blätter sind mit Rauhreif überzogen, das ist sehr schön.

der **Rauhreif**

ℹ *On dit aussi der* ***Reif*** *tout court.*

glace

1 ▷ Il faut gratter la glace sur le pare-brise.
Man muss das Eis auf der Windschutzscheibe abkratzen.
▷ J'adore la glace au chocolat.
Ich liebe Schokoladeneis.

1 (= eau gelée, crème glacée) das **Eis**

2 ▷ Il y a deux glaces dans la salle de bains.
Im Badezimmer hängen zwei Spiegel.

2 (= miroir) der **Spiegel** (pluriel Spiegel)

glacé, glacée

1 ▷ Nous avons patiné sur le lac glacé.
Wir sind auf dem zugefrorenen See Schlittschuh gelaufen.

1 (= transformé en glace)
zugefroren

2 ▷ Les fenêtres sont glacées.
Die Fenster sind vereist.

2 (= recouvert de glace) **vereist**

3 ▷ Il faut servir cet apéritif glacé.
Dieser Aperitif muss eiskalt serviert werden.
▷ Mes mains sont glacées !
Meine Hände sind eiskalt!

3 (= très froid) **eiskalt**

4 ▷ Je préfère les biscuits glacés.
Ich mag die glasierten Kekse lieber.

4 (= recouvert d'un glaçage) **glasiert**

glacial, glaciale

▷ Il y a un vent glacial ce soir.
Heute Abend weht ein eiskalter Wind.

eiskalt

ℹ *On dit aussi* ***eisig****.*

glacier

▷ Les glaciers des Alpes sont très impressionnants.
Die Alpengletscher sind sehr beeindruckend.

(= étendue de glace) der **Gletscher** (pluriel Gletscher)

glacière

▷ Est-ce qu'on emporte la glacière pour le pique-nique ?
Nehmen wir die Kühlbox *ou* **die Kühltasche zum Picknicken mit?**

Quand la **glacière** *est rigide, on traduit par die* ***Kühlbox*** (pluriel –boxen). *Quand elle est souple, on traduit par die* ***Kühltasche*** (pluriel –taschen).

glaçon

▷ Les glaçons sont dans le freezer.
Die Eiswürfel sind im Gefrierfach.

der **Eiswürfel** (pluriel –würfel)

glissant, glissante

▷ Fais attention, la route est glissante.
Sei vorsichtig, die Straße ist glatt.

glatt (**plus glissant** glatter, glätter ; **le plus glissant** der glatteste, der glätteste)

glisser

1 ▷ J'ai glissé et je suis tombé.
Ich bin ausgerutscht und hingefallen.

1 (= déraper, en parlant d'une personne) **ausrutschen**

ℹ ***aus•rutschen*** *est un verbe à particule séparable.*

2 ▷ La voiture a glissé sur le verglas.
Das Auto ist auf dem Glatteis ins Rutschen gekommen.

2 (= déraper, en parlant d'un véhicule) **ins Rutschen kommen** (kam, gekommen)

3 ▷ Attention, ça glisse !
Vorsicht, es ist glatt!

3 (= être glissant) **glatt sein**

globe

1 ▷ J'ai remplacé l'abat-jour par un globe en verre.
Ich habe den Lampenschirm durch eine Glaskugel ersetzt.

1 (= sphère) die **Kugel** (pluriel Kugeln)

2 ▷ Simon a un globe terrestre dans sa chambre.
Simon hat einen Globus in seinem Zimmer.

2 ► **globe terrestre** (= la Terre, représentation de la Terre) : der **Globus** (pluriel Globen)

gluant, gluante

▷ Le riz est trop cuit, il est gluant.
Der Reis ist zerkocht, er ist klebrig.

klebrig

goal

▷ Mehmet est goal dans notre équipe.
Mehmet ist der Torhüter unserer Mannschaft.

(= gardien(ne) de but) der **Torhüter** (pluriel -hüter), die **Torhüterin** (pluriel -hüterinnen)

gobelet

▷ Il faudra cent gobelets en plastique pour la fête.
Wir brauchen hundert Plastikbecher für die Party.

(= verre en carton, en plastique) der **Becher** (pluriel Becher)

goéland

▷ Il y avait des goélands qui volaient autour du bateau.
Seemöwen flogen um das Boot herum.

die **Seemöwe** (pluriel -möwen)

goinfre

1 ▷ Sally est une vraie goinfre !
Sally ist ein richtiger Vielfraß!

1 ► **un *ou* une goinfre :** der **Vielfraß** (pluriel -fraße)

2 ▷ Ne sois pas si goinfre !
Sei doch nicht so verfressen!

2 ► **être goinfre :** verfressen sein

ℹ *Les deux traductions allemandes sont familières.*

golf

1 ▷ Le golf est un sport agréable.
Golf ist ein angenehmer Sport.

▷ Hubert joue souvent au golf le samedi.
Hubert spielt samstags oft Golf.

1 (= sport) das **Golf**

ℹ *Attention, ne confondez pas avec der Golf* = golfe.

► **jouer au golf :** Golf spielen

2 ▷ Il y a un grand golf près de la plage.
Neben dem Strand liegt ein großer Golfplatz.

2 (= terrain) der **Golfplatz** (pluriel -plätze)

golfe

▷ D'ici on voit tout le golfe.
Von hier aus sieht man den ganzen Golf.

(= partie de la mer) der **Golf** (pluriel Golfe)

ℹ *Attention, ne confondez pas avec das Golf* = golf.

gomme

▷ Tu peux me prêter ta gomme, s'il te plaît ?
Kannst du mir bitte dein Radiergummi leihen?

(pour effacer) das, der **Radiergummi** (pluriel –gummis)

gonflable

▷ C'est un jouet gonflable.
Das ist ein aufblasbares Spielzeug.

aufblasbar

gonflé, gonflée

1 ▷ Je me suis fait piquer par un moustique, j'ai le bras tout gonflé.
Ich bin von einer Mücke gestochen worden, mein Arm ist ganz geschwollen.

1 (= enflé) **geschwollen**

2 ▷ Il t'a demandé de l'argent ? Il est gonflé !
Er hat dich um Geld gebeten? Der ist ja dreist!

2 (= culotté) **dreist**

gonfler

1 ▷ Nous avons gonflé une centaine de ballons pour décorer la pièce.
Wir haben etwa hundert Luftballons aufgeblasen, um das Zimmer zu schmücken.

1 (= envoyer de l'air dans) **aufblasen**

ℹ ***auf•blasen** est un verbe à particule séparable et se conjugue comme **blasen*** (bläst, blies, geblasen).

2 ▷ La cheville de Sacha gonfle.
Sachas Knöchel schwillt an.

2 (= enfler) **anschwellen**

ℹ ***an•schwellen** est un verbe à particule séparable et se conjugue comme **schwellen*** (schwillt, schwoll, geschwollen).

gorge

1 ▷ J'ai une arête coincée dans la gorge.
Mir steckt eine Gräte im Hals.

▷ Sabine a mal à la gorge.
Sabine hat Halsschmerzen.

1 (= fond de la bouche) der **Hals** (pluriel Hälse)

► **avoir mal à la gorge :** Halsschmerzen haben (hat, hatte, gehabt)

2 ▷ Nous avons traversé des gorges et des vallées.
Wir haben Schluchten und Täler durchquert.

2 (= passage étroit en montagne) die **Schlucht** (pluriel Schluchten)

gorgée

▷ Anja a pris une gorgée de vin et l'a recrachée tout de suite.
Anja hat einen Schluck Wein getrunken und sofort wieder ausgespuckt.

der **Schluck** (pluriel Schlucke)

gorille

▷ Les gorilles vivent dans la forêt africaine.
Gorillas leben im afrikanischen Wald.

der **Gorilla** (pluriel Gorillas)

goudron

▷ Les cigarettes contiennent du goudron.
Zigaretten enthalten Teer.

der **Teer**

goulot

▷ Le goulot de ce flacon est très étroit.
Der Hals dieses Fläschchens ist sehr eng.
▷ Ne bois pas au goulot, c'est dégoûtant !
Trink nicht aus der Flasche, das ist ekelhaft!

der **Hals** (pluriel Hälse)

► **boire au goulot :** aus der Flasche trinken (trank, getrunken)

gourde

▷ Nous emportons toujours une gourde quand nous faisons une randonnée.
Wenn wir wandern gehen, nehmen wir immer eine Trinkflasche mit.

(= bouteille) die **Trinkflasche** (pluriel -flaschen)

gourmand, gourmande

▷ Annie est gourmande, elle adore le chocolat.
Annie ist naschhaft, sie liebt Schokolade.

(de sucreries) **naschhaft**

gourmandise

▷ Je n'ai pas faim, c'est seulement de la gourmandise.
Ich habe keinen Hunger, es ist nur Genuss.

der **Genuss**

gourmet

▷ Mon parrain est un gourmet, on mange toujours très bien chez lui.
Mein Pate ist ein Feinschmecker, man isst immer sehr gut bei ihm.

der **Feinschmecker** (pluriel -schmecker), die **Feinschmeckerin** (pluriel -schmeckerinnen)

gousse

1 ▷ Pour cette recette il faut deux gousses d'ail.
Für dieses Rezept braucht man zwei Knoblauchzehen.

1 ► **gousse d'ail :** die Knoblauchzehe (pluriel -zehen)

2 ▷ On peut mettre une gousse de vanille dans le sucre pour le parfumer.
Man kann eine Vanilleschote in den Zucker geben, um ihm Geschmack zu geben.

2 ► **gousse de vanille :** die Vanilleschote (pluriel -schoten)

goût

1 ▷ Le sel améliore le goût.
Salz verbessert den Geschmack.

1 (= saveur) der **Geschmack**

2 ▷ Tu trouves que ça a bon goût ?
Findest du, dass das gut schmeckt?
▷ Ce poisson a vraiment mauvais goût.
Dieser Fisch schmeckt wirklich schlecht.
▷ Cette tisane a un goût de citron.
Dieser Tee schmeckt nach Zitrone.

2 ► **avoir bon goût** (en parlant d'un aliment) **:** gut schmecken
► **avoir mauvais goût** (en parlant d'un aliment) **:** schlecht schmecken
► **avoir un goût de... :** nach... schmecken

3 ▷ Les parents de Nicolas ont du goût, leur maison est très jolie.
Nicolas Eltern haben Geschmack, ihr Haus ist sehr angenehm.
▷ En vêtements il a très mauvais goût.
In Kleidung hat er sehr schlechten Geschmack.
▷ Son appartement est meublé avec goût.
Seine Wohnung ist geschmackvoll eingerichtet.

3 ► **avoir du goût** (= savoir ce qui est joli) **:** Geschmack haben

Pour dire que quelqu'un **a bon / mauvais goût**, *on traduit par* ***guten / schlechten Geschmack haben***.
► **avec goût :** geschmackvoll
ℹ *De même :* sans goût = ***geschmacklos***.

goûter

1 ▷ Goûte ça, je l'ai fait moi-même.
Probier das mal, ich hab's selbst gemacht.

1 (= essayer) **probieren**
ℹ *Les verbes se terminant en* ***-ieren*** *ne prennent pas* ***ge-*** *au participe passé.*

2 ▷ Viens goûter chez moi, il y a du gâteau.
Komm bei mir eine Kleinigkeit essen, es gibt Kuchen.

2 (= manger dans l'après-midi) **eine Kleinigkeit essen**
ℹ *Dans le sud de l'Allemagne, on dit aussi* ***vespern***.

3 ▷ Le goûter était très bon, il y avait des biscuits et du chocolat.
Der Nachmittagsimbiss war sehr gut, es gab Kekse und Schokolade.

3 (= repas de l'après-midi) der **Nachmittagsimbiss** (pluriel -imbisse)
ℹ *Dans le sud de l'Allemagne, on dit aussi* die ***Vesper***.

goutte

▷ Tous les matins tu dois mettre deux gouttes dans chaque œil.
Jeden Morgen musst du zwei Tropfen in jedes Auge tun.

der **Tropfen** (pluriel Tropfen)

gouttière

▷ La gouttière est pleine de feuilles mortes.
Die Regenrinne ist voller Laub.

die **Regenrinne** (pluriel -rinnen)

gouvernement

▷ Le gouvernement a décidé d'augmenter les impôts.
Die Regierung hat beschlossen, die Steuern zu erhöhen.

die **Regierung** (pluriel **Regierungen**)

gouverner

▷ Ils ont gouverné le pays pendant 20 ans.
Sie haben das Land 20 Jahre lang regiert.

regieren

ℹ *Les verbes se terminant par* ***-ieren*** *ne prennent pas* ***ge-*** *au participe passé.*

grâce à

▷ Grâce à Manu, on a pu aller au concert sans payer.
Dank Manus kamen wir ins Konzert, ohne zu zahlen.

Pour dire **grâce à** *en allemand, on emploie la formule* ***dank*** *+ génitif.*

gradins

▷ Les gradins étaient complets.
Alle Ränge waren voll.

(dans un stade) die **Ränge**

ℹ *Ce mot est un pluriel.*

graffiti

▷ Les murs sont couverts de graffitis.
Die Mauern sind mit Graffiti vollgemalt.

der, das **Graffiti** (pluriel **Graffiti**)

grain

1 ▷ Il y a des grains de sable sur mon pain !
Auf meinem Brot sind Sandkörner!

1 (= grain de sable, de maïs, de blé) das **Korn** (pluriel **Körner**)

2 ▷ Ne mets pas tous les grains de raisin dans ta bouche !
Steck doch nicht alle Trauben in den Mund!

2 ► **grain de raisin :** die **Traube** (pluriel **Trauben**)

3 ▷ Tu pourrais moudre les grains de café ?
Könntest du die Kaffeebohnen mahlen?

3 ► **grain de café :** die **Kaffeebohne** (pluriel **-bohnen**)

4 ▷ Ma mère achète du café en grains.
Meine Mutter kauft Bohnenkaffee.

4 ► **café en grains :** der **Bohnenkaffee**

graine

▷ J'ai aidé mon père à semer des graines de laitue.
Ich habe meinem Vater geholfen, Salatsamen zu säen.

der **Samen** (pluriel **Samen**)

graisse

▷ Il y avait beaucoup de graisse dans ce canard.
An dieser Ente war viel Fett.

(dans ce qu'on mange, dans le corps) das **Fett**

ℹ *Dans ce sens,* ***Fett*** *n'est utilisé qu'au singulier.*

grammaire

▷ La grammaire allemande est plus compliquée que la grammaire anglaise.
Die deutsche Grammatik ist komplizierter als die englische.

die **Grammatik**

ℹ *Notez que dans les comparaisons le substantif n'est pas répété en allemand.*

gramme

▷ Il faut à peu près cent grammes par personne.
Man braucht ungefähr hundert Gramm pro Person.

das **Gramm** (pluriel Gramm)

grand, grande

1 ▷ Yacine est grand pour son âge.
Yacine ist groß für sein Alter.

1 (= de grande taille) **groß** (**plus grand** größer ; **le plus grand** der größte)

2 ▷ C'est la plus grande maison du voisinage.
Es ist das höchste Haus in der Nachbarschaft.

2 (= haut, en parlant d'une construction) **hoch** (**plus grand** höher ; **le plus grand** der höchste)

3 ▷ Je suis assez grande pour décider toute seule.
Ich bin alt genug, um selbst zu entscheiden.

3 (= vieux) **alt** (**plus grand** älter ; **le plus grand** der älteste)

4 ▷ Mon grand frère s'appelle Julien.
Mein großer Bruder heißt Julien.

4 (avec frère, sœur) **groß**

5 ▷ Il y a eu un grand bruit et tout s'est écroulé.
Es gab ein lautes Geräusch und alles ist zusammengebrochen.

5 (= fort, en parlant du bruit) **laut**

6 ▷ Mozart était un grand compositeur.
Mozart war ein großer Komponist.

6 (= remarquable) **groß**

grand-chose

▷ Tu n'as pas mangé grand-chose, tu es malade ?
Du hast nicht viel gegessen, bist du krank?

► **pas grand-chose :** nicht viel

Grande-Bretagne

▷ La Grande-Bretagne comprend l'Angleterre, l'Écosse et le pays de Galles.
Großbritannien schließt England, Schottland und Wales ein.

▷ Il y a beaucoup de Français en Grande-Bretagne.
In Großbritannien leben viele Franzosen.

▷ Le père de Martine va souvent en Grande-Bretagne.
Martines Vater reist oft nach Großbritannien.

Großbritannien

► **la Grande-Bretagne :** Großbritannien

► **en Grande-Bretagne** (= dans le pays) **:** in Großbritannien

► **en Grande-Bretagne** (= vers le pays) **:** nach Großbritannien

▷ Je suis déjà allée trois fois en Grande-Bretagne.
Ich war schon dreimal in Großbritannien.

Attention : pour dire que quelqu'un **est déjà allé quelque part**, *on emploie une expression avec le prétérit du verbe* ***sein*** *+* ***schon***.

grandeur

▷ C'est de la grandeur d'une pomme.
Es ist von der Größe eines Apfels.

▷ Ils sont de la même grandeur.
Sie sind gleich groß.

die **Größe**

On dit aussi ***so groß wie ein Apfel***.

► **de la même grandeur :** gleich groß

grandir

▷ J'ai grandi de trois centimètres en un mois !
In einem Monat bin ich drei Zentimeter gewachsen!

wachsen /'vaksən/ (wächst, wuchs, gewachsen)

Notez la prononciation.

grand-mère

▷ Quel âge a ta grand-mère ?
Wie alt ist deine Großmutter?

die **Großmutter** (pluriel -mütter)

grand-père

▷ Mon grand-père était chauffeur de taxi.
Mein Großvater war Taxifahrer.

der **Großvater** (pluriel -väter)

grands-parents

▷ Ce week-end je vais chez mes grands-parents.
Dieses Wochenende fahre ich zu meinen Großeltern.

die **Großeltern**

grange

▷ Le foin est dans la grange.
Das Heu ist in der Scheune.

die **Scheune** (pluriel Scheunen)

graphique

▷ Que montre le graphique ?
Was zeigt die Grafik?

(= dessin) die **Grafik** (pluriel Grafiken)

grappe de raisin

▷ Nicolas a mangé trois grappes de raisin.
Nicolas hat drei Weintrauben gegessen.

die **Weintraube** (pluriel -trauben)

L'allemand ne fait pas de distinction entre le raisin et la grappe de raisin, qui se traduisent tous les deux par ***Traube***.

gras, grasse

1 ▷ Les repas de la cantine sont tros gras.
Das Kantinenessen ist zu fett.

1 (= plein de matières grasses) **fett**

2 ▷ C'est un shampoing pour cheveux gras.
Das ist ein Shampoo gegen fettige Haare.

2 (= huileux) **fettig**

3 ▷ Mange juste la viande, ne mange pas le gras.
Iss nur das Fleisch, nicht das Fett.

3 ► **le gras** (= la partie grasse de la viande) : das **Fett**

gratin

▷ Nous avons mangé un très bon gratin de poisson.
Wir haben ein sehr gutes Fischgratin gegessen.
▷ J'adore les courgettes au gratin.
Ich liebe überbackene Zucchini.

das **Gratin** (pluriel **Gratins**)
Se prononce comme en français.
► **au gratin : überbacken**

gratter

1 ▷ Le chien gratte à la porte pour qu'on le laisse sortir.
Der Hund kratzt an der Tür, damit wir ihn hinauslassen.
▷ Ne te gratte pas, sinon ça va être pire.
Kratz dich nicht, sonst wird es noch schlimmer.
▷ Le singe se grattait la tête.
Der Affe kratzte sich am Kopf.

1 (avec ses ongles, avec ses griffes) **kratzen**
► se **gratter** : sich **kratzen**
*Le pronom personnel allemand s'emploie à l'accusatif : **ich kratze mich, du kratzt dich, er / sie kratzt sich, wir kratzen uns, ihr kratzt euch, sie kratzen sich**.*
► se **gratter** quelque chose : sich an etwas **kratzen**

2 ▷ Ça me gratte, c'est sûrement une piqûre de moustique.
Es juckt mich, das ist sicher ein Mückenstich.

2 (= démanger) **jucken**
► **ça me gratte : es juckt mich**

gratuit, gratuite

1 ▷ L'entrée est gratuite.
Der Eintritt ist frei.

1 (en parlant d'une entrée, d'un billet) **frei**

2 ▷ Nos prestations sont gratuites.
Unsere Leistungen sind kostenlos.

2 (en parlant de l'enseignement, d'une prestation) **kostenlos**

3 ▷ Le deuxième magazine était gratuit.
Die zweite Zeitschrift war gratis.

3 (en parlant d'un supplément, d'un échantillon) **gratis**
*On forme aussi des mots composés avec **Gratis-** en allemand, par exemple die **Gratisprobe*** (échantillon gratuit).

gratuitement

▷ Il a fait le travail gratuitement.
Er hat diese Arbeit kostenlos gemacht.
▷ Nous avons dîné gratuitement.
Wir haben kostenlos zu Abend gegessen.

kostenlos
*On dit aussi **gratis**.*

grave

1 ▷ Apparemment, c'est une blessure grave.
Anscheinend ist es eine schwere Verletzung.

1 (= sérieux, en parlant d'une maladie, d'un accident, etc.) **schwer**

2 ▷ La situation est très grave.
Die Lage ist sehr ernst.

2 (= aux conséquences importantes) **ernst**

3 ▷ Je suis désolée ! – Ne vous inquiétez pas, ce n'est pas grave.
Entschuldigung! – Keine Sorge, das ist nicht schlimm.

3 ► **ce n'est pas grave** (= ça n'a pas d'importance) : **das** *ou* **es ist nicht schlimm**

4 ▷ Mon père a la voix grave.
Mein Vater hat eine tiefe Stimme.

4 (= bas, en parlant de la voix ou d'un son) **tief**

gravement

▷ Le grand-père de Luc est gravement malade.
Lucs Großvater ist schwer krank.

schwer

graver

▷ Quelqu'un a gravé ses initiales dans le tronc de l'arbre.
Jemand hat seine Initialen in den Baumstamm geritzt.

(= inscrire) **ritzen**

gravier

▷ Nous avons mis du gravier sur le chemin.
Wir haben Kies auf den Weg geschüttet.

der **Kies**

ℹ *Ce mot s'emploie uniquement au singulier.*

gravillons

▷ Des gravillons ont cassé le pare-brise.
Splitt hat die Windschutzscheibe zerbrochen.

(= sur une route) der **Splitt**

ℹ *Ce mot s'emploie uniquement au singulier.*

grec, grecque

1 ▷ La cuisine grecque est très bonne.
Griechisches Essen ist sehr gut.

1 (adjectif) **griechisch**

2 ▷ J'ai trouvé les Grecs très accueillants.
Ich fand die Griechen sehr gastfreundlich.

2 (= personne) der **Grieche** (pluriel **Griechen**), die **Griechin** (pluriel **Griechinnen**)

3 ▷ J'ai appris le grec à la fac.
Ich habe Griechisch an der Uni gelernt.

3 (= langue) **Griechisch**

Grèce

▷ La Grèce est un pays riche en histoire.
Griechenland ist reich an Geschichte.

Griechenland

► **la Grèce : Griechenland**

ℹ *Ne prend l'article neutre que précédé d'un adjectif :* ***das antike Griechenland*** (la Grèce antique).

▷ Karine a vécu deux ans en Grèce.
Karine hat zwei Jahre in Griechenland gelebt.

► **en Grèce** (= dans le pays) : **in Griechenland**

▷ Quand est-ce que nous irons en Grèce ?
Wann fahren wir nach Griechenland?

► **en Grèce** (= vers le pays) : **nach Griechenland**

▷ Est-ce que tu es déjà allé en Grèce ?
Warst du schon in Griechenland?

Attention : pour dire que quelqu'un **est déjà allé quelque part**, *on emploie une expression avec le prétérit du verbe* ***sein + schon***.

grêle

▷ La grêle cognait contre les vitres.
Der Hagel schlug gegen die Scheiben.

der **Hagel**

grêler

▷ Il a grêlé tout l'après-midi.
Es hat den ganzen Nachmittag über gehagelt.

hageln

grelotter

▷ Nous grelottions tous dans la salle sans chauffage.
Wir zitterten alle im ungeheizten Saal.

zittern

grenier

▷ Les Dubois ont installé une chambre d'amis dans le grenier.
Die Dubois haben im Speicher ein Gästezimmer eingerichtet.

der **Speicher** (pluriel Speicher)

On dit aussi der ***Dachboden*** (pluriel -böden)

grenouille

▷ Il y a beaucoup de grenouilles dans la mare.
Im Tümpel sind viele Frösche.

der **Frosch** (pluriel Frösche)

grève

▷ La grève des enseignants a duré longtemps.
Der Lehrerstreik hat lange angedauert.

▷ Les facteurs sont en grève depuis hier.
Seit gestern streiken die Briefträger.

der **Streik** (pluriel Streiks)

► **être en grève ou faire grève :** streiken

gribouiller

▷ Qu'est-ce que tu gribouilles ?
Was kritzelst du da?

kritzeln

griffe

1 ▷ Le chat a sorti ses griffes.
Die Katze hat ihre Krallen gezeigt.

▷ Le chat a rentré ses griffes.
Die Katze zog ihre Krallen ein.

1 die **Krallen** (pluriel Krallen)

► **sortir ses griffes** (en parlant d'un chat) **:** die Krallen zeigen

► **rentrer ses griffes :** die Krallen einziehen

ein•ziehen *est un verbe à particule séparable et se conjugue comme* ***ziehen*** (zog, gezogen).

2 ▷ Le tigre avait des griffes impressionnantes.
Der Tiger hatte beeindruckende Klauen.

2 *Quand on parle des fauves et des autres animaux prédateurs, on dit* die ***Klaue*** (pluriel Klauen).

griffer

▷ Le chat a encore essayé de me griffer.
Die Katze hat schon wieder versucht, mich zu kratzen.

kratzen

grignoter

1 ▷ Si tu grignotes tout le temps, tu ne maigriras pas.
Wenn du dauernd zwischendurch isst, wirst du nicht abnehmen.

1 **zwischendurch essen** (isst, aß, gegessen)

2 ▷ Mon cochon d'Inde adore grignoter du pain dur.
Mein Meerschweinchen knabbert liebend gern an hartem Brot.

2 ► **grignoter** quelque chose (en parlant d'un animal) **:** an etwas (datif) **knabbern**

gril

▷ On a fait cuire les saucisses au grill.
Wir haben Würste gegrillt.

der **Grill** (pluriel **Grills**)
► **faire cuire** quelque chose **au gril :** etwas **grillen**

grillage

▷ Il y a du grillage autour du jardin.
Um den Garten herum steht ein Drahtzaun.

► **du grillage** (= une clôture) : der **Drahtzaun** (pluriel **–zäune**)

grille

▷ Lionel a escaladé la grille du parc.
Lionel ist über das Parkgitter geklettert.

das **Gitter** (pluriel **Gitter**)

grille-pain

▷ Le grille-pain est cassé.
Der Toaster ist kaputt.

der **Toaster** /'to:stɐ/ (pluriel **Toaster**)
Notez la prononciation.

griller

1 ▷ On va griller des cuisses de poulet à midi.
Zu Mittag grillen wir Hähnchenschenkel.

1 (= cuire, en parlant de la viande ou du poisson) **grillen**
La traduction est la même si on dit faire griller.

2 ▷ Je t'ai fait griller du pain.
Ich habe dir Brot getoastet.

2 (en parlant du pain) **toasten** /'to:stn/

3 ▷ La voiture devant nous a grillé le feu rouge.
Das Auto vor uns hat die rote Ampel überfahren.

3 ► **griller un feu rouge :** **eine rote Ampel überfahren** (überfährt, überfuhr, überfahren)

grillon

▷ Tu entends les grillons ?
Hörst du die Grillen?

die **Grille** (pluriel **Grillen**)

grimace

▷ Le petit garçon nous faisait des grimaces derrière la vitre.
Der kleine Junge schnitt uns hinter dem Fenster Grimassen.

► **faire des grimaces à** quelqu'un **:** jemandem (datif) **Grimassen schneiden** (schnitt, geschnitten)

grimper

1 ▷ Les prix grimpent.
Die Preise steigen.

1 (= augmenter) **steigen** (stieg, gestiegen)

2 ▷ Ce matin, nous avons grimpé la colline.
Heute Morgen stiegen wir den Hügel hinauf.

2 ► **grimper** quelque chose **:** etwas (accusatif) **hinaufsteigen**

i *hinauf•steigen est un verbe à particule séparable et se conjugue comme steigen*

3 ▷ Laurent a grimpé sur le tabouret pour changer l'ampoule.
Laurent ist auf den Hocker geklettert, um die Birne zu wechseln.

3 ► **grimper sur** quelque chose **:** **auf** etwas (accusatif) **klettern**

grincer

▷ La porte grince, c'est très agaçant.
Die Tür quietscht, das ist sehr ärgerlich.

quietschen

grippe

▷ La grippe peut être une maladie grave.
Grippe kann eine schwere Krankheit sein.
▷ La prof de musique a la grippe.
Die Musiklehrerin hat Grippe.

die **Grippe**

► **avoir la grippe : Grippe haben**

gris, grise

▷ Je vais acheter la veste grise que j'ai vue hier.
Ich werde die graue Jacke kaufen, die ich gestern gesehen habe.

grau

grogner

▷ Le chien a commencé à grogner quand nous nous sommes approchés.
Der Hund fing an zu knurren, als wir näher kamen.

knurren

grognon

▷ Il est très grognon quand il se réveille.
Er ist quengelig, wenn er aufwacht.

(en parlant d'un enfant) **quengelig**

gronder

▷ Les parents de Jean l'ont grondé.
Jeans Eltern haben ihn ausgeschimpft.

▷ Je vais me faire gronder !
Ich werde ausgeschimpft werden!

(= réprimander) **ausschimpfen**

ℹ *On dit aussi **mit** jemandem (datif) **schimpfen**.*

► **se faire gronder :** ausgeschimpft werden

gros, grosse

1 ▷ Elle se trouve trop grosse.
Sie findet sich zu dick.
▷ Emporte un gros pull, il fait froid là-bas.
Nimm einen dicken Pullover mit, es ist kalt dort.

1 (= gras, épais) **dick**

2 ▷ Mon parrain m'a envoyé un gros colis pour Noël.
Mein Pate hat mir zu Weihnachten ein großes Paket geschickt.
▷ J'ai un gros problème, il faut que tu m'aides.
Ich habe ein großes Problem, du musst mir helfen.

2 (= grand) **groß** (**plus gros** größer ; **le plus gros** der größte)

3 ▷ Ça coûtera en gros dix euros par personne.
Das kostet ungefähr zehn Euro pro Person.

3 ► **en gros** (= à peu près) : ungefähr

4 ▷ Ne dis pas ça, c'est un gros mot !
Sag das nicht, das ist ein Schimpfwort!
▷ Steven dit toujours des gros mots.
Steven gebraucht immer Schimpfwörter.

4 ► **gros mot :** das **Schimpfwort** (pluriel -wörter)
► **dire des gros mots :** Schimpfwörter gebrauchen

groseille

▷ On a cueilli des groseilles pour faire une tarte.
Wir haben rote Johannisbeeren gepflückt, um eine Torte zu backen.

die **rote Johannisbeere** (pluriel -beeren)

grosseur

▷ J'ai vu des grêlons de la grosseur d'une balle de ping-pong.
Ich habe Hagelkörner von der Größe eines Tischtennisballs gesehen.
▷ Ils sont de la même grosseur.
Sie sind gleich groß.

(= taille) die **Größe**

► **de la même grosseur :** gleich groß

grossier, grossière

▷ Ne sois pas si grossier !
Sei doch nicht so unanständig!

(= vulgaire) **unanständig**

grossir

1 ▷ Oh non, j'ai encore grossi !
Oh nein, ich habe wieder zugenommen!

▷ Chris a grossi de deux kilos en un mois.
Chris hat in einem Monat zwei Kilo zugenommen.

1 (= prendre du poids) zunehmen

i *zu•nehmen est un verbe à particule séparable et se conjugue comme nehmen* (nimmt, nahm, genommen).

► **grossir de... :** ... zunehmen

2 ▷ Les pommes grossissent sur l'arbre.
Die Äpfel auf dem Baum werden größer.

2 (= grandir) größer werden (wird, wurde, geworden)

3 ▷ Ils utilisent un microscope pour grossir les objets.
Sie benutzen ein Mikroskop, um Sachen zu vergrößern.

3 (= agrandir avec une loupe, un microscope) vergrößern

grotte

▷ Nous avons visité des grottes préhistoriques.
Wir haben vorgeschichtliche Höhlen besichtigt.

die Höhle (pluriel Höhlen)

groupe

▷ Un groupe d'enfants attendait devant le cinéma.
Eine Gruppe von Kindern wartete vor dem Kino.
▷ Le professeur nous a dit de travailler en trois groupes.
Der Lehrer hat uns gesagt, wir sollten in drei Gruppen arbeiten.

die Gruppe (pluriel Gruppen)

► **travailler en groupe :** in Gruppen arbeiten

grue

▷ Cette nuit, une grue est tombée sur un immeuble.
Letzte Nacht ist ein Kran auf ein Gebäude gefallen.

(= engin) der Kran (pluriel Kräne)

guépard

▷ Le guépard est très rapide.
Der Gepard ist sehr schnell.

der Gepard (pluriel Geparde)

guêpe

▷ Gilles s'est fait piquer par une guêpe.
Gilles ist von einer Wespe gestochen worden.

die Wespe (pluriel Wespen)

guérir

▷ Malika a guéri en une semaine.
Malika ist in einer Woche gesund geworden.
▷ Je suis presque guérie.
Ich bin fast wieder gesund.

(= aller mieux) gesund werden (wird, wurde, geworden)

► **être guéri :** wieder gesund sein

guérison

▷ Votre guérison peut être de longue durée.
Ihre Besserung kann langwierig sein.
▷ Marie est en voie de guérison.
Marie befindet sich auf dem Weg der Besserung.

die **Besserung**

► **être en voie de guérison :** sich **auf dem Weg der Besserung befinden**

ℹ *On dit aussi die **Genesung**.*

guerre

▷ En classe, nous avons lu des articles sur la guerre.
Im Unterricht haben wir Artikel über den Krieg gelesen.

der **Krieg** (pluriel **Kriege**)

gueule

1 ▷ Le chien a pris l'os dans sa gueule et il est parti se cacher.
Der Hund hat den Knochen ins Maul genommen und hat sich versteckt.

1 (= bouche d'un animal) das **Maul** (pluriel **Mäuler** /'mɔylɐ/)

🔈 *Notez la prononciation du pluriel.*

2 ▷ Tu me fais la gueule ?
Bist du sauer auf mich?

2 ► **faire la gueule à** quelqu'un **:** **auf** jemanden (accusatif) **sauer sein**

ℹ *L'expression française et sa traduction sont familières.*

gueuler

▷ Ne gueule pas, je ne suis pas sourd !
Brüll nicht so, ich bin nicht taub!

(= crier) **brüllen**

gui

▷ En France, on s'embrasse sous le gui au Nouvel An.
In Frankreich küsst man sich am Neujahr unter der Mistel.

die **Mistel** (pluriel **Misteln**)

guichet

1 ▷ Va demander au guichet.
Frag mal am Schalter.

1 (à la poste, à la banque, à la gare) der **Schalter** (pluriel **Schalter**)

ℹ ***Schalter** veut aussi dire* **interrupteur**.

2 ▷ Il y avait la queue au guichet du cinéma.
Vor der Kinokasse stand eine Schlange .

2 (au théâtre, au cinéma) die **Kasse** (pluriel **Kassen**)

3 ▷ Est-ce qu'il y a un guichet automatique par ici ?
Gibt es hier in der Nähe einen Geldautomaten?

3 ► **guichet automatique** (pour retirer de l'argent) **:** der **Geldautomat** (pluriel **-automaten**)

guide

▷ Le guide a expliqué comment le château a été détruit.
Der Reiseführer hat uns erklärt, wie das Schloss zerstört wurde.
▷ Avant de partir en Italie nous avons acheté un guide.
Bevor wir nach Italien gefahren sind, haben wir einen Reiseführer gekauft.

(= accompagnateur, accompagnatrice, livre) der **Reiseführer** (pluriel -führer), die **Reiseführerin** (pluriel -führerinnen)

guider

1 ▷ Quelqu'un nous a guidés vers la sortie.
Jemand hat uns zum Ausgang geführt.

1 (= accompagner) **führen**

2 ▷ Les panneaux nous ont guidés vers le château.
Die Schilder haben uns zum Schloss gewiesen.

2 (= diriger) **weisen** (wies, gewiesen)

guidon

▷ Tu sais faire du vélo sans tenir le guidon ?
Kannst du Fahrrad fahren, ohne den Lenker festzuhalten?

der **Lenker** (pluriel -Lenker)

guillemets

▷ C'est un dialogue, il faut employer des guillemets.
Das ist ein Dialog, da muss man Anführungszeichen setzen.
▷ Le mot était entre guillemets.
Das Wort stand in Anführungszeichen.

das **Anführungszeichen** (pluriel -zeichen)

► **être entre guillemets :** in Anführungszeichen stehen (stand, gestanden)

guirlande

1 ▷ Nous avons fabriqué des guirlandes en papier pour décorer le salon.
Wir haben Papiergirlanden angefertigt, um das Wohnzimmer zu schmücken.

1 (en papier, pour Noël) die **Girlande** (pluriel Girlanden)

2 ▷ La guirlande lumineuse est trop courte.
Die Lichterkette ist zu kurz.

2 ► **guirlande lumineuse** (qu'on met sur le sapin de Noël) **:** die Lichterkette (pluriel -ketten)

guitare

▷ Serge a apporté sa guitare.
Serge hat seine Gitarre mitgebracht.

▷ J'apprends à jouer de la guitare.
Ich lerne Gitarre zu spielen.

die **Gitarre** (pluriel Gitarren)

ℹ *Attention à l'orthographe du mot allemand.*

► **jouer de la guitare :** Gitarre spielen

gym

1 ▷ Nous avons gym le mardi matin.
Wir haben dienstagmorgens Sport.

1 (à l'école) der **Sport**

2 ▷ Ma mère fait de la gym à la maison.
Meine Mutter macht zu Hause Gymnastik.

2 ► **faire de la gym : Gymnastik machen**

N'oubliez pas que le y allemand se prononce **u**.

gymnase

▷ Le gymnase est ouvert même le dimanche.
Die Turnhalle ist sogar sonntags offen.

die **Turnhalle** (pluriel **-hallen**)

Attention à ne pas traduire par ***Gymnasium*** *qui signifie « lycée ».*

gymnastique

1 ▷ Tu as regardé la gymnastique à la télé ?
Hast du dir das Kunstturnen im Fernsehen angeschaut?

1 (= discipline) das **Kunstturnen**

2 ▷ Mon père s'est mis à faire de la gymnastique.
Mein Vater hat angefangen, Gymnastik zu machen.

2 (= exercices) die **Gymnastik**

N'oubliez pas que le y allemand se prononce **u**.

Hh

habile

▷ Bastien est très habile, il fabrique beaucoup de choses utiles.
Bastien ist sehr geschickt, er fertigt viele nützliche Dinge an.

geschickt

habiller

1 ▷ Lara passe des heures à habiller ses poupées.
Lara zieht stundenlang ihre Puppen an.

1 ► **habiller** quelqu'un : jemanden (accusatif) anziehen

ℹ *an•ziehen est un verbe à particule séparable et se conjugue comme ziehen* (zog, gezogen).

2 ▷ Je me suis habillé à toute vitesse.
Ich habe mich ganz schnell angezogen.

2 ► s'**habiller** : sich anziehen

ℹ *Le pronom personnel allemand s'emploie à l'accusatif : Ich ziehe mich an, due ziehst dich an, er / sie zieht sich an, wir ziehen uns an, ihr zieht euch an, sie ziehen sich an.*

habit

1 ▷ Léo veut un habit de Zorro pour Noël.
Léo wünscht sich ein Zorrokostüm zu Weihnachten.

1 (= une panoplie pour jouer, un déguisement) das **Kostüm** (pluriel Kostüme)

2 ▷ Mes habits d'hiver sont au grenier.
Meine Winterkleidung ist im Speicher.

2 ► **habits** (= vêtements) : die **Kleidung**

ℹ *Ce mot s'emploie uniquement au singulier.*

habitant, habitante

▷ Cette ville compte vingt mille habitants.
Diese Stadt zählt zwanzigtausend Einwohner.

(= une personne qui vit dans une ville ou dans un pays) der **Einwohner** (pluriel Einwohner), die **Einwohnerin** (pluriel Einwohnerinnen)

habiter

▷ Où habites-tu ?
Wo wohnst du?

(= vivre) **wohnen**

habitude

1 ▷ C'est une mauvaise habitude que j'aimerais perdre.
Es ist eine schlechte Gewohnheit, die ich gern loswerden würde.

1 (= chose qu'on fait souvent) die **Gewohnheit** (pluriel Gewohnheiten)

ℹ *On dit aussi die* ***Angewohnheit****.*

2 ▷ J'ai l'habitude de me lever tôt.
Ich bin es gewohnt, früh aufzustehen.

2 ► **avoir l'habitude de** + *infinitif* **:** es gewohnt sein, zu + *infinitif*

3 ▷ D'habitude, Thomas a de bonnes notes en anglais.
Gewöhnlich hat Thomas gute Noten in Englisch.
▷ Comme d'habitude, Roland était en retard !
Wie gewöhnlich hatte Roland Verspätung!

3 ► **d'habitude :** gewöhnlich

ℹ *On dit aussi* ***normalerweise****.*

► **comme d'habitude :** wie gewöhnlich

4 ▷ Le feuilleton était moins intéressant que d'habitude.
Die Serie war weniger interessant als sonst.

4 ► **... que d'habitude :** ... als sonst

habitué, habituée

▷ Lise est habituée à partager sa chambre.
Lise ist est gewohnt, ihr Zimmer zu teilen.

► **être habitué à** + *infinitif* **:** es gewohnt sein, zu + *infinitif*

habituel, habituelle

▷ Ce n'est pas la méthode habituelle.
Das ist nicht die übliche Methode.

üblich

habituellement

▷ Habituellement, je vais à l'école en bus.
Gewöhnlich fahre ich mit dem Bus zur Schule.

gewöhnlich

habituer

▷ Christophe ne s'est pas habitué à sa nouvelle école.
Christophe hat sich nicht an seine neue Schule gewöhnt.
▷ Tu devrais t'habituer à faire plus d'exercice.
Du solltest dich daran gewöhnen, dir mehr Bewegung zu verschaffen.

► **s'habituer à** quelque chose **:** sich an etwas gewöhnen

► **s'habituer à** + *infinitif* **:** sich daran gewöhnen, zu + *infinitif*

ℹ *Le pronom personnel allemand s'emploie à l'accusatif :* ***ich gewöhne mich..., du gewöhnst dich..., er / sie gewöhnt sich..., wir gewöhnen uns..., ihr gewöhnt euch..., sie gewöhnen sich...***

hache

▷ J'ai besoin d'une hache pour couper du bois.
Ich brauche eine Axt, um Holz zu hacken.

die **Axt** (pluriel **Äxte**)
ℹ *On dit aussi das **Beil*** (pluriel **Beile**).

hacher

▷ D'abord, tu haches l'oignon, puis tu le fais frire.
Erst hackst du die Zwiebel, und dann brätst du sie.

hacken

haie

1 ▷ Les garçons ont sauté par-dessus la haie.
Die Jungen sind über die Hecke gesprungen.

1 (au bord d'un champ ou d'un jardin) die **Hecke** (pluriel **Hecken**)

2 ▷ Le coureur est tombé par-dessus la première haie.
Der Läufer ist über die erste Hürde gefallen.
▷ J'ai vu la course du 110 mètres haies.
Ich habe den 110-Meter-Hürdenlauf gesehen.

2 (= l'obstacle dans une course) die **Hürde** (pluriel **Hürden**)

haine

1 ▷ La haine détruit l'équilibre.
Der Hass zerstört das Gleichgewicht.

1 der **Hass**

2 ▷ Certains jeunes ont la haine.
Manche junge Menschen sind voller Aggressivität.

2 ► **avoir la haine : voller Aggressivität sein**
Attention à l'orthographe de ce mot.

haïr

▷ Je hais cette femme !
Ich hasse diese Frau!

hassen

haleine

1 ▷ Le dentifrice nous donne l'haleine fraîche.
Die Zahnpasta gibt uns frischen Atem.
▷ Léo et Clara étaient hors d'haleine quand ils sont arrivés.
Léo und Clara waren außer Atem, als sie ankamen.

1 der **Atem**
► **hors d'haleine : außer Atem**
ℹ *On dit aussi **atemlos**.*

2 ▷ Il a mauvaise haleine.
Er hat Mundgeruch.

2 ► **avoir mauvaise haleine : Mundgeruch haben**

haleter

▷ Le vieux chien haletait dans la côte.
Der alte Hund hechelte in der Steigung.

(en parlant d'un animal) **hecheln**

hall

▷ Je t'attendrai dans le hall de l'hôtel.
Ich warte in der Hotelhalle auf dich.

die **Halle** (pluriel **Hallen**)

haltère

1 ▷ Ma mère utilise des haltères pour sa gym.
Meine Mutter benutzt Hanteln für ihre Gymnastik.

1 die **Hantel** (pluriel **Hanteln**)

2 ▷ Georges fait des haltères pour rester en forme.
Georges hebt Gewichte, um fit zu bleiben.

2 ► **faire des haltères :** Gewichte heben (hob, gehoben)

hamburger

▷ Je vais prendre un hamburger et des frites.
Ich nehme einen Hamburger und Pommes frites.

der **Hamburger** (pluriel **Hamburger**)

hameçon

▷ Le poisson a avalé l'hameçon.
Der Fisch hat den Angelhaken geschluckt.

der **Angelhaken** (pluriel **-haken**)

hamster

▷ Mon hamster s'appelle Titus.
Mein Hamster heißt Titus.

der **Hamster** (pluriel **Hamster**)

hanche

▷ Ma grand-mère a des problèmes avec sa hanche.
Meine Großmutter hat Probleme mit ihrer Hüfte.

die **Hüfte** (pluriel **Hüften**)

handball

▷ Le handball est mon sport préféré.
Handball ist mein Lieblingssport.

der **Handball**

ℹ *Quand on parle du sport en général, l'article n'est pas employé.*

▷ Adrienne joue au handball le samedi.
Adrienne spielt samstags Handball.

► **jouer au handball :** Handball spielen

handicap

▷ Il arrive à surmonter son handicap.
Er erreicht es, seine Behinderung zu überwinden.

die **Behinderung**

handicapé, handicapée

1 ▷ Il est handicapé et a besoin d'une chaise roulante.
Er ist behindert und braucht einen Rollstuhl.

1 (= infirme) **behindert**

2 ▷ Nous avons un handicapé dans notre classe.
Wir haben einen Behinderten in unserer Klasse.

2 (= personne) der / die **Behinderte** (pluriel **Behinderten**)

ℹ *C'est un adjectif substantivé : on dit* ***ein Behinderter****.*

hangar

▷ Le tracteur est dans le hangar.
Der Traktor ist im Schuppen.

der **Schuppen** (pluriel **Schuppen**)

hanté, e

▷ Il y a plein de châteaux hantés en Écosse.
In vielen Schlössern Schottlands spukt es.

Pour dire qu'un endroit est **hanté**, *on emploie en allemand l'expression* ***es spukt ...***

harceler

1 ▷ Il n'a pas arrêté de me harceler avec des questions idiotes.
Er hat mich ständig mit dummen Fragen bedrängt.

1 (de questions) **bedrängen**

2 ▷ Elle s'est fait harceler par son patron.
Sie ist von ihrem Chef belästigt worden.

2 (sexuellement) **belästigen**

ℹ *Les verbes commençant par le préfixe* ***be-*** *ne prennent pas* ***ge-*** *au participe passé.*

hareng

▷ J'ai acheté deux harengs.
Ich habe zwei Heringe gekauft.

der **Hering** (pluriel Heringe)

haricot

▷ Il y a de l'agneau et des haricots pour déjeuner.
Zum Mittagessen gibt's Lamm und Bohnen.

▷ Les haricots blancs sont difficiles à digérer.
Weiße Bohnen sind schwer verdaulich.

▷ J'ai fait une salade avec des haricots verts.
Ich habe einen Salat mit grünen Bohnen gemacht.

die **Bohne** (pluriel Bohnen)

► **haricots blancs :** weiße Bohnen

► **haricots verts :** grüne Bohnen

harmonica

▷ Nous avons acheté un harmonica pour Simon.
Wir haben eine Mundharmonika für Simon gekauft.

▷ Hannah joue très bien de l'harmonica.
Hannah spielt sehr gut Mundharmonica.

die **Mundharmonika** (pluriel -harmonikas)

► **jouer de l'harmonica :** Mundharmonika spielen

harpe

▷ C'est une harpe celtique.
Das ist eine keltische Harfe.

▷ J'apprends à jouer de la harpe.
Ich lerne, Harfe zu spielen.

die **Harfe** (pluriel Harfen)

► **jouer de la harpe :** Harfe spielen

hasard

1 ▷ Il n'a pas gagné parce qu'il est doué, c'était seulement le hasard.
Er hat nicht gewonnen, weil er begabt ist, es war nur Zufall.

1 ► **le hasard :** der **Zufall**

2 ▷ J'ai choisi une carte au hasard.
Ich habe eine Karte auf gut Glück gezogen.

2 ► **au hasard :** auf gut Glück

3 ▷ Si par hasard tu vois Joe, dis-lui de m'appeler.
Falls du zufällig Joe triffst, sag ihm, er soll mich anrufen.

3 ► **si par hasard :** falls + *pronom personnel ou nom* + zufällig

hausse

▷ Il y a eu une hausse du prix de l'essence.
Es gab einen Anstieg der Benzinpreise.
▷ Les prix sont en hausse.
Die Preise steigen.

der **Anstieg** (pluriel Anstiege)

► **être en hausse :** steigen (stieg, gestiegen)

haut, haute

1 ▷ L'étagère est trop haute pour moi.
Das Regal ist zu hoch für mich.
▷ L'oiseau vole haut dans le ciel.
Der Vogel schwebt hoch am Himmel.

1 (quand on parle de quelque chose qui est haut) **hoch** (**plus haut** höher ; **le plus haut** der höchste)

2 ▷ Le haut du mur est peint en bleu.
Der obere Teil der Mauer ist blau gemalt.

2 ► **le haut de** quelque chose **:** der obere Teil + *génitif*

3 ▷ Lisa nous attendait en haut de l'escalier.
Lisa wartete oben auf der Treppe auf uns.

3 ► **en haut de :** oben auf + *datif*

4 ▷ Ce sont les voisins qui habitent en haut.
Das sind die Nachbarn, die oben wohnen.

4 ► **en haut** (= à l'étage du dessus) **:** oben

5 ▷ La tour Eiffel fait trois cents mètres de haut.
Der Eiffelturm ist dreihundert Meter hoch.

5 *Quand on veut dire la* **taille** *de quelque chose en allemand, on utilise l'expression* **mesure +** ***hoch sein***.

6 ▷ Éloïse portait un joli haut blanc.
Éloïse trug ein hübsches weißes Oberteil.

6 ► **un haut** (= un chemisier ou un T-shirt) **:** das **Oberteil** (pluriel -teile)

hautbois

▷ Elle joue très bien du hautbois.
Sie spielt sehr gut Oboe.

die **Oboe** /o'bo:ə/ (pluriel Oboen)
► **jouer du hautbois :** Oboe spielen

hauteur

▷ Ils ont mesuré la hauteur du mur.
Sie haben die Höhe der Mauer abgemessen.
▷ Le plafond fait trois mètres de hauteur.
Die Decke ist drei Meter hoch.

▷ Quelle est la hauteur de cette tour ?
Wie hoch ist dieser Turm?

die **Höhe**

Quand on veut dire la **hauteur** *de quelque chose en allemand, on utilise l'expression mesure +* ***hoch sein***.
Pour demander la **hauteur** *de quelque chose en allemand, on utilise l'expression* ***Wie hoch...?***

haut-parleur

▷ Mon père a installé deux haut-parleurs à l'arrière de la voiture.
Mein Vater hat zwei Lautsprecher hinten im Auto eingebaut.

der **Lautsprecher** (pluriel **Lautsprecher**)

hebdomadaire

▷ Nous sommes abonnés à deux hebdomadaires.
Wir haben zwei Wochenzeitschriften abonniert.

(= magazine) die **Wochenzeitschrift** (pluriel **-zeitschriften**)

héberger

▷ Des amis nous ont hébergés.
Freunde haben uns beherbergt.

beherbergen

ℹ *Les verbes commençant par le préfixe* ***be-*** *ne prennent pas* ***ge-*** *au participe passé.*

hein ?

▷ Hein ? Je t'entends mal.
Was? Ich hör dich schlecht.

(pour faire répéter) **was?**

hélas

▷ Hélas, nous n'avons pas pu avoir de billets.
Leider konnten wir keine Karten bekommen.

leider

hélice

1 ▷ L'hélice du bateau était cassée.
Die Schiffsschraube war kaputt.

1 (= hélice d'un bateau) die **Schraube** (pluriel **Schrauben**)

2 ▷ Cet avion possède quatre hélices.
Dieses Flugzeug besitzt vier Propeller.

2 (= hélice d'un avion) der **Propeller** (pluriel **Propeller**)

hélicoptère

▷ L'hélicoptère a atterri dans le champ.
Der Hubschrauber ist auf dem Feld gelandet.

der **Hubschrauber** (pluriel **Hubschrauber**)

hennir

▷ Tu entends le cheval hennir ?
Hörst du das Pferd wiehern?

wiehern

herbe

1 ▷ L'herbe est trop haute, tu devrais la tondre.
Das Gras ist zu hoch, du solltest es mähen.

1 (= gazon) das **Gras**

2 ▷ Il y a des mauvaises herbes partout dans le jardin.
Im Garten ist überall Unkraut.

2 ► **mauvaise herbe :** das **Unkraut**

ℹ *Ce mot est employé uniquement au singulier.*

3 ▷ Ma mère met toujours des herbes dans la salade.
Meine Mutter tut immer Kräuter in den Salat.

3 ► **herbes** *ou* **fines herbes** (pour faire la cuisine) **:** die **Kräuter**

hérisson

▷ Nous avons un hérisson dans notre jardin.
Wir haben einen Igel im Garten.

der **Igel** (pluriel **Igel**)

héritage

1 ▷ Les deux frères ont partagé l'héritage.
Die zwei Brüder haben sich die Erbschaft geteilt.

1 (d'argent, de biens) die **Erbschaft**

2 ▷ C'est l'héritage du passé.
Es ist ein Erbe der Vergangenheit.

2 (de traditions) das **Erbe**

hériter

▷ Mes parents ont hérité une maison de mes grands-parents.
Meine Eltern haben von meinen Großeltern ein Haus geerbt.

► **hériter** quelque chose **de** quelqu'un **:** etwas **von** jemandem (datif) **erben**

héroïne

▷ L'héroïne du roman est une avocate anglaise.
Die Heldin des Romans ist eine englische Rechtsanwältin.

(= personnage principal) die **Heldin** (pluriel **Heldinnen**)

ℹ *On dit aussi die* ***Hauptfigur****.*

héros

▷ Le héros du film s'appelle Conan.
Der Held des Films heißt Conan.

der **Held** (pluriel **Helden**)

ℹ *On dit aussi die* ***Hauptfigur****.*

hésiter

▷ Serge a répondu à la question sans hésiter.
Serge hat die Frage ohne zu zögern beantwortet.

zögern

hétérosexuel, hétérosexuelle

▷ En France, les hétérosexuels et les homosexuels n'ont pas les mêmes droits.
In Frankreich haben Heterosexuelle und Homosexuelle nicht die selben Rechte.

der / die **Heterosexuelle** (pluriel **-sexuellen**)

ℹ *Ce mot est un adjectif substantivé : on dit* ***ein Heterosexueller****.*

heure

1 ▷ Ça nous a pris trois heures.
Wir haben drei Stunden dafür gebraucht.

1 (= période de 60 minutes) die **Stunde** (pluriel **Stunden**)

2 ▷ Vous avez l'heure, s'il vous plaît ?
Haben Sie die Uhrzeit, bitte?

▷ Il est cinq heures.
Es ist fünf Uhr.

▷ À quelle heure partez-vous ?
Um wieviel Uhr geht Ihr?

2 ► **l'heure** (quand on parle d'un moment précis de la journée) **:** die **Uhrzeit**

► **il est ... heures : es ist ... Uhr**

► **à quelle heure... ? : um wieviel Uhr...?**

▷ Nous partons à onze heures.
Wir gehen um elf Uhr.
▷ Sarah est arrivée à trois heures.
Sarah ist um drei angekommen.

► **à... heures** : um... Uhr

ℹ *On peut omettre* ***Uhr****.*

3 ▷ C'est l'heure de se lever !
Es ist Zeit, aufzustehen!

3 ► **c'est l'heure de...** : es ist Zeit zu...

4 ▷ Quelle heure est-il ?
Wie spät ist es?

4 *Pour demander l'heure en allemand, on emploie l'expression* ***Wie spät ist es?***

5 ▷ Il a téléphoné à huit heures vingt.
Er hat um zwanzig nach acht angerufen.
▷ Le film commence à quatre heures vingt-cinq.
Der Film fängt um fünf vor halb fünf an.
▷ Il est trois heures moins dix.
Es ist zehn vor drei.
▷ On se retrouve à cinq heures et quart.
Wir treffen uns um Viertel nach fünf.
▷ Je t'appellerai à trois heures et demie.
Ich ruf dich um halb vier an.

5 *La façon de dire l'***heure** *en allemand est assez particulière. Jusqu'à vingt-quatre minutes après l'heure, on emploie la formule* **nombre de minutes** + ***nach...*** *Entre vingt-cinq et la demie, on dit* ***... vor halb...****, entre la demie et trente-cinq on dit* ***... nach halb...*** *À partir de là, on dit* ***... vor...*** *Pour* **et quart** *et* **moins le quart**, *on utilise* ***Viertel nach...*** *et* ***Viertel vor...*** *On n'emploie jamais* ***Uhr****.*

ℹ *Pour dire la demie, on emploie le mot* ***halb*** *suivi de l'heure dont c'est la demie.*

6 ▷ Éric n'est jamais à l'heure.
Éric ist nie pünktlich.

6 ► **être à l'heure** : pünktlich sein

7 ▷ Je déteste me lever de bonne heure.
Ich hasse es, früh aufzustehen.

7 ► **de bonne heure** : früh

8 ▷ Je reviendrai tout à l'heure.
Ich komme nachher wieder.

8 ► **tout à l'heure** (= plus tard) : nachher

9 ▷ Bérénice a appelé tout à l'heure.
Bérénice hat vorhin angerufen.

9 ► **tout à l'heure** (= plus tôt) : vorhin

heureusement

▷ Heureusement, il ne pleuvait pas.
Zum Glück hat es nicht geregnet.

zum Glück

ℹ *On dit aussi* ***glücklicherweise****.*

heureux, heureuse

1 ▷ Lionel ne semble pas très heureux en ce moment.
Lionel scheint zur Zeit nicht sehr glücklich zu sein.

1 (= content) glücklich

2 ▷ Je suis heureuse que tu aies réussi.
Ich freue mich, dass du es geschafft hast.

2 ► **être heureux que...** (= se réjouir) : sich freuen, dass...

hibou

▷ Tu entends le hibou ?
Hörst du die Eule?

die **Eule** (pluriel Eulen)

hideux, hideuse

▷ Cet immeuble est hideux !
Dieses Gebäude ist ja scheußlich!

scheußlich

ℹ *On dit aussi* ***grauenhaft***.

hier

▷ Hier, nous sommes allés au musée.
Gestern sind wir ins Museum gegangen.

gestern

hilarant, hilarante

▷ Ce film est vraiment hilarant.
Der Film ist wirklich urkomisch.

urkomisch

hippopotame

▷ Les hippopotames aiment la boue.
Die Nilpferde lieben Schlamm.

das **Nilpferd** (pluriel -pferde)

ℹ *On dit aussi das* ***Flusspferd***.

hirondelle

▷ Les hirondelles reviennent au printemps.
Die Schwalben kommen im Frühling wieder.

die **Schwalbe** (pluriel Schwalben)

hirsute

▷ Il a de longs cheveux hirsutes.
Er hat lange zerzauste Haare.

zerzaust

histoire

1 ▷ Annelise nous a raconté une histoire incroyable.
Annelise hat uns eine unglaubliche Geschichte erzählt.

1 (= une histoire qu'on raconte) die **Geschichte** (pluriel Geschichten)

2 ▷ L'histoire est ma matière préférée.
Geschichte ist mein Lieblingsfach.

2 (= le passé) die **Geschichte**

ℹ *Quand il s'agit de la matière, on n'emploie pas l'article.*

3 ▷ Ma petite sœur adore que je lui lise des histoires.
Meine kleine Schwester liebt es, wenn ich ihr Märchen vorlese.

3 (= conte) das **Märchen** (pluriel Märchen)

4 ▷ Mon oncle connaît beaucoup d'histoires drôles.
Mein Onkel kennt viele Witze.

4 ► **histoire drôle :** der **Witz** (pluriel Witze)

5 ▷ Arrête de faire des histoires !
Mach nicht so ein Theater!

5 ► **faire des histoires** (= faire des chichis) : **Theater machen**

6 ▷ Mes parents m'ont fait des histoires.
Meine Eltern haben mir Scherereien gemacht.

6 ► **faire des histoires à** quelqu'un (= lui faire des difficultés) : jemandem (datif) **Scherereien machen**

historique

▷ Notre ville a beaucoup de bâtiments historiques.
Es gibt viele historische Gebäude in unserer Stadt.
▷ Il écrit des romans historiques.
Er schreibt historische Romane.

historisch

► **roman historique :** der **historische Roman**

hiver

▷ L'hiver approche.
Der Winter kommt.
▷ Ici il fait très froid en hiver.
Im Winter wird es hier sehr kalt.

der **Winter**

► **en hiver :** **im Winter**

hocher la tête

1 ▷ Si tu es d'accord, hoche la tête.
Wenn du einverstanden bist, nick mit dem Kopf.

1 (= pour dire oui) **mit dem Kopf nicken**

2 ▷ Elle a hoché la tête pour montrer qu'elle n'était pas d'accord.
Sie hat den Kopf geschüttelt, um zu zeigen, dass sie nicht einverstanden war.

2 (= pour dire non) **den Kopf schütteln**

hockey

▷ Je n'ai jamais vu de hockey sur gazon, seulement du hockey sur glace.
Ich habe noch nie Hockey gesehen, nur Eishockey.
▷ Frank joue au hockey sur glace.
Frank spielt Eishockey.

das **Hockey**
► **hockey sur gazon :** das **Hockey**
► **hockey sur glace :** das **Eishockey**

► **jouer au hockey :** **Hockey spielen**

hollandais, hollandaise

1 ▷ Un touriste hollandais m'a demandé son chemin.
Ein holländischer Tourist hat mich nach dem Weg gefragt.

1 (adjectif) **holländisch**

2 ▷ Mon frère sort avec une Hollandaise.
Mein Bruder geht mit einer Holländerin.

2 (= personne) der **Holländer** (pluriel **Holländer**), die **Holländerin** (pluriel **Holländerinnen**)

Hollande

▷ Je ne connais pas la Hollande.
Ich kenne Holland nicht.

Holland
► **la Hollande :** **Holland**

ℹ *L'article neutre ne s'emploie que précédé d'un adjectif :* ***das flache Holland*** (la Hollande plate).

▷ Je vais passer un week-end en Hollande.
Ich werde ein Wochenende in Holland verbringen.

► **en Hollande** (= dans le pays) **:** **in Holland**

▷ Viens avec nous en Hollande !
Komm mit uns nach Holland!
▷ Est-ce que tu es déjà allé en Hollande ?
Warst du schon in Holland?

► **en Hollande** (= vers le pays) : nach Holland

Attention : pour dire que quelqu'un **est déjà allé quelque part**, *on emploie une expression avec le prétérit du verbe* ***sein*** *+* ***schon****.*

hommage

▷ C'était un hommage émouvant.
Es war eine bewegende Würdigung.
▷ Il a rendu hommage à son prédécesseur.
Er hat die Verdienste seines Vorgängers gewürdigt.

die **Würdigung**

► **rendre hommage à** quelqu'un : jemandes (génitif) **Verdienste würdigen**

homme

1 ▷ Un homme te cherchait tout à l'heure.
Ein Mann hat dich vorhin gesucht.

1 (= de sexe masculin) der **Mann** (pluriel Männer)

2 ▷ L'homme se distingue de l'animal par le rire.
Durch das Lachen unterscheidet sich der Mensch vom Tier.
▷ Tous les hommes devraient être égaux.
Alle Menschen sollten gleich sein.

2 (= l'être humain) der **Mensch** (pluriel Menschen)

homosexuel, homosexuelle

▷ Les homosexuels demandent d'avoir les mêmes droits que les hétérosexuels.
Homosexuelle verlangen die selben Rechte wie Heterosexuelle.

der / die **Homosexuelle** (pluriel -sexuellen)

ℹ *Ce mot est un adjectif substantivé. On dit :* ***ein Homosexueller****.*

Hongrie

▷ Budapest est la capitale de la Hongrie.
Budapest ist die Hauptstadt von Ungarn.

Ungarn

► **la Hongrie :** Ungarn

ℹ *L'article neutre ne s'emploie que précédé d'un adjectif :* ***das künstlerische Ungarn*** **(la Hongrie artistique).**

▷ Nous allons vivre en Hongrie.
Wir werden in Ungarn leben.
▷ Voudrais-tu aller en Hongrie ?
Würdest du gern nach Ungarn reisen?
▷ Je suis déjà allé en Hongrie.
Ich war schon in Ungarn.

► **en Hongrie** (= dans le pays) : in Ungarn

► **en Hongrie** (= vers le pays) : nach Ungarn

Attention : pour dire que quelqu'un **est déjà allé quelque part**, *on emploie une expression avec le prétérit du verbe* ***sein*** *+* ***schon****.*

hongrois, hongroise

1 ▷ Le goulasch est un plat hongrois.
Gulasch ist ein ungarisches Gericht.

1 (adjectif) **ungarisch**

2 ▷ Tu connais la Hongroise du deuxième étage ?
Kennst du die Ungarin aus dem zweiten Stock?

2 (= personne) der **Ungar** (pluriel Ungarn), die **Ungarin** (pluriel Ungarinnen)

3 ▷ J'apprends le hongrois.
Ich lerne Ungarisch.

3 (= langue) **Ungarisch**

honnête

1 ▷ Sois honnête avec moi, est-ce que tu as volé ce portefeuille ?
Sei ehrlich zu mir, hast du diese Brieftasche gestohlen?

1 (en parlant de quelqu'un qui dit la vérité) **ehrlich**

2 ▷ Le repas était honnête, mais pas fabuleux.
Das Essen war anständig, aber nicht fantastisch.

2 (= pas mal) **anständig**

honnêtement

1 ▷ Honnêtement, ça m'est égal.
Ehrlich, das ist mir egal.

1 (= franchement, avec probité) **ehrlich**

2 ▷ C'est honnêtement payé.
Es wird anständig bezahlt.

2 (= correctement) **anständig**

honneur

▷ L'honneur est sauf.
Die Ehre ist gerettet.
▷ Elle a mis un point d'honneur à m'aider.
Für sie ist es Ehrensache, mir zu helfen.

(= réputation) die **Ehre**

► **mettre un point d'honneur à faire** quelque chose : **für** jemanden **ist es Ehrensache,** etwas **zu tun**

honte

1 ▷ J'ai honte d'avoir fait ça.
Ich schäme mich dafür, das getan zu haben.
▷ Tu devrais avoir honte !
Du solltest dich schämen!

1 ► **avoir honte de** quelque chose : sich **für** etwas **schämen**

ℹ *Le pronom personnel allemand s'emploie à l'accusatif : ich schäme mich, du schämst dich, er / sie schämt sich, wir schämen uns, ihr schämt euch, sie schämen sich.*

2 ▷ Ils vont démolir cette belle maison, c'est une honte !
Sie wollen dieses schöne Haus abreißen, es ist eine Schande!
▷ Il a tout copié sur moi ! Quelle honte !
Er hat alles von mir abgeschrieben ! So eine Schande!

2 ► **c'est une honte ! : es ist eine Schande!**

► **quelle honte ! : so eine Schande!**

honteux, honteuse

▷ C'est honteux de traiter les gens comme ça !
Es ist eine Schande, Leute so zu behandeln!

► **c'est honteux ! :** es ist eine Schande!

hôpital

▷ L'hôpital est sur le boulevard Pereire.
Das Krankenhaus befindet sich Boulevard Pereire.

▷ Martha est à l'hôpital, elle doit se faire opérer.
Martha ist im Krankenhaus, sie muss operiert werden.

▷ Nous devons emmener Luc à l'hôpital, il a eu un accident.
Wir müssen Luc ins Krankenhaus bringen, er hatte einen Unfall.

das **Krankenhaus** (pluriel **-häuser**)

► **être à l'hôpital :** im Krankenhaus sein

► **emmener** quelqu'un **à l'hôpital :** jemanden (accusatif) ins Krankenhaus bringen

hoquet

▷ Marina a eu le hoquet tout l'après-midi.
Marina hat den ganzen Nachmittag den Schluckauf gehabt.

der **Schluckauf**

► **avoir le hoquet :** den *ou* einen Schluckauf haben

horaire

1 ▷ Nous avons un horaire très lourd.
Wir haben einen vollen Stundenplan.

1 (= emploi du temps, à l'école) der **Stundenplan** (pluriel **-pläne**)

2 ▷ Est-ce que tu as l'horaire des trains ?
Hast du den Zugfahrplan?

2 (= horaire des trains ou des bus) der **Fahrplan** (pluriel **-pläne**)

3 ▷ Mes parents ont des horaires flexibles.
Meine Eltern haben flexible Arbeitsstunden.

3 ► **les horaires** (= les heures de travail d'un employé) : die Arbeitsstunden

horizon

▷ Je vois un bateau à l'horizon.
Ich sehe ein Schiff am Horizont.

der **Horizont** (pluriel **Horizonte**)

► **à l'horizon :** am Horizont

horizontal, horizontale

▷ Trace une ligne horizontale.
Zieh einen waagerechten Strich.

waagerecht

horloge

▷ Regarde l'heure sur l'horloge de la gare.
Schau mal auf der Bahnhofsuhr nach der Uhrzeit.

die **Uhr** (pluriel **Uhren**)

horoscope

▷ Que dit ton horoscope cette semaine ?
Was steht diese Woche in deinem Horoskop?

das **Horoskop**

horreur

1 ▷ J'ai horreur des épinards !
Ich verabscheue Spinat!

1 ► **avoir horreur de** quelque chose : etwas **verabscheuen**

*Les verbes commençant par le préfixe **ver-** ne prennent pas **ge-** au participe passé.*

2 ▷ Il y avait une limace dans la salade. – Quelle horreur !
Im Salat war eine Wegschnecke. – Schrecklich!

2 ► **quelle horreur ! : schrecklich!** ou **wie schrecklich!**

3 ▷ Bruno adore les films d'horreur.
Bruno liebt Horrorfilme.

3 ► **film d'horreur :** der **Horrorfilm** (pluriel **-filme**)

horrible

▷ Elle portait un blouson en cuir vraiment horrible.
Sie hatte eine ganz grässliche Lederjacke an.

grässlich

*On dit aussi **fürchterlich** ou **furchtbar** ou **schrecklich**.*

hors-bord

▷ Il s'est acheté un hors-bord.
Er hat sich ein Außenborder-Sportboot gekauft.

(= bateau) das **Außenborder-Sportboot** (pluriel **-boote**)

hors-d'œuvre

▷ Je ne prendrai pas de hors-d'œuvre, juste un plat principal.
Ich nehme keine Vorspeise, nur ein Hauptgericht.

die **Vorspeise** (pluriel **Vorspeisen**)

hors-la-loi

▷ Jesse James était un célèbre hors-la-loi.
Jesse James war ein berühmter Bandit.

der **Bandit** (pluriel **Banditen**), die **Banditin** (pluriel **Banditinnen**)

hors service

▷ L'ascenseur est hors service, nous devons prendre l'escalier.
Der Aufzug ist außer Betrieb, wir müssen die Treppe nehmen.

außer Betrieb

hospitaliser

▷ Ma grand-mère a été hospitalisée hier.
Meine Großmutter wurde gestern ins Krankenhaus eingewiesen.

▷ Les victimes de l'accident ont été hospitalisées.
Die Unfallopfer wurden ins Krankenhaus eingeliefert.

► **être hospitalisé,** se **faire hospitaliser** (sur avis médical) : **ins Krankenhaus eingewiesen werden** (**wird, wurde, worden**)

Quand on est **hospitalisé** *après un accident, on dit plutôt **ins Krankenhaus eingeliefert werden**.*

hôtel

1 ▷ Nous avons trouvé un hôtel bon marché près de la plage.
Wir haben ein billiges Hotel in Strandnähe gefunden.
▷ En Espagne nous avons dormi à l'hôtel.
In Spanien haben wir im Hotel übernachtet.

1 (pour loger) das Hotel (pluriel Hotels)

► **dormir à l'hôtel :** im Hotel übernachten

2 ▷ L'hôtel de ville est juste à côté de la gare.
Das Rathaus liegt gleich neben dem Bahnhof.

2 ► **hôtel de ville :** das Rathaus

hôtesse

1 ▷ Une hôtesse nous a aidés à trouver le stand.
Eine Hostess hat uns geholfen, den Stand zu finden.

1 (= personne qui accueille) die Hostess (pluriel Hostessen)

2 ▷ Amélie voudrait être hôtesse de l'air.
Amélie will Stewardess werden.

2 ► **hôtesse de l'air :** die Stewardess (pluriel Stewardessen)

hourra

▷ Hourra ! On a gagné !
Hurra! Wir haben gewonnen!
▷ La foule a poussé des hourras quand il est apparu.
Als er erschien, brach die Menge in Hurrageschrei aus.

Hurra

► **pousser des hourras :** in Hurrageschrei ausbrechen

housse

1 ▷ Il y a des housses sur les meubles pour les protéger.
Die Möbel hatten Bezüge, um sie zu schonen.
▷ La housse de couette est dans le panier à linge.
Der Bettbezug ist im Wäschekorb.

1 der Bezug (pluriel Bezüge)

► **housse de couette :** der Bettbezug (pluriel -bezüge)

2 ▷ Tu as vu ma housse de raquette ?
Hast du meine Schlägerhülle gesehen?

2 (de protection) die Hülle (pluriel Hüllen)

houx

▷ Les baies du houx sont rouges.
Die Beeren der Stechpalme sind rot.

die Stechpalme (pluriel -palmen)

hublot

1 ▷ Je voudrais un siège près du hublot.
Ich hätte gern einen Fenstersitz.

1 (= la fenêtre d'un avion) das Fenster (pluriel Fenster)

2 ▷ J'ai regardé les autres bateaux par le hublot.
Ich habe mir die anderen Schiffe durch das Bullauge angesehen.

2 (= la fenêtre d'un bateau) das Bullauge (pluriel -augen)

huées

▷ Il a quitté la scène sous les huées.
Er hat die Bühne unter Buhrufen verlassen.

die **Buhrufe** /'bu:ru:fə/
► **sous les huées :** unter Buhrufen

huer

▷ Le public a hué les musiciens.
Das Publikum hat die Musiker ausgebuht.

ausbuhen
ℹ *aus•buhen est un verbe à particule séparable.*

huile

▷ Ne mets pas trop d'huile dans la poêle.
Tu nicht zu viel Öl in die Pfanne.
▷ Je préfère l'huile d'olive à l'huile d'arachide.
Ich mag Olivenöl lieber als Erdnussöl.

das **Öl** (pluriel Öle)

ℹ *Pour distinguer les sortes d'huile, on forme des mots composés avec **Öl** : das **Walnussöl** (huile de noix), das **Traubenkernöl** (huile de pépins de raisin).*

▷ N'oublie pas l'huile solaire.
Vergiss das Sonnenöl nicht.

► **huile solaire :** das Sonnenöl

huit

▷ René a huit frères et sœurs.
René hat acht Geschwister.
▷ Jenny n'a que huit ans.
Jenny ist erst acht Jahre alt. *ou* Jenny ist erst acht.
▷ Le huit mai est un jour férié en France.
Der achte Mai ist ein Feiertag in Frankreich.
▷ Nous partons au Maroc le huit avril.
Am achten April fliegen wir nach Marokko.

acht

*Quand on dit l'âge de quelqu'un, on dit **ist acht Jahre alt**, ou on peut dire simplement le nombre : **ist acht**.*
*Quand on dit la date, on emploie **der achte**.*

*Quand on dit que quelque chose a eu lieu ou aura lieu à cette date, on emploie **am achten**.*

ℹ *On écrit **der 8. Mai, am 8. April**.*

huitième

▷ C'est le huitième devoir sur table ce mois-ci !
Das ist die achte Klassenarbeit in diesem Monat!

achte

huître

▷ Deux douzaines d'huîtres, s'il vous plaît.
Zwei Dutzend Austern, bitte.

die **Auster** (pluriel Austern)

humain, humaine

1 ▷ J'ai un classeur de fiches sur le corps humain.
Ich habe einen Hefter mit Karten über den menschlichen Körper.

1 (adjectif) **menschlich**

2 ▷ Dans le film, les extraterrestres ont attaqué les humains.
In dem Film haben Außerirdische die Menschen angegriffen.

2 (= être humain) der **Mensch** (pluriel **Menschen**)

humanitaire

▷ Il travaille pour une organisation humanitaire.
Er arbeitet für eine humanitäre Organisation.

humanitär

humble

▷ À mon humble avis, ce n'est pas sérieux.
Meiner bescheidenen Meinung nach ist es nicht ernst.

bescheiden

humeur

▷ J'étais de bonne humeur et puis il m'a énervée !
Ich war guter Laune, und dann hat er mich aufgeregt!

▷ Tu es de mauvaise humeur aujourd'hui, qu'est-ce qui se passe ?
Du bist schlechter Laune heute, was ist denn los?

die **Laune**

► **être de bonne humeur :** guter Laune sein

ℹ *On dit aussi* ***gut gelaunt sein.***

► **être de mauvaise humeur :** schlechter Laune sein

ℹ *On dit aussi* ***schlecht gelaunt sein.***

humide

▷ Utilise une éponge humide.
Nimm einen feuchten Schwamm.

feucht

humiliant, humiliante

▷ J'étais dans une situation humiliante.
Ich war in einer demütigenden Lage.

demütigend

humoristique

1 ▷ Il l'a dit sur un ton humoristique.
Er hat es in einem humoristischen Ton gesagt.

1 **humoristisch**

2 ▷ L'article de journal est suivi d'un dessin humoristique.
Dem Zeitungsartikel folgt eine Karikatur.

2 ► **dessin humoristique :** die **Karikatur** (pluriel **Karikaturen**)

humour

▷ C'est un film plein d'humour.
Das ist ein Film mit viel Humor.

▷ Heureusement que j'ai de l'humour !
Ein Glück, dass ich Humor habe!

der **Humor**

► **avoir de l'humour :** Humor haben

hurlement

1 ▷ On a entendu des hurlements de douleur.
Wir haben Schmerzensschreie gehört.

1 (= le cri d'une personne) der **Schrei** (pluriel Schreie)

2 ▷ Les hurlements des loups nous ont fait peur.
Das Heulen der Wölfe hat uns Angst gemacht.

2 (= le cri d'un chien ou d'un loup) das **Heulen**

Ce mot est un verbe substantivé et ne s'emploie qu'au singulier.

hurler

1 ▷ J'ai eu tellement peur que j'ai hurlé.
Ich hatte solche Angst, dass ich schrie.

1 (en parlant d'une personne) **schreien** (schrie, geschrien)

2 ▷ Le chien a hurlé toute la nuit.
Der Hund hat die ganze Nacht über geheult.

2 (en parlant d'un chien ou d'un loup) **heulen**

3 ▷ Nous avons tous hurlé de rire.
Alle haben wir gebrüllt vor Lachen.

3 ► **hurler de rire :** brüllen vor Lachen

hygiénique

▷ Les toilettes publiques ne sont vraiment pas hygiéniques.
Öffentliche Toiletten sind wirklich nicht hygienisch.

▷ Il n'y a plus de papier hygiénique.
Es ist kein Toilettenpapier mehr da.

hygienisch

N'oubliez pas que le y allemand se prononce **u.**

► **papier hygiénique :** Toilettenpapier

hymne

▷ L'hymne national allemand a été composé par Haydn.
Die deutsche Nationalhymne wurde von Haydn komponiert.

► **hymne national :** die **Nationalhymne** (pluriel -hymnen)

hyper

▷ Céline est hyper-sympa.
Céline ist supernett.

(= très) **super**

hypermarché

▷ Il y a un hypermarché dans le centre commercial.
Im Einkaufszentrum ist ein großer Supermarkt.

der **große Supermarkt** (pluriel -märkte)

hypocrite

1 ▷ Je l'ai trouvé très hypocrite.
Ich fand sie sehr heuchlerisch.

1 (adjectif) **heuchlerisch**

2 ▷ Ne lui fais pas confiance, c'est un hypocrite.
Trau ihm nicht, er ist ein Heuchler.

2 (= personne) der **Heuchler** (pluriel Heuchler), die **Heuchlerin** (pluriel Heuchlerinnen)

hypothèse

▷ Je n'en suis pas sûr, c'est seulement une hypothèse.
Ich bin mir nicht sicher, es ist nur eine Vermutung.

die **Vermutung** (pluriel Vermutungen)

Ii

ici

1 ▷ Assieds-toi ici.
Setz dich hier hin.
▷ La poste n'est pas loin d'ici.
Die Post ist nicht weit von hier.

1 (= à cet endroit) hier

► ...d'ici (= de cet endroit) : ...von hier

2 ▷ Je terminerai mon travail d'ici lundi.
Ich bringe meine Arbeit bis Montag fertig.

2 ► d'ici... (dans le temps) : bis...

3 ▷ Jusqu'ici, nous n'avons pas eu de problèmes.
Bis jetzt hatten wir keine Probleme.

3 ► jusqu'ici (dans le temps) : bis jetzt

ℹ *On dit aussi **bisher**.*

idéal, idéale

1 ▷ C'est l'endroit idéal pour un pique-nique.
Das ist der ideale Platz für ein Picknick.

1 (= meilleur) ideal

2 ▷ L'idéal, ça serait que tu le fasses toi-même.
Das Beste wäre, dass du es selbst machst.

2 ► l'idéal (= la solution idéale) : das Beste

idée

▷ C'est une super idée !
Das ist eine tolle Idee!

die Idee (pluriel Ideen)

identique

▷ Les deux chapeaux sont identiques.
Die zwei Hüte sind gleich.

gleich

identité

1 ▷ L'identité du meurtrier reste un mystère.
Die Identität des Mörders bleibt ein Rätsel.

1 (= état d'un individu) die Identität

2 ▷ La police fait souvent des contrôles d'identité.
Die Polizei überprüft öfters die Personalien.

2 (= preuves de l'identité de quelqu'un) die Personalien

ℹ *Ce mot est un pluriel.*

▷ J'ai oublié ma carte d'identité à la maison.
Ich habe meinen Personalausweis zu Hause vergessen.

► **carte d'identité :** der Personalausweis (pluriel –ausweise)

idiot, idiote

1 ▷ Tu es vraiment idiote !
Du bist wirklich dumm!

1 (adjectif = bête) **dumm** (**plus idiot** dümmer ; **le plus idiot** der dümmste)

2 ▷ C'est une idiote, ne fais pas attention à elle.
Sie ist eine Idiotin, gib nicht auf sie acht.

2 (= personne bête) der **Idiot** (pluriel Idioten), die **Idiotin,** (pluriel Idiotinnen)

ℹ *On dit aussi der* ***Trottel****, qui s'applique également aux filles ou aux femmes.*

3 ▷ Il faut toujours qu'il fasse l'idiot !
Er muss immer Faxen machen!

3 ► **faire l'idiot :** Faxen machen

idole

▷ Romain est l'idole de son petit frère.
Romain ist das Idol seines kleinen Bruders.

das **Idol** (pluriel Idole)

ℹ *On dit aussi der* ***Abgott*** (pluriel Abgötter).

igloo, iglou

▷ Venez dehors, on va construire un igloo !
Kommt raus, wir bauen ein Iglu!

das, der **Iglu** (pluriel Iglus)

ignorant, ignorante

▷ Steve est très ignorant.
Steve ist sehr unwissend.

unwissend

ignorer

1 ▷ Je lui ai dit bonjour, mais il m'a ignorée.
Ich habe ihm guten Tag gesagt, aber er hat mich ignoriert.

1 (= faire semblant de ne pas voir) **ignorieren**

ℹ *Les verbes se terminant en* ***-ieren*** *ne prennent pas* ***ge-*** *au participe passé.*

ℹ *On dit aussi* ***nicht beachten****.*

2 ▷ J'ignore pourquoi il m'a dit ça.
Ich weiß nicht, warum er mir das gesagt hat.

2 (= ne pas savoir) **nicht wissen** (weiß, wusste, gewusst)

il

1 ▷ Tu as vu Martial ? – Oui, il arrive.
Hast du Martial gesehen? – Ja, er kommt gleich.

1 *Quand* **il** *est sujet, en parlant d'une personne, il se traduit par* ***er****.*

2 ▷ J'aime bien ce manteau, mais il est un peu long.
Ich mag diesen Mantel gern, aber er ist etwas lang.
▷ Tu sens le soleil, comme il est chaud ?
Fühlst du die Sonne, wie warm sie ist?

2 *Quand* **il** *est sujet, en parlant d'une chose, il se traduit par* ***er****,* ***sie*** *ou* ***es****, selon le genre en allemand.*

3 ▻ Oh non, il pleut !
Oh nein, es regnet!

3 *Quand **il** est sujet d'un verbe impersonnel, il se traduit généralement par **es**.*

ℹ *L'expression **il y a** est présentée plus loin, à sa place alphabétique.*

île

▻ Ils sont en vacances sur une île grecque.
Sie machen auf einer griechischen Insel Ferien.

die **Insel** (pluriel **Inseln**)

illégal, illégale

▻ C'est illégal de voyager sans billet.
Es ist illegal, ohne Fahrkarte zu reisen.

illegal

illimité, illimitée

▻ La carte donne un accès illimité à tous les parcs.
Mit dieser Karte hat man unbegrenzten Zugang zu allen Parks.

unbegrenzt

illisible

▻ L'écriture de Noémie est illisible.
Noémies Handschrift ist unleserlich.

unleserlich

illuminé, illuminée

▻ Les rues sont illuminées pendant la période de Noël.
Die Straßen sind in der Weihnachtszeit beleuchtet.

(= éclairé) **beleuchtet**

illusion

▻ Ce n'est pas réel, ce n'est qu'une illusion.
Das gibt es nicht wirklich, das ist nur eine Sinnestäuschung.

die **Sinnestäuschung** (pluriel **-täuschungen**)

ℹ *On dit aussi die **Täuschung** tout court.*

illustration

▻ Le livre est plein d'illustrations magnifiques.
Das Buch ist voller wunderschöner Illustrationen.

die **Illustration** (pluriel **Illustrationen**)

illustré, illustrée

▻ Joël ne lit que des livres illustrés.
Jöel liest nur illustrierte Bücher.

illustriert

ils

▻ Ils se sont moqués de moi.
Sie haben sich über mich lustig gemacht.

sie

ℹ ***Sie** est aussi le pronom personnel féminin à la troisième personne du singulier.*

il y a, il y avait, il y aura

1 ▷ Il y a une pharmacie au coin de la rue.
An der Straßenecke ist eine Apotheke.
▷ Il y a une tache sur ta chemise.
Auf deinem Hemd ist ein Fleck.
▷ Il y aura une soirée chez Laura, tu y vas ?
Bei Laura gibt es eine Party, gehst du hin?
▷ Il y avait beaucoup de pigeons sur la statue.
Auf der Statue saßen viele Tauben.

1 Il n'existe pas de traduction directe en allemand pour **il y a**. *On peut employer* ***sein*** (ist, war, gewesen) *; dans ce cas,* **il** *n'est pas traduit. On peut aussi utiliser l'expression* ***es gibt***, *ou des verbes appropriés correspondant à la situation.*

2 ▷ Il n'y a pas de lait, je vais en acheter.
Es ist keine Milch da, ich gehe welche kaufen.
▷ Il n'y avait pas de filles dans mon groupe.
In meiner Gruppe gab es keine Mädchen.

*2 Pour dire qu'***il n'y a pas** *quelque chose, on emploie* ***da sein*** *ou l'expression* ***es gibt*** *avec* ***kein*** *(masculin et neutre) ou* ***keine*** *(féminin ou pluriel).*

3 ▷ Il n'y a plus de biscuits.
Es sind keine Kekse mehr da.
▷ Zut ! Il n'y a plus de pain !
Mist! Es ist kein Brot mehr da.

*3 Pour dire qu'***il n'y a plus** *quelque chose, on emploie* ***da sein*** *+* ***kein / keine*** *+* ***mehr***.

4 ▷ J'ai rencontré Samir il y a deux ans.
Ich habe Samir vor zwei Jahren kennengelernt.
▷ Ça s'est passé il y a une semaine.
Das ist vor einer Woche passiert.

4 Quand on parle du temps écoulé depuis un événement, on emploie le mot ***vor*** *en allemand.*

5 ▷ Il y a trois heures que j'attends.
Ich warte seit drei Stunden.
▷ Il y a combien de temps que tu es là ?
Seit wann bist du da?

5 L'expression **il y a... que** *se traduit par le présent +* ***seit*** *en allemand.*

ℹ *Pour demander depuis combien de temps on fait quelque chose, en emploie l'expression* ***seit wann*** *+ présent.*

image

1 ▷ Nous devons décrire l'image en allemand pour demain.
Bis morgen müssen wir das Bild auf Deutsch beschreiben.

1 (= une photo, un dessin, etc.) das **Bild** (pluriel Bilder)

2 ▷ Cet homme ne pense qu'à son image.
Dieser Mann denkt nur an sein Image.

2 (= l'apparence de quelqu'un) das **Image** /'ɪmɪtʃ/

🔈 *Notez la prononciation.*

imagination

▷ Dan a beaucoup d'imagination.
Dan hat viel Fantasie.

die **Fantasie**

imaginer

▷ Imagine que tu es sur une île déserte.
Stell dir vor, du wärst auf einer einsamen Insel.

sich **vorstellen**

▷ J'ai du mal à l'imaginer.
Ich kann es mir nur schwer vorstellen.

ℹ *vor•stellen est un verbe à particule séparable.*

ℹ *Le pronom personnel allemand s'emploie au datif : ich stelle mir vor, du stellst dir vor, er / sie stellt sich vor, wir stellen uns vor, ihr stellt euch vor, sie stellen sich vor.*

▷ Il s'imagine que ça va être facile.
Er stellt sich vor, dass es einfach sein wird.

► **s'imaginer que... :** sich vorstellen, dass...

imbécile

1 ▷ Espèce d'imbécile !
Du Idiot!

1 (= idiot) der **Idiot** (pluriel **Idioten**), die **Idiotin** (pluriel **Idiotinnen**)

ℹ *On dit aussi der Trottel, qui s'applique également aux filles ou aux femmes.*

2 ▷ Arrête de faire l'imbécile !
Hör doch auf, Blödsinn zu machen!

2 ► **faire l'imbécile :** Blödsinn machen

imitation

▷ Ce n'est pas de l'or, c'est une imitation.
Das ist kein Gold, nur eine Imitation.

▷ Youssouf fait de très bonnes imitations d'hommes politiques.
Youssouf imitiert sehr gut Politiker.

die **Imitation** (pluriel **Imitationen**)

► **faire une imitation de quelqu'un :** jemanden (accusatif) imitieren

ℹ *Les verbes se terminant en -ieren ne prennent pas ge- au participe passé.*

imiter

1 ▷ Bill imite très bien la prof de sport.
Bill imitiert die Sportlehrerin sehr gut.

1 (= copier une personne, une voix) **imitieren**

ℹ *Les verbes se terminant en -ieren ne prennent pas ge- au participe passé.*

2 ▷ Sandra a imité la signature de sa mère sur son bulletin.
Sandra hat die Unterschrift ihrer Mutter auf ihrem Zeugnis gefälscht.

2 (= copier une signature) **fälschen**

3 ▷ C'est un métal qui imite l'or.
Das ist ein Metall, das Gold ähnelt.

3 (= ressembler à) **ähneln**

immédiat, immédiate

▷ Sa réaction a été immédiate.
Seine Reaktion war unmittelbar.

unmittelbar

immédiatement

▷ Rends-moi ça immédiatement !
Gib mir das sofort zurück!

sofort

ℹ *On dit aussi auf der Stelle.*

immense

▷ Leur nouvel appartement est immense.
Ihre neue Wohnung ist riesig.

riesig

immeuble

1 ▷ Les immeubles de Chicago sont très hauts.
Die Gebäude in Chicago sind sehr hoch.

1 (= bâtiment en général) das **Gebäude** (pluriel Gebäude)

2 ▷ Charlotte habite dans un immeuble près de l'autoroute.
Charlotte wohnt in einem Wohnblock in der Nähe der Autobahn.

2 (= appartement) der **Wohnblock** (pluriel –blocks)

immigré, immigrée

▷ Le magasin appartient à une famille d'immigrés.
Das Geschäft gehört einer Einwandererfamilie.

▷ En Allemagne, il y a beaucoup de travailleurs immigrés turcs.
In Deutschland gibt es viele türkische Gastarbeiter.

der **Einwanderer** (pluriel Einwanderer), die **Einwanderin** (pluriel Einwanderinnen)
► **travailleur immigré :** der Gastarbeiter

immobile

▷ Le serpent était parfaitement immobile.
Die Schlange war vollkommen bewegungslos.

bewegungslos

immonde

▷ La nourriture est vraiment immonde.
Das Essen ist wirklich ekelhaft.

(= dégoûtant) **ekelhaft**

immortel, immortelle

▷ Sur leur planète, certains êtres sont immortels.
Auf ihrem Planeten gibt es unsterbliche Wesen.

unsterblich

immunisé, immunisée

▷ Ils sont immunisés contre cette maladie.
Sie sind gegen diese Krankheit immun.

► **être immunisé contre :** gegen + *accusatif* + immun sein

impair

▷ Les numéros impairs sont du côté gauche de la rue.
Die ungeraden Nummern sind auf der linken Straßenseite.

(en parlant d'un numéro ou d'un nombre) **ungerade**

imparfait

▷ Mettez tous les verbes à l'imparfait.
Setzt alle Verben ins Imperfekt.

► **l'imparfait :** das Imperfekt
► **mettre un verbe à l'imparfait :** ein Verb ins Imperfekt setzen

impasse

▷ Fais demi-tour, c'est une impasse.
Kehr um, das ist eine Sackgasse.

die **Sackgasse** (pluriel **-gassen**)

impatient, impatiente

▷ Ne sois pas si impatient !
Sei nicht so ungeduldig!

ungeduldig

impeccable

1 ▷ Raphaël est toujours impeccable.
Raphaël sieht immer tadellos aus.

1 (= très soigné) **tadellos**

2 ▷ Alors on se retrouve mardi ? – Impeccable !
Also treffen wir uns am Dienstag? – Spitze!

2 (= super) **Spitze**

imper

▷ Mets ton imper, il pleut.
Zieh deinen Regenmantel über, es regnet.

der **Regenmantel** (pluriel **-mäntel**)

impératrice

▷ Comment s'appelle l'impératrice dans cette saga ?
Wie heißt die Kaiserin in dieser Saga?

die **Kaiserin** (pluriel **Kaiserinnen**)

imperméable

1 ▷ Emporte ton imperméable, il va pleuvoir.
Nimm deinen Regenmantel mit, es wird regnen.

1 (= vêtement) der **Regenmantel** (pluriel **-mäntel**)

2 ▷ Ce tissu est imperméable.
Dieser Stoff ist wasserdicht.

2 (= étanche, en parlant d'un tissu) **wasserdicht**

impertinent, impertinente

▷ Laurent a été puni parce qu'il a été impertinent avec le prof.
Laurent ist bestraft worden, weil er frech zum Lehrer war.

frech

ℹ *On dit aussi* ***unverschämt***.

ℹ *Notez la préposition employée en allemand :* **impertinent avec** = ***frech zu*** *+ datif.*

impoli, impolie

▷ Elle a été très impolie avec moi.
Sie war sehr unhöflich zu mir.

unhöflich

ℹ *Notez la préposition employée en allemand :* **impoli avec** = ***unhöflich zu*** *+ datif.*

impopulaire

▷ Il est très impopulaire auprès des jeunes.
Er ist bei jungen Leuten sehr unbeliebt.

unbeliebt

importance

▷ Ça a beaucoup d'importance pour moi.
Es ist sehr wichtig für mich.

► **avoir de l'importance : wichtig sein** (**ist, war, gewesen**)

▷ Ne t'inquiète pas, ça n'a pas d'importance.
Keine Sorge, es hat keine Bedeutung.

► **ça n'a pas d'importance** (= ce n'est pas grave) : es *ou* das hat keine Bedeutung

important, importante

1 ▷ C'est important de bien écrire.
Es ist wichtig, gut zu schreiben.

▷ À mon avis, ce n'est pas important.
Meiner Meinung nach ist es unwichtig.

1 (en parlant de quelque chose ou de quelqu'un qui compte beaucoup) wichtig
► **pas important :** unwichtig

2 ▷ Il y a une différence importante entre les deux pays.
Es gibt einen großen Unterschied zwischen den zwei Ländern.
▷ Hambourg est une ville très importante.
Hamburg ist eine sehr große Stadt.

2 (en parlant de quelque chose qui est gros, qui est de taille importante) groß (**plus important** größer ; **le plus important** der größte)

importateur, importatrice

▷ Ils travaillent avec des importateurs de bambou.
Sie arbeiten mit Bambus-Importhändlern.

der Importhändler (pluriel -händler), die Importhändlerin (pluriel -händlerinnen)

importer

▷ Ils importent du riz de Chine.
Sie führen Reis aus China ein.

(des marchandises) einführen
ℹ *ein•führen est un verbe à particule séparable.*

impossible

▷ Tu peux le faire pour mardi ? – Non, c'est impossible.
Kannst du es bis Dienstag machen? – Nein, das ist unmöglich.

unmöglich

impôt

▷ Mes parents ont oublié de payer leurs impôts.
Meine Eltern haben vergessen, ihre Steuern zu bezahlen.

die Steuer (pluriel Steuern)

impression

1 ▷ Il m'a fait une très bonne impression.
Er hat einen sehr guten Eindruck auf mich gemacht.
▷ J'ai l'impression qu'il ne dit pas la vérité.
Ich habe den Eindruck, dass er nicht die Wahrheit sagt.

1 ► **faire une impression à quelqu'un :** einen Eindruck auf jemanden (accusatif) machen
► **avoir l'impression que... :** den Eindruck haben, dass...
ℹ *On dit aussi **das Gefühl haben, dass...***

2 ▷ Tu peux m'en faire une impression ?
Kannst du mir das ausdrucken?

2 ► **faire une impression de quelque chose** (= imprimer) : etwas ausdrucken

impressionnant, impressionnante

▷ J'ai vu leur spectacle, c'était très impressionnant.
Ich habe ihre Vorstellung gesehen, es war sehr beeindruckend.

(= qui fait beaucoup d'effet)
beeindruckend

impressionner

▷ Cet accident l'a beaucoup impressionnée.
Dieser Unfall hat sie sehr beeindruckt.

▷ Je suis impressionné par son talent.
Ich bin von seinem Talent beeindruckt.

beeindrucken

ℹ *Les verbes commençant par le préfixe* ***be-*** *ne prennent pas* ***ge-*** *au participe passé.*

► **être impressionné par** quelque chose **:** von etwas **beeindruckt sein**

imprévisible

▷ Cela pourrait avoir des conséquences imprévisibles.
Das könnte unvorhersehbare Konsequenzen haben.

(événement, réaction)
unvorhersehbar

imprimante

▷ Malik a une imprimante laser.
Malik hat einen Laserdrucker.

▷ Nous avons acheté une imprimante à jet d'encre.
Wir haben einen Tintenstrahldrucker gekauft.

der **Drucker** (pluriel Drucker)

► **imprimante laser :** der Laserdrucker

► **imprimante à jet d'encre :** der Tintenstrahldrucker

ℹ *Décomposez ce mot :* ***Tinte*** (encre) + ***Strahl*** (jet) + ***Drucker*** (imprimante).

imprimé, imprimée

1 ▷ Laïla porte une jolie robe imprimée.
Laïla trägt ein schönes bedrucktes Kleid.

1 (adjectif = avec des motifs)
bedruckt

2 ▷ Il y avait des imprimés au courrier ce matin.
Heute waren Drucksachen in der Post.

2 (= brochure) die **Drucksache** (pluriel -sachen)

imprimer

▷ Est-ce que tu pourrais imprimer ce document, s'il te plaît ?
Könntest du dieses Dokument bitte drucken?

drucken

improbable

▷ Il viendra ? – C'est très improbable.
Wird er kommen? – Das ist sehr unwahrscheinlich.

unwahrscheinlich

impulsif, impulsive

▷ Mon frère est très impulsif.
Mein Bruder ist sehr impulsiv.

impulsiv

Attention à l'orthographe du mot allemand.

inaperçu, inaperçue

▷ Mon anniversaire est resté complètement inaperçu.
Mein Geburtstag blieb völlig unbemerkt.

unbemerkt

inattendu, inattendue

▷ La décision du proviseur était inattendue.
Die Entscheidung des Schulleiters kam unerwartet.

unerwartet

inattention

▷ Basile a fait plusieurs fautes d'inattention.
Basile hat mehrere Flüchtigkeitsfehler gemacht.

► **faute d'inattention :** der **Flüchtigkeitsfehler** (pluriel **–fehler**)

inaugurer

1 ▷ Le nouveau gymnase a été inauguré hier.
Die neue Sporthalle wurde gestern eingeweiht.

1 (= inaugurer un bâtiment) **einweihen**

2 ▷ La statue sera inaugurée par le maire.
Das Standbild wird vom Bürgermeister enthüllt werden.

2 (= inaugurer une statue) **enthüllen**

ℹ *Les verbes commençant par le préfixe* ***ent-*** *ne prennent pas* ***ge-*** *au participe passé.*

incapable

1 ▷ Il est incapable de faire cuire un œuf.
Er ist unfähig, ein Ei zu kochen.

1 ► **être incapable de** + *infinitif* **:** **unfähig sein, zu** + *infinitif*

2 ▷ C'est une bande d'incapables !
Das ist eine Bande von Unfähigen!

2 (= personne) der / die **Unfähige** (pluriel **Unfähigen**)

ℹ *C'est un adjectif substantivé : on dit* ***ein Unfähiger****.*

incassable

▷ J'ai des lunettes incassables.
Ich habe eine bruchfeste Brille.

bruchfest

incendie

▷ Il y a eu un incendie au stade.
Es gab einen Brand im Stadium.

der **Brand** (pluriel **Brände**)

incertain, incertaine

▷ Notre futur est incertain.
Unsere Zukunft ist ungewiss.

ungewiss

ℹ *On dit aussi* ***unbestimmt****.*

incident

▷ Le match s'est déroulé sans incident.
Das Spiel lief ohne Zwischenfall ab.

der **Zwischenfall** (pluriel **–fälle**)

incliner

1 ▻ Incline ton verre pour que je puisse verser.
Halt dein Glas schräg, damit ich eingießen kann.

1 (une bouteille, un verre) **schräg halten** (**hält**, **hielt**, **gehalten**)

2 ▻ Pourriez-vous incliner légèrement votre siège ?
Könnten Sie Ihren Sitz ein bisschen verstellen?

2 (un siège) **verstellen**

3 ▻ Ils se sont inclinés devant le roi.
Sie haben sich vor dem König verbeugt.

3 ► **s'incliner :** sich **verbeugen**
ℹ *Les verbes commençant par le préfixe **ver-** ne prennent pas **ge-** au participe passé.*

inclure

1 ▻ La taxe n'est pas incluse dans le prix.
Die Steuer ist nicht im Preis eingeschlossen.

1 (= contenir) **einschließen**
ℹ ***ein•schließen** est un verbe à particule séparable et se conjugue comme **schließen** (**schloss**, **geschlossen**).*

2 ▻ N'oubliez pas d'inclure le chèque.
Vergessen Sie nicht, den Scheck beizufügen.

2 (= joindre à un envoi) **beifügen**
ℹ ***bei•fügen** est un verbe à particule séparable.*

inclus, incluse

▻ J'ai jusqu'au 10 avril inclus pour l'envoyer.
Ich habe bis einschließlich 10. April, um es abzuschicken.

(avec une date) **einschließlich**

incolore

▻ Je n'ai que du vernis à ongles incolore.
Ich habe nur farblosen Nagellack.

farblos

incomplet, incomplète

▻ J'ai eu une mauvaise note parce que ma réponse était incomplète.
Ich habe eine schlechte Note bekommen, weil meine Antwort unvollständig war.

unvollständig

incompréhensible

▻ Son explication était incompréhensible.
Seine Erklärung war unverständlich.

unverständlich

inconfortable

▻ Je n'ai jamais vu un fauteuil aussi inconfortable !
Ich habe noch nie einen so unbequemen Sessel gesehen!

unbequem

inconnu, inconnue

1 ▻ C'est un roman d'un écrivain inconnu.
Das ist ein Roman von einem unbekannten Schriftsteller.

1 (adjectif = qui n'est pas connu) **unbekannt**

2 ▷ Tu ne dois pas parler aux inconnus.
Du darfst nicht mit Fremden sprechen.

2 (= personne) der / die **Fremde** (pluriel Fremden)
ℹ *C'est un adjectif substantivé : on dit* ***ein Fremder.***

inconscient, inconsciente

1 ▷ Tu es complètement inconsciente !
Du bist ja vollkommen leichtsinnig!

1 (= qui ne réfléchit pas) **leichtsinnig**

2 ▷ Nous l'avons trouvé inconscient en bas de l'escalier.
Wir haben ihn bewusstlos unten an der Treppe gefunden.

2 (= évanoui) **bewusstlos**

3 ▷ C'était une réaction inconsciente.
Es war eine unbewusste Reaktion.

3 (= pas conscient) **unbewusst**

incontrôlable

▷ Il était complètement incontrôlable.
Er war völlig unkontrollierbar.

(un sentiment, une personne) **unkontrollierbar**

inconvénient

▷ L'inconvénient, c'est que ça coûte cher.
Der Nachteil ist, dass es viel kostet.

der **Nachteil** (pluriel -teile)

incorrect, incorrecte

▷ Au bout de deux réponses incorrectes, tu es éliminé.
Nach zwei falschen Antworten scheidest du aus.

(= faux) **falsch**

incroyable

▷ Noëlle nous a raconté une histoire incroyable.
Noëlle hat uns eine unglaubliche Geschichte erzählt.

unglaublich

incroyablement

▷ C'est incroyablement difficile.
Es ist unglaublich schwierig.

unglaublich

Inde

▷ New Delhi est la capitale de l'Inde.
Neu Delhi ist die Hauptstadt von Indien.

Indien
► **l'Inde :** Indien
ℹ *Ne prend l'article neutre que précédé d'un adjectif :* ***das hinduistische Indien*** (l'Inde hindouiste).

▷ Mon oncle a longtemps vécu en Inde.
Mein Onkel hat lange Zeit in Indien gelebt.
▷ Aimerais-tu aller en Inde ?
Würdest du gern nach Indien reisen?

► **en Inde** (= dans le pays) : in Indien

► **en Inde** (= vers le pays) : nach Indien

▷ Nadine est déjà allée plusieurs fois en Inde.
Nadine war schon mehrmals in Indien.

Attention : pour dire que quelqu'un **est déjà allé quelque part**, *on emploie une expression avec le prétérit du verbe* ***sein*** *+* ***schon***.

indéfini, indéfinie

▷ On l'écrit avec un article indéfini.
Man schreibt es mit unbestimmtem Artikel.

(= indéterminé) **unbestimmt**

indépendance

▷ Le pays a obtenu son indépendance en 1970.
Das Land hat seine Unabhängigkeit 1970 erlangt.

die **Unabhängigkeit**

indépendant, indépendante

▷ Julien est très indépendant.
Julien ist sehr selbstständig.

selbstständig

index

1 ▷ Il y a un index à la fin du catalogue.
Am Ende des Katalogs ist ein Verzeichnis.

1 (= liste alphabétique) das **Verzeichnis** (pluriel Verzeichnisse)

2 ▷ Ariel porte une bague à l'index.
Ariel trägt einen Ring am Zeigefinger.

2 (= doigt) der **Zeigefinger** (pluriel -finger)

Notez la préposition employée :
à l'index = *am Zeigefinger*.

indication

▷ Les indications du prof n'étaient pas très claires.
Die Anweisungen des Lehrers waren unklar.

(= recommandation) die **Anweisung** (pluriel Anweisungen)

indice

▷ Plusieurs indices montrent qu'il était ici ce matin.
Mehrere Anzeichen deuten darauf hin, dass er heute Morgen hier war.

(= signe) das **Anzeichen** (pluriel Anzeichen)

indien, indienne

1 ▷ J'aime bien la cuisine indienne.
Ich mag indisches Essen gern.

1 (= de l'Inde) **indisch**

2 ▷ J'ai enregistré des chants indiens.
Ich habe indianische Gesänge aufgenommen.

2 *Quand on parle de quelque chose qui appartient aux Indiens d'Amérique, on dit* ***indianisch***.

3 ▷ Les Indiennes portaient des saris très colorés.
Die Inderinnen trugen farbenfrohe Saris.

3 (= Indien de l'Inde) der **Inder** (pluriel Inder), die **Inderin** (pluriel Inderinnen)

4 ▷ Beaucoup d'Indiens vivent dans les réserves.
Viele Indianer leben in den Reservaten.

4 (= Indien d'Amérique) der **Indianer** (pluriel Indianer), die **Indianerin** (pluriel Indianerinnen)

indifférent, indifférente

▷ Sylvain est toujours si indifférent, rien ne l'intéresse.
Sylvain ist immer so gleichgültig, er interessiert sich für nichts.

(= qui ne montre pas d'intérêt)
gleichgültig

indigène

▷ Les Cheyennes sont un peuple indigène d'Amérique du Nord.
Die Cheyenne sind ein einheimisches Volk Nordamerikas.

einheimisch

indigestion

▷ Maya est au lit avec une indigestion.
Maya liegt mit Magenverstimmung im Bett.

▷ Si tu continues à manger comme ça, tu auras une indigestion !
Wenn du weiter so viel isst, verdirbst du dir den Magen!

die **Magenverstimmung** (pluriel -verstimmungen)

► **avoir une indigestion :** sich **den Magen verderben** (verdirbt, verdarb, verdorben)

ℹ *Les verbes commençant par le préfixe **ver-** ne prennent pas **ge-** au participe passé.*

ℹ *Le pronom personnel allemand s'emploie au datif : **ich verderbe mir den Magen, du verdirbst dir..., er / sie verdirbt sich..., wir verderben uns..., ihr verderbt euch..., sie verderben sich...***

indigné, indignée

▷ Ils étaient indignés de ne pas avoir été consultés.
Sie waren entrüstet, dass man sie nicht zu Rat gezogen hatte.

entrüstet

indiquer

1 ▷ Une dame nous a indiqué la pharmacie la plus proche.
Eine Dame hat uns die nächstliegende Apotheke gezeigt.

1 (= montrer) **zeigen**

2 ▷ Est-ce que vous pouvez m'indiquer la poste ?
Können Sie mir sagen, wo die Post ist?

2 *Quand on demande à quelqu'un d'**indiquer** quelque chose, on emploie en allemand une expression avec **sagen, wo / was / wie**.*

3 ▷ L'horloge indique midi et demi.
Die Uhr zeigt halb eins an.

3 (= dire, en parlant d'une horloge, d'une pancarte) **anzeigen**

ℹ ***an•zeigen** est un verbe à particule séparable*

4 ▷ Elle a indiqué du doigt le directeur.
Sie hat mit dem Finger auf den Direktor gedeutet.

4 ► **indiquer** quelqu'un ou quelque chose **du doigt : mit dem Finger auf** jemanden *ou* etwas (accusatif) **deuten**

indispensable

▷ Il est indispensable d'avoir un ordinateur.
Ein Computer ist unbedingt notwendig.

unbedingt notwendig

individu

▷ Il y a un individu louche qui traîne devant l'école.
Ein verdächtiges Individuum hängt vor der Schule herum.

das **Individuum** (pluriel **Individuen**)

individuel, individuelle

1 ▷ Ma mère achète de la soupe en sachets individuels.
Meine Mutter kauft Suppe in Einzelpackungen.

1 *Quand quelque chose est destiné à une seule personne, on forme des mots composés avec **Einzel-** : das **Einzelzimmer*** (chambre individuelle), *die **Einzelkabine*** (cabine individuelle), *etc.*

2 ▷ Chaque chambre a une douche individuelle.
Jedes Zimmer hat eine eigene Dusche.

2 (= privé) **eigen**

Indonésie

▷ J'ai acheté un livre sur l'Indonésie.
Ich habe mir ein Buch über Indonesien gekauft.

Indonesien
► **L'Indonésie : Indonesien**

ℹ *Ne prend jamais d'article.*

▷ Il travaille en Indonésie.
Er arbeitet in Indonesien.
▷ Ma mère va en Indonésie pour son travail.
Meine Mutter fliegt geschäftlich nach Indonesien.
▷ Tu es déjà allé en Indonésie ?
Warst du schon in Indonesien?

► **en Indonésie** (= dans le pays) : **in Indonesien**
► **en Indonésie** (= vers le pays) : **nach Indonesien**

Attention : pour dire que quelqu'un est **déjà allé quelque part**, *on emploie une expression avec le prétérit du verbe **sein** + **schon**.*

indonésien, indonésienne

1 ▷ J'aime beaucoup la cuisine indonésienne.
Ich mag die indonesische Küche sehr.

1 (adjectif) **indonesisch**

2 ▷ Paul est marié avec une Indonésienne.
Paul ist mit einer Indonesierin verheiratet.

2 (= personne) der **Indonesier** (pluriel **Indonesier**), die **Indonesierin** (pluriel **Indonesierinnen**)

induire

▷ Ses explications m'ont induit en erreur.
Seine Erklärungen haben mich irregeführt.

► **induire** quelqu'un **en erreur** : jemanden (accusatif) **irreführen**

indulgent, indulgente

▷ Le prof a été indulgent avec Sarah.
Der Lehrer war nachsichtig mit Sarah.

nachsichtig

industrie

▷ Quelle est la principale industrie dans la région ?
Was ist die größte Industrie in dieser Region?

die **Industrie** (pluriel **Industrien**)

industriel, industrielle

▷ C'est une région très industrielle.
Es ist eine sehr industrielle Region.

industriell

inefficace

▷ Le produit est inefficace contre les insectes.
Das Mittel ist gegen Insekten unwirksam.

(appareil, remède) **unwirksam**

inégalité

▷ Ils luttent contre les inégalités sociales.
Sie kämpfen gegen soziale Ungleichheiten.

(= différence) **Ungleichheit** (pluriel **Ungleichheiten**)

inévitable

▷ Ça devait arriver, c'était inévitable.
Das musste ja kommen, das war unvermeidlich.

unvermeidlich

inexact, inexacte

▷ Cette traduction est inexacte.
Diese Übersetzung ist ungenau.

(= fautif) **ungenau**

inexcusable

▷ Son comportement est inexcusable.
Sein Verhalten ist unverzeihlich.

(= impardonnable) **unverzeihlich**

inexpérimenté, inexpérimentée

▷ Le personnel était jeune et inexpérimenté.
Das Personal war jung und unerfahren.

unerfahren

inexplicable

▷ L'absence de Marc est inexplicable.
Marcs Abwesenheit ist unerklärlich.

unerklärlich

infarctus

▷ Le grand-père de Robin a eu un infarctus.
Robins Großvater hatte einen Herzinfarkt.

der **Herzinfarkt** (pluriel **-infarkte**)

infect, infecte

▷ Ce sandwich est infect !
Dieses Sandwich ist ja ekelhaft!

(= très mauvais, en parlant d'un goût ou d'une odeur) **ekelhaft**

s'infecter

▷ La blessure s'est infectée.
Die Wunde hat sich infiziert.

sich **infizieren**

ℹ *Les verbes se terminant en* ***-ieren*** *ne prennent pas* ***ge-*** *au participe passé.*

infection

▷ Il a une infection, il doit prendre des antibiotiques.
Er hat eine Infektion, er muss Antibiotika nehmen.

die **Infektion** (pluriel **Infektionen**)

inférieur, inférieure

1 ▷ Jérémie se sent inférieur à sa sœur.
Jérémie fühlt sich seiner Schwester unterlegen.

1 (= moins doué) **unterlegen**

2 ▷ Le nombre d'élèves est inférieur à celui de l'année dernière.
Die Schülerzahl ist geringer als letztes Jahr.

2 (= plus réduit, plus petit) **geringer**

ℹ *L'expression allemande emploie un comparatif :* ***geringer als****.*

3 ▷ Il y a eu un incendie dans les étages inférieurs.
In den unteren Stockwerken war ein Feuer ausgebrochen.

3 (= plus bas) **untere**

4 ▷ XVIII est inférieur à XIX.
XVIII ist kleiner als XIX.

4 (en mathématiques) **kleiner**

ℹ *L'expression allemande emploie un comparatif :* ***kleiner als****.*

infernal, infernale

1 ▷ Mon petit frère a été infernal !
Mein kleiner Bruder war unausstehlich!

1 (= insupportable, en parlant d'un enfant) **unausstehlich**

2 ▷ La chaleur ici est infernale !
Es ist ja höllisch heiß hier!

2 (= comme en enfer, au sens figuré) **höllisch**

infidèle

▷ Son mari lui a été infidèle.
Ihr Mann war ihr untreu.

untreu

infini, infinie

▷ L'univers est infini.
Der Weltraum ist unendlich.

(adjectif) **unendlich**

infiniment

▷ C'est infiniment mieux.
Das ist unendlich besser.

unendlich

infirme

1 ▷ La mère de Malika est infirme.
Malikas Mutter ist behindert.

1 (adjectif = handicapé) **behindert**

2 ▷ Ces sièges sont réservés aux infirmes.
Diese Plätze sind für Behinderte reserviert.

2 (= personne handicapée) der / die **Behinderte** (pluriel **Behinderten**)

ℹ *C'est un adjectif substantivé : on dit* ***ein Behinderter****.*

infirmerie

▷ Paul est allé à l'infirmerie parce qu'il saignait du nez.
Paul ist ins Krankenzimmer gegangen, weil er Nasenbluten hatte.

(dans une école) das **Krankenzimmer** (pluriel **-zimmer**)

infirmier

▷ Je voudrais être infirmier.
Ich würde gern Krankenpfleger werden.

der **Krankenpfleger** (pluriel **-pfleger**)

infirmière

▷ L'infirmière a pris ma température.
Die Krankenschwester hat meine Temperatur gemessen.

die **Krankenschwester** (pluriel **-schwestern**)

influence

▷ Les parents de Karim disent que j'ai une mauvaise influence sur lui.
Karims Eltern meinen, dass ich einen schlechten Einfluss auf ihn habe.

der **Einfluss** (pluriel **Einflüsse**)

influencer

▷ Je ne veux pas t'influencer, mais je pense que tu as tort.
Ich will dich ja nicht beeinflussen, aber ich glaube, dass du unrecht hast.

beeinflussen

ℹ *Les verbes commençant par le préfixe* ***be-*** *ne prennent pas* ***ge-*** *au participe passé.*

informaticien, informaticienne

▷ Kamal est un très bon informaticien.
Kamal ist ein sehr guter Informatiker.

der **Informatiker** (pluriel **Informatiker**), die **Informatikerin** (pluriel **Informatikerinnen**)

information

1 ▷ Il m'a donné une information très intéressante.
Er hat mir eine sehr interessante Information gegeben.

1 (= renseignement) die **Information** (pluriel **Informationen**)

2 ▷ Mes parents regardent les informations tous les soirs.
Meine Eltern sehen sich jeden Abend die Nachrichten an.

2 ► **les informations** (= les actualités) : die **Nachrichten**

informatique

▷ Marion est très bonne en informatique.
Marion ist in Datenverarbeitung sehr gut.

die **Datenverarbeitung**

informer

▷ Nous devons informer les parents de cet incident.
Wir müssen die Eltern über diesen Zwischenfall unterrichten.

► **informer** quelqu'un **:** jemanden (accusatif) **unterrichten**

ℹ *Notez la préposition en allemand :* informer de... = *über... unterrichten.*

ℹ *On dit aussi* ***informieren.***

infos

▷ Tu as écouté les infos ?
Hast du die Nachrichten gehört?

► **les infos** (= les actualités) **:** die Nachrichten

infuser

▷ Laisse infuser le thé quelques minutes.
Lass den Tee ein paar Minuten ziehen.

ziehen (zog, gezogen)

infusion

▷ Qui veut une infusion avant d'aller au lit ?
Wer will einen Kräutertee vor dem Schlafengehen?

der **Kräutertee** (pluriel -tees)

ingénieur

▷ Mon père est ingénieur.
Mein Vater ist Ingenieur.

der **Ingenieur** /ɪnʒeˈniøːɐ/ (pluriel Ingenieure), die **Ingenieurin** (pluriel Ingenieurinnen)

🔈 *Notez la prononciation.*

ingrédient

▷ Vérifie que tu as tous les ingrédients avant de commencer.
Sieh nach, ob du alle Zutaten hast, bevor du anfängst.

die **Zutat** (pluriel Zutaten)

initiales

▷ Tu n'as pas besoin de signer, mets simplement tes initiales.
Du brauchst nicht zu unterschreiben, schreib einfach deine Initialen.

die **Initialen**

initiation

▷ Je fais un stage d'initiation au chinois.
Ich mache einen Einführungskurs in Chinesisch.

► **stage d'initiation** *ou* **cours d'initiation :** der Einführungskurs (pluriel -kurse)

injection

▷ Il a besoin d'une injection d'insuline.
Er braucht eine Insulinspritze.

die **Spritze** (pluriel **Spritzen**)

injurier

▷ Il a été renvoyé trois jours pour avoir injurié un prof.
Er wurde drei Tage lang verwiesen, weil er einen Lehrer beschimpft hat.

beschimpfen

ℹ *Les verbes commençant par le préfixe* ***be-*** *ne prennent pas* ***ge-*** *au participe passé.*

injuste

▷ Ce que tu as dit à Marina était injuste.
Was du zu Marina gesagt hast war ungerecht.

ungerecht

innocent, innocente

▷ Tout le monde savait que Justin était innocent.
Alle wussten, dass Justin unschuldig war.

unschuldig

inoffensif, inoffensive

▷ Elle aboie beaucoup, mais elle est inoffensive.
Sie bellt viel, aber sie ist harmlos.

harmlos

inondation

▷ Il y a eu des inondations dans la région.
In der Region gab es Überschwemmungen.

die **Überschwemmung** (pluriel **Überschwemmungen**)

inonder

1 ▷ Le fleuve a inondé toute la ville.
Der Fluss hat die ganze Stadt überschwemmt.

1 **überschwemmen**

2 ▷ Qui a encore inondé la salle de bains ?
Wer hat schon wieder das Bad unter Wasser gesetzt?

2 *Quand on parle d'une pièce dans une maison, on dit plutôt* ***unter Wasser setzen.***

inoubliable

▷ Nous avons passé des vacances inoubliables en Écosse.
Wir haben unvergessliche Ferien in Schottland verbracht.

unvergesslich

inquiet, inquiète

▷ Ils ne sont pas rentrés, je suis inquiète.
Sie sind nicht nach Hause gekommen, ich bin besorgt.

(= soucieux) **besorgt**

inquiétant, inquiétante

▷ Ces nouvelles sont inquiétantes.
Das sind beunruhigende Nachrichten.

beunruhigend

inquiéter

1 ▷ Ça m'inquiète qu'il ne soit pas arrivé.
Es beunruhigt mich, dass er nicht angekommen ist.

1 (= tracasser) **beunruhigen**

2 ▷ Ne t'inquiète pas, c'est normal.
Mach dir keine Sorgen, das ist normal.
▷ Nous nous sommes inquiétés pour rien.
Wir haben uns umsonst Sorgen gemacht.

2 ► s'**inquiéter** : sich **Sorgen machen**

ℹ *Le pronom personnel allemand s'emploie au datif :* ***ich mache mir Sorgen, du machst dir Sorgen, er / sie macht sich Sorgen, wir machen uns Sorgen, ihr macht euch Sorgen, sie machen sich Sorgen.***

inscription

1 ▷ Les inscriptions au lycée se terminent vendredi.
Die Anmeldungen fürs Gymnasium enden am Freitag.

1 (= inscription dans une école ou un club) die **Anmeldung** (pluriel **Anmeldungen**)

2 ▷ Est-ce que tu as pensé à l'inscription au cours de danse ?
Hast du an die Einschreibung zur Tanzstunde gedacht?

2 (= inscription à un cours) die **Einschreibung** (pluriel **Einschreibungen**)

3 ▷ Le mur est couvert d'inscriptions.
Die Wand ist mit Inschriften bedeckt.

3 (= chose écrite) die **Inschrift** (pluriel **Inschriften**)

s'inscrire

1 ▷ Mon frère s'est inscrit à la fac.
Mein Bruder hat sich an der Uni angemeldet.
▷ Si tu t'inscris, je m'inscrirai aussi.
Wenn du dich anmeldest, melde ich mich auch an.

1 (à la fac, dans une école, dans un club) sich **anmelden**

ℹ *Le pronom personnel allemand s'emploie à l'accusatif :* ***ich melde mich an, du meldest dich an, er / sie meldet sich an, wir melden uns an, ihr meldet euch an, sie melden sich an.***

ℹ ***an•melden*** *est un verbe à particule séparable.*

2 ▷ Est-ce que tu t'inscris au cours de théâtre ?
Schreibst du dich für den Theaterkurs ein?
▷ Je me suis déjà inscrite.
Ich habe mich schon eingeschrieben.

2 (à un cours) sich **einschreiben**

ℹ ***ein•schreiben*** *est un verbe à particule séparable et se conjugue comme* ***schreiben*** (**schrieb, geschrieben**).

ℹ *Le pronom personnel allemand s'emploie à l'accusatif :* ***ich schreibe mich ein, du schreibst dich ein, er / sie schreibt sich ein, wir schreiben uns ein, ihr schreibt euch ein, sie schreiben sich ein.***

insecte

▷ Il y avait des insectes partout.
Überall waren Insekten.

das **Insekt** (pluriel **Insekten**)

inséparable

▷ Lise et Jean sont inséparables.
Lise und Jean sind unzertrennlich.

unzertrennlich

insigne

▷ Alain porte l'insigne de l'équipe de foot sur son pull.
Alain trägt das Abzeichen der Fussballmannschaft auf seinem Pullover.

das **Abzeichen** (pluriel **Abzeichen**)

insistance

▷ Il nous a mis en garde avec insistance.
Er hat uns nachdrücklich gewarnt.

► **avec insistance :** nachdrücklich

insister

1 ▷ Ça ne sert à rien d'insister.
Es nützt nichts, darauf zu bestehen.

1 (= s'obstiner) **darauf bestehen**

2 ▷ Ça ne répond pas. – Insiste !
Es meldet sich niemand. – Versuch es weiter!

2 (= continuer) **es weiter versuchen**

ℹ *Les verbes commençant par le préfixe* **ver-** *ne prennent pas* **ge-** *au participe passé.*

insolation

▷ Viens à l'ombre, tu vas attraper une insolation.
Komm in den Schatten, sonst bekommst du einen Sonnenstich.

► **attraper une insolation :** einen Sonnenstich bekommen (bekam, bekommen)

insolent, insolente

▷ Étienne a été insolent avec le professeur de français.
Étienne war frech zum Französischlehrer.

frech

ℹ *Notez la préposition employée en allemand :* insolent avec = ***frech zu***.

insomnie

▷ Ma mère a des insomnies.
Meine Mutter leidet an Schlaflosigkeit.

► **avoir des insomnies :** an Schlaflosigkeit leiden

insonorisé, insonorisée

▷ La pièce n'est pas insonorisée.
Der Raum ist nicht schalldicht.

schalldicht

inspecter

▷ Les écoles sont régulièrement inspectées.
Die Schulen werden regelmäßig inspiziert.

inspizieren

ℹ *Les verbes se terminant en* ***-ieren*** *ne prennent pas* **ge-** *au participe passé.*

inspecteur, inspectrice

▷ Un inspecteur va venir dans notre classe demain.
Ein Inspektor kommt morgen in unsere Klasse.

der **Inspektor** (pluriel Inspektoren), die **Inspektorin** (pluriel Inspektorinnen)

inspirer

1 ▷ Inspirez ! Expirez !
Einatmen! Ausatmen!

1 (= aspirer de l'air) **einatmen**
ℹ *ein•atmen est un verbe à particule séparable.*

2 ▷ Le sujet de la rédaction ne m'inspire pas tellement.
Das Aufsatzthema inspiriert mich nicht sehr.

2 (= donner l'inspiration) **inspirieren**
ℹ *Les verbes se terminant en -ieren ne prennent pas ge- au participe passé.*

installer

1 ▷ Quelqu'un est venu installer l'ordinateur.
Jemand ist gekommen, um den Computer zu installieren.

1 (= mettre en service) **installieren**
ℹ *Les verbes se terminant en -ieren ne prennent pas ge- au participe passé.*

2 ▷ Ils s'installent à Nîmes.
Sie lassen sich in Nîmes nieder.

2 ► **s'installer** (= déménager) : sich niederlassen
ℹ *nieder•lassen est un verbe à particule séparable et se conjugue comme lassen (lässt, ließ, gelassen).*

3 ▷ Installe-toi dans le canapé.
Mach's dir auf dem Sofa bequem.
▷ Après s'être installé, il n'a plus bougé de la soirée.
Nachdem er es sich bequem gemacht hatte, rührte er sich den ganzen Abend über nicht mehr.

3 ► **s'installer** (= s'asseoir) : es sich bequem machen
ℹ *Le pronom personnel allemand s'emploie au datif : ich mache es mir bequem, du machst es dir bequem, er / sie macht es sich bequem, wir machen es uns bequem, ihr macht es euch bequem, sie machen es sich bequem.*

instant

▷ Pendant un instant, j'ai cru que c'était Sophie.
Einen Moment lang glaubte ich, es wäre Sophie.
▷ Un instant, j'arrive !
Einen Moment, ich komme!
▷ Pour l'instant, je suis occupée.
Im Moment habe ich zu tun.

der **Moment** (pluriel Momente)
ℹ *On dit aussi der Augenblick.*

► **un instant !** : einen Moment!

► **pour l'instant** (= en ce moment) : im Moment

instantané, instantanée

1 ▷ La réaction de Adam a été instantanée.
Adams Reaktion kam augenblicklich.

1 (réponse, effet) **augenblicklich**

2 ▷ Je ne bois que du café instantané.
Ich trinke nur löslichen Kaffee.

2 (café) **löslich**
ℹ *On dit aussi Pulverkaffee.*

instituteur, institutrice

▷ Notre instituteur était très gentil.
Unser Grundschullehrer war sehr nett.

der **Grundschullehrer** (pluriel **-lehrer**), die **Grundschullehrerin** (pluriel **-lehrerinnen**)

instruction

▷ Lis les instructions avant de commencer.
Lies die Anweisungen, bevor du anfängst.

▷ Si tu suis mes instructions, tu n'auras pas de problème.
Wenn du meinen Anweisungen folgst, bekommst du kein Problem.

(= ordre ou conseil) die **Anweisung** (pluriel **Anweisungen**)

► **suivre les instructions** : **den Anweisungen folgen**

s'instruire

▷ Avec ce jeu on s'amuse et on s'instruit en même temps.
Mit diesem Spiel hat man Spaß und gleichzeitig bildet man sich.

sich **bilden**

ℹ *Le pronom personnel allemand est employé à l'accusatif :* ***ich bilde mich, du bildest dich, er / sie bildet sich, wir bilden uns, ihr bildet euch, sie bilden sich****.*

instrument

▷ Est-ce que tu joues d'un instrument de musique ?
Spielst du ein Musikinstrument?

das **Instrument** (pluriel **Instrumente**)

insuffisant, insuffisante

1 ▷ Mes résultats en géo sont insuffisants.
Meine Geografieleistungen sind ungenügend.

1 (en parlant des résultats scolaires) **ungenügend**

2 ▷ La quantité de boissons est insuffisante.
Es sind nicht genügend Getränke da.

2 *Pour dire qu'il n'y a* **pas assez** *de quelque chose en allemand, on emploie l'expression* ***nicht genügend****.*

insuline

▷ L'insuline est prescrite pour traiter le diabète.
Insulin wird zur Behandlung von Zuckerkrankheit verschrieben.

das **Insulin**

Attention à l'orthographe du mot allemand.

insulte

▷ Ils se sont envoyé des insultes.
Sie haben sich gegenseitig Beleidigungen an den Kopf geschmissen.

die **Beleidigung** (pluriel **Beleidigungen**)

insulter

▷ Marco a frappé Bernard parce qu'il l'avait insulté.
Marco hat Bernard geschlagen, weil er ihn beschimpft hatte.

► **insulter** quelqu'un : jemanden (accusatif) **beschimpfen**

▷ Elles se sont insultées pendant une demi-heure.
Sie haben sich eine halbe Stunde lang beschimpft.

► **s'insulter :** sich **beschimpfen**

insupportable

1 ▷ Ce bruit est insupportable !
Dieser Lärm ist unerträglich!

1 (en parlant d'une chose, d'une pensée) **unerträglich**

2 ▷ Je la trouve insupportable.
Ich finde sie unausstehlich.

2 (en parlant d'une personne) **unausstehlich**

intégration

▷ Ils réclament leur intégration dans l'Union européenne.
Sie fordern ihre Integration in die Europäische Union.

die **Integration**

s'intégrer

▷ Ils ont du mal à s'intégrer dans notre société.
Sie integrieren sich nur mit Schwierigkeiten in unsere Gesellschaft.

sich **integrieren**

ℹ *Les verbes se terminant en* ***-ieren*** *ne prennent pas* ***ge-*** *au participe passé.*

intégrisme

▷ Il y a différentes sortes d'intégrisme.
Es gibt verschiedene Arten von Fundamentalismus.

der **Fundamentalismus**

intégriste

▷ Ils ont arrêté des intégristes.
Sie haben Fundamentalisten verhaftet.

der **Fundamentalist** (pluriel **Fundamentalisten**), die **Fundamentalistin** (pluriel **Fundamentalistinnen**)

intelligent, intelligente

▷ Lucille est très intelligente.
Lucille ist sehr intelligent.

intelligent

intensif, intensive

▷ Je suis un cours intensif de russe.
Ich lege eine Intensivkurs in Russisch ab.

intensiv

Attention à l'orthographe du mot allemand.

intention

▷ Quelles sont ses intentions ?
Was sind seine Absichten?

▷ Je n'ai pas l'intention d'y aller avec lui.
Ich habe nicht die Absicht, mit ihm hinzugehen.

die **Absicht** (pluriel **Absichten**)

► **avoir l'intention de** + *infinitif* **: die Absicht haben, zu** + *infinitif*

interactif, interactive

▷ J'adore les jeux interactifs.
Ich liebe interaktive Spiele.

interaktiv
Attention à l'orthographe du mot allemand.

interclasse

▷ Ils se disputaient pendant l'interclasse.
Während der kleinen Pause stritten sie sich.

die **kleine Pause** (pluriel **Pausen**)

interdire

▷ Mes parents m'ont interdit de sortir.
Meine Eltern haben mir verboten auszugehen.
▷ Cette pub a été interdite en Angleterre.
Diese Werbung wurde in England verboten.

verbieten (**verbot**, **verboten**)

interdit, interdite

▷ Il est interdit de fumer dans l'école.
Es ist verboten, in der Schule zu rauchen.

verboten

intéressant, intéressante

▷ L'article n'était vraiment pas intéressant.
Der Artikel war wirklich nicht interessant.
▷ Le prix est très intéressant.
Der Preis ist sehr interessant.

interessant

intéresser

▷ Ton histoire ne m'intéresse pas.
Deine Geschichte interessiert mich nicht.
▷ Elle a réussi à l'intéresser au rugby.
Es ist ihr gelungen, ihn für Rugby zu interessieren.
▷ Thomas s'intéresse beaucoup à l'écologie.
Thomas interessiert sich sehr für Umweltschutz.
▷ Depuis quelque temps, je m'intéresse au jazz.
Seit einiger Zeit interessiere ich mich für Jazz.

interessieren

Les verbes se terminant en ***-ieren*** *ne prennent pas* ***ge-*** *au participe passé.*

► **s'intéresser à** quelque chose : **sich für** etwas **interessieren**

Le pronom personnel allemand est employé à l'accusatif : ***ich interessiere mich, du interessierst dich, er / sie interessiert sich, wir interessieren uns, ihr interessiert euch, sie interessieren sich.***

intérêt

1 ▷ Il ne manifeste aucun intérêt pour les livres.
Er zeigt kein Interesse an Büchern.
▷ Ce film est sans intérêt.
Dieser Film ist uninteressant.

1 das **Interesse**

► **sans intérêt : uninteressant**

2 ▷ Tu as intérêt à te taire !
Es liegt in deinem Interesse, den Mund zu halten!

2 ► **tu as intérêt à... : es liegt in deinem Interesse, zu...**

3 ▷ Les taux d'intérêt sont très élevés en ce moment.
Die Zinssätze sind im Moment sehr hoch.

3 (= intérêt qu'on paie sur un emprunt) der **Zins** (pluriel **Zinsen**)

intérieur

1 ▷ L'intérieur de la maison est plus joli que l'extérieur.
Das Innere des Hauses sieht besser aus als das Äußere.

1 ► **l'intérieur** (= la partie qui est dedans) : das **Innere**

2 ▷ Je me suis fait piquer à l'intérieur de la cuisse.
Ich bin an der Innenseite des Schenkels gestochen worden.

2 ► **l'intérieur** (= la face interne) : die **Innenseite**

3 ▷ Je vous attendrai à l'intérieur.
Ich warte drinnen auf euch.

3 ► **à l'intérieur :** **drinnen**

4 ▷ Vous ne pouvez pas fumer à l'intérieur du bâtiment.
Sie dürfen im Gebäude nicht rauchen.

4 ► **à l'intérieur de :** **in**

internat

▷ Les parents de Marc veulent l'envoyer dans un internat.
Marcs Eltern wollen ihn in ein Internat schicken.

(= école) das **Internat** (pluriel **Internate**)

international, internationale

▷ J'aime bien me tenir au courant de la politique internationale.
Ich halte mich gern über die internationale Politik auf dem Laufenden.

international

internaute

▷ Beaucoup d'internautes achètent en ligne.
Viele Websurfer kaufen online.

der **Websurfer** (pluriel **-surfer**), die **Websurferin** (pluriel **-surferinnen**)

ℹ *On dit aussi* ***Internetsurfer***.

interne

▷ Les internes n'ont pas le droit de sortir après dix-huit heures.
Internatsschüler dürfen nach achtzehn Uhr die Schule nicht verlassen.

der **Internatsschüler** (pluriel **-schüler**), die **Internatsschülerin** (pluriel **-schülerinnen**)

Internet

▷ J'utilise très souvent l'Internet.
Ich benütze oft das Internet.

das **Internet**

▷ Je me suis connecté à l'Internet pour réserver des places pour le concert.
Ich habe mich ins Internet eingeloggt, um Plätze für das Konzert zu reservieren.

► **se connecter à l'Internet :** sich **ins Internet einloggen**

interphone

▷ J'ai appuyé sur le bouton de l'interphone, mais personne n'a répondu.
Ich habe auf den Knopf der Sprechanlage gedrückt, aber niemand hat geantwortet.

die **Sprechanlage** (pluriel **-anlagen**)

interprète

1 ▷ Je connais la chanson mais pas l'interprète.
Ich kenne das Lied, aber nicht den Interpreten.

1 (d'une chanson) der **Interpret** (pluriel **Interpreten**), die **Interpretin** (pluriel **Interpretinnen**)

2 ▷ Elle veut devenir interprète.
Sie will Dolmetscherin werden.

2 (= traducteur) der **Dolmetscher** (pluriel **Dolmetscher**), die **Dolmetscherin** (pluriel **Dolmetscherinnen**)

interpréter

1 ▷ Il y a plusieurs façons d'interpréter ce texte.
Es gibt mehrere Möglichkeiten, diesen Text auszulegen.

1 (= comprendre) **auslegen**

ℹ ***aus•legen*** *est un verbe à particule séparable.*

2 ▷ Le pianiste a interprété un morceau de Mozart.
Der Pianist hat ein Stück von Mozart interpretiert.

2 (= jouer de la musique, chanter) **interpretieren**

ℹ *Les verbes se terminant en **-ieren** ne prennent pas **ge-** au participe passé.*

3 ▷ L'acteur interprétait le grand-père.
Der Schauspieler stellte den Großvater dar.

3 (= jouer un rôle) **darstellen**

ℹ ***dar•stellen*** *est un verbe à particule séparable.*

4 ▷ Elle interprète pour la télévision.
Sie dolmetscht für das Fernsehen.

4 (= traduire) **dolmetschen**

interro, interrogation écrite

▷ On a une interro d'allemand mardi.
Dienstag schreiben wir eine Deutscharbeit.

die **Arbeit** (pluriel **Arbeiten**)

interroger

1 ▷ Le prof nous interroge régulièrement.
Der Lehrer testet uns regelmäßig.

1 (= tester les connaissances) **testen**

2 ▷ Elle m'a interrogé sur l'école.
Sie hat mich über die Schule befragt.

2 (= poser des questions) **befragen**

ℹ *Les verbes commençant par le préfixe **be-** ne prennent pas **ge-** au participe passé.*

3 ▷ La police a interrogé plusieurs personnes.
Die Polizei hat mehrere Leute verhört.

3 (en parlant de la police, de la justice) **verhören**

ℹ *Les verbes commençant par le préfixe **ver-** ne prennent pas **ge-** au participe passé.*

interrompre

▷ Ne m'interromps pas sans arrêt !
Unterbrich mich nicht dauernd!

unterbrechen (unterbricht, unterbrach, unterbrochen)

interrupteur

▷ L'interrupteur est à gauche de la porte.
Der Schalter ist links neben der Tür.

der **Schalter** (pluriel Schalter)

intervalle

▷ Il y a un petit intervalle entre les deux murs.
Zwischen den Wänden ist ein kleiner Abstand.
▷ Vous partirez avec un intervalle de 15 secondes.
Ihr startet mit einem Abstand von 15 Sekunden.
▷ Mon PC plante à intervalles réguliers.
Mein PC bricht in regelmäßigen Abständen zusammen.

(dans l'espace et dans le temps) der **Abstand** (pluriel Abstände)

► **à intervalles réguliers :** in regelmäßigen Abständen

intervenir

▷ Le directeur a dû intervenir pour les séparer.
Der Direktor musste eingreifen, um sie zu trennen.

eingreifen

i ***ein•greifen*** *est un verbe à particule séparable et se conjugue comme* ***greifen*** (griff, gegriffen).

intervertir

▷ J'ai interverti les mots.
Ich habe die Wörter umgestellt.

umstellen

i ***um•stellen*** *est un verbe à particule séparable.*

interview

▷ Avez-vous vu l'interview de la chancelière hier soir ?
Habt ihr das Interview der Kanzlerin gestern Abend gesehen?

das **Interview** /'ɪntɐvju:/ (pluriel Interviews)

interviewer

▷ La journaliste a interviewé des agriculteurs.
Die Journalistin hat Landwirte interviewt.

interviewen /ɪntɐ'vju:ən/

i *Ce mot ne prend pas* ***ge-*** *au participe passé.*

intime

1 ▷ Je ne vais pas te raconter ça, c'est très intime !
Das werde ich dir nicht erzählen, das ist sehr persönlich!

1 (= personnel) **persönlich**

2 ▷ Julie et Nathan sont amis intimes.
Julie und Nathan sind enge Freunde.

2 ► **ami intime, amie intime :** der enge Freund (pluriel Freunde), die enge Freundin (pluriel Freundinnen)

intimider

▷ Le professeur de physique m'intimide.
Der Physiklehrer schüchtert mich ein.

einschüchtern
ℹ *ein•schüchtern est un verbe à particule séparable.*

intituler

1 ▷ Comment est-ce que tu vas intituler ton exposé ?
Wie wirst du dein Referat betiteln?

1 (= appeler) **betiteln**
ℹ *Les verbes commençant par le préfixe be- ne prennent pas ge- au participe passé.*

2 ▷ Le chapitre s'intitule « Paris ».
Das Kapitel trägt den Titel „Paris".

2 ► **s'intituler : den Titel tragen** (trägt, trug, getragen)

intoxication alimentaire

▷ Juliette a une intoxication alimentaire.
Juliette hat eine Nahrungsmittelvergiftung.

die **Nahrungsmittelvergiftung** (pluriel -vergiftungen)

intrigue

▷ L'intrigue est assez compliquée.
Die Handlung ist ziemlich kompliziert.

(de film, de roman) die **Handlung** (pluriel Handlungen)

introduction

▷ Pour l'instant, je n'ai écrit que l'introduction de ma rédaction.
Bis jetzt habe ich nur die Einleitung meines Aufsatzes geschrieben.

(en parlant d'un texte) die **Einleitung** (pluriel Einleitungen)

inutile

1 ▷ Pourquoi gardes-tu tous ces objets inutiles ?
Warum behältst du alle diese unnützen Sachen?

1 (= qui ne sert à rien) **unnütz**

2 ▷ Ces précautions sont inutiles.
Diese Vorsichtsmaßnahmen sind unnötig.

2 (= qui n'est pas nécessaire) **unnötig**
ℹ *On dit aussi überflüssig.*

▷ Inutile d'insister, j'ai dit non !
Es ist unnötig, darauf zu bestehen, ich habe nein gesagt!

► **inutile de** + *infinitif* **: es ist unnötig, zu** + *infinitif*

invalide

1 ▷ La grand-mère de Pierrot est invalide.
Pierrots Großmutter ist invalide.

1 (adjectif) **invalide**

2 ▷ Ces sièges sont réservés aux invalides.
Diese Plätze sind für Invalide reserviert.

2 (= personne) der / die **Invalide**
ℹ *C'est un adjectif substantivé : on dit ein Invalider.*

invasion

▷ En été, il y a une invasion de touristes sur les plages.
Im Sommer gibt es an den Stränden eine Touristeninvasion.

die **Invasion** (pluriel Invasionen)

inventer

▷ Qui a inventé le téléphone ?
Wer hat das Telefon erfunden?

erfinden (erfand, erfunden)

ℹ *Les verbes commençant par le préfixe er- ne prennent pas ge- au participe passé.*

inventeur, inventrice

▷ Karl Benz est un célèbre inventeur allemand.
Karl Benz ist ein berühmter deutscher Erfinder.

der **Erfinder** (pluriel Erfinder), die **Erfinderin** (pluriel Erfinderinnen)

invention

▷ Quelle drôle d'invention !
Was für eine komische Erfindung!

die **Erfindung** (pluriel Erfindungen)

inverse

1 ▷ Non, c'est l'inverse !
Nein, es ist das Gegenteil!

1 ► **l'inverse :** das Gegenteil

2 ▷ Ils arrivaient en sens inverse.
Sie kamen aus der entgegengesetzten Richtung.
▷ Nous sommes partis en sens inverse.
Wir sind in die entgegengesetzte Richtung gegangen.

2 ► **en sens inverse** (arriver) **:** aus der entgegengesetzten Richtung
► **en sens inverse** (aller) **:** in die entgegengesetzte Richtung

3 ▷ On joue dans le sens inverse des aiguilles d'une montre.
Wir spielen gegen den Uhrzeigersinn.

3 ► **dans le sens inverse des aiguilles d'une montre :** gegen den Uhrzeigersinn

inverser

▷ Dans cet exercice, tu dois inverser l'ordre des mots.
In dieser Übung musst du die Wortfolge umkehren.

umkehren

ℹ *um•kehren est un verbe à particule séparable.*

investir

▷ Ils investissent tout leur argent dans leur magasin.
Sie investieren ihr ganzes Geld in ihr Geschäft.

(= placer de l'argent) **investieren**

ℹ *Les verbes se terminant en -ieren ne prennent pas ge- au participe passé.*

invisible

▷ La tache est invisible.
Der Fleck ist unsichtbar.

unsichtbar

invitation

▷ Est-ce que tu as reçu une invitation pour la soirée de Michael ?
Hast du eine Einladung zu Michaels Party bekommen?

die **Einladung** (pluriel Einladungen)

invité

▷ Nous avions huit invités hier soir.
Gestern Abend hatten wir acht Gäste.

(= personne qu'on a invitée) der **Gast** (pluriel **Gäste**)

inviter

▷ Je n'ai pas envie d'inviter toute la classe à ma fête.
Ich habe keine Lust, die ganze Klasse zu meiner Party einzuladen.
▷ Qu'est-ce que tu veux boire ? Je t'invite !
Was willst du trinken? Ich lade dich ein!

einladen

ℹ ***ein•laden*** *est un verbe à particule séparable et se conjugue comme* ***laden*** (**lädt**, **lud**, **geladen**).

invraisemblable

▷ Lucas nous a raconté une histoire invraisemblable.
Lucas hat uns eine unglaubliche Geschichte erzählt.

(= incroyable) **unglaublich**

irlandais, irlandaise

1 ▷ La campagne irlandaise est très jolie.
Die irische Landschaft ist sehr schön.

1 (adjectif) **irisch**

2 ▷ Nos voisins sont des Irlandais.
Unsere Nachbarn sind Iren.

2 (= personne) der **Ire** (pluriel **Iren**), die **Irin** (pluriel **Irinnen**)

Irlande

▷ L'Irlande est une île.
Irland ist eine Insel.

Irland

► **l'Irlande : Irland**

ℹ *Ne prend l'article neutre que précédé d'un adjectif :* ***das grüne Irland*** (l'Irlande verte).

▷ Ils vivent en Irlande depuis trois ans.
Sie leben seit drei Jahren in Irland.
▷ Et si on allait en Irlande cet été ?
Und wenn wir diesen Sommer nach Irland führen?
▷ Est-ce que tu es déjà allé en Irlande ?
Warst du schon in Irland?

► **en Irlande** (= dans le pays) : **in Irland**

► **en Irlande** (= vers le pays) : **nach Irland**

✋ *Attention : pour dire que quelqu'un* est déjà allé quelque part, *on emploie une expression avec le prétérit du verbe* ***sein*** *+* ***schon***.

ironique

▷ Il nous regardait avec un sourire ironique.
Er sah uns an und lächelte ironisch.

ironisch

irréel, irréelle

▷ Ils vivent dans un monde irréel.
Sie leben in einer irrealen Welt.

irreal

irrégulier, irrégulière

▷ Nous devons réviser tous les verbes irréguliers pour demain.
Wir müssen alle unregelmäßigen Verben für morgen wiederholen.

unregelmäßig

irriter

1 ▷ Il m'irrite avec ses blagues idiotes.
Er verärgert mich mit seinen dummen Witzen.

1 (= agacer) **verärgern**

ℹ *Les verbes commençant par le préfixe* ***ver-*** *ne prennent pas* ***ge-*** *au participe passé.*

2 ▷ La fumée m'irrite les yeux.
Der Rauch reizt meine Augen.

2 (= rendre sensible) **reizen**

islam

▷ Il s'intéresse à l'islam.
Er interessiert sich für den Islam.
▷ Quel est le statut de la femme dans l'Islam ?
Welche Stellung hat die Frau in der islamischen Welt?

der **Islam**

► **l'Islam** (= l'ensemble des peuples, la civilisation) : die **islamische Welt**

islamique

▷ Le Pakistan est une république islamique.
Pakistan ist eine islamische Republik.

islamisch

isolé, isolée

1 ▷ Leur maison est très isolée.
Ihr Haus ist sehr abgelegen.

1 (= éloigné) **abgelegen**

2 ▷ Je me sens parfois un peu isolé.
Manchmal fühle ich mich etwas isoliert.

2 (= seul) **isoliert**

3 ▷ C'était un incident isolé.
Das war ein einzelner Zwischenfall.

3 (= particulier) **einzeln**

issue de secours

▷ Il y a des issues de secours partout dans la salle.
Im Saal sind überall Notausgänge.

der **Notausgang** (pluriel **-ausgänge**)

Italie

▷ L'Italie est l'un des pays les plus visités du monde.
Italien ist eins der meistbesuchten Länder.

Italien

► **l'Italie : Italien**

ℹ *Ne prend l'article neutre que précédé d'un adjectif :* ***das barocke Italien*** (l'Italie baroque).

▷ Notre séjour en Italie s'est très bien passé.
Unser Aufenthalt in Italien ist sehr gut verlaufen.
▷ Ils partent en Italie dans trois jours.
In drei Tagen fahren sie nach Italien.

► **en Italie** (= dans le pays) : **in Italien**

► **en Italie** (= vers le pays) : **nach Italien**

▷ Nous sommes déjà allés en Italie l'année dernière.
Wir waren letztes Jahr schon in Italien.

Attention : pour dire que quelqu'un est déjà allé quelque part, *on emploie une expression avec le prétérit du verbe* ***sein*** *+* ***schon****.*

italien, italienne

1 ▷ Sienne est l'une des plus belles villes italiennes.
Sienna ist eine der schönsten italienischen Städte.

1 (adjectif) **italienisch**

2 ▷ Beaucoup d'Italiens viennent en Corse en été.
Viele Italiener kommen im Sommer nach Korsika.

2 (= personne) der **Italiener** (pluriel Italiener), die **Italienerin** (pluriel Italienerinnen)

3 ▷ Ludo est bon en italien.
Ludo ist in Italienisch gut.

3 (= langue) **Italienisch**

itinéraire

1 ▷ Nous avons pris un itinéraire plus court que d'habitude.
Wir haben eine kürzere Strecke als sonst genommen.

1 *Quand l'itinéraire est emprunté en voiture, on dit die* ***Strecke*** (pluriel Strecken) *ou der* ***Weg*** (pluriel Wege).

2 ▷ Mon itinéraire passe par le stade.
Mein Weg führt über das Stadium.

2 *Quand l'itinéraire est emprunté à pied, on dit der* ***Weg*** (pluriel Wege).

ivoire

▷ L'ivoire vient des défenses des éléphants.
Elfenbein kommt von den Stoßzähnen der Elefanten.

▷ Mon piano est ancien, les touches sont en ivoire.
Mein Klavier ist alt, die Tasten sind aus Elfenbein.

▷ C'est un bracelet ancien en ivoire.
Das ist ein altes Elfenbeinarmband.

das **Elfenbein**

► **être en ivoire :** aus Elfenbein sein

Pour dire que quelque chose est en ivoire *ou* d'ivoire, *on forme des mots composés avec* ***Elfenbein*** *: die* ***Elfenbeinküste*** (la Côte d'Ivoire).

ivre

▷ Il est ivre, il faut le ramener à la maison.
Er ist betrunken, wir müssen ihn nach Hause bringen.

betrunken

ivrogne

▷ Ce bar est plein d'ivrognes.
Diese Kneipe ist voll von Säufern.

der **Säufer** (pluriel Säufer), die **Säuferin** (pluriel Säuferinnen)

Jj

jalousie

1 ▷ David m'a dit qu'il n'aimait pas mon nouveau vélo, mais c'était seulement de la jalousie.
David hat mir gesagt, dass er mein neues Fahrrad nicht mag, aber das war nur Neid.

1 (= envie) der **Neid**

2 ▷ Marion était malade de jalousie.
Marion war krank vor Eifersucht.

2 (en amour ou en amitié) die **Eifersucht**

jaloux, jalouse

1 ▷ Lionel est jaloux des bonnes notes de Mourad.
Lionel ist auf Mourads gute Noten neidisch.

1 (= envieux) **neidisch**
► **être jaloux de** quelqu'un *ou* quelque chose : **auf** jemanden *ou* etwas (accusatif) **neidisch sein**

2 ▷ Mon petit ami est très jaloux.
Mein Freund ist sehr eifersüchtig.

2 (en amour ou en amitié) **eifersüchtig**

jamais

1 ▷ Je n'ai jamais rencontré les parents de Suzie.
Ich habe Suzies Eltern nie getroffen.
▷ Je ne te parlerai plus jamais !
Ich rede nie wieder mit dir!

1 *Quand la phrase a une valeur négative, on emploie* ***nie****.*
► **plus jamais :** nie wieder

2 ▷ C'est la plus belle ville que j'aie jamais vue.
Das ist die schönste Stadt, die ich je gesehen habe.

2 *Quand la phrase n'a pas de valeur négative, on emploie* ***je*** */je:/.*

jambe

▷ Grégory s'est cassé la jambe au ski.
Grégory hat sich beim Skifahren das Bein gebrochen.

das **Bein** (pluriel **Beine**)

▷ J'avais les jambes en coton de peur.
Ich hatte ganz weiche Knie vor Angst.

► **avoir les jambes en coton** (= se sentir faible) : **weiche Knie haben** (hat, hatte, gehabt)

jambon

▷ Peux-tu me donner un sandwich au jambon ?
Kannst du mir ein Schinkensandwich geben?

▷ Je préfère le jambon fumé au jambon blanc.
Ich mag geräucherten Schinken lieber als gekochten.

der **Schinken** (pluriel **Schinken**)

► **jambon blanc :** gekochter Schinken

► **jambon fumé :** geräucherter Schinken

janvier

▷ En janvier, il fait très froid ici.
Im Januar ist es hier sehr kalt.

▷ Nous partons le vingt-six janvier.
Wir fahren am sechsundzwanzigsten Januar.

der **Januar**

► **en janvier, au mois de janvier :** im Januar

ℹ *On écrit* ***am 26. Januar****.*

Japon

▷ Ma mère revient du Japon aujourd'hui.
Meine Mutter kommt heute aus Japan zurück.

Japan

► **le Japon :** Japan

ℹ *Ne prend l'article neutre que précédé d'un adjectif :* ***das traditionelle Japan*** (le Japon traditionnel).

▷ Ils ont vécu au Japon pendant dix ans.
Sie haben zehn Jahre in Japan gelebt.

▷ Nous sommes passés par Amsterdam pour aller au Japon.
Wir sind über Amsterdam nach Japan geflogen.

► **au Japon** (= dans le pays) **:** in Japan

► **au Japon** (= vers le pays) **:** nach Japan

▷ Guillaume est déjà allé au Japon.
Guillaume war schon in Japan.

⚠ *Attention : pour dire que quelqu'un* **est déjà allé quelque part**, *on emploie une expression avec le prétérit du verbe* ***sein*** *+* ***schon****.*

japonais, japonaise

1 ▷ J'adore la cuisine japonaise.
Ich liebe die japanische Küche.

1 (adjectif) **japanisch**

2 ▷ Un groupe de Japonais visitait l'église en même temps que nous.
Eine Gruppe von Japanern hat die Kirche zur selben Zeit wie wir besichtigt.

2 (= personne) der **Japaner** (pluriel **Japaner**), die **Japanerin** (pluriel **Japanerinnen**)

3 ▷ Il faut connaître le japonais pour travailler dans cette société.
Man muss Japanisch können, um in dieser Firma zu arbeiten.

3 (= langue) **Japanisch**

jardin

1 ▷ Mon père est dans le jardin, il tond la pelouse.
Mein Vater ist im Garten, er mäht den Rasen.

1 der **Garten** (pluriel **Gärten**)

2 ▷ On a passé l'après-midi au jardin public.
Wir haben den Nachmittag im Park verbracht.

2 ► **jardin public :** der **Park** (pluriel **Parks**)

jardinage

▷ J'ai fait un peu de jardinage ce week-end.
Ich habe am Wochenende etwas Gartenarbeit gemacht.

die **Gartenarbeit**

jardinier, jardinière

▷ Les parents de Sam ont un jardinier.
Sams Eltern haben einen Gärtner.
▷ Marc est jardinier.
Marc ist Gärtner.

der **Gärtner** (pluriel **Gärtner**), die **Gärtnerin** (pluriel **Gärtnerinnen**)

jaune

1 ▷ Passe-moi le surligneur jaune.
Gib mir mal den gelben Textmarker.

1 (= couleur) **gelb**

2 ▷ Le jaune est une couleur gaie.
Gelb ist eine fröhliche Farbe.

2 ► **le jaune** (= la couleur jaune) : **Gelb**

ℹ *Remarquez qu'il n'y a pas d'article en allemand.*

3 ▷ J'ai besoin de trois jaunes d'œufs pour cette recette.
Ich brauche drei Eigelb für dieses Rezept.

3 ► **jaune d'œuf :** das **Eigelb**

ℹ *Ce mot s'emploie uniquement au singulier.*

Javel

▷ L'eau de Javel a laissé une marque blanche sur ma chemise.
Die Chlorbleiche hat einen weißen Fleck auf meinem Hemd hinterlassen.

► **eau de javel :** die **Chlorbleiche**

L'eau de Javel ne s'utilise pas en Allemagne, où on prend plutôt des produits spécifiques.

jazz

▷ Mes parents écoutent souvent du jazz.
Meine Eltern hören oft Jazz.

der **Jazz** /dʒæs/

Notez la prononciation.

je

▷ Je préfère le chocolat noir.
Ich mag Zartbitterschokolade lieber.

ich

jean

▷ Ce jean est trop petit pour moi.
Diese Jeans ist zu klein für mich.

die **Jeans** /dʒi:nz/

ℹ *Ce mot peut se conjuguer au singulier et au pluriel.*

Notez la prononciation.

jetable

▷ Est-ce que tu as déjà essayé les lentilles jetables ?
Hast du schon mal die Einweglinsen probiert?
▷ Mes parents m'ont acheté un appareil photo jetable pour la colo.
Meine Eltern haben mir fürs Ferienlager eine Wegwerfkamera gekauft.

Pour dire que quelque chose est **jetable** *en allemand, on forme des mots composés avec* ***Einweg-*** *ou* ***Wegwerf-*** *: die* ***Einwegspritze*** **(seringue jetable)**, *die* ***Wegwerfwindel*** **(couche jetable)**, *etc.*

jet d'eau

▷ Les jets d'eau dans le parc ne marchent pas.
Die Fontänen im Park funktionieren nicht.

(= fontaine) die **Fontäne** (pluriel Fontänen)

jetée

▷ On s'est promenés sur la jetée.
Wir sind auf der Mole spazierengegangen.

die **Mole** (pluriel Molen)

jeter

1 ▷ Bill a jeté la balle à travers le salon.
Bill hat den Ball durchs Wohnzimmer geworfen.
▷ Jette-moi la balle !
Wirf mir den Ball zu!

1 (= lancer) **werfen** (wirft, warf, geworfen)

► **jeter** quelque chose **à** quelqu'un (qui doit attraper) **:** jemandem (datif) etwas **zuwerfen**

ℹ ***zu•werfen*** *est un verbe à particule séparable et se conjugue comme* ***werfen****.*

▷ Ils m'ont jeté des cailloux.
Sie haben mit Steinen nach mir geworfen.

► **jeter** quelque chose **à** quelqu'un (= l'agresser) : **mit** etwas **nach** jemandem (datif) **werfen**

2 ▷ Je vais jeter ces vieilles affaires.
Ich werde diese alten Sachen wegwerfen.

2 ► **jeter** quelque chose (= s'en débarrasser) : etwas **wegwerfen**

ℹ ***weg•werfen*** *est un verbe à particule séparable et se conjugue comme* ***werfen****.*

3 ▷ Jette ce jus d'orange, il n'est plus bon.
Gieß den Orangensaft weg, er ist nicht mehr gut.

3 *Quand on* **jette** *un liquide, on dit plutôt* ***weggießen****.*

ℹ ***weg•gießen*** *est un verbe à particule séparable et se conjugue comme* ***gießen*** (goss, gegossen).

4 ▷ C'est dangereux de se jeter à l'eau quand elle est froide.
Es ist gefährlich, in kaltes Wasser zu springen.
▷ J'ai décidé de me jeter à l'eau et je lui ai tout dit.
Ich habe beschlossen, ins kalte Wasser zu springen und habe ihm alles gesagt.

4 ► se **jeter à l'eau** (sens littéral et figuré) **:** **ins kalte Wasser springen** (sprang, gesprungen)

5 ▷ Le voleur s'est jeté sur moi.
Der Dieb hat sich auf mich gestürzt.
▷ Elle s'est jetée sur le pain comme si elle mourait de faim.
Sie hat sich auf das Brot gestürzt, als wäre sie am Verhungern.

5 ► se **jeter sur** quelqu'un *ou* quelque chose **:** sich **auf** jemanden *ou* etwas (accusatif) **stürzen**

6 ▷ Le Main se jette dans le Rhin.
Der Main mündet in den Rhein.

6 ► se **jeter dans...** (en parlant d'un cours d'eau) **:** in + *accusatif* + **münden**

jeton

1 ▷ J'ai besoin d'un jeton pour le caddie.
Ich brauche eine Pfandmünze für den Einkaufswagen.

1 (pour le caddie) die **Pfandmünze** (pluriel **-münzen**)

2 ▷ Tu as encore des jetons pour la machine à sous ?
Hast du noch Spielmarken für den Spielautomaten?

2 (pour les jeux) die **Spielmarke** (pluriel **-marken**)

jeu

1 ▷ Nous avons inventé un nouveau jeu.
Wir haben ein neues Spiel erfunden.
▷ On pourrait faire un jeu.
Wir könnten ein Spiel spielen.
▷ Tu connais ce jeu de cartes ?
Kennst du dieses Kartenspiel?
▷ Matthias passe ses journées à jouer à des jeux électroniques.
Matthias spielt den ganzen Tag über Computerspiele.
▷ Tu connais ce jeu de société ?
Kennst du dieses Gesellschaftsspiel?
▷ C'est un jeu vidéo de football.
Das ist ein Fußball-Videospiel.

1 (pour jouer) das **Spiel** (pluriel **Spiele**)
► **faire un jeu :** ein Spiel spielen
► **jeu de cartes :** das **Kartenspiel** (pluriel **-spiele**)
► **jeu électronique :** das **Computerspiel** (pluriel **-spiele**)
► **jeu de société :** das **Gesellschaftsspiel** (pluriel **-spiele**)
► **jeu vidéo :** das **Videospiel** (pluriel **-spiele**)

2 ▷ Il nous faut un nouveau jeu de cartes.
Wir brauchen einen neuen Satz Karten.
▷ Tu peux garder un jeu de clés.
Du kannst einen Satz Schlüssel behalten.

2 (= ensemble) der **Satz**

3 ▷ Nous avons organisé un jeu de piste.
Wir haben eine Schnitzeljagd organisiert.

3 ► **jeu de piste :** die **Schnitzeljagd** (pluriel **-jagden**)

4 ▷ J'en ai assez de tes jeux de mots idiots !
Ich hab jetzt aber genug von deinen dummen Wortspielen!

4 ► **jeu de mots :** das **Wortspiel** (pluriel **-spiele**)

jeudi

▷ Aujourd'hui, c'est jeudi.
Heute ist Donnerstag.
▷ Nous viendrons jeudi.
Wir kommen am Donnerstag.
▷ Le jeudi, Sandra va à son cours de piano.
Donnerstags hat Sandra Klavierunterricht.

der **Donnerstag**

► **faire** quelque chose **jeudi :** etwas **am Donnerstag tun**
► **le jeudi** (= tous les jeudis) : **donnerstags**

jeune

1 ▷ Quand elle était jeune, ma grand-mère était très sportive.
Als sie jung war, war meine Großmutter sehr sportlich.

1 (= qui n'est pas âgé) **jung** (**plus jeune** **jünger** ; **le plus jeune** **der jüngste**)

2 ▷ Les jeunes d'aujourd'hui savent tous utiliser Internet.
Die heutige Jugend weiß, wie man mit Internet umgeht.

2 ► **les jeunes** (= les jeunes en général) : die **Jugend**
ℹ *Ce mot s'emploie uniquement au singulier.*

jeûne

▷ C'est un jour de jeûne.
Das ist ein Fastentag.

das **Fasten**

jeûner

▷ Ils ont jeûné pendant cinq jours.
Sie haben fünf Tage lang gefastet.

fasten

jeunesse

▷ Dans sa jeunesse, mon grand-père a beaucoup voyagé.
In seiner Jugend ist mein Großvater viel gereist.

die **Jugend**
ℹ *Ce mot s'emploie uniquement au singulier.*

jogging

1 ▷ Le jogging est un sport que tout le monde peut pratiquer.
Jogging ist ein Sport, den alle betreiben können.
▷ Le jogging m'a fatigué.
Das Jogging hat mich müde gemacht.

1 ► **le jogging** (= le sport) : das **Jogging** /ˈdʒɔgɪŋ/
ℹ *L'article neutre n'est pas employé quand on parle du sport en général.*
🔈 *Notez la prononciation.*

▷ Christian fait du jogging avec son père.
Christian joggt mit seinem Vater.

► **faire du jogging : joggen**

2 ▷ Ludmila a un jogging tout neuf.
Ludmila hat einen ganz neuen Jogginganzug.

2 (= survêtement) der **Jogginganzug** (pluriel **-anzüge**)

joie

▷ Philippe était fou de joie de la revoir.
Philippe war außer sich vor Freude sie wiederzusehen.

► **fou de joie** *ou* **folle de joie :** außer sich vor Freude

Le pronom personnel allemand s'emploie au datif : ***außer mir, außer dir, außer sich, außer uns, außer euch, außer sich.***

joindre

▷ Je n'arrive pas à joindre Mélanie, elle doit être en vacances.
Ich kann Mélanie nicht erreichen, sie muss wohl in den Ferien sein.

► **joindre** quelqu'un (= lui parler au téléphone) : jemanden (accusatif) erreichen

joli, jolie

▷ C'est une très jolie fille.
Sie ist ein sehr hübsches Mädchen.
▷ Ils ont un joli appartement.
Sie haben eine angenehme Wohnung.
▷ Quelle jolie voiture !
So ein schönes Auto!

Quand on parle d'une personne, on emploie ***hübsch****. Pour dire que quelque chose est agréable, on dit plutôt* ***angenehm****. Quand on parle d'une chose qu'on trouve* **jolie***, on dit plutôt* ***schön****.*

jongler

▷ Jérémie sait jongler avec quatre balles.
Jérémie kann mit vier Bällen jonglieren.

jonglieren /ʒɔŋ'liːrən/

Notez la prononciation.

Les verbes se terminant en ***-ieren*** *ne prennent pas* ***ge-*** *au participe passé.*

jongleur, jongleuse

▷ Il y a des jongleurs sur la place du marché.
Auf dem Marktplatz sind Jongleure.

der **Jongleur** /ʒɔŋ'løːɐ/ (pluriel Jongleure), die **Jongleurin** (pluriel Jongleurinnen)

joue

▷ Ce bébé a de jolies joues roses.
Dieses Baby hat schöne rosa Backen.

die **Backe** (pluriel Backen)

On dit aussi die ***Wange*** (pluriel Wangen).

jouer

1 ▷ Viens jouer avec nous !
Komm, spiel mit uns!
▷ Cette actrice jouait dans « Titanic ».
Diese Schauspielerin hat in „Titanic" gespielt.
▷ Jérôme joue au foot dans l'équipe du collège.
Jérôme spielt in der Schulmannschaft Fußball.

1 (= s'amuser, tenir un rôle, interpréter) **spielen**

► **jouer à** (en parlant d'un sport) : spielen

En allemand, on ne met pas d'article devant le sport en question.

▷ Lisa joue du saxophone.
Lisa spielt Saxophon.

► **jouer de** (en parlant d'un instrument) **:** spielen

ℹ *En allemand, on ne met pas d'article devant l'instrument en question.*

2 ▷ Il joue aux courses tous les dimanches.
Er setzt jeden Sonntag auf Pferde.

2 ► **jouer aux courses** (de chevaux) **:** auf Pferde setzen

jouet

▷ La chambre de mon petit frère est remplie de jouets.
Das Zimmer meines kleinen Bruders ist voll von Spielzeug.

das **Spielzeug**

ℹ *Ce mot s'emploie au singulier.*

jour

1 ▷ Le voyage en train dure deux jours.
Die Zugreise dauert zwei Tage.

▷ Isa va à la piscine tous les jours.
Isa geht jeden Tag ins Schwimmbad.

▷ Un jour, il comprendra qu'il a tort.
Eines Tages wird er verstehen, dass er unrecht hat.

▷ Le jour de l'An, toute la famille fait une promenade.
Am Neujahrstag geht die ganze Familie spazieren.

▷ De nos jours, on prend de plus en plus l'avion.
Heutzutage fliegt man immer mehr.

▷ Je cours cinq kilomètres par jour.
Ich laufe fünf Kilometer täglich.

1 (= durée de vingt-quatre heures) der **Tag** (pluriel Tage)
► **tous les jours :** jeden Tag
► **un jour :** eines Tages
► **le jour de l'An :** der Neujahrstag
► **de nos jours :** heutzutage
► **par jour :** täglich

2 ▷ Le jour entre dans la chambre.
Das Tageslicht dringt ins Zimmer.

2 (= la lumière) das **Tageslicht**

3 ▷ Il fait encore jour à neuf heures du soir.
Abends um neun ist es noch hell.

3 ► **faire jour :** hell sein

4 ▷ Cette liste n'est pas à jour.
Diese Liste ist nicht auf dem neuesten Stand.

▷ Je dois mettre mon journal à jour.
Ich muss mein Tagebuch auf den neuesten Stand bringen.

4 ► **être à jour :** auf dem neuesten Stand sein
► **mettre** quelque chose **à jour :** etwas (accusatif) auf den neuesten Stand bringen

5 ▷ Ils ont mis au jour de vieilles archives.
Sie haben alte Archive zutage gefördert.

5 ► **mettre quelque chose au jour** (= découvrir) **:** etwas zutage fördern

journal

1 ▷ Anne lit le journal au salon.
Anne liest im Wohnzimmer die Zeitung.

1 (= quotidien) die **Zeitung** (pluriel Zeitungen)

2 ▷ Est-ce que tu tiens un journal ?
Führst du ein Tagebuch?

2 (= journal intime) das **Tagebuch** (pluriel -bücher)
► **tenir un journal :** ein Tagebuch führen

3 ▷ Mes parents ne manquent jamais le journal télévisé.
Mein Eltern verpassen nie die Fernsehnachrichten.

3 (= informations à la télévision ou à la radio) die **Nachrichten**

Ce mot est un pluriel.

journaliste

▷ Les journalistes posaient des questions au ministre.
Die Journalisten stellten Fragen an den Minister.

der **Journalist** (pluriel Journalisten), die **Journalistin** (pluriel Journalistinnen)

Se prononce comme en français.

journée

▷ On a passé une journée très agréable.
Wir haben einen sehr angenehmen Tag verbracht.

der **Tag** (pluriel Tage)

▷ Il n'y a personne à la maison dans la journée.
Tagsüber ist niemand zu Hause.

► **dans la journée** (= pas la nuit) : tagsüber

▷ Je t'appellerai dans la journée.
Ich rufe dich im Lauf des Tages an.

► **dans la journée** (= aujourd'hui) : im Lauf de Tages

joyeux, joyeuse

1 ▷ Tu as l'air bien joyeux aujourd'hui !
Du siehst heute ja fröhlich aus!

1 (= gai) **fröhlich**

2 ▷ Joyeux Noël à toute la famille !
Der ganzen Familie frohe Weihnachten!

2 ► **Joyeux Noël ! :** Frohe Weihnachten!

De même, on dit ***Frohe Ostern*** (Joyeuses Pâques).

3 ▷ Joyeux anniversaire !
Herzlichen Glückwunsch zum Geburtstag!

3 *Pour souhaiter un* **joyeux anniversaire** *à quelqu'un, en emploie la formule* ***Herzlichen Glückwunsch zum Geburtstag!***

judo

▷ Le judo est un sport japonais.
Judo ist ein japanischer Sport.

► **le judo** (= le sport) : das Judo

L'article neutre n'est pas utilisé quand on parle du sport en général.

▷ Après le judo, je rentre à la maison.
Nach dem Judo gehe ich nach Hause.

▷ Milou fait du judo tous les jeudis.
Milou macht donnerstags Judo.

► **faire du judo :** Judo machen

juge

▷ Le juge a déclaré la sentence.
Der Richter hat das Urteil bekanntgegeben.

der **Richter** (pluriel **Richter**), die **Richterin** (pluriel **Richterinnen**)

jugement

▷ Le jugement sera prononcé dans un mois.
Das Urteil wird in einem Monat verkündet.

▷ Je ne peux pas porter de jugement.
Ich kann es nicht beurteilen.

(= opinion, décision de justice) das **Urteil** (pluriel **Urteile**)

► **porter un jugement (sur) :** *accusatif* + **beurteilen**

ℹ *Les verbes commençant par le préfixe* ***be-*** *ne prennent pas* ***ge-*** *au participe passé*

juger

1 ▷ Tu ne devrais pas juger les gens d'après leur apparence.
Du solltest die Leute nicht nach dem Aussehen beurteilen.

1 (= avoir une opinion) **beurteilen**

ℹ *Les verbes commençant par le préfixe* ***be-*** *ne prennent pas* ***ge-*** *au participe passé.*

2 ▷ Le prof a jugé que Samia méritait des félicitations.
Der Lehrer war der Meinung, dass Samia eine Auszeichnung verdiene.

2 ► **juger que... :** **der Meinung sein, dass...**

juif, juive

1 ▷ Hanoukka est une fête juive.
Chanukka ist ein jüdischer Feiertag.

1 (de religion juive) **jüdisch**

2 ▷ Les juifs prient dans une synagogue.
Juden beten in einer Synagoge.

2 (= personne de religion juive) der **Jude** (pluriel **Juden**), die **Jüdin** (pluriel **Jüdinnen**)

juillet

▷ Que faites-vous le 14 juillet ?
Was macht ihr am vierzehnten Juli?

▷ En juillet, il fait très chaud ici.
Im Juli ist es hier sehr warm.

der **Juli**

ℹ *On écrit* ***am 14. Juli****.*

► **en juillet, au mois de juillet :** **im Juli**

juin

▷ Nous partons le quinze juin.
Wir fahren am fünfzehnten Juni.

▷ Les cours finissent en juin.
Die Schule ist im Juni aus.

der **Juni**

ℹ *On écrit* ***am 15. Juni****.*

► **en juin, au mois de juin :** **im Juni**

jumeau, jumelle

▷ Ma cousine a eu des jumeaux.
Meine Cousine hat Zwillinge zur Welt gebracht.

▷ C'est Charles, mon frère jumeau.
Das ist Charles, mein Zwillingsbruder.

der **Zwilling** (pluriel **Zwillinge**)

► **des jumeaux, des jumelles** (= personnes) : **Zwillinge**

► **frère jumeau :** der **Zwillingsbruder** (pluriel **–brüder**)

▷ La sœur jumelle d'Eva est prof.
Evas Zwillingsschwester ist Lehrerin.

► **sœur jumelle :** die **Zwillingsschwester** (pluriel **-schwestern**)

jumelles

▷ Nous avons pu voir l'aigle avec nos jumelles.
Wir konnten den Adler mit dem Fernglas sehen.

(pour regarder loin) das **Fernglas**

*Le pluriel **Ferngläser** ne s'emploie que quand on parle de plusieurs paires de jumelles.*

jument

▷ Le fermier a mis une jument avec son poulain dans le pré.
Der Bauer hat eine Stute mit ihrem Fohlen auf die Weide geführt.

die **Stute** (pluriel **Stuten**)

jungle

▷ J'ai vu un reportage sur la jungle amazonienne.
Ich habe eine Reportage über den amazonischen Dschungel gesehen.

der **Dschungel** (pluriel **Dschungel**)

jupe

▷ Sonia a une jolie jupe rouge.
Sonia hat einen schönen roten Rock.

der **Rock** (pluriel **Röcke**)

jurer

1 ▷ Fabrice a été renvoyé du cours parce qu'il jure tout le temps.
Fabrice ist vom Unterricht ausgeschlossen worden, weil er die ganze Zeit flucht.

1 (= dire des jurons) **fluchen**

2 ▷ Je te jure que c'est vrai !
Ich schwöre dir, dass es wahr ist!

2 (= promettre) **schwören**

jus

▷ Ces oranges donnent beaucoup de jus.
Diese Orangen geben viel Saft ab.
▷ Il y a du vin et du jus de fruit.
Es gibt Wein und Fruchtsaft.
▷ Ils prennent du jus d'orange le matin.
Morgens trinken sie Orangensaft.

der **Saft** (pluriel **Säfte**)

► **jus de fruit :** der **Fruchtsaft** (pluriel **-säfte**)

► **jus d'orange :** der **Orangensaft**

*Pour traduire les différentes sortes de jus, on forme des mots composés avec **Saft** : **Apfelsaft** (jus de pomme), **Traubensaft** (jus de raisin), etc.*

jusque

▷ Allez jusqu'à l'église et tournez à droite.
Gehen Sie bis zur Kirche und biegen Sie rechts ab.

▷ Ne va pas jusqu'à la rivière.
Geh nicht bis zum Fluss.

► **jusqu'à :** bis

▷ Jusqu'où est-ce que je dois aller ?
Bis wohin muss ich gehen?

► **jusqu'où... ? :** bis wohin ...?

▷ J'ai habité là jusqu'en 2001.
Ich habe bis 2001 dort gewohnt.

► **jusqu'en** (dans le temps) **:** bis

▷ Jusqu'ici il n'y a pas eu de problèmes.
Bis jetzt hat es keine Probleme gegeben.

► **jusqu'ici** (dans le temps) **:** bis jetzt

▷ Marche jusqu'à ce que je te dise d'arrêter.
Geh weiter, bis ich dir sage, dass du anhalten kannst.

► **jusqu'à ce que :** bis

juste

1 ▷ Ce n'est pas juste ! Je n'ai rien fait !
Das ist nicht gerecht! Ich hab nichts getan!

1 (= équitable) gerecht

2 ▷ Ma montre donne l'heure juste.
Meine Uhr gibt die genaue Uhrzeit an.

2 (= exact) genau

3 ▷ Est-ce que mon résultat est juste ?
Ist mein Ergebnis richtig?

3 (= correct) richtig

4 ▷ Ce jean est un peu juste.
Diese Jeans ist ein bisschen eng.

4 (= étroit) eng

5 ▷ 50 euros, c'est trop juste.
50 Euro, das ist zu knapp.

5 (= pas assez) knapp

6 ▷ Corinne chante juste.
Corinne singt richtig.

6 ► **chanter juste :** richtig singen (sang, gesungen)

7 ▷ On est arrivés juste quand le film commençait.
Wir sind gerade am Anfang des Films gekommen.

7 (= presque à l'instant) gerade

8 ▷ Je veux juste te parler deux minutes.
Ich will nur zwei Minuten mit dir sprechen.
▷ C'est juste un petit cadeau pour te dire merci.
Das ist nur ein kleines Geschenk, um dir zu danken.

8 (= seulement) nur

9 ▷ Qu'est-ce qu'elle a dit au juste ?
Was hat sie denn genau gesagt?

9 ► **au juste :** genau

de **justesse**

▻ On a évité le camion de justesse.
Wir haben den Lastwagen ganz knapp vermieden.

ganz knapp

ℹ *On dit aussi* ***gerade noch.***

justifier

1 ▻ Tu dois justifier ce que tu dis.
Du musst beweisen können, was du sagst.

1 (= prouver) **beweisen** (bewies, bewiesen)

ℹ *Les verbes commençant par le préfixe* ***be-*** *ne prennent pas* ***ge-*** *au participe passé.*

2 ▻ N'essaie pas de te justifier !
Versuch nicht, dich zu rechtfertigen!

2 ► se **justifier :** sich **rechtfertigen**

ℹ *Le pronom personnel allemand s'emploie à l'accusatif :* ***ich rechtfertige mich, du rechtfertigst dich, er / sie rechtfertigt sich, wir rechtfertigen uns, ihr rechtfertigt euch, sie rechtfertigen sich.***

juteux, juteuse

▻ Ces oranges sont très juteuses.
Diese Orangen sind sehr saftig.

(en parlant d'un fruit) **saftig**

Kk

kaki

▷ Les pantalons kaki sont à la mode cet été.
Kakifarbene Hosen sind in diesem Sommer in Mode.

(= de couleur kaki) **kakifarben**

ℹ *On écrit aussi **khakifarben**.*

kangourou

▷ Est-ce que tu as vu des kangourous quand tu étais en Australie ?
Hast du Kängurus gesehen, als du in Australien warst?

das **Känguru** (pluriel Kängurus)

karaoké

▷ Il y a parfois du karaoké dans les pubs.
Es gibt manchmal Karaoke in den Pubs.

das **Karaoke**

karaté

▷ Le karaté est un art martial japonais.
Karate ist ein japanischer Kampfsport.
▷ Après le karaté, je vais chez Manu.
Nach dem Karate gehe ich zu Manu.
▷ Andreas fait du karaté tous les mercredis.
Andreas macht mittwochs Karate.

► **le karaté :** das Karate

ℹ *L'article neutre n'est pas employé quand on parle du sport en général.*

► **faire du karaté :** Karate machen

kermesse

▷ La kermesse de l'école a eu beaucoup de succès.
Das Schulfest hatte großen Erfolg.

(= fête) das **Fest** (pluriel Feste)

ketchup

▷ Tu me passes le ketchup, s'il te plaît ?
Kannst du mir bitte das Ketschup geben?

das / der **Ketschup**

🔈 *Se prononce comme en français.*

kilo

▷ Deux kilos de carottes, s'il vous plaît.
Zwei Kilo Möhren, bitte.

das **Kilo** (pluriel Kilos)

ℹ *Quand **Kilo** est précédé d'un nombre, on n'emploie pas le pluriel.*

kilomètre

▷ Le village est à trois kilomètres.
Das Dorf ist drei Kilometer weit entfernt.
▷ Le terrain fait deux kilomètres carrés.
Das Grundstück ist zwei Quadratkilometer groß.

der **Kilometer** (pluriel **Kilometer**)

► **kilomètre carré :** der **Quadratkilometer**

kiosque

1 ▷ J'ai acheté un magazine au kiosque à journaux.
Ich habe eine Zeitschrift am Zeitungskiosk gekauft.

1 ► **kiosque à journaux :** der **Zeitungskiosk** (pluriel **-kioske**)
ℹ *On dit aussi der* ***Zeitungsstand*** (pluriel **-stände**)

2 ▷ On peut se retrouver dans le parc, devant le kiosque à musique.
Wir können uns im Park vor dem Musikpavillon treffen.

2 ► **kiosque à musique :** der **Musikpavillon** (pluriel **-pavillons**)
🔈 ***Pavillon*** *se prononce comme en français.*

kiwi

1 ▷ Les kiwis sont pleins de vitamine C.
Kiwis enthalten viel Vitamin C.

1 (= fruit) die **Kiwi** (pluriel **Kiwis**)

2 ▷ Le kiwi est un oiseau de Nouvelle-Zélande.
Der Kiwi ist ein neuseeländischer Vogel.

2 (= oiseau) der **Kiwi** (pluriel **Kiwis**)
ℹ *Attention à la différence de genre.*

klaxon®

▷ Où est le klaxon dans cette voiture ?
Wo ist die Hupe in diesem Auto?

die **Hupe** (pluriel **Hupen**)
ℹ *® signifie que* ***klaxon*** *est un nom déposé. Vous n'avez pas besoin de l'écrire.*

klaxonner

▷ Ce n'est pas la peine de klaxonner comme ça !
Es ist doch nicht notwendig, so zu hupen!

hupen

kleenex®

▷ Tu as un kleenex, s'il te plaît ? J'ai le nez qui coule.
Hast du ein Tempo, bitte? Meine Nase läuft.

das **Tempo®** (pluriel **Tempos**)
ℹ *® signifie que* ***Tempo*** *est un nom déposé. Vous n'avez pas besoin de l'écrire.*

Ll

la ou l'

▷ C'est la copine de Frédéric. Tu la connais ?
Das ist Frederics Freundin. Kennst du sie?
▷ J'aime bien cette télé. Tu la trouves assez grande ?
Ich mag diesen Fernseher. Findest du ihn groß genug?
▷ Viens dans la maison, je te la fais visiter.
Komm mit ins Haus, ich zeig es dir.

Seul le pronom personnel **la** *est traité ici. Pour l'article défini, allez à l'entrée* **le**.

Selon le genre du mot en allemand, on traduit **la** *par* ***sie*** *(pour le féminin),* ***ihn*** *(pour le masculin) ou* ***es*** *(pour le neutre).*

là

1 ▷ Ta montre est là, sur la table.
Deine Uhr ist da, auf dem Tisch.

1 (= à cet endroit-là) **da** *ou* **dort**

2 ▷ Je suis là si tu as besoin de moi.
Ich bin hier, falls du mich brauchst.

2 (= ici) **hier**

3 ▷ Tu préfères cette couleur-là ?
Magst du diese Farbe lieber?
▷ Regarde ce lion-là !
Schau dir mal diesen Löwen an!
▷ J'ai visité cette maison-là avant-hier.
Ich habe dieses Haus vorgestern besichtigt.

3 *Quand* **là** *est relié à un nom par un tiret, la traduction est* ***diese*** *(pour le féminin et le pluriel),* ***diesen*** *(pour le masculin),* ***dieses*** *(pour le neutre).*

ℹ *On met l'accent sur ce mot.*

là-bas

▷ Sylvain est là-bas, au coin de la rue.
Sylvain steht dort, an der Straßenecke.

dort

laboratoire

▷ Je vais chercher les résultats au laboratoire.
Ich gehe die Ergebnisse im Labor abholen.

das **Labor** (pluriel Labors, Labore)

labyrinthe

▷ Il y a un labyrinthe dans le parc du château.
Im Schlossgarten gibt es ein Labyrinth.

das **Labyrinth** (pluriel **Labyrinthe**)

ℹ *N'oubliez pas que le* y *allemand se prononce comme un* **u**.

lac

▷ Ce lac est trop froid pour s'y baigner.
Dieser See ist zu kalt, um darin zu baden.

der **See** (pluriel **Seen**)

⚠ *Attention à ne pas confondre avec* die **See** = la **mer**, *dont le pluriel est aussi* **Seen**.

lacet

▷ Tes lacets sont défaits.
Deine Schnürsenkel sind auf.

(= lacet de chaussure) der **Schnürsenkel** (pluriel **Schnürsenkel**)

lâche

1 ▷ Aurélien est lâche, il n'a rien fait pour m'aider.
Aurélien ist feige, er hat nichts getan, um mir zu helfen.

1 (= peureux) **feige**

2 ▷ Ce nœud est lâche, il va se défaire.
Dieser Knoten ist locker, er geht gleich auf.

2 (= pas serré) **locker**

3 ▷ Espèce de lâche !
Du Feigling!

3 (= personne peureuse) der **Feigling** (pluriel **Feiglinge**)

ℹ *C'est un nom masculin mais il s'emploie aussi pour des filles ou des femmes.*

lâcher

1 ▷ Ne me lâche pas, sinon je vais tomber !
Lass mich nicht los, sonst fall ich!

1 (= arrêter de tenir) **loslassen**

ℹ ***los•lassen*** *est un verbe à particule séparable et se conjugue comme* ***lassen*** (**lässt**, **ließ**, **gelassen**).

2 ▷ Marianne a lâché le verre et il s'est cassé.
Marianne ließ das Glas fallen und es ist zerbrach.

2 (= laisser tomber) **fallenlassen**

ℹ ***fallen•lassen*** *est un verbe à particule séparable et se conjugue comme* ***lassen*** (**lässt**, **ließ**, **gelassen**).

3 ▷ J'espère que cette corde ne va pas lâcher.
Ich hoffe, dass das Seil nicht reißt.

3 (= se rompre) **reißen** (**riss**, **gerissen**)

4 ▷ Elle lâche la fac et prend un emploi de secrétaire.
Sie gibt die Uni auf und nimmt eine Stelle als Sekretärin an.

4 (= abandonner, sens familier) **aufgeben**

ℹ ***auf•geben*** *est un verbe à particule séparable et se conjugue comme* ***geben*** (**gibt**, **gab**, **gegeben**).

là-dedans

▷ Tes affaires sont là-dedans.
Deine Sachen sind da drin.

(= dans cet endroit) **da drin**

ℹ *L'accent est mis sur* ***da***.

là-dessous

▷ Cache-toi là-dessous, vite !
Versteck dich darunter, schnell!

(= sous cette chose) **darunter**

On dit aussi ***da drunter*** *qui est plus familier.*

là-dessus

▷ Monte là-dessus, tu verras mieux.
Steig hier hinauf, da siehst du besser.

(= sur cette chose) **hier hinauf**

On dit aussi ***hier rauf*** *qui est plus familier.*

L'accent est mis sur ***hier****.*

là-haut

1 ▷ Tu vois le livre, là-haut sur l'étagère ?
Siehst du das Buch da oben auf dem Regal?

1 (= en hauteur) **da oben**

2 ▷ Oliver est là-haut, il fait ses devoirs.
Oliver ist oben, er macht seine Hausaufgaben.

2 (= à l'étage) **oben**

laid, laide

▷ Ce tableau est vraiment très laid.
Dieses Bild ist wirklich sehr hässlich.

hässlich

laine

▷ Les moutons sont élevés surtout pour la laine.
Schafe werden vor allem wegen der Wolle gezüchtet.

▷ Les chaussettes en laine sont très chaudes.
Wollsocken sind sehr warm.

▷ Est-ce que ce pull est en laine ?
Ist der Pullover aus Wolle?

die **Wolle**

Pour désigner les objets de laine *ou* en laine, *on forme des mots composés avec* ***Woll-*** *: die* ***Wolldecke*** (la couverture en laine), *das* ***Wollknäuel*** (la pelote de laine).

► être en laine : **aus Wolle sein**

laisse

▷ J'ai égaré la laisse du chien.
Ich habe die Hundeleine verlegt.

die **Leine** (pluriel **Leinen**)

laisser

1 ▷ J'ai laissé le chien à la maison.
Ich habe den Hund zu Hause gelassen.

1 **lassen** (**lässt, ließ, gelassen**)

▷ Ne sois pas égoïste, laisse-moi du chocolat.
Sei nicht so egoistisch, lass mir Schokolade übrig.
▷ Il m'a simplement laissé là.
Er hat mich einfach stehenlassen.
▷ Laisse ce livre !
Lass das Buch liegen!
▷ Le prof m'a laissé partir parce que j'avais de la fièvre.
Der Lehrer hat mich gehenlassen, weil ich Fieber hatte.
▷ Nous les avons laissés loin derrière.
Wir haben sie weit zurückgelassen.

Selon la situation, on forme des verbes à particule avec le verbe ***lassen*** *:* ***übriglassen*** (laisser un reste), ***stehenlassen*** (laisser debout, laisser là), ***liegenlassen*** (laisser là, en parlant de quelque chose ou de quelqu'un qui est posé ou couché), ***gehenlassen*** (laisser partir), ***zurücklassen*** (laisser derrière), *etc.*

2 ▷ Il a tout laissé derrière lui.
Er hat alles hinter sich gelassen.

2 ► **laisser derrière** soi (= abandonner) : **hinter** sich (datif) **lassen**

3 ▷ Les parents d'Anna la laissent sortir le samedi.
Annas Eltern lassen sie samstags ausgehen.

3 ► **laisser** quelqu'un + *infinitif* (= autoriser) : jemanden + *infinitif* + **lassen**

4 ▷ Ma tante m'a laissé ses bijoux.
Meine Tante hat mir ihren Schmuck hinterlassen.

4 ► **laisser** quelque chose **à** quelqu'un (= léguer) : jemandem (datif) etwas **hinterlassen** (hinterlässt, hinterließ, hinterlassen)

laissez-passer

▷ Le journaliste a un laissez-passer.
Der Journalist hat einen Passierschein.

der **Passierschein** (pluriel -scheine)

lait

▷ Chez moi, on boit du lait le matin.
Bei mir zu Hause trinken wir morgens Milch.
▷ Je n'ai plus de lait démaquillant.
Ich habe keine Reinigungsmilch mehr.
▷ Mets ce lait solaire, sinon tu vas attraper un coup de soleil.
Nimm von dieser Sonnenmilch, sonst bekommst du einen Sonnenbrand.

(= le lait qu'on boit) die **Milch**

► **lait démaquillant :** die **Reinigungsmilch**
► **lait solaire :** die **Sonnenmilch**

laitue

▷ Mon père a planté des laitues dans le jardin.
Mein Vater hat im Garten Kopfsalate angebaut.

der **Kopfsalat** (pluriel **-salate**)
i *On dit aussi der* ***grüne Salat.***

lame

▷ Attention à la lame, ne te fais pas mal !
Sei vorsichtig mit der Klinge, tu dir nicht weh!

die **Klinge** (pluriel **Klingen**)

lampadaire

1 ▷ Tu pourrais allumer le lampadaire, s'il te plaît ?
Könntest du bitte die Stehlampe anmachen?

1 (dans une pièce) die **Stehlampe** (pluriel -lampen)

2 ▷ La voiture est rentrée dans un lampadaire.
Das Auto ist gegen die Straßenlaterne geprallt.

2 (dans la rue) die **Straßenlaterne** (pluriel -laternen)

lampe

▷ Cette lampe donne une jolie lumière.
Diese Lampe gibt ein angenehmes Licht ab.
▷ Ma lampe de chevet est cassée.
Meine Nachttischlampe ist kaputt.

die **Lampe** (pluriel Lampen)

► **lampe de chevet :** die Nachttischlampe (pluriel -lampen)

ℹ *Décomposez ce mot : **Nacht*** (nuit) + ***Tisch*** (table) + ***Lampe*** (lampe).

▷ Sébastien a utilisé sa lampe de poche pour trouver ses clés.
Sébastien hat seine Taschenlampe benutzt, um seine Schlüssel zu finden.

► **lampe de poche :** die Taschenlampe (pluriel -lampen)

lancer

▷ Bill a lancé la balle à travers le salon.
Bill hat den Ball durchs Wohnzimmer geworfen.
▷ Lance-moi la balle !
Wirf mir den Ball zu!

(= jeter) **werfen** (wirft, warf, geworfen)

► **lancer** quelque chose **à** quelqu'un (qui doit attraper) **:** jemandem (datif) etwas **zuwerfen**

ℹ ***zu•werfen*** *est un verbe à particule séparable et se conjugue comme **werfen**.*

▷ Ils lui ont lancé des cailloux.
Sie haben mit Steinen nach ihm geworfen.

► **lancer** quelque chose **à** quelqu'un (= l'agresser) **:** **mit** etwas **nach** jemandem **werfen**

landau

▷ J'ai vu un bébé dans un landau devant la boulangerie.
Vor der Bäckerei habe ich ein Baby im Kinderwagen gesehen.

der **Kinderwagen** (pluriel -wagen)

lande

▷ Je me suis promené sur la lande.
Ich bin auf der Heide spazieren gegangen.

die **Heide** (pluriel Heiden)

*Attention à ne pas confondre avec der **Heide**, qui signifie « païen ».*

langage

▷ Ce n'est pas un mot utilisé dans le langage courant.
Dieses Wort wird nicht in der Alltagssprache verwendet.

die **Sprache** (pluriel Sprachen)

langue

1 ▷ Qu'est-ce que tu as mangé ? Ta langue est toute bleue !
Was hast du denn gegessen? Deine Zunge ist ganz blau!
▷ Mon petit frère tire la langue à tout le monde.
Mein kleiner Bruder streckt allen die Zunge heraus.

1 (= la partie de la bouche) die **Zunge** (pluriel **Zungen**)

► **tirer la langue à** quelqu'un : jemandem (datif) **die Zunge herausstrecken**

2 ▷ Je donne ma langue au chat.
Ich geb's auf.

2 ► **donner sa langue au chat :** es **aufgeben**

ℹ ***auf•geben*** *est un verbe à particule séparable et se conjugue comme* ***geben*** (**gibt, gab, gegeben**)

3 ▷ Laetitia parle quatre langues.
Laetitia spricht vier Sprachen.
▷ C'est intéressant d'apprendre des langues étrangères.
Es ist interessant, Fremdsprachen zu lernen.
▷ L'allemand est sa langue maternelle.
Deutsch ist ihre Muttersprache.

3 (= la langue qu'on parle) die **Sprache** (pluriel **Sprachen**)
► **langue étrangère :** die **Fremdsprache** (pluriel **-sprachen**)

► **langue maternelle :** die **Muttersprache**

lanière

▷ La lanière de ma sandale est déchirée.
Der Riemen meiner Sandale ist gerissen.

der **Riemen** (pluriel **Riemen**)

lapin

▷ Quel joli petit lapin !
Das ist ja ein süßes Kaninchen!
▷ Ma petite sœur a un lapin nain.
Meine kleine Schwester hat ein Zwergkaninchen.

das **Kaninchen** (pluriel **Kaninchen**)

► **lapin nain :** das **Zwergkaninchen**

laque

▷ Ma mère utilise de la laque.
Meine Mutter benutzt Haarspray.

(pour les cheveux) das **Haarspray** /'haːɐ̯ʃpreː/

🔈 *Notez la prononciation.*

laquelle

Regardez au mot ***lequel****.*

large

1 ▷ La rue n'est pas très large, il n'y a pas assez de place pour deux voitures.
Die Straße ist nicht sehr breit, es ist nicht genug Platz für zwei Autos da.
▷ Mathieu a les épaules larges.
Mathieu hat breite Schultern.

1 (= grand) **breit**

▷ Le salon fait six mètres de large.
Das Wohnzimmer ist sechs Meter breit.

Quand on veut parler de la **largeur** *exacte de quelque chose, on emploie l'expression* ***... breit sein.***

2 ▷ J'ai mis une jupe large pour danser.
Ich habe zum Tanzen einen weiten Rock angezogen.

2 (= ample) weit

largement

1 ▷ Ne te presse pas, tu as largement le temps.
Beeil dich nicht so, du hast reichlich Zeit.

1 ► **avoir largement le temps :** reichlich Zeit haben (hat, hatte, gehabt)

2 ▷ Il y en a largement assez pour tout le monde.
Es ist weitaus genug für alle da.

2 ► **largement assez :** weitaus genug

largeur

▷ Nous avons mesuré la largeur du bureau.
Wir haben die Breite des Arbeitszimmers gemessen.
▷ La rivière fait trente mètres de largeur ici.
Der Fluss ist hier dreißig Meter breit.

▷ Quelle est la largeur de la table ?
Wie breit ist der Tisch?

(= dimension) die **Breite** (pluriel Breiten)

Quand on veut parler de la **largeur** *exacte de quelque chose, on emploie l'expression* ***... breit sein.***
Pour demander la **largeur** *de quelque chose, on dit* ***wie breit ...?***

larme

▷ Viens, sèche tes larmes !
Komm, trockne deine Tränen!
▷ Sandra était très émue, elle avait les larmes aux yeux.
Sandra war sehr bewegt, sie hatte Tränen in den Augen.
▷ Amélie fondit en larmes.
Amélie brach in Tränen aus.

▷ On l'a trouvé en larmes dans la cour.
Wir fanden sie in Tränen aufgelöst im Hof.
▷ Ce sont des larmes de crocodile !
Das sind Krokodilstränen!

die **Träne** (pluriel Tränen)

► **avoir les larmes aux yeux :** Tränen in den Augen haben

► **fondre en larmes :** in Tränen ausbrechen

ℹ ***aus•brechen*** *est un verbe à particule séparable et se conjugue comme* ***brechen*** (bricht, brach, gebrochen).

► **en larmes :** in Tränen aufgelöst

► **larmes de crocodile :** Krokodilstränen

lasagnes

▷ J'adore les lasagnes.
Ich liebe Lasagne.

die **Lasagne**

latin

▷ Nous apprenons le latin à l'école.
Wir lernen Latein in der Schule.

(= la langue) das **Latein**

ℹ *Quand on parle du* latin *en tant que matière, on n'emploie pas l'article.*

lavabo

▷ Il y a deux lavabos dans la salle de bains.
Im Badezimmer sind zwei Waschbecken.

das **Waschbecken** (pluriel **-becken**)

lavande

▷ La lavande en fleurs est un beau spectacle.
Blühender Lavendel ist ein schönes Schauspiel.

der **Lavendel**

laver

▷ Nos voisins lavent leur voiture tous les dimanches.
Unsere Nachbarn waschen ihr Auto jeden Sonntag.

(= nettoyer) **waschen** (wäscht, wusch, gewaschen)

▷ Ce garçon ne se lave pas assez souvent.
Dieser Junge wäscht sich nicht oft genug.

► se **laver** : sich **waschen**

ℹ *Le pronom personnel allemand s'emploie à l'accusatif :* ***ich wasche mich, du wäschst dich, er / sie wäscht sich, wir waschen uns, ihr wascht euch, sie waschen sich****.*

▷ Je me laverai les cheveux avant de sortir.
Ich werde mir vor dem Ausgehen die Haare waschen.

▷ Lave-toi les mains avant de manger.
Wasch dir vor dem Essen die Hände.

ℹ *Avec un complément, le verbe réfléchi allemand s'emploie au datif :* ***ich wasche mir..., du wäschst dir..., er / sie wäschst sich..., wir waschen uns..., ihr wascht euch..., sie waschen sich****.*

lave-vaisselle

▷ Nous avons un lave-vaisselle à la maison.
Wir haben eine Geschirrspülmaschine zu Hause.

die **Geschirrspülmaschine** (pluriel **-maschinen**)

ℹ *On dit aussi der* ***Geschirrspüler****.*

le, la, les (ARTICLE)

Selon le genre du mot en allemand, on traduit l'article défini par ***der*** *(pour le masculin),* ***die*** *(pour le féminin) ou* ***das*** *(pour le neutre).*

▷ Le garçon là-bas est dans ma classe.
Der Junge da drüben ist in meiner Klasse.

▷ La maison est très grande.
Das Haus ist sehr groß.

▷ Je trouve que le parfum de ma mère sent très bon.
Ich finde, dass das Parfum meiner Mutter sehr gut riecht.

Quand on parle d'une chose **en général**, *on ne met pas l'article. Quand on parle de quelque chose* **en particulier**, *on met l'article correspondant.*

▷ J'adore la glace.
Ich liebe Eis.

▷ Le chocolat que j'ai acheté n'est pas très bon.
Die Schokolade, die ich gekauft habe, schmeckt nicht gut.

le, l' (PRONOM)

▷ C'est le frère de Paul. Tu le connais ?
Das ist Pauls Bruder. Kennst du ihn?
▷ Mon chemisier ? Tu peux le garder si tu veux.
Meine Bluse? Wenn du willst, kannst du sie behalten.
▷ C'est un livre super, je l'ai lu en deux jours.
Das ist ein tolles Buch, ich habe es in zwei Tagen gelesen.

Selon le genre du mot en allemand, on traduit le *par* ***ihn*** *(pour le masculin),* ***sie*** *(pour le féminin),* ***es*** *(pour le neutre).*

lécher

▷ Le chien me lèche toujours la figure.
Der Hund leckt mir dauernd das Gesicht ab.
▷ Je peux lécher la cuillère ?
Darf ich den Löffel ablecken?

ablecken

ℹ ***ab•lecken*** *est un verbe à particule séparable.*

lèche-vitrine

▷ Mercredi, j'ai fait du lèche-vitrine avec mes copines.
Am Mittwoch habe ich mit meinen Freundinnen einen Schaufensterbummel gemacht.

► **faire du lèche-vitrine : einen Schaufensterbummel machen**

leçon

1 ▷ Kenji aime bien les leçons de maths.
Kenji mag gern die Mathestunden.

1 (= cours, classe) die **Stunde** (pluriel Stunden)

ℹ *Pour dire de quelle* leçon *il s'agit, on forme des mots composés avec* ***Stunde*** *: die* ***Französischstunde****, die* ***Lateinstunde****, etc.*

2 ▷ J'ai une leçon de grammaire à apprendre pour demain.
Für morgen muss ich eine Grammatiklektion lernen.

2 (= devoir) die **Lektion** (pluriel Lektionen)

3 ▷ Ma mère m'a fait la leçon parce que j'ai refusé d'aider ma grand-mère.
Meine Mutter hat mir eine Strafpredigt gehalten, weil ich meiner Großmutter nicht helfen wollte.

3 ► **faire la leçon à** quelqu'un **:** jemandem (datif) **eine Strafpredigt halten** (hält, hielt, gehalten)

lecteur, lectrice

1 ▷ Ce livre est pour les jeunes lecteurs.
Dieses Buch ist für junge Leser.

1 (= personne qui lit) der **Leser** (pluriel Leser), die **Leserin** (pluriel Leserinnen)

2 ▷ Mon lecteur de CD ne marche pas.
Mein CD-Player funktioniert nicht.

2 ► **lecteur de CD :** der **CD-Player** /tseːˈdeːpleɪɐ/
🔈 *Notez la prononciation.*
ℹ *De même :* lecteur de DVD = ***DVD-Player***.

3 ▷ Le lecteur « C » ne fonctionne pas.
Das Laufwerk „C" funktioniert nicht.
▷ Est-ce qu'il y a un lecteur de CD-ROM sur ton ordinateur ?
Hat dein Computer ein CD-ROM-Laufwerk?

3 ► **lecteur** (sur un ordinateur) **:** das **Laufwerk** (pluriel **-werke**)
► **lecteur de CD-ROM :** das **CD-ROM-Laufwerk**

lecture

1 ▷ Ma petite sœur a des problèmes avec la lecture.
Meine kleine Schwester hat Probleme beim Lesen.
▷ Joachim aime la lecture.
Joachim liest gern.
▷ Tous les soirs, Papa fait la lecture à mon petit frère.
Jeden Abend liest Papa meinem kleinen Bruder vor.

1 (= le fait de lire) das **Lesen**
ℹ ***Lesen*** *est un verbe substantivé, il ne s'emploie qu'au singulier.*
Pour dire qu'on aime ou qu'on n'aime pas la **lecture**, *on emploie le verbe* ***lesen*** *:* ***gern lesen*** *ou* ***nicht gern lesen*** (liest, las, gelesen).
► **faire la lecture à** quelqu'un **:** jemandem (datif) **vorlesen**
ℹ ***vor•lesen*** *est un verbe à particule séparable et se conjugue comme* ***lesen*** (liest, las, gelesen).

2 ▷ J'emporte toujours de la lecture en vacances.
Ich nehme immer Lektüre in die Ferien mit.

2 ► **de la lecture** (= des livres) **:** die **Lektüre** (pluriel **Lektüren**)
ℹ *On dit aussi* der ***Lesestoff***.

légal, légale

▷ Est-ce que c'est légal de faire ça ?
Ist es denn gesetzlich, das zu tun?

gesetzlich
ℹ *On dit aussi* ***legal***.

légendaire

▷ Sherwood Forest est un endroit légendaire.
Sherwood Forest ist ein legendärer Ort.

(= célèbre) **legendär**

légende

▷ Tu connais la légende du roi Arthur ?
Kennst du die Sage von König Artus?

die **Sage** (pluriel **Sagen**)

léger, légère

1 ▷ Emporte des vêtements légers, il va faire chaud.
Nimm leichte Kleidung mit, es wird warm.

1 (= qui ne pèse pas beaucoup, qui est fin) **leicht**

2 ▷ J'entends un léger bruit dans l'appareil.
Ich höre ein schwaches Geräusch im Gerät.

2 (= pas très fort, en parlant d'un bruit, d'un accent) **schwach**

légèrement

▷ Celui-ci est légèrement plus grand que l'autre.
Dieser ist etwas grösser als der andere.

(= un peu) **etwas**

légitime

▷ Il l'a fait pour des raisons parfaitement légitimes.
Er hat aus ganz legitimen Gründen gehandelt.

(= justifié) **legitim**

légume

▷ Il faudrait que tu manges plus de légumes.
Du solltest mehr Gemüse essen.

das **Gemüse**

ℹ *Ce mot s'emploie uniquement au singulier.*

▷ Tu peux choisir une viande et un légume.
Du kannst dir eine Fleischsorte und eine Gemüsesorte auswählen.

Quand on parle d'un seul **légume**, *on traduit par die* ***Gemüsesorte***.

lendemain

▷ Jules est arrivé le lendemain.
Jules ist am Tag darauf angekommen.

► **le lendemain :** am Tag darauf

ℹ *On dit aussi* ***am folgenden Tag***.

▷ Le lendemain de la fête on est allés à la mer.
Am Tag nach der Party sind wir ans Meer gefahren.

► **le lendemain de... :** am Tag nach...

▷ Elle m'a téléphoné le lendemain matin.
Sie hat mich am nächsten Morgen angerufen.

► **le lendemain matin :** am nächsten Morgen

ℹ *De même,* le lendemain soir = ***am nächsten Abend***.

lent, lente

1 ▷ On n'avance pas, tu es trop lent !
Wir kommen nicht voran, du bist zu langsam!

1 (= qui manque de rapidité) **langsam**

2 ▷ Ce film est un peu lent.
Der Film ist etwas langatmig.

2 (en parlant d'un film, d'une histoire) **langatmig**

lentement

▷ Tu marches trop lentement.
Du gehst zu langsam.

langsam

lentilles

▷ Ma mère a préparé des lentilles avec des saucisses.
Meine Mutter hat Linsen mit Würstchen gekocht.

die **Linse** (pluriel **Linsen**)

▷ Rachel porte des lentilles de contact.
Rachel trägt Kontaktlinsen.

► **lentilles de contact :** Kontaktlinsen

léopard

▷ Les léopards sont des animaux très puissants.
Leoparden sind sehr starke Tiere.

der **Leopard** (pluriel **Leoparden**)

lequel, laquelle

1 ▷ Lequel te plaît le plus ?
Welcher gefällt dir besser?

▷ Je ne sais pas laquelle des deux maisons ils vont acheter.
Ich weiß nicht, welches der beiden Häuser sie kaufen werden.

1 *Quand* **lequel** *ou* **laquelle** *offre un choix, on emploie* ***welcher*** *(pour le masculin),* ***welche*** *(pour le féminin),* ***welches*** *(pour le neutre).*
► **lequel des..., laquelle des... : welcher / welche / welches** *+ génitif*

2 ▷ C'est la fille avec laquelle sort Sammy.
Das ist das Mädchen, mit dem Sammy geht.
▷ La société pour laquelle travaille ma mère est à Roubaix.
Die Firma, für die meine Mutter arbeitet, ist in Roubaix.
▷ L'école à laquelle je vais est à côté de chez moi.
Die Schule, in die ich gehe, ist ganz in meiner Nähe.
▷ La chaise sur laquelle tu es assise est cassée.
Der Stuhl auf dem du sitzt, ist kaputt.

2 *Quand* **lequel** *suit une préposition, on traduit par* ***der*** *(pour le masculin),* ***die*** *(pour le féminin) ou* ***das*** *(pour le neutre), décliné en fonction de la préposition :* ***mit*** *+ datif,* ***für*** *+ accusatif,* ***in*** *+ datif ou accusatif (avec verbe de mouvement),* ***auf*** *+ datif ou accusatif (avec verbe de mouvement), etc.*

les (PRONOM)

▷ Carole et Pierre m'ont invité. – Je ne savais pas que tu les connaissais.
Carole und Pierre haben mich eingeladen. – Ich wusste nicht, dass du sie kennst.

sie

ℹ *Seul le pronom* **les** *est traité ici. Pour l'article défini, allez à l'entrée* **le**.

lessive

1 ▷ Il y a de la lessive dans le placard là-bas.
In dem Schrank dort ist Waschmittel.

1 (= produit) das **Waschmittel** (pluriel **Waschmittel**)

ℹ *Quand la* **lessive** *est en poudre, on dit aussi das* ***Waschpulver****. Quand elle est liquide, on dit das* ***flüssige Waschmittel****.*

2 ▷ La lessive est en train de sécher.
Die Wäsche trocknet gerade.
▷ Je fais la lessive le lundi.
Ich wasche montags die Wäsche.

2 (= le linge qu'on lave) die **Wäsche**

► **faire la lessive : die Wäsche waschen**

ℹ *On dit aussi* ***waschen*** *tout court.*

letton, lettonne

1 ▷ C'est une spécialité lettonne.
Das ist eine lettische Spezialität.

1 (adjectif) **lettisch**

2 ▷ Hier, j'ai rencontré une Lettonne.
Gestern habe ich eine Lettin kennengelernt.

2 (= personne) der **Lette** (pluriel **Letten**), die **Lettin** (pluriel **Lettinnen**)

2 ▷ Ah bon, tu parles le letton?
Ah ja, du sprichst Lettisch?

3 (= langue) **Lettisch**

Lettonie

▷ La Lettonie est un pays balte.
Lettland ist ein Baltischer Staat.
▷ J'ai une correspondante en Lettonie.
Ich habe eine Brieffreundin in Lettland.
▷ Quand pars-tu en Lettonie ?
Wann reist du nach Lettland?
▷ Tu es déjà allé en Lettonie ?
Warst du schon in Lettland?

Lettland
► **la Lettonie :** Lettland
► **en Lettonie** (= dans le pays) : in Lettland
► **en Lettonie** (= vers le pays) : nach Lettland
Attention : pour dire que quelqu'un **est déjà allé quelque part**, *on emploie une expression avec le prétérit du verbe* ***sein + schon***.

lettre

1 ▷ Bruno m'a écrit une lettre le mois dernier.
Bruno hat mir letzten Monat einen Brief geschrieben.

1 (= la lettre qu'on écrit) der **Brief** (pluriel Briefe)

2 ▷ Ma petite sœur connaît déjà toutes les lettres.
Meine kleine Schwester kennt schon alle Buchstaben.

2 (= la lettre de l'alphabet) der **Buchstabe** (pluriel Buchstaben)

leur, leurs

1 ▷ C'est leur voiture.
Das ist ihr Auto.
▷ Tu connais leur fille ?
Kennst du ihre Tochter?
▷ Leurs enfants ont notre âge.
Ihre Kinder sind so alt wie wir.

1 ► **leur** *ou* **leurs** (= possessif) : ihr (masculin et neutre), ihre (féminin et pluriel)

2 ▷ Notre maison n'est pas mal, mais je préfère la leur.
Unser Haus ist nicht schlecht, aber mir gefällt das ihre besser.

2 ► **le leur** *ou* **la leur** *ou* **les leurs :** der / die / das ihre

3 ▷ Est-ce que tu leur as écrit ?
Hast du ihnen geschrieben?

3 ► **leur** (= à eux) : ihnen

lever

1 ▷ Lève la tête quand tu parles.
Heb den Kopf beim Sprechen.

1 (= monter, en parlant des bras, de la main, de la tête) **heben** (hob, gehoben)

2 ▷ Lève les pieds pour que je puisse passer l'aspirateur.
Heb die Füße hoch, damit ich staubsaugen kann.

2 (= soulever) **hochheben**
ℹ ***hoch•heben*** *est un verbe à particule séparable et se conjugue comme* ***heben***.

3 ▷ Les élèves se lèvent quand le proviseur entre dans la classe.
Die Schüler stehen auf, wenn der Schulleiter in die Klasse kommt.
▷ Il est onze heures, lève-toi !
Es ist elf Uhr, steh auf!

3 ► se **lever** (= se mettre debout, sortir du lit) : **aufstehen**

ℹ *Notez que le verbe pronominal français est traduit par un verbe intransitif en allemand.*

ℹ ***auf•stehen*** *est un verbe à particule séparable et se conjugue comme* ***stehen*** (**stand**, **gestanden**).

4 ▷ Le soleil se lève très tôt.
Die Sonne geht früh auf.

4 ► se **lever** (en parlant du soleil) : **aufgehen**

ℹ ***auf•gehen*** *est un verbe à particule séparable et se conjugue comme* ***gehen*** (**ging**, **gegangen**).

5 ▷ Le jour se lève.
Der Tag bricht an.

5 ► se **lever** (en parlant du jour) : **anbrechen**

ℹ ***an•brechen*** *est un verbe à particule séparable et se conjugue comme* ***brechen*** (**bricht**, **brach**, **gebrochen**).

levier

▷ Le levier de vitesse est bloqué.
Der Schalthebel ist blockiert.

der **Hebel** (pluriel **Hebel**)

lèvre

▷ Je me suis mordu la lèvre.
Ich habe mich in die Lippe gebissen.

die **Lippe** (pluriel **Lippen**)

ℹ *On distingue la* **lèvre supérieure** = *die* ***Oberlippe*** *et la* **lèvre inférieure** = *die* ***Unterlippe***.

levure

1 ▷ Tu as mis de la levure dans le gâteau ?
Hast du Hefe an den Kuchen gegeben?

1 die **Hefe**

2 ▷ Peux-tu me passer un sachet de levure chimique ?
Kannst du mir das Backpulver geben?

2 ► **levure chimique :** das **Backpulver**

lézard

▷ Il y a des lézards dans notre jardin.
In unserem Garten gibt es Eidechsen.

die **Eidechse** /'aɪdɛksə/ (pluriel **Eidechsen**)

🔈 *Notez la prononciation du* ***ch***.

libellule

▷ Regarde, une libellule !
Schau mal, eine Libelle!

die **Libelle** (pluriel **Libellen**)

libérer

1 ▷ Nous avons acheté une colombe et nous l'avons libérée.
Wir haben eine Taube gekauft und sie freigelassen.

1 (= relâcher) **freilassen**

ℹ *frei•lassen est un verbe à particule séparable et se conjugue comme lassen* (lässt, ließ, gelassen).

2 ▷ L'armée a réussi à libérer les otages.
Die Armee konnte die Geiseln befreien.

2 (= délivrer) **befreien**

ℹ *Les verbes commençant par le préfixe be- ne prennent pas ge- au participe passé.*

3 ▷ Le chien s'est libéré et il a disparu.
Der Hund hat sich befreit und ist verschwunden.

3 ► se **libérer** (= se délivrer) : sich **befreien**

ℹ *Le pronom personnel allemand s'emploie à l'accusatif : **ich befreie mich, du befreist dich, er / sie befreist sich, wir befreien uns, ihr befreit euch, sie befreien sich***

4 ▷ Je vais voir si je peux me libérer.
Ich sehe mal, ob ich mich freimachen kann.

4 ► se **libérer** (= se rendre disponible) : sich **freimachen**

ℹ *frei•machen est un verbe à particule séparable.*

ℹ *Le pronom personnel allemand s'emploie à l'accusatif.*

5 ▷ Attends, il y a une place qui se libère.
Warte mal, da wird ein Platz frei.

5 ► se **libérer** (= devenir disponible) : **frei werden** (wird, wurde, geworden)

liberté

▷ Ses parents lui laissent pas mal de liberté.
Seine Eltern lassen ihm ziemlich viel Freiheit.

die **Freiheit**

▷ Il a passé un an en prison, mais il est maintenant en liberté.
Er war ein Jahr lang im Gefängnis, aber jetzt ist er wieder frei.

► **être en liberté** (en parlant d'une personne) : **frei sein** (ist, war, gewesen)

▷ Les animaux sont en liberté dans ce parc.
Die Tiere sind in dem Park in Freiheit.

► **être en liberté** (en parlant d'un animal sauvage) : **in Freiheit sein**

libraire

▷ Elle veut devenir libraire.
Sie möchte Buchhändlerin werden.

der **Buchhändler** (pluriel -händler), die **Buchhändlerin** (pluriel -händlerinnen)

librairie

▷ Une nouvelle librairie s'est ouverte près de l'école.
Eine neue Buchhandlung hat in der Nähe der Schule geöffnet.

die **Buchhandlung** (pluriel Buchhandlungen)

*Attention à ne pas confondre avec **Bücherei** qui signifie « bibliothèque ».*

libre

▷ Tu peux faire ce que tu veux, tu es libre.
Du kannst machen, was du willst, du bist ja frei.
▷ Est-ce que tu es libre ce soir ?
Bist du heute abend frei?

frei

librement

▷ Ils peuvent s'exprimer librement.
Sie können sich frei ausdrücken.

frei

licencier

▷ Ils ont licencié 300 personnes.
Sie haben 300 Leute entlassen.

▷ Le père de Samantha a été licencié.
Samanthas Vater ist entlassen worden.

► **licencier** quelqu'un **:** jemanden (accusatif) entlassen (entlässt, entließ, entlassen)
► **être licencié :** entlassen werden (wird, wurde, worden)

lié, liée

1 ▷ Mon frère et moi, nous sommes très liés.
Mein Bruder und ich stehen uns sehr nahe.
▷ Est-ce que vous êtes liés ?
Steht ihr euch nahe?

1 ► **être lié** (= être proche) : sich (datif) nahestehen
ℹ *nahe•stehen est un verbe à particule séparable et se conjugue comme stehen* (stand, gestanden).

2 ▷ Les deux incidents ne sont pas liés.
Die zwei Vorfälle hängen nicht zusammen.

2 ► **être lié** (= en relation) : zusammenhängen
ℹ *zusammen•hängen est un verbe à particule séparable et se conjugue comme hängen au sens intransitif* (hing, gehangen).

liège

▷ D'où vient le liège ?
Wo kommt Kork her?
▷ J'ai posé des carreaux en liège sur le mur.
Ich habe Korkplatten an der Wand angebracht.

der Kork

Pour désigner les objets **de liège** *ou* **en liège**, *on forme des mots composés avec* ***Kork*** *: die* ***Korksohle*** **(semelle en liège)**, *etc.*

lien

▷ Il n'y aucun lien entre les deux histoires.
Es gibt keinen Zusammenhang zwischen den zwei Geschichten.

(= relation) der Zusammenhang (pluriel –hänge)

lier

1 ▷ Aucun indice ne nous permet de lier les deux événements.
Kein Indiz erlaubt es uns, die zwei Ereignisse miteinander zu verbinden.

1 (= établir un lien) verbinden (verband, verbunden)
ℹ *Les verbes commençant par le préfixe* ***ver-*** *ne prennent pas* ***ge-*** *au participe passé.*

2 ▷ Avec le temps nous nous sommes liés d'amitié.
Mit der Zeit haben wir Freundschaft geschlossen.

2 ► **se lier d'amitié :** Freundschaft schließen (schloss, geschlossen)

3 ▷ En attendant, ils ont lié conversation.
In der Zwischenzeit knüpften sie eine Unterhaltung an.

3 ► **lier conversation :** eine Unterhaltung anknüpfen
ℹ ***an•knüpfen*** *est un verbe à particule séparable.*

lieu

1 ▷ Ce bar est un lieu très populaire.
Diese Kneipe ist ein sehr beliebter Ort.

1 (= endroit) der **Ort** (pluriel **Orte**)

2 ▷ Il a utilisé un crayon au lieu d'un stylo.
Er hat einen Bleistift anstatt eines Kulis benutzt.
▷ Aide-moi au lieu de regarder la télé !
Hilf mir doch, anstatt fernzusehen!

2 ► **au lieu de :** anstatt + *génitif*
ℹ *On dit aussi* ***anstelle*** *+ génitif.*
► **au lieu de** + *infinitif* **:** anstatt zu + *infinitif*

3 ▷ Le match aura lieu samedi.
Das Spiel findet am Samstag statt.

3 ► **avoir lieu** (= se tenir) **:** stattfinden
ℹ ***statt•finden*** *est un verbe à particule séparable et se conjugue comme* ***finden*** (**fand**, **gefunden**).

4 ▷ Quand est-ce que l'accident a eu lieu ?
Wann hat sich der Unfall ereignet?

4 ► **avoir lieu** (= se produire) **:** sich ereignen
ℹ *Les verbes commençant par le préfixe* ***er-*** *ne prennent pas* ***ge-*** *au participe passé.*

lièvre

▷ Nous avons vu un lièvre dans le champ.
Wir haben einen Hasen auf dem Feld gesehen.

der **Hase** (pluriel **Hasen**)

lifting

▷ Combien coûte un lifting ?
Wie viel kostet ein Facelifting?
▷ Il s'est fait faire un lifting l'année dernière.
Er hat sich letztes Jahr liften lassen.

das **Facelifting** /'feɪslɪftɪŋ/
► se **faire faire un lifting :** sich liften lassen

ligne

1 ▷ La première ligne est illisible.
Die erste Zeile ist unleserlich.

1 (en parlant d'un texte) die **Zeile** (pluriel **Zeilen**)

2 ▷ On s'est tous mis en ligne pour commencer le jeu.
Wir haben uns alle in die Reihe gestellt, um mit dem Spiel anzufangen.

2 (= rangée) die **Reihe** (pluriel **Reihen**)
► se **mettre en ligne :** sich (accusatif) in die Reihe stellen

3 ▷ Il y a deux vols par jour sur la ligne Londres-Biarritz.
Es gibt zwei Flüge täglich auf der Strecke London-Biarritz.

3 (= route aérienne, de chemin de fer, etc.) die **Strecke** (pluriel **Strecken**)

4 ▷ Plusieurs lignes aériennes sont en grève.
Mehrere Fluglinien streiken.
▷ Les lignes de banlieue ne fonctionnent pas très bien en ce moment.
Die Vorortslinien gehen im Moment nicht gut.

4 (= compagnie, service) die **Linie** (pluriel **Linien**)

lilas

▷ Ça sent le lilas.
Es riecht nach Flieder.

der **Flieder**

limace

▷ Les limaces ont mangé les laitues.
Die Wegschnecken haben den Kopfsalat gefressen.

die **Wegschnecke** (pluriel **-schnecken**)

lime

▷ J'utilise une lime pour mes ongles.
Ich benutze eine Feile für meine Nägel.

(= outil) die **Feile** (pluriel **Feilen**)

limitation de vitesse

▷ La limitation de vitesse sur l'autoroute est de 130 km / h.
Die Geschwindigkeitsbegrenzung auf der Autobahn ist 130 km / h.

die **Geschwindigkeitsbegrenzung** (pluriel **-begrenzungen**)

limite

1 ▷ Il y a une limite de trois places par personne.
Es gibt höchstens drei Plätze pro Person.

1 *Pour dire qu'il y a un maximum autorisé, on emploie l'expression **höchstens** + nombre + substantif.*

2 ▷ La limite entre les deux quartiers est ici.
Hier ist die Grenze zwischen den beiden Bezirken.

2 (= frontière) die **Grenze** (pluriel **Grenzen**)

3 ▷ À la limite, on pourrait prendre un taxi.
Im äußersten Fall könnten wir ein Taxi nehmen.

3 ► **à la limite** (= s'il le faut vraiment) : **im äußersten Fall**
ℹ *On dit aussi **notfalls**.*

limiter

▷ On a réussi à limiter les dégâts.
Wir haben den Schaden einschränken können.

einschränken
ℹ ***ein•schränken** est un verbe à particule séparable.*

limonade

▷ Je peux avoir de la limonade, s'il te plaît ?
Kann ich bitte Limonade haben?

die **Limonade**

linge

▷ Ma mère m'a demandé d'étendre le linge.
Meine Mutter hat mich gebeten, die Wäsche aufzuhängen.

▷ On doit emporter notre propre linge de maison au gîte.
Wir müssen unsere eigene Haushaltswäsche ins Ferienhaus mitnehmen.

(= lessive) die **Wäsche**

► **linge de maison** (= draps, torchons, etc.) : die **Haushaltswäsche**

ℹ *Ces mots s'emploient uniquement au singulier.*

lingette

▷ Tu pourrais acheter des lingettes nettoyantes ?
Könntest du Reinigungstücher kaufen?

▷ J'utilise des lingettes démaquillantes, et toi ?
Ich benutze Abschminktücher, und du?

► **lingette nettoyante :** das **Reinigungstuch** (pluriel **-tücher**)

► **lingette démaquillante :** das **Abschminktuch** (pluriel **-tücher**)

lion, lionne

▷ Dominique a photographié des lions au Kenya.
Dominique hat in Kenia Löwen fotografiert.

▷ Elle est Lion.
Sie ist Löwe.

der **Löwe** (pluriel **Löwen**), die **Löwin** (pluriel **Löwinnen**)

► **être Lion** (= du signe zodiaque) : **Löwe sein**

liquide

1 ▷ Achète du savon liquide.
Kauf flüssige Seife.

1 (adjectif) **flüssig**

2 ▷ Il n'y a plus de liquide vaisselle.
Es ist kein Spülmittel mehr da.

2 ► **liquide vaisselle :** das **Spülmittel** (pluriel **-mittel**)

3 ▷ Je n'avais pas de liquide pour payer le pain.
Ich hatte kein Bargeld, um das Brot zu bezahlen.

▷ Je peux payer en liquide.
Ich kann in bar bezahlen.

3 (= argent) das **Bargeld**

► **payer en liquide : in bar bezahlen**

lire

▷ Quand je suis rentrée, mon père lisait le journal.
Als ich nach Hause kam, las mein Vater die Zeitung.

lesen (**liest**, **las**, **gelesen**)

liseuse

▷ Ma mère a acheté une liseuse.
Meine Mutter hat ein E-Book-Lesegerät gekauft.

(de livres électroniques) das **E-Book-Lesegerät** (pluriel **-geräte**)

lisible

▷ Son écriture est tout à fait lisible.
Seine Schrift ist gut lesbar.

lesbar

lisse

▷ Paula a la peau très lisse.
Paula hat ganz glatte Haut.

glatt (plus lisse **glatter, glätter** ; le plus lisse **der glatteste, der glätteste**)

liste

▷ Zut, j'ai perdu la liste des courses !
Mist, ich habe die Einkaufsliste verloren!
▷ Fais une liste, sinon tu vas oublier quelque chose.
Mach eine Liste, sonst vergisst du etwas.
▷ Raphaël est sur la liste d'attente pour le vol Paris-New York.
Raphaël steht auf der Warteliste für den Flug Paris-New York.

die **Liste** (pluriel **Listen**)

► **faire une liste :** eine Liste machen

► **liste d'attente :** die Warteliste

lit

▷ Ce lit est très dur.
Dieses Bett ist sehr hart.
▷ Je voudrais une chambre avec un lit de deux personnes et un lit d'une personne.
Ich hätte gern ein Zimmer mit einem Doppelbett und einem Einzelbett.
▷ J'ai dû dormir sur un lit de camp.
Ich musste auf einem Feldbett schlafen.
▷ Il est midi et Caroline est encore au lit !
Es ist Mittag und Caroline ist noch im Bett!
▷ À quelle heure est-ce que tu vas au lit d'habitude ?
Um wieviel Uhr gehst du normalerweise ins Bett?
▷ Mon père m'a grondé parce que je n'avais pas fait mon lit.
Mein Vater hat geschimpft, weil ich mein Bett nicht gemacht habe.

das **Bett** (pluriel **Betten**)

► **lit de deux personnes :** das Doppelbett

► **lit d'une personne :** das Einzelbett

► **lit de camp :** das Feldbett

► **être au lit :** im Bett sein

► **aller au lit :** ins Bett gehen

► **faire son lit :** sein Bett machen

ℹ *Le pronom possessif s'emploie de la façon suivante : **ich mache mein Bett, du machst dein Bett, er / sie macht sein / ihr Bett, wir machen unsere Betten, ihr macht eure Betten, sie machen ihre Betten**.*

litière

▷ J'ai remplacé la litière de Mimi.
Ich habe Mimis Katzenstreu gewechselt.

(pour chats) die **Katzenstreu**

litre

▷ J'ai emporté un litre d'eau pour la randonnée.
Ich habe einen Liter Wasser für die Wanderung mitgenommen.

der **Liter** (pluriel **Liter**)

littéral, littérale

▷ C'est une traduction littérale.
Es ist eine wortwörtliche Übersetzung.

wortwörtlich

littéralement

1 ▷ Il ne faut pas prendre cette expression littéralement.
Man darf diesen Ausdruck nicht wortwörtlich verstehen.

1 (= de manière littérale) **wortwörtlich**

2 ▷ Il s'est littéralement volatilisé.
Er hat sich buchstäblich in Luft aufgelöst.

2 (= véritablement) **buchstäblich**

littérature

▷ Nous avons commencé à étudier la littérature du dix-neuvième siècle.
Wir haben begonnen, die Literatur des neunzehnten Jahrhunderts zu studieren.

die **Literatur**

Attention à l'orthographe du mot allemand.

Lituanie

▷ Vilnius est la capitale de la Lituanie.
Vilnius ist die Hauptstadt von Litauen.
▷ En ce moment, mon frère est en Lituanie.
Im Moment ist mein Bruder in Litauen.
▷ J'aimerais aller en Lituanie.
Ich würde gern nach Litauen reisen.
▷ Tu es déjà allé en Lituanie ?
Warst du schon in Litauen?

Litauen
► **la Lituanie :** Litauen
► **en Lituanie** (= dans le pays) : in Litauen
► **en Lituanie** (= vers le pays) : nach Litauen

Attention : pour dire que quelqu'un **est déjà allé quelque part**, *on emploie une expression avec le prétérit du verbe* ***sein*** + ***schon***.

lituanien, lituanienne

1 ▷ J'ai lu un roman lituanien.
Ich habe einen litauischen Roman gelesen.

1 (adjectif) **litauisch**

2 ▷ C'est une Lituanienne.
Sie ist Litauerin.

2 (= personne) der **Litauer** (pluriel Litauer), die **Litauerin** (pluriel Litauerinnen)

2 ▷ C'est écrit en lituanien.
Das ist in Litauisch geschrieben.

3 (= langue) **Litauisch**

livraison

▷ La livraison est comprise dans le prix.
Die Lieferung ist im Preis inbegriffen.

die **Lieferung** (pluriel Lieferungen)

livre (NOM MASCULIN)

▷ Tu as lu ce livre ?
Hast du das Buch gelesen?
▷ Quelqu'un a vu mon livre de maths ?
Hat jemand mein Mathebuch gesehen?

▷ Les livres de classe pèsent très lourd.
Schulbücher sind sehr schwer.

(= un livre qu'on lit) das **Buch** (pluriel Bücher)
Pour préciser la matière scolaire d'un **livre**, *on forme des mots composés avec* ***Buch*** *: das* ***Englischbuch*** **(le livre d'anglais)**, *etc.*
► **livre de classe :** das **Schulbuch** (pluriel -bücher)

▷ Ma mère a beaucoup de livres de cuisine.
Meine Mutter hat viele Kochbücher.

▷ Je n'achète que des livres de poche, c'est moins cher.
Ich kaufe nur Taschenbücher, das ist billiger.

► **livre de cuisine :** das **Kochbuch** (pluriel **–bücher**)
► **livre de poche :** das **Taschenbuch** (pluriel **–bücher**)

livre (NOM FÉMININ)

▷ La livre vaut moins de un euro et demi.
Ein Pfund ist weniger als anderthalb Euro wert.

▷ Trois livres de cerises, s'il vous plaît.
Drei Pfund Kirschen, bitte.

(= la mesure de poids, la monnaie) das **Pfund** (pluriel **Pfunde**)
Précédé d'un nombre, ***Pfund*** *est employé au singulier.*

livrer

▷ Le facteur nous a livré un colis.
Der Briefträger hat uns ein Paket geliefert.

▷ On pourrait se faire livrer une pizza ce soir.
Wir könnten uns heute Abend eine Pizza liefern lassen.

▷ Il se fait livrer sa nouvelle machine à laver.
Er läßt sich seine neue Waschmaschine liefern.

► **livrer** quelque chose **à** quelqu'un **:** jemandem (datif) etwas **liefern**
► se **faire livrer** quelque chose **:** sich etwas **liefern lassen** (**lässt, ließ, lassen**)

ℹ *Le pronom personnel allemand s'emploie au datif :* ***ich lasse mir etwas liefern, du lässt dir etwas liefern, er / sie lässt sich etwas liefern, wir lassen uns etwas liefern, ihr lasst euch etwas liefern, sie lassen sich etwas liefern.***

livret

1 ▷ J'ai perdu mon livret de caisse d'épargne.
Ich habe mein Sparbuch verloren.

1 ► **livret de caisse d'épargne :** das **Sparbuch** (pluriel **–bücher**)

2 ▷ Vous avez besoin de votre livret de famille pour obtenir un passeport.
Sie brauchen Ihr Familienbuch, um sich einen Pass ausstellen zu lassen.

2 ► **livret de famille :** das **Familienbuch**

3 ▷ Natacha a un très bon livret scolaire.
Natacha hat ein sehr gutes Zeugnis.

3 ► **livret scolaire :** das **Zeugnis** (pluriel **Zeugnisse**)

ℹ *On dit aussi das* ***Zeugnisheft*** (pluriel **–hefte**).

local, locale

▷ Nous achetons des produits locaux.
Wir kaufen lokale Erzeugnisse.

lokal

locataire

▷ Les locataires du troisième étage sont très sympas.
Die Mieter im dritten Stock sind sehr nett.

der **Mieter** (pluriel **Mieter**), die **Mieterin** (pluriel **Mieterinnen**)

location

1 ▷ Combien coûte la location des skis ?
Wieviel kostet das Mieten der Skier?

1 (par le locataire) das **Mieten**
ℹ *C'est un verbe substantivé ; il ne s'emploie qu'au singulier.*

2 ▷ La location de cette cassette est interdite.
Das Vermieten dieser Kassette ist verboten.

2 (par le propriétaire) das **Vermieten**
ℹ *C'est un verbe substantivé ; il ne s'emploie qu'au singulier.*

3 ▷ Nous avons pris une voiture de location.
Wir haben einen Mietwagen genommen.

3 *Pour dire* **...de location**, *on forme des mots composés avec* ***Miet-*** *: der* ***Mietvertrag*** **(contrat de location)**, *das* ***Mietboot*** **(bateau de location)**.

locaux

▷ Les locaux de la société sont au deuxième étage.
Die Büroräume der Firma befinden sich im zweiten Stock.

(= bureaux) die **Büroräume**
ℹ *Ce mot est un pluriel.*

locomotive

▷ Nous avons pris un train avec une vieille locomotive.
Wir haben einen Zug mit einer alten Lokomotive genommen.

die **Lokomotive** (pluriel Lokomotiven)
ℹ *L'abréviation familière* **loco** *se traduit par* ***Lok***.

logement

▷ Il est difficile de trouver un logement dans le centre-ville.
Es ist schwierig, in der Stadtmitte eine Wohnung zu finden.
▷ On construit des logements juste à côté.
Nebenan werden Wohnungen gebaut.

(= appartement, endroit où vivre en général) die **Wohnung** (pluriel Wohnungen)

loger

1 ▷ Quand nous partons en vacances, nous logeons à l'hôtel.
Wenn wir in die Ferien fahren, übernachten wir im Hotel.

1 (= habiter temporairement) **übernachten**

2 ▷ Comment pouvons-nous loger cinq personnes ?
Wie bringen wir fünf Personen unter?

2 ► **loger** quelqu'un (= accueillir quelqu'un chez soi) : jemanden (accusatif) **unterbringen**
ℹ ***unter•bringen*** *est un verbe à particule séparable et se conjugue comme* ***bringen*** (brachte, gebracht).

logiciel

▷ Ce logiciel est très bien pour travailler sur des photos.
Diese Software eignet sich gut zum Bearbeiten von Fotos.

die **Software** /'sɔftvɛːɐ/ (pluriel Softwares)

Notez la prononciation.

logique (ADJECTIF)

▷ Ton argument est logique.
Dein Argument ist logisch.

logisch

loi

▷ C'est la loi, tu dois la respecter.
Es ist das Gesetz, du musst es einhalten.

das **Gesetz** (pluriel Gesetze)

loin

1 ▷ C'est encore loin ?
Ist es noch weit?
▷ Ce n'est pas loin.
Es ist nicht weit.
▷ La piscine n'est pas loin d'ici.
Das Schwimmbad ist nicht weit von hier.
▷ Les autres sont encore loin derrière.
Die andern sind noch weit hinten.
▷ Élise est loin devant.
Élise ist weit vorne.

1 (= loin dans l'espace) **weit**

► **pas loin de... :** nicht weit von...

► **loin derrière :** weit hinten

► **loin devant :** weit vorne

2 ▷ Les vacances sont encore loin.
Die Ferien sind noch weit weg.

2 (= loin dans l'avenir) **weit weg**

3 ▷ Noël est déjà loin.
Weihnachten ist schon lange her.

3 (= loin dans le passé) **lange her**

4 ▷ Je vois mal de loin.
Ich sehe von weitem schlecht.

4 ► **de loin** (= depuis une certaine distance) : von weitem

On dit aussi ***aus der Ferne****.*

5 ▷ Julien est de loin le meilleur élève de la classe.
Julien ist bei weitem der beste Schüler der Klasse.

5 ► **de loin** (= de beaucoup) : bei weitem *ou* Weitem

loisir

1 ▷ Qu'est-ce que tu fais pendant tes loisirs ?
Was machst du in deiner Freizeit?

1 (= temps libre) die **Freizeit**

Ce mot s'emploie uniquement au pluriel.

2 ▷ Ce club propose des loisirs très variés.
Dieser Klub bietet sehr verschiedene Freizeitbeschäftigungen an.

2 (= activité) die **Freizeit-beschäftigung** (pluriel -beschäftigungen)

long, longue

1 ▷ Cette robe est un peu longue pour toi.
Dieses Kleid ist etwas lang für dich.
▷ La pièce fait dix mètres de long.
Das Zimmer ist zehn Meter lang.

1 **lang** (**plus long** **länger** ; **le plus long** **der längste**)
Pour préciser la **longueur** *de quelque chose en allemand, on emploie l'expression* ***... lang sein***.

2 ▷ Il y a des arbres le long de la rivière.
Bäume wachsen am Flussufer entlang.

2 ► **le long de : am / an der** *+ datif* + **entlang**

longtemps

▷ J'ai dû attendre longtemps.
Ich musste lange warten.
▷ Ça a pris longtemps.
Es hat lange gedauert.
▷ Je n'attendrai pas plus longtemps.
Ich werde nicht länger warten.
▷ Sonia a été malade pendant longtemps.
Sonia war lange krank.
▷ Il y a longtemps, nous sommes allés à Dijon.
Vor langer Zeit waren wir in Dijon.
▷ Il y a longtemps que je connais Cédric.
Ich kenne Cédric seit langem.
▷ J'ai déménagé il n'y a pas longtemps.
Ich bin vor kurzem umgezogen.
▷ J'habite ici depuis longtemps.
Ich wohne schon lange hier.
▷ Tu en as pour longtemps ?
Brauchst du lange?

lange (**plus longtemps** **länger** ; **le plus longtemps** **am längsten**)

► **pendant longtemps : lange**

ℹ *On dit aussi* ***lange Zeit***.

► **il y a longtemps, ... : vor langer Zeit...**

► **il y a longtemps que : seit langem**

Attention : **il n'y a pas longtemps** *se dit* ***vor kurzem***.

► **depuis longtemps : schon lange**

► **en avoir pour longtemps : lange brauchen**

longueur

▷ Nous avons mesuré la longueur de la pièce.
Wir haben die Länge des Zimmers gemessen.
▷ Le couloir fait six mètres de longueur.
Der Gang ist sechs Meter lang.
▷ Quelle est la longueur de la table ?
Wie lang ist der Tisch?

die **Länge** (pluriel **Längen**)

Pour préciser la **longueur** *de quelque chose en allemand, on emploie l'expression* ***... lang sein***.
Pour demander la **longueur** *de quelque chose, on dit* ***wie lang...?***

look

▷ Il soigne son look.
Er achtet auf seinen Look.

der **Look**

lot

1 ▷ C'est Lucile qui a gagné le plus beau lot.
Lucile hat den schönsten Preis gewonnen.
▷ Les autres ont eu des lots de consolation.
Die anderen bekamen Trostpreise.

1 (= prix) der **Preis** (pluriel **Preise**)

► **lot de consolation :** der **Trostpreis** (pluriel **-preise**)

2 ▷ Rachid a gagné le gros lot à la tombola de l'école.
Rachid hat das große Los bei der Schultombola gewonnen.

2 ► **le gros lot :** das **große Los**

loterie

▷ Les commerçants ont donné des lots pour la loterie de l'école.
Die Händler haben Preise für die Schullotterie gestiftet.

(= une loterie dans une kermesse) die **Lotterie**

ℹ *Attention à l'ortographe du mot allemand.*

lotion

▷ Cette lotion est bonne pour la peau.
Diese Lotion ist gut für die Haut.

die **Lotion** (pluriel **Lotionen**)

ℹ *Quand il s'agit d'une lotion pour le visage, on dit aussi das* ***Gesichtswasser****.*

▷ Ta lotion après-rasage sent bon.
Dein Rasierwasser riecht gut.

► **lotion après-rasage :** das **Rasierwasser**

lotissement

▷ Mélanie habite dans un lotissement en banlieue.
Mélanie wohnt in einer Siedlung in der Umgebung.

die **Siedlung** (pluriel **Siedlungen**)

Loto

▷ Apparemment, ils ont gagné un million au Loto.
Anscheinend haben sie eine Million im Lotto gewonnen.

das **Lotto**

louanges

▷ Les pompiers méritent des louanges.
Die Feuerwehrleute haben Lob verdient.

das **Lob**

louche (NOM FÉMININ)

▷ J'ai laissé tomber la louche dans la casserole.
Ich habe die Kelle in den Topf fallen lassen.

(= ustensile de cuisine) die **Kelle** (pluriel **Kellen**)

ℹ *On dit aussi der* ***Schöpflöffel****.*

louche (ADJECTIF)

▷ Il y a un homme louche qui cherche Roland.
Da ist ein dubioser Mann, der Roland sucht.

(= douteux) **dubios**

loucher

▷ Il louche.
Er schielt.

schielen

louer

1 ▷ On pourrait louer une maison pour les vacances.
Wir könnten ein Ferienhaus mieten.
▷ J'ai loué une voiture pour la semaine.
Ich habe für die Woche ein Auto gemietet.

1 (= prendre en location) **mieten**

2 ▷ Nous louons notre maison de campagne pendant le mois de juillet.
Wir vermieten unser Landhaus im Juli.

2 (= donner en location) **vermieten**

ℹ *Les verbes commençant par le préfixe **ver-** ne prennent pas **ge-** au participe passé.*

loueur, loueuse

▷ Tu pourrais appeler le loueur pour confirmer la réservation ?
Kannst du den Vermieter anrufen und die Reservierung bestätigen?

(= entreprise) der **Vermieter** (pluriel Vermieter), die **Vermieterin** (pluriel Vermieterinnen)

loup

▷ Il y a de nouveau des loups en France.
Es gibt in Frankreich wieder Wölfe.

der **Wolf** (pluriel Wölfe)

loupe

▷ Ma grand-mère a besoin d'une loupe pour lire le journal.
Meine Großmutter braucht zum Zeitunglesen eine Lupe.
▷ On a regardé l'insecte à la loupe.
Wir haben das Insekt mit der Lupe angeschaut.
▷ Le prof a regardé ma rédaction à la loupe.
Der Lehrer hat meinen Aufsatz unter die Lupe genommen.

die **Lupe** (pluriel Lupen)

ℹ *On dit aussi das **Vergrößerungsglas*** (pluriel -gläser)

► **à la loupe :** **mit der Lupe** *ou* **mit dem Vergrößerungsglas**
► **regarder** quelque chose **à la loupe** (sens familier) **:** etwas (accusatif) **unter die Lupe nehmen** (nimmt, nahm, genommen)

louper

1 ▷ Dépêchez-vous, vous allez louper le train !
Beeilt euch, sonst verpasst ihr den Zug!

1 (= manquer, en parlant d'un train, d'un rendez-vous) **verpassen**

ℹ *Les verbes commençant par le préfixe **ver-** ne prennent pas **ge-** au participe passé.*

2 ▷ J'ai loupé ma tarte aux cerises.
Meine Kirschtorte ist mir missglückt.

2 ► quelqu'un **loupe** quelque chose (en parlant d'un gâteau, d'un dessin) **:** jemandem (datif) **missglückt** etwas

ℹ *Le verbe transitif français est traduit par un verbe intransitif en allemand.*

3 ▷ Jonathan dit qu'il a loupé son examen.
Jonathan meint, er hätte seine Prüfung verhauen.

3 (= rater, en parlant d'un examen) **verhauen**

ℹ *Les verbes commençant par le préfixe **ver-** ne prennent pas **ge-** au participe passé.*

ℹ *Ce verbe allemand est familier.*

4 ▷ On se loupe à chaque fois qu'il vient à Paris.
Jedes Mal, wenn er nach Paris kommt, verpassen wir uns.

4 ► se **louper** (= ne pas se voir) : sich (accusatif) **verpassen**

loup-garou

▷ Il nous a raconté une histoire de loup-garou.
Er hat uns eine Geschichte von einem Werwolf erzählt.

der **Werwolf** (pluriel **-wölfe**)

lourd, lourde

1 ▷ Qu'est-ce que ta valise est lourde !
Dein Koffer ist ja schwer!

1 (= qui pèse beaucoup) **schwer**

2 ▷ Arrête, tu es vraiment lourd !
Hör auf, du bist wirklich lästig!

2 (= agaçant) **lästig**

3 ▷ Il fait lourd aujourd'hui.
Es ist schwül heute.

3 (en parlant du temps) **schwül**

loutre

▷ On a vu des loutres dans la rivière.
Wir haben Otter im Fluss gesehen.

der **Otter** (pluriel **Otter**)

louve

▷ Au Zoo, la louve a eu des petits.
Im Zoo hat die Wölfin Kleine bekommen.

die **Wölfin** (pluriel **Wölfinnen**)

loyer

▷ As-tu déjà payé ton loyer ce mois-ci ?
Hast du diesen Monat schon die Miete bezahlt?

die **Miete**

luge

▷ Mes parents m'ont acheté une luge pour mon anniversaire.
Meine Eltern haben mir zum Geburtstag einen Schlitten gekauft.

der **Schlitten** (pluriel **Schlitten**)

▷ On a fait de la luge chez mon cousin.
Bei meinem Cousin sind wir Schlitten gefahren.

► **faire de la luge : Schlitten fahren** (**fährt**, **fuhr**, **gefahren**)

lui

1 ▷ Christelle n'a pas voulu aller au cinéma avec lui.
Christelle wollte nicht mit ihm ins Kino gehen.
▷ J'ai fait des courses pour lui.
Ich bin für ihn einkaufen gegangen.

1 *Quand* **lui** *suit une préposition, en parlant d'une personne ou d'un animal mâle, on traduit par* ***ihm*** *ou* ***ihn****, en fonction de la préposition :* ***mit*** *+ datif,* ***für*** *+ accusatif,* ***auf*** *+ datif ou accusatif (avec verbe de mouvement), etc.*

2 ▷ Raoul était là, mais je ne lui ai pas parlé.
Raoul war da, aber ich habe nicht mit ihm gesprochen.
▷ J'ai vu Mélanie hier. – Et tu lui as parlé ?
Ich habe Mélanie gestern gesehen. – Und hast du mit ihr gesprochen?

2 *Quand* **lui** *est complément d'objet indirect, on traduit par* ***mit ihm*** *(pour le masculin et le neutre) ou* ***mit ihr*** *(pour le féminin).*

3 ▷ C'est lui qui me l'a dit.
Er hat es mir gesagt.

3 *Pour dire* **c'est lui qui...**, *on traduit simplement par* ***er***, *en mettant l'accent sur ce mot.*

4 ▷ Elle a accepté, mais lui a refusé.
Sie hat angenommen, aber er hat abgelehnt.

4 *Quand* **lui** *est sujet (c'est-à-dire, quand* **lui** *signifie « il »), on traduit par* ***er***, *en mettant l'accent sur ce mot.*

lui-même

1 ▷ Il me l'a dit lui-même, alors ça doit être vrai.
Er selbst hat es mir gesagt, also muss es wahr sein.

1 (= personnellement) er selbst

2 ▷ L'antenne est un peu tordue, mais l'appareil lui-même n'a rien.
Die Antenne ist ein bisschen verbogen, aber das Gerät selbst hat nichts.

2 (= la chose en question) selbst

lumière

▷ Il y a beaucoup de lumière dans ce bureau.
Es kommt viel Licht in dieses Büro.
▷ Éteins la lumière, s'il te plaît.
Mach bitte das Licht aus.

das Licht (pluriel Lichter)

lundi

▷ Aujourd'hui c'est lundi.
Heute ist Montag.
▷ Nous partirons lundi.
Wir fahren am Montag.
▷ Le lundi, on va à la piscine.
Montags gehen wir ins Schwimmbad.

der Montag

► **faire** quelque chose **lundi :** etwas am Montag tun
► **le lundi** (= tous les lundis) : montags

lune

▷ La lune s'est levée.
Der Mond ist aufgegangen.
▷ Aujourd'hui, c'est la pleine lune.
Heute ist Vollmond.

der Mond

► **la pleine lune :** Vollmond

lunette, lunettes

1 ▷ Mon oncle a une lunette pour regarder les étoiles.
Mein Onkel hat ein Fernrohr, um die Sterne zu beobachten.

1 (= longue-vue) das Fernrohr (pluriel –rohre)

2 ▷ Lisa doit porter des lunettes.
Lisa muss eine Brille tragen.

2 ► **lunettes :** die **Brille** (pluriel Brillen)

ℹ *Le pluriel français* **lunettes** *est traduit par un singulier en allemand.*

▷ À qui sont ces lunettes de soleil ?
Wem gehört diese Sonnenbrille?

► **lunettes de soleil :** die Sonnenbrille

lutte

1 ▷ La lutte contre le sida continue.
Der Kampf gegen AIDS geht weiter.

1 (= combat) der **Kampf** (pluriel Kämpfe)

2 ▷ Tu as déjà fait de la lutte ?
Hast du schon einmal geringt?

2 (= sport) der **Ringkampf**
► **faire de la lutte :** ringen

lutter

1 ▷ Ils luttent pour leurs droits.
Sie kämpfen um ihre Rechte.

1 (= se battre) **kämpfen**

ℹ *Notez la préposition en allemand :* **lutter pour** = ***kämpfen um***

2 ▷ Où as-tu appris à lutter ?
Wo hast du gelernt zu ringen?

2 (en sport) **ringen**

luxe

1 ▷ Ils sont habitués au luxe.
Sie sind an Luxus gewöhnt.
▷ Il y a plusieurs hôtels de luxe dans ce quartier.
In diesem Bezirk gibt es mehrere Luxushotels.

1 der **Luxus**

Pour dire **de luxe** *en allemand, on emploie des mots composés avec* ***Luxus*** *: das* ***Luxusauto*** (voiture de luxe), *der* ***Luxusdampfer*** (paquebot de luxe), *etc.*

2 ▷ Une douche par cette chaleur, ce n'est vraiment pas du luxe !
Eine Dusche bei dieser Hitze ist wirklich nicht überflüssig!

2 ► **ce n'est pas du luxe :** das ist nicht überflüssig

Luxembourg

▷ Le Luxembourg est voisin de la France et de l'Allemagne.
Luxemburg grenzt an Frankreich und Deutschland.

Luxemburg
► **le Luxembourg :** Luxemburg

ℹ *L'article neutre s'emploie uniquement précédé d'un adjectif :* ***das europäische Luxemburg*** (le Luxembourg européen).

▷ Ma tante habite au Luxembourg.
Meine Tante wohnt in Luxemburg.
▷ Samia voyage souvent au Luxembourg.
Samia reist oft nach Luxemburg.
▷ Je suis déjà allé plusieurs fois au Luxembourg.
Ich war schon mehrmals in Luxemburg.

► **au Luxembourg** (= dans le pays) : in Luxemburg
► **au Luxembourg** (= vers le pays) : nach Luxemburg

Attention : pour dire que quelqu'un **est déjà allé quelque part**, *on emploie une expression avec le prétérit du verbe* ***sein*** + ***schon***.

luxembourgeois, luxembourgeoise

1 ▷ Le week-end dernier, nous avons reçu ma correspondante luxembourgeoise.
Am letzten Wochenende haben wir meine luxemburgische Brieffreundin empfangen.

1 (adjectif) **luxemburgisch**

2 ▷ J'ai fait la connaissance de plusieurs Luxembourgeois au stage de karaté.
Beim Karatekurs habe ich mehrere Luxemburger kennengelernt.

2 (= personne) der **Luxemburger** (pluriel Luxemburger), die **Luxemburgerin** (pluriel Luxemburgerinnen)

luxueux, luxueuse

▷ L'hôtel était très luxueux.
Das Hotel war sehr luxuriös.

luxuriös

*Attention : **luxuriös** ne signifie pas « luxurieux ».*

lycée

▷ Le frère de Jeanne va au lycée.
Jeannes Bruder geht aufs Gymnasium.

das **Gymnasium** (pluriel Gymnasien)

*N'oubliez pas que le y allemand se prononce comme un **u**.*

lys

▷ J'adore les lys blancs.
Ich liebe weiße Lilien.

die **Lilie** (pluriel Lilien)

Mm

ma

▻ Ma sœur s'appelle Romane.
Meine Schwester heißt Romane.
▻ Je te montre ma maison ?
Soll ich dir mein Haus zeigen?

En fonction du genre du substantif allemand, **ma** *est traduit par* ***meine*** *(pour le féminin) ou* ***mein*** *(pour le masculin et le neutre).*

mâcher

▻ Mâche avant d'avaler !
Kau, bevor du schluckst!

kauen

machin

▻ Qu'est-ce que c'est que ce machin ?
Was ist das denn für ein Ding?

(= objet) das **Ding** (pluriel **Dinge**)

machinal, machinale

▻ C'est un geste machinal.
Es war eine automatische Geste.

automatisch

machinalement

▻ J'ai fait ça machinalement.
Ich habe das ganz automatisch gemacht.

automatisch

machine

1 ▻ Avec cette machine, on coupe le papier.
Mit dieser Maschine schneidet man das Papier.
▻ Tu as mis la machine à laver en marche ?
Hast du die Waschmaschine angestellt?

1 die **Maschine** (pluriel **Maschinen**)
► **machine à laver :** die **Waschmaschine** (pluriel **-maschinen**)

2 ▻ Cédric a gagné cinquante euros aux machines à sous.
Cédric hat fünfzig Euro an den Spielautomaten gewonnen.

2 ► **machine à sous :** der **Spielautomat** (pluriel **-automaten**)

mâchoire

▷ Laurent lui a donné un coup sur la mâchoire.
Laurent hat ihm eine auf den Kiefer geschlagen.

der **Kiefer** (pluriel Kiefer)
ℹ mâchoire supérieure *se dit* ***Oberkiefer***, mâchoire inférieure *se dit* ***Unterkiefer***.

maçon, maçonne

▷ Le maçon a fini de construire le mur.
Der Maurer ist mit dem Mauerbau fertig.

der **Maurer** (pluriel Maurer), die **Maurerin** (pluriel Maurerinnen)

madame

1 ▷ Bonjour madame, je voudrais un kilo de pommes, s'il vous plaît.
Guten Tag, ich hätte gern ein Kilo Äpfel, bitte.

1 *Quand on s'adresse directement à quelqu'un, il n'y a pas d'équivalent de* **madame** *en allemand.*

2 ▷ Madame Martin est venue nous chercher à la gare.
Frau Martin hat uns am Bahnhof abgeholt.

2 *Quand on parle de quelqu'un en l'appelant par son nom de famille,* **madame** *se traduit par* ***Frau***.

mademoiselle

1 ▷ Bonjour mademoiselle, je voudrais un kilo de poires, s'il vous plaît.
Guten Tag, ich hätte gern ein Kilo Birnen, bitte.

1 *Quand on s'adresse directement à quelqu'un, il n'y a pas d'équivalent de* **mademoiselle** *en allemand.*

2 ▷ Mademoiselle Barker est venue nous chercher à l'aéroport.
Frau Barker hat uns am Flughafen abgeholt.

2 *Quand on parle de quelqu'un en l'appelant par son nom de famille, on emploie* ***Frau...***, *car* ***Fräulein*** *n'est plus utilisé en allemand.*

magasin

1 ▷ Il n'y a pas de magasins près de l'hôtel.
In der Nähe des Hotels gibt es keine Geschäfte.

1 das **Geschäft** (pluriel Geschäfte)
ℹ *On dit aussi der* ***Laden*** (pluriel Läden).

2 ▷ Hier j'ai fait les magasins avec ma mère.
Gestern bin ich mit meiner Mutter einkaufen gegangen.

2 ► **faire les magasins :** einkaufen gehen (ging, gegangen)

3 ▷ On peut tout trouver dans les grands magasins.
In den Kaufhäusern findet man alles.

3 ► **grand magasin :** das **Kaufhaus** (pluriel -häuser)

magazine

▷ J'ai lu ça dans un magazine.
Ich habe das in einer Zeitschrift gelesen.

die **Zeitschrift** (pluriel -schriften)

magicien, magicienne

▷ C'est l'histoire d'un magicien.
Es ist die Geschichte von einem Zauberer.

der **Zauberer** (pluriel Zauberer), die **Zauberin** (pluriel Zauberinnen)

magie

▷ Comment est-ce qu'il a deviné ? C'est de la magie !
Wie hat er das denn erraten? Das ist ja Zauberei!
▷ Léonie sait faire de la magie.
Léonie kann zaubern.

die **Zauberei**

ℹ *On dit aussi die* ***Magie****.*

► **faire de la magie :** zaubern

magique

▷ Il suffit de dire la formule magique.
Es reicht, die Zauberformel zu sagen.

Quand on emploie **magique** *avec un substantif, on utilise des mots composés avec* ***Zauber*** *: der* ***Zauberstab*** **(baguette magique)**, *der* ***Zaubertrank*** **(potion magique)**.

magnétique

▷ Mon père a une carte magnétique pour entrer dans son bureau.
Mein Vater hat eine Magnetkarte für sein Büro.

Quand on emploie **magnétique** *avec un substantif, on utilise des mots composés avec* ***Magnet*** *: der* ***Magnetpol*** **(pôle magnétique)**.

magnétophone

▷ J'ai encore un vieux magnétophone.
Ich habe noch einen alten Kassettenrecorder.

der **Kassettenrecorder** (pluriel **-recorder**)

magnétoscope

▷ Maria veut donner son magnétoscope.
Maria will ihren Videorecorder verschenken.

der **Videorecorder** (pluriel **-recorder**)

magnifique

▷ Ce garçon a des yeux magnifiques.
Dieser Junge hat wunderschöne Augen.

(= très beau) **wunderschön**

mai

▷ L'anniversaire de Stéphanie est le trois mai.
Stéphanies Geburtstag ist am dritten Mai.
▷ Il fait souvent doux en mai.
Im Mai ist es oft warm.

der **Mai**

ℹ *On écrit* ***am 3. Mai****.*

► **en mai, au mois de mai :** im Mai

maigre

▷ Patrick est très maigre.
Patrick ist sehr mager.
▷ Damien mange des yaourts maigres.
Damien isst Magerjogurt.

(= très mince) **mager**

Pour dire qu'un aliment est **maigre**, *on emploie des mots composés avec* ***Mager-*** *: der* ***Magerkäse*** **(fromage maigre)**.

maigrir

▷ Si tu veux maigrir, tu devrais faire du sport.
Wenn du abnehmen willst, solltest du Sport treiben.

▷ Laïla a déjà maigri de trois kilos.
Laïla hat schon drei Kilo abgenommen.

abnehmen
ℹ ***ab•nehmen*** *est un verbe à particule séparable et se conjugue comme* ***nehmen*** (**nimmt, nahm, genommen**).
► **maigrir de… : …abnehmen**

mail

▷ Je t'enverrai un mail pour confirmer.
Ich schick dir eine E-Mail zur Bestätigung.

die **E-Mail** (pluriel **E-Mails**)
ℹ ***E-Mail*** *vient de l'anglais. C'est la contraction de* ***electronic mail*** (= courrier électronique).

maillot

1 ▷ Stéphane est fier de son maillot du Bayern de Munich.
Stéphane ist ganz stolz auf sein Trikot vom Bayern München.

1 (= maillot pour faire du sport) das **Trikot** (pluriel **Trikots**)
Se prononce comme en français.

2 ▷ Mélissa a un joli maillot de bain.
Mélissa hat einen schönen Badeanzug.

2 ► **maillot de bain** (de femme) **:** der **Badeanzug** (pluriel **-anzüge**)

3 ▷ Le maillot de bain de Christophe est un peu petit !
Christophes Badehose ist etwas klein!

3 ► **maillot de bain** (d'homme) **:** die **Badehose** (pluriel **-hosen**)

4 ▷ Mets un maillot de corps, il fait très froid.
Zieh ein Unterhemd an, es ist sehr kalt.

4 ► **maillot de corps :** das **Unterhemd** (pluriel **-hemden**)

main

1 ▷ Tes mains sont glacées.
Deine Hände sind eiskalt.
▷ Je les ai vus ensemble, il la tenait par la main.
Ich habe sie zusammen gesehen, er hielt sie an der Hand.
▷ Ce pull est fait à la main.
Dieser Pullover ist handgemacht.

1 die **Hand** (pluriel **Hände**)
► **tenir par la main :** **an der Hand halten** (**hält, hielt, gehalten**)
► **fait à la main** *ou* **fait main :** **handgemacht**

2 ▷ Jérôme m'a donné un coup de main pour déplacer l'armoire.
Jérôme hat mir geholfen, den Schrank umzustellen.

2 ► **donner un coup de main à quelqu'un :** jemandem (datif) **helfen** (**hilft, half, geholfen**)

main-d'œuvre

1 ▷ La main-d'œuvre coûte cher.
Die Arbeitskosten sind hoch.

1 (= travail) die **Arbeit**

2 ▷ La main-d'œuvre du pays est peu syndiquée.
Wenige Arbeitskräfte des Landes gehören Gewerkschaften an.

2 (= personnes) die Arbeitskräfte

ℹ *Ce mot est un pluriel.*

maintenant

▷ Et maintenant, qu'est-ce que tu vas faire ?
Und was machst du jetzt?

▷ Maintenant que j'ai un peu d'argent, j'aimerais aller au Maroc.
Jetzt, da ich ein bisschen Geld habe, würde ich gerne nach Marokko reisen.

jetzt

ℹ *On dit aussi* ***nun****.*

► **maintenant que :** jetzt, da...

maintenir

▷ Jean maintient que ce n'est pas de sa faute.
Jean bleibt dabei, dass es nicht seine Schuld sei.

► **maintenir que...** (= dire, soutenir) : dabei bleiben, dass... (blieb, geblieben)

maire

▷ Le maire a inauguré le nouveau cinéma.
Der Bürgermeister hat das neue Kino eingeweiht.

der Bürgermeister (pluriel –meister), die Bürgermeisterin (pluriel Bürgermeisterinnen)

mairie

▷ L'office du tourisme est dans la mairie.
Das Fremdenverkehrsamt ist im Rathaus.

das Rathaus (pluriel –häuser)

mais

1 ▷ Je savais la réponse, mais je n'ai pas osé la dire.
Ich wusste die Antwort, aber ich habe mich nicht getraut, sie zu sagen.

1 (= pourtant) aber

2 ▷ Je ne prends pas la ligne 34 mais la 38.
Ich nehme nicht die Linie 34, sondern die 38.

2 (après une négation = au contraire) sondern

maïs

▷ J'adore le maïs.
Ich liebe Mais.

der Mais

maison

1 ▷ Leur maison est très grande.
Ihr Haus ist sehr groß.

▷ Les Robert ont une maison de campagne.
Roberts haben ein Haus auf dem Land.

1 das Haus (pluriel Häuser)

► **maison de campagne :** das Haus auf dem Land

2 ▷ Je suis restée à la maison hier.
Gestern bin ich zu Hause geblieben.

▷ Rentre tout de suite à la maison !
Komm sofort nach Hause!

2 ► **à la maison** (= dans la maison) : zu Hause

En Suisse et en Autriche, on écrit aussi ***zuhause****.*

► **à la maison** (= vers la maison) : nach Hause

3 ▷ Le grand-père de Mathilde est dans une maison de retraite.
Mathildes Großvater ist in einem Altersheim.

3 ► **maison de retraite :** das **Altersheim** (pluriel **-heime**)
On dit aussi das ***Seniorenheim****.*

maître

1 ▷ Ma petite sœur adore son maître.
Meine kleine Schwester mag ihren Lehrer sehr.

1 (= instituteur) der **Lehrer** (pluriel **Lehrer**)

2 ▷ Ce chien a l'air perdu, où est son maître ?
Dieser Hund sieht verloren aus, wo ist denn sein Herrchen?

2 (= propriétaire d'un animal) das **Herrchen** (pluriel **Herrchen**)

3 ▷ Le maître nageur nous a interdit de sauter.
Der Bademeister hat uns verboten zu springen.

3 ► **maître nageur :** der **Bademeister** (pluriel **-meister**), die **Bademeisterin** (pluriel **-meisterinnen**)

maîtresse

1 ▷ Notre maîtresse est très gentille.
Unsere Lehrerin ist sehr nett.

1 (= institutrice) die **Lehrerin** (pluriel **Lehrerinnen**)

2 ▷ Notre chat nous a été donné, sa maîtresse ne pouvait plus s'occuper de lui.
Unsere Katze wurde uns geschenkt, ihr Frauchen konnte sich nicht mehr um sie kümmern.

2 (= propriétaire d'un animal) das **Frauchen** (pluriel **Frauchen**)

majeur, majeure

1 ▷ Il me tarde d'être majeur.
Ich kann es kaum erwarten, volljährig zu werden.

1 (= dix-huit ans ou plus) **volljährig**

2 ▷ La majeure partie des élèves était là.
Der größte Teil der Schüler war anwesend.

2 ► **la majeure partie de... :** der **größte Teil** + *génitif*

3 ▷ Judith porte une bague au majeur.
Judith trägt einen Ring am Mittelfinger.

3 (= doigt) der **Mittelfinger** (pluriel **-finger**)

majorité

1 ▷ Pour ma majorité, je donnerai une mégafête.
Für meine Volljährigkeit mache ich eine Superparty.

1 (= l'âge de dix-huit ans) die **Volljährigkeit**

2 ▷ La majorité des gens sont d'accord.
Die Mehrheit der Leute ist damit einverstanden.

2 (= la plupart) die **Mehrheit**

majuscule

▷ Il a tout écrit en majuscules.
Er hat alles in Großbuchstaben geschrieben.
▷ C'est un n majuscule.
Das ist ein großes n.

(= lettre) der **Großbuchstabe** (pluriel **-buchstaben**)
Quand on parle d'une lettre en particulier, on dit ***ein großes*** *suivi de la lettre.*

▷ N'oublie pas de mettre une majuscule à « August ».
Vergiss nicht, „August" groß zu schreiben.

► **mettre une majuscule à** quelque chose : etwas **groß schreiben** (schrieb, geschrieben)

mal

1 ▷ Tu as mal écrit mon nom.
Du hast meinen Namen falsch geschrieben.

1 (= de façon erronée) **falsch**

2 ▷ La porte est mal fermée.
Die Tür ist nicht richtig geschlossen.

2 (= pas correctement) **nicht richtig**

3 ▷ C'est mal ce que tu as fait !
Was du da getan hast, war schlecht!

3 (adjectif = pas bien moralement) **schlecht**

4 ▷ Tu as mal ?
Tut es dir weh?
▷ J'ai mal au bras.
Mir tut der Arm weh.

▷ Mon père a mal au dos.
Mein Vater hat Rückenschmerzen.
▷ Mélanie avait mal à la tête.
Mélanie hatte Kopfschmerzen.

4 *Pour dire qu'on* **a mal** *en allemand, on emploie l'expression* ***weh tun*** (tat, getan).

Attention : dans cette construction, la partie du corps devient sujet.

Quand on parle de certaines parties du corps, on forme des mots composés avec ***Schmerzen*** **(= douleur)** *: die* ***Zahnschmerzen*** **(mal aux dents)**, *die* ***Halsschmerzen*** **(mal à la gorge)**, *etc.*

5 ▷ Je lui ai fait mal au bras.
Ich habe ihm am Arm weh getan.
▷ Ne lui faites pas de mal !
Tut ihm nicht weh!
▷ Dounia s'est fait mal au genou.
Dounia hat sich am Knie weh getan.

5 ► **faire mal à** quelqu'un, **faire du mal à** quelqu'un : jemandem (datif) **weh tun**

► se **faire mal** : sich **weh tun**

Le pronom personnel allemand s'emploie au datif : ***ich tue mir weh, du tust dir weh, er / sie tut sich weh, wir tun uns weh, ihr tut euch weh, sie tun sich weh.***

6 ▷ Nous avons eu du mal à déplacer le piano.
Wir hatten Mühe, das Klavier zu verschieben.

6 ► **avoir du mal à** + *infinitif* : **Mühe haben, zu** + *infinitif*

7 ▷ Barnabé dit toujours du mal des gens.
Barnabé spricht immer schlecht über Leute.

7 ► **dire du mal de** quelqu'un : **schlecht über** jemanden (accusatif) **sprechen** (spricht, sprach, gesprochen)

8 ▷ Comment était le film ? – Pas mal.
Wie war der Film? – Nicht schlecht.

8 ► **pas mal** (= pas mauvais) : **nicht schlecht**

9 ▷ Daniel ne chante pas mal.
Daniel singt ganz gut.

9 ► **pas mal** (= assez bien) : **ganz gut**

10 ▷ Ils gagnent pas mal d'argent.
Sie verdienen ziemlich viel Geld.

10 ► **pas mal de** : **ziemlich viel**

11 ▷ Ils ne savent pas distinguer le bien du mal.
Sie können das Gute vom Bösen nicht unterscheiden.

11 ► **le mal** (= la méchanceté) : das Böse

12 ▷ Je n'aime pas prendre le bateau, j'ai le mal de mer.
Ich fahre nicht gern mit dem Schiff, ich bin seekrank.

12 ► **avoir le mal de mer :** seekrank sein

malade

1 ▷ Ahmed n'est pas à l'école parce qu'il est malade.
Ahmed ist nicht in der Schule, weil er krank ist.

1 ► **être malade** (= être souffrant) : krank sein (**plus malade** kränker ; **le plus malade** der kränkste

2 ▷ Tu es malade en voiture ?
Wird dir im Auto schlecht?

2 ► quelqu'un **est malade** (= quelqu'un vomit) : jemandem (datif) wird schlecht

3 ▷ Il veut plonger de là ? Il est malade !
Er will von dort einen Kopfsprung machen? Der ist wohl verrückt!

3 (= fou) verrückt

4 ▷ Les infirmières s'occupent des malades.
Die Krankenschwestern kümmern sich um die Kranken.

4 (= patient) der / die Kranke (pluriel Kranken)

ℹ *C'est un adjectif substantivé : on dit **ein Kranker**.*

maladie

▷ C'est une maladie très grave.
Es ist eine sehr schwere Krankheit.

die Krankheit (pluriel Krankheiten)

maladroit, maladroite

▷ Qu'est-ce que tu es maladroit aujourd'hui !
Du bist aber ungeschickt heute!

ungeschickt

malaise

▷ J'ai eu un malaise pendant le cours.
Ich habe mich während des Unterrichts unwohl gefühlt.

► **avoir un malaise :** sich unwohl fühlen

malchance

▷ Il est poursuivi par la malchance.
Er ist vom Pech verfolgt.

das Pech

malchanceux, malchanceuse

▷ Elle a été très malchanceuse.
Sie hatte viel Pech.

► **être (très) malchanceux :** (viel) Pech haben

mâle

▷ J'ai eu un chat pour mon anniversaire. – Un mâle ou une femelle ?
Ich habe zum Geburtstag eine Katze bekommen. – Ein Männchen oder ein Weibchen?

(en parlant d'un animal) das **Männchen** (pluriel **Männchen**)

malentendu

▷ Ne te fâche pas, c'est juste un malentendu.
Reg dich nicht auf, es ist ja nur ein Missverständnis.

das **Missverständnis** (pluriel **Missverständnisse**)

malgré

▷ Ils sont partis malgré la pluie.
Sie sind trotz des Regens gegangen.

trotz + *génitif*

malheur

1 ▷ Leur maison a brûlé. – Quel malheur !
Ihr Haus ist abgebrannt. – So ein Unglück!

1 (= catastrophe) das **Unglück**

2 ▷ J'espère qu'il ne leur est pas arrivé malheur.
Ich hoffe, ihnen ist nichts zugestoßen.

2 *Pour dire qu'il* **arrive malheur** *à quelqu'un, en parlant d'un accident, on emploie l'expression* *jemandem* *(datif)* ***zustoßen****.*

ℹ ***zu•stoßen*** *est un verbe à particule séparable et se conjugue comme* ***stoßen*** (**stößt**, **stieß**, **gestoßen**)

3 ▷ Tu me portes malheur !
Du bringst mir Unglück!

3 ► **porter malheur à** quelqu'un **:** jemandem (datif) **Unglück bringen** (**brachte**, **gebracht**)

4 ▷ Si par malheur je le rencontrais, je ne lui adresserais pas la parole.
Sollte ich ihn unglücklicherweise treffen, werde ich nicht mit ihm reden.

4 ► **par malheur :** **unglücklicherweise**

5 ▷ Son nouveau CD fait un malheur.
Seine neue CD hat einen Riesenerfolg.

5 ► **faire un malheur** (= avoir du succès) **:** **einen Riesenerfolg haben** (**hat**, **hatte**, **gehabt**)

malheureusement

▷ Malheureusement, mes cousins n'ont pas pu venir.
Leider konnten meine Cousins nicht kommen.

leider

malheureux, malheureuse

▷ Alexandra avait l'air malheureuse.
Alexandra sah unglücklich aus.

unglücklich

malhonnête

▷ Robert est malhonnête, il ne veut pas rembourser ce qu'il a emprunté.
Robert ist unehrlich, er will nicht zurückzahlen, wass er sich geliehen hat.

unehrlich

malicieux, malicieuse

▷ Elle avait un sourire malicieux.
Sie hatte ein verschmitztes Lächeln.

verschmitzt

*Attention : le mot allemand **maliziös** signifie « méchant » ou « malveillant ».*

malin, maligne

1 ▷ Il est malin, il trouvera un moyen.
Er ist schlau, er wird schon einen Weg finden.

1 (= rusé, intelligent) **schlau**

2 ▷ Arrête de faire le malin !
Hör auf, so anzugeben!

2 ► **faire le malin : angeben**

*i **an•geben** est un verbe à particule séparable et se conjugue comme **geben** (gibt, gab, gegeben).*

*i On dit aussi sich **aufspielen**.*

3 ▷ C'est malin, ça !
Das ist ja intelligent!

3 ► **c'est malin ! : das ist ja intelligent!**

malle

▷ Ils sont partis avec plusieurs malles.
Sie sind mit mehreren Reisekoffern gefahren.

(= grande valise) der **Reisekoffer** (pluriel -koffer)

mallette

▷ Quelqu'un a oublié une mallette sur le banc.
Jemand hat einen Aktenkoffer auf der Bank vergessen.

(= porte-documents) der **Aktenkoffer** (pluriel -koffer)

malsain, malsaine

1 ▷ C'est un environnement très malsain.
Das ist eine sehr ungesunde Umgebung.

1 (= mauvais pour la santé) **ungesund**

2 ▷ Ses romans sont vraiment malsains.
Seine Romane sind echt krankhaft.

2 (imagination, mentalité) **krankhaft**

maltais, maltaise

1 ▷ C'est une spécialité maltaise.
Das ist eine maltesische Spezialität.

1 (adjectif) **maltesisch**

2 ▷ Notre nouveau voisin est un Maltais.
Unser neuer Nachbar ist Malteser.

2 (= personne) der **Malteser** (pluriel Malteser), die **Malteserin** (pluriel Malteserin)

2 ▷ Où as-tu appris le maltais ?
Wo hast du Maltesisch gelernt?

3 (= langue) **Maltesisch**

Malte

▷ La Valette est la capitale de Malte.
La Valette ist die Hauptstadt von Malta.
▷ J'ai suivi des cours d'anglais à Malte.
Ich habe Englischkurse in Malta gemacht.
▷ Mon père voyage à Malte pour son travail.
Mein Vater reist beruflich nach Malta.
▷ Je suis allé deux fois à Malte.
Ich war zweimal in Malta.

Malta

► **à Malte** (= dans le pays) : **in Malta**

► **à Malte** (= vers le pays) : **nach Malta**

Attention : pour dire que quelqu'un **est déjà allé quelque part**, *on emploie une expression avec le prétérit du verbe* ***sein*** *+* ***schon***.

maltraiter

▷ Il maltraite ses employés.
Er misshandelt seine Angestellten.

misshandeln

ℹ *Les verbes commençant par le préfixe* ***miss-*** *ne prennent pas* ***ge-*** *au participe passé.*

malveillant, malveillante

▷ Ils font circuler des rumeurs malveillantes.
Sie verbreiten boshafte Gerüchte.

boshaft

ℹ *On dit aussi* ***maliziös***.

maman

▷ La maman de Suzanne est malade.
Suzannes Mutti ist krank.

die **Mutti**

ℹ *On dit aussi die* ***Mama*** *ou die* ***Mami***.

mamie

▷ La mamie de Loïc a soixante ans.
Loïcs Oma ist sechzig.

die **Oma** (pluriel **Omas**)

ℹ *On dit aussi die* ***Omi***.

mammifère

▷ Quel est le plus gros mammifère ?
Welches ist das größte Säugetier?

das **Säugetier** (pluriel **-tiere**)

manche (NOM FÉMININ)

1 ▷ Tu as taché ta manche.
Du hast deinen Ärmel schmutzig gemacht.
▷ Tu aurais moins chaud avec une chemise à manches courtes.
Mit einem kurzärmeligen Hemd wäre dir nicht so warm.
▷ Je n'ai pas de T-shirts à manches longues.
Ich habe keine langärmeligen T-Shirts.
▷ Il portait un T-shirt sans manches.
Er trug ein ärmelloses T-Shirt.

1 (= la manche d'un vêtement) der **Ärmel** (pluriel **Ärmel**)

► **à manches courtes** : **kurzärmelig**

► **à manches longues** : **langärmelig**

► **sans manches** : **ärmellos**

2 ▷ Nous avons traversé la Manche en ferry.
Wir haben den Ärmelkanal mit der Fähre überquert.

2 ► **la Manche** (= la mer) : der **Ärmelkanal**

3 ▻ Simon a gagné la première manche.
Simon hat die erst Runde gewonnen.

3 (= la partie d'un jeu) die **Runde** (pluriel Runden)

manche (NOM MASCULIN)

▻ Le manche de la casserole est très chaud.
Der Topfstiel ist heiß.

der **Stiel** (pluriel Stiele)

mandarine

▻ Ces mandarines sont délicieuses.
Diese Mandarinen sind köstlich.

die **Mandarine** (pluriel Mandarinen)

manège

▻ Il y a trois manèges dans le parc.
Im Park gibt es drei Karussells.
▻ Ma petite sœur a fait un tour de manège.
Meine kleine Schwester ist Karussell gefahren.

(= pour les enfants) das **Karussell** (pluriel Karussells, Karusselle)
► **faire un tour de manège :** **Karussell fahren** *ou* **mit dem Karussell fahren** (fährt, fuhr, gefahren)

manette

▻ J'ai cassé une manette.
Ich habe einen Joystick zerbrochen.

(de jeu vidéo) der **Joystick** (pluriel Joysticks)

manger

1 ▻ On mange très bien dans ce restaurant.
In diesem Restaurant isst man sehr gut.

1 (en parlant d'une personne) **essen** (isst, aß, gegessen)

2 ▻ Les lapins mangent-ils de la salade ?
Fressen Kaninchen Salat?

2 (en parlant d'un animal) **fressen** (frisst, fraß, gefressen)

3 ▻ Est-ce que tu as donné à manger au chien ?
Hast du den Hund gefüttert?

3 ► **donner à manger à :** füttern

manie

▻ Il a la manie de laisser toutes les lumières allumées.
Er hat die Eigenheit, immer alle Lichter brennen zu lassen.

die **Eigenheit** (pluriel Eigenheiten)

manière

1 ▻ Je le fais à ma manière.
Ich mache es auf meine Weise.

1 (= façon) **Weise** (pluriel Weisen)

2 ▻ Il se comporte d'une manière bizarre.
Er benimmt sich seltsam.

2 *Quand on veut dire* **de manière** *+ adjectif en allemand, on traduit simplement par l'adjectif.*

3 ▻ D'une manière ou d'une autre, j'y arriverai.
Ich bringe es so oder so fertig.

3 ► **d'une manière ou d'une autre :** so oder so

4 ▷ De toute manière, ça m'est égal.
Es ist mir sowieso egal.

4 ► **de toute manière :** sowieso

5 ▷ De quelle manière est-ce que tu vas t'y prendre ?
Wie willst du das machen?

5 ► **de quelle manière... ? :** wie... ?

manifestant, manifestante

▷ Des milliers de manifestants ont défilé à Rome.
Tausende von Demonstranten sind in Rom vorbeigezogen.

der **Demonstrant** (pluriel Demonstranten), die **Demonstrantin** (pluriel Demonstrantinnen)

manifestation

▷ Tu es allé à la manifestation samedi ?
Warst du am Samstag auf der Demonstration?

(= marche) die **Demonstration** (pluriel Demonstrationen)

ℹ *En allemand,* ***Demo*** *est l'abréviation familière de* ***Demonstration****, comme* **manif** *est celle de* **manifestation** *en français.*

manifester

▷ Ils manifestent contre la réforme.
Sie demonstrieren gegen die Reform.

(= protester) **demonstrieren**

ℹ *Les verbes se terminant en* ***-ieren*** *ne prennent pas* ***ge-*** *au participe passé.*

manipuler

1 ▷ Ce produit est dangereux à manipuler.
Dieses Produkt ist gefährlich zu handhaben.

1 (= utiliser) **handhaben**

2 ▷ Ils ont manipulé toutes les données.
Sie haben alle Daten manipuliert.

2 (des personnes, l'information) **manipulieren**

ℹ *Les verbes se terminant en* ***-ieren*** *ne prennent pas* ***ge-*** *au participe passé.*

mannequin

1 ▷ Le mannequin dans la vitrine était très ressemblant.
Die Schaufensterpuppe sah sehr echt aus.

1 (= statue dans une vitrine) die **Schaufensterpuppe** (pluriel -puppen)

2 ▷ Les mannequins les plus célèbres gagnent beaucoup d'argent.
Die berühmtesten Mannequins verdienen viel Geld.

2 (= personne) das **Mannequin** (pluriel Mannequins)

🔈 *Se prononce comme en français.*

ℹ *On dit aussi* das ***Model*** /'mɔdəl/ (pluriel Models)

manœuvre

▷ C'était une manœuvre tactique.
Es war ein taktisches Manöver.

(= action) das **Manöver**

manœuvrer

▷ Le fauteuil roulant est facile à manœuvrer.
Der Rollstuhl ist einfach zu bedienen.

bedienen
Les verbes se terminant en ***-ienen*** *ne prennent pas* ***ge-*** *au participe passé.*

manoir

▷ Elle vit dans un grand manoir.
Sie wohnt in einem großen Herrenhaus.

das **Herrenhaus** (pluriel **-häuser**)

manquer

1 ▷ Chris a manqué son train.
Chris hat seinen Zug verpasst.

1 (= rater) **verpassen**
Les verbes commençant par le préfixe ***ver-*** *ne prennent pas* ***ge-*** *au participe passé.*

2 ▷ Valérie manque d'imagination.
Valérie fehlt es an Fantasie.

2 ► quelqu'un **manque de** quelque chose (en parlant d'une qualité) : jemandem (datif) **fehlt es an** etwas

3 ▷ On va manquer de boissons.
Wir werden nicht genug Getränke haben.

3 ► **manquer de...** (en parlant d'argent, de nourriture, etc.) : **nicht genug... haben**

4 ▷ Il manque une assiette.
Es fehlt ein Teller.
▷ Il manque trois fourchettes.
Es fehlen drei Gabeln.

4 *Pour dire qu'***il manque** *quelque chose en allemand, on emploie l'expression* ***es fehlt*** *(si le nom qui suit est un singulier) ou* ***es fehlen*** *(si le nom qui suit est un pluriel).*

5 ▷ Tu me manques !
Du fehlst mir!
▷ Il m'a écrit souvent, je crois que je lui manque.
Er hat mir oft geschrieben, ich glaube, er vermisst mich.

5 ► **manquer à** quelqu'un : jemandem (datif) **fehlen**
Il est aussi possible de traduire par jemanden *(accusatif)* ***vermissen****. Dans ce cas, le sujet et le complément sont inversés.*

manteau

▷ Mets ton manteau, il fait froid.
Zieh deinen Mantel an, es ist kalt.

der **Mantel** (pluriel **Mäntel**)

manucure

▷ Combien coûte une manucure ?
Wie viel kostet eine Maniküre?

(= soins) die **Maniküre** (pluriel **Maniküren**)
Attention à l'orthographe du mot allemand.

manuel, manuelle

1 ▷ Bruno préférerait faire un métier manuel.
Bruno würde lieber einen handwerklichen Beruf ausüben.

1 (adjectif = non intellectuel) **handwerklich**

2 ▷ J'ai perdu le manuel du téléphone.
Ich habe das Handbuch des Telefons verloren.

2 ► le **manuel** (= mode d'emploi) : das Handbuch (pluriel -bücher)

3 ▷ L'école nous prête des manuels scolaires.
Die Schule leiht uns Schulbücher.

3 ► **manuel scolaire** : das Schulbuch (pluriel -bücher)

maquette

▷ C'est seulement une maquette.
Das ist nur ein Modell.

(= modèle réduit) das Modell (pluriel Modelle)

L'accent est sur la deuxième syllabe.

▷ J'ai eu une maquette d'avion pour mon anniversaire.
Ich habe ein Flugzeugmodell zum Geburtstag bekommen.

► **maquette d'avion** (à monter) : das Flugzeugmodell

▷ Samuel fait la collection de maquettes d'avion.
Samuel sammelt Modellflugzeuge.

► **maquette d'avion** (= jouet) : das Modellflugzeug

maquillage

1 ▷ Ton maquillage est très discret.
Dein Make-up ist sehr diskret.

1 (d'une femme, d'une jeune fille) das Make-up

2 ▷ Où est la boîte de maquillage ?
Wo ist die Schachtel mit der Schminke?

2 (pour les enfants, au théâtre) die Schminke

maquiller

▷ Ils ont mis une heure à la maquiller.
Sie haben eine Stunde gebraucht, um sie zu schminken.

► **maquiller** quelqu'un : jemanden (accusatif) schminken

▷ Élodie est en train de se maquiller.
Élodie schminkt sich gerade.

► se **maquiller** (= mettre, porter du maquillage) : sich schminken

ℹ *Le pronom personnel réfléchi allemand s'emploie à l'accusatif : **ich schminke mich, du schminkst dich, er / sie schminkt sich, wir schminken uns, ihr schminkt euch, sie schminken sich**.*

marbre

▷ Le marbre est un matériau de luxe.
Marmor ist ein Luxusmaterial.

der Marmor

▷ L'escalier est en marbre.
Die Treppe ist aus Marmor.

► **être en marbre** : aus Marmor sein

▷ Ma table de chevet a une plaque en marbre.
Mein Nachttisch hat eine Marmorplatte.

ℹ *Pour désigner les objets* **en marbre**, *on forme des mots composés avec **Marmor** : der **Marmortisch*** **(table en marbre).**

marchand, marchande

1 ▷ Chaque fois que je passe devant le magasin, le marchand me dit bonjour.
Jedes Mal, wenn ich an dem Geschäft vorbeigehe, grüßt mich der Händler.
▷ Où est-ce que je peux trouver un marchand de meubles ?
Wo kann ich einen Möbelhändler finden?
▷ Tu pourrais aller chez le marchand de fruits et légumes ?
Könntest du zum Obst- und Gemüsehändler gehen?

1 (= personne) der **Händler** (pluriel **Händler**), die **Händlerin** (pluriel **Händlerinnen**)

Pour dire que quelqu'un est **marchand** *de quelque chose, on forme des mots composés avec* ***Händler*** *: der* ***Eishändler*** **(marchand de glace)**, *der* ***Zeitungshändler*** **(marchand de journaux)**.

ℹ *Quand plusieurs mots composés du même radical se suivent, on abrège le premier ou les premiers par un trait d'union. Autre exemple :* ***der Sandwich- und Getränkehändler*** **(le marchand de sandwichs et de boissons)**.

2 ▷ Il faut que tu traverses la rue marchande pour arriver à la mairie.
Du musst die Geschäftsstraße überqueren, um zum Rathaus zu kommen.

2 ► **rue marchande :** die **Geschäftsstraße** (pluriel **–straßen**)

marchander

▷ J'ai marchandé le prix du canapé.
Ich habe um den Preis des Sofas gefeilscht.

feilschen

Attention à la préposition en allemand : **marchander** quelque chose = ***um*** *etwas* ***feilschen***.

marchandise

▷ Il livrera les marchandises demain.
Er liefert die Waren morgen.

die **Ware** (pluriel **Waren**)

marche

1 ▷ La marche est bonne pour la santé.
Laufen ist gut für die Gesundheit.

▷ Mes grands-parents aiment faire de la marche.
Meine Großeltern laufen gern.

1 ► **la marche** (à pied) **:** das **Laufen**

ℹ *C'est un verbe substantivé, il ne s'emploie qu'au singulier.*

► **faire de la marche :** **laufen** (**läuft**, **lief**, **gelaufen**)

2 ▷ Attention, la dernière marche est un peu plus haute.
Vorsicht, die letzte Stufe ist etwas höher.

2 (= la marche d'un escalier) die **Stufe** (pluriel **Stufen**)

3 ▷ La machine à laver est en marche.
Die Waschmaschine läuft.

3 ► **être en marche** (en parlant d'un appareil, d'un moteur) **:** **laufen**

4 ▷ Qui a mis la radio en marche ?
Wer hat das Radio angestellt?
▷ Mets le grille-pain en marche, s'il te plaît.
Stell bitte den Toaster an.

4 ► **mettre en marche** (en parlant d'un appareil, d'un téléviseur) **:** anstellen

ℹ *an•stellen est un verbe à particule séparable.*

5 ▷ D'abord on met le moteur en marche.
Zuerst lässt man den Motor an.

5 ► **mettre en marche** (en parlant d'un moteur) **:** anlassen

ℹ *an•lassen est un verbe à particule séparable et se conjugue comme lassen* (lässt, ließ, gelassen).

6 ▷ Fais marche arrière, il n'y pas assez de place.
Fahr rückwärts, es ist nicht genug Platz da.

6 ► **faire marche arrière** (en voiture) **:** rückwärts fahren (fährt, fuhr, gefahren)

ℹ *On dit aussi zurück•setzen, qui est un verbe à particule séparable.*

marché

1 ▷ Ma mère achète le poisson sur le marché.
Meine Mutter kauft Fisch auf dem Markt.

1 der Markt (pluriel Märkte)

2 ▷ L'entreprise a mis un nouveau logiciel sur le marché.
Das Unternehmen hat eine neue Software eingeführt.

2 ► **mettre** quelque chose **sur le marché :** etwas einführen

ℹ *ein•führen est un verbe à particule séparable.*

3 ▷ Ces fleurs sont bon marché.
Diese Blumen sind billig.

3 ► **bon marché :** billig

marcher

1 ▷ On a marché jusqu'au village.
Wir sind bis zum Dorf gelaufen.

1 (= aller à pied) laufen (läuft, lief, gelaufen)

2 ▷ Oh non, j'ai marché dans une crotte !
Oh je, ich bin in einen Haufen getreten!

2 ► **marcher dans** quelque chose **:** in etwas treten (tritt, trat, getreten)

3 ▷ L'ordinateur de Jackie ne marche pas très bien.
Jackies Computer funktioniert nicht richtig.

3 (= fonctionner) funktionieren

4 ▷ Tu me fais marcher !
Du nimmst mich auf den Arm!

4 ► **faire marcher** quelqu'un (= taquiner) : jemanden (accusatif) auf den Arm nehmen (nimmt, nahm, genommen)

marcheur, marcheuse

▷ J'ai rencontré un groupe de marcheurs.
Ich habe eine Gruppe von Wanderern getroffen.

(= randonneur) der Wanderer (pluriel Wanderer), die Wanderin (pluriel Wanderinnen)

mardi

▷ Aujourd'hui c'est mardi.
Heute ist Dienstag.

▷ Nous viendrons mardi.
Wir kommen am Dienstag.

▷ Le mardi, Sandra va à son cours de piano.
Dienstags hat Sandra Klavierunterricht.

der **Dienstag**

► **faire** quelque chose **mardi :** etwas **am Dienstag tun**

► **le mardi** (= tous les mardis) : **dienstags**

mare

▷ À côté de l'église il y a une mare avec des canards.
Neben der Kirche ist ein Tümpel mit Enten.

der **Tümpel** (pluriel **Tümpel**)

marécage

▷ Le chien a disparu dans le marécage.
Der Hund ist im Sumpf verschwunden.

der **Sumpf** (pluriel **Sümpfe**)

marée

1 ▷ Nous pourrons ramasser des coquillages à marée basse.
Bei Ebbe können wir Muscheln sammeln.

1 ► **marée basse :** die **Ebbe**

2 ▷ À marée haute, la route est sous l'eau.
Bei Flut steht die Straße unter Wasser.

2 ► **marée haute :** die **Flut**

3 ▷ Les marées sont provoquées par la lune.
Die Gezeiten werden vom Mond verursacht.

3 *Lorsque l'on parle des* **marées** *en tant que phénomène naturel, on dit die* ***Gezeiten*** *qui est un pluriel.*

4 ▷ Il y a eu une nouvelle marée noire en Bretagne.
Es hat eine neue Ölpest in der Bretagne gegeben.

4 ► **marée noire :** die **Ölpest**

margarine

▷ Je fais la pâtisserie avec de la margarine.
Ich backe mit Margarine.

die **Margarine** (pluriel **Margarinen**)

marge

▷ N'oublie pas de laisser une marge pour les corrections.
Vergiss nicht, einen Rand für die Korrekturen zu lassen.

der **Rand** (pluriel **Ränder**)

marguerite

▷ Léa a cueilli des marguerites pour sa mère.
Léa hat für ihre Mutter Margeriten gepflückt.

die **Margerite** (pluriel **Margeriten**)

ℹ *Attention à l'orthographe du mot allemand.*

mari

▷ Le mari de Catherine est très grand.
Catherines Mann ist sehr groß.

der **Mann** (pluriel **Männer**)

ℹ *On dit aussi parfois der* ***Ehemann***.

mariage

1 ▷ Tania nous a invités à son mariage.
Tania hat uns zu ihrer Hochzeit eingeladen.

1 (= fête, cérémonie) die **Hochzeit** /'hɔxtsait/

*Le **o** de **Hochzeit** est court et ouvert comme dans **hoffen**.*

2 ▷ Leur mariage est très heureux.
Ihre Ehe ist sehr glücklich.

2 (= union) die **Ehe** (pluriel **Ehen**)

marié, mariée

1 ▷ Ils vivent ensemble, mais ils ne sont pas mariés.
Sie leben miteinander, aber sie sind nicht verheiratet.

1 ► **être marié :** verheiratet sein

2 ▷ Le marié est arrivé en retard à l'église.
Der Bräutigam kam zu spät zur Kirche.

2 ► **le marié :** der **Bräutigam**

3 ▷ Le père de la mariée a fait un discours.
Der Vater der Braut hat eine Rede gehalten.

3 ► **la mariée :** die **Braut**

4 ▷ Les mariés ont reçu beaucoup de cadeaux.
Das Brautpaar erhielt viele Geschenke.

4 ► **les mariés :** das **Brautpaar**

se marier

▷ Ils se marieront en été.
Sie heiraten im Sommer.

▷ Céline va se marier avec Antoine la semaine prochaine.
Céline heiratet Antoine nächste Woche.

heiraten

► se **marier avec** quelqu'un **:** jemanden (accusatif) **heiraten**

marin, marine (ADJECTIF)

▷ L'air marin est bon pour la santé.
Seeluft ist gut für die Gesundheit.

▷ Nous avons vu des animaux marins très bizarres.
Wir haben sehr seltsame Meerestiere gesehen.

Pour traduire l'adjectif **marin, marine**, *on forme des mots composés avec **See-** ou **Meeres-** : die **Seemeile*** **(mile marin)** *; die **Seekarte*** **(carte marine)** *; die **Meeresflora*** **(flore marine)** *; die **Meeresströmung*** **(courant marin).**

marin

▷ Les marins chantaient des chansons dans le bar.
Die Seemänner sangen Lieder in der Kneipe.

(= personne) : der **Seemann** (pluriel **Seemänner**)

marine

▷ Mon grand frère est dans la marine.
Mein großer Bruder ist in der Marine.

▷ Il faut venir habillé en bleu marine.
Man muss mit marineblauer Kleidung kommen.

► **la marine :** die **Marine**

► **bleu marine :** marineblau

marionnette

▷ Il y avait un spectacle de marionnettes dans le parc.
Im Park gab es eine Marionettenvorstellung.

die **Marionette** (pluriel Marionetten)

ℹ *Attention à l'orthographe du mot allemand.*

marmite

▷ Attention, la marmite est brûlante.
Pass auf, der Topf ist heiß.

der **Topf** (pluriel Töpfe)

marmonner

▷ Arrête de marmonner !
Hör auf, vor dich hin zu murmeln!

murmeln

marmotte

▷ Pendant la randonnée, nous avons vu des marmottes.
Auf der Wanderung haben wir Murmeltiere gesehen.

das **Murmeltier** (pluriel Murmeltiere)

Maroc

▷ Le Maroc est un pays passionnant.
Marokko ist ein faszinierendes Land.

Marokko

► **le Maroc :** Marokko

ℹ *Ne prend l'article neutre que précédé d'un adjectif :* ***das farbenfrohe Marokko*** (le Maroc bigarré).

▷ La famille de Lalia vit au Maroc.
Lalias Familie lebt in Marokko.

▷ Si on veut aller au Maroc en voiture, on doit prendre le ferry à Gibraltar.
Wenn man mit dem Auto nach Marokko fahren will, muss man die Fähre in Gibraltar nehmen.

▷ Je suis allé souvent au Maroc.
Ich war schon oft in Marokko.

► **au Maroc** (= dans le pays) **:** in Marokko

► **au Maroc** (= vers le pays) **:** nach Marokko

Attention : pour dire que quelqu'un est déjà allé quelque part, *on emploie une expression avec le prétérit du verbe* ***sein*** *+* ***schon****.*

marocain, marocaine

1 ▷ Dans ce restaurant marocain, on mange un excellent couscous.
In diesem marokkanischen Restaurant isst man einen ausgezeichneten Couscous.

1 (adjectif) **marokkanisch**

2 ▷ Beaucoup de Marocains parlent français.
Viele Marokkaner sprechen Französisch.

2 (= personne) der **Marokkaner** (pluriel Marokkaner), die **Marokkanerin** (pluriel Marokkanerinnen)

marque

1 ▷ Fais une marque sur ton livre pour qu'on sache que c'est le tien.
Mach ein Zeichen auf dein Buch, damit man weiß, dass es dir gehört.

1 (= signe) das **Zeichen** (pluriel Zeichen)

2 ▷ On voit encore les marques de ses doigts sur le verre.
Man kann noch die Spuren von seinen Fingern auf dem Glas sehen.

2 (= trace) die **Spur** (pluriel Spuren)

3 ▷ C'est une marque de jean célèbre.
Das ist eine berühmte Jeansmarke.
▷ Ma mère n'achète que des yaourts de marque.
Meine Mutter kauft nur Markenjoghurt.

3 (= nom de produit) die **Marke** (pluriel Marken)

Pour dire que quelque chose est **de marque** *en allemand, on forme des mots composés avec* ***Marken-*** *: die* ***Markenjeans*** **(jean de marque)**, *der* ***Markenname*** **(nom de marque)**, *etc.*

marquer

1 ▷ Marque ton adresse sur ce papier.
Schreib deine Adresse auf dieses Papier.

1 (= écrire) **schreiben** (schrieb, geschrieben)

2 ▷ Nous avons marqué deux points.
Wir haben zwei Punkte erzielt.

2 (en parlant d'un score) **erzielen**

Les verbes commençant par le préfixe ***er-*** *ne prennent pas* ***ge-*** *au participe passé.*

marqueur

▷ Tu peux me prêter ton marqueur noir ?
Kannst du mir deinen schwarzen Marker leihen?

(= feutre) der **Marker** (pluriel Marker)

marraine

▷ Julie est ma marraine.
Julie ist meine Patin.

die **Patin** (pluriel Patinnen)

On dit aussi die ***Patentante*** (pluriel -tanten)

marrant, marrante

▷ Ton frère est très marrant.
Dein Bruder ist sehr witzig.

witzig

marre

▷ Tu n'en as pas marre de cette musique ?
Hast du diese Musik nicht satt?

► **en avoir marre de** quelque chose *ou* quelqu'un **:** etwas *ou* jemanden (accusatif) **satt haben**

On dit aussi ***von*** *etwas ou jemandem (datif)* ***die Nase voll haben.***

▷ J'en ai marre d'attendre.
Ich habe es satt, zu warten.

► **en avoir marre de** + *infinitif* **: es satt haben, zu** + *infinitif*

se marrer

1 ▷ Quand ils m'ont vu, ils se sont marrés.
Als sie mich gesehen haben, haben sie gelacht.

1 (= rire) lachen

2 ▷ On s'est bien marrés à la fête de Sylvia.
Wir haben uns auf Sylvias Party gut amüsiert.

2 (= s'amuser) sich amüsieren

ℹ *Les verbes se terminant en* ***-ieren*** *ne prennent pas* ***ge-*** *au participe passé.*

marron

1 ▷ Elle portait une robe marron.
Sie trug ein braunes Kleid.
▷ Le marron est une couleur triste.
Braun ist eine trübselige Farbe.

1 (= couleur) braun

► **le marron :** Braun

2 ▷ Viens, on va ramasser des marrons.
Komm, wir sammeln Maronen.

2 (= châtaigne) die Marone (pluriel Maronen)

ℹ *On dit aussi* ***die Esskastanie*** (pluriel -kastanien)

▷ Nous avons acheté des marrons chauds.
Wir haben heiße Maronen gekauft.

► **marrons chauds :** heiße Maronen *ou* heiße Maroni

mars

▷ Mireille est née le quinze mars.
Mireille wurde am fünfzehnten März geboren.
▷ Il fait souvent froid en mars.
Im März ist es oft kalt.

der März

ℹ *On écrit* ***am 15. März.***

► **en mars, au mois de mars :** im März

marteau

▷ Est-ce que tu as vu le marteau ?
Hast du den Hammer gesehen?

der Hammer (pluriel Hämmer)

martien

▷ Il y a des gens qui croient aux Martiens.
Es gibt Leute, die an Marsmenschen glauben.

der Marsmensch (pluriel -menschen)

mascotte

▷ Notre mascotte est un lion.
Unser Maskottchen ist ein Löwe.

das Maskottchen

masculin, masculine

1 ▷ Ce mot est masculin en français.
Dieses Wort ist im Französischen männlich.

1 (en grammaire) männlich

2 ▷ Les voix masculines sont plus graves que les voix féminines.
Männerstimmen sind tiefer als Frauenstimmen.

2 *Pour dire que quelque chose appartient à un* **homme**, *on emploie des mots composés avec* ***Männer-*** *:* ***der Männerberuf*** **(profession masculine)**, *etc.*

masque

▷ Philippe ne quitte plus son masque de Zorro.
Philippe nimmt seine Zorromaske nicht mehr ab.

die Maske (pluriel Masken)

massacre

1 ▷ Il y a eu un terrible massacre.
Es gab ein furchtbares Massaker.

1 (= tuerie) das **Massaker** (pluriel Massaker)

2 ▷ Regarde ce que tu as fait ! Quel massacre !
Schau mal, was du da getan hast! So eine Schweinerei!

2 (= gâchis) die **Schweinerei** (pluriel Schweinereien)

massacrer

▷ Les soldats massacraient des familles entières.
Die Soldaten metzelten ganze Familien nieder.

(= tuer) **niedermetzeln**

ℹ *nieder•metzeln est un verbe à particule séparable.*

massage

▷ Les massages me font beaucoup de bien.
Die Massagen tun mir gut.
▷ Tu peux me faire un massage ?
Kannst du mich mal massieren?

die **Massage** /ma'sa:ʒə/ (pluriel Massagen)

► **faire un massage à** quelqu'un : jemanden (accusatif) **massieren**

ℹ *Les verbes se terminant en -ieren ne prennent pas ge- au participe passé.*

masse

1 ▷ J'ai une masse de livres à lire.
Ich habe eine Menge Bücher zu lesen.

1 ► **une masse de** (= beaucoup de) : eine Menge + *génitif*

2 ▷ Ils sont venus en masse.
Sie sind in Scharen gekommen.

2 ► **en masse :** in Scharen *ou* in Massen *ou* massenweise

masser

▷ Elle m'a massé les épaules.
Sie hat mir die Schultern massiert.

massieren

ℹ *Les verbes se terminant en -ieren ne prennent pas ge- au participe passé.*

massif, massive

▷ C'est de l'or massif.
Das ist massives Gold.

(bois, métal, meuble) **massiv**

⚠ *Attention à l'orthographe du mot allemand.*

mât

▷ Le mât s'est brisé.
Der Mast ist zerbrochen.

(de bateau) der **Mast** (pluriel Masten)

match

▷ Ce n'était pas un très bon match.
Es war kein sehr gutes Spiel.
▷ Le match de tennis a commencé à quinze heures.
Das Tennismatch hat um fünfzehn Uhr angefangen.

das **Spiel** (pluriel Spiele)

Quand il s'agit d'un **match** *de tennis, on traduit par das* ***Match*** */mætʃ/.*

▷ Lyon et Strasbourg on fait match nul.
Lyon und Straßburg haben unentschieden gespielt.

► **faire match nul :** unentschieden spielen

matelas

▷ Mon matelas est très confortable.
Meine Matratze ist sehr bequem.

▷ J'ai emporté un matelas pneumatique.
Ich habe eine Luftmatratze mitgenommen.

die **Matratze** (pluriel Matratzen)

► **matelas pneumatique :** die Luftmatratze

matériau

▷ Ils ont utilisé des matériaux de construction.
Sie haben Baumaterial verwendet.

das **Material** (pluriel Materialien)

matériel

▷ Ils vendent du matériel scolaire.
Sie verkaufen Schulmaterial.

▷ Je réunis le matériel de camping.
Ich stelle meine Campingausrüstung zusammen.

das **Material**

Quand on parle d'un **matériel** *nécessaire pour une activité, on traduit par die* ***Ausrüstung****.*

maternelle

▷ Ma petite sœur est à la maternelle.
Meine kleine Schwester geht in den Kindergarten.

der **Kindergarten** (pluriel -gärten)

La **maternelle** *en tant qu'école n'existe pas en Allemagne. Tous les enfants ne vont pas au* ***Kindergarten****, qui veut dire* **jardin d'enfants**.

mathématiques

▷ Les mathématiques sont mon point faible.
Mathematik ist mein schwacher Punkt.

die **Mathematik**

Ce mot s'emploie uniquement au singulier.

maths

▷ Raoul est très bon en maths.
Raoul ist in Mathe sehr gut.

die **Mathe**

Ce mot s'emploie uniquement au singulier.

matière

1 ▷ L'anglais est ma matière préférée.
Englisch ist mein Lieblingsfach.

1 (= sujet qu'on étudie) das **Fach** (pluriel Fächer)

Ne confondez pas le pluriel avec le mot der ***Fächer*** = éventail.

2 ▷ Ce yaourt contient 40 % de matière grasse.
Dieser Jogurt enthält 40 % Fett.

2 ► **matière grasse :** das Fett

matin

1 ▷ Le matin est le moment de la journée que je préfère.
Der Morgen ist die Tageszeit, die ich am liebsten mag.
▷ J'ai un examen mardi matin.
Ich habe Dienstagmorgen eine Prüfung.
▷ C'est un beau matin de janvier.
Es ist ein schöner Januarmorgen.
▷ Le facteur passe tous les matins.
Der Briefträger kommt jeden Morgen.
▷ Tu veux que je vienne le matin ?
Willst du, dass ich morgens komme?
▷ Il court du matin au soir.
Er rennt von morgens bis abends.

1 der **Morgen** (pluriel Morgen)

*Quand **Morgen** est employé avec un jour ou un mois précis, les deux sont liés.*

► **tous les matins :** jeden Morgen

► **le matin** (= dans la matinée) : morgens

► **du matin au soir :** von morgens bis abends

2 ▷ Viens demain matin.
Komm morgen früh.

2 ► **demain matin :** morgen früh

*Attention : on ne dit pas **morgen morgens**.*

matinée

1 ▷ J'ai passé la matinée à faire mes devoirs.
Ich habe den Vormittag mit meinen Hausaufgaben verbracht.
▷ Je t'appellerai dans la matinée.
Ich rufe dich am Vormittag an.
▷ J'ai un rendez-vous dans la matinée de mercredi.
Ich habe am Mittwochvormittag einen Termin.

1 (= moment de la journée) der **Vormittag**

► **dans la matinée :** am Vormittag

i *On dit aussi **vormittags**.*

*Quand **Vormittag** est employé avec un jour précis, les deux sont liés.*

2 ▷ Le dimanche, je fais la grasse matinée.
Sonntags schlafe ich aus.

2 ► **faire la grasse matinée :** ausschlafen

i ***aus•schlafen** est un verbe à particule séparable et se conjugue comme **schlafen*** (schläft, schlief, geschlafen).

3 ▷ Nous sommes allés au théâtre en matinée.
Wir sind ins Theater in die Frühvorstellung gegangen.

3 (= représentation, séance de cinéma) die **Frühvorstellung** (pluriel -vorstellungen)

mauvais, mauvaise

1 ▷ Ne mange pas ça, c'est mauvais.
Iss das nicht, das ist schlecht.
▷ Je suis mauvais en maths.
Ich bin schlecht in Mathe.

1 (= pas bon) **schlecht**

2 ▷ C'était la mauvaise réponse.
Das war die falsche Antwort.

2 (= incorrect) **falsch**

mauve

▷ Sophie a un joli foulard mauve.
Sophie hat ein hübsches malvenfarbiges Halstuch.

malvenfarbig

maximum

1 ▷ Le maximum est cent euros.
Das Maximum ist hundert Euro.

1 ► **le maximum :** das Maximum

2 ▷ Quelle est la vitesse maximum autorisée ?
Was ist die zulässige Höchstgeschwindigkeit?

2 *Pour traduire l'adjectif, on forme des mots composés avec* ***Höchst-*** *: der* ***Höchstpreis*** **(prix maximum)**, *die* ***Höchststrafe*** **(peine maximum)**.

mayonnaise

▷ En entrée, il y avait des œufs durs avec de la mayonnaise.
Als Vorspeise gab es harte Eier mit Mayonnaise.

die Mayonnaise /majɔ'nɛ:zə/ (pluriel Mayonnaisen)

me ou m'

1 ▷ Est-ce que tu m'entends ?
Hörst du mich?
▷ Ma mère m'a donné de l'argent de poche.
Meine Mutter hat mir Taschengeld gegeben.

1 *En fonction du verbe employé, le complément d'objet direct s'emploie soit à l'accusatif :* ***mich****, soit au datif :* ***mir****.*

2 ▷ Je me gratte parce que j'ai des piqûres de moustique.
Ich kratze mich, weil ich Mückenstiche habe.
▷ Tu peux me gratter le dos ?
Kannst du mir den Rücken kratzen?

2 *Si le verbe réfléchi allemand ne comporte pas de complément direct, il s'emploie à l'accusatif :* ***mich****. Si le verbe réfléchi comporte un complément direct, il s'emploie au datif :* ***mir****.*

mec

1 ▷ Ce mec est vraiment idiot !
Dieser Typ ist wirklich dumm!

1 (= garçon, homme) der Typ (pluriel Typen)

ℹ *N'oubliez pas que le* y *allemand se prononce comme un* **u**.

2 ▷ Vous connaissez le nouveau mec d'Élise ?
Kennt ihr Élises neuen Freund?

2 (= copain) der Freund (pluriel Freunde)

ℹ *Le mot allemand n'est pas familier.*

mécanicien, mécanicienne

▷ Le mécanicien du garage a dit que la panne n'était pas grave.
Der Werkstattmechaniker hat gesagt, die Panne wäre nicht schlimm.

(qui répare les voitures) der Mechaniker (pluriel Mechaniker), die Mechanikerin (pluriel Mechanikerinnen)

mécanique

▷ Ludovic fait des études de mécanique.
Ludovic studiert Mechanik.

(= matière, technique) die Mechanik

mécanisme

▷ Les mécanismes économiques sont complexes.
Die wirtschaftlichen Mechanismen sind komplex.

der **Mechanismus** (pluriel Mechanismen)

méchamment

▷ Pourquoi tu lui parles méchamment ?
Warum sprichst du so bösartig zu ihr?

bösartig

méchanceté

▷ Il l'a fait par méchanceté.
Er hat es aus Bosheit getan.

(d'une action, d'une personne) die **Bosheit**
► **par méchanceté :** aus Bosheit

méchant, méchante

1 ▷ Aurélien est méchant avec sa sœur.
Aurélien ist böse zu seiner Schwester.

1 (= désagréable) **böse**
ℹ *Notez la préposition en allemand :* méchant avec = *böse zu*.

2 ▷ Ne sois pas méchant, fais ce qu'on te dit.
Sei doch nicht ungezogen, tu was man dir sagt.

2 (= désobéissant, en parlant d'un enfant) **ungezogen**

3 ▷ Ils ont deux gros chiens méchants.
Sie haben zwei große bösartige Hunde.
▷ Attention, chien méchant !
Vorsicht, bissiger Hund!

3 (= féroce, en parlant d'un animal) **bösartig**
► **chien méchant** (sur un panneau) **:** bissiger Hund

mèches

▷ J'aime beaucoup ses mèches.
Ich mag ihre Strähnchen sehr.
▷ Tu t'es fait faire des mèches ?
Hast du dir Strähnchen machen lassen?

(= mèches colorées) die **Strähnchen**

► se **faire faire des mèches :** sich (datif) **Strähnchen machen lassen** (lässt, ließ, gelassen)

ℹ *Une* mèche *au sens de « touffe de cheveux » se dit* die ***Strähne*** (pluriel Strähnen) *en allemand.*

mécontent, mécontente

▷ Il avait l'air très mécontent.
Er sah sehr unzufrieden aus.

unzufrieden

médaille

1 ▷ Les Français ont remporté la médaille d'or.
Die Franzosen haben die Goldmedaille gewonnen.

1 (= décoration, prix) die **Medaille** /me'daljə/ (pluriel Medaillen)
Notez la prononciation.

2 ▷ La grand-mère de Saskia lui a offert une médaille.
Saskias Großmutter hat ihr ein Medaillon geschenkt.

2 (= bijou) das **Medaillon** /medal'jõ:/ (pluriel Medaillons)
Notez la prononciation. En allemand, on prononce le s *du pluriel.*

médecin

▷ Le médecin a dit que je devais me reposer.
Der Arzt hat gesagt, ich solle mich ausruhen.
▷ Mon médecin traitant va bientôt prendre sa retraite.
Mein Hausarzt wird bald in den Ruhestand gehen.

der **Arzt** (pluriel **Ärzte**), die **Ärztin** (pluriel **Ärztinnen**)
► **médecin traitant :** der **Hausarzt**, die **Hausärztin**

médecine

▷ Loïc fait des études de médecine.
Loïc studiert Medizin.

die **Medizin**
ℹ *L'article est rarement employé.*
ℹ *Attention à l'orthographe du mot allemand.*

médias

▷ Les médias ont largement commenté le procès.
Die Medien haben das Gerichtsverfahren umfassend kommentiert.

► **les médias** (= presse, télévision, etc.) : die **Medien**
ℹ ***Medien*** *est le pluriel de* ***Medium****.*

médicament

▷ Jean-Jacques doit prendre des médicaments pour l'estomac.
Jean-Jacques muss Medikamente für den Magen nehmen.

das **Medikament** (pluriel **Medikamente**)

médiéval, médiévale

▷ Carcassonne est une ville médiévale.
Carcassonne ist eine mittelalterliche Stadt.

mittelalterlich

médiocre

▷ Leurs résultats sont très médiocres.
Ihre Ergebnisse sind sehr mittelmäßig.

mittelmäßig

médire

▷ Arrête de médire !
Hör auf zu lästern!
▷ Elle est toujours en train de médire de ses copines.
Sie lästert dauernd über ihre Freundinnen.

lästern

► **médire de** quelqu'un **:** **über** jemanden (accusatif) **lästern**

méditer

▷ Il médite une heure par jour.
Er meditiert täglich eine Stunde.

meditieren
ℹ *Les verbes se terminant en* ***-ieren*** *ne prennent pas* ***ge-*** *au participe passé.*

Méditerranée

▷ La Méditerranée est plus chaude que l'océan.
Das Mittelmeer ist wärmer als der Ozean.

das **Mittelmeer**

méditerranéen, méditerranéenne

▷ Le village est sur la côte méditerranéenne.
Das Dorf liegt an der Mittelmeerküste.

Pour dire que quelque chose est **méditerranéen**, *on forme des mots composés avec* ***Mittelmeer*** *: das* ***Mittelmeerklima*** **(climat méditerranéen)**, der **Mittelmeerraum** **(espace méditerranéen)**.

méduse

▷ Je ne vais pas me baigner, il y a plein de méduses !
Ich gehe nicht baden, da sind ja lauter Quallen!

die **Qualle** (pluriel **Quallen**)

se méfier

1 ▷ Méfie-toi, ça glisse.
Pass auf, es ist glatt.

1 (= faire attention) **aufpassen**

ℹ ***auf•passen*** *est un verbe à particule séparable.*

2 ▷ Je me méfie de lui, je crois qu'il est malhonnête.
Ich misstraue ihm, ich glaube, er ist unehrlich.

2 ► se **méfier de** quelqu'un **:** jemandem (datif) **misstrauen**

ℹ *Les verbes commençant par le préfixe* ***miss-*** *ne prennent pas* ***ge-*** *au participe passé.*

mégot

▷ Il y avait des mégots par terre.
Auf dem Boden lagen Kippen.

die **Kippe** (pluriel **Kippen**)

ℹ *On dit aussi der* ***Zigarettenstummel*** (pluriel **-stummel**).

meilleur, meilleure

1 ▷ Paul est meilleur que moi en anglais.
Paul ist in Englisch besser als ich.

1 (= plus doué, plus savoureux, etc.) **besser**

2 ▷ Jeanne a le meilleur résultat.
Jeanne hat das beste Ergebnis.
▷ Latifa est la meilleure élève de la classe.
Latifa ist die beste Schülerin der Klasse.
▷ C'est elle la meilleure.
Sie ist die Beste.

2 ► **le meilleur** *ou* **la meilleure** + *substantif* **: der / die / das beste** + *substantif*

Quand **le meilleur** *ou* **la meilleure** *est un nom, on traduit par der / die / das* ***Beste***.

3 ▷ Il fait meilleur qu'hier.
Es ist wärmer als gestern.
▷ Il fera meilleur demain.
Morgen wird es schöner.

3 ► **il fait meilleur** (= il fait plus chaud) : **es ist wärmer**
► **il fait meilleur** (= il fait plus beau) : **es ist schöner**

mélange

▷ Préparez un mélange d'eau et de lait.
Bereitet eine Mischung aus Wasser und Milch vor.

die **Mischung** (pluriel **Mischungen**)

mélanger

1 ▷ Mélange bien les ingrédients.
Misch die Zutaten gut.

1 (= combiner) mischen
ℹ *On dit aussi* ***vermischen***.

2 ▷ Ma grand-mère mélange les prénoms.
Meine Großmutter bringt die Vornamen durcheinander.

2 (= confondre) durcheinanderbringen
ℹ ***durcheinander•bringen*** *est un verbe à particule séparable et se conjugue comme* ***bringen*** (brachte, gebracht).
ℹ *On dit aussi* ***verwechseln***.

mêlée

▷ La mêlée s'est effondrée.
Das Gedränge ist eingestürzt.

(au rugby) das Gedränge

se mêler

1 ▷ Ne te mêle pas de ça !
Kümmere dich nicht darum!
▷ Mêle-toi de ce qui te regarde !
Kümmere dich um deine eigenen Angelegenheiten!

1 ► se **mêler de** quelque chose : sich um etwas kümmern

2 ▷ De quoi elle se mêle ?
Was geht sie das an?

2 ► **de quoi tu te mêles ?** *ou* **de quoi il se mêle ?**, *etc.* : was geht dich das an? *ou* was geht ihn das an?, *etc.*

melon

▷ Tu pourrais acheter un melon, s'il te plaît ?
Könntest du bitte eine Melone kaufen?

die Melone (pluriel Melonen)

membre

▷ Tous les membres du club étaient là.
Alle Klubmitglieder waren da.

(= adhérent) das Mitglied (pluriel -glieder)

même

1 ▷ J'ai vu le même vélo sur le catalogue.
Ich habe dasselbe Fahrrad im Katalog gesehen.
▷ C'est le même.
Das ist derselbe.
▷ Il a le même blouson qu'hier.
Er hat dieselbe Jacke wie gestern.

1 (= identique) derselbe / dieselbe / dasselbe
► **le même** *ou* **la même :** derselbe / dieselbe / dasselbe
► **le même** *ou* **la même... que :** derselbe / dieselbe / dasselbe... wie

2 ▷ Ils ont tous les deux la même voiture.
Sie haben beide das gleiche Auto.

2 (= semblable) gleich

3 ▷ Nous avons la même taille.
Wir sind gleich groß.
▷ Ils ont le même âge.
Sie sind gleich alt.
▷ Les deux sont de la même couleur.
Beide sind gleichfarbig.

3 *En allemand, on peut aussi former der phrases avec un adjectif à la place du nom. Dans ce cas, on traduit* **même** *par* ***gleich*** *suivi de l'adjectif.*

4 ▷ Joachim et Marie sont arrivés en même temps.
Joachim und Marie sind gleichzeitig angekommen.

4 ► **en même temps :** gleichzeitig
ℹ *On dit aussi* ***zur gleichen Zeit.***

5 ▷ Même Sarah est venue à la soirée.
Sogar Sarah ist zur Party gekommen.

5 (= y compris) sogar

6 ▷ Rupert n'a même pas voulu me parler.
Rupert wollte nicht einmal mit mir reden.

6 ► **même pas :** nicht einmal

mémé

1 ▷ La mémé de Claire a soixante ans.
Claires Oma ist sechzig Jahre alt.

1 (= grand-mère) die **Oma** (pluriel Omas)
ℹ *On dit aussi die* ***Omi.***

2 ▷ J'ai encore ma mémé, mais elle est très vieille.
Ich habe noch meine Uroma, aber sie ist sehr alt.

2 (= arrière-grand-mère) die **Uroma**
ℹ *On dit aussi die* ***Uromi.***
🔊 *Attention à bien prononcer les deux syllabes séparément :* ***Ur-oma.***

mémoire

1 ▷ J'ai une mauvaise mémoire.
Ich habe ein schlechtes Gedächtnis.
▷ Lucas a de la mémoire.
Lucas hat ein gutes Gedächtnis.

1 (= la mémoire d'une personne) das **Gedächtnis**
► **avoir de la mémoire :** ein gutes Gedächtnis haben

2 ▷ La mémoire de mon ordinateur n'est pas suffisante.
Der Speicher meines Computers ist nicht ausreichend.

2 (= la mémoire d'un ordinateur) der **Speicher**

menace

▷ Il a reçu des menaces de mort.
Er hat Morddrohungen erhalten.

die **Drohung** (pluriel Drohungen)

menacer

▷ L'homme m'a menacé avec un couteau.
Der Mann hat mich mit einem Messer bedroht.

bedrohen
ℹ *Les verbes commençant par le préfixe* ***be-*** *ne prennent pas* ***ge-*** *au participe passé.*

ménage

1 ▷ Samedi je dois faire le ménage avec ma mère.
Am Samstag muss ich mit meiner Mutter putzen.

1 ► **faire le ménage** (= nettoyer) **:** putzen

2 ▷ Tu pourrais faire un peu le ménage dans ta chambre ?
Könntest du dein Zimmer ein bisschen aufräumen?

2 ► **faire le ménage** (= ranger) : aufräumen

mendiant, mendiante

▷ J'ai donné de l'argent à un mendiant.
Ich habe einem Bettler Geld gegeben.

der **Bettler** (pluriel **Bettler**), die **Bettlerin** (pluriel **Bettlerinnen**)

mendier

▷ Il y a des gens qui mendient dans le métro.
Es gibt Leute, die in der U-Bahn betteln.

betteln

mener

1 ▷ Marseille mène deux à un.
Marseille führt zwei zu eins.

1 (= être en tête) **führen**

2 ▷ Ce chemin mène à la rivière.
Dieser Weg führt zum Fluss.

2 ► **mener à** (= déboucher sur) : **zu** + *datif* + **führen**

menottes

▷ Le policier lui a passé les menottes.
Der Polizist hat ihm Handschellen angelegt.

die **Handschellen**
► **mettre** *ou* **passer les menottes à** quelqu'un : jemandem **Handschellen anlegen**

mensonge

▷ Je ne te crois pas, c'est un mensonge !
Ich glaube dir nicht, das ist eine Lüge!
▷ Arrête de dire des mensonges !
Hör auf zu lügen!

die **Lüge** (pluriel **Lügen**)

► **dire des mensonges** : **lügen**
ℹ *L'expression française est traduite par un verbe en allemand.*

mensuel, mensuelle

1 ▷ Nous avons une réunion mensuelle.
Wir haben eine monatliche Versammlung.

1 (= une fois par mois) **monatlich**

2 ▷ Je suis abonné à un mensuel.
Ich habe eine Monatszeitschrift abonniert.

2 (= revue mensuelle) die **Monatszeitschrift** (pluriel **-zeitschriften**)

mentalité

▷ Il a la mentalité d'un enfant de cinq ans.
Er hat die Mentalität eines fünfjährigen Kindes.

die **Mentalität**

menteur, menteuse

▷ Méfie-toi de lui, c'est un menteur !
Nimm dich vor ihm in Acht, er ist ein Lügner!

der **Lügner** (pluriel Lügner), die **Lügnerin** (pluriel Lügnerinnen)

menthe

▷ Mon père a planté de la menthe dans le jardin.
Mein Vater hat im Garten Pfefferminze gepflanzt.

▷ J'aime mieux le sirop à la menthe.
Ich mag Pfefferminzsirup lieber.

die **Pfefferminze**

Pour dire que quelque chose est **à la menthe** *en allemand, on forme des mots composés avec* ***Pfefferminz-****: das* ***Pfefferminzbonbon*** (bonbon à la menthe), *der* ***Pfefferminztee*** (thé à la menthe).

mentir

▷ Je sais que tu mens.
Ich weiß, dass du lügst.

▷ Thierry m'a menti.
Thierry hat mich angelogen.

lügen (log, gelogen)

► **mentir à** quelqu'un : jemanden (accusatif) **anlügen**

ℹ *On dit aussi* *jemanden* ***belügen***.

menton

▷ Tu as de la tomate sur le menton.
Du hast Tomate auf dem Kinn.

das **Kinn** (pluriel Kinne)

menu

▷ Passe-moi le menu, s'il te plaît.
Gib mir mal die Speisekarte, bitte.

(au restaurant) die **Speisekarte** (pluriel –karten)

menuisier, menuisière

▷ Le menuisier est venu réparer l'escalier.
Der Tischler ist gekommen, um die Treppe zu reparieren.

der **Tischler** (pluriel Tischler), die **Tischlerin** (pluriel Tischlerinnen)

ℹ *Dans le sud de l'Allemagne, on dit aussi* *der* ***Schreiner*** (pluriel Schreiner).

mépris

▷ Je n'éprouve que du mépris pour lui.
Ich empfinde nur Verachtung für ihn.

die **Verachtung**

méprisant, méprisante

▷ Son sourire était méprisant.
Sein Lächeln war verächtlich.

verächtlich

mer

▷ La mer est calme aujourd'hui.
Das Meer *ou* die See ist ruhig heute.

▷ Nous allons à la mer chaque été.
Wir fahren jeden Sommer ans Meer *ou* an die See.

Mer *se dit de deux façons en allemand : das* ***Meer*** (pluriel Meere) *ou die* ***See*** (pluriel Seen).

▷ Nous nous sommes baignés dans la mer Morte.
Wir haben im Toten Meer gebadet.
▷ Rostock est sur la mer Baltique.
Rostock liegt an der Ostsee.

Les noms propres se forment le plus souvent avec ***Meer*** *:* *das* ***Rote Meer*** (la mer Rouge), *das* ***Schwarze Meer*** (la mer Noire). *Seules exceptions :* *die* ***Nordsee*** (la mer du Nord), *die* ***Ostsee*** (la mer Baltique).

ℹ *Attention à ne pas confondre avec* ***der See*** = le lac.

merci

▷ Merci, c'était très bon.
Danke, das war sehr gut.
▷ Merci beaucoup pour le cadeau.
Vielen Dank für das Geschenk.

▷ Merci de ton aide.
Danke für deine Hilfe.
▷ Merci d'être venu.
Danke für dein (*ou* euer *ou* Ihr) Kommen.
▷ Reprends du gâteau. – Non merci, je n'ai plus faim.
Nimm noch ein bisschen Kuchen. – Nein danke, ich bin satt.
▷ Tu veux du chocolat ? – Oui, merci.
Willst du Schokolade? – Ja, bitte.

danke

► **merci beaucoup :** vielen Dank

ℹ *On peut dire aussi* ***danke schön*** *ou* ***danke sehr****.*

► **merci de... :** danke für...

► **non merci :** nein danke

► **oui, merci :** ja, bitte

mercredi

▷ Aujourd'hui c'est mercredi.
Heute ist Mittwoch.
▷ Nous partirons mercredi.
Wir fahren am Mittwoch.
▷ Le mercredi, Sandra va à son cours de piano.
Mittwochs hat Sandra Klavierunterricht.

der **Mittwoch**

► **faire** quelque chose **mercredi :** etwas **am Mittwoch tun**

► **le mercredi** (= tous les mercredis) : **mittwochs**

mère

▷ La mère de Thibault est infirmière.
Thibaults Mutter ist Krankenschwester.

die **Mutter** (pluriel **Mütter**)

mériter

▷ Mes parents m'ont puni. – Tu l'as mérité !
Meine Eltern haben mich bestraft. – Du hast es verdient!

verdienen

ℹ *Les verbes commençant par le préfixe* ***ver-*** *ne prennent pas* ***ge-*** *au participe passé.*

mes

▷ Mes parents vont au cinéma ce soir.
Meine Eltern gehen heute Abend ins Kino.

meine

mesdames

▷ Bonjour mesdames, comment allez-vous ?
Guten Tag, wie geht es Ihnen?

Quand on s'adresse directement à quelqu'un, il n'y a pas d'équivalent courant de **mesdames** *en allemand. La formule* ***meine Damen*** *est très formelle.*

mesdemoiselles

▷ Bonjour mesdemoiselles, je peux vous aider ?
Guten Tag, kann ich Ihnen helfen?

Quand on s'adresse directement à quelqu'un, il n'y a pas d'équivalent courant de **mesdemoiselles** *en allemand. La formule* ***meine Damen*** *est très formelle.*

mesquin, mesquine

▷ Comme c'est mesquin !
Das ist so kleinlich!

kleinlich

message

▷ Quand je suis rentré, il y avait un message sur le répondeur.
Als ich nach Hause kam, war eine Nachricht auf dem Anrufbeantworter.

die **Nachricht** (pluriel Nachrichten)

messagerie

1 ▷ J'ai consulté ma messagerie (électronique).
Ich habe meine E-Mail abgerufen.

1 ► **messagerie (électronique) :** die E-Mail

2 ▷ Utilise la messagerie instantanée, c'est plus rapide.
Benutzt doch Instant Messaging, das geht schneller.

2 ► **messagerie instantanée :** Instant Messaging

3 ▷ Il était sur messagerie vocale.
Er war auf Anrufbeantworter.

3 ► **messagerie vocale :** der Anrufbeantworter

messe

▷ La messe commence à dix heures.
Die Messe fängt um zehn Uhr an.

▷ Mes grands-parents vont à la messe tous les dimanches.
Meine Großeltern gehen jeden Sonntag in die Kirche.

die **Messe** (pluriel Messen)

► **aller à la messe :** in die Kirche gehen (ging, gegangen)

Attention : ***Messe*** *signifie aussi « foire-exposition » ou « salon ».*

messieurs

1 ▷ Bonjour messieurs, comment allez-vous ?
Guten Tag, wie geht es Ihnen?

1 *Quand on s'adresse directement à quelqu'un, il n'y a pas d'équivalent courant de* **messieurs** *en allemand. La formule* ***meine Herren*** *est très formelle.*

2 ▷ Il y a deux messieurs qui attendent dehors.
Zwei Herren warten draußen.

2 (= hommes) die **Herren**

i ***Herren*** *est le pluriel de* ***Herr***.

mesurer

1 ▷ David mesure un mètre quatre-vingts.
David ist ein Meter achtzig groß.

▷ Cette tour mesure cent vingt mètres.
Dieser Turm ist hundertzwanzig Meter hoch.

▷ Combien mesure la table ?
Wie lang ist der Tisch?

1 *Pour donner la taille d'une personne en allemand, on emploie l'expression* ***... groß sein****.*
Pour donner la hauteur d'une chose, on dit ***... hoch sein****. Pour donner la largeur, on dit* ***... breit sein****. Pour donner la longueur, on dit* ***... lang sein****.*
Pour demander combien **mesure** *quelqu'un, on dit* ***wie groß bist du?****,* ***wie groß ist er?****, etc. Pour demander la hauteur, largeur ou longueur d'une chose, on dit* ***wie hoch...?****,* ***wie breit...?****,* ***wie lang...?***

2 ▷ Mesurons la pièce pour voir si le canapé rentre.
Messen wir das Zimmer aus, um zu sehen, ob das Sofa hineinpasst.

2 (= prendre les dimensions de)
ausmessen

ℹ ***aus•messen*** *est un verbe à particule séparable et se conjugue comme* ***messen*** (misst, maß, gemessen).

métal

▷ Le plomb est un métal lourd.
Blei ist ein schweres Metall.
▷ Ces chaises sont en métal.
Diese Stühle sind aus Metall.
▷ Pour le camping nous prenons des tasses en métal.
Zum Campen nehmen wir Metalltassen.

das Metall (pluriel Metalle)

► **être en métal :** aus Metall sein

ℹ *Pour désigner les objets* **en métal***, on forme des mots composés avec* ***Metall****: der* ***Metalltisch*** (table en métal), *die* ***Metallplatte*** (plaque en métal), *etc.*

métallique

1 ▷ Tu peux me passer ce tube métallique ?
Kannst du mir dieses Metallrohr geben?

1 *Quand on veut dire que quelque chose est* **métallique***, on forme des mots composés avec* ***Metall****: die* ***Metallstange*** (barre métallique).

2 ▷ Ça a un son métallique.
Das hat einen metallischen Klang.

2 (= qui fait penser au métal)
metallisch

météo

▷ Que dit la météo pour demain ?
Was ist die Wettervorhersage für morgen?

► **la météo** (= le bulletin météorologique) : die Wetter-vorhersage

ℹ *On dit aussi der* ***Wetterbericht****.*

méthode

1 ▷ Ses méthodes sont très intéressantes.
Seine Methoden sind sehr interessant.

1 (= moyen) die Methode (pluriel Methoden)

2 ▷ J'ai une bonne méthode d'allemand.
Ich habe ein gutes Deutschlehrbuch.

2 (= manuel) das **Lehrbuch** (pluriel -bücher)

méthodique

▷ C'est un élève très méthodique.
Er ist ein sehr methodischer Schüler.

methodisch

métier

▷ Pascal est sismologue, c'est un chouette métier.
Pascal ist Seismologe, das ist ein toller Beruf.
▷ Qu'est-ce qu'elle fait comme métier ?
Was macht sie von Beruf?

der **Beruf** (pluriel Berufe)

► **faire** quelque chose **comme métier :** etwas von Beruf machen

mètre

▷ Il y a deux mètres d'eau ici.
Hier stehen zwei Meter Wasser.
▷ La cuisine fait quinze mètres carrés.
Die Küche ist fünfzehn Quadratmeter groß.
▷ Le réservoir contient cinq mètres cubes.
Der Tank enthält fünf Kubikmeter.

der **Meter** (pluriel Meter)

► **mètre carré :** der **Quadratmeter**

► **mètre cube :** der **Kubikmeter**

métro

▷ On prend le métro ou le bus ?
Nehmen wir den Bus oder die U-Bahn?

die **U-Bahn**
ℹ ***U-Bahn*** *est l'abréviation de* ***Untergrundbahn****.*
ℹ *Pour le métro parisien, on dit* die ***Metro*** *en allemand.*

mettre

1 ▷ Mets ta valise dans le couloir.
Stell deinen Koffer in den Gang.

1 (= poser, placer debout) **stellen**

2 ▷ J'ai mis le livre sur la table.
Ich habe das Buch auf den Tisch gelegt.

2 (= poser, placer à plat) **legen**

3 ▷ Tu ne mets pas souvent cette veste.
Du trägst diese Jacke nicht oft.

3 (= porter) **tragen** (trägt, trug, getragen)

4 ▷ Mets ton anorak, il pleut.
Zieh deinen Anorak an, es regnet.

4 (= mettre sur soi, en parlant d'un vêtement) **anziehen**
ℹ ***an•ziehen*** *est un verbe à particule séparable et se conjugue comme* ***ziehen*** (zog, gezogen).

5 ▷ Je mets mes lunettes seulement pour lire.
Ich setze meine Brille nur zum Lesen auf.

5 (= mettre sur soi, en parlant de lunettes, d'un chapeau) **aufsetzen**
ℹ ***auf•setzen*** *est un verbe à particule séparable.*

6 ▷ Elle a mis du rouge à lèvres.
Sie hat Lippenstift aufgetragen.

6 (= mettre sur soi, en parlant de maquillage) **auftragen**

ℹ ***auf•tragen*** *est un verbe à particule séparable et se conjugue comme* ***tragen*** (**trägt**, **trug**, **getragen**).

7 ▷ Lucie a mis deux heures pour faire ses devoirs.
Lucie hat zwei Stunden für ihre Hausaufgaben gebraucht.

7 *Quand on parle du temps* **que l'on met** *pour faire quelque chose, on traduit par* ***brauchen***.

8 ▷ Je peux mettre la radio ?
Kann ich das Radio anschalten?

8 (= allumer) **anschalten**

ℹ ***an•schalten*** *est un verbe à particule séparable.*

9 ▷ Matthias s'est mis au premier rang pour mieux voir.
Matthias hat sich in die erste Reihe gesetzt, um besser zu sehen.

9 ► se **mettre** (= s'asseoir) : sich **setzen**

10 ▷ Mets-toi près de la porte.
Stell dich neben die Tür.

10 ► se **mettre** (= se tenir debout) : sich **stellen**

11 ▷ Il s'est mis à pleuvoir dès qu'on est sortis.
Sobald wir draußen waren, fing es an zu regnen.

11 ► se **mettre à** + *infinitif* : **anfangen zu** + *infinitif*

ℹ ***an•fangen*** *est un verbe à particule séparable et se conjugue comme* ***fangen*** (**fängt**, **fing**, **gefangen**).

meuble

▷ C'est un meuble très ancien.
Das ist ein sehr altes Möbel.
▷ Il y a des meubles dans le garage.
In der Garage stehen Möbel.

das **Möbel** (pluriel **Möbel**)

meugler

▷ Les vaches meuglent.
Die Kühe muhen.

muhen

meurtre

▷ Tu as lu l'histoire du meurtre dans le journal ?
Hast du die Geschichte über den Mord in der Zeitung gelesen?

der **Mord** (pluriel **Morde**)

meurtrier, meurtrière

▷ La police recherche le meurtrier.
Die Polizei sucht nach dem Mörder.

der **Mörder** (pluriel **Mörder**), die **Mörderin** (pluriel **Mörderinnen**)

mexicain, mexicaine

1 ▷ Nous avons vu un groupe de musiciens mexicains.
Wir haben eine Gruppe von mexikanischen Musikern gesehen.

1 (adjectif) **mexikanisch**

2 ▷ Beaucoup de Mexicains ont des parents aux États-Unis.
Viele Mexikaner haben Verwandtschaft in den Vereinigten Staaten.

2 (= personne) der **Mexikaner** (pluriel Mexikaner), die **Mexikanerin** (pluriel Mexikanerinnen)

Mexique

▷ Le Mexique produit du pétrole.
Mexiko produziert Erdöl.

Mexiko

► **le Mexique :** Mexiko

ℹ *Ne prend l'article neutre que précédé d'un adjectif : **das aztekische Mexiko*** (le Mexique aztèque).

▷ Il y a des ruines mayas au Mexique.
In Mexiko gibt es Mayaruinen.

▷ Ils sont partis au Mexique.
Sie sind nach Mexiko geflogen.

▷ Nous sommes déjà allés au Mexique il y a deux ans.
Wir waren schon vor zwei Jahren in Mexiko.

► **au Mexique** (= dans le pays) **:** in Mexiko

► **au Mexique** (= vers le pays) **:** nach Mexiko

Attention : pour dire que quelqu'un **est déjà allé quelque part**, *on emploie une expression avec le prétérit du verbe **sein** + **schon**.*

miauler

▷ Je ne sais pas pourquoi le chat miaule comme ça.
Ich weiß nicht, warum die Katze so miaut.

miauen

micro

▷ Parle dans le micro, on n'entend rien !
Sprich ins Mikrofon, man hört nichts!

(= microphone) das **Mikrofon** (pluriel Mikrofone)

microbe

▷ Va-t'en, tu vas me passer tous tes microbes !
Geh weg, sonst überträgst du mir all deine Mikroben!

die **Mikrobe** (pluriel Mikroben)

microscope

▷ Le microscope du laboratoire est cassé.
Das Labormikroskop ist kaputt.

▷ Nous avons observé l'araignée au microscope.
Wir haben die Spinne unter dem Mikroskop beobachtet.

das **Mikroskop** (pluriel Mikroskope)

► **au microscope :** unter dem Mikroskop

midi

1 ▷ Il est midi et quart.
Es ist Viertel nach zwölf.

1 (= pour dire l'heure) **zwölf**

2 ▷ Ce midi, ma mère va au restaurant avec ses collègues.
Heute Mittag geht meine Mutter mit ihren Kollegen ins Restaurant.
▷ À midi, je mange à la cantine.
Mittags esse ich in der Kantine.

2 (= l'heure du déjeuner) : der **Mittag**

Quand on parle de tous les jours **à midi**, *on dit* ***mittags***.

3 ▷ Est-ce que vous connaissez le Midi ?
Kennen Sie Südfrankreich?

3 ► **le Midi** (de la France) : **Südfrankreich**

miel

▷ Pour le petit-déjeuner, il y avait du pain grillé, du beurre et du miel.
Zum Frühstück gab es Toast mit Butter und Honig.

der **Honig**

mien, mienne

▷ Ses parents sont plus jeunes que les miens.
Seine Eltern sind jünger als meine.
▷ Ton parapluie est cassé ? Viens sous le mien.
Dein Regenschirm ist kaputt? Komm unter meinen.

En fonction du genre du sujet en question, on traduit par ***mein*** *(pour le masculin et le neutre) ou* ***meine*** *(pour le féminin et le pluriel).*

miette

▷ Mon lit est plein de miettes.
Mein Bett ist voller Krümel.

der **Krümel** (pluriel **Krümel**)

mieux

1 ▷ Tu te sens mieux ?
Fühlst du dich besser?
▷ Ce CD est mieux que le précédent.
Diese CD ist besser als die vorige.

1 (= plus en forme, de meilleure qualité, de façon plus satisfaisante) **besser**
► **mieux que : besser als**

2 ▷ Michael est mieux que son frère.
Michael sieht besser aus als sein Bruder.

2 ► **être mieux** (= plus séduisant) : **besser aussehen**

ℹ ***aus•sehen*** *est un verbe à particule séparable et se conjugue comme* ***sehen*** (**sieht**, **sah**, **gesehen**).

3 ▷ Celle-ci est la mieux de toutes.
Diese ist die Beste von allen.
▷ Le mieux serait que tu viennes.
Das Beste wäre, du kämst.

3 **Le mieux** *ou* **la mieux** *se traduit par* *der / die / das* ***Beste***, *en fonction du genre du sujet en allemand.*

4 ▷ C'est Amélie qui chante le mieux.
Amélie singt am besten.

4 ► **le mieux** (après un verbe) **: am besten**

5 ▷ Tu ferais mieux de te dépêcher.
Es wäre besser, du würdest dich beeilen.

5 *Pour* **donner un conseil** *à quelqu'un, on emploie la formule* ***es wäre besser*** *(subjonctif II).*

6 ▷ Ma tante va de mieux en mieux.
Meiner Tante geht es immer besser.

6 ► **de mieux en mieux :** immer besser

mignon, mignonne

▷ Ce petit chien est vraiment mignon.
Dieses Hündchen ist wirklich süß.

(= joli) süß

ℹ *On dit aussi* ***goldig.***

migraine

▷ J'ai la migraine depuis ce matin.
Seit heute Morgen habe ich Migräne.

► **avoir la migraine** (= avoir mal à la tête) **:** Migräne haben

ℹ *Remarquez l'absence d'article en allemand.*

milieu

1 ▷ Le milieu de la piscine est ici.
Die Mitte des Schwimmbeckens ist hier.
▷ Je voudrais l'assiette du milieu.
Ich hätte gern den mittleren Teller.
▷ Mets-toi au milieu, tu verras mieux.
Setz dich in die Mitte, da siehst du besser.
▷ J'étais debout au milieu et je voyais très bien.
Ich stand in der Mitte und sah sehr gut.
▷ Rachid s'est assis par terre au milieu de la cour.
Rachid hat sich mitten im Hof auf den Boden gesetzt.

1 (= centre) die Mitte

► *substantif* + **du milieu :** der / die / das mittlere + *substantif*

► **au milieu** (avec mouvement) **:** in die Mitte

► **au milieu** (sans mouvement) **:** in der Mitte

► **au milieu de :** mitten in

2 ▷ Clémentine vient d'un milieu riche.
Clémentine stammt aus reichen Verhältnissen.

2 (= origine familiale) die Verhältnisse

ℹ *Ce mot est un pluriel.*

militaire

1 ▷ Les militaires défilaient dans la rue.
Die Soldaten marschierten auf der Straße vorbei.

1 (= soldat) der Soldat (pluriel Soldaten)

2 ▷ L'intervention militaire n'est pas nécessaire.
Eine militärische Intervention ist nicht nötig.

2 (= relatif à l'armée) militärisch

mille

▷ Il y avait plus de mille spectateurs.
Es waren über tausend Zuschauer da.
▷ Ça vaut deux mille euros.
Das ist zweitausend Euro wert.
▷ Je suis allée en Angleterre en deux mille trois.
Ich war zweitausenddrei in England.

tausend

Quand ***tausend*** *est précédé ou suivi d'un chiffre, les deux sont liés :* ***dreißigtausend*** **(trente mille)** *; comme* **mille**, ***tausend*** *ne prend jamais de* ***s.***

milliard

▷ Ça vaut un milliard de dollars.
Das ist eine Milliarde Dollar wert.

▷ Plus de six milliards de personnes vivent dans le monde.
Mehr als sechs Milliarden Menschen leben auf der Welt.

▷ Il y a des milliards d'insectes dans ce champ.
Es gibt Milliarden von Insekten auf diesem Feld.

die **Milliarde** (pluriel Milliarden)

ℹ *Remarquez l'absence de préposition en allemand :* six milliards de... = *sechs Milliarden...*

► **des milliards de... :** Milliarden von...

millier

▷ Il y avait un millier de personnes dans le stade.
Es waren ungefähr tausend Menschen im Stadium.

▷ Des milliers de gens ont téléphoné.
Tausende von Leuten haben angerufen.

► **un millier de... :** ungefähr tausend

► **des milliers de... :** Tausende von...

millimètre

▷ Le métal fait deux millimètres d'épaisseur.
Das Metall ist zwei Millimeter dick.

der **Millimeter** (pluriel Millimeter)

million

▷ Ils ont gagné un million au loto.
Sie haben eine Million im Lotto gewonnen.

▷ La France a plus de soixante millions d'habitants.
Frankreich hat über sechzig Millionen Einwohner.

▷ On voit des millions d'étoiles ce soir !
Heute Abend sieht man ja Millionen von Sternen!

die **Million** (pluriel Millionen)

ℹ *Remarquez l'absence de préposition en allemand :* soixante millions de... = *sechzig Millionen...*

► **des millions de... :** Millionen von...

mimer

▷ Dans ce jeu il faut mimer un titre de film.
Bei diesem Spiel muss man einen Filmtitel mimen.

mimen

mince

1 ▷ Sylviane est très mince.
Sylviane ist sehr schlank.

1 (= svelte) **schlank**

2 ▷ Coupe-moi une tranche mince.
Schneid mir eine dünne Scheibe ab.

2 (= fin) **dünn**

3 ▷ Mince, j'ai oublié le lait !
Mist, ich habe die Milch vergessen!

3 ► **mince ! :** Mist!

mine

1 ▷ La mine de mon crayon est cassée.
Meine Bleistiftmine ist kaputt.

1 (= mine d'un crayon) die **Mine** (pluriel Minen)

🔊 *Le* ***i*** *est long, il se prononce comme* ***ie***.

2 ▷ Beaucoup de mines ont fermé.
Viele Bergwerke haben zugemacht.

2 (d'où on extrait les métaux, le charbon) das **Bergwerk** (pluriel -werke)

3 ▷ Tu as bonne mine aujourd'hui.
Du siehst heute gut aus.
▷ Sébastien a mauvaise mine, il est peut-être malade.
Sébastien sieht schlecht aus, vielleicht ist er krank.

3 ► **avoir bonne mine :** gut aussehen
► **avoir mauvaise mine :** schlecht aussehen

minerai

▷ C'est du minerai de fer.
Das ist Eisenerz.

das **Erz**

minéral

▷ Cette boisson contient des minéraux.
Dieses Getränk enthält Minerale.

das **Mineral** (pluriel Minerale, Mineralien)

mineur, mineure

1 ▷ Tu es mineure, tu ne peux pas entrer.
Du bist minderjährig, du darfst nicht hinein.

1 (adjectif = de moins de 18 ans) **minderjährig**

2 ▷ Les mineurs n'ont pas le droit d'acheter de l'alcool.
Minderjährige dürfen keinen Alkohol kaufen.

2 (= personne de moins de 18 ans) der / die **Minderjährige** (pluriel Minderjährigen)

ℹ *C'est un adjectif substantivé : on dit* ***ein Minderjähriger****.*

3 ▷ Les mineurs sont en grève.
Die Bergarbeiter streiken.

3 (= personne qui travaille dans une mine) der **Bergarbeiter** (pluriel -arbeiter)

minijupe

▷ Elle portait une minijupe noire.
Sie trug einen schwarzen Minirock.

der **Minirock** (pluriel -röcke)

minimum

▷ Le minimum est cent euros.
Das Minimum ist hundert Euro.

das **Minimum**

ministère

▷ Il travaille pour quel ministère ?
Für welches Ministerium arbeitet er?

das **Ministerium** (pluriel Ministerien)

ministre

▷ La ministre de l'Intérieur est très jeune.
Die Innenministerin ist sehr jung.
▷ Comment s'appelle le Premier ministre ?
Wie heißt der Premierminister?

der **Minister** (pluriel Minister), die **Ministerin** (pluriel Ministerinnen)
► **Premier ministre :** der Premierminister, die Premierministerin

minorité

▷ Ils appartiennent à différentes minorités ethniques.
Sie gehören verschiedenen ethnischen Minderheiten an.

(= petit nombre) die **Minderheit** (pluriel **Minderheiten**)

minuit

1 ▷ Il est minuit vingt.
Es ist zwanzig nach zwölf.

1 (pour dire l'heure) **zwölf**

2 ▷ Les filles sont rentrées après minuit.
Die Mädchen sind nach Mitternacht nach Hause gekommen.

2 (= le moment de la nuit) **Mitternacht**

ℹ *Tout comme* minuit, ***Mitternacht*** *ne prend pas d'article.*

minuscule

1 ▷ Ton écriture est minuscule !
Deine Handschrift ist ja winzig!

1 (= tout petit) **winzig**

2 ▷ Il a tout écrit en minuscules.
Er hat alles in Kleinbuchstaben geschrieben.
▷ Je mets un a majuscule ou un a minuscule ?
Soll ich das mit einem großen oder einem kleinen a schreiben?

2 (= lettre) der **Kleinbuchstabe** (pluriel **–buchstaben**)

ℹ *Quand on parle d'une lettre en particulier, on dit* ***ein kleines*** *suivi de la lettre.*

minute

▷ Le film dure quarante minutes.
Der Film dauert vierzig Minuten.
▷ Une minute, j'arrive !
Augenblick mal, ich komme gleich!

die **Minute** (pluriel **Minuten**)

► **une minute !** (pour faire patienter quelqu'un) : **Augenblick mal!**

ℹ *On dit aussi* ***Moment mal!***

miracle

▷ C'est un miracle que personne n'ait été blessé.
Es ist ein Wunder, das niemand verletzt wurde.

das **Wunder** (pluriel **Wunder**)

miroir

▷ J'ai cassé le miroir !
Ich habe den Spiegel kaputtgemacht!

der **Spiegel** (pluriel **Spiegel**)

miser

▷ J'ai tout misé sur le numéro 9.
Ich habe alles auf die 3 gesetzt.

► **miser sur : auf** + *accusatif* + **setzen**

misère

▷ Même dans les pays riches, beaucoup de gens vivent dans la misère.
Selbst in den reichen Ländern leben viele Menschen im Elend.

(= pauvreté) das **Elend**

Attention : le mot allemand ***Misere*** *signifie « situation catastrophique ».*

mite

▷ L'armoire est pleine de mites.
Der Schrank ist voller Motten.

die **Motte** (pluriel Motten)

mi-temps

1 ▷ La seconde mi-temps était plus intéressante que la première.
Die zweite Halbzeit war interessanter als die erste.

1 (= moitié d'un match) die **Halbzeit** (pluriel -zeiten)

2 ▷ Ma mère travaille à mi-temps.
Meine Mutter arbeitet halbtags.
▷ J'ai trouvé un job de vendeuse à mi-temps.
Ich habe eine Halbtagsstelle als Verkäuferin gefunden.

2 ► **travailler à mi-temps : halbtags arbeiten**

ℹ *Pour dire que quelque chose est à* mi-temps, *on forme des mots composés avec* ***Halbtags-*** *: die* ***Halbtagsbeschäftigung*** (emploi à mi-temps).

mixte

▷ Certaines écoles anglaises ne sont pas mixtes.
Manche englische Schulen sind nicht gemischt.

gemischt

mobile

1 ▷ Quel était le mobile du crime ?
Was war das Motiv des Verbrechens?

1 (= motif) das **Motiv** (pluriel Motive)

2 ▷ J'ai construit un mobile pour mon neveu.
Ich habe ein Mobile für meinen Neffen gebastelt.

2 (en art) das **Mobile** /'mo:bile/ (pluriel Mobiles)

Attention à la prononciation du mot allemand.

moche

▷ Ce bâtiment est vraiment moche.
Dieses Gebäude ist wirklich hässlich.

(= laid) **hässlich**

mode

▷ Je ne suis pas spécialement la mode.
Ich folge nicht unbedingt der Mode.
▷ Le rose est à la mode.
Rosa ist in Mode.

die **Mode** (pluriel Moden)

► **à la mode : in Mode**

ℹ *On peut dire aussi simplement* ***Mode*** *:* ***Rosa ist Mode.***

modèle

1 ▷ Le modèle est plus petit que la vraie statue.
Das Modell ist kleiner als die echte Statue.

1 (= reproduction) das **Modell** (pluriel Modelle)

L'accent est sur la deuxième syllabe.

2 ▷ Marcus a toujours été un modèle pour Loïc.
Marcus war schon immer ein Vorbild für Loïc.

2 (= personne à qui on voudrait ressembler) das **Vorbild**

modéré, modérée

▷ Leurs prix sont très modérés.
Sie haben sehr gemäßigte Preise.

gemäßigt

moderne

▷ Je préfère les meubles modernes.
Ich mag moderne Möbel lieber.

modern

moderniser

▷ Ils veulent moderniser leur agriculture.
Sie wollen ihre Landwirtschaft modernisieren.

modernisieren

ℹ *Les verbes se terminant en* ***-ieren*** *ne prennent pas* ***ge-*** *au participe passé.*

modeste

▷ Tu es trop modeste !
Du bist zu bescheiden!

bescheiden

modestie

▷ C'est de la fausse modestie.
Das ist falsche Bescheidenheit.

die **Bescheidenheit**

modifier

▷ Tu devrais modifier un peu l'introduction.
Du solltest die Einleitung etwas ändern.

ändern

moi

1 ▷ Ces cadeaux sont pour moi ?
Sind diese Geschenke für mich?
▷ Cette blague est de moi.
Dieser Witz stammt von mir.

1 *Quand* **moi** *suit une préposition, on traduit par* ***mich*** *(accusatif) ou* ***mir*** *(datif), en fonction de la préposition :* ***mit*** *+ datif,* ***für*** *+ accusatif,* ***auf*** *+ datif ou accusatif (avec verbe de mouvement), etc.*

2 ▷ Qui veut du gâteau ? – Moi !
Wer will Kuchen haben? – Ich!
▷ Moi je trouve que ce n'est pas juste.
Ich finde, dass das ungerecht ist.

2 *Quand* **moi** *est sujet, il se traduit par* ***ich****.*

Quand **moi** *sert à insister, on met l'accent sur* ***ich****.*

moi-même

1 ▷ Puisque tu ne veux pas m'aider, je vais le faire moi-même.
Da du mir nicht helfen willst, werde ich es selbst tun.

1 *Quand* **moi-même** *est sujet, on traduit par* ***ich selbst****.*

2 ▷ Je ne peux parler que pour moi-même.
Ich kann nur für mich selbst sprechen.
▷ Je me suis dit à moi-même : « Ça suffit ! »
Ich habe zu mir selbst gesagt : „Es reicht!"

2 *Quand* **moi-même** *est complément, on traduit soit par* ***mich selbst*** *(accusatif), soit par* ***mir selbst*** *(datif), en fonction de la préposition :* ***mit mir selbst*** *(datif),* ***für mich selbst****(accusatif),* ***zu mir selbst*** *(datif), etc.*

moineau

▷ Donne les miettes aux moineaux.
Gib die Krümel den Spatzen.

der **Spatz** (pluriel Spatzen)
ℹ *On dit aussi der* ***Sperling*** (pluriel Sperlinge).

moins

1 ▷ J'aime moins celui-ci.
Ich mag diesen weniger.

1 (avec un verbe, un adjectif, un adverbe) **weniger**

2 ▷ Adrien est moins sympa que son frère.
Adrien ist nicht so nett wie sein Bruder.
▷ J'ai moins mangé que lui.
Ich habe nicht so viel gegessen wie er.
▷ Il a encore moins travaillé que moi.
Er hat noch weniger gearbeitet als ich.

2 ► **moins... que** (avec un adjectif ou un adverbe) **:** nicht so... wie
► **moins... que** (avec un verbe) **:** nicht so viel... wie
ℹ *Quand* **moins que** *est employé avec un verbe, on dit aussi* ***weniger... als****.*

3 ▷ C'est le moins cher de tous.
Das ist der (*ou* die *ou* das) billigste von allen.

3 *Pour dire* **le moins...** *ou* **la moins...** *+ adjectif, on emploie, quand c'est possible, le superlatif du contraire : der* ***schlauste*** **(le moins bête),** *die* ***kleinste*** **(la moins grande).**

▷ Elle est la personne la moins timide que je connaisse !
Sie ist der am wenigsten schüchterne Mensch, den ich kenne!

ℹ *Quand il n'existe pas de contraire direct, on emploie l'expression* ***der / die / das am wenigsten...***

4 ▷ C'est moi qui ai le moins de devoirs.
Ich habe die wenigsten Hausaufgaben.

4 *Quand* **le moins** *est utilisé avec un nom, on traduit par der / die / das* ***wenigste...****.*

5 ▷ C'est elle qui travaille le moins.
Sie ist es, die am wenigsten arbeitet.

5 *Quand* **le moins** *est utilisé avec un verbe, on traduit par* ***am wenigsten****.*

6 ▷ C'est le moins qu'il puisse faire.
Das ist das Mindeste, was er tun kann.

6 ► **le moins** (= le minimum) **:** das Mindeste

7 ▷ Tu devrais boire moins de café.
Du solltest weniger Kaffee trinken.
▷ Ça coûte moins de dix euros.
Es kostet weniger als zehn Euro.

7 ► **moins de :** weniger
► **moins de** (avec prix, dimension) **:** weniger als

8 ▷ Nous avons trois profs de moins que l'année dernière.
Wir haben drei Lehrer weniger als letztes Jahr.
▷ Yann a un an de moins que moi.
Yann ist ein Jahr jünger als ich.

8 ► **...de moins que :** ...weniger als
Quand **de moins que** *s'applique à l'âge, on emploie le comparatif* ***jünger als****.*

9 ▷ Moins on mange, moins on a envie de manger.
Je weniger man isst, desto weniger Hunger hat man.

9 ► **moins... moins... :** je weniger... desto weniger...

▷ Moins tu feras d'exercice, plus tu auras de problèmes.
Je weniger du übst, desto mehr Probleme bekommst du.

► **moins... plus... :** je weniger... desto mehr...

10 ▷ Il fait au moins trente degrés.
Wir haben mindestens dreißig Grad.

10 ► **au moins :** mindestens

11 ▷ Alban devrait venir, à moins que ses parents ne le laissent pas sortir.
Alban müsste kommen, es sei denn, seine Eltern lassen ihn nicht ausgehen.

11 ► **à moins que :** es sei denn

12 ▷ Douze moins cinq égale sept.
Zwölf minus fünf gleich sieben.

12 (dans une opération, avant une température) **minus**

13 ▷ Il est huit heures moins dix.
Es ist zehn vor acht.

13 (pour dire l'heure) **vor**

ℹ *N'oubliez pas que, quand on dit l'heure, l'ordre des chiffres est inversé en allemand par rapport au français.*

mois

▷ Adèle aura quinze ans dans deux mois.
Adèle wird in zwei Monaten fünfzehn.

▷ Je pars en Grèce au mois de juillet.
Ich fahre im Juli nach Griechenland.

der **Monat** (pluriel Monate)

► **au mois de** + *nom du mois* **:** im + *nom du mois*

ℹ *N'oubliez pas que les noms des mois s'écrivent avec une majuscule en allemand.*

moisi, moisie

▷ Le gâteau est moisi.
Der Kuchen ist verschimmelt.

verschimmelt

moisson

▷ La moisson est-elle bonne ?
Ist die Ernte gut?

die **Ernte** (pluriel Ernten)

moissonner

▷ Ils moissonnent en juillet.
Sie ernten im Juli.

ernten

moite

▷ J'ai les mains moites.
Ich habe schweißige Hände.

(= en sueur) **schweißig**

moitié

1 ▷ Il y a plus d'olives sur cette moitié.
Auf dieser Hälfte sind mehr Oliven.

▷ La moitié des élèves était là.
Die Hälfte der Schüler war da.

1 die **Hälfte** (pluriel Hälften)

► **la moitié de... :** die Hälfte + *génitif*

2 ▷ Sarah est à moitié française, à moitié australienne.
Sarah ist halb französisch, halb australisch.
▷ Tu veux faire moitié-moitié ?
Willst du halbe-halbe machen?

2 ► **à moitié :** halb

► **faire moitié-moitié :** halbe-halbe machen

molle

*Regardez le mot **mou**.*

mollet

▷ J'ai trop marché, j'ai mal aux mollets.
Ich bin zu viel gelaufen, meine Waden tun mir weh.

die **Wade** (pluriel Waden)

moment

1 ▷ Je ne resterai qu'un moment.
Ich bleibe nur einen Moment da.

1 (= peu de temps) der **Moment** (pluriel Momente)

On dit aussi der ***Augenblick*** (pluriel -blicke).

▷ Un moment, j'arrive !
Einen Moment, ich komme!

► **un moment !** (pour faire patienter quelqu'un) **:** einen Moment! *ou* Moment!

2 ▷ Il habitera un moment chez nous.
Er wird eine Weile bei uns wohnen.

2 (= quelque temps) die **Weile**

3 ▷ C'est le bon moment pour lui parler.
Das ist der richtige Zeitpunkt, um mit ihm zu reden.
▷ Tu as choisi le mauvais moment.
Das ist ein ungünstiger Zeitpunkt.

3 (= occasion) der **Zeitpunkt**
► **le bon moment :** der richtige Zeitpunkt
► **le mauvais moment :** ein ungünstiger Zeitpunkt

4 ▷ Lise passait juste à ce moment-là.
Lise kam gerade in dem Moment vorbei.

4 ► **à ce moment-là :** in dem Moment

5 ▷ Au moment de partir, elle ne trouvait pas ses clés.
Als sie gehen wollte, fand sie ihre Schlüssel nicht.
▷ Il est parti au moment où j'allais lui poser une question.
Er ging in dem Moment, als ich ihm eine Frage stellen wollte.
▷ Nicolas ne va pas très bien en ce moment.
Nicolas geht es im Moment nicht sehr gut.
▷ Pour le moment, tout le monde est content.
Im Moment sind alle zufrieden.

5 ► **au moment de... :** als...

► **au moment où... :** in dem Moment, als...

► **en ce moment :** im Moment

► **pour le moment :** im Moment

6 ▷ Par moments, je me demande pourquoi je fais ça.
Manchmal frage ich mich ja, warum ich das mache.

6 ► **par moments :** manchmal

ℹ *On dit aussi* ***ab und zu****.*

7 ▷ C'est le moment ou jamais !
Jetzt oder nie!

7 *L'expression* **c'est le moment ou jamais !** *se dit* ***jetzt oder nie!*** *en allemand.*

momie

▷ J'ai vu des momies égyptiennes.
Ich habe ägyptische Mumien gesehen.

die **Mumie** /'muːmiə/ (pluriel Mumien)

mon

▷ Mon vélo est cassé.
Mein Fahrrad ist kaputt.
▷ Mon violon est d'occasion.
Meine Geige ist aus zweiter Hand.

En fonction du genre du substantif allemand, **mon** *est traduit par* ***mein*** *(pour le masculin et le neutre) ou* ***meine*** *(pour le féminin).*

monde

1 ▷ Il existe beaucoup trop de pauvreté dans le monde.
Es gibt viel zu viel Armut auf der Welt.
▷ C'est le coureur le plus rapide du monde.
Er ist der schnellste Läufer der Welt.

1 (= Terre) die **Welt**

► **... du monde :** ... der Welt

2 ▷ Il y avait beaucoup de monde à la fête.
Es waren viele Leute auf der Party.

2 (= gens) die **Leute**

mondial, mondiale

1 ▷ La population mondiale ne cesse d'augmenter.
Die Weltbevölkerung steigt immer weiter.

1 *Quand on parle d'une guerre, d'une compétition, de la population, etc., on forme des mots composés avec* ***Welt*** *: der* ***Weltkrieg*** **(la guerre mondiale)**, *der* ***Weltfrieden*** **(paix mondiale)**, *etc.*

2 ▷ C'est un phénomène mondial.
Das ist ein weltweites Phänomen.

2 (= qui s'étend au monde entier) **weltweit**

mondialisation

▷ Beaucoup de gens sont contre la mondialisation.
Viele Leute sind gegen die Globalisierung.

die **Globalisierung**

moniteur, monitrice

1 ▷ Est-ce que les moniteurs étaient sympas au camp ?
Waren die Betreuer im Ferienlager nett?

1 (en colonie de vacances, en camp) der **Betreuer** (pluriel Betreuer), die **Betreuerin** (pluriel Betreuerinnen)

2 ▷ Le moniteur d'auto-école n'est pas venu aujourd'hui.
Der Fahrlehrer ist heute nicht gekommen.

2 *Quand* **moniteur** *signifie « enseignant », on forme des mots composés avec* ***Lehrer*** *: der* ***Skilehrer*** **(moniteur de ski)**, *der* ***Tauchlehrer*** **(moniteur de plongée)**.

monnaie

1 ▷ La monnaie britannique est la livre.
Die britische Währung ist das Pfund.

1 (= argent d'un pays) die **Währung** (pluriel **Währungen**)

2 ▷ Est-ce que tu as de la monnaie ?
Hast du Kleingeld?

2 (= pièces) das **Kleingeld**

3 ▷ Tu oublies la monnaie !
Du vergisst dein Wechselgeld!
▷ Passe-moi le billet, je vais faire de la monnaie.
Gib mir den Schein, ich gehe ihn wechseln.

3 (= argent rendu) das **Wechselgeld**
► **faire de la monnaie : Geld wechseln**

monopole

▷ L'entreprise a perdu son monopole.
Die Firma hat ihr Monopol verloren.

das **Monopol** (pluriel **Monopole**)

monotone

▷ Les cours de latin sont un peu monotones.
Die Lateinstunden sind ein bisschen monoton.

monoton

monsieur

1 ▷ Bonjour monsieur, je voudrais un kilo de pommes, s'il vous plaît.
Guten Tag, ich hätte gern ein Kilo Äpfel, bitte.
▷ Monsieur Müller est venu nous chercher à la gare.
Herr Müller hat uns am Bahnhof abgeholt.

1 *Quand on s'adresse directement à quelqu'un, il n'y a pas d'équivalent de* **monsieur** *en allemand.*
Quand on parle de quelqu'un en l'appelant par son nom de famille, **monsieur** *se traduit par* ***Herr****.*

2 ▷ Ce monsieur voudrait vous parler.
Dieser Herr möchte mit Ihnen sprechen.
▷ C'est Monsieur Tout-le-monde.
Das ist Herr Jedermann.

2 (= homme) der **Herr** (pluriel **Herren**)
► **Monsieur Tout-le-monde : Herr Jedermann**

monstre

▷ J'ai rêvé d'un monstre horrible qui me poursuivait.
Ich habe von einem furchtbaren Monster geträumt, das hinter mir her war.

das **Monster** (pluriel **Monster**)

montagne

1 ▷ La plus haute montagne du monde est l'Everest.
Der höchste Berg der Welt ist der Everest.
▷ J'aimerais vivre à la montagne.
Ich würde gern in den Bergen leben.
▷ Cet été, je pars à la montagne.
Diesen Sommer fahre ich in die Berge.

1 (= sommet) der **Berg** (pluriel **Berge**)
► **à la montagne** (= dans la montagne) : **in den Bergen**
► **à la montagne** (= vers la montagne) : **in die Berge**

2 ▷ J'ai eu peur sur les montagnes russes.
Auf der Achterbahn hatte ich Angst.

2 ► **montagnes russes : die Achterbahn** (pluriel **-bahnen**)

monter

1 ▷ Monte, s'il te plaît, j'ai quelque chose à te dire.
Komm bitte herauf, ich muss dir etwas sagen.

1 (= venir vers le haut, quand la personne qui parle est déjà en haut) **heraufkommen**

ℹ *herauf•kommen est un verbe à particule séparable et se conjugue comme kommen* (kam, gekommen).

2 ▷ Monte, j'arrive tout de suite !
Geh schon hinauf, ich komme gleich!

▷ Nous montons à Paris, tu veux venir avec nous ?
Wir fahren nach Paris hinauf, willst du mitkommen?

2 (= aller vers le haut, quand la personne qui parle est en bas) **hinaufgehen**

ℹ *hinauf•gehen est un verbe à particule séparable qui se conjugue comme gehen* (ging, gegangen).

Quand on va en voiture, en train ou en bus depuis un endroit qui est plus au sud, on dit hinauffahren. Quand on va en avion, on dit hinauffliegen.

3 ▷ Tu montes par l'ascenseur ?
Fährst du mit dem Aufzug hoch?

3 (= monter par l'ascenseur) **hochfahren**

4 ▷ Ils sont montés à la Bastille.
Sie sind an der Bastille eingestiegen.
▷ Monte en voiture !
Steig ein!

4 (en parlant du train, du métro, du bus, d'une voiture) **einsteigen**

ℹ *ein•steigen est un verbe à particule séparable et se conjugue comme steigen* (stieg, gestiegen).

5 ▷ La route monte après le tournant.
Nach der Kurve steigt die Straße an.

5 (en parlant d'une route, d'un chemin) **ansteigen**

ℹ *an•steigen est un verbe à particule séparable et se conjugue comme steigen* (stieg, gestiegen).

6 ▷ Ne restez pas sur la plage, la mer monte.
Bleibt nicht am Strand, das Meer steigt.

6 (en parlant de la mer, de la marée, d'un niveau) **steigen**

7 ▷ Monte sur le mur, tu verras mieux.
Kletter auf die Mauer, da siehst du besser.

7 ► **monter sur** quelque chose (= grimper sur) : **auf** etwas (accusatif) **klettern**

8 ▷ Clémence est montée sur son vélo et elle est partie.
Clémence ist auf ihr Fahrrad gestiegen und weggefahren.

8 ► **monter sur** quelque chose (en parlant d'un vélo, d'un cheval) : **auf** etwas (accusatif) **steigen**

9 ▷ Tu me montes les valises, s'il te plaît ?
Trägst du mir bitte die Koffer hinauf?

9 (= porter en haut) **hinauftragen**

ℹ *hinauf•tragen est un verbe à particule séparable et se conjugue comme tragen* (trägt, trug, getragen).

10 ▷ Tu peux monter un peu le son, s'il te plaît ?
Kannst du ein bisschen lauter stellen, bitte?

10 **monter le son :** lauter stellen

11 ▷ On a monté la tente en vingt minutes.
Wir haben das Zelt in zwanzig Minuten aufgestellt.

11 (une tente) **aufstellen**

ℹ ***auf•stellen*** *est un verbe à particule séparable.*

12 ▷ Cette armoire est difficile à monter.
Dieser Schrank ist schwer zu montieren.

12 (un meuble en kit) **montieren**

ℹ *Les verbes se terminant par* ***-ieren*** *ne prennent pas* ***ge-*** *au participe passé.*

13 ▷ Avec ses histoires, il les a montées l'une contre l'autre.
Mit seinen Geschichten hat er sie gegeneinander aufgebracht.

13 ► **monter** quelqu'un **contre** quelqu'un **:** jemanden **gegen** jemanden **aufbringen**

ℹ ***auf•bringen*** *est un verbe à particule séparable et se conjugue comme* ***bringen*** (**brachte**, **gebracht**).

montgolfière

▷ Ils organisent des voyages en montgolfière.
Sie organisieren Reisen mit dem Heißluftballon.

der **Heißluftballon** (pluriel **-ballons**)

montre

▷ Ma montre retarde.
Meine Uhr geht nach.

die **Uhr** (pluriel **Uhren**)

montrer

▷ Le marin nous a montré comment faire des nœuds.
Der Seemann hat uns gezeigt, wie man Knoten macht.

zeigen

▷ Montre-le-moi.
Zeig's mir.
▷ Montre la photo à ton père.
Zeig das Foto deinem Vater.

► **montrer** quelque chose **à** quelqu'un **:** jemandem (datif) etwas **zeigen**

monument

▷ Nous avons visité les monuments de Munich.
Wir haben Münchens Monumente besichtigt.

das **Monument** (pluriel **Monumente**)

se moquer

▷ Ils se sont tous moqués de moi.
Sie haben sich alle über mich lustig gemacht.
▷ Pourquoi tu te moques de lui ?
Warum machst du dich über ihn lustig?

► se **moquer de** quelqu'un **:** sich **über** jemanden (accusatif) **lustig machen**

ℹ *Le pronom personnel allemand s'emploie à l'accusatif :* ***ich mache mich lustig, du machst dich lustig, er / sie macht sich lustig, wir machen uns lustig, ihr macht euch lustig, sie machen sich lustig.***

moquette

▷ J'ai de la moquette grise dans ma chambre.
Ich habe grauen Teppichboden in meinem Zimmer.

der **Teppichboden** (pluriel -böden)

moral

1 ▷ Je vois que tu as le moral, Pierre !
Ich sehe, dass du in guter Stimmung bist, Pierre!

1 ► **avoir le moral :** in guter Stimmung sein

2 ▷ Adeline n'a pas trop le moral en ce moment.
Adeline ist im Moment ziemlich niedergeschlagen.

2 ► **ne pas avoir le moral :** niedergeschlagen sein

morale

▷ Quelle est la morale de l'histoire ?
Was ist die Moral von der Geschichte?

(d'une histoire) die **Moral**

Attention à l'orthographe du mot allemand.

morceau

▷ Tu veux un morceau de fromage ?
Möchtest du ein Stück Käse?
▷ Je vais vous jouer un morceau de Bach.
Ich werde ein Stück von Bach spielen.

das **Stück** (pluriel Stücke)

mordre

▷ Un chien l'a mordu à la jambe.
Ein Hund hat ihn ins Bein gebissen.
▷ Manon s'est fait mordre par un cheval.
Manon ist von einem Pferd gebissen worden.
▷ Fabrice a mordu dans une pomme et s'est cassé une dent.
Fabrice hat in einen Apfel gebissen und sich einen Zahn gebrochen.

beißen (biss, gebissen)

► se **faire mordre :** gebissen werden

► **mordre dans** quelque chose **:** in etwas beißen

morsure

▷ C'est une vilaine morsure.
Das ist eine schlimme Bisswunde.

(= plaie) die **Bisswunde** (pluriel -wunden)

mort, morte

1 ▷ Il ne bougeait plus, on a cru qu'il était mort.
Er bewegte sich nicht mehr, wir glaubten, er wäre tot.

1 (= sans vie) **tot**

2 ▷ On était morts de rire !
Wir haben uns totgelacht.
▷ J'étais morte de rire pendant le spectacle.
Ich habe mich während der Vorstellung totgelacht.

2 ► **être mort de rire :** sich totlachen

ℹ *L'emploi adjectival est traduit par un verbe réfléchi à particule séparable en allemand, dont le pronom personnel s'emploie à l'accusatif :* ***ich lache mich tot, du lachst dich tot, er / sie lacht sich tot, wir lachen uns tot, ihr lacht euch tot, sie lachen sich tot.***

3 ▷ Je suis morte de faim !
Ich sterbe vor Hunger!

3 ► **être mort de faim :** vor Hunger sterben (stirbt, starb, gestorben)

4 ▷ Christine était morte de peur.
Christine ist fast vor Angst gestorben.

4 ► **être mort de peur :** fast vor Angst sterben

5 ▷ Tu as déjà vu un mort ?
Hast du schon einmal einen Toten gesehen?

5 (= personne morte) der / die **Tote** (pluriel Toten)

ℹ *C'est un adjectif substantivé : on dit* ***ein Toter.***

mort

▷ Samir n'est plus pareil depuis la mort de son père.
Samir ist nicht mehr derselbe seit dem Tod seines Vaters.

► **la mort :** der Tod

mortel, mortelle

▷ Il y a beaucoup d'accidents mortels sur la route.
Es geschehen viele tödliche Unfälle auf den Straßen.

(= qui tue) **tödlich**

ℹ *Pour qualifier quelque chose ou quelqu'un* **qui meurt**, *on dit* ***sterblich.***

morue

▷ J'adore la morue.
Ich liebe Stockfisch.

(salée) der **Stockfisch**

mosquée

▷ La mosquée est près de notre immeuble.
Die Moschee ist in der Nähe von unserem Haus.

die **Moschee** (pluriel Moscheen)

mot

1 ▷ Que veut dire ce mot ?
Was bedeutet dieses Wort?
▷ J'ai oublié mon mot de passe.
Ich habe mein Passwort vergessen.

1 (= terme) das **Wort** (pluriel Wörter)
► **mot de passe** das Passwort (pluriel -wörter))

2 ▷ Il y avait un mot sur la porte.
An der Tür hing eine Nachricht.

2 (= message) die **Nachricht**

3 ▷ Pour terminer, je voudrais dire quelques mots.
Zum Schluss würde ich gern noch ein paar Worte sagen.

3 (= parole) das **Wort** (pluriel **Worte**)

▷ C'est mot pour mot ce qu'il m'a dit.
Das ist wortwörtlich, was er mir gesagt hat.

► **mot pour mot** (= exactement) : **wortwörtlich**

ℹ *On dit aussi* ***Wort für Wort***.

▷ Ne t'inquiète pas, je vais lui dire deux mots.
Keine Angst, ich werde mal ein Wörtchen mit ihm reden.

► **dire deux mots à** quelqu'un (= le réprimander) : **mit** jemandem (datif) **ein Wörtchen reden**

4 ▷ J'ai oublié d'apporter un mot d'excuse.
Ich habe vergessen, einen Entschuldigungsbrief mitzubringen.

4 ► **mot d'excuse :** der **Entschuldigungsbrief** (pluriel **-briefe**)

5 ▷ Où sont mes mots croisés ?
Wo ist mein Kreuzworträtsel?

5 ► **les mots croisés** (= une grille de mots croisés) : das **Kreuzworträtsel** (pluriel **-rätsel**)

▷ Parfois, je fais des mots croisés avec ma sœur.
Ab und zu löse ich mit meiner Schwester Kreuzworträtsel.

► **faire des mots croisés : Kreuzworträtsel lösen**

moteur

▷ Le mécanicien m'a dit que le moteur était cassé.
Der Mechaniker hat gesagt, dass der Motor kaputt ist.

der **Motor** (pluriel **Motoren**)

motif

▷ Le tissu avait un très joli motif.
Der Stoff hatte ein schönes Muster.

das **Muster** (pluriel **Muster**)

ℹ *On dit aussi das* ***Motiv*** (pluriel **Motive**)

▷ Caroline portait une robe bleue à motifs.
Caroline trug ein blaues, gemustertes Kleid.

► **à motifs : gemustert**

motivation

▷ Il manque de motivation.
Es fehlt ihm an Motivation.

die **Motivation**

moto

▷ La moto nous a doublés.
Das Motorrad hat uns überholt.

das **Motorrad** (pluriel **-räder**)

▷ Mon frère fait de la moto.
Mein Bruder fährt Motorrad.

► **faire de la moto : Motorrad fahren** (**fährt, fuhr, gefahren**)

mou, molle

▷ Ce lit est trop mou.
Dieses Bett ist zu weich.

(= moelleux) **weich**

mouche

▷ Fermez la porte, toutes les mouches rentrent !
Macht die Tür zu, alle Fliegen kommen rein!

die **Fliege** (pluriel **Fliegen**)

mouchoir

▷ J'ai prêté un mouchoir à Mathias.
Ich habe Mathias ein Taschentuch geliehen.

▷ Tu as emmené des mouchoirs en papier ?
Hast du Papiertaschentücher mitgenommen?

das **Taschentuch** (pluriel **-tücher**)

► **mouchoir en papier :** das **Papiertaschentuch**

moue

▷ Hélène a fait la moue quand j'ai proposé d'aller au cinéma.
Hélène zog ein schiefes Gesicht, als ich ihr vorschlug, ins Kino zu gehen.

► **faire la moue :** **ein schiefes Gesicht ziehen** (**zog**, **gezogen**)

mouette

▷ Ce sont les mouettes qui nous ont réveillés.
Wir wurden von den Möwen geweckt.

die **Möwe** (pluriel **Möwen**)

moufles

▷ Il est difficile de faire des boules de neige avec des moufles.
Es ist schwierig, mit Fausthandschuhen Schneebälle zu machen.

der **Fausthandschuh** (pluriel **-handschuhe**)

mouillé, mouillée

▷ Ton pantalon est tout mouillé ; qu'est-ce qui t'est arrivé ?
Deine Hose ist ganz nass; was ist dir denn passiert?

nass (**plus mouillé** **nasser, nässer** ; **le plus mouillé** **der nasseste, der nässeste**)

mouiller

1 ▷ Attention, tu mouilles tes chaussures.
Vorsicht, du machst deine Schuhe nass.

1 ► **mouiller** quelque chose (par accident) **:** etwas (accusatif) **nass machen**

2 ▷ Mouille l'éponge et frotte doucement.
Befeuchte den Schwamm und reib sanft.

2 (volontairement) **befeuchten**

ℹ *Les verbes commençant par le préfixe* ***be-*** *ne prennent pas* ***ge-*** *au participe passé.*

3 ▷ J'emporte un parapluie, je déteste me mouiller.
Ich nehme einen Regenschirm mit, ich hasse es, nass zu werden.

3 ► se **mouiller :** **nass werden** (**wird**, **wurde**, **geworden**)

4 ▷ Je nage sans me mouiller les cheveux.
Ich schwimme, ohne mir die Haare nass zu machen.

4 ► se **mouiller** quelque chose : sich etwas nass machen

ℹ *Le pronom personnel allemand s'emploie au datif : ich mache mir ... nass, du machst dir ... nass, er / sie macht sich ... nass, wir machen uns ... nass, ihr macht euch ... nass, sie machen sich ... nass.*

moulant, moulante

▷ Nathalie aime bien porter des pantalons moulants.
Nathalie trägt gern eng anliegende Hosen.

eng anliegend

moule (NOM MASCULIN)

▷ Ils utilisent des moules pour faire les œufs en chocolat.
Sie benutzen Gussformen, um Schokoladeneier zu machen.

▷ Ce moule à gâteau est trop petit.
Diese Kuchenform ist zu klein.

(= pour fabriquer des objets) die Gussform (pluriel -formen)

ℹ *On dit aussi die Form tout court.*

Pour désigner des **moules** *particuliers, on forme des mots composés avec* ***Form*** *: die* ***Kastenform*** **(moule à cake)**, *die* ***Puddingform*** **(moule à charlotte)**.

moule (NOM FÉMININ)

▷ Plusieurs moules étaient avariées.
Mehrere Muscheln waren verdorben.

(= le coquillage) die Muschel (pluriel Muscheln)

moulin

▷ Ils habitent dans un vieux moulin.
Sie wohnen in einer alten Mühle.

▷ Passe-moi le moulin à poivre, s'il te plaît.
Gib mir bitte die Pfeffermühle.

die Mühle (pluriel Mühlen)

Pour désigner un certain genre de **moulin**, *on forme des mots composés avec* ***Mühle*** *: die* ***Wassermühle*** **(moulin à eau)**, *die* ***Windmühle*** **(moulin à vent)**.

mourir

1 ▷ L'arrière-grand-mère de Sylvie est morte hier.
Sylvies Urgroßmutter ist gestern gestorben.

▷ De quoi est-ce qu'il est mort ?
Woran ist er gestorben?

1 (en parlant d'une personne) sterben (stirbt, starb, gestorben)

► **mourir de** quelque chose : an etwas sterben

ℹ *Notez le pronom interrogatif : on ne dit pas an was? mais woran?*

2 ▷ Les prisonniers sont morts de faim.
Die Gefangenen sind verhungert.

2 ► **mourir de faim** : verhungern

ℹ *Les verbes commençant par le préfixe ver- ne prennent pas ge- au participe passé.*

3 ▷ Au secours, je meurs de soif !
Hilfe, ich verdurste!

3 ► **mourir de soif** : verdursten

ℹ *Les verbes commençant par le préfixe ver- ne prennent pas ge- au participe passé.*

mousse

1 ▷ Le tronc d'arbre est recouvert de mousse.
Der Baumstamm ist von Moos bedeckt.

1 (= végétal) das **Moos** (pluriel Moose)

2 ▷ Mon matelas est en mousse.
Meine Matratze ist aus Schaumstoff.

▷ Ma petite sœur joue beaucoup avec sa poupée en mousse.
Meine kleine Schwester spielt viel mit ihrer Schaumstoffpuppe.

2 (= matière) der **Schaumstoff**
► **être en mousse :** aus Schaumstoff sein
Pour désigner les objets en **mousse**, *on forme des mots composés avec* ***Schaumstoff*** *: das* ***Schaumstoffsofa*** **(canapé en mousse)**, *das* ***Schaumstofftier*** **(animal en mousse)**, *etc.*

3 ▷ Tu pourrais acheter de la mousse à raser ?
Könntest du Rasierschaum kaufen?

3 ► **mousse à raser :** der Rasierschaum

4 ▷ J'adore la mousse au chocolat.
Ich liebe Schokolademousse.

4 (= la mousse qu'on mange) die **Mousse**
Se prononce comme en français.

mousseux, mousseuse

1 ▷ La crème était bien mousseuse.
Die Creme war schön schaumig.

1 (= qui mousse) **schaumig**

2 ▷ Nous avons bu du mousseux pour fêter ça.
Zum Feiern haben wir Schaumwein getrunken.

2 (= boisson) der **Schaumwein** (pluriel -weine)
On dit aussi der ***Sekt*** (pluriel Sekte).

moustache

1 ▷ Denis se laisse pousser la moustache.
Denis lässt sich einen Schnurrbart wachsen.

1 (d'un homme) der **Schnurrbart** (pluriel -bärte)

2 ▷ Notre chat a des moustaches très longues.
Unsere Katze hat sehr lange Schnurrhaare.

2 ► **moustaches** (d'un animal) **:** die Schnurrhaare

moustique

▷ Je me suis fait piquer par un moustique.
Ich bin von einer Mücke gestochen worden.

die **Mücke** (pluriel Mücken)

moutarde

▷ Elle est forte, cette moutarde !
Dieser Senf ist ja stark!

der **Senf**

mouton

1 ▷ Un troupeau de moutons traversait la route.
Eine Schafherde überquerte die Straße.

1 (= animal) das **Schaf** (pluriel Schafe)

2 ▷ Nous avons mangé du mouton avec des haricots.
Wir haben Hammelfleisch und Bohnen gegessen.

2 (= viande) das **Hammelfleisch**

mouvement

▷ Joachim a fait un mouvement brusque.
Joachim hat eine plötzliche Bewegung gemacht.

die **Bewegung** (pluriel Bewegungen)

moyen, moyenne

1 ▷ Marie est de taille moyenne.
Marie ist von mittlerer Größe.

1 (= entre deux) **mittlere**

2 ▷ Je suis moyen en allemand.
In Deutsch bin ich mittelmäßig.

2 (= passable) **mittelmäßig**

moyen

1 ▷ C'est un bon moyen pour apprendre le vocabulaire.
Das ist ein gutes Mittel zum Vokabellernen.
▷ Pour lui, tous les moyens sont bons.
Alle Mittel sind ihm recht.

1 (= méthode) das **Mittel** (pluriel Mittel)

2 ▷ Stéphane a trouvé un moyen pour avoir des billets gratuits.
Stéphane hat es geschafft, Gratiskarten zu bekommen.

2 ► **trouver un moyen de faire** quelque chose : **es schaffen,** etwas **zu tun**

3 ▷ Il n'ont pas les moyens de s'acheter une voiture.
Sie können sich kein Auto leisten.
▷ Tu a les moyens d'acheter ça ?
Kannst du dir das leisten?

3 *Quand on parle des* **moyens** *qu'on a d'acheter quelque chose en allemand, on emploie l'expression* sich ... **leisten können**.

ℹ *Le pronom personnel allemand s'emploie au datif :* ***ich kann mir... leisten, du kannst dir... leisten, er / sie kann sich... leisten, wir können uns... leisten, ihr könnt euch... leisten, sie können sich... leisten.***

moyenne

1 ▷ Ce n'est pas le maximum, c'est juste une moyenne.
Das ist nicht der Höchstwert, das ist nur ein Mittelwert.

1 (= chiffre ou note intermédiaire) der **Mittelwert** (pluriel –werte)

2 ▷ Je suis content, j'ai eu la moyenne en géo.
Ich bin zufrieden, in Geografie habe ich den Durchschnitt.

2 ► **avoir la moyenne : den Durchschnitt haben**

MP3

▷ C'est un fichier MP3.
Das ist eine MP3-Datei.

MP3

muet, muette

▷ Il y a un garçon muet dans ma classe.
In meiner Klasse ist ein stummer Junge.

stumm

multiculturel, multiculturelle

▷ Nous vivons dans une société multiculturelle.
Wir leben in einer multikulturellen Gesellschaft.

multikulturell

ℹ *En Allemagne, on dit aussi souvent* ***multikulti*** *qui est familier.*

multimédia

▷ C'est une application multimedia.
Das ist eine Multimediaanwendung.

Pour désigner ce qui est **multimédia**, *on forme des mots composés avec* ***Multimedia-*** *: das* ***Multimediasystem*** **(système multimédia).**

multiplication

▷ Ta multiplication est fausse.
Deine Multiplikation ist falsch.

die **Multiplikation** (pluriel Multiplikationen)

ℹ *Attention à l'orthographe en allemand.*

multiplier

▷ Sept multiplié par huit égale cinquante-six.
Sieben multipliziert mit acht gleich sechsundfünfzig.

multiplizieren

ℹ *Les verbes se terminant par* ***-ieren*** *ne prennent pas* ***ge-*** *au participe passé.*

ℹ *Notez la préposition en allemand :*
multiplié par = ***multipliziert mit***

mur

1 ▷ Notre voisin fait construire un mur.
Unser Nachbar lässt eine Mauer bauen.

1 (= enceinte) die **Mauer** (pluriel Mauern)

2 ▷ J'ai fini de peindre les murs.
Ich bin mit dem Streichen der Wände fertig.

2 (= cloison) die **Wand** (pluriel Wände)

mûr, mûre (ADJECTIF)

▷ Choisis un melon mûr.
Such eine reife Melone aus.
▷ Elle est très mûre pour son âge.
Sie ist sehr reif für ihr Alter.

reif

mûre (NOM)

▷ Nous avons ramassé des mûres pour faire de la confiture.
Wir haben Brombeeren gepflückt, um Marmelade zu machen.

die **Brombeere** (pluriel -beeren)

mûrir

▷ Attends que les pêches mûrissent.
Warte, dass die Pfirsiche reif werden.
▷ Elle a beaucoup mûri.
Sie ist viel reifer geworden.

reif werden (wird, wurde, geworden)

ℹ *On dit aussi* ***reifen.***

muscle

▷ J'ai mal aux muscles des bras.
Die Armmuskeln tun mir weh.

der **Muskel** (pluriel Muskeln)

musclé, musclée

▷ Lucas a des mollets très musclés.
Lucas hat sehr muskulöse Waden.

muskulös

musculation

▷ Alain fait de la musculation avec son père.
Alain macht mit seinem Vater Muskeltraining.

► **faire de la musculation :** Muskeltraining machen

museau

1 ▷ Le chien a fourré son museau dans ma main.
Der Hund hat seine Schnauze in meine Hand gesteckt.

1 *Le* **museau** *du chien se dit die* ***Schnauze*** (pluriel Schnauzen).

2 ▷ Le museau du veau était tout froid et humide.
Das Maul des Kalbs war ganz kalt und feucht.

2 *Pour une vache, on dit das* ***Maul*** (pluriel Mäuler).

musée

▷ Notre classe va visiter le musée d'art moderne cet après-midi.
Heute Nachmittag geht meine Klasse ins Museum für moderne Kunst.

das **Museum** (pluriel Museen)

muselière

▷ Le chien avait une muselière.
Der Hund trug einen Maulkorb.

der **Maulkorb** (pluriel -körbe)

musical, musicale

1 ▷ Elle a une voix très musicale.
Sie hat eine sehr musikalische Stimme.

1 **musikalisch**

▷ J'adore les comédies musicales.
Ich liebe Musicals.

2 ► **comédie musicale :** das Musical /'mju:zikəl/ (pluriel Musicals)

musicien, musicienne

▷ Ce sont d'excellents musiciens.
Das sind ausgezeichnete Musiker.

der **Musiker** (pluriel Musiker), die **Musikerin** (pluriel Musikerinnen)

musique

▷ On a écouté de la musique toute la soirée.
Wir haben den ganzen Abend über Musik gehört.

die **Musik**

▷ Je n'aime pas tellement la musique classique.
Ich mag klassische Musik nicht so gern.

► **musique classique :** klassische Musik

musulman, musulmane

1 ▻ La Mecque est un lieu de pèlerinage musulman.
Mekka ist eine moslemische Wallfahrtsstätte.

1 (adjectif) **moslemisch**
ℹ *On dit rarement* ***mohammedanisch****.*

2 ▻ Les musulmans n'ont pas le droit de manger du porc.
Moslems dürfen kein Schweinefleisch essen.
▻ Carine est musulmane, elle jeûne pendant le Ramadan.
Carine ist Muslimin, sie fastet während des Ramadans.

2 (= personnes) der **Moslem** (pluriel Moslems) *ou* **Muslim** (pluriel Muslime, Muslims), die **Moslemin** (pluriel Mosleminnen) *ou* **Muslimin** (pluriel Musliminnen)

myope

▻ Céline doit porter des lunettes parce qu'elle est myope.
Céline muss eine Brille tragen, weil sie kurzsichtig ist.

kurzsichtig

myrtille

▻ Nous avons ramassé presque un kilo de myrtilles.
Wir haben fast ein Kilo Heidelbeeren gesammelt.
▻ J'adore la tarte aux myrtilles.
Ich liebe Heidelbeertorte.

die **Heidelbeere** (pluriel Heidelbeeren)
ℹ *On dit aussi die* ***Blaubeere****.*

Pour dire que quelque chose est **aux myrtilles**, *on forme des mots composés avec* ***Heidelbeer-*** *: der* ***Heidelbeersirup*** (sirop aux myrtilles), *das* ***Heidelbeersorbet*** (sorbet aux myrtilles), *etc.*

mystère

▻ Personne ne sait où il est, c'est un mystère.
Niemand weiß, wo er ist, das ist ein Rätsel.

das **Rätsel** (pluriel Rätsel)

mystérieux, mystérieuse

▻ Il a disparu dans des circonstances mystérieuses.
Er ist unter geheimnisvollen Umständen verschwunden.

geheimnisvoll

mythe

▻ C'est un mythe qui explique la création du monde.
Bei diesem Mythos geht es um die Schöpfung der Welt.

der **Mythos**
ℹ *N'oubliez pas que le* y *allemand se prononce comme un* **u**.

mythique

1 ▻ Ce sont des créatures mythiques.
Es sind mythische Wesen.

1 (=relatif au mythe) **mythisch**

2 ▻ Ils ont atteint le score mythique de 8 buts.
Sie haben den legendären Endstand von 8 Toren erreicht.

2 (= légendaire) **legendär**

Nn

nage

1 ▷ La nage est un sport que tout le monde peut pratiquer.
Schwimmen ist ein Sport, den jeder ausüben kann.

1 das **Schwimmen**

ℹ *Schwimmen est un verbe substantivé et ne s'emploie qu'au singulier.*

2 ▷ Ma nage préférée est le crawl.
Mein Lieblingsschwimmstil ist das Kraul.

2 (= style) der **Schwimmstil** (pluriel **-stile**)

3 ▷ Ils étaient en nage quand ils sont arrivés en haut.
Als sie oben ankamen, waren sie schweißgebadet.

3 ► **être en nage :** **schweißgebadet sein**

nager

1 ▷ Lola nage très bien.
Lola schwimmt sehr gut.

1 (dans l'eau) **schwimmen** (**schwamm, geschwommen**)

2 ▷ Bruno a maigri, il nage dans son jean.
Bruno hat abgenommen, seine Jeans sind zu groß für ihn.

2 *Pour dire qu'on* **nage** *dans ses vêtements en allemand, on dit simplement que le vêtement est trop grand :* ***zu groß.***

3 ▷ Je nage complètement en maths.
In Mathe blick ich überhaupt nicht durch.

3 (= ne rien comprendre) **nicht durchblicken**

ℹ ***durch•blicken*** *est un verbe à particule séparable.*
ℹ *L'expression allemande est familière.*

naïf, naïve

▷ Marius est vraiment naïf, il croit tout ce qu'on lui dit.
Marius ist wirklich naiv, er glaubt alles, was man ihm sagt.

naiv

🔈 *Se prononce comme* **naïf**, *sauf les formes déclinées qui se prononcent comme* **naïve**.

nain, naine

▷ Comment s'appellent les sept nains de Blanche-Neige ?
Wie heißen Schneewittchens sieben Zwerge?

(= personne toute petite) der **Zwerg** (pluriel Zwerge), die **Zwergin** (pluriel Zwerginnen)

naissance

▷ Mon père m'a dit que je pesais trois kilos et demi à ma naissance.
Mein Vater hat mir gesagt, dass ich bei meiner Geburt dreieinhalb Kilo wog.

die **Geburt** (pluriel Geburten)

naître

▷ Chloé est née au Canada, mais elle vit en France.
Chloé ist in Kanada geboren, aber sie lebt in Frankreich.

▷ Mozart est né à Salzbourg en 1756.
Mozart wurde 1756 in Salzburg geboren.

geboren sein

De façon plus formelle, on dit aussi ***geboren werden*** (wird, wurde, worden) *qui s'emploie au prétérit à la voix passive.*

nappe

▷ Tu peux aller chercher la nappe dans l'armoire ?
Kannst du das Tischtuch aus dem Schrank holen?

das **Tischtuch** (pluriel –tücher)

ℹ *On dit aussi die* ***Tischdecke*** (pluriel –decken).

narine

▷ Ma narine droite est bouchée.
Mein rechtes Nasenloch ist verstopft.

das **Nasenloch** (pluriel –löcher)

natal, natale

▷ Il veut retourner dans son pays natal.
Er will in sein Geburtsland zurückkehren.

Pour dire que quelque chose est **natal**, *on forme des mots composés avec* ***Geburts-*** *: die* ***Geburtsstadt*** (ville natale), *das* ***Geburtshaus*** (maison natale), *etc.*

natation

▷ La natation est un sport que tout le monde peut pratiquer.
Schwimmen ist ein Sport, den jeder ausüben kann.

das **Schwimmen**

ℹ ***Schwimmen*** *est un verbe substantivé et ne s'emploie qu'au singulier.*

nation

▷ Les Nations unies siègent à New York.
Die Vereinten Nationen haben ihren Sitz in New York.

die **Nation** (pluriel Nationen)

national, nationale

1 ▷ Il existe des élections nationales, régionales et municipales.
Es gibt nationale, regionale und kommunale Wahlen.
▷ Loïc a été sélectionné pour l'équipe nationale.
Loïc wurde für die Nationalmannschaft aufgestellt.

1 (= du pays) **national**

Pour dire que quelque chose est **national**, *on forme des mots composés avec* ***National-*** *:* *der* ***Nationalfeiertag*** **(fête nationale)**, *die* ***Nationalhymne*** **(hymne national)**, *etc.*

2 ▷ On va prendre la nationale plutôt que l'autoroute.
Wir fahren eher über die Bundesstraße als über die Autobahn.

2 ► **une nationale** *ou* **une route nationale :** eine **Bundesstraße** (pluriel **-straßen**)

nationalité

▷ Mourad est de nationalité française.
Mourad ist französischer Staatsangehörigkeit.

die **Staatsangehörigkeit**
► **être de nationalité ... :** *génitif +* **Staatsangehörigkeit sein**
ℹ *On dit aussi* ***die ... Staatsangehörigkeit haben***.

natte

▷ Les nattes de Lisa vont jusqu'au milieu du dos.
Lisas Zöpfe reichen bis zur Rückenmitte.
▷ Est-ce que tu veux que je te fasse une natte ?
Soll ich dir einen Zopf flechten?

(= tresse) der **Zopf** (pluriel **Zöpfe**)

► se **faire une natte** *ou* **des nattes :** sich **einen Zopf flechten**, sich **Zöpfe flechten** (**flicht**, **flocht**, **geflochten**)
ℹ *Le pronom personnel allemand s'emploie au datif :* ***ich flechte mir..., du flichtst dir..., er / sie flicht sich..., wir flechten uns..., ihr flechtet euch..., sie flechten sich...***

naturaliser

▷ Mehmet a été naturalisé français.
Mehmet wurde als Franzose eingebürgert.

► **naturaliser** quelqu'un *+ adjectif* **:** jemanden **als** *+ substantif +* **einbürgern**
ℹ ***ein•bürgen*** *est un verbe à particule séparable.*

nature

1 ▷ Cette forme n'existe pas dans la nature.
Diese Form gibt es in der Natur nicht.
▷ Je n'aime pas vivre en ville, la nature me manque.
Ich lebe ungern in der Stadt, die Natur fehlt mir.

1 (= le monde naturel, la campagne) die **Natur**

2 ▷ Tu veux un yaourt nature ou un yaourt aux fruits ?
Möchtest du ein Naturjogurt oder ein Fruchtjogurt?
▷ Anne prend son thé nature.
Anne nimmt ihren Tee ohne alles.

2 *Quand on parle d'un* **yaourt nature**, *on forme le mot composé avec* ***Natur***.

► **thé nature :** Tee ohne alles

3 ▷ Il ne peint que des natures mortes.
Er malt nur Stillleben.

3 ► **nature morte :** das **Stillleben**
ℹ *On écrit aussi* ***Still-Leben***.

naturel, naturelle

▷ Est-ce que c'est ta couleur de cheveux naturelle ?
Ist das deine natürliche Haarfarbe?

natürlich

naturellement

▷ Elle a naturellement accepté.
Sie hat natürlich angenommen.

natürlich

naufrage

▷ Ils ont fait naufrage sur une île déserte.
Sie haben auf einer einsamen Insel Schiffbruch erlitten.

(de bateau) der **Schiffbruch**
► **faire naufrage :** Schiffbruch erleiden (erlitt, erlitten)

nausée

▷ C'est un médicament contre la nausée.
Das ist ein Medikament gegen Übelkeit.
▷ J'ai la nausée, je veux rentrer.
Mir ist übel, ich will nach Hause.

die **Übelkeit**

Pour dire en allemand que quelqu'un **a la nausée**, *on emploie l'expression* *jemandem (datif)* ***ist übel***.

navet

1 ▷ Tu as oublié d'acheter des navets.
Du hast vergessen, weiße Rüben zu kaufen.

1 (= légume) die **weiße Rübe** (pluriel Rüben)

2 ▷ Ce film est un navet.
Das ist ja ein Schundfilm.

2 (= en parlant d'un film) der **Schundfilm** (pluriel -filme)
ℹ *On peut aussi employer l'expression familière* ***dieser Film ist Mist***.

navette

▷ Nous avons pris la navette pour l'aéroport.
Wir haben den Pendelbus zum Flughafen genommen.
▷ Mon père fait la navette entre Paris et Orléans.
Mein Vater pendelt zwischen Paris und Orléans.

(= autobus) der **Pendelbus** (pluriel -busse)

► **faire la navette** (pour le travail) **:** pendeln

navigateur, navigatrice

1 ▷ C'est une excellente navigatrice.
Sie ist eine ausgezeichnete Seglerin.

1 (= marin d'un bateau à voiles) der **Segler** (pluriel Segler), die **Seglerin** (pluriel Seglerinnen)

2 ▷ Quel navigateur utilises-tu?
Welchen Browser benutzt du?

2 (sur Internet) der **Browser**

naviguer

▷ Nadine passe des heures à naviguer sur Internet.
Nadine surft stundenlang im Internet.

► **naviguer sur Internet :** im Internet surfen /'sø:ɐfən/

Notez la prononciation.

ne ou n'

1 ▷ Je ne sais pas.
Ich weiß nicht.
▷ Ce n'est pas très sympa de ta part.
Das ist nicht sehr nett von dir.
▷ Je ne peux pas venir.
Ich kann nicht kommen.

1 *On forme le négatif en allemand en faisant suivre le verbe de* ***nicht****.*

Pour **ne** *en corrélation avec* **aucun, jamais, pas, personne, plus, rien**, *regardez ces mots.*

2 ▷ Je n'ai eu qu'un bonbon !
Ich habe nur ein Bonbon bekommen!

2 ► **ne... que** (= seulement) : nur

nécessaire

▷ Il n'est pas nécessaire de prendre ton cartable.
Es ist nicht nötig, deine Schultasche zu nehmen.

nötig

nécessairement

1 ▷ Nous devons nécessairement traverser la rivière à pied.
Wir müssen zwangsläufig den Fluss zu Fuß überqueren.

1 **zwangsläufig**

2 ▷ Passeras-tu par Londres ? – Non, pas nécessairement.
Fährst du über London? – Nein, nicht unbedingt.

2 ► **pas nécessairement :** nicht unbedingt

nectarine

▷ Un kilo de nectarines, s'il vous plaît.
Ein Kilo Nektarinen, bitte.

die **Nektarine** (pluriel Nektarinen)

Attention à l'orthographe allemande.

néerlandais, néerlandaise

1 ▷ L'ancienne monnaie néerlandaise était le florin.
Die ehemalige niederländische Währung war der Gulden.

1 (adjectif) **niederländisch**

2 ▷ Nous avons rencontré un Néerlandais en Bretagne.
In der Bretagne haben wir einen Niederländer kennengelernt.

2 (= personne) der **Niederländer** (pluriel Niederländer), die **Niederländerin** (pluriel Niederländerinnen)

3 ▷ Je parle un peu le néerlandais.
Ich spreche ein bisschen Niederländisch.

3 (= langue) **Niederländisch**

négatif, négative

1 ▷ Ne sois pas si négatif !
Sei doch nicht so negativ!

1 = (contraire de positif) **negativ**

2 ▷ Où sont les négatifs ? Je voudrais faire faire des retirages.
Wo sind die Negative? Ich will neue Abzüge machen lassen.

2 ► le **négatif** (= photo) : das Negativ (pluriel Negative)

négligé, négligée

▷ Sa tenue était négligée.
Seine Kleidung war ungepflegt.

(personne, tenue) **ungepflegt**

négligent, négligente

▷ J'ai été très négligent.
Ich war sehr nachlässig.

nachlässig

négociation

▷ Les négociations débuteront la semaine prochaine.
Die Verhandlungen beginnen nächste Woche.

die **Verhandlung** (pluriel Verhandlungen)

négocier

▷ Ils ont négocié un accord.
Sie haben ein Abkommen ausgehandelt.

aushandeln

ℹ *aus•handeln est un verbe à particule séparable.*

neige

1 ▷ Nous avons trente centimètres de neige.
Wir haben dreißig Zentimeter Schnee.

1 der **Schnee**

2 ▷ Monica a de la chance, elle va à la neige en février.
Monica hat Glück, sie fährt im Februar in Skiurlaub.

2 ► **aller à la neige** (= au ski) : in Skiurlaub fahren (fährt, fuhr, gefahren)

neiger

▷ Regarde, il neige !
Schau mal, es schneit!

schneien
► **il neige** : es schneit

néo-zélandais, néo-zélandaise

1 ▷ Le kiwi est un oiseau néo-zélandais.
Der Kiwi ist ein neuseeländischer Vogel.

1 (adjectif) **neuseeländisch**

2 ▷ Je trouve les Néo-Zélandais très sympathiques.
Ich finde die Neuseeländer sehr nett.

2 (= personne) der **Neuseeländer** (pluriel Neuseeländer), die **Neuseeländerin** (pluriel Neuseeländerinnen)

nerf

1 ▷ Le nerf est coincé.
Der Nerv ist eingeklemmt.

1 (dans le corps) der **Nerv** (pluriel Nerven)

2 ▷ Il y a trop de nerfs dans cette viande.
In diesem Fleisch sind zu viele Sehnen.

2 (dans la viande) die **Sehne** (pluriel Sehnen)

nerveux, nerveuse

1 ▷ C'est un garçon très nerveux.
Er ist ein sehr unruhiger Junge.

1 (= agité) **unruhig**

2 ▷ Je suis toujours nerveuse avant un examen.
Ich bin vor einer Prüfung immer nervös.

2 (= inquiet) **nervös**

n'est-ce pas

▷ Tu es d'accord, n'est-ce pas ?
Du bist doch einverstanden, oder?
▷ Elle viendra, n'est-ce pas ?
Sie kommt, oder?

oder

ℹ *Une façon un peu plus formelle de dire* n'est-ce pas ? *est* ***nicht wahr?***

net, nette

1 ▷ L'image n'est pas assez nette.
Das Bild ist nicht deutlich genug.

1 (= clair, évident) **deutlich**

2 ▷ Ces draps ne sont pas très nets.
Die Laken sind nicht sehr sauber.

2 (= propre) **sauber**

3 ▷ Il s'est arrêté net quand il m'a vue.
Als er mich sah, blieb er plötzlich stehen.

3 ► **s'arrêter net : plötzlich stehen bleiben** (blieb, geblieben)

4 ▷ Maintenant, tu mets tout au net.
Und nun schreibst du alles ins Reine.

4 ► **mettre au net** (en parlant d'un texte, d'un devoir) **: ins Reine schreiben** (schrieb, geschrieben)

nettement

1 ▷ J'ai vu la marmotte très nettement.
Ich habe das Murmeltier ganz deutlich gesehen.

1 (= de façon claire) **deutlich**

2 ▷ Édouard est nettement plus sympa que son frère.
Édouard ist eindeutig netter als sein Bruder.

2 (= largement) **eindeutig**

nettoyer

▷ Tu devrais nettoyer tes chaussures, elles sont pleines de boue.
Du solltest mal deine Schuhe putzen, sie sind ganz schlammig.

putzen

neuf, neuve

▷ Lucie a un manteau neuf.
Lucie hat einen neuen Mantel.

neu

▷ L'écran est tout neuf.
Der Bildschirm ist nagelneu.
▷ Alors, quoi de neuf ?
Und, was gibt's Neues?

► **tout neuf :** nagelneu

► **quoi de neuf ? :** was gibt's Neues?

neuf

▷ Il reste neuf jours jusqu'aux vacances.
Es bleiben noch neun Tage bis zu den Ferien.
▷ Jules a neuf ans.
Jules ist neun Jahre alt. *ou* Jules ist neun.

▷ Aujourd'hui nous sommes le neuf juillet.
Heute ist der neunte Juli.
▷ Nous partirons le neuf septembre.
Wir fahren am neunten September.

neun

*Quand on dit l'âge de quelqu'un, on dit **ist neun Jahre alt**, ou on peut dire simplement le nombre : **ist neun**.*
*Quand on dit la date, on emploie **der neunte**.*
*Quand on dit que quelque chose a eu lieu ou aura lieu à cette date, on emploie **am neunten**.*

ℹ *On écrit **am 9. September**.*

neutre

▷ Je ne défends personne, je reste neutre.
Ich verteidige niemanden, ich bleibe neutral.

neutral

neuvième

▷ C'est le neuvième match que gagne notre équipe.
Das ist das neunte Spiel, das unsere Mannschaft gewinnt.
▷ Marc est le neuvième de la classe.
Marc ist der Neunte der Klasse.
▷ Elle est arrivée neuvième.
Sie ist Neunte geworden.

neunte

► **le** *ou* **la neuvième :** der / die / das Neunte

neveu

▷ Son neveu Frank habite à Rostock.
Ihr Neffe Frank wohnt in Rostock.

der Neffe (pluriel Neffen)

nez

▷ Camille a un joli petit nez.
Camille hat eine hübsche kleine Nase.

die Nase (pluriel Nasen)

niche

▷ Le chien ne veut pas aller dans sa niche, il préfère rester dans la maison.
Der Hund will nicht in seine Hundehütte gehen, er bleibt lieber im Haus.

die Hundehütte (pluriel –hütten)

nid

▷ Le pauvre oiseau est tombé du nid.
Der arme Vogel ist aus dem Nest gefallen.

das **Nest** (pluriel **Nester**)

nièce

▷ Sa nièce étudie à Heidelberg.
Seine Nichte studiert in Heidelberg.

die **Nichte** (pluriel **Nichten**)

nier

▷ Ils nient leur participation.
Sie leugnen ihre Beteiligung.

leugnen

n'importe

1 ▷ Tu as fait ça n'importe comment !
Das hast du ganz schlampig gemacht!

1 ► **n'importe comment** (= mal) : **schlampig**

2 ▷ N'importe comment j'y arriverai.
Irgendwie schaffe ich das schon.

2 ► **n'importe comment** (= de toute façon) : **irgendwie**

3 ▷ Prends n'importe lequel, ça m'est égal.
Nimm irgendeinen, mir ist es egal.

3 ► **n'importe lequel, n'importe laquelle** (= l'un ou l'autre) : **irgendeiner, irgendeine**

4 ▷ Tu peux aller n'importe où, tout le monde te dira la même chose.
Überall wo du hingehst, wird man dir dasselbe sagen.

4 ► **n'importe où** (= partout) : **überall**

5 ▷ Achète n'importe quelle marque.
Kauf irgendeine Marke.

5 ► **n'importe quel, n'importe quelle** (= l'un ou l'autre) : **irgendeiner, irgendeine**

6 ▷ N'importe quel enfant de trois ans ferait ça mieux.
Jedes dreijährige Kind würde das besser machen.

6 ► **n'importe quel, n'importe quelle** (= quel qu'il soit) : **jeder** + *substantif masculin*, **jede** + *substantif féminin*, **jedes** + *substantif neutre*

7 ▷ N'importe qui pourrait faire ça.
Das könnte jeder machen.

7 ► **n'importe qui** (= quiconque) : **jeder**

8 ▷ Raconte-lui n'importe quoi, mais ne lui dis pas où on va !
Erzähl ihm irgendwas, aber sag ihm nicht, wohin wir gehen.

8 ► **n'importe quoi** (= une chose ou une autre) : **irgendwas**

9 ▷ Cette histoire, c'est vraiment n'importe quoi !
Diese Geschichte ist doch Unsinn!
▷ Je crois que tu lui plais. – N'importe quoi !
Ich glaube, du gefällst ihm. – Unsinn!

9 ► **n'importe quoi** (= des bêtises) : **Unsinn**

ni ... ni

▷ Je ne connais ni sa sœur ni son frère.
Ich kenne weder seine Schwester noch seinen Bruder.
▷ Elle n'est ni grande ni petite.
Sie ist weder groß noch klein.

weder... noch

niveau

1 ▷ C'est difficile à tous les niveaux.
Auf allen Ebenen ist es schwierig.

1 die Ebene (pluriel Ebenen)

2 ▷ C'est juste au-dessus du niveau de la mer.
Es liegt gerade über dem Meerespiegel.

2 ► **le niveau de la mer :** der Meeresspiegel

3 ▷ Suzie a un bon niveau en maths.
Suzie hat ein gutes Niveau in Mathe.

3 ► **avoir un bon niveau en ... :** ein gutes Niveau in ... haben

noce

▷ Tu t'es bien amusé à la noce ?
Hast du dich auf der Hochzeit gut amüsiert?
▷ Dimanche, on a fêté les noces d'argent de mes parents.
Am Sonnstag haben wir die Silberne Hochzeit meiner Eltern gefeiert.

(= fête) die Hochzeit

► **noces d'argent** (= vingt-cinq ans de mariage) : die Silberne Hochzeit

ℹ *De la même façon on dit die* ***Goldene Hochzeit*** (noces d'or).

nocif, nocive

▷ C'est nocif pour la couche d'ozone.
Es ist schädlich für die Ozonschicht.

schädlich

Noël

▷ Qu'est-ce que tu as eu pour Noël ?
Was hast du zu Weihnachten bekommen?
▷ Joyeux Noël !
Fröhliche Weihnachten!

Weihnachten

► **Joyeux Noël ! :** Fröhliche Weihnachten!

nœud

1 ▷ Le nœud n'est pas assez serré.
Der Knoten ist nicht fest genug.

1 (= lien) der Knoten (pluriel Knoten)

2 ▷ Marielle avait un nœud dans les cheveux.
Marielle trug eine Haarschleife.

2 (pour faire joli) die Schleife (pluriel Schleifen)

3 ▷ Où as-tu mis mon nœud papillon ?
Wo hast du meine Fliege hingelegt?

3 ► **nœud papillon :** die Fliege (pluriel Fliegen)

noir, noire

1 ▷ Le pantalon noir te va mieux.
Die schwarze Hose steht dir besser.

1 (= couleur) schwarz

2 ▷ Il fait noir dans la cave.
Es ist dunkel im Keller.

2 ► **il fait noir :** es ist dunkel

3 ▷ Ma grand-mère ne porte que du noir.
Meine Großmutter trägt nur Schwarz.

3 ► **le noir** (= la couleur noire) : Schwarz

ℹ *Remarquez qu'il n'y a pas d'article en allemand.*

4 ▷ Ma petite sœur a peur du noir.
Meine kleine Schwester hat im Dunkeln Angst.

4 ► **le noir** (= l'obscurité) : das Dunkel

5 ▷ Arnaud prend des photos en noir et blanc.
Arnaud macht Schwarzweißfotos.

5 ► **noir et blanc, en noir et blanc :** schwarzweiß

6 ▷ Depuis 1991, les Noirs ont les mêmes droits que les Blancs en Afrique du Sud.
Seit 1991 haben in Südafrika die Schwarzen dieselben Rechte wie die Weißen.

6 (= personne) der / die Schwarze (pluriel Schwarzen)

ℹ *C'est un adjectif substantivé : on dit* ***ein Schwarzer****.*

noisette

1 ▷ C'est du chocolat avec des raisins secs et des noisettes.
Das ist Schokolade mit Rosinen und Haselnüssen.

1 (= fruit) die Haselnuss (pluriel -nüsse)

2 ▷ Monique a des yeux noisette.
Monique hat haselnussbraune Augen.

2 (= couleur) haselnussbraun

noix

1 ▷ J'adore les noix.
Ich liebe Walnüsse.

1 (= fruit) die Walnuss (pluriel -nüsse)

2 ▷ Ma mère a fait un gâteau à la noix de coco.
Meine Mutter hat einen Kokosnusskuchen gebacken.

2 *D'autres sortes de* **noix** *sont traduites en formant des mots composés avec* ***Nuss*** *: die* ***Muskatnuss*** **(noix de muscade)**, *die* ***Cashewnuss*** **(noix de cajou)**.

nom

1 ▷ Rodolphe, c'est un drôle de nom pour un chien !
Rodolphe ist ja ein seltsamer Name für einen Hund!

1 der Name (pluriel Namen)

▷ Je la connais de nom seulement.
Ich kenne sie nur dem Namen nach.

► **connaître** quelqu'un **de nom :** jemanden (accusatif) dem Namen nach kennen

▷ J'ai dû noter mon nom de famille et ma date de naissance.
Ich musste meinen Nachnamen und mein Geburtsdatum aufschreiben.

► **nom de famille :** der Nachname

▷ Quel est le nom de jeune fille de ta mère ?
Was ist der Geburtsname deiner Mutter?

► **nom de jeune fille :** der Geburtsname

2 ▷ Quel est ton nom ?
Wie heißt du?

2 *Pour demander son* **nom** *à quelqu'un, on emploie l'expression* ***wie heißt ...?*** *ou* ***wie heißen ...?***

3 ▷ Reliez l'adjectif au nom correspondant.
Verbindet das Adjektiv mit dem entsprechenden Substantiv.

3 (= terme) das **Substantiv** (pluriel **Substantive**)
ℹ *On dit aussi das* ***Hauptwort****.*

nombre

▷ Dis un nombre entre dix et trente.
Sag eine Zahl zwischen zehn und dreißig.

die **Zahl** (pluriel **Zahlen**)

nombreux, nombreuses

▷ Il sont venus nombreux.
Sie sind zahlreich gekommen.
▷ Il y a eu de nombreux accidents à cet endroit.
An dieser Stelle sind schon zahlreiche Unfälle passiert.

zahlreich

► **de nombreux ...** (= beaucoup de) : **zahlreiche ...**

nombril

▷ Sarah a un anneau dans le nombril.
Sarah hat einen Ring im Bauchnabel.

der **Bauchnabel** (pluriel **-nabel**)
ℹ *On dit aussi der* ***Nabel*** *tout court.*

nommer

1 ▷ Il a nommé son successeur.
Er hat seinen Nachfolger ernannt.
▷ C'est Charles qui a été nommé délégué de classe.
Charles wurde zum Klassensprecher ernannt.

1 (= désigner à un poste) **ernennen** (**ernannte, ernannt**)
ℹ *Les verbes commençant par le préfixe* ***er-*** *ne prennent pas* ***ge-*** *au participe passé.*
ℹ *Notez l'emploi de la préposition en allemand :* **être nommé ...** = ***zu ... ernannt werden****.*

2 ▷ Peux-tu nommer tous les pays de l'Union européenne ?
Kannst du alle Länder der Europäischen Union nennen?

2 (= donner un nom, qualifier par un nom) **nennen** (**nannte, genannt**)

non

1 ▷ Tu as faim ? – Non, pas encore.
Hast du Hunger? – Nein, noch nicht.

1 (pour refuser) **nein**

2 ▷ Tu aimes ça ? Moi non.
Magst du das? Ich nicht.
▷ Moi je suis prête, mais lui non.
Ich bin fertig, aber er nicht.

2 *Quand* **non** *remplace une proposition, on traduit en allemand en faisant suivre le pronom personnel par* ***nicht****.*

3 ▷ Ils m'ont demandé si je pouvais le faire, j'ai dit que non.
Sie haben mich gefragt, ob ich das tun könnte, ich habe nein gesagt.

3 ► **dire que non : nein sagen**

4 ▷ Tu viens ou non ?
Kommst du oder nicht?

4 ► **... ou non ? : ... oder nicht?**

5 ▷ C'est joli, non ?
Das ist hübsch, oder?
▷ Elle chante bien, non ?
Sie singt gut, oder?

5 ► **... non ?** (= n'est-ce pas) : **oder?**

ℹ *Une façon un peu plus formelle de dire* ***oder?*** *est* ***nicht wahr?***

6 ▷ Audrey n'est pas venue non plus.
Audrey ist auch nicht gekommen.
▷ Je ne vois rien ! – Moi non plus.
Ich sehe nichts! – Ich auch nicht.

6 ► **non plus :** **auch nicht**

non-fumeur

▷ Nous voudrions des places non-fumeurs.
Wir hätten gern Nichtraucherplätze.

Pour parler d'un endroit où on ne fume pas, on forme des mots composés avec ***Nichtraucher*** *: ein* ***Nichtraucher-restaurant*** **(un restaurant non-fumeurs).**

nord

▷ Le nord est dans cette direction.
Der Norden liegt in dieser Richtung.
▷ Ils habitent dans le Nord.
Sie wohnen im Norden.
▷ Mon village est au nord de Mannheim.
Mein Dorf liegt nördlich von Mannheim.

der **Norden**

► **dans le Nord :** **im Norden**

► **au nord de... :** **nördlich von...**

normal, normale

▷ Tout semble normal.
Alles scheint normal zu sein.
▷ C'est normal de vouloir réussir dans la vie.
Es ist normal, dass man es im Leben zu etwas bringen will.

(= sans incidents, compréhensible)
normal

🔈 *L'accent est sur la deuxième syllabe.*

normalement

1 ▷ Normalement, je me couche à neuf heures.
Normalerweise gehe ich um neun Uhr ins Bett.

1 (= d'habitude) **normalerweise**

2 ▷ Normalement, on devrait arriver vers sept heures.
Eigentlich sollten wir um sieben Uhr ankommen.

2 (= s'il n'y a pas de problème)
eigentlich

Normand, Normande

▷ Il y a beaucoup de Normands dans sa famille.
In seiner Familie sind viele Leute aus der Normandie.

(= de Normandie) **aus der Normandie**

ℹ *Le mot allemand* ***Normanne, Normannin*** *existe mais il désigne surtout les Scandinaves qui ont envahi l'Europe au IXᵉ siècle.*

Normandie

▷ Elle n'a jamais voulu quitter la Normandie.
Sie wollte nie die Normandie verlassen.
▷ Il a une maison en Normandie.
Er hat ein Haus in der Normandie.
▷ On pourrait aller en Normandie demain.
Wir könnten morgen in die Normandie fahren.
▷ Je suis allé souvent en Normandie.
Ich war schon oft in der Normandie.

die **Normandie**

► **en Normandie** (= dans la région) : in der Normandie
► **en Normandie** (= vers la région) : in die Normandie

Attention : pour dire que quelqu'un **est déjà allé quelque part**, *on emploie une expression avec le prétérit du verbe* ***sein*** *+* ***schon***.

Norvège

▷ La Norvège ne fait pas partie de l'Union européenne.
Norwegen gehört nicht zur Europäischen Union.

Norwegen
► **la Norvège :** Norwegen

Ne prend l'article neutre que précédé d'un adjectif : ***das lappische Norwegen*** (la Norvège laponne).

▷ Nous avons vu des fjords magnifiques en Norvège.
Wir haben in Norwegen wunderschöne Fjorde gesehen.

► **en Norvège** (= dans le pays) : in Norwegen

▷ Simone est allée en Norvège en voiture.
Simone ist mit dem Auto nach Norwegen gefahren.

► **en Norvège** (= vers le pays) : nach Norwegen

▷ Mon père est déjà allé deux fois en Norvège.
Mein Vater war schon zweimal in Norwegen.

Attention : pour dire que quelqu'un **est déjà allé quelque part**, *on emploie une expression avec le prétérit du verbe* ***sein*** *+* ***schon***.

norvégien, norvégienne

1 ▷ La monnaie norvégienne est la couronne.
Die norwegische Währung ist die Krone.

1 (adjectif) **norwegisch**

2 ▷ Aurélien sort avec une Norvégienne.
Aurélien geht mit einer Norwegerin.

2 (= personne) der **Norweger** (pluriel Norweger), die **Norwegerin** (pluriel Norwegerinnen)

3 ▷ J'ai appris le norvégien.
Ich habe Norwegisch gelernt.

3 (= langue) **Norwegisch**

nos

▷ Tous nos profs sont en grève.
Alle unsere Lehrer streiken.

unsere

nostalgique

1 ▷ La musique des années 60 me rend nostalgique.
Die Musik der 60er Jahre macht mich nostalgisch.

1 **nostalgisch**

2 ▷ C'était une fête pour les nostalgiques des années 70.
Es war eine Party für Nostalgiker der 70er Jahre.

2 (= personne) der **Nostalgiker** (pluriel Nostalgiker), die **Nostalgikerin** (pluriel Nostalgikerinnen)

notamment

▷ J'ai beaucoup aimé le livre, notamment le début.
Das Buch hat mir sehr gefallen, vor allem der Anfang.

vor allem

ℹ *On dit aussi* ***besonders****.*

note

1 ▷ J'ai eu une mauvaise note en géographie.
Ich habe eine schlechte Note in Geografie bekommen.
▷ Avant de jouer d'un instrument, il faut savoir lire les notes.
Bevor man ein Instrument spielt, muss man Noten lesen können.

1 (= note scolaire, de musique) die **Note** (pluriel Noten)

2 ▷ Nous avons demandé la note et nous avons quitté l'hôtel.
Wir haben die Rechnung verlangt und das Hotel verlassen.

2 (= facture) die **Rechnung** (pluriel Rechnungen)

3 ▷ Tu prends des notes, j'espère ?
Du machst doch hoffentlich Notizen, oder?
▷ Je prends toujours des notes.
Ich mache mir immer Notizen.

3 ► **prendre des notes :** Notizen machen

ℹ *Le pronom personnel allemand s'emploie au datif :* ***ich mache mir Notizen, du machst dir Notizen, er / sie macht sich Notizen, wir machen uns Notizen, ihr macht euch Notizen, sie machen sich Notizen****.*

noter

1 ▷ Note l'adresse sur ce bout de papier.
Schreib die Adresse auf dieses Stück Papier.

1 (= écrire) **schreiben** (schrieb, geschrieben)

2 ▷ Les devoirs seront notés.
Die Hausaufgaben werden benotet.

2 (= mettre une note) **benoten**

ℹ *Les verbes commençant par le préfixe* ***be-*** *ne prennent pas* ***ge-*** *au participe passé.*

3 ▷ J'ai noté qu'elle était souvent absente.
Ich habe bemerkt, dass sie oft abwesend ist.

3 (= remarquer) **bemerken**

ℹ *Les verbes commençant par le préfixe* ***be-*** *ne prennent pas* ***ge-*** *au participe passé.*

notice

▷ As-tu lu la notice ?
Hast du die Gebrauchsanweisung gelesen?

(= mode d'emploi) die **Gebrauchsanweisung** (pluriel -anweisungen)

notre

▷ Notre voyage scolaire s'est bien passé.
Unsere Schulreise ist gut verlaufen.

notre *se traduit par* ***unser*** *(pour le masculin et le neutre) et* ***unsere*** *(pour le féminin).*

nouer

▷ Alix a du mal à nouer sa cravate.
Alix hat Schwierigkeiten, seine Krawatte zu binden.

binden (band, gebunden)

nouille

▷ Encore des nouilles ! Il n'y a pas autre chose ?
Schon wieder Nudeln! Gibt's denn nichts anderes?

die **Nudel** (pluriel Nudeln)

nounours

▷ Il a perdu son nounours.
Er hat seinen Teddy verloren.

der **Teddy** (pluriel Teddys)

ℹ *On dit aussi der* ***der Teddybär*** (pluriel Teddybären).

nourrice

▷ Ma petite sœur est gardée par une nourrice.
Meine kleine Schwester wird von einer Tagesmutter betreut.

die **Tagesmutter** (pluriel –mütter)

nourrir

1 ▷ Ils ont cinq enfants à nourrir.
Sie müssen fünf Kinder ernähren.

1 (= donner à manger à une personne) **ernähren**

ℹ *Les verbes commençant par le préfixe* ***er-*** *ne prennent pas* ***ge-*** *au participe passé.*

▷ Il refuse de se nourrir.
Er weigert sich, sich zu ernähren.

► se **nourrir :** sich **ernähren**

▷ Emily ne se nourrit que de chips et de chocolat.
Emily ernährt sich nur von Chips und Schokolade.

► se **nourrir de** quelque chose **:** sich von etwas (datif) **ernähren**

ℹ *Le pronom personnel allemand s'emploie à l'accusatif :* ***ich ernähre mich, du ernährst dich, er / sie ernährt sich, wir ernähren uns, ihr ernährt euch, sie ernähren sich.***

2 ▷ Tu as nourri le chien ?
Hast du den Hund gefüttert?

2 (= donner à manger à un animal) **füttern**

nourrissant, nourrissante

▷ C'est un plat très nourrissant.
Es ist ein sehr nahrhaftes Gericht.

nahrhaft

nourriture

▷ Leur nourriture est trop grasse.
Ihre Nahrung ist zu fett.

die **Nahrung**

nous

1 ▷ Nous avons décidé d'accepter.
Wir haben beschlossen, anzunehmen.

1 *Quand* **nous** *est sujet, on traduit par* ***wir****.*

2 ▷ Ne nous attends pas.
Warte nicht auf uns.
▷ Le prof nous a donné les résultats.
Der Lehrer hat uns die Ergebnisse gegeben.

2 *Quand* **nous** *est complément, on traduit par* ***uns****.*

3 ▷ Nous nous sommes fait mal en jouant au foot.
Wir haben uns beim Fußballspielen weh getan.
▷ Nous nous levons à sept heures.
Wir stehen um sieben Uhr auf.

3 *Le pronom réfléchi est traduit par* ***uns****, sauf dans les cas où le verbe réfléchi français est traduit par un verbe intransitif allemand.*

nous-mêmes

1 ▷ Nous-mêmes pourrions lui parler.
Wir selbst könnten mit ihm reden.

1 *Quand* **nous-mêmes** *est sujet, on traduit par* ***wir selbst****.*

2 ▷ Nous sommes responsables de nous-mêmes.
Wir sind für uns selbst verantwortlich.

2 *Quand* **nous-mêmes** *est complément, on traduit par* ***uns selbst****.*

nouveau, nouvel, nouvelle

1 ▷ Nous avons une nouvelle prof d'espagnol.
Wir haben eine neue Spanischlehrerin.
▷ Ce sera bientôt le Nouvel An.
Bald ist Neujahr.

1 **neu**

► **le Nouvel An :** Neujahr

2 ▷ La nouvelle a l'air sympa.
Die Neue scheint ganz nett zu sein.
▷ Il y a un nouveau dans la classe de Mathilde.
In Mathildes Klasse ist ein Neuer.

2 (= personne) der / die **Neue** (pluriel **Neuen**)

ℹ *C'est un adjectif substantivé : on dit* ***ein Neuer*** (pluriel **Neue**).

3 ▷ Le chien s'est de nouveau échappé.
Der Hund ist wieder ausgerissen.

3 ► **de nouveau :** wieder

nouvelle

1 ▷ La nouvelle est toute fraîche.
Die Neuigkeit ist noch ganz warm.

1 (= événement) die **Neuigkeit** (pluriel **Neuigkeiten**)

2 ▷ J'ai une bonne nouvelle à vous annoncer.
Ich habe euch eine gute Nachricht mitzuteilen.

2 (= information) die **Nachricht** (pluriel **Nachrichten**)

3 ▷ J'aimerais bien regarder les nouvelles.
Ich würde mir gerne die Nachrichten ansehen.

3 (= les informations à la télé ou à la radio) die **Nachrichten**

4 ▷ Est-ce que tu as des nouvelles de Charlotte ?
Hast du etwas von Charlotte gehört?

▷ Donne de tes nouvelles de temps en temps !
Lass ab und zu von dir hören!

4 ► **avoir des nouvelles de quelqu'un :** etwas **von** jemandem (datif) **hören**

► **donner de** ses **nouvelles :** **von** sich (datif) **hören lassen**

5 ▷ J'ai pris des nouvelles de Maya, elle est toujours à l'hôpital.
Ich habe mich nach Maya erkundigt, sie ist immer noch im Krankenhaus.

5 ► **prendre des nouvelles de** quelqu'un **:** sich **nach** jemandem (datif) **erkundigen**

ℹ *Les verbes commençant par le préfixe* ***er-*** *ne prennent pas* ***ge-*** *au participe passé.*

Nouvelle-Zélande

▷ La capitale de la Nouvelle-Zélande est Wellington.
Die Hauptstadt von Neuseeland ist Wellington.

Neuseeland
► **la Nouvelle-Zélande :** Neuseeland

ℹ *Ne prend l'article neutre que précédé d'un adjectif :* ***das vulkanische Neuseeland*** (la Nouvelle-Zélande volcanique).

▷ Les kiwis vivent uniquement en Nouvelle-Zélande.
Kiwis leben nur in Neuseeland.

► **en Nouvelle-Zélande** (= dans le pays) **:** in Neuseeland

▷ L'année prochaine, je vais en Nouvelle-Zélande.
Nächstes Jahr fliege ich nach Neuseeland.
▷ Es-tu déjà allé en Nouvelle-Zélande ?
Warst du schon in Neuseeland?

► **en Nouvelle-Zélande** (= vers le pays) **:** nach Neuseeland

Attention : pour dire que quelqu'un **est déjà allé quelque part**, *on emploie une expression avec le prétérit du verbe* ***sein*** *+* ***schon***.

novembre

▷ L'anniversaire de Raphaël est le dix novembre.
Raphaëls Geburtstag ist am zehnten November.
▷ Il a fait très doux en novembre.
Es war ziemlich warm im November.

der November

ℹ *On écrit* ***am 10. November***.

► **en novembre, au mois de novembre :** im November

noyau

▷ Aïe ! j'ai mordu sur un noyau d'olive !
Au! Ich habe auf einen Olivenkern gebissen!

(d'un fruit) der Kern (pluriel Kerne)

se noyer

▷ Quelqu'un s'est noyé hier à Biarritz.
Gestern ist jemand in Biarritz ertrunken.

ertrinken (ertrank, ertrunken)

ℹ *Les verbes commençant par le préfixe* ***er-*** *ne prennent pas* ***ge-*** *au participe passé.*

ℹ *Notez que le verbe réfléchi allemand se traduit en allemand par un verbe intransitif.*

noyer (NOM)

▷ Il y a plein de noyers dans la région.
In der Gegend gibt es viele Nussbäume.

der Nussbaum (pluriel -bäume)

nu, nue

1 ▷ Ça me gêne d'être nue devant le médecin.
Es geniert mich, vor dem Arzt nackt zu sein.

1 nackt

▷ Il se promenait tout nu dans le salon !
Er spazierte splitternackt im Wohnzimmer herum!

► **tout nu :** splitternackt

2 ▷ Les enfants couraient pieds nus sur la plage.
Die Kinder rannten barfuß über den Strand.

2 ► **pieds nus :** barfuß

nuage

▷ Regarde ces nuages noirs, il va y avoir un orage.
Schau dir mal diese schwarzen Wolken an, es kommt ein Gewitter.

die Wolke (pluriel Wolken)

nuageux, nuageuse

▷ Le temps est très nuageux.
Es ist sehr bewölkt.

bewölkt

nucléaire

▷ Il y a une centrale nucléaire près de chez eux.
In ihrer Nähe ist ein Kernkraftwerk.

Pour dire que quelque chose est **nucléaire** *ou du* **domaine nucléaire**, *on forme des mots composés avec* ***Kern*** **(= noyau)** *: die* ***Kernkraft*** **(énergie nucléaire)**, *die* ***Kernforschung*** **(recherche nucléaire)** , *etc.*

nuisible

1 ▷ Ces produits sont nuisibles pour la santé.
Diese Produkte sind gesundheitsschädlich.

1 schädlich

2 ▷ Le renard est-il un animal nuisible ?
Ist der Fuchs ein Schädling?

2 ► **animal nuisible :** der Schädling (pluriel Schädlinge)

nuit

1 ▷ Nous avons passé la nuit à jouer de la guitare et à chanter.
Wir haben die ganze Nacht über Gitarre gespielt und gesungen.
▷ Je prends l'avion dans la nuit de jeudi.
Ich fliege Donnerstagnacht.
▷ J'ai entendu du bruit cette nuit.
Ich habe gestern Nacht Lärm gehört.
▷ J'espère que tu dormiras mieux cette nuit.
Ich hoffe, dass du heute Nacht besser schläftst.
▷ Toutes les nuits, il se réveille au moins une fois.
Jede Nacht wacht er mindestens einmal auf.
▷ Le père d'Agathe travaille la nuit.
Agathes Vater arbeitet nachts.
▷ Bonne nuit !
Gute Nacht!

1 (= période où il fait noir) die Nacht (pluriel Nächte)

Quand ***Nacht*** *est employé avec le nom d'un jour, les deux sont liés.*

► **cette nuit** (= la nuit dernière) : gestern Nacht

► **cette nuit** (= la nuit prochaine) : heute Nacht

► **toutes les nuits :** jede Nacht

► **la nuit** (= pendant la nuit) **:** nachts

► **bonne nuit ! :** gute Nacht!

2 ▷ Il fait nuit.
Es ist dunkel.
▷ Il commence déjà à faire nuit !
Es wird schon dunkel!

2 ► **il fait nuit** (= la nuit est déjà tombée) : **es ist dunkel**

nul, nulle

1 ▷ Cette chanson est vraiment nulle.
Dieses Lied ist wirklich das Letzte.

1 *Pour dire en allemand que quelque chose est* **nul**, *on traduit l'adjectif français par le substantif das* ***Letzte***.

2 ▷ Je suis nul en maths.
In Mathe bin ich eine Null.

2 ► **être nul en... : in ... eine Null sein**

ℹ *On dit aussi* ***eine Niete sein***.

nulle part

▷ Où es-tu allé ? – Nulle part !
Wo warst du denn? – Nirgends!
▷ Je ne trouve mes lunettes nulle part.
Ich finde nirgendwo meine Brille.

nirgends, nirgendwo

numérique

▷ Mon père a acheté une caméra numérique.
Mein Vater hat eine Digitalkamera gekauft.

Pour dire que quelque chose est **numérique**, *on forme des mots composés avec* ***Digital***.

numéro

1 ▷ Il habite au numéro dix.
Er wohnt Nummer zehn.
▷ J'ai adoré le numéro de magie.
Ich fand die Zaubernummer einfach klasse.
▷ Donne-moi ton numéro de téléphone.
Gib mir deine Telefonnummer.
▷ J'ai fait le numéro, mais ça ne répond pas.
Ich habe die Nummer gewählt, aber es antwortet niemand.

1 (= chiffre, spectacle) die **Nummer** (pluriel **Nummern**)

► **numéro de téléphone :** die **Telefonnummer**

► **faire** *ou* **composer un numéro : eine Nummer wählen**

2 ▷ Le premier numéro du magazine était super.
Die erste Ausgabe der Zeitschrift war toll.

2 (= exemplaire) die **Ausgabe** (pluriel **Ausgaben**)

nuque

▷ J'ai la nuque toute raide.
Mein Nacken ist ganz steif.

der **Nacken** (pluriel **Nacken**)

Oo

obéir

▷ Mon petit frère n'obéit jamais à ma grand-mère.
Mein kleiner Bruder gehorcht nie meiner Großmutter.

► **obéir à** quelqu'un : jemandem (datif) gehorchen

obéissant, obéissante

▷ Cette petite fille n'est pas très obéissante.
Dieses kleine Mädchen ist nicht sehr gehorsam.

gehorsam

obèse

1 ▷ Tu vas devenir obèse si tu continues à manger comme ça !
Du wirst fettleibig werden, wenn du weiter so viel isst!

1 (adjectif) fettleibig

2 ▷ Le nombre d'obèses augmente en France.
Die Zahl der Fettleibigen in Frankreich nimmt zu.

2 (= personne) der / die Fettleibige (pluriel Fettleibigen)

ℹ *C'est un adjectif substantivé : on dit* ***ein Fettleibiger****.*

objectif, objective (ADJECTIF)

▷ Tu n'es pas très objectif.
Du bist nicht sehr objektiv.

(= impartial) objektiv

Attention à l'orthographe du mot allemand.

ℹ *On dit aussi* ***unparteiisch****.*

objectif (NOM MASCULIN)

1 ▷ Quels sont vos objectifs ?
Welche Ziele haben Sie?

1 (= but, cible) das Ziel (pluriel Ziele)

2 ▷ J'ai acheté un nouvel objectif.
Ich habe ein neues Objektiv gekauft.

2 (d'appareil photo) das Objektiv (pluriel Objektive)

Attention à l'orthographe du mot allemand.

objet

1 ▷ Attention, ces objets sont fragiles.
Vorsicht, diese Gegenstände sind zerbrechlich.

1 der **Gegenstand** (pluriel **Gegenstände**)

2 ▷ Je suis allé aux objets trouvés, mais ils n'avaient pas mon portefeuille.
Ich bin zum Fundbüro gegangen, aber sie hatten meine Brieftasche nicht.

2 ► **les objets trouvés** (= bureau) : das **Fundbüro**

obligatoire

▷ La visite médicale est obligatoire.
Die ärztliche Untersuchung ist verpflichtend.

verpflichtend

obliger

▷ Ils m'ont obligé à leur donner de l'argent.
Sie haben mich gezwungen, ihnen Geld zu geben.

▷ Tu n'es pas obligé de venir.
Du bist nicht gezwungen zu kommen.

► **obliger** quelqu'un **à** + *infinitif* : jemanden (accusatif) **zwingen,** etwas **zu tun** (zwang, gezwungen)

► **être obligé de** + *infinitif* : **gezwungen sein, zu** + *infinitif*

ℹ *On dit aussi* ***verpflichtet sein, zu...***

obscur, obscure

▷ Cette pièce est trop obscure.
Dieser Raum ist zu dunkel.

(= foncé) **dunkel**

obscurité

▷ L'obscurité me fait peur.
Die Dunkelheit macht mir Angst.

▷ Les chats voient bien dans l'obscurité.
Katzen sehen im Dunkeln gut.

die **Dunkelheit**

► **dans l'obscurité** : **im Dunkeln**

obsédé, obsédée

▷ Il est obsédé par cette idée.
Er ist ganz besessen von der Idee.

► **être obsédé par** : **von** + *datif* + **besessen sein**

observateur, observatrice (ADJECTIF)

▷ Tu es très observateur !
Du bist sehr aufmerksam!

aufmerksam

observation

▷ Les observations du prof sont dans la marge.
Die Bemerkungen des Lehrers stehen am Rand.

▷ Personne n'a fait d'observations sur les résultats.
Niemand hat über die Ergebnisse Bemerkungen gemacht.

(= remarque) die **Bemerkung** (pluriel **Bemerkungen**)

► **faire des observations sur** quelque chose : **über** etwas (accusatif) **Bemerkungen machen**

observatoire

▷ Nous avons visité l'observatoire.
Wir haben die Sternwarte besichtigt.

die **Sternwarte** (pluriel -warten)

observer

▷ Pourquoi est-ce qu'il nous observe comme ça ?
Warum beobachtet der uns denn so?
▷ Le professeur de biologie nous a emmenés près de la rivière pour observer les animaux.
Der Lehrer hat uns zum Fluss mitgenommen, um die Tiere zu beobachten.

(= regarder avec attention, considérer d'un point de vue scientifique)
beobachten

ℹ *Les verbes commençant par le préfixe* ***be-*** *ne prennent pas* ***ge-*** *au participe passé.*

obstacle

▷ Je ne vois pas d'obstacle à son projet.
Ich sehe kein Hindernis für sein Projekt.
▷ Le cheval a refusé de sauter l'obstacle.
Das Pferd hat sich geweigert, das Hindernis zu nehmen.

das **Hindernis** (pluriel Hindernisse)

► **sauter un obstacle** (en parlant d'un cheval) **:** ein Hindernis nehmen (nimmt, nahm, genommen)

obstiné, obstinée

▷ Ne sois pas si obstiné !
Sei doch nicht so stur!

stur

obtenir

▷ Tu n'obtiendras rien si tu ne le demandes pas !
Du bekommst nichts, wenn du nicht danach fragst!

bekommen (bekam, bekommen)
ℹ *Les verbes commençant par le préfixe* ***be-*** *ne prennent pas* ***ge-*** *au participe passé.*

occasion

1 ▷ Tu as manqué une bonne occasion.
Du hast eine gute Gelegenheit verpasst.
▷ Je n'ai pas eu l'occasion de lui parler.
Ich hatte keine Gelegenheit, mit ihm zu sprechen.

1 (= possibilité) die **Gelegenheit** (pluriel Gelegenheiten)
► **avoir l'occasion de** + *infinitif* **:** die Gelegenheit haben, zu + *infinitif*

2 ▷ C'est une robe que je garde pour les grandes occasions.
Dieses Kleid hebe ich mir für besondere Anlässe auf.

2 (= événement) der **Anlass** (pluriel Anlässe)
ℹ *Notez la traduction de* **grande occasion** *: en allemand, on dit der* ***besondere Anlass****.*

3 ▷ Cécile a acheté un blouson en cuir d'occasion.
Cécile hat eine Lederjacke aus zweiter Hand gekauft.

3 ► **d'occasion :** aus zweiter Hand
ℹ *On dit aussi* ***gebraucht****.*
⚠ *Attention : on achète des vêtements d'occasion dans un* ***Secondhandladen****.*

occidental, occidentale

1 ▷ La partie occidentale du pays est inondée.
Der westliche Teil des Landes ist überschwemmt.
▷ Les pays occidentaux n'arrivent pas à se mettre d'accord.
Die westlichen Länder können sich nicht einigen.

1 (géographiquement, politiquement) **westlich**

3 ▷ C'est une coutume étrange pour les Occidentaux.
Für Leute aus dem Westen ist das ist ein seltsamer Brauch.

2 *Pour dire que quelqu'un est un* **Occidental** *ou une* **Occidentale**, *on emploie l'expression* ***aus dem Westen***.

occupation

▷ La lecture est mon occupation préférée.
Lesen ist meine Lieblingsbeschäftigung.

(= passe-temps) die **Beschäftigung** (pluriel Beschäftigungen)

occupé, occupée

1 ▷ Désolée, je suis occupée, je ne peux pas vous parler.
Es tut mir leid, ich bin beschäftigt, ich kann nicht mit Ihnen sprechen.
▷ Il est très occupé à rédiger son exposé.
Er ist sehr damit beschäftigt, sein Referat zu schreiben.

1 (quand on a beaucoup à faire) **beschäftigt**

► **être occupé à faire** quelque chose : **damit beschäftigt sein, etwas zu tun**

ℹ *On dit aussi* ***mit*** *etwas (datif)* ***beschäftigt sein***.

2 ▷ Les toilettes sont occupées.
Die Toilette ist besetzt.
▷ La ligne est occupée.
Die Leitung ist besetzt.

2 (= pris) **besetzt**

occuper

1 ▷ Ils ont occupé le nord du pays.
Sie haben den Norden des Landes besetzt.

1 (= occuper par la force, militairement) **besetzen**

ℹ *Les verbes commençant par le préfixe* ***be-*** *ne prennent pas* ***ge-*** *au participe passé.*

2 ▷ Ça occupe trop de place.
Das nimmt zu viel Platz ein.

2 (= prendre de la place) **einnehmen**

ℹ ***ein•nehmen*** *est un verbe à particule séparable et se conjugue comme* ***nehmen*** (nimmt, nahm, genommen).

3 ▷ Le travail à l'association occupe tout mon temps libre.
Die Arbeit für den Verein nimmt meine ganze Freizeit in Anspruch.

3 (= prendre du temps) **in Anspruch nehmen** (nimmt, nahm, genommen)

4 ▷ Quand on garde des enfants, il faut les occuper.
Wenn man Kinder hütet, muss man sie beschäftigen.

4 (= donner une activité à) **beschäftigen**

ℹ *Les verbes commençant par le préfixe* ***be-*** *ne prennent pas* ***ge-*** *au participe passé.*

5 ▷ Il faut que je m'occupe, sinon je ne me sens pas bien.
Ich muss mich beschäftigen, sonst fühle ich mich nicht wohl.

5 ► s'**occuper** (= s'activer) : sich beschäftigen

ℹ *Le pronom personnel allemand s'emploie à l'accusatif :* ***ich beschäftige mich, du beschäftigst dich, er / sie beschäftigt sich, wir beschäftigen uns, ihr beschäftigt euch, sie beschäftigen sich.***

6 ▷ Je m'en occuperai demain.
Ich kümmere mich morgen darum.
▷ Occupe-toi de tes affaires !
Kümmere dich um deine eigenen Angelegenheiten!
▷ Qui s'occupe des réclamations ici ?
Wer kümmert sich hier um die Beschwerden?
▷ Adrien s'occupe très bien de sa petite sœur.
Adrien kümmert sich sehr gut um seine kleine Schwester.

6 ► s'**occuper de** quelque chose *ou* **de** quelqu'un : sich **um** etwas *ou* jemanden (accusatif) **kümmern**

ℹ *Le pronom personnel allemand s'emploie à l'accusatif :* ***ich kümmere mich um..., du kümmerst dich um..., er / sie kümmert sich um..., wir kümmern uns um..., ihr kümmert euch um..., sie kümmern sich um...***

océan

▷ Il a traversé l'océan à la rame.
Er hat den Ozean mit dem Ruderboot überquert.
▷ Nous passerons nos vacances au bord de l'océan Atlantique.
Wir verbringen unsere Ferien am Atlantik.
▷ C'est une île de l'océan Pacifique.
Das ist eine Insel im Pazifischen Ozean.
▷ Madagascar se trouve dans l'océan Indien.
Madagaskar liegt im Indischen Ozean.

der **Ozean** (pluriel **Ozeane**)

► **océan Atlantique :** der **Atlantische Ozean,** der **Atlantik**

► **océan Pacifique :** der **Pazifische Ozean,** der **Stille Ozean**

► **océan Indien :** der **Indische Ozean**

octobre

▷ L'anniversaire de Susan est le seize octobre.
Susans Geburtstag ist am sechzehnten Oktober.
▷ Il a fait très doux en octobre.
Es war ziemlich warm im Oktober.

der **Oktober**

ℹ *On écrit* ***am 16. Oktober.***

► **en octobre, au mois d'octobre :** **im Oktober**

oculiste

▷ L'oculiste a dit que je devais porter des lunettes.
Der Augenarzt hat gesagt, ich müsste eine Brille tragen.
▷ André est encore chez l'oculiste.
André ist noch beim Augenarzt.

der **Augenarzt** (pluriel **-ärzte**), die **Augenärztin** (pluriel **-ärztinnen**)

► **chez l'oculiste** (= dans son cabinet) : **beim Augenarzt**

▷ Ma mère m'a envoyé chez l'oculiste.
Meine Mutter hat mich zum Augenarzt geschickt.

► **chez l'oculiste** (= vers son cabinet) : zum Augenarzt

odeur

▷ Tu as remarqué cette odeur bizarre ?
Hast du diesen komischen Geruch bemerkt?

der **Geruch** (pluriel Gerüche)

odieux, odieuse

▷ Camille a été odieuse avec Raoul.
Camille war gemein zu Raoul.

gemein

ℹ *Notez la préposition utilisée en allemand :* **odieux avec** quelqu'un = ***gemein zu*** *jemandem (datif).*

œil

1 ▷ Lisa a les yeux bleus.
Lisa hat blaue Augen.

1 das **Auge** (pluriel Augen)

2 ▷ Tu pourrais juste jeter un coup d'œil à ma rédaction ?
Könntest du gerade mal einen Blick auf meinen Aufsatz werfen?

2 ► **jeter un coup d'œil à ... :** einen Blick auf + *accusatif* + werfen (wirft, warf, geworfen)

œuf

▷ Achète une douzaine d'œufs.
Kauf ein Dutzend Eier.

das **Ei** (pluriel Eier)

▷ La dame nous a servi des œufs brouillés au petit-déjeuner.
Die Dame hat uns zum Frühstück Rührei serviert.

► **œufs brouillés :** Rührei *ou* Rühreier

▷ Tu préfères un œuf à la coque ou un œuf au plat ?
Hättest du lieber ein weiches Ei oder ein Spiegelei?

► **œuf à la coque :** das weiche Ei
► **œuf au plat :** das Spiegelei

▷ Nous avons emporté des œufs durs, du fromage et du pain.
Wir haben harte Eier, Käse und Brot mitgenommen.

► **œuf dur :** das harte Ei

ℹ *On dit aussi das* ***hartgekochte Ei.***

▷ Les enfants ont cherché les œufs de Pâques dans le jardin.
Die Kinder haben im Garten Ostereier gesucht.

► **œuf de Pâques :** das Osterei

offenser

▷ Je n'ai pas voulu t'offenser.
Ich wollte dich nicht kränken.

kränken

▷ Elle ne s'est pas offensée.
Sie fühlte sich nicht gekränkt.

► **s'offenser :** sich gekränkt fühlen

offensif, offensive

1 ▷ Leurs adversaires sont plus offensifs.
Ihre Gegner sind viel offensiver.

1 offensiv

2 ▷ Ils ont décidé de passer à l'offensive.
Sie haben entschieden, zum Angriff überzugehen.

2 ► **passer à l'offensive :** zum Angriff übergehen

ℹ *über•gehen est un verbe à particule séparable et se conjugue comme gehen (ging, gegangen).*

office du tourisme

▷ J'ai trouvé cette carte à l'office du tourisme.
Ich habe diese Karte im Fremdenverkehrsamt gefunden.

das Fremdenverkehrsamt (pluriel -ämter)

officiel, officielle

▷ Ce document a l'air officiel.
Dieses Dokument sieht amtlich aus.

amtlich

officier

▷ Mon cousin est officier dans la marine.
Mein Cousin ist Marineoffizier.

der Offizier (pluriel Offiziere), die Offizierin (pluriel Offizierinnen)

ℹ *La flexion féminine existe en allemand.*

offre

▷ C'est une offre intéressante.
Das ist ein interessantes Angebot.
▷ Il y a une offre spéciale sur le chocolat.
Die Schokolade ist im Sonderangebot.
▷ Regarde les offres d'emploi dans le journal.
Sieh dir die Stellenangebote in der Zeitung an.

das Angebot (pluriel Angebote)

► **offre spéciale :** das Sonderangebot

► **offre d'emploi** (= petite annonce) **:** das Stellenangebot

offrir

1 ▷ Il m'a offert de me déposer à la gare.
Er bot mir an, mich am Bahnhof abzusetzen.

1 ► **offrir à** quelqu'un **de...** (= proposer) : jemandem (datif) anbieten, zu...

ℹ *an•bieten est un verbe à particule séparable et se conjugue comme bieten (bot, geboten).*

2 ▷ On pourrait offrir un CD à Kamal pour son anniversaire.
Wir könnten Kamal zum Geburtstag eine CD schenken.

2 ► **offrir** quelque chose **à** quelqu'un (= lui faire un cadeau) : jemandem (datif) etwas schenken

3 ▷ Viens, je t'offre une glace.
Komm, ich spendiere dir ein Eis.

3 ► **offrir** quelque chose **à** quelqu'un (= payer) : jemandem (datif) etwas spendieren

ℹ *Les verbes se terminant en -ieren ne prennent pas ge- au participe passé.*

OGM

▷ Les OGM ont un gros impact sur l'environnement.
GVOs wirken sich stark auf die Umwelt aus.

der **GVO** (pluriel **GVOs**)
ℹ *GVO est l'abréviation de* ***Gentechnisch veränderter Organismus.***
ℹ *En allemand, on forme le pluriel de* ***GVO*** *en ajoutant un* **s** *minuscule à la fin :* ***GVOs.***

oie

▷ Les oies de la ferme m'attaquent chaque fois que j'y passe.
Die Gänse auf dem Bauernhof greifen mich jedes Mal an, wenn ich vorbeigehe.

die **Gans** (pluriel **Gänse**)

oignon

▷ Ne mets pas d'oignon dans la salade, je n'aime pas ça.
Tu keine Zwiebel in den Salat, das schmeckt mir nicht.

(= légume) die **Zwiebel** (pluriel **Zwiebeln**)

oiseau

▷ Un oiseau s'est posé juste devant la fenêtre.
Ein Vogel hat sich genau vors Fenster gesetzt.
▷ Le faucon est un oiseau de proie.
Der Falke ist ein Raubvogel.
▷ La cigogne est un oiseau migrateur.
Der Storch ist ein Zugvogel.

der **Vogel** (pluriel **Vögel**)

► **oiseau de proie :** der **Raubvogel** (pluriel **–vögel**)
► **oiseau migrateur :** der **Zugvogel** (pluriel **–vögel**)

O.K.

▷ O.K., j'arrive !
O.K., ich komme!

O.K. /okej/

olive

▷ Je préfère les olives noires aux olives vertes.
Ich mag schwarze Oliven lieber als grüne.

die **Olive** (pluriel **Oliven**)
ℹ *Notez que, dans les comparaisons, le substantif n'est pas répété en allemand.*

olympique

▷ La ville se prépare pour les Jeux olympiques.
Die Stadt bereitet sich auf die Olympischen Spiele vor.

► **les Jeux olympiques :** die **Olympischen Spiele**
ℹ *On dit aussi* die ***Olympiade*** (pluriel **Olympiaden**)
🔈 *N'oubliez pas que le* **y** *allemand se prononce* **u.**

ombragé, ombragée

▷ Essayons de trouver un endroit ombragé.
Versuchen wir, einen schattigen Ort zu finden.

schattig

ombre

▷ Regarde, le chien a peur de son ombre !
Schau mal, der Hund hat vor seinem Schatten Angst!
▷ Il fait meilleur à l'ombre.
Im Schatten ist es kühler.
▷ J'ai acheté de l'ombre à paupières bleue.
Ich habe blauen Lidschatten gekauft.

der **Schatten** (pluriel Schatten)

► **à l'ombre :** im Schatten

► **ombre à paupières :** der Lidschatten

omelette

▷ Je vais te faire une omelette aux champignons.
Ich mach dir ein Pilzomelett.

das **Omelett** (pluriel Omeletts)

🔈 *Se prononce comme en français. Le s du pluriel se prononce en allemand.*

on

1 ▷ On m'a demandé de remplacer le délégué de classe.
Man hat mich gebeten, den Klassensprecher zu vertreten.
▷ En Allemagne, on dîne tôt.
In Deutschland isst man früh zu Abend.

1 *Quand* **on** *représente une personne indéterminée ou quand il a un sens général, il se traduit par* ***man***.

2 ▷ On a passé une bonne soirée chez Sébastien.
Wir haben einen angenehmen Abend bei Sébastien verbracht.

2 *Quand* **on** *signifie « nous », il se traduit par* ***wir***.

oncle

▷ L'oncle de Sybille est chauffeur de taxi.
Sybilles Onkel ist Taxifahrer.

der **Onkel** (pluriel Onkel)

onctueux, onctueuse

▷ On obtient un mélange onctueux.
Man erhält eine sämige Mischung.

sämig

ONG

▷ Elle travaille pour une ONG.
Sie arbeitet für eine NRO.

die **NRO** (pluriel NROs)

ℹ *En allemand, on forme le pluriel de NRO en ajoutant un s minuscule à la fin.*
ℹ *NRO est l'abréviation de* ***Nichtregierungsorganisation***.
ℹ *En allemand, on emploie aussi le mot anglais NGO qui est l'abréviation de* ***non-governmental organization***.

ongle

▷ La prof de musique a les ongles très longs.
Die Musiklehrerin hat sehr lange Fingernägel.
▷ Je vais me faire les ongles avant de sortir.
Ich werde mich vor dem Ausgehen maniküren.

der **Fingernagel** (pluriel -nägel)

► se **faire les ongles :** sich (accusatif) maniküren

onglet

▷ Clique sur l'onglet.
Klick den Reiter an.

(sur Internet) der **Reiter** (pluriel Reiter)

ℹ *Reiter signifie aussi « cavalier ».*

ONU

▷ 193 pays sont membres de l'ONU.
193 Länder sind Mitgliedsstaaten der UNO.

► **l'ONU :** die UNO

ℹ *UNO est l'abréviation anglaise de United Nations Organization.*

onze

▷ Il n'y a que onze élèves dans ma classe.
In meiner Klasse sind nur elf Schüler.

▷ Marion aura onze ans demain.
Marion wird morgen elf Jahre alt. *ou* Marion wird morgen elf.

▷ Aujourd'hui nous sommes le onze août.
Heute ist der elfte August.

▷ Le festival commence le onze octobre.
Das Festival fängt am elften Oktober an.

elf

*Quand on dit l'âge de quelqu'un, on dit **ist elf Jahre alt**, ou on peut dire simplement le nombre : **ist elf**.*

*Quand on dit la date, on emploie **der elfte**.*

*Quand on dit que quelque chose a eu lieu ou aura lieu à cette date, on emploie **am elften**.*

ℹ *On écrit **am 11. Oktober**.*

onzième

▷ Je ne connaissais pas la réponse à la onzième question.
Ich kannte die Antwort auf die elfte Frage nicht.

▷ Il est arrivé onzième.
Er ist Elfter geworden.

elfte

► **le** *ou* **la onzième :** der / die / das Elfte

opéra

▷ Je ne suis jamais allée à l'Opéra.
Ich war noch nie in der Oper.

▷ Margot n'écoute que des opéras.
Margot hört sich nur Opern an.

die **Oper** (pluriel Opern)

opérateur

▷ Je vais changer d'opérateur.
Ich werde den Betreiber wechseln.

(de télécommunications) der **Betreiber** (pluriel Betreiber)

opération

1 ▷ L'opération a duré deux heures.
Die Operation hat zwei Stunden gedauert.

1 (= intervention chirurgicale) die **Operation** (pluriel Operationen)

2 ▷ Le résultat de l'opération est faux.
Das Ergebnis der Rechenoperation ist falsch.

2 (= calcul) die **Rechenoperation** (pluriel –operationen)

ℹ *On dit aussi die **Operation** tout court.*

opérer

▷ Lucien s'est fait opérer hier.
Lucien ist gestern operiert worden.

▷ Mon grand-père s'est fait opérer de la jambe.
Mein Großvater wurde am Bein operiert.

► se **faire opérer :** operiert werden (wird, wurde, worden)

► se **faire opérer de... :** an + *datif* + operiert werden

ophtalmologiste, ophtalmologue

▷ Ma tante est ophtalmologiste.
Meine Tante ist Augenärztin.

▷ Il a rendez-vous chez l'ophtalmologiste.
Er hat einen Termin beim Augenarzt.

▷ Quand est-ce que tu vas chez l'ophtalmologue ?
Wann gehst du zum Augenarzt?

der **Augenarzt** (pluriel –ärzte), die **Augenärztin** (pluriel –ärztinnen)

► **chez l'ophtalmologiste** *ou* **l'ophtalmologue** (= dans son cabinet) : beim Augenarzt

► **chez l'ophtalmologiste** *ou* **l'ophtalmologue** (= vers son cabinet) : zum Augenarzt

opinion

1 ▷ Personne ne t'a demandé ton opinion !
Niemand hat dich nach deiner Meinung gefragt!

1 (= avis) die **Meinung** (pluriel Meinungen)

2 ▷ Nous avons des opinions politiques différentes.
Wir haben verschiedene politische Anschauungen.

2 (= conviction) die **Anschauung** (pluriel Anschauungen)

opposé, opposée

▷ Il venait en sens opposé.
Er kam aus der entgegengesetzten Richtung.

entgegengesetzt

opticien, opticienne

▷ Mon oncle est opticien.
Mein Onkel ist Optiker.

▷ J'ai dû attendre une demi-heure chez l'opticien.
Ich musste eine halbe Stunde beim Optiker warten.

▷ N'oublie pas d'aller chez l'opticien ce soir.
Vergiss nicht, heute Abend zum Optiker zu gehen.

der **Optiker** (pluriel Optiker), die **Optikerin** (pluriel Optikerinnen)

► **chez l'opticien** (= dans le magasin) : beim Optiker

► **chez l'opticien** (= vers le magasin) : zum Optiker

optimiste

1 ▷ Tu pourrais être un peu plus optimiste !
Du könntest ein bisschen optimistischer sein!

1 (adjectif) **optimistisch**

2 ▷ C'est une grande optimiste.
Sie ist eine große Optimistin.

2 (= personne optimiste) der **Optimist** (pluriel Optimisten), die **Optimistin** (pluriel Optimistinnen)

option

▷ J'ai choisi le latin comme option.
Ich habe Latein als Wahlfach genommen.

(= matière) das **Wahlfach** (pluriel –fächer)

or

▷ L'or est cher.
Gold ist teuer.

▷ Est-ce que ton bracelet est en or ?
Ist dein Armband aus Gold?

▷ Mes grands-parents m'ont offert des boucles d'oreille en or.
Meine Großeltern haben mir goldene Ohrringe geschenkt.

▷ Il a gagné la médaille d'or.
Er hat die Goldmedaille gewonnen.

das **Gold**

► **être en or :** aus Gold sein

► **en or :** golden

Pour désigner des objets **en or** *ou* **d'or**, *on forme des mots composés avec* ***Gold*** *: die* ***Goldmine*** **(mine d'or)**, *die* ***Goldmünze*** **(pièce d'or)**.

orage

▷ Il y eu un orage terrible hier soir.
Gestern Abend hat es ein furchtbares Gewitter gegeben.

das **Gewitter** (pluriel Gewitter)

oral

▷ Yves a eu la meilleure note à l'oral.
Bei der mündlichen Prüfung hat Yves die beste Note bekommen.

► **l'oral** (à l'école) **:** die **mündliche Prüfung**

oralement

▷ Je lui ai demandé oralement, pas par écrit.
Ich habe ihn mündlich, nicht schriftlich, gefragt.

mündlich

orange

1 ▷ Tu veux une orange ?
Willst du eine Orange?

1 die **Orange** (pluriel Orangen)

ℹ *On dit aussi die* ***Apfelsine*** (pluriel Apfelsinen).

2 ▷ L'orange est une couleur gaie.
Orange ist eine fröhliche Farbe.

▷ Il est passé à l'orange.
Er ist bei Gelb über die Ampel gefahren.

2 ► **l'orange** (= la couleur orange) **:** Orange

ℹ *L'article neutre est rarement employé.*

Attention, quand il s'agit des feux de signalisation, on dit ***Gelb***.

3 ▷ Le ballon de basket est orange.
Der Basketball ist orangefarben.

▷ Le feu est orange.
Die Ampel ist gelb.

3 (= de couleur orange) **orangefarben**

ℹ *On dit aussi* ***orange*** *tout court.*

Attention, quand il s'agit des feux de signalisation, on dit ***gelb***.

orangeade

▷ Une orangeade, s'il vous plaît.
Eine Orangenlimonade, bitte.

die **Orangenlimonade** (pluriel -limonaden)

orchestre

1 ▷ L'orchestre de l'école va donner un concert la semaine prochaine.
Das Schulorchester gibt nächste Woche ein Konzert.

1 das **Orchester** /ɔrˈkɛstɐ/ (pluriel Orchester)

Notez la prononciation.

2 ▷ J'ai vu un super orchestre de jazz.
Ich habe eine super Jazzband gesehen.

2 *Pour les orchestres de jazz, on emploie le mot anglais **Band** /bænt/.*

ordinaire

▷ Prends du vin ordinaire, ça suffira.
Nimm einfachen Wein, das genügt.

(= de qualité courante) **einfach**

*Attention : le mot allemand **ordinär** signifie « vulgaire ».*

ordinateur

▷ L'école a acheté dix ordinateurs neufs.
Die Schule hat zehn neue Computer gekauft.

der **Computer** /kɔmˈpjuːtɐ/ (pluriel Computer)

Notez la prononciation.

▷ Mon père a un ordinateur portable.
Mein Vater hat einen Laptop.

► **ordinateur portable :** der **Laptop** /ˈlæptɔp/ (pluriel Laptops)

Notez la prononciation.

ordonnance

▷ J'ai perdu l'ordonnance.
Ich habe das Rezept verloren.

▷ Le médecin m'a fait une ordonnance.
Der Arzt hat mir ein Rezept ausgestellt.

das **Rezept** (pluriel Rezepte)

► **faire une ordonnance à** quelqu'un **:** jemandem (datif) **ein Rezept ausstellen**

aus•stellen est un verbe à particule séparable.

ordonné, ordonnée

▷ Sylvain est un garçon très ordonné.
Sylvain ist ein sehr ordentlicher Junge.

(= qui range bien) **ordentlich**

ordonner

▷ Le directeur leur a ordonné de se calmer.
Der Direktor hat ihnen befohlen, sich zu beruhigen.

► **ordonner à** quelqu'un **de** + *infinitif* **:** jemandem (datif) **befehlen, zu** + *infinitif* (befiehlt, befahl, befohlen)

ordre

1 ▷ Elle adore donner des ordres aux gens.
Sie gibt anderen gern Befehle.

1 (= commandement) der **Befehl** (pluriel Befehle)

2 ▷ Dans quel ordre as-tu classé les cartes ?
In welcher Reihenfolge hast du die Karten geordnet?

2 (= classement) die **Reihenfolge**

3 ▻ Les chanteurs sont classés par ordre alphabétique.
Die Sänger sind alphabetisch geordnet.

3 ► **par ordre alphabétique :** alphabetisch

4 ▻ Ma mère m'a dit de mettre de l'ordre dans ma chambre.
Meine Mutter hat gesagt, ich solle mein Zimmer in Ordnung bringen.

4 ► **mettre de l'ordre dans** quelque chose : etwas (accusatif) in Ordnung bringen

ℹ *On dit aussi etwas* ***aufräumen****.*

ordures

▻ Il y a des gens qui jettent leurs ordures dans la rue !
Es gibt Leute, die ihren Müll einfach auf die Straße werfen!

der **Müll**

ℹ *Ce mot s'emploie uniquement au singulier.*

ℹ *On dit aussi der* ***Abfall****.*

oreille

1 ▻ Tu devrais te laver les oreilles !
Du solltest dir mal die Ohren waschen!

▻ Attention, elle a l'oreille fine !
Pass auf, sie hat gute Ohren!

▻ Je n'en croyais pas mes oreilles.
Ich traute meinen Ohren nicht.

1 das **Ohr** (pluriel Ohren)

► **avoir l'oreille fine** (= bien entendre) : gute Ohren haben

► **ne pas en croire ses oreilles :** seinen Ohren nicht trauen

2 ▻ On peut entraîner son oreille musicale.
Man kann sein musikalisches Gehör trainieren.

2 ► **oreille musicale :** musikalisches Gehör

oreiller

▻ Je pourrais avoir un deuxième oreiller ?
Könnte ich ein zweites Kopfkissen haben?

das **Kopfkissen** (pluriel -kissen)

oreillons

▻ Mario a les oreillons.
Mario hat Mumps.

▻ Les oreillons sont une maladie très contagieuse.
Mumps ist eine sehr ansteckende Krankheit.

Mumps

ℹ ***Mumps*** *est un singulier.*

Attention : ***Mumps*** *est un nom masculin, mais on ne met jamais l'article.*

organisateur, organisatrice

▻ C'est un excellent organisateur.
Er ist ein hervorragender Veranstalter.

der **Veranstalter** (pluriel Veranstalter), die **Veranstalterin** (pluriel Veranstalterinnen)

organisation

▻ C'est une organisation assez complexe.
Es ist eine ziemlich komplexe Organisation.

die **Organisation** (pluriel Organisationen)

organisé, organisée

▻ Claire n'est pas du tout organisée.
Claire ist überhaupt nicht methodisch.

methodisch

organiser

1 ▷ Notre prof d'allemand organise un voyage à Karlsruhe.
Unser Deutschlehrer organisiert eine Reise nach Karlsruhe.

1 (= préparer) **organisieren**

*Les verbes se terminant en **-ieren** ne prennent pas **ge-** au participe passé.*

2 ▷ Tu pourrais t'organiser un peu mieux !
Du könntest dir deine Zeit wohl besser einteilen!
▷ Il faudrait qu'on s'organise très bien pour tout visiter.
Wir müssen uns unsere Zeit sehr gut einteilen, um alles zu besichtigen.

2 ► **s'organiser** (= organiser son temps) : sich **seine Zeit einteilen**

*Le pronom personnel allemand s'emploie au datif : **ich teile mir meine Zeit ein, du teilst dir deine Zeit ein, er / sie teilt sich seine / ihre Zeit ein, wir teilen uns unsere Zeit ein, ihr teilt euch eure Zeit ein, sie teilen sich ihre Zeit ein.***

***ein•teilen** est un verbe à particule séparable.*

organisme

1 ▷ C'est un organisme qui aide les enfants en Afrique.
Das ist eine Organisation, die Kindern in Afrika hilft.

1 (= association) die **Organisation** (pluriel **Organisationen**)

2 ▷ Fumer est très mauvais pour l'organisme.
Rauchen ist sehr schlecht für den Organismus.

2 (= corps) der **Organismus**

orgue

▷ L'orgue de la cathédrale est magnifique.
Die Orgel der Kathedrale ist wunderschön.

die **Orgel** (pluriel **Orgeln**)

orgueilleux, orgueilleuse

1 ▷ Il est très orgueilleux de son fils.
Er ist sehr stolz auf seinen Sohn.

1 (= fier) **stolz**
► **orgueilleux de... : stolz auf...**

2 ▷ Sabine est très orgueilleuse.
Sabine ist sehr hochmütig.

2 (= prétentieux) **hochmütig**

oriental, orientale

1 ▷ La ville se trouve dans la partie orientale du pays.
Die Stadt befindet sich im östlichen Teil des Landes.

1 (géographiquement) **östlich**

2 ▷ J'adore la cuisine orientale.
Ich liebe orientalische Küche.

2 (cuisine, coutumes, langue) **orientalisch**

orientation

▷ Tu as le sens de l'orientation !
Du hast ja einen guten Orientierungssinn!

► **avoir le sens de l'orientation : einen guten Orientierungssinn haben**

▷ Je n'ai aucun sens de l'orientation.
Ich habe überhaupt keinen Orientierungssinn.

► **ne pas avoir le sens de l'orientation :** keinen Orientierungssinn haben

ℹ *Regardez aussi le mot* conseiller.

original, originale

1 ▷ Cette musique est très originale.
Diese Musik ist sehr originell.

1 (= particulier) originell

Attention : l'adjectif allemand ***original*** *signifie « d'origine », « authentique ».*

2 ▷ Garde l'original et envoie une photocopie.
Behalte das Original und schicke eine Fotokopie.

2 (= exemplaire d'origine) das Original (pluriel Originale)

origine

1 ▷ Personne ne connaît l'origine de ce mot.
Niemand kennt die Herkunft dieses Wortes.

▷ Lise est d'origine danoise.
Lise ist dänischer Herkunft.

1 (= provenance) die Herkunft

ℹ *On dit aussi die* ***Abstammung****.*

► **d'origine** + *adjectif de nationalité* **:** *génitif de l'adjectif de nationalité* + Herkunft

2 ▷ À l'origine, on devait rester quatre jours.
Ursprünglich sollten wir vier Tage bleiben.

2 ► **à l'origine** (= au départ) : ursprünglich

orphelin, orpheline

▷ Robert est orphelin.
Robert ist Waise.

▷ Ils ont adopté une orpheline.
Sie haben eine Waise adoptiert.

L'adjectif et le substantif (masculin ou féminin) français se traduisent tous deux par le substantif allemand die ***Waise*** (pluriel Waisen).

ℹ *Quand il s'agit d'un enfant, on dit aussi das* ***Waisenkind****.*

Attention à ne pas confondre avec die ***Weise*** = la façon.

orphelinat

▷ J'ai grandi dans un orphelinat.
Ich bin in einem Waisenhaus aufgewachsen.

das Waisenhaus (pluriel -häuser)

orteil

▷ Je me suis cassé un orteil.
Ich habe mir einen Zeh gebrochen.

▷ Mon gros orteil est gonflé.
Meine große Zehe ist angeschwollen.

der Zeh, die Zehe (pluriel Zehen)

► **gros / petit orteil :** der große / kleine Zeh *ou* die große / kleine Zehe

orthographe

▷ Érica est nulle en orthographe.
Érica ist in Rechtschreibung eine Null.

▷ Quelle est l'orthographe de son nom ?
Wie schreibt man seinen Namen?

die Rechtschreibung

*Pour demander quelle est l'***orthographe** *d'un mot, on emploie l'expression* ***wie schreibt man ...?***

os

▷ Notre chien enterre ses os dans le jardin.
Unser Hund vergräbt seine Knochen im Garten.

der **Knochen** (pluriel **Knochen**)

oser

▷ On va voir si tu oses !
Wir werden sehen, ob du es wagst!
▷ Je n'ose pas en parler à mes parents.
Ich wage es nicht, mit meinen Eltern darüber zu reden.
▷ Est-ce que tu oserais faire ça ?
Würdest du dich trauen, das zu tun?

wagen

► **oser faire** quelque chose **:** **es wagen,** etwas **zu tun**

ℹ *On dit aussi* sich ***trauen****, qui est employé à l'accusatif :* ***ich traue mich, du traust dich, er / sie traut sich, wir trauen uns, ihr traut euch, sie trauen sich****.*

otage

▷ Les otages ont été relâchés.
Die Geiseln wurden freigelassen.
▷ Il a pris l'enfant en otage.
Er hat das Kind als Geisel genommen.

die **Geisel** (pluriel **Geiseln**)

► **prendre** quelqu'un **en otage :** jemanden **als Geisel nehmen**

ôter

1 ▷ Tu peux ôter ton manteau maintenant.
Du kannst deinen Mantel jetzt ausziehen.

1 (= enlever, en parlant d'un vêtement) **ausziehen**

ℹ ***aus•ziehen*** *est un verbe à particule séparable et se conjugue comme* ***ziehen*** *(****zog, gezogen****).*

2 ▷ Ôte tes pieds de là !
Nimm deine Füße da weg!
▷ J'ôte mes pieds de la table.
Ich nehme meine Füße vom Tisch.
▷ Ôte tes mains de mon journal !
Nimm deine Hände von meinem Tagebuch!

2 (= enlever, en parlant des mains, des pieds, d'un objet) **wegnehmen**

ℹ ***weg•nehmen*** *est un verbe à particule séparable et se conjugue comme* ***nehmen*** *(****nimmt, nahm, genommen****).*

Quand **ôter... de** *est suivi d'un objet, la particule* ***weg-*** *est omise.*

ou

1 ▷ Tu veux le bleu ou le vert ?
Willst du den blauen oder den grünen?
▷ Arrête ou je crie !
Hör auf oder ich schreie!
▷ Je peux venir lundi ou bien mardi.
Ich kann am Montag oder am Dienstag kommen.

1 (pour exprimer un choix, une menace) **oder**

► **ou bien : oder**

2 ▷ Ou tu viens ou tu restes, tu ne peux pas faire les deux !
Entweder du kommst oder du bleibst da, du kannst nicht beides tun!

2 ► **ou ... ou ... :** entweder ... oder ...

où

1 ▷ Où étais-tu ?
Wo warst du?

1 (= à quel endroit, sans déplacement) wo

2 ▷ Où vas-tu ?
Wohin gehst du? *ou* Wo gehst du hin?

2 (= à quel endroit, avec déplacement) wohin

3 ▷ On va acheter une maison. – Où ça ?
Wir kaufen ein Haus. – Wo denn?

3 ► **où ça ? :** wo denn?

4 ▷ Tu connais la ville où il habite ?
Kennst du die Stadt, in der er wohnt?
▷ Le village où nous habitons est très petit.
Das Dorf, in dem wir wohnen, ist ganz klein.
▷ Je te raconterai tous les pays où j'ai vécu.
Ich erzähle dir von den Ländern, in denen ich gelebt habe.

4 *Lorsque* **où** *signifie « dans lequel » ou « dans laquelle », sans déplacement, il se traduit par* ***in dem*** *(pour le masculin et le neutre),* ***in der*** *(pour le féminin),* ***in denen*** *(pour le pluriel).*

5 ▷ Le pays où il est allé est à trois heures de vol.
Das Land, in das er gereist ist, ist drei Flugstunden entfernt.

5 *Lorsque* **où** *signifie « dans lequel » ou « dans laquelle », avec déplacement, il se traduit par* ***in den*** *(pour le masculin),* ***in die*** *(pour le féminin et le pluriel),* ***in das*** *(pour le neutre).*

6 ▷ D'où viens-tu ?
Woher kommst du?

6 ► **d'où** (= de quel endroit) **:** woher

7 ▷ L'Indonésie est le pays d'où il vient.
Indonesien ist das Land, aus dem er stammt.

7 *Quand* **d'où** *signifie « duquel » ou « de laquelle », on traduit par* ***aus dem*** *(pour le masculin et le neutre),* ***aus der*** *(pour le féminin),* ***aus denen*** *(pour le pluriel).*

8 ▷ Au moment où j'allais sortir, le téléphone a sonné.
Gerade als ich gehen wollte, klingelte das Telefon.
▷ Tu te souviens du jour où on s'est rencontrés ?
Erinnerst du dich an den Tag, als wir uns kennengelernt haben?

8 (dans le temps) als

oublier

1 ▷ J'ai oublié son nom.
Ich habe seinen Namen vergessen.
▷ N'oublie pas de fermer la porte à clé.
Vergiss nicht, die Tür abzuschließen.

1 (= ne pas se souvenir, négliger) vergessen (vergisst, vergaß, vergessen)

ℹ *Les verbes commençant par le préfixe* ***ver-*** *ne prennent pas* ***ge-*** *au participe passé.*

2 ▷ Lionel a oublié son blouson dans le train.
Lionel hat seine Jacke im Zug liegenlassen.
▷ Nous avons oublié le chien dans la voiture !
Wir haben den Hund im Auto sitzenlassen!

2 *Pour dire qu'on a laissé quelque chose ou quelqu'un quelque part, on emploie le verbe* ***lassen*** *avec le verbe complémentaire qui convient :* ***liegen*** *(l'objet est posé),* ***hängen*** *(l'objet est accroché),* ***sitzen*** *(assis), etc.*

ℹ *Quand le verbe* ***lassen*** *est précédé d'un infinitif, il ne prend pas* ***ge-*** *au participe passé.*

ouest

▷ L'ouest est dans cette direction.
Der Westen liegt in dieser Richtung.
▷ Ils habitent dans l'Ouest.
Sie wohnen im Westen.
▷ Mon village est à l'ouest de Lunéville.
Mein Dorf liegt westlich von Lunéville.

der **Westen**

► **dans l'Ouest :** im Westen

► **à l'ouest de... :** westlich von...

oui

▷ Tu veux du riz ? – Oui, s'il te plaît.
Willst du Reis? – Ja, bitte.
▷ Je pense que oui.
Ich denke ja.

ja

ouragan

▷ L'ouragan a détruit les toits dans tout le voisinage.
Der Orkan hat alle Dächer in der Nachbarschaft weggerissen.

der **Orkan** (pluriel Orkane)

ours

▷ Les ours aiment le miel.
Bären lieben Honig.

der **Bär** (pluriel Bären)

ℹ *Notez que* ***Bär*** *est un masculin faible, c'est-à-dire qu'il prend* ***-en*** *à tous les cas sauf au nominatif singulier.*

▷ L'ours polaire est une espèce menacée.
Der Eisbär ist eine gefährdete Tierart.

► **ours polaire :** der Eisbär

ourse

▷ L'ourse défendait son petit.
Die Bärin verteidigte ihr Kleines.
▷ Tu vois la Grande Ourse ?
Siehst du den Großen Bären?

die **Bärin** (pluriel Bärinnen)

Les constellations **Grande Ourse** *et* **Petite Ourse** *sont traduites par les masculins der* ***Große Bär*** *et der* ***Kleine Bär****. On dit aussi der* ***Große Wagen*** *et der* ***Kleine Wagen****. Notez les majuscules aux adjectifs.*

outil

▷ Mon père a prêté ses outils au voisin.
Mein Vater hat sein Werkzeug dem Nachbarn geliehen.

das **Werkzeug** (pluriel –zeuge)

ℹ *Quand on parle des outils dans leur ensemble, on utilise le singulier en allemand.*

outre-mer

▷ Il y a combien de départements d'outre-mer ?
Wie viele Überseedepartements gibt es?

Pour dire que quelque chose se trouve **outre-mer**, *on emploie des mots composés avec* ***Übersee-***.

ouvert, ouverte

▷ Est-que le musée est ouvert le mardi ?
Ist das Museum dienstags offen?

▷ Elle est ouverte et tolérante.
Sie ist offen und tolerant.

offen

ouvertement

▷ Il a critiqué ouvertement leurs méthodes.
Er hat ihre Methoden offen kritisiert.

offen

ouverture

▷ Il y a une ouverture dans le mur.
In der Mauer ist eine Öffnung.

▷ Les heures d'ouverture sont affichées sur la porte.
Die Öffnungszeiten sind an der Tür angeschlagen.

die **Öffnung** (pluriel **Öffnungen**)

► **heures d'ouverture :** die **Öffnungszeiten**

ouvrage

1 ▷ Il est temps de se mettre à l'ouvrage.
Es ist Zeit, sich an die Arbeit zu machen.

2 ▷ J'ai emprunté des ouvrages sur l'histoire de l'art.
Ich habe mir Werke über Kunstgeschichte ausgeliehen.

1 (= œuvre) die **Arbeit** (pluriel **Arbeiten**)

2 (= livre) das **Werk** (pluriel **Werke**)

ouvre-boîte

▷ Passe-moi l'ouvre-boîte, s'il te plaît.
Gib mir bitte den Dosenöffner.

der **Dosenöffner** (pluriel **-öffner**)

ouvrier, ouvrière

▷ Les ouvriers sont en grève.
Die Arbeiter streiken.

der **Arbeiter** (pluriel **Arbeiter**), die **Arbeiterin** (pluriel **Arbeiterinnen**)

ouvrir

1 ▷ Ouvre la fenêtre, il fait chaud.
Mach das Fenster auf, es ist warm.

▷ Tu peux ouvrir les yeux.
Du darfst die Augen aufmachen.

1 *La traduction la plus courante de* **ouvrir** *est* ***aufmachen***.

ℹ ***auf•machen*** *est un verbe à particule séparable.*

ℹ *On dit aussi* ***öffnen***.

2 ▷ Tu as ouvert le radiateur ?
Hast du die Heizung aufgedreht?

2 *Quand on ouvre un robinet ou un radiateur, on dit* ***aufdrehen****.*

ℹ ***auf•drehen*** *est un verbe à particule séparable.*

3 ▷ L'exposition ouvre après-demain.
Die Ausstellung öffnet übermorgen.

3 *Quand on parle d'une exposition, d'un événement, on dit* ***öffnen****.*

4 ▷ Tout d'un coup, la porte s'est ouverte.
Plötzlich ging die Tür auf.

4 ► **s'ouvrir :** aufgehen

ℹ ***auf•gehen*** *est un verbe à particule séparable et se conjugue comme* ***gehen*** (**ging**, **gegangen**).

5 ▷ Léa s'est ouvert le front.
Léa hat sich die Stirn aufgeschlagen.

5 *Quand* **s'ouvrir** *signifie « blesser », on emploie le préfixe* ***auf*** *avec le verbe qui convient :* ***aufbeißen*** **(ouvrir en mordant),** ***aufschneiden*** **(ouvrir en coupant),** ***aufschlagen*** **(ouvrir en donnant un coup).**

ovale

▷ Je cherche le plat ovale.
Ich suche die ovale Platte.

oval

ovni

▷ Il dit qu'il a vu plein d'ovnis.
Er sagt, er hätte viele Ufos gesehen.

das **Ufo** (pluriel **Ufos**)

ℹ ***Ufo*** *est l'abréviation de* ***Unbekanntes Flugobjekt****.*

oxygène

▷ On ne peut pas vivre sans oxygène.
Ohne Sauerstoff kann man nicht leben.

der **Sauerstoff**

ozone

▷ La couche d'ozone devient de plus en plus mince.
Die Ozonschicht wird immer dünner.

das **Ozon**

Pp

pacifique

1 ▷ Nos intentions sont pacifiques.
Unsere Absichten sind friedlich.

1 (adjectif) **friedlich**

2 ▷ Quel océan est plus grand, le Pacifique ou l'Atlantique ?
Welcher Ozean ist größer, der Pazifik oder der Atlantik?

2 ► **le Pacifique :** der **Pazifik**

ℹ *Quand on parle du* Pacifique Sud *en allemand, on dit souvent die* ***Südsee****.*

se pacser

▷ Ils se sont pacsés l'année dernière.
Sie haben letztes Jahr einen zivilen Solidaritätspakt abgeschlossen.

einen **zivilen Solidaritätspakt abschließen**

ℹ ***ab•schließen*** *est un verbe à particule séparable et se conjugue comme* ***schließen*** (schloss, geschlossen).

pagaie

▷ On a perdu une pagaie.
Wir haben ein Paddel verloren.

das **Paddel** (pluriel Paddel)

pagaille

▷ Comment tu fais pour mettre une telle pagaille ?
Wie schaffst du es denn, so ein Durcheinander zu machen?

(= désordre) das **Durcheinander**

pagayer

▷ J'ai pagayé jusqu'à l'île.
Ich bin bis zur Insel gepaddelt.

paddeln

page

▷ Le livre fait trois cents pages.
Das Buch ist dreihundert Seiten lang.

die **Seite** (pluriel Seiten)

paiement

▷ Le paiement se fait en espèces.
Die Zahlung erfolgt in bar.

die **Zahlung** (pluriel **Zahlungen**)

païen, païenne

▷ Les druides étaient des païens.
Die Druiden waren Heiden.

der **Heide** (pluriel **Heiden**), die **Heidin** (pluriel **Heidinnen**)

*Attention à ne pas confondre avec die **Heide*** = lande.

paillasson

▷ Je laisserai la clé sous le paillasson.
Ich werde den Schlüssel unter der Fußmatte lassen.

die **Fußmatte** (pluriel **-matten**)

paille

▷ Tu as de la paille dans les cheveux.
Du hast Stroh im Haar.

das **Stroh**

▷ Lucien boit toujours avec une paille.
Lucien trinkt immer mit einem Strohhalm.

(pour boire) der **Strohhalm** (pluriel **-halme**)

paillette

▷ Il y a des paillettes dans cette ombre à paupières.
In diesem Lidschatten sind Pailletten.

▷ La chanteuse portait une robe à paillettes.
Die Sängerin trug ein mit Pailletten besetztes Kleid.

die **Paillette** /pai'jɛtə/ (pluriel **Pailletten**)

Notez la prononciation.

pain

1 ▷ Il ne reste plus de pain, je vais en acheter.
Es ist kein Brot mehr da, ich gehe welches kaufen.

▷ Je préfère le pain complet.
Ich mag Vollkornbrot lieber.

1 das **Brot** (pluriel **Brote**)

► **pain complet :** das **Vollkornbrot**

2 ▷ Il y avait des biscuits et du pain d'épices.
Es gab Kekse und Lebkuchen.

2 ► **pain d'épices :** der **Lebkuchen** (pluriel **-kuchen**)

Le pain d'épices français ne ressemble pas au pain d'épices allemand. La forme et les ingrédients ne sont pas les mêmes.

3 ▷ Je prendrais bien du pain grillé au petit-déjeuner.
Ich hätte gern Toast zum Frühstück.

3 ► **pain grillé :** der **Toast** /to:st/

Notez la prononciation.

*On dit aussi **getoastetes Brot**.*

4 ▷ Les Britanniques mangent du pain de mie.
Die Briten essen vor allem Toastbrot.

4 ► **pain de mie :** das **Toastbrot**

5 ▷ Il y avait quatre sortes différentes de petits pains.
Es gab vier verschiedene Sorten von Brötchen.

5 ► **petit pain :** das Brötchen (pluriel Brötchen)

pair

▷ Les numéros pairs sont de l'autre côté de la rue.
Die geraden Hausnummern sind auf der anderen Straßenseite.

(en parlant d'un chiffre, d'un numéro) gerade

paire

1 ▷ Il a au moins vingt paires de chaussettes !
Er hat mindestens zwanzig Paar Strümpfe!

1 *Quand on parle de choses qui vont ensemble, on dit das* ***Paar*** *au singulier.*

2 ▷ Ils font une jolie paire.
Sie bilden ein hübsches Paar.

2 (= couple) das Paar (pluriel Paare)

paisible

▷ C'est vraiment très paisible ici.
Es ist wirklich sehr friedlich hier.

friedlich

paix

1 ▷ La paix règne à nouveau.
Es herrscht wieder Frieden.
▷ Je suis allée à la manifestation pour la paix.
Ich war auf der Friedensdemonstration.
▷ Nous avons finalement fait la paix.
Wir haben endlich Frieden geschlossen.

1 der Frieden

► **faire la paix** (= se réconcilier) : Frieden schließen (schloss, geschlossen)

2 ▷ Fiche-moi la paix !
Lass mich in Ruhe!

2 ► **ficher la paix à** quelqu'un **:** jemanden (accusatif) in Ruhe lassen (lässt, ließ, gelassen)

palais

1 ▷ Nous avons visité le palais de la reine.
Wir haben den Palast der Königin besichtigt.

1 (= château) der Palast (pluriel Paläste)

2 ▷ Le concert aura lieu au palais des sports.
Das Konzert findet in der Sporthalle statt.

2 ► **palais des sports :** die Sporthalle (pluriel -hallen)

3 ▷ Je me suis brûlé le palais avec du café.
Ich habe mir den Gaumen mit Kaffee verbrannt.

3 (= le palais dans la bouche) der Gaumen

pâle

▷ Tu es toute pâle, tu ne te sens pas bien ?
Du bist ganz blass, fühlst du dich nicht wohl?

blass

palier

▷ J'ai rencontré les voisins sur le palier.
Ich habe die Nachbarn auf dem Treppenabsatz getroffen.

der Treppenabsatz (pluriel -absätze)

pâlir

▷ Tout d'un coup Georgina a pâli.
Georgina ist plötzlich blass geworden.

blass werden (wird, wurde, geworden)

palme

▷ Rachida nage avec des palmes.
Rachida schwimmt mit Schwimmflossen.

(pour nager) die **Schwimmflosse** (pluriel –flossen)

palmier

▷ Il y a des palmiers partout en Floride.
In Florida stehen überall Palmen.

(= arbre) die **Palme** (pluriel Palmen)

pamplemousse

▷ J'aime bien le pamplemousse.
Ich mag Pampelmuse.

die **Pampelmuse** (pluriel Pampelmusen)

ℹ *On dit aussi die* ***Grapefruit****, qui vient de l'anglais.*

panaché

▷ Je prendrai un panaché, s'il vous plaît.
Für mich einen Radler *ou* ein Alsterwasser, bitte.

Pour désigner une bière avec de la limonade, on dit der ***Radler*** (pluriel Radler) *dans le sud de l'Allemagne, et das* ***Alsterwasser*** (pluriel –wasser) *dans le nord de l'Allemagne.*

pancarte

▷ Tu as vu la pancarte ? C'est marqué « Fermé ».
Hast du das Schild gesehen? Da steht „Geschlossen".

das **Schild** (pluriel Schilder)

Attention à ne pas confondre avec der ***Schild*** = bouclier *dont le pluriel est* ***Schilde****.*

pané, panée

▷ Mon frère n'aime pas le poisson frais, seulement le poisson pané.
Mein Bruder mag keinen frischen Fisch, nur panierten.

paniert

panier

▷ Mets les courses dans le panier.
Leg die Einkäufe in den Korb.

▷ Où est mon T-shirt bleu ? – Dans le panier à linge.
Wo ist mein blaues T-Shirt? – Im Wäschekorb.

▷ Emmanuel a marqué un panier magnifique.
Emmanuel hat einen fantastischen Korb geworfen.

der **Korb** (pluriel Körbe)

► **panier à linge :** der **Wäschekorb** (pluriel –körbe)

► **marquer un panier** (au basket) **:** **einen Korb werfen** (wirft, warf, geworfen)

panique

▷ Pas de panique !
Keine Panik!

die **Panik**

paniquer

▷ Ne paniquez pas, j'ai appelé la police !
Jetzt geratet nicht in Panik, ich habe die Polizei gerufen!

in Panik geraten (gerät, geriet, geraten)

panne

1 ▷ Mon père a trouvé la panne de la machine à laver.
Mein Vater hat die Panne der Waschmaschine gefunden.

▷ Nous sommes tombés en panne sur l'autoroute.
Wir hatten auf der Autobahn eine Panne.

1 (en parlant d'une voiture, d'une machine qui ne fonctionne plus) die **Panne** (pluriel Pannen)

► **être en panne** *ou* **tomber en panne :** eine Panne haben (hat, hatte, gehabt)

2 ▷ Nous sommes tombés en panne d'essence.
Wir hatten kein Benzin mehr.

2 ► **être** *ou* **tomber en panne d'essence :** kein Benzin mehr haben

3 ▷ Il y a eu une panne de courant pendant l'orage.
Während des Gewitters gab es einen Stromausfall.

3 ► **panne de courant** *ou* **panne d'électricité :** der Stromausfall

panneau

1 ▷ On a raté le panneau « Toulouse ».
Wir haben das Schild „Toulouse" verpasst.

1 (= pancarte, direction sur la route) das **Schild** (pluriel Schilder)

*Attention à ne pas confondre avec der **Schild** =* bouclier *dont le pluriel est **Schilde**.*

2 ▷ Les résultats sont sur le panneau d'affichage.
Der Ergebnisse stehen auf der Anschlagtafel.

2 ► **panneau d'affichage :** die **Anschlagtafel** (pluriel -tafeln)

*On dit aussi das **Anschlagbrett*** (pluriel -bretter).

panoplie

▷ Agnès a eu une panoplie d'elfe pour Noël.
Agnès hat eine Elfenausrüstung zu Weihnachten bekommen.

die **Ausrüstung** (pluriel Ausrüstungen)

pansement

▷ Viens, je vais te donner un pansement.
Komm, ich geb dir ein Pflaster.

(= sparadrap) das **Pflaster** (pluriel Pflaster)

pantalon

▷ Je me suis acheté un nouveau pantalon.
Ich habe mir eine neue Hose gekauft.

die **Hose** (pluriel Hosen)

panthère

▷ Nous avons vu des panthères au zoo.
Im Zoo haben wir Leoparden gesehen.

der **Leopard** (pluriel **Leoparden**)

ℹ *On dit der* ***Panther*** *uniquement pour désigner* la panthère noire *(der* ***schwarze Panther****).*

pantoufle

▷ Mets tes pantoufles, tu vas attraper un rhume !
Zieh dir Pantoffeln an, sonst kriegst du einen Schnupfen!

der **Pantoffel** (pluriel **Pantoffeln**)

paon

▷ J'ai trouvé une plume de paon dans le parc.
Ich habe eine Pfauenfeder im Park gefunden.

der **Pfau** (pluriel **Pfauen**)

papa

▷ Le papa de Ludo est agriculteur.
Ludos Papa ist Landwirt.

der **Papa**

ℹ *On dit aussi der* ***Vati*** *ou der* ***Papi****.*

pape

▷ Le pape a fait un voyage au Mexique.
Der Papst ist nach Mexiko gereist.

der **Papst** (pluriel **Päpste**)

papeterie

▷ La papeterie est près de la mairie.
Die Schreibwarenhandlung ist in der Nähe des Rathauses.

(= magasin) die **Schreibwaren-handlung** (pluriel **–handlungen**)

ℹ *On dit aussi das* ***Schreibwaren-geschäft*** (pluriel **–geschäfte**).

papi

▷ Mon papi a soixante-quinze ans.
Mein Opa ist fünfundsiebzig.

der **Opa** (pluriel **Opas**)

ℹ *On dit aussi der* ***Opi****.*

papier

1 ▷ Je n'ai plus de papier pour l'imprimante.
Ich habe kein Papier für den Drucker mehr.

▷ Cet éventail est en papier.
Dieser Fächer ist aus Papier.

▷ Raphaëlle a fabriqué un bateau en papier.
Raphaëlle hat ein Papierboot angefertigt.

▷ Est-ce qu'il te reste du papier cadeau ?
Hast du noch Geschenkpapier?

▷ Il n'y a plus de papier hygiénique.
Es ist kein Toilettenpapier mehr da.

1 (= la matière) das **Papier** (pluriel **Papiere**)

► **être en papier :** aus Papier sein

Pour désigner des objets **en papier**, *on forme des mots composés avec* ***Papier*** *: die* ***Papierblume*** (fleur en papier), *die* ***Papierserviette*** (serviette en papier), *etc.*

► **papier cadeau :** das Geschenkpapier

► **papier hygiénique :** das Toilettenpapier

▷ Tu peux utiliser du papier journal pour boucher le trou.
Du kannst Zeitungspapier nehmen, um das Loch zu stopfen.

► **papier journal :** das Zeitungspapier

▷ Elle m'a écrit sur du papier à lettres rose.
Sie hat mir auf rosa Briefpapier geschrieben.

► **papier à lettres :** das Briefpapier

2 ▷ Elle fait des marionnettes en papier mâché.
Sie macht Marionetten aus Pappmaschee.

2 ► **papier mâché :** das Pappmaschee

3 ▷ Je vais emballer le poulet dans du papier alu.
Ich werde das Hähnchen in Alufolie wickeln.

3 ► **papier alu :** die Alufolie

4 ▷ Ce papier peint est affreux !
Diese Tapete ist schrecklich!

4 ► **papier peint :** die Tapete (pluriel Tapeten)

5 ▷ Passe-moi un papier, je vais noter l'adresse.
Gib mir mal einen Zettel, ich schreibe die Adresse auf.

5 (= morceau de papier) der Zettel (pluriel Zettel)

6 ▷ Le policier voulait voir nos papiers.
Der Polizist wollte unsere Ausweispapiere sehen.

6 ► **papiers** (d'identité) **:** die Ausweispapiere

papillon

▷ Regarde ce joli papillon !
Schau mal, der schöne Schmetterling!

der Schmetterling (pluriel Schmetterlinge)

papoter

▷ On a papoté pendant une heure au téléphone.
Wir haben eine Stunde am Telefon geschwatzt.

schwatzen

papy

▷ Le papy de Léonie est très sportif.
Léonies Opa ist sehr sportlich.

der Opa (pluriel Opas)

ℹ *On dit aussi der* ***Opi****.*

pâquerette

▷ La pelouse est couverte de pâquerettes.
Der Rasen ist voller Gänseblümchen.

(= fleur) das Gänseblümchen (pluriel –blümchen)

Pâques

▷ À Pâques nous sommes partis à la montagne.
Zu Ostern sind wir in die Berge gefahren.

Ostern

paquet

1 ▷ Achète deux paquets de café.
Kauf zwei Päckchen Kaffee.

1 (= sachet) das Päckchen (pluriel Päckchen)

2 ▷ Lydie a reçu un paquet du Canada.
Lydie hat ein Paket aus Kanada erhalten.

2 (= colis) das Paket (pluriel Pakete)

par

1 ▷ Ce roman a été écrit par Victor Hugo.
Dieser Roman wurde von Victor Hugo geschrieben.

1 (complément d'agent) **von**

2 ▷ Vous êtes venus par la rue du Moulin ?
Seid ihr durch die rue du Moulin gekommen?
▷ On a dû passer par la forêt.
Wir mussten durch den Wald gehen.
▷ Pendant les cours, elle regarde par la fenêtre.
Während des Unterrichts schaut sie aus dem Fenster.

2 (= en passant par, à travers) **durch**

Attention : quand on regarde **par la fenêtre** *vers l'extérieur, on dit* ***aus dem Fenster***.

3 ▷ C'est plus rapide par Cologne.
Über Köln ist es schneller.

3 (avant un nom de ville ou de pays) **über**

4 ▷ Il est arrivé par le train de nuit.
Er ist mit dem Nachtzug gekommen.
▷ Est-ce que je peux payer par chèque ?
Kann ich mit einem Scheck bezahlen?

4 (pour indiquer le moyen par lequel on fait quelque chose) **mit**

5 ▷ Il a fait ça par jalousie.
Er hat das aus Eifersucht getan.

5 (pour indiquer le motif d'une action) **aus**

6 ▷ Ils gagnent deux mille euros par mois.
Sie verdienen zweitausend Euro pro Monat.

6 (= chaque) **pro**

7 ▷ La vitesse est limitée par temps de pluie.
Die Geschwindigkeit ist bei Regenwetter begrenzt.

7 (en parlant du temps) **bei**

8 ▷ Passez par ici, s'il vous plaît.
Kommen Sie hier entlang, bitte.
▷ Il n'y a pas de magasins par ici.
Hier in der Gegend gibt es keine Geschäfte.

8 ► **par ici** (= par ce chemin) : **hier**

► **par ici** (= dans ce coin) : **hier in der Gegend**

9 ▷ Carcassonne ? On est passés par là !
Carcassonne? Dort sind wir durchgefahren!
▷ Elle habite quelque part par là.
Sie wohnt irgendwo dort in der Gegend.

9 ► **par là** (= par ce chemin) : **dort**

► **par là** (= dans ce coin) : **dort in der Gegend**

parachute

▷ Le parachute ne s'est pas ouvert.
Der Fallschirm hat sich nicht geöffnet.

der **Fallschirm** (pluriel **-schirme**)

parachutisme

▷ J'ai fait du parachutisme cet été.
Ich habe diesen Sommer Fallschirmspringen gemacht.

das **Fallschirmspringen**
► **faire du parachutisme** : **Fallschirmspringen machen** *ou* **ausüben**

paradis

▷ La plage, les palmiers : c'est le paradis !
Der Strand, die Palmen: das Paradies!

das **Paradies**

paragraphe

▷ Le troisième paragraphe est très compliqué.
Der dritte Absatz ist sehr kompliziert.

der **Absatz** (pluriel Absätze)

ℹ *On dit aussi der* ***Abschnitt*** (pluriel Abschnitte).

paraître

1 ▷ Il paraît s'éloigner, mais en fait il se rapproche.
Er scheint sich zu entfernen, aber tatsächlich kommt er näher.

▷ Ça paraît simple, mais ça ne l'est pas.
Das scheint ganz einfach zu sein, ist es aber nicht.

1 *Quand* **paraître** *est suivi d'un verbe, on traduit par* ***scheinen + zu***.

Quand **paraître** *est suivi d'un adjectif, on traduit par* ***scheinen + zu sein***.

2 ▷ Il paraît que Lise sort avec Matthieu.
Angeblich geht Lise mit Matthieu.

2 ► **il paraît que... :** angeblich...

parallèle

▷ Les deux rues sont parallèles.
Die beiden Straßen liegen parallel.

▷ L'avenue est parallèle à la rivière.
Die Avenue liegt parallel zum Fluss.

parallel /parale:l/

🔈 *Notez la prononciation.*

ℹ *Notez la préposition employée en allemand :* parallèle à = ***parallel zu***.

paralysé, paralysée

▷ Elle est paralysée depuis l'accident.
Seit dem Unfall ist sie gelähmt.

gelähmt

paranoïaque

▷ Tu es complètement paranoïaque !
Du bist total paranoid!

paranoid

parapente

1 ▷ Il y avait plusieurs parapentes au-dessus de nous.
Mehrere Gleitschirme schwebten über uns.

1 (= engin) der **Gleitschirm** (pluriel -schirme)

2 ▷ Il y a un club de parapente dans ma ville.
In meiner Stadt gibt es einen Gleitschirmfliegerclub.

▷ J'ai fait du parapente dans les Alpes.
Ich habe in den Alpen Gleitschirmfliegen gemacht.

2 (= activité) das **Gleitschirmfliegen**

► **faire du parapente :** Gleitschirmfliegen machen

parapluie

▷ J'ai laissé mon parapluie dans le train !
Ich habe meinen Regenschirm im Zug liegenlassen!

der **Regenschirm** (pluriel -schirme)

parasites

▷ C'est un appareil qui supprime les parasites.
Dieses Gerät beseitigt die Störgeräusche.

(= bruits dans radio, télévision) die **Störgeräusche**

ℹ *Störgeräusche est un pluriel.*

parasol

▷ Nous aurons besoin d'un parasol à la plage.
Am Strand werden wir einen Sonnenschirm brauchen.

der **Sonnenschirm** (pluriel **-schirme**)

paravent

▷ J'ai acheté un joli paravent chinois.
Ich habe einen hübschen chinesischen Wandschirm gekauft.

der **Wandschirm** (pluriel **-schirme**)

parc

▷ Barnabé promène son chien dans le parc tous les soirs.
Barnabé führt jeden Abend seinen Hund im Park spazieren.

(= jardin) der **Park** (pluriel **Parks**)

▷ On s'est bien amusés au parc d'attractions.
Wir haben uns im Vergnügungspark gut amüsiert.

► **parc d'attractions :** der Vergnügungspark

parce que

▷ Lena est absente parce qu'elle a la grippe.
Lena ist nicht da, weil sie Grippe hat.

weil

parcmètre

▷ Tu as une carte pour le parcmètre ?
Hast du eine Karte für die Parkuhr?

die **Parkuhr** (pluriel **-uhren**)

parcours

1 ▷ Le bus suit un parcours compliqué.
Der Bus folgt einer komplizierten Strecke.
▷ Nous avons fait le parcours en deux heures.
Wir haben die Strecke in zwei Stunden zurückgelegt.

1 (= itinéraire, trajet) die **Strecke** (pluriel **Strecken**)

2 ▷ Il y a un parcours de golf près d'ici.
Hier in der Nähe ist ein Golfplatz.

2 ► **parcours de golf :** der Golfplatz

par-derrière

1 ▷ On va passer par-derrière pour qu'ils ne nous voient pas.
Wir gehen hinten herum, damit sie uns nicht sehen.

1 (= derrière quelque chose) **hinten herum**

2 ▷ Il critique les gens par-derrière.
Er kritisiert die Leute hinter deren Rücken.

2 (= sournoisement) **hinter** jemandes (génitif) **Rücken**

par-dessous

▷ Passez par-dessous la clôture.
Kriecht unter dem Zaun durch.

unter + *datif*

par-dessus

▷ Grimpez par-dessus la clôture.
Klettert über den Zaun.

über + *accusatif*

pardon

1 ▷ Pardon, je ne vous avais pas vu.
Entschuldigung, ich hatte Sie nicht gesehen.

1 (= pour s'excuser) Entschuldigung
On dit aussi ***Verzeihung****.*

2 ▷ Pardon ? Vous pouvez répéter ?
Wie bitte? Könnten Sie das bitte wiederholen?

2 (quand on a mal entendu) wie bitte?

3 ▷ Il devrait te demander pardon.
Er sollte dich um Verzeihung bitten.

3 ► **demander pardon à quelqu'un :** jemanden (accusatif) um Verzeihung bitten (bat, gebeten)

pardonner

▷ Je ne te le pardonnerai jamais !
Das verzeihe ich dir nie!

verzeihen (verzieh, verziehen)
Les verbes commençant par le préfixe ***ver-*** *ne prennent pas* ***ge-*** *au participe passé.*

pare-brise

▷ Le pare-brise est tout sale.
Die Windschutzscheibe ist ganz dreckig.

die Windschutzscheibe (pluriel -scheiben)

pare-feu

▷ Je n'ai pas pu télécharger l'application à cause du pare-feu.
Wegen der Firewall konnte ich die Anwendung nicht herunterladen.

(Internet) die Firewall /'faɪəwɔːl/
Firewall *est un mot anglais. Attention à sa prononciation.*

pareil, pareille

1 ▷ Nos cartables sont pareils.
Unsere Schultaschen sind gleich.
▷ Ta méthode marche bien, je vais faire pareil.
Deine Methode funktioniert gut, ich werde das Gleiche machen.

1 (= identique) gleich
► **faire pareil :** das Gleiche machen

2 ▷ Ma jupe est pareille que la tienne.
Mein Rock ist genauso wie deiner.

2 ► **pareil que ... :** genauso wie ...

parent

1 ▷ Les parents de Karim sont algériens.
Karims Eltern sind Algerier.

1 ► **parents** (= père et mère) **:** die Eltern

2 ▷ Tous les parents de la mariée étaient là.
Alle Verwandten der Braut waren da.

2 (= membre de la famille) der / die **Verwandte** (pluriel **Verwandten**)

ℹ *C'est un adjectif substantivé : on dit* ***ein Verwandter.***

parenthèse

▷ La date est entre parenthèses.
Das Datum steht in Klammern.

► **entre parenthèses : in Klammern**

ℹ *Notez la préposition en allemand.*

▷ Il faut mettre les exemples entre parenthèses.
Die Beispiele müssen in Klammern gesetzt werden.

► **mettre entre parenthèses : in Klammern setzen**

ℹ *On dit aussi* ***einklammern.***

paresseux, paresseuse

▷ Qu'est-ce que tu es paresseux ! Lève-toi !
Du bist vielleicht faul! Steh auf!

faul

parfait, parfaite

▷ Thomas se croit parfait.
Thomas hält sich für perfekt.

perfekt

parfaitement

1 ▷ Je peux parfaitement comprendre.
Ich kann es vollkommen verstehen.

1 (= très bien) **vollkommen**

2 ▷ Tu l'as fait tout seul ? – Parfaitement !
Hast du das allein gemacht? – Natürlich!

2 (= certainement, oui) **natürlich**

parfois

▷ Parfois, ça me donne envie de crier !
Manchmal habe ich einfach Lust zu schreien!

manchmal

parfum

1 ▷ Mmm, quel bon parfum ! C'est quoi ?
Mmm, so ein tolles Parfüm! Was ist das?

1 (= eau de toilette) das **Parfüm**

2 ▷ Le parfum de ces roses est merveilleux.
Der Duft dieser Rosen ist wunderbar.

▷ Ces fleurs ont un parfum très fort.
Diese Blumen duften sehr stark.

2 (= bonne odeur) der **Duft**

Pour dire que quelque chose **a un parfum,** *suivi d'un adjectif, on emploie le verbe* ***duften****, suivi de l'adjectif. Pour dire que quelque chose* **a un parfum de...**, *on emploie* ***nach ... duften****.*

3 ▷ Quel est ce parfum, cassis ou mûre ?
Welcher Geschmack ist das, schwarze Johannisbeere oder Brombeere?

3 (= goût d'une glace, d'un bonbon) der **Geschmack**

parfumé, parfumée

1 ▷ Tes roses sont très parfumées.
Deine Rosen duften stark.

1 ► **être parfumé** (naturellement) : duften

2 ▷ Je lui ai acheté des savons parfumés.
Ich habe ihr parfümierte Seifen gekauft.

2 ► **être parfumé** (artificiellement) : parfümiert sein

3 ▷ J'aime les biscuits parfumés à la fraise.
Ich mag die Kekse mit Erdbeergeschmack.

3 ► **parfumé à** (un arôme) : mit ...geschmack

pari

▷ Ludovic a gagné son pari.
Ludovic hat seine Wette gewonnen.
▷ Nous avons fait un pari et j'ai perdu.
Wir haben gewettet, und ich habe verloren.

die **Wette** (pluriel Wetten)

► **faire un pari** : wetten

parier

▷ On a parié dix euros.
Wir haben um zehn Euro gewettet.

▷ Tu n'arriveras jamais avant moi. – Tu paries ?
Du kommst niemals vor mir an. – Wetten, dass?

wetten
► **parier** quelque chose : um etwas wetten
► **tu paries ?** : wetten, dass?

Paris

▷ J'habite à Paris depuis quatre ans.
Ich lebe seit vier Jahren in Paris.

Paris /pa'riːs/
ℹ *Notez qu'en allemand les noms de ville ne prennent l'article neutre que précédés d'un adjectif :* ***das touristische Paris*** (le Paris touristique).

parisien, parisienne

1 ▷ Mes amies parisiennes sont venues me voir.
Meine Pariser Freundinnen haben mich besucht.

1 (adjectif) **Pariser**

2 ▷ C'est un vrai Parisien.
Er ist ein echter Pariser.

2 (= personne) der **Pariser** (pluriel Pariser), die **Pariserin** (pluriel Pariserinnen)
ℹ ***Pariser*** *est aussi un terme familier pour* préservatif.

parking

▷ Le parking est plein.
Der Parkplatz ist voll.
▷ On se garera au parking, c'est plus simple.
Wir werden im Parkhaus parken, das ist einfacher.

der **Parkplatz** (pluriel -plätze)
ℹ *Quand il s'agit d'un* parking souterrain, *on dit aussi* ***die Tiefgarage****. Quand il s'agit d'un* parking à étages, *on dit aussi* ***das Parkhaus****.*

parler

1 ▷ Parle plus doucement.
Sprich langsamer.
▷ Nous avons parlé pendant une heure au téléphone.
Wir haben eine Stunde lang am Telefon geredet.
▷ J'ai parlé au professeur de mon problème.
Ich habe mit dem Lehrer über mein Problem gesprochen.
▷ Laisse-le parler, à la fin !
Jetzt lass ihn doch mal reden!
▷ Ils ne se parlent plus.
Sie sprechen nicht mehr miteinander *ou* Sie reden nicht mehr miteinander.
▷ Ralf parle très bien français.
Ralf spricht sehr gut Französisch.

1 (= s'exprimer, discuter) **reden** *ou* **sprechen** (spricht, sprach, gesprochen)

► **parler de** quelque chose (= discuter de quelque chose) : **über** etwas (accusatif) **sprechen** *ou* **reden**
► **laisser parler** quelqu'un : jemanden (accusatif) **reden lassen**
► se **parler** : **miteinander sprechen** *ou* **miteinander reden**

► **parler une langue** : **eine Sprache sprechen**

2 ▷ Ce livre parle de la guerre.
Dieses Buch handelt vom Krieg.

2 ► **parler de** quelque chose (= avoir pour sujet) : **von** etwas (datif) **handeln**

parmi

▷ Qui parmi vous connaît la réponse ?
Wer unter euch kennt die Antwort?

unter + *datif*
ℹ *On dit aussi* **von** *+ datif.*

paroi

▷ Éloignez-vous de la paroi !
Geht von der Wand weg!

die **Wand** (pluriel **Wände**)

parole

1 ▷ Ce ne sont que des paroles, tu dois le prouver.
Das sind nur Worte, du musst es beweisen.

1 (= mot prononcé) das **Wort** (pluriel **Worte**)
Ne confondez pas avec das **Wort** *= mot au sens « terme », dont le pluriel est* **Wörter**.

▷ Le professeur a donné la parole à Djamel.
Der Lehrer hat Djamel das Wort erteilt.

► **donner la parole à** quelqu'un : jemandem (datif) **das Wort erteilen**
ℹ *Les verbes commençant par le préfixe* **er-** *ne prennent pas* **ge-** *au participe passé.*

▷ Il voulait prendre la parole, mais il n'arrivait pas à se faire entendre.
Er wollte das Wort ergreifen, aber er konnte sich kein Gehör verschaffen.

► **prendre la parole** : das **Wort ergreifen** (ergriff, ergriffen)
ℹ *Les verbes commençant par le préfixe* **er-** *ne prennent pas* **ge-** *au participe passé.*

2 ▷ Arrête de me couper la parole !
Hör auf, mich zu unterbrechen!

2 ► **couper la parole à** quelqu'un : jemanden (accusatif) **unterbrechen** (unterbricht, unterbrach, unterbrochen)

3 ▷ Il m'a donné sa parole.
Er hat mir sein Ehrenwort gegeben.

▷ Elle a tenu parole.
Sie hat Wort gehalten.

3 ► **donner sa parole à** quelqu'un **:** jemandem (datif) sein Ehrenwort geben (gibt, gab, gegeben)
► **tenir parole :** Wort halten (hält, hielt, gehalten)

4 ▷ Tu connais les paroles de cette chanson ?
Kennst du den Text dieses Lieds?

4 (= texte d'une chanson) der Text (pluriel Texte)

parquet

▷ J'ai prévu de cirer le parquet.
Ich habe vorgesehen, das Parkett zu bohnern.

das Parkett /par'kɛt/ (pluriel Parkette)

part

1 ▷ Tu as pris la plus grosse part du gâteau !
Du hast den größten Teil des Kuchens genommen!

1 (= morceau) der Teil (pluriel Teile)

2 ▷ Chacun doit payer sa part.
Jeder muss seinen Anteil bezahlen.

2 (dans un partage) der Anteil (pluriel Anteile)

3 ▷ Le prof a traité ce cas à part.
Der Lehrer hat diesen Fall getrennt behandelt.

3 ► **à part** (= séparément) : getrennt

4 ▷ Qui est venu à part Charlie ?
Wer, außer Charlie, ist gekommen?

4 ► **à part** (= en dehors de) : außer + *datif*

5 ▷ Donne-lui cette lettre de ma part.
Gib ihm diesen Brief von mir.

5 ► **de la part de** (= au nom de) : von + *datif*

6 ▷ C'est de la part de qui ?
Wer ist am Apparat?

6 *Pour demander* **qui est au téléphone,** *on dit* ***Wer ist am Apparat?***

7 ▷ Les élèves ont tous pris part à l'exposition.
Die Schüler nahmen alle an der Ausstellung teil.

7 ► **prendre part à ... :** an + *datif* + teilnehmen

ℹ *teil•nehmen est un verbe à particule séparable et se conjugue comme nehmen* (nimmt, nahm, genommen).

8 ▷ Je ne la vois nulle part !
Ich sehe sie nirgends!

8 ► **nulle part :** nirgends, nirgendwo

partager

1 ▷ Nous partageons l'argent entre tous.
Wir teilen das Geld unter allen auf.

1 (= répartir) aufteilen

ℹ *auf•teilen est un verbe à particule séparable.*

2 ▷ J'ai dû partager une chambre avec mon frère.
Ich musste ein Zimmer mit meinem Bruder teilen.

2 (= avoir en commun) teilen

3 ▷ Nous nous sommes partagé le travail.
Wir haben uns die Arbeit geteilt.

3 ► se **partager** quelque chose : sich etwas **teilen**

partenaire

▷ Jean est mon partenaire de tennis.
Jean ist mein Tennispartner.

▷ Il est venu avec son partenaire.
Er ist mit seinem Lebenspartner gekommen.

(= associé) der **Partner** (pluriel Partner), die **Partnerin** (pluriel Partnerinnen)
(dans un couple) der **Lebenspartner**, die **Lebenspartnerin**

parti

▷ Chaque parti a un candidat.
Jede Partei hat einen Kandidaten.

(= organisation politique) die **Partei** (pluriel Parteien)

participer

1 ▷ Est-ce que tu participes au concours ?
Nimmst du am Wettbewerb teil?

1 ► **participer à** (= prendre part à) : **an** + *datif* + **teilnehmen**

ℹ ***teil•nehmen*** *est un verbe à particule séparable et se conjugue comme* ***nehmen*** (nimmt, nahm, genommen).

2 ▷ Qui veut participer au cadeau ?
Wer will sich am Geschenk beteiligen?
▷ Nous avons tous participé à l'achat du DVD.
Wir haben uns alle am Kauf der DVD beteiligt.

2 ► **participer à** (financièrement) : sich **an** + *datif* + **beteiligen**

ℹ *Les verbes commençant par le préfixe* ***be-*** *ne prennent pas* ***ge-*** *au participe passé.*
ℹ *Le pronom personnel allemand s'emploie à l'accusatif :* ***ich beteilige mich, du beteiligst dich, er / sie beteiligt sich, wir beteiligen uns, ihr beteiligt euch, sie beteiligen sich.***

particularité

▷ C'est l'une des particularités de notre appareil.
Das ist eine der Besonderheiten des Geräts.

die **Besonderheit** (pluriel -heiten)

particule

▷ Il y a de fines particules dans l'air.
In der Luft gibt es feine Teilchen.

das **Teilchen** (pluriel Teilchen)

particulier, particulière

1 ▷ C'est un cas très particulier.
Das ist ein ganz besonderer Fall.

1 (= spécial) **besondere**

2 ▷ Est-ce que tu pensais à un problème particulier ?
Dachtest du an ein bestimmtes Problem?

2 (= précis) **bestimmt**

3 ▷ Jérôme a des habitudes assez particulières.
Jérôme hat ganz eigenartige Gewohnheiten.

3 (= bizarre) **eigenartig**

4 ▷ C'est vrai, en particulier en France.
Das ist wahr, besonders in Frankreich.

4 ► **en particulier :** besonders
ℹ *On dit aussi* ***vor allem****.*

particulièrement

▷ Raïssa a été particulièrement désagréable.
Raïssa war besonders unangenehm.
▷ Tu as aimé le film ? – Pas particulièrement.
Hat dir der Film gefallen? – Nicht besonders.

besonders

► **pas particulièrement :** nicht besonders

partie

1 ▷ Vous voulez faire une autre partie ?
Wollt ihr noch eine Partie machen?

1 (= jeu) die **Partie** (pluriel Partien /par'tiːən/)
🔈 *Notez la prononciation du pluriel.*

2 ▷ La première partie du texte est plus facile.
Der erste Teil des Textes ist einfacher.

2 (= section, élément) der **Teil** (pluriel Teile)

3 ▷ Ce jardin fait partie du musée.
Dieser Garten gehört zum Museum.

3 ► **faire partie de** (= être une partie de) : zu + *datif* + gehören

4 ▷ Je fais partie du club de voile.
Ich gehöre dem Segelklub an.

4 ► **faire partie de** (= être membre de) : *datif* + angehören

partir

1 ▷ Il est tard, je dois partir.
Es ist spät, ich muss gehen.
▷ Nous partirons très tôt demain matin.
Wir werden morgen sehr früh fahren.

1 *Quand* **partir** *signifie « aller », et si aucun moyen de locomotion n'est indiqué, on traduit par* ***gehen*** (ging, gegangen). S'il est sous-entendu que la personne **part en voiture**, on traduit par ***fahren*** (fährt, fuhr, gefahren).

2 ▷ Nous sommes partis de la maison à huit heures.
Wir gingen um acht Uhr vom Haus weg.

2 ► **partir de** + *lieu* **:** von + *lieu au datif* + weggehen
ℹ ***weg•gehen*** *est un verbe à particule séparable et se conjugue comme* ***gehen****.*

3 ▷ Cédric part en Espagne en août.
Cédric fährt im August nach Spanien.
▷ Dans un mois ils partent en Australie.
In einem Monat fliegen sie nach Australien.

3 *Quand aucun moyen de locomotion n'est indiqué,* **partir à** *ou* **partir en** *+ lieu se traduit par* ***nach*** *+ lieu +* ***gehen****. S'il est sous-entendu que la personne part en voiture, en train, en avion, etc., on traduit par* ***nach ... fahren*** *ou* ***nach ... fliegen****.*

4 ▷ Le moteur ne veut pas partir.
Der Motor will nicht anspringen.

4 (= démarrer, en parlant d'une machine, d'un moteur) **anspringen**
ℹ ***an•springen*** *est un verbe à particule séparable et se conjugue comme* ***springen*** (sprang, gesprungen).

5 ▷ La tache a fini par partir.
Der Fleck ging letzten Endes weg.

5 (= disparaître, en parlant d'une tache) **weggehen**

ℹ *weg•gehen est un verbe à particule séparable et se conjugue comme gehen.*

6 ▷ Je serai libre à partir de mardi.
Ab Dienstag bin ich frei.

6 ► **à partir de :** ab

partition

▷ J'ai téléchargé des partitions des Beatles.
Ich habe Beatles-Partituren heruntergeladen.

(musicale) die **Partitur** (pluriel Partituren)

partout

▷ On t'a cherché partout !
Wir haben überall nach dir gesucht!

überall

pas (NOM MASCULIN)

▷ Raoul fait de grands pas.
Raoul macht große Schritte.
▷ J'entends des pas dehors.
Ich höre Schritte draußen.

(= enjambée ; bruit) der **Schritt** (pluriel Schritte)

pas (ADVERBE)

1 ▷ Je ne suis pas prêt.
Ich bin nicht fertig.
▷ Sabine ne viendra pas à la fête.
Sabine wird nicht zur Party kommen.
▷ Je t'ai demandé de ne pas jouer avec ça.
Ich habe dich gebeten, nicht damit zu spielen.

1 *Quand le verbe allemand est suivi d'un complément adjectival ou prépositionnel, la négative est traduite par le verbe suivi de **nicht**.*

2 ▷ Peter n'a pas de frères et sœurs.
Peter hat keine Geschwister.
▷ Je n'ai pas d'ordinateur.
Ich habe keinen Computer.
▷ Est-ce que tu as un animal de compagnie ? – Non, je n'en ai pas.
Hast du ein Haustier? – Nein, ich habe keins.

2 *Quand le verbe allemand est suivi d'un substantif, la négative est traduite par **kein** (pour le masculin et le neutre) ou **keine** (pour le féminin et le pluriel), employé à l'accusatif.*

3 ▷ Tu viens ou pas ?
Kommst du oder nicht?
▷ Qui veut faire la vaisselle ? – Pas moi !
Wer will Geschirr spülen? – Ich nicht!
▷ Ça te dérange ? – Non, pas du tout.
Stört es dich? – Nein, überhaupt nicht.

3 (employé sans ne) **nicht**

► **pas du tout :** überhaupt nicht

passable

▷ Le prof a dit que mon devoir était passable.
Der Lehrer hat gesagt, meine Hausarbeit sei ausreichend.

(= moyen) **ausreichend**

passage

1 ▷ Il y a un passage difficile dans ce morceau.
In diesem Stück ist eine schwierige Passage.

1 (= partie d'un morceau, d'un texte, etc.) die **Passage** (pluriel Passagen)

2 ▷ Jochen est seulement de passage, il repart après-demain.
Jochen ist nur auf der Durchreise, er fährt übermorgen wieder.

2 ► **être de passage :** auf der Durchreise sein

3 ▷ Au passage on pourrait s'arrêter à Lascaux.
Auf dem Weg könnten wir in Lascaux halten.

3 ► **au passage** (= en route) **:** auf dem Weg

4 ▷ Je traverse seulement aux passages piétons.
Ich überquere nur auf dem Fußgängerüberweg.

4 ► **passage piétons** *ou* **passage clouté :** der Fußgängerüberweg (pluriel –wege)

ℹ *Lorsqu'il s'agit d'un passage à bandes noires et blanches, on dit aussi der* ***Zebrastreifen****.*

5 ▷ Ralentis, il y a un passage à niveau.
Fahr langsamer, da ist ein Bahnübergang.

5 ► **passage à niveau :** der Bahnübergang (pluriel –gänge)

6 ▷ Prenez le passage souterrain pour piétons.
Nehmen Sie die Fußgängerunterführung.

6 ► **passage souterrain :** die Unterführung (pluriel Unterführungen)

passager

1 ▷ Tous les passagers sont descendus.
Alle Passagiere sind ausgestiegen.

1 der **Passagier** /pasaˈʒiːɐ/ (pluriel Passagiere)

🔈 *Notez la prononciation.*

▷ Ils ont trouvé des passagers clandestins sur le bateau.
Sie haben blinde Passagiere auf dem Schiff gefunden.

► **passager clandestin :** der blinde Passagier

2 ▷ Tous les passagers sont priés de descendre.
Alle Fahrgäste werden aufgefordert, auszusteigen.
▷ Les passagers du vol Paris-Berlin ont dû attendre deux heures.
Die Fluggäste des Flugs Paris-Berlin mussten zwei Stunden warten.

2 *Lorsque l'on parle du* **passager** *d'un train, d'un bus ou d'une voiture, on dit der* ***Fahrgast*** (pluriel -gäste). *Lorsque l'on parle du passager d'un avion, on dit der* ***Fluggast****.*

passant, passante

▷ Plusieurs passants se sont arrêtés pour regarder.
Mehrere Passanten blieben stehen, um zuzuschauen.

der **Passant** /paˈsant/ (pluriel Passanten), die **Passantin** (pluriel Passantinnen)

🔈 *Notez la prononciation.*

passe

▷ Quelle belle passe !
Ein toller Pass!
▷ Luc a fait la passe à Nouredine.
Luc spielt Nouredine zu.

(en sport) der **Pass** (pluriel **Pässe**)

► **faire la passe à** quelqu'un : jemandem (datif) **zuspielen**

*ℹ **zu•spielen** est un verbe à particule séparable.*

passé, passée

1 ▷ Ça a commencé l'année passée.
Es fing im vergangenen Jahr an.

2 ▷ Ne pense pas au passé.
Denk nicht an die Vergangenheit.

1 (= dernier, écoulé) **vergangen**

*ℹ On dit aussi **letzte**.*

2 ► **le passé** (= ce qui est fini) : die **Vergangenheit**

passeport

▷ Tu dois présenter ton passeport à la douane.
Am Zoll musst du deinen Reisepass vorweisen.

der **Reisepass** (pluriel **-pässe**)

*ℹ On dit aussi der **Pass** tout court.*

passer

1 ▷ J'ai vu passer Lisa et sa mère.
Ich sah Lisa und ihre Mutter vorbeigehen.
▷ Je passe toujours par le jardin public.
Ich gehe immer durch den Park.
▷ Passe par-dessus la clôture.
Geh über den Zaun.
▷ Par où êtes-vous passés ?
Wie seid ihr gegangen?

1 *Quand* **passer** *signifie « aller d'un endroit à un autre », on emploie le verbe* ***gehen*** (ging, gegangen) avec la préposition appropriée : ***vorbeigehen*** **(passer à côté)**, ***durchgehen*** **(passer en traversant)**, ***über ... gehen*** **(passer par-dessus)**.

Pour demander **par où quelqu'un est passé**, *on dit* ***wie bist du*** *(ist er / sie, seid ihr, sind sie)* ***gegangen?*** *(ou* ***gefahren*** *ou* ***geflogen****).*

2 ▷ Je passerai ce soir si tu veux.
Ich komme heute Abend vorbei, wenn du willst.
▷ Quand penses-tu passer ?
Wann denkst du vorbeizukommen?

2 (= faire une visite rapide) **vorbeikommen**

*ℹ **vorbei•kommen** est un verbe à particule séparable et se conjugue comme **kommen*** (kam, gekommen).

3 ▷ Laissez-moi passer !
Lasst mich vorbei!

3 ► **laisser passer : vorbeilassen**

*ℹ **vorbei•lassen** est un verbe à particule séparable et se conjugue comme **lassen*** (lässt, ließ, gelassen).

4 ▷ Le temps passe très vite.
Die Zeit vergeht sehr schnell.

4 (en parlant du temps qui passe) **vergehen** (verging, vergangen)

*ℹ Les verbes commençant par le préfixe **ver-** ne prennent pas **ge-** au participe passé.*

5 ▷ Je passerai en cinquième en septembre.
Im September komme ich in die siebte Klasse.

5 (= aller dans la classe supérieure, la division supérieure, etc.) **in ... kommen**

6 ▷ Ce film est déjà passé à la télé.
Dieser Film kam schon im Fernsehen.

6 ► **passer à la télé : im Fernsehen kommen**

7 ▷ Ce n'est qu'un mal de tête, ça passera.
Das sind nur Kopfschmerzen, das wird schon vergehen.

7 (en parlant d'une douleur) **vergehen**

ℹ *On dit aussi* ***vorbeigehen****.*

8 ▷ Personne ne nous a arrêtés quand nous avons passé la frontière.
Niemand hat uns angehalten, als wir die Grenze überquert haben.

8 (en parlant d'une frontière) **überqueren**

ℹ *Les verbes à particule inséparable commençant par le préfixe* ***über-*** *ne prennent pas* ***ge-*** *au participe passé.*

9 ▷ Passe-moi un bonbon, s'il te plaît.
Gir mir bitte ein Bonbon.

9 (= donner) **geben** (gibt, gab, gegeben)

10 ▷ Tu peux me passer Érika ?
Kannst du mir Érika geben?

▷ Je vous passe le directeur.
Ich verbinde Sie mit dem Direktor.

10 *Quand on parle de* **passer** quelqu'un **au téléphone**, *on utilise* ***geben*** *pour les gens qu'on connaît.*
Quand l'appel téléphonique est plus officiel, on dit ***mit*** *jemandem (datif)* ***verbinden****.*

ℹ *Les verbes commençant par le préfixe* ***ver-*** *ne prennent pas* ***ge-*** *au participe passé.*

11 ▷ Passe la balle !
Gib den Ball ab!
▷ Je n'aime pas jouer avec lui, il ne veut jamais passer le ballon.
Ich spiele nicht gern mit ihm, er will nie den Ball abgeben.

11 (en parlant d'un ballon) **abgeben**

ℹ ***ab•geben*** *est un verbe à particule séparable et se conjugue comme* ***geben*** (gibt, gab, gegeben).

ℹ *On dit aussi* ***abspielen****.*

12 ▷ Je dois passer l'aspirateur.
Ich muss staubsaugen.
▷ Tu pourrais passer l'éponge sur la table ?
Kannst du den Tisch mit dem Schwamm abwischen?

12 *Quand* **passer** quelque chose *signifie « nettoyer », on emploie le verbe qui convient en allemand :* ***fegen*** **(passer le balai)**, ***Staub wischen*** **(passer un chiffon à poussière)**.

13 ▷ La sœur de Marc a passé son permis de conduire.
Marcs Schwester hat ihren Führerschein gemacht.

13 (en parlant d'un examen, du permis de conduire) **machen**

14 ▷ Tu devrais passer une veste, il ne fait pas chaud.
Du solltest dir eine Jacke überziehen, es ist nicht warm.

14 (en parlant d'un vêtement) **überziehen**

ℹ ***über•ziehen*** *est un verbe à particule séparable et se conjugue comme* ***ziehen*** (zog, gezogen).

15 ▷ On a passé l'après-midi ensemble.
Wir haben den Nachmittag miteinander verbracht.
▷ J'aime bien passer du temps avec toi.
Ich verbringe gern Zeit mit dir.

15 (en parlant d'une période de temps) **verbringen** (verbrachte, verbracht)

ℹ *Les verbes commençant par le préfixe **ver-** ne prennent pas **ge-** au participe passé.*

16 ▷ Qu'est-ce qui s'est passé ?
Was ist passiert?

16 ► se **passer** (= se produire) : **passieren**

ℹ *Les verbes se terminant en **-ieren** ne prennent pas **ge-** au participe passé.*

▷ Qu'est-ce qui se passe ? Il y a un problème ?
Was ist los? Gibt's ein Problem?

*Quand on s'inquiète d'une situation, on dit **was ist los?***

17 ▷ Comment se sont passées tes vacances ?
Wie sind deine Ferien verlaufen?
▷ Tout se passait très bien.
Alles verlief sehr gut.

17 ► se **passer** (= se dérouler) : **verlaufen** (verläuft, verlief, verlaufen)

18 ▷ Tu devras te passer de douche pendant quelques jours.
Du wirst für ein paar Tage auf die Dusche verzichten müssen.

18 ► se **passer de** quelque chose : **auf** etwas (accusatif) **verzichten**

ℹ *Les verbes commençant par le préfixe **ver-** ne prennent pas **ge-** au participe passé.*

passe-temps

▷ Quel est ton passe-temps préféré ?
Was ist dein Lieblingszeitvertreib?

der **Zeitvertreib** (pluriel Zeitvertreibe)

passion

▷ Aurélien a une passion pour les motos.
Aurélien hat eine Leidenschaft für Motorräder.

die **Leidenschaft** (pluriel Leidenschaften)

passionnant, passionnante

▷ J'ai trouvé le livre passionnant.
Ich fand das Buch faszinierend.

faszinierend

ℹ *On dit aussi **spannend**.*

passionné, passionnée

▷ Ce spectacle ravira les passionnés de rugby.
Diese Vorstellung wird die Rugbyliebhaber erfreuen.
▷ Il est passionné de voitures de course.
Er ist ein Liebhaber von Sportwagen.

der **Liebhaber** (pluriel -haber), die **Liebhaberin** (pluriel -haberinnen)

► **être passionné de** quelque chose : **Liebhaber(in) von** etwas **sein**

ℹ *On peut aussi construire des mots composés avec **Liebhaber** : der **Sportwagenliebhaber**.*

passoire

▷ Où est la passoire ? J'en ai besoin pour les pâtes.
Wo ist das Sieb? Ich brauch es für die Nudeln.

das **Sieb** (pluriel Siebe)

pasteur

▷ Le pasteur a fait un très bon sermon.
Der Pfarrer hat eine sehr gute Predigt gehalten.

der **Pfarrer** (pluriel Pfarrer), die **Pfarrerin** (pluriel Pfarrerinnen)

ℹ *Dans certaines régions d'Allemagne, on dit aussi der* ***Pastor****, die* ***Pastorin****.*

pastille

▷ Je voudrais des pastilles pour la gorge, s'il vous plaît.
Ich hätte gern Halspastillen, bitte.

(= médicament) die **Pastille** (pluriel Pastillen)

patate

▷ Il y a du poulet et des patates pour le déjeuner.
Zum Mittagessen gibt's Hähnchen mit Kartoffeln.

die **Kartoffel** (pluriel Kartoffeln)

ℹ *Le mot français est familier, mais sa traduction allemande ne l'est pas.*

patauger

▷ Arrête de patauger dans la boue !
Hör auf, durch den Matsch zu waten!

waten

pâte

1 ▷ La pâte est trop liquide.
Der Teig ist zu flüssig.
▷ Pour ce gâteau, il faut de la pâte feuilletée.
Für diesen Kuchen braucht man Blätterteig.

1 (= mélange pour pâtisserie) der **Teig** (pluriel Teige)
Pour dire les différentes sortes de **pâtes** *en allemand, on forme des mots composés avec* ***Teig****: der* ***Mürbteig*** **(pâte brisée)**, *der* ***Pizzateig*** **(pâte à pizza)**, *etc.*

2 ▷ Madame Michels fait des pâtes au fromage.
Frau Michels kocht Käsenudeln.

2 ► **pâtes** (= nouilles) : die **Nudeln**

3 ▷ J'adore la pâte d'amandes.
Ich liebe Marzipan.

3 ► **pâte d'amandes :** das **Marzipan**

4 ▷ Nous lui avons offert une boîte de pâtes de fruits.
Wir haben ihm eine Schachtel Geleefrüchte geschenkt.

4 ► **pâte de fruits :** die **Geleefrucht** (pluriel -früchte)

5 ▷ Il y avait de la pâte à modeler partout sur le tapis.
Überall auf dem Teppich klebte Knetmasse.

5 ► **pâte à modeler :** die **Knetmasse**

ℹ *On dit aussi die* ***Knete****.*

pâté

1 ▷ Tu veux un sandwich au pâté ?
Willst du ein Pastetesandwich?

1 (= charcuterie) die **Pastete** (pluriel Pasteten)

2 ▷ Ma petite sœur a fait des pâtés de sable pendant une heure.
Meine kleine Schwester hat eine Stunde lang Sandkuchen gemacht.

2 ► **pâté de sable :** der **Sandkuchen** (pluriel -kuchen)

3 ▷ C'est à deux pâtés de maisons.
Es ist nur zwei Häuserblöcke weit entfernt.

3 ► **pâté de maisons :** der Häuserblock (pluriel –blöcke)

patiemment

▷ Nous avons patiemment attendu.
Wir haben geduldig gewartet.

geduldig

patience

▷ Tu n'as aucune patience !
Du hast überhaupt keine Geduld!

die Geduld

patient, patiente

1 ▷ Sois patient, ce sera bientôt ton tour.
Sei geduldig, bald bis du dran.

1 (= qui a de la patience) geduldig

2 ▷ Il y avait déjà huit patients qui attendaient chez le médecin.
Beim Arzt warteten schon acht Patienten.

2 (= personne) der Patient /pa'tsiɛnt/ (pluriel Patienten), die Patientin (pluriel Patientinnen)

patin

1 ▷ J'ai acheté une nouvelle paire de patins à glace.
Ich habe ein neues Paar Schlittschuhe gekauft.
▷ Tu viens faire du patin à glace ?
Kommst du Schlittschuh laufen?

1 ► **patin à glace :** der Schlittschuh (pluriel –schuhe)
► **faire du patin à glace :** Schlittschuh laufen (läuft, lief, gelaufen)

2 ▷ Où sont mes patins à roulettes ?
Wo sind meine Rollschuhe?
▷ Je ne sais pas très bien faire du patin à roulettes.
Ich laufe nicht sehr gut Rollschuh.

2 ► **patin à roulettes :** der Rollschuh (pluriel –schuhe)
► **faire du patin à roulettes :** Rollschuh laufen (läuft, lief, gelaufen)

patinage

▷ J'aime le patinage.
Ich mag Eislaufen.
▷ Mélodie fait du patinage artistique.
Mélodie macht Eiskunstlauf.
▷ Andreas fait du patinage de vitesse.
Andreas macht Eisschnelllauf.

das Eislaufen

*On dit aussi das **Schlittschuhlaufen**.*

► **patinage artistique :** der Eiskunstlauf
► **patinage de vitesse :** der Eisschnelllauf

*Attention à l'orthographe : il y a trois **l** dans ce mot.*

patinoire

▷ Tu viens avec nous à la patinoire ?
Kommst du mit zur Eisbahn?

die Eisbahn (pluriel –bahnen)

pâtisserie

1 ▷ Est-ce qu'il y a une bonne pâtisserie dans ce quartier ?
Gibt es in diesem Viertel eine gute Konditorei?

1 (= magasin) die Konditorei (pluriel Konditoreien)

2 ▷ Tu manges trop de pâtisseries.
Du isst zuviel Gebäck.

2 (= gâteau) das **Gebäck**

Ce mot s'emploie uniquement au singulier.

patron, patronne

1 ▷ Le patron du magasin est venu voir ce qui se passait.
Der Geschäftsbesitzer kam, um zu sehen was los war.

1 (= propriétaire) der **Besitzer** (pluriel Besitzer), die **Besitzerin** (pluriel Besitzerinnen)

2 ▷ Les patrons se sont réunis pour parler des salaires.
Die Arbeitgeber haben sich getroffen, um über die Gehälter zu sprechen.

2 (= employeur) der **Arbeitgeber** (pluriel -geber)

patrouille

1 ▷ Leur patrouille a été attaquée.
Ihre Patrouille wurde angegriffen.

1 (de militaires) die **Patrouille** /pa'trʊljə/ (pluriel Patrouillen)

2 ▷ Ils ont brûlé la voiture de patrouille.
Sie haben den Streifenwagen verbrannt.

2 (de police) die **Streife** (pluriel Streifen)

patte

▷ Le cheval s'est blessé à la patte.
Das Pferd hat sich am Bein verletzt.

▷ Il faisait tellement chaud que même le chat s'est mouillé les pattes.
Es war so heiß, dass sich sogar die Katze die Pfoten nass machte.

das **Bein** (pluriel Beine)

***Bein** est un terme qui s'applique à tous les animaux. Quand on parle des chiens ou des chats, on dit aussi die **Pfote** (pluriel Pfoten). Quand on parle des fauves ou des ours, on dit aussi die **Tatze** (pluriel Tatzen).*

paume

▷ Il avait une grosse coupure dans la paume de sa main.
Er hatte einen großen Schnitt in seiner Handfläche.

die **Handfläche** (pluriel -flächen)

paupière

▷ Une guêpe m'a piqué sur la paupière.
Eine Wespe hat mich am Lid gestochen.

das **Lid** (pluriel Lider)

*Attention à ne pas confondre avec das **Lied** = la chanson.*

pause

▷ On a pris un café pendant la pause.
Während der Pause haben wir einen Kaffee getrunken.

▷ Bon, faisons une pause !
Gut, machen wir eine Pause!

(= repos) die **Pause** (pluriel Pausen)

► **faire une pause : eine Pause machen**

pauvre

▷ Ce sont des gens très pauvres.
Das sind ganz arme Leute.
▷ Pauvre Jean, il a eu deux en histoire !
Armer Jean, er hat nur zwei Punkte in Geschichte bekommen!

(adjectif) **arm** (**plus pauvre** ärmer ; **le plus pauvre** der ärmste)

▷ Il y a de plus en plus de pauvres en France.
Es gibt immer mehr Arme in Frankreich.

(= personne) der / die **Arme** (pluriel Armen)

ℹ *C'est un adjectif substantivé : on dit **ein Armer***

▷ La pauvre, elle doit avoir très peur !
Die Arme, sie muss ja große Angst haben!

► **le pauvre !** *ou* **la pauvre ! :** der *ou* die **Arme!**

pavillon

▷ Ils habitent dans un pavillon.
Sie wohnen in einem Haus.

(= maison) das **Haus** (pluriel Häuser)

payant, payante

▷ Est-ce que le concert est payant ?
Muss man für das Konzert Eintritt bezahlen?

Pour dire que quelque chose est **payant** *en allemand, on emploie l'expression **man muss Eintritt bezahlen*** (= on doit payer l'entrée).

payer

1 ▷ C'est Sandrine qui a payé les glaces.
Sandrine hat das Eis gezahlt.

1 (= acheter) **zahlen**

2 ▷ J'ai payé dix euros pour ce livre.
Ich habe für dieses Buch zehn Euro bezahlt.
▷ Ma mère est mieux payée que mon père.
Meine Mutter wird besser bezahlt als mein Vater.

2 (= payer une somme, payer quelqu'un) **bezahlen**

ℹ *Les verbes commençant par le préfixe **be-** ne prennent pas **ge-** au participe passé.*

3 ▷ Viens, je te paie un café.
Komm, ich spendiere dir einen Kaffee.
▷ Il m'a payé une limonade.
Er hat mir eine Limonade spendiert.

3 ► **payer** quelque chose **à** quelqu'un (= lui offrir quelque chose) : jemandem (datif) etwas **spendieren**

ℹ *Les verbes se terminant en **–ieren** ne prennent pas **ge-** au participe passé.*

4 ▷ Je vais me payer une nouvelle robe pour la fête.
Für die Party werde ich mir ein neues Kleid leisten.
▷ Je ne peux pas me payer ça, je n'ai plus d'argent.
Das kann ich mir nicht leisten, ich habe kein Geld mehr.

4 ► se **payer** quelque chose **:** sich etwas (accusatif) **leisten**

ℹ *Le pronom personnel allemand s'emploie au datif : **ich leiste mir..., du leistest dir..., er / sie leistet sich..., wir leisten uns..., ihr leistet euch..., sie leisten sich...***

ℹ *L'expression française est familière, mais sa traduction allemande ne l'est pas.*

pays

▷ Malika voudrait vivre dans un autre pays.
Malika würde gern in einem anderen Land leben.
▷ Le Brésil, la Chine, l'Inde et la Russie sont des pays émergents.
Brasilien, China, Indien und Russland sind Schwellenländer.
▷ L'organisation forme des professeurs dans les pays en développement.
Die Organisation bildet in Entwicklungsländern Lehrer aus.

das **Land** (pluriel Länder)

► **pays émergent :** das Schwellenland

► **pays en (voie de) développement :** das Entwicklungsland

paysage

▷ Quel beau paysage !
Was für eine schöne Landschaft!

die **Landschaft** (pluriel Landschaften)

paysan, paysanne

▷ Les paysans français sont mécontents.
Die französischen Bauern sind unzufrieden.

der **Bauer** (pluriel Bauern), die **Bäuerin** (pluriel Bäuerinnen)

Pays-Bas

▷ Les Pays-Bas sont en demi-finale.
Die Niederlande sind im Halbfinale.
▷ On cultive la tulipe aux Pays-Bas.
In den Niederlanden werden Tulpen angebaut.
▷ Quentin est allé en train aux Pays-Bas.
Quentin ist mit dem Zug in die Niederlande gefahren.
▷ Je suis déjà allé aux Pays-Bas l'année dernière.
Ich war letztes Jahr schon in den Niederlanden.

die **Niederlande**

ℹ *Ce mot est un pluriel.*

► **aux Pays-Bas** (= dans le pays) **:** in den Niederlanden

► **aux Pays-Bas** (= vers le pays) **:** in die Niederlande

Attention : pour dire que quelqu'un **est déjà allé quelque part**, *on emploie une expression avec le prétérit du verbe* ***sein*** *+* ***schon***.

PC

▷ J'ai travaillé toute la nuit sur mon PC.
Ich habe die ganze Nacht an meinem PC gearbeitet.

(= ordinateur) der **PC** /peːˈtseː/ (pluriel PCs)

ℹ *PC est le sigle anglais pour* ***personal computer***.

péage

1 ▷ On ne paie pas de péage sur les autoroutes allemandes.
Auf deutschen Autobahnen zahlt man keine Maut.

1 (= somme d'argent) die **Maut**

2 ▷ Le péage est juste après Bayonne.
Die Mautstelle liegt gleich hinter Bayonne.

2 (= endroit où on paie) die **Mautstelle** (pluriel -stellen)

peau

1 ▷ Sophie a la peau toute douce.
Sophie hat ganz weiche Haut.

1 (d'une personne) die **Haut** (pluriel Häute)

2 ▷ Il a glissé sur une peau de banane.
Er ist auf einer Bananenschale ausgerutscht.
▷ Tu dois enlever la peau des raisins.
Du musst die Haut von den Trauben abziehen.

2 *Quand on parle de la* **peau** *d'un fruit, on dit die* ***Schale*** (pluriel Schalen) *pour les fruits à peau épaisse comme les bananes ou les oranges, et die* ***Haut*** *pour les fruits à peau fine comme les tomates ou les pêches.*

3 ▷ Ma sœur a une veste en peau de lapin.
Meine Schwester hat eine Jacke aus Kaninchenfell.

3 (des animaux à poils) das **Fell** (pluriel Felle)

4 ▷ Les jupes en peau sont à la mode.
Lederröcke sind in Mode.
▷ J'ai eu un manteau en peau à Noël.
Zu Weihnachten habe ich einen Ledermantel bekommen.

4 *Pour désigner les objets* **en peau** *(= en cuir) en allemand, on forme des mots composés avec* ***Leder*** *: die* ***Lederjacke*** **(veste** *ou* **blouson en peau)**, *die* ***Lederhose*** **(pantalon en peau)**, *etc.*

pêche

1 ▷ Ces pêches sont délicieuses.
Diese Pfirsiche sind köstlich.

1 (= fruit) der **Pfirsich** (pluriel Pfirsiche)

2 ▷ J'ai la pêche aujourd'hui !
Ich bin heute topfit!

2 ► **avoir la pêche** (= être en forme) : topfit sein

3 ▷ Marc lit un article sur la pêche.
Marc liest einen Artikel über Angeln.
▷ Dimanche, j'irai à la pêche avec mon père.
Am Sonntag gehe ich mit meinem Vater angeln.

3 (= pêche à la ligne) das **Angeln**

► **aller à la pêche :** angeln gehen (ging, gegangen)

4 ▷ Ce village vit de la pêche.
Dieses Dorf lebt von der Fischerei.

4 (= pêche en mer) die **Fischerei**

pêcher

1 ▷ Je vais souvent pêcher avec mon grand-père.
Ich gehe oft mit meinem Großvater angeln.
▷ Karim a pêché trois truites.
Karim hat drei Forellen geangelt.

1 (= pêcher à la ligne) **angeln**

2 ▷ Ils pêchent le hareng dans cette région.
In dieser Gegend fischen sie Heringe.

2 (= pêcher en mer) **fischen**

pêcheur, pêcheuse

1 ▷ Il y avait des pêcheurs au bord de la rivière.
Am Fluss standen Angler.

1 (= pêcheur à la ligne) der **Angler** (pluriel Angler), die **Anglerin** (pluriel Anglerinnen)

2 ▷ Sur le port, les pêcheurs vendent leurs poissons.
Am Hafen verkaufen die Fischer ihre Fische.

2 (= pêcheur en mer) der **Fischer** (pluriel Fischer), die **Fischerin** (pluriel Fischerinnen)

pédale

▷ La pédale gauche de mon vélo est cassée.
Mein linkes Fahrradpedal ist kaputt.

das **Pedal** (pluriel Pedale)

pédaler

▷ Allez, pédalez plus vite !
Los, tretet mal in die Pedale!

in die Pedale treten (tritt, trat, getreten)

peigne

▷ Qui a pris mon peigne ?
Wer hat meinen Kamm genommen?

der **Kamm** (pluriel Kämme)

peigner

▷ Ma mère ne veut pas que ma petite sœur la peigne.
Meine Mutter will nicht, dass meine kleine Schwester sie kämmt.

▷ En deux minutes je me suis lavé et peigné.
In zwei Minuten habe ich mich gewaschen und gekämmt.

► **peigner** quelqu'un : jemanden (accusatif) **kämmen**

► se **peigner** : sich **kämmen**

Le pronom personnel allemand s'emploie à l'accusatif : ***ich kämme mich, du kämmst dich, er / sie kämmt sich, wir kämmen uns, ihr kämmt euch, sie kämmen sich.***

peignoir

1 ▷ Karine était encore en peignoir quand je suis arrivée.
Karine war noch im Morgenmantel, als ich ankam.

1 (= robe de chambre) der **Morgenmantel** (pluriel -mäntel)

2 ▷ Sèche-toi, mets ton peignoir et viens à table.
Trockne dich ab, zieh dir den Bademantel über und komm essen.

2 (= peignoir en éponge) der **Bademantel** (pluriel -mäntel)

peindre

1 ▷ Cécile peint très bien.
Cécile malt sehr gut.

1 (= peindre des tableaux) **malen**

Attention à ne pas confondre avec ***mahlen*** = moudre.

2 ▷ J'ai déjà peint tous les plafonds.
Ich habe schon alle Decken gestrichen.

2 (= peindre des murs, des plafonds, etc.) **streichen** (strich, gestrichen)

peine

1 ▷ Léa a eu beaucoup de peine quand son chien est mort.
Léa war sehr traurig, als ihr Hund starb.

1 ► **avoir de la peine : traurig sein**

2 ▷ Je crois que tu lui as fait de la peine.
Ich glaube, du hast ihn verletzt.

2 ► **faire de la peine à** quelqu'un (= le blesser) : jemanden (accusatif) **verletzen**

ℹ *On dit aussi jemandem (datif)* ***weh tun***.

3 ▷ Il me fait de la peine.
Er tut mir Leid.

3 ► **faire de la peine à** quelqu'un (= lui faire pitié) : jemandem (datif) **Leid tun**

4 ▷ Est-ce que ça vaut la peine d'aller voir ce film ?
Lohnt es sich, diesen Film zu sehen?

4 ► **valoir la peine de** + *infinitif* : sich **lohnen, zu** + *infinitif*

5 ▷ Tu veux que je t'aide ? – Non, ce n'est pas la peine.
Soll ich dir helfen? – Nein, es ist nicht nötig.

5 ► **ce n'est pas la peine** (= ne te dérange pas, ne vous dérangez pas) : **es ist nicht nötig**

6 ▷ Ce n'est pas la peine de se presser.
Wir brauchen uns nicht zu beeilen.

6 *Pour dire que ce n'est* **pas la peine** *de faire quelque chose, on emploie la forme négative de* ***brauchen***.

7 ▷ Elle a à peine mangé, elle doit être malade.
Sie hat kaum etwas gegessen, sie muss wohl krank sein.

7 ► **à peine** (= presque pas) : **kaum**

peinture

1 ▷ Cette peinture est du dix-septième siècle.
Dieses Gemälde stammt aus dem siebzehnten Jahrhundert.

1 (= tableau) das **Gemälde** (pluriel **Gemälde**)

2 ▷ Nous avons choisi la peinture pour ma chambre.
Wir haben die Farbe für mein Zimmer ausgesucht.

2 (= substance) die **Farbe** (pluriel **Farben**)

3 ▷ Je fais de la peinture pendant mes loisirs.
In meiner Freizeit male ich.

3 ► **faire de la peinture** (= peindre des tableaux) : **malen**

⚠ *Attention à ne pas confondre avec* ***mahlen*** = moudre.

4 ▷ Demain, je ne peux pas, je dois faire la peinture de la cuisine.
Morgen kann ich nicht, ich muss die Küche streichen.

▷ Attention, peinture fraîche !
Vorsicht, frisch gestrichen!

4 ► **faire la peinture de** quelque chose : etwas **streichen** (**strich, gestrichen**)

► **peinture fraîche !** (sur un panneau) : **frisch gestrichen!**

pelage

▷ Le léopard a un beau pelage.
Der Leopard hat ein schönes Fell.

das **Fell** (pluriel **Felle**)

peler

1 ▷ Benoît mange les pêches sans les peler.
Benoît isst Pfirsiche, ohne sie zu schälen.

1 (= enlever la peau de) **schälen**

2 ▷ Mon nez pèle.
Meine Nase schält sich.

2 (après un coup de soleil) sich **schälen**

ℹ *Notez que le verbe intransitif français est traduit par un verbe réfléchi allemand.*

pelle

▷ Tu peux prendre la pelle dans le garage, s'il te plaît ?
Kannst du bitte die Schaufel aus der Garage holen?

(= outil) die **Schaufel** (pluriel **Schaufeln**)

pellicule

1 ▷ Où peut-on trouver des pellicules ?
Wo kann man Filme kaufen?

1 (= rouleau pour appareil photo) der **Film** (pluriel **Filme**)

2 ▷ Il a des pellicules.
Er hat Schuppen.

2 ► **des pellicules** (dans les cheveux) **: Schuppen**

pelouse

▷ Monsieur Hébert tond sa pelouse tous les samedis.
Herr Hébert mäht jeden Samstag seinen Rasen.

der **Rasen** (pluriel **Rasen**)

peluche

1 ▷ Le lit d'Estelle est couvert de peluches.
Estelles Bett ist mit Plüschtieren besetzt.

▷ Ce canard en peluche est adorable !
Diese Plüschente ist süß!
▷ J'ai vu un cochon en peluche rigolo.
Ich habe ein lustiges Plüschschwein gesehen.

1 (= jouet) das **Plüschtier** (pluriel **-tiere**)

ℹ *On dit aussi das* ***Stofftier****.*

Pour désigner les objets **en peluche**, *on forme des mots composés avec* ***Plüsch*** *: der* ***Plüschelefant*** (éléphant en peluche), *die* ***Plüschkatze*** (chat en peluche), *etc.*

2 ▷ J'ai quatre ours en peluche !
Ich habe vier Teddybären!

2 ► **ours en peluche :** der **Teddybär** (pluriel **-bären**)

pénalty

▷ Il a marqué sur penalty.
Er hat ein Strafstoßtor geschossen.

der **Strafstoß** (pluriel **-stöße**)
► **marquer sur penalty : ein Strafstoßtor schießen**

pencher

1 ▷ Il a penché le verre et il a tout renversé.
Er hat das Glas geneigt und alles verschüttet.

1 (= incliner, en parlant d'un objet) **neigen**

2 ▷ Ce tableau penche complètement.
Dieses Bild hängt völlig schief.

2 (= être incliné, en parlant de quelque chose qui est accroché) **schief hängen**

3 ▷ L'armoire penche, il faut la caler.
Der Schrank steht schief, man muss einen Keil darunterlegen.

3 (= être incliné, en parlant de quelque chose qui est debout) **schief stehen**

4 ▷ L'arbre penche, on dirait qu'il va tomber.
Der Baum biegt sich, man könnte meinen, er wird umfallen.

4 (= être incliné, en parlant d'un arbre) sich **biegen**

5 ▷ Ne te penche pas trop, c'est dangereux.
Beug dich nicht so, das ist gefährlich.
▷ Martine m'a fait très peur quand elle s'est penchée par la fenêtre.
Martine hat mir Angst gemacht, als sie sich aus dem Fenster gebeugt hat.

5 ► se **pencher** (= s'incliner) : sich beugen

ℹ *La plupart du temps, on précise la direction dans laquelle on se penche :* ***sich nach vorne beugen*** (se pencher en avant), ***sich nach hinten beugen*** (se pencher en arrière), ***sich hinausbeugen*** (se pencher au-dehors), *etc.*

6 ▷ Louise s'est penchée pour ramasser son crayon.
Louise hat sich gebückt, um ihren Bleistift aufzuheben.
▷ Je ne peux pas me pencher, j'ai mal au dos.
Ich kann mich nicht bücken, ich habe Rückenschmerzen.

6 ► se **pencher** (= se baisser) : sich bücken

ℹ *Le pronom personnel allemand s'emploie à l'accusatif :* ***ich bücke mich, du bückst dich, er / sie bückt sich, wir bücken uns, ihr bückt euch, sie bücken sich.***

pendant

1 ▷ Il a rencontré Adèle pendant les vacances.
Er hat Adèle während der Ferien kennengelernt.
▷ Pendant la semaine je n'ai pas le droit de sortir le soir.
Während der Woche darf ich abends nicht ausgehen.

1 *Quand* **pendant** *est suivi du nom d'une activité, d'un événement, d'un moment* (**pendant la réunion, pendant le festival**, *etc.), on traduit par* ***während*** *+ génitif.*

2 ▷ Je ne la vois pas beaucoup pendant la journée.
Tagsüber sehe ich sie nicht viel.

2 ► **pendant la journée :** tagsüber

3 ▷ Je vais travailler pendant trois semaines cet été.
Im Sommer arbeite ich drei Wochen lang.
▷ Nous sommes restés pendant quatre jours à Londres.
Wir sind vier Tage lang in London geblieben.

3 *Quand* **pendant** *est suivi d'une expression de durée* (**pendant un mois, pendant cinq heures**, *etc.), on traduit par la durée +* ***lang.***

4 ▷ J'irai à la bibliothèque pendant que tu fais les courses.
Ich gehe in die Bücherei, während du einkaufen gehst.

4 ► **pendant que :** während

5 ▷ Pendant ce temps, le travail n'est pas fait.
Währenddessen wird die Arbeit nicht erledigt.

5 ► **pendant ce temps :** währenddessen

pendre

1 ▷ Ta veste pend au portemanteau.
Deine Jacke hängt an der Garderobe.

1 (= être accroché) **hängen** (hing, gehangen)

2 ▷ Dans ce pays ils ont pendu des prisonniers.
In dem Land haben sie Gefangene gehängt.

2 (= accrocher, tuer par pendaison) **hängen**

Attention : quand ***hängen*** *est transitif, il est conjugué de façon régulière.*

3 ▷ Le cousin de Nathan s'est pendu.
Nathans Cousin hat sich erhängt.

3 ► se **pendre** (= se suicider) : sich erhängen

pendule

▷ Cette pendule ne marche pas.
Diese Uhr geht nicht.

die **Uhr** (pluriel Uhren)

pénible

1 ▷ C'est un métier très pénible.
Das ist ein sehr anstrengender Beruf.

1 (= fatigant) **anstrengend**

2 ▷ Tu es vraiment pénible !
Du bist wirklich unerträglich!

2 (= agaçant, en parlant d'une personne) **unerträglich**

péniche

1 ▷ Aimerais-tu faire une croisière en péniche ?
Würdest du gern eine Kreuzfahrt mit einem Hausboot machen?

1 (d'habitation) das **Hausboot** (pluriel -boote)

2 ▷ Il a travaillé sur une péniche pendant deux ans.
Er hat zwei Jahre auf einem Lastkahn gearbeitet.

2 (de transport) der **Lastkahn** (pluriel -kähne)

penser

1 ▷ Je pense souvent à lui.
Ich denke oft an ihn.

▷ Je n'y avais pas pensé.
Ich hatte nicht daran gedacht.

▷ Je pense qu'il a tout essayé.
Ich denke, dass er alles versucht hat.

▷ Je pense que oui.
Ich denke ja.

▷ Je pense que non.
Ich denke nicht.

1 **denken** (dachte, gedacht)

► **penser à ... :** an + *accusatif* + denken

► **y penser :** daran denken

► **penser que :** denken, dass

Pour dire que quelqu'un **pense que oui** *ou* **que non**, *on emploie* ***denken*** *suivi de* ***ja*** *ou de* ***nicht***.

2 ▷ Nous pensons partir demain.
Wir haben vor, morgen zu fahren.

2 ► **penser** + *infinitif* (= envisager) : **vorhaben, zu** + *infinitif*

ℹ ***vor•haben*** *est un verbe à particule séparable et se conjugue comme* ***haben*** (**hat, hatte, gehabt**).

pensionnaire

▷ Je suis pensionnaire parce que j'habite trop loin de l'école.
Ich bin Internatsschüler, weil ich zu weit von der Schule wohne.

(d'une école) der **Internatsschüler** (pluriel **-schüler**), die **Internatsschülerin** (pluriel **-schülerinnen**)

pensionnat

▷ Mes parents veulent m'envoyer en pensionnat.
Meine Eltern wollen mich ins Internat schicken.

das **Internat** (pluriel **Internate**)

pente

1 ▷ La pente était très raide.
Der Hang war sehr steil.

1 (= montée) der **Hang** (pluriel **Hänge**)

2 ▷ La route est en pente.
Die Straße fällt steil ab.

2 ► **être en pente :** **steil** *ou* **stark abfallen**

ℹ ***ab•fallen*** *est un verbe à particule séparable et se conjugue comme* ***fallen*** (**fällt, fiel, gefallen**).

pépin

1 ▷ Sur le marché, ma mère a acheté du raisin sans pépins.
Auf dem Markt hat meine Mutter Trauben ohne Kerne gekauft.

1 (= graine) der **Kern** (pluriel **Kerne**)

2 ▷ On a eu un pépin avec la voiture, c'est pour ça qu'on est en retard.
Wir hatten ein Problem mit dem Auto, deswegen kommen wir zu spät.

2 (= ennui) das **Problem** (pluriel **Probleme**)

pépite

▷ Il a trouvé des pépites d'or.
Er hat Goldklumpen gefunden.

der **Klumpen**

percer

1 ▷ Je vais me faire percer les oreilles.
Ich werde mir die Ohren durchstechen lassen.
▷ Elle a essayé de se percer le nez toute seule !
Sie hat versucht, sich die Nase allein durchzustechen!

1 (= perforer) **durchstechen** (**durchstach, durchstochen**)

2 ▷ Tu dois percer trois trous dans le mur.
Du musst drei Löcher in die Wand bohren.

2 ► **percer un trou :** **ein Loch bohren**

perceuse

▷ Nous avons emprunté la perceuse du voisin.
Wir haben uns die Bohrmaschine von unserem Nachbarn ausgeliehen.

die **Bohrmaschine** (pluriel –maschinen)

perdant, perdante

▷ Il est mauvais perdant.
Er ist ein schlechter Verlierer.

der **Verlierer** (pluriel Verlierer), die **Verliererin** (pluriel Verliererinnen)

perdre

1 ▷ Je suis sûr qu'ils vont perdre.
Ich bin sicher, dass sie verlieren werden.

1 (= être vaincu) **verlieren** (verlor, verloren)

ℹ *Les verbes commençant par le préfixe* ***ver-*** *ne prennent pas* ***ge-*** *au participe passé.*

2 ▷ J'ai perdu mon portefeuille.
Ich habe meine Brieftasche verloren.

2 ► **perdre** quelque chose **:** etwas (accusatif) verlieren

3 ▷ Nous avons perdu assez de temps.
Wir haben genug Zeit vergeudet.

3 ► **perdre du temps :** Zeit vergeuden

ℹ *Les verbes commençant par le préfixe* ***ver-*** *ne prennent pas* ***ge-*** *au participe passé.*

4 ▷ C'est facile de se perdre dans Francfort.
Es ist leicht, sich in Frankfurt zu verirren.
▷ Nous nous sommes perdus dans la forêt et nous avons entendu des chasseurs.
Wir haben uns im Wald verirrt und wir haben Jäger gehört.

4 ► se **perdre** (= s'égarer) : sich verirren

ℹ *Quand on se perd en voiture, on dit* sich ***verfahren*** (verfährt, verfuhr, verfahren).

ℹ *Le pronom personnel allemand s'emploie à l'accusatif :* ***ich verirre mich, du verirrst dich, er verirrt sich, wir verirren uns, ihr verirrt euch, sie verirren sich.***

père

1 ▷ Comment s'appelle ton père ?
Wie heißt dein Vater?

1 der **Vater** (pluriel Väter)

2 ▷ Mon petit frère croit encore au père Noël.
Mein kleiner Bruder glaubt noch an den Weihnachtsmann.

2 ► **le père Noël :** der Weihnachtsmann

périmé, périmée

▷ Apparemment, ma carte était périmée.
Anscheinend war meine Karte abgelaufen.

(= non valable) **abgelaufen**

période

▷ C'est une période difficile pour elle.
Es ist eine schwierige Zeit für sie.
▷ En cette période de l'année, la mer est déjà chaude.
Zu dieser Jahreszeit ist das Meer schon warm.

die **Zeit** (pluriel Zeiten)

perle

▷ Claire a fait un collier avec des perles de verre.
Claire hat eine Halskette mit Glasperlen angefertigt.

die **Perle** (pluriel **Perlen**)

permettre

1 ▷ Ce n'est pas permis.
Das ist nicht erlaubt.

1 (= donner la permission) **erlauben**

ℹ *Les verbes commençant par le préfixe* ***er-*** *ne prennent pas* ***ge-*** *au participe passé.*

2 ▷ J'espère que mes parents vont me permettre de sortir ce soir.
Ich hoffe, meine Eltern werden mir erlauben, heute Abend auszugehen.

2 ► **permettre à** quelqu'un **de faire** quelque chose **:** jemandem (datif) **erlauben,** etwas **zu tun**

3 ▷ Ses études lui ont permis de trouver un bon poste.
Sein Studium hat es ihm ermöglicht, eine gute Stelle zu finden.

3 (= rendre possible) **ermöglichen**

▷ Ils peuvent se permettre d'aller en vacances en Afrique.
Sie können sich Ferien in Afrika erlauben.

► se **permettre** (= avoir les moyens financiers) : sich **erlauben**

ℹ *Le pronom personnel allemand s'emploie au datif :* ***ich erlaube mir, du erlaubst dir, er / sie erlaubt sich, wir erlauben uns, ihr erlaubt euch, sie erlauben sich.***

ℹ *On dit aussi* sich ***leisten.***

permis

1 ▷ Il faut un permis pour camper ici.
Man braucht eine Genehmigung, um hier zu campen.

1 (= permission) die **Genehmigung** (pluriel **Genehmigungen**)

2 ▷ J'ai perdu mon permis de conduire.
Ich habe meinen Führerschein verloren.

2 *Quand on parle du document, on forme des mots composés avec* ***Schein*** (pluriel **Scheine**) *: der* ***Führerschein*** **(permis de conduire)**, *der* ***Angelschein*** **(permis de pêche).**

▷ Il me tarde de passer mon permis.
Ich habe es eilig, meinen Führerschein zu machen.

► **passer le permis : den Führerschein machen**

3 ▷ Moussa a eu un permis de travail.
Moussa hat eine Arbeitserlaubnis bekommen.

3 ► **permis de travail :** die **Arbeitserlaubnis**

ℹ *De même, on dit die* ***Aufenthalt-serlaubnis*** **(permis de séjour).**

permission

▷ Mes parents m'ont donné leur permission.
Meine Eltern haben mir ihre Erlaubnis gegeben.

die **Erlaubnis**

▷ Je vais demander la permission au professeur.
Ich werde den Lehrer um Erlaubnis bitten.

► **demander la permission à** quelqu'un : jemanden (accusatif) **um Erlaubnis bitten**

perpendiculaire

▷ Maintenant tirez un trait perpendiculaire à la droite.
Jetzt zieht einen Strich, der rechtwinklig zu der Geraden steht.

rechtwinklig

perplexe

▷ Je suis un peu perplexe.
Ich bin ein bisschen perplex.

perplex
Attention à l'orthographe du mot allemand.

perroquet

▷ Sandrine a un perroquet vert.
Sandrine hat einen grünen Papagei.

der **Papagei** (pluriel Papageien)

perruque

▷ Alain a acheté une perruque bleue pour son déguisement.
Alain hat eine blaue Perücke für seine Verkleidung gekauft.

die **Perücke** (pluriel Perücken)

*Notez qu'il n'y a qu'un seul **r** en allemand.*

persil

▷ Rajoute encore un peu de persil.
Tu noch etwas Petersilie dazu.

die **Petersilie**

personnage

▷ Le personnage principal est un médecin.
Die Hauptfigur ist ein Arzt.

(dans un livre, un film, une pièce) die **Figur** (pluriel Figuren)

personnalité

▷ Elle a une personnalité assez désagréable.
Sie hat eine unangenehme Persönlichkeit.

die **Persönlichkeit** (pluriel Persönlichkeiten)

personne

1 ▷ Une seule personne est venue.
Es kam nur eine Person.

1 (= individu) die **Person** (pluriel Personen)

2 ▷ Plusieurs personnes sont parties avant la fin.
Mehrere Leute sind vor dem Ende gegangen.

2 *Quand on parle de* **plusieurs personnes**, *on traduit par die* ***Leute***.

3 ▷ Dans mon quartier habitent beaucoup de personnes âgées.
In meinem Viertel wohnen viele ältere Menschen.
▷ L'entrée est gratuite pour les personnes âgées.
Für Senioren ist der Eintritt frei.

3 ► **personne âgée :** der **ältere Mensch** (pluriel Menschen)

Quand on parle des **personnes âgées** *en tant que groupe d'âge, on emploie plutôt die* ***Senioren***.

4 ▷ Les grandes personnes ne nous comprennent pas.
Die Erwachsenen verstehen uns nicht.
▷ Ma sœur a fait une fête sans grandes personnes.
Meine Schwester hat eine Party ohne Erwachsene gemacht.

4 ► **grande personne :** der / die Erwachsene /ɛrˈvaksənə/ (pluriel Erwachsenen)

Notez la prononciation.

C'est un adjectif substantivé : on dit ***ein Erwachsener*** (pluriel Erwachsene)

5 ▷ Personne n'a voulu m'aider.
Niemand wollte mir helfen.

5 (= aucun) niemand

personnel, personnelle

1 ▷ C'est un problème personnel.
Das ist ein persönliches Problem.

1 (= privé) persönlich

2 ▷ L'entreprise n'a pas assez de personnel.
Die Firma hat nicht genügend Personal.

2 ► **le personnel** (= les employés) : das Personal

personnellement

▷ Personnellement, je préférerais mardi.
Persönlich wäre mir Dienstag lieber.

persönlich

perspective

▷ Quelle perspective !
Was für eine Aussicht!
▷ Dans ce pays, les jeunes n'ont pas de perspectives d'avenir.
Junge Leute haben in diesem Land keine Zukunftsaussichten.

(= éventualité) die Aussicht (pluriel Aussichten)
► **perspectives d'avenir :** Zukunftsaussichten

perspicace

▷ C'est un observateur très perspicace.
Er ist ein sehr scharfsinniger Beobachter.

scharfsinnig

persuader

1 ▷ On l'a persuadé d'aller au cinéma avec nous.
Wir haben ihn dazu überredet, mit uns ins Kino zu gehen.

1 ► **persuader** quelqu'un **de faire** quelque chose **:** jemanden (accusatif) dazu überreden, etwas zu tun

2 ▷ Elle essaie toujours de nous persuader de sa générosité.
Sie will uns immer von ihrer Großzügigkeit überzeugen.
▷ Il nous a persuadés qu'il avait raison.
Er hat uns überzeugt, dass er Recht hatte.

2 ► **persuader** quelqu'un **de** quelque chose **:** jemanden (accusatif) von etwas überzeugen

► **persuader** quelqu'un **que ... :** jemanden (accusatif) überzeugen, dass ...

perte

▷ Ce n'est pas une grosse perte !
Das ist kein großer Verlust!

der Verlust (pluriel Verluste)

pertinent, pertinente

▷ Cette remarque est tout à fait pertinente.
Diese Bemerkung ist völlig treffend.

treffend

perturbé, perturbée

1 ▷ Il est encore un peu perturbé.
Er ist noch etwas verstört.

1 (personne) verstört

2 ▷ Le trafic reste très perturbé.
Der Verkehr ist weiterhin sehr behindert.

2 (circulation, services) behindert

perturber

▷ Il y a deux garçons qui n'arrêtent pas de perturber les cours.
Da sind zwei Jungen, die dauernd den Unterricht stören.

(= déranger) stören

peser

▷ Le médecin m'a pesé et mesuré.
Der Arzt hat mich gewogen und gemessen.
▷ Sally pèse quarante-cinq kilos.
Sally wiegt fünfundvierzig Kilo.
▷ Lazlo se pèse tous les matins.
Lazlo wiegt sich jeden Morgen.
▷ Arrête de te peser tout le temps !
Hör auf, dich ständig zu wiegen!

wiegen (wog, gewogen)

► se **peser** : sich wiegen

Le pronom personnel allemand s'emploie à l'accusatif : ich wiege mich, du wiegst dich, er wiegt sich, wir wiegen uns, ihr wiegt euch, sie wiegen sich.

pessimiste

1 ▷ Ne sois pas si pessimiste !
Sei doch nicht so pessimistisch!

1 (adjectif) pessimistisch

2 ▷ C'est une pessimiste, elle voit des problèmes partout.
Sie ist eine Pessimistin, sie sieht überall Probleme.

2 (= personne) der Pessimist (pluriel Pessimisten), die Pessimistin (pluriel Pessimistinnen)

pétale

▷ Les roses ont perdu tous leurs pétales.
Die Rosen haben alle ihre Blütenblätter verloren.

das Blütenblatt (pluriel -blätter)

pétard

▷ Ils lançaient des pétards dans la rue.
Sie haben auf der Straße Knaller geworfen.

(lors des fêtes) der Knaller (pluriel Knaller)

péter

1 ▷ Qui a pété ?
Wer hat gefurzt?

1 (= avoir des gaz) furzen

Le verbe français et sa traduction allemande sont très familiers.

2 ▷ Tous les ballons ont pété.
Alle Luftballons sind geplatzt.

2 (= exploser) platzen

3 ▷ La corde a pété et tout s'est écroulé.
Der Strick ist gerissen und alles ist zusammengefallen.

3 (= casser) reißen (riss, gerissen)

pétillant, pétillante

▷ J'aime bien les boissons pétillantes.
Ich mag prickelnde Getränke gern.
▷ Lisa n'aime pas l'eau pétillante.
Lisa mag Sprudel nicht.

(= avec des bulles) prickelnd

► **eau pétillante :** der Sprudel

petit, petite

1 ▷ Lucas est petit pour son âge.
Lucas ist klein für sein Alter.
▷ Quand j'étais petite, je jouais à la poupée.
Als ich klein war, spielte ich mit Puppen.
▷ Ma petite sœur s'appelle Barbara.
Meine kleine Schwester heißt Barbara.

1 (adjectif) klein

2 ▷ Cette cour est pour les petits.
Dieser Hof ist für die Kleinen.

2 ► les **petits** (= élèves des petites classes) : die Kleinen

3 ▷ La chatte a eu des petits.
Die Katze hat Junge gekriegt.

3 (= bébé animal) das Junge (pluriel Jungen)

ℹ *C'est un adjectif substantivé : on dit **ein Junges**.*

4 ▷ Je m'y suis habitué petit à petit.
Ich habe mich nach und nach daran gewöhnt.

4 ► **petit à petit :** nach und nach

5 ▷ Je bois toujours un jus d'orange au petit-déjeuner.
Zum Frühstück trinke ich immer einen Orangensaft.

5 ► **petit-déjeuner :** das Frühstück

ℹ *Notez la préposition en allemand :* au petit-déjeuner = ***zum Frühstück***.

6 ▷ Il y a des petits pois avec le poulet.
Zum Hähnchen gibt es Erbsen.

6 ► **petit pois :** die Erbse (pluriel Erbsen)

petite-fille

▷ La petite-fille de madame Haudouin a le même âge que moi.
Frau Haudouins Enkelin ist genauso alt wie ich.

die Enkelin (pluriel Enkelinnen)

ℹ *On dit aussi die **Enkeltochter*** (pluriel -töchter).

petit-fils

▷ Mes voisins gardent souvent leur petit-fils.
Meine Nachbarn hüten oft ihren Enkel.

der **Enkel** (pluriel Enkel)
ℹ *On dit aussi* der ***Enkelsohn*** (pluriel -söhne).

petits-enfants

▷ M. et Mme Parker passent beaucoup de temps avec leurs petits-enfants.
Herr und Frau Parker verbringen viel Zeit mit ihren Enkeln.

die **Enkel**

ℹ *On dit aussi* die ***Enkelkinder***.

peu

1 ▷ Elle mange peu, c'est pour ça qu'elle est mince.
Sie isst wenig, darum ist sie so schlank.
▷ Il pleut assez peu dans cette région.
In dieser Gegend regnet es ziemlich wenig.
▷ Sébastien parle très peu.
Sébastien redet sehr wenig.
▷ Ils ont peu d'argent mais ils se débrouillent.
Sie haben wenig Geld, aber sie kommen zurecht.
▷ Je n'ai que peu d'amis, mais ce sont de bons amis.
Ich habe nur wenige Freunde, aber es sind gute Freunde.

1 (= pas beaucoup) **wenig**

► **assez peu :** ziemlich wenig

► **très peu :** sehr wenig

► **peu de** + *nom* **:** wenig + *nom* (pluriel wenige)

2 ▷ Je les vois peu.
Ich sehe sie selten.

2 (= pas souvent) **selten**

3 ▷ Il faut à peu près une heure.
Man braucht ungefähr eine Stunde.

3 ► **à peu près :** ungefähr

4 ▷ Je m'y suis habitué peu à peu.
Ich habe mich nach und nach daran gewöhnt.

4 ► **peu à peu :** nach und nach

5 ▷ Peu avant, il voulait aller au cinéma.
Kurz davor wollte er ins Kino gehen.

5 ► **peu avant :** kurz davor
ℹ *De même,* peu après *se dit* ***kurz darauf*** *ou* ***kurz danach***.

▷ Peu avant notre rendez-vous, elle a téléphoné pour annuler.
Kurz vor unserem Termin hat sie angerufen und abgesagt.

► **peu avant ... :** kurz vor ...

ℹ *De même,* peu après... *se dit* ***kurz nach...***

6 ▷ Mange un peu avant de partir.
Iss etwas, bevor du gehst.
▷ Il reste un peu de lait.
Es ist noch etwas Milch da.
▷ Je voudrais un petit peu de glace.
Ich hätte gern ein kleines bisschen Eis.

6 ► **un peu :** etwas
ℹ *On dit aussi* ***ein bisschen***.

► **un peu de** + *nom* **:** etwas + *nom*
ℹ *On dit aussi* ***ein bisschen*** + *nom*.

► **un petit peu de ... :** ein kleines bisschen ...

peuple

▷ Les peuples d'Europe sont unis.
Die europäischen Völker sind vereinigt.
▷ Ils veulent donner le pouvoir au peuple.
Sie wollen die Macht dem Volk übergeben.

das **Volk** (pluriel **Völker**)

peur

▷ De peur, j'ai fermé les yeux.
Aus Angst habe ich die Augen zugedrückt.
▷ N'aie pas peur, ce n'est rien.
Hab keine Angst, es ist nichts.
▷ Ma petite sœur a peur des guêpes.
Meine kleine Schwester hat Angst vor Wespen.
▷ Pierre adore nous faire peur avec ses histoires de fantômes.
Pierre macht uns liebend gern Angst mit seinen Geistergeschichten.

die **Angst** (pluriel **Ängste**)

ℹ *Notez la préposition en allemand : de peur = aus Angst.*

► **avoir peur : Angst haben**

► **avoir peur de** quelqu'un *ou* **de** quelque chose **: vor** jemandem *ou* etwas (datif) **Angst haben**

► **faire peur à** quelqu'un **:** jemandem (datif) **Angst machen**

peut-être

▷ Tu vas chez Nicolas ? – Peut-être.
Gehst du zu Nicolas? – Vielleicht.
▷ Ils sont peut-être déjà arrivés.
Vielleicht sind sie schon angekommen.
▷ Peut-être qu'il est sympa.
Vielleicht ist er nett.

vielleicht

► **peut-être que ... : vielleicht ...**

phare

1 ▷ Il nous a éblouis avec ses phares.
Er hat uns mit seinen Scheinwerfern geblendet.

1 (sur une voiture) der **Scheinwerfer** (pluriel **Scheinwerfer**)

2 ▷ Nous avons fait une promenade jusqu'au phare.
Wir sind bis zum Leuchtturm spazierengegangen.

2 (pour les bateaux) der **Leuchtturm** (pluriel **-türme**)

pharmacie

▷ Où est la pharmacie la plus proche ?
Wo ist die nächste Apotheke?

(= magasin) die **Apotheke** (pluriel **Apotheken**)

pharmacien, pharmacienne

▷ La pharmacienne a désinfecté ma plaie.
Die Apothekerin hat meine Wunde desinfiziert.

der **Apotheker** (pluriel **Apotheker**), die **Apothekerin** (pluriel **Apothekerinnen**)

phénomène

▷ Mon cousin étudie les phénomènes naturels.
Mein Cousin studiert die Naturphänomene.

das **Phänomen** (pluriel **Phänomene**)

phoque

▷ Le gardien du zoo donne des poissons aux phoques.
Der Zoowärter gibt den Seehunden Fische.

der **Seehund** (pluriel **-hunde**)

photo

1 ▷ Montre-moi les photos de tes vacances.
Zeig mir deine Ferienfotos.
▷ Est-ce que vous avez fait des photos ?
Habt ihr Fotos gemacht?

1 (= image) das **Foto** (pluriel **Fotos**)

► **faire une photo** *ou* **prendre une photo : ein Foto machen**

2 ▷ Lulu prend des cours de photo.
Lulu macht einen Fotografiekurs.
▷ Le week-end, je fais de la photo.
Am Wochenende fotografiere ich.

2 (= activité) die **Fotografie**

► **faire de la photo : fotografieren**

ℹ *Les verbes se terminant en* ***-ieren*** *ne prennent pas* ***ge-*** *au participe passé.*

photocopie

▷ Tu peux me faire une photocopie ?
Kannst du mir eine Fotokopie machen?

die **Fotokopie** (pluriel **Fotokopien**)

photocopier

▷ Je vais photocopier cet article.
Ich werde diesen Artikel fotokopieren.

fotokopieren

ℹ *Les verbes se terminant en* ***-ieren*** *ne prennent pas* ***ge-*** *au participe passé.*

ℹ *On dit aussi* ***kopieren*** *tout court.*

photocopieuse

▷ La photocopieuse est encore en panne !
Der Kopierer geht schon wieder nicht!

▷ Mon père a une photocopieuse couleur au bureau.
Mein Vater hat einen Farbkopierer im Büro.

der **Kopierer** (pluriel **Kopierer**)

ℹ *Ce mot est plus fréquent que* ***Fotocopierer.***

► **photocopieuse couleur :** der **Farbkopierer**

photographe

▷ Un photographe est venu faire une photo de toute la classe.
Ein Fotograf ist gekommen und hat ein Klassenfoto gemacht.

(= personne qui prend des photos) der **Fotograf** (pluriel **Fotografen**), die **Fotografin** (pluriel **Fotografinnen**)

photographie

▷ J'aimerais faire un stage de photographie cet été.
Diesen Sommer würde ich gern einen Fotografiekurs machen.

(= activité) die **Fotografie**

photographier

▷ On a tous photographié la cathédrale.
Wir haben alle die Kathedrale fotografiert.

fotografieren

ℹ *Les verbes se terminant en* ***–ieren*** *ne prennent pas* ***ge-*** *au participe passé.*

phrase

▷ Il manque le verbe dans cette phrase.
In diesem Satz fehlt das Verb.

der **Satz** (pluriel Sätze)

physique

1 ▷ Léa a eu la meilleure note en physique.
Léa hat die beste Note in Physik bekommen.

1 (= matière) die **Physik**

ℹ *N'oubliez pas que le* ***y*** *allemand se prononce* **u**.

2 ▷ Ce garçon a un physique impressionnant.
Dieser Junge hat eine beeindruckende Statur.

2 (= corps) die **Statur**

pianiste

▷ La pianiste portait une longue robe noire.
Die Pianistin trug ein langes schwarzes Kleid.

der **Pianist** (pluriel Pianisten), die **Pianistin** (pluriel Pianistinnen)

piano

1 ▷ La famille m'a offert un piano.
Die Familie hat mir ein Klavier geschenkt.
▷ Clément joue très bien du piano.
Clément spielt sehr gut Klavier.

1 das **Klavier** (pluriel Klaviere)

► **jouer du piano :** Klavier spielen

2 ▷ Il n'y a pas assez de place pour un piano à queue.
Es ist nicht genug Platz für einen Flügel da.

2 ► **piano à queue :** der **Flügel** (pluriel Flügel)

pic

▷ C'est le plus haut pic des Pyrénées.
Es ist der höchste Gipfel der Pyrenäen.

(= sommet) der **Gipfel** (pluriel Gipfel)

pièce

1 ▷ Le salon est la plus grande pièce de la maison.
Das Wohnzimmer ist der größte Raum des Hauses.

1 (dans une maison) der **Raum** (pluriel Räume)

ℹ *On dit aussi* das ***Zimmer*** (pluriel Zimmer).

2 ▷ Est-ce que tu as des pièces pour le distributeur de boissons ?
Hast du Münzen für den Getränkeautomaten?
▷ Il me faut une pièce de deux euros.
Ich brauche ein Zweieurostück.

2 (= monnaie) die **Münze** (pluriel Münzen)

Quand on parle d'une **pièce** *d'une valeur particulière, on dit* ***Stück*** *précédé de la valeur.*

3 ▷ Le garagiste a changé une pièce du moteur.
Der Mechaniker hat ein Motorteil ausgewechselt.

3 (= composant) das **Teil** (pluriel Teile)

4 ▻ J'ai vu une très bonne pièce de théâtre hier soir.
Gestern Abend habe ich ein sehr gutes Theaterstück gesehen.

4 ► **pièce de théâtre :** das Theaterstück (pluriel -stücke)

pied

1 ▻ Esther a de grands pieds.
Esther hat große Füße.
▻ On vous attendra au pied de la colline.
Wir warten am Fuß des Hügels auf euch.
▻ Je vais à l'école à pied avec Lise.
Ich gehe mit Lise zu Fuß zur Schule.
▻ Samuel a donné un coup de pied à Hugo.
Samuel hat Hugo einen Fußtritt gegeben.

1 (= le pied d'une personne, d'un escalier, d'un lit, d'un sommet) der **Fuß** (pluriel Füße)

► **aller à pied :** zu Fuß gehen (ging, gegangen)
► **coup de pied :** der Fußtritt (pluriel Fußtritte)

2 ▻ Tu as cassé le pied de la table.
Du hast das Tischbein kaputtgemacht.

2 (= le pied d'un meuble) das **Bein** (pluriel Beine)

piège

▻ N'y va pas, c'est un piège !
Geh nicht hin, das ist eine Falle!

die **Falle** (pluriel Fallen)

pierre

▻ Ils ont jeté des pierres sur la maison.
Sie haben das Haus mit Steinen beworfen.
▻ La mairie est en pierre.
Das Rathaus ist aus Stein.
▻ Il y a un mur en pierre autour du champ.
Um das Feld geht eine Steinmauer.

der **Stein** (pluriel Steine)

► **être en pierre :** aus Stein sein

Pour désigner les objets **en pierre** *ou* **de pierre**, *on forme des mots composés avec* ***Stein*** *: die* ***Steinplatte*** **(plaque en pierre)**, *die* ***Steinstufen*** **(marches en pierre)**, *etc.*

piétiner

▻ Ils ont piétiné mes fleurs.
Sie haben meine Blumen zertrampelt.

(= marcher sur) **zertrampeln**

ℹ *Les verbes commençant par le préfixe* ***zer-*** *ne prennent pas* ***ge-*** *au participe passé.*

piéton, piétonne

1 ▻ Ce pont est seulement pour les piétons et les vélos.
Diese Brücke ist nur für Fußgänger und Fahrräder.

1 (= personne) der **Fußgänger** (pluriel Fußgänger), die **Fußgängerin** (pluriel Fußgängerinnen)

2 ▻ Le magasin se trouve dans la rue piétonne.
Das Geschäft befindet sich in der Fußgängerstraße.

2 *Pour traduire l'adjectif* **piéton, piétonne**, *on forme des mots composés avec* ***Fußgänger*** *: die* ***Fußgängerzone*** **(zone piétonne)**, *die* ***Fußgängerbrücke*** **(pont piéton)**, *etc.*

pieuvre

▷ J'ai vu une pieuvre à l'aquarium.
Im Aquarium habe ich eine Krake gesehen.

die, der **Krake** (pluriel Kraken)

pigeon

▷ La vieille dame donnait du pain aux pigeons.
Die alte Dame fütterte die Tauben mit Brot.
▷ L'oncle de Matthieu élève des pigeons voyageurs.
Matthieus Onkel züchtet Brieftauben.

die **Taube** (pluriel Tauben)

► **pigeon voyageur :** die Brieftaube (pluriel -tauben)

pile

1 ▷ Je dois changer les piles de la radio.
Ich muss die Radiobatterien auswechseln.

1 (= pile électrique) die **Batterie** (pluriel Batterien)

2 ▷ Il y avait une pile de vêtements dans un coin.
In einer Ecke lag ein Stapel Kleidung.
▷ Tu n'as qu'à mettre les livres en pile.
Du kannst die Bücher einfach stapeln.

2 (= tas) der **Stapel** (pluriel Stapel)

► **mettre en pile :** stapeln

3 ▷ D'accord, on parie trois euros. Pile ou face ?
Gut, wir wetten um drei Euro. Kopf oder Zahl?

3 ► **pile ou face ? :** Kopf oder Zahl?

4 ▷ Il est trois heures pile.
Es ist Punkt drei Uhr.

4 (= exactement, en disant l'heure) **Punkt**

5 ▷ Tu arrives pile à l'heure.
Du kommst gerade rechtzeitig.

5 ► **pile à l'heure :** gerade rechtzeitig

pilier

▷ Il s'était caché derrière le pilier.
Er hat sich hinter dem Pfeiler vesteckt.

(= colonne) der **Pfeiler** (pluriel Pfeiler)

pilote

1 ▷ Le pilote m'a montré le cockpit.
Der Pilot hat mir das Cockpit gezeigt.

1 (= pilote d'un avion) der **Pilot** (pluriel Piloten), die **Pilotin** (pluriel Pilotinnen)

2 ▷ Le capitaine doit suivre les instructions du pilote.
Der Kapitän muss den Anweisungen des Lotsen folgen.

2 (= pilote d'un bateau) der **Lotse** (pluriel Lotsen), die **Lotsin** (pluriel Lotsinnen)

3 ▷ C'est un célèbre pilote automobile.
Er ist ein berühmter Rennfahrer.

3 ► **pilote automobile :** der Rennfahrer (pluriel -fahrer), die Rennfahrerin (pluriel -fahrerinnen)

piloter

1 ▷ Il adore piloter les voitures de course.
Er fährt liebend gern Rennwagen.

1 (une voiture) **fahren** (fährt, gefahren)

2 ▷ C'était l'une des premières femmes à piloter un avion.
Sie war eine der ersten Frauen, die ein Flugzeug geflogen hat.

2 (un avion) **fliegen** (**flog**, **geflogen**)
*Lorsque **fliegen** ou **fahren** signifie « piloter », le participe passé se forme avec **hat** ou **ist**.*

pilule

▷ Je dois prendre trois différentes sortes de pilules.
Ich muss drei verschiedene Arten Pillen nehmen.
▷ Kathy prend la pilule.
Kathy nimmt die Pille.

die **Pille** (pluriel **Pillen**)
► **prendre la pilule : die Pille nehmen**

piment

▷ Il y a trop de piment dans ce plat.
In diesem Gericht ist zu viel Peperoni.

die **Peperoni** (pluriel **Peperonis**)

pin

1 ▷ Il y a des pins dans notre jardin.
In unserem Garten stehen Kiefern.

1 (= arbre) die **Kiefer** (pluriel **Kiefern**)

2 ▷ Mon lit est en pin.
Mein Bett ist aus Kiefernholz.

2 (= bois) das **Kiefernholz**

pince

1 ▷ Coupe le fil de fer avec la pince.
Trenn den Draht mit der Zange durch.

1 (= outil) die **Zange** (pluriel **Zangen**)

2 ▷ Tu peux me prêter ta pince à épiler ?
Kannst du mir deine Pinzette leihen?

2 ► **pince à épiler :** die **Pinzette** (pluriel **Pinzetten**)

3 ▷ Je ne trouve pas les pinces à linge.
Ich finde die Wäscheklammern nicht.

3 ► **pince à linge :** die **Wäscheklammer** (pluriel **-klammern**)

pinceau

▷ J'ai besoin d'un plus gros pinceau.
Ich brauche einen dickeren Pinsel.

der **Pinsel** (pluriel **Pinsel**)

pincée

▷ Rajoute encore une pincée de sel.
Tu noch eine Prise Salz dazu.

die **Prise** (pluriel **Prisen**)

pincer

1 ▷ Benjamin m'a pincé !
Benjamin hat mich gekniffen!

1 (= serrer la peau) **kneifen** (**kniff**, **gekniffen**)

2 ▷ Je me suis pincé le doigt dans la porte, ça fait vraiment mal.
Ich habe mir den Finger in der Tür eingeklemmt, das tut wirklich weh.
▷ Il s'est pincé le pouce en fermant la fenêtre.
Er hat sich den Daumen eingeklemmt, als er das Fenster zumachte.

2 ► se **pincer le doigt :** sich den Finger einklemmen

ℹ *ein•klemmen est un verbe à particule séparable.*

ℹ *Le pronom personnel allemand s'emploie au datif : ich klemme mir... ein, du klemmst dir... ein, er / sie klemmt sich... ein, wir klemmen uns... ein, ihr klemmt euch... ein, sie klemmen sich... ein.*

pingouin

▷ Les pingouins sont vraiment rigolos !
Pinguine sind wirklich lustig!

der Pinguin (pluriel Pinguine)

ping-pong

▷ Alicia a entraînement de ping-pong cet après-midi.
Alicia hat heute Nachmittag Tischtennistraining.
▷ On pourrait jouer au ping-pong.
Wir könnten Tischtennis spielen.

Tischtennis

► **jouer au ping-pong :** Tischtennis spielen

pion, pionne

1 ▷ La pionne m'a donné deux heures de colle.
Die Aufseherin hat mich zwei Stunden nachsitzen lassen.

1 (= surveillant) der Aufseher (pluriel Aufseher), die Aufseherin (pluriel Aufseherinnen)

2 ▷ Je joue avec les pions blancs.
Ich spiele mit den weißen Steinen.

2 (au jeu de dames) der Stein (pluriel Steine)

ℹ *Aux échecs, on dit der Bauer (pluriel Bauern).*

pionnier, pionnière

▷ As-tu vu le documentaire sur les pionniers américains ?
Hast du den Dokumentarfilm über die amerikanischen Pioniere gesehen?
▷ Les frères Wright furent des pionniers de l'aviation.
Die Brüder Wright waren Luftfahrtpioniere.

der Pionier (pluriel Pioniere), die Pionierin (pluriel Pionierinnen)

*Attention à l'orthographe du mot allemand **Pionier**, qui ne prend qu'un seul **n**.*

pipe

▷ Mon grand-père fume la pipe.
Mein Großvater raucht Pfeife.

die Pfeife (pluriel Pfeifen)

ℹ *Notez l'absence d'article en allemand pour l'expression* **fumer la pipe** *: Pfeife rauchen.*

pipi

▷ On peut s'arrêter ? J'ai envie de faire pipi.
Können wir anhalten? Ich muss mal Pipi machen.

► **faire pipi :** Pipi machen

piquant (NOM)

▷ On ne peut pas porter le hérisson à mains nues à cause de ses piquants.
Man kann den Igel wegen seiner Stacheln nicht mit bloßen Händen tragen.

(de hérisson, porc-épic) der **Stachel** (pluriel Stacheln)

piquant, piquante

▷ Cette saucisse est trop piquante.
Diese Wurst ist zu scharf.

(= épicé) **scharf**

pique-nique

▷ S'il fait beau dimanche, on fera un pique-nique.
Wenn es am Sonntag schön ist, machen wir ein Picknick.

das **Picknick** (pluriel Picknicks)
► **faire un pique-nique :** ein Picknick machen

pique-niquer

▷ Et si on allait pique-niquer ?
Wie wär's, wenn wir picknicken?

picknicken
On dit aussi ***ein Picknick machen***.

piquer

1 ▷ Cette moutarde pique !
Dieser Senf ist ja scharf!

1 (= être épicé) **scharf sein**

2 ▷ J'ai les yeux qui piquent.
Meine Augen brennen.
▷ Aïe, ça pique !
Au, das brennt!

2 (en parlant des yeux ou de la peau) **brennen** (brannte, gebrannt)

3 ▷ Isabelle m'a piqué avec une aiguille !
Isabelle hat mich mit einer Nadel gestochen!

▷ Jérémie s'est fait piquer par une guêpe.
Jérémie wurde von einer Wespe gestochen.

▷ Fais attention à ne pas te piquer avec l'aiguille.
Pass auf und stich dich nicht mit der Nadel.

3 (= blesser quelqu'un avec un objet pointu ou un dard) **stechen** (sticht, stach, gestochen)
► se **faire piquer** (par un insecte) **:** gestochen werden (wird, wurde, worden)
► se **piquer** (avec un objet pointu) **:** sich stechen (sticht, stach, gestochen)

4 ▷ Je me suis piqué les jambes dans les orties.
Ich habe mir die Beine in den Brennesseln verbrannt.

4 ► se **piquer** (avec des orties) **:** sich verbrennen (verbrannte, verbrannt)
Les verbes commençant par le préfixe ***ver-*** *ne prennent pas* ***ge-*** *au participe passé.*

5 ▷ Qui m'a piqué mon stylo ?
Wer hat meinen Kugelschreiber geklaut?

5 (= voler) **klauen**
Dans ce sens, le mot français et sa traduction allemande sont familiers.

piqûre

1 ▷ La piqûre s'est infectée.
Der Stich hat sich entzündet

1 (d'insecte) der **Stich** (pluriel Stiche)

▻ Les piqûres de guêpe peuvent être très douloureuses.
Wespenstiche können sehr schmerzhaft sein.

Pour dire la **piqûre** *de quelque chose, on forme des mots composés avec* ***Stich*** *: der* ***Bienenstich*** **(piqûre d'abeille)**, *der* ***Nadelstich*** **(piqûre d'aiguille)**.

2 ▻ Le médecin m'a fait une piqûre dans l'épaule.
Der Arzt hat mir eine Spritze in den Arm gegeben.

2 ► **faire une piqûre à** quelqu'un **:** jemandem (datif) **eine Spritze geben** (**gibt, gab, gegeben**)

ℹ *On dit aussi jemandem* ***eine Spritze setzen****.*

piratage

▻ As-tu entendu parler de la loi contre le piratage ?
Hast du vom Antipiraterie-Gesetz gehört?

▻ Le piratage de logiciels reste un gros problème.
Die Softwarepiraterie ist weiterhin ein großes Problem.

(de film, de logiciel, etc.) die **Piraterie**

► **piratage (informatique) :** die **Softwarepiraterie**

pirate

▻ Les pirates ont pris l'équipage en otage.
Die Piraten haben de Besatzung als Geiseln genommen.

▻ Les pirates de l'air se sont rendus.
Die Luftpiraten haben sich ergeben.

▻ C'est une radio pirate.
Das ist ein Piratensender.

der **Pirat** (pluriel **Piraten**), die **Piratin** (pluriel **Piratinnen**)

► **pirate de l'air :** der **Luftpirat**, die **Luftpiratin**

Pour employer **pirate** *en tant qu'adjectif, on forme en allemand des mots composés avec* ***Piraten-****.*

pirater

1 ▻ Ils ont piraté des centaines de films.
Sie haben von Hunderten von Filmen Raubkopien gemacht.

1 (un film, un logiciel, etc.) **eine Raubkopie machen**

2 ▻ Mon ordinateur a été piraté.
Jemand ist in meinen Computer eingedrungen.

2 ► **pirater un ordinateur :** in **einen Computer eindringen**

ℹ ***ein•dringen*** *est un verbe à particule séparable et se conjugue comme* ***dringen*** (**drang, gedrungen**).

pire

1 ▻ Il est encore pire que son frère !
Er ist noch schlimmer als sein Bruder!

▻ Ils ne s'entendent pas du tout, c'est de pire en pire.
Sie verstehen sich überhaupt nicht, es wird immer schlimmer.

1 (= plus mauvais) **schlimmer**

► **c'est de pire en pire :** **es wird immer schlimmer**

2 ▷ De tous les films que j'ai vus, c'est le pire.
Von allen Filmen, die ich gesehen habe, ist es der Schlimmste.
▷ Ce sont les pires vacances que j'aie jamais passées.
Das sind die schlimmsten Ferien, die ich je verbracht habe.
▷ Le pire c'est que Jonathan n'est pas au courant.
Das Schlimmste ist, dass Jonathan nichts davon weiß.

2 ► **le pire, la pire, les pires :** der / die / das **Schlimmste** (pluriel **Schlimmsten**)
► **le pire ..., la pire ..., les pires ... :** der / die / das **schlimmste ...**(pluriel **schlimmsten ...**)
► **le pire c'est ... :** **das Schlimmste ist ...**

piscine

▷ Tu viens à la piscine avec nous ?
Kommst du mit uns ins Schwimmbad?

das **Schwimmbad** (pluriel **–bäder**)

pistache

▷ J'ai acheté des pistaches salées pour l'apéritif.
Ich habe gesalzene Pistazien für den Aperitif gekauft.

die **Pistazie** /pis'taːtsiə/ (pluriel **Pistazien**)

piste

1 ▷ La piste noire est la plus difficile.
Die schwarze Piste ist die schwierigste.

1 (= parcours de ski) die **Piste** (pluriel **Pisten**)

2 ▷ Adèle s'entraîne à courir sur la piste du stade.
Adèle trainiert Laufen auf der Stadionbahn.

2 (= piste d'athlétisme ou de course automobile) die **Bahn** (pluriel **Bahnen**)

3 ▷ L'avion a dû attendre un quart d'heure sur la piste.
Das Flugzeug musste eine Viertelstunde auf der Rollbahn warten.
▷ Le pilote a manqué la piste d'atterrissage.
Der Pilot hat die Landebahn verfehlt.

3 (dans un aéroport) die **Rollbahn** (pluriel **–bahnen**)
► **piste d'atterrissage :** die **Landebahn** (pluriel **–bahnen**)

4 ▷ Reste sur la piste cyclable.
Bleib auf dem Radfahrweg.

4 ► **piste cyclable :** der **Radfahrweg** (pluriel **–wege**)

5 ▷ On était les premières sur la piste de danse.
Wir waren die Ersten auf der Tanzfläche.

5 ► **piste de danse :** die **Tanzfläche** (pluriel **–flächen**)

pistolet

▷ Le cambrioleur avait un pistolet.
Der Einbrecher hatte eine Pistole.

die **Pistole** (pluriel **Pistolen**)

pitié

▷ Elle était si malheureuse, j'ai vraiment eu pitié d'elle.
Sie war so unglücklich, ich hatte wirklich Mitleid mit ihr.

▷ Ces pauvres enfants me font pitié.
Diese armen Kinder tun mir Leid.

► **avoir pitié de** quelqu'un **:** **Mitleid mit** jemandem **haben**

Pour dire que quelqu'un ou quelque chose **fait pitié à** *quelqu'un, on emploie l'expression* ***Leid tun*** *au datif.*

pitoyable

▷ Mes résultats sont pitoyables.
Meine Ergebnisse sind erbärmlich.

erbärmlich

pizza

▷ Tu prends une pizza ? – Non, je prendrai une escalope.
Nimmst du eine Pizza? – Nein, ich nehme ein Schnitzel.

die **Pizza** (pluriel Pizzas, Pizzen)

pizzeria

▷ Il y a une très bonne pizzeria près de chez moi.
Bei mir in der Nähe ist eine sehr gute Pizzeria.

die **Pizzeria** (pluriel Pizzerias)

placard

▷ L'aspirateur est dans le placard.
Der Staubsauger ist im Wandschrank.

der **Wandschrank** (pluriel –schränke)

place

1 ▷ Il y a une belle fontaine sur la place.
Auf dem Platz steht ein schöner Brunnen.
▷ Est-ce que cette place est libre ?
Ist dieser Platz frei?
▷ On a fini par trouver une place de parking.
Am Ende haben wir doch eine Parkplatz gefunden.

1 (= esplanade ; siège) der **Platz** (pluriel Plätze)

► **place de parking :** der **Parkplatz** (pluriel –plätze)

2 ▷ On a eu deux places gratuites.
Wir haben zwei Gratiskarten bekommen.

2 (= billet de spectacle) die **Karte** (pluriel Karten)

3 ▷ Ma mère n'arrête pas de changer mes CD de place.
Meine Mutter stellt dauernd meine CDs weg.

3 ► **changer** quelque chose **de place :** etwas **wegstellen**

ℹ ***weg•stellen*** *est un verbe à particule séparable.*

4 ▷ Tu veux qu'on change de place ?
Willst du Plätze tauschen?

4 ► **changer de place avec** quelqu'un **:** **mit** jemandem **Plätze tauschen**

5 ▷ Remets ce livre à sa place !
Stell das Buch zurück!

5 ► **remettre** quelque chose **à sa place :** etwas **zurückstellen** *ou* **zurücklegen**

6 ▷ Il n'y a pas assez de place pour tout le monde dans la voiture.
Es ist nicht genug Platz im Auto für alle.

6 (= espace) der **Platz**

7 ▷ J'ai acheté une jupe à la place d'une robe.
Ich habe einen Rock an Stelle eines Kleides gekauft.
▷ À ta place, je dirais non.
An deiner Stelle würde ich nein sagen.

7 ► **à la place** (= en remplacement) : **an Stelle** + *génitif*

► **à ta place** (= si j'étais toi) : **an deiner Stelle**

ℹ *De même, on dit an* ***meiner*** *Stelle* (à ma place), *an* ***seiner / ihrer*** *Stelle* (à sa place), *etc.*

8 ▷ Qu'est-ce que j'aurais pu faire ? Mets-toi à ma place !
Was hätte ich tun sollen? Versetz dich mal in meine Lage!

8 ► se **mettre à la place de** quelqu'un (= s'imaginer à sa place) : sich **in** jemandes (génitif) **Lage versetzen**

ℹ *Les verbes commençant par le préfixe* ***ver-*** *ne prennent pas* ***ge-*** *au participe passé.*

placer

1 ▷ Il ne faut pas placer les plantes près du radiateur.
Du darfst die Pflanzen nicht neben die Heizung stellen.
▷ Place les cartes l'une à côté de l'autre.
Leg die Karten nebeneinander.

1 *Quand* **placer** *signifie « mettre », il se traduit par* ***stellen*** *quand la position est verticale et par* ***legen*** *quand la position est horizontale.*

2 ▷ Vous pouvez vous placer comme vous voulez autour de la table.
Ihr könnt euch um den Tisch sezten, wie ihr wollt.

2 ► se **placer** (= s'asseoir) : sich **setzen**

3 ▷ Andreas et Jürgen se sont placés près de la porte.
Andreas und Jürgen haben sich neben die Tür gestellt.
▷ Place-toi ici, tu verras mieux.
Stell dich hier hin, da siehst du besser.

3 ► se **placer** (= se mettre debout) : sich **stellen**

ℹ *Ces pronoms personnels allemands s'emploient à l'accusatif :* ***ich stelle / setze mich, du stellst / setzt dich, er / sie stellt / setzt sich, wir stellen / setzen uns, ihr stellt / setzt euch, sie stellen / setzen sich.***

plafond

▷ Mon père a repeint le plafond.
Mein Vater hat die Decke neu gestrichen.

die **Decke** (pluriel **Decken**)

plage

1 ▷ La plage est à cinq minutes d'ici.
Der Strand liegt nur fünf Minuten von hier.

1 (au bord de la mer) der **Strand** (pluriel Strände)

2 ▷ Pose les vestes sur la plage arrière.
Leg die Jacken auf die Heckablage.

2 ► **plage arrière** (d'une voiture) : die **Heckablage**

plaie

1 ▷ Ta plaie s'est infectée.
Deine Wunde hat sich infiziert.

1 (= blessure) die **Wunde** (pluriel Wunden)

2 ▷ Quelle plaie, ces moustiques !
Welch eine Plage, diese Mücken!

2 (= personne ou chose pénible) die **Plage** (pluriel Plagen)

plaindre

1 ▷ Ne la plains pas, elle fait semblant.
Bemitleide sie nicht, sie tut nur so.

1 ► **plaindre** quelqu'un (= avoir pitié) : jemanden (accusatif) **bemitleiden**

ℹ *Les verbes commençant par le préfixe* ***be-*** *ne prennent pas* ***ge-*** *au participe passé.*

2 ▷ Arrête de te plaindre !
Hör auf zu jammern!

2 ► se **plaindre** (= geindre) : **jammern**

3 ▷ Astrid s'est plainte au prof d'histoire.
Astrid hat sich beim Geschichtslehrer beschwert.
▷ Mes parents se sont plaints des repas au restaurant de l'hôtel.
Meine Eltern haben sich über das Essen im Hotelrestaurant beschwert.

3 ► se **plaindre** (= protester) : sich **beschweren**

ℹ *Les verbes commençant par le préfixe* ***be-*** *ne prennent pas* ***ge-*** *au participe passé.*
ℹ *Notez les prépositions utilisées en allemand :* **se plaindre de ... = *sich über ...*** *(accusatif)* ***beschweren*** ; **se plaindre à ... = *sich bei ...*** *(datif)* ***beschweren***.

plaine

▷ La plaine s'étendait sur des kilomètres.
Die Ebene zog sich kilometerweit hin.

die **Ebene** (pluriel Ebenen)

plaire

1 ▷ Je crois que tu lui plais.
Ich glaube, du gefällst ihm.

1 (= agréer) **gefallen** (gefällt, gefiel, gefallen)

2 ▷ Tu t'es plu en Allemagne ?
Hat es dir in Deutschland gefallen?

2 ► quelqu'un **se plaît** (dans un endroit) : jemandem (datif) **gefällt es**

3 ▷ Prête-moi ton stylo, s'il te plaît.
Leih mir deinen Stift, bitte.

3 ► **s'il te plaît** *ou* **s'il vous plaît : bitte**

plaisanter

▷ Je crois qu'il plaisantait quand il a dit qu'il n'allait pas payer.
Ich glaube, er hat Spaß gemacht, als er sagte, er würde nicht zahlen.
▷ Tu plaisantes ! Ce n'est pas possible !
Du machst wohl Spaß! Das ist doch nicht möglich!

Spaß machen

► **tu plaisantes !** (quand on ne croit pas quelqu'un) **: du machst wohl Spaß!**

ℹ *On dit aussi **das soll wohl ein Witz sein!***

plaisanterie

1 ▷ Je n'ai pas trouvé la plaisanterie très drôle !
Ich fand den Witz nicht sehr lustig!

1 (= blague) der **Witz** (pluriel **Witze**)

2 ▷ Il aime bien faire des plaisanteries.
Er macht gern Scherze.

2 (= farce) der **Scherz** (pluriel **Scherze**)
► **faire une plaisanterie : einen Scherz machen**

plaisir

1 ▷ Ça m'a fait plaisir de te voir.
Es hat mich gefreut, dich zu sehen.
▷ Ça vous fait plaisir d'aller voir cette pièce de théâtre ?
Freut es euch, dieses Theaterstück zu sehen?

1 *Pour dire que* **ça fait plaisir à** *quelqu'un, on emploie l'expression* ***es freut*** *avec le pronom personnel à l'accusatif.*

ℹ *Le pronom personnel à l'accusatif s'emploie de la façon suivante :* ***es freut mich, es freut dich, es freut ihn / sie, es freut uns, es freut euch, es freut sie.***

2 ▷ Je fais de la natation pour le plaisir.
Ich schwimme zum Vergnügen.

2 ► **pour le plaisir : zum Vergnügen**

plan

1 ▷ Sur le plan de la maison, on voit les dimensions des pièces.
Auf dem Plan des Hauses sieht man die Abmessungen der Räume.
▷ On devrait acheter un plan de la ville.
Wir sollten einen Stadtplan kaufen.

1 (= dessin, carte) der **Plan** (pluriel **Pläne**)

2 ▷ J'ai un super plan pour avoir des places moins chères.
Ich habe eine Superidee, um billigere Plätze zu kriegen.

2 (= idée) die **Idee** (pluriel **Ideen**)

3 ▷ Il veut toujours être au premier plan.
Er will immer im Vordergrund stehen.

3 ► **être au premier plan : im Vordergrund stehen** (**stand, gestanden**)

▷ Tu ne peux pas toujours être au dernier plan.
Du kannst nicht immer im Hintergrund stehen.

► **être au dernier plan :** im Hintergrund stehen

planche

1 ▷ On a construit une cabane avec de vieilles planches.
Wir haben eine Hütte aus alten Brettern gebaut.
▷ Tu peux sortir la planche à repasser ?
Kannst du das Bügelbrett herausholen?
▷ Luc a une planche de surf bleue et blanche.
Luc hat ein blauweißes Surfbrett.
▷ C'est difficile de rester debout sur une planche à voile.
Es ist schwer, sich auf einem Windsurfbrett auf den Beinen zu halten.

1 (= bout de bois) das **Brett** (pluriel Bretter)
► **planche à repasser :** das Bügelbrett
► **planche de surf :** das Surfbrett
► **planche à voile :** das Windsurfbrett

2 ▷ Lise fait de la planche à voile à Biarritz.
Lise geht in Biarritz windsurfen.

2 ► **faire de la planche à voile :** windsurfen

3 ▷ J'aime bien faire la planche.
Ich mache gern den toten Mann.

3 ► **faire la planche** (dans l'eau) **:** den toten Mann machen
ℹ *Littéralement, cette expression signifie « faire l'homme mort ».*

plancher

▷ Ma mère ne cire pas souvent le plancher.
Meine Mutter bohnert den Fußboden nicht oft.

der **Fußboden** (pluriel -böden)

planer

▷ L'aigle planait très haut.
Der Adler schwebte weit oben.

(= flotter dans l'air) **schweben**

planète

1 ▷ Aziz connaît le nom de toutes les planètes.
Aziz kennt die Namen aller Planeten.
2 ▷ Ils ont voyagé sur toute la planète.
Sie sind durch die ganze Welt gereist.

1 der **Planet** (pluriel Planeten)
2 ► **la planète** (= la Terre) **:** die Welt

planeur

1 ▷ Regarde, il y a un planeur là-haut !
Schau mal, da oben ist ein Segelflugzeug!

1 (= appareil) das **Segelflugzeug** (pluriel -flugzeuge)

2 ▷ J'ai fait du planeur en Ardèche.
Ich habe in der Ardèche Segelfliegen gemacht.

2 ► **faire du planeur :** Segelfliegen machen

planquer

▷ Je ne sais pas où il a planqué mon livre.
Ich weiß nicht, wo er mein Buch versteckt hat.
▷ Viens, on va planquer son vélo.
Komm, wir verstecken sein Fahrrad.
▷ Planque-toi, ils arrivent !
Versteck dich, sie kommen!
▷ Où est-ce qu'ils se sont planqués ?
Wo haben sie sich versteckt?

(= cacher) **verstecken**

► se **planquer :** sich **verstecken**

ℹ *Le pronom personnel allemand s'emploie à l'accusatif :* ***ich verstecke mich, du versteckst dich, er / sie versteckt sich, wir verstecken uns, ihr versteckt euch, sie verstecken sich.***

ℹ *Les verbes commençant par le préfixe* ***ver-*** *ne prennent pas* ***ge-*** *au participe passé.*

ℹ *Le verbe français est familier, mais sa traduction allemande ne l'est pas.*

plante

1 ▷ On lui a offert une jolie plante pour son anniversaire.
Wir haben ihr zum Geburtstag eine schöne Pflanze geschenkt.

1 (= végétal) die **Pflanze** (pluriel Pflanzen)

2 ▷ J'ai une ampoule sur la plante du pied.
Ich habe eine Blase auf der Fußsohle.

2 ► **la plante du pied :** die **Fußsohle** (pluriel -sohlen)

planter

1 ▷ Nous avons planté des arbres dans le jardin.
Wir haben im Garten Bäume gepflanzt.

1 (= planter des arbres, des fleurs, etc.) **pflanzen**

2 ▷ J'ai mal à la main, j'ai planté des clous pendant deux heures.
Meine Hand tut mir weh, ich habe zwei Stunden lang Nägel eingeschlagen.
▷ Tu peux planter les piquets de tente ?
Kannst du die Heringe einschlagen?

2 (= planter un clou, un piquet, un pieu) **einschlagen**

ℹ ***ein•schlagen*** *est un verbe à particule séparable et se conjugue comme* ***schlagen*** (schlägt, schlug, geschlagen).

3 ▷ Zut, je me suis encore planté !
Mist, ich hab mich wieder vertan!

3 ► se **planter** (= se tromper) : sich **vertun** (vertut, vertat, vertan)

ℹ *Les verbes commençant par le préfixe* ***ver-*** *ne prennent pas* ***ge-*** *au participe passé.*

4 ▷ Romy s'est planté une épine dans le doigt.
Romy hat sich einen Dorn in den Finger gebohrt.
▷ En marchant pieds nus dans le jardin, je me suis planté un clou rouillé dans le pied.
Als ich barfuß durch den Garten gelaufen bin, habe ich mir einen verrosteten Nagel in den Fuß gebohrt.

4 ► se **planter** quelque chose **dans le doigt** *ou* **dans le pied :** sich etwas **in den Finger** *ou* **in den Fuß bohren**

ℹ *Le pronom personnel allemand s'emploie au datif :* ***ich bohre mir..., du bohrst dir..., er / sie bohrt sich..., wir bohren uns..., ihr bohrt euch..., sie bohren sich...***

5 ▷ L'ordinateur a planté trois fois !
Der Computer ist dreimal abgestürzt!

5 (= tomber en panne, en parlant d'un ordinateur) **abstürzen**

*Notez que le participe allemand se construit avec **sein**.*

plaque

1 ▷ Les murs du musée sont couverts de plaques de métal.
Die Museumswände sind mit Metallplatten bedeckt.

1 (de métal ou de verre) die **Platte** (pluriel Platten)

2 ▷ Bénédicte a mangé toute la plaque de chocolat !
Bénédicte hat die ganze Tafel Schokolade gegessen!

2 (de chocolat) die **Tafel** (pluriel Tafeln)

*Notez qu'on ne dit pas die **Schokoladetafel** mais die **Tafel Schokolade**.*

3 ▷ Tu pourrais acheter une plaque de beurre, s'il te plaît ?
Könntest du bitte ein Paket Butter kaufen?

3 (de beurre) das **Paket** (pluriel Pakete)

4 ▷ Il a une drôle de plaque d'immatriculation.
Er hat ein komisches Nummernschild.

4 ► **plaque d'immatriculation :** das **Nummernschild** (pluriel -schilder)

plaqué

▷ C'est en or ? – Non, c'est en plaqué or.
Ist das aus Gold? – Nein, es ist vergoldet.

► **en plaqué or :** vergoldet

plaquette

1 ▷ Bénédicte a mangé toute la plaquette de chocolat !
Bénédicte hat die ganze Tafel Schokolade gegessen!

1 (de chocolat) die **Tafel** (pluriel Tafeln)

*Notez qu'on ne dit pas die **Schokoladetafel** mais die **Tafel Schokolade**.*

2 ▷ Tu pourrais acheter une plaquette de beurre, s'il te plaît ?
Könntest du bitte ein Paket Butter kaufen?

2 (de beurre) das **Paket** (pluriel Pakete)

3 ▷ Il faut que j'aille chez le médecin, il ne me reste plus qu'une plaquette de pilules.
Ich muss bald zum Arzt, ich habe nur noch eine Pillenpackung.

3 (de pilules) die **Packung**

plastique

▷ C'est du plastique très dur.
Das ist sehr hartes Plastik.

das **Plastik**

*On dit aussi der **Kunststoff*** (pluriel -stoffe)

▷ Cette chaise est en plastique.
Dieser Stuhl ist aus Plastik.
▷ Je préférerais des lunettes en plastique.
Ich hätte lieber eine Plastikbrille.
▷ Passe-moi un sac en plastique, s'il te plaît.
Gib mir bitte eine Plastiktüte.

► **être en plastique :** aus Plastik sein
Pour désigner des objets **en plastique** *en allemand, on forme des mots composés avec* ***Plastik*** *: der* ***Plastikbecher*** (gobelet en plastique), *der* ***Plastikteller*** (assiette en plastique), *etc.*

plat, plate (ADJECTIF)

1 ▷ La surface n'est pas tout à fait plate.
Die Oberfläche ist nicht ganz flach.
▷ Mets la carte à plat sur la table.
Leg die Karte flach auf den Tisch.

1 (= sans bosses) flach
► **mettre** quelque chose **à plat sur ... :** etwas flach auf ... legen

2 ▷ Les quatre pneus étaient à plat.
Die vier Reifen waren platt.

2 ► **être à plat** (= dégonflé) **:** platt sein

plat (NOM)

1 ▷ Mets la viande sur le plat blanc.
Tu das Fleisch auf die weiße Platte.
▷ Le plat rouge est pour la mousse au chocolat.
Die rote Schüssel ist für die Schokoladenmousse.

1 *Quand le* **plat de service** *est plat, on traduit par die* ***Platte*** (pluriel Platten). *Quand il est creux, on traduit par die* ***Schüssel*** (pluriel Schüsseln).

2 ▷ La ratatouille est un de mes plats préférés.
Ratatouille ist eins meiner Lieblingsgerichte.
▷ Comme plat principal, je prendrai le poisson.
Als Hauptgericht nehme ich den Fisch.
▷ Quel est le plat du jour ?
Was ist das Tagesgericht?

2 (= nourriture) das Gericht (pluriel Gerichte)
► **plat principal** (au restaurant) **:** das Hauptgericht
► **plat du jour** (au restaurant) **:** das Tagesgericht

platane

▷ Il y a des platanes tout le long de la route.
Die ganze Straße entlang stehen Platanen.

die Platane (pluriel Platanen)

plateau

1 ▷ À l'hôtel, on nous a servi le petit-déjeuner au lit, sur un plateau.
Im Hotel bekamen wir das Frühstück auf einem Tablett ans Bett serviert.

1 (pour servir) das Tablett (pluriel Tabletts, Tablette)
Attention à ne pas confondre avec die ***Tablette*** = cachet, pilule.

2 ▷ Tu as vu ce plateau de fromages ?
Hast du diese Käseplatte gesehen?

2 ► **plateau à fromages, plateau de fromages :** die Käseplatte (pluriel -platten)

3 ▷ Nous avons mangé un excellent plateau de fruits de mer.
Wir haben eine ausgezeichnete Platte mit Meeresfrüchten gegessen.

3 ► **plateau de fruits de mer :** Platte mit Meeresfrüchten

plateforme

1 ▷ On peut voir les phoques depuis une plateforme au bord de la falaise.
Von der Plattform am Rande der Felswand aus kann man die Robben sehen.

1 die **Plattform** (pluriel **Plattformen**)

2 ▷ Il a travaillé plusieurs années sur une plateforme pétrolière.
Er hat mehrere Jahre auf einer Bohrinsel gearbeitet.

2 ► **plateforme pétrolière :** die **Bohrinsel** (pluriel **-inseln**)

platine

1 ▷ Ma platine laser est vieille.
Mein CD-Player ist alt.

1 ► **platine laser :** der **CD-Player** (pluriel **-Player**)

2 ▷ On trouve des platines cassettes sur Internet.
Man findet Kassettenspieler im Internet.

2 ► **platine cassettes :** der **Kassettenspieler** (pluriel **-spieler**)

plâtre

▷ Le plâtre n'est pas encore sec.
Der Gips ist noch nicht trocken.
▷ Tous ses copains ont écrit quelque chose sur son plâtre.
Alle seine Freunde haben etwas auf seinen Gips geschrieben.

der **Gips** (pluriel **Gipse**)

plein, pleine

1 ▷ Le placard est plein, on va mettre le reste dans le garage.
Der Schrank ist voll, wir stellen den Rest in die Garage.
▷ Ton devoir est plein de fautes.
Deine Aufgabe ist voller Fehler.
▷ Mon pantalon est plein de boue.
Meine Hose ist voller Schlamm.

1 (= rempli) **voll**

► **plein de** (= rempli de, couvert de) : **voller** *+ génitif*

2 ▷ On s'est arrêtés pour faire le plein.
Wir haben gehalten, um vollzutanken.

2 ► **faire le plein :** **volltanken**
ℹ ***voll•tanken*** *est un verbe à particule séparable.*

3 ▷ Suzie a plein de copains à l'école.
Suzie hat viele Freunde in der Schule.

3 ► **plein de** (= beaucoup de) : **viele**

4 ▷ Il a frappé à la porte en pleine nuit.
Er hat mitten in der Nacht an der Tür geklopft.

4 ► **en plein ...** *ou* **en pleine ...** (+ nuit, hiver, été, réunion, etc.) : **mitten in ...** *+ datif*

5 ▷ Ils ont cambriolé la maison en plein jour.
Sie sind am helllichten Tag ins Haus eingebrochen.

5 ► **en plein jour :** am helllichten Tag

6 ▷ On ne peut pas prendre cette nappe, il y a une tache en plein milieu.
Diese Tischdecke können wir nicht nehmen, da ist voll in der Mitte ein Fleck.

6 ► **en plein milieu :** voll in der Mitte

pleurer

1 ▷ Ne pleure pas, ça va s'arranger.
Wein nicht, es wird schon wieder gut.

1 weinen

2 ▷ Ils ont pleuré de joie quand ils se sont vus.
Sie haben Freudentränen vergossen, als sie sich wiedersahen.

2 ► **pleurer de joie :** Freudentränen vergießen (vergoss, vergossen)

ℹ *Les verbes commençant par le préfixe* ***ver-*** *ne prennent pas* ***ge-*** *au participe passé.*

pleuvoir

▷ Il pleut, va rentrer le linge !
Es regnet, hol die Wäsche herein!
▷ Il a plu pendant toutes les vacances.
Es hat die ganzen Ferien über geregnet.

regnen
► **il pleut :** es regnet

pli

1 ▷ Il faut d'abord faire un pli vertical, ensuite un pli horizontal.
Man muss erst eine senkrechte Falte machen und dann eine waagerechte.

1 (= pliure) die **Falte** (pluriel Falten)

2 ▷ Ma robe est pleine de plis.
Mein Kleid ist voller Knitter.

2 (= froissure) der **Knitter** (pluriel Knitter)

ℹ *On dit aussi die* ***Knitterfalte*** (pluriel -falten).

pliant, pliante

▷ Thomas dormira sur le lit pliant.
Thomas wird auf dem Klappbett schlafen.

Pour dire que quelque chose est **pliant** *en allemand, on forme des mots composés avec* ***Klapp-*** *: der* ***Klappstuhl*** **(chaise pliante),** *der* ***Klapptisch*** **(table pliante).**

plier

1 ▷ Aide-moi à plier les draps.
Hilf mir, die Laken zu falten.

1 (= mettre en plusieurs épaisseurs) **falten**

2 ▷ Plie les genoux ou tu vas te faire mal au dos.
Beug die Knie, sonst tust du dir am Rücken weh.

2 (en parlant d'une partie du corps) **beugen**

3 ▷ On était pliés de rire !
Wir krümmten uns vor Lachen!

3 ► **être plié de rire :** sich vor Lachen krümmen

plomb

1 ▷ Le plomb est un métal lourd.
Blei ist ein schweres Metall.

▷ Les gouttières sont en plomb.
Die Regenrinnen sind aus Blei.

▷ Les tuyaux en plomb ont été remplacés par des tuyaux en matériaux synthétiques.
Die Bleiröhren wurden durch Kunststoffröhren ersetzt.

▷ Notre tondeuse marche avec de l'essence sans plomb.
Unser Rasenmäher läuft mit bleifreiem Benzin.

1 das Blei

► **être en plomb :** aus Blei sein

ℹ *On emploie aussi la forme adjectivale* ***bleiern sein****.*

Pour désigner les objets **en plomb** *ou* **de plomb** *en allemand, on forme des mots composés avec* ***Blei*** *: die* ***Bleikugel*** **(balle en plomb).**

► **sans plomb** (en parlant de l'essence) **:** bleifrei

2 ▷ Les plombs ont encore sauté.
Die Sicherungen sind schon wieder durchgebrannt.

2 (= fusible) die Sicherung (pluriel Sicherungen)

plombage

▷ J'ai perdu mon plombage.
Ich habe meine Füllung verloren.

(sur une dent) die Füllung (pluriel Füllungen)

plombier, plombière

▷ Le plombier a rapidement réparé la fuite.
Der Klempner hat das Leck schnell repariert.

der Klempner (pluriel Klempner), die Klempnerin (pluriel Klempnerinnen)

plongée

▷ Éric va faire de la plongée pendant les vacances de Pâques.
Éric geht während der Osterferien tauchen.

► **faire de la plongée :** tauchen

plongeoir

▷ Ce plongeoir est trop haut pour moi.
Dieses Sprungbrett ist zu hoch für mich.

das Sprungbrett (pluriel -bretter)

plonger

1 ▷ Hélène a plongé du rocher.
Hélène hat vom Felsen eine Kopfsprung gemacht.

1 (= faire un plongeon) einen Kopfsprung machen

2 ▷ Il faut plonger les frites dans l'huile très chaude.
Die Pommes frites muss man in sehr heißes Öl tauchen.

2 ► **plonger** quelque chose **dans ... :** etwas in *+ accusatif +* tauchen

plongeur, plongeuse

▷ Les plongeurs ont exploré l'épave.
Die Taucher haben das Schiffwrack erforscht.

der Taucher (pluriel Taucher), die Taucherin (pluriel Taucherinnen)

pluie

▷ Nous avons dû marcher sous la pluie pendant deux heures.
Wir mussten zwei Stunden lang im Regen laufen.

der **Regen**

plume

▷ J'ai trouvé une belle plume dans la forêt.
Ich habe im Wald eine schöne Feder gefunden.

die **Feder** (pluriel **Federn**)

plupart

▷ La plupart de ses jouets sont cassés.
Die meisten seiner Spielzeuge sind kaputt.

▷ La plupart du temps ça se passe bien.
Die meiste Zeit geht alles gut.

► **la plupart de : die meisten**

► **la plupart du temps : die meiste Zeit**

ℹ *On dit aussi* ***meistens****.*

pluriel

▷ Quel est le pluriel de « Storch » ?
Was ist der Plural von „Storch"?

▷ Cet adjectif est au pluriel.
Dieses Adjektiv ist im Plural.

▷ Mettez ces mots au pluriel.
Setzt diese Wörter in den Plural.

der **Plural**

► **au pluriel : im Plural**

► **mettre au pluriel : in den Plural setzen**

plus

1 ▷ J'en voudrais plus.
Ich hätte gern mehr.

▷ Je travaille plus que Lucille.
Ich arbeite mehr als Lucille.

1 (avec un verbe) **mehr**

► **plus que ... : mehr als ...**

2 ▷ Marchez plus vite !
Geht schneller!

▷ Ce pull est plus cher que l'autre.
Dieser Pullover ist teurer als der andere.

2 *Le comparatif* **plus...** *est traduit en allemand par le comparatif de l'adjectif / adverbe :* **plus beau** ***schöner***, **plus jolie** ***hübscher***, *etc.*

► **plus... que :** *comparatif +* **als**

3 ▷ C'est Jean qui mange le plus.
Jean isst am meisten.

3 ► **le plus** (avec un verbe) **: am meisten**

4 ▷ C'est le film le plus ennuyeux que j'aie jamais vu !
Das ist der langweiligste Film, den ich je gesehen habe!

▷ Les plus belles maisons de la ville sont dans notre rue.
Die schönsten Häuser der Stadt stehen in unserer Straße.

4 *Le superlatif* **le plus...** *est traduit en allemand par le superlatif de l'adjectif / adverbe :* **le plus petit** ***der / die / das kleinste***, **la plus chère** ***der / die / das teuerste***, **les plus grands** ***die größten***, *etc.*

5 ▷ Suzanne est la plus sympa.
Suzanne ist die Netteste.
▷ Malik est le plus intelligent du groupe.
Malik ist der Intelligenteste der Gruppe.

5 *Quand* **le plus...** *est un complément direct, le superlatif en allemand est substantivé, c'est-à-dire qu'il est transformé en nom.*

6 ▷ Il me faut plus de farine.
Ich brauche mehr Mehl.

6 ► **plus de** (= davantage de) : mehr

7 ▷ J'ai économisé plus de cent euros.
Ich habe über hundert Euro gespart.

7 ► **plus de** + *nombre* : über + *nombre*

8 ▷ Nous avons besoin de dix personnes de plus.
Wir brauchen zehn Leute mehr.
▷ Il a trois points de plus que moi.
Er hat drei Punkte mehr als ich.

8 ► **de plus** (= supplémentaire) : mehr
► **... de plus que :** ... mehr als

9 ▷ Mes parents restent trois jours de plus en Italie.
Meine Eltern bleiben drei Tage länger in Italien.

9 ► **... de plus** (avec une durée) : länger

10 ▷ Emma travaille de plus en plus, mais ses notes restent mauvaises.
Emma übt immer mehr, aber ihre Noten bleiben schlecht.

10 ► **de plus en plus** (avec un verbe) **:** immer mehr

11 ▷ C'est de plus en plus difficile.
Es wird immer schwieriger.
▷ Il roulait de plus en plus vite.
Er fuhr immer schneller.

11 ► **de plus en plus ...** (avec un adjectif ou un adverbe) **:** immer + *comparatif*

12 ▷ Tu mens et en plus tu trouves ça drôle !
Du lügst und außerdem findest du es noch lustig!

12 ► **en plus** (= par-dessus le marché) : außerdem

13 ▷ Plus je mange, plus j'ai envie de manger !
Je mehr ich esse, desto mehr Hunger habe ich!
▷ Plus tu réfléchiras, moins tu y arriveras.
Je mehr du nachdenkst, desto weniger wirst du es schaffen.

13 ► **plus ... plus ... :** je mehr ..., desto mehr ...
► **plus ... moins ... :** je mehr ..., desto weniger ...

14 ▷ Je ne veux plus le voir !
Ich will ihn nicht mehr sehen!

14 ► **ne... plus :** nicht mehr

15 ▷ Tu ne veux plus de gâteau ?
Willst du keinen Kuchen mehr?
▷ Il n'y a plus de lait.
Es ist keine Milch mehr da.

15 ► **ne... plus de :** kein / keine ... mehr

16 ▷ Dix plus trois égale treize.
Zehn plus drei gleich dreizehn.

16 (dans une opération) plus

17 ▷ C'est un plus d'avoir une mère qui est prof de français.
Es ist ein Plus, eine Mutter zu haben, die Französischlehrerin ist.

17 ► **un plus** (= avantage) : ein Plus

plusieurs

▷ Margot a plusieurs copines allemandes.
Margot hat mehrere deutsche Freundinnen.
▷ On y va à plusieurs.
Wir gehen zu mehreren.

mehrere

► **à plusieurs :** zu mehreren

plutôt

1 ▷ Viens plutôt mardi.
Komme eher am Dienstag.
▷ C'est plutôt loin, non ?
Das ist eher weit entfernt, oder?

1 (= de préférence, assez) eher

2 ▷ Aide-moi plutôt que de me regarder !
Hilf mir, anstatt mir zuzusehen!

2 ► **plutôt que** (= à la place) : anstatt

3 ▷ C'est un ami, ou plutôt une connaissance.
Er ist ein Freund, oder besser gesagt, ein Bekannter.

3 ► **ou plutôt** (pour rectifier ce qu'on vient de dire) **:** oder besser gesagt

pneu

▷ Il faut que je change les pneus de mon vélo.
Ich muss meine Fahrradreifen auswechseln.

der Reifen (pluriel Reifen)

poche

▷ J'ai regardé dans toutes mes poches.
Ich habe in all meinen Taschen nachgesehen.
▷ Où est ma lampe de poche ?
Wo ist meine Taschenlampe?
▷ Julien a pris un couteau de poche pour la randonnée.
Julien hat zur Wanderung ein Taschenmesser mitgenommen.

(dans un vêtement) die Tasche (pluriel Taschen)
Pour dire que quelque chose est au format **de poche** *en allemand, on forme des mots composés avec* ***Taschen-*** *: das* ***Taschengeld*** **(argent de poche)**, *das* ***Taschenbuch*** **(livre de poche)**.

pochette

1 ▷ Tu aurais une pochette en plastique pour moi ?
Hättest du eine Prospekthülle für mich?

1 (pour documents) die Prospekthülle (pluriel -hüllen)

2 ▷ J'ai perdu la pochette du CD.
Ich habe die CD-Hülle verloren.

2 (de disque) die Hülle (pluriel Hüllen)

poêle (NOM FÉMININ)

▷ Mets un peu plus d'huile dans la poêle.
Gib etwas mehr Öl in die Pfanne.

die Pfanne (pluriel Pfannen)

poêle (NOM MASCULIN)

▷ Il n'y a plus de bois pour le poêle.
Es ist kein Holz für den Ofen mehr da.

der **Ofen** (pluriel **Öfen**)

poème

▷ Je connais ce poème par cœur.
Dieses Gedicht kenne ich auswendig.

das **Gedicht** (pluriel **Gedichte**)

poésie

1 ▷ Nous étudions la poésie du dix-neuvième siècle.
Wir studieren die Poesie des neunzehnten Jahrhunderts.

1 ► **la poésie** (= les œuvres) : die **Poesie**

Se prononce comme en français.

2 ▷ J'ai une poésie de Prévert à apprendre pour demain.
Ich muss bis morgen ein Gedicht von Prévert lernen.

2 (= poème) das **Gedicht** (pluriel **Gedichte**)

poète

▷ Qui est ton poète préféré ?
Wer ist dein Lieblingsdichter?

der **Dichter** (pluriel **Dichter**), die **Dichterin** (pluriel **Dichterinnen**)

poids

1 ▷ Barbara parle tout le temps de ses problèmes de poids.
Barbara redet die ganze Zeit über ihre Gewichtsprobleme.

1 (= masse) das **Gewicht**

2 ▷ J'ai pris du poids pendant les vacances.
Ich habe während der Ferien zugenommen.

2 ► **prendre du poids : zunehmen**

ℹ ***zu•nehmen*** *est un verbe à particule séparable et se conjugue comme* ***nehmen*** (**nimmt, nahm, genommen**).

▷ Depuis qu'elle fait du sport, elle a perdu du poids.
Seit sie Sport treibt, hat sie abgenommen.

► **perdre du poids : abnehmen**

ℹ ***ab•nehmen*** *est un verbe à particule séparable et se conjugue comme* ***nehmen*** (**nimmt, nahm, genommen**).

3 ▷ Il y a beaucoup de poids lourds sur l'autoroute.
Es sind viele Lastwagen auf der Autobahn.

3 ► **poids lourd** (= camion) : der **Lastwagen** (pluriel **-wagen**)

poignarder

▷ Le ministre a été poignardé dans la rue.
Der Minister wurde auf der Straße erdolcht.

erdolchen

ℹ *Les verbes commençant par le préfixe* ***er-*** *ne prennent pas* ***ge-*** *au participe passé.*

poignée

1 ▷ La poignée de la porte est coincée.
Der Türgriff klemmt.

1 (d'une porte, d'une valise, etc.) der **Griff** (pluriel **Griffe**)

ℹ *Quand il s'agit d'une poignée de porte, on dit aussi* die ***Türklinke***.

2 ▷ Prenez chacun une poignée de bonbons.
Nehmt euch jeder eine Handvoll Bonbons.

2 (= contenu d'une main) die **Handvoll**

ℹ *Ce mot s'emploie uniquement au singulier.*

3 ▷ Sa poignée de main était ferme.
Sein Händedruck war fest.

3 ► **poignée de main :** der **Händedruck**

poignet

1 ▷ Aurélien s'est cassé le poignet.
Aurélien hat sich das Handgelenk gebrochen.

1 (= partie du bras) das **Handgelenk** (pluriel **-gelenke**)

2 ▷ Les poignets de ta chemise sont tout noirs.
Deine Manschetten sind ganz schwarz.

2 (= partie d'un vêtement) die **Manschette** (pluriel **Manschetten**)

poil

▷ Le canapé est couvert de poils de chat.
Das Sofa ist mit Katzenhaaren bedeckt.

(sur le corps des gens ou des animaux) das **Haar** (pluriel **Haare**)

poilu, poilue

▷ Il a les bras très poilus.
Er hat sehr behaarte Arme.

behaart

poinçonner

▷ Le contrôleur a poinçonné nos billets.
Der Schaffner hat unsere Fahrscheine gelocht.

(= faire un trou dans un billet) **lochen**

poing

▷ Lucas tapait des poings sur la table.
Lucas haute mit den Fäusten auf den Tisch.

die **Faust** (pluriel **Fäuste**)

point

1 ▷ Tu as oublié le point sur le i.
Du hast den Punkt auf dem i vergessen.
▷ L'équipe de Mannheim a marqué cinquante points.
Die Mannheimer Mannschaft hat fünfzig Punkte erzielt.
▷ Le prof a enlevé deux points pour chaque faute.
Der Lehrer hat für jeden Fehler zwei Punkte abgezogen.

1 (= ponctuation, score) der **Punkt** (pluriel **Punkte**)

2 ▷ Le médecin m'a recousu avec trois points de suture.
Der Arzt hat mich mit drei Stichen zugenäht.

2 ► **point de suture :** der **Stich** (pluriel **Stiche**)

3 ▷ On était sur le point de partir quand Luc a appelé.
Wir waren im Begriff zu gehen, als Luc anrief.

3 ► **être sur le point de** + *infinitif* **:** **im Begriff sein zu** + *infinitif*

4 ▷ Nous avons beaucoup de points communs.
Wir haben viel gemeinsam.

4 ► **avoir des points communs avec** quelqu'un **:** etwas **mit** jemandem **gemeinsam haben**

5 ▷ Tu mets trop de points d'exclamation dans ton texte.
Du setzt zu viele Ausrufezeichen in deinen Text.

5 ► **point d'exclamation :** das **Ausrufezeichen** (pluriel **-zeichen**)

6 ▷ N'oublie pas le point d'interrogation.
Vergiss das Fragezeichen nicht.

6 ► **point d'interrogation :** das **Fragezeichen** (pluriel **-zeichen**)

7 ▷ Ici il faut mettre des points de suspension.
Hier kommen Auslassungspunkte hin.

7 ► **points de suspension :** die **Auslassungspunkte**

8 ▷ J'ai plusieurs points faibles.
Ich habe mehrere Schwachpunkte.

8 ► **point faible :** der **Schwachpunkt** (pluriel **-punkte**)

9 ▷ Son point fort, c'est les maths.
Sein Stärke ist Mathe.

9 ► **point fort :** die **Stärke** (pluriel **Stärken**)

10 ▷ Ralentis, j'ai un point de côté.
Lauf langsamer, ich habe Seitenstechen.

10 ► **point de côté :** das **Seitenstechen**

11 ▷ J'ai un bon savon contre les points noirs.
Ich habe eine gute Seife gegen Mitesser.

11 ► **point noir** (sur le visage) **:** der **Mitesser** (pluriel **Mitesser**)

12 ▷ C'est mon point de vue.
Das ist meine Meinung.

12 ► **point de vue** (= opinion) **:** die **Meinung** (pluriel **Meinungen**)

ℹ *On dit aussi die* ***Ansicht*** (pluriel **Ansichten**)

13 ▷ Du point de vue des résultats, c'est moyen.
Was die Ergebnisse angeht, sind sie mittelmäßig.

13 ► **du point de vue de ... :** **was ... angeht**

pointe

▷ Rémy s'est piqué avec la pointe du couteau.
Rémy hat sich mit der Messerspitze gestochen.
▷ Ils sont entrés sur la pointe des pieds.
Sie sind auf Zehenspitzen hereingekommen.

(= bout) die **Spitze** (pluriel **Spitzen**)

► **sur la pointe des pieds : auf Zehenspitzen**

pointillé

▷ Écris ton nom sur le pointillé.
Schreib deinen Namen auf die gepunktete Linie.

(= série de points) die **gepunktete Linie** (pluriel **Linien**)

pointu, pointue

▷ Le toit de la maison est pointu.
Das Dach des Hauses ist spitz.
▷ Attention avec ce crayon, il est pointu.
Vorsicht mit dem Bleistift, er ist spitz.

(= en forme de pointe) **spitz**

pointure

▷ Les pointures sont différentes en Grande-Bretagne.
Die Größen in Großbritannien sind verschieden.
▷ Quelle est ta pointure ?
Welche Größe hast du?

die **Größe** (pluriel **Größen**)

ℹ *Pour demander sa* **pointure** *à quelqu'un, on emploie l'expression* ***welche Größe hast du?*** *ou* ***welche Größe haben Sie?***

poire

▷ J'aime les poires très juteuses.
Ich mag sehr saftige Birnen.
▷ Une glace à la poire, s'il vous plaît.
Ein Birneneis, bitte.

die **Birne** (pluriel **Birnen**)

poireau

▷ J'espère qu'il n'y a pas de poireau dans la soupe.
Ich hoffe, es ist kein Lauch in der Suppe.

der **Lauch** (pluriel **Lauche**)

ℹ *On dit aussi der* ***Porree****.*

pois chiche

▷ Ce que je préfère dans le couscous, ce sont les pois chiches.
Was ich im Couscous am meisten mag, sind die Kichererbsen.

die **Kichererbse** (pluriel **-erbsen**)

poison

▷ Ne touche pas à ça, c'est du poison pour les rats !
Fass das nicht an, das ist Gift gegen Ratten!

das **Gift** (pluriel **Gifte**)

poisson

1 ▷ Mon père a attrapé deux gros poissons.
Mein Vater hat zwei große Fische gefangen.
▷ À la maison on mange du poisson deux fois par semaine.
Zu Hause essen wir zweimal in der Woche Fisch.
▷ Mathias a plus de vingt poissons rouges.
Mathias hat über zwanzig Goldfische.
▷ Il est Poissons.
Er ist (ein) Fisch.

1 der **Fisch** (pluriel **Fische**)

Quand on parle du plat, on emploie ***Fisch*** *uniquement au singulier et sans article.*

► **poisson rouge :** der **Goldfisch**

► **Poissons** (= signe du zodiaque) : **Fisch**

Notez l'emploi du singulier pour l'allemand.

2 ▷ Poisson d'avril !
April, April!
▷ Viens, on va lui faire un poisson d'avril.
Komm, wir schicken ihn in den April.

2 *Le premier avril, on dit* ***April, April!*** *en Allemagne.*

► **faire un poisson d'avril à** quelqu'un **:** jemanden **in den April schicken**

poissonnerie

▷ La poissonnerie est fermée le lundi.
Das Fischgeschäft hat montags zu.

das **Fischgeschäft** (pluriel –geschäfte)

poissonnier, poissonnière

▷ S'il te plaît, va chez le poissonnier acheter des moules.
Geh bitte zum Fischhändler und kauf Muscheln.

der **Fischhändler** (pluriel –händler), die **Fischhändlerin** (pluriel –händlerinnen)

poitrine

▷ Quentin a une cicatrice sur la poitrine.
Quentin hat eine Narbe auf der Brust.

die **Brust** (pluriel Brüste)

poivre

▷ Tu as mis trop de poivre !
Du hast zu viel Pfeffer hineingetan!

der **Pfeffer**

poivron

▷ J'ai une recette avec des poivrons rouges et des poivrons verts.
Ich habe ein Rezept mit rotem und grünem Paprika.

der **Paprika** (pluriel Paprikas)

poker

▷ Il joue au poker sur Internet.
Er spielt im Internet Poker.

der, das **Poker**
► **jouer au poker :** Poker spielen

polaire

1 ▷ Ils ont organisé une expédition polaire.
Sie haben eine Polarexpedition organisiert.

1 *Pour traduire l'adjectif* **polaire**, *on emploie des mots composés avec* ***Polar-*** *: der* ***Polarkreis*** (le cercle polaire), *die* ***Polarnacht*** (la nuit polaire).

2 ▷ Il fait froid, mets ta polaire.
Es ist kalt, zieh deine Fleecejacke an.

2 *Quand* **polaire** *désigne un vêtement en cette matière, on emploie des mots composés avec* ***Fleece-*** *: der* ***Fleeceschal*** (écharpe en polaire), ***Fleecehandschuhe*** (gants en polaire).

polar

▷ J'adore les polars.
Ich liebe Krimis.

(= roman, film) der **Krimi** (pluriel Krimis)

pôle

▷ L'avion est passé au-dessus du pôle Nord.
Das Flugzeug ist über den Nordpol geflogen.
▷ Personne n'habite au pôle Sud sauf les scientifiques.
Außer Wissenschaftlern lebt niemand am Südpol.

► **le pôle Nord :** der Nordpol

► **le pôle Sud :** der Südpol

poli, polie

▷ Il pourrait au moins être poli !
Er könnte zumindest höflich sein!

(= bien élevé) höflich

police

▷ La police est arrivée tout de suite.
Die Polizei ist sofort gekommen.

die Polizei

policier

1 ▷ Il y avait des policiers partout.
Überall waren Polizisten.

1 der Polizist (pluriel Polizisten), die Polizistin (pluriel Polizistinnen)

2 ▷ C'est un très bon film policier.
Das ist ein ausgezeichneter Krimi.

2 ► **film policier, roman policier :** der Krimi (pluriel Krimis)

poliment

▷ La fille a répondu très poliment.
Das Mädchen hat sehr höflich geantwortet.

höflich

politique

1 ▷ C'est un problème politique.
Es ist ein politisches Problem.

1 (adjectif) politisch

2 ▷ Bien sûr que je m'intéresse à la politique !
Natürlich interessiere ich mich für Politik!
▷ Tout le monde n'est pas d'accord avec la politique de subventions.
Es sind nicht alle mit der Subventionspolitik einverstanden.

2 (= affaires publiques, mesures) die Politik

polluant, polluante

▷ Il s'agit d'une industrie très polluante.
Es handelt sich um eine sehr umweltverschmutzende Industrie.

umweltverschmutzend

polluer

▷ La rivière était polluée par des produits chimiques.
Der Fluss wurde durch Chemikalien verschmutzt.

verschmutzen

pollution

▷ La pollution est un grand problème dans les villes.
Die Umweltverschmutzung ist ein großes Problem in den Städten.

die Umweltverschmutzung

Pologne

▷ La Pologne est un pays très intéressant.
Polen ist ein sehr interessantes Land.

Polen
► **la Pologne :** Polen
ℹ *Ne prend l'article neutre que précédé d'un adjectif : **das katholische Polen*** (la Pologne catholique).

▷ Le président est en visite officielle en Pologne.
Der Präsident ist auf Staatsreise in Polen.
▷ Pour aller de France en Pologne, on doit traverser l'Allemagne.
Um von Frankreich nach Polen zu kommen, muss man Deutschland durchqueren.
▷ Je suis déjà allée en Pologne.
Ich war schon in Polen.

► **en Pologne** (= dans le pays) : in Polen
► **en Pologne** (= vers le pays) : nach Polen

Attention : pour dire que quelqu'un **est déjà allé quelque part**, *on emploie une expression avec le prétérit du verbe* ***sein*** *+* ***schon***.

polonais, polonaise

1 ▷ C'est un grand réalisateur de cinéma polonais.
Er ist ein großer polnischer Regisseur.

1 (adjectif) polnisch

2 ▷ Les Polonais ont voté massivement.
Die Polen haben massenhaft gewählt.

2 (= personne) der Pole (pluriel Polen), die Polin (pluriel Polinnen)

3 ▷ J'apprends le polonais.
Ich lerne Polnisch.

3 (= langue) Polnisch

pomélo

▷ Tu me donnes ton pomélo ?
Gibst du mir deine Pampelmuse?

die Pampelmuse (pluriel Pampelmusen)
ℹ *On dit aussi die **Grapefruit**, qui vient de l'anglais.*

pommade

▷ Cette pommade te fera du bien.
Diese Salbe wird dir gut tun.

die Salbe (pluriel Salben)

pomme

▷ Nous avons ramassé des pommes dans le jardin.
Wir haben im Garten Äpfel eingesammelt.

der Apfel (pluriel Äpfel)

pomme de terre

▷ Tu pourrais acheter des pommes de terre ?
Könntest du Kartoffeln kaufen?
▷ Je préfère les pommes de terre sautées.
Ich mag Bratkartoffeln lieber.

die Kartoffel (pluriel Kartoffeln)
► **pommes de terre sautées :** die Bratkartoffeln

pommier

▷ J'ai de vieux pommiers dans mon jardin.
Ich habe alte Apfelbäume in meinem Garten.

der Apfelbaum (pluriel -bäume)

pompe

1 ▷ J'ai perdu ma pompe à vélo.
Ich habe meine Fahrradpumpe verloren.

1 (pour aspirer ou souffler) die **Pumpe** (pluriel **Pumpen**)

2 ▷ Baptiste fait cinquante pompes tous les matins.
Baptiste macht jeden Morgen fünfzig Liegestütze.

2 ► **faire des pompes :** Liegestütze machen

pompier

▷ Jean-Luc veut devenir pompier.
Jean-Luc will Feuerwehrmann werden.

der **Feuerwehrmann** (pluriel **-männer**), die **Feuerwehrfrau** (pluriel **-frauen**)

ℹ *La flexion féminine existe en allemand.*

▷ Les pompiers sont arrivés tout de suite.
Die Feuerwehr ist sofort gekommen.

► **les pompiers :** die **Feuerwehr**

ℹ *C'est un singulier.*

pompon

▷ Marion a un bonnet avec un pompon.
Marion hat eine Mütze mit einer Bommel.

die **Bommel** (pluriel **Bommeln**)

ponctuation

1 ▷ Il manque la ponctuation.
Die Zeichensetzung fehlt.

1 die **Zeichensetzung**

ℹ *On dit aussi die **Interpunktion**.*

2 ▷ Combien de signes de ponctuation existe-t-il ?
Wie viele Satzzeichen gibt es?

2 ► **signe de ponctuation :** das **Satzzeichen** (pluriel **-zeichen**)

pondre

▷ La poule pond un œuf tous les matins.
Die Henne legt jeden Morgen ein Ei.

legen

poney

▷ J'aimerais bien avoir un poney.
Ich hätte gern ein Pony.

das **Pony** (pluriel **Ponys**)

⚠ *Attention à ne pas confondre avec der **Pony*** = frange (de cheveux).

pont

1 ▷ Pour aller au parc, il faut traverser le pont.
Um in den Park zu kommen, muss man die Brücke überqueren.

1 (sur une rivière, en gymnastique) die **Brücke** (pluriel **Brücken**)

2 ▷ Est-ce que vous faites le pont pour l'Ascension ?
Macht ihr über Himmelfahrt ein verlängertes Wochenende?

2 ► **faire le pont :** ein verlängertes Wochenende machen

pop-corn

▷ J'adore manger du pop-corn quand je vais au cinéma.
Ich esse gern Popcorn, wenn ich ins Kino gehe.

das **Popcorn**

populaire

1 ▷ Cette chanson est très populaire en ce moment.
Dieses Lied ist im Moment sehr beliebt.

1 (= qui a du succès) **beliebt**

2 ▷ C'est un quartier populaire.
Es ist ein Arbeiterviertel.

2 *Quand* **populaire** *signifie « ouvrier », on forme des mots composés avec* ***Arbeiter***.

porc

1 ▷ Mes parents élèvent des porcs.
Meine Eltern züchten Schweine.

1 (= animal) das **Schwein** (pluriel Schweine)

2 ▷ Les juifs et les musulmans ne mangent pas de porc.
Juden und Moslems essen kein Schweinefleisch.

2 (= viande) das **Schweinefleisch**

porcelaine

▷ La porcelaine est très fragile.
Porzellan ist sehr zerbrechlich.

▷ Est-ce que c'est en porcelaine ?
Ist das aus Porzellan?

▷ J'ai acheté une vieille soupière en porcelaine au marché aux puces.
Ich habe eine alte Porzellansuppenschüssel auf dem Flohmarkt gekauft.

das **Porzellan**

► **être en porcelaine :** aus Porzellan sein

Pour désigner des objets **en porcelaine** *ou* **de porcelaine** *en allemand, on forme des mots composés avec* ***Porzellan*** *: der* ***Porzellanelefant*** **(éléphant en porcelaine)**, *die* ***Porzellantasse*** **(tasse en porcelaine)**.

port

1 ▷ Nous allons souvent sur le port regarder les bateaux.
Wir gehen oft zum Hafen, um uns die Schiffe anzuschauen.

1 (= bassin) der **Hafen** (pluriel Häfen)

2 ▷ Hambourg est un grand port.
Hamburg ist eine große Hafenstadt.

2 (= ville) die **Hafenstadt** (pluriel -städte)

portable

1 ▷ Mon père emmène son portable partout, même en vacances.
Mein Vater nimmt seinen Laptop überallhin mit, selbst in den Urlaub.

1 (= ordinateur) der **Laptop** /'læptɔp/ (pluriel Laptops)

Notez la prononciation.

2 ▷ Je t'appellerai sur ton portable.
Ich ruf dich auf deinem Handy an.

2 (= téléphone) das **Handy** /'hɛndi/ (pluriel Handys)

Notez la prononciation.

portail

▷ Le portail était ouvert, alors je suis entré.
Das Portal war offen, also bin ich hineingegangen.

das **Portal** (pluriel Portale)

porte

1 ▷ Ferme la porte à clé.
Schließ die Tür zu.

1 (d'une maison, d'une voiture, du frigo) die **Tür** (pluriel Türen)

2 ▷ La porte du garage est restée ouverte.
Das Garagentor ist aufgeblieben.

2 (d'un garage, d'un château) das **Tor** (pluriel Tore)

3 ▷ Le prof a mis Raphaëlle à la porte parce qu'elle était insolente.
Der Lehrer schmiss Raphaëlle raus, weil sie unverschämt war.

3 ► **mettre** quelqu'un **à la porte :** jemanden **rausschmeißen**

ℹ ***raus•schmeißen*** *est un verbe à particule séparable et se conjugue comme* ***schmeißen*** (schmiss, geschmissen).

ℹ *C'est un mot familier.*

4 ▷ Veuillez vous rendre à la porte d'embarquement numéro trois.
Begeben Sie sich bitte zu Flugsteig Nummer drei.

4 ► **porte d'embarquement :** der **Flugsteig**

ℹ *On dit aussi* das ***Gate*** /geɪt/ *qui vient de l'anglais.*

porte-bagages

▷ Mon vélo n'a pas de porte-bagages.
Mein Fahrrad hat keinen Gepäckträger.

der **Gepäckträger** (pluriel -träger)

porte-bonheur

▷ La médaille d'Aline est son porte-bonheur.
Alines Medaillon ist ihr Glücksbringer.

der **Glücksbringer** (pluriel -bringer)

porte-clés

▷ Tarek a un porte-clés en forme de pyramide.
Tarek hat einen pyramidenförmigen Schlüsselanhänger.

der **Schlüsselanhänger** (pluriel -anhänger)

porte-fenêtre

▷ Ouvre les porte-fenêtres.
Mach die Fenstertüren auf.

die **Fenstertür** (pluriel -türen)

portefeuille

▷ Lucie n'a jamais retrouvé son portefeuille.
Lucie hat ihre Brieftasche nie wiedergefunden.

(= porte-monnaie) die **Brieftasche** (pluriel -taschen)

portemanteau

▷ Accroche ta veste au portemanteau.
Häng deine Jacke an die Garderobe.

(sur le mur) die **Garderobe** (pluriel Garderoben)

porte-monnaie

▷ Tu as vu mon porte-monnaie ?
Hast du meinen Geldbeutel gesehen?

der **Geldbeutel** (pluriel -beutel)

ℹ *On dit aussi* das ***Portemonnaie*** *ou* ***Portmonee***.

porter

1 ▷ Je ne peux pas te porter, tu es trop lourd !
Ich kann dich nicht tragen, du bist zu schwer!
▷ Aziz porte toujours des pantalons noirs.
Aziz trägt immer schwarze Hosen.

1 (= transporter, avoir sur soi) **tragen** (trägt, trug, getragen)

2 ▷ Porte-lui ce plateau.
Bring ihm dieses Tablett.
▷ Cette peluche me porte chance.
Dieses Plüschtier bringt mir Glück.

2 (= apporter) **bringen** (brachte, gebracht)

3 ▷ La discussion portait sur l'histoire de l'Espagne.
Die Diskussion drehte sich um die spanische Geschichte.

3 ► **porter sur** quelque chose **:** sich **um** etwas **drehen**

4 ▷ Laura se porte très bien maintenant.
Laura geht es jetzt sehr gut.

4 *Pour dire que quelqu'un* **se porte bien** *en allemand, on emploie l'expression* ***gut gehen*** (ging, gegangen).

portière

▷ La portière est verrouillée.
Die Tür ist abgeschlossen.

(de la voiture) die **Tür** (pluriel Türen)

portillon

▷ Simon est passé par-dessus le portillon.
Simon ist über die Sperre gestiegen.

(dans le métro) die **Sperre** (pluriel Sperren)

portion

▷ Les portions sont minuscules ici !
Die Portionen sind ja winzig hier!

die **Portion** /pɔrtsi'oːn/ (pluriel Portionen)

Notez la prononciation.

portrait

▷ Benoît a fait un beau portrait de ses parents.
Benoît hat ein schönes Porträt von seinen Eltern gemacht.

(= peinture, dessin, photo) das **Porträt** (pluriel Porträts)

Se prononce comme en français. Le s du pluriel se prononce en allemand.

portugais, portugaise

1 ▷ Les paysages portugais sont magnifiques.
Die portugiesischen Landschaften sind wunderschön.

1 (adjectif) **portugiesisch**

2 ▷ C'est un Portugais qui a remporté le mille mètres.
Ein Portugiese hat den Tausendmeterlauf gewonnen.

2 (= personne) der **Portugiese** (pluriel Portugiesen), die **Portugiesin** (pluriel Portugiesinnen)

3 ▷ J'apprends le portugais.
Ich lerne Portugiesisch.

3 (= langue) **Portugiesisch**

Portugal

▷ Le Portugal est un pays très accueillant.
Portugal ist ein sehr gastfreundliches Land.

▷ Sarah est au Portugal.
Sarah ist in Portugal.
▷ Nous irons au Portugal en voiture.
Wir fahren mit dem Auto nach Portugal.
▷ Quand on est déjà allé au Portugal, on veut y retourner.
Wenn man schon einmal in Portugal war, möchte man wieder hin.

Portugal
► **le Portugal :** Portugal
ℹ *Ne prend l'article neutre que précédé d'un adjectif :* ***das sonnige Portugal*** (le Portugal ensoleillé).
► **au Portugal** (= dans le pays) : in Portugal
► **au Portugal** (= vers le pays) : nach Portugal
Attention : pour dire que quelqu'un **est déjà allé quelque part**, *on emploie une expression avec le prétérit du verbe* ***sein*** *+* ***schon***.

poser

1 ▷ Pose tes valises là.
Stell deine Koffer dort hin.
▷ J'ai posé l'atlas sur la table.
Ich habe den Atlas auf den Tisch gelegt.

1 *Quand* **poser** *signifie « placer », il se traduit par* ***stellen*** *quand la position est verticale et par* ***legen*** *quand la position est horizontale.*

2 ▷ Le prof nous a posé une question difficile.
Der Lehrer hat uns eine schwierige Frage gestellt.

2 ► **poser une question à** quelqu'un : jemandem (datif) eine Frage stellen

3 ▷ Quelqu'un est venu poser de la moquette dans les chambres.
Jemand ist gekommen, um den Teppichboden in den Schlafzimmern zu verlegen.

3 (= installer) verlegen

4 ▷ Sylvie nous a demandé de poser pour la photo.
Sylvie hat uns gebeten, für das Foto zu posieren.

4 (= prendre la pose) posieren
ℹ *Les verbes se terminant en* ***-ieren*** *ne prennent pas* ***ge-*** *au participe passé.*

5 ▷ L'avion s'est posé à Düsseldorf au lieu de Cologne.
Das Flugzeug ist in Düsseldorf gelandet anstatt in Köln.

5 ► se **poser** (= atterrir) : landen

positif, positive

▷ Estelle est quelqu'un de très positif.
Estelle ist ein sehr positiver Mensch.

positiv
Attention à l'orthographe du mot allemand.

position

1 ▷ J'ai dormi dans une position bizarre, maintenant j'ai mal à la nuque.
Ich habe in einer komischen Stellung geschlafen, jetzt tut mir der Nacken weh.

1 (= posture) die Stellung (pluriel Stellungen)

2 ▷ On est en troisième position dans le championnat.
Wir stehen auf dem dritten Platz in der Meisterschaft.

2 (= place) der **Platz** (pluriel **Plätze**)

3 ▷ Qui est arrivé en première position ?
Wer ist als Erster angekommen?
▷ Sophie est arrivée en dernière position.
Sophie ist als Letzte angekommen.

3 ► **arriver en première position :** als Erster / Erste ankommen
► **arriver en dernière position :** als Letzter / Letzte ankommen

posséder

▷ Les parents de Nadia possèdent une maison avec piscine dans le Périgord.
Nadias Eltern besitzen ein Haus mit Swimming-Pool im Périgord.

besitzen (besaß, besessen)

posséder

1 ▷ Je ne possède rien.
Ich besitze nichts.

1 (un bien, une maison, une fortune) **besitzen** (besaß, besessen)
Les verbes commençant par ***be-*** *ne prennent pas* ***ge-*** *au participe passé.*

2 ▷ La maison possède un grand jardin.
Das Haus verfügt über einen großen Garten.

2 (une caractéristique, une qualité) **über ... verfügen**
Les verbes commençant par ***ver-*** *ne prennent pas* ***ge-*** *au participe passé.*

possessif, possessive

1 ▷ Ma mère est très possessive.
Meine Mutter ist sehr besitzergreifend.

1 (en parlant d'une personne) **besitzergreifend**

2 ▷ « Mon » est un adjectif possessif.
„Mein" ist ein Possessivpronomen.

2 (en grammaire) das **Possessiv**

possibilité

▷ Il y a plusieurs possibilités.
Es gibt mehrere Möglichkeiten.

die **Möglichkeit** (pluriel **Möglichkeiten**)

possible

1 ▷ Je ne crois pas que ce soit possible.
Ich glaube nicht, dass das möglich ist.

1 **möglich**

2 ▷ C'est pas possible ! J'ai encore oublié ma clé !
Das darf doch nicht wahr sein! Ich habe schon wieder meinen Schlüssel vergessen!

2 ► **c'est pas possible !** (pour exprimer l'étonnement ou l'agacement) : das darf doch nicht wahr sein!

post

▷ Je lui ai envoyé un post.
Ich habe ihm (*ou* ihr) ein Posting geschickt.

(Internet) das **Posting** (pluriel **Postings**)

poste

1 ▷ La poste est fermée le samedi après-midi.
Die Post ist samstagnachmittags geschlossen.
▷ N'envoie jamais d'argent par la poste.
Schick nie Geld mit der Post.
▷ Est-ce que tu pourrais mettre cette lettre à la poste pour moi ?
Könntest du diesen Brief für mich zur Post bringen?

1 (= le bureau de poste) die Post

► **par la poste :** mit der Post

► **mettre** quelque chose **à la poste :** etwas (accusatif) zur Post bringen

On dit aussi ***auf die Post bringen.***

2 ▷ La mère de Pascal a un très bon poste.
Pascals Mutter hat eine sehr gute Stelle.

2 (= emploi) die Stelle (pluriel Stellen)

3 ▷ Ils réparent les postes de télé.
Sie reparieren Fernseher.

3 ► **poste de télé :** der Fernseher (pluriel Fernseher)

4 ▷ Mon poste de radio ne marche pas.
Mein Radio geht nicht.

4 ► **poste de radio :** das Radio (pluriel Radios)

5 ▷ Ils l'ont emmené au poste de police.
Sie haben ihn auf die Polizeiwache gebracht.

5 ► **poste de police :** die Polizeiwache (pluriel -wachen)

On dit aussi die ***Wache*** *tout court.*

poster (VERBE)

▷ Donne-moi ta lettre, je vais la poster.
Gib mir deinen Brief, ich werfe ihn ein.

(= mettre dans une boîte aux lettres) einwerfen

ein•werfen *est un verbe à particule séparable et se conjugue comme* ***werfen*** (wirft, warf, geworfen).

poster (NOM)

▷ Fais attention à mon poster !
Pass auf mein Poster auf!

(= affiche) das Poster /'po:stɐ/ (pluriel Poster, Posters)

postuler

▷ Tu as postulé ?
Hast du dich beworben?

► **postuler à** *ou* **pour un emploi :** sich um eine Stelle bewerben (bewarb, beworben)

Les verbes commençant par ***be-*** *ne prennent pas* ***ge-*** *au participe passé.*

pot

1 ▷ Ma mère garde les pots vides pour y mettre de la confiture.
Meine Mutter hebt die leeren Gläser auf, um Marmelade hineinzutun.

1 (= récipient en verre) das Glas (pluriel Gläser)

2 ▷ Tu peux mettre la plante dans un pot ou directement dans le sol.
Du kannst die Planze in einen Topf pflanzen oder direkt in die Erde.
▷ Un pot de fleurs est tombé du troisième étage, heureusement personne n'a été blessé.
Ein Blumentopf ist vom dritten Stock gefallen, glücklicherweise wurde niemand verletzt.

2 (= récipient en terre ou en céramique) der Topf (pluriel Töpfe)

► **pot de fleurs** (= récipient) : der Blumentopf (pluriel -töpfe)

3 ▷ Tu veux aller boire un pot ?
Willst du einen trinken gehen?

3 ► **boire un pot** *ou* **prendre un pot :** einen trinken (trank, getrunken)

4 ▷ Tu as vraiment eu du pot !
Du hast wirklich Glück gehabt!

4 ► **avoir du pot** (= avoir de la chance) : Glück haben

ℹ *L'expression française est familière, mais sa traduction allemande ne l'est pas.*

5 ▷ Le pot d'échappement est rouillé.
Der Auspuff ist verrostet.

5 ► **pot d'échappement :** der Auspuff (pluriel Auspuffe)

potable

▷ L'eau dans le train n'est pas potable.
Das Wasser im Zug ist nicht trinkbar.
▷ Il n'y a pas d'eau potable ici.
Hier gibt es kein Trinkwasser.

(= bon à boire) trinkbar

► **eau potable :** das Trinkwasser

potage

▷ J'adore le potage à la tomate.
Ich liebe Tomatensuppe.

die Suppe (pluriel Suppen)

ℹ *En allemand,* soupe *et* potage *se traduisent tous deux par* ***Suppe****.*

poteau

1 ▷ La voiture est rentrée dans un poteau électrique.
Das Auto ist gegen einen Leitungsmast gefahren.

1 ► **poteau électrique :** der Leitungsmast (pluriel -masten)

2 ▷ Nous n'avons pas vu le poteau indicateur.
Wir haben den Wegweiser nicht gesehen.

2 ► **poteau indicateur :** der Wegweiser (pluriel Wegweiser)

poterie

1 ▷ Michael fait de la poterie le samedi.
Michael macht samstags Töpferei.

1 (= activité) die Töpferei

2 ▷ À l'exposition, nous avons vu des poteries assyriennes.
In der Ausstellung haben wir assyrische Töpferwaren gesehen.

2 (= objet en terre) die Töpferware (pluriel -waren)

potiron

▷ Ma mère a fait de la soupe au potiron.
Meine Mutter hat Kürbissuppe gekocht.

der **Kürbis** (pluriel Kürbisse)

pou

▷ Ma petite sœur a des poux.
Meine kleine Schwester hat Läuse.

die **Laus** (pluriel Läuse)

poubelle

1 ▷ La poubelle est pleine.
Der Mülleimer ist voll.

1 (dans une cuisine) der **Mülleimer** (pluriel -eimer)

On dit aussi der ***Abfalleimer****.*

2 ▷ Le gardien lave les poubelles toutes les semaines.
Der Hausmeister wäscht die Mülltonnen jede Woche aus.

2 (dans un immeuble) die **Mülltonne** (pluriel -tonnen)

pouce

▷ Lucien s'est cassé le pouce en jouant au volley.
Lucien hat sich beim Volleyballspielen den Daumen gebrochen.

der **Daumen** (pluriel Daumen)

poudre

▷ Tu dois diluer la poudre dans un verre d'eau.
Du musst das Pulver in einem Glas Wasser auflösen.

das **Pulver** (pluriel Pulver)

poulain

▷ La jument et son poulain nous regardaient.
Die Stute und ihr Fohlen sahen uns an.

das **Fohlen** (pluriel Fohlen)

poule

▷ Les poules pondent des œufs tous les matins.
Die Hennen legen jeden Morgen Eier.

die **Henne** (pluriel Hennen)

poulet

1 ▷ Nous avons visité un élevage de poulets.
Wir haben eine Hühnerfarm besichtigt.

1 (= animal) das **Huhn** (pluriel Hühner)

2 ▷ J'aime bien le poulet avec des frites.
Ich mag Hähnchen mit Pommes frites gerne.

2 (= viande) das **Hähnchen** (pluriel Hähnchen)

poulpe

▷ Tu as déjà mangé du poulpe ?
Hast du schon Tintenfisch gegessen?

der **Tintenfisch** (pluriel -fische)

pouls

▷ Le médecin a pris mon pouls.
Der Arzt hat mir den Puls gefühlt.

der **Puls**

► **prendre le pouls de** quelqu'un **:** jemandem (datif) **den Puls fühlen**

poumon

▷ Paul a un problème aux poumons.
Paul hat ein Problem an der Lunge.

die **Lunge** (pluriel Lungen)

ℹ *Ce mot s'emploie au singulier.*

ℹ *Quand on parle d'un seul poumon, on dit* der ***Lungenflügel*** (pluriel -flügel).

poupée

▷ Ma petite sœur a une poupée qui parle et qui pleure.
Meine kleine Schwester hat eine Puppe, die spricht und weint.

▷ Elle joue encore à la poupée ?
Sie spielt noch mit Puppen?

die **Puppe** (pluriel Puppen)

► **jouer à la poupée :** mit Puppen spielen

pour

1 ▷ C'est pour moi ?
Ist das für mich?

▷ Je ne pars que pour trois jours.
Ich fahre nur für drei Tage.

1 *La traduction la plus courante de* **pour** *est* ***für****, notamment pour exprimer l'attribution ou une période de temps.*

2 ▷ Je dois finir ma rédaction pour demain.
Ich muss meinen Aufsatz bis morgen fertigschreiben.

2 *Quand* **pour** *exprime un délai, on traduit par* ***bis****.*

3 ▷ Nous partons demain pour Londres.
Morgen fahren wir nach London.

3 *Quand* **pour** *exprime une destination, on traduit par* ***nach****.*

4 ▷ Pour le Nouvel An, mes parents invitent toujours des amis.
Zu Neujahr laden meine Eltern immer Freunde ein.

4 (= à l'occasion de) **zu**

5 ▷ Anaïs a dû pousser pour ouvrir la porte.
Anaïs musste drücken, um die Tür aufzubekommen.

5 ► **pour** + *infinitif* **:** um zu + *infinitif*

6 ▷ J'ai acheté un plan de la ville pour ne pas me perdre.
Ich habe einen Stadtplan gekauft, um mich nicht zu verirren.

6 ► **pour ne pas** + *infinitif* **:** um nicht zu + *infinitif*

7 ▷ Il a fait ça pour que tu le remarques.
Er hat das getan, damit du ihn bemerkst.

7 ► **pour que** (= dans le but de) **:** damit

8 ▷ C'est pour ça que je suis fâchée.
Deshalb bin ich verärgert.

8 ► **c'est pour ça que ... :** deshalb ...

ℹ *On dit aussi* ***deswegen****.*

9 ▷ Je propose qu'on aille au cinéma. Qui est pour ?
Ich schlage vor, wir gehen ins Kino. Wer ist dafür?

9 ► **être pour** (= être d'accord) : dafür sein

pourboire

▷ D'habitude je laisse un pourboire.
Normalerweise gebe ich Trinkgeld.
▷ Est-ce que le pourboire est compris ?
Ist das Trinkgeld inbegriffen?

das **Trinkgeld**
En Allemagne, on donne le plus souvent le pourboire directement à la serveuse ou au serveur.

pourcentage

▷ Le chiffre est donné en pourcentage.
Die Zahl ist als Prozentzahl angegeben.

die **Prozentzahl** (pluriel -zahlen)

pourquoi

1 ▷ Pourquoi tu ne veux pas venir ?
Warum willst du nicht kommen?
▷ Ça te dit d'y aller ? – Pourquoi pas !
Willst du hingehen? – Warum nicht?

1 warum

► **pourquoi pas** : warum nicht

2 ▷ C'est pourquoi je ne t'ai pas appelé.
Deshalb habe ich dich nicht angerufen.

2 ► **c'est pourquoi ...** : deshalb ...
On dit aussi ***deswegen***.

pourri, pourrie

1 ▷ La pêche est pourrie, prends un abricot.
Der Pfirsich ist faul, nimm eine Aprikose.

1 (en parlant d'un fruit, d'un légume) **faul**

2 ▷ Le bois était pourri, c'est pour ça que la maison s'est effondrée.
Das Holz war morsch, deswegen ist das Haus zusammengebrochen.

2 (en parlant du bois) **morsch**

3 ▷ Quel temps pourri !
So ein mieses Wetter!

3 (en parlant du temps) **mies**

pourrir

▷ Toute la récolte a pourri.
Die ganze Ernte ist verfault.

verfaulen
Les verbes commençant par ***ver-*** *ne prennent pas* ***ge-*** *au participe passé.*

poursuite

▷ Aux États-Unis, les poursuites sont parfois filmées.
In den Vereinigten Staaten werden die Verfolgungen manchmal gefilmt.
▷ Elle s'est lancée à la poursuite du voleur.
Sie hat sich an die Verfolgung des Diebs gemacht.

(de voiture, de voleur) die **Verfolgung**

► se **lancer à la poursuite de** quelqu'un : sich an jemandes (génitif) Verfolgung machen

▷ Il a engagé des poursuites judiciaires contre son employeur.
Er hat eine gerichtliche Verfolgung gegen seinen Arbeitgeber eingeleitet.

► **poursuites judiciaires :** gerichtliche Verfolgung

poursuivre

▷ Sylvain poursuivait Benoît dans la cour.
Sylvain verfolgte Benoît auf dem Schulhof.

(= courir après quelqu'un) **verfolgen**

ℹ *Les verbes commençant par le préfixe* ***be-*** *ne prennent pas* ***ge-*** *au participe passé.*

pourtant

▷ Il est sympa, et pourtant il n'a pas d'amis.
Er ist nett, aber er hat trotzdem keine Freunde.

(= malgré tout) **trotzdem**

pourvu que

▷ Mes parents me laissent sortir pourvu que je rentre avant minuit.
Meine Eltern lassen mich ausgehen, vorausgesetzt, dass ich vor Mitternacht nach Hause komme.

(= à condition que) **vorausgesetzt, dass**

pousser

1 ▷ Ne me pousse pas !
Stoß mich nicht!

1 (= bousculer) **stoßen** (stößt, stieß, gestoßen)

2 ▷ Tu peux m'aider à pousser la table de l'autre côté ?
Kannst du mir helfen, den Tisch auf die andere Seite zu schieben?

2 (= déplacer) **schieben** (schob, geschoben)

3 ▷ Il a poussé le mauvais bouton.
Er hat auf den falschen Knopf gedrückt.

3 (= appuyer sur) **auf ... drücken**

4 ▷ Les parents de Marina l'ont poussée à faire du latin.
Marinas Eltern haben sie dazu getrieben, Latein zu lernen.

4 ► **pousser** quelqu'un **à faire** quelque chose **:** jemanden (accusatif) **dazu treiben,** etwas **zu tun**

5 ▷ Marc a poussé un cri.
Marc schrie auf.

5 ► **pousser un cri :** aufschreien

ℹ ***auf•schreien*** *est un verbe à particule séparable et se conjugue comme* ***schreien*** (schrie, geschrien).

6 ▷ Ma mère a regardé ma chambre et a poussé un grand soupir.
Meine Mutter hat mein Zimmer angeschaut und einen großen Seufzer ausgestoßen.

6 ► **pousser un soupir :** einen Seufzer ausstoßen

ℹ ***aus•stoßen*** *est un verbe à particule séparable et se conjugue comme* ***stoßen*** (stößt, stieß, gestoßen).

7 ▷ Ta plante pousse bien.
Deine Pflanze wächst gut.

7 (= grandir) **wachsen** /'vaksən/ (wächs, wuchs, gewachsen)

Notez la prononciation.

▷ Tu te laisses pousser les cheveux ?
Lässt du deine Haare wachsen?
▷ Je veux me laisser pousser les cheveux jusqu'au bas du dos.
Ich will mir die Haare bis unten am Rücken wachsen lassen.

► se **laisser pousser les cheveux :** sich **die Haare wachsen lassen** (lässt, ließ, gelassen)

Le pronom personnel allemand s'emploie au datif : ich lasse mir..., du lässt dir..., er lässt sich..., wir lassen uns..., ihr lasst euch..., sie lassen sich...

poussette

▷ La petite fille s'est endormie dans la poussette.
Das kleine Mädchen ist im Sportwagen eingeschlafen.

der **Sportwagen** (pluriel –wagen)

poussiéreux, poussiéreuse

▷ Le canapé est très poussiéreux.
Das Sofa ist sehr staubig.

staubig

poussin

▷ Ces petits poussins sont très mignons.
Diese kleinen Küken sind ganz süß.

das **Küken** (pluriel Küken)

poutre

▷ Nous avons des poutres apparentes dans le salon.
Im Wohnzimmer haben wir frei liegende Balken.

(en bois) der **Balken** (pluriel Balken)

pouvoir (VERBE)

1 ▷ Est-ce que tu peux m'aider ?
Kannst du mir helfen?

▷ Est-ce que je pourrais vous parler, s'il vous plaît ?
Könnte ich bitte mit Ihnen sprechen?

▷ Tu aurais pu m'en parler avant !
Du hättest es mir vorher sagen können!

1 *Quand le verbe* **pouvoir** *exprime une possibilité ou une capacité, il est presque toujours traduit par* ***können*** (kann, konnte, gekonnt).
Au conditionnel, on emploie le subjonctif II au présent de ***können (ich könnte, du könntest, er / sie könnte, wir könnten, ihr könntet, sie könnten)***.
Pour le conditionnel passé, on emploie le subjonctif II au passé de ***haben + können***.

2 ▷ Tu peux aller jouer dehors.
Du darfst draußen spielen.
▷ Je peux t'emprunter le journal ?
Darf ich die Zeitung ausleihen?

2 *Quand le verbe* **pouvoir** *exprime une autorisation, on traduit par* ***dürfen*** (darf, durfte, gedurft *ou* dürfen après infinitif).

3 ▷ Il se peut qu'on ait un examen demain.
Es kann sein, dass wir morgen eine Prüfung haben.

3 ► **il se peut que ... :** es kann sein, dass ...

4 ▷ Cette randonnée était difficile, je n'en peux plus !
Diese Wanderung war schwierig, ich kann nicht mehr!

4 ► **ne plus en pouvoir :** nicht mehr können

pouvoir (NOM)

1 ▷ Certaines personnes ont beaucoup de pouvoir.
Manche Personen haben viel Macht.
▷ Leur parti est au pouvoir depuis 2001.
Ihre Partei ist seit 2001 an der Macht.

1 (= autorité) die **Macht**

► **être au pouvoir :** an der Macht sein

2 ▷ La potion a des pouvoirs magiques.
Der Trank hat Zauberkräfte.

2 ► **pouvoir magique :** die Zauberkraft (pluriel -kräfte)

prairie

▷ Nous avons cueilli des fleurs dans la prairie.
Wir haben auf der Wiese Blumen gepflückt.

die **Wiese** (pluriel Wiesen)

pratique

▷ Je peux aller à pied à l'école, c'est très pratique.
Ich kann zu Fuß zur Schule gehen, das ist sehr praktisch.
▷ C'est un ustensile de cuisine pratique.
Das ist ein praktisches Küchengerät.

(= commode, utile) **praktisch**

pratiquement

▷ Moussa a pratiquement tout mangé.
Moussa hat so gut wie alles gegessen.

(= presque) **so gut wie**

pratiquer

▷ Quel sport est-ce que tu pratiques ?
Welchen Sport übst du aus?

(= pratiquer un sport) **ausüben**

ℹ *aus•üben est un verbe à particule séparable.*

ℹ *On dit aussi treiben* (trieb, getrieben).

pré

▷ Nous avons pique-niqué dans le pré.
Wir haben auf der Wiese gepicknickt.

die **Wiese** (pluriel Wiesen)

préau

▷ Quand il pleut, nous jouons sous le préau.
Wenn es regnet, spielen wir auf dem überdachten Schulhof.

der **überdachte Schulhof** (pluriel -höfe)

précaution

1 ▷ Vous devriez prendre des précautions et réserver.
Ihr solltet Vorkehrungen treffen und reservieren.

1 ► **prendre des précautions** (= des mesures préventives) : Vorkehrungen treffen (trifft, traf, getroffen)

2 ▷ Par précaution, j'emmène un sac de couchage.
Vorsichtshalber nehme ich einen Schlafsack mit.

2 ► **par précaution :** vorsichtshalber

3 ▷ Thomas a ouvert la porte avec précaution.
Thomas öffnete vorsichtig die Tür.

3 ► **avec précaution** (= prudemment) : vorsichtig

précédent, précédente

▷ L'année précédente, nous étions en Italie.
Im vorhergehenden Jahr waren wir in Italien.

vorhergehend

précieux, précieuse

▷ C'est un bijou très précieux.
Es ist ein sehr wertvolles Schmuckstück.

(= de valeur) wertvoll

précipitation

1 ▷ Dans ma précipitation, je l'ai laissé chez moi.
In meiner Hast habe ich es zu Hause gelassen.

1 (= hâte) die Hast

2 ▷ Il y a eu de fortes précipitations.
Es gab schwere Niederschläge.

2 ► **précipitations :** Niederschläge

ℹ *C'est un pluriel.*

se précipiter

▷ Tout le monde s'est précipité dans l'eau.
Alle haben sich ins Wasser gestürzt.

▷ Malika s'est précipitée sur lui pour lui demander un autographe.
Malika hat sich auf ihn gestürzt, um ihn um ein Autogramm zu beten.

(= courir) sich **stürzen**

► se **précipiter sur** quelqu'un *ou* quelque chose **:** sich **auf** jemanden *ou* etwas **stürzen**

ℹ *Le pronom personnel allemand s'emploie à l'accusatif : ich stürze mich, du stürzt dich, et stürzt sich, wir stürzen uns, ihr stürzt euch, sie stürzen sich.*

précis, précise

1 ▷ Le professeur voulait une réponse précise.
Der Lehrer wollte eine präzise Antwort.

▷ Cette balance n'est pas précise.
Diese Waage ist unpräzise.

1 (= détaillé, fiable) präzise

ℹ *On dit aussi genau.*

2 ▷ La photo était très précise.
Das Foto war sehr deutlich.

2 (= clair) deutlich

3 ▷ Je n'ai pas de raison précise.
Ich habe keinen bestimmten Grund.

3 (= particulier) bestimmt

précisément

▷ Il faut mesurer la pièce précisément.
Das Zimmer muss genau gemessen werden.

genau

préciser

▷ Ma mère n'a pas précisé à quelle heure je devais rentrer.
Meine Mutter hat nicht genau gesagt, um wieviel Uhr ich nach Hause kommen solle.

(= dire clairement) genau sagen

prédire

▷ Je ne peux pas prédire l'avenir !
Ich kann die Zukunft nicht vorhersagen!

▷ Elle m'a prédit beaucoup de bonheur.
Sie hat mir viel Glück vorhergesagt.

vorhersagen

ℹ *vorher•sagen est un verbe à particule séparable.*

► **prédire** quelque chose **à** quelqu'un : jemandem (datif) etwas vorhersagen

préface

▷ Il faut toujours lire la préface d'un dictionnaire.
Man muss immer das Vorwort eines Wörterbuchs lesen.

das Vorwort (pluriel -worte)

préféré, préférée

▷ Quel est ton chanteur préféré ?
Wer ist dein Lieblingssänger?
▷ Ma couleur préférée est le rouge.
Rot ist meine Lieblingsfarbe.

Pour dire en allemand que quelque chose ou quelqu'un est **préféré**, *on forme des mots composés avec* ***Lieblings-*** *: der* ***Lieblingslehrer*** **(professeur préféré)**, *das* ***Lieblingsbuch*** **(livre préféré)**.

préférence

▷ Est-ce que tu as une préférence ?
Hast du eine Vorliebe?
▷ Soyez là de préférence avant huit heures.
Seid lieber vor acht Uhr da.

die Vorliebe (pluriel -lieben)

► **de préférence :** lieber

préférer

▷ Je préfère la géo à l'histoire.
Ich mag Geografie lieber als Geschichte.
▷ Je préfère aller au cinéma.
Ich gehe lieber ins Kino.

lieber mögen

► **préférer** *+ verbe* **:** *verbe +* lieber

préhistorique

▷ Les dinosaures étaient des animaux préhistoriques.
Dinosaurier waren prähistorische Tiere.

prähistorisch

préjugé

▷ Ils ont des préjugés.
Sie haben Vorurteile.

das Vorurteil (pluriel -urteile)

prématuré, prématurée

1 ▷ Il serait prématuré de décider maintenant.
Es wäre vorzeitig, jetzt darüber zu entscheiden.

1 (adjectif) vorzeitig

2 ▷ Mon petit frère était un prématuré.
Mein kleiner Bruder war eine Frühgeburt.

2 (= bébé) die **Frühgeburt** (pluriel -geburten)

ℹ *On dit aussi couramment das* ***Frühchen****, qui est plus familier.*

premier, première

1 ▷ J'ai seulement fait le premier exercice.
Ich habe nur die erste Übung gemacht.
▷ Je ne comprends pas la première phrase.
Ich verstehe den ersten Satz nicht.

1 (= qui vient d'abord) **erste**

2 ▷ Sabrina est encore la première.
Sabrina ist wieder die Erste.

▷ Ils sont partis les premiers.
Sie gingen als Erste weg.
▷ Il a vu les photos le premier.
Er hat die Fotos als Erster gesehen.

2 ► **le premier, la première** (opposé à dernier) **:** der / die / das **Erste** (pluriel Ersten)
► **faire** quelque chose **le premier** *ou* **la première** *ou* **les premiers :** etwas als Erster *ou* Erste tun

3 ▷ Mouloud est toujours le premier en physique.
Mouloud ist immer der Beste in Physik.

3 ► **le premier, la première** (= le meilleur) : der / die / das **Beste** (pluriel Besten)

4 ▷ Cécile habite au premier.
Cécile wohnt im ersten Stock.

4 (= le premier étage) der **erste Stock**

5 ▷ Les invités sont toujours servis en premier.
Die Gäste werden immer zuerst bedient.

5 ► **en premier** (= avant les autres) : **zuerst**

6 ▷ Le frère de Nadia est en première.
Nadias Bruder ist in der elften Klasse.

6 *La classe qui correspond à la* **première** *en Allemagne est die* ***elfte Klasse****. Selon le Land, le système scolaire allemand compte douze ou treize années jusqu'au* ***Abitur****.*

7 ▷ Qu'est-ce que vous faites le premier de l'an ?
Was macht ihr am Neujahrstag?

7 ► **le premier de l'an :** der **Neujahrstag**

premièrement

▷ Premièrement, je n'ai jamais dit ça.
Erstens habe ich das nie gesagt.

erstens

prendre

1 ▷ Prends mon stylo, j'en ai un autre.
Nimm meinen Kugelschreiber, ich habe noch einen.
▷ Tu prends le train pour aller à Heidelberg ?
Nimmst du den Zug nach Heidelberg?
▷ Il a pris le parapluie avant de sortir.
Er hat den Regenschirm genommen, bevor er aus dem Haus ging.

1 *La traduction la plus courante de* **prendre** *est* ***nehmen*** (nimmt, nahm, genommen). *Attention toutefois aux autres traductions présentées plus bas.*

2 ▷ Voulez-vous prendre un apéritif ?
Wollen Sie einen Aperitif trinken?

2 (= boire) **trinken** (trank, getrunken)

3 ▷ Elle n'a rien pris de toute la journée.
Sie hat den ganzen Tag über nichts gegessen.

3 (= manger) **essen** (isst, aß, gegessen)

4 ▷ Prends une baguette et deux croissants.
Kauf ein Baguette und zwei Croissants.

4 (= acheter) **kaufen**

5 ▷ Le voyage a pris cinq heures.
Die Reise hat fünf Stunden gedauert.

5 (= durer) **dauern**

6 ▷ La réparation nous a pris trois heures.
Wir haben drei Stunden für die Reparatur gebraucht.

6 *Pour dire que quelque chose* **prend un certain temps** *à quelqu'un en allemand, on emploie le verbe* ***brauchen*** *+ le temps +* ***für****.*

7 ▷ Mon père m'a pris à regarder la télé à minuit.
Mein Vater hat mich um Mitternacht beim Fernsehen ertappt.

7 ► **prendre** quelqu'un **à faire** quelque chose (= le surprendre) : jemanden **bei** etwas **ertappen**

8 ▷ Le prof m'a prise pour ma sœur.
Der Lehrer hielt mich für meine Schwester.
▷ Tu me prends pour un imbécile ?
Hälst du mich für einen Idioten?
▷ Adam se prend pour un grand intellectuel.
Adam hält sich für einen großen Intellektuellen.
▷ Mais pour qui elle se prend ?
Für wen hält sie sich denn?

8 ► **prendre pour ...** (= se tromper, considérer comme) : **für ... halten** (hält, hielt, gehalten)

► se **prendre pour ... :** sich **für** + *accusatif* + **halten**

9 ▷ Comment est-ce que tu t'y prends ?
Wie stellst du das an?

9 ► s'**y prendre** (= faire quelque chose) : **anstellen**

ℹ ***an•stellen*** *est un verbe à particule séparable.*

prénom

▷ Quel est votre prénom ?
Was ist Ihr Vorname?

der **Vorname** (pluriel **-namen**)

préoccupé, préoccupée

▷ Tu as l'air préoccupé.
Du siehst besorgt aus.
▷ Je suis préoccupé par son état de santé.
Ich bin um seine Gesundheit besorgt.

besorgt

► **être préoccupé par :** **um** + *accusatif* + **besorgt sein**

préoccuper

1 ▷ Est-ce que quelque chose te préoccupe ?
Macht dir etwas Sorgen?

1 (= inquiéter) **Sorgen machen**

2 ▷ Martial ne se préoccupe pas beaucoup de nous.
Martial kümmert sich nicht viel um uns.

2 ► se **préoccuper de ...** (= penser à) : sich **um ... kümmern**

préparation

▷ Cette recette réclame peu de préparation.
Dieses Rezept braucht nur wenig Vorbereitung.

die **Vorbereitung** (pluriel Vorbereitungen)

préparer

1 ▷ Je vais préparer le dîner.
Ich bereite das Abendessen vor.

1 **vorbereiten**
ℹ *vor•bereiten est un verbe à particule séparable.*

2 ▷ Prépare-toi vite, on est en retard !
Mach dich schnell zurecht, wir haben Verspätung!
▷ Elle a pris une heure pour se préparer.
Sie brauchte eine Stunde, um sich zurecht-zumachen.

2 ► se **préparer** (= s'habiller, se maquiller, etc.) : sich **zurechtmachen**
ℹ *Le pronom personnel allemand s'emploie à l'accusatif : ich mache mich zurecht, du machst dich zurecht, er / sie macht sich zurecht, wir machen uns zurecht, ihr macht euch zurecht, sie machen sich zurecht.*

3 ▷ On se préparait à manger quand Henri est arrivé.
Wir waren im Begriff zu essen, als Henri kam.

3 ► se **préparer à** + *infinitif* : im Begriff sein, zu + *infinitif*

près

1 ▷ Le chevreuil est venu très près.
Das Reh kam ganz nah heran.
▷ C'est plus près par ce chemin.
Über diesen Weg ist es näher.

1 (= à une petite distance) **nah** (**plus près** näher ; **le plus près** der näheste)

2 ▷ J'habite tout près.
Ich wohne ganz in der Nähe.
▷ Il y a une pharmacie près de la gare.
In der Nähe des Bahnhofs ist eine Apotheke.

2 ► **tout près :** ganz in der Nähe

► **près de :** in der Nähe + *génitif*

prescrire

▷ Le médecin m'a prescrit des antibiotiques.
Der Arzt hat mir Antibiotika verschrieben.

verschreiben (verschrieb, verschrieben)
ℹ *Les verbes commençant par le préfixe ver- ne prennent pas ge- au participe passé.*

présent, présente

1 ▷ Pense plutôt au présent.
Denk eher an die Gegenwart.

1 ► **le présent :** die Gegenwart

2 ▷ Tout le monde était présent.
Alle waren anwesend.

2 ► **être présent :** anwesend sein

3 ▷ On peut partir à présent.
Jetzt können wir gehen.

3 ► **à présent :** jetzt

présentateur, présentatrice

1 ▷ Le présentateur a fait un résumé de l'actualité.
Der Nachrichtensprecher hat die Nachrichten zusammengefasst.

1 (aux informations) der **Nachrichtensprecher** (pluriel -sprecher), die **Nachrichtensprecherin** (pluriel -sprecherinnen)

2 ▷ La présentatrice a remercié le chanteur.
Die Moderatorin hat dem Sänger gedankt.

2 (dans un jeu ou une émission) der **Moderator** (pluriel Moderatoren), die **Moderatorin** (pluriel Moderatorinnen)

présentation

▷ J'ai trouvé sa présentation très intéressante.
Ich fand seine Vorstellung sehr interessant.
▷ Bon, je vais faire les présentations.
Gut, ich stelle jetzt vor.

(= exposé, manière de présenter) die **Vorstellung** (pluriel Vorstellungen)
► **faire les présentations :** vorstellen

ℹ *vor•stellen est un verbe à particule séparable.*

présenter

1 ▷ Je lui ai présenté Sandrine.
Ich habe ihm Sandrine vorgestellt.

▷ Loïc est entré et s'est présenté.
Loïc ist hereingekommen und hat sich vorgestellt.
▷ Je me présente : je m'appelle Anna.
Ich stelle mich vor: Ich heiße Anna.

1 ► **présenter** une personne **à** quelqu'un **:** jemandem (datif) eine Person **vorstellen**
► se **présenter** (= annoncer son nom) **:** sich **vorstellen**

ℹ *Le pronom personnel allemand s'emploie à l'accusatif : **ich stelle mich vor, du stellst dich vor, er / sie stellt sich vor, wir stellen uns vor, ihr stellt euch vor, sie stellen sich vor.***

2 ▷ Je vous présente ma sœur, Jeanne.
Das ist meine Schwester, Jeanne.
▷ Je te présente mes parents.
Das sind meine Eltern.

2 *Pour* **présenter** *quelqu'un en allemand, on dit **das ist...** ou **das sind...**, selon qu'il s'agit d'une ou de plusieurs personnes.*

3 ▷ Tu dois présenter ton passeport à la douane.
Du musst deinen Pass am Zoll vorzeigen.

3 (= montrer) **vorzeigen**

4 ▷ Je n'aime pas celui qui présente les informations.
Ich mag den nicht, der die Nachrichten spricht.

4 (à la télé, à la radio, en parlant des informations) **sprechen** (spricht, sprach, gesprochen)

5 ▷ Le frère de Mario se présente au bac en juin.
Marios Bruder nimmt im Juni am Abitur teil.

5 ► se **présenter à** (un examen, un concours) **:** an + *datif* + **teilnehmen**

ℹ *teil•nehmen est un verbe à particule séparable et se conjugue comme **nehmen** (nimmt, nahm, genommen).*

6 ▷ Julien se présente à l'élection des délégués de classe.
Julien kandidiert bei der Klassensprecherwahl.

6 ► **se présenter à** (une élection) **:** bei + *datif* + kandidieren

ℹ *Les verbes se terminant en* ***–ieren*** *ne prennent pas* ***ge-*** *au participe passé.*

préservatif

▷ Il faut prendre ses précautions et utiliser un préservatif.
Man muss Vorkehrungen treffen und ein Kondom benützen.

das **Kondom** (pluriel Kondome)

président, présidente

1 ▷ Le président a fait un discours.
Der Präsident hat eine Rede gehalten.

1 (= chef d'État) der **Präsident** (pluriel Präsidenten), die **Präsidentin** (pluriel Präsidentinnen)

2 ▷ Ma mère est présidente de l'association.
Meine Mutter ist Vorsitzende des Vereins.
▷ Qui est le président du club ?
Wer ist der Klubvorsitzende?

2 (= qui préside une association, un club, un comité, etc.) der / die **Vorsitzende** (pluriel Vorsitzenden)

ℹ *C'est un adjectif substantivé : on dit* ***ein Vorsitzender****.*

presque

1 ▷ J'ai presque fini.
Ich bin fast fertig.

1 (= pas tout à fait) **fast**

2 ▷ Nous n'avons presque pas dormi.
Wir haben kaum geschlafen.
▷ Je ne les vois presque plus.
Ich sehe sie kaum noch.

2 ► **presque pas :** kaum

► **presque plus :** kaum noch

presse

▷ La presse a critiqué sa décision.
Die Presse hat seine Entscheidung kritisiert.

(= journaux) die **Presse**

pressé, pressée

1 ▷ Tu es pressé ? Tu ne peux pas rester ?
Hast du es eilig? Kannst du nicht bleiben?
▷ Léa est pressée de voir sa copine.
Léa hat es eilig, ihre Freundin zu sehen.

1 ► **être pressé :** es eilig haben

► **être pressé de** + *infinitif* **:** es eilig haben, zu + *infinitif*

2 ▷ Il faut que tu m'aides. – C'est pressé ?
Du must mir helfen. – Ist es dringend?

2 (= urgent) **dringend**

3 ▷ Un citron pressé, s'il vous plaît.
Einen Zitronensaft, bitte.

3 ► **citron pressé :** der Zitronensaft

presser

1 ▷ Je presse deux oranges tous les matins.
Jeden Morgen presse ich zwei Orangen.

1 (= presser des fruits) **pressen**

2 ▷ Ce n'est pas la peine de se presser, le film commence à neuf heures.
Wir brauchen uns nicht zu beeilen, der Film fängt um neun an.
▷ Presse-toi un peu, nous sommes en retard !
Beeil dich ein bisschen, wir sind spät dran!

2 ► se **presser** : sich **beeilen** /bəˈailən/

ℹ *Le pronom personnel allemand s'emploie à l'accusatif :* ***ich beeile mich, du beeilst dich, er / sie beeilt sich, wir beeilen uns, ihr beeilt euch, sie beeilen sich.***

ℹ *Les verbes commençant par le préfixe* ***be-*** *ne prennent pas* ***ge-*** *au participe passé.*

pressing

▷ J'ai apporté ma veste au pressing.
Ich habe meine Jacke zur Reinigung gebracht.

die **Reinigung** (pluriel Reinigungen)

prestidigitateur, prestidigitatrice

▷ Il y avait un prestidigitateur à l'anniversaire d'Anne.
Bei Annes Geburtstag gab es einen Zauberkünstler.

der **Zauberkünstler** (pluriel -künstler), die **Zauberkünstlerin** (pluriel -künstlerinnen)

prêt, prête

1 ▷ Tu es prêt ? C'est l'heure de partir.
Bist du fertig? Es ist Zeit zum Gehen.

1 (= préparé) **fertig**

2 ▷ Elle est prête à m'aider pour le déménagement.
Sie ist bereit, mir beim Umzug zu helfen.

2 (= disposé) **bereit**

prêt

▷ Ils vont demander un prêt.
Sie werden um einen Kredit bitten.

(= chose ou somme qu'on prête) der **Kredit** (pluriel Kredite)

prétentieux, prétentieuse

▷ Sonia est vraiment prétentieuse.
Sonia ist wirklich eingebildet.

eingebildet

prêter

▷ Tu peux me prêter dix euros ?
Kannst du mir zehn Euro leihen?

► **prêter** quelque chose **à** quelqu'un : jemandem (datif) etwas **leihen** (lieh, geliehen)

prétexte

▷ Il n'est pas vraiment malade, c'est seulement un prétexte.
Er ist nicht wirklich krank, es ist nur eine Ausrede.

die **Ausrede** (pluriel Ausreden)

prêtre

▷ Je connais bien le prêtre.
Ich kenne den Priester gut.

der Priester (pluriel Priester)

preuve

▷ Tu as besoin d'autres preuves ?
Brauchst du noch mehr Beweise?
▷ C'est bien la preuve qu'il m'a menti.
Das ist der Beweis dafür, dass er gelogen hat.

der Beweis (pluriel Beweise)

► **la preuve que ... :** der Beweis dafür, dass ...

prévenir

1 ▷ Heureusement, Michael nous a prévenus que le prof arrivait.
Zum Glück hat uns Michael gewarnt, dass der Lehrer kam.

1 (= avertir) warnen

2 ▷ Personne ne nous a avertis que la réunion était annulée.
Niemand hat uns benachrichtigt, dass die Versammlung abgesagt war.

2 (= informer) benachrichtigen

ℹ *Les verbes commençant par le préfixe be- ne prennent pas ge- au participe passé.*

3 ▷ Va prévenir le médecin, vite !
Ruf den Arzt an, schnell!
▷ Tu as prévenu la police ?
Hast du die Polizei angerufen?

3 (= appeler le médecin ou la police) anrufen

ℹ ***an•rufen*** *est un verbe à particule séparable et se conjugue comme* ***rufen*** (rief, gerufen).

prévisible

▷ Leur réaction était prévisible.
Ihre Reaktion war vorhersehbar.

vorhersehbar

prévoir

1 ▷ Personne n'a prévu ce problème.
Niemand hat dieses Problem vorhergesehen.

1 (= prédire) vorhersehen

ℹ ***vorher•sehen*** *est un verbe à particule séparable et se conjugue comme* ***sehen*** (sieht, sah, gesehen).

2 ▷ Un orage est prévu pour ce soir.
Für heute Abend wird ein Sturm vorausgesagt.

2 (en parlant de la météo) voraussagen

ℹ ***voraus•sagen*** *est un verbe à particule séparable.*

3 ▷ Qu'est-ce que vous prévoyez pour ce week-end ?
Was seht ihr für dieses Wochenende vor?
▷ Caro est arrivée plus tôt que prévu.
Caro kam früher als vorgesehen an.
▷ Prévoyez cinquante euros d'argent de poche.
Sehen Sie fünfzig Euro Taschengeld vor.

3 (= projeter, préparer) vorsehen

ℹ ***vor•sehen*** *est un verbe à particule séparable et se conjugue comme* ***sehen*** (sieht, sah, gesehen).

▻ Nous avions prévu de pique-niquer, mais il s'est mis à pleuvoir.
Wir hatten vorgesehen zu picknicken, aber es fing an zu regnen.

► **prévoir de** *+ infinitif* **:** vorsehen zu *+ infinitif*

prier

1 ▻ Isabelle prie tous les soirs avant de se coucher.
Isabelle betet jeden Abend vor dem Schlafengehen.

1 (= faire une prière) beten

2 ▻ Merci. – Je t'en prie.
Danke. – Bitte.

2 ► **je t'en prie** *ou* **je vous en prie :** bitte

prière

▻ C'est une prière en latin.
Das ist ein Gebet auf Latein.
▻ Elle fait sa prière tous les soirs.
Sie betet jeden Abend.

das Gebet (pluriel Gebete)

► **faire sa prière :** beten

primaire

▻ Ma petite sœur va a l'école primaire.
Meine kleine Schwester geht in die Grundschule.
▻ Sa tante enseigne dans le primaire.
Seine Tante lehrt in der Grundschule.

► **l'école primaire, le primaire :** die Grundschule
► **dans le primaire :** in der Grundschule

primevère

▻ Les primevères ont de jolies couleurs.
Die Primeln haben schöne Farben.

die Primel (pluriel Primeln)

primitif, primitive

▻ Il a étudié les sociétés primitives.
Er hat die primitiven Gesellschaften studiert.

primitiv
Attention à l'orthographe du mot allemand.

prince

▻ Elle attend son prince charmant.
Sie wartet auf ihren Märchenprinz.

der Prinz (pluriel Prinzen)

princesse

▻ Elle se sentait comme une princesse.
Sie fühlte sich wie eine Prinzessin.

die Prinzessin (pluriel Prinzessinnen)

principal, principale

1 ▻ Le foot est leur activité principale.
Fußball ist ihre wichtigste Betätigung.

1 (adjectif = le plus important) wichtigste

2 ▻ Le principal, c'est que tu ne sois pas blessé.
Die Hauptsache ist, dass du unverletzt bist.

2 ► **le principal** (= l'essentiel) **:** die Hauptsache

3 ▷ Le principal a convoqué Steven dans son bureau.
Der Schuldirektor hat Steven in sein Büro bestellt.

3 (= directeur, directrice d'école) der **Schuldirektor** (pluriel -direktoren), die **Schuldirektorin** (pluriel -direktorinnen)

principe

1 ▷ C'est une fille qui a des principes.
Sie ist ein Mädchen mit Prinzipen.
▷ En principe, ça devrait fonctionner.
Im Prinzip müsste es funktionieren.

1 das **Prinzip** (pluriel Prinzipe)

► **en principe** (= théoriquement) : im Prinzip

2 ▷ En principe, je me couche à dix heures.
Normalerweise gehe ich um zehn Uhr ins Bett.

2 ► **en principe** (= normalement) : normalerweise

printemps

▷ Le printemps est ma saison préférée.
Der Frühling ist meine Lieblingsjahreszeit.

der **Frühling** (pluriel Frühlinge)

priorité

1 ▷ Il donne la priorité aux problèmes des jeunes.
Er gibt den Problemen der Jugendlichen den Vorrang.

1 (= qui passe en premier) der **Vorrang**

ℹ *Ce mot s'emploie uniquement au singulier.*

2 ▷ Qui a la priorité aux ronds-points ?
Wer hat im Kreisverkehr Vorfahrt?

2 (sur la route) die **Vorfahrt**

pris, prise

1 ▷ Est-ce que ce siège est pris ?
Ist dieser Platz besetzt?

1 (= occupé, en parlant d'une place) **besetzt**

2 ▷ Lundi je ne peux pas, je suis pris.
Ich kann am Montag nicht, ich bin beschäftigt.

2 (= occupé, en parlant d'une personne) **beschäftigt**

3 ▷ J'ai le nez pris.
Meine Nase ist verstopft.

3 (= bouché) **verstopft**

prise

1 ▷ Ne joue pas avec la prise, c'est dangereux !
Spiel nicht mit dem Stecker, das ist gefährlich!

1 (au bout d'un fil électrique) der **Stecker** (pluriel Stecker)

2 ▷ Cette prise ne fonctionne pas.
Diese Steckdose geht nicht.

2 (au mur) die **Steckdose** (pluriel -dosen)

3 ▷ Je déteste les prises de sang.
Ich hasse Blutabnahmen.
▷ L'infirmière m'a fait une prise de sang.
Die Krankenschwester hat mir Blut abgenommen.

3 ► **prise de sang :** die Blutabnahme (pluriel -abnahmen)
► **faire une prise de sang :** Blut abnehmen

ℹ ***ab•nehmen*** *est un verbe à particule séparable et se conjugue comme* ***nehmen*** (nimmt, nahm, genommen).

prison

▷ Jean-Marie habite près de la prison.
Jean-Marie wohnt in der Nähe des Gefängnisses.
▷ Le frère de Carmen est en prison.
Carmens Bruder ist im Gefängnis.

das **Gefängnis** (pluriel Gefängnisse)
► **être en prison :** im Gefängnis sein

prisonnier, prisonnière

▷ Deux prisonniers se sont évadés.
Zwei Gefangene sind ausgebrochen.

der / die **Gefangene** (pluriel Gefangenen)
ℹ *C'est un adjectif substantivé : on dit* ***ein Gefangener***.

privé, privée

▷ Ça ne te regarde pas, c'est privé.
Das geht dich nichts an, das ist privat.
▷ Nous avions une chambre avec salle de bains privée.
Wir hatten ein Zimmer mit Privatbad.

privat

Pour dire que quelque chose est **privé** *en allemand, on forme des mots composés avec* ***Privat-*** *: das* ***Privatleben*** **(vie privée)**, ***Privateigentum*** **(propriété privée)**.

priver

▷ Mes parents m'ont privé d'argent de poche.
Meine Eltern haben mir das Taschengeld gestrichen.

► **priver** quelqu'un **de** quelque chose (= lui supprimer) : jemandem (datif) etwas **streichen** (strich, gestrichen)

privilège

▷ J'ai eu le privilège d'assister à la cérémonie.
Ich hatte die Ehre, bei der Zeremonie anwesend zu sein.

(= honneur) die **Ehre**

prix

1 ▷ Les prix sont bas ici.
Die Preise sind hier niedrig.
▷ Romain a gagné le premier prix.
Romain hat den ersten Preis gewonnen.

1 (= coût, récompense) der **Preis** (pluriel Preise)

2 ▷ Annelise veut à tout prix devenir hôtesse de l'air.
Annelise will um jeden Preis Stewardess werden.

2 ► **à tout prix :** um jeden Preis
ℹ *On dit aussi* ***unbedingt***.

3 ▷ Cette robe est hors de prix !
Dieses Kleid ist ja wahnsinnig teuer!

3 ► **hors de prix :** wahnsinnig teuer

probable

▷ Tu crois qu'il viendra ? – C'est probable.
Glaubst du, dass er kommt? – Wahrscheinlich.

wahrscheinlich

probablement

▷ Ils ont probablement raté leur train.
Sie haben wahrscheinlich ihren Zug verpasst.

wahrscheinlich

problème

▻ Mylène a beaucoup de problèmes.
Mylène hat viele Probleme.
▻ Tu peux m'aider ? – Pas de problème !
Kannst du mir helfen? – Kein Problem!

das **Problem** (pluriel Probleme)

► **pas de problème ! :** kein Problem!

procédé

▻ C'est un procédé difficile.
Es ist ein schwieriges Verfahren.

(= méthode) das **Verfahren** (pluriel Verfahren)

procès

▻ Le procès a duré plusieurs semaines.
Der Prozess hat mehrere Wochen gedauert.
▻ Ils font un procès à leurs voisins.
Sie strengen einen Prozesse gegen ihre Nachbarn an.

der **Prozess** (pluriel Prozesse)

► **faire un procès à** quelqu'un **:** einen Prozess gegen jemanden (accusatif) anstrengen

an•strengen est un verbe à particule séparable.

prochain, prochaine

1 ▻ On descend au prochain arrêt.
Wir steigen an der nächsten Haltestelle aus.
▻ Nous avons rendez-vous lundi prochain.
Wir sind nächsten Montag verabredet.

1 **nächste**

2 ▻ Merci beaucoup, et à la prochaine !
Vielen Dank, und bis dann!

2 ► **à la prochaine ! :** bis dann!

proche

1 ▻ La pharmacie est proche de la poste.
Die Apotheke ist in der Nähe der Post.

1 ► **proche de :** in der Nähe + *génitif*

2 ▻ Anne et Valérie sont très proches.
Anne und Valérie stehen sich sehr nahe.

2 ► **être proche de** quelqu'un **:** jemandem (datif) nahe stehen (stand, gestanden)

procurer

▻ Je peux vous procurer des billets si vous voulez.
Ich kann euch Eintrittskarten verschaffen, wenn ihr wollt.

► **procurer** quelque chose à quelqu'un **:** jemandem (datif) etwas verschaffen

*Les verbes commençant par le préfixe **ver-** ne prennent pas **ge-** au participe passé.*

▻ Où est-ce que tu t'es procuré ça ?
Wo hast du dir denn das verschafft?
▻ Il s'est procuré un lecteur de CD neuf à moitié prix.
Er hat sich einen neuen CD-Player zum halben Preis verschafft.

► se **procurer** quelque chose **:** sich etwas verschaffen

*Le pronom personnel réfléchi allemand s'emploie au datif : **ich verschaffe mir, du verschaffst dir, er / sie verschafft sich, wir verschaffen uns, ihr verschafft euch, sie verschaffen sich**.*

producteur, productrice

1 ▷ Ces légumes vont directement du producteur au consommateur.
Dieses Gemüse geht direkt vom Erzeuger zum Verbraucher.

1 (= agriculteur) der **Erzeuger** (pluriel Erzeuger), die **Erzeugerin** (pluriel Erzeugerinnen)

2 ▷ Il est producteur de films.
Er ist Filmproduzent.

2 (de cinéma) der **Produzent** (pluriel Produzenten), die **Produzentin** (pluriel Produzentinnen)

produire

▷ Cette région produit du vin.
Diese Region produziert Wein.

produzieren
Les verbes se terminant en ***-ieren*** *ne prennent pas* ***ge-*** *au participe passé.*

produit

1 ▷ Certains produits sont plus chers ici.
Gewisse Produkte sind hier teurer.

1 das **Produkt** (pluriel Produkte)

2 ▷ Elle dépense beaucoup d'argent pour des produits de beauté.
Sie gibt viel Geld für Kosmetika aus.

2 ► **produit de beauté :** das **Kosmetikum** (pluriel Kosmetika)

3 ▷ Je dois acheter des produits d'entretien.
Ich muss Reinigungsmittel kaufen.

3 ► **produit d'entretien :** das **Reinigungsmittel** (pluriel -mittel)

prof, professeur

1 ▷ J'aime bien le prof de maths.
Ich mag den Mathelehrer gern.

1 (au collège, au lycée) der **Lehrer** (pluriel Lehrer), die **Lehrerin** (pluriel Lehrerinnen)

2 ▷ La mère de Nadia est professeur à la fac.
Nadias Mutter ist Professorin an der Uni.

2 (à l'université) der **Professor** (pluriel Professoren), die **Professorin** (pluriel Professorinnen)

profession

▷ On nous a demandé la profession de nos parents.
Wir wurden nach dem Beruf unserer Eltern gefragt.

der **Beruf** (pluriel Berufe)

professionnel, professionnelle

1 ▷ Ils ne l'ont pas embauché parce qu'il n'avait pas d'expérience professionnelle.
Er wurde nicht angestellt, weil er keine Berufserfahrung hatte.

1 *L'adjectif* professionnel(le) *est traduit en formant des mots composés avec* ***Berufs-*** *:* *die* ***Berufskleidung*** (vêtement professionnel), *das* ***Berufsleben*** (vie professionnelle).

2 ▷ Hocine rêve de devenir footballeur professionnel.
Hocine träumt davon, Fußballprofi zu werden.
▷ Frank aurait voulu être hockeyeur professionnel.
Frank wäre gern Hockeyprofi geworden.

2 *Quand on parle d'un sportif ou d'une sportive,* **professionnel** *se traduit en ajoutant le mot* ***Profi*** *à la discipline :* der ***Rugbyprofi*** **(rugbyman professionnel),** der ***Handballprofi*** **(joueur de handball professionnel).**

3 ▷ On a besoin d'un professionnel pour réparer ça.
Wir brauchen einen Fachmann, um das zu reparieren.

3 (= qui est du métier) der **Fachmann** (pluriel **-männer**), die **Fachfrau** (pluriel **-frauen**)

profil

▷ Lisa a un joli profil.
Lisa hat ein schönes Profil.
▷ Je vais te dessiner de profil.
Ich werde dich im Profil zeichnen.

das **Profil** (pluriel **Profile**)

► **de profil :** im Profil

profit

▷ Ils ont augmenté leurs profits.
Sie haben ihre Profite erhöht.

(= bénéfice) der **Profit** (pluriel **Gewinne**)

profiter de

▷ On profite au mieux de la piscine.
Wir nützen den Swimmingpool bestens aus.
▷ J'ai profité de l'occasion pour lui parler.
Ich habe die Gelegenheit ausgenützt, um mit ihm zu reden.

(= tirer le meilleur parti de, utiliser) **ausnützen**

ℹ ***aus•nützen*** *est un verbe à particule séparable.*

ℹ *On dit aussi* ***ausnutzen****.*

profond, profonde

▷ L'eau est trop profonde ici, c'est dangereux.
Das Wasser ist zu tief hier, das ist gefährlich.
▷ Le puits est profond de dix mètres.
Der Brunnen ist zehn Meter tief.

tief

Quand on veut parler de la **profondeur** *exacte de quelque chose, on emploie l'expression* ***... tief sein****.*

profondément

▷ Je suis profondément choqué.
Ich bin tief schockiert.

tief

profondeur

▷ La profondeur du lac n'a pas encore été mesurée.
Die Tiefe des Sees ist noch nicht gemessen worden.
▷ Quelle est la profondeur du trou ?
Wie tief ist das Loch?
▷ L'eau est à deux mètres de profondeur ici.
Das Wasser ist hier zwei Meter tief.

die **Tiefe** (pluriel **Tiefen**)

Pour demander la **profondeur** *de quelque chose, on dit* ***wie tief...?***
Quand on veut parler de la **profondeur** *exacte de quelque chose, on emploie l'expression* ***... tief sein****.*

programme

1 ▷ Je veux acheter le programme du concert.
Ich will das Konzertprogramm kaufen.
▷ Quelqu'un a-t-il vu le programme de télé ?
Hat jemand das Fernsehprogramm gesehen?
▷ Avec ce programme tu peux faire du dessin sur ton ordinateur.
Mit diesem Programm kannst du auf deinem Computer zeichnen.

1 (= spectacles, activités programmées, programme d'ordinateur, de télévision)
das **Programm** (pluriel **Programme**)

2 ▷ Le programme de français est dur cette année.
Der Französischlehrplan ist dieses Jahr schwierig.

2 (= choses à étudier dans une matière)
der **Lehrplan** (pluriel **-pläne**)

3 ▷ Est-ce que Molière est au programme ?
Steht Molière auf dem Programm?

3 ► **être au programme : auf dem Programm stehen** (**stand**, **gestanden**)

programmer

1 ▷ J'apprends à programmer dans mon cours d'informatique.
In meinem Computerkurs lerne ich zu programmieren.

1 (avec un ordinateur)
programmieren
i *Les verbes se terminant en* ***-ieren*** *ne prennent pas* ***ge-*** *au participe passé.*

2 ▷ Tu as pensé à programmer le lecteur-enregistreur ?
Hast du daran gedacht, den DVD-Rekorder vorzuprogrammieren?

2 (= régler un enregistreur)
vorprogrammieren
i ***vor•programmieren*** *est un verbe à particule séparable.*

progrès

▷ Jeanne a fait des progrès en allemand.
Jeanne hat Fortschritte in Deutsch gemacht.

der **Fortschritt** (pluriel **-schritte**)
► **faire des progrès : Fortschritte machen**

progresser

▷ Le professeur a dit que j'ai progressé ce trimestre.
Der Lehrer hat gesagt, dass ich in diesem Trimester Fortschritte gemacht habe.

Fortschritte machen

progressif, progressive

▷ Le changement est progressif.
Die Veränderung ist progressiv.

progressiv
Attention à l'orthographe du mot allemand.

proie

▷ Le lion a dévoré sa proie.
Der Löwe hat seine Beute verschlungen.

die **Beute**

projecteur

1 ▷ Je ne peux pas te montrer mes diapositives, mon projecteur est cassé.
Ich kann dir meine Dias nicht zeigen, mein Projektor ist kaputt.

1 (pour montrer des diapos ou des films) der **Projektor** (pluriel Projektoren)

2 ▷ Deux des projecteurs du stade ne fonctionnaient pas.
Zwei Scheinwerfer des Stadions gingen nicht.

2 (= lumière) der **Scheinwerfer** (pluriel Scheinwerfer)

projet

▷ Vous avez des projets pour les vacances ?
Habt ihr Pläne für die Ferien?
▷ C'est chouette de faire des projets.
Es ist toll, Pläne zu machen.

(= intention) der **Plan** (pluriel Pläne)

► **faire des projets :** Pläne machen

prolongations

▷ Ils ont joué les prolongations.
Sie haben die Verlängerung gespielt.

(en sport) die **Verlängerung**

prolonger

▷ Nous aurions aimé prolonger nos vacances.
Wir hätten unsere Ferien gern verlängert.

verlängern

ℹ *Les verbes commençant par le préfixe ver- ne prennent pas ge- au participe passé.*

promenade

1 ▷ Cette promenade nous a fait du bien.
Dieser Spaziergang hat uns gut getan.
▷ Tu veux faire une promenade ?
Willst du einen Spaziergang machen?

1 (à pied) der **Spaziergang** (pluriel –gänge)

► **faire une promenade** (à pied) **:** einen Spaziergang machen

ℹ *On dit aussi spazieren gehen* (ging, gegangen).

2 ▷ Gisela m'a invité à une promenade en voiture.
Gisela hat mich zu einer Spazierfahrt eingeladen.
▷ Demain, nous irons faire une promenade en voiture.
Morgen machen wir eine Spazierfahrt.

2 (en voiture, en moto, en vélo) die **Spazierfahrt** (pluriel –fahrten)

► **faire une promenade** (en voiture, en moto, en vélo) **:** eine Spazierfahrt machen

ℹ *On dit aussi spazieren fahren.*

promener

1 ▷ Je promène souvent ma petite sœur.
Ich führe oft meine kleine Schwester spazieren.
▷ Qui va promener le chien ?
Wer führt den Hund spazieren?

1 ► **promener** quelqu'un **:** jemanden spazierenführen

ℹ *spazieren•führen est un verbe à particule séparable.*

2 ▷ On pourrait se promener dans les bois.
Wir könnten im Wald spazierengehen.

2 ► se **promener :** spazieren gehen (ging, gegangen)

3 ▷ Ils se promènent en vélo tous les dimanches.
Sie fahren jeden Sonntag mit dem Fahrrad spazieren.

3 *Quand on se* **promène** *avec un véhicule, on traduit par* ***spazieren fahren*** (fährt, fuhr, gefahren).

promeneur, promeneuse

▷ J'ai croisé deux promeneurs.
Ich habe zwei Spaziergänger getroffen.

der Spaziergänger (pluriel -gänger), die Spaziergängerin (pluriel -gängerinnen)

promesse

▷ Encore une promesse !
Wieder ein Versprechen!
▷ Tu fais des promesses mais tu ne les tiens jamais !
Du machst immer Versprechen, aber du hältst sie nie!

das Versprechen (pluriel Versprechen)
► **faire une promesse :** ein Versprechen machen
► **tenir une promesse :** ein Versprechen halten (hält, hielt, gehalten)

prometteur, prometteuse

▷ C'est un début prometteur.
Das ist ein vielversprechender Beginn.

vielversprechend

promettre

▷ Nathan a promis de nous aider.
Nathan hat versprochen, uns zu helfen.

versprechen (verspricht, versprach, versprochen)

promotion

1 ▷ On a fêté sa promotion.
Wir haben ihre Beförderung gefeiert.

1 (au travail) die Beförderung (pluriel Beförderungen)

2 ▷ Les pêches sont en promotion.
Die Pfirsiche sind im Sonderangebot.

2 (commerciale) das Sonderangebot (pluriel -angebote)
► **être en promotion :** im Sonderangebot sein

promouvoir

1 ▷ Il a été promu directeur.
Er wurde zum Direktor befördert.

1 (= élever à un rang supérieur) befördern
ℹ *Notez la préposition utilisée en allemand :* ***zum***.

2 ▷ Nous voulons promouvoir le commerce équitable.
Wir wollen den fairen Handel fördern.

2 (= soutenir) fördern

prononcer

▷ Tu prononces mal ce mot.
Du sprichst dieses Wort falsch aus.

aussprechen
aus•sprechen est un verbe à particule séparable et se conjugue comme sprechen (spricht, sprach, gesprochen).

▷ Comment ça se prononce ?
Wie wird das ausgesprochen?

► se **prononcer :** ausgesprochen werden (wird, wurde, worden)

prononciation

▷ La prononciation allemande est assez difficile.
Die deutsche Aussprache ist ziemlich schwierig.

die **Aussprache** (pluriel -sprachen)

se propager

▷ L'incendie s'est rapidement propagé.
Das Feuer hat sich schnell ausgebreitet.

sich **ausbreiten**
aus•breiten est un verbe à particule séparable.

proposer

1 ▷ Qu'est-ce que tu proposes ?
Was schlägst du vor?

1 (= suggérer) **vorschlagen**
vor•schlagen est un verbe à particule séparable et se conjugue comme schlagen (schlägt, schlug, geschlagen).

2 ▷ Samia m'a proposé de m'accompagner.
Samia hat mir angeboten, mich zu begleiten.

2 (= offrir) **anbieten**
an•bieten est un verbe à particule séparable et se conjugue comme bieten (bot, geboten).

proposition

1 ▷ J'ai une proposition à faire.
Ich habe einen Vorschlag zu machen.

1 (= suggestion) der **Vorschlag** (pluriel -schläge)

2 ▷ C'est une proposition intéressante, tu ne peux pas la refuser.
Das ist ein interessantes Angebot, das kannst du nicht ablehnen.

2 (= offre) das **Angebot** (pluriel Angebote)

propre

1 ▷ Est-ce que la table est propre ?
Ist der Tisch sauber?

1 (= pas sale) **sauber**

2 ▷ Vous devez apporter votre propre repas.
Ihr müsst eurer eigenes Essen mitbringen.

2 (= à soi) **eigen**

propriétaire

1 ▷ Qui est le propriétaire de cette maison ?
Wer ist der Eigentümer dieses Hauses?

1 der **Eigentümer** (pluriel Eigentümer), die **Eigentümerin** (pluriel Eigentümerinnen)

2 ▷ Notre propriétaire a fait réparer la porte.
Unser Vermieter hat die Tür reparieren lassen.

2 (pour un locataire) der **Vermieter** (pluriel Vermieter), die **Vermieterin** (pluriel Vermieterinnen)

propriété

▷ Ils ont une belle propriété avec vue sur le lac.
Sie haben ein schönes Anwesen mit Aussicht auf den See.

(immobilière) das **Anwesen** (pluriel Anwesen)

protection

▷ La protection de l'environnement devrait être considérée comme une priorité.
Umweltschutz sollte immer als Priorität betrachtet werden.

der **Schutz**

protéger

▷ Julien protège toujours sa petite sœur.
Julien beschützt immer seine kleine Schwester.

beschützen

ℹ *Les verbes commençant par le préfixe **be-** ne prennent pas **ge-** au participe passé.*

protestation

▷ Le mouvement de protestation était mené par les étudiants.
Die Protestbewegung wurde von Studenten angeführt.

der **Protest**

protester

▷ Ne proteste pas, fais-le !
Protestiere nicht, tu es!

protestieren

ℹ *Les verbes se terminant en **-ieren** ne prennent pas **ge-** au participe passé.*

prouver

▷ Tu dois prouver ce que tu dis !
Du musst beweisen, was du sagst!

beweisen (bewies, bewiesen)

ℹ *Les verbes commençant par le préfixe **be-** ne prennent pas **ge-** au participe passé.*

province

▷ Ma grande sœur déménage en province.
Meine große Schwester zieht in die Provinz.

► **la province** (= région hors de Paris) : die **Provinz**

proviseur

▷ Le proviseur est venu dans notre classe.
Der Schulleiter ist in unsere Klasse gekommen.

der **Schulleiter** (pluriel -leiter), die **Schulleiterin** (pluriel -leiterinnen)

provision

1 ▷ Bérénice a une provision de bonbons dans son tiroir.
Bérénice hat einen Vorrat an Bonbons in ihrer Schublade.

1 (= stock) der **Vorrat** (pluriel Vorräte)

2 ▷ Nous avons fait nos provisions au supermarché.
Wir haben im Supermarkt eingekauft.

2 ► **faire ses provisions** (= acheter de la nourriture) : einkaufen

provisoire

▷ Tu dormiras sur le canapé, mais c'est provisoire.
Du schläfst auf dem Sofa, aber das ist nur vorläufig.

vorläufig

ℹ *On dit aussi* ***provisorisch.***

prudemment

▷ Léna a traversé la route très prudemment.
Léna hat die Straße ganz vorsichtig überquert.
▷ Conduisez prudemment.
Fahrt vorsichtig.

vorsichtig

prudence

▷ En alpinisme, la prudence est indispensable.
Beim Bergsteigen ist Vorsicht unerlässlich.
▷ Ils avançaient avec la plus grande prudence.
Sie rückten höchst vorsichtig vor.

die Vorsicht

► **avec prudence :** vorsichtig

prudent, prudente

▷ Sois prudent, regarde avant de traverser.
Sei vorsichtig, schau bevor du überquerst.

vorsichtig

prune

▷ Ma mère fait de la confiture avec les prunes du jardin.
Meine Mutter kocht Marmelade mit den Pflaumen aus dem Garten.

die Pflaume (pluriel Pflaumen)

pruneau

▷ Il y a des pruneaux dans ce gâteau.
In diesem Kuchen sind Backpflaumen.

die Backpflaume (pluriel -pflaumen)

pub

1 ▷ Le père de Gwen travaille dans la pub.
Gwens Vater arbeitet in der Werbung.

1 (= l'activité, le métier) die Werbung

2 ▷ La musique dans cette pub est super.
Die Musik in diesem Werbespot ist toll.

2 (= annonce) der Werbespot (pluriel -spots)

public, publique

1 ▷ Il est interdit de fumer dans les endroits publics.
Rauchen ist an öffentlichen Orten verboten.

1 (= qui appartient à tous, qui est ouvert à tous) öffentlich

2 ▷ Mon père travaille pour une entreprise publique.
Mein Vater arbeitet für ein staatliches Unternehmen.

2 (= géré par l'État, en parlant d'une entreprise, d'une administration) staatlich

ℹ *Même si les écoles publiques sont gérées par l'État, on dit die* ***öffentliche Schule.***

3 ▷ Le public était enchanté.
Das Publikum war begeistert.

3 ► **le public** (= les spectateurs) : das Publikum

publicité

1 ▷ Le père de Gwen travaille dans la publicité.
Gwens Vater arbeitet in der Werbung.

1 (= l'activité, le métier) die **Werbung**

2 ▷ La musique dans cette publicité est super.
Die Musik in diesem Werbespot ist toll.

2 (= annonce) der **Werbespot** (pluriel -spots)

puce

1 ▷ Le chien a des puces.
Der Hund hat Flöhe.
▷ Samedi j'irai au marché aux puces.
Samstag gehe ich auf den Flohmarkt.

1 (= l'insecte) der **Floh** (pluriel Flöhe)

► **marché aux puces** : der Flohmarkt (pluriel -märkte)

2 ▷ Cette carte fonctionne avec une puce.
Diese Karte funktioniert mit einem Chip.

2 (= puce électronique) der **Chip** /tʃip/ (pluriel Chips)

Notez la prononciation.

puer

▷ Ce fromage pue !
Dieser Käse stinkt!
▷ Ça pue l'ail ici.
Es stinkt hier nach Knoblauch.

stinken (stank, gestunken)

► **puer** quelque chose : nach etwas stinken

Notez la présence de la préposition en allemand : ***stinken nach***.

puis

▷ Vous tournez à gauche, puis à droite.
Sie biegen nach links ab, dann nach rechts.

dann

puisque

▷ Puisque tu restes à la maison, tu pourrais faire la vaisselle.
Da du zu Hause bleibst, kannst du ja das Geschirr spülen.

da

puissance

▷ Leur pays est une grande puissance.
Ihr Land ist eine Großmacht.

die **Macht** (pluriel Mächte)

puissant, puissante

▷ Cette moto a un moteur très puissant.
Dieses Motorrad hat einen sehr starken Motor.

stark (plus puissant stärker ; le plus puissant der stärkste)

puits

▷ Le puits est assez profond.
Der Brunnen ist ziemlich tief.

der **Brunnen** (pluriel Brunnen)

pull

▷ Tu peux me prêter ton pull ? J'ai froid.

Kannst du mir deinen Pullover leihen? Mir ist kalt.

der **Pullover** (pluriel Pullover)

ℹ *L'abréviation plus familière de* ***Pullover*** *est* ***Pulli*** (pluriel Pullis).

punaise

▷ Où sont les punaises ? Je voudrais accrocher mon affiche.

Wo sind die Reißzwecken? Ich würde gern mein Poster aufhängen.

(= clou) die **Reißzwecke** (pluriel Reißzwecken)

punir

▷ Mes parents m'ont puni.

Meine Eltern haben mich bestraft.

bestrafen

ℹ *Les verbes commençant par le préfixe* ***be-*** *ne prennent pas* ***ge-*** *au participe passé.*

punition

▷ Tu as eu une punition ?

Hast du eine Strafe bekommen?

▷ Le prof lui a donné une punition.

Der Lehrer hat ihm eine Strafarbeit aufgegeben.

die **Strafe** (pluriel Strafen)

Quand il s'agit d'un travail supplémentaire de **punition** *à l'école, on dit die* ***Strafarbeit*** (pluriel -arbeiten).

pur, pure

▷ L'air est très pur ici.

Die Luft ist ganz rein hier.

rein

purée

▷ Tu dois ajouter de la purée de tomates.

Du musst Tomatenpüree dazugeben.

▷ J'adore la purée de pommes de terre.

Ich liebe Kartoffelpüree.

das **Püree** (pluriel Pürees)

ℹ *On dit aussi der* ***Brei*** (pluriel Breie).

ℹ *Pour désigner les* **purées** *de diverses sortes, on forme des mots composés avec* ***Püree*** *ou* ***Brei*** *: das* ***Gemüsepüree*** *ou der* ***Gemüsebrei*** (purée de légumes).

puzzle

▷ Ce puzzle m'a pris une journée.

Ich habe einen Tag für dieses Puzzle gebraucht.

das **Puzzle** /'pazl/ (pluriel Puzzles)

🔈 *Notez la prononciation.*

ℹ *On dit aussi das* ***Puzzlespiel*** (pluriel -spiele)

P.-V.

▷ Mon frère a eu un P.-V.

Mein Bruder hat einen Strafzettel bekommen.

der **Strafzettel** (pluriel -zettel)

pyjama

▷ Ton pyjama est dans l'armoire.

Dein Schlafanzug ist im Schrank.

▷ Lucille était encore en pyjama.

Lucille war noch im Schlafanzug.

der **Schlafanzug** (pluriel -anzüge)

► **en pyjama :** im Schlafanzug

pylône

▷ La voiture est rentrée dans un pylône.
Das Auto ist gegen einen Leitungsmast gefahren.

der **Leitungsmast** (pluriel **-masten**)

pyramide

▷ Un jour, j'aimerais bien voir les pyramides d'Égypte.
Eines Tages würde ich gern die ägyptischen Pyramiden sehen.

die **Pyramide** (pluriel **Pyramiden**)

N'oubliez pas que le **y** *allemand se prononce* **u**.

Pyrénées

▷ Nous avons passé nos vacances dans les Pyrénées.
Wir haben unsere Ferien in den Pyrenäen verbracht.

► **les Pyrénées :** die **Pyrenäen**

N'oubliez pas que le **y** *allemand se prononce* **u**.

Qq

quai

1 ▷ Le train part du quai douze.
Der Zug fährt vom Bahnsteig zwölf ab.

1 (dans une gare) der **Bahnsteig** (pluriel **–steige**)

2 ▷ On voit les bateaux depuis le quai.
Vom Kai aus sieht man die Schiffe.

2 (dans un port) der **Kai** (pluriel **Kaie, Kais**)

qualifié, qualifiée

1 ▷ Il n'est pas qualifié pour juger.
Er ist nicht kompetent, das zu beurteilen.

1 (= compétent) **kompetent**

2 ▷ Ils emploient des ouvriers très qualifiés.
Sie stellen hochqualifizierte Arbeiter an.

2 (emploi, main-d'œuvre, ouvrier) **qualifiziert**

se qualifier

▷ On s'est qualifié pour la demi-finale.
Wir haben uns für das Halbfinale qualifiziert.

(en sport) sich **qualifizieren**

ℹ *Les verbes se terminant en* ***-ieren*** *ne prennent pas* ***ge-*** *au participe passé.*

qualité

▷ La qualité est plus importante que la quantité.
Qualität ist wichtiger als Quantität.

▷ C'est un manteau de bonne qualité.
Das ist ein Mantel von guter Qualität.

die **Qualität**

► **de bonne qualité :** von guter Qualität

ℹ *De même :* **de mauvaise qualité** = ***von schlechter Qualität.***

quand

1 ▷ Quand est-ce que vous arrivez ?
Wann kommt ihr an?

1 (dans une question) **wann**

2 ▷ Quand ma grand-mère s'est cassé la jambe, j'allais la voir tous les jours.
Als meine Großmutter sich das Bein brach, habe ich sie jeden Tag besucht.

2 *Lorsque* **quand** *signifie « au moment où » et se situe dans le passé, on traduit par* ***als.***

3 ▷ Qu'est-ce que tu fais quand tu rentres le soir ?
Was machst du, wenn du abends nach Hause kommst?
▷ Quand tu le verras, dis-lui de m'appeler.
Wenn du ihn siehst, sag ihm, er soll mich anrufen.
▷ Quand on se rencontrait, on se disputait toujours.
Immer wenn wir uns trafen, stritten wir uns.

3 *Lorsque* **quand** *se situe dans le présent ou le futur, ou lorsqu'il fait référence à un événement qui se répète, on traduit par* ***wenn*** *en allemand.*

quand même

▷ Mes parents ne veulent pas que j'y aille, mais j'irai quand même.
Meine Eltern wollen nicht, dass ich hingehe, aber ich gehe trotzdem.

(= de toute façon) **trotzdem**

quantité

1 ▷ On a acheté une grande quantité de boissons.
Wir haben eine große Menge Getränke gekauft.

1 die **Menge** (pluriel Mengen)

2 ▷ La quantité est moins importante que la qualité.
Quantität ist nicht so wichtig wie Qualität.

2 *Quand* **quantité** *est opposé à* **qualité** *dans une phrase, on traduit par die* ***Quantität****.*

quarante

▷ Tu peux me prêter quarante centimes ?
Kannst du mir vierzig Cent leihen?
▷ Le père de Lisa a quarante ans.
Lisas Vater ist vierzig Jahre alt. *ou* Lisas Vater ist vierzig.

vierzig

Quand on dit l'âge de quelqu'un, on dit ***ist vierzig Jahre alt****, ou on peut dire simplement le nombre :* ***ist vierzig****.*

quart

▷ Un quart de cinquante, ça fait combien ?
Wieviel ist ein Viertel von fünfzig?
▷ Ça me prendra un quart d'heure.
Dazu brauche ich eine Viertelstunde.
▷ Julie est revenue trois quarts d'heure plus tard.
Julie ist nach einer Dreiviertelstunde zurückgekommen.
▷ Il est cinq heures moins le quart.
Es ist Viertel vor fünf.

▷ On doit y être à deux heures et quart.
Wir müssen um Viertel nach zwei dort sein.

das **Viertel** (pluriel Viertel)

► **un quart d'heure :** eine Viertelstunde

► **trois quarts d'heure :** die Dreiviertelstunde

► **... moins le quart :** Viertel vor ...

ℹ *Notez que la position de l'heure est inversée en allemand.*

► **... et quart :** Viertel nach ...

ℹ *Notez que la position de l'heure est inversée en allemand.*

quartier

1 ▷ C'est un quartier très calme.
Es ist ein sehr ruhiges Viertel.

1 (= partie d'une ville) das **Viertel** (pluriel Viertel)

2 ▷ Tu veux un quartier de mon orange ?
Willst du ein Stück von meiner Orange?

2 (= morceau) das **Stück** (pluriel Stücke)

quatorze

▷ On doit répondre à quatorze questions.
Man muss vierzehn Fragen beantworten.
▷ Julien a quatorze ans.
Julien ist vierzehn Jahre alt. *ou* Julien ist vierzehn.

▷ Aujourd'hui, c'est le quatorze septembre.
Heute ist der vierzehnte September.
▷ La fête aura lieu le quatorze mai.
Die Party findet am vierzehnten Mai statt.

vierzehn

Quand on dit l'âge de quelqu'un, on dit ***ist vierzehn Jahre alt****, ou on peut dire simplement le nombre :* ***ist vierzehn****.*

Quand on dit la date, on emploie ***der vierzehnte****.*

Quand on dit que quelque chose a eu lieu ou aura lieu à cette date, on emploie ***am vierzehnten****.*

i *On écrit* ***der 14. Mai, am 14. September****.*

quatre

▷ J'ai quatre paires de tennis.
Ich habe vier Paar Sportschuhe.
▷ Le petit frère de Marc a quatre ans.
Marcs kleiner Bruder ist vier Jahre alt. *ou* Marcs kleiner Bruder ist vier.
▷ Aujourd'hui, c'est le quatre juin.
Heute ist der vierte Juni.
▷ Nous partons le quatre décembre.
Wir fahren am vierten Dezember.

vier

Quand on dit l'âge de quelqu'un, on dit ***ist vier Jahre alt****, ou on peut dire simplement le nombre :* ***ist vier****.*

Quand on dit la date, on emploie ***der vierte****.*

Quand on dit que quelque chose a eu lieu ou aura lieu à cette date, on emploie ***am vierten****.*

i *On écrit* ***der 4. Juni, am 4. Dezember****.*

quatre-vingt *ou* quatre-vingts

▷ Ça coûte quatre-vingts euros.
Das kostet achtzig Euro.
▷ C'était en dix-neuf cent quatre-vingt-deux.
Das war neunzehnhundertzweiundachtzig.
▷ Mon grand-père aura quatre-vingts ans.
Mein Großvater wird achtzig Jahre alt. *ou* Mein Großvater wird achtzig.

achtzig

Quand on dit l'âge de quelqu'un, on dit ***ist achtzig Jahre alt****, ou on peut dire simplement le nombre :* ***ist achtzig****.*

quatre-vingt-dix

▷ Ça coûte quatre-vingt-dix euros.
Es kostet neunzig Euro.

neunzig

▷ L'arrière-grand-mère de Sylvia a quatre-vingt-dix ans.
Sylvias Urgroßmutter ist neunzig Jahre alt. *ou* **Sylvias Urgroßmutter ist neunzig.**

Quand on dit l'âge de quelqu'un, on dit ***ist neunzig Jahre alt****, ou on peut dire simplement le nombre :* ***ist neunzig****.*

quatrième

1 ▷ C'est la quatrième fois que je t'appelle.
Das ist das vierte Mal, dass ich dich rufe.

1 (pour compter) **vierte**

2 ▷ Martin habite au quatrième.
Martin wohnt im vierten Stock.

2 (= quatrième étage) der **vierte Stock**

3 ▷ Je ferai du latin en quatrième.
In der achten Klasse mache ich Latein.

3 *La classe qui correspond à la* **quatrième** *en Allemagne est* ***die achte Klasse****. Selon le Land, le système scolaire compte douze ou treize années jusqu'à l'****Abitur****.*

que

1 ▷ Tu crois qu'elle viendra ?
Glaubst du, dass sie kommt?
▷ J'aimerais qu'il me téléphone.
Ich hätte gern, dass er mich anruft.

1 (introduit un complément, à l'indicatif ou au subjonctif) **dass**

2 ▷ C'est un garçon que je connais.
Das ist ein Junge, den ich kenne.
▷ La femme que tu vois là est la mère d'Andrea.
Die Frau, die du da siehst, ist Andreas Mutter.
▷ La robe que Sarah a choisie est rouge.
Das Kleid, das Sarah sich ausgewählt hat, ist rot.

2 *Le pronom relatif* **que** *est traduit par* ***den*** *(pour le masculin),* ***die*** *(pour le féminin et le pluriel),* ***das*** *(pour le neutre) selon le genre du sujet en allemand.*

3 ▷ Que tu es jolie !
Wie hübsch du bist!

3 (dans les exclamations) **wie**

4 ▷ Que s'est-il passé ?
Was ist passiert?

4 (interrogatif) **was**

Québec

▷ Le Québec est une province canadienne.
Quebec ist eine kanadische Provinz.

Quebec
► **le Québec : Quebec**

ℹ *Ne prend l'article neutre que précédé d'un adjectif :* ***das französischsprachige Quebec*** (le Québec francophone).

▷ Céline a passé deux mois au Québec chez son oncle.
Céline hat zwei Monate in Quebec bei ihrem Onkel verbracht.

► **au Québec** (= dans le pays) : **in Quebec**

▷ J'aimerais aller au Québec un jour.
Eines Tages würde ich gern nach Quebec reisen.

► **au Québec** (= vers le pays) : **nach Quebec**

▷ Est-ce que tu es déjà allé au Québec ?
Warst du schon in Quebec?

Attention : pour demander si quelqu'un **est déjà allé quelque part**, *on emploie une expression avec le prétérit du verbe* ***sein*** *+* ***schon***.

québécois, québécoise

1 ▷ Il travaille pour le gouvernement québécois.
Er arbeitet für die Regierung von Quebec.
▷ J'ai une amie québécoise.
Ich habe eine Freundin aus Quebec.

1 (= qui appartient au Québec) **von Quebec**
(= originaire du Québec) **aus Quebec**

2 ▷ Les Québécois parlent français.
Die Quebecer sprechen französisch.

2 (= personne) der **Quebecer** /ke'bɛkɐ/ (pluriel **Quebecer**), **die Quebecerin** (pluriel **Quebecerinnen**)

On écrit aussi avec l'accent : *der* ***Québecer***.

quel, quelle

1 ▷ Quel jour sommes-nous ?
Welcher Tag ist heute?
▷ Quelle couleur est-ce que tu préfères ?
Welche Farbe magst du am liebsten?
▷ Quelle serviette as-tu utilisée ?
Welches Handtuch hast du benutzt?

1 *Dans les questions,* **quel / quelle** *est traduit par* ***welcher*** *(pour le masculin),* ***welche*** *(pour le féminin et le pluriel),* ***welches*** *(pour le neutre), selon le mot auquel il se réfère.*

2 ▷ Quel imbécile !
So ein Dummkopf!
▷ Quelle belle maison !
So ein schönes Haus!
▷ Quels raseurs !
Solche Langweiler!

2 *Dans les exclamations,* **quel / quelle** *est traduit par* ***so ein*** *(pour le masculin et le neutre),* ***so eine*** *(pour le féminin),* ***solche*** *(pour le pluriel), selon le mot auquel il se réfère.*

quelque chose

▷ Viens ici, j'ai quelque chose à te dire.
Komm her, ich muss dir etwas sagen.
▷ Je cherche quelque chose de plus grand.
Ich suche etwas Größeres.

etwas

quelquefois

▷ Tu lui parles ? – Quelquefois.
Redest du mit ihm? – Manchmal.

manchmal

quelque part

1 ▷ Ces lunettes doivent bien être quelque part !
Diese Brille muss doch irgendwo sein!

1 (sans déplacement) **irgendwo**

2 ▷ Elle est allée quelque part, mais je ne sais pas où.
Sie ist irgendwohin gegangen, aber ich weiß nicht wohin.

2 (avec déplacement) **irgendwohin**

quelques

▷ On a eu quelques problèmes au début.
Am Anfang hatten wir einige Probleme.

einige

ℹ *On dit aussi* ***ein paar****.*

quelques-uns

▷ Il en reste quelques-uns.
Es sind noch einige da.

einige

quelqu'un

▷ Quelqu'un va venir pour réparer le toit.
Jemand kommt, um das Dach zu reparieren.
▷ C'est quelqu'un de patient.
Er ist jemand Geduldiges.
▷ Il y a quelqu'un de plus.
Da ist noch jemand.

jemand

ℹ *Notez que l'adjectif suivant* ***jemand*** *est substantivé et s'écrit avec une majuscule.*

► **quelqu'un de plus :** noch jemand

qu'est-ce que

▷ Qu'est-ce que tu veux ?
Was willst du?

was

qu'est-ce qui

▷ Qu'est-ce qui s'est passé ?
Was ist passiert?

was

question

▷ Il m'a posé une question gênante.
Er hat mir eine peinliche Frage gestellt.
▷ C'est une question d'argent.
Es ist eine Geldfrage.

(= demande, problème) die **Frage** (pluriel Fragen)

questionnaire

▷ Est-ce que tu as rempli le questionnaire ?
Hast du den Fragebogen ausgefüllt?

der **Fragebogen** (pluriel -bogen)

questionner

▷ Nous l'avons questionné sur le film.
Wir haben ihm zu dem Film Fragen gestellt.

► **questionner sur :** zu *+ datif +* Fragen stellen

queue

1 ▷ Le chien essaie de se mordre la queue.
Der Hund versucht, sich in den Schwanz zu beißen.

1 (d'un animal) der **Schwanz** (pluriel Schwänze)

2 ▷ Attention, la queue de la casserole est brûlante !
Vorsicht, der Topfstiel ist heiß!
▷ Tu peux laver les cerises sans enlever les queues.
Du kannst die Kirschen waschen, ohne die Stiele abzumachen.

2 (d'une poêle, d'une casserole, d'un fruit, d'une fleur) der **Stiel** (pluriel Stiele)

3 ▷ Il y a au moins cinquante personnes dans la queue.
Es stehen mindestens fünfzig Leute in der Schlange.
▷ Les gens font la queue depuis ce matin pour acheter des billets.
Die Leute stehen seit heute Morgen Schlange, um Eintrittskarten zu kaufen.

3 (= file d'attente) die **Schlange** (pluriel Schlangen)

► **faire la queue :** Schlange stehen (stand, gestanden)

4 ▷ Fred a une queue de cheval.
Fred trägt einen Pferdeschwanz.

4 ► **queue de cheval :** der Pferdeschwanz

qui

1 ▷ Qui a dit que c'était fini ?
Wer hat gesagt, es sei zu Ende?
▷ À qui est-ce qu'elle parle ?
Mit wem redet sie?
▷ Pour qui est cette bouteille de vin ?
Für wen ist diese Flasche Wein?

1 *Dans les phrases interrogatives, la traduction de* **qui** *est* ***wer****, décliné en fonction de sa préposition :* ***mit*** *+ datif,* ***für*** *+ accusatif,* ***zu*** *+ datif, etc.*

2 ▷ Les bonbons qui sont sur la table sont pour toi.
Die Bonbons, die auf dem Tisch liegen, sind für dich.
▷ Le garçon qui est assis à côté de Thomas est son cousin.
Der Junge, der neben Thomas sitzt, ist sein Cousin.
▷ Passe-moi le livre qui est sur la chaise.
Gib mir das Buch, das auf dem Stuhl liegt.

2 *Le pronom relatif* **qui** *est traduit par* ***der*** *(pour le masculin),* ***die*** *(pour le féminin et le pluriel),* ***das*** *(pour le neutre) selon le genre du sujet en allemand.*

quiche

▷ Ta quiche est très bonne !
Deine Quiche Lorraine schmeckt sehr gut!

die **Quiche Lorraine**

Se prononce comme en français.

ℹ *Notez l'emploi des majuscules en allemand.*

quincaillerie

▷ Tu pourrais m'acheter des clous à la quincaillerie ?
Könntest du mir im Haushaltswarengeschäft Nägel kaufen?

(= magasin) das **Haushalts-warengeschäft** (pluriel -geschäfte)

quinzaine

1 ▷ Je dois acheter une quinzaine de livres.
Ich muss etwa fünfzehn Bücher kaufen.

1 (de personnes, d'objets) **etwa** (*ou* **ungefähr**) **fünfzehn**

2 ▷ Il est parti il y a une quinzaine de jours.
Er ist vor vierzehn Tagen gegangen.

2 ► **une quinzaine de jours :** vierzehn Tage

ℹ *On dit aussi* ***zwei Wochen*** (deux semaines).

quinze

▷ Il y a quinze joueurs dans une équipe de rugby.
In einer Rugbymannschaft spielen fünfzehn Spieler.
▷ J'ai quinze ans.
Ich bin fünfzehn Jahre alt. *ou* **Ich bin fünfzehn.**

▷ Aujourd'hui, c'est le quinze septembre.
Heute ist der fünfzehnte September.
▷ Nous partons le quinze février.
Wir fahren am fünfzehnten Februar.

fünfzehn

Quand on dit l'âge de quelqu'un, on dit ***ist fünfzehn Jahre alt****, ou on peut dire simplement le nombre :* ***ist fünfzehn****.*
Quand on dit la date, on emploie ***der fünfzehnte****.*
Quand on dit que quelque chose a eu lieu ou aura lieu à cette date, on emploie ***am fünfzehnten****.*

ℹ *On écrit* ***der 15. September, am 15. Februar****.*

quitter

▷ Monsieur Marchand a quitté sa femme.
Herr Marchand hat seine Frau verlassen.

verlassen (verlässt, verließ, verlassen)

ℹ *Les verbes commençant par le préfixe* ***ver-*** *ne prennent pas* ***ge-*** *au participe passé.*

quiz

▷ Il a gagné beaucoup d'argent à un quiz télévisé.
Er hat bei einer Quizsendung viel Geld gewonnen.

das **Quiz**

quoi

1 ▷ Quoi ? Qu'est-ce que tu as dit ?
Was? Was hast du gesagt?
▷ Je ne sais pas quoi lui offrir.
Ich weiß nicht, was ich ihm schenken soll.

1 (pour poser une question directe ou indirecte sans préposition) **was**

2 ▷ Quoi que tu dises, je la trouve sympa.
Ganz gleich, was du sagst, ich finde sie nett.

2 ► **quoi que ... :** **ganz gleich, was ...**

3 ▷ Merci ! – Il n'y a pas de quoi !
Danke! – Keine Ursache!

3 ► **il n'y a pas de quoi** (en réponse à un remerciement) **:** **keine Ursache**

quoique

▷ Elle est très généreuse quoiqu'elle n'ait pas beaucoup d'argent.
Sie ist sehr großzügig, obwohl sie nicht viel Geld hat.

obwohl

quotidien, quotidienne

1 ▷ Cela fait partie des tâches quotidiennes.
Das gehört zu den täglichen Aufgaben.

1 **täglich**

2 ▷ Tous les quotidiens en parlent.
Es stand in allen Tageszeitungen.

2 ► **un quotidien** (= journal) **:** **eine Tageszeitung** (pluriel **-zeitungen**)

Rr

rabais

▷ Il nous a fait un rabais de dix pour cent.
Er hat uns zehn Prozent Rabatt gegeben.

der **Rabatt** (pluriel **Rabatte**)
► **faire un rabais à** quelqu'un : jemandem (datif) **einen Rabatt geben** (**gibt**, **gab**, **gegeben**)

rabat-joie

▷ Quel rabat-joie !
So ein Spielverderber!

der **Spielverderber** (pluriel **-verderber**), die **Spielverderberin** (pluriel **-verderberinnen**)

raccompagner

▷ Si tu veux, je te raccompagne.
Wenn du willst, bringe ich dich zurück.

► **raccompagner** quelqu'un : jemanden (accusatif) **zurückbringen**

i *zurück•bringen est un verbe à particule séparable et se conjugue comme bringen* (**brachte**, **gebracht**).

▷ Le père de Charlotte nous a raccompagnés en voiture.
Charlottes Vater fuhr uns zurück.

► **raccompagner** quelqu'un **en voiture :** jemanden **zurückfahren**

i *zurück•fahren est un verbe à particule séparable et se conjugue comme fahren* (**fährt**, **fuhr**, **gefahren**).

raccourci

▷ Je connais un raccourci.
Ich kenne eine Abkürzung.

(= chemin plus court) die **Abkürzung** (pluriel **Abkürzungen**)

raccourcir

1 ▷ Cette jupe est trop longue, ma mère va la raccourcir.
Dieser Rock ist zu lang, meine Mutter wird ihn kürzen.

1 (= rendre plus court, couper) **kürzen**

2 ▷ Les jours raccourcissent.
Die Tage werden kürzer.

2 (= devenir plus court) **kürzer werden** (wird, wurde, geworden)
ℹ *kürzer est le comparatif de kurz.*

raccrocher

1 ▷ Ne raccroche pas !
Leg nicht auf!

1 (au téléphone) **auflegen**
ℹ *auf•legen est un verbe à particule séparable.*

2 ▷ Le petit garçon se raccrochait à son père.
Der kleine Junge klammerte sich an seinen Vater.

▷ Raccroche-toi à la corde.
Klammer dich an das Seil.

2 ► **se raccrocher à** quelqu'un *ou* quelque chose : sich an etwas *ou* jemanden (accusatif) **klammern**
ℹ *Le pronom personnel allemand s'emploie à l'accusatif : ich klammere mich, du klammerst dich, er / sie klammert sich, wir klammern uns, ihr klammert euch, sie klammern sich.*

race

▷ De quelle race est ton chien ?
Zu welcher Rasse gehört dein Hund?

die **Rasse** (pluriel Rassen)

racine

▷ Au jardin botanique, j'ai vu un chêne avec des racines immenses.
Im botanischen Garten habe ich eine Eiche mit riesigen Wurzeln gesehen.

die **Wurzel** (pluriel Wurzeln)

▷ La racine carrée de 16 est 4.
Die Quadratwurzel aus 16 ist 4.

▷ La racine cubique de 125 est 5.
Die Kubikwurzel aus 125 ist 5.

► **racine carrée :** die **Quadratwurzel**
► **racine cubique :** die **Kubikwurzel**
ℹ *Notez la préposition en allemand :* la racine de = *die Wurzel aus.*

racisme

▷ Nous avons étudié un article sur le racisme en France.
Wir haben einen Artikel über Rassismus in Frankreich studiert.

der **Rassismus**

raciste

1 ▷ Charles a fait une remarque raciste.
Charles hat eine rassistische Bemerkung gemacht.

1 (adjectif) **rassistisch**

2 ▷ Je ne lui parle pas, c'est un raciste !
Mit ihm spreche ich nicht, er ist ein Rassist!

2 (= personne) der **Rassist** (pluriel Rassisten), die **Rassistin** (pluriel Rassistinnen)

racler

1 ▷ Ne racle pas la poêle, tu vas l'abîmer.
Scheuer die Pfanne nicht so, du wirst sie kaputtmachen.

1 (pour nettoyer) **scheuern**

2 ▷ Sa soupe était si bonne que j'ai raclé la casserole.
Ihre Suppe war so gut, dass ich den Topf ausgekratzt habe.

2 (pour récupérer des restes) **auskratzen**

ℹ ***aus•kratzen*** *est un verbe à particule séparable.*

raconter

1 ▷ Mon père raconte très bien les histoires.
Mein Vater erzählt sehr gut Geschichten.

1 (= narrer) **erzählen**

ℹ *Les verbes commençant par le préfixe* ***er-*** *ne prennent pas* ***ge-*** *au participe passé.*

2 ▷ Raconte-nous ton voyage !
Erzähl uns von deiner Reise!

2 (= décrire) **von ... erzählen**

radeau

▷ Ils ont dérivé sur un radeau pendant trois jours.
Sie sind drei Tage lang auf einem Floß abgetrieben.

das **Floß** (pluriel **Flöße**)

radiateur

▷ Tu peux éteindre le radiateur, s'il te plaît ?
Kannst du bitte die Heizung ausschalten?

die **Heizung** (pluriel **Heizungen**)

radical, radicale

▷ Ils ont pris des mesures radicales.
Sie haben radikale Maßnahmen getroffen.

(changement, mesures) **radikal**

radin, radine

1 ▷ Elle est radine, elle achète toujours des cadeaux bon marché.
Sie ist geizig, sie kauft immer ganz billige Geschenke.

1 (adjectif) **geizig**

2 ▷ Ton cousin est un vrai radin !
Dein Cousin ist ein echter Geizkragen!

2 (= personne) der **Geizkragen**

ℹ *Le mot français et ses traductions allemandes sont familiers.*

radio

1 ▷ Ma radio est cassée.
Mein Radio ist kaputt.
▷ Élise l'a entendu à la radio.
Élise hat es im Radio gehört.

1 (= appareil) das **Radio** (pluriel **Radios**)
► **à la radio :** im **Radio**

2 ▷ Quelle radio est-ce que tu écoutes ?
Welchen Sender hörst du?

2 (= station) der **Sender** (pluriel **Sender**)

3 ▷ On voit bien l'os cassé sur la radio.
Auf der Röntgenaufnahme sieht man den gebrochenen Knochen gut.

3 (= examen médical) die **Röntgenaufnahme** (pluriel -aufnahmen)

ℹ *On dit aussi das* ***Röntgenbild*** (pluriel -bilder)

▷ Rachid a dû passer une radio pour son dos.
Rachid musste wegen seinem Rücken geröntgt werden.

► **passer une radio :** geröntgt werden (wird, wurde, worden)

radio-réveil

▷ Il y avait un radio-réveil dans la chambre d'hôtel.
Im Hotelzimmer gab es einen Radiowecker.

der **Radiowecker** (pluriel -wecker)

radis

▷ J'aime les radis avec du sel et du beurre.
Ich mag Radieschen mit Salz und Butter.

das **Radieschen** /ra'di:sçən/ (pluriel Radieschen)

🔈 *Notez la prononciation.*

rafale

▷ Le vent soufflait en rafales.
Der Wind blies in Böen.

(de vent) die **Bö** (pluriel Böen)

raffiné, raffinée

▷ Jean est quelqu'un de très raffiné.
Jean ist ein sehr vornehmer Mensch.

(personne) **vornehm**

raffoler

▷ Le chocolat, j'en raffole !
Ich liebe Schokolade über alles!

► **raffoler de** quelque chose **:** etwas über alles lieben

rafraîchir

1 ▷ Mets la limonade au frigo pour la rafraîchir.
Stell die Limonade in den Kühlschrank, um sie zu kühlen.

1 ► **rafraîchir** quelque chose **:** etwas kühlen

2 ▷ Cette douche m'a rafraîchi.
Die Dusche hat mich erfrischt.

2 ► **rafraîchir** quelqu'un **:** jemanden (accusatif) **erfrischen**

ℹ *Les verbes commençant par le préfixe* ***er-*** *ne prennent pas* ***ge-*** *au participe passé.*

3 ▷ Je vais me rafraîchir avant le dîner.
Ich werde mich vor dem Abendessen frisch machen.

3 ► se **rafraîchir** (= se laver) **:** sich frisch machen

4 ▷ Ça se rafraîchit, on devrait rentrer.
Es wird kühl, wir sollten hineingehen.

4 ► se **rafraîchir** (en parlant du temps) **:** kühl werden

rafraîchissement

▷ Voulez-vous un rafraîchissement ?
Möchtet ihr (*ou* möchten Sie) eine Erfrischung?

(= boisson) die **Erfrischung** (pluriel Erfrischungen)

rafting

▷ J'ai fait du rafting en Ardèche.
Ich habe in der Ardèche Rafting gemacht.

das Rafting
► **faire du rafting :** Rafting machen

rage

1 ▷ Rémi était en rage.
Rémi war wütend.

1 (= fureur) die Wut
► **être en rage, avoir la rage :** wütend sein

2 ▷ Le renard avait la rage.
Der Fuch hatte Tollwut.

2 (= maladie) die Tollwut

3 ▷ J'ai une rage de dents.
Ich habe Zahnschmerzen.

3 ► **rage de dents :** Zahnschmerzen
ℹ *Ce mot est un pluriel.*

ragots

▷ N'écoute pas ces ragots.
Hör nicht auf den Tratsch.

der Tratsch /traːtʃ/
ℹ *Ce mot ne s'emploie qu'au singulier.*

ragoût

▷ Madame Miles a fait un bon ragoût d'agneau.
Frau Miles hat ein gutes Lammragout gekocht.

das Ragout (pluriel Ragouts)
🔈 *Se prononce comme en français. Le* s *du pluriel se prononce en allemand.*

raide

1 ▷ Je suis un peu raide, il faudrait que je fasse du sport.
Ich bin etwas steif, ich müsste Sport treiben.

1 (= pas souple, en parlant d'une personne) steif

2 ▷ J'aimerais bien avoir les cheveux raides.
Ich hätte gern glatte Haare.

2 (en parlant des cheveux) glatt (**plus raide** glatter, glätter ; **le plus raide** der glatteste, der glätteste)

3 ▷ Je n'ai jamais vu une pente aussi raide !
Ich habe noch nie einen so steilen Abhang gesehen!

3 (= très incliné) steil

raie

1 ▷ Nadia portait un pull vert avec des raies rouges.
Nadia trug einen grünen Pullover mit roten Streifen.

1 (= rayure) der Streifen (pluriel Streifen)

2 ▷ Tu me préfères avec une raie sur le côté ou avec une raie au milieu ?
Magst du mich lieber mit einem Seitenscheitel oder mit einem Mittelscheitel?

2 (dans les cheveux) der Scheitel
► **raie sur le côté** *ou* **raie de côté :** der Seitenscheitel
► **raie au milieu : :** der Mittelscheitel

rail

▷ C'est dangereux de marcher sur les rails.
Es ist gefährlich, auf den Schienen zu laufen.

die **Schiene** (pluriel Schienen)

raisin

1 ▷ Tu préfères du raisin blanc ou du raisin noir ?
Magst du lieber weiße oder blaue Weintrauben?

1 (= fruit) die **Weintraube** (pluriel -trauben)

2 ▷ Il y a trop de raisins secs dans ce gâteau.
In diesem Kuchen sind zu viele Rosinen.

2 ► **raisin sec :** die Rosine (pluriel Rosinen)

raison

1 ▷ Il n'y a pas de raison de le leur dire.
Es gibt keinen Grund, es ihnen zu sagen.

1 (= motif) der **Grund** (pluriel Gründe)

2 ▷ Cette fois, tu as raison.
Diesmal hast du Recht!

2 ► **avoir raison :** Recht haben

raisonnable

1 ▷ Henri n'est pas très raisonnable pour son âge.
Henri ist nicht sehr vernünftig für sein Alter.

1 (= qui a du bon sens) **vernünftig**

2 ▷ Il a un salaire raisonnable.
Er hat ein angemessenes Gehalt.

2 (= acceptable) **angemessen**

raisonnement

▷ Je ne comprends pas ton raisonnement.
Ich verstehe deine Gedankenführung nicht.

(= arguments) die **Gedankenführung**

rajouter

▷ Rajoute un peu de sel.
Gib noch etwas Salz hinzu.

hinzugeben

ℹ *hinzu•geben est un verbe à particule séparable et se conjugue comme* **geben** (gibt, gab, gegeben).

ralenti

▷ La balle est filmée au ralenti.
Die Kugel ist in Zeitlupe gefilmt.

die **Zeitlupe**

ℹ *Notez la préposition en allemand :* au ralenti = *in Zeitlupe*.

ralentir

1 ▷ La voiture n'a pas ralenti.
Das Auto hat nicht gebremst.

1 (en parlant d'une voiture) **bremsen**

2 ▷ Ralentis, tu vas trop vite pour moi !
Geh langsamer, du bist zu schnell für mich!

2 *Pour dire que quelqu'un* **ralentit** *dans une action, on emploie* **langsamer** *avec le verbe qui correspond.*

râler

▷ Pourquoi tu râles tout le temps ?
Warum meckerst du die ganze Zeit?

(= ronchonner) **meckern**

rallonger

1 ▷ On a rallongé nos vacances de trois jours.
Wir haben unseren Urlaub um drei Tage verlängert.

1 (en parlant d'une durée) **verlängern**

ℹ *Les verbes commençant par le préfixe* ***ver-*** *ne prennent pas* ***ge-*** *au participe passé.*

2 ▷ Ma mère a rallongé ma jupe.
Meine Mutter hat meinen Rock länger gemacht.

2 (en parlant d'un vêtement) **länger machen**

ℹ ***länger*** *est le comparatif de* ***lang****.*

rallumer

▷ J'ai froid, est-ce que je peux rallumer le chauffage ?
Mir ist kalt, kann ich die Heizung wieder anmachen?

► **rallumer** quelque chose **:** etwas **wieder anmachen**

ramasser

1 ▷ Est-ce que tu pourrais ramasser ma gomme ? Elle est sous ta table.
Kannst du bitte mein Radiergummi aufheben? Es liegt unter deinem Tisch.

1 (= prendre quelque chose qui est tombé) **aufheben**

ℹ ***auf•heben*** *est un verbe à particule séparable et se conjugue comme* ***heben*** (hob, gehoben).

2 ▷ Le prof va ramasser les copies.
Der Lehrer sammelt gleich die Arbeiten ein.

2 (= rassembler, en parlant des copies) **einsammeln**

ℹ ***ein•sammeln*** *est un verbe à particule séparable.*

3 ▷ Nous avons ramassé des champignons dans la forêt.
Wir haben im Wald Pilze gesammelt.

3 (= cueillir) **sammeln**

rame

1 ▷ Paul a laissé tomber la rame dans l'eau.
Paul hat das Ruder ins Wasser fallen lassen.

1 (= aviron) das **Ruder** (pluriel Ruder)

2 ▷ La rame de métro est passée sans s'arrêter.
Der U-Bahnzug fuhr vorbei, ohne anzuhalten.

2 ► **rame de métro :** der **U-Bahnzug** (pluriel –züge)

ramener

1 ▷ Sébastien a ramené un copain pour dîner.
Sébastien hat einen Freund zum Abendessen mitgebracht.

1 (= amener avec soi) **mitbringen**

ℹ ***mit•bringen*** *est un verbe à particule séparable et se conjugue comme* ***bringen*** (brachte, gebracht).

2 ▷ La mère de Luc nous a ramenés à l'école.
Lucs Mutter hat uns zur Schule zurückgebracht.

2 (= raccompagner) **zurückbringen**

ℹ ***zurück•bringen*** *est un verbe à particule séparable et se conjugue comme* ***bringen****.*

ramer

▷ Nous avons ramé pendant trois heures.
Wir haben drei Stunden lang gerudert.

rudern
ℹ *Le verbe intransitif allemand s'emploie avec les auxiliaires **haben** ou **sein** au participe passé.*

se ramollir

▷ Laisse le beurre se ramollir.
Lass die Butter weich werden.

(en parlant d'un aliment, de la cire) **weich werden** (wird, wurde, geworden)

rampe

1 ▷ Tiens bien la rampe, les marches sont glissantes.
Halt dich gut am Geländer fest, die Stufen sind glatt.

1 (= main courante d'un escalier) das **Geländer** (pluriel Geländer)

2 ▷ Ce cinéma a une rampe d'accès pour les personnes en fauteuil roulant.
Dieses Kino hat eine Rampe für Personen im Rollstuhl.

2 (= plan incliné) die **Rampe** (pluriel Rampen)

ramper

▷ J'ai rampé sous le lit pour me cacher.
Ich bin unter das Bett gekrochen, um mich zu verstecken.

(= avancer sur le ventre) **kriechen** (kroch, gekrochen)

rançon

▷ Les ravisseurs réclament une rançon.
Die Entführer fordern Lösegeld.

das **Lösegeld** (pluriel -gelder)

rancune

1 ▷ Elle lui en a longtemps gardé rancune.
Sie hat es ihm lange nachgetragen.

1 ► **garder rancune à** quelqu'un **:** jemandem (datif) etwas **nachtragen**
ℹ ***nach•tragen** est un verbe à particule séparable et se conjugue comme **tragen** (trägt, trug, getragen).*

▷ Allez, sans rancune !
Also, nichts für ungut!

2 ► **sans rancune ! :** Nichts für ungut!

randonnée

1 ▷ La randonnée est un loisir très chouette.
Wandern ist eine tolle Freizeitbeschäftigung.

1 ► **la randonnée** (= l'activité) : das **Wandern**

2 ▷ Hier nous avons fait une longue randonnée.
Gestern haben wir eine lange Wanderung gemacht.

2 (= excursion) die **Wanderung** (pluriel Wanderungen)

3 ▷ Rose fait de la randonnée dans un club.
Rose wandert in einem Klub.

3 ► **faire de la randonnée :** **wandern**

randonneur, randonneuse

▷ J'ai croisé plusieurs randonneurs.
Ich bin mehreren Wanderern begegnet.

der **Wanderer** (pluriel **Wanderer**), die **Wanderin** (pluriel **Wanderinnen**)

rang

▷ On a des places au premier rang.
Wir haben Sitzplätze in der ersten Reihe.
▷ Mettez-vous en rang.
Stellt euch in einer Reihe auf.

(= rangée) die **Reihe** (pluriel **Reihen**)

► se **mettre en rang** : sich **in einer Reihe aufstellen**

ℹ *auf•stellen est un verbe à particule séparable.*

rangé, rangée

▷ Ma chambre est bien rangée.
Mein Zimmer ist ordentlich.
▷ Son bureau n'est pas bien rangé.
Sein Büro ist unordentlich.

(= ordonné) **ordentlich**

ℹ *On dit aussi* ***aufgeräumt****.*

ℹ *Le contraire de* ***ordentlich*** *est* ***unordentlich****.*

rangée

▷ Il y avait au moins dix rangées de CD.
Da standen mindestens zehn Reihen CDs.

die **Reihe** (pluriel **Reihen**)

rangement

1 ▷ J'ai fait du rangement dans ma chambre.
Ich habe mein Zimmer aufgeräumt.

1 ► **faire du rangement** (= mettre de l'ordre dans une pièce) : **aufräumen**

ℹ *auf•räumen est un verbe à particule séparable.*

2 ▷ J'ai fait du rangement dans les factures.
Ich habe die Rechnungen in Ordnung gebracht.

2 ► **faire du rangement** (= mettre de l'ordre dans des papiers) : **in Ordnung bringen** (brachte, gebracht)

ranger

1 ▷ Tu ranges mes affaires et je ne retrouve rien !
Du räumst meine Sachen weg und ich finde nichts mehr!

1 (= mettre à sa place) **wegräumen**

ℹ *weg•räumen est un verbe à particule séparable.*

2 ▷ Je dois ranger avant de sortir.
Bevor ich ausgehe, muss ich aufräumen.

2 (= mettre de l'ordre dans une pièce) **aufräumen**

rap

▷ Je n'écoute que du rap.
Ich höre nur Rap.

Rap /rɛp, ræp/

râpé, râpée

▷ Il te faut deux cents grammes de fromage râpé.
Du brauchst zweihundert Gramm geriebenen Käse.

(= coupé très fin) **gerieben**

râper

▷ Est-ce que tu pourrais râper le fromage ?
Könntest du den Käse reiben?

(= couper très fin) **reiben** (rieb, gerieben)

rapide

▷ Nous avons pris un repas rapide avant de partir.
Wir haben eine schnelle Mahlzeit eingenommen, bevor wir gingen.
▷ C'est le coureur le plus rapide de l'école.
Er ist der schnellste Läufer der Schule.

schnell

rapidement

▷ Les pompiers sont arrivés rapidement.
Die Feuerwehr kam schnell an.

schnell

rapidité

▷ La rapidité de sa réaction m'a étonné.
Die Schnelligkeit seiner (*ou* ihrer) Reaktion hat mich überrascht.

die **Schnelligkeit**

rappeler

1 ▷ Il n'est pas là ? Dommage, je rappellerai.
Er ist nicht da? Schade, ich rufe noch einmal an.

1 (quand celui qui a appelé rappelle) **noch einmal anrufen**

ℹ *an•rufen est un verbe à particule séparable et se conjugue comme rufen (rief, gerufen).*

2 ▷ Dis-lui de me rappeler ce soir.
Sag ihm, er soll mich heute Abend zurückrufen.

2 (quand celui qui a été appelé rappelle) **zurückrufen**

3 ▷ Rappelle-moi d'acheter du pain.
Erinnere mich daran, Brot zu kaufen.

3 ► **rappeler à** quelqu'un **de faire** quelque chose **:** jemanden (accusatif) **daran erinnern,** etwas **zu tun**

ℹ *Les verbes commençant par le préfixe er- ne prennent pas ge- au participe passé.*

▷ Ça me rappelle mes vacances en Espagne.
Das erinnert mich an meine Ferien in Spanien.

► **rappeler** quelque chose **à** quelqu'un **:** jemanden **an** etwas **erinnern**

▷ Je ne me rappelle plus son nom.
Ich erinnere mich nicht mehr an seinen Namen.

► se **rappeler** quelque chose **:** sich **an** etwas **erinnern**

ℹ *Le pronom personnel allemand s'emploie à l'accusatif : ich erinnere mich, du erinnerst dich, er / sie erinnert sich, wir erinnern uns, ihr erinnert euch, sie erinnern sich.*

rappeur, rappeuse

▷ MC Solaar est un célèbre rappeur.
MC Solaar ist ein berühmter Rapper.

der **Rapper** /'ræpɐ/ (pluriel Rapper), die **Rapperin** (pluriel Rapperinnen)

rapport

1 ▷ Il n'y a aucun rapport entre les deux.
Es besteht kein Zusammenhang zwischen den beiden.

1 (= lien) der **Zusammenhang** (pluriel –hänge)

2 ▷ Andrea et Sabine ont de bons rapports avec leur mère.
Andrea und Sabine haben eine gute Beziehung zu ihrer Mutter.

2 (= relation) die **Beziehung** (pluriel Beziehungen)
ℹ *Notez la préposition en allemand :* **rapport avec** = ***Beziehung zu***.
ℹ *Lorsque les rapports sont personnels, ce mot s'emploie au singulier.*

3 ▷ Il est important de se protéger quand on a des rapports sexuels.
Es ist wichtig, sich zu schützen, wenn man Geschlechtsverkehr hat.

3 ► **avoir des rapports sexuels :** Geschlechtsverkehr haben (hat, hatte, gehabt)

4 ▷ Susie est grande par rapport à sa sœur.
Im Vergleich zu ihrer Schwester ist Susie groß.

4 ► **par rapport à** (= comparé à) : im Vergleich zu + *datif*

rapporter

1 ▷ Mes parents ont rapporté des souvenirs de Grèce.
Meine Eltern haben Andenken aus Griechenland mitgebracht.

1 (= apporter avec soi) **mitbringen**
ℹ ***mit•bringen*** *est un verbe à particule séparable et se conjugue comme* ***bringen*** (brachte, gebracht).

2 ▷ Rapporte cette jupe au magasin, elle a un défaut.
Bring diesen Rock ins Geschäft zurück, er hat einen Fehler.

2 (= rendre) **zurückbringen**

3 ▷ Ce n'est pas bien de rapporter.
Es ist nicht recht zu petzen.

3 (= dénoncer quelqu'un) **petzen**

rapprocher

1 ▷ Rapproche ton fauteuil de la lampe.
Rück deinen Sessel näher an die Lampe.
▷ Rapproche-toi encore un peu.
Komm noch ein bisschen näher.

1 *Pour dire qu'on* **rapproche** *quelque chose en allemand, on emploie* ***näher*** **(plus près)** *avec le verbe qui convient :* ***näher rücken*** **(pousser plus près)**, ***näher kommen*** **(venir plus près)**.

2 ▷ Le bateau se rapprochait lentement de la côte.
Das Schiff näherte sich langsam der Küste.

2 ► se **rapprocher de** quelque chose **:** sich etwas (datif) **nähern**

raquette

▷ J'ai besoin d'une nouvelle raquette de tennis.
Ich brauche einen neuen Tennisschläger.

der **Schläger** (pluriel **Schläger**)

rare

▷ Mathilde collectionne les timbres rares.
Mathilde sammelt seltene Briefmarken.

selten

rarement

▷ Nous allons rarement au cinéma.
Wir gehen selten ins Kino.

selten

se raser

▷ Mathieu se rase tous les jours.
Mathieu rasiert sich jeden Tag.

sich **rasieren**

ℹ *Le pronom personnel allemand s'emploie à l'accusatif :* ***ich rasiere mich, du rasierst dich, er rasiert sich, wir rasieren uns, ihr rasiert euch, sie rasieren sich.***

▷ Elle est folle, elle veut se raser la tête !
Sie ist verrückt, sie will sich glattrasieren!

► se **raser la tête :** sich **glattrasieren**

rasoir

1 ▷ J'ai dû prêter mon rasoir à Thomas.
Ich musste Thomas meinen Rasierapparat leihen.

1 (pour se raser) der **Rasierapparat** (pluriel **-apparate**)

ℹ *La traduction allemande est la même pour les rasoirs électriques et les rasoirs mécaniques.*

2 ▷ Qu'est-ce qu'il est rasoir !
Er ist ja so langweilig!

2 (= ennuyeux) **langweilig**

rassembler

1 ▷ Laisse-moi rassembler mes affaires.
Lass mich mein Zeug einsammeln.

1 (des choses éparses) **einsammeln**

▷ Tous les élèves se sont rassemblés dans la cour.
Alle Schüler haben sich im Schulhof versammelt.

2 ► se **rassembler :** sich **versammeln**

ℹ *Les verbes commençant par le préfixe* ***ver-*** *ne prennent pas* ***ge-*** *au participe passé.*

se rasseoir

▷ Le proviseur nous a dit de nous rasseoir.
Der Schulleiter hat uns gebeten, uns wieder zu setzen.

sich **wieder setzen**

ℹ *Le pronom personnel allemand s'emploie à l'accusatif :* ***ich setze mich wieder, du setzt dich wieder, er / sie setzt sich wieder, wir setzen uns wieder, ihr setzt euch wieder, sie setzen sich wieder.***

rassis, rassise

▷ On peut faire un gâteau avec le pain rassis.
Mit altbackenem Brot kann man Kuchen backen.

(pain, gâteau) **altbacken**

rassurer

1 ▷ J'ai essayé de rassurer Charlotte.
Ich habe versucht, Charlotte zu beruhigen.

1 **beruhigen**
ℹ *Les verbes commençant par le préfixe* ***be-*** *ne prennent pas* ***ge-*** *au participe passé.*

2 ▷ Rassure-toi, je rentrerai tôt.
Mach dir keine Sorgen, ich komme früh nach Hause.

2 *Pour dire à quelqu'un de ne pas s'inquiéter, on dit* ***mach dir*** *(ou* ***macht euch*** *ou* ***machen Sie sich****)* ***keine Sorgen****.*

rat

▷ J'ai vu un énorme rat noir !
Ich habe eine riesige schwarze Ratte gesehen!

die **Ratte** (pluriel Ratten)

râteau

▷ Alex s'est blessé avec le râteau.
Alex hat sich mit der Harke wehgetan.

Dans le nord de l'Allemagne, **râteau** *se traduit par die* ***Harke*** (pluriel Harken). *Dans le sud de l'Allemagne, on dit der* ***Rechen*** (pluriel Rechen).

rater

1 ▷ Dépêche-toi, on va rater le train !
Beeil dich, wir werden den Zug verpassen!

1 (= manquer) **verpassen**
ℹ *Les verbes commençant par le préfixe* ***ver-*** *ne prennent pas* ***ge-*** *au participe passé.*

2 ▷ Mon père a raté le gâteau.
Meinem Vater ist der Kuchen misslungen.

2 *Pour dire que* quelqu'un **fait mal** quelque chose, *on traduit par jemandem (datif)* ***misslingen*** (misslang, misslungen).

3 ▷ Maya a raté son permis de conduire.
Maya ist bei ihrer Fahrprüfung durchgefallen.

3 (en parlant d'un examen) **bei... durchfallen**
ℹ ***durch•fallen*** *est un verbe à particule séparable et se conjugue comme* ***fallen*** (fällt, fiel, gefallen).

rattrapage

▷ J'ai des cours de rattrapage en allemand le mardi.
Dienstags habe ich Nachhilfeunterricht in Deutsch.

► **cours de rattrapage :** der Nachhilfeunterricht
ℹ *Ce mot s'emploie uniquement au singulier.*

rattraper

1 ▷ Heureusement que j'ai rattrapé le vase !
Zum Glück habe ich die Vase aufgefangen!

1 (= saisir quelque chose qui tombe) **auffangen**
ℹ ***auf•fangen*** *est un verbe à particule séparable et se conjugue comme* ***fangen*** (fängt, fing, gefangen).

2 ▷ Je pars et vous me rattraperez.
Ich gehe und ihr holt mich ein.

2 ► **rattraper** quelqu'un (= le rejoindre) : jemanden (accusatif) einholen

ℹ *ein•holen est un verbe à particule séparable.*

3 ▷ Hubert rattrape son retard en maths.
Hubert holt seinen Rückstand in Mathe wieder auf.

3 ► **rattraper son retard** (dans une matière) : seinen Rückstand aufholen

ℹ *auf•holen est un verbe à particule séparable.*

rature

▷ Tu ne peux pas rendre ta copie comme ça, elle est pleine de ratures.
Du kannst deine Aufgabe so nicht zurückgeben, sie ist voller Streichungen.

die Streichung (pluriel Streichungen)

ravissant, ravissante

▷ Tu es ravissante dans cette robe.
Du siehst hinreißend aus in diesem Kleid.

hinreißend

rayé, rayée

1 ▷ C'est le garçon avec la cravate rayée.
Es ist der Junge mit der gestreiften Krawatte.

1 (= avec des bandes) gestreift

2 ▷ Mes lunettes sont rayées.
Meine Brille ist zerkratzt.

2 (= éraflé) zerkratzt

rayon

1 ▷ Enfin un rayon de soleil !
Endlich ein Sonnenstrahl!

▷ Il faut se protéger des rayons X.
Man muss sich vor Röntgenstrahlen schützen.

1 (= lumière) der Strahl (pluriel Strahlen)
► **rayon de soleil** : der Sonnenstrahl
► **rayons X** : die Röntgenstrahlen

2 ▷ Le vendeur nous a envoyés au rayon vidéo.
Der Verkäufer hat uns in die Videoabteilung geschickt.

2 (= partie d'un magasin) die Abteilung (pluriel Abteilungen)

rayure

1 ▷ J'aime bien ton pull, il a des rayures fines.
Ich mag deinen Pullover, er hat dünne Streifen.
▷ Où est mon T-shirt à rayures ?
Wo ist mein gestreiftes T-Shirt?

1 (= bande) der Streifen (pluriel Streifen)
► **à rayures** : gestreift

2 ▷ Il y a une grande rayure sur la portière.
Die Autotür hat einen großen Kratzer.

2 (= éraflure) der Kratzer (pluriel Kratzer)

réaction

▷ Je n'ai pas compris sa réaction.
Ich habe seine Reaktion nicht verstanden.

die **Reaktion** (pluriel **Reaktionen**)

réagir

▷ Elle a très bien réagi.
Sie hat sehr gut reagiert.

reagieren
ℹ *Les verbes se terminant en* ***-ieren*** *ne prennent pas* ***ge-*** *au participe passé.*

réaliser

1 ▷ Tout d'un coup j'ai réalisé qu'il était cinq heures.
Plötzlich habe ich begriffen, dass es schon fünf Uhr war.

1 (= se rendre compte) **begreifen** (begriff, begriffen)
ℹ *Les verbes commençant par le préfixe* ***be-*** *ne prennent pas* ***ge-*** *au participe passé.*

2 ▷ Qui a réalisé ce film ?
Wer hat diesen Film gemacht ?

2 (= faire) **machen**

3 ▷ Il faut essayer de réaliser ses rêves.
Man muss versuchen, seine Träume zu verwirklichen.
▷ Son projet s'est réalisé.
Sein Projekt hat sich verwirklicht.

3 (= concrétiser) **verwirklichen**

► **se réaliser :** sich verwirklichen
ℹ *Les verbes commençant par le préfixe* ***ver-*** *ne prennent pas* ***ge-*** *au participe passé.*

réalité

▷ Parfois, la réalité est dure à accepter.
Manchmal ist es schwer, die Wirklichkeit zu akzeptieren.
▷ En réalité, ce n'est pas si difficile que ça.
In Wirklichkeit ist es nicht so schwierig.

die **Wirklichkeit**

► **en réalité :** in Wirklichkeit

rebelle

▷ Ils ont emprisonné les rebelles.
Sie haben die Rebellen eingesperrt.

der **Rebell** (pluriel **Rebellen**), die **Rebellin** (pluriel **Rebellinnen**)

rebondir

▷ Le ballon a rebondi et a atterri sur le toit.
Der Ball ist aufgesprungen und auf dem Dach gelandet.

aufspringen
ℹ ***auf•springen*** *est un verbe à particule séparable et se conjugue comme* ***springen*** (sprang, gesprungen).

rebord

▷ Ma mère a posé le gâteau sur le rebord de la fenêtre et le chien l'a mangé !
Meine Mutter hat den Kuchen auf den Fenstersims gestellt und der Hund hat ihn gefressen!

► **le rebord de la fenêtre :** der, das Fenstersims (pluriel –simse)

récemment

1 ▷ Je ne t'ai pas beaucoup vu récemment.
Ich habe dich in letzter Zeit nicht viel gesehen.

1 (= ces derniers temps) **in letzter Zeit**

2 ▷ Raoul a récemment passé son permis de conduire.
Raoul hat vor kurzem seinen Führerschein gemacht.

2 (= il y a peu de temps) **vor kurzem**

ℹ *On dit aussi* ***neulich****.*

récent, récente

▷ Cette modification est récente.
Diese Änderung ist neu.

neu

recette

▷ La recette est très facile à suivre.
Das Rezept kann man leicht befolgen.

das **Rezept** (pluriel **Rezepte**)

recevoir

1 ▷ Est-ce que tu a reçu le colis ?
Hast du das Paket bekommen?
▷ Mehdi a reçu un coup de pied dans la cuisse.
Mehdi hat einen Fußtritt in den Schenkel bekommen.

1 (en parlant d'une lettre, d'un cadeau, d'un coup) **bekommen** (**bekam, bekommen**)

ℹ *Les verbes commençant par le préfixe* ***be-*** *ne prennent pas* ***ge-*** *au participe passé.*

2 ▷ Les parents de mon correspondant m'ont bien reçu.
Die Eltern meines Brieffreundes haben mich freundlich empfangen.

2 (= accueillir) **empfangen** (**empfängt, empfing, empfangen**)

ℹ *Les verbes commençant par le préfixe* ***emp-*** *ne prennent pas* ***ge-*** *au participe passé.*

de rechange

1 ▷ J'ai des piles de rechange.
Ich habe Ersatzbatterien.

1 *Pour dire qu'on a quelque chose* **de rechange**, *on forme des mots composés avec* ***Ersatz*** *: das* ***Ersatzheft*** (cahier de rechange), *der* ***Ersatzreifen*** (roue de rechange), *etc.*

2 ▷ Emporte des habits de rechange au cas où il pleuvrait.
Nimm Kleidung zum Wechseln mit, falls es regnet.

2 *Quand il s'agit de vêtements, on dit* ***zum Wechseln****.*

réchauffement

▷ On note déjà les effets du réchauffement climatique.
Man spürt schon die Wirkungen der globalen Erwärmung.

► **le réchauffement climatique** *ou* **de la planète** : die **globale Erwärmung**

réchauffer

1 ▷ On réchauffera juste les restes.
Wir wärmen einfach die Reste auf.
▷ Bois ça, ça te réchauffera.
Trink das, das wird dich aufwärmen.

1 **aufwärmen**

ℹ ***auf•wärmen*** *est un verbe à particule séparable.*

2 ▷ Sacha courait pour se réchauffer.
Sacha rannte, um sich aufzuwärmen.

2 ► se **réchauffer** (soi-même) : sich **aufwärmen**

ℹ *Le pronom personnel allemand s'emploie à l'accusatif :* ***ich wärme mich auf, du wärmst dich auf, er / sie wärmt sich auf, wir wärmen uns auf, ihr wärmt euch auf, sie wärmen sich auf.***

3 ▷ Le temps se réchauffe enfin !
Es wird endlich warm!

3 ► se **réchauffer** (= devenir plus chaud) : **warm werden** (wird, wurde, geworden)

recherche

1 ▷ Il a donné une conférence sur la recherche scientifique.
Er hat einen Vortrag über wissenschaftliche Forschung gehalten.
▷ La sœur de Malek fait de la recherche en physique.
Maleks Schwester forscht auf dem Gebiet der Physik.

1 (= activité scientifique) die **Forschung**

► **faire de la recherche en ... :** auf **dem Gebiet** + *génitif* + **forschen**

2 ▷ La police a fait des recherches mais n'a pas retrouvé l'enfant.
Die Polizei hat Nachforschungen angestellt, aber sie hat das Kind nicht wiedergefunden.

2 ► **faire des recherches** (= faire une enquête, dans une bibliothèque) : **Nachforschungen anstellen**

3 ▷ La recherche d'un appartement est très fatigante.
Die Suche nach einer Wohnung ist sehr ermüdend.

3 (= fait de chercher quelque chose) die **Suche**

rechercher

1 ▷ Louise veut rechercher son vrai père.
Louise will ihren wahren Vater suchen.

1 (en parlant d'un objet ou d'une personne qu'on a perdu) **suchen**

2 ▷ Apparemment, il est recherché par la police.
Anscheinend fahndet die Polizei nach ihm.

2 *Pour dire que* quelqu'un **est recherché par la police**, *on dit* ***nach*** *jemandem* ***fahnden*** *en inversant le sujet.*

récipient

▷ Prends un récipient et pose-le sous la fuite.
Nimm einen Behälter und stell ihn unter das Leck.

der **Behälter** (pluriel **Behälter**)

réciproque

▷ Je ne l'aime pas et c'est réciproque.
Ich mag sie (*ou* ihn) nicht, und es beruht auf Gegenseitigkeit.

► **être réciproque :** auf Gegenseitigkeit beruhen

récitation

▷ Tu ne sais pas bien ta récitation.
Du kannst deinen Text nicht gut.

▷ Nous devons apprendre une récitation pour demain.
Wir müssen bis morgen einen Text auswendig lernen.

(= texte) der **Text** (pluriel Texte)

► **apprendre une récitation :** einen Text auswendig lernen

réciter

▷ Le prof lui a fait réciter le poème.
Der Lehrer ließ ihn das Gedicht aufsagen.

aufsagen

ℹ *auf•sagen est un verbe à particule séparable.*

réclamation

▷ Il y a eu beaucoup de réclamations.
Es gab viele Beschwerden.

▷ Mes parents ont fait une réclamation parce que la chambre d'hôtel était sale.
Meine Eltern haben sich beschwert, weil das Hotelzimmer schmutzig war.

(= plainte) die **Beschwerde** (pluriel Beschwerden)

► **faire une réclamation** (= se plaindre) : sich beschweren

réclamer

▷ Mon correspondant a réclamé des frites à tous les repas !
Mein Brieffreund verlangte Pommes frites zu jeder Mahlzeit!

(= exiger) **verlangen**

ℹ *Les verbes commençant par le préfixe ver- ne prennent pas ge- au participe passé.*

récolte

▷ La récolte est très bonne cette année.
Die Ernte ist dieses Jahr sehr gut.

die **Ernte** (pluriel Ernten)

récolter

1 ▷ Nous avons aidé notre voisin à récolter les pommes de terre.
Wir haben unserm Nachbarn geholfen, die Kartoffeln zu ernten.

1 (= ramasser) **ernten**

2 ▷ Nous avons récolté pas mal de dons.
Wir haben ziemlich viele Spenden gesammelt.

2 (= obtenir) **sammeln**

recommander

1 ▷ Mon oncle nous a recommandé un restaurant.
Mein Onkel hat uns ein Restaurant empfohlen.

1 (= conseiller) **empfehlen** (empfiehlt, empfohl, empfohlen)

ℹ *Les verbes commençant par le préfixe* **emp-** *ne prennent pas* **ge-** *au participe passé.*

2 ▷ Le médecin a recommandé à Paul de se reposer.
Der Arzt hat Paul geraten, sich auszuruhen.

2 ► **recommander à** quelqu'un **de** + *infinitif* : jemandem (datif) **raten, zu** + *infinitif*

recommencer

1 ▷ L'école recommence en septembre.
Die Schule fängt im September wieder an.

1 (= reprendre) **wieder anfangen**

ℹ **an•fangen** *est un verbe à particule séparable et se conjugue comme* **fangen** (fängt, fing, gefangen).

2 ▷ Ne recommence pas ou je me fâche !
Tu das nicht wieder oder ich werde böse!

2 (= faire la même chose) **wieder tun**

récompense

▷ Je l'aide et voilà ma récompense !
Ich helfe ihr, und das ist meine Belohnung!

die **Belohnung** (pluriel Belohnungen)

récompenser

▷ Mon père m'a donné cinq euros pour me récompenser.
Mein Vater hat mir fünf Euro gegeben, um mich zu belohnen.

belohnen

ℹ *Les verbes commençant par le préfixe* **be-** *ne prennent pas* **ge-** *au participe passé.*

se réconcilier

▷ Gilles et Mathieu se sont réconciliés.
Gilles und Mathieu haben sich versöhnt.

sich **versöhnen**

ℹ *Les verbes commençant par le préfixe* **ver-** *ne prennent pas* **ge-** *au participe passé.*

réconfort

▷ Ta présence est d'un grand réconfort pour moi.
Deine Anwesenheit ist mir ein großer Trost.

der **Trost**

reconnaissant, reconnaissante

▷ Je vous serais reconnaissant de me répondre rapidement.
Ich wäre Ihnen für eine schnelle Antwort dankbar.

dankbar

reconnaître

1 ▷ Oh ! Pardon, je ne t'ai pas reconnu !
Oh! Entschuldigung, ich habe dich nicht erkannt!

1 (= identifier) **erkennen** (erkannte, erkannt)

ℹ *Les verbes commençant par le préfixe* **er-** *ne prennent pas* **ge-** *au participe passé.*

2 ▷ Reconnais que tu as eu tort.
Gib zu, dass du Unrecht hattest.

2 (= admettre) **zugeben**
ℹ ***zu•geben*** *est un verbe à particule séparable et se conjugue comme* ***geben*** (gibt, gab, gegeben).

recopier

▷ Recopie le poème, tu t'en souviendras mieux.
Schreib das Gedicht ab, dann erinnerst du dich besser daran.

abschreiben
ℹ ***ab•schreiben*** *est un verbe à particule séparable et se conjugue comme* ***schreiben*** (schrieb, geschrieben).

record

▷ Ludmila a battu le record de l'école en saut en longueur.
Ludmila hat den Schulrekord im Weitsprung gebrochen.
▷ Qui détient le record ?
Wer hält den Rekord?

der **Rekord** (pluriel Rekorde)
► **battre le record :** den Rekord brechen (bricht, brach, gebrochen)
► **détenir un record :** einen Rekord halten (hält, hielt, gehalten)

se recoucher

▷ Recouche-toi, il fait encore nuit.
Leg dich wieder hin, es ist noch dunkel.

sich **wieder hinlegen**
ℹ ***hin•legen*** *est un verbe à particule séparable.*

recouvert de

▷ Le mur est recouvert de lierre.
Die Mauer ist mit Efeu bedeckt.

mit ... bedeckt

récré ou récréation

▷ On se retrouve à la récré.
Wir sehen uns in der Pause.
▷ Nous nous sommes rassemblés dans la cour de récréation.
Wir haben uns im Pausenhof versammelt.

die **Pause** (pluriel Pausen)
► **cour de récré** *ou* **cour de récréation :** der Pausenhof (pluriel -höfe)

rectangle

▷ Ton rectangle est mal dessiné.
Dein Rechteck ist schlecht gezeichnet.

das **Rechteck** (pluriel -ecke)

rectifier

▷ J'ai rectifié mon calcul et je l'ai montré à la prof.
Ich habe meine Rechnung korrigiert und sie der Lehrerin gezeigt.

korrigieren
ℹ *Les verbes se terminant en* ***-ieren*** *ne prennent pas* ***ge-*** *au participe passé.*

reçu, reçue

1 ▷ Nicolas a été reçu à son examen.
Nicolas hat seine Prüfung bestanden.

1 ► **être reçu** (= réussir) : **bestehen** (bestand, bestanden)
ℹ *Les verbes commençant par le préfixe* ***be-*** *ne prennent pas* ***ge-*** *au participe passé.*

2 ▷ Est-ce que tu as gardé le reçu ?
Hast du die Quittung behalten?

2 (= preuve d'achat) die **Quittung** (pluriel Quittungen)

reculer

1 ▷ Recule d'un pas, tu es trop près pour la photo.
Geh einen Schritt zurück, du stehst zu nah für das Foto.

1 ► **reculer** (= s'éloigner) : **zurückgehen**

ℹ ***zurück•gehen*** *est un verbe à particule séparable et se conjugue comme* ***gehen*** (ging, gegangen).

2 ▷ La voiture a reculé pour nous laisser passer.
Das Auto ist rückwärts gefahren, um uns durchzulassen.

2 ► **reculer** (en voiture) **: rückwärts fahren** (fährt, fuhr, gefahren)

3 ▷ Recule un peu ta chaise.
Schieb deinen Stuhl etwas zurück.

3 ► **reculer** quelque chose (= le mettre plus loin) : **zurückschieben**

ℹ ***zurück•schieben*** *est un verbe à particule séparable et se conjugue comme* ***schieben*** (schob, geschoben).

à reculons

▷ Lucas a traversé la pièce à reculons.
Lucas hat das Zimmer rückwärts durchquert.

rückwärts

récupérer

1 ▷ Si tu ne réclames pas ton livre, tu ne le récupéreras jamais.
Wenn du dein Buch nicht verlangst, bekommst du es nie wieder.

1 ► **récupérer** quelque chose (= le retrouver) : etwas **wieder bekommen** (bekam, bekommen)

2 ▷ Ma mère nous récupérera après les cours.
Meine Mutter holt uns nach der Schule ab.

2 ► **récupérer** quelqu'un (= aller le chercher) : jemanden (accusatif) **abholen**

ℹ ***ab•holen*** *est un verbe à particule séparable.*

3 ▷ Ça va mieux ? Tu as récupéré ?
Geht es dir besser? Hast du dich erholt?

3 ► **récupérer** (= se remettre d'une maladie, de la fatigue) : sich **erholen**

ℹ *Le pronom personnel allemand s'emploie à l'accusatif :* ***ich erhole mich, du erholst dich, er / sie erholt sich, wir erholen uns, ihr erholt euch, sie erholen sich.***

recyclage

▷ Il y a un conteneur spécial pour le recyclage du verre.
Es gibt einen speziellen Container für das Glas-Recycling.

(de déchets) das **Recycling** /ri'saiklɪŋ/

recycler

▷ Nous recyclons les bouteilles en plastique.
Wir recyceln die Plastikflaschen.

recyceln /ri'saikln/
Notez la prononciation.

rédaction

▷ Sabine a eu une bonne note pour sa rédaction.
Sabine hat für ihren Aufsatz eine gute Note bekommen.

(= devoir) der **Aufsatz** (pluriel Aufsätze)

redémarrer

▷ L'ordinateur a planté, il faut redémarrer.
Der Computer ist abgestürzt, er muss neu gestartet werden.

(un ordinateur) **neu starten**

rédiger

▷ Le professeur m'a dit que mon devoir était bien rédigé.
Der Lehrer hat mir gesagt, meine Hausaufgabe sei gut geschrieben.

schreiben (schrieb, geschrieben)

redoubler

▷ Martin va redoubler sa sixième.
Martin wiederholt die sechste Klasse.

(= refaire une année) **wiederholen**

redresser

1 ▷ Lucille porte un appareil pour redresser ses dents.
Lucille trägt eine Zahnspange, um ihre Zähne geradezurichten.

1 (= remettre droit quelque chose de tordu) **geraderichten**
ℹ *gerade•richten est un verbe à particule séparable.*

2 ▷ Tu peux m'aider à redresser ce piquet ?
Kannst du mir helfen, diesen Pflock wieder aufzurichten?

2 (= remettre debout quelque chose qui est tombé) **wieder aufrichten**
ℹ *auf•richten est un verbe à particule séparable.*

3 ▷ Il n'a même pas redressé la tête quand nous sommes entrés.
Er hat nicht mal den Kopf gehoben, als wir eintraten.

3 ► **redresser la tête :** den Kopf heben (hob, gehoben)

4 ▷ Je me suis fait mal au dos, je ne peux pas me redresser.
Ich habe mir am Rücken weh getan, ich kann mich nicht aufrichten.

4 ► se **redresser :** sich **aufrichten**
ℹ *auf•richten est un verbe à particule séparable.*
ℹ *Le pronom personnel allemand s'emploie à l'accusatif : ich richte mich auf, du richtest dich auf, er / sie richtet sich auf, wir richten uns auf, ihr richtet euch auf, sie richten sich auf.*

réduction

▷ Est-ce que tu as eu une réduction sur les billets ?
Hast du eine Ermäßigung für die Eintrittskarten bekommen?

(= rabais) die **Ermäßigung** (pluriel Ermäßigungen)

ℹ *On dit aussi* der ***Nachlass*** (pluriel Nachlässe).

réduire

1 ▷ Nous devons réduire les émissions toxiques.
Wir müssen die Schadstoffemissionen reduzieren.

1 (généralement) **reduzieren**

2 ▷ L'entreprise a réduit les effectifs.
Die Firma hat Personal abgebaut.

2 (le personnel) **abbauen**

ℹ ***ab•bauen*** *est un verbe à particule séparable.*

3 ▷ Tu dois réduire ce texte d'une page.
Du musst diesen Text um eine Seite kürzen.

3 (les salaires, un texte) **kürzen**

réel, réelle

▷ Cela n'arrive jamais dans la vie réelle.
Das passiert im wirklichen Leben nie.

wirklich

réellement

▷ Je suis réellement désolé.
Es tut mir wirklich leid.

wirklich

refaire

1 ▷ Si tu refais ça, je ne te parle plus !
Wenn du das noch einmal tust, rede ich nicht mehr mit dir!

1 (= recommencer) **noch einmal tun**

2 ▷ Le toit de l'école a été refait.
Das Schuldach wurde instand gesetzt.

2 (= réparer) **instand setzen**

réfectoire

▷ Ils sont partis au réfectoire.
Sie sind zum Speisesaal gegangen.

der **Speisesaal** (pluriel -säle)

référence

1 ▷ C'est une référence à l'un de ses romans.
Es ist ein Verweis auf einen seiner Romane.

1 (= renvoi) der **Verweis** (pluriel Verweise)

ℹ *Notez la préposition en allemand :* référence à = ***Verweis auf***.

2 ▷ J'ai besoin d'une lettre de référence pour le poste.
Ich brauche eine Empfehlung für die Stelle.

2 (= recommandation) die **Empfehlung** (pluriel Empfehlungen)

réfléchir

1 ▷ Réfléchis avant de parler !
Denk nach, bevor du sprichst!

1 (= penser) nachdenken
ℹ *nach•denken est un verbe à particule séparable et se conjugue comme denken (dachte, gedacht).*

2 ▷ Le blanc réfléchit les rayons du soleil.
Weiß reflektiert die Sonnenstrahlen.

▷ L'eau du lac réfléchissait les nuages.
Das Wasser des Sees spiegelte die Wolken wider.

2 ► **réfléchir** quelque chose : etwas reflektieren
ℹ *Les verbes se terminant en -ieren ne prennent pas ge- au participe passé.*
Quand c'est l'eau ou un miroir qui **réfléchit**, *on dit aussi* ***widerspiegeln***.

refléter

▷ La mer reflète la couleur du ciel.
Das Meer spiegelt die Farbe des Himmels wider.

widerspiegeln
ℹ *wider•spiegeln est un verbe à particule séparable.*

réflexe

1 ▷ Il faut avoir de bons réflexes pour conduire.
Man muss gute Reflexe haben, um Auto zu fahren.

1 (= mouvement) der Reflex (pluriel Reflexe)

2 ▷ Mon premier réflexe était d'appeler mon père.
Meine erste Reaktion war, meinen Vater zu rufen.

2 (= réaction) die Reaktion (pluriel Reaktionen)

réflexion

▷ Suzie a fait une réflexion sur ma façon de parler.
Suzie hat eine Bemerkung über meine Redeweise gemacht.

(= remarque) die Bemerkung (pluriel Bemerkungen)

réforme

▷ Ils ont manifesté contre la réforme.
Sie haben gegen die Reform demonstriert.

die Reform (pluriel Reformen)

refrain

▷ Je ne connais que le refrain de cette chanson.
Ich kenne nur den Refrain dieses Lieds.

der Refrain (pluriel Refrains)
🔈 *Se prononce comme en français. Le s du pluriel se prononce en allemand.*

réfrigérateur

▷ Qui a oublié de fermer le réfrigérateur ?
Wer hat vergessen, den Kühlschrank zu schließen?

der Kühlschrank (pluriel -schränke)

refroidir

1 ▷ Attends que la soupe refroidisse.
Warte, dass die Suppe abkühlt.

1 (en parlant de quelque chose qui était trop chaud) **abkühlen**
ℹ ***ab•kühlen*** *est un verbe à particule séparable.*

2 ▷ Mangez ou ça va refroidir.
Esst, sonst wird es kalt.

2 (= devenir trop froid) **kalt werden**

3 ▷ Le temps s'est encore refroidi.
Das Wetter ist noch kühler geworden.

3 ► se **refroidir** (en parlant du temps) **: kühler werden**

réfugié, réfugiée

▷ Les parents de Mourad sont des réfugiés.
Mourads Eltern sind Flüchtlinge.

der **Flüchtling** (pluriel **Flüchtlinge**)
ℹ *Il n'y a pas de flexion féminine en allemand.*

se réfugier

▷ Elle s'est réfugiée dans sa chambre.
Sie ist in ihr Zimmer geflüchtet.

flüchten
ℹ ***flüchten*** *s'emploie avec plusieurs prépositions :* ***in***, ***zu***, ***nach***, *en fonction de la situation.*

refuser

1 ▷ Quentin a refusé de nous aider.
Quentin hat sich geweigert, uns zu helfen.

1 ► **refuser de faire** quelque chose **:** sich **weigern**, etwas **zu tun**

2 ▷ Anaïs voulait aller au conservatoire, mais elle a été refusée.
Anaïs wollte auf das Konservatorium, aber man wies sie ab.

2 ► **refuser** quelqu'un (à une école ou pour un poste) **:** jemanden **abweisen**
ℹ ***ab•weisen*** *est un verbe à particule séparable et se conjugue comme* ***weisen*** (**wies**, **gewiesen**).

se régaler

▷ Je me suis régalé !
Das hat mir gut geschmeckt!

Pour dire que quelqu'un **se régale**, *on dit* jemandem *(datif)* ***schmeckt es gut***.

regard

▷ Toby m'a lancé un regard furieux.
Toby hat mir einen wütenden Blick zugeworfen.

(= expression, coup d'œil) der **Blick** (pluriel **Blicke**)

regarder

1 ▷ Regarde-moi, je te parle !
Sieh mich an, ich rede mit dir!
▷ Viens regarder les photos.
Komm und sieh dir die Fotos an.
▷ Schau mal, ein Reh!
Regarde, un chevreuil !

1 ► **regarder** quelqu'un *ou* quelque chose **:** jemanden *ou* etwas (accusatif) **ansehen**
ℹ *On dit aussi* ***anschauen***.
ℹ ***an•sehen*** *et* ***an•schauen*** *sont des verbes à particule séparable,* ***ansehen*** *se conjugue comme* ***sehen*** (**sieht**, **sah**, **gesehen**).

2 ▷ Je l'ai regardé jouer au tennis.
Ich habe ihr beim Tennisspielen zugesehen.
▷ Regarde bien, je te montre comment on fait.
Sieh gut zu, ich zeige dir, wie man es macht.

2 (= observer) zusehen
ℹ *On dit aussi zuschauen.*
ℹ *zu•sehen et zu•schauen sont des verbes à particule séparable, zusehen se conjugue comme sehen.*

3 ▷ Est-ce que tu regardes souvent la télévision ?
Siehst du oft fern?

3 ► **regarder la télévision :** fernsehen
ℹ *fern•sehen est un verbe à particule séparable et se conjugue comme sehen.*

4 ▷ J'ai regardé partout.
Ich habe überall nachgesehen.
▷ Regarde dans la cuisine, s'il te plaît.
Sieh bitte in der Küche nach.
▷ Regarde dans le dictionnaire.
Schau im Wörterbuch nach.

4 (= chercher) nachsehen
ℹ *On dit aussi nachschauen.*
ℹ *nach•sehen et nach•schauen sont des verbes à particule séparable ; nachsehen se conjugue comme sehen.*

5 ▷ Cette histoire ne te regarde pas.
Diese Geschichte geht dich nichts an.

5 ► quelque chose **regarde** quelqu'un **:** etwas **geht** jemanden (accusatif) an

6 ▷ Je me suis regardée dans la glace et j'ai découvert que j'avais une tache noire sur le front.
Ich sah mich im Spiegel an und endeckte, dass ich einen schwarzen Fleck auf der Stirn hatte.
▷ Ils se sont regardés et ils ont éclaté de rire.
Sie haben sich angesehen und sind in Gelächter ausgebrochen.

6 ► se **regarder :** sich ansehen
ℹ *Le pronom personnel allemand s'emploie à l'accusatif : ich sehe mich an, du siehst dich an, er / sie sieht sich an, wir sehen uns an, ihr seht euch an, sie sehen sich an.*

régime

▷ Paul est au régime.
Paul macht eine Diät.

die Diät (pluriel Diäten)
► **être au régime :** eine Diät machen

région

1 ▷ Nous avons traversé une région avec plein de lacs.
Wir sind durch eine Gegend mit vielen Seen gefahren.

1 die Gegend (pluriel Gegenden)

2 ▷ Ils habitent dans la région parisienne.
Sie wohnen im Pariser Raum.

2 ► **la région parisienne :** der Pariser Raum

règle

1 ▷ Utilise ta règle pour tracer les traits.
Nimm dein Lineal, um die Linien zu zeichnen.

1 (= instrument) das Lineal (pluriel Lineale)

2 ▷ C'est un jeu facile : je vais t'expliquer les règles.
Es ist ein einfaches Spiel: Ich erkläre dir die Regeln.

2 (= loi) die **Regel** (pluriel **Regeln**)

3 ▷ Margot a déjà ses règles.
Margot hat schon ihre Regel.

3 (pour les filles ou les femmes) die **Regel**

ℹ *Ce mot s'emploie uniquement au singulier.*

ℹ *On dit aussi* die ***Periode***.

règlement

▷ Le règlement de l'école interdit le chewing-gum pendant les cours.
Die Schulordnung verbietet Kaugummi während des Unterrichts.

Pour dire le **règlement** *de quelque chose, on forme des mots composés avec* ***Ordnung*** *:* die ***Hausordnung*** **(règlement intérieur d'un immeuble)**, die ***Betriebsordnung*** **(règlement intérieur d'une entreprise)**.

régler

1 ▷ Le proviseur a dit qu'il allait régler le problème.
Der Direktor hat gesagt, er würde das Problem lösen.

1 (en parlant d'un problème) **lösen**

2 ▷ J'ai une affaire à régler avant de partir.
Bevor ich gehe, muss ich noch eine Sache erledigen.

2 (en parlant d'une affaire) **erledigen**

ℹ *Les verbes commençant par le préfixe* ***er-*** *ne prennent pas* ***ge-*** *au participe passé.*

3 ▷ Peux-tu régler le son, je n'entends rien.
Kannst du die Lautstärke einstellen, ich höre nichts.

3 (= mettre au point, moduler) **einstellen**

ℹ ***ein•stellen*** *est un verbe à particule séparable.*

réglisse

▷ Hubert m'a donné des bonbons au réglisse.
Hubert hat mir Lakritzebonbons gegeben.

die **Lakritze**

régner

▷ Ce roi a régné plus de quarante ans.
Dieser König hat über vierzig Jahre regiert.

regieren

ℹ *Les verbes se terminant en* ***-ieren*** *ne prennent pas* ***ge-*** *au participe passé.*

regret

▷ Je n'ai aucun regret.
Ich bereue nichts.

► **avoir des regrets :** etwas **bereuen**

regretter

1 ▷ Je regrette, je ne peux pas t'aider.
Es tut mir Leid, ich kann dir nicht helfen.

1 *Pour exprimer son* **regret** *en allemand, on emploie l'expression* ***Leid tun*** (**tut**, **tat**, **getan**).

ℹ *Cette expression s'emploie au datif :* ***es tut mir Leid, es tut dir Leid, es tut ihm / ihr Leid, es tut uns Leid, es tut euch Leid, es tut ihnen Leid.***

2 ▷ Personne ne l'a regrettée quand elle est partie.
Niemand hat sie vermisst, als sie ging.

2 (en parlant d'une personne ou d'un endroit qui nous manque) **vermissen**

ℹ *Les verbes commençant par le préfixe* ***ver-*** *ne prennent pas* ***ge-*** *au participe passé.*

régulier, régulière

▷ Les bus ne sont pas très réguliers.
Die Busse fahren nicht sehr regelmäßig.

regelmäßig

régulièrement

▷ Jean-Loup vient régulièrement nous voir.
Jean-Loup besucht uns regelmäßig.

regelmäßig

rein

1 ▷ Mon oncle s'est fait opérer d'un rein.
Mein Onkel hatte eine Nierenoperation.

1 die **Niere** (pluriel **Nieren**)

2 ▷ J'ai mal aux reins.
Ich habe Kreuzschmerzen.

2 ► **avoir mal aux reins** (= au dos) : **Kreuzschmerzen haben**

reine

▷ La reine d'Angleterre habite au palais de Buckingham.
Die Königin von England wohnt im Buckinghampalast.

die **Königin** (pluriel **Königinnen**)

rejeter

▷ J'ai rejeté son offre.
Ich habe sein Angebot abgelehnt.

(= refuser) **ablehnen**

ℹ ***ab•lehnen*** *est un verbe à particule séparable.*

rejoindre

1 ▷ Rejoins-nous après le film.
Triff uns nach dem Film.

1 (= se joindre à) **treffen** (**trifft**, **traf**, **getroffen**)

2 ▷ Pascal a couru tellement vite qu'il nous a rejoints.
Pascal ist so schnell gerannt, dass er uns eingeholt hat.

2 (= rattraper) **einholen**

ℹ ***ein•holen*** *est un verbe à particule séparable.*

relatif, relative

▷ Tout est relatif.
Es ist alles relativ.
▷ « Qui » est un pronom relatif.
„Wer" ist ein Relativpronomen.

relativ

► **pronom relatif :** das Relativpronomen

relation

1 ▷ Il n'y a aucune relation entre les deux affaires.
Es gibt keinen Zusammenhang zwischen den beiden Angelegenheiten.

1 (= lien) der **Zusammenhang** (pluriel –hänge)

2 ▷ Notre relation est amicale.
Unsere Beziehung ist freundschaftlich.
▷ J'ai de bonnes relations avec mon père.
Ich habe eine gute Beziehung zu meinem Vater.

2 (= rapports personnels) die **Beziehung**
► **avoir des relations avec** quelqu'un **:** eine Beziehung zu jemandem **haben**

3 ▷ Ils ont eu des relations sexuelles.
Sie haben Geschlechtsverkehr gehabt.

3 ► **relations sexuelles :** der Geschlechtsverkehr

relaxant, relaxante

▷ C'était un massage très relaxant.
Das war eine sehr entspannende Massage.

entspannend

se relaxer

▷ Essaie de te relaxer
Versuch, dich zu entspannen.

sich **entspannen**

relever

1 ▷ Relève tes manches pour ne pas les salir.
Krempel deine Ärmel hoch, damit sie nicht schmutzig werden.

1 (en parlant des manches ou du bas de son pantalon) **hochkrempeln**
ℹ ***hoch•krempeln*** *est un verbe à particule séparable.*

2 ▷ Anna a dû relever sa jupe pour passer par-dessus la clôture.
Anna musste ihren Rock hochheben, um über den Zaun zu kommen.

2 (en parlant d'une jupe) **hochheben**
ℹ ***hoch•heben*** *est un verbe à particule séparable et se conjugue comme* ***heben*** (hob, gehoben).

3 ▷ Le prof va relever les copies dans cinq minutes.
In fünf Minuten sammelt der Lehrer die Arbeiten ein.

3 (= ramasser) **einsammeln**
ℹ ***ein•sammeln*** *est un verbe à particule séparable.*

4 ▷ Patricia s'est relevée toute seule.
Patricia stand alleine wieder auf.
▷ Allez, relève-toi !
Los, steh auf!

4 ► se **relever** (= se remettre debout) **:** wieder aufstehen
ℹ ***auf•stehen*** *est un verbe à particule séparable et se conjugue comme* ***stehen*** (stand, gestanden).

relier

▷ Cette route relie les deux villages.
Diese Straße verbindet die beiden Dörfer.

verbinden (verband, verbunden)
ℹ *Les verbes commençant par le préfixe* ***ver-*** *ne prennent pas* ***ge-*** *au participe passé.*

religieux, religieuse

▷ Ils ont des croyances religieuses différentes.
Sie haben verschiedene religiöse Glauben.

religiös

religion

▷ Pour lui, la religion est très importante.
Für ihn ist die Religion sehr wichtig.

die **Religion** (pluriel Religionen)

relire

1 ▷ Est-ce que tu pourrais relire ma rédaction pour voir s'il y a des fautes ?
Könntest du meinen Aufsatz durchlesen, um zu sehen, ob da Fehler sind?

1 (= lire pour corriger) **durchlesen**
ℹ ***durch•lesen*** *est un verbe à particule séparable et se conjugue comme* ***lesen*** (liest, las, gelesen).

2 ▷ Je suis en train de relire mon roman préféré.
Ich lese gerade noch einmal meinen Lieblingsroman.

2 (= lire à nouveau) **noch einmal lesen**

remarquable

▷ Le prof a dit que Fatima a fait des progrès remarquables.
Der Lehrer hat gesagt, Fatima hätte bemerkenswerte Fortschritte gemacht.

bemerkenswert

remarque

1 ▷ Les remarques du prof sont dans la marge.
Die Anmerkungen des Lehrers stehen am Rand.

1 (= commentaire) die **Anmerkung** (pluriel Anmerkungen)

2 ▷ Il me fait sans arrêt des remarques !
Er macht mir gegenüber dauernd Bemerkungen!

2 ► **faire des remarques à quelqu'un :** jemandem **gegenüber Bemerkungen machen**

remarquer

1 ▷ Je n'avais pas remarqué qu'Aurélie s'était teint les cheveux.
Ich hatte nicht bemerkt, dass Aurélie sich die Haare gefärbt hatte.

1 (= se rendre compte de) **bemerken**
ℹ *Les verbes commençant par le préfixe* ***be-*** *ne prennent pas* ***ge-*** *au participe passé.*

2 ▷ Il fait tout le temps le pitre pour se faire remarquer.
Er spielt immer den Clown, um aufzufallen.

2 ► se **faire remarquer : auffallen**
ℹ ***auf•fallen*** *est un verbe à particule séparable et se conjugue comme* ***fallen*** (fällt, fiel, gefallen).

rembourser

▷ Bob a oublié de me rembourser l'argent que je lui ai prêté.
Bob hat vergessen, mir das Geld zurückzuzahlen, das ich ihm geliehen habe.

zurückzahlen

ℹ ***zurück•zahlen*** *est un verbe à particule séparable.*

remède

▷ C'est un remède contre le rhume très efficace.
Das ist ein sehr wirksames Mittel gegen Schnupfen.

das **Mittel** (pluriel Mittel)

remercier

▷ Il aurait pu nous remercier !
Er hätte uns doch danken können!
▷ C'est très gentil, je vous remercie !
Das ist sehr nett, ich danke Ihnen!

(= dire merci à) **danken**

► **je vous remercie** *ou* **je te remercie :** ich danke Ihnen / euch *ou* ich danke dir

remettre

1 ▷ Remets ce livre sur l'étagère, s'il te plaît.
Stell bitte das Buch wieder ins Regal zurück.
▷ J'ai remis la serviette dans l'armoire.
Ich habe das Handtuch wieder in den Schrank zurückgelegt.

1 *Quand* **remettre** *signifie « replacer », on emploie le mot* ***wieder*** **(= à nouveau)** *+* ***zurück*** *+ le verbe qui convient :* ***stellen*** **(poser debout),** ***legen*** **(poser à plat).**

2 ▷ Je remets ma veste, j'ai froid.
Ich ziehe mir meine Jacke wieder an, mir ist kalt.
▷ J'ai remis mon anorak quand il a commencé à pleuvoir.
Ich habe meinen Anorak wieder angezogen, als es anfing zu regnen.

2 (= remettre un vêtement) **wieder anziehen**

ℹ ***an•ziehen*** *est un verbe à particule séparable et se conjugue comme* ***ziehen*** (zog, gezogen).

3 ▷ Je n'ai pas envie de remettre la même robe.
Ich habe keine Lust, noch einmal dasselbe Kleid anzuziehen.

3 (= porter de nouveau) **noch einmal anziehen**

4 ▷ Tu peux remettre la radio, si tu veux.
Wenn du willst, kannst du das Radio wieder einschalten.

4 (= remettre en marche, en parlant de la radio ou de la télévision) **wieder einschalten**

ℹ ***ein•schalten*** *est un verbe à particule séparable.*

5 ▷ Remets le chauffage, s'il te plaît.
Stell bitte die Heizung wieder an.

5 (= remettre en marche, en parlant du chauffage, d'un appareil) **wieder anstellen**

ℹ ***an•stellen*** *est un verbe à particule séparable.*

6 ▷ Je lui ai remis une photocopie de mon passeport.
Ich habe ihm eine Fotokopie meines Passes gegeben.

6 ► **remettre** quelque chose **à** quelqu'un **:** jemandem (datif) etwas **geben** (**gibt**, **gab**, **gegeben**)

7 ▷ Désolé, je dois remettre notre rendez-vous.
Es tut mir Leid, ich muss unseren Termin verschieben.
▷ La réunion a été remise à lundi.
Die Versammlung wurde auf Montag verschoben.

7 (= reporter) **verschieben** (**verschob**, **verschoben**)

ℹ *Notez la préposition en allemand :* remettre à ... = ***auf ... verschieben.***

ℹ *Les verbes commençant par le préfixe* ***ver-*** *ne prennent pas* ***ge-*** *au participe passé.*

8 ▷ Je ne sais pas si Laurence va se remettre de son accident.
Ich weiß nicht, ob Laurence sich von ihrem Unfall erholen wird.
▷ Est-ce que tu t'es remis de ta chute ?
Hast du dich von deinem Fall erholt?

8 ► se **remettre de** quelque chose **:** sich **von** etwas **erholen**

ℹ *Notez la préposition en allemand :* se remettre de... = ***sich von ... erholen.***

ℹ *Le pronom personnel allemand s'emploie à l'accusatif :* ***ich erhole mich, du erholst dich, er / sie erholt sich, wir erholen uns, ihr erholt euch, sie erholen sich.***

9 ▷ Et elle s'est remise à pleurer !
Und sie fing wieder an zu weinen!

9 ► se **remettre à** + *infinitif* **: wieder anfangen, zu** + *infinitif*

ℹ ***an•fangen*** *est un verbe à particule séparable et se conjugue comme* ***fangen*** (**fängt**, **fing**, **gefangen**).

remonter

1 ▷ Remonte, tu as oublié ton cartable.
Geh wieder hinauf, du hast deine Schultasche vergessen.

1 (= aller vers le haut) **wieder hinaufgehen**

ℹ ***hinauf•gehen*** *est un verbe à particule séparable qui se conjugue comme* ***gehen*** (**ging**, **gegangen**).

2 ▷ Tu pourrais remonter pour m'aider à porter la valise ?
Kannst du wieder heraufkommen, um mir zu helfen, den Koffer zu tragen?

2 (= venir vers le haut) **wieder heraufkommen**

ℹ ***herauf•kommen*** *est un verbe à particule séparable et se conjugue comme* ***kommen*** (**kam**, **gekommen**).

3 ▷ Aujourd'hui, nous allons remonter sur la colline.
Heute steigen wir wieder den Hügel hinauf.

3 (en parlant d'une pente) **wieder hinaufsteigen**

ℹ ***hinauf•steigen*** *est un verbe à particule séparable et se conjugue comme* ***steigen*** (**stieg**, **gestiegen**).

4 ▷ Après sa chute, elle est tout de suite remontée sur son vélo.
Nach ihrem Fall ist sie sofort wieder auf ihr Fahrrad gestiegen.

4 ► **remonter sur** quelque chose (en parlant d'un vélo, d'un cheval) **: wieder auf** etwas (accusatif) **steigen**

5 ▷ Tu pourrais remonter la caisse ?
Könntest du die Kiste wieder hinauftragen?
▷ Remonte la valise, s'il te plaît.
Trag bitte den Koffer wieder hinauf.

5 (= porter en haut) **wieder hinauftragen**

ℹ ***hinauf•tragen*** *est un verbe à particule séparable et se conjugue comme* ***tragen*** (**trägt**, **trug**, **getragen**).

6 ▷ Nous nous sommes dégourdi les jambes avant de remonter en voiture.
Wir haben uns die Beine vertreten, bevor wir wieder eingestiegen sind.
▷ Allez, remontez, on va partir !
Kommt, steigt wieder ein, wir fahren gleich!

6 (en parlant du train, du métro, du bus, d'une voiture) **wieder einsteigen**

ℹ ***ein•steigen*** *est un verbe à particule séparable et se conjugue comme* ***steigen*** (**stieg**, **gestiegen**).

7 ▷ Je n'arrive pas à remonter l'étagère !
Ich schaffe es nicht, das Regal wieder zusammenzubauen.

7 (en parlant d'un meuble) **wieder zusammenbauen**

ℹ ***zusammen•bauen*** *est un verbe à particule séparable.*

8 ▷ Remontez vos manches avant de mélanger la peinture.
Krempelt eure Ärmel hoch, bevor ihr die Farben mischt.

8 (en parlant des manches, du bas d'un pantalon) **hochkrempeln**

ℹ ***hoch•krempeln*** *est un verbe à particule séparable.*

remords

▷ Lucas a eu des remords quand il a vu qu'Isabelle était triste.
Lucas hatte Gewissensbisse, als er sah, dass Isabelle traurig war.

► **avoir des remords :**
Gewissensbisse haben

ℹ *Ce mot est un pluriel.*

remorquer

▷ Le garagiste remorquait la voiture.
Der Mechaniker schleppte das Auto ab.

abschleppen

ℹ ***ab•schleppen*** *est un verbe à particule séparable.*

remplaçant, remplaçante

▷ On a eu une remplaçante parce que la prof de sport était malade.
Wir hatten eine Vertretung, weil die Sportlehrerin krank war.

En allemand, on traduit **remplaçant** *et* **remplaçante** *par die* ***Vertretung****, aussi bien pour les professeurs que pour les autres métiers.*

remplacer

1 ▷ Remplace-moi deux minutes, s'il te plaît.
Lös mich bitte zwei Minuten ab.

1 (= prendre le relais de) **ablösen**

ℹ ***ab•lösen*** *est un verbe à particule séparable.*

2 ▷ Monsieur Barbot a remplacé madame Martin.
Herr Barbot hat Frau Martin vertreten.
▷ Qui remplace le professeur de maths ?
Wer vertritt die Mathelehrerin?

2 (en parlant d'un professeur, d'un médecin, etc. qu'on remplace temporairement) **vertreten** (vertritt, vertrat, vertreten)

Les verbes commençant par le préfixe ***ver-*** *ne prennent pas* ***ge-*** *au participe passé.*

3 ▷ Je dois remplacer l'ampoule.
Ich muss die Birne ersetzen.

3 (= changer) **ersetzen**

Les verbes commençant par le préfixe ***er-*** *ne prennent pas* ***ge-*** *au participe passé.*

▷ Ludovic a remplacé sa mobylette par un scooter.
Ludovic hat sein Mofa durch einen Motorroller ersetzt.

► **remplacer ... par ... : ... durch ... ersetzen**

rempli, remplie

▷ La bouteille est remplie.
Die Flasche ist voll.
▷ Cette rédaction est remplie de fautes !
Dieser Aufsatz ist voller Fehler!

(= plein) **voll**

► **rempli de ... : voller ...**

remplir

1 ▷ Ne remplis pas le verre.
Füll das Glas nicht.
▷ Valérie a rempli son cahier de petits dessins.
Valérie hat ihr Heft mit kleinen Zeichnungen gefüllt.

1 (= combler) **füllen**

2 ▷ Est-ce que tu as rempli le questionnaire ?
Hast du den Fragebogen ausgefüllt?

2 (en parlant d'un formulaire) **ausfüllen**

aus•füllen *est un verbe à particule séparable.*

remporter

▷ L'équipe de l'école a remporté la compétition.
Die Schulmannschaft hat den Wettkampf gewonnen.

gewinnen (gewann, gewonnen)

remuer

1 ▷ Arrête de remuer !
Beweg dich doch nicht so!

1 (= s'agiter) sich **bewegen**

2 ▷ Beurk, j'ai oublié de remuer mon café !
Igitt, ich habe vergessen, meinen Kaffee umzurühren!

2 (en parlant d'un liquide) **umrühren**

um•rühren *est un verbe à particule séparable.*

3 ▷ Est-ce que quelqu'un a remué la salade ?
Hat jemand den Salat gemischt?

3 (en parlant de la salade) **mischen**

4 ▷ Le chien remue la queue quand il est content.
Der Hund wedelt mit dem Schwanz, wenn er froh ist.

4 ► **remuer la queue** (en parlant d'un chien) **: mit dem Schwanz wedeln**

ℹ *Notez l'emploi de la préposition en allemand :* remuer la queue = ***mit dem Schwanz wedeln***.

renard

▷ Un renard a traversé la route juste devant la voiture.
Ein Fuchs hat die Straße direkt vor dem Auto überquert.

der **Fuchs** /fʊks/ (pluriel **Füchse**)

🔈 *Notez la prononciation.*

rencontrer

1 ▷ J'ai rencontré Alex l'année dernière.
Ich habe Alex letztes Jahr kennengelernt.

1 (= faire la connaissance de) **kennenlernen**

ℹ ***kennen•lernen*** *est un verbe à particule séparable.*

▷ Mes parents se sont rencontrés en Espagne.
Meine Eltern haben sich in Spanien kennengelernt.

► se **rencontrer : sich kennenlernen**

2 ▷ J'ai rencontré Maya sur la place du marché.
Ich habe Maya auf dem Marktplatz getroffen.
▷ C'est drôle, on n'arrête pas de se rencontrer !
Es ist komisch, wir treffen uns ständig!

2 (= croiser) **treffen** (**trifft, traf, getroffen**)

► se **rencontrer : sich treffen**

rendez-vous

1 ▷ Christelle est absente, elle a un rendez-vous chez le dentiste.
Christelle fehlt, sie hat einen Termin beim Zahnarzt.
▷ J'ai voulu prendre rendez-vous chez le coiffeur pour lundi, mais il n'avait plus de place.
Ich wollte mir beim Frisör einen Termin für Montag geben lassen, aber es war nichts mehr frei.

1 (chez le médecin, le coiffeur) **der Termin** (pluriel **Termine**)

► **prendre rendez-vous** (chez quelqu'un) **: sich einen Termin geben lassen** (**lässt, ließ, gelassen**)

ℹ *Le pronom personnel allemand s'emploie au datif :* ***ich lasse mir... geben, du lässt dir... geben, er / sie lässt sich... geben, wir lassen uns... geben, ihr lasst euch... geben, sie lassen sich... geben***.

▷ Nous avons pris un rendez-vous pour mardi.
Wir haben einen Termin für Dienstag ausgemacht.

► **prendre rendez-vous** (avec quelqu'un) **: einen Termin ausmachen**

2 ▷ J'ai rendez-vous avec Pierre à cinq heures.
Ich bin mit Pierre um fünf Uhr verabredet.

2 ► **avoir rendez-vous** (avec un ami, un proche) **: verabredet sein**

3 ▷ Mathias est nerveux parce que c'est son premier rendez-vous avec Anna.
Mathias ist nervös, weil es sein erstes Rendezvous mit Anna ist.

3 (= rendez-vous d'amoureux) das **Rendezvous** (pluriel **Rendezvous**)

Se prononce comme en français. Le **s** *final se prononce au pluriel.*

se rendormir

▷ Le bébé s'est rendormi.
Das Baby ist wieder eingeschlafen.

wieder einschlafen

ℹ *ein•schlafen est un verbe à particule séparable et se conjugue comme schlafen* (schläft, schlief, geschlafen).

rendre

1 ▷ Rends-moi mon crayon, j'en ai besoin.
Gib mir bitte meinen Bleistift zurück, ich brauche ihn.

1 ► **rendre** quelque chose **à** quelqu'un **:** jemandem (datif) etwas **zurückgeben**

ℹ ***zurück•geben*** *est un verbe à particule séparable et se conjugue comme* ***geben*** (gibt, gab, gegeben).

2 ▷ Rendez les copies maintenant, s'il vous plaît.
Gebt die Arbeiten jetzt ab, bitte.

2 ► **rendre** (en parlant de copies, d'un travail) **:** **abgeben**

ℹ ***ab•geben*** *est un verbe à particule séparable et se conjugue comme* ***geben****.*

3 ▷ Ça me rend triste !
Es macht mich traurig!

3 (= faire devenir) **machen**

4 ▷ Le pauvre Jean-Luc a rendu sur le bateau.
Der arme Jean-Luc musste sich auf dem Schiff übergeben.

4 ► **rendre** (= vomir) **:** sich **übergeben** (übergibt, übergab, übergeben)

ℹ *Les verbes commençant par le préfixe* ***über-*** *ne prennent pas* ***ge-*** *au participe passé.*

rêne

▷ Tiens les rênes.
Halte die Zügel.

der **Zügel** (pluriel **Zügel**)

renfort

▷ Nous aurons besoin de renforts pour bouger l'armoire.
Wir brauchen Verstärkung, um den Schrank umzuschieben.

► **renforts** (en parlant de personnes) **:** die **Verstärkung**

ℹ *Ce mot s'emploie uniquement au singulier.*

renifler

▷ Arrête de renifler, mouche-toi !
Hör auf zu schnüffeln, schnäuz dich!

schnüffeln

renne

▷ Ils élèvent des rennes.
Sie züchten Rentiere.

das **Rentier** /ˈreːntiːɐ/ (pluriel **-tiere**)

renommé, renommée

▷ Notre région est renommée pour son fromage.
Unsere Gegend ist für ihren Käse berühmt.

berühmt

renoncer

▷ C'est trop dur, je renonce !
Es ist zu schwer, ich geb's auf!

(= abandonner) **aufgeben**

ℹ ***auf•geben*** *est un verbe à particule séparable et se conjugue comme* ***geben*** (**gibt**, **gab**, **gegeben**).

renouvelable

1 ▷ Son visa n'est pas renouvelable.
Sein Visum ist nicht verlängerbar.

1 (= prolongeable) **verlängerbar**

2 ▷ Ils investissent dans les énergies renouvelables.
Sie investieren in erneuerbare Energien.

2 ► **énergie renouvelable :** die **erneuerbare Energie** (pluriel **Energien**)

renouveler

▷ As-tu renouvelé ton abonnement ?
Hast du dein Abonnement verlängert?

(= prolonger) **verlängern**

ℹ *Les verbes commençant par le préfixe* ***ver-*** *ne prennent pas* ***ge-*** *au participe passé.*

rénover

▷ La mairie a été rénovée l'année dernière.
Das Rathaus wurde letztes Jahr renoviert.

renovieren

ℹ *Les verbes se terminant en* ***–ieren*** *ne prennent pas* ***ge-*** *au participe passé.*

renseignement

▷ Ces renseignements sont très utiles.
Diese Auskünfte sind sehr nützlich.

▷ Appelle les renseignements, ils pourront te donner le numéro.
Ruf die Auskunft an, die kann dir die Nummer geben.

(= information) die **Auskunft** (pluriel **Auskünfte**)

► **les renseignements** (= le service des renseignements) : die **Auskunft**

ℹ *Au sens de* service, *ce mot s'emploie au singulier.*

renseigner

1 ▷ Il m'a mal renseigné et je me suis perdu.
Er hat mir eine falsche Auskunft gegeben und ich habe mich verirrt.

1 ► **renseigner** quelqu'un **:** jemandem (datif) **eine Auskunft geben** (**gibt**, **gab**, **gegeben**)

2 ▷ Je vais me renseigner sur les horaires de train.
Ich erkundige mich nach dem Zugfahrplan.
▷ Nadia s'est renseignée sur le prof de danse, il a l'air pas mal.
Nadia hat sich über den Tanzlehrer erkundigt, er scheint nicht schlecht zu sein.

2 ► se **renseigner :** sich erkundigen

ℹ *Le pronom personnel allemand s'emploie à l'accusatif :* ***ich erkundige mich, du erkundigst dich, er / sie erkundigt sich, wir erkundigen uns, ihr erkundigt euch, sie erkundigen sich.***

rentable

▷ C'est une affaire très rentable.
Es ist ein sehr einträgliches Geschäft.

einträglich

rentrée

▷ La rentrée est le 6 septembre.
Der Schulbeginn ist am 6. September.

der Schulbeginn

ℹ *On peut aussi employer la forme verbale avec* ***anfangen : Die Schule fängt am 6. September wieder an.***

rentrer

1 ▷ Rentrez vite, il fait froid.
Kommt schnell herein, es ist kalt.

▷ Ils sont rentrés dans le salon.
Sie sind ins Wohnzimmer gekommen.

1 (= venir dedans) hereinkommen

ℹ ***herein•kommen*** *est un verbe à particule séparable et se conjugue comme* ***kommen*** (kam, gekommen).

► **rentrer dans...** (= venir dans) : in ... kommen

ℹ *La préposition* ***in*** *est suivie de l'accusatif :* ***in den*** *(masculin),* ***in die*** *(féminin et pluriel),* ***ins = in das*** *(neutre).*

2 ▷ Nous sommes rentrés quand il a commencé à neiger.
Wir gingen hinein, als es anfing zu schneien.

▷ On est rentrés dans le bar pour boire un verre.
Wir sind in die Kneipe gegangen, um einen zu trinken.

2 (= aller dedans) hineingehen

ℹ ***hinein•gehen*** *est un verbe à particule séparable et se conjugue comme* ***gehen*** (ging, gegangen).

► **rentrer dans...** (= aller dans) : in... gehen

ℹ *La préposition* ***in*** *est suivie de l'accusatif :* ***in den*** *(masculin),* ***in die*** *(féminin et pluriel),* ***ins = in das*** *(neutre).*

3 ▷ Tu crois qu'on va tous rentrer dans la voiture ?
Glaubst du, dass wir alle ins Auto passen?
▷ Je ne rentre plus dans cette jupe.
Ich passe nicht mehr in diesen Rock.

3 ► **rentrer dans...** (= tenir dans un espace ou dans un vêtement) : in ... passen

ℹ *La préposition* ***in*** *est suivie de l'accusatif.*

4 ▷ Je suis fatigué, je rentre.
Ich bin müde, ich gehe nach Hause.

4 (= aller chez soi) nach Hause gehen

ℹ *On dit aussi* ***heimgehen****, qui est un verbe à particule séparable.*

5 ▷ J'étais déjà au lit quand Caroline est rentrée.
Ich war schon im Bett, als Caroline nach Hause kam.

5 (= arriver chez soi) **nach Hause kommen**
ℹ *On dit aussi* ***heimkommen****, qui est un verbe à particule séparable.*

6 ▷ La voiture est rentrée dans un arbre.
Das Auto ist gegen einen Baum geprallt.

6 ► **rentrer dans** quelque chose (= heurter) : **gegen** etwas (accusatif) **prallen**

7 ▷ Sois gentil, rentre le linge.
Sei so lieb und bring die Wäsche hinein.
▷ J'ai oublié de rentrer les courses !
Ich habe vergessen, die Einkäufe hineinzubringen!

7 (= mettre à l'intérieur) **hineinbringen**
ℹ ***hinein•bringen*** *est un verbe à particule séparable et se conjugue comme* ***bringen*** (brachte, gebracht).

renverser

1 ▷ Attention, ne renverse pas la bouteille.
Pass auf, wirf die Flasche nicht um.

1 (= faire tomber) **umwerfen**
ℹ ***um•werfen*** *est un verbe à particule séparable et se conjugue comme* ***werfen*** (wirft, warf, geworfen).

2 ▷ Benoît a renversé son café.
Benoît hat seinen Kaffee verschüttet.

2 (= répandre) **verschütten**
ℹ *Les verbes commençant par le préfixe* ***ver-*** *ne prennent pas* ***ge-*** *au participe passé.*

3 ▷ Madame Rainier s'est fait renverser par une voiture.
Frau Rainier ist von einem Auto umgefahren worden.

3 ► se **faire renverser** (en parlant d'un piéton) : **umgefahren werden** (wird, wurde, worden)

renvoyer

1 ▷ Matthieu a été renvoyé du lycée.
Matthieu wurde vom Gymnasium verwiesen.

1 (= expulser définitivement) **verweisen** (verwies, verwiesen)
ℹ *Les verbes commençant par le préfixe* ***ver-*** *ne prennent pas* ***ge-*** *au participe passé.*

2 ▷ Anne a été renvoyée trois jours.
Anne wurde drei Tage ausgeschlossen.

2 (= expulser provisoirement) **ausschließen**
ℹ ***aus•schließen*** *est un verbe à particule séparable et se conjugue comme* ***schließen*** (schloss, geschlossen).

3 ▷ Renvoie-moi la balle !
Wirf mir den Ball zurück!
▷ Mario m'a renvoyé le ballon et j'ai fait une passe à Rachid.
Mario hat mir den Ball zurückgeschossen und ich habe ihn Rachid zugespielt.

3 *Quand* **renvoyer** *signifie « lancer », on peut traduire soit par* ***zurückwerfen*** *si on le fait à la main, soit par* ***zurückschießen*** *si on le fait avec le pied.*
ℹ ***zurück•werfen*** *et* ***zurück•schießen*** *sont des verbes à particule séparable et se conjuguent comme* ***werfen*** (wirft, warf, geworfen) *et* ***schießen*** (schoss, geschossen).

réparation

▷ La réparation de la télé a pris trois semaines.
Die Reparatur des Fernsehers hat drei Wochen gedauert.

die **Reparatur** (pluriel **Reparaturen**)

réparer

▷ La télé a été réparée.
Der Fernseher ist repariert worden.

reparieren

ℹ *Les verbes se terminant en **-ieren** ne prennent pas **ge-** au participe passé.*

repartir

▷ Repartons, nous avons encore trois heures de route.
Brechen wir wieder auf, wir haben noch drei Stunden Fahrt.

(= reprendre la route) **wieder aufbrechen**

ℹ ***auf•brechen** est un verbe à particule séparable et se conjugue comme **brechen*** (**bricht**, **brach**, **gebrochen**).

répartir

▷ Le professeur a réparti le travail entre trois équipes.
Der Lehrer hat die Arbeit auf drei Teams verteilt.

(= partager) **verteilen**

ℹ *Notez l'emploi de la préposition en allemand :* répartir entre ... = ***auf ... verteilen***.

ℹ *Les verbes commençant par le préfixe **ver-** ne prennent pas **ge-** au participe passé.*

repas

1 ▷ Les repas à l'hôtel sont très bons.
Das Essen im Hotel ist sehr gut.

1 (= nourriture) das **Essen**

ℹ *Ce mot s'emploie uniquement au singulier.*

2 ▷ On nous a servi quatre repas pendant le vol !
Während des Flugs hat man uns vier Mahlzeiten serviert!

▷ Nous prenons nos repas dans la cuisine.
Wir essen in der Küche.

2 (= fait de manger) die **Mahlzeit** (pluriel **Mahlzeiten**)

► **prendre un repas : essen** (**isst**, **aß**, **gegessen**)

ℹ *On dit aussi **eine Mahlzeit einnehmen**, qui est plus formel.*

repassage

▷ Je déteste le repassage !
Ich hasse das Bügeln!

▷ Ce soir, je dois faire du repassage.
Heute Abend muss ich bügeln.

das **Bügeln**

ℹ *C'est un verbe substantivé qui ne s'emploie qu'au singulier.*

► **faire du repassage : bügeln**

repasser

1 ▷ Je dois repasser ma chemise.
Ich muss mein Hemd bügeln.

1 ► **repasser** quelque chose (avec un fer à repasser) **:** etwas (accusatif) **bügeln**

2 ▷ Pierre a dû repasser son permis de conduire.
Pierre musste seinen Führerschein noch einmal machen.

2 ► **repasser** quelque chose (en parlant d'un examen ou du permis de conduire) : **noch einmal machen**

3 ▷ Est-ce que tu repasseras devant la boulangerie ?
Gehst du noch einmal an der Bäckerei vorbei?
▷ Je dois repasser à la maison.
Ich muss noch einmal zu Hause vorbeigehen.

3 (= aller de nouveau d'un endroit à un autre) **noch einmal vorbeigehen**

ℹ *vorbei•gehen est un verbe à particule séparable et se conjugue comme gehen* (ging, gegangen).

4 ▷ Marc repassera ce soir.
Marc kommt heute Abend noch einmal vorbei.
▷ Repassez demain, ce sera prêt.
Kommen Sie morgen noch einmal vorbei, dann ist es fertig.

4 (= revenir) **noch einmal vorbeikommen**

ℹ *vorbei•kommen est un verbe à particule séparable et se conjugue comme kommen* (kam, gekommen).

repeindre

▷ Mon père a repeint la maison avec un copain.
Mein Vater hat das Haus mit einem Freund neu gestrichen.

neu streichen (strich, gestrichen)

repérer

1 ▷ Ils sont quelque part sur la plage, essaie de les repérer.
Sie sind irgendwo am Strand, versuch, sie ausfindig zu machen.

1 (= trouver, situer) **ausfindig machen**

2 ▷ Je n'arrive pas à me repérer dans ce centre commercial.
Ich finde mich in diesem Einkaufszentrum nicht zurecht.
▷ Avec un plan de la ville vous vous repérerez mieux.
Mit einem Stadtplan werdet ihr euch besser zurechtfinden.

2 ► se **repérer** (= s'orienter) : **sich zurechtfinden**

ℹ *zurecht•finden est un verbe à particule séparable et se conjugue comme finden* (fand, gefunden).

ℹ *Le pronom personnel allemand s'emploie à l'accusatif : ich finde mich zurecht, du findest dich zurecht, er / sie findet sich zurecht, wir finden uns zurecht, ihr findet euch zurecht, sie finden sich zurecht.*

répertoire

1 ▷ Sauvegarde ton fichier dans un autre répertoire.
Sicher deine Datei in einem anderen Verzeichnis.

1 (en informatique) **das Verzeichnis** (pluriel **Verzeichnisse**)

2 ▷ Elle n'a que deux chansons à son répertoire.
Sie hat nur zwei Lieder in ihrem Repertoire.

2 (d'un chanteur) **das Repertoire** (pluriel **Repertoires**)

🔈 *Se prononce comme en français. Le s du pluriel se prononce en allemand.*

répéter

1 ▷ Tu peux répéter, s'il te plaît ? Je n'ai pas compris.
Kannst du bitte wiederholen? Ich habe nicht verstanden.

1 (= redire) **wiederholen**

2 ▷ On répète tous les mardis.
Wir proben dienstags.

2 (= s'entraîner) **proben**

répétition

1 ▷ Il y a trop de répétitions dans ta rédaction.
In deinem Aufsatz gibt es zu viele Wiederholungen.

1 (= mot ou phrase répété) die **Wiederholung** (pluriel Wiederholungen)

2 ▷ La répétition est à six heures.
Die Probe ist um sechs.

2 (= séance d'entraînement) die **Probe** (pluriel Proben)

répondeur

▷ J'avais six messages sur le répondeur.
Ich hatte sechs Nachrichten auf dem Anrufbeantworter.

der **Anrufbeantworter** (pluriel -beantworter)

répondre

1 ▷ Tu pourrais me répondre quand je te pose une question !
Du könntest mir doch antworten, wenn ich dir eine Frage stelle!

1 ► **répondre à** (une personne) : *datif* + **antworten**

2 ▷ Je ne veux pas répondre à cette question.
Ich will diese Frage nicht beantworten.

2 ► **répondre à** (une question) : *accusatif* + **beantworten**

3 ▷ Réponds, s'il te plaît, j'ai les mains sales.
Nimm bitte ab, ich habe schmutzige Hände.

3 ► **répondre** (au téléphone) : **abnehmen**

ℹ *ab•nehmen est un verbe à particule séparable et se conjugue comme* ***nehmen*** (nimmt, nahm, genommen).

▷ Ça ne répond pas, ils doivent être déjà partis.
Niemand nimmt ab, sie sind wohl schon gegangen.

► **ça ne répond pas :** niemand nimmt ab

réponse

▷ C'était la mauvaise réponse.
Das war die falsche Antwort.

die **Antwort** (pluriel Antworten)

reportage

▷ Vous avez vu le reportage sur le Tour de France ?
Habt ihr die Reportage über die Tour de France gesehen?

die **Reportage** /repɔr'taːʒə/ (pluriel Reportagen)

reporter

▷ La réunion parents-profs est reportée à mardi.
Die Eltern-Lehrer-Versammlung wurde auf Dienstag verschoben.

(= remettre à plus tard) **verschieben** (verschob, verschoben)

repos

▷ Le médecin a dit que Christophe avait besoin de repos.
Der Arzt hat gesagt, dass Christophe Ruhe braucht.

(= détente) die **Ruhe**

se reposer

▷ Repose-toi avant de partir.
Ruh dich aus, bevor du gehst.
▷ Ça va mieux, je me suis bien reposée.
Es geht mir besser, ich habe mich gut ausgeruht.
▷ Demain vous pourrez vous reposer.
Morgen könnt ihr euch ausruhen.

(= prendre du repos) sich **ausruhen**
ℹ ***aus•ruhen*** *est un verbe à particule séparable.*
ℹ *Le pronom personnel allemand s'emploie à l'accusatif :* ***ich ruhe mich aus, du ruhst dich aus, er / sie ruht sich aus, wir ruhen uns aus, ihr ruht euch aus, sie ruhen sich aus.***

repousser

1 ▷ Elle l'a repoussé froidement.
Sie hat in kalt abgewiesen.

1 (une personne gênante) **abweisen**
ℹ ***ab•weisen*** *est un verbe à particule séparable et se conjugue comme* ***weisen*** (wies, gewiesen).

2 ▷ La date de l'examen a été repoussée à lundi.
Der Prüfungstermin ist auf Montag verschoben worden.

2 (= reporter) **verschieben** (verschob, verschoben)
ℹ *Les verbes commençant par le préfixe* ***ver-*** *ne prennent pas* ***ge-*** *au participe passé.*

3 ▷ Tes cheveux repousseront vite.
Deine Haare werden schnell wieder wachsen.

3 (végétation, cheveux) **wieder wachsen** (wächst, wuchs, gewachsen)

reprendre

1 ▷ Reprends du gâteau si tu veux.
Nimm noch etwas Kuchen, wenn du willst.

1 ► **reprendre** quelque chose (= en prendre encore) : **noch ... nehmen** (nimmt, nahm, genommen)

2 ▷ Il a repris son livre sans me le dire, et moi je l'ai cherché partout.
Er hat sein Buch zurückgenommen, ohne es mir zu sagen, und ich habe es überall gesucht.

2 (= récupérer) **zurücknehmen**
ℹ ***zurück•nehmen*** *est un verbe à particule séparable et se conjugue comme* ***nehmen.***

3 ▷ Quand est-ce que vous reprenez l'école ?
Wann müsst ihr wieder in die Schule?

3 ► **reprendre l'école : wieder in die Schule müssen**

4 ▷ Le professeur nous reprend quand nous faisons des fautes.
Der Lehrer verbessert uns, wenn wir Fehler machen.

4 ► **reprendre** quelqu'un (= le corriger) : jemanden (accusatif) verbessern

ℹ *Les verbes commençant par le préfixe* ***ver-*** *ne prennent pas* ***ge-*** *au participe passé.*

5 ▷ Les cours reprennent le 6 septembre.
Die Schule fängt am 6. September wieder an.

5 (= recommencer) wieder anfangen

ℹ ***an•fangen*** *est un verbe à particule séparable et se conjugue comme* ***fangen*** (fängt, fing, gefangen).

représentant, représentante

▷ On devrait choisir un représentant pour parler au proviseur.
Wir sollten einen Vertreter wählen, um mit dem Schulleiter zu sprechen.

der Vertreter (pluriel Vertreter), die Vertreterin (pluriel Vertreterinnen)

représentatif, représentative

▷ C'est un échantillon représentatif de la population.
Es ist eine repräsentative Stichprobe der Bevölkerung.

repräsentativ

Attention à l'orthographe du mot allemand.

représentation

▷ La représentation commence à huit heures.
Die Vorstellung beginnt um acht Uhr.

(= pièce de théâtre) die Vorstellung (pluriel Vorstellungen)

représenter

1 ▷ Amandine a représenté la classe.
Amandine hat die Klasse vertreten.

1 (= être le représentant de) vertreten (vertritt, vertrat, vertreten)

ℹ *Les verbes commençant par le préfixe* ***ver-*** *ne prennent pas* ***ge-*** *au participe passé.*

2 ▷ Que représente ce tableau ?
Was stellt dieses Bild dar?

2 (= évoquer, exprimer) darstellen

ℹ ***dar•stellen*** *est un verbe à particule séparable.*

3 ▷ Cette photo représente beaucoup pour moi.
Dieses Foto bedeutet viel für mich.

3 (= signifier) bedeuten

ℹ *Les verbes commençant par le préfixe* ***be-*** *ne prennent pas* ***ge-*** *au participe passé.*

reproche

▷ Ce n'est pas un reproche !
Das ist kein Vorwurf!
▷ Mes parents me font tout le temps des reproches.
Meine Eltern machen mir die ganze Zeit Vorwürfe.

der Vorwurf (pluriel Vorwürfe)

► **faire des reproches** à quelqu'un : jemandem (datif) Vorwürfe machen

reprocher

▷ Le professeur reproche à Raoul de ne pas travailler assez.
Der Lehrer wirft Raoul vor, nicht genügend zu lernen.

► **reprocher à** quelqu'un **de** + *infinitif* **:** jemandem (datif) **vorwerfen, zu** + *infinitif*

ℹ ***vor•werfen*** *est un verbe à particule séparable et se conjugue comme* ***werfen*** (**wirft**, **warf**, **geworfen**).

reptile

▷ Au zoo, il y a un bâtiment spécial pour les reptiles.
Im Zoo gibt es ein besonderes Gebäude für die Reptilien.

das **Reptil** (pluriel **Reptilien**)

république

▷ Notre pays est une république.
Unser Land ist eine Republik.

die **Republik**

réputation

▷ Ce lycée a une bonne réputation.
Dieses Gymnasium hat einen guten Ruf.

der **Ruf**

ℹ *Ce mot s'emploie uniquement au singulier.*

réputé, réputée

▷ Le cousin d'Emma est un écrivain réputé.
Emmas Cousin ist ein bekannter Schriftsteller.

(= connu) **bekannt**

requête

▷ Tu dois changer la requête.
Du musst die Abfrage ändern.

(en informatique) die **Abfrage** (pluriel **-fragen**)

requin

▷ Le documentaire sur les requins était impressionnant.
Der Dokumentarfilm über Haie war beeindruckend.

der **Hai** (pluriel **Haie**)

réseau

▷ C'est le nom d'un réseau social.
Es ist der Name eines sozialen Netzwerks.

▷ On peut jouer en réseau.
Man kann im Netzwerk spielen.

(Internet) das **Netzwerk** (pluriel **-werke**)

► **en réseau :** im Netzwerk

réseauter

▷ J'aime bien réseauter sur Internet.
Ich vernetze mich gern im Internet.

sich **vernetzen**

ℹ *Les verbes commençant par le préfixe* ***ver-*** *ne prennent pas* ***ge-*** *au participe passé.*

réservation

▷ J'ai fait une réservation dans un hôtel.
Ich habe eine Hotelreservierung gemacht.

die **Reservierung** (pluriel **Reservierungen**)

réserve

▷ Nous avons une réserve de bougies en cas de coupure de courant.
Wir haben einen Vorrat an Kerzen für den Fall eines Stromausfalls.

der **Vorrat** (pluriel **Vorräte**)

ℹ *Notez l'emploi de la préposition en allemand :* une réserve de = ***ein Vorrat an***.

réserver

▷ Les billets sont moins chers si tu réserves plus tôt.
Die Karten sind billiger, wenn du sie früher reservierst.
▷ Réserve-moi une place.
Reserviere mir einen Platz.

(= retenir à l'avance, garder) **reservieren**

ℹ *Les verbes se terminant en **-ieren** ne prennent pas **ge-** au participe passé.*

réservoir

▷ Le réservoir contient combien de litres d'essence ?
Wie viele Liter Benzin fasst der Tank?

(de véhicule) der **Tank** (pluriel **Tanks**)

résidence

1 ▷ Sa résidence officielle est à Paris.
Ihr offizieller Wohnsitz ist in Paris.

1 (= domicile) der **Wohnsitz** (pluriel **Wohnsitze**)

2 ▷ Elle habite dans une résidence près de l'école.
Sie wohnt in einer Wohnanlage in der Nähe der Schule.

2 (= immeuble) die **Wohnanlage** (pluriel **-anlagen**)

3 ▷ Ils ont une résidence secondaire en Provence.
Sie haben ein Ferienhaus in der Provence.

3 ► **résidence secondaire :** das **Ferienhaus** (pluriel **-häuser**)

4 ▷ Mon frère a une chambre dans une résidence universitaire.
Mein Bruder hat ein Zimmer im Studentenwohnheim.

4 ► **résidence universitaire :** das **Studentenwohnheim** (pluriel **-heime**)

résistant, résistante

1 ▷ Célia est très résistante, elle n'est jamais malade.
Célia ist sehr robust, sie ist nie krank.

1 (en parlant d'une personne) **robust**

2 ▷ C'est un tissu très résistant.
Das ist ein sehr fester Stoff.

2 (en parlant d'un matériau) **fest**

résister à

▷ Je n'ai pas pu lui résister, il est si beau !
Ich konnte ihm nicht widerstehen, er sieht so gut aus!

(= ne pas céder à) **widerstehen** (widerstand, widerstanden)

résoudre

▷ Personne n'a pu résoudre le problème de maths.
Niemand konnte die Matheaufgabe lösen.

lösen

respect

▷ J'ai beaucoup de respect pour lui.
Ich habe viel Respekt vor ihm.

der **Respekt**

Notez l'emploi des prépositions : **respect pour** = ***Respekt vor***.

respecter

▷ Il est important de respecter les autres si on veut être respecté soi-même.
Es ist wichtig, andere zu achten, wenn man selbst geachtet werden will.

(en parlant d'une personne) **achten**

On dit aussi ***respektieren***.

respectueux, respectueuse

1 ▷ Ce sont des voisins respectueux.
Es sind respektvolle Nachbarn.

1 **respektvoll**

2 ▷ Ils sont respectueux de la loi.
Sie halten sich an das Gesetz.

2 ► **être respectueux de la loi :** sich **an das Gesetz halten** (hält, hielt, gehalten)

respiration

▷ Je retiens ma respiration et tu comptes.
Ich halte meinen Atem an und du zählst.

(= souffle) der **Atem**

respirer

▷ Mon grand-père a du mal à respirer.
Mein Großvater atmet schwer.

atmen

responsable

1 ▷ Chaque équipe est responsable d'une partie du travail.
Jedes Team ist für einen Teil der Arbeit verantwortlich.

1 ► **responsable de ... :** für + *accusatif* + **verantwortlich**

2 ▷ On cherche les responsables.
Die Verantwortlichen werden gesucht.

2 (= personne) der / die **Verantwortliche** (pluriel Verantwortlichen)

C'est un adjectif substantivé : on dit ***ein Verantwortlicher***.

ressemblant, ressemblante

▷ Le portrait est très ressemblant.
Das Porträt ist sehr ähnlich.

ähnlich

ressembler

▷ Joël ressemble à sa mère.
Joël sieht seiner Mutter ähnlich.
▷ Je ne comprends pas, ça ne lui ressemble pas du tout !
Ich verstehe das nicht, das sieht ihm überhaupt nicht ähnlich!
▷ Les deux frères ne se ressemblent pas beaucoup.
Die beiden Brüder sehen sich nicht sehr ähnlich.

► **ressembler à** quelqu'un (physiquement ou moralement) : jemandem (datif) **ähnlich sehen** (sieht, sah, gesehen)

► **se ressembler :** sich ähnlich sehen

ressort

1 ▷ Les ressorts du canapé sont complètement cassés.
Die Federn des Sofas sind ganz kaputt.

1 (= pièce de métal) die **Feder** (pluriel Federn)

2 ▷ Les conditions ne sont pas de mon ressort !
Ich bin nicht für die Bedingungen zuständig!

2 *Pour dire que* quelque chose **est du ressort de** quelqu'un, *on traduit par jemand* ***ist für*** *etwas* ***zuständig****, en inversant le sujet.*

ressortir

1 ▷ Lucas est ressorti pour me parler.
Lucas kam noch einmal heraus, um mit mir zu sprechen.

1 (= venir dehors) **noch einmal herauskommen**

ℹ ***heraus•kommen*** *est un verbe à particule séparable et se conjugue comme* ***kommen*** (kam, gekommen).

2 ▷ Il pleut, je n'ai pas envie de ressortir.
Es regnet, ich habe keine Lust, noch einmal hinauszugehen.
▷ Tout à l'heure, je ressortirai avec le chien.
Ich gehe nachher noch einmal mit dem Hund hinaus.

2 (= aller dehors) **noch einmal hinausgehen**

ℹ ***hinaus•gehen*** *est un verbe à particule séparable et se conjugue comme* ***gehen*** (ging, gegangen).

ressources

1 ▷ Elle disposait de plusieurs ressources pour préparer son exposé.
Sie verfügte über mehrere Mittel, um ihr Referat vorzubereiten.

1 (= moyens) die **Mittel** (pluriel)

2 ▷ Leur pays a d'énormes ressources naturelles.
Ihr Land verfügt über enorme Bodenschätze.

2 ► **ressources naturelles :** Bodenschätze

ℹ *Ce mot est un pluriel.*

restaurant

▷ Mon oncle nous a conseillé un restaurant indien.
Mein Onkel hat uns ein indisches Restaurant empfohlen.

das **Restaurant** (pluriel Restaurants)

🔈 *Se prononce comme en français. Le* **s** *du pluriel se prononce en allemand.*

reste

1 ▷ On va payer le repas, et avec le reste de l'argent, on ira au musée.
Wir bezahlen das Essen, und mit dem Rest des Geldes gehen wir ins Museum.

1 ► **le reste** (= la partie restante) : der **Rest**

*On peut aussi employer la forme adjectivale avec **übrig** : **das übrige Geld** = l'argent restant.*

2 ▷ Nous allons manger les restes au dîner.
Zu Abend essen wir Reste.

2 ► **restes** (de nourriture) **:** die **Reste**

rester

1 ▷ Reste encore un peu.
Bleib noch ein bisschen.

1 (dans un endroit, dans une position) **bleiben** (blieb, geblieben)

2 ▷ Vous pouvez emporter les bonbons qui restent.
Die Bonbons, die übrig sind, könnt ihr mitnehmen.
▷ Il reste du champagne, qui en veut ?
Es ist noch Champagner übrig, will jemand davon?
▷ Est-ce qu'il reste encore du gâteau ?
Ist noch Kuchen übrig?
▷ Il nous reste cinquante euros.
Wir haben noch fünfzig Euro.
▷ Combien te reste-t-il ?
Wie viel hast du noch?

2 (= subsister) **übrig sein**

Pour traduire la tournure impersonnelle **il reste**, *on emploie **es ist** (singulier) ou **es sind** (pluriel) **noch ... übrig** en allemand.*

*À l'interrogatif, on demande **ist noch ... übrig?** ou **sind noch ... übrig?***

Quand **il reste** *est employé avec un complément d'objet indirect, on traduit par **noch... haben** (hat, hatte, gehabt) en allemand.*

résultat

▷ Nous avons eu de très bons résultats.
Wir hatten sehr gute Ergebnisse.

das **Ergebnis** (pluriel Ergebnisse)

résumé

▷ Je dois faire un résumé du texte pour demain.
Für morgen muss ich eine Zusammenfassung des Textes machen.

die **Zusammenfassung** (pluriel -fassungen)

résumer

▷ Il est très difficile de résumer le film.
Es ist schwierig, den Film zusammenzufassen.

zusammenfassen

__zusammen•fassen__ est un verbe à particule séparable.

se rétablir

▷ Il s'est vite rétabli.
Er hat sich schnell erholt.

sich **erholen**

*Les verbes commençant par le préfixe **er-** ne prennent pas **ge-** au participe passé.*

retard

1 ▷ Le train avait du retard.
Der Zug hatte Verspätung.

1 ► **avoir du retard :** Verspätung haben (hat, hatte, gehabt)

2 ▷ Charlie arrive toujours en retard.
Charlie kommt immer zu spät.

2 ► **en retard :** zu spät

retarder

1 ▷ Mes grands-parents ont retardé leur départ de deux jours.
Meine Großeltern haben ihre Abreise um zwei Tage verzögert.

1 (= remettre à plus tard) verzögern

ℹ *Les verbes commençant par le préfixe* ***ver-*** *ne prennent pas* ***ge-*** *au participe passé.*

2 ▷ Dépêche-toi, tu nous retardes !
Beeil dich, du hältst uns auf!
▷ Désolé, j'ai été retardé.
Es tut mir Leid, ich wurde aufgehalten.

2 ► **retarder** quelqu'un (= le ralentir) : jemanden (accusatif) aufhalten

ℹ ***auf•halten*** *est un verbe à particule séparable et se conjugue comme* ***halten*** (hält, hielt, gehalten).

3 ▷ Ma montre retarde de cinq minutes.
Meine Uhr geht fünf Minuten nach.

3 (en parlant d'une montre, d'une horloge) nachgehen

ℹ ***nach•gehen*** *est un verbe à particule séparable et se conjugue comme* ***gehen*** (ging, gegangen).

retenir

1 ▷ Retiens le chien, je fais sortir le chat.
Halte den Hund zurück, ich lasse die Katze heraus.

1 (= maintenir) zurückhalten

ℹ ***zurück•halten*** *est un verbe à particule séparable et se conjugue comme* ***halten*** (hält, hielt, gehalten).

2 ▷ Est-ce que cette table est retenue ?
Ist dieser Tisch reserviert?

2 (= réserver) reservieren

ℹ *Les verbes se terminant en* ***-ieren*** *ne prennent pas* ***ge-*** *au participe passé.*

3 ▷ J'ai du mal à retenir ma leçon.
Ich habe Mühe, meine Lektion zu behalten.

3 (= se rappeler) behalten (behält, behielt, behalten)

4 ▷ Lydie peut retenir son souffle pendant quarante secondes.
Lydie kann ihren Atem vierzig Sekunden lang anhalten.

4 ► **retenir son souffle :** seinen Atem anhalten

ℹ ***an•halten*** *est un verbe à particule séparable et se conjugue comme* ***halten***.

5 ▷ J'ai dû me retenir pour ne pas rire.
Ich musste mich beherrschen, um nicht zu lachen.

5 ► se **retenir pour ne pas** + *infinitif* **:** sich beherrschen, um nicht zu + *infinitif*

retenue

▷ J'ai eu deux heures de retenue.
Ich bekam zwei Stunden Nachsitzen.

(= colle) Nachsitzen

ℹ *On peut aussi employer la forme verbale :* ***Ich musste zwei Stunden nachsitzen.***

retirer

1 ▷ Retire ton manteau, il fait chaud.
Zieh deinen Mantel aus, es ist warm.
▷ Est-ce que je peux retirer mes chaussures ?
Darf ich meine Schuhe ausziehen?

1 (= enlever, en parlant d'un vêtement) **ausziehen**
aus•ziehen est un verbe à particule séparable et se conjugue comme ziehen (zog, gezogen).

2 ▷ J'ai retiré les allumettes à mon petit frère.
Ich habe meinem kleinen Bruder die Streichhölzer weggenommen.

2 ► **retirer** quelque chose **à** quelqu'un **:** jemandem (datif) etwas **wegnehmen**
weg•nehmen est un verbe à particule séparable et se conjugue comme nehmen (nimmt, nahm, genommen).

3 ▷ Siri s'est brûlée en retirant le plat du four.
Siri hat sich verbrannt, als sie den Topf aus dem Ofen nahm.

3 ► **retirer** quelque chose (= le sortir) : etwas **aus** + *datif* + **nehmen**

4 ▷ Je dois aller à la banque pour retirer de l'argent.
Ich muss zur Bank gehen, um Geld abzuheben.

4 (en parlant d'argent) **abheben**
ab•heben est un verbe à particule séparable et se conjugue comme heben (hob, gehoben).

retomber

▷ Le ballon est retombé sur le toit.
Der Ball kam auf das Dach auf.

(= atterrir) **aufkommen**
auf•kommen est un verbe à particule séparable et se conjugue comme kommen (kam, gekommen).

retour

1 ▷ Le retour m'a semblé plus court que l'aller.
Der Rückweg schien mir kürzer als die Hinweg.
▷ C'est ma mère qui a conduit au retour.
Auf dem Rückweg ist meine Mutter gefahren.

1 (= trajet) der **Rückweg** (pluriel **-wege**)
► **au retour :** auf dem Rückweg

2 ▷ Appelle-moi à ton retour.
Ruf mich an, wenn du nach Hause kommst.
▷ À notre retour, nous avons trouvé la porte ouverte.
Als wir nach Hause kamen, fanden wir die Tür offen.

2 *Pour parler du moment où on* **rentre** *en allemand, on emploie une phrase avec* ***wenn*** *(pour le présent ou le futur) ou* ***als*** *(pour le passé) +* ***nach Hause kommen*** (kam, gekommen).

retourner

1 ▷ Retourne les escalopes, s'il te plaît.
Dreh bitte die Schnitzel um.

1 (= mettre de l'autre côté) **umdrehen**
um•drehen est un verbe à particule séparable.

2 ▷ Christian retourne en Italie chaque année.
Christian geht jeden Sommer wieder nach Italien.

2 (= repartir) **wieder gehen** (ging, gegangen)

▷ Nadine retourne en Inde l'année prochaine.
Nadine fliegt nächstes Jahr wieder nach Indien.

*Quand il est évident que la personne se déplace en voiture, en train ou en avion, on dit **wieder fahren** (fährt, fuhr, gefahren) ou **wieder fliegen** (flog, geflogen).*

3 ▷ Ne te retourne pas, il est juste derrière toi.
Dreh dich nicht um, er steht direkt hinter dir.
▷ Il s'est retourné et il m'a regardée.
Er hat sich umgedreht und mich angesehen.

3 ► se **retourner :** sich **umdrehen**

ℹ *Le pronom personnel allemand s'emploie à l'accusatif : **ich drehe mich um, du drehst dich um, er / sie dreht sich um, wir drehen uns um, ihr dreht euch um, wir drehen uns um.***

retraite

▷ Mon oncle est à la retraite.
Mein Onkel ist im Ruhestand.

► **être à la retraite :** im **Ruhestand sein**

ℹ *On dit aussi **in Rente sein.***

▷ Mon père veut prendre sa retraite à cinquante ans.
Mein Vater will mit fünfzig Jahren in den Ruhestand gehen.

► **prendre sa retraite :** in den **Ruhestand gehen** (ging, gegangen)

ℹ *On dit aussi **in Rente gehen.***

retraité, retraitée

▷ Il y a beaucoup de retraités dans l'association.
Im Verein sind viele Rentner.

der **Rentner** (pluriel Rentner), die **Rentnerin** (pluriel Rentnerinnen)
► **les retraités :** die **Rentner**

ℹ *On dit aussi **Ruheständler(in).***

rétrécir

▷ Oh non ! Mon pull a rétréci au lavage !
Oh nein! Mein Pulli ist beim Waschen eingegangen!
▷ Ton T-shirt a bien rétréci !
Dein T-Shirt ist ganz schön eingelaufen!

(en parlant d'un vêtement) **eingehen** *ou* **einlaufen**

ℹ *Ce sont des verbes à particule séparable et se conjuguent comme **gehen** (ging, gegangen) et **laufen** (läuft, lief, gelaufen).*

retrousser

1 ▷ Retrousse tes manches avant de faire la pâte.
Krempel deine Ärmel hoch, bevor du den Teig machst.

1 (en parlant des manches ou du bas d'un pantalon) **hochkrempeln**

ℹ ***hoch•krempeln** est un verbe à particule séparable.*

2 ▷ Cora retroussait sa jupe pour monter sur la moto.
Cora hob ihren Rock hoch, um auf das Motorrad zu steigen.

2 (en parlant d'une jupe ou d'une robe) **hochheben**

ℹ ***hoch•heben** est un verbe à particule séparable et se conjugue comme **heben** (hob, gehoben).*

retrouver

1 ▷ Emmanuelle n'a jamais retrouvé son porte-monnaie.
Emmanuelle hat ihren Geldbeutel nie wiedergefunden.

1 (en parlant de quelque chose qu'on avait égaré) **wiederfinden**
ℹ *wieder•finden est un verbe à particule séparable et se conjugue comme finden* (fand, gefunden).

2 ▷ Allez-y, je vous retrouverai au restaurant.
Geht schon, ich treffe euch im Restaurant.

2 (= rejoindre quelqu'un) **treffen** (trifft, traf, getroffen)

3 ▷ Si tu veux, on peut se retrouver devant le cinéma.
Wenn du willst, können wir uns vor dem Kino treffen.

3 ► se **retrouver** (= se rencontrer) : sich **treffen**

4 ▷ Nous nous sommes perdus et nous nous sommes retrouvés à cinq kilomètres de la maison.
Wir haben uns verirrt und sind fünf Kilometer vom Haus entfernt gelandet.

4 ► se **retrouver** (= finir) : **landen**

rétroviseur

1 ▷ Le rétroviseur est trop haut, on ne voit rien.
Der Außenspiegel ist zu hoch, man sieht nichts.

1 (sur le côté) der **Außenspiegel** (pluriel –spiegel)
ℹ *außen signifie « extérieur ».*

2 ▷ Didier nous a regardés dans le rétroviseur.
Didier sah uns im Rückspiegel an.

2 (au milieu) der **Rückspiegel** (pluriel –spiegel)

réunion

1 ▷ Ma mère rentrera tard, elle va à une réunion à la mairie.
Meine Mutter kommt spät nach Hause, sie geht zu einer Versammlung ins Rathaus.

1 (= assemblée) die **Versammlung** (pluriel Versammlungen)

2 ▷ Ton père va-t-il à la réunion de parents d'élèves ?
Geht dein Vater zum Elternabend?

2 ► **réunion de parents d'élèves :** der **Elternabend**

réussi, réussie

▷ Merci pour la soirée, c'était très réussi.
Vielen Dank für den Abend, er war sehr gelungen.

(= bien) **gelungen**

réussir

1 ▷ Pour réussir dans la vie, il faut travailler.
Um im Leben erfolgreich zu sein, muss man arbeiten.

1 (= avoir du succès) **erfolgreich sein**

2 ▷ Comment as-tu réussi à la convaincre ?
Wie ist es dir gelungen, sie zu überzeugen?

2 ► quelqu'un **réussit à** + *infinitif* : jemandem (datif) **gelingt es, zu** + *infinitif* (**gelang, gelungen**)

Notez l'emploi impersonnel du verbe allemand.

3 ▷ Le frère d'Angèle a réussi son examen.
Angèles Bruder hat seine Prüfung bestanden.
▷ Je dois absolument réussir à cet examen.
Ich muss diese Prüfung unbedingt bestehen.

3 ► **réussir un examen** *ou* **réussir à un examen** : **eine Prüfung bestehen** (**bestand, bestanden**)

Les verbes commençant par le préfixe ***be-*** *ne prennent pas* ***ge-*** *au participe passé.*

réussite

▷ La fête était une grande réussite.
Die Party war ein großer Erfolg.

der **Erfolg** (pluriel **Erfolge**)

revanche

1 ▷ Tu as gagné la première partie, mais je veux une revanche.
Du hast die erste Runde gewonnen, aber ich will eine Revanche.

1 (= deuxième partie) die **Revanche** /re'vã:ʃə/ (pluriel **Revanchen**)

Notez la prononciation.

2 ▷ Émilie veut prendre sa revanche sur Mathieu.
Émilie will sich bei Mathieu revanchieren.
▷ Ils ont pris leur revanche.
Sie haben sich revanchiert.

2 ► **prendre** sa **revanche sur** quelqu'un : sich **bei** jemandem (datif) **revanchieren**

Les verbes se terminant en ***-ieren*** *ne prennent pas* ***ge-*** *au participe passé.*

Le pronom personnel allemand s'emploie à l'accusatif : ***ich revanchiere mich, du revanchierst dich, er / sie revanchiert sich, wir revanchieren uns, ihr revanchiert euch, sie revanchieren sich.***

rêve

▷ J'ai fait un rêve horrible.
Ich hatte einen furchtbaren Traum.

der **Traum** (pluriel **Träume**)

réveil

1 ▷ Le réveil a sonné à sept heures.
Der Wecker hat um sieben Uhr geklingelt.
▷ J'ai mis le réveil à huit heures.
Ich habe den Wecker auf acht Uhr gestellt.

1 (= horloge) der **Wecker** (pluriel **Wecker**)
► **mettre le réveil à** + *heure* : **den Wecker auf** + *heure* + **stellen**

2 ▷ Au réveil j'ai trouvé le chien dans mon lit.
Beim Aufwachen habe ich den Hund in meinem Bett gefunden.

2 (= sortie du sommeil) das **Aufwachen**

réveiller

1 ▷ Les cloches de l'église m'ont réveillé.
Die Kirchenglocken haben mich geweckt.

1 ► **réveiller** quelqu'un : jemanden wecken

ℹ *On dit aussi* ***aufwecken****.*

2 ▷ Adeline se réveille tous les matins à six heures et demie.
Adeline wacht jeden Morgen um halb sieben auf.
▷ À quelle heure te réveilles-tu le matin ?
Wann wachst du morgens auf?

2 ► se **réveiller** : aufwachen

ℹ ***auf•wachen*** *est un verbe à particule séparable.*

ℹ *Le verbe réfléchi français est traduit par un verbe intransitif en allemand.*

réveillon

1 ▷ Nous avons mangé du foie gras pour le réveillon de Noël.
Zum Weihnachtsessen haben wir Gänseleber gegessen.

1 *Quand on parle du repas, on dit en allemand das* ***Weihnachtsessen*** *s'il s'agit de Noël, et das* ***Silvesteressen*** *s'il s'agit du Nouvel An.*

2 ▷ Au réveillon de Noël je me suis couchée à deux heures du matin.
An Heiligabend bin ich um zwei Uhr morgens ins Bett gegangen.
▷ Le réveillon du Nouvel An était super.
Die Silvesterparty war ganz toll.

2 *Quand on parle de la soirée, on dit en allemand der* ***Heiligabend*** *ou die* ***Weihnachtsfeier*** *s'il s'agit de Noël, et die* ***Silvesterparty*** *s'il s'agit du Nouvel An.*

revendre

▷ Sacha a revendu son vélo pour s'acheter des jeux vidéo.
Sacha hat sein Fahrrad verkauft, um sich Videospiele zu kaufen.

verkaufen

ℹ *Les verbes commençant par le préfixe* ***ver-*** *ne prennent pas* ***ge-*** *au participe passé.*

revenir

1 ▷ Notre chien n'est jamais revenu.
Unser Hund kam nie zurück.
▷ Reviens, tu as oublié ton livre !
Komm zurück, du hast dein Buch vergessen!

1 (= venir de nouveau)
zurückkommen

ℹ ***zurück•kommen*** *est un verbe à particule séparable et se conjugue comme* ***kommen*** (kam, gekommen).

2 ▷ Ça revient cher d'aller à l'hôtel.
Es kostet viel, im Hotel zu übernachten.

2 ► **revenir cher** : viel kosten

revenu

▷ Ils veulent augmenter l'impôt sur le revenu.
Sie wollen die Einkommenssteuer erhöhen.

das Einkommen (pluriel Einkommen)

rêver

▷ J'ai rêvé que tu te mariais !
Ich habe geträumt, dass du heiratest!
▷ J'ai rêvé de toi cette nuit.
Ich habe letzte Nacht von dir geträumt.

träumen

► **rêver de** : von + *datif* + träumen

réverbère

▷ La voiture est rentrée dans un réverbère.
Das Auto ist gegen eine Straßenlaterne gefahren.

die **Straßenlaterne** (pluriel -laternen)

réviser

▷ On pourrait réviser notre allemand ensemble.
Wir könnten unser Deutsch zusammen wiederholen.

wiederholen

ℹ *Les verbes à particule non séparable commençant par le préfixe* ***wieder-*** *ne prennent pas* ***ge-*** *au participe passé.*

révision

▷ Tu as fini tes révisions ?
Bist du mit deinen Wiederholungen fertig?

(à l'école) die **Wiederholung**

revoir

1 ▷ Je revois Lulu régulièrement au conservatoire.
Ich sehe Lulu regelmäßig im Konservatorium wieder.
▷ Elle l'a revu plusieurs fois.
Sie hat ihn mehrmals wiedergesehen.
▷ Quand est-ce qu'on se revoit ?
Wann sehen wir uns wieder?
▷ Au revoir, à bientôt !
Auf Wiedersehen, bis bald!

1 (= rencontrer de nouveau) **wiedersehen**

ℹ ***wieder•sehen*** *est un verbe à particule séparable et se conjugue comme* ***sehen*** (sieht, sah, gesehen).

► **se revoir :** sich **wiedersehen**

► **au revoir :** **auf Wiedersehen**

2 ▷ Je dois revoir mon vocabulaire avant de sortir.
Ich muss meine Vokabeln wiederholen, bevor ich ausgehe.

2 (= réviser) **wiederholen**

révolte

▷ La révolte des paysans a été écrasée.
Der Bauernaufstand wurde niedergeschlagen.

der **Aufstand** (pluriel Aufstände)

se révolter

▷ Le peuple s'est révolté contre le dictateur.
Das Volk hat gegen den Diktator rebelliert.

rebellieren

ℹ *Les verbes se terminant en* ***-ieren*** *ne prennent pas* ***ge-*** *au participe passé.*

révolution

▷ C'est une révolution technologique.
Das ist eine technologische Revolution.

die **Revolution** (pluriel Revolutionen)

révolutionner

▷ Cette invention a révolutionné la médecine.
Diese Erfindung hat die Medizin revolutioniert.

revolutionieren

⚠ *Attention à l'orthographe du mot allemand qui ne prend qu'un seul* ***n****.*

ℹ *Les verbes se terminant en* ***-ieren*** *ne prennent pas* ***ge-*** *au participe passé.*

revolver

▷ L'oncle de Fabien a un revolver chez lui.
Fabiens Onkel hat einen Revolver zu Hause.

der **Revolver** (pluriel Revolver)

revue

▷ Mon père est abonné à une revue d'architecture.
Mein Vater abonniert eine Architekturzeitschrift.

(= magazine) die **Zeitschrift** (pluriel Zeitschriften)

rez-de-chaussée

▷ Nous habitons au rez-de-chaussée.
Wir wohnen im Erdgeschoss.

das **Erdgeschoss** (pluriel -geschosse)

se rhabiller

▷ Nous nous sommes rhabillés à toute vitesse.
Wir zogen uns ganz schnell wieder an.
▷ Rhabillez-vous ! On s'en va.
Zieht euch wieder an! Wir gehen.
▷ Je n'ai aucune envie de me rhabiller maintenant !
Ich habe gar keine Lust, mich jetzt wieder anzuziehen!

(= remettre ses vêtement) sich **wieder anziehen**

ℹ ***an•ziehen*** *est un verbe à particule séparable et se conjugue comme* ***ziehen*** (zog, gezogen).

ℹ *Le pronom personnel allemand s'emploie à l'accusatif :* ***ich ziehe mich wieder an, du ziehst dich wieder an, er / sie zieht sich wieder an, wir ziehen uns wieder an, ihr zieht euch wieder an, sie ziehen sich wieder an.***

Rhin

▷ Le Rhin forme une partie de la frontière entre la France et l'Allemagne.
Der Rhein bildet einen Teil der Grenze zwischen Frankreich und Deutschland.

► **le Rhin :** der Rhein

rhinocéros

▷ La chasse au rhinocéros est interdite.
Die Jagd auf Nashörner ist verboten.

das **Nashorn** (pluriel Nashörner)

ℹ *Littéralement, ce mot veut dire* corne de nez.

rhumatismes

▷ Ma grand-mère a des rhumatismes au genou.
Meine Großmutter hat Rheuma im Knie.

das **Rheuma**

ℹ ***Rheuma*** *est une forme abrégée de* ***Rheumatismus****, dont l'emploi est plus formel. Ce mot ne s'emploie qu'au singulier.*

rhume

▷ J'ai attrapé un rhume.
Ich habe mir einen Schnupfen geholt.
▷ Élodie a le rhume des foins.
Élodie hat Heuschnupfen.

der **Schnupfen**

ℹ *Ce mot ne s'emploie qu'au singulier.*

► **rhume des foins :** der Heuschnupfen

ricaner

▷ Arrêtez de ricaner ! Ce n'est pas drôle !
Hört auf zu kichern! Das ist nicht lustig!

kichern

riche

1 ▷ Luc rêve de devenir riche.
Luc träumt davon, reich zu werden.

1 (adjectif = qui a beaucoup d'argent) reich

2 ▷ Les riches devraient payer plus d'impôts.
Die Reichen sollten mehr Steuern zahlen.

2 (= personne) der / die Reiche (pluriel Reichen)

ℹ *C'est un adjectif substantivé : on dit* ***ein Reicher****.*

richesse

1 ▷ Ils ne veulent qu'étaler leur richesse.
Sie wollen nur ihren Reichtum zur Schau stellen.

1 (= opulence) der Reichtum

ℹ *Dans ce sens,* ***Reichtum*** *s'emploie au singulier.*

▷ Les richesses du pays devraient être redistribuées.
Die Reichtümer des Landes sollten verteilt werden.

2 ► **les richesses** (= biens) : die Reichtümer

ride

▷ Ma grand-mère a plein de rides.
Meine Großmutter hat viele Falten.

die Falte (pluriel Falten)

ridé, ridée

▷ Mon grand-père a le visage très ridé.
Mein Großvater hat ein ganz faltiges Gesicht.

faltig

rideau

▷ Le chat a complètement déchiré les rideaux.
Die Katze hat die Vorhänge völlig zerrissen.

der Vorhang (pluriel Vorhänge)

ridicule

▷ Benjamin a l'air ridicule avec cet imperméable.
Benjamin sieht in diesem Regenmantel lächerlich aus.

lächerlich

rien

1 ▷ Qu'est-ce que tu fais ? – Rien.
Was machst du? – Nichts.

▷ Il n'y a rien de nouveau.
Es gibt nichts Neues.

▷ Je n'ai rien compris.
Ich habe nichts verstanden.

1 nichts

► **rien de** + *adjectif* **:** nichts + *adjectif substantivé*

► **rien** + *verbe* **:** nichts + *verbe*

2 ▷ Tu as mal ? – Non, ce n'est rien.
Tut es dir weh? – Nein, es ist nicht schlimm.

2 ► **ce n'est rien** (= ce n'est pas grave) : **es ist nicht schlimm**

3 ▷ Il ne veut pas venir ? Ça ne fait rien, on n'a pas besoin de lui.
Er will nicht kommen? Das macht nichts, wir brauchen ihn nicht.

3 ► **ça ne fait rien** (= tant pis) : **das macht nichts**

4 ▷ Merci. – De rien.
Danke. – Keine Ursache.

4 ► **de rien** (en réponse à merci) : **keine Ursache**

rigoler

▷ J'ai tellement rigolé que j'avais mal aux côtes.
Ich habe so gelacht, dass mir die Rippen wehtaten.

lachen

rigolo, rigolote

▷ J'aime bien Linda, elle est rigolote.
Ich mag Linda gern, sie ist lustig.

(= drôle) **lustig**

rime

▷ Trouvez les rimes de ce mot.
Findet die Reime dieses Wortes.

der **Reim** (pluriel **Reime**)

rimer

▷ Écoute, ça rime !
Hör mal, das reimt sich!
▷ « Fliege » rime avec « Wiege ».
„Fliege" reimt sich mit „Wiege".

sich reimen

► **rimer avec ... : sich mit** *ou* **auf ... reimen**

rincer

1 ▷ Rince bien les assiettes.
Spül die Teller gut ab.

1 (en parlant de la vaisselle) **abspülen**

2 ▷ J'ai rincé ma bouche avec un bain de bouche.
Ich habe mir den Mund mit einer Mundspülung ausgespült.

2 (en parlant d'un récipient, des cheveux, de la bouche) **ausspülen**

ℹ *__ab•spülen__ et __aus•spülen__ sont des verbes à particule séparable.*

rire

1 ▷ Tu vas rire quand je te raconterai ce qui s'est passé.
Du wirst lachen, wenn ich dir erzähle, was passiert ist.

1 (verbe) **lachen**

2 ▷ Annie a un rire contagieux.
Annies Lachen ist ansteckend.

2 (= action de rire) das **Lachen**

ℹ *__Lachen__ est un verbe substantivé, il ne s'emploie qu'au singulier.*

3 ▷ On entendait des rires dans la classe.
Man hörte Gelächter im Klassenzimmer.

3 ► **des rires :** das Gelächter

ℹ *Ce mot s'emploie uniquement au singulier.*

risque

▷ Ne le fais pas, il y a trop de risque.
Tu das nicht, das Risiko ist zu groß.
▷ Mario aime prendre des risques.
Mario geht gern Risiken ein.
▷ Je ne veux pas prendre ce risque.
Dieses Risiko will ich nicht eingehen.

(= danger) das **Risiko** (pluriel Risiken)

► **prendre des risques :** Risiken eingehen

ℹ ***ein•gehen*** *est un verbe à particule séparable et se conjugue comme* ***gehen*** (ging, gegangen).

risqué, risquée

▷ N'y va pas, c'est trop risqué.
Geh nicht hin, es ist zu riskant.

riskant

risquer

1 ▷ Le père de Jérôme a risqué sa vie pour le sauver.
Jérômes Vater hat sein Leben riskiert, um ihn zu retten.

1 (= mettre en danger) **riskieren**

ℹ *Les verbes se terminant en* ***-ieren*** *ne prennent pas* ***ge-*** *au participe passé.*

2 ▷ Ça risque de la décourager.
Es könnte sie entmutigen.

2 *Pour dire que quelque chose* **risque d'arriver** *en allemand, on emploie le subjonctif II présent du verbe* ***können****.*

rivage

▷ Je me suis promené le long du rivage.
Ich bin die Küste entlang spazieren gegangen.

die **Küste** (pluriel Küsten)

rive

▷ Il y a une piste cyclable le long de la rive.
Ein Radfahrweg führt am Ufer entlang.

(d'une rivière) das **Ufer** (pluriel Ufer)

rivière

▷ La rivière est très sale.
Der Fluss ist sehr schmutzig.

der **Fluss** (pluriel Flüsse)

riz

▷ On pourrait manger du riz avec le poisson.
Wir könnten Reis zum Fisch essen.
▷ Attention, j'ai renversé des grains de riz.
Vorsicht, ich habe Reiskörner verschüttet.
▷ J'adore le riz au lait !
Ich liebe Milchreis!

der **Reis**

► **grain de riz :** das Reiskorn (pluriel -körner)

► **riz au lait :** der Milchreis

robe

1 ▷ Tu ne peux pas la rater, elle porte une robe rouge.
Du kannst sie nicht verpassen, sie trägt ein rotes Kleid.
▷ Ma mère veut vendre sa robe de mariée.
Meine Mutter will ihr Hochzeitskleid verkaufen.
▷ Je me suis acheté une très belle robe du soir.
Ich habe mir ein sehr schönes Abendkleid gekauft.

1 das **Kleid** (pluriel **Kleider**)

► **robe de mariée :** das **Hochzeitskleid**

ℹ *On dit aussi das* ***Brautkleid****.*

► **robe du soir :** das **Abendkleid**

2 ▷ Loïc était encore en robe de chambre.
Loïc war noch im Morgenmantel.

2 ► **robe de chambre :** der **Morgenmantel** (pluriel **-mäntel**)

robinet

▷ Le robinet d'eau chaude fuit.
Der Warmwasserhahn leckt.

der **Hahn** (pluriel **Hähne**)

Attention, der ***Hahn*** *signifie aussi « coq ».*

robot

1 ▷ Dans le film, les robots attaquaient les humains.
In dem Film griffen Roboter die Menschen an.

1 der **Roboter** (pluriel **Roboter**)

2 ▷ Les robots ménagers sont très pratiques.
Küchenmaschinen sind sehr praktisch.

2 ► **robot ménager :** die **Küchenmaschine** (pluriel **-maschinen**)

rocher

▷ Pierre a plongé depuis un rocher.
Pierre hat von einem Felsen aus einen Kopfsprung gemacht.

(= grosse pierre) der **Felsen** (pluriel **Felsen**)

rock

▷ Tu vas au concert de rock ce soir ?
Gehst du heute Abend auf das Rockkonzert?

der **Rock**

rôder

▷ Une bande de garçons rôde autour de l'école.
Eine Gruppe von Jungen treibt sich um die Schule herum.
▷ Où est-ce que tu as encore rôdé ?
Wo hast du dich wieder herumgetrieben?
▷ Nous avons vu un renard qui rôdait dans le jardin.
Wir haben einen Fucks gesehen, der sich im Garten herumtrieb.

sich **herumtreiben**

ℹ ***herum•treiben*** *est un verbe à particule séparable et se conjugue comme* ***treiben*** (trieb, getrieben).

ℹ *Le pronom personnel allemand s'emploie à l'accusatif :* ***ich treibe mich herum, du treibst dich herum, er / sie treibt sich herum, wir treiben uns herum, ihr treibt euch herum, sie treiben sich herum.***

roi

▷ Les Espagnols ont un roi.
Die Spanier haben einen König.

der **König** (pluriel **Könige**)

rôle

1 ▷ Marcus joue le rôle du gangster.
Marcus spielt die Rolle des Gangsters.

2 ▷ Le rôle du délégué de classe est de parler pour les élèves.
Die Aufgabe des Klassensprechers ist, für die Schüler zu sprechen.

1 (dans un film, une pièce) die **Rolle** (pluriel **Rollen**)

2 (= fonction, travail) die **Aufgabe** (pluriel **Aufgaben**)

roller

▷ Sabrina m'a prêté ses nouveaux rollers.
Sabrina hat mir ihre neuen Inliner geliehen.

► **les rollers :** die **Inliner** /'inlainɐ/

Notez la prononciation.

Attention : ***Roller*** *en allemand signifie « trotinette » ou « scooter ».*

roman

▷ J'ai beaucoup aimé son dernier roman.
Ich mochte seinen letzten Roman sehr.

▷ Agathe ne lit que des romans d'aventures.
Agathe liest nur Abenteuerromane.

▷ Ma mère adore les romans policiers.
Meine Mutter liebt Kriminalromane.

der **Roman** (pluriel **Romane**)

► **roman d'aventures :** der **Abenteuerroman**

► **roman policier :** der **Kriminalroman**

On dit aussi der ***Krimi*** (pluriel **Krimis**).

romancier, romancière

▷ C'est mon romancier préféré.
Er ist mein Lieblingsromanschriftsteller.

der **Romanschriftsteller** (pluriel **-steller**), die **Romanschriftstellerin** (pluriel **-stellerinnen**)

romantique

▷ Il m'a offert des roses. – Qu'est-ce qu'il est romantique !
Er hat mir Rosen geschenkt. – Er ist ja so romantisch!

romantisch

rompre

▷ Ils ont rompu au bout d'un mois seulement.
Sie haben nach nur einem Monat Schluss gemacht.

(= se séparer) **Schluss machen**

rond, ronde

1 ▷ Notre table de cuisine est ronde.
Unser Küchentisch ist rund.

1 (= circulaire) rund

2 ▷ Je ne suis pas gros, je suis rond !
Ich bin nicht dick, ich bin rundlich!

2 (= enrobé) rundlich
ℹ *On dit aussi* ***mollig****.*

3 ▷ Marc dessine des ronds dans le sable.
Marc zeichnet Kreise in den Sand.
▷ Asseyez-vous en rond, on va faire un jeu.
Setzt euch im Kreis hin, wir machen ein Spiel.

3 (= cercle) der Kreis (pluriel Kreise)

► **en rond :** im Kreis

rondelle

▷ Tu peux me couper quelques rondelles de saucisson ?
Kannst du ein paar Scheiben Wurst schneiden?

die Scheibe (pluriel Scheiben)

rond-point

▷ Qui a priorité aux ronds-points ?
Wer hat im Kreisverkehr Vorfahrt?

der Kreisverkehr
ℹ *Ce mot s'emploie uniquement au singulier.*

ronfler

▷ Je ne veux pas dormir dans la même chambre que Christophe, il ronfle !
Ich will nicht im selben Zimmer wie Christophe schlafen, er schnarcht!

(en dormant) schnarchen

ronger

1 ▷ Il ne faut pas déranger le chien quand il ronge son os.
Man darf den Hund nicht stören, wenn er an seinem Knochen nagt.

1 ► **ronger** quelque chose (en parlant d'un chien, d'une souris) **:** an etwas (datif) nagen

2 ▷ Arrête de te ronger les ongles !
Hör auf, an deinen Nägeln zu kauen!
▷ Vincent se ronge les ongles.
Vincent kaut an seinen Nägeln.

2 ► se **ronger les ongles :** an + *possessif au datif* + Nägeln kauen
ℹ *Les adjectifs possessifs sont les suivants en allemand : **meine** Nägel, **deine** Nägel, **seine** Nägel, **ihre** Nägel, **unsere** Nägel, **eure** Nägel, **ihre** Nägel.*

ronronner

▷ Le chat ronronne quand on le caresse.
Die Katze schnurrt, wenn man sie streichelt.

schnurren

rose

1 ▷ Ma petite sœur adore son T-shirt rose.
Meine kleine Schwester liebt ihr rosa T-Shirt.
▷ Je n'aime pas le rose.
Ich mag Rosa nicht.

1 (adjectif = couleur) rosa
ℹ *C'est un adjectif invariable.*

► **le rose :** Rosa

2 ▷ Ces roses sont très belles.
Diese Rosen sind sehr schön.

2 (= fleur) die **Rose** (pluriel **Rosen**)

rosée

▷ Il y a encore de la rosée sur les feuilles.
Auf den Blättern ist noch Tau.

der **Tau**

roter

▷ Sascha n'arrête pas de roter, c'est dégoûtant !
Sascha rülpst ständig, das ist ja widerlich!

rülpsen

rôti

1 ▷ Encore du rôti !
Schon wieder Braten!
▷ Hier soir, nous avons mangé du rôti de veau.
Gestern Abend haben wir Kalbsbraten gegessen.

1 der **Braten** (pluriel **Braten**)

Pour dire de quel genre de **rôti** *il s'agit, on forme des mots composés avec* ***Braten*** *: der* ***Schweinebraten*** **(rôti de porc)**, *der* ***Rinderbraten*** **(rôti de bœuf)**, *etc.*

2 ▷ J'aime beaucoup le poulet rôti.
Ich mag Brathähnchen sehr gern.

2 ► **poulet rôti :** das **Brathähnchen**

roue

▷ La roue de mon vélo est tordue.
Das Rad von meinem Fahrrad ist verbogen.
▷ J'ai vraiment eu peur sur la grande roue.
Ich hatte wirklich Angst auf dem Riesenrad.

das **Rad** (pluriel **Räder**)

► **la grande roue** (à la fête foraine) **:** das **Riesenrad**

rouge

1 ▷ L'écharpe rouge te va mieux que la verte.
Der rote Schal steht dir besser als der grüne.

▷ Le rouge est ma couleur préférée.
Rot ist meine Lieblingsfarbe.

1 (= couleur) **rot**

ℹ *Notez que dans les comparaisons le substantif n'est pas répété en allemand.*

► **le rouge :** **Rot**

2 ▷ Mes parents m'ont interdit d'utiliser du rouge à lèvres.
Meine Eltern haben mir verboten, Lippenstift zu benutzen.

2 ► **rouge à lèvres :** der **Lippenstift** (pluriel **-stifte**)

rougeole

▷ Adeline est au lit, elle a la rougeole.
Adeline liegt im Bett, sie hat Masern.

die **Masern**

ℹ *Ce mot est un pluriel.*

rougir

▷ Lydie a rougi quand Victor lui a souri.
Lydie ist rot geworden, als Victor ihr zugelächelt hat.
▷ D'abord je rougis, puis je pèle.
Erst werde ich rot, dann schäle ich mich.

(= devenir rouge) **rot werden** (wird, wurde, geworden)

rouillé, rouillée

▷ Ton vélo est tout rouillé.
Dein Fahrrad ist völlig verrostet.

verrostet

rouleau

1 ▷ C'est le dernier rouleau de papier hygiénique.
Das ist die letzte Rolle Toilettenpapier.

1 (= rouleau de papier, de pellicule) die **Rolle** (pluriel Rollen)

2 ▷ Où est le rouleau à pâtisserie ?
Wo ist das Nudelholz?

2 ► **rouleau à pâtisserie :** das **Nudelholz** (pluriel -hölzer)

roulement

1 ▷ À la maison, nous avons établi un roulement pour la vaisselle.
Zuhause haben wir zum Geschirrspülen einen Turnus eingeführt.

1 (= tour de rôle) der **Turnus** (pluriel Turnusse)

2 ▷ On a entendu un roulement de tonnerre.
Wir haben das Donnergrollen gehört.

2 ► **roulement de tonnerre :** das **Donnergrollen**

ℹ *Ce mot s'emploie uniquement au singulier.*

rouler

1 ▷ Les voitures roulent trop vite dans le village.
Die Autos fahren im Dorf zu schnell.
▷ La moto roulait à au moins cent cinquante.
Das Motorrad fuhr mindestens hundertfünfzig.

1 (= avancer, en parlant d'un véhicule) **fahren** (fährt, fuhr, gefahren)
► **rouler à** + *vitesse* **:** *vitesse* + **fahren**

2 ▷ Le ballon a roulé sur la route.
Der Ball ist auf die Straße gerollt.

2 (= avancer, en parlant d'un objet rond) **rollen**

3 ▷ On va rouler le tapis.
Wir rollen den Teppich zusammen.

3 (= mettre en rouleau) **zusammenrollen**

ℹ ***zusammen•rollen*** *est un verbe à particule séparable.*

roulette

1 ▷ Le piano est sur roulettes.
Das Klavier steht auf Rollen.

1 (= petite roue) die **Rolle** (pluriel Rollen)

2 ▷ J'ai horreur de la roulette du dentiste.
Ich hasse den Bohrer des Zahnarztes.

2 (= instrument dentaire) der **Bohrer** (pluriel Bohrer)

3 ▷ Le père de Marie joue parfois à la roulette.
Maries Vater spielt manchmal Roulett.

3 (au casino) das **Roulett**
► **jouer à la roulette :** Roulett spielen
🔊 *Se prononce comme en français.*

roumain, roumaine

1 ▷ J'ai trouvé une pièce roumaine.
Ich habe eine rumänische Münze gefunden.

1 (adjectif) **rumänisch**

2 ▷ Les Roumains sont forts en football.
Die Rumänen spielen gut Fußball.

2 (= personne) der **Rumäne** (pluriel Rumänen), die **Rumänin** (pluriel Rumäninnen)

3 ▷ Le roumain est une langue romane.
Rumänisch ist eine romanische Sprache.

3 (= langue) **Rumänisch**
ℹ *En allemand, les noms de langue ne prennent pas d'article.*

Roumanie

▷ J'ai vu un reportage sur la Roumanie.

Rumänien
► **La Roumanie :** Rumänien
ℹ *Ne prend d'article neutre que précédé d'un adjectif : **das revolutionäre Rumänien*** (la Roumanie révolutionnaire).

▷ Il vit en Roumanie.
Er lebt in Rumänien.
▷ Tu devrais aller en Roumanie.
Du solltest nach Rumänien reisen.
▷ Je suis déjà allé deux fois en Roumanie.
Ich war schon zwei Mal in Rumänien.

► **en Roumanie** (= dans le pays) : in Rumänien
► **en Roumanie** (= vers le pays) : nach Rumänien
✋ *Attention : pour dire que quelqu'un* **est déjà allé quelque part**, *on emploie une expression avec le prétérit du verbe **sein** + **schon**.*

rouspéter

▷ Arrête de rouspéter !
Hör auf zu meckern!

(= se plaindre) **meckern**

route

1 ▷ Fais attention en traversant la route.
Pass auf, wenn du die Straße überquerst.

1 (= voie de circulation) die **Straße** (pluriel Straßen)

2 ▷ Je ne sais pas quelle route prendre.
Ich weiß nicht, welchen Weg ich nehmen soll.
▷ Nous avons pris la même route.
Wir sind denselben Weg gegangen.

2 (= itinéraire) der **Weg** (pluriel Wege)

3 ▷ On s'est arrêtés plusieurs fois en route.
Wir haben unterwegs mehrmals gehalten.

3 ► **en route** (= sur le chemin) : unterwegs

4 ▷ Allez, en route !
Los, auf geht's!

4 ► **en route !** (= allons-y) : **auf geht's!**

5 ▷ Il y a au moins trois heures de route.
Wir haben mindestens drei Stunden Fahrzeit.

5 (= durée de trajet) die **Fahrzeit**

6 ▷ Bonne route, et soyez prudents !
Gute Fahrt, und seid vorsichtig!

6 ► **bonne route ! : gute Fahrt!**

7 ▷ Mets la tondeuse en route, on va voir si elle marche maintenant.
Lass den Rasenmäher an, wir werden sehen, ob er jetzt funktioniert.

7 ► **mettre en route** (en parlant d'une machine, d'un moteur) : **anlassen**

ℹ ***an•lassen*** *est un verbe à particule séparable et se conjugue comme* ***lassen*** (**lässt, ließ, gelassen**).

roux, rousse

1 ▷ Le garçon roux s'appelle Arnaud.
Der rothaarige Junge heißt Arnaud.

1 (en parlant d'une personne) **rothaarig**

2 ▷ Cynthia aimerait avoir les cheveux roux.
Cynthia hätte gern rote Haare.

2 (en parlant des cheveux) **rot**

royal, royale

▷ Le château royal est magnifique.
Das königliche Schloss ist sehr schön.

königlich

royaume

▷ Autrefois, la France était un royaume.
Früher war Frankreich ein Königreich.

das **Königreich** (pluriel **–reiche**)

Royaume-Uni

▷ L'Écosse fait partie du Royaume-Uni.
Schottland ist Teil des Vereinigten Königreiches.

► **le Royaume-Uni :** das **Vereinigte Königreich**

ruban

▷ Le ruban bleu va mieux avec ma robe.
Das blaue Band passt besser zu meinem Kleid.

das **Band** (pluriel **Bänder**)

Attention : ne confondez pas avec der ***Band*** = volume, tome *dont le pluriel est* ***Bände****, ou die* ***Band*** = groupe de musique.

rubis

▷ Ce sont de vrais rubis ?
Sind das echte Rubine?

der **Rubin** (pluriel **Rubine**)

ruche

▷ Notre voisin a des ruches dans son jardin.
Unser Nachbar hat Bienenstöcke in seinem Garten.

der **Bienenstock** (pluriel **–stöcke**)

rue

▷ Prenez la deuxième rue à droite.
Nehmen Sie die zweite Straße rechts.

die **Straße** (pluriel **Straßen**)

ruer

1 ▷ Le poney a rué et Antoine est tombé.
Das Pony schlug aus und Antoine fiel hinunter.

1 (= donner un coup de pied, en parlant d'un cheval) **ausschlagen**

aus•schlagen est un verbe à particule séparable et se conjugue comme schlagen (schlägt, schlug, geschlagen).

2 ▷ Tout le monde s'est rué sur le buffet.
Alle haben sich auf das Büfett gestürzt.

2 ► se **ruer sur** quelqu'un *ou* quelque chose : sich **auf** jemanden *ou* etwas (accusatif) **stürzen**

rugby

▷ Le rugby est un sport assez violent.
Rugby ist ein ziemlich harter Sport.

► **le rugby :** das **Rugby** /'rakbi/

Notez la prononciation.

L'article neutre n'est pas employé quand on parle du sport en général.

▷ Marc joue au rugby depuis plusieurs années.
Marc spielt seit mehreren Jahren Rugby.

► **jouer au rugby :** **Rugby spielen**

rugbyman

▷ L'oncle de Hugo est rugbyman.
Hugos Onkel ist Rugbyspieler.

der **Rugbyspieler** (pluriel **-spieler**)

rugir

▷ J'ai sursauté quand le lion a rugi.
Ich bin zusammengezuckt, als der Löwe gebrüllt hat.

brüllen

rugueux, rugueuse

▷ La couverture est rugueuse.
Die Decke ist rau.

rau

ruine

1 ▷ Nous avons visité les ruines romaines.
Wir haben die römischen Ruinen besichtigt.

1 die **Ruine** /ru'iːnə/ (pluriel **Ruinen**)

Notez la prononciation.

2 ▷ L'église du village tombe en ruines.
Die Dorfkirche zerfällt.

2 ► **tomber en ruines :** **zerfallen** (zerfällt, zerfiel, zerfallen)

Les verbes commençant par le préfixe zer- ne prennent pas ge- au participe passé.

3 ▷ La grange est en ruines.
Die Scheune liegt in Trümmern.

3 ► **être en ruines :** **in Trümmern liegen** (lag, gelegen)

ruiné, ruinée

▷ Si elle perd le procès, l'entreprise sera ruinée.
Wenn sie den Prozess verliert, ist die Firma ruiniert.

(= sans argent) **ruiniert** /rui'ni:rt/

Notez la prononciation.

ruisseau

▷ Nous avons enlevé nos chaussures pour traverser le ruisseau.
Wir haben unsere Schuhe ausgezogen, um den Bach zu durchqueren.

der **Bach** (pluriel Bäche)

Notez la différence de prononciation du ***ch*** *entre le singulier et le pluriel :* /bax/ – /'bɛçə/.

rumeur

▷ N'écoute pas les rumeurs.
Hör dir die Gerüchte nicht an.

das **Gerücht** (pluriel Gerüchte)

rusé, rusée

▷ Klaus est très rusé, il évite toujours les punitions.
Klaus ist ganz gerissen, er vermeidet immer die Strafen.

gerissen

On dit aussi ***listig****.*

russe

1 ▷ Connais-tu un bon restaurant russe ?
Kennst du ein gutes russisches Restaurant?

1 (adjectif) **russisch**

2 ▷ Les Russes sont très bons en athlétisme.
Die Russen sind in Leichtathletik sehr gut.

2 (= personne) der **Russe** (pluriel Russen), die **Russin** (pluriel Russinnen)

3 ▷ Karine apprend le russe.
Karine lernt Russisch.

3 (= langue) **Russisch**

En allemand, les noms de langue ne prennent pas d'article.

Russie

▷ La Russie est un pays immense.
Russland ist ein sehr großes Land.

Russland

► **la Russie : Russland**

Ne prend l'article neutre que précédé d'un adjectif : ***das sowjetische Russland*** (la Russie soviétique).

▷ Il peut faire très froid en Russie.
In Russland kann es sehr kalt werden.

▷ J'aimerais bien aller en Russie.
Ich würde gern nach Russland reisen.

▷ Êtes-vous déjà allés en Russie ?
Wart ihr schon in Russland?

► **en Russie** (= dans le pays) : **in Russland**

► **en Russie** (= vers le pays) : **nach Russland**

Attention : pour demander si quelqu'un **est déjà allé quelque part**, *on emploie une expression avec le prétérit du verbe* ***sein*** *+* ***schon****.*

rythme

1 ▷ Le rythme de ce morceau est très lent.
Der Rhythmus dieses Stückes ist sehr langsam.

1 (d'une musique) der **Rhythmus** (pluriel **Rhythmen**)

Attention à l'orthographe du mot allemand.

N'oubliez pas que le **y** *allemand se prononce* **u**.

2 ▷ Le professeur a dit que chacun pouvait travailler à son propre rythme.
Der Lehrer hat gesagt, dass jeder in seinem eigenen Tempo arbeiten kann.

2 (= allure à laquelle on fait quelque chose) das **Tempo** (pluriel **Tempos**)

Ss

sa

▷ Hubert est fier de sa moto.
Hubert ist stolz auf sein Auto.
▷ Mario et sa copine viennent ce soir.
Mario und seine Freundin kommen heute Abend.
▷ Marie mettra du temps, sa maison est loin du centre.
Marie wird einige Zeit brauchen, ihr Haus ist weit vom Zentrum.
▷ Aline est sympa, mais sa sœur est désagréable.
Aline ist nett, aber ihre Schwester ist unangenehm.

*En allemand, l'adjectif possessif varie en fonction du sexe du possesseur et du genre de la chose possédée : quand le possesseur est masculin, on traduit par **sein** (pour le masculin et le neutre) ou **seine** (pour le féminin) ; quand le possesseur est féminin, on traduit par **ihr** (pour le masculin et le neutre) ou **ihre** (pour le féminin).*

sable

▷ Mon petit frère adore jouer dans le sable.
Mein kleiner Bruder spielt liebend gern im Sand.

der **Sand**

sablé

▷ J'ai acheté des sablés.
Ich habe Sandgebäck gekauft.

das **Sandgebäck**
ℹ *Ce mot ne s'emploie qu'au singulier.*

sabot

1 ▷ Tu as nettoyé les sabots du cheval ?
Hast du die Hufe des Pferds sauber gemacht?

1 (de cheval) der **Huf** (pluriel Hufe)

2 ▷ Je n'arrive pas à marcher avec des sabots.
Ich kann mit Clogs nicht laufen.

2 (= chaussure) der **Clog** (pluriel Clogs)

sac

1 ▷ Tu pourrais prendre le sac avec mes affaires de piscine ?
Könntest du die Tasche mit meinem Schwimmzeug nehmen?
▷ Est-ce que tu as vu mon sac à main ?
Hast du meine Handtasche gesehen?

1 die **Tasche** (pluriel Taschen)

► **sac à main :** die Handtasche (pluriel –taschen)

▷ Ma mère m'a acheté un nouveau sac de voyage.
Meine Mutter hat mir eine neue Reisetasche gekauft.

► **sac de voyage :** die **Reisetasche** (pluriel **-taschen**)

2 ▷ Emportez un sac de couchage.
Nehmt einen Schlafsack mit.

2 ► **sac de couchage :** der **Schlafsack** (pluriel **-säcke**)

3 ▷ Ton sac à dos est très lourd.
Dein Rucksack ist sehr schwer.

3 ► **sac à dos :** der **Rucksack** (pluriel **-säcke**)

4 ▷ Dans ce magasin, ils ont des sacs en papier à la place des sacs en plastique.
In diesem Geschäft haben sie Papiertüten an Stelle der Plastiktüten.

4 (dans les magasins) die **Tüte** (pluriel **Tüten**)

sachet

1 ▷ Je pourrais avoir un sachet, s'il vous plaît ?
Könnte ich bitte eine Tüte haben?

▷ Il y a six sachets de soupe dans chaque boîte.
In jedem Paket sind sechs Tüten Suppe.

1 (= petit sac) die **Tüte** (pluriel **Tüten**)

2 ▷ J'utilise un sachet de thé par personne.
Ich nehme einen Teebeutel pro Person.

2 ► **sachet de thé :** der **Teebeutel** (pluriel **-beutel**)

sacrifice

▷ C'était un sacrifice de me séparer de ma peluche préférée.
Es war ein Opfer, mich von meinem Lieblingsplüschtier zu trennen.

das **Opfer** (pluriel **Opfer**)

▷ Les parents de Mourad ont fait beaucoup de sacrifices pour acheter leur magasin.
Mourads Eltern haben viel geopfert, um sich ihr Geschäft zu kaufen.

► **faire des sacrifices : opfern**

sacrifier

1 ▷ Vincent a sacrifié son week-end pour m'aider.
Vincent hat sein Wochenende geopfert, um mir zu helfen.

1 (= renoncer à) **opfern**

2 ▷ Je me suis sacrifié pour aller faire les courses.
Ich habe mich aufgeopfert, um einkaufen zu gehen.

2 ► se **sacrifier :** sich **aufopfern**

ℹ *Le pronom personnel allemand s'emploie à l'accusatif : **ich opfere mich auf, du opferst dich auf, er / sie opfert sich auf, wir opfern uns auf, ihr opfert euch auf, sie opfern sich auf.***

sage

▷ J'ai gardé mon petit frère et il a été très sage.
Ich habe meinen kleinen Bruder gehütet und er war sehr brav.

(= obéissant, en parlant d'un enfant) **brav**

sagesse

1 ▷ Il lui manque la sagesse.
Es fehlt ihm an Weisheit.

1 die **Weisheit**

2 ▷ Elle a eu la sagesse d'attendre.
Sie war klug genug, zu warten.

2 ► **avoir la sagesse de** faire quelque chose : **klug genug sein,** etwas zu tun

Sagittaire

▷ Elle est Sagittaire.
Sie ist Schütze.

(= le signe du zodiaque) der **Schütze**

saigner

▷ Emmanuelle s'est coupé le doigt, elle saigne.
Emmanuelle hat sich in den Finger geschnitten, sie blutet.
▷ Je saigne souvent du nez.
Ich habe oft Nasenbluten.

bluten

► **saigner du nez :** **Nasenbluten haben**

sain, saine

1 ▷ Ça fait du bien de respirer l'air sain de la campagne !
Es tut gut, die gesunde Landluft einzuatmen!

1 (= bon pour la santé) **gesund** (**plus sain** gesunder, gesünder ; **le plus sain** der gesundeste, der gesündeste)

2 ▷ Tout le monde est arrivé sain et sauf.
Alle sind heil angekommen.

2 ► **sain et sauf :** **heil**

saint, sainte

1 ▷ C'est une guerre sainte.
Es ist ein heiliger Krieg.

1 (= sacré) **heilig**

2 ▷ Au musée j'ai vu un tableau représentant sainte Cécile.
Im Museum habe ich ein Bild gesehen, das die Heilige Cäcilia darstellt.
▷ Tu connais l'histoire de saint Martin ?
Kennst du die Geschichte vom Heiligen Martin (*ou* von Sankt Martin)?

2 *Quand on parle d'un* **saint** *ou d'une* **sainte** *au sens religieux, on traduit par* der ***Heilige ...*** *ou* ***Sankt ...*** *pour les hommes et par* die ***Heilige ...*** *pour les femmes.*

3 ▷ Lui non plus n'est pas un saint !
Er ist auch kein Heiliger!

3 (= personne) der / die **Heilige** (pluriel **Heiligen**)
ℹ *C'est un adjectif substantivé : on dit* ***ein Heiliger.***

saisir

1 ▷ Il m'a saisi par le bras.
Er hat mich am Arm gepackt.

1 (= attraper) **anpacken**

2 ▷ Saisis ta chance !
Nimm deine Chance wahr!

2 (= profiter de) wahrnehmen
ℹ *wahr•nehmen est un verbe à particule séparable et se conjugue comme **nehmen*** (nimmt, nahm, genommen).

3 ▷ Je n'ai pas bien saisi ce qu'elle a dit.
Ich habe nicht richtig verstanden, was sie gesagt hat.

3 (= comprendre, entendre) verstehen (verstand, verstanden)
ℹ *Les verbes commençant par le préfixe **ver-** ne prennent pas **ge-** au participe passé.*

4 ▷ Tu as saisi ton mot de passe ?
Hast du dein Passwort eingegeben?

4 (sur ordinateur) eingeben
ℹ *ein•geben est un verbe à particule séparable et se conjugue comme **geben*** (gibt, gab, gegeben).

saison

▷ Le printemps est ma saison préférée.
Der Frühling ist meine Lieblingsjahreszeit.

die Jahreszeit (pluriel -zeiten)

salade

1 ▷ Achète une salade et des oignons.
Kauf einen Salat und Zwiebeln.
▷ J'adore la salade de fruits !
Ich liebe Obstsalat!

1 (= légume, plat) der Salat (pluriel Salate)
ℹ *Pour préciser le genre de salade, on forme des mots composés avec **Salat** : der **Nudelsalat*** (salade de pâtes), *der **Kartoffelsalat*** (salade de pommes de terre), *etc.*

2 ▷ Il m'a encore raconté des salades !
Er hat mir wieder Geschichten erzählt!

2 ► **des salades** (= mensonges) : Geschichten

saladier

▷ Est-ce que tu as vu le grand saladier ?
Hast du die große Salatschüssel gesehen?

die Salatschüssel (pluriel -schüssel)

salaire

▷ Le frère de Marc est informaticien, il a un bon salaire.
Marcs Bruder ist Informatiker, er hat ein gutes Gehalt.

das Gehalt (pluriel Gehälter)

sale

1 ▷ Ton pantalon est tout sale, qu'est-ce que tu as fait ?
Deine Hose ist ganz schmutzig, was hat du denn gemacht?

1 (= pas propre) schmutzig
ℹ *On dit aussi **dreckig**.*

2 ▷ J'ai mis mon T-shirt au sale.
Ich habe mein T-Shirt in die Wäsche getan.
▷ Ton pull est au sale.
Dein Pulli ist in der Wäsche.

2 ► **au sale** (= à la lessive) : *(mettre)* in die Wäsche, *(être)* in der Wäsche

salé, salée

1 ▷ Ta sauce est trop salée.
Deine Soße ist zu salzig.

1 (= qui a un goût de sel) salzig

2 ▷ J'aime le beurre salé.
Ich mag gesalzene Butter.

2 (= qui contient du sel) gesalzen

saleté

1 ▷ Je ne supporte pas la saleté.
Ich kann Schmutzigkeit nicht ertragen.

1 (= malpropreté) die Schmutzigkeit

2 ▷ Les saletés recouvraient les trottoirs.
Der Schmutz überdeckte die Gehsteige.

2 (= crasse) der Schmutz
ℹ *On dit aussi der **Dreck**.*
ℹ *Tous ces mots ne s'emploient qu'au singulier.*

3 ▷ Attention avec ces peintures, tu vas faire des saletés partout.
Sei vorsichtig mit den Farben, sonst machst du alles schmutzig.

3 ► **faire des saletés :** schmutzig machen

salir

1 ▷ Je suis furieuse, ma sœur a sali ma plus belle robe !
Ich bin so wütend, meine Schwester hat mein schönstes Kleid schmutzig gemacht!

1 ► **salir** quelque chose **:** etwas schmutzig machen

2 ▷ Je me suis sali en jouant au rugby.
Ich bin beim Rugbyspielen schmutzig geworden.

2 ► se **salir :** schmutzig werden (wird, wurde, geworden)

salissant, salissante

1 ▷ Le blanc est très salissant.
Weiß schmutzt sehr schnell.

1 ► **être salissant** (= se salir facilement) : schnell schmutzen

2 ▷ Sébastien ne veut pas faire ce travail parce que c'est salissant.
Sébastien will diese Arbeit nicht tun, weil sie schmutzig ist.

2 (en parlant d'un travail) schmutzig

salive

▷ J'ai très mal à la gorge, j'arrive à peine à avaler ma salive.
Ich habe solche Halsschmerzen, ich kann kaum meinen Speichel schlucken.

der Speichel

salle

1 ▷ J'ai rencontré Sylvain dans la salle d'attente du dentiste.
Ich habe Sylvain im Wartezimmer des Zahnarztes getroffen.

1 *Quand la **salle** est une pièce de taille normale, on traduit par das **Zimmer*** (pluriel Zimmer).
► **salle d'attente** (chez un médecin) **:** das Wartezimmer

▷ Nathalie passe des heures dans la salle de bains.
Nathalie bleibt stundenlang im Badezimmer.

▷ J'ai dormi dans la salle de séjour.
Ich habe im Wohnzimmer geschlafen.

▷ La salle de classe est fermée à clé.
Das Klassenzimmer ist abgeschlossen.

▷ On mange dans la salle à manger quand il y a des invités.
Wir essen im Esszimmer, wenn Gäste kommen.

▷ Dans leur nouvelle maison, ils ont une salle de jeux.
In ihrem neuen Haus haben sie ein Spielzimmer.

► **salle de bains :** das **Badezimmer**

ℹ *On dit aussi das* ***Bad.***

► **salle de séjour :** das **Wohnzimmer**

► **salle de classe :** das **Klassenzimmer**

► **salle à manger** (dans une maison) **:** das **Esszimmer**

► **salle de jeux :** das **Spielzimmer**

2 ▷ On a visité toutes les salles du musée.
Wir haben alle Museumssäle besichtigt.

▷ À l'hôtel, nous mangions dans la salle à manger.
Im Hotel haben wir im Speisesaal gegessen.

▷ La salle d'attente de la gare de Lyon était pleine.
Der Wartesaal des gare de Lyon war voll.

▷ La salle de cinéma est climatisée.
Der Kinosaal ist klimatisiert.

▷ Francine est encore en salle d'opération.
Francine ist noch im Operationssaal.

2 *Quand la* **salle** *est une très grande pièce, notamment dans les lieux publics, on traduit par der* ***Saal*** (pluriel **Säle**).

► **salle à manger** (d'un hôtel), **salle de restaurant :** der **Speisesaal**

► **salle d'attente** (d'une gare, d'un aéroport) **:** der **Wartesaal**

► **salle de cinéma :** der **Kinosaal**

► **salle d'opération :** der **Operationssaal**

3 ▷ Le concert a lieu dans la salle des fêtes.
Das Konzert findet in der Festhalle statt.

3 ► **salle des fêtes :** die **Festhalle** (pluriel **–hallen**)

salon

1 ▷ Ils ont un très grand salon et une petite cuisine.
Sie haben ein großes Wohnzimmer und eine kleine Küche.

1 (dans une maison) das **Wohnzimmer** (pluriel **–zimmer**)

2 ▷ Tu vas au Salon du livre ce week-end ?
Gehst du dieses Wochenende auf die Buchmesse?

2 (= exposition) die **Messe** (pluriel **Messen**)

ℹ *Notez la préposition en allemand :* au Salon = ***auf die Messe.***

3 ▷ La mère d'Eugénie travaille dans un salon de beauté.
Eugénies Mutter arbeitet in einem Schönheits-salon.

▷ Étienne a travaillé dans un salon de coiffure.
Étienne hat in einem Frisörsalon gearbeitet.

3 ► **salon de beauté :** der **Schönheitssalon** (pluriel **–salons**)

► **salon de coiffure :** der **Frisörsalon** (pluriel **–salons**)

4 ▷ J'ai découvert un salon de thé très sympa.
Ich habe eine sehr nette Teestube entdeckt.

4 ► **salon de thé :** die **Teestube** (pluriel **–stuben**)

salopette

▷ Les salopettes ne sont plus à la mode.
Latzhosen sind nicht mehr in Mode.

(= pantalon à bretelles) die **Latzhose** (pluriel **-hosen**)

saluer

1 ▷ Simon a salué mes parents.
Simon hat meine Eltern gegrüßt.

1 (= dire bonjour) **grüßen**

2 ▷ Carla nous a salués avant de partir.
Carla hat sich vor dem Gehen von uns verabschiedet.

2 (= dire au revoir) sich **verabschieden**

ℹ *Les verbes commençant par le préfixe* ***ver-*** *ne prennent pas* ***ge-*** *au participe passé.*

ℹ *Le pronom personnel allemand s'emploie à l'accusatif :* ***ich verabschiede mich, du verabschiedest dich, er / sie verabschiedet sich, wir verabschieden uns, ihr verabschiedet euch, sie verabschieden sich.***

3 ▷ Émilie me saluait de la main dans la rue.
Émilie winkte mir auf der Straße zu.

3 ► **saluer** quelqu'un **de la main :** jemandem (datif) **zuwinken**

ℹ ***zu•winken*** *est un verbe à particule séparable.*

4 ▷ Les acteurs ont salué le public à la fin du spectacle.
Die Schauspieler haben sich nach der Vorstellung vor dem Publikum verbeugt.

4 ► **saluer le public** (à la fin d'un spectacle) **:** sich **vor dem Publikum verbeugen**

ℹ *Les verbes commençant par le préfixe* ***ver-*** *ne prennent pas* ***ge-*** *au participe passé.*

salut !

1 ▷ Salut ! Ça va ?
Hallo! Wie geht's?

1 (= bonjour) **hallo!**

2 ▷ Salut, à bientôt !
Tschüss, bis bald!

2 (= au revoir) **tschüss!**

samedi

▷ Aujourd'hui c'est samedi.
Heute ist Samstag.

▷ Nous viendrons samedi.
Wir kommen am Samstag.

▷ Le samedi, Sandra va à son cours de piano.
Samstags hat Sandra Klavierunterricht.

der **Samstag**

► **faire** quelque chose **samedi :** etwas **am Samstag tun**

► **le samedi** (= tous les samedis) **: samstags**

sandale

▷ En été je préfère porter des sandales.
Im Sommer trage ich lieber Sandalen.

die **Sandale** (pluriel **Sandalen**)

sandwich

▷ Veux-tu que je prépare les sandwichs ?
Willst du, dass ich die Sandwichs bereite?

das **Sandwich** /'zɛntvɪtʃ/ (pluriel Sandwichs)

Notez la prononciation.

sang

▷ Christelle a du sang sur la main.
Christelle hat Blut auf der Hand.

das **Blut**

sang-froid

▷ Il a perdu son sang-froid.
Er hat seine Beherrschung verloren.

die **Beherrschung**

sanglant, sanglante

▷ La répression était sanglante.
Die Niederschlagung war blutig.

blutig

sanglot

1 ▷ On entendait des sanglots qui venaient du salon.
Aus dem Wohnzimmer hörten wir Schluchzer kommen.

1 der **Schluchzer** /'ʃlʊxtsɐ/ (pluriel Schluchzer)

2 ▷ Tout à coup, Émilie a éclaté en sanglots.
Plötzlich brach Émilie in Tränen aus.

2 ► **éclater en sanglots** : in Tränen ausbrechen

aus•brechen est un verbe à particule séparable et se conjugue comme ***brechen*** (bricht, brach, gebrochen).

sangloter

▷ Le pauvre Jérémie sanglotait dans un coin.
Der arme Jérémie schluchzte in einer Ecke.

schluchzen /'ʃlʊxtsn/

sans

▷ Anaïs ne va nulle part sans son parapluie.
Anaïs geht nirgends ohne ihren Regenschirm hin.

▷ Ils sont partis sans dire au revoir.
Sie sind gegangen, ohne sich zu verabschieden.

ohne

► **sans** + *infinitif* : ohne zu + *infinitif*

santé

1 ▷ La santé est plus importante que tout.
Die Gesundheit ist wichtiger als alles andere.

▷ Mes grands-parents sont en bonne santé.
Meine Großeltern sind bei guter Gesundheit.

▷ Le lait est bon pour la santé.
Milch ist gesund.

1 die **Gesundheit**

► **en bonne santé** : bei guter Gesundheit

► **bon pour la santé** : gesund

▷ Fumer est mauvais pour la santé.
Rauchen ist ungesund.

► **mauvais pour la santé :** ungesund

2 ▷ Santé !
Prost!

2 *En allemand, quand on trinque, on dit **Prost!***

sapin

1 ▷ Nous avons traversé une forêt de sapins.
Wir haben einen Tannenwald durchquert.

1 (= arbre) die Tanne (pluriel Tannen)

2 ▷ La table du salon est en sapin.
Der Wohnzimmertisch ist aus Tannenholz.

2 (= bois) das Tannenholz

3 ▷ Quel beau sapin de Noël !
So ein schöner Weihnachtsbaum!

3 ► **sapin de Noël :** der Weihnachtsbaum (pluriel -bäume)

ℹ *On dit aussi der **Tannenbaum**.*

sardine

▷ Il ne reste plus qu'une boîte de sardines.
Es ist nur noch eine Büchse Sardinen da.

die Sardine (pluriel Sardinen)

satisfait, satisfaite

▷ La professeur n'est pas très satisfaite de mes résultats.
Die Lehrerin ist mit meinen Ergebnissen nicht sehr zufrieden.

zufrieden

ℹ *Notez la préposition employée en allemand :* satisfait de ... = ***mit ... zufrieden**.*

sauce

▷ Il y a trop de crème dans cette sauce.
Es ist zu viel Sahne in dieser Soße.
▷ J'adore les pâtes à la sauce tomate.
Ich liebe Nudeln mit Tomatensoße.
▷ Il y a du poisson avec de la sauce à l'estragon.
Es gibt Fisch mit Estragonsoße.

die Soße (pluriel Soßen)

ℹ *Pour préciser le genre de sauce en allemand, on forme des mots composés avec **Soße** : die **Pilzsoße*** (sauce aux champignons), *die **Pfeffersoße*** (sauce au poivre), *etc.*

saucisse

▷ Nous avons grillé des saucisses dans le jardin.
Wir haben im Garten Würste gebraten.

die Wurst (pluriel Würste)

En Allemagne, on peut acheter dans la rue de la saucisse grillée *: die **Bratwurst**.*

saucisson

▷ Coupe-nous quelques rondelles de saucisson.
Schneid uns doch ein paar Wurstscheiben ab.

die Wurst (pluriel Würste)

sauf

▷ Tout le monde est venu, sauf Romane.
Alle sind gekommen, bis auf Romane.

(= excepté) bis auf

saule

▷ J'ai un saule pleureur dans mon jardin.
Ich habe eine Trauerweide in meinem Garten.

die **Weide** (pluriel **Weiden**)

saumon

▷ Mon père a pêché un saumon.
Mein Vater hat einen Lachs geangelt.

▷ Le saumon est mon poisson préféré.
Lachs ist mein Lieblingsfisch.

▷ Est-ce que tu aimes le saumon fumé ?
Magst du Räucherlachs?

der **Lachs** /laks/ (pluriel **Lachse**)

Quand il s'agit d'un plat, on emploie uniquement le singulier sans article.

► **saumon fumé :** der **Räucherlachs**

Notez la prononciation.

saut

1 ▷ Michael a fait un saut quand je suis entré.
Michael zuckte zusammen, als ich eintrat.

1 ► **faire un saut** (= sursauter) : **zusammenzucken**

__zusammen•zucken__ est un verbe à particule séparable.

2 ▷ J'ai fait un saut très impressionnant.
Ich habe einen sehr beeindruckenden Sprung gemacht.

▷ Alex est bon en saut en hauteur.
Alex ist im Hochsprung gut.

▷ Natacha fait du saut en longueur.
Natacha macht Weitsprung.

▷ Nous lui avons offert un saut en parachute pour son anniversaire.
Wir haben ihr zum Geburtstag einen Fallschirmsprung geschenkt.

▷ Le saut à la perche est un sport difficile.
Stabhochsprung ist ein schwieriger Sport.

▷ Est-ce que tu as vu la compétition du triple saut ?
Hast du den Dreisprungwettkampf gesehen?

2 (= bond) der **Sprung** (pluriel **Sprünge**)

► **saut en hauteur :** der **Hochsprung**

► **saut en longueur :** der **Weitsprung**

► **saut en parachute :** der **Fallschirmsprung**

► **saut à la perche :** der **Stabhochsprung**

► **triple saut :** der **Dreisprung**

3 ▷ As-tu déjà fait du saut à l'élastique ?
Hast du schon Bungee-Jumping gemacht?

▷ Je ne ferai jamais de saut à l'élastique.
Nie werde ich Bungee-Jumping machen.

3 ► **faire du saut à l'élastique : Bungee-Jumping machen** /'bandʒidʒampɪŋ/

Le mot __Bungee-Springen__ existe, mais est beaucoup moins utilisé.

4 ▷ Ne m'attends pas, je vais faire un saut chez Nicolas.
Warte nicht auf mich, ich gehe auf einen Sprung bei Nicolas vorbei.

4 ► **faire un saut chez** quelqu'un : **auf einen Sprung bei** jemandem (datif) **vorbeigehen** (**ging**, **gegangen**)

sauter

1 ▷ Didier a sauté du mur et s'est foulé la cheville.
Didier ist von der Mauer gesprungen und hat sich den Knöchel verstaucht.

1 (= faire un bond) **springen** (sprang, gesprungen)

2 ▷ L'homme a sauté sur Julie pour lui voler son sac.
Der Mann stürzte sich auf Julie, um ihre Handtasche zu stehlen.

2 ► **sauter sur** quelqu'un *ou* quelque chose (= se précipiter) : sich **auf** jemanden *ou* etwas (accusatif) **stürzen**

ℹ *Le verbe intransitif français se traduit par un verbe réfléchi en allemand.*

3 ▷ Tout l'immeuble a sauté.
Das ganze Gebäude ist in die Luft gegangen.
▷ Les terroristes ont fait sauter le camion.
Die Terroristen ließen den Lastwagen hochgehen.

3 (= exploser) **in die Luft gehen**

► **faire sauter** quelque chose **:** etwas **hochgehen lassen** (lässt, ließ, gelassen)

ℹ *Les expressions françaises et leurs traductions allemandes sont familières.*

4 ▷ Tu as sauté une ligne.
Du hast eine Linie übersprungen.
▷ Le traducteur avait sauté tout un paragraphe.
Der Übersetzer hatte einen ganzen Absatz übersprungen.

4 (= oublier, ignorer) **überspringen** (übersprang, übersprungen)

ℹ *Les verbes commençant par le préfixe* ***über-*** *ne prennent pas* ***ge-*** *au participe passé.*

sauterelle

▷ Hubert a réussi à attraper une sauterelle.
Hubert ist es gelungen, eine Heuschrecke zu fangen.

die **Heuschrecke** (pluriel Heuschrecken)

sauvage

1 ▷ Nous avons vu des animaux sauvages en Tanzanie.
In Tansania haben wir wilde Tiere gesehen.

1 (= à l'état sauvage) **wild**

2 ▷ Emma n'est pas timide, elle est sauvage !
Emma ist nicht schüchtern, sie ist scheu!

2 (= farouche, en parlant d'une personne) **scheu**

sauver

1 ▷ Le petit garçon a été sauvé par les pompiers.
Der kleine Junge wurde von der Feuerwehr gerettet.

1 (= aider quelqu'un qui est en danger) **retten**

2 ▷ Quand ils ont vu le prof arriver, ils se sont sauvés.
Als sie den Lehrer kommen sahen, liefen sie weg.

2 ► se **sauver** (= s'échapper) : **weglaufen**

ℹ ***weg•laufen*** *est un verbe à particule séparable et se conjugue comme* ***laufen*** (läuft, lief, gelaufen).

savant, savante

1 ▷ Bénédicte se croit très savante.
Bénédicte glaubt, sehr gelehrt zu sein.

1 (= qui sait beaucoup de choses) gelehrt

2 ▷ Les savants cherchent un vaccin contre le sida.
Die Wissenschaftler suchen nach einem Impfstoff gegen Aids.

2 (= personne, scientifique) der **Wissenschaftler** (pluriel Wissenschaftler), die **Wissenschaftlerin** (pluriel Wissenschaftlerinnen)

savoir

1 ▷ Est-ce que tu sais comment il s'appelle ?
Weißt du, wie er heißt?
▷ Nathalie ne viendra pas. – Je le savais !
Nathalie kommt nicht. – Ich wusste es!
▷ Je ne veux rien savoir de vos histoires.
Ich will nichts von euren Geschichten wissen.

1 **wissen** (weiß, wusste, gewusst)

► **ne rien vouloir savoir de ... :** nichts von ... wissen wollen

2 ▷ Quel âge a-t-elle ? – Je n'en sais rien.
Wie alt ist sie? – Keine Ahnung.

2 ► **je n'en sais rien :** keine Ahnung

3 ▷ Rachel ne sait pas parler espagnol.
Rachel kann nicht Spanisch sprechen.
▷ Est-ce que tu sais utiliser un ordinateur ?
Kannst du mit einem Computer umgehen?

3 *Pour dire qu'on* **sait faire** *ou qu'on* **ne sait pas faire** *quelque chose, on emploie le verbe* ***können*** *+ infinitif en allemand.*

savon

1 ▷ J'aime bien ce savon, il sent bon.
Ich mag diese Seife gern, sie riecht gut.

1 (= produit) die **Seife** (pluriel Seifen)

2 ▷ Mon père m'a passé un savon parce que je suis rentré tard.
Mein Vater hat mir den Kopf gewaschen, weil ich spät nach Hause gekommen bin.

2 ► **passer un savon à** quelqu'un **:** jemandem (datif) **den Kopf waschen**
ℹ *Littéralement, cette expression veut dire « laver la tête à quelqu'un ».*

saxophone

▷ Le saxophone est un bel instrument.
Das Saxophon ist ein schönes Instrument.
▷ Lisa joue du saxophone.
Lisa spielt Saxophon.

das **Saxophon** (pluriel Saxophone)

► **jouer du saxophone :** Saxophon spielen

scandale

1 ▷ C'est un scandale !
Das ist ein Skandal!

1 (= chose scandaleuse) der **Skandal** (pluriel Skandale)

2 ▷ Alex a fait un scandale parce qu'il y avait une mouche dans sa soupe.
Alex hat Krach geschlagen, weil eine Fliege in seiner Suppe lag.

2 ► **faire un scandale** (= se plaindre) **:** Krach schlagen (schlägt, schlug, geschlagen)

scénario

▷ Tu as lu le scénario?
Hast du das Drehbuch gelesen?

(de film) das **Drehbuch** (pluriel -bücher)

scène

1 ▷ Brigitte avait peur quand elle est montée sur scène.
Brigitte hatte Angst, als sie auf die Bühne ging.

1 (= estrade) die **Bühne** (pluriel Bühnen)

2 ▷ On a répété la première scène hier.
Gestern haben wir die erste Szene geprobt.
▷ Elle m'a fait une scène parce que j'avais dix minutes de retard.
Sie hat mir eine Szene gemacht, weil ich zehn Minuten Verspätung hatte.

2 (= partie d'une pièce de théâtre, d'un film) die **Szene** (pluriel Szenen)
► **faire une scène à** quelqu'un : jemandem **eine Szene machen**

schéma

▷ Tu comprendras mieux avec un schéma.
Mit einem Schema wirst du es besser verstehen.

(= dessin) das **Schema** (pluriel Schemen)

scie

▷ Peux-tu m'apporter la scie, s'il te plaît ?
Kannst du mir bitte die Säge bringen?

die **Säge** (pluriel Sägen)

science

▷ La science progresse constamment.
Die Wissenschaft macht ständig Fortschritte.
▷ Jérôme a les meilleures notes en sciences naturelles.
Jérôme hat die besten Noten in Naturwissenschaften.

die **Wissenschaft** (pluriel Wissenschaften)
► **sciences naturelles** (= matière) : die **Naturwissenschaften**

science-fiction

▷ Lola adore les films de science-fiction.
Lola liebt Science-Fiction-Filme.

die **Science-Fiction** /'saiəns'fɪkʃən/
Notez la prononciation.

scientifique

1 ▷ Ta méthode n'est pas très scientifique.
Deine Methode ist nicht sehr wissenschaftlich.

1 (adjectif) **wissenschaftlich**

2 ▷ Les scientifiques européens ont fait une découverte importante.
Die europäischen Wissenschaftler haben eine wichtige Entdeckung gemacht.

2 (= personne) der **Wissenschaftler** (pluriel Wissenschaftler), die **Wissenschaftlerin** (pluriel Wissenschaftlerinnen)

scier

▷ J'ai scié du bois tout l'après-midi.
Ich habe den ganzen Nachmittag über Holz gesägt.

sägen

scolaire

▷ Les vacances scolaires commencent le 29 juin.
Die Schulferien fangen am 29. Juni an.
▷ Paul a vu la psychologue scolaire.
Paul hat die Schulpsychologin gesehen.

Pour dire que quelque chose est **scolaire** *en allemand, on forme des mots composés avec* ***Schul-*** *: das* ***Schulbuch*** **(manuel scolaire)**, *das* ***Schulalter*** **(âge scolaire)**, *etc.*

scooter

▷ Mes parents vont m'acheter un scooter.
Meine Eltern werden mir einen Motorroller kaufen.

der **Motorroller** (pluriel **-roller**)

score

1 ▷ Est-ce que quelqu'un connaît le score ?
Kennt jemand den Spielstand?

1 (intermédiaire) der **Spielstand**

2 ▷ Quel est le score ?
Was ist das Spielergebnis?

2 (final) das **Spielergebnis** (pluriel **-ergebnisse**)

scorpion

▷ Je suis Scorpion.
Ich bin Skorpion.

das **Skorpion** (pluriel **Skorpione**)

scotch

▷ Où est-ce que tu as mis le scotch ?
Wo hast du den Tesafilm hingelegt?

(= ruban adhésif) der **Tesafilm®**

ℹ *Le® signifie qu'il s'agit d'un nom de marque. Vous n'avez pas besoin de l'écrire.*

scout

▷ Nous avons rencontré un groupe de scouts dans la forêt.
Im Wald sind wir einer Gruppe Pfadfinder begegnet.

der **Pfadfinder** (pluriel **-finder**), die **Pfadfinderin** (pluriel **-finderinnen**)

sculpter

1 ▷ Capucine apprend à sculpter du bois.
Capucine lernt, Holz zu schnitzen.

1 (en parlant du bois) **schnitzen**

2 ▷ Marcus préfère sculpter la pierre.
Marcus behaut lieber Stein.

2 (en parlant de la pierre) **behauen**

ℹ *Les verbes commençant par le préfixe* ***be-*** *ne prennent pas* ***ge-*** *au participe passé.*

▷ Il a sculpté de jolies fleurs dans la pierre.
Er hat schöne Blumen in Stein gehauen.

► **sculpter** quelque chose **dans la pierre :** etwas **in Stein hauen**

sculpteur, sculptrice

▷ Son frère est sculpteur.
Sein Bruder ist Bildhauer.

der **Bildhauer** (pluriel **-hauer**), die **Bildhauerin** (pluriel **-hauerinnen**)

sculpture

1 ▷ Mallaury s'est décidée pour la sculpture.
Mallaury hat sich für Bildhauerei entschieden.

1 (= activité) die **Bildhauerei**

2 ▷ Les sculptures de Rodin sont magnifiques.
Rodins Skulpturen sind wunderschön.

2 (= œuvre) die **Skulptur** (pluriel **Skulpturen**)

SDF

▷ Un SDF mendiait devant la station de métro.
Ein Obdachloser bettelte vor der U-Bahnstation.

der / die **Obdachlose** (pluriel **Obdachlosen**)

ℹ *C'est un adjectif substantivé : on dit* ***ein Obdachloser****.*

se, s'

1 ▷ Benoît s'est coupé le doigt.
Benoît hat sich in den Finger geschnitten.
▷ Maria se gratte parce qu'elle a des piqûres de moustique.
Maria kratzt sich, weil sie Mückenstiche hat.
▷ Je me lève à sept heures.
Ich stehe um sieben auf.

1 *Quand l'action est vraiment effectuée sur soi, le pronom réfléchi* se *est traduit par* ***sich****.*

ℹ *Quand le verbe n'est pas vraiment réfléchi, c'est-à-dire s'il n'y a pas d'action effectuée sur soi, le pronom* se *n'est parfois pas traduit.*

2 ▷ Ils se sont regardés.
Sie haben sich angesehen.
▷ Lisa et Martin se voient très souvent.
Lisa und Martin sehen sich oft.

2 *Quand* se *est réciproque, il se traduit la plupart du temps par* ***sich****.*

séance

▷ La séance de l'après-midi est moins chère.
Die Nachmittagsvorstellung ist billiger.

(au cinéma) die **Vorstellung** (pluriel **Vorstellungen**)

seau

▷ Peux-tu m'apporter le seau, s'il te plaît ?
Kannst du mir bitte den Eimer bringen?

der **Eimer** (pluriel **Eimer**)

sec, sèche

1 ▷ Attention, la peinture n'est pas encore sèche !
Vorsicht, die Farbe ist noch nicht trocken!

1 (= pas mouillé) **trocken**

2 ▷ La professeur a été très sèche avec Steven.
Die Lehrerin war sehr schroff zu Steven.

2 (= brusque, en parlant d'une personne) **schroff**

sèche-cheveux

▷ J'ai apporté un sèche-cheveux.
Ich habe einen Haartrockner mitgebracht.

der **Haartrockner** (pluriel **-trockner**)

ℹ *On dit aussi der* ***Föhn*** (pluriel **Föhne**).

séche-linge

▷ Le sèche-linge est en panne.
Der Wäschetrockner ist kaputt.

(= machine) der **Wäschetrockner**

sécher

1 ▷ Sèche les assiettes avant de les mettre dans le placard.
Trockne die Teller ab, bevor du sie in den Schrank stellst.

1 (= rendre sec en essuyant) **abtrocknen**

ℹ ***ab•trocknen*** *est un verbe à particule séparable.*

2 ▷ Mes cheveux sèchent tout seuls.
Meine Haare trocknen ganz allein.
▷ Je fais sécher ces fleurs.
Ich lasse diese Blumen trocknen.

2 (= devenir sec) **trocknen**

► **faire sécher :** trocknen lassen (lässt, ließ, gelassen)

3 ▷ Ma mère m'a demandé de mettre le linge à sécher.
Meine Mutter hat mich gebeten, die Wäsche zum Trocknen aufzuhängen.

3 ► **mettre le linge à sécher :** die Wäsche zum Trocknen aufhängen

4 ▷ Sèche-toi bien avant de mettre ton pyjama.
Trockne dich gut ab, bevor du deinen Schlafanzug anziehst.
▷ Mario ne s'est pas bien séché et il a attrapé un rhume.
Mario hat sich nicht gut abgetrocknet und hat sich einen Schnupfen geholt.
▷ Je voudrais une serviette pour me sécher les mains.
Ich hätte gern ein Handtuch, um mir die Hände abzutrocknen.
▷ Sèche-toi les pieds avant de venir dans le salon.
Trockne dir die Füße ab, bevor du ins Wohnzimmer kommst.

4 ► se **sécher** (en s'essuyant) **:** sich abtrocknen

ℹ *Le pronom personnel allemand s'emploie à l'accusatif :* ***ich trockne mich ab, du trocknest dich ab, er / sie trocknet sich ab, wir trocknen uns ab, ihr trocknet euch ab, sie trocknen sich ab.***

Lorsque **se sécher** *est suivi d'une partie du corps, le verbe réfléchi allemand s'emploie au datif :* ***ich trockne mir... ab, du trocknest dir... ab, er / sie trocknet sich... ab, wir trocknen uns... ab, ihr trocknet euch... ab, sie trocknen sich... ab.***

5 ▷ Les plantes ont séché parce qu'on ne les a pas arrosées.
Die Pflanzen sind vertrocknet, weil wir sie nicht gegossen haben.

5 *Quand* **sécher** *signifie « se déshydrater », on traduit par* ***vertrocknen*** *en allemand.*

ℹ *Les verbes commençant par le préfixe* ***ver-*** *ne prennent pas* ***ge-*** *au participe passé.*

6 ▷ Elsa a séché le cours de maths.
Elsa hat die Mathestunde geschwänzt.

6 (= manquer, en parlant de l'école) **schwänzen**

sécheresse

▷ Les agriculteurs sont inquiets à cause de la sécheresse.
Die Landwirte sind wegen der Trockenheit besorgt.

die **Trockenheit**

séchoir

▷ Mets le sèche-linge dehors.
Stell das Trockengestell nach draußen.

(pour le linge) das **Trockengestell** (pluriel -gestelle)

second, seconde

1 ▷ C'est la seconde fois que je vois ce film.
Es ist das zweite Mal, dass ich diesen Film sehe.

1 (adjectif = deuxième) **zweite**

2 ▷ Esther est arrivée seconde.
Esther ist Zweite geworden.

2 (= personne) der / die **Zweite**

3 ▷ Manu habite au second.
Manu wohnt im zweiten Stock.

3 (= deuxième étage) der **zweite Stock**

ℹ *Regardez aussi* **seconde**, *plus bas.*

secondaire

▷ Thérésa voudrait enseigner dans le secondaire.
Thérésa würde gern in der Sekundarstufe lehren.

► **le secondaire** (= le collège et le lycée) : die **Sekundarstufe**

seconde

1 ▷ Ça va me prendre trois secondes.
Dafür brauche ich drei Sekunden.

1 (= unité de temps) die **Sekunde** (pluriel Sekunden)

2 ▷ La sœur de Lionel est en seconde.
Lionels Schwester geht in die zehnte Klasse.

2 *La classe qui correspond à* **la seconde** *en Allemagne est* ***die zehnte Klasse****. Selon le Land, le système scolaire allemand compte douze ou treize années jusqu'au* ***Abitur****.*

secouer

1 ▷ Il faut secouer la bouteille avant de l'ouvrir.
Man muss die Flasche vor dem Öffnen schütteln.
▷ Ma sœur et moi avons secoué le tapis.
Meine Schwester und ich haben den Teppich ausgeschüttelt.

1 (= agiter) **schütteln**

Quand on **secoue** *pour faire tomber quelque chose, on traduit par* ***ausschütteln****.*

ℹ ***aus•schütteln*** *est un verbe à particule séparable.*

2 ▷ Secoue-toi, fainéant !
Jetzt raff dich auf, du Faulpelz!
▷ Il s'est secoué et il a réussi son examen.
Er hat sich aufgerafft und seine Prüfung bestanden.
▷ Secouez-vous, on va se promener !
Rafft euch auf, wir gehen spazieren!

2 ► se **secouer** (= se bouger) : sich **aufraffen**

ℹ ***auf•raffen*** *est un verbe à particule séparable. Le pronom personnel allemand s'emploie à l'accusatif :* ***ich raffe mich auf, du raffst dich auf, er / sie rafft sich auf, wir raffen uns auf, ihr rafft euch auf, sie raffen sich auf.***

secours

1 ▷ Les secours sont arrivés très vite.
Der Rettungsdienst ist sehr schnell gekommen.

1 ► **les secours** (= équipe) der **Rettungsdienst**

2 ▷ On a entendu quelqu'un qui appelait au secours.
Wir haben jemand gehört, der um Hilfe rief.

▷ Au secours ! Au secours !
Hilfe! Hilfe!

2 ► **appeler au secours** *ou* **crier au secours :** um Hilfe rufen (rief, gerufen)
► **au secours ! :** Hilfe!

secret, secrète

1 ▷ Ils se sont rencontrés dans un endroit secret.
Sie haben sich an einem geheimen Ort getroffen.
▷ Il racontait des histoires des services secrets.
Er erzählte Geschichten über den Geheimdienst.

1 (adjectif) geheim

Pour dire que quelque chose est **secret** *en allemand, on forme des mots composés avec* ***Geheim-*** *: der* ***Geheimdienstler*** **(agent secret)**, *das* ***Geheimkonto*** **(compte secret)**, *etc.*

2 ▷ Ne le répète à personne, c'est un secret.
Sag es niemandem weiter, es ist ein Geheimnis.

2 (= information secrète) das Geheimnis (pluriel Geheimnisse)

secrétaire

▷ La secrétaire du collège est très gentille.
Die Schulsekretärin ist sehr nett.

(= métier) der Sekretär (pluriel Sekretäre), die Sekretärin (pluriel Sekretärinnen)

secteur

1 ▷ C'est un secteur économique important.
Es ist ein wichtiger Wirtschaftszweig.

1 ► **secteur économique :** der Wirtschaftszweig (pluriel -zweige)

2 ▷ Ce secteur est mal famé.
Dieser Bezirk hat einen schlechten Ruf.

2 (géographique) der Bezirk (pluriel Bezirke)

section

▷ Noémie ne sait pas si elle veut choisir une section scientifique ou littéraire.
Noémie weiß nicht, ob sie eine wissenschaftliche oder geisteswissenschaftliche Fachrichtung nehmen will.

(au lycée) die Fachrichtung (pluriel -richtungen)

sécurité

▷ Il y a des problèmes de sécurité dans le quartier.
Es gibt Sicherheitsprobleme im Viertel.
▷ Je me sentais en sécurité avec Joël.
Mit Joël fühlte ich mich in Sicherheit.

die Sicherheit

► **en sécurité :** in Sicherheit
ℹ *On dit aussi* ***sicher***.

séduisant, séduisante

1 ▷ Je trouve son frère très séduisant.
Ich finde deinen Bruder sehr anziehend.

1 (personne) anziehend

2 ▷ Ton projet est séduisant.
Dein Projekt ist verlockend.

2 (idée, solution) verlockend

seigle

▷ J'adore le pain de seigle.
Ich liebe Roggenbrot.

der **Roggen**

sein

▷ Les garçons n'ont pas de seins.
Jungen haben keine Brüste.
▷ Ma mère me donnait le sein quand j'étais bébé.
Als ich Baby war, gab mir meine Mutter die Brust.

die **Brust** (pluriel **Brüste**)

► **donner le sein à** (= allaiter) : **die Brust geben** (**gibt, gab, gegeben**)

ℹ *On dit aussi* ***stillen***.

seize

▷ Il y a seize élèves dans la classe.
In der Klasse sind sechzehn Schüler.
▷ J'ai seize ans.
Ich bin sechzehn Jahre alt. *ou* **Ich bin sechzehn.**

▷ Aujourd'hui, c'est le seize septembre.
Heute ist der sechzehnte September.
▷ Nous partons le seize mars.
Wir fahren am sechzehnten März.

sechzehn

Quand on dit l'âge de quelqu'un, on dit ***ist sechzehn Jahre alt****, ou on peut dire simplement le nombre :* ***ist sechzehn***.
Quand on dit la date, on emploie ***der sechzehnte***.
Quand on dit que quelque chose a eu lieu ou aura lieu à cette date, on emploie ***am sechzehnten***.

ℹ *On écrit* ***der 16. September, am 16. März***.

séjour

1 ▷ Merci beaucoup, nous avons passé un séjour très agréable.
Vielen Dank, wir haben einen sehr angenehmen Aufenthalt verbracht.

1 (= visite) der **Aufenthalt** (pluriel **Aufenthalte**)

2 ▷ Charifa va faire un séjour linguistique en Irlande.
Charifa macht eine Sprachreise in Irland.

2 ► **séjour linguistique :** die **Sprachreise** (pluriel **–reisen**)

3 ▷ Nous avons une télé dans le séjour et une dans la chambre de mes parents.
Wir haben einen Fernseher im Wohnzimmer und einen im Schlafzimmer meiner Eltern.

3 (= salon) das **Wohnzimmer** (pluriel **–zimmer**)

sel

▷ Passe-moi le sel, s'il te plaît.
Gib mir bitte das Salz.

das **Salz**

sélection

▷ Tu as fait ta sélection parmi les livres ?
Hast du deine Auswahl unter den Büchern getroffen?

die **Auswahl**

sélectionner

1 ▷ Sélectionne les plus beaux timbres.
Wähl die schönsten Briefmarken aus.

1 (une chose parmi d'autres) **auswählen**

ℹ *aus•wählen est un verbe à particule séparable.*

▷ Il a été sélectionné trois fois en équipe nationale.
Er wurde drei Mal in der Nationalmannschaft aufgestellt.

2 (dans une équipe) **aufstellen**

ℹ *auf•stellen est un verbe à particule séparable.*

self-service

▷ On a mangé dans un self-service sur l'autoroute.
Wir haben in einem Selbstbedienungsrestaurant an der Autobahn gegessen.
▷ Ce self-service est très bon.
Dieses Selbstbedienungsrestaurant ist sehr gut.

(= restaurant) das **Selbstbedienungsrestaurant** (pluriel –restaurants)

ℹ *Décomposez ce mot : selbst* (soi-même) + *Bedienung* (service) + *Restaurant*.

selle

▷ J'ai acheté une nouvelle selle pour mon vélo.
Ich habe einen neuen Sattel für mein Fahrrad gekauft.

der **Sattel** (pluriel Sättel)

selon

1 ▷ Selon les journaux, le ministre est responsable.
Den Zeitungen zufolge ist der Minister verantwortlich.

1 ► **selon ...** (avec un nom) **:** *datif +* zufolge

2 ▷ Selon moi, ce n'est pas vrai.
Meiner Meinung nach ist das nicht wahr.

2 *Quand* **selon** *est employé avec un pronom personnel, on traduit par le pronom personnel génitif (meiner, deiner, seiner, ihrer, unserer, eurer ou Ihrer, ihrer) + Meinung nach.*

semaine

▷ J'ai vu Suzanne la semaine dernière.
Ich habe Suzanne letzte Woche gesehen.
▷ Jean-Michel est toujours très occupé en semaine.
Unter der Woche ist Jean-Michel immer sehr beschäftigt.

die **Woche** (pluriel Wochen)

► **en semaine :** unter der Woche

semblable

▷ J'ai été dans une situation semblable.
Ich war schon in einer ähnlichen Situation.

ähnlich

sembler

1 ▷ Claude semblait calme, mais je pense qu'elle était inquiète.
Claude schien ruhig zu sein, aber ich glaube, sie war besorgt.
▷ Il semble travailler sérieusement.
Es scheint so, als ob er ernsthaft arbeiten würde.

1 ► **sembler** + *adjectif* **:** scheinen + *adjectif* + zu sein (schien, geschienen)

► **sembler** + *verbe* **:** es scheint so, als ob + *verbe au subjonctif II présent*

2 ▷ Il me semble que je vous connais.
Ich glaube, dass ich Sie kenne.

2 ► **il me semble que ... :** ich glaube, dass ...

semelle

▷ Les semelles de mes sandales sont en cuir.
Die Sohlen meiner Sandalen sind aus Leder.

die Sohle (pluriel Sohlen)

semer

▷ Mon père a semé des graines, mais les oiseaux les ont mangées.
Mein Vater hat Samen gesät, aber die Vögel haben sie gefressen.

säen

sens

1 ▷ Je crois qu'on va dans le mauvais sens.
Ich glaube, wir gehen in die falsche Richtung.

1 (= direction) die Richtung (pluriel Richtungen)

2 ▷ Ce jeu se joue dans le sens des aiguilles d'une montre.
Dieses Spiel spielt man im Uhrzeigersinn.

2 ► **dans le sens des aiguilles d'une montre :** im Uhrzeigersinn

3 ▷ Le mot « Decke » a plusieurs sens.
Das Wort „Decke" hat mehrere Bedeutungen.
▷ Quel est le sens de ce mot ?
Was bedeutet dieses Wort?

3 (= signification) die Bedeutung (pluriel Bedeutungen)

ℹ *Quand on pose la question* quel est le sens de ... ? *en allemand, on dit* ***was bedeutet ...?***

4 ▷ Camille n'a aucun sens de l'humour.
Camille hat keinen Sinn für Humor.

4 (= notion instinctive) der Sinn

ℹ *Notez la préposition employée en allemand :* le sens de ... = ***Sinn für ....***

5 ▷ Ce que tu dis là n'a aucun sens.
Was du da sagst, ist unsinnig.

5 ► **n'avoir pas de sens** *ou* **n'avoir aucun sens :** unsinnig sein

6 ▷ Patrice est plein de bon sens.
Patrice hat einen gesunden Menschenverstand.

6 ► **bon sens :** der gesunde Menschenverstand

7 ▷ La pièce était sens dessus dessous.
Das Zimmer war völlig durcheinander.

7 ► **sens dessus dessous :** völlig durcheinander

sensation

1 ▷ C'est une sensation bizarre d'être suspendu dans les airs.
Es ist ein komisches Gefühl, frei in der Luft zu hängen.

1 (= impression) das **Gefühl** (pluriel Gefühle)

2 ▷ La nouvelle a fait sensation à l'école.
Die Nachricht hat in der Schule Aufsehen erregt.

2 ► **faire sensation :** Aufsehen erregen

*Les verbes commençant par le préfixe **er-** ne prennent pas **ge-** au participe passé.*

sensible

1 ▷ Pierrette est quelqu'un de très sensible.
Pierrette ist ein sehr empfindsamer Mensch.

1 (= émotif) **empfindsam**

2 ▷ Élina a la peau sensible.
Élina hat empfindliche Haut.

2 (= fragile) **empfindlich**

Attention à ne pas confondre ces deux adjectifs.

sentier

▷ Prenez ce sentier à gauche.
Nehmen Sie den Pfad links.

der **Pfad** (pluriel Pfade)

sentiment

▷ Cécile n'aime pas parler de ses sentiments.
Cécile spricht nicht gern über ihre Gefühle.

(= émotion) das **Gefühl** (pluriel Gefühle)

sentimental, sentimentale

▷ Ce film est trop sentimental.
Dieser Film ist zu sentimental.

sentimental

sentir

1 ▷ Est-ce que tu sens cette odeur bizarre ?
Riechst du diesen komischen Geruch?

1 (= percevoir par le nez) **riechen** (roch, gerochen)

2 ▷ Mmm, ça sent bon !
Mmm, das riecht ja gut!
▷ Ça sent la menthe.
Es riecht nach Minze.

2 (= avoir une odeur) **riechen**

*Quand **sentir** est suivi d'un substantif, on traduit par **nach ... riechen** en allemand.*

3 ▷ J'ai senti une main dans mon dos.
Ich spürte eine Hand auf meinem Rücken.
▷ J'ai senti que Léa était déçue.
Ich spürte, dass Léa enttäuscht war.
▷ Je sens qu'il va y avoir des problèmes.
Ich spüre, dass es Probleme geben wird.

3 (= percevoir par le toucher) **spüren**

► **sentir que** (= avoir l'impression, pressentir) **:** spüren, dass

4 ▷ Comment te sens-tu ?
Wie fühlst du dich?
▷ Je me sens très bien aujourd'hui.
Ich fühle mich heute sehr gut.

4 ► se **sentir** (= se porter) : sich **fühlen**

ℹ *Le pronom personnel allemand s'emploie à l'accusatif : **ich fühle mich ..., du fühlst dich ..., er / sie fühlt sich ..., wir fühlen uns ..., ihr fühlt euch ..., sie fühlen sich ...***

▷ Je me sens mal.
Ich fühle mich nicht wohl.

► se **sentir mal** (= malade) : sich **nicht wohl fühlen**

5 ▷ Élodie s'est sentie mal, on a dû appeler l'infirmière.
Élodie ist ohnmächtig geworden, wir mussten die Krankenschwester rufen.

5 ► se **sentir mal** (= s'évanouir) : **ohnmächtig werden** (wird, wurde, geworden)

6 ▷ Je ne peux simplement pas le sentir.
Ich kann ihn einfach nicht ausstehen.

6 ► **ne pas pouvoir sentir** quelqu'un : jemanden (accusatif) **nicht ausstehen können** (kann, konnte, können)

séparer

1 ▷ D'abord tu dois séparer les blancs des jaunes.
Zuerst musst du das Eigelb vom Eiweiß trennen.

1 (= mettre à part) **trennen**

ℹ *Notez la préposition employée en allemand : séparer de... : **von ... trennen**.*

▷ Les parents de Joanna se sont séparés.
Joannas Eltern haben sich getrennt.

► se **séparer** (= cesser de vivre ensemble) : sich **trennen**

2 ▷ Le professeur nous a séparés en trois groupes.
Der Lehrer hat uns in drei Gruppen aufgeteilt.

2 (= diviser) **aufteilen**

ℹ ***auf•teilen** est un verbe à particule séparable.*

sept

▷ Le voyage en train a duré sept heures.
Die Zugfahrt hat sieben Stunden gedauert.
▷ Ma petite sœur a sept ans.
Meine kleine Schwester ist sieben Jahre alt. *ou*
Meine kleine Schwester ist sieben.
▷ Aujourd'hui, c'est le sept octobre.
Heute ist der siebte Oktober.
▷ Nous partons le sept juillet.
Wir fahren am siebten Juli.

sieben

*Quand on dit l'âge de quelqu'un, on dit **ist sieben Jahre alt**, ou on peut dire simplement le nombre : **ist sieben**.*

*Quand on dit la date, on emploie **der siebte**.*

*Quand on dit que quelque chose a eu lieu ou aura lieu à cette date, on emploie **am siebten**.*

ℹ *On écrit **der 7. Oktober, am 7. Juli**.*

septembre

▷ Nous rentrons le trois septembre.
Wir kommen am dritten September zurück.
▷ Les cours commencent en septembre.
Die Schule fängt im September an.

der **September**

ℹ *On écrit **am 3. September**.*

► **en septembre** *ou* **au mois de septembre** : **im September**

septième

1 ▷ Le septième exercice est le plus difficile.
Die siebte Übung ist die schwierigste.

1 **siebte**

2 ▷ Anne habite au septième.
Anne wohnt im siebten Stock.

2 (= le septième étage) der **siebte Stock**

série

▷ J'ai eu une série de mauvaises notes.
Ich hatte eine Serie von schlechten Noten.
▷ Ma grand-mère aime bien les séries américaines.
Meine Großmutter mag amerikanische Serien.

die **Serie** (pluriel **Serien**)

sérieusement

1 ▷ Tu dis ça sérieusement ?
Sagst du das im Ernst?

1 (= sans plaisanter) **im Ernst**

2 ▷ Le prof a dit à Marvin qu'il devait travailler plus sérieusement.
Der Lehrer hat Marvin gesagt, dass er ernsthafter lernen muss.

2 (= consciencieusement) **ernsthaft**

sérieux, sérieuse

1 ▷ Étienne est beaucoup trop sérieux.
Étienne ist viel zu ernst.

1 (= qui ne plaisante pas) **ernst**

2 ▷ Caro est une élève sérieuse.
Caro ist eine ernsthafte Schülerin.

2 (= consciencieux) **ernsthaft**

3 ▷ On a parlé de choses sérieuses.
Wir haben über ernste Dinge geredet.

3 (= important) **ernst**

seringue

▷ J'ai eu un peu peur quand j'ai vu l'infirmière avec la seringue.
Ich hatte ein bisschen Angst, als ich die Krankenschwester mit der Spritze sah.

die **Spritze** (pluriel **Spritzen**)

serpent

▷ Nous avons trouvé un serpent dans le jardin.
Wir haben eine Schlange im Garten gefunden.
▷ Au zoo, j'ai vu des serpents à sonnette.
Im Zoo habe ich Klapperschlangen gesehen.

die **Schlange** (pluriel **Schlangen**)

► **serpent à sonnette :** die **Klapperschlange**

serré, serrée

1 ▷ Ma jupe est serrée, j'ai trop mangé !
Mein Rock ist zu eng, ich habe zu viel gegessen!

1 (= étroit) **eng**

2 ▷ On était serrés comme des sardines.
Wir standen dicht gedrängt wie Sardinen in der Büchse.

2 (= collés les uns contre les autres) **dicht gedrängt**

serrer

1 ▷ Marion a serré le parapluie pour qu'il ne s'envole pas.
Marion hat den Regenschirm umklammert, damit er nicht fortflog.

1 (= tenir pressé) **umklammern**
ℹ *Les verbes non séparables commençant par le préfixe* ***um-*** *ne prennent pas* ***ge-*** *au participe passé.*

2 ▷ Ahmed m'a serrée dans ses bras en me disant au revoir.
Ahmed hat mich an sich gedrückt, als er mir auf Wiedersehen gesagt hat.

2 ► **serrer** quelqu'un **dans ses bras :** jemanden (accusatif) **an** sich **drücken**

3 ▷ Ce jean me serre.
Diese Jeans ist zu eng.

3 (= être trop étroit) **zu eng sein**

4 ▷ Serre bien tes lacets.
Zieh deine Schnürsenkel fest.

4 (= tirer sur) **festziehen**
ℹ ***fest•ziehen*** *est un verbe à particule séparable et se conjugue comme* ***ziehen*** (zog, gezogen).

5 ▷ L'eau était très froide, mais j'ai serré les dents et j'y suis entré.
Das Wasser war sehr kalt, aber ich habe die Zähne zusammengebissen und bin hineingegangen.

5 ► **serrer les dents** (= prendre sur soi) : **die Zähne zusammenbeißen**
ℹ ***zusammen•beißen*** *est un verbe à particule séparable et se conjugue comme* ***beißen*** (biss, gebissen).

6 ▷ Je lui ai serré la main, et on a repris le match.
Ich habe ihm die Hand geschüttelt, und wir haben weitergespielt.
▷ On s'est serré la main.
Wir haben uns die Hände geschüttelt.

6 ► **serrer la main à** quelqu'un **:** jemandem (datif) **die Hand schütteln**

► se **serrer la main :** sich **die Hände schütteln**

7 ▷ Serrez-vous un peu, sinon on ne rentrera pas tous.
Rückt etwas zusammen, sonst passen wir nicht alle hinein.

7 ► se **serrer** (= se comprimer) : **zusammenrücken**
ℹ ***zusammen•rücken*** *est un verbe à particule séparable.*

serrure

▷ Nous avons dû changer les serrures après le cambriolage.
Nach dem Einbruch mussten wir die Schlösser wechseln.

das **Schloss** (pluriel Schlösser)

ℹ ***Schloss*** *signifie aussi « château ».*

serveur, serveuse

▷ Demande au serveur de nous apporter du pain.
Bitte den Kellner, uns etwas Brot zu bringen.

(dans un café, un restaurant) der **Kellner** (pluriel Kellner), die **Kellnerin** (pluriel Kellnerinnen)

serviable

▷ Nadia est très serviable.
Nadia ist sehr hilfsbereit.

hilfsbereit

service

1 ▷ Est-ce que je peux te demander un service ?
Kann ich dich um einen Gefallen bitten?

1 (= aide, faveur) der **Gefallen** (pluriel **Gefallen**)

Notez l'emploi de la préposition en allemand : **demander un service** *=* ***um einen Gefallen bitten.***

▷ Isabelle m'a rendu un grand service.
Isabelle hat mir einen großen Gefallen getan.

► **rendre service à** quelqu'un **:** jemandem (datif) **einen Gefallen tun** (**tat, getan**)

2 ▷ On lui a dit de demander au service de presse.
Man hat ihm gesagt, er solle in der Presseabteilung nachfragen.

2 (= département, dans une entreprise ou une administration) die **Abteilung** (pluriel **Abteilungen**)

3 ▷ Est-ce que le service est inclus ?
Ist die Bedienung inbegriffen?

3 (au restaurant, au café) die **Bedienung**

4 ▷ Ma grand-mère a un très joli service à thé.
Meine Großmutter hat ein sehr schönes Teeservice.

4 (= vaisselle) das **Service** (pluriel **Service**)

Se prononce comme en français.

serviette

1 ▷ Il manque les petites cuillères et les serviettes.
Es fehlen die Teelöffel und die Servietten.

1 (= serviette de table) die **Serviette** /zɛrvi'ɛtə/ (pluriel **Servietten**)

Notez la prononciation.

2 ▷ À l'hôtel, les serviettes sont changées tous les jours.
Im Hotel werden die Handtücher jeden Tag gewechselt.

▷ Peux-tu me donner une serviette de bain ?
Kannst du mir ein Badetuch geben?

2 (= serviette de toilette) das **Handtuch** (pluriel **-tücher**)

► **serviette de bain :** das **Badetuch**

3 ▷ Il faut que j'achète des serviettes hygiéniques.
Ich muss Binden kaufen.

3 ► **serviette hygiénique :** die **Binde** (pluriel **Binden**)

servir

1 ▷ La dame blonde nous a servis.
Die blonde Dame hat uns bedient.

1 (à table, dans un magasin) **bedienen**

2 ▷ À quoi sert cet outil ?
Wozu dient dieses Werkzeug?

2 ► **servir à** quelque chose **: zu** etwas (datif) **dienen**

3 ▷ Ça ne sert à rien de pleurer.
Es nützt nichts, zu weinen.

3 ► **ça ne sert à rien de** *+ infinitif* **:** **es nützt nichts, zu** *+ infinitif*

4 ▷ Cette pièce sert de bureau.
Dieses Zimmer dient als Büro.

4 ► **servir de ... : als ... dienen**

5 ▷ Vas-y, sers-toi.
Mach schon, bedien dich.
▷ Tout le monde s'est servi ?
Habt ihr euch alle bedient?
▷ Il veut toujours se servir en premier.
Er will sich immer als Erster bedienen.

5 ► se **servir** (à table) : sich **bedienen**

ℹ *Le pronom personnel allemand s'emploie à l'accusatif : **ich bediene mich, du bedienst dich, er / sie bedient sich, wir bedienen uns, ihr bedient euch, sie bedienen sich**.*

▷ Vous vous êtes servi du riz ?
Habt ihr euch Reis genommen?

► se **servir de** quelque chose (à table) : sich etwas **nehmen** *ou* sich von etwas **nehmen** (**nimmt**, **nahm**, **genommen**)

6 ▷ Je sais comment on se sert d'une perceuse.
Ich weiß, wie man einen Bohrer benutzt.

6 ► se **servir de** quelque chose (= utiliser) : etwas **benutzen**

ℹ *Le verbe réfléchi français est traduit par un verbe transitif en allemand.*

ses

▷ Claude s'entend bien avec ses cousins.
Claude versteht sich gut mit seinen Cousins.
▷ J'ai vu Anna et ses parents.
Ich habe Anna und ihre Eltern getroffen.

*En allemand, l'adjectif possessif varie en fonction du sexe du possesseur : quand le possesseur est masculin, on traduit par **seine** ; quand le possesseur est féminin, on traduit par **ihre**.*

set

1 ▷ Qui a gagné le premier set ?
Wer hat den ersten Satz gewonnen?

1 (dans un match) der **Satz** (pluriel **Sätze**)

2 ▷ Mon père a acheté des sets de table.
Mein Vater hat Sets gekauft.

2 ► **set de table** : das **Set** (pluriel **Sets**)

seuil

1 ▷ Sur le seuil, il a fait demi-tour et il est parti.
Auf der Schwelle ist er umgekehrt und weggegangen.

1 (= entrée) die **Schwelle** (pluriel **Schwellen**)

2 ▷ Beaucoup de gens vivent sous le seuil de pauvreté.
Viele Menschen leben unterhalb der Armutsgrenze.

2 ► **seuil de pauvreté** : die **Armutsgrenze**

seul, seule

1 ▷ Nous étions seuls dans le restaurant.
Wir waren allein im Restaurant.

1 (= sans personne d'autre) **allein**

2 ▷ Nathalie se sent très seule.
Nathalie fühlt sich sehr einsam.

2 (= solitaire) **einsam**

3 ▷ La seule fois où je l'ai vu, il était avec Caroline.
Das einzige Mal, das ich ihn sah, war er mit Caroline zusammen.

3 (= unique) **einzig**

▷ La seule chose que j'attends de toi, c'est que tu ranges ta chambre.
Das Einzige, was ich von dir erwarte, ist, dass du dein Zimmer aufräumst.

► **la seule chose :** das Einzige

4 ▷ Nous devons attendre Michel, il est le seul à savoir y aller.
Wir müssen auf Michel warten, er ist der Einzige, der weiß, wie man dort hinkommt.

4 ► **le seul, la seule :** der / die / das Einzige

5 ▷ Jeanne a mis la table toute seule.
Jeanne hat ganz allein den Tisch gedeckt.

5 ► **tout seul, toute seule :** ganz allein

seulement

▷ On a seulement cinq jours de vacances.
Wir haben nur fünf Tage Ferien.

(= uniquement) nur

▷ Si seulement tu m'en avais parlé avant !
Wenn du mir das nur vorher gesagt hättest!

► **si seulement ... :** wenn ... nur ...
+ subjonctif II passé

sévère

▷ Madame Müller est très sévère.
Frau Müller ist sehr streng.

streng

sexe

▷ Ils ne veulent pas connaître le sexe de leur bébé.
Sie wollen das Geschlecht ihres Babys nicht wissen.

(= catégorie) das Geschlecht (pluriel Geschlechter)

sexiste

▷ Je ne supporte pas les remarques sexistes.
Ich kann sexistische Bemerkungen nicht ausstehen.

sexistisch

shampoing ou shampooing

▷ Donne-moi le gant, j'ai du shampoing dans les yeux.
Gib mir den Waschlappen, ich habe Shampoo in den Augen.

das Shampoo /'ʃampu/ (pluriel Shampoos)

Notez la prononciation. Le s *du pluriel se prononce en allemand.*

▷ La coiffeuse m'a d'abord fait un shampoing.
Die Friseurin hat mir zuerst die Haare gewaschen.

► **faire un shampoing à** quelqu'un **:** jemandem (datif) die Haare waschen (wäscht, wusch, gewaschen)

shooter

▷ Mon petit frère apprend à shooter.
Mein kleiner Bruder lernt zu schießen.

(= taper dans un ballon) schießen (schoss, geschossen)

short

▷ Je n'aime pas ce short, il est trop juste.
Ich mag diese Shorts nicht, sie sind zu eng.

die Shorts

Ce mot est un pluriel.

si

1 ▷ S'il fait beau, on pourrait faire un pique-nique.
Wenn es schön ist, könnten wir ein Picknick machen.

1 (pour exprimer une hypothèse) **wenn**

2 ▷ Je ne sais pas si Amélie vient.
Ich weiß nicht, ob Amélie kommt.

2 (dans les interrogations indirectes) **ob**

3 ▷ Tu n'es pas contente ? – Si !
Freust du dich nicht? – Doch!

3 (= oui) **doch**

4 ▷ Arthur est si malade qu'il ne peut pas se lever.
Arthur ist so krank, dass er nicht aufstehen kann.
▷ C'est une si belle journée !
Es ist so ein schöner Tag!

4 (= tellement) **so**

sida

▷ Il faut se protéger pour ne pas attraper le sida.
Man muss sich schützen, um kein Aids zu bekommen.

das **Aids** /eɪds/

Notez la prononciation.

siècle

▷ Nous sommes encore au début du vingt et unième siècle.
Wir stehen noch am Anfang des einundzwanzigsten Jahrhunderts.

das **Jahrhundert** (pluriel Jahrhunderte)

siège

▷ Est-ce que ce siège est libre ?
Ist dieser Sitz frei?

(= chaise, fauteuil) der **Sitz** (pluriel Sitze)

sien, sienne

▷ Damien dit que ce livre est le sien.
Damien sagt, dass das sein Buch ist.
▷ J'ai retrouvé mes affaires, mais Marc cherche encore les siennes.
Ich habe meine Sachen wiedergefunden, aber Marc sucht seine noch.
▷ Sophie et moi avons fait un échange : elle a pris ma veste et moi j'ai pris la sienne.
Sophie und ich haben getauscht: Sie hat meine Jacke genommen und ich habe ihre genommen.

En allemand, le pronom possessif varie en fonction du sexe du possesseur et du genre de la chose possédée : quand le possesseur est masculin, on traduit par ***sein*** *(pour le masculin et le neutre) ou* ***seine*** *(pour le féminin et le pluriel) ; quand le possesseur est féminin, on traduit par* ***ihr*** *(pour le masculin et le neutre) ou* ***ihre*** *(pour le féminin et le pluriel).*

sieste

▷ Où est Lucas ? – Il fait la sieste.
Wo ist Lucas? – Er macht einen Mittagsschlaf.

► **faire la sieste :** einen Mittagsschlaf machen

sifflement

1 ▷ Le sifflement des merles m'a réveillé.
Das Pfeifen der Amseln hat mich geweckt.

1 (= action de siffler) das **Pfeifen**
C'est un verbe substantivé, il ne s'emploie qu'au singulier.

2 ▷ J'ai entendu un sifflement : c'était Inga qui appelait son chien.
Ich hörte einen Pfiff: Es war Inga, die ihren Hund rief.

2 (= bruit) der **Pfiff** (pluriel Pfiffe)

siffler

1 ▷ Sylvain siffle très bien.
Sylvain pfeift sehr gut.
▷ Siffle le chien, on doit rentrer.
Pfeif nach dem Hund, wir müssen nach Hause.

1 **pfeifen**
► **siffler un chien :** nach einem Hund pfeifen

2 ▷ Les acteurs se sont fait siffler.
Die Schauspieler wurden ausgepfiffen.

2 ► se **faire siffler** (= se faire huer) : ausgepfiffen werden (wird, wurde, worden)

sifflet

1 ▷ Le berger se sert d'un sifflet pour appeler son chien.
Der Schäfer benutzt eine Pfeife, um seinen Hund zu rufen.

1 (= instrument) die **Pfeife** (pluriel Pfeifen)
***Pfeife** signifie aussi « pipe ».*

2 ▷ L'arbitre a donné un coup de sifflet.
Der Schiedsrichter hat gepfiffen.

2 ► **donner un coup de sifflet :** pfeifen (pfiff, gepfiffen)

signal

1 ▷ Le professeur a donné le signal et nous sommes partis.
Der Lehrer hat das Signal gegeben und wir sind losgelaufen.

1 (= signe) das **Signal** (pluriel Signale)

2 ▷ Quelqu'un a tiré le signal d'alarme.
Jemand hat den Alarm ausgelöst.

2 ► **tirer le signal d'alarme :** den Alarm auslösen

signaler

1 ▷ Bruno m'a signalé une faute dans le premier paragraphe.
Bruno hat mich auf einen Fehler im ersten Abschnitt hingewiesen.

1 ► **signaler** quelque chose **à** quelqu'un (= faire remarquer) : jemanden **auf** etwas (accusatif) **hinweisen**
***hin•weisen** est un verbe à particule séparable et se conjugue comme **weisen** (wies, gewiesen).*

2 ▷ Nous avons signalé le vol à la police.
Wir haben den Diebstahl bei der Polizei gemeldet.

2 (= déclarer à la police) **melden**

ℹ *Notez la préposition employée en allemand :* signaler à la police = ***bei der Polizei melden.***

signature

▷ Ta signature est illisible.
Deine Unterschrift ist unleserlich.

die **Unterschrift** (pluriel -schriften)

signe

▷ Elle sourit, c'est bon signe.
Sie lächelt, das ist ein gutes Zeichen.

▷ Quel est ton signe astrologique ?
Was ist dein Sternzeichen?

das **Zeichen** (pluriel Zeichen)

► **signe astrologique :** das Sternzeichen

signer

▷ Signe en bas du formulaire.
Unterschreibe am Ende des Formulars.

▷ Nous devons signer en bas de chaque page.
Wir müssen am Ende jeder Seite unterschreiben.

(= écrire son nom) **unterschreiben** (unterschrieb, unterschrieben)

ℹ *Les verbes à particule non séparable commençant par le préfixe* ***unter-*** *ne prennent pas* ***ge-*** *au participe passé.*

signet

▷ J'ai mis un signet à cette page.
Ich habe diese Seite mit einem Lesezeichen angezeigt.

(de livre, sur Internet) das **Lesezeichen** (pluriel -zeichen)

signification

▷ Je ne comprends pas la signification de ce symbole.
Ich verstehe die Bedeutung dieses Symbols nicht.

die **Bedeutung** (pluriel Bedeutungen)

signifier

▷ Que signifie ce mot ?
Was bedeutet dieses Wort?

bedeuten

ℹ *Les verbes commençant par le préfixe* ***be-*** *ne prennent pas* ***ge-*** *au participe passé.*

silence

1 ▷ Un silence total régnait dans la classe.
Im Klassenzimmer herrschte völlige Stille.

1 (quand personne ne parle) die **Stille**

2 ▷ Sortez dans la cour en silence.
Geht ohne Lärm in den Hof.

2 ► **en silence** (= sans bruit) : ohne Lärm

silencieux, silencieuse

▷ Les élèves sont restés silencieux.
Die Schüler blieben still.

(qui ne fait pas de bruit) **still**

silhouette

▷ On ne voyait que des silhouettes dans le brouillard.
Man sah nur Umrisse im Nebel.

(= vague forme) der **Umriss** (pluriel Umrisse)

s'il te plaît, s'il vous plaît

▷ Un kilo de pommes, s'il vous plaît.
Ein Kilo Äpfel, bitte.
▷ Ouvre la porte, s'il te plaît.
Mach bitte die Tür auf.
▷ Pourriez-vous me déposer ici, s'il vous plaît ?
Könnten Sie mich bitte hier absetzen?

bitte

*Lorsque **bitte** est employé avec un verbe, il suit généralement celui-ci ou le pronom personnel qui l'accompagne : **gib mir bitte das Salz*** (passe-moi le sel, s'il te plaît).

simple

▷ Les règles du jeu sont très simples.
Die Spielregeln sind ganz einfach.

einfach

simplement

1 ▷ Leur maison est meublée très simplement.
Ihr Haus ist sehr einfach ausgestattet.

1 (= sans complication) **einfach**

2 ▷ Je voulais simplement te dire que je viendrai.
Ich wollte dir nur sagen, dass ich komme.

2 (= seulement) **nur**

simplifier

▷ Cela simplifierait beaucoup le processus.
Das würde den Verlauf ziemlich vereinfachen.

vereinfachen

ℹ *Les verbes commençant par le préfixe **ver-** ne prennent pas **ge-** au participe passé.*

sincère

▷ Claire souriait, mais ce n'était pas sincère.
Claire lächelte, aber es war nicht aufrichtig.

aufrichtig

singe

1 ▷ Il est interdit de donner à manger aux singes.
Es ist verboten, die Affen zu füttern.

1 (= animal) der **Affe** (pluriel Affen)

2 ▷ Pourquoi tu fais le singe au lieu de travailler ?
Warum kasperst du herum, anstatt zu lernen?

2 ► **faire le singe : herumkaspern**

ℹ ***herum•kaspern*** *est un verbe à particule séparable.*

singulier

1 ▷ Le singulier et le pluriel s'écrivent de la même façon.
Der Singular und der Plural werden gleich geschrieben.
▷ L'adjectif est au singulier.
Das Adjectif steht im Singular.

1 (= catégorie grammaticale) der **Singular**

► **au singulier : im Singular**

ℹ *Notez le verbe employé en allemand :* être au singulier = ***im Singular stehen****.*

2 ▷ Mélanie est une fille très singulière.
Mélanie ist ein sehr eigenartiges Mädchen.

2 (adjectif) **eigenartig**

sinistre

▷ Ils habitent dans un quartier sinistre.
Sie wohnen in einem trostlosen Viertel.

(adjectif) **trostlos**

sinon

▷ Appelle Charlie, sinon il sera fâché.
Ruf Charlie an, sonst ist er böse.

(= autrement) **sonst**

sirène

1 ▷ Tu as entendu la sirène des pompiers ?
Hast du die Sirene der Feuerwehr gehört?

1 (= alarme) die **Sirene** (pluriel Sirenen)

2 ▷ Ma petite sœur croit qu'il y a vraiment des sirènes dans la mer.
Meine kleine Schwester glaubt, dass es wirklich Meerjungfrauen im Meer gibt.

2 (= être fabuleux) die **Meerjungfrau** (pluriel -jungfrauen)

sirop

▷ J'aime bien le sirop à la framboise.
Ich mag Himbeersirup gern.

der **Sirup** (pluriel Sirupe)

site

1 ▷ La ville se trouve dans un très beau site.
Die Stadt liegt in einer sehr schönen Gegend.

1 (= paysage) die **Gegend** (pluriel Gegenden)

2 ▷ Nous avons visité plusieurs sites achéologiques.
Wir haben mehrere Ausgrabungsstätten besichtigt.

2 ► **site archéologique :** die Ausgrabungsstätte (pluriel -stätten)

3 ▷ Il y a plein de sites touristiques dans cette région.
In dieser Gegend gibt es viele Sehenswürdigkeiten.

3 ► **site touristique :** die Sehenswürdigkeit (pluriel Sehenswürdigkeiten)

situation

▷ La situation est compliquée.
Die Lage ist kompliziert.

(= circonstances) die **Lage** (pluriel Lagen)

situé, située

1 ▷ Amiens est situé dans le nord de la France.
Amiens liegt im Norden Frankreichs.

1 ► **être situé** (en parlant d'une région, d'une ville) **:** **liegen** (lag, gelegen)

2 ▷ Le château est situé sur une colline.
Das Schloss steht auf einem Hügel.

2 ► **être situé** (en parlant d'un bâtiment) **:** **stehen** (stand, gestanden)

six

▷ Le vol a duré six heures.
Der Flug hat sechs Stunden gedauert.

▷ Mon petit frère a six ans.
Mein kleiner Bruder ist sechs Jahre alt. *ou* **Mein kleiner Bruder ist sechs.**

▷ Aujourd'hui, c'est le six novembre.
Heute ist der sechste November.

▷ Nous partons le six août.
Wir fahren am sechsten August.

sechs /zɛks/

Quand on dit l'âge de quelqu'un, on dit ***ist sechs Jahre alt****, ou on peut dire simplement le nombre :* ***ist sechs****.*

Quand on dit la date, on emploie ***der sechste****.*

Quand on dit que quelque chose a eu lieu ou aura lieu à cette date, on emploie ***am sechsten****.*

ℹ *On écrit* ***der 6. November, am 6. August****.*

sixième

1 ▷ C'est notre sixième interro cette semaine.
Das ist unsere sechste Klassenarbeit diese Woche.

1 **sechste** /'zɛkstə/

🔈 *Notez la prononciation.*

2 ▷ Éric habite au sixième.
Éric wohnt im sechsten Stock.

2 (= le sixième étage) der **sechste Stock**

3 ▷ Marie entre en sixième cette année.
Marie kommt dieses Jahr in die sechste Klasse.

3 *La classe qui correspond à la* **sixième** *en Allemagne est die* ***sechste Klasse****. Selon le Land, le système scolaire allemand compte douze ou treize années jusqu'au* ***Abitur****.*

skate-board

▷ Où est-ce que tu as rangé mon skate-board ?
Wo hast du mein Skateboard hingeräumt?

das **Skateboard** /'skeːtbɔːd/ (pluriel **Skateboards**)

🔈 *Notez la prononciation. Le* **s** *du pluriel se prononce en allemand.*

▷ Je fais du skate-board dans le parc.
Ich fahre im Park Skateboard.

► **faire du skate-board : Skateboard fahren** (**fährt, fuhr, gefahren**)

sketch

▷ Les élèves ont préparé un sketch pour la fête de l'école.
Die Schüler haben einen Sketch für das Schulfest vorbereitet.

der **Sketch** /skɛtʃ/ (pluriel **Sketche**)

ski

1 ▷ On pourra louer des skis là-bas.
Da drüben können wir Skier mieten.

1 (= planche) der **Ski** /ʃiː/ (pluriel **Skier** /ʃiːɐ/)

🔈 *Notez la prononciation.*

2 ▷ Le ski est mon sport préféré.
Skifahren ist mein Lieblingssport.

2 ► **le ski** (= sport) : **Skifahren**

ℹ *On dit aussi* ***Skilaufen****.*

▷ J'ai appris à faire du ski dans les Alpes.
Ich habe in den Alpen gelernt, Ski zu fahren.

► **faire du ski :** Ski fahren (fährt, fuhr, gefahren)

ℹ *On dit aussi* ***Ski laufen*** (läuft, lief, gelaufen).

▷ Élisabeth va au ski en janvier.
Élisabeth geht im Januar Ski fahren.

► **aller au ski :** Ski fahren gehen (ging, gegangen)

ℹ *On dit aussi* ***Ski laufen gehen***.

▷ Je préfère le ski de fond au ski de descente.
Ich mag Langlauf lieber als Abfahrtslauf.

► **ski de fond :** der Langlauf
► **ski de descente :** der Abfahrtslauf

skier

▷ Est-ce que tu sais skier ?
Kannst du Ski fahren?

Ski fahren (fährt, fuhr, gefahren)

ℹ *On dit aussi* ***Ski laufen*** (läuft, lief, gelaufen).

slip

1 ▷ On voit son slip sous son pantalon.
Man sieht seinen (*ou* ihren) Slip unter der Hose.

1 (= sous-vêtement) der Slip (pluriel Slips)

2 ▷ Est-ce que tu as vu mon slip de bain bleu ?
Hast du meine blaue Badehose gesehen?

2 ► **slip de bain :** die Badehose (pluriel -hosen)

slovaque

1 ▷ J'ai fait la connaissance d'une famille slovaque.
Ich habe eine slowakische Familie kennengelernt.

1 (adjectif) slowakisch

2 ▷ Tu savais que nos voisins étaient des Slovaques ?
Wusstest du, dass unsere Nachbarn Slowaken sind?

2 (= personne) der Slowake (pluriel Slowaken), die Slowakin (pluriel Slowakinnen)

2 ▷ Je ne parle pas le slovaque.
Ich spreche kein Slowakisch.

3 (= langue) Slowakisch

Slovaquie

▷ Bratislava est la capitale de la Slovaquie.
Bratislava ist die Hauptstadt der Slowakei.
▷ J'ai une correspondante en Slovaquie.
Ich habe eine Brieffreundin in der Slowakei.
▷ Mon frère est parti en voyage en Slovaquie.
Mein Bruder ist in die Slowakei gereist.
▷ Je suis déjà allé en Slovaquie.
Ich war schon in der Slowakei.

Slowakei
► **la Slovaquie :** die Slowakei
► **en Slovaquie** (= dans le pays) **:** in der Slowakei
► **en Slovaquie** (= vers le pays) **:** in die Slowakei

Attention : pour dire que quelqu'un **est déjà allé quelque part**, *on emploie une expression avec le prétérit du verbe* ***sein*** + ***schon***.

slovène

1 ▷ C'est une spécialité slovène.
Das ist eine slowenische Spezialität.

1 (adjectif) slowenisch

2 ▷ En Italie, j'ai rencontré des Slovènes.
In Italien habe ich Slowenen kennengelernt.

2 (= personne) der **Slowene** (pluriel Slowenen), die **Slowenin** (pluriel Sloweninnen)

2 ▷ Ah bon, tu parles le slovène?
Ah ja, du sprichst Slowenisch?

3 (= langue) **Slowenisch**

Slovénie

▷ La Slovénie est au sud de l'Autriche.
Slowenien liegt südlich von Österreich.
▷ Il a vécu en Slovénie pendant deux ans.
Er hat zwei Jahre in Slowenien gelebt.
▷ Je pars en Slovénie pendant les vacances.
Während der Ferien fahre ich nach Slowenien.
▷ Tu es déjà allé en Slovénie ?
Warst du schon in Slowenien?

Slowenien
► **la Slovénie :** Slowenien
► **en Slovénie** (= dans le pays) : in Slowenien
► **en Slovénie** (= vers le pays) : nach Slowenien

Attention : pour dire que quelqu'un **est déjà allé quelque part**, *on emploie une expression avec le prétérit du verbe* ***sein*** *+* ***schon***.

SMS

▷ Envoie-moi un SMS.
Schick mir eine SMS.

die **SMS**

social, sociale

▷ La situation économique crée de graves problèmes sociaux.
Die Wirtschaftslage verursacht schwere soziale Probleme.

sozial

société

1 ▷ Ma mère travaille pour une grosse société.
Meine Mutter arbeitet für ein großes Unternehmen.

1 (= entreprise) das **Unternehmen** (pluriel Unternehmen)

2 ▷ Nous vivons dans une société multiculturelle.
Wir leben in einer multikulturellen Gesellschaft.

2 (= civilisation) die **Gesellschaft** (pluriel Gesellschaften)

socquette

▷ J'ai eu trois paires de socquettes pour dix euros.
Ich habe drei Paar Socken für zehn Euro bekommen.

die **Socke** (pluriel Socken)

sœur

▷ Ma sœur s'appelle Jeanne.
Meine Schwester heißt Jeanne.

die **Schwester** (pluriel Schwestern)

soi-disant

▷ Édouard est soi-disant malade.
Édouard ist angeblich krank.

(utilisé comme adverbe) **angeblich**

soie

▷ La soie est agréable à porter.
Seide ist angenehm zu tragen.
▷ Mon foulard est en soie.
Mein Halstuch ist aus Seide.
▷ Laure a un pyjama en soie rouge.
Laure hat eine roten Seidenschlafanzug.

die **Seide**

► **être en soie** *ou* **de soie :** aus Seide sein
Pour désigner les objets **en soie** *ou* **de soie**, *on forme des mots composés avec* ***Seide*** *: das* ***Seidenpapier*** (papier de soie), *das* ***Seidenkleid*** (robe en soie), *etc.*

soif

▷ Tu as soif ? Tu veux de l'eau ?
Hast du Durst? Möchtest du Wasser?
▷ La promenade m'a donné soif.
Der Spaziergang hat mich durstig gemacht.

► **avoir soif :** Durst haben
ℹ *On dit aussi* ***durstig sein***.
► **donner soif à** quelqu'un **:** jemanden (accusatif) **durstig machen**

soigné, soignée

▷ Le travail de Léa est toujours très soigné.
Léas Arbeit ist immer sehr sorgfältig.

(= fait ou tenu avec soin) **sorgfältig**

soigner

1 ▷ Le médecin qui me soigne est très sympa.
Der Arzt, der mich behandelt, ist sehr nett.

1 (= s'occuper de) **behandeln**
ℹ *Les verbes commençant par le préfixe* ***be-*** *ne prennent pas* ***ge-*** *au participe passé.*

2 ▷ Tu devrais soigner ton écriture.
Du solltest auf deine Handschrift achten.

2 ► **soigner** quelque chose (= être attentif à) : **auf** + *accusatif* + **achten**

3 ▷ J'espère que tu te soignes pour ce rhume.
Ich hoffe, dass du dich für diesen Schnupfen pflegst.
▷ J'ai de la fièvre, mais je me soigne.
Ich habe Fieber, aber ich pflege mich.

3 ► se **soigner :** sich **pflegen**
ℹ *Le pronom personnel allemand s'emploie à l'accusatif :* ***ich pflege mich, du pflegst dich, er / sie pflegt sich, wir pflegen uns, ihr pflegt euch, sie pflegen sich.***

soigneux, soigneuse

1 ▷ Marc n'est pas soigneux, il écrit n'importe comment.
Marc ist nicht sehr sorgfältig, er schreibt irgendwie.

1 (= qui s'applique, qui est propre) **sorgfältig**

2 ▷ Regarde ta chambre ! Tu pourrais être plus soigneuse !
Schau dir dein Zimmer an! Du könntest wohl ordentlicher sein!

2 (= qui est ordonné) **ordentlich**

soi-même

▷ Il faut tout faire soi-même.
Man muss alles selbst machen.

selbst

soin

1 ▷ Léa colle ses fleurs avec soin dans son herbier.
Léa klebt die Blumen sorgfältig in ihr Herbarium.

1 ► **avec soin :** sorgfältig

2 ▷ Les soins médicaux sont gratuits ici.
Die ärztliche Behandlung ist hier frei.

2 ► **soins** (= traitement) : die Behandlung

soir

▷ Je pourrais me libérer un soir de la semaine.
Einen Abend in der Woche kann ich mir freinehmen.

der **Abend** (pluriel Abende)

▷ Le soir je suis trop fatigué pour lire.
Abends bin ich zu müde, um zu lesen.

► **le soir** (= tous les soirs) : abends

▷ À midi, nous avons mangé chez eux et nous sommes rentrés le soir.
Mittags haben wir bei ihnen gegessen und am Abend sind wir nach Hause gefahren.

► **le soir** (= le soir même) : am Abend

▷ Qu'est-ce que tu fais ce soir ?
Was machst du heute Abend?

► **ce soir :** heute Abend

ℹ *De même : **gestern Abend*** (hier soir), ***morgen Abend*** (demain soir).

▷ J'ai des devoirs tous les soirs.
Ich habe jeden Abend Hausaufgaben.

► **tous les soirs :** jeden Abend

▷ N'oublie pas la réunion mardi soir.
Vergiss die Versammlung am Dienstagabend nicht.

▷ C'était un beau soir d'été.
Es war ein schöner Sommerabend.

*Quand **Abend** est employé avec un jour de la semaine, un mois ou une saison, les deux sont liés.*

soirée

1 ▷ Nous avons passé une très bonne soirée.
Wir haben einen schönen Abend verbracht.

▷ Pendant la journée il y a trop de monde, nous irons en soirée.
Tagsüber sind zu viele Leute da, wir gehen abends.

1 (= partie de la journée) der **Abend**

► **en soirée :** abends

2 ▷ Tu vas à la soirée de Patricia ?
Gehst du auf Patricias Party?

2 (= fête) die **Party** (pluriel Partys)

soit

▷ Soit tu viens tout de suite, soit tu restes.
Entweder kommst du sofort oder du bleibst da.

► **soit ... soit ... :** entweder... oder ...

soixante

▷ Il y a soixante kilomètres jusqu'à la mer.
Es sind sechzig Kilometer bis zum Meer.

sechzig

▷ Ma grand-mère a soixante ans.
Meine Großmutter ist sechzig Jahre alt. *ou* **Meine Großmutter ist sechzig**
▷ Sylvie est née dans les années soixante.
Sylvie wurde in den sechziger Jahren geboren.

Quand on dit l'âge de quelqu'un, on dit ***ist sechzig Jahre alt****, ou on peut dire simplement le nombre :* ***ist sechzig****.*

► **les années soixante :** die sechziger Jahre

soixante-dix

▷ Nous avons fait soixante-dix kilomètres en vélo.
Wir sind siebzig Kilometer mit dem Fahrrad gefahren.
▷ Son grand-père a soixante-dix ans.
Sein Großvater ist siebzig Jahre alt. *ou* **Sein Großvater ist siebzig.**
▷ Il est né dans les années soixante-dix.
Er wurde in den siebziger Jahren geboren.

siebzig

Quand on dit l'âge de quelqu'un, on dit ***ist siebzig Jahre alt****, ou on peut dire simplement le nombre :* ***ist siebzig****.*

► **les années soixante-dix :** die siebziger Jahre

soja

▷ Les végétariens mangent du soja pour remplacer la viande.
Vegetarier essen Soja, um das Fleisch zu ersetzen.

das **Soja** /'zo:ja/

Notez la prononciation.

sol

▷ Il n'a pas plu depuis longtemps, le sol est très sec.
Es hat seit langem nicht geregnet, der Boden ist ganz trocken.
▷ Ma mère lave le sol de la cuisine tous les jours.
Meine Mutter wischt den Küchenboden jeden Tag.

der **Boden** (pluriel **Böden**)

solaire

▷ L'énergie solaire n'est pas assez utilisée en France.
Sonnenenergie wird in Frankreich nicht genügend benutzt.
▷ Mon chargeur fonctionne avec une pile solaire.
Mein Ladegerät funktioniert mit einer Solarbatterie.
▷ N'oublie pas la crème solaire.
Vergiss die Sonnencreme nicht.

Pour dire que quelque chose est **solaire** *en allemand, on forme des mots composés avec* ***Sonnen-*** *: die* ***Sonnenuhr*** (cadran solaire)*) ou avec* ***Solar-*** *: das* ***Solarmodul*** (panneau solaire).

► **crème solaire :** die **Sonnencreme**

soldat

▷ Les soldats défilent le quatorze juillet.
Am vierzehnten Juli marschieren die Soldaten vorbei.

der **Soldat** (pluriel **Soldaten**)

solde

1 ▷ Les soldes d'été commencent en juin.
Der Sommerschlussverkauf beginnt im Juni.

1 ► **les soldes :** der **Schlussverkauf** (pluriel **-verkäufe**)

2 ▷ On pourrait faire les soldes samedi.
Wir könnten am Samstag auf Schnäppchenjagd gehen.

2 ► **faire les soldes : auf Schnäppchenjagd gehen**

ℹ *Cette expression signifie « aller à la chasse aux bonnes affaires » (**Schnäppchen** = bonne affaire ; **Jagd** = chasse).*

3 ▷ J'ai acheté ce T-shirt en solde.
Ich habe dieses T-Shirt im Sonderangebot gekauft.

3 ► **acheter** quelque chose **en solde** (= bradé) : etwas **im Sonderangebot kaufen**

4 ▷ La jupe était en solde.
Der Rock war reduziert.

4 ► **être en solde : reduziert sein**

sole

▷ J'ai mangé de la sole au déjeuner.
Zum Mittagessen habe ich Seezunge gegessen.

die **Seezunge** (pluriel **-zungen**)

soleil

▷ Ah, enfin, le soleil sort !
Na endlich, die Sonne kommt raus!

die **Sonne**

▷ Aujourd'hui il y a du soleil.
Heute scheint die Sonne.

► **il y a du soleil : die Sonne scheint**

ℹ *On dit aussi **es ist sonnig**.*

▷ Ne reste pas trop au soleil.
Bleib nicht zu lange in der Sonne.

► **au soleil** (être, rester) **: in der Sonne**

▷ Je vais me mettre au soleil.
Ich setze mich in die Sonne.

► **au soleil** (se mettre, aller) **: in die Sonne**

▷ Tu vas attraper un coup de soleil.
Du wirst dir einen Sonnenbrand holen.

► **attraper un coup de soleil :** sich **einen Sonnenbrand holen**

▷ J'ai attrapé un coup de soleil, ça fait très mal.
Ich habe mir einen Sonnenbrand geholt, das tut sehr weh.

ℹ *Le pronom personnel allemand s'emploie au datif : **ich hole mir...**, **du holst dir...**, **er / sie holt sich...**, **wir holen uns...**, **ihr holt euch...**, **sie holen sich...***

solfège

▷ Lisa apprend le solfège et le saxophone.
Lisa lernt Musiktheorie und Saxophon.

(= règles de la musique) die **Musiktheorie**

solidaire

▷ Pendant la grève, les ouvriers ont été solidaires.
Die Arbeiter waren während des Streiks solidarisch.

► **être solidaires : solidarisch sein**

▷ Ils sont solidaires du gouvernement.
Sie sind mit der Regierung solidarisch.

► **être solidaire de** quelqu'un **: mit** jemandem **solidarisch sein**

solidarité

▷ Ils ont cessé le travail par solidarité avec les grévistes.
Aus Solidarität mit den Streikenden haben sie die Arbeit niedergelegt.

die **Solidarität**

ℹ *Notez la préposition employée en allemand :* par solidarité avec = ***aus Solidarität mit.***

solide

1 ▷ Ce tissu est très solide, il ne se déchirera pas.
Dieser Stoff ist sehr solide, er wird nicht zerreißen.

1 (en parlant d'un matériau, d'une construction) **solide**

2 ▷ Le cœur de mon grand-père n'est plus très solide.
Das Herz meines Großvaters ist nicht mehr so robust.

2 (en parlant d'une personne, du corps) **robust**

solitaire

▷ Il a une vie assez solitaire.
Er führt ein ziemlich einsames Leben.

einsam

solitude

1 ▷ Elle a besoin de solitude pour écrire.
Zum Schreiben braucht sie Abgeschiedenheit.

1 (choisie) die **Abgeschiedenheit**

2 ▷ Il décrit sa solitude après la mort de sa femme.
Er beschreibt seine Einsamkeit nach dem Tod seiner Frau.

2 (subie) die **Einsamkeit**

solution

▷ Le professeur nous a donné la solution du problème.
Der Lehrer hat uns die Lösung des Problems gegeben.

die **Lösung** (pluriel Lösungen)

sombre

▷ Notre salle de classe est assez sombre.
Unser Klassenzimmer ist ziemlich dunkel.
▷ Mona porte toujours des couleurs sombres.
Mona trägt immer dunkle Farben.
▷ Il fait déjà sombre !
Es ist schon dunkel!

(= obscur, foncé) **dunkel**

ℹ *Notez que lorsque* ***dunkel*** *est décliné, le* ***e*** *est supprimé.*

► **il fait sombre :** es ist dunkel

somme

▷ Mille euros, c'est une grosse somme.
Tausend Euro, das ist eine große Summe.
▷ Lucie a fait la somme de toutes les dépenses.
Lucie rechnete die Summe aller Ausgaben aus.

(= somme d'argent) die **Summe** (pluriel Summen)

► **faire la somme de :** die Summe *+ génitif +* ausrechnen

ℹ ***aus•rechnen*** *est un verbe à particule séparable.*

sommeil

▷ J'ai sommeil, je vais me coucher.
Ich bin müde, ich gehe schlafen.

► **avoir sommeil : müde sein**

sommet

▷ On a presque atteint le sommet.
Wir haben den Gipfel fast erreicht.

(d'une montagne) der **Gipfel** (pluriel **Gipfel**)

somnambule

▷ J'ai trouvé Michaël en pyjama sur le balcon : il est somnambule !
Ich habe Michaël im Schlafanzug auf dem Balkon gefunden: Er schlafwandelt!

► **être somnambule : schlafwandeln**

somnifère

▷ Mon père prend des somnifères.
Mein Vater nimmt Schlafmittel.

das **Schlafmittel** (pluriel **-mittel**)

somnoler

▷ Il a somnolé dans la voiture.
Er hat im Auto gedämmert.

dämmern

son (SUBSTANTIF)

1 ▷ Ce piano a un très beau son.
Dieses Klavier hat einen sehr schönen Klang.

1 (= sonorité) der **Klang** (pluriel **Klänge**)

2 ▷ Pourrais-tu baisser le son, s'il te plaît ?
Könntest du den Ton bitte leiser stellen?

2 (= volume) der **Ton**

son (ADJECTIF POSSESSIF)

▷ Fabrice et son frère viennent aussi.
Fabrice und sein Bruder kommen auch.
▷ Tu as vu son pantalon ?
Hast du seine Hose gesehen?
▷ Maya et son frère fêtent leurs anniversaires ensemble.
Maya und ihr Bruder feiern ihren Geburtstag gemeinsam.

En allemand, l'adjectif possessif varie en fonction du sexe du possesseur et du genre de la chose possédée : quand le possesseur est masculin, on traduit par ***sein*** *(pour le masculin et le neutre) ou* ***seine*** *(pour le féminin) ; quand le possesseur est féminin, on traduit par* ***ihr*** *(pour le masculin et le neutre) ou* ***ihre*** *(pour le féminin).*

sondage

▷ Il remonte dans les sondages.
In den Umfragen steigt seine Popularitätsquote.

(= enquête) die **Umfrage** (pluriel **Umfragen**)

sonner

1 ▷ Les cloches sonnent.
Die Glocken läuten.

1 (en parlant des cloches) **läuten**

2 ▷ Je crois que le téléphone sonne.
Ich glaube, das Telefon klingelt.

2 (en parlant du téléphone, du réveil) **klingeln**

3 ▷ J'ai sonné plusieurs fois, mais il n'y avait personne.
Ich habe mehrmals geklingelt, aber niemand war da.

3 (= actionner la sonnette) **klingeln**

ℹ *On dit aussi* ***läuten****.*

sonnerie

1 ▷ Tu n'as pas entendu la sonnerie du téléphone ?
Hast du das Telefon nicht klingeln hören?

1 *Quand on parle de la* **sonnerie** *du téléphone, on emploie une phrase avec le verbe* ***klingeln****.*

2 ▷ La professeur d'espagnol n'entend jamais la sonnerie.
Die Spanischlehrerin hört nie die Klingel.

2 *Pour la* **sonnerie** *à l'école, on emploie le mot die* ***Klingel****.*

sonnette

▷ La sonnette ne marche pas, tu dois frapper.
Die Klingel geht nicht, du musst klopfen.

die **Klingel** (pluriel Klingeln)

sorbet

▷ Comme dessert, il y a du sorbet à la poire.
Zum Nachtisch gibt es Birnensorbet.

der, das **Sorbet** /zɔr'bɛt, zɔr'beː/ (pluriel Sorbets)

🔈 *Notez la prononciation.*

sorcière

▷ Mon frère me racontait des histoires de sorcières pour me faire peur.
Mein Bruder erzählte mir Hexengeschichten, um mir Angst zu machen.

die **Hexe** (pluriel Hexen)

sort

▷ Nous n'étions pas d'accord, alors nous avons tiré au sort.
Wir waren uns nicht einig, also haben wir ausgelost.

► **tirer au sort :** auslosen

ℹ ***aus•losen*** *est un verbe à particule séparable.*

sorte

▷ Il y a plusieurs sortes de desserts.
Es gibt mehrere Sorten Nachtisch.

(= type, genre) die **Sorte** (pluriel Sorten)

ℹ *On dit aussi die* ***Art*** (pluriel Arten)

▷ C'est une sorte d'écharpe très large.
Es ist eine Art breiter Schal.

► **une sorte de** (= une espèce de) : eine Art + *substantif sans l'article*

sortie

▷ Où est la sortie ?
Wo ist der Ausgang?

der **Ausgang** (pluriel -gänge)

sortir

1 ▷ Sors jouer avec nous !
Komm heraus und spiel mit uns!

1 (= venir dehors) **herauskommen**

ℹ ***heraus•kommen*** *est un verbe à particule séparable et se conjugue comme* ***kommen*** (kam, gekommen).

▷ Quand je suis arrivée, Caro sortait de la maison.
Als ich ankam, kam Caro aus dem Haus.

► **sortir de ...** (= venir de) : **aus** + *datif* + **kommen**

2 ▷ Sors si tu veux, moi je reste ici.
Geh hinaus, wenn du willst, ich bleibe hier.

2 (= aller dehors) **hinausgehen**

ℹ ***hinaus•gehen*** *est un verbe à particule séparable et se conjugue comme* ***gehen*** **(ging, gegangen)**.

▷ Il est sorti du salon sans dire un mot.
Er ist aus dem Wohnzimmer gegangen, ohne ein Wort zu sagen.

► **sortir de ... : aus** + *datif* + **gehen**

3 ▷ Amila sort avec Steven.
Amila geht mit Steven.

3 ► **sortir avec** quelqu'un **: mit** jemandem (datif) **gehen**

4 ▷ Est-ce que Vincent est là ? – Non, il est sorti.
Ist Vincent da? – Nein, er ist ausgegangen.

4 ► **être sorti** (= ne pas être là) : **ausgegangen sein**

5 ▷ Samedi soir, je sors.
Am Samstagabend gehe ich aus.

5 (pour se distraire) **ausgehen**

ℹ ***aus•gehen*** *est un verbe à particule séparable et se conjugue comme* ***gehen****.*

6 ▷ Son dernier film vient de sortir.
Sein letzter Film ist gerade herausgekommen.
▷ Quand sortira le prochain numéro ?
Wann kommt die nächste Nummer heraus?

6 ► **sortir** (= être publié ou montré pour la première fois) : **herauskommen**

ℹ ***heraus•kommen*** *est un verbe à particule séparable et se conjugue comme* ***kommen****.*

7 ▷ Sors ton vélo du garage.
Bring dein Fahrrad aus der Garage.

7 ► **sortir** quelque chose (= le mettre dehors, quand la personne est à l'intérieur) : etwas **aus** + *datif* + **bringen** (brachte, gebracht)

▷ Tu peux sortir l'aspirateur du placard ?
Kannst du den Staubsauger aus dem Schrank holen?

► **sortir** quelque chose (= le mettre dehors, quand la personne est à l'extérieur) : etwas **aus** + *datif* + **holen**

8 ▷ Ne t'inquiète pas, on s'en sortira.
Mach dir keine Sorgen, wir schaffen es schon.

8 ► **s'en sortir** (= réussir) : **es schaffen**

sottise

▷ J'ai dit une sottise ?
Habe ich eine Dummheit gesagt?
▷ Mon petit frère fait beaucoup de sottises.
Mein kleiner Bruder macht viele Dummheiten.

die **Dummheit** (pluriel **Dummheiten**)

sou

▷ Tu as des sous pour acheter une glace ?
Hast du Geld, um ein Eis zu kaufen?
▷ Je n'ai plus de sous.
Ich habe kein Geld mehr.

► **des sous** (= de l'argent) : **Geld**

souci

▷ Tu as des soucis ? Est-ce que je peux t'aider ?
Hast du Sorgen? Kann ich dir helfen?
▷ Ne te fais pas de souci.
Mach dir keine Sorgen.
▷ Ils se font du souci pour moi.
Sie machen sich um mich Sorgen.

(= inquiétude) die **Sorge** (pluriel Sorgen)
► se **faire du souci :** sich **Sorgen machen**
ℹ *Le pronom personnel allemand s'emploie au datif :* ***ich mache mir Sorgen, du machst dir Sorgen, er / sie macht sich Sorgen, wir machen uns Sorgen, ihr macht euch Sorgen, sie machen sich Sorgen.***

soucieux, soucieuse

▷ Elle avait l'air bien soucieuse.
Sie sah ziemlich besorgt aus.

besorgt

soucoupe

▷ Où est-ce que tu ranges les soucoupes ?
Wo räumst du die Untertassen hin?
▷ Tu crois aux soucoupes volantes ?
Glaubst du an fliegende Untertassen?

die **Untertasse** (pluriel **-tassen**)
► **soucoupe volante :** die **fliegende Untertasse**

soudain

▷ Soudain, l'homme s'est mis à courir.
Plötzlich fing der Mann an zu rennen.

plötzlich

souffle

▷ Il faut du souffle pour courir comme lui.
Man braucht Atem, um so zu laufen wie er.
▷ Arrivé en haut nous étions à bout de souffle.
Oben angekommen waren wir außer Atem.
▷ Clarisse retient son souffle pendant cinquante secondes.
Clarisse hält ihren Atem fünfzig Sekunden lang an.
▷ Je m'entraîne à retenir mon souffle sous l'eau.
Ich übe, meinen Atem unter Wasser anzuhalten.

der **Atem**
► **être à bout de souffle : außer Atem sein**
► **retenir son souffle :** *adjectif possessif* + **Atem anhalten**
ℹ *L'adjectif possessif en allemand est :* ***meinen / deinen / seinen / ihren / unseren / euren / ihren Atem anhalten.***
ℹ ***an•halten*** *est un verbe à particule séparable et se conjugue comme* ***halten*** (**hält, hielt, gehalten**).

souffler

1 ▷ Le vent souffle fort aujourd'hui.
Der Wind weht heute stark.

1 (en parlant du vent) **wehen**

2 ▷ Emma a soufflé dans la trompette et tout le monde a sursauté.
Emma hat in die Trompete geblasen und alle sind zusammengezuckt.

2 (en parlant d'une personne) **blasen** (**bläst, blies, geblasen**)

▷ Claire a soufflé toutes les bougies d'un seul coup.
Claire hat alle Kerzen auf einmal ausgeblasen.

► **souffler une bougie :** eine Kerze ausblasen

ℹ *aus•blasen est un verbe à particule séparable et se conjugue comme **blasen**.*

3 ▷ Laisse-moi souffler deux minutes !
Lass mich zwei Minuten verschnaufen!

3 (= se reposer) **verschnaufen**

souffrance

▷ La guerre a causé beaucoup de souffrance.
Der Krieg hat viel Leid verursacht.

das **Leid**

souffrir

▷ Karim a beaucoup souffert après son accident.
Karim hat nach seinem Unfall viel gelitten.

leiden (litt, gelitten)

soufre

▷ Plus on s'approchait du cratère, plus ça sentait le soufre.
Je mehr wir uns dem Krater näherten, desto mehr roch es nach Schwefel.

der **Schwefel**

souhait

1 ▷ C'est mon seul souhait.
Das ist mein einziger Wunsch.

1 der **Wunsch** (pluriel Wünsche)

2 ▷ Atchoum ! – À tes souhaits !
Hatschi! – Gesundheit!

2 ► **à tes souhaits !** *ou* **à vos souhaits ! :** Gesundheit!

souhaiter

▷ Nos voisins nous ont souhaité la bonne année.
Unsere Nachbarn haben uns ein gutes neues Jahr gewünscht.

► **souhaiter** quelque chose **à** quelqu'un **:** jemandem (datif) etwas wünschen

soûl, soûle

▷ Elle est complètement soûle, il faut la ramener chez elle.
Sie ist völlig betrunken, wir müssen sie nach Hause bringen.

betrunken

ℹ *Une façon plus familière de dire* soûl *est **blau**.*

soulagement

▷ J'ai éprouvé un immense soulagement.
Ich fühlte enorme Erleichterung.

die **Erleichterung**

soulager

1 ▷ Le médecin lui a fait une piqûre pour soulager la douleur.
Der Arzt hat ihr eine Spritze gegeben, um die Schmerzen zu lindern.

1 (en parlant d'une douleur) **lindern**

2 ▷ Je suis soulagé de savoir qu'ils vont bien.
Ich bin erleichtert zu wissen, dass es ihnen gut geht.

2 ► **être soulagé** (= rassuré) : **erleichtert sein**

se soûler

▷ Raphaël s'est soûlé à la fête.
Raphaël hat sich auf der Party betrunken.
▷ Tu peux boire sans te soûler !
Du kannst trinken, ohne dich zu betrinken!

sich **betrinken** (betrank, betrunken)

ℹ *Le pronom personnel allemand s'emploie à l'accusatif : **ich betrinke mich, du betrinkst dich, er / sie betrinkt sich, wir betrinken uns, ihr betrinkt euch, sie betrinken sich**.*

soulever

▷ Aide-moi à soulever le canapé.
Hilf mir, das Sofa hochzuheben.
▷ Soulève cette caisse, s'il te plaît.
Heb bitte diese Kiste hoch.

hochheben

ℹ ***hoch•heben** est un verbe à particule séparable et se conjugue comme **heben** (hob, gehoben).*

soulier

▷ Sophie a mis ses souliers neufs.
Sophie hat ihre neuen Schuhe an.

der **Schuh** (pluriel Schuhe)

souligner

▷ Soulignez les compléments d'objet direct.
Unterstreicht alle direkten Objekte.
▷ J'ai souligné tous les passages importants.
Ich habe alle wichtigen Passagen unterstrichen.

unterstreichen (unterstrich, unterstrichen)

ℹ *Les verbes à particule non séparable commençant par le préfixe **unter-** ne prennent pas **ge-** au participe passé.*

soupçon

▷ La police a des soupçons.
Die Polizei hegt Verdacht.

(= doute) der **Verdacht**

ℹ *Ce mot ne s'emploie qu'au singulier.*

ℹ *Notez l'emploi du verbe en allemand :* avoir des soupçons = ***Verdacht hegen**.*

soupçonner

1 ▷ Tout le monde le soupçonne.
Alle verdächtigen ihn.

1 (= suspecter) **verdächtigen**

2 ▷ Je soupçonne Angèle d'avoir copié sur moi.
Ich habe Angèle im Verdacht, bei mir abgeschrieben zu haben.

2 ► **soupçonner** quelqu'un **de** + *infinitif* : jemanden (accusatif) **im Verdacht haben, zu** + *infinitif*

soupe

▷ Ma mère fait de la très bonne soupe.
Meine Mutter kocht sehr gute Suppe.
▷ J'adore la soupe au potiron !
Ich liebe Kürbissuppe!

die **Suppe** (pluriel Suppen)

Pour préciser de quelle **soupe** *il s'agit, on forme des mots composés avec **Suppe** : die **Tomatensuppe*** (soupe de tomates), *die **Gemüsesuppe*** (soupe aux légumes), *etc.*

soupir

▷ Mario a poussé un grand soupir quand je lui ai demandé de m'aider.
Mario stieß einen großen Seufzer aus, als ich ihn bat, mir zu helfen.

der **Seufzer** (pluriel Seufzer)
► **pousser un soupir :** einen Seufzer ausstoßen

ℹ *aus•stoßen est un verbe à particule séparable et se conjugue comme stoßen* (stößt, stieß, gestoßen).

soupirer

▷ Arrête de soupirer comme ça !
Hör auf, so zu seufzen!

seufzen

souple

1 ▷ Sophie est devenue souple depuis qu'elle fait du yoga.
Sophie ist gelenkig geworden, seit sie Yoga macht.

1 (= pas raide, en parlant d'une personne) **gelenkig**

2 ▷ C'est un cuir très souple.
Es ist sehr geschmeidiges Leder.

2 (= doux, en parlant des cheveux, du cuir, du linge) **geschmeidig**

source

1 ▷ Mes grands-parents ont une source dans leur jardin.
Meine Großeltern haben eine Quelle in ihrem Garten.

1 (= eau) die **Quelle** (pluriel Quellen)

2 ▷ Quelle est la source de ce problème ?
Was ist die Ursache des Problems?

2 (= origine) die **Ursache** + *génitif*

sourcil

▷ Mado s'épile les sourcils.
Mado zupft sich die Augenbrauen.

die **Augenbraue** (pluriel -brauen)

sourd, sourde

1 ▷ Il y a un garçon sourd dans notre classe.
In unserer Klasse ist ein tauber Junge.

1 (adjectif) **taub**

2 ▷ Il y a des sous-titres pour les sourds et malentendants.
Für Taube und Schwerhörige gibt es Untertitel.

2 (= personne) der / die **Taube** (pluriel Tauben)

ℹ *C'est un adjectif substantivé : on dit ein Tauber.*

sourire

1 ▷ Coralie a un joli sourire.
Coralie hat ein hübsches Lächeln.

1 (= mouvement de la bouche) das **Lächeln**

ℹ *Ce mot s'emploie uniquement au singulier.*

▷ Chaque fois que je le rencontre, il me fait un sourire.
Jedesmal, wenn ich ihn treffe, lächelt er mir zu.

► **faire un sourire à** quelqu'un : jemandem (datif) **zulächeln**

ℹ ***zu•lächeln*** *est un verbe à particule séparable.*

2 ▷ Le prof ne sourit pas souvent.
Der Lehrer lächelt selten.

2 (= faire un sourire) **lächeln**

souris

▷ Nous avons eu des souris dans la maison.
Wir hatten Mäuse im Haus.
▷ La souris de mon ordinateur ne fonctionne plus.
Die Maus meines Computers funktioniert nicht mehr.

die **Maus** (pluriel **Mäuse**)

sous

1 ▷ Il y a une souris sous le fauteuil !
Unter dem Sessel ist eine Maus!
▷ Ta serviette est tombée sous la table.
Deine Serviette ist unter den Tisch gefallen.

▷ Ma sœur se cachait sous la table.
Meine Schwester versteckte sich unter dem Tisch.

1 (= au-dessous de) **unter**

Quand le verbe indique une direction ou un déplacement, ***unter*** *est employé avec l'accusatif.*
Quand le verbe indique un séjour dans un lieu, ***unter*** *est employé avec le datif.*

2 ▷ Je suis sous antibiotiques.
Ich nehme Antibiotika.

2 ► **être sous** + *médicament* : *médicament* + **nehmen** (**nimmt, nahm, genommen**)

sous-marin

▷ À Toulon, nous avons visité un sous-marin.
In Toulon haben wir ein U-Boot besichtigt.

das **U-Boot** (pluriel **U-Boote**)

ℹ ***U-Boot*** *est l'abréviation usuelle de* ***Unterseeboot*** *qui est rarement employé.*

sous-sol

▷ Ils ont transformé le sous-sol en chambre.
Sie haben das Kellergeschoss in ein Zimmer verwandelt.

das **Kellergeschoss** (pluriel **-geschosse**)

sous-titre

▷ Le film est en version originale avec des sous-titres.
Der Film ist in Originalfassung mit Untertiteln.

der **Untertitel** (pluriel **-titel**)

soustraction

▷ Ma petite sœur apprend à faire des soustractions.
Meine kleine Schwester lernt, Subtraktionen zu machen.

die **Subtraktion** (pluriel **Subtraktionen**)

soustraire

▷ Tu dois soustraire le prix du repas du total.
Du musst den Preis der Mahlzeit vom Gesamtbetrag abziehen.
▷ Pourquoi est-ce que tu soustrais vingt euros ?
Warum ziehst du zwanzig Euro ab?

► **soustraire** quelque chose **de ... :** etwas **von** + *datif* + **abziehen**

ℹ ***abziehen*** *est un verbe à particule séparable et se conjugue comme* ***ziehen*** (zog, gezogen).

sous-vêtement

▷ Je dois acheter des sous-vêtements chauds.
Ich muss warme Unterwäsche kaufen.

die **Unterwäsche**

ℹ *Ce mot s'emploie uniquement au singulier.*

soute

▷ Ma planche de surf est dans la soute.
Mein Surfbrett ist im Laderaum.

(de bateau, d'avion) der **Laderaum**

soutenir

1 ▷ Personne ne m'a soutenu quand je me suis plaint au prof.
Niemand hat mich unterstützt, als ich mich beim Lehrer beschwert habe.

1 ► **soutenir** quelqu'un (= appuyer moralement) : jemanden (accusatif) **unterstützen**

ℹ *Les verbes à particule non séparable commençant par le préfixe* ***unter-*** *ne prennent pas* ***ge-*** *au participe passé.*

2 ▷ Ma grand-mère ne peut pas descendre les escaliers toute seule, il faut la soutenir.
Meine Großmutter kann nicht allein die Treppe hinuntergehen, man muss sie stützen.

2 ► **soutenir** quelqu'un (= aider physiquement) : jemanden (accusatif) **stützen**

3 ▷ Simon soutient que ce n'est pas sa faute.
Simon behauptet, dass es nicht seine Schuld ist.

3 (= dire, prétendre) **behaupten**

ℹ *Les verbes commençant par le préfixe* ***be-*** *ne prennent pas* ***ge-*** *au participe passé.*

souterrain, souterraine

1 ▷ Nous avons vu des grottes souterraines.
Wir haben unterirdische Höhlen gesehen.

1 (adjectif) **unterirdisch**

2 ▷ Il y a des souterrains sous le château.
Unter dem Schloss gibt es unterirdische Gänge.

2 (= galerie) der **unterirdische Gang** (pluriel **Gänge**)

3 ▷ Viens, on va prendre le souterrain.
Komm, wir nehmen die Unterführung.

3 (= passage pour piétons) die **Unterführung** (pluriel **Unterführungen**)

soutien-gorge

▷ Aurélie a acheté son premier soutien-gorge.
Aurélie hat ihren ersten Büstenhalter gekauft.

der **Büstenhalter** (pluriel **-halter**)

ℹ *Une abréviation très usuelle est* ***BH*** /be'haː/.

souvenir

1 ▷ Je garde de très bons souvenirs de mon séjour en Écosse.
Ich behalte meinen Aufenthalt in Schottland in sehr guter Erinnerung.

1 (= impression du passé) die **Erinnerung** (pluriel Erinnerungen)

2 ▷ Mes parents m'ont rapporté un souvenir d'Islande.
Meine Eltern haben mir ein Andenken aus Island mitgebracht.

2 (= objet) das **Andenken** (pluriel Andenken)

3 ▷ Tu te souviens de Rémi ?
Erinnerst du dich an Rémi?
▷ Je me souviens très bien de lui.
Ich erinnere mich sehr gut an ihn.

3 ► se **souvenir de :** sich an + *accusatif* + erinnern

Le pronom personnel allemand s'emploie à l'accusatif : ***ich erinnere mich, du erinnerst dich, er / sie erinnert sich, wir erinnern uns, ihr erinnert euch, sie erinnern sich.***

▷ Je ne me souviens pas de l'avoir rencontré.
Ich erinnere mich nicht daran, ihn getroffen zu haben.

► se **souvenir de** + *infinitif* **:** sich erinnern, zu + *infinitif*

souvent

1 ▷ Je vais souvent voir mes grands-parents.
Ich gehe oft meine Großeltern besuchen.

1 (= fréquemment) **oft**

2 ▷ Le plus souvent, c'est moi qui fais la vaisselle.
Meistens spüle ich das Geschirr.

2 ► **le plus souvent :** meistens

3 ▷ Marine n'est pas souvent chez elle.
Marine ist selten zu Hause.

3 ► **pas souvent, peu souvent :** selten

spacieux, spacieuse

▷ Nos chambres sont très spacieuses.
Unsere Zimmer sind sehr geräumig.

geräumig

spaghetti

▷ Mmm, des spaghettis à la sauce tomate !
Mmm, Spaghetti mit Tomatensoße!

die **Spaghetti**

Ce mot est un pluriel.

sparadrap®

▷ Nathalie a mis du sparadrap sur son doigt.
Nathalie hat ein Pflaster auf ihren Finger getan.

das **Pflaster** (pluriel Pflaster)

Le ® signifie qu'il s'agit d'un nom de marque. Vous n'avez pas besoin de l'écrire.

spatial, spatiale

▷ La navette spatiale a atterri.
Die Raumfähre ist gelandet.
▷ Ce que je préfère dans le film, c'est le vaisseau spatial.
Was ich in dem Film am liebsten mag ist das Raumschiff.

Pour dire que quelque chose est **spatial** *en allemand, on forme des mots composés avec* ***Raum*** *: die* ***Raumsonde*** **(sonde spatiale),** *das* ***Raumfahrzeug*** **(véhicule spatial),** *etc.*

spécial, spéciale

1 ▷ C'est un cas spécial.
Das ist ein besonderer Fall.
▷ Je n'ai rien fait de spécial hier.
Ich habe gestern nichts Besonderes gemacht.

1 (= exceptionnel) **besondere**
► **rien de spécial : nichts Besonderes**

2 ▷ Yves est un peu spécial, mais il est sympa.
Yves ist ein bisschen eigenartig, aber er ist nett.

2 (= bizarre) **eigenartig**

spécialement

1 ▷ Alain est venu spécialement pour nous voir.
Alain ist eigens gekommen, um uns zu sehen.

1 (= exprès) **eigens**

2 ▷ L'exposition t'a plu ? – Pas spécialement.
Hat dir die Ausstellung gefallen? – Nicht besonders.

2 ► **pas spécialement : nicht besonders**

spécialiste

1 ▷ Connais-tu un spécialiste qui pourrait réparer l'ordinateur ?
Kennst du einen Fachmann, der den Computer reparieren könnte?

1 (= qui a des compétences) der **Fachmann** (pluriel **Fachleute**), die **Fachfrau** (pluriel **-frauen**)

2 ▷ Le généraliste m'a envoyé chez un spécialiste.
Der Allgemeinmediziner hat mich zu einem Facharzt geschickt.

2 (= médecin) der **Facharzt** (pluriel **-ärzte**), die **Fachärztin** (pluriel **-ärztinnen**)

spécialité

▷ Quelles sont les spécialités de la région ?
Was sind die Spezialitäten dieser Region?

die **Spezialität** (pluriel **Spezialitäten**)

spécifique

▷ Il n'y a pas de raison spécifique.
Es gibt keinen spezifischen Grund.

spezifisch

spectacle

▷ Nous répétons pour le spectacle de l'école.
Wir proben für die Schulvorstellung.

(= théâtre, chanson, etc.) die **Vorstellung** (pluriel **Vorstellungen**)

spectaculaire

▷ Le paysage était spectaculaire.
Die Landschaft war spektakulär.

spektakulär
Attention à l'orthographe du mot allemand.

spectateur, spectatrice

1 ▷ Quelques spectateurs ont voulu grimper sur la scène.
Einige Zuschauer wollten auf die Bühne klettern.

1 der **Zuschauer** (pluriel Zuschauer), die **Zuschauerin** (pluriel Zuschauerinnen)

2 ▷ Les spectateurs ont beaucoup applaudi.
Das Publikum hat viel geklatscht.

2 ► **les spectateurs :** das **Publikum**

sphère

▷ La Terre est une sphère.
Die Erde ist eine Kugel.

die **Kugel** (pluriel Kugeln)

spirale

▷ On voyait monter une spirale de fumée.
Man sah eine Rauchspirale aufsteigen.

die **Spirale** (pluriel Spiralen)

splendide

▷ Le paysage est splendide.
Die Landschaft ist wunderschön.

(= très beau) **wunderschön**

spontané, spontanée

▷ J'aime bien Christelle parce qu'elle est très spontanée.
Ich mag Christelle gern, weil sie sehr spontan ist.

spontan

sport

▷ Le karaté est un sport de combat.
Karate ist ein Kampfsport.
▷ Je préfère les sports d'équipe.
Ich mag Mannschaftssportarten lieber.

▷ Tu devrais faire du sport.
Du solltest Sport treiben.
▷ Est-ce que tu pratiques un sport ?
Betreibst du einen Sport?

Quand on parle d'un **sport** *en particulier, on traduit par* der ***Sport***.
Quand on parle d'une **catégorie de sport** *ou de* **plusieurs sports**, *on traduit par* die ***Sportarten***, *qui est un pluriel.*
► **faire du sport :** Sport treiben (trieb, getrieben)
► **pratiquer un sport :** einen Sport betreiben (betrieb, betrieben)

sportif, sportive

1 ▷ Monique n'est pas très sportive.
Monique ist nicht sehr sportlich.

1 (adjectif) **sportlich**

2 ▷ Les boxeurs sont les sportifs les mieux payés.
Die Boxer sind die bestbezahlten Sportler.

2 (= personne) der **Sportler** (pluriel Sportler), die **Sportlerin** (pluriel Sportlerinnen)

spot

1 ▷ Martial a plusieurs spots dans sa chambre.
Martial hat mehrere Spots in seinem Zimmer.

1 (= lampe) der **Spot** (pluriel **Spots**)

2 ▷ Je déteste quand les films sont interrompus par des spots publicitaires.
Ich hasse es, wenn Filme durch Werbespots unterbrochen werden.

2 ► **spot publicitaire :** der **Werbespot** (pluriel **-spots**)

square

▷ Les enfants jouent au square.
Die Kinder spielen in der Grünanlage.

die **Grünanlage** (pluriel **-anlagen**)

squash

▷ Le squash est un sport très énergique.
Squash ist ein sehr energischer Sport.
▷ Après le squash, je rentre à la maison.
Nach dem Squash gehe ich nach Hause.
▷ Pascal joue au squash avec Denis.
Pascal spielt mit Denis Squash.

► **le squash** (= le sport) : das **Squash** /skvɔʃ/

Notez la prononciation.

► **jouer au squash :** **Squash spielen**

L'article neutre n'est pas utilisé quand on parle du sport en général.

squatter

▷ Ils ont squatté l'ambassade pendant plusieurs mois.
Sie haben die Botschaft mehrere Monate lang besetzt.

(un lieu) **besetzen**

*Les verbes commençant par **be-** ne prennent pas **ge-** au participe passé.*

squelette

▷ Il y a un squelette de dinosaure au musée.
Im Museum steht ein Dinosaurierskelett.

das **Skelett** (pluriel **Skelette**)

stable

▷ Fais attention, la pile de livres n'est pas très stable.
Sei vorsichtig, der Bücherstapel ist nicht sehr stabil.

stabil

L'accent tonique est sur la deuxième syllabe.

stade

▷ Le nouveau stade est très grand.
Das neue Stadion ist sehr groß.

(= terrain de sport) das **Stadion** (pluriel **Stadien**)

stage

1 ▷ Fred fait un stage dans un grand magasin.
Fred macht ein Praktikum in einem Kaufhaus.

1 (en entreprise) das **Praktikum** (pluriel **Praktika**)

2 ▷ Julien a fait un stage de tennis cet été.
Julien hat diesen Sommer einen Tenniskurs gemacht.

2 (= cours) der **Kurs** (pluriel **Kurse**)

stand

▻ Ma mère avait un stand à la kermesse.
Meine Mutter hatte auf dem Fest einen Stand.

(= dans une fête) der **Stand** (pluriel **Stände**)

standard

▻ Appelle le standard et demande à parler à Madame Lancel.
Ruf die Zentrale an und frage nach Frau Lancel.

(= central téléphonique) die **Zentrale** (pluriel **Zentralen**)

star

▻ Toutes les stars sont à Cannes.
Alle Stars sind in Cannes.

(= vedette) der **Star** (pluriel **Stars**)

station

1 ▻ L'hôtel est près de la station Bastille.
Das Hotel ist in der Nähe der Station Bastille.

1 (= station de métro) die **Station** /ʃtatsiˈoːn/ (pluriel **Stationen**)

2 ▻ J'écoute surtout deux stations de radio.
Ich höre vor allem zwei Radiosender.

2 ► **station de radio :** der **Radiosender**

3 ▻ Béa va toujours à la même station de sports d'hiver.
Béa fährt immer in denselben Wintersportort.

3 ► **station de sports d'hiver :** der **Wintersportort** (pluriel **-orte**)

ℹ *Décomposez ce mot :* ***Winter*** (hiver) + ***Sport*** + ***Ort*** (localité).

stationnement

▻ Le stationnement est réglementé ici.
Das Parken ist hier geregelt.

▻ Attention, c'est marqué «stationnement interdit».
Vorsicht, da steht „Parken verboten".

▻ Il y avait quatre voitures en stationnement.
Es standen vier parkende Autos da.

das **Parken**

► **«stationnement interdit» :** **„Parken verboten"**

► **en stationnement :** **parkend**

stationner

▻ Tu ne peux pas stationner ici.
Du kannst hier nicht parken.

parken

station-service

▻ Où est la station-service la plus proche ?
Wo ist die nächste Tankstelle?

die **Tankstelle** (pluriel **-stellen**)

ℹ *En allemand,* ***tanken*** *signifie « prendre de l'essence ».*

statistiques

▻ Ils font des statistiques toute la journée.
Sie erstellen den ganzen Tag über Statistiken.

die **Statistiken**

statue

▻ Il y a une statue de Napoléon sur la place.
Auf dem Platz steht eine Statue von Napoleon.

die **Statue** /ˈʃtaːtuə/ (pluriel **Statuen**)

🔊 *Notez la prononciation.*

statut

▷ Il a le statut de réfugié politique.
Er hat den Status eines politischen Flüchtlings.

der **Status**

steak

▷ Encore du steak frites !
Schon wieder Steak mit Pommes frites!

das **Steak** /ste:k/ (pluriel **Steaks**)

Notez la prononciation. Le ***s*** *du pluriel se prononce en allemand.*

▷ Tu veux un steak haché ?
Willst du ein Hacksteak?

► **steak haché :** das **Hacksteak**

stéréo

▷ C'est en stéréo.
Es ist in Stereo.

das **Stereo**

stimuler

▷ Ils veulent stimuler la croissance économique.
Sie wollen das Wirtschaftswachstum fördern.

fördern

stock

▷ Tu peux prendre un crayon, j'en ai tout un stock.
Du kannst einen Bleistift nehmen, ich habe einen ganzen Bestand davon.

der **Bestand** (pluriel **Bestände**)

Attention : ***Stock*** *en allemand signifie « bâton ».*

stocker

▷ Toutes les données sont stockées sur mon ordinateur.
Alle Daten sind auf meinem Computer gespeichert.

(sur un ordinateur) **speichern**

stop

1 ▷ La voiture ne s'est pas arrêtée au stop.
Das Auto hat nicht am Stoppschild gehalten.

1 (= panneau) das **Stoppschild** (pluriel **-schilder**)

2 ▷ Nous avons fait du stop en Allemagne.
In Deutschland sind wir per Anhalter gefahren.
▷ Je vais au Portugal en stop.
Ich fahre per Anhalter nach Portugal.

2 ► **faire du stop, aller en stop :** **per Anhalter fahren** (fährt, fuhr, gefahren)

store

▷ Baisse le store s'il te plaît, il y a trop de soleil.
Lass bitte das Rollo herunter, die Sonne scheint zu stark.

das **Rollo** (pluriel **Rollos**)

stratégie

▷ Je ne comprends pas leur stratégie.
Ich verstehe ihre Strategie nicht.

die **Strategie** (pluriel **Strategien**)

stressant, stressante

▷ Ma journée a été stressante.
Mein Tag war stressig.

stressig

stressé, stressée

▷ Ma mère doit se reposer, elle est stressée.
Meine Mutter muss sich ausruhen, sie ist im Stress.

► **être stressé :** im Stress sein

strict, stricte

▷ Le règlement de l'école est très strict.
Die Schulordnung ist sehr streng.

(= sévère) streng

strictement

▷ C'est strictement interdit.
Das ist streng verboten.

streng

studio

1 ▷ Mon grand frère s'est acheté un studio.
Mein großer Bruder hat sich eine Einzimmerwohnung gekauft.

1 (= appartement) die **Einzimmerwohnung** (pluriel -wohnungen)

2 ▷ Nous avons été invités à visiter les studios de télévision.
Wir wurden eingeladen, die Fernsehstudios zu besichtigen.

2 (= lieu où on filme) das **Studio** (pluriel Studios)

stupéfait, stupéfaite

▷ Aurélie était stupéfaite de rencontrer Luc à cet endroit.
Aurélie war verblüfft, Luc an diesem Ort zu treffen.

verblüfft

stupide

▷ Arrête avec tes blagues stupides !
Hör auf mit deinen dummen Witzen!

dumm (**plus stupide** dümmer ; **le plus stupide** der dümmste)

style

▷ Je n'aime pas son style.
Ich mag seinen Stil nicht.

der **Stil** (pluriel Stile)

stylo

1 ▷ Tu peux me prêter ton stylo rouge ?
Kannst du mir deinen roten Kugelschreiber leihen?

1 (= stylo à bille) der **Kugelschreiber** (pluriel -schreiber)

ℹ *On dit aussi der **Kuli*** (pluriel Kulis).

2 ▷ Mon stylo n'a plus d'encre.
Mein Füller hat keine Tinte mehr.

2 (= stylo à plume) der **Füller** (pluriel Füller)

substance

▷ Il y a des substances toxiques dans l'environnement.
In der Umwelt gibt es Schadstoffe.

der Stoff (pluriel Stoffe)

subtil, subtile

1 ▷ Il y a une différence subtile entre les deux.
Es gibt einen feinen Unterschied zwischen den beiden.

1 (en parlant d'une nuance) fein

2 ▷ Il est très gentil mais pas très subtil.
Er ist sehr nett, aber nicht sehr feinsinnig.

2 (en parlant d'une personne) feinsinnig

subvention

▷ Ils reçoivent des subventions publiques.
Sie bekommen öffentliche Zuschüsse.

der Zuschuss (pluriel Zuschüsse)

ℹ *On dit aussi* die ***Beihilfe*** (pluriel -hilfen).

succès

▷ Sa nouvelle chanson a beaucoup de succès.
Sein neues Lied hat großen Erfolg.

der Erfolg (pluriel Erfolge)

► **avoir du succès :** Erfolg haben

sucer

▷ Ma petite sœur suce encore son pouce.
Meine kleine Schwester lutscht noch am Daumen.

lutschen

ℹ *Notez la préposition employée en allemand :* sucer quelque chose = ***an*** *etwas* ***lutschen***.

sucette

▷ J'ai acheté une sucette et un chewing-gum par personne.
Ich habe einen Lutscher und ein Kaugummi pro Person gekauft.

der Lutscher (pluriel Lutscher)

ℹ *On dit aussi* der ***Lolli*** (pluriel Lollis).

sucre

▷ Est-ce que vous prenez du sucre dans votre café ?
Nehmen Sie Zucker in ihren Kaffee?

der Zucker

▷ Un seul sucre, s'il vous plaît.
Nur ein Stück Zucker, bitte.

ℹ ***Zucker*** *est indénombrable, on ne dit pas* ***ein Zucker****. Quand on parle d'un* morceau de sucre, *on dit* ***ein Stück Zucker***.

▷ Achète du sucre en morceaux, s'il te plaît.
Kauf bitte Würfelzucker.

► **sucre en morceaux :** der Würfelzucker

▷ Il te faut cent grammes de sucre en poudre.
Du brauchst hundert Gramm Streuzucker.

► **sucre en poudre :** der Streuzucker

⚠ *Attention à ne pas traduire par* ***Puderzucker***.

▷ On saupoudre de sucre glace.
Man bestreut mit Puderzucker.

► **sucre glace :** der Puderzucker

sucré, sucrée

1 ▷ Ce gâteau est trop sucré pour moi.
Der Kuchen ist zu süß für mich.

1 (= qui contient du sucre) süß

2 ▷ Suzanne adore le lait concentré sucré.
Suzanne liebt gesüßte Kondensmilch.

2 (= où on a ajouté du sucre) gesüßt

sucrerie

▷ Tu manges beaucoup trop de sucreries !
Du isst viel zu viel Süßigkeiten!

die Süßigkeit (pluriel Süßigkeiten)

sud

▷ Le sud est dans cette direction.
Der Süden liegt in dieser Richtung.
▷ Ils habitent dans le Sud.
Sie wohnen im Süden.
▷ Mon village est au sud d'Arles.
Mein Dorf liegt südlich von Arles.

der Süden

► **dans le Sud :** im Süden

► **au sud de ... :** südlich von ...

Suède

▷ Stockholm est la capitale de la Suède.
Stockholm ist die Hauptstadt von Schweden.

Schweden
► **la Suède :** Schweden

Ne prend l'article neutre que précédé d'un adjectif : ***das umweltfreundliche Schweden*** **(la Suède écologique).**

▷ Le père de Damien a travaillé en Suède.
Damiens Vater hat in Schweden gearbeitet.
▷ Je vais en Suède avec ma sœur.
Ich fahre mit meiner Schwester nach Schweden.
▷ Est-ce que tu es déjà allé en Suède ?
Warst du schon in Schweden?

► **en Suède** (= dans le pays) : in Schweden

► **en Suède** (= vers le pays) : nach Schweden

Attention : pour dire que quelqu'un **est déjà allé quelque part**, *on emploie une expression avec le prétérit du verbe* ***sein*** *+* ***schon****.*

suédois, suédoise

1 ▷ C'est un grand écrivain suédois.
Er ist ein großer schwedischer Schriftsteller.

1 (adjectif) schwedisch

2 ▷ Sylvain a rencontré une Suédoise.
Sylvain hat eine Schwedin kennengelernt.

2 (= personne) der Schwede (pluriel Schweden), die Schwedin (pluriel Schwedinnen)

3 ▷ Est-ce que tu parles suédois ?
Sprichst du Schwedisch?

3 (= langue) Schwedisch

suer

▷ Baisse le chauffage, on sue ici !
Dreh die Heizung herunter, man schwitzt ja hier!

(= transpirer) schwitzen

sueur

▷ Il a épongé la sueur sur son front.
Er hat den Schweiß von seiner Stirn gewischt.
▷ J'étais en sueur après la course.
Nach dem Rennen war ich schweißnass.

der **Schweiß**

► **être en sueur :** schweißnass sein

suffire

1 ▷ Je ne sais pas si deux bouteilles suffiront.
Ich weiß nicht, ob zwei Flaschen reichen werden.
▷ Dix euros, ça te suffit ?
Reichen dir zehn Euro?
▷ Ça suffit ! Tu es pénible !
Jetzt reicht's! Du bist unerträglich!

1 (= être suffisant) **reichen**

► **suffire à** quelqu'un **:** jemandem (datif) reichen
► **ça suffit ! :** jetzt reicht's!

2 ▷ Il suffit de téléphoner et de réserver.
Es genügt, anzurufen und zu reservieren.

2 ► **il suffit de** + *infinitif* **:** es genügt, zu + *infinitif*

suffisamment

▷ Nous avons suffisamment d'argent.
Wir haben genug Geld.
▷ J'ai suffisamment mangé, merci.
Ich habe genug gegessen, danke.
▷ Il fait suffisamment chaud maintenant.
Es ist jetzt warm genug.

▷ Est-ce qu'il y a suffisamment de boissons ?
Sind genug Getränke da?

genug

ℹ *Lorsque* ***genug*** *est employé avec un verbe, il est placé devant celui-ci.*

ℹ *Lorsque* ***genug*** *est employé avec un adjectif ou un adverbe, il est placé derrière celui-ci.*

► **suffisamment de** + *nom* **:** genug + *nom*

ℹ *On dit aussi* ***genügend****.*

suffisant, suffisante

▷ Deux jours c'est suffisant.
Zwei Tage reichen.

► **être suffisant :** reichen

suggérer

▷ Est-ce que quelqu'un a quelque chose à suggérer ?
Hat jemand etwas vorzuschlagen?
▷ Qu'est-ce que tu suggères ?
Was schlägst du vor?

vorschlagen

ℹ ***vor•schlagen*** *est un verbe à particule séparable et se conjugue comme* ***schlagen*** (**schlägt**, **schlug**, **geschlagen**).

suggestion

▷ Ce n'était qu'une suggestion.
Es war nur ein Vorschlag.

der **Vorschlag** (pluriel Vorschläge)

suicide

▷ Le nombre de suicides a augmenté.
Die Anzahl der Selbstmorde ist gestiegen.

der **Selbstmord** (pluriel -morde)

se suicider

▷ Il s'est suicidé en prison.
Er hat im Gefängnis Selbstmord begangen.

Selbstmord begehen (beging, begangen)
ℹ *Le verbe réfléchi français se traduit par un verbe intransitif en allemand, qui s'emploie avec l'auxiliaire* ***haben****.*

suisse, Suisse

1 ▷ Les fromages suisses sont réputés.
Die Schweizer Käse sind bekannt.

1 (adjectif) **Schweizer**

2 ▷ Les Suisses parlent plusieurs langues.
Die Schweizer sprechen mehrere Sprachen.

2 (= personne) der **Schweizer** (pluriel Schweizer), die **Schweizerin** (pluriel Schweizerinnen)

3 ▷ La Suisse est un beau pays.
Die Schweiz ist ein schönes Land.
▷ Mes parents ont vécu en Suisse.
Meine Eltern haben in der Schweiz gelebt.
▷ Nous irons en Suisse en train.
Wir fahren mit dem Zug in die Schweiz.
▷ Je suis déjà allé en Suisse.
Ich war schon in der Schweiz.

3 ► **la Suisse (= pays) :** die Schweiz
► **en Suisse** (= dans le pays) : in der Schweiz
► **en Suisse** (= vers le pays) : in die Schweiz
Attention : pour dire que quelqu'un **est déjà allé quelque part***, on emploie une expression avec le prétérit du verbe* ***sein*** *+* ***schon****.*

suite

1 ▷ Je te raconterai la suite demain.
Ich erzähle dir den Rest morgen.

1 (= reste) der **Rest**

2 ▷ Il revient tout de suite.
Er kommt sofort zurück.

2 ► **tout de suite :** sofort

suivant, suivante

1 ▷ La solution est à la page suivante.
Die Lösung steht auf der nächsten Seite.

1 (= qui vient après) **nächste**

2 ▷ On décidera suivant le temps qu'il fera.
Wir entscheiden je nach Wetter.

2 (= en fonction de) **je nach**

suiveur, suiveuse

▷ Tu as beaucoup de suiveurs ?
Hast du viele Anhänger?

(sur un réseau social) der **Anhänger** (pluriel Anhänger), die **Anhängerin** (pluriel Anhängerinnen)

suivre

1 ▷ Le chien nous suit, dis-lui de partir.
Der Hund folgt uns, schick ihn weg.

1 (= aller derrière, venir après) **folgen**

▷ L'exemple qui suit illustre bien ce cas.
Das folgende Beispiel veranschaulicht gut diesen Fall.

▷ Les camions se suivaient sur plusieurs kilomètres.
Die Lastwagen folgten aufeinander über mehrere Kilometer.

► ... **qui suit** : der / die / das folgende ...

► se **suivre** (= venir les uns après les autres) : aufeinander folgen

2 ▷ Élodie n'a pas suivi notre conseil.
Élodie hat unseren Rat nicht befolgt.

2 (= tenir compte de) befolgen
ℹ *Les verbes commençant par le préfixe* ***be-*** *ne prennent pas* ***ge-*** *au participe passé.*

3 ▷ Nico ne suivait pas et la professeur l'a grondé.
Nicolas passte nicht auf und die Lehrerin hat geschimpft.

3 (= être attentif) aufpassen
ℹ ***auf•passen*** *est un verbe à particule séparable.*

4 ▷ Je n'arrive pas à suivre en maths.
Ich komme in Mathe nicht mit.

4 (= se maintenir au niveau) mitkommen
ℹ ***mit•kommen*** *est un verbe à particule séparable et se conjugue comme* ***kommen*** (kam, gekommen).

sujet

1 ▷ J'ai trouvé le sujet de la rédaction difficile.
Ich fand das Aufsatzthema schwierig.

1 (= thème) das Thema (pluriel Themen)

2 ▷ Ils se sont disputés au sujet de l'argent que Loïc a prêté à Romaine.
Sie haben sich über das Geld gestritten, das Loïc Romaine geliehen hat.

2 ► **au sujet de** : über + *accusatif*

super

1 ▷ Tu viens avec nous ? Super !
Du kommst mit? Super!

1 (= génial) super
ℹ *On dit aussi* ***toll***.

2 ▷ Le nouveau prof est super sympa.
Der neue Lehrer ist wahnsinnig nett.

2 (= très) wahnsinnig

superbe

1 ▷ Les paysages étaient superbes.
Die Landschaften waren wunderschön.

1 (= très beau) wunderschön

2 ▷ Il a fait un temps superbe.
Das Wetter war herrlich.

2 (en parlant du temps) herrlich

3 ▷ Il a tiré un but superbe.
Er hat ein fantastisches Tor geschossen.

3 (= remarquable) fantastisch

superficie

▷ Tu connais la superficie de la France ?
Kennst du die Fläche Frankreichs?

die Fläche (pluriel Flächen)

superficiel, superficielle

▻ Il m'ennuie, je le trouve très superficiel.
Er langweilt mich, ich finde ihn sehr oberflächlich.
▻ Ne t'inquiète pas, c'est une plaie superficielle.
Keine Sorge, es ist eine oberflächliche Wunde.

oberflächlich

supérieur, supérieure

1 ▻ Les prix sont supérieurs à ceux du supermarché.
Die Preise sind höher als im Supermarkt.

1 ► **supérieur à** (= plus grand que, en parlant d'un nombre, d'un prix) : höher als

2 ▻ Thomas se croit supérieur aux autres.
Thomas hält sich anderen für überlegen.

2 (en parlant d'une personne) überlegen

supermarché

▻ Ma mère va au supermarché tous les samedis.
Meine Mutter geht jeden Samstag in den Supermarkt.

der Supermarkt (pluriel -märkte)

superposé, superposée

▻ Mon frère et moi dormons dans des lits superposés.
Mein Bruder und ich schlafen in einem Etagenbett.

► **lits superposés** : das Etagenbett

superstitieux, superstitieuse

▻ Bénédicte est superstitieuse, elle a peur des chats noirs !
Bénédicte ist abergläubisch, sie hat Angst vor schwarzen Katzen!

abergläubisch

supplément

1 ▻ Il y a un supplément pour les chambres individuelles.
Für Einzelzimmer gibt es einen Aufpreis.

1 (= somme à payer en plus) der Aufpreis (pluriel Aufpreise)

2 ▻ Avec son magazine, mon père a reçu un supplément sur les jeux vidéo.
Zu seiner Zeitschrift hat mein Vater eine Beilage über Videospiele bekommen.

2 (avec un journal, un magazine) die Beilage (pluriel Beilagen)

supplémentaire

1 ▻ Mets une assiette supplémentaire pour Cathy.
Stell noch einen zusätzlichen Teller für Cathy dazu.

1 (= en plus) zusätzlich

2 ▻ Mon père fait beaucoup d'heures supplémentaires.
Mein Vater macht viele Überstunden.

2 ► **heure supplémentaire** : die Überstunde (pluriel Überstunden)

supplier

▷ J'ai supplié ma mère de me laisser sortir.
Ich habe meine Mutter angefleht, mich ausgehen zu lassen.
▷ Je t'en supplie, ne lui dis rien !
Ich flehe dich an, sag ihm nichts!

► **supplier** quelqu'un **de** + *infinitif* : jemanden (accusatif) **anflehen, zu** + *infinitif*

ℹ ***an•flehen*** *est un verbe à particule séparable.*

support

▷ Tu as appelé le support technique ?
Hast du die technische Unterstützung angerufen?

(= soutien) die **Unterstützung**

supporter (VERBE)

1 ▷ Il est trop bête, je ne le supporte pas !
Er ist zu dumm, ich kann ihn nicht ausstehen!

1 ► **ne pas supporter** quelqu'un : jemanden (accusatif) **nicht ausstehen können** (kann, konnte, können)

2 ▷ Le chat ne supporte pas le bruit de l'aspirateur.
Die Katze kann den Lärm des Staubsaugers nicht ertragen.

2 ► **ne pas supporter** quelque chose : etwas (accusatif) **nicht ertragen können**

supporter (NOM)

▷ Les supporters de Toulouse criaient et chantaient.
Die Anhänger von Toulouse schrien und sangen.

der **Anhänger** (pluriel Anhänger), die **Anhängerin** (pluriel Anhängerinnen)

supposer

▷ Je suppose que Michelle ne viendra pas.
Ich nehme an, dass Michelle nicht kommt.
▷ Supposons qu'il neige : que fait-on ?
Nehmen wir an, es schneit: Was machen wir?

► **supposer que ... : annehmen, dass ...**

ℹ ***an•nehmen*** *est un verbe à particule séparable et se conjugue comme* ***nehmen*** (nimmt, nahm, genommen).

supposition

▷ On ne peut que faire des suppositions.
Da kann man nur Annahmen machen.

die **Annahme** (pluriel Annahmen)

supprimer

1 ▷ Mon nom a été supprimé de la liste.
Mein Name wurde von der Liste gestrichen.
▷ On leur a supprimé toutes les subventions.
Man hat ihnen alle Subventionen gestrichen.

1 (= effacer, enlever) **streichen** (strich, gestrichen)

2 ▷ L'entreprise supprime cent emplois.
Das Unternehmen schafft hundert Arbeitsplätze ab.

2 (en parlant d'emplois, de libertés) **abschaffen**

ℹ ***ab•schaffen*** *est un verbe à particule séparable.*

sur

1 ▷ Ton peigne est sur le lavabo.
Dein Kamm liegt auf dem Waschbecken.
▷ Pose le paquet sur la table, s'il te plaît.
Leg das Paket bitte auf den Tisch.

▷ Tes cahiers sont sur ton bureau.
Deine Hefte liegen auf deinem Schreibtisch.

1 (= au-dessus de) **auf**

ℹ *Quand le verbe indique une direction ou un déplacement,* ***auf*** *est employé avec l'accusatif.*

ℹ *Quand le verbe indique un séjour dans un lieu,* ***auf*** *est employé avec le datif.*

2 ▷ Lisa a fait un exposé sur la Nouvelle-Zélande.
Lisa hat ein Referat über Neuseeland gehalten.

2 (= au sujet de) **über**

3 ▷ Juliette a encore eu dix-huit sur vingt.
Juliette hat schon wieder achtzehn von zwanzig Punkten.
▷ Deux élèves sur trois étaient absents.
Zwei von drei Schülern waren abwesend.
▷ Un élève sur trois pratique un sport en dehors de l'école.
Jeder dritte Schüler betreibt außerhalb der Schule einen Sport.

3 (pour parler d'une note, d'une proportion) **von**

Quand la proportion est de **un sur...**, *on traduit par* ***jeder / jede / jedes*** *+ adjectif numéral :* ***jedes zweite Haus*** **(une maison sur deux)**, ***jedes vierte Jahr*** **(une année sur quatre)**, *etc.*

sûr, sûre

▷ Je suis sûre que Manon a copié sur moi.
Ich bin sicher, dass Manon bei mir abgeschrieben hat.
▷ Ce n'est pas encore sûr que j'irai à la fête.
Es ist noch nicht sicher, dass ich auf die Party gehe.

sicher

surchargé, surchargée

1 ▷ Toutes les classes de mon école sont surchargées.
Alle Klassen in meiner Schule sind überfüllt.

1 (classe, train) **überfüllt**

2 ▷ Je n'ai pas le temps, je suis surchargé de travail.
Ich habe keine Zeit, ich bin mit Arbeit überlastet.

2 ► **être surchargé de travail :** mit Arbeit überlastet sein

sûrement

▷ Chloé viendra sûrement demain.
Chloé kommt sicher morgen.
▷ Tu ne veux pas venir ? – Ah non, sûrement pas !
Willst du nicht kommen? – Oh nein, ganz sicher nicht!

sicher

► **sûrement pas ! :** ganz sicher nicht!

surf

▷ Le surf peut être un sport dangereux.
Surfen kann ein gefährlicher Sport sein.
▷ Après le surf, je me repose.
Nach dem Surfen ruhe ich mich aus.

► **le surf** (= le sport) : das **Surfen** /ˈsøːɐfən/
Notez la prononciation.
L'article neutre n'est pas utilisé quand on parle du sport en général.

▷ Erwann fait du surf à Biarritz.
Erwann surft in Biarritz.

► **faire du surf :** surfen

surface

1 ▷ La surface du lac était comme un miroir.
Die Oberfläche des Sees war wie ein Spiegel.

1 (= le dessus) die **Oberfläche** (pluriel -flächen)

2 ▷ Antoine est remonté à la surface trente mètres plus loin.
Antoine tauchte dreißig Meter weiter wieder auf.

2 ► **monter à la surface, faire surface** (en venant du bas) **:** auftauchen
auf•tauchen est un verbe à particule séparable.

3 ▷ Quelle est la surface de votre appartement ?
Was ist die Grundfläche eurer Wohnung?

3 (= superficie) die **Grundfläche** (pluriel -flächen)

surfer

▷ Tu viens surfer avec nous ?
Kommst du mit uns surfen?

(= faire du surf) **surfen** /ˈsøːɐfən/
Notez la prononciation.

▷ À l'école, nous apprenons à surfer sur Internet.
In der Schule lernen wir, im Internet zu surfen.

► **surfer sur Internet :** im Internet surfen

surfeur, surfeuse

▷ Les surfeurs attendaient une grosse vague.
Die Surfer warteten auf eine große Welle.

der **Surfer** (pluriel Surfer), die **Surferin** (pluriel Surferinnen)

surgelé, surgelée

1 ▷ Les frites surgelées ne sont pas mauvaises.
Tiefgekühlte Pommes frites sind nicht schlecht.

1 (= adjectif) **tiefgekühlt**

2 ▷ À la maison, nous ne mangeons pas beaucoup de surgelés.
Zu Hause essen wir nicht viel Tiefkühlkost.

2 ► **les surgelés :** die **Tiefkühlkost**
Ce mot s'emploie uniquement au singulier.

surgir

▷ Un homme a soudain surgi de la haie.
Ein Mann tauchte plötzlich aus der Hecke auf.

auftauchen
auf•tauchen est un verbe à particule séparable.

surligneur

▷ Tu peux me prêter ton surligneur jaune ?
Kannst du mir deinen gelben Textmarker leihen?

der **Textmarker** (pluriel Textmarker)

surnom

▷ Je n'ai pas de surnom.
Ich habe keinen Spitznamen.

der **Spitzname** (pluriel -namen)

surprenant, surprenante

▷ La réaction de Naïma était assez surprenante.
Naïmas Reaktion war ziemlich überraschend.

überraschend

ℹ *Attention à l'orthographe.*

surprendre

▷ Rebecca nous a surpris avec sa nouvelle coupe de cheveux.
Rebecca hat uns mit ihrem neuen Haarschnitt überrascht.

(= étonner) **überraschen**

ℹ *Attention à l'orthographe.*

surpris, surprise

▷ Louis avait l'air surpris de me voir.
Louis schien überrascht zu sein, mich zu sehen.

(= étonné) **überrascht**

ℹ *Attention à l'orthographe.*

surprise

▷ Isabelle ! Quelle belle surprise !
Isabelle! So eine Überraschung!

die **Überraschung** (pluriel Überraschungen)

ℹ *Attention à l'orthographe.*

▷ Ne lui dis rien, je veux lui faire une surprise !
Sag ihm nichts, ich will ihm eine Überraschung bereiten!

► **faire une surprise à** quelqu'un **:** jemandem (datif) **eine Überraschung bereiten**

ℹ *On dit aussi jemanden (accusatif)* ***überraschen****.*

sursaut

▷ Je me suis réveillé en sursaut.
Ich fuhr aus dem Schlaf auf.

► se **réveiller en sursaut :** aus dem **Schlaf auffahren**

ℹ ***auf•fahren*** *est un verbe à particule séparable et se conjugue comme* ***fahren*** (fährt, fuhr, gefahren).

sursauter

▷ J'ai sursauté quand Simon est entré.
Ich zuckte zusammen, als Simon hereinkam.

zusammenzucken

ℹ ***zusammen•zucken*** *est un verbe à particule séparable.*

surtout

1 ▷ Salvador aime le sport, surtout le foot.
Salvador mag Sport, besonders Fußball.

1 (= en particulier) **besonders**

2 ▷ Elle peint surtout des paysages.
Sie malt vor allem Landschaften.

2 (= avant tout) **vor allem**

3 ▷ N'oublie surtout pas !
Vergiss es bloß nicht!

3 ► **surtout pas : bloß nicht**

surveillant, surveillante

▷ Les surveillants de l'école sont en grève.
Die Schulaufsicht streikt.

(à l'école) die **Aufsicht** (pluriel Aufsichten)

ℹ *Ce mot traduit le masculin et le féminin. Le pluriel est rare.*

surveiller

1 ▷ La prof nous surveille pendant l'interro.
Die Lehrerin beaufsichtigt uns während der Klassenarbeit.

1 (= contrôler) **beaufsichtigen**

2 ▷ Je dois surveiller ma petite sœur.
Ich muss auf meine kleine Schwester aufpassen.
▷ Surveille-le bien !
Pass gut auf ihn auf!

2 ► **surveiller** quelqu'un (= veiller sur lui) : **auf** jemanden (accusatif) **aufpassen**

ℹ ***auf•passen** est un verbe à particule séparable.*

survêtement

▷ Tu as pris ton survêtement pour le sport ?
Hast du deinen Trainingsanzug für den Sportunterricht genommen?

der **Trainingsanzug** (pluriel -anzüge)

survivant, survivante

▷ Les survivants du crash ont raconté ce qui s'était passé.
Die Überlebenden des Absturzes haben erzählt, was passiert war.

der / die **Überlebende** (pluriel Überlebenden)

ℹ *C'est un adjectif substantivé : on dit **ein Überlebender**.*

survivre

▷ Les chatons n'ont pas survécu.
Die Kätzchen haben nicht überlebt.
▷ Quelques personnes ont survécu au tremblement de terre.
Einige Menschen haben das Erdbeben überlebt.

überleben

► **survivre à** (un accident, un attentat, une maladie) : *accusatif* + **überleben**

ℹ *Les verbes à particule inséparable commençant par le préfixe **über-** ne prennent pas **ge-** au participe passé.*

susceptible

▷ Ne sois pas si susceptible !
Sei nicht so empfindlich!

(= qui se vexe facilement) **empfindlich**

suspect

▷ La police a arrêté un suspect.
Die Polizei hat einen Verdächtigen verhaftet.

der / die **Verdächtige** (pluriel Verdächtigen)

ℹ *C'est un adjectif substantivé : on dit **ein Verdächtiger**.*

suspendre

1 ▷ Nous avons réussi à suspendre le tableau.
Wir haben es geschafft, das Bild aufzuhängen.

1 **aufhängen**

ℹ ***auf•hängen*** *est un verbe à particule séparable et se conjugue comme* ***hängen*** *qui est régulier dans sa forme transitive.*

2 ▷ Matthieu s'est suspendu à la branche et elle s'est cassée.
Matthieu hat sich an den Ast gehängt und der ist abgebrochen.

2 ► se **suspendre à** quelque chose : sich **an** etwas (accusatif) **hängen**

ℹ *Dans sa forme réfléchie,* ***hängen*** *est régulier.*

suspense

1 ▷ Il y a un bon suspense dans ce film.
Es gibt gute Spannung in dem Film.

1 die **Spannung**

2 ▷ C'est un film à suspense américain.
Es ist ein amerikanischer Thriller.

2 ► **film à suspense :** der **Thriller** /'θrɪlɐ/ (pluriel **Thriller**)

◀ *Notez la prononciation de ce mot anglais.*

sweat-shirt

▷ Je me suis acheté un sweat-shirt à capuche.
Ich habe mir ein Sweatshirt mit Kapuze gekauft.

das **Sweatshirt** /'svɛtʃøːɐt/ (pluriel **Sweatshirts**)

◀ *Notez la prononciation. Le* **s** *du pluriel se prononce en allemand.*

syllabe

▷ L'accent est sur la première syllabe.
Der Akzent liegt auf der ersten Silbe.

die **Silbe** (pluriel **Silben**)

symbole

▷ La colombe est le symbole de la paix.
Die Taube ist das Symbol des Friedens.

das **Symbol** (pluriel **Symbole**)

◀ *N'oubliez pas que le* **y** *allemand se prononce* **u**.

sympa

▷ La sœur d'Antoine est très sympa.
Antoines Schwester ist sehr nett.

nett

sympathique

1 ▷ Je ne le trouve pas très sympathique.
Ich finde ihn nicht sehr nett.

1 (= agréable) **nett**

2 ▷ Elle m'est très sympathique.
Sie ist mir sehr sympathisch.

2 ► **être sympathique à** quelqu'un : jemandem (datif) **sympathisch sein**

◀ *N'oubliez pas que le* **y** *allemand se prononce* **u**.

synagogue

▷ Samuel et ses parents vont à la synagogue.
Samuel und seine Eltern gehen in die Synagoge.

die **Synagoge** (pluriel **Synagogen**)

◀ *N'oubliez pas que le* **y** *allemand se prononce* **u**.

syndicat

▷ Les syndicats réclament de meilleures conditions de travail.
Die Gewerkschaften fordern bessere Arbeitsbedingungen.

(= organisation de travailleurs) die **Gewerkschaft** (pluriel Gewerkschaften)

synonyme

▷ « Fast » est un synonyme de « beinahe ».
„Fast" ist ein Synonym für „beinahe".

das **Synonym** (pluriel Synonyme)

N'oubliez pas que le y allemand se prononce **u**.

synthétique

▷ Le plastique est un matériau synthétique.
Plastik ist ein synthetisches Material.

synthetisch

N'oubliez pas que le y allemand se prononce **u**.

système

▷ Il y aura une réforme du système scolaire.
Es wird eine Reform des Schulsystems geben.

das **System** (pluriel Systeme)

N'oubliez pas que le y allemand se prononce **u**.

Tt

ta

▻ Ta robe me plaît beaucoup.
Dein Kleid gefällt mir sehr.
▻ Est-ce que tu amènes ta copine ?
Bringst du deine Freundin mit?

En allemand, l'adjectif possessif varie en fonction du genre de la chose possédée : on traduit par ***dein*** *(pour le masculin et le neutre) ou* ***deine*** *(pour le féminin).*

tabac

▻ Ici on cultive principalement du tabac.
Hier wird hauptsächlich Tabak angebaut.

der **Tabak**

table

1 ▻ Pose le paquet sur la table.
Stell das Paket auf den Tisch.
▻ Le réveil est sur la table de chevet.
Der Wecker steht auf dem Nachttisch.
▻ À table tout le monde !
Zu Tisch alle!
▻ Ils étaient déjà à table quand nous sommes arrivés.
Sie waren schon bei Tisch, als wir ankamen.
▻ On s'est mis à table à midi.
Wir haben uns um zwölf zu Tisch gesetzt.
▻ Mettons-nous à table, les autres arriveront plus tard.
Setzen wir uns zu Tisch, die anderen werden später kommen.

1 (= meuble) der **Tisch** (pluriel **Tische**)
► **table de chevet** *ou* **table de nuit :** der **Nachttisch**
► **à table ! :** **zu Tisch!**
► **être à table :** **bei Tisch sein**
► se **mettre à table :** sich **zu Tisch setzen**

ℹ *Le pronom personnel allemand s'emploie à l'accusatif :* ***ich setze mich zu Tisch, du setzt dich ..., er / sie setzt sich ..., wir setzen uns ..., ihr setzt euch ..., sie setzen sich ...***

2 ▻ Regarde la table des matières.
Sieh mal ins Inhaltsverzeichnis.

2 ► **table des matières :** das **Inhaltsverzeichnis** (pluriel **-verzeichnisse**)

3 ▷ Je dois réviser mes tables de multiplication.
Ich muss meine Multiplikationstabellen wiederholen.

3 ► **table de multiplication :** die Multiplikationstabelle (pluriel -tabellen)

tablette

1 ▷ Erika a mangé toute la tablette de chocolat.
Erika hat die ganze Tafel Schokolade gegessen.

1 *Pour dire une* **tablette** *de quelque chose, on traduit par* die ***Tafel*** (pluriel Tafeln) *suivi du nom sans article.*

2 ▷ Sur Internet on trouve des tablettes électroniques pas chères.
Im Internet bekommt man billige Tablet-PCs.

2 ► **tablette électronique :** der Tablet-PC (pluriel -PCs)

tablier

▷ Mon père met toujours un tablier quand il fait la cuisine.
Mein Vater zieht immer eine Schürze über, wenn er kocht.

die **Schürze** (pluriel Schürzen)

tabouret

▷ Qui a pris le tabouret ?
Wer hat den Hocker genommen?

der **Hocker** (pluriel Hocker)

tache

1 ▷ Il y a des taches de vin sur la nappe.
Auf der Tischdecke sind Weinflecken.
▷ Tu as fait une tache sur ton T-shirt.
Du hast einen Fleck auf dein T-Shirt gemacht.

1 (= saleté) der **Fleck** (pluriel Flecken)
► **faire une tache sur** quelque chose **:** **einen Fleck auf** etwas (accusatif) **machen**

2 ▷ Amandine a des taches de rousseur.
Amandine hat Sommersprossen.

2 ► **tache de rousseur :** die Sommersprosse (pluriel -sprossen)

tâche

▷ Le repassage est une tâche désagréable.
Bügeln ist eine unangenehme Arbeit.

(= travail) die **Arbeit** (pluriel Arbeiten)

tacher

▷ Attention, tu vas tacher ton pantalon !
Vorsicht, du wirst Flecken auf deine Hose machen!

(= salir) **Flecken auf** etwas (accusatif) **machen**

tâcher

▷ Tâche d'être à l'heure.
Versuche, rechtzeitig zu kommen.

► **tâcher de** + *infinitif* **: versuchen, zu** + *infinitif*

ℹ *Les verbes commençant par le préfixe* ***ver-*** *ne prennent pas* ***ge-*** *au participe passé.*

tact

▷ Il faut avoir du tact quand on est professeur.
Man muss taktvoll sein, wenn man Lehrer ist.

► **avoir du tact : taktvoll sein**

▷ Gwénolé n'a aucun tact.
Gwénolé ist völlig taktlos.

► **ne pas avoir de tact :** taktlos sein

tag

▷ Les murs de la gare sont couverts de tags.
Die Bahnhofsmauern sind mit Graffiti bedeckt.

der / das **Graffito** (pluriel Graffiti)

taguer

▷ Toutes les portes étaient taguées.
Alle Türen waren mit Graffiti besprüht.

(un mur) **mit Graffiti besprühen**

ℹ *Les verbes commençant par le préfixe **be-** ne prennent pas **ge-** au participe passé.*

taie d'oreiller

▷ Les taies d'oreiller sont de la même couleur que les draps.
Die Kissenbezüge sind von der gleichen Farbe wie die Laken.

der **Kissenbezug** (pluriel -bezüge)

taille

1 ▷ Pour faire du judo, la taille n'est pas très importante.
Um Judo zu machen, ist die Größe nicht sehr wichtig.
▷ Quentin et David sont de la même taille.
Quentin und David sind gleich groß.

1 (= hauteur d'une personne) die **Größe** (pluriel Größen)

► **être de la même taille :** gleich groß sein

2 ▷ Regarde la taille de cet immeuble !
Schau dir mal die Höhe dieses Gebäudes an!

2 (= hauteur d'un immeuble, d'une tour, etc.) die **Höhe** (pluriel Höhen)

3 ▷ Pour les pantalons, je prends la taille 38.
Für die Hosen nehme ich Größe 38.

3 (= format d'un objet, d'un vêtement) die **Größe**

4 ▷ Suzanne a la taille très fine.
Suzanne hat eine sehr schlanke Taille.

4 (= partie du corps) die **Taille** /'taljə/ (pluriel Taillen)

🔈 *Notez la prononciation.*

taille-crayon

▷ Tu as vu mon taille-crayon ?
Hast du meinen Bleistiftspitzer gesehen?

der **Bleistiftspitzer** (pluriel -spitzer)

ℹ *On dit aussi der **Spitzer** tout court.*

tailler

1 ▷ J'ai aidé mon père à tailler la haie.
Ich habe meinem Vater geholfen, die Hecke zu schneiden.

1 (= couper) **schneiden** (schnitt, geschnitten)

2 ▷ Tes crayons sont mal taillés.
Deine Stifte sind schlecht gespitzt.

2 (= aiguiser) **spitzen**

tailleur

1 ▷ Ma mère porte un tailleur pour aller au travail.
Meine Mutter trägt ein Kostüm zur Arbeit.

1 (= costume) das **Kostüm** (pluriel Kostüme)

2 ▷ Le grand-père de Guy était tailleur.
Guys Großvater war Schneider.

▷ Ils étaient assis en tailleur autour du feu.
Sie saßen im Schneidersitz um das Feuer herum.

2 (= métier) der **Schneider** (pluriel Schneider)

► **s'asseoir en tailleur :** im Schneidersitz sitzen (saß, gesessen)

se taire

1 ▷ Tais-toi, je n'arrive pas à me concentrer !
Sei still, ich kann mich nicht konzentrieren!

1 (= ne pas parler) **still sein**

2 ▷ Les élèves se taisent quand le prof entre.
Die Schüler verstummen, wenn der Lehrer hereinkommt.

2 (= arrêter de parler) **verstummen**

Les verbes commençant par le préfixe ***ver-*** *ne prennent pas* ***ge-*** *au participe passé.*

talent

▷ Cette chanteuse a beaucoup de talent.
Diese Sängerin hat viel Talent.

► **avoir du talent :** Talent /ta'lɛnt/ haben

Notez la prononciation.

On dit aussi ***begabt sein***.

talon

1 ▷ Mes nouvelles chaussures me font mal au talon.
Meine neuen Schuhe tun mir an der Ferse weh.

1 (= partie du pied) die **Ferse** (pluriel Fersen)

2 ▷ Marine a trébuché et son talon s'est cassé.
Marine ist gestolpert und ihr Absatz ist abgebrochen.

▷ Les talons aiguilles sont à la mode.
Pfennigabsätze sind in Mode.

▷ Mes parents ne veulent pas que je porte des talons hauts.
Meine Eltern wollen nicht, dass ich hohe Absätze trage.

2 (= partie d'une chaussure) der **Absatz** (pluriel Absätze)

► **talons aiguilles :** die Pfennigabsätze

► **talons hauts :** hohe Absätze

tambour

▷ Guillermo a rapporté un tambour du Pérou.
Guillermo hat eine Trommel aus Peru mitgebracht.

(= instrument) die **Trommel** (pluriel Trommeln)

tampon

1 ▷ Le tampon avec la date est en bas de la page.
Der Stempel mit dem Datum steht unten auf der Seite.

1 (qu'on imprime sur du papier) der **Stempel** (pluriel Stempel)

2 ▷ Tu aurais un tampon hygiénique pour moi?
Hättest du einen Tampon für mich?

2 ► **tampon hygiénique :** der Tampon /'tampɔn/ (pluriel Tampons)

tandis que

▷ Éva est timide tandis que son frère est très sociable.
Éva ist schüchtern, während ihr Bruder sehr umgänglich ist.
▷ Le directeur nous surveillait tandis qu'on évacuait l'école.
Der Schulleiter beaufsichtigte uns, während wir die Schule räumten.

während

tank

▷ Les tanks de l'armée entrent dans la ville.
Die Panzer der Armee kommen in die Stadt.

der Panzer (pluriel Panzer)

tant

1 ▷ Jérémie a tant mangé qu'il a été malade.
Jérémie hat so viel gegessen, dass ihm schlecht geworden ist.
▷ Il a tant d'argent qu'il ne sait pas quoi en faire.
Er hat so viel Geld, dass er nicht weiß, was er damit tun soll.
▷ Alice a tant de livres qu'elle n'a plus de place sur son étagère.
Alice hat so viele Bücher, dass sie auf ihrem Regal keinen Platz mehr hat.

1 (= tellement) so viel

► **tant de** + *nom singulier* **:** so viel + *nom*

► **tant de** + *nom pluriel* **:** so viele + *nom*

2 ▷ Je n'ai pas le droit de sortir tant que je n'ai pas fait mes devoirs.
Ich darf nicht ausgehen, solange ich meine Hausaufgaben nicht gemacht habe.

2 ► **tant que** (= aussi longtemps que) : solange

3 ▷ Ce n'est pas la peine de venir. – Tant mieux !
Du brauchst nicht zu kommen. – Um so besser!

3 ► **tant mieux :** um so besser

4 ▷ Il est sorti ? Tant pis, je rappellerai plus tard.
Er ist ausgegangen? Das macht nichts, ich rufe später noch einmal an.

4 ► **tant pis** (= ça ne fait rien) : das macht nichts

5 ▷ Elle ne veut pas venir ? Tant pis pour elle !
Sie will nicht kommen? Pech für sie!

5 ► **tant pis pour ... :** Pech für ...

tante

▷ La prof de géo est la tante de Solène.
Die Geografielehrerin ist Solènes Tante.

die Tante (pluriel Tanten)

tantôt

▷ Je vais au cinéma tantôt avec Bénédicte, tantôt avec Samuel.
Ich gehe mal mit Bénédicte, mal mit Samuel ins Kino.

► **tantôt ... tantôt ... :** mal ... mal ...

tape

▷ C'était une petite tape amicale.
Es war ein kleiner freundlicher Klaps.

der **Klaps** (pluriel Klapse)

taper

1 ▷ Tu m'as tapé fort !
Du hast mich aber fest geschlagen!

1 (= frapper) **schlagen** (schlägt, schlug, geschlagen)

2 ▷ Il tapait sur un clou avec le marteau.
Er haute mit dem Hammer auf einen Nagel.

2 ► **taper sur** quelque chose **:** auf etwas (accusatif) hauen

3 ▷ Quelqu'un a tapé à la porte.
Jemand hat an der Tür geklopft.

3 ► **taper à la porte :** an der Tür klopfen

4 ▷ Ma sœur apprend à taper.
Meine Schwester lernt zu tippen.

4 (= écrire sur un clavier) **tippen**

tapis

▷ Soulève le tapis, je dois passer l'aspirateur.
Heb den Teppich hoch, ich muss staubsaugen.

der **Teppich** (pluriel Teppiche)

tapisser

▷ Nous avons aidé Jean-René à tapisser sa chambre.
Wir haben Jean-René geholfen, sein Zimmer zu tapezieren.

(= couvrir de papier peint) **tapezieren**

ℹ *Les verbes se terminant en* ***-ieren*** *ne prennent pas* ***ge-*** *au participe passé.*

tapisserie

1 ▷ Il y a de la tapisserie jaune sur les murs de la chambre.
Das Schlafzimmer hat eine gelbe Tapete.

1 (= papier peint) die **Tapete** (pluriel Tapeten)

2 ▷ Le château possède de superbes tapisseries.
Das Schloss enthält wunderschöne Wandteppiche.

2 (= tissu) der **Wandteppich** (pluriel -teppiche)

taquiner

▷ Romain adore taquiner sa sœur.
Romain liebt es, seine Schwester zu necken.

necken

tard

▷ Je suis arrivée trop tard pour le film.
Ich bin zu spät für den Film gekommen.
▷ Tu pourras le faire plus tard.
Du kannst es später tun.

spät

tarder

1 ▷ Il me tarde de partir en vacances.
Ich kann es kaum erwarten, in die Ferien zu fahren.

1 ► **il me tarde de** + *infinitif* : ich kann es kaum erwarten, zu + *infinitif*

2 ▷ Tu dois appeler sans tarder.
Du musst unverzüglich anrufen.

2 ► **sans tarder** : unverzüglich

tarif

1 ▷ C'est le tarif normal pour les cours particuliers.
Das ist der Normaltarif für Privatunterricht.

1 (= barème) der **Tarif** (pluriel Tarife)

L'accent tonique est sur la deuxième syllabe.

2 ▷ Deux billets à tarif réduit, s'il vous plaît.
Zwei Fahrscheine zum ermäßigten Preis, bitte.

2 (= prix) der **Preis** (pluriel Preise)

3 ▷ Le tarif des boissons est affiché sur la porte du café.
Die Getränkepreisliste hängt an der Tür des Cafés.

3 (= liste des prix) die **Preisliste** (pluriel –listen)

tarte

▷ Ta tarte aux pommes était délicieuse.
Dein Apfelkuchen schmeckte sehr gut.

(= gâteau) der **Kuchen** (pluriel Kuchen)

tartine

▷ Je voudrais seulement une tartine.
Ich möchte nur ein Butterbrot.
▷ Sabine a mangé trois tartines de confiture.
Sabine hat drei Marmeladenbrote gegessen.

(= pain et beurre) das **Butterbrot** (pluriel –brote)

► **tartine de confiture** : das Marmeladenbrot

ℹ *De même : das **Honigbrot*** (tartine au miel).

tas

1 ▷ Il est à toi, ce tas de livres ?
Gehört dieser Stapel Bücher dir?

1 (= pile) der **Stapel** (pluriel Stapel)

2 ▷ Laurent a des tas d'amis.
Laurent hat eine Menge Freunde.

2 ► **des tas de** (= beaucoup de) : eine Menge

tasse

▷ Tu veux une tasse de café ?
Möchtest du eine Tasse Kaffee?
▷ Ces tasses à café sont très jolies.
Diese Kaffeetassen sind sehr hübsch.

die **Tasse** (pluriel Tassen)

► **tasse à café** : die Kaffeetasse (pluriel –tassen)

ℹ *De même : die **Teetasse*** (tasse à thé).

tasser

▷ J'ai réussi à tasser tous mes vêtements dans la valise.
Ich habe es geschafft, alle meine Kleider in den Koffer zu stopfen.

(= entasser) **stopfen**

tâter

▷ Il faut tâter les melons pour voir s'ils sont mûrs.
Man muss die Melonen befühlen, um zu sehen, ob sie reif sind.

befühlen

ℹ *Les verbes commençant par le préfixe* ***be-*** *ne prennent pas* ***ge-*** *au participe passé.*

tatouage

▷ Myriam s'est fait faire un tatouage sur l'épaule.
Myriam hat sich eine Tätowierung auf die Schulter machen lassen.

die **Tätowierung** (pluriel Tätowierungen)

tatouer

▷ Mon chat est tatoué à l'oreille.
Meine Katze ist am Ohr tätowiert.

▷ Il s'est fait tatouer les deux bras.
Er hat sich beide Arme tätowieren lassen.

tätowieren

► se **faire tatouer le dos / le bras,** *etc.* **:** sich **den Rücken / den Arm** *etc.* **tätowieren lassen**

ℹ *Les verbes se terminant par* ***-ieren*** *ne prennent pas* ***ge-*** *au participe passé.*

taureau

▷ Le taureau nous a foncé dessus.
Der Stier ist auf uns losgegangen.

▷ Elle est Taureau.
Sie ist Stier.

der **Stier** (pluriel Stiere)

► **être Taureau** (= du signe du zodiaque) : **Stier sein**

taxe

1 ▷ Mon père doit payer la taxe professionnelle.
Mein Vater muss Gewerbesteuer zahlen.

1 (= impôt) die **Steuer** (pluriel Steuern)

2 ▷ Est-ce que la taxe d'aéroport est incluse dans le prix ?
Ist die Flughafengebühr im Preis inbegriffen?

2 (= somme à payer pour un service) die **Gebühr** (pluriel Gebühren)

taxi

▷ Nous prendrons un taxi à la gare.
Am Bahnhof nehmen wir ein Taxi.

das **Taxi** (pluriel Taxis)

TBI

▷ On a un TBI en classe.
Wir haben ein interaktives Whiteboard in der Klasse.

(= tableau) das **interaktive Whiteboard**

tchèque

1 ▷ Quelle est la capitale tchèque ?
Wie heißt die tschechische Hauptstadt?

1 (adjectif) **tschechisch**

2 ▷ Les Tchèques jouent contre les Turcs.
Die Tschechen spielen gegen die Türken.

2 (= personne) der **Tscheche** (pluriel **Tschechen**), die **Tschechin** (pluriel **Tschechinnen**)

3 ▷ J'apprends le tchèque.
Ich lerne Tschechisch.

3 (= langue) **Tschechisch**

te *ou* t'

1 ▷ Je ne t'entends pas bien.
Ich höre dich nicht gut.
▷ Vas-y, je te suis.
Geh schon, ich folge dir.

1 *En fonction du verbe employé, le complément d'objet direct s'emploie soit à l'accusatif :* ***dich****, soit au datif :* ***dir****.*

2 ▷ Tu dois t'excuser.
Du musst dich entschuldigen.
▷ Tu t'es lavé les mains ?
Hast du dir die Hände gewaschen?

▷ À quelle heure est-ce que tu te lèves ?
Um wie viel Uhr stehst du auf?

2 *Si le verbe réfléchi allemand ne comporte pas de complément direct, il s'emploie à l'accusatif :* ***dich****. Si le verbe réfléchi comporte un complément direct, il s'emploie au datif :* ***dir****.*

ℹ *Quand le verbe n'est pas vraiment réfléchi, c'est-à-dire quand il n'y a pas d'action effectuée sur soi,* te *n'est parfois pas traduit.*

technicien, technicienne

▷ Son frère est technicien dans une petite entreprise.
Sein Bruder ist Techniker in einem kleinen Unternehmen.

der **Techniker** (pluriel **Techniker**), die **Technikerin** (pluriel **Technikerinnen**)

technique

1 ▷ Tout ça est beaucoup trop technique pour moi.
All das ist viel zu technisch für mich.

1 (adjectif) **technisch**

2 ▷ C'est une nouvelle technique de fabrication.
Das ist eine neue Herstellungstechnik.

2 (= méthode) die **Technik** (pluriel **Techniken**)

technologie

▷ Ils développent de nouvelles technologies.
Sie entwickeln neue Technologien.

die **Technologie** (pluriel **Technologien**)

technologique

▷ C'est une révolution technologique.
Es ist eine technologische Revolution.

technologisch

tee-shirt

▷ Où est mon tee-shirt jaune ?
Wo ist mein gelbes T-Shirt?

das **T-Shirt** /'tiːʃøːɐt/ (pluriel **T-Shirts**)

Notez la prononciation.

teindre

▷ Charlotte a teint son jean en violet.
Charlotte hat ihre Jeans violett gefärbt.
▷ La professeur de maths se teint les cheveux.
Die Mathelehrerin färbt sich die Haare.
▷ Tu t'es déjà teint les cheveux ?
Hast du dir schon die Haare gefärbt?

färben

► se **teindre les cheveux :** sich **die Haare färben**

Le pronom personnel allemand s'emploie au datif : ***ich färbe mir die Haare, du färbst dir ..., er / sie färbt sich ..., wir färben uns ..., ihr färbt euch ..., sie färben sich ....***

teint

▷ Émilie a un joli teint.
Émilie hat einen schönen Teint.

der **Teint**

Se prononce comme en français.

teinturerie

▷ Tu devrais porter ton manteau à la teinturerie.
Du solltest deinen Mantel in die Reinigung bringen.

(= pressing) die **Reinigung** (pluriel **Reinigungen**)

tel, telle

▷ Il y avait un tel bruit dans la classe qu'on n'entendait plus le prof.
Es gab solch einen Lärm in der Klasse, dass man den Lehrer nicht mehr hörte.

Pour dire **un tel** *ou* **une telle** *suivi d'un nom, on emploie* ***solch einen*** *(pour le masculin et le neutre) ou* ***solch eine*** *(pour le féminin) + nom.*

télé

1 ▷ La télé ne marche pas bien.
Der Fernseher geht nicht richtig.

1 (= appareil) der **Fernseher** (pluriel **Fernseher**)

2 ▷ Qu'est-ce qu'il y a à la télé ce soir ?
Was gibt es heute Abend im Fernsehen?

2 ► **à la télé :** im **Fernsehen**

télécarte

▷ Tu peux me prêter ta télécarte ?
Kannst du mir deine Telefonkarte leihen?

die **Telefonkarte** (pluriel **-karten**)

téléchargement

▷ C'est du téléchargement illégal.
Das ist illegales Herunterladen.

das **Herunterladen**

En allemand, on emploie aussi souvent le terme anglais ***Download*** /'daʊnlɔʊd/.

télécharger

▷ J'ai téléchargé le film.
Ich habe den Film heruntergeladen.

herunterladen

ℹ ***herunter•laden*** *est un verbe à particule séparable et se conjugue comme* ***laden*** (lädt, lud, geladen).

télécommande

▷ Où est la télécommande du magnétoscope ?
Wo ist die Fernbedienung des Videogeräts?

die **Fernbedienung** (pluriel -bedienungen)

télécommandé, télécommandée

▷ Nous avons joué avec des bateaux télécommandés.
Wir haben mit ferngesteuerten Booten gespielt.

ferngesteuert

téléfilm

▷ Vous avez regardé le téléfilm hier soir ?
Habt ihr den Fernsehfilm gestern Abend gesehen?

der **Fernsehfilm** (pluriel -filme)

téléguidé, téléguidée

▷ Sébastien a eu une voiture téléguidée pour son anniversaire.
Sébastien hat ein ferngesteuertes Auto zum Geburtstag bekommen.

ferngesteuert

téléphérique

▷ Nous avons pris le téléphérique pour aller jusqu'au château.
Wir haben die Seilbahn bis zum Schloss genommen.

die **Seilbahn** (pluriel -bahnen)

téléphone

1 ▷ Le téléphone sonne !
Das Telefon klingelt!
▷ Jean est au téléphone.
Jean ist am Telefon.

1 das **Telefon** (pluriel Telefone)

► **au téléphone :** am Telefon

2 ▷ Je te passerai un coup de téléphone ce soir.
Ich rufe dich heute Abend an.
▷ Passe-moi un coup de téléphone demain.
Ruf mich morgen an.

▷ J'ai reçu un coup de téléphone de Marc.
Ich habe einen Anruf von Marc erhalten.

2 ► **passer un coup de téléphone à quelqu'un :** jemanden (accusatif) anrufen

ℹ ***an•rufen*** *est un verbe à particule séparable.*

► **recevoir un coup de téléphone :** einen Anruf erhalten

ℹ *Les verbes commençant par le préfixe* ***er-*** *ne prennent pas* ***ge-*** *au participe passé.*

3 ▷ Les téléphones portables sont très pratiques.
Handys sind sehr praktisch.

▷ On m'a volé mon téléphone portable.
Man hat mir mein Handy gestohlen.

3 ► **téléphone portable** *ou* **téléphone mobile :** das **Handy** /'hɛndi/ (pluriel **Handys**)

Notez la prononciation.

Une traduction plus formelle est das ***Mobiltelefon****.*

▷ Appelle-moi sur le téléphone fixe.
Ruf mich auf dem Festnetztelefon an.

4 ► **téléphone fixe :** das **Festnetztelefon**

téléphoner

▷ Elsa m'a téléphoné pour m'inviter à sa soirée.
Elsa hat mich angerufen, um mich zu ihrer Party einzuladen.

► **téléphoner à** quelqu'un **:** jemanden (accusatif) **anrufen**

an•rufen *est un verbe à particule séparable.*

télésiège

▷ Nous avons attendu vingt minutes aux télésièges.
Wir haben zwanzig Minuten am Sessellift gewartet.

der **Sessellift** (pluriel **-lifte**)

Attention à l'orthographe.

téléski

▷ Je suis monté avec le téléski.
Ich bin mit dem Schlepplift hochgefahren.

der **Schlepplift** (pluriel **-lifte, -lifts**)

téléspectateur, téléspectatrice

▷ Des millions de téléspectateurs ont regardé le match.
Millionen von Fernsehzuschauern haben das Spiel gesehen.

der **Fernsehzuschauer** (pluriel **-zuschauer**), die **Fernsehzuschauerin** (pluriel **-zuschauerinnen**)

téléviseur

▷ Notre téléviseur est cassé.
Unser Fernseher ist kaputt.

der **Fernseher** (pluriel **Fernseher**)

télévision

1 ▷ Mes parents ont acheté une nouvelle télévision.
Meine Eltern haben einen neuen Fernseher gekauft.

1 (= appareil) der **Fernseher** (pluriel **Fernseher**)

2 ▷ Elle est passée à la télévision.
Sie war im Fernsehen.

▷ Cécile regarde très peu la télévision.
Cécile sieht selten fern.

2 ► **à la télévision :** **im Fernsehen**

► **regarder la télévision :** **fernsehen**

fern•sehen *est un verbe à particule séparable et se conjugue comme* ***sehen*** *(****sieht****,* ***sah****,* ***gesehen****).*

▷ Les Réno ont la télévision par câble.
Rénos haben Kabelfernsehen.

▷ Ils n'ont pas la télévision par satellite.
Sie haben kein Satellitenfernsehen.

► **télévision par câble :** das Kabelfernsehen

► **télévision par satellite :** das Satellitenfernsehen

tellement

1 ▷ Il a tellement plu que la rivière a débordé.
Es hat so sehr geregnet, dass der Fluss über das Ufer getreten ist.

1 (avec un verbe) so sehr

2 ▷ Ton chat est tellement mignon !
Deine Katze ist so süß!

2 (avec un adjectif ou un adverbe) so

3 ▷ Rémi a tellement de travail qu'il ne sort plus le week-end.
Rémi hat so viel Arbeit, dass er am Wochenende nicht mehr ausgeht.

▷ Coralie a tellement de chaussures qu'elle ne sait pas où les mettre.
Coralie hat so viele Schuhe, dass sie nicht weiß, wo sie sie unterbringen kann.

3 ► **tellement de** *+ nom singulier* **:** so viel *+ nom*

► **tellement de** *+ nom pluriel* **:** so viele *+ nom*

4 ▷ Tu aimes l'agneau ? – Pas tellement.
Magst du Lamm? – Nicht besonders.

4 ► **pas tellement :** nicht besonders

témoignage

▷ D'après le témoignage de M. Lebrun, elle était blonde.
Herr Lebruns Zeugenaussage zufolge war sie blond.

die **Zeugenaussage** (pluriel **-aussagen**)

témoigner

▷ Elle a témoigné contre lui.
Sie hat gegen ihn ausgesagt.

aussagen

ℹ *aus•sagen est un verbe à particule séparable.*

témoin

▷ La police a interrogé les témoins.
Die Polizei hat die Zeugen verhört.

der **Zeuge** (pluriel **Zeugen**), die **Zeugin** (pluriel **Zeuginnen**)

tempe

▷ Masse-toi les tempes, ça relaxe.
Massier dir die Schläfen, das entspannt.

die **Schläfe** (pluriel **Schläfen**)

température

1 ▷ Les températures sont basses pour la saison.
Die Temperaturen sind niedrig für die Jahreszeit.

1 (= degré de chaleur) die **Temperatur** (pluriel **Temperaturen**)

2 ▷ Thomas est au lit, il a de la température.
Thomas ist im Bett, er hat Fieber.

2 ► **avoir de la température :** Fieber haben

tempête

▷ Le bateau a été pris dans une tempête.
Das Schiff kam in einen Sturm.
▷ Tu as vu la tempête de neige hier ?
Hast du den Schneesturm gestern gesehen?

der **Sturm** (pluriel Stürme)

► **tempête de neige :** der Schneesturm

temple

1 ▷ Nous avons visité des temples en Grèce.
In Griechenland haben wir Tempel besichtigt.

1 (de l'antiquité) der **Tempel** (pluriel Tempel)

2 ▷ Alain va au temple le dimanche.
Alain geht sonntags in die Kirche.

2 (= église protestante) die **Kirche** (pluriel Kirchen)

temporaire

▷ C'est une solution temporaire.
Es ist eine vorübergehende Lösung.

vorübergehend

temps

1 ▷ Je n'ai pas eu le temps de faire tous les exercices.
Ich habe keine Zeit gehabt, alle Übungen zu machen.
▷ Samir met beaucoup de temps à se préparer.
Samir braucht viel Zeit, um sich vorzubereiten.
▷ Laura a beaucoup de temps libre.
Laura hat viel freie Zeit.
▷ De temps en temps, j'aide mon père dans le jardin.
Von Zeit zu Zeit helfe ich meinem Vater im Garten.

1 ► **le temps** (= durée) **:** die **Zeit**

► **mettre du temps à** + *infinitif* **:** Zeit brauchen, um zu + *infinitif*

► **temps libre :** freie Zeit

► **de temps en temps :** von Zeit zu Zeit

i *On dit aussi* ***ab und zu.***

2 ▷ Nous sommes arrivés juste à temps.
Wir sind gerade rechtzeitig gekommen.

2 ► **à temps :** rechtzeitig

3 ▷ Ne m'interromps pas tout le temps !
Unterbrich mich nicht dauernd!

3 ► **tout le temps :** dauernd

i *On dit aussi* ***ständig.***

4 ▷ Le temps est superbe.
Das Wetter ist herrlich.
▷ Quel temps fait-il en Allemagne ?
Wie ist das Wetter in Deutschland?

4 ► **le temps** (= la météo) **:** das Wetter

Pour demander **le temps qu'il fait**, *on dit* ***wie ist das Wetter?***

tendance

▷ Elle a tendance à vouloir avoir raison tout le temps.
Sie neigt dazu, dauernd Recht haben zu wollen.

► **avoir tendance à** + *infinitif* : **dazu neigen, zu** + *infinitif*

tendre

1 ▷ Ma mère est très tendre.
Meine Mutter ist sehr zärtlich.

1 (adjectif, en parlant d'une personne) **zärtlich**

2 ▷ Qu'est-ce que ce steak est tendre !
Das Steak ist ja so zart!

2 (adjectif, en parlant de la peau, de la viande) **zart**

3 ▷ Tu devrais tendre la corde un peu plus.
Du solltest den Strick etwas mehr spannen.

3 ► **tendre** quelque chose (= étirer) : **spannen**

4 ▷ Je lui tends la main et lui il m'ignore !
Ich halte ihm die Hand hin und er ignoriert mich!

4 ► **tendre** quelque chose **à** quelqu'un : jemandem (datif) etwas **hinhalten**

ℹ ***hin•halten*** *est un verbe à particule séparable et se conjugue comme* ***halten*** (hält, hielt, gehalten).

5 ▷ Ils m'ont tendu un piège.
Sie haben mir eine Falle gestellt.

5 ► **tendre un piège à** quelqu'un : jemandem (datif) **eine Falle stellen**

tendu, tendue

1 ▷ Comment tu fais pour ne pas être tendu avant les interros ?
Wie machst du es, vor den Klassenarbeiten nicht angespannt zu sein?

1 (= stressé) **angespannt**

2 ▷ La corde n'est pas assez tendue.
Der Strick ist nicht genug gespannt.

2 (= étiré) **gespannt**

tenir

1 ▷ Est-ce que tu pourrais me tenir ça, s'il te plaît ?
Kannst du mir bitte das hier halten?

1 (= agripper) **halten** (hält, hielt, gehalten)

2 ▷ Ce nœud ne tiendra pas, il est trop lâche.
Dieser Knoten wird nicht halten, er ist zu locker.

2 (= être solide) **halten**

3 ▷ Est-ce qu'on tiendra tous dans la voiture ?
Haben wir alle im Auto Platz?

3 ► **tenir dans** (= être contenu) : **in** + *datif* + **Platz haben**

4 ▷ Les parents de Corentin tiennent un café.
Corentins Eltern führen ein Café.

4 (= être gérant de) **führen**

5 ▷ Marion tient beaucoup à son chat.
Marion hängt sehr an ihrer Katze.

5 ► **tenir à** (= aimer) : **an** + *datif* + **hängen** (hing, gehangen)

ℹ *Dans sa forme intransitive,* ***hängen*** *est irrégulier.*

6 ▷ Tiens-toi à la rampe, ça glisse.
Halt dich am Geländer fest, es ist glatt.
▷ Nadine se tenait à moi pour ne pas tomber.
Nadine hielt sich an mir fest, um nicht zu fallen.
▷ Quand l'échelle est tombée, j'ai réussi à me tenir à la branche.
Als die Leiter gefallen ist, habe ich es geschafft, mich am Ast festzuhalten.

6 ► se **tenir à** (= s'agripper à) : sich an + *datif* + **festhalten**

ℹ ***fest•halten*** *est un verbe à particule séparable et se conjugue comme* ***halten*** (**hält**, **hielt**, **gehalten**).

ℹ *Le pronom personnel allemand s'emploie à l'accusatif :* ***ich halte mich fest, du hältst dich fest, er / sie hält sich fest, wir halten uns fest, ihr haltet euch fest, sie halten sich fest.***

7 ▷ Tiens-toi droit !
Steh gerade!

7 ► se **tenir** (debout) **:** **stehen** (**stand**, **gestanden**)

8 ▷ Ils se tenaient par la main.
Sie hielten Händchen.

8 ► se **tenir par la main :** **Händchen halten**

9 ▷ La réunion se tiendra dans la salle de sport.
Die Versammlung findet in der Sporthalle statt.

9 ► se **tenir** (= avoir lieu) : **stattfinden**

ℹ ***statt•finden*** *est un verbe à particule séparable et se conjugue comme* ***finden*** (**fand**, **gefunden**).

tennis

1 ▷ Le tennis est un sport fatigant.
Tennis ist ein anstrengender Sport.
▷ Après le tennis, je rentre à la maison.
Nach dem Tennis gehe ich nach Hause.
▷ Tu veux jouer au tennis avec moi ?
Willst du mit mir Tennis spielen?

1 ► **le tennis** (= sport) : das **Tennis**

ℹ *Quand on parle du sport en général, l'article n'est pas employé.*

► **jouer au tennis :** **Tennis spielen**

2 ▷ Chloé a de super tennis rouges.
Chloé hat tolle rote Turnschuhe.

2 ► les **tennis** (= chaussures) : die **Turnschuhe**

tennisman, tenniswoman

▷ David veut devenir tennisman.
David will Tennisspieler werden.

der **Tennisspieler** (pluriel **-spieler**), die **Tennisspielerin** (pluriel **-spielerinnen**)

tension

1 ▷ On s'attend à des tensions sociales.
Soziale Spannungen werden erwartet.

1 (d'une relation, d'une situation) die **Spannung** (pluriel **Spannungen**)

2 ▷ Mon grand-père prend des cachets pour ses problèmes de tension.
Men Großvater nimmt Pillen für seine Blutdruckprobleme.

2 (= pression du sang dans les veines) der **Blutdruck**

▷ Ma mère a de la tension.
Meine Mutter hat zu hohen Blutdruck.

▷ Le médecin m'a pris la tension.
Der Arzt hat meinen Blutdruck gemessen.

► **avoir de la tension** *ou* **faire de la tension :** zu hohen Blutdruck haben

► **prendre la tension :** den Blutdruck messen (misst, maß, gemessen)

tentant, tentante

▷ C'est très tentant !
Das ist sehr verlockend!

verlockend

tentative

▷ Elle a réussi à la deuxième tentative.
Sie hat es beim zweiten Versuch geschafft.

▷ Son frère a fait plusieurs tentatives de suicide.
Sein (*ou* Ihr) Bruder hat mehrere Selbstmordversuche gemacht.

der **Versuch** (pluriel Versuche)

► **faire une tentative de suicide :** einen Selbstmordversuch machen

tente

▷ Nous avons une tente pour trois personnes.
Wir haben ein Zelt für drei Personen.

das **Zelt** (pluriel Zelte)

tenter

1 ▷ Sylvie va tenter de battre le record.
Sylvie wird versuchen, den Rekord zu brechen.

1 ► **tenter de** + *infinitif* **:** versuchen, zu + *infinitif*

2 ▷ Je suis toujours tentée par le chocolat !
Ich werde von Schokolade immer in Versuchung geführt!

2 (= attirer) **in Versuchung führen**

tenue

1 ▷ Isa porte une tenue différente chaque jour.
Isa trägt jeden Tag andere Kleidung.

1 (= habits) die **Kleidung**

ℹ *Le pluriel **Kleidungen** est rare.*

2 ▷ Le professeur donne une note pour la tenue en classe.
Der Lehrer gibt eine Note für das Benehmen in der Klasse.

2 (= conduite) das **Benehmen**

ℹ *Ce mot ne s'emploie qu'au singulier.*

terme

▷ Je sais qu'il y a un terme pour ça, mais je ne le trouve plus.
Ich weiß, dass es dafür ein Wort gibt, aber ich finde es nicht mehr.

(= mot) das **Wort** (pluriel Wörter)

terminer

1 ▷ Viens quand tu auras terminé tes devoirs.
Komm, wenn du deine Hausaufgaben erledigt hast.

1 ► **terminer** quelque chose (= le finir) **:** etwas (accusatif) **erledigen**

2 ▷ Le film se termine à minuit.
Der Film ist um Mitternacht zu Ende.

2 ► se **terminer** : zu Ende sein

terminus

1 ▷ Je descends au terminus.
Ich steige an der Endstation aus.

1 (pour le métro, le tram) die Endstation (pluriel -stationen)

2 ▷ On va jusqu'au terminus et on change.
Wir fahren bis zur Endhaltestelle und steigen um.

2 (pour le bus) die Endhaltestelle (pluriel -haltestellen)

terne

▷ J'ai les cheveux ternes.
Ich habe stumpfe Haare.

stumpf

terrain

1 ▷ La maison est située sur un grand terrain.
Das Haus steht auf einem großen Grundstück.

1 (= parcelle de terre) das Grundstück (pluriel Grundstücke)

2 ▷ Le terrain de camping est juste derrière les courts de tennis.
Der Campingplatz ist gleich hinter den Tennisplätzen.
▷ On se retrouve sur le terrain de golf.
Wir treffen uns auf dem Golfplatz.
▷ Nous avons fait trois fois le tour du terrain de rugby.
Wir sind dreimal um das Rugbyfeld gelaufen.

2 *Quand* **terrain** *désigne un espace réservé à une activité à l'air libre, on forme des mots composés avec* ***Platz*** *: der* ***Fußballplatz*** **(terrain de foot)**, *der* ***Sportplatz*** **(terrain de sport)**, *etc.*

L'exception est **terrain de rugby**, *qu'on traduit par das* ***Rugbyfeld*** (pluriel -felder).

3 ▷ Il y a un terrain de handball dans le gymnase.
In der Sporthalle gibt es ein Handballfeld.
▷ Le terrain de jeu n'est pas très grand.
Das Spielfeld ist nicht sehr groß.

3 *Quand* **terrain** *désigne un espace réservé à une activité à l'intérieur, on forme des mots composés avec* ***Feld*** *: das* ***Basketballfeld*** **(terrain de basket)**, *das* ***Volleyballfeld*** **(terrain de volley)**.

terrasse

▷ Nous avons fait un barbecue sur la terrasse.
Wir haben auf der Terrasse gegrillt.

die Terrasse (pluriel Terrassen)

terre

1 ▷ La Terre tourne autour du Soleil.
Die Erde dreht sich um die Sonne.

1 ► **la Terre :** die Erde

2 ▷ Ici, la terre est bonne pour la culture des céréales.
Hier eignet sich der Boden gut für den Getreideanbau.

2 (= sol) der Boden (pluriel Böden)

3 ▷ Ils ont vu la terre après cinquante jours en mer.
Nach fünfzig Tagen auf See haben sie Land gesichtet.

3 (par opposition à mer) Land
ℹ *Notez que, dans ce sens,* ***Land*** *ne prend pas d'article.*

4 ▷ Je ne veux pas m'asseoir par terre, c'est mouillé.
Ich will mich nicht auf den Boden setzen, es ist nass.

4 *Quand le verbe indique un mouvement ou un déplacement,* **par terre** *se traduit par* ***auf den Boden****.*

5 ▷ Ta serviette est par terre.
Deine Serviette liegt auf dem Boden.

5 *Quand le verbe indique une position,* **par terre** *se traduit par* ***auf dem Boden****.*

terreur

▷ Ils vivent dans la terreur d'être découverts.
Sie leben in der panischen Angst, entdeckt zu werden.

die **panische Angst**

terrible

1 ▷ La tempête était terrible.
Der Sturm war furchtbar.

1 (= horrible) **furchtbar**

2 ▷ Son dernier film n'est pas terrible.
Sein letzter Film ist nicht besonders.

2 ► **pas terrible** (= pas très bon) : nicht besonders

terrifiant, terrifiante

▷ C'est une expérience terrifiante.
Es ist ein Furcht erregendes Erlebnis.

Furcht erregend

terrifié, terrifiée

▷ Il était tellement terrifié qu'il ne pouvait pas bouger.
Er hatte so furchtbare Angst, dass er sich nicht bewegen konnte.

► **être terrifié :** furchtbare Angst haben

territoire

▷ Ils défendent leur territoire.
Sie verteidigen ihr Gebiet.

das **Gebiet** (pluriel Gebiete)

terroriste

▷ Des terroristes ont fait sauter la mairie.
Terroristen ließen das Rathaus hochgehen.

der **Terrorist** (pluriel Terroristen), die **Terroristin** (pluriel Terroristinnen)

tes

▷ N'oublie pas tes chaussures de marche.
Vergiss deine Wanderschuhe nicht.

deine

test

▷ On a passé des tests aujourd'hui.
Wir haben heute Tests gemacht.

▷ Est-ce que tu as réussi le test ?
Hast du den Test bestanden?

der **Test** (pluriel Tests, Teste)
► **passer un test :** einen Test machen
► **réussir un test :** einen Test bestehen (bestand, bestanden)

ℹ *Les verbes commençant par le préfixe* ***be-*** *ne prennent pas* ***ge-*** *au participe passé.*

testament

▷ Il n'a pas laissé de testament.
Er hat kein Testament hinterlassen.

das **Testament** (pluriel Testamente)

têtard

▷ Nous avons sorti plein de têtards de la mare.
Wir haben eine Menge Kaulquappen aus dem Teich gefischt.

die **Kaulquappe** (pluriel Kaulquappen)

tête

1 ▷ Je me suis cogné la tête.
Ich habe mir den Kopf gestoßen.
▷ J'ai mal à la tête.
Ich habe Kopfschmerzen.
▷ Jeanne est une vraie tête de mule.
Jeanne ist ein richtiger Starrkopf.

1 (= partie du corps) der **Kopf** (pluriel Köpfe)
► **avoir mal à la tête :** Kopfschmerzen haben
► **tête de mule :** der Starrkopf
On dit aussi der ***Dickkopf***.

2 ▷ J'aime bien la tête de cet acteur.
Ich mag das Gesicht dieses Schauspielers gern.

2 (= visage, expression) das **Gesicht** (pluriel Gesichter)

3 ▷ Arrête de faire la tête !
Hör auf zu schmollen!

3 ► **faire la tête :** schmollen

4 ▷ Cédric est tête en l'air, il oublie toujours quelque chose.
Cédric ist schusselig, er vergisst dauernd etwas.

4 ► **être tête en l'air :** schusselig sein

5 ▷ L'équipe du collège est en tête.
Die Schulmannschaft liegt in Führung.

5 ► **être en tête** (dans un classement) **:** in Führung liegen (lag, gelegen)

6 ▷ Mon père et moi avons déjeuné en tête à tête.
Mein Vater und ich haben zu zweit zu Mittag gegessen.
▷ Est-ce que nous pourrions parler en tête à tête ?
Könnten wir unter vier Augen reden?

6 ► **en tête à tête** (dîner, se promener) **:** zu zweit

Quand on parle ou discute avec quelqu'un en tête à tête, *on traduit par* ***unter vier Augen***.

7 ▷ Notre wagon est en tête de train.
Unser Wagen ist an der Zugspitze.

7 ► **tête de train :** die Zugspitze

têtu, têtue

▷ Tu es vraiment têtu !
Du bist wirklich stur!

stur

texte

▷ Nous étudions un texte de Jean Anouilh.
Wir studieren einen Text von Jean Anouilh.

der **Text** (pluriel Texte)

▷ Elle lit l'espagnol dans le texte.
Sie liest Spanisch im Urtext.

► **dans le texte** (= dans la langue d'origine) : im Urtext

ℹ *On dit aussi* ***im Original****.*

texto

▷ Manu m'a encore envoyé un texto.
Manu hat mir schon wieder eine SMS geschickt.

die SMS

TGV

▷ Nous partons à Toulouse en TGV.
Wir fahren mit dem Hochgeschwindigkeitszug nach Toulouse.

▷ C'est tellement plus agréable de voyager en TGV !
Es ist so viel angenehmer, mit dem Hochgeschwindigkeitszug zu fahren!

der Hochgeschwindigkeitszug (pluriel –züge)

ℹ *Décomposez le mot :* ***hoch*** (grand, élevé) + ***Geschwindigkeit*** (vitesse) + ***Zug*** (train).

L'équivalent du TGV en Allemagne est le ICE (InterCity-Express).

thé

▷ Tu voudrais une tasse de thé ?
Möchtest du eine Tasse Tee?

der Tee (pluriel Tees)

▷ Le matin je prends du thé au lait.
Morgens trinke ich Tee mit Milch.

► **thé au lait :** Tee mit Milch

ℹ *De même :* thé au citron = ***Tee mit Zitrone****.*

▷ Je préfère le thé nature.
Ich mag Tee ohne alles lieber.

► **thé nature :** Tee ohne alles

théâtre

▷ Vendredi, nous irons au théâtre avec l'école.
Am Freitag gehen wir mit der Schule ins Theater.

das Theater (pluriel Theater)

ℹ *Attention à l'orthographe du mot allemand.*

théière

▷ J'ai vu une très jolie théière dans la vitrine.
Ich habe im Schaufenster eine sehr schöne Teekanne gesehen.

die Teekanne (pluriel –kannen)

thème

▷ Quel est le thème de ce livre ?
Was ist das Thema dieses Buchs?

(= sujet) das Thema (pluriel Themen)

théorie

▷ Il a toujours des théories sur tout.
Er hat immer über alles eine Theorie.

die Theorie (pluriel Theorien)

▷ En théorie, c'est possible.
In der Theorie ist es möglich.

► **en théorie :** in der Theorie

ℹ *On dit aussi* ***theoretisch****.*

théorique

▷ Tout cela est purement théorique.
Das ist alles rein theoretisch.

theoretisch

thermomètre

▷ Où as-tu mis le thermomètre ?
Wo hast du das Thermometer hingelegt?

das **Thermometer** (pluriel Thermometer)

thermos ®

▷ On remplira le thermos de café.
Wir füllen die Thermosflasche mit Kaffee.

die **Thermosflasche®** (pluriel -flaschen)

Le signe ® signifie qu'il s'agit d'un nom de marque. Vous n'avez pas besoin de l'écrire.

thon

▷ Est-ce que tu aimes le thon ?
Magst du Thunfisch?

der **Thunfisch** (pluriel -fische)

Quand on parle du plat cuisiné, on n'emploie pas l'article.

thym

▷ Dans notre jardin, il y a du thym et du persil.
In unserem Garten wachsen Thymian und Petersilie.

der **Thymian**

N'oubliez pas que le y allemand se prononce **u**.

tibia

▷ Il s'est cassé le tibia.
Er hat sich das Schienbein gebrochen.
▷ Elle m'a donné un coup de pied dans le tibia.
Sie hat mir ans Schienbein getreten.

(= os) das **Schienbein** (pluriel -beine)

tic

▷ Le prof d'histoire a un tic : il se frotte tout le temps le menton.
Der Geschichtslehrer hat einen nervösen Tick: Er reibt sich dauernd das Kinn.

der **nervöse Tick** (pluriel nervöse Ticks)

TICE

▷ Il y a des TICE à ton école ?
Gibt es ITG in deiner Schule?

der **ITG**

ITG est l'abréviation de ***Informationstechnischer Grundkurs****.*

ticket

1 ▷ Achète un carnet de dix tickets.
Kauf einen Block mit zehn Fahrscheinen.

1 (de bus, de métro) der **Fahrschein** (pluriel -scheine)

2 ▷ Tu as gardé le ticket de caisse ?
Hast du den Kassenzettel behalten?

2 ► **ticket de caisse :** der Kassenzettel (pluriel -zettel)

tiède

1 ▷ Il y a un bon vent tiède.
Es weht ein schöner, lauer Wind.

1 (en parlant du temps, du vent) **lau**

2 ▷ Je déteste la soupe tiède.
Ich hasse lauwarme Suppe.

2 (en parlant d'un liquide, d'un repas) **lauwarm**

tien, tienne

▷ Mes parents sont plus jeunes que les tiens.
Meine Eltern sind jünger als deine.
▷ Son parapluie est cassé, tu peux lui prêter le tien ?
Sein Regenschirm ist kaputt, kannst du ihm deinen leihen?

*En fonction du genre du sujet en question, on traduit par **dein** (pour le masculin et le neutre) ou **deine** (pour le féminin et le pluriel).*

tiers

▷ Je n'ai écrit qu'un tiers de ma rédaction.
Ich habe nur ein Drittel meines Aufsatzes geschrieben.
▷ Les deux tiers des élèves sont partis.
Zwei Drittel der Schüler sind gegangen.

(= fraction) das **Drittel** (pluriel Drittel)

► **les deux tiers de :** zwei Drittel + *génitif*

tige

▷ Raccourcis les tiges avant de mettre les fleurs dans l'eau.
Kürze die Stiele, bevor du die Blumen ins Wasser stellst.

der **Stiel** (pluriel Stiele)

tigre

▷ Il y avait des tigres au cirque.
Im Zirkus gab es Tiger.

der **Tiger** (pluriel Tiger)
i Tigresse *se dit die* ***Tigerin***.

timbre

▷ Combien coûte un timbre pour la Russie ?
Wieviel kostet eine Briefmarke nach Russland?

(pour le courrier) die **Briefmarke** (pluriel -marken)

timide

▷ Anna est très timide.
Anna ist sehr schüchtern.

schüchtern

tir

1 ▷ Il a entendu des tirs dans la maison.
Er hat Schüsse im Haus gehört.
▷ Quel tir magnifique !
So ein wunderbarer Schuss!

1 (= coup de feu, en sport) der **Schuss** (pluriel Schüsse)

2 ▷ Je m'entraîne au tir à l'arc tous les samedis.
Ich trainiere jeden Samstag Bogenschießen.

2 ► **tir à l'arc :** das Bogenschießen

tirage au sort

▷ Le tirage au sort pour les quarts de finale aura lieu ce matin.
Das Auslosen für die Viertelfinale findet heute Morgen statt.

das **Auslosen**

i ***Auslosen*** *est un verbe substantivé, il ne s'emploie qu'au singulier.*

tire-bouchon

▷ Tu as vu le tire-bouchon ?
Hast du den Korkenzieher gesehen?

der **Korkenzieher** (pluriel Korkenzieher)

tirelire

▷ Adam a plus de cent euros dans sa tirelire.
Adam hat über hundert Euro in seiner Sparbüchse.

die **Sparbüchse** /'ʃpa:rbyksə/ (pluriel -büchsen)

ℹ *Quand la* **tirelire** *est en forme de cochon, on dit* das ***Sparschwein*** (pluriel -schweine).

tirer

1 ▷ Il faut une voiture puissante pour tirer une caravane.
Man braucht ein starkes Auto, um einen Wohnwagen zu ziehen.
▷ Arrête de tirer sur ce fil !
Hör auf, an diesem Faden zu ziehen!

1 ► **tirer** quelque chose (= l'amener vers soi, le remorquer) : **ziehen** (zog, gezogen)

► **tirer sur** quelque chose : **an** etwas (datif) **ziehen**

2 ▷ Va tirer les rideaux, s'il te plaît.
Zieh bitte die Vorhänge auf. *ou* **Zieh bitte die Vorhänge zu.**
▷ Les voilages sont tirés.
Die Gardinen sind aufgezogen. *ou* **Die Gardinen sind zugezogen.**

2 *Lorsqu'on* **tire** *les rideaux pour les ouvrir, on traduit par* ***aufziehen****. Lorsqu'on les ferme, on traduit par* ***zuziehen****.*

ℹ ***auf•ziehen*** *et* ***zu•ziehen*** *sont des verbes à particule séparable et se conjuguent comme* ***ziehen****.*

3 ▷ Maintenant, je vais tirer un numéro au hasard.
Und jetzt ziehe ich eine beliebige Nummer.

3 ► **tirer un numéro** : **eine Nummer ziehen**

4 ▷ Les participants ont été tirés au sort.
Die Teilnehmer wurden ausgelost.

4 ► **tirer au sort** : **auslosen**

ℹ ***aus•losen*** *est un verbe à particule séparable.*

5 ▷ Les policiers ont tiré sur les fugitifs.
Die Polizisten haben auf die Flüchtlinge geschossen.

5 ► **tirer sur** quelqu'un (avec une arme) : **auf** jemanden (accusatif) **schießen** (schoss, geschossen)

6 ▷ Natacha a tiré à côté du but.
Natacha hat neben das Tor geschossen.

6 ► **tirer** (au foot, au hand-ball, etc.) : **schießen** (schoss, geschossen)

7 ▷ Son histoire est complètement tirée par les cheveux.
Seine Geschichte ist völlig an den Haaren herbeigezogen.

7 ► **tiré par les cheveux** : **an den Haaren herbeigezogen**

tiroir

▷ Mon tiroir de bureau ne ferme plus.
Meine Schreibtischschublade geht nicht mehr zu.

die **Schublade** (pluriel Schubladen)

tisane

▷ Tu veux une tisane avant d'aller au lit ?
Möchtest du einen Kräutertee, bevor du ins Bett gehst?

der **Kräutertee** (pluriel **-tees**)

tissu

▷ C'est un tissu très léger.
Es ist sehr dünner Stoff.

der **Stoff** (pluriel **Stoffe**)

titre

▷ J'ai oublié le titre du film.
Ich habe den Filmtitel vergessen.

der **Titel** (pluriel **Titel**)

tituber

▷ Il est sorti de la cuisine en titubant.
Er ist aus der Küche getorkelt.

torkeln

toboggan

▷ Tu es trop grand pour aller sur ce toboggan.
Du bist zu groß für diese Rutschbahn.

▷ Ma petite sœur adore faire du toboggan.
Meine kleine Schwester liebt es, Rutschbahn zu fahren.

die **Rutschbahn** (pluriel **-bahnen**)

► **faire du toboggan : Rutschbahn fahren** (**fährt**, **fuhr**, **gefahren**)

toi

1 ▷ J'ai un cadeau pour toi.
Ich habe ein Geschenk für dich.

▷ Est-ce que cette lettre est de toi ?
Stammt dieser Brief von dir?

1 *Quand* **toi** *suit une préposition, on traduit par* ***dich*** *ou* ***dir****, en fonction de la préposition :* ***mit*** *+ datif,* ***für*** *+ accusatif,* ***auf*** *+ datif ou accusatif (avec verbe de mouvement), etc.*

2 ▷ Qui veut du gâteau ? Toi ?
Wer will Kuchen haben? Du?

▷ Toi, tu n'as pas prononcé un mot de la soirée.
Du hast den ganzen Abend kein Wort gesprochen.

2 *Quand* **toi** *est sujet, il se traduit par* ***du****.*

Quand **toi** *sert à insister, on met l'accent sur* ***du****.*

3 ▷ Achète-toi quelque chose si tu veux.
Kauf dir etwas, wenn du willst.

▷ Calme-toi, ce n'est pas si grave.
Beruhige dich, es ist nicht so schlimm.

3 *Quand* **toi** *fait partie d'un verbe pronominal, il est traduit soit par* ***dir*** *(datif) ou par* ***dich*** *(accusatif), en fonction de la construction du verbe allemand.*

toile

1 ▷ Cette toile est facile à laver.
Dieser Stoff wäscht sich gut.

▷ Ma mère a un couvre-lit en toile de lin.
Meine Mutter hat eine Tagesdecke aus Leinenstoff.

1 (= tissu) der **Stoff** (pluriel **Stoffe**)

Pour préciser de quel genre de **toile** *il s'agit, on forme des mots composés avec* ***Stoff*** *: der* ***Baumwollstoff*** **(toile de coton)**, *der* ***Seidenstoff*** **(toile de soie)**, *etc.*

2 ▷ L'araignée a pris une mouche dans sa toile.
Die Spinne hat eine Fliege in ihrem Netz gefangen.
▷ Le grenier est plein de toiles d'araignées.
Der Speicher ist voller Spinnennetze.

2 (d'une araignée) das **Netz** (pluriel Netze)

► **toile d'araignée :** das Spinnennetz

toilette

1 ▷ Où sont les toilettes, s'il vous plaît ?
Wo ist die Toilette, bitte?
▷ Je ne trouve pas les toilettes.
Ich finde die Toilette nicht.

1 ► **les toilettes** (= les W.-C.) **:** die Toilette /toa'lɛtə/

Notez la prononciation.

Le pluriel français est traduit par un singulier en allemand.

▷ Elle est allée aux toilettes.
Sie ist auf die Toilette gegangen.

► **aller aux toilettes :** auf die Toilette gehen (ging, gegangen)

2 ▷ Où est le rayon des produits de toilette ?
Wo ist die Abteilung für Toilettenartikel?

2 ► **produits de toilette :** die Toilettenartikel

3 ▷ Je fais ma toilette avant d'aller au lit.
Ich wasche mich, bevor ich schlafen gehe.
▷ Mon père fait sa toilette le matin.
Mein Vater wäscht sich morgens.
▷ Allez faire votre toilette !
Geht euch waschen!

3 ► **faire sa toilette :** sich **waschen** (wäscht, wusch, gewaschen)

Le pronom personnel allemand s'emploie à l'accusatif : ***ich wasche mich, du wäschst dich, er / sie wäscht sich, wir waschen uns, ihr wascht euch, sie waschen sich.***

toi-même

▷ Tu me l'as dit toi-même !
Du selbst hast es mir gesagt!

(= personnellement) **du selbst**

toit

▷ Il manque des tuiles sur le toit.
Auf dem Dach fehlen Ziegel.

das **Dach** (pluriel Dächer)

tolérant, tolérante

▷ Arrête de critiquer les gens, sois un peu tolérant !
Hör auf, die Leute zu kritisieren, sei doch ein bisschen tolerant!

tolerant /tole'rant/

Notez la prononciation.

tolérer

▷ Il ne tolère pas qu'on le contredise.
Er duldet es nicht, dass man ihm widerspricht.

dulden

tomate

▷ Achète des tomates bien mûres.
Kauf schön reife Tomaten.

die **Tomate** (pluriel **Tomaten**)

tombe, tombeau

▷ Une fois par mois, ma mère nettoie la tombe de mon grand-père.
Einmal im Monat reinigt meine Mutter das Grab meines Großvaters.

das **Grab** (pluriel **Gräber**)

tomber

1 ▷ Fais attention de ne pas tomber !
Pass auf, dass du nicht fällst!
▷ Lucille est tombée de cheval.
Lucille ist vom Pferd gefallen.

1 (= chuter) **fallen** (**fällt, fiel, gefallen**)

ℹ *Notez la préposition employée en allemand :* tomber de ... = **von ...** *(datif)* ***fallen***

2 ▷ Le chien a fait tomber mon frère.
Der Hund hat meinen Bruder zu Fall gebracht.

2 ► **faire tomber** quelqu'un (en le bousculant) **:** jemanden (accusatif) **zu Fall bringen** (**brachte, gebracht**)

3 ▷ En ce moment, elle fait tout tomber.
Im Moment lässt sie alles fallen.

3 ► **faire tomber** quelque chose *ou* **laisser tomber** quelque chose (= le lâcher) : etwas **fallen lassen** (**lässt, ließ, gelassen**)

4 ▷ La nuit tombe, nous devrions rentrer.
Es wird dunkel, wir sollten nach Hause gehen.

4 ► **la nuit tombe :** es wird **dunkel**

5 ▷ Je suis tombée sur Benoît en sortant du restaurant.
Ich habe Benoît zufällig getroffen, als ich aus dem Restaurant kam.

5 ► **tomber sur** quelqu'un (= le rencontrer par hasard) : jemanden (accusatif) **zufällig treffen** (**trifft, traf, getroffen**)

6 ▷ Serge est tombé sur une photo de ses parents en Afrique.
Serge ist auf ein Foto von seinen Eltern in Afrika gestoßen.

6 ► **tomber sur** quelque chose (= le trouver par hasard) : **auf** etwas (accusatif) **stoßen** (**stößt, stieß, gestoßen**)

tombola

▷ L'école a organisé une tombola.
Die Schule hat eine Tombola veranstaltet.

die **Tombola** (pluriel **Tombolas, Tombolen**)

tome

▷ Tu as déjà lu le troisième tome ? C'est le meilleur.
Hast du den dritten Band schon gelesen? Er ist der Beste.

der **Band** (pluriel **Bände**)

Attention : ne confondez pas avec das ***Band*** (pluriel **Bänder**) **(ruban)**, *ou avec* die ***Band*** (pluriel **Bands**) **(groupe de musique)**.

ton

▷ Est-ce que ton frère vient aussi ?
Kommt dein Bruder auch?
▷ Je suis contente que tu aies réussi ton examen.
Ich bin froh, dass du deine Prüfung bestanden hast.

En allemand, l'adjectif possessif varie en fonction du genre de la chose possédée : on traduit par **dein** *(pour le masculin et le neutre) ou* **deine** *(pour le féminin).*

tondeuse

▷ La tondeuse ne veut pas démarrer.
Der Rasenmäher will nicht anspringen.

der **Rasenmäher** (pluriel **–mäher**)

tondre

1 ▷ Notre voisin tond sa pelouse tous les samedis.
Unser Nachbar mäht jeden Samstag seinen Rasen.

1 (= couper, en parlant de la pelouse) **mähen**

2 ▷ Thierry s'est fait tondre les cheveux.
Thierry hat sich die Haare scheren lassen.

2 (en parlant de cheveux, de moutons) **scheren**

tong

▷ Je prends des tongs pour la plage.
Ich nehme Strandsandalen an den Strand mit.

die **Strandsandale** (pluriel **–sandalen**)

ℹ *Strand* = plage.

tonne

1 ▷ Mon oncle a commandé trois tonnes de terre pour son jardin.
Mein Onkel hat drei Tonnen Erde für seinen Garten bestellt.

1 (= mesure de poids) die **Tonne** (pluriel **Tonnen**)

2 ▷ J'ai des tonnes de travail à faire.
Ich habe massenweise Arbeit zu tun.

2 ► **des tonnes de** (= beaucoup de) : **massenweise** + *nom*

tonnerre

▷ Tu as entendu le tonnerre hier soir ?
Hast du gestern Abend den Donner gehört?
▷ Il y a eu un énorme coup de tonnerre.
Es gab einen riesigen Donnerschlag.

der **Donner**

► **coup de tonnerre :** der **Donnerschlag** (pluriel **–schläge**)

torche

1 ▷ La grotte était éclairée par des torches.
Die Höhle wurde von Fackeln erhellt.

1 (= flambeau) die **Fackel** (pluriel **Fackeln**)

2 ▷ Prends la torche électrique, il fait noir dehors.
Nimm die Taschenlampe, es ist dunkel draußen.

2 ► **torche électrique :** die **Taschenlampe** (pluriel **–lampen**)

torchon

▷ Tu peux aller me chercher un torchon, s'il te plaît ?
Kannst du mir bitte ein Geschirrtuch holen?

(pour la vaisselle) das **Geschirrtuch** (pluriel **–tücher**)

tordre

1 ▷ Il est si fort qu'il peut tordre une barre de fer.
Er ist so stark, dass er eine Eisenstange verbiegen kann.

1 (= déformer) **verbiegen** (verbog, verbogen)

ℹ *Les verbes commençant par le préfixe **ver-** ne prennent pas **ge-** au participe passé.*

2 ▷ Tords les serviettes avant de les étendre.
Wring die Handtücher aus, bevor du sie zum Trocknen aufhängst.

2 (= essorer) **auswringen**

ℹ ***aus•wringen** est un verbe à particule séparable.*

3 ▷ Klaus s'est tordu la cheville.
Klaus hat sich den Knöchel verstaucht.
▷ Comment as-tu fait pour te tordre la cheville ?
Wie hast du es geschafft, dir den Knöchel zu verstauchen?

3 ► se **tordre la cheville :** sich **den Knöchel verstauchen**

ℹ *Le pronom personnel allemand s'emploie au datif : **ich verstauche mir den Knöchel, du verstauchst dir ..., er / sie verstaucht sich ..., wir verstauchen uns ..., ihr verstaucht euch ..., sie verstauchen sich ...***

tordu, tordue

▷ La barre est toute tordue.
Die Stange ist völlig verbogen.

(= déformé) **verbogen**

torrent

▷ Nous nous sommes baignés dans un torrent.
Wir haben in einem Wildbach gebadet.

der **Wildbach** (pluriel **-bäche**)

tort

▷ Reconnais que tu as tort !
Gib zu, dass du Unrecht hast!

► **avoir tort : Unrecht haben**

torticolis

▷ J'ai attrapé un torticolis.
Ich habe mir einen steifen Hals geholt.
▷ Marie a un torticolis, elle ne peut pas tourner la tête.
Marie hat einen steifen Hals, sie kann den Kopf nicht drehen.

► **attraper un torticolis :** sich **einen steifen Hals holen**
► **avoir un torticolis : einen steifen Hals haben**

tortue

▷ Mallaury a un lapin et une tortue.
Mallaury hat ein Kaninchen und eine Schildkröte.

die **Schildkröte** (pluriel **-kröten**)

ℹ *Quand on traduit littéralement, **Schildkröte** signifie « crapaud à bouclier » !*

tôt

▷ On devra se lever tôt lundi.
Am Montag müssen wir früh aufstehen.
▷ Tôt ou tard il s'en rendra compte.
Früher oder später wird er es bemerken.

(= de bonne heure) **früh**

► **tôt ou tard : früher oder später**

total, totale

1 ▷ Il y a quelques années, nous avons vu une éclipse totale.
Vor ein paar Jahren haben wir eine totale Finsternis gesehen.

1 (= absolu, complet) **total**

2 ▷ La somme totale est de 102 euros.
Die Gesamtsumme beträgt 102 Euro.
▷ Quelle est la valeur totale ?
Was ist der Gesamtwert?

2 *Quand on parle d'une somme ou d'une donnée géométrique, on forme des mots composés avec* ***Gesamt-*** *: die* ***Gesamtfläche*** **(surface totale)**, *die* ***Gesamtlänge*** **(longueur totale)**, *etc.*

totalement

▷ C'est totalement faux !
Das ist total falsch!

total
ℹ *On dit aussi* ***völlig***.

touche

1 ▷ Pour effacer, appuie sur cette touche.
Um zu löschen, drück auf diese Taste.

1 (d'un clavier, d'un piano, d'un téléphone) die **Taste** (pluriel Tasten)

2 ▷ Le gardien a mis le ballon en touche.
Der Torwart hat den Ball ins Aus geschossen.

2 ► **la touche** (au football, rugby) **:** das **Aus**
► **mettre en touche :** ins **Aus schießen** (schoss, geschossen)

toucher (VERBE)

1 ▷ Il est interdit de toucher les sculptures.
Es ist verboten, die Skulpturen zu berühren.

1 (= être en contact avec, palper) **berühren**
ℹ *Les verbes commençant par le préfixe* ***be-*** *ne prennent pas* ***ge-*** *au participe passé.*

2 ▷ Ne touche pas à ça !
Rühr das nicht an!

2 ► **toucher à** quelque chose (= le tripoter) : etwas (accusatif) **anrühren**
ℹ ***an•rühren*** *est un verbe à particule séparable.*

3 ▷ La balle l'a touché au bras.
Der Ball hat ihn am Arm getroffen.

3 (= atteindre) **treffen** (trifft, traf, getroffen)

4 ▷ Jean-Jacques a touché mille euros pour ce travail.
Jean-Jacques hat tausend Euro für diese Arbeit bekommen.

4 (= être payé) **bekommen** (bekam, bekommen)
ℹ *Les verbes commençant par le préfixe* ***be-*** *ne prennent pas* ***ge-*** *au participe passé.*

5 ▷ Notre cadeau l'a beaucoup touché.
Unser Geschenk hat ihn sehr bewegt.

5 (= émouvoir) **bewegen**
ℹ *Les verbes commençant par le préfixe* ***be-*** *ne prennent pas* ***ge-*** *au participe passé.*

6 ▷ Nos maisons se touchent.
Unsere Häuser grenzen aneinander.

6 ► se **toucher** (= être contigus) : **aneinander grenzen**

toucher (NOM)

▷ C'est doux au toucher.
Es fühlt sich weich an.

Pour dire que quelque chose a une certaine texture **au toucher**, *on emploie une expression avec le verbe* sich **anfühlen**.

toujours

1 ▷ Je vais toujours à l'école à pied.
Ich gehe immer zu Fuß zur Schule.
▷ Karine est toujours de bonne humeur.
Karine hat immer gute Laune.
▷ Il me fait toujours rire.
Er bringt mich immer zum Lachen.
▷ Je ne peux pas toujours te suivre.
Ich kann dir nicht immer folgen.

1 (= tout le temps) **immer**

ℹ ***Immer*** *se place généralement après le verbe. Il peut se placer derrière un pronom personnel ou réfléchi.*

► **pas toujours :** nicht immer

2 ▷ Elle a toujours son poisson rouge.
Sie hat immer noch ihren Goldfisch.
▷ Il m'aime toujours.
Er liebt mich immer noch.
▷ Elle ne s'est toujours pas habituée à sa nouvelle école.
Sie hat sich immer noch nicht an ihre neue Schule gewöhnt.

2 (= encore) **immer noch**

ℹ ***Immer*** *se place généralement après le verbe. Il peut se placer derrière un pronom personnel ou réfléchi.*

► **toujours pas :** immer noch nicht

tour

1 ▷ La tour Eiffel est le monument le plus célèbre de Paris.
Der Eiffelturm ist die berühmteste Pariser Sehenswürdigkeit.

1 (= construction) der **Turm** (pluriel Türme)

2 ▷ Ils vont construire une tour juste à côté de chez nous.
Sie wollen gleich bei uns ein Hochhaus bauen.

2 (= immeuble) das **Hochhaus** (pluriel –häuser)

3 ▷ Viens, on va faire un tour dans le parc.
Komm, wir machen einen Spaziergang im Park.

3 ► **faire un tour** (à pied) **:** einen Spaziergang machen

4 ▷ Jeanne et Lucas sont partis faire un tour à vélo.
Jeanne und Lucas machen eine kleine Fahrradfahrt.

4 ► **faire un tour** (à vélo, en voiture) **:** eine kleine Fahrt machen

5 ▷ On pourrait faire le tour du lac.
Wir könnten um den See gehen.

5 ► **faire le tour de** quelque chose **:** um etwas (accusatif) gehen (ging, gegangen)

6 ▷ C'est ton tour de faire la vaisselle.
Du bist an der Reihe, Geschirr zu spülen.

6 ► **être au tour de** quelqu'un **de** + *infinitif* **:** jemand ist an der Reihe, zu + *infinitif*

7 ▷ On surveillera Solène à tour de rôle.
Wir werden abwechselnd auf Solène aufpassen.

7 ► **à tour de rôle :** abwechselnd

8 ▷ Les élèves ont joué un tour au prof d'anglais.
Die Schüler haben dem Englischlehrer einen Streich gespielt.

8 ► **jouer un tour à** quelqu'un **:** jemandem (datif) einen Streich spielen

9 ▷ Le candidat a gagné au premier tour.
Der Kandidat hat beim ersten Wahlgang gewonnen.

9 (= aux élections) der Wahlgang (pluriel –gänge)

10 ▷ Un jour, je ferai le tour du monde !
Eines Tages werde ich eine Weltreise machen!

10 ► **tour du monde :** die Weltreise (pluriel –reisen)

tourisme

▷ Le tourisme rapporte beaucoup d'argent à notre région.
Der Tourismus bringt unserer Region viel Geld ein.

der Tourismus

▷ Nous allons faire du tourisme à Londres.
Wir gehen auf eine Besichtigungstour nach London.

► **faire du tourisme :** auf Besichtigungstour gehen

touriste

▷ En juillet, il y a beaucoup de touristes ici.
Im Juli sind hier viele Touristen.

der Tourist /tu'rɪst/ (pluriel Touristen), die Touristin (pluriel Touristinnen)

touristique

▷ C'est une destination très touristique.
Es ist ein sehr touristisches Reiseziel.

(= qui attire les touristes) touristisch

tournant

1 ▷ C'est un tournant dangereux.
Es ist eine gefährliche Kurve.

1 (sur une route) die Kurve (pluriel Kurven)

2 ▷ Elle arrive à un tournant de sa carrière.
Sie steht an einem Wendepunkt in ihrer Karriere.

2 (dans une vie, une carrière) der Wendepunkt (pluriel -punkte)

tournée

1 ▷ Le facteur fait sa tournée.
Der Briefträger macht seine Runde.

1 (du facteur, d'un livreur) die Runde (pluriel Runden)

2 ▷ Le groupe est en tournée jusqu'en juin.
Die Band ist bis zum Juni auf Tournee.

2 ► **être en tournée :** auf Tournee sein

🔈 *Se prononce comme en français.*

ℹ *Attention, il n'y a pas d'accent en allemand.*

3 ▷ C'est ma tournée !
Jetzt gebe ich eine Runde aus!

3 (au bar) die Runde (pluriel Runden)

tourner

▻ Tourne le volant sur la gauche.
Dreh das Steuerrad nach links.

▻ Ce manège tourne très lentement.
Dieses Karussell dreht sich sehr langsam.

► **tourner** quelque chose (= le faire pivoter) : etwas (accusatif) **drehen**

► **tourner** (= faire des tours) : sich **drehen**

▻ Alex s'est tourné en fermant les yeux de peur.
Alex hat sich umgedreht und vor Angst die Augen zugemacht.

▻ Tournez-vous !
Dreht euch um!

▻ Elle se tourne pour qu'on ne la voie pas pleurer.
Sie dreht sich um, damit man sie nicht weinen sieht.

► se **tourner** (= faire volte-face) : sich **umdrehen**

ℹ *Le pronom personnel allemand s'emploie à l'accusatif :* ***ich drehe mich um, du drehst dich um, er / sie dreht sich um, wir drehen uns um, ihr dreht euch um, sie drehen sich um.***

ℹ ***um•drehen*** *est un verbe à particule séparable.*

▻ Elle s'est tournée vers nous en riant.
Sie wendete sich uns lachend zu.

► se **tourner vers** quelqu'un **:** sich jemandem (datif) **zuwenden**

ℹ ***zu•wenden*** *est un verbe à particule séparable.*

▻ Ils tournent un film sur la place du marché.
Auf dem Marktplatz drehen sie einen Film.

► **tourner un film :** einen Film **drehen**

tournesol

▻ Regarde, des tournesols !
Schau mal, Sonnenblumen!

die **Sonnenblume** (pluriel **-blumen**)

tournevis

▻ Passe-moi un tournevis plus grand.
Gib mir einen größeren Schraubenzieher.

der **Schraubenzieher** (pluriel **-zieher**)

tournoi

▻ L'équipe du collège a gagné le tournoi de handball.
Die Schulmannschaft hat das Handballturnier gewonnen.

das **Turnier** (pluriel **Turniere**)

tous, toutes

1 ▻ Ils sont tous arrivés en même temps.
Sie sind alle gleichzeitig angekommen.

▻ Toutes mes amies étaient là.
Alle meine Freundinnen waren da.

1 (= l'ensemble des personnes) **alle**

2 ▻ Il a plu tous les jours.
Es hat jeden Tag geregnet.

▻ Je dois aller chez le dentiste toutes les semaines.
Ich muss jede Woche zum Zahnarzt gehen.

2 ► **tous les** *ou* **toutes les ... :** **jede ...**

3 ▻ Je vais chez ma grand-mère tous les trois jours.
Alle drei Tage gehe ich zu meiner Großmutter.

3 *Quand* **tous les** *ou* **toutes les** *est suivi d'un nombre pour indiquer la fréquence, on traduit par* ***alle*** *+ nombre en allemand.*

tousser

▷ Marion tousse beaucoup.
Marion hustet viel.

husten

tout, toute

1 ▷ Tu as tout mangé ?
Hast du alles gegessen?
▷ C'est tout ce que je sais.
Das ist alles, was ich weiß.
▷ C'est tout ?
Ist das alles?

1 (= toutes les choses, l'ensemble)
alles

2 ▷ Julie a bu toute la limonade.
Julie hat die ganze Limonade getrunken.
▷ Steven a lu tout le livre en trois jours.
Steven hat das ganze Buch in drei Tagen gelesen.
▷ J'ai été malade toute la journée.
Mir war den ganzen Tag schlecht.

2 ► **tout** + *nom*, **toute** + *nom* :
der / die / das **ganze** + *nom*

3 ▷ Il y a trente invités en tout.
Im Ganzen sind es dreißig Gäste.

3 ► **en tout :** im Ganzen

4 ▷ Il y a assez de nourriture pour tout le monde.
Es ist genügend Essen für alle da.
▷ Tout le monde est venu.
Alle sind gekommen.

4 ► **tout le monde :** alle

ℹ *Notez qu'en allemand* ***alle*** *est un pluriel :* tout le monde était content = ***alle waren zufrieden****.*

5 ▷ Annie était tout heureuse.
Annie war ganz glücklich.
▷ Jean était tout absorbé par son livre.
Jean war ganz in sein Buch vertieft.

5 (= très, totalement) **ganz**

6 ▷ Je suis tout à fait d'accord avec toi.
Ich bin vollkommen mit dir einverstanden.
▷ André est tout à fait guéri.
André ist wieder vollkommen gesund.

6 ► **tout à fait :** vollkommen

ℹ *On dit aussi* ***ganz****.*

tout-terrain

▷ Les parents de Claire ont une voiture tout-terrain.
Claires Eltern haben einen Geländewagen.

► **voiture tout-terrain :** der **Geländewagen** (pluriel **-wagen**)

ℹ *Regardez aussi le mot* ***VTT****.*

toux

▷ J'aimerais me débarrasser de cette toux !
Ich würde gern diesen Husten loswerden!
▷ Est-ce que tu prends du sirop contre la toux ?
Nimmst du Hustensaft?

der **Husten**

► **sirop contre la toux :** der **Hustensaft**

ℹ *On dit aussi* der ***Hustensirup****.*

toxique

▷ Ce sont des vapeurs toxiques.
Das sind giftige Dämpfe.

giftig

trac

▷ J'avais un tel trac avant d'entrer en scène !
Ich hatte so ein Lampenfieber, bevor ich auf die Bühne ging!

► **avoir le trac :** **Lampenfieber haben**

tracasser

▷ Ce que tu m'as dit hier me tracasse.
Was du mir gestern gesagt hast, macht mir Sorgen.
▷ Ne te tracasse pas pour ça.
Mach dir deswegen keine Sorgen.
▷ Je me suis tracassée pour rien.
Ich habe mir für nichts Sorgen gemacht.
▷ Elle se tracasse pour la moindre petite chose.
Sie macht sich wegen jeder Kleinigkeit Sorgen.

Sorgen machen

► se **tracasser :** sich **Sorgen machen**

ℹ *Le pronom personnel allemand s'emploie au datif : **ich mache mir Sorgen, du machst dir Sorgen, er / sie macht sich Sorgen, wir machen uns Sorgen, ihr macht euch Sorgen, sie machen sich Sorgen**.*

trace

▷ Nous avons vu une trace de lièvre.
Wir haben eine Hasenspur gesehen.
▷ Tu as laissé des traces de peinture sur le sol !
Du hast Farbspuren auf dem Boden hinterlassen!

(= empreinte, marque) die **Spur** (pluriel **Spuren**)

tracer

1 ▷ Trace d'abord un carré.
Zeichne zuerst ein Quadrat.

1 (= dessiner) **zeichnen**

2 ▷ Martin a tracé son nom sur le sable.
Martin hat seinen Namen in den Sand geschrieben.

2 (= écrire) **schreiben** (schrieb, geschrieben)

tracteur

▷ Le bruit du tracteur nous a réveillés dimanche matin.
Am Sonntagmorgen hat uns der Lärm des Traktors geweckt.

der **Traktor** (pluriel **Traktoren**)

traduction

▷ La traduction de la poésie est très difficile.
Die Übersetzung von Poesie ist sehr schwierig.

die **Übersetzung** (pluriel **Übersetzungen**)

traduire

▷ J'ai traduit tout le paragraphe en une demi-heure.
Wir habe den ganzen Absatz in einer halben Stunde übersetzt.

übersetzen

ℹ *Les verbes à particule non séparable commençant par le préfixe* ***über-*** *ne prennent pas* ***ge-*** *au participe passé.*

trafic

1 ▷ Il y a beaucoup de trafic en ville.
Es ist viel Verkehr in der Stadt.

1 (= circulation de véhicules) der **Verkehr**

2 ▷ Ils luttent contre le trafic de drogue.
Sie bekämpfen den Drogenhandel.

2 (= commerce illégal) der **Handel**

tragédie

1 ▷ *Le Roi Lear* est une tragédie en cinq actes.
König Lear **ist eine Tragödie in fünf Akten.**

1 die **Tragödie** (pluriel **Tragödien**)

2 ▷ La manifestation a tourné à la tragédie.
Die Demonstration hat tragisch geendet.

2 ► **tourner à la tragédie : tragisch enden**

tragique

▷ Il est mort dans un tragique accident.
Er ist in einem tragischen Unfall gestorben.

tragisch

trahir

1 ▷ Il m'a trahi.
Er hat mich verraten.

1 (ami, pays) **verraten**

2 ▷ Elle a trahi ma confiance.
Sie hat mein Vertrauen missbraucht.

2 ► **trahir la confiance de** quelqu'un : jemandes (génitif) **Vertrauen missbrauchen**

ℹ *Les verbes commençant par le préfixe* ***ver-*** *ne prennent pas* ***ge-*** *au participe passé.*

train

1 ▷ Le train pour Limoges part du quai deux.
Der Zug nach Limoges fährt vom Bahnsteig zwei ab.

▷ Nous irons à Mannheim en train.
Wir fahren mit dem Zug nach Mannheim.

1 der **Zug** (pluriel **Züge**)

► **aller en train : mit dem Zug fahren** (**fährt**, **fuhr**, **gefahren**)

2 ▷ J'étais en train de manger quand Luc est arrivé.
Ich war gerade dabei, zu essen, als Luc kam.

2 ► **être en train de** *+ infinitif* **: gerade dabeisein, zu** *+ infinitif*

traîner

1 ▷ C'est dur de traîner la luge en haut de la côte.
Es ist schwer, den Schlitten auf den Hügel zu ziehen.

1 ► **traîner** quelque chose (= le tirer derrière soi) : etwas **ziehen**

2 ▷ Nathan traîne son cartable derrière lui.
Nathan schleift seine Schultasche hinter sich her.

2 *Quand on* **traîne** *par terre quelque chose qui ne devrait pas y être, on traduit par* ***schleifen****.*

3 ▷ Ne traînez pas, nous sommes en retard !
Trödelt nicht, wir haben Verspätung!

3 (= aller lentement) **trödeln**

4 ▷ Ils s'ennuient, alors ils traînent dans les rues.
Sie langweilen sich, da treiben sie sich auf der Straße herum.

4 (= errer) sich **herumtreiben**
ℹ ***herum•treiben*** *est un verbe à particule séparable et se conjugue comme* ***treiben*** (trieb, getrieben).

5 ▷ Toutes ses affaires traînent dans le salon.
Alle seine Sachen liegen im Wohnzimmer herum.

5 (= ne pas être rangé) **herumliegen**
ℹ ***herum•liegen*** *est un verbe à particule séparable et se conjugue comme* ***liegen*** (lag, gelegen).

6 ▷ Attention, tes lacets traînent par terre.
Vorsicht, deine Schnürsenkel schleifen auf dem Boden.

6 (= pendre) **schleifen**

7 ▷ Mon petit frère se traîne tout le temps par terre.
Mein kleiner Bruder kriecht dauernd auf dem Boden.

7 ► se **traîner** (= ramper) : **kriechen**

traire

▷ Le fermier trait les chèvres tous les soirs.
Der Bauer melkt die Ziegen jeden Abend.

melken

trait

1 ▷ Ton trait est trop épais.
Dein Strich ist zu dick.

1 (= ligne) der **Strich** (pluriel Striche)

2 ▷ Noémie a les traits fins.
Noémie hat feine Gesichtszüge.

2 ► **traits** (= visage) : die **Gesichtszüge**

3 ▷ Maya a tout bu d'un trait.
Maya hat alles in einem Zug getrunken.

3 ► **boire** quelque chose **d'un trait :** etwas **in einem Zug trinken** (trank, getrunken)

traité

▷ Ils ont signé un traité de paix.
Sie haben ein Friedensabkommen unterschrieben.

das **Abkommen** (pluriel Abkommen)

traitement

1 ▷ Le traitement a donné de bons résultats.
Die Behandlung hat gute Ergebnisse gehabt.
▷ Je dois suivre un traitement contre l'asthme.
Ich muss gegen Asthma behandelt werden.

1 (= médicaments) die **Behandlung** (pluriel Behandlungen)
► **suivre un traitement :** **behandelt werden** (wird, wurde, worden)

2 ▷ L'homme est accusé de mauvais traitements.
Der Mann wurde Misshandlungen beschuldigt.

2 ► **mauvais traitements :** Misshandlungen

3 ▷ Tu t'y connais en traitement de texte ?
Kennst du dich in Textverarbeitung aus?

3 ► **traitement de texte :** die Textverarbeitung

traiter

1 ▷ Myriam traite très mal sa petite sœur.
Myriam behandelt ihre kleine Schwester sehr schlecht.
▷ Le médecin l'a traitée par l'acupuncture.
Der Arzt hat sie mit Akupunktur behandelt.

1 (= se comporter avec, soigner) **behandeln**

ℹ *Les verbes commençant par le préfixe* **be-** *ne prennent pas* **ge-** *au participe passé.*

2 ▷ Le prof m'a traité de menteur.
Der Lehrer hat mich einen Lügner genannt.

2 ► **traiter** quelqu'un **de ... :** jemanden *+ accusatif +* **nennen** (nannte, genannt)

traître, traîtresse

▷ Les traîtres ont été exécutés.
Die Verräter wurden hingerichtet.

der **Verräter** (pluriel Verräter), die **Verräterin** (pluriel Verräterinnen)

trajet

▷ Le trajet m'a semblé plus court au retour.
Die Strecke schien mir kürzer auf dem Rückweg.

(= distance) die **Strecke** (pluriel Strecken)

tram

▷ On va prendre le tram, ce sera plus rapide.
Wir nehmen die Straßenbahn, das geht schneller.

die **Straßenbahn** (pluriel -bahnen)

trampoline

▷ Dans le parc il y a un trampoline.
Im Park steht ein Trampolin.

das **Trampolin** /trampo'li:n/ (pluriel Trampoline)

tramway

▷ Il y a un réseau de tramways à Nancy.
In Nancy gibt es ein Straßenbahnnetz.

die **Straßenbahn** (pluriel -bahnen)

tranche

▷ Je voudrais six tranches de jambon, s'il vous plaît.
Ich hätte gern sechs Scheiben Schinken, bitte.
▷ Tu peux couper le pain en tranches ?
Kannst du das Brot in Scheiben schneiden?

(= rondelle) die **Scheibe** (pluriel Scheiben)

► **couper** quelque chose **en tranches :** etwas (accusatif) **in Scheiben schneiden** (schnitt, geschnitten)

tranquille

▷ C'est un quartier tranquille.
Es ist ein ruhiges Viertel.

(= calme) **ruhig**

▷ Mes parents nous ont dit de rester tranquilles.
Meine Eltern haben uns gesagt, wir sollten ruhig bleiben.
▷ Laisse-moi tranquille !
Lass mich in Ruhe!

► **rester tranquille :** ruhig bleiben

► **laisser** quelqu'un **tranquille :** jemanden (accusatif) **in Ruhe lassen** (lässt, ließ, gelassen)

tranquillement

▷ Je vais lire tranquillement pendant que tu fais tes devoirs.
Ich werde in Ruhe lesen, während du deine Hausaufgaben machst.

(= calmement) **in Ruhe**

On dit aussi ***ruhig***.

tranquillité

▷ J'ai besoin de tranquillité pour travailler.
Ich brauche Ruhe zum Arbeiten.

die **Ruhe**

transat, transatlantique

▷ J'ai sorti les transats dans le jardin.
Ich habe die Liegestühle in den Garten getragen.

(= chaise longue) der **Liegestuhl** (pluriel –stühle)

transformer

▷ Le nouvel éclairage a complètement transformé la place.
Die neue Beleuchtung hat den Platz völlig verwandelt.
▷ Le magicien a transformé le foulard en lapin.
Der Zauberer hat das Halstuch in ein Kaninchen verwandelt.
▷ Le dragon s'est transformé en souris.
Der Drache hat sich in eine Maus verwandelt.

(= changer) **verwandeln**

Les verbes commençant par le préfixe ***ver-*** *ne prennent pas* ***ge-*** *au participe passé.*

► **transformer** quelqu'un *ou* quelque chose **en ... :** jemanden *ou* etwas (accusatif) **in** + *accusatif* + **verwandeln**
► se **transformer :** sich **verwandeln**

transgénique

▷ Ils ont obtenu des souris transgéniques.
Sie haben gentechnisch veränderte Mäuse erzielt.

gentechnisch verändert

On dit aussi ***transgen***.

transmettre

1 ▷ Dominique m'a transmis la nouvelle.
Dominique hat mir die Nachricht übermittelt.
▷ Tu peux lui transmettre mon courrier pendant mon absence.
Während meiner Abwesendheit kannst du ihm meine Post übermitteln.

1 ► **transmettre** quelque chose **à** quelqu'un **:** jemandem (datif) etwas **übermitteln**

Les verbes à particule non séparable commençant par le préfixe ***über-*** *ne prennent pas* ***ge-*** *au participe passé.*

2 ▷ Cette maladie se transmet par des virus.
Diese Krankheit wird durch Viren übertragen.

2 ► se **transmettre** (en parlant d'une maladie) **: übertragen werden** (wird, wurde, worden)

transparent, transparente

▷ Ton chemisier est un peu trop transparent.
Deine Bluse ist etwas zu durchsichtig.

(= qui laisse voir à travers) durchsichtig

transpirer

▷ Qu'est-ce que j'ai transpiré !
Was habe ich geschwitzt!

schwitzen

transport

1 ▷ Le transport coûte le plus cher.
Der Transport kostet am meisten.

1 (= fait de transporter) der Transport (pluriel Transporte)

2 ▷ C'est le moyen de transport le plus rapide.
Es ist das schnellste Verkehrsmittel.

▷ Le gouvernement a promis d'améliorer les transports en commun.
Die Regierung hat versprochen, die öffentlichen Verkehrsmittel zu verbessern.

2 ► **moyen de transport** (de passagers) **:** das Verkehrsmittel (pluriel -mittel)
► **transports en commun :** die öffentlichen Verkehrsmittel

ℹ *C'est un pluriel.*

transporter

1 ▷ Les marchandises sont transportées en train.
Die Güter werden mit dem Zug transportiert.

1 (des objets) transportieren

ℹ *Les verbes se terminant en* ***-ieren*** *ne prennent pas* ***ge-*** *au participe passé.*

2 ▷ Emmanuel a été transporté à l'hôpital.
Emmanuel wurde ins Krankenhaus gebracht.

2 (des personnes) bringen (brachte, gebracht)

travail

▷ J'ai trop de travail, je ne peux pas sortir.
Ich habe zu viel Arbeit, ich kann nicht weggehen.
▷ Le frère de Luc a un travail intéressant.
Lucs Bruder hat eine interessante Arbeit.
▷ Notre voisin n'a pas de travail en ce moment.
Unser Nachbar ist im Moment arbeitslos.
▷ Il y a des travaux sur la route, fais attention.
Auf der Straße gibt es Bauarbeiten, sei vorsichtig.

(= tâches, activité professionnelle) die Arbeit

► **ne pas avoir de travail** *ou* **être sans travail :** arbeitslos sein
► **travaux** (sur la route) **:** die Bauarbeiten

ℹ *Ce mot est un pluriel.*

travailler

1 ▷ Ma mère travaille à mi-temps.
Meine Mutter arbeitet halbtags.

1 (= exercer un métier) arbeiten

2 ▷ Tu ne travailles pas assez.
Du lernst nicht genug.

2 (à l'école) lernen

ℹ *On dit aussi* ***üben****.*

travailleur, travailleuse

▷ C'est un garçon très travailleur.
Er ist ein sehr fleißiger Junge.

(= appliqué) **fleißig**

travers

1 ▷ L'eau passe à travers les fentes.
Das Wasser läuft durch die Spalten.

1 ► **à travers : durch**

2 ▷ Ton poster est de travers.
Dein Poster hängt schief.

2 ► **de travers** (= pas droit) : **schief**

3 ▷ Le chien s'était couché en travers du lit.
Der Hund lag quer auf dem Bett.
▷ Il a couru comme un fou à travers la cour.
Er ist wie ein Wilder quer über den Hof gerannt.
▷ Je suis passée à travers la flaque.
Ich bin quer durch die Pfütze gelaufen.

3 ► **à travers de, en travers de : quer** + *préposition*

ℹ *Quand le verbe indique un séjour dans un lieu,* ***quer ...*** *est suivi du datif. Quand le verbe indique une direction ou un déplacement,* ***quer ...*** *est suivi de l'accusatif.*

traversée

▷ La traversée dure deux heures.
Die Überfahrt dauert zwei Stunden.

(= trajet en bateau) **die Überfahrt** (pluriel **-fahrten**)

traverser

1 ▷ Regarde avant de traverser la route.
Sieh nach, bevor du die Straße überquerst.

1 (= aller d'un côté à l'autre de) **überqueren**

ℹ *Les verbes commençant par le préfixe* ***über-*** *ne prennent pas* ***ge-*** *au participe passé.*

2 ▷ Nous avons dû traverser la forêt.
Wir mussten durch den Wald gehen.
▷ Nous avons traversé la Bourgogne en vélo.
Wir sind mit dem Fahrrad durch Burgund gefahren.

2 (= passer dans) **durch** + *accusatif* + **gehen** (**ging, gegangen**)
Quand on **traverse** *en vélo, en voiture, etc., on traduit par* ***durch*** *+ accusatif +* ***fahren****.*

traversin

▷ Je dors avec un traversin et un oreiller.
Ich schlafe mit einer Nackenrolle und einem Kopfkissen.

die Nackenrolle (pluriel **-rollen**)

trébucher

▷ Imane a trébuché sur une branche.
Imane ist über einen Ast gestolpert.

stolpern

ℹ *Notez la préposition employée en allemand :* **trébucher sur ...** = ***über ...*** *(accusatif)* ***stolpern****.*

trèfle

▷ Mon lapin adore le trèfle.
Mein Kaninchen liebt Klee.

(= plante) **der Klee**

ℹ *Ce mot s'emploie uniquement au singulier.*

▷ On cherche des trèfles à quatre feuilles.
Wir suchen nach vierblättrigen Kleeblättern.

► **trèfle à quatre feuilles :** das **vierblättrige Kleeblatt** (pluriel **-blätter**)

treize

▷ Il y a treize filles dans ma classe.
In meiner Klasse sind dreizehn Mädchen.
▷ Juliette a treize ans.
Juliette ist dreizehn Jahre alt. *ou* **Juliette ist dreizehn.**
▷ Aujourd'hui, c'est le treize mai.
Heute ist der dreizehnte Mai.
▷ La fête aura lieu le treize juin.
Die Party findet am dreizehnten Juni statt.

dreizehn

Quand on dit l'âge de quelqu'un, on dit ***ist dreizehn Jahre alt****, ou on peut dire simplement le nombre :* ***ist dreizehn****.*

Quand on dit la date, on emploie ***der dreizehnte****.*

Quand on dit que quelque chose a eu lieu ou aura lieu à cette date, on emploie ***am dreizehnten****.*

ℹ *On écrit* ***der 13. Mai, am 13. Juni****.*

tremblement de terre

▷ Le tremblement de terre en Turquie a fait beaucoup de morts.
Das Erdbeben in der Türkei hat viele Menschen getötet.

das **Erdbeben** (pluriel **-beben**)

trembler

1 ▷ Le sol tremblait.
Die Erde bebte.

1 (= être secoué) **beben**

2 ▷ Pourquoi tu trembles ? Tu as froid ?
Warum zitterst du? Ist dir kalt?

2 (= frissonner) **zittern**

trempé, trempée

▷ Nous sommes revenus trempés de la promenade.
Wir kamen durch und durch nass vom Spaziergang zurück.

durch und durch nass

ℹ *Un mot plus familier est* ***klatschnass****.*

tremper

▷ Trempe ta main dans l'eau pour voir si elle est froide.
Tauch deine Hand ins Wasser, um zu sehen, ob es kalt ist.

(= mettre dans un liquide) **tauchen**

tremplin

▷ Jonathan a sauté du tremplin.
Jonathan ist vom Sprungbrett gesprungen.

(de piscine, de gymnastique) das **Sprungbrett** (pluriel **-bretter**)

trente

▷ Trente élèves ont voté.
Dreißig Schüler haben gewählt.

dreißig

▷ Mon oncle a trente ans.
Mein Onkel ist dreißig Jahre alt. *ou* **Mein Onkel ist dreißig.**
▷ Aujourd'hui, c'est le trente janvier.
Heute ist der dreißigste Januar.
▷ La fête aura lieu le trente juillet.
Die Party findet am dreißigsten Juli statt.

Quand on dit l'âge de quelqu'un, on dit ***ist dreißig Jahre alt****, ou on peut dire simplement le nombre :* ***ist dreißig****.*

Quand on dit la date, on emploie ***der dreißigste****.*

Quand on dit que quelque chose a eu lieu ou aura lieu à cette date, on emploie ***am dreißigsten****.*

i *On écrit* ***der 30. Januar, am 30. Juli****.*

très

▷ Cet exercice est très difficile.
Diese Übung ist sehr schwierig.

sehr

trésor

▷ On dit qu'il y a un trésor caché sur l'île.
Man sagt, dass auf der Insel ein Schatz versteckt ist.

(= richesses) der **Schatz** (pluriel **Schätze**)

Attention : le mot allemand ***Tresor*** *signifie « coffre-fort ».*

tresse

▷ Natacha porte des tresses.
Natacha trägt Zöpfe.

(= natte) der **Zopf** (pluriel **Zöpfe**)

triangle

1 ▷ Les trois côtés du triangle sont égaux.
Die drei Seiten des Dreiecks sind gleich.

1 (= forme) das **Dreieck** (pluriel **-ecke**)

2 ▷ Il jouait du triangle dans un orchestre.
Er spielte Triangel in einem Orchester.

2 (= instrument) der, die **Triangel** (pluriel **Triangel**)

En Autriche, ce mot est neutre.

tribu

▷ Il a vécu dans des tribus d'Amérique du Sud.
Er hat in südamerikanischen Stämmen gelebt.

der **Stamm** (pluriel **Stämme**)

tribunal

▷ Il a dû aller au tribunal hier.
Er musste gestern zum Gericht gehen.

das **Gericht** (pluriel **Gerichte**)

tribunes

▷ Nous étions dans les tribunes.
Wir waren in den Tribünen.

(d'un stade) die **Tribünen**

tricher

▷ Je ne joue plus avec toi, tu triches !
Ich spiele nicht mehr mit dir, du schummelst!

(au jeu) **schummeln**

tricheur, tricheuse

▷ Quel tricheur !
So ein Schummler!

der **Schummler** (pluriel Schummler), die **Schummlerin** (pluriel Schummlerinnen)

tricot

1 ▷ Ce tricot est fait à la main.
Dieser Pullover ist handgemacht.

1 (= pull) der **Pullover** (pluriel Pullover)

2 ▷ Ma grand-mère fait beaucoup de tricot.
Meine Großmutter strickt viel.

2 ► **faire du tricot : stricken**

Attention : le mot allemand ***Trikot*** *signifie « maillot ».*

tricoter

▷ Ma mère tricote en regardant la télé.
Meine Mutter strickt beim Fernsehen.

stricken

trier

▷ J'ai trié tous mes papiers le week-end dernier.
Ich habe letztes Wochenende all meine Papiere sortiert.

sortieren

Les verbes se terminant en ***-ieren*** *ne prennent pas* ***ge-*** *au participe passé.*

trimestre

1 ▷ J'ai eu de bons résultats au premier trimestre.
Ich hatte im ersten Trimester gute Ergebnisse.

1 (= période scolaire) das **Trimester** (pluriel Trimester)

2 ▷ Je vais le voir à peu près tous les trimestres.
Ich gehe ihn ungefähr alle Vierteljahre besuchen.

2 *Quand il ne s'agit pas de la période scolaire, on dit das* ***Vierteljahr*** (pluriel -jahre).

trimestriel, trimestrielle

▷ C'est un magazine trimestriel.
Es ist eine vierteljährliche Zeitschrift.

vierteljährlich

trinquer

▷ Trinquons à ta réussite !
Lasst uns auf deinen Erfolg anstoßen!

anstoßen

an•stoßen *est un verbe à particule séparable et se conjugue comme* ***stoßen*** (stößt, stieß, gestoßen).

triste

▷ Ne sois pas triste, tu le reverras.
Sei nicht traurig, du wirst ihn wiedersehen.

traurig

tristesse

▷ J'ai vu la tristesse dans les yeux de Claudia.
Ich habe die Traurigkeit in Claudias Augen gesehen.

die **Traurigkeit**

trois

drei

▷ Je l'ai vu il y a trois jours.
Ich habe ihn vor drei Tagen gesehen.

▷ Ma petite sœur a trois ans.
Meine kleine Schwester ist drei Jahre alt. *ou* **Meine kleine Schwester ist drei.**

▷ Aujourd'hui, c'est le trois mars.
Heute ist der dritte März.

▷ Tania est née le trois octobre.
Tania wurde am dritten Oktober geboren.

Quand on dit l'âge de quelqu'un, on dit ***ist drei Jahre alt****, ou on peut dire simplement le nombre :* ***ist drei****.*

Quand on dit la date, on emploie ***der dritte****.*

Quand on dit que quelque chose a eu lieu ou aura lieu à cette date, on emploie ***am dritten****.*

ℹ *On écrit* ***der 3. März, am 3. Oktober****.*

troisième

1 (pour compter) **dritte**

1 ▷ C'est la troisième fois que je te le dis !
Das ist das dritte Mal, dass ich es dir sage!

2 (= troisième étage) der **dritte Stock**

2 ▷ Aline habite au troisième.
Aline wohnt im dritten Stock.

3 *La classe qui correspond à la* **troisième** *en Allemagne est die* ***neunte Klasse****. Selon le Land, le système scolaire allemand compte douze ou treize années jusqu'au* ***Abitur****.*

3 ▷ Je ferai du latin en troisième.
In der neunten Klasse mache ich Latein.

trombone

1 (= agrafe) die **Büroklammer** (pluriel **-klammern**)

1 ▷ Donne-moi un trombone, s'il te plaît.
Gib mir bitte eine Büroklammer.

2 (= instrument de musique) die **Posaune** (pluriel **Posaunen**)

► **jouer du trombone : Posaune spielen**

2 ▷ Le trombone est un instrument à vent.
Die Posaune ist ein Blasinstrument.

▷ Éric joue du trombone.
Éric spielt Posaune.

se tromper

sich **irren**

ℹ *On dit aussi sich* ***täuschen****.*

ℹ *Le pronom personnel allemand s'emploie à l'accusatif :* ***ich irre mich, du irrst dich, er / sie irrt sich, wir irren uns, ihr irrt euch, sie irren sich****.*

▷ Tu t'es trompé, il n'habite pas ici.
Du hast dich geirrt, er wohnt nicht hier.

▷ Non, je ne me suis pas trompé !
Nein, ich habe mich nicht geirrt!

trompette

die **Trompete** (pluriel **Trompeten**)

ℹ *Attention à l'orthographe du mot allemand.*

► **jouer de la trompette : Trompete spielen**

▷ La trompette est un instrument à vent.
Die Trompete ist ein Blasinstrument.

▷ Philippe joue de la trompette.
Philippe spielt Trompete.

tronc

▷ Astrid a gravé son nom dans le tronc d'arbre.
Astrid hat ihren Namen in den Baumstamm geritzt.

(d'un arbre) der **Stamm** (pluriel Stämme)

trône

▷ La reine était sur le trône.
Die Königin saß auf dem Thron.

der **Thron** (pluriel Throne)

Attention à l'orthographe du mot allemand.

trop

1 ▷ Ne mange pas trop, tu vas être malade.
Iss nicht zu viel, sonst wird dir schlecht.

1 (avec un verbe) **zu viel**

2 ▷ C'est trop haut pour moi.
Es ist zu hoch für mich.
▷ Ne conduis pas trop vite.
Fahr nicht zu schnell.

2 ► **trop** + *adjectif ou adverbe* : zu + *adjectif ou adverbe*

3 ▷ Il y a trop de sucre dans mon café.
In meinem Kaffee ist zu viel Zucker.
▷ Trop de gens ne font pas attention à l'environnement.
Zu viele Menschen achten nicht auf die Umwelt.

3 ► **trop de** + *nom singulier* : zu viel

► **trop de** + *nom pluriel* : zu viele

trottinette

▷ Les trottinettes sont de nouveau à la mode.
Roller sind wieder in Mode.

der **Roller** (pluriel Roller)

ℹ *Roller signifie aussi « scooter ».*

trottoir

▷ Reste sur le trottoir.
Bleib auf dem Bürgersteig.

der **Bürgersteig** (pluriel -steige)

ℹ *On dit aussi der **Gehsteig**.*

trou

1 ▷ Ton pantalon a un trou.
Deine Hose hat ein Loch.

1 (= déchirure, creux) das **Loch** (pluriel Löcher)

2 ▷ J'ai un trou dans mon emploi du temps.
Ich habe eine Lücke in meinem Stundenplan.

2 (= moment libre) die **Lücke** (pluriel Lücken)

3 ▷ J'ai parfois des trous de mémoire.
Ich habe manchmal Gedächtnislücken.

3 ► **trou de mémoire** : die Gedächnistlücke

troué, trouée

▷ Mon blouson est troué.
Mein Jacke hat ein Loch.

► **être troué** : ein Loch haben

trouille

▷ J'ai eu la trouille quand j'ai vu le directeur.
Als ich den Direktor sah, hatte ich Bammel.

► **avoir la trouille :** Bammel haben

L'expression française et sa traduction allemande sont familières.

troupe

1 ▷ Ils ont retiré leurs troupes.
Sie haben ihre Truppen zurückgezogen.

1 (de militaires) die **Truppe** (pluriel Truppen)

2 ▷ Je joue dans une petite troupe de théâtre.
Ich spiele in einem kleinen Theaterensemble.

2 ► **troupe de théâtre :** das **Theaterensemble** (pluriel -ensembles)

Ensemble se prononce comme en français. Le s du pluriel se prononce en allemand.

troupeau

▷ Le troupeau de vaches a traversé la route juste devant la voiture.
Die Kuhherde hat die Straße direkt vor dem Auto überquert.

die **Herde** (pluriel Herden)

trousse

1 ▷ Le surligneur est dans ma trousse.
Der Textmarker ist in meinem Federmäppchen.

1 (= étui à stylos) das **Federmäppchen** (pluriel -mäppchen), die **Federtasche** (pluriel -taschen)

2 ▷ Je ne trouve pas ma trousse de toilette.
Ich finde meinen Kulturbeutel nicht.

2 ► **trousse de toilette :** der **Kulturbeutel** (pluriel -beutel)

trouver

1 ▷ Est-ce que tu as trouvé la solution ?
Hast du die Lösung gefunden?
▷ Je trouve ça bizarre.
Ich finde das seltsam.
▷ Mes parents trouvent que je ne travaille pas assez.
Meine Eltern finden, dass ich nicht genug übe.

1 **finden** (fand, gefunden)

► **trouver que ...** (= penser que) : finden, dass ...

2 ▷ Où se trouve la gare ?
Wo befindet sich der Bahnhof?

2 ► se **trouver** (= être situé) : sich **befinden** (befand, befunden)

truc

1 ▷ C'est quoi, ce truc ?
Was ist das denn für ein Ding?

1 (= chose) das **Ding** (pluriel Dinge)

2 ▷ Elle a trouvé un truc pour payer moins cher.
Sie hat einen Trick gefunden, um weniger zu bezahlen.

2 (= astuce) der **Trick** (pluriel Tricks)

truite

▷ Benoît a pêché deux grosses truites.
Benoît hat zwei große Forellen geangelt.

die **Forelle** (pluriel **Forellen**)

t-shirt

▷ Ton t-shirt bleu est en train de sécher.
Dein blaues T-Shirt trocknet gerade.

das **T-Shirt** /'tiːʃøːɐt/ (pluriel **T-Shirts**)

Notez la prononciation.

tu

▷ Tu as fini tes devoirs ?
Bist du mit deinen Hausaufgaben fertig?

du

tuba

1 ▷ Je joue du tuba.
Ich spiele Tuba.

1 (= instrument de musique) die **Tuba** (pluriel **Tuben**)

2 ▷ Mon tuba est cassé.
Mein Schnorchel ist kaputt.

2 (pour plonger) der **Schnorchel** (pluriel **Schnorchel**)

tube

1 ▷ Le tube de dentifrice est presque vide.
Die Tube Zahnpasta ist fast leer.

1 (= emballage) die **Tube** (pluriel **Tuben**)

2 ▷ Leur dernière chanson est encore un tube !
Ihr neuestes Lied ist wieder ein Hit!

2 (= chanson à succès) der **Hit** (pluriel **Hits**)

tuer

1 ▷ L'attentat a tué vingt personnes.
Beim Anschlag wurden zwanzig Personen getötet.

1 (= faire mourir) **töten**

2 ▷ Il a tué quatre personnes avant d'être arrêté.
Er brachte vier Menschen um, bevor er verhaftet wurde.
▷ Elle ne l'a pas tué.
Sie hat ihn nicht umgebracht.

2 *Quand on parle d'un meurtrier qui* **tue** *quelqu'un, on traduit par* ***umbringen***.

ℹ ***um•bringen*** *est un verbe à particule séparable et se conjugue comme* ***bringen*** (**brachte**, **gebracht**).

3 ▷ Mon chien s'est fait tuer sur la route.
Mein Hund kam auf der Straße um.

3 ► se **faire tuer** : **umkommen**

ℹ ***um•kommen*** *est un verbe à particule séparable et se conjugue comme* ***kommen*** (**kam**, **gekommen**).

4 ▷ Notre voisin s'est tué dans un accident.
Unser Nachbar ist bei einem Unfall ums Leben gekommen.

4 ► se **tuer** (accidentellement) : **ums Leben kommen** (**kam**, **gekommen**)

5 ▷ Elle a voulu se tuer.
Sie wollte sich umbringen.

5 ► se **tuer** (= se suicider) : **sich umbringen**

tueur, tueuse

▷ Ils ont attrapé le tueur.
Sie haben den Mörder gefangen.

▷ C'est un film sur un tueur en série.
Es ist ein Film über einen Serienmörder.

der **Mörder** (pluriel **Mörder**), die **Mörderin** (pluriel **Mörderinnen**)
► **tueur en série :** der **Serienmörder**

tuile

▷ Plusieurs tuiles sont tombées du toit.
Mehrere Ziegel sind vom Dach gefallen.

der **Ziegel** (pluriel **Ziegel**)

tulipe

▷ Mon père m'a offert un bouquet de tulipes pour mon anniversaire.
Mein Vater hat mir einen Strauß Tulpen zum Geburtstag geschenkt.

die **Tulpe** (pluriel **Tulpen**)

Tunisie

▷ La Tunisie est voisine de l'Algérie.
Tunesien grenzt an Algerien.

Tunesien
► **la Tunisie : Tunesien**

i *Ne prend l'article neutre que précédé d'un adjectif :* ***das sonnige Tunesien*** (la Tunisie ensoleillée).

▷ Il a fait très chaud en Tunisie.
In Tunesien war es heiß.

▷ Le père de Saïd veut retourner en Tunisie.
Saïds Vater will nach Tunesien zurückkehren.

▷ Je suis déjà allée deux fois en Tunisie.
Ich war schon zweimal in Tunesien.

► **en Tunisie** (= dans le pays) **: in Tunesien**
► **en Tunisie** (= vers le pays) **: nach Tunesien**

Attention : pour dire que quelqu'un est déjà allé quelque part, *on emploie une expression avec le prétérit du verbe* ***sein*** *+* ***schon****.*

tunisien, tunisienne

1 ▷ La mère d'Amina fait du couscous tunisien.
Aminas Mutter kocht tunesischen Couscous.

1 (adjectif) **tunesisch**

2 ▷ Les Tunisiens habitent là ? – Non, ils habitent en face.
Wohnen die Tunesier da? – Nein, sie wohnen gegenüber.

2 (= personne) der **Tunesier** (pluriel **Tunesier**), die **Tunesierin** (pluriel **Tunesierinnen**)

tunnel

▷ Le tunnel fait plus de deux kilomètres de long.
Der Tunnel ist über zwei Kilometer lang.

▷ Est-ce que tu as déjà pris le tunnel sous la Manche ?
Hast du schon den Eurotunnel genommen?

der **Tunnel** (pluriel **Tunnel**)
► **le tunnel sous la Manche :** der **Eurotunnel**, der **Kanaltunnel**

turbulent, turbulente

▷ Elle a des enfants très turbulents.
Sie hat sehr wilde Kinder.

(= agité) **wild**

turc, turque

1 ▷ Nous avons mangé dans un restaurant turc.
Wir haben in einem türkischen Restaurant gegessen.

1 (adjectif) **türkisch**

2 ▷ Il y a trois Turcs, quatre Vietnamiens et deux Éthiopiens dans notre classe.
In unserer Klasse sind drei Türken, vier Vietnamesen und zwei Äthiopier.

2 (= personne) der **Türke** (pluriel Türken), die **Türkin** (pluriel Türkinnen)

3 ▷ J'apprends le turc avec des CD et un livre.
Ich lerne mit CDs und einem Buch Türkisch.

3 (= langue) **Türkisch**

Turquie

▷ La Turquie voudrait entrer dans l'Union européenne.
Die Türkei möchte der Europäischen Union beitreten.

▷ Il y a des paysages magnifiques en Turquie.
Es gibt wunderschöne Landschaften in der Türkei.

▷ Comment est-ce qu'on ira en Turquie ?
Wie reisen wir in die Türkei?

▷ Es-tu déjà allé en Turquie ?
Warst du schon in der Türkei?

► **la Turquie :** die Türkei

► **en Turquie** (= dans le pays) **:** in der Türkei

► **en Turquie** (= vers le pays) **:** in die Türkei

Attention : pour dire que quelqu'un **est déjà allé quelque part**, *on emploie une expression avec le prétérit du verbe* ***sein*** *+* ***schon***.

tutoyer

▷ Tu peux me tutoyer.
Du kannst mich duzen.

► **tutoyer** quelqu'un **:** jemanden (accusatif) **duzen**

tuyau

1 ▷ Le plombier est venu pour déboucher le tuyau.
Der Klempner ist gekommen, um das Rohr frei zu machen.

1 (= conduite rigide) das **Rohr** (pluriel Rohre)

2 ▷ Tu pourrais enrouler le tuyau d'arrosage ?
Könntest du den Wasserschlauch aufrollen?

2 ► **tuyau d'arrosage :** der Wasserschlauch (pluriel -schläuche)

tympan

▷ Elle s'est perforé le tympan.
Ihr ist das Trommelfell geplatzt.

(d'oreille) das **Trommelfell** (pluriel -felle)

type

1 ▷ La vendeuse nous a montré plusieurs types d'imprimantes.
Die Verkäuferin hat uns mehrere Druckertypen gezeigt.

1 (= sorte) der **Typ** (pluriel **Typen**)

N'oubliez pas que le **y** *allemand se prononce* **u**.

2 ▷ Il y a un type qui t'attend dehors.
Ein Kerl wartet draußen auf dich.

2 (= homme, au sens familier) der **Kerl** (pluriel **Kerle**)

On dit aussi der ***Typ***.

typique

▷ J'aimerais goûter un plat typique.
Ich würde gern ein typisches Gericht probieren.

typisch

N'oubliez pas que le **y** *allemand se prononce* **u**.

tyran

▷ Le roi est devenu un tyran.
Der König ist ein Tyrann geworden.

der **Tyrann** (pluriel **Tyrannen**)

Attention à l'orthographe du mot allemand.

Le féminin ***Tyrannin*** *existe en allemand*

Uu

un, une

1 ▷ Ils ont acheté une maison à la campagne.
Sie haben ein Haus auf dem Land gekauft.
▷ J'ai trouvé un chat dans la rue.
Ich habe eine Katze auf der Straße gefunden.

1 *Les articles indéfinis en allemand sont* **ein** *(pour le masculin et le neutre) et* **eine** *(pour le féminin).*

2 ▷ Achète une baguette et deux croissants.
Kauf ein Baguette und zwei Croissants.
▷ Lucille n'a mangé qu'un chocolat.
Lucille hat nur eine Praline gegessen.

2 *Quand* **un** *ou* **une** *est cardinal, on traduit par* **ein** *(pour le masculin et le neutre) et* **eine** *(pour le féminin).*

3 ▷ Relisez le chapitre un.
Lest noch einmal das Kapitel eins.

3 *Quand* **un** *est ordinal, on traduit par* **eins**.

4 ▷ Anna a un an.
Anna ist ein Jahr alt. *ou* Anna ist eins.

4 *Quand on dit l'âge de quelqu'un, on dit* ***ist ein Jahr alt****, ou on peut dire simplement le nombre :* ***ist eins***.

unanime

▷ Je n'ai entendu que des avis unanimes.
Ich habe nur einstimmige Meinungen gehört.

einstimmig

unanimité

▷ Léa a été élue à l'unanimité.
Léa wurde einstimmig gewählt.

► **à l'unanimité :** einstimmig

uni, unie

▷ Je préférerais un tissu uni pour les rideaux.
Ich hätte lieber einen einfarbigen Stoff für die Vorhänge.

(= sans motifs) einfarbig

uniforme

▷ Elles étaient en uniforme.
Sie trugen Uniform.

die Uniform (pluriel Uniformen)

union

▷ Ils ont formé une union économique.
Sie haben eine wirtschaftliche Union gegründet.

▷ La Grèce est un membre de l'Union européenne.
Griechenland ist Mitglied der Europäischen Union.

die Union (pluriel Unionen)

► **l'Union européenne :** die Europäische Union

unique

1 ▷ L'argent est son unique souci.
Geld ist sein einziges Problem.

1 (= seul) einzig

2 ▷ Aurélie est fille unique.
Aurélie ist ein Einzelkind.

2 ► **être fils unique** *ou* **fille unique :** ein Einzelkind sein

uniquement

▷ J'ai fait ça uniquement pour te faire plaisir.
Ich habe das nur gemacht, um dir einen Gefallen zu tun.

(= seulement) nur

unir

▷ Un sentiment de solidarité nous unit.
Ein Solidaritätsgefühl vereinigt uns.

▷ Les deux pays ont décidé de s'unir contre leur ennemi commun.
Die beiden Länder haben sich gegen ihren gemeinsamen Feind vereinigt.

(des pays, des fortunes) vereinigen

► **s'unir :** sich vereinigen

ℹ *Les verbes commençant par le préfixe* ***ver-*** *ne prennent pas* ***ge-*** *au participe passé.*

unité

1 ▷ Le mètre est une unité de mesure.
Der Meter ist eine Maßeinheit.

1 (pour mesurer) die Einheit (pluriel Einheiten)

2 ▷ Au Royaume-Uni, l'unité de distance est le mille.
Im Vereinigten Königreich ist das Längenmaß die Meile.

2 ► **unité de distance :** das Längenmaß

univers

▷ Les astronomes étudient l'univers.
Die Astronomen studieren das Weltall.

(= cosmos) das Weltall

université

▷ Je voudrais étudier l'archéologie à l'université.
Ich möchte Archäologie an der Universität studieren.

die Universität (pluriel Universitäten)

urgence

1 ▷ Voici mon numéro de téléphone où tu peux m'appeler en cas d'urgence.
Hier ist meine Telefonnummer, wo du mich im Notfall erreichen kannst.

1 ► **en cas d'urgence :** im Notfall

2 ▷ Thomas a été transporté aux urgences.
Thomas wurde auf die Notfallstation gebracht.

2 ► **les urgences** (de l'hôpital) **:** die **Notfallstation**

urgent, urgente

▷ Tu dois rappeler Samia, c'est urgent.
Du musst Samia zurückrufen, es ist dringend.

dringend

usager, usagère

▷ Les usagers du téléphone vont être contents.
Die Telefonbenutzer werden sich freuen.

der **Benutzer** (pluriel **Benutzer**), die **Benutzerin** (pluriel **Benutzerinnen**)

usé, usée

▷ Je vais jeter cette veste, elle est vraiment trop usée.
Ich werde diese Jacke wegwerfen, sie ist wirklich zu verschlissen.

(= abîmé, en parlant d'un vêtement) **verschlissen**

user

▷ Tu vas user ton jean si tu fais ça.
Du wirst deine Jeans verschleißen, wenn du das tust.

(en parlant d'un vêtement) **verschleißen** (verschliss, verschlissen)

usine

▷ Le père d'Hubert travaille à l'usine de chaussures.
Huberts Vater arbeitet in der Schuhfabrik.

die **Fabrik** (pluriel **Fabriken**)

ustensile

▷ J'ai acheté des ustensiles de cuisine.
Ich habe Küchengeräte gekauft.

das **Gerät** (pluriel **Geräte**)

utile

▷ Merci, c'est un renseignement très utile.
Danke, das ist eine nützliche Auskunft.

nützlich

utilisateur, utilisatrice

▷ Il y a beaucoup d'utilisateurs potentiels pour cette application.
Es gibt viele potenzielle Benutzer für diese Anwendung.

der **Benutzer** (pluriel **Benutzer**), die **Benutzerin** (pluriel **Benutzerinnen**)

utiliser

▷ Tu dois utiliser le stylo rouge, pas le bleu, pour souligner les compléments.
Du musst den roten Kuli benutzen, nicht den blauen, um die Bestimmungen zu unterstreichen.

benutzen

ℹ *Les verbes commençant par le préfixe* ***be-*** *ne prennent pas* ***ge-*** *au participe passé.*

Vv

vacances

1 ▷ Les vacances commencent le trente juin.
Die Ferien beginnen am dreißigsten Juni.

▷ Mes cousins sont en vacances alors que moi, je suis encore à l'école.
Meine Cousins haben schon Ferien, während ich noch in der Schule bin.

▷ Vivement les grandes vacances !
Wenn nur schon Sommerferien wären!

1 (à l'école) die **Ferien**

C'est un pluriel.

► **être en vacances :** Ferien haben (hat, hatte, gehabt)

► **les grandes vacances :** die Sommerferien

2 ▷ Mes parents ont trois semaines de vacances en août.
Meine Eltern haben drei Wochen Urlaub im August.

2 (= congés, pour les personnes qui travaillent) der **Urlaub**

Ce mot s'emploie au singulier.

vacant, vacante

▷ Le poste est vacant depuis plusieurs mois.
Die Stelle ist seit mehreren Monaten offen.

(poste) **offen**

vacarme

▷ Quel vacarme !
So ein Lärm!

der **Lärm**

vaccin

1 ▷ Il n'y a pas de vaccin contre cette maladie.
Gegen diese Krankheit gibt es keinen Impfstoff.

1 (= substance) der **Impfstoff** (pluriel **–stoffe**)

2 ▷ Le médecin a vérifié mes vaccins.
Der Arzt hat meine Impfungen überprüft.

▷ Le médecin t'a fait un vaccin ?
Hat der Arzt dich geimpft?

2 (= action de vacciner) die **Impfung** (pluriel **Impfungen**)

► **faire un vaccin à** quelqu'un **:** jemanden (accusatif) **impfen**

▷ J'ai dû me faire faire un vaccin avant de partir en Afrique.
Ich musste mich impfen lassen, bevor ich nach Afrika reiste.

► se **faire faire un vaccin :** sich **impfen lassen** (lässt, ließ, lassen)

vacciner

▷ Le médecin a vacciné tous les élèves.
Der Arzt hat alle Schüler geimpft.

▷ Je dois me faire vacciner contre le tétanos.
Ich muss gegen Tetanus geimpft werden.

impfen

► se **faire vacciner :** **geimpft werden**

vache

▷ Une vache s'était échappée et nous avions dû la rattraper.
Eine Kuh war entkommen und wir mussten sie wieder einfangen.

(= animal) die **Kuh** (pluriel **Kühe**)

vachement

▷ La copine d'Antoine est vachement sympa.
Antoines Freundin ist echt nett.

echt

ℹ *L'expression française et sa traduction allemande sont familières.*

vague

1 ▷ Nous nous sommes jetés dans les vagues.
Wir haben uns in die Wellen gestürzt.

1 (dans la mer) die **Welle** (pluriel **Wellen**)

2 ▷ La météo a annoncé une vague de chaleur.
Der Wetterbericht hat eine Hitzewelle angesagt.

2 ► **vague de chaleur :** die **Hitzewelle**

ℹ *De même, on dit die* ***Kältewelle*** = vague de froid.

3 ▷ Ta description est trop vague.
Deine Beschreibung ist ungenau.

3 (adjectif = imprécis) **ungenau**

vaincre

▷ Ils ont réussi à nous vaincre.
Sie haben es geschafft, uns zu schlagen.

(un adversaire, une armée) **schlagen** (schlägt, schlug, geschlagen)

vainqueur

▷ Le vainqueur de la course de vélos recevra un prix.
Der Sieger des Radrennens bekommt einen Preis.

der **Sieger** (pluriel **Sieger**), die **Siegerin** (pluriel **Siegerinnen**)

vaisseau

▷ Les pirates n'ont pas mis longtemps pour rattraper le vaisseau.
Die Piraten brauchten nicht lange, um das Schiff einzuholen.

das **Schiff** (pluriel **Schiffe**)

▷ Au musée des sciences, nous avons vu un vaisseau spatial américain.
Im Wissenschaftsmuseum haben wir ein amerikanisches Raumschiff gesehen.

► **vaisseau spatial :** das **Raumschiff** (pluriel **-schiffe**)

vaisselle

▷ Nous avons offert de la vaisselle à Nissim pour son mariage.
Zu seiner Hochzeit haben wir Nissim Geschirr geschenkt.

▷ Tu peux faire la vaisselle, s'il te plaît ?
Kannst du bitte das Geschirr spülen?

das **Geschirr**

ℹ *Ce mot s'emploie uniquement au singulier.*

► **faire la vaisselle : das Geschirr spülen**

valable

1 ▷ Ta carte est valable juqu'à la fin du mois.
Deine Karte ist bis Monatsende gültig.

1 (= valide) **gültig**

2 ▷ C'est un argument valable.
Das ist ein triftiges Argument.

2 (= sérieux) **triftig**

valet

▷ J'ai joué le valet de cœur.
Ich habe den Herzbuben ausgespielt.

(aux cartes) der **Bube** (pluriel **Buben**)

valeur

▷ Personne ne connaît la vraie valeur de ce tableau.
Niemand kennt den wahren Wert dieses Bildes.

▷ Les objets de valeur peuvent être déposés à la réception de l'hôtel.
Die Wertgegenstände können am Hotelempfang abgegeben werden.

der **Wert** (pluriel **Werte**)

► **objet de valeur :** der **Wertgegenstand** (pluriel **-gegenstände**)

valide

▷ Cette carte est valide pendant deux semaines.
Diese Karte ist zwei Wochen lang gültig.

(billet, passeport) **gültig**

valise

▷ Prends la valise, s'il te plaît.
Nimm bitte den Koffer.

▷ Je dois encore faire ma valise.
Ich muss meinen Koffer noch packen.

▷ Est-ce que tu as fait ta valise ?
Hast du deinen Koffer gepackt?

der **Koffer** (pluriel **Koffer**)

► **faire sa valise :** *pronom possessif* + **Koffer packen**

ℹ *Le pronom possessif s'emploie à l'accusatif :* ***meinen, deinen, seinen, ihren, unseren, euren, ihren.***

vallée

▷ D'ici, on voit toute la vallée.
Von hier aus sieht man das ganze Tal.

das **Tal** (pluriel **Täler**)

valoir

1 ▷ Ce tableau vaut plusieurs millions d'euros.
Dieses Bild ist mehrere Millionen Euro wert.

1 (suivi d'un prix) **wert sein**

2 ▷ Combien vaut ce foulard, s'il vous plaît ?
Wieviel kostet dieses Halstuch, bitte?

2 *Pour demander* **combien vaut** *quelque chose, on dit* ***wieviel kostet ...?*** *pour un seul article et* ***wieviel kosten ...?*** *pour plusieurs articles.*

3 ▷ Il vaut mieux le leur dire tout de suite.
Wir sagen es ihnen besser sofort.
▷ Il vaut mieux y aller demain.
Du gehst besser morgen hin.

3 *Pour dire qu'il* **vaut mieux** *faire quelque chose, on emploie la formule suivante : pronom personnel + verbe au présent +* ***besser****.*

4 ▷ Il vaut mieux que tu en parles à tes parents.
Es ist besser, wenn du darüber mit deinen Eltern sprichst.

4 ► **il vaut mieux que ... : es ist besser, wenn ...**

5 ▷ Tout le monde dehors, et ça vaut aussi pour toi !
Raus mit euch, und das gilt auch für dich!

5 (= être valable) **gelten** (**gilt**, **galt**, **gegolten**)

6 ▷ Est-ce que ça vaut le coup d'aller voir ce film ?
Lohnt es sich, diesen Film zu sehen?

6 ► **valoir le coup de** + *infinitif* : **sich lohnen, zu** + *infinitif*

valse

▷ Ils ont dansé une valse.
Sie haben einen Walzer getanzt.

der **Walzer** (pluriel **Walzer**)

vampire

▷ Encore une histoire de vampires !
Schon wieder eine Vampirgeschichte!

der **Vampir** /vam'piːɐ/ (pluriel **Vampire**)

Notez la prononciation.

vandale

▷ Des vandales ont cassé l'abribus.
Vandalen haben die Bushaltestelle eingeschlagen.

der **Vandale** (pluriel **Vandalen**), die **Vandalin** (pluriel **Vandalinnen**)

vanille

▷ Ma mère met de la vanille dans le sucre pour lui donner du goût.
Meine Mutter tut Vanille in den Zucker, um ihm Geschmack zu geben.
▷ Je préfère la glace à la vanille.
Ich mag Vanilleeis lieber.

die **Vanille**

Pour dire que quelque chose est **à la vanille**, *on forme des mots composés avec* ***Vanille*** *:* die ***Vanillecreme*** (crème à la vanille), das ***Vanillejoghurt*** (yaourt à la vanille), *etc.*

vaniteux, vaniteuse

▷ Malik est tellement vaniteux !
Malik ist so eitel!

eitel

se vanter

▷ Arrête de te vanter, ce n'était pas si difficile !
Hör auf zu prahlen, so schwer war es doch nicht!

prahlen

ℹ *On dit aussi* ***angeben****, qui est un verbe à particule séparable et se conjugue comme* ***geben*** (gibt, gab, gegeben).

vapeur

▷ La vapeur montait au-dessus des sources chaudes.
Der Dampf stieg über den heißen Quellen auf.

▷ J'aime les légumes cuits à la vapeur.
Ich mag gedämpftes Gemüse.

der Dampf

► **cuit à la vapeur :** gedämpft

vaporisateur

▷ Je lui ai acheté un parfum en vaporisateur.
Ich habe ihr ein Parfüm mit Zerstäuber gekauft.

(de parfum) der Zerstäuber (pluriel Zerstäuber)

varappe

▷ Je fais de la varappe tous les dimanches.
Ich klettere jeden Sonntag.

das Klettern

► **faire de la varappe :** klettern

varicelle

▷ Il a la varicelle.
Er hat Windpocken.

die Windpocken

ℹ *Ce mot est un pluriel.*

varié, variée

▷ Les repas de la cantine sont assez variés.
Das Kantinenessen ist ziemlich abwechslungsreich.

(= diversifié) abwechslungsreich

varier

▷ Les températures varient beaucoup entre Lille et Toulouse.
Die Temperaturen zwischen Lille und Toulouse sind sehr unterschiedlich.

(= changer) unterschiedlich sein

variété

1 ▷ Je ne connais pas cette variété de poire.
Ich kenne diese Birnensorte nicht.

1 (= type) die Sorte (pluriel Sorten)

2 ▷ Je déteste les émissions de variétés.
Ich hasse Unterhaltungssendungen.

2 ► **émission de variétés** (à la télévision) **:** die Unterhaltungssendung (pluriel -sendungen)

3 ▷ Nous sommes allés voir un spectacle de variétés au théâtre.
Wir haben ein Varieteestück im Theater gesehen.

3 ► **spectacle de variété** (au théâtre) **:** das **Varieteestück** (pluriel **-stücke**)

ℹ *Attention à l'orthographe du mot allemand.*

4 ▷ C'est un chanteur de variétés très célèbre.
Er ist ein berühmter Schlagersänger.

4 ► **chanteur de variétés, chanteuse de variétés :** der **Schlagersänger** (pluriel **-sänger**), die **Schlagersängerin** (pluriel **-sängerinnen**)

vase (NOM MASCULIN)

▷ Je vais mettre les fleurs dans un vase.
Ich stelle die Blumen in eine Vase.

die **Vase** /vaːzə/ (pluriel **Vasen**)

Notez la prononciation.

vase (NOM FÉMININ)

▷ Les mouettes cherchent des vers dans la vase.
Die Möwen suchen Würmer im Schlamm.

► **la vase** (= la boue) **:** der **Schlamm**

vaut

Regardez au mot ***valoir****.*

vautour

▷ Les vautours attendent que l'animal meure.
Die Geier warten darauf, dass das Tier stirbt.

der **Geier** (pluriel **Geier**)

veau

1 ▷ Le petit veau suit sa mère partout !
Das kleine Kalb folgt seiner Mutter überall hin!

1 (= petit de la vache) das **Kalb** (pluriel **Kälber**)

2 ▷ Les Britanniques mangent rarement du veau.
Die Briten essen selten Kalbfleisch.

2 (= viande) das **Kalbfleisch**

ℹ *Quand on parle du plat, l'article n'est pas employé.*

vécu

Regardez au mot ***vivre****.*

vedette

1 ▷ Toutes les vedettes de cinéma étaient là.
Alle Filmstars waren da.

1 (= star) der **Star** (pluriel **Stars**)

2 ▷ La vedette a dépassé le voilier.
Das Schnellboot hat das Segelboot überholt.

2 (= bateau) das **Schnellboot** (pluriel **-boote**)

végétal (NOM)

▷ Il étudie les végétaux qui poussent sur l'île.
Er erforscht die Pflanzen, die auf der Insel wachsen.

die **Pflanze** (pluriel **Pflanzen**)

végétarien, végétarienne

▷ Les végétariens peuvent manger des œufs.
Vegetarier dürfen Eier essen.

der **Vegetarier** /vege'taːri'ɐ/ (pluriel **Vegetarier**), die **Vegetarierin** (pluriel **Vegetarierinnen**)

Notez la prononciation.

végétation

1 ▷ Nous nous sommes frayé un chemin à travers la végétation.
Wir haben uns einen Weg durch die Vegetation gebahnt.

1 (= flore) die **Vegetation**

Notez la prononciation.

2 ▷ Ma sœur se fait opérer des végétations.
Meiner Schwester werden die Polypen herausgenommen.

2 ► **les végétations** (du nez) **:** die **Polypen**

N'oubliez pas que le **y** *allemand se prononce* **u**.

véhicule

▷ Les véhicules sont interdits sur l'île.
Fahrzeuge sind auf der Insel verboten.

das **Fahrzeug** (pluriel **Fahrzeuge**)

veille

▷ Ils sont arrivés la veille.
Sie sind am Vortag angekommen.

▷ Ben a révisé la veille de l'examen.
Ben hat am Tag vor der Prüfung wiederholt.

► **la veille : am Vortag**

► **la veille de ... : am Tag vor ...**

veiller

▷ Ne veillez pas trop tard !
Bleibt nicht zu lange auf!

(= se coucher tard) **aufbleiben**

auf•bleiben *est un verbe à particule séparable et se conjugue comme* ***bleiben*** (**blieb**, **geblieben**).

veine

1 ▷ L'infirmière ne trouvait pas la veine.
Die Krankenschwester fand die Vene nicht.

1 (= vaisseau sanguin) die **Vene** (pluriel **Venen**)

2 ▷ Tu vas en Nouvelle-Zélande ? Tu as de la veine !
Du fliegst nach Neuseeland? Du hast aber Glück!

2 ► **avoir de la veine : Glück haben**

vélo

▷ Le nouveau vélo de Nadine est génial.
Nadines neues Fahrrad ist klasse.

▷ Tu vas à l'école à vélo ?
Fährst du mit dem Fahrrad zur Schule?

▷ Viens faire du vélo avec nous dimanche.
Komm am Sonntag mit uns Fahrrad fahren.

das **Fahrrad** (pluriel **–räder**)

► **aller à vélo** *ou* **en vélo : mit dem Fahrrad fahren** (**fährt**, **fuhr**, **gefahren**)

► **faire du vélo : Fahrrad fahren**

vélomoteur

▷ Il était sur son vélomoteur.
Er saß auf seinem Moped.

das **Moped** (pluriel **Mopeds**)

velours

▷ Le velours est un tissu très doux.
Samt ist ein sehr weicher Stoff.

▷ Mes rideaux sont en velours.
Meine Vorhänge sind aus Samt.

▷ Les coussins en velours vont sur le canapé.
Die Samtkissen gehören auf das Sofa.

▷ Tu as vu ma veste en velours ?
Hast du meine Samtjacke gesehen?

der **Samt**

► **être en velours : aus Samt sein**

Pour désigner les objets **en velours** *ou* **de velours**, *on forme des mots composés avec* ***Samt*** *: das* ***Samtkleid*** **(robe en velours)**, *die* ***Samthose*** **(pantalon en velours)**.

vendange

▷ Les vendanges commencent en septembre.
Die Weinlese fängt im September an.

▷ Le frère de Louise fait les vendanges chaque année.
Louises Bruder geht jedes Jahr Trauben lesen.

(= récolte) die **Weinlese**

ℹ *Ce mot est un singulier.*

► **faire les vendanges** (en tant qu'employé) : **Trauben lesen** (liest, las, gelesen)

ℹ ***Lesen*** *signifie aussi « lire ».*

vendeur, vendeuse

▷ La vendeuse m'a aidé à trouver la bonne taille.
Die Verkäuferin hat mir geholfen, die richtige Größe zu finden.

(dans un magasin) der **Verkäufer** (pluriel **Verkäufer**), die **Verkäuferin** (pluriel **Verkäuferinnen**)

vendre

▷ Nadine a vendu son vélo pour s'acheter une console de jeux.
Nadine hat ihr Fahrrad verkauft, um sich eine Spielkonsole zu kaufen.

▷ Quentin a vendu ses CD à Camille.
Quentin hat Camille seine CDs verkauft.

verkaufen

ℹ *Les verbes commençant par le préfixe* ***ver-*** *ne prennent pas* ***ge-*** *au participe passé.*

► **vendre** quelque chose **à** quelqu'un : jemandem (datif) etwas **verkaufen**

vendredi

▷ Aujourd'hui c'est vendredi.
Heute ist Freitag.

▷ Nous viendrons vendredi.
Wir kommen am Freitag.

▷ Le vendredi, Lisa va à son cours de saxophone.
Freitags hat Lisa Saxophonunterricht.

der **Freitag**

► **faire** quelque chose **vendredi :** etwas **am Freitag tun**

► **le vendredi** (= tous les vendredis) : **freitags**

vénéneux, vénéneuse

▷ Je ne sais pas reconnaître les champignons vénéneux.
Ich kann giftige Pilze nicht erkennen.

giftig

se venger

▷ Thomas voulait se venger de Marc.
Thomas wollte sich an Marc rächen.

▷ Elle s'est vengée de ce qu'ils lui avaient fait.
Sie hat sich gerächt für das, was sie ihr angetan hatten.

► se **venger de** quelqu'un : sich **an** jemandem (datif) **rächen**

► se **venger de** quelque chose : sich für etwas **rächen**

venimeux, venimeuse

▷ Cette araignée est venimeuse.
Diese Spinne ist giftig.

▷ Est-ce qu'il y a des serpents venimeux ici ?
Gibt es hier Giftschlangen?

giftig

ℹ *On peut former des mots composés avec* ***Gift*** *: die* ***Giftspinne*** (araignée venimeuse).

venin

▷ Le venin de ce serpent est mortel.
Das Gift dieser Schlange ist tödlich.

das **Gift** (pluriel **Gifte**)

venir

1 ▷ Tu viens avec moi ?
Kommst du mit mir?

▷ Viens m'aider, s'il te plaît.
Komm und hilf mir, bitte.

▷ Nos correspondants viennent de Darmstadt.
Unsere Brieffreunde kommen aus Darmstadt.

▷ Nous avons fait venir le médecin tout de suite.
Wir ließen sofort den Arzt kommen.

1 (= aller) **kommen** (kam, gekommen)

Quand on demande à quelqu'un de **venir** faire quelque chose, *on dit* ***komm und ...***.

► **venir de** (= arriver de, provenir de) : **aus ... kommen**

► **faire venir** (= appeler) : **kommen lassen** (lässt, ließ, gelassen)

2 ▷ La prof vient de sortir de la classe.
Die Lehrerin ist gerade aus dem Klassenzimmer gegangen.

▷ Merci pour le chocolat, mais je viens de me brosser les dents.
Danke für die Schokolade, aber ich habe mir gerade die Zähne geputzt.

2 *Pour dire que quelqu'un* **vient de faire** *quelque chose en allemand, on emploie une phrase avec les auxiliaires* ***sein*** *ou* ***haben*** *+* ***gerade***.

vent

▷ Le vent souffle fort aujourd'hui.
Der Wind weht heute stark.

▷ Il y a du vent sur la colline.
Auf dem Hügel ist es windig.

der **Wind** (pluriel **Winde**)

► **il y a du vent :** **es ist windig**

vente

1 ▷ L'école organise une vente de viennoiseries tous les jeudis.
Die Schule organisiert jeden Donnerstag einen Verkauf von Gebäck.
▷ La maison est en vente.
Das Haus ist zu verkaufen.

1 der **Verkauf** (pluriel **Verkäufe**)

► **en vente :** zu verkaufen

2 ▷ Tu es déjà allé à une vente aux enchères ?
Warst du schon auf einer Versteigerung?

2 ► **vente aux enchères :** die **Versteigerung** (pluriel **Versteigerungen**)

ventre

▷ Je dors toujours sur le ventre.
Ich schlafe immer auf dem Bauch.
▷ Joël a souvent mal au ventre.
Joël hat oft Bauchschmerzen.

der **Bauch** (pluriel **Bäuche**)

► **avoir mal au ventre :** Bauchschmerzen haben

ver

1 ▷ Cette pomme est pleine de vers !
Dieser Apfel ist voller Maden!

1 (= asticot) die **Made** (pluriel **Maden**)

2 ▷ Nous avons cherché des vers de terre pour la pêche.
Wir haben Regenwürmer zum Angeln gesucht.

2 ► **ver de terre :** der **Regenwurm** (pluriel **–würmer**)

verbe

▷ Le verbe est au présent.
Das Verb ist im Präsens.

das **Verb** (pluriel **Verben**)

verglas

▷ La voiture a dérapé sur le verglas.
Das Auto ist auf dem Glatteis ausgerutscht.

das **Glatteis**

vérifier

▷ Vérifie que la porte est fermée à clé.
Überprüfe, ob die Tür abgeschlossen ist.

(= contrôler) **überprüfen**

ℹ *Les verbes commençant par le préfixe **über-** ne prennent pas **ge-** au participe passé.*

vérité

▷ Tu ferais mieux de dire la vérité !
Du tätest besser daran, die Wahrheit zu sagen!

die **Wahrheit** (pluriel **Wahrheiten**)

vernis

1 ▷ J'ai acheté du vernis pour la table.
Ich habe Lack für den Tisch gekauft.

1 (pour le bois) der **Lack** (pluriel **Lacke**)

2 ▷ Le vernis du tableau est tout craquelé.
Der Firnis auf dem Bild ist ganz rissig.

2 (pour la peinture) der **Firnis** (pluriel **Firnisse**)

3 ▷ Mélanie a du vernis bleu vif.
Mélanie hat knallblauen Nagellack.

3 (pour les ongles) der **Nagellack** (pluriel **-lacke**)

verre

1 ▷ Attention, il y a des morceaux de verre par terre !
Vorsicht, auf dem Boden liegen Glasscherben!
▷ La porte du bureau est en verre.
Die Bürotür ist aus Glas.
▷ J'ai acheté des perles en verre bleu.
Ich habe blaue Glasperlen gekauft.

1 (= matériau) das **Glas**

► **être en verre : aus Glas sein**

Pour désigner les objets **en verre** *ou* **de verre**, *on forme des mots composés avec* ***Glas*** *: die* ***Glasschüssel*** (saladier en verre), *die* ***Glaswolle*** (laine de verre).

2 ▷ Un verre de lait, s'il vous plaît.
Ein Glas Milch, bitte.

2 (= récipient pour boire) das **Glas** (pluriel **Gläser**)

3 ▷ Sabrina porte des verres épais.
Sabrina trägt dicke Gläser.

3 (= verre de lunettes) das **Glas** (pluriel **Gläser**)

4 ▷ Il existe des verres de contact teintés.
Es gibt getönte Kontaktlinsen.

4 ► **verres de contact :** die **Kontaktlinsen**

5 ▷ Venez prendre un verre avec nous.
Kommen Sie mit uns etwas trinken.

5 ► **prendre un verre** (= boire) : **etwas trinken**

verrouiller

1 ▷ Verrouille la porte !
Verriegel die Tür!

1 (une porte) **verriegeln**

ℹ *Les verbes commençant par le préfixe* ***ver-*** *ne prennent pas* ***ge-*** *au participe passé.*

2 ▷ Ses parents ont verrouillé la télé.
Seine Eltern haben den Fernseher gesperrt.

2 (des données, une TV) **sperren**

verrue

▷ Isabelle a des verrues aux mains.
Isabelle hat Warzen an den Händen.
▷ Cette verrue plantaire me fait très mal.
Diese Fußsohlenwarze tut mir sehr weh.

die **Warze** (pluriel **Warzen**)

► **verrue plantaire :** die **Fußsohlenwarze**

vers

1 ▷ Allez vers l'église, puis tournez à gauche.
Gehen Sie auf die Kirche zu, dann biegen Sie links ab.

1 ► **vers ...** (= en direction de) : **auf** + *accusatif* + **zu**

ℹ *On dit aussi* ***in Richtung ...***

2 ▷ Ils habitent vers Angers.
Sie wohnen in der Nähe von Angers.

2 (= aux environs de, dans l'espace) **in der Nähe von ...**

3 ▷ Nous serons là vers huit heures.
Wir kommen etwa um acht Uhr.

3 (= aux environs de, dans le temps) **etwa um**

ℹ *On dit aussi* ***gegen.***

verser

1 ▷ Verse-moi de l'eau, s'il te plaît.
Gieß mir bitte Wasser ein.

1 (= servir, transvaser) **eingießen**
ℹ *ein•gießen est un verbe à particule séparable et se conjugue comme gießen (goss, gegossen).*

2 ▷ Chaque mois, je verse dix euros sur mon compte d'épargne.
Jeden Monat zahle ich zehn Euro auf mein Sparkonto ein.

2 (= payer) **einzahlen**
ℹ *ein•zahlen est un verbe à particule séparable.*

version

▷ Chacun a raconté sa version de l'histoire.
Jeder erzählte seine Version der Geschichte.

die **Version** (pluriel Versionen)

vert, verte

▷ Les arbres sont encore très verts.
Die Bäume sind noch sehr grün.
▷ Le vert ne me va pas.
Grün steht mir nicht gut.

(= couleur) **grün**

► **le vert :** Grün

vertical, verticale

▷ Trace un trait vertical au milieu de la page.
Zeichne eine senkrechte Linie in der Mitte der Seite.

senkrecht

vertige

▷ Je ne peux pas monter à l'échelle, j'ai le vertige.
Ich kann nicht auf die Leiter klettern, mir wird schwindlig.
▷ L'altitude me donne le vertige.
Höhe macht mich schwindlig.

► quelqu'un **a le vertige :** jemandem (datif) **wird schwindlig**

► **donner le vertige à** quelqu'un **:** jemanden (accusatif) **schwindlig machen**

veste

▷ Tu peux accrocher ta veste derrière la porte.
Du kannst deine Jacke hinter der Tür aufhängen.

die **Jacke** (pluriel Jacken)

vestiaire

1 ▷ Les vestiaires sont à côté de l'entrée du gymnase.
Die Umkleideräume sind neben dem Eingang der Turnhalle.

1 (dans un stade, une piscine) der **Umkleideraum** (pluriel –räume)

2 ▷ Tu peux laisser ton manteau au vestiaire.
Du kannst deinen Mantel an der Garderobe abgeben.

2 (= au théâtre, au musée) die **Garderobe** /gardəˈroːbə/ (pluriel Garderoben)
Notez la prononciation.

vêtements

▷ Céline adore acheter des vêtements.
Céline kauft liebend gern Kleidung.

die **Kleidung**
ℹ *Ce mot s'emploie au singulier.*

vétérinaire

▷ Le vétérinaire a dit que ce n'était pas grave.
Der Tierarzt hat gesagt, es sei nicht schlimm.

▷ J'ai attendu presque une heure chez le vétérinaire.
Ich habe fast eine Stunde beim Tierarzt gewartet.

▷ Ma mère a emmené le chat chez le vétérinaire.
Meine Mutter hat die Katze zum Tierarzt gebracht.

▷ Il y a une clinique vétérinaire à côté de chez nous.
Bei uns nebenan ist eine Tierklinik.

der **Tierarzt** (pluriel **-ärzte**), die **Tierärztin** (pluriel **-ärztinnen**)

► **chez le vétérinaire** (= dans le cabinet) : **beim Tierarzt**

► **chez le vétérinaire** (= vers le cabinet) : **zum Tierarzt**

► **clinique vétérinaire :** die **Tierklinik** (pluriel **-kliniken**)

veuf

▷ Notre voisin est veuf.
Unser Nachbar ist Witwer.

der **Witwer** (pluriel **Witwer**)
► **être veuf : Witwer sein** *ou* **verwitwet sein**

veuve

▷ Notre professeur de français est veuve.
Unsere Französischlehrerin ist Witwe.

die **Witwe** (pluriel **Witwen**)
► **être veuve : Witwe sein** *ou* **verwitwet sein**

vexer

1 ▷ La remarque de Daniel a vexé Suzanne.
Daniels Bemerkung hat Suzanne gekränkt.

1 (= offenser) **kränken**

2 ▷ Ne te vexe pas, c'était pour rire.
Sei nicht beleidigt, es war nur Spaß.

2 ► se **vexer : beleidigt sein**

viande

▷ Cette viande est très tendre.
Dieses Fleisch ist sehr zart.

das **Fleisch**

vibrer

▷ Le frigo vibre et fait beaucoup de bruit.
Der Kühlschrank vibriert und macht viel Lärm.

vibrieren
ℹ *Les verbes se terminant en* ***-ieren*** *ne prennent pas* ***ge-*** *au participe passé.*

victime

1 ▷ Plusieurs des victimes de l'attentat ont été interviewées.
Mehrere Anschlagsopfer wurden interviewt.

1 das **Opfer** (pluriel **Opfer**)

2 ▷ Le tremblement de terre a fait beaucoup de victimes.
Viele Menschen fielen dem Erdbeben zum Opfer.
▷ L'attentat a fait quinze victimes.
Fünfzehn Menschen sind dem Anschlag zum Opfer gefallen.

2 *Pour dire que quelque chose* **fait des victimes** *en allemand, on emploie une phrase passive avec la formule* ***zum Opfer fallen*** (**fällt**, **fiel**, **gefallen**) ; *le complément de la phrase française devient sujet en allemand.*

victoire

▷ Ils ont fêté la victoire de l'équipe toute la nuit.
Sie haben den Sieg der Mannschaft die ganze Nacht über gefeiert.
▷ Bordeaux a facilement remporté la victoire.
Bordeaux hat mühelos gesiegt.

der **Sieg** (pluriel **Siege**)

► **remporter la victoire :** **siegen**

vide

1 ▷ La carafe est vide, tu peux la remplir ?
Die Karaffe ist leer, kannst du sie füllen?

1 (= contraire de plein) **leer**

2 ▷ Il s'est jeté dans le vide.
Er hat sich in die Tiefe gestürzt.

2 ► se **jeter dans le vide :** sich **in die Tiefe stürzen**

vidéo

▷ Nous avons encore des vidéos à la maison.
Zu Hause haben wir noch Videos.

► **vidéo** *ou* **cassette vidéo :** das **Video** (pluriel **Videos**) *ou* die **Videokassette** (pluriel **-kassetten**)

vidéoclub

▷ Tu peux passer au vidéoclub ?
Kannst du bei der Videothek vorbei gehen?

die **Videothek** (pluriel **Videotheken**)

vider

1 ▷ Va vider la poubelle, s'il te plaît.
Leer bitte den Abfalleimer aus.

1 (en parlant d'un récipient) **ausleeren**
ℹ ***aus•leeren*** *est un verbe à particule séparable.*

2 ▷ Nous devrions vider l'armoire avant de la déplacer.
Wir sollten den Schrank ausräumen, bevor wir ihn wegrücken.

2 (en parlant d'un meuble, d'un tiroir, d'une maison) **ausräumen**
ℹ ***aus•räumen*** *est un verbe à particule séparable.*

3 ▷ Vide simplement le reste du jus dans l'évier.
Kipp einfach den Rest des Saftes in die Spüle.

3 (en parlant d'un liquide) **kippen**
ℹ *On dit aussi* ***gießen*** (**goss**, **gegossen**).

4 ▷ Je déteste vider les poissons.
Ich hasse es, Fische auszunehmen.

4 (= enlever les entrailles de) **ausnehmen**
ℹ ***aus•nehmen*** *est un verbe à particule séparable et se conjugue comme* ***nehmen*** (**nimmt**, **nahm**, **genommen**).

5 ▻ Maman, il est en train de vider tout le paquet de gâteaux !
Mama, er isst die ganze Packung Kekse leer!
▻ J'avais tellement soif que j'ai vidé la bouteille.
Ich hatte solchen Durst, dass ich die Flasche leer trank.

5 ► **vider** quelque chose (en mangeant) : etwas (accusatif) **leer essen**
► **vider** quelque chose (en buvant) : etwas (accusatif) **leer trinken**

vie

▻ Raphaël a eu une vie difficile.
Raphaël hatte ein schwieriges Leben.
▻ Heureusement, le chien était encore en vie.
Zum Glück war der Hund noch am Leben.

das **Leben** (pluriel **Leben**)
► **en vie** : **am Leben**

vieil

Regardez au mot ***vieux****.*

vieillard

▻ J'ai aidé un vieillard à traverser la rue.
Ich half einem alten Mann, die Straße zu überqueren.

der **alte Mann** (pluriel **alte Männer**)

vieille

Regarder au mot ***vieux****.*

vieillesse

▻ La vieillesse ne la préoccupe pas.
Das Alter macht ihr nicht zu schaffen.

(= état) das **Alter**
ℹ *Ce mot s'emploie uniquement au singulier.*

▻ Mon arrière-grand-mère est morte de vieillesse.
Meine Urgroßmutter ist an Altersschwäche gestorben.

► **mourir de vieillesse** : **an Altersschwäche sterben**

vieillir

1 ▻ Ma mère a peur de vieillir.
Meine Mutter hat Angst, alt zu werden.

1 (= devenir plus vieux) **alt werden** (**wird, wurde, geworden**)

2 ▻ Je trouve qu'il a beaucoup vieilli.
Ich finde, dass er sehr gealtert ist.

2 (= changer, décliner) **altern**
ℹ *Notez que le passé composé allemand se forme avec l'auxiliaire* ***sein****.*

3 ▻ Cette robe la vieillit.
Dieses Kleid macht sie älter.

3 ► **vieillir** quelqu'un (= le faire paraître plus vieux) : jemanden (accusatif) **älter machen**

vierge

1 ▻ Il est (du signe de la) Vierge.
Er ist Jungfrau.

1 die **Jungfrau** (pluriel **-frauen**)

2 ▻ Il me reste trois CD vierges.
Ich habe noch drei CD-Rohlinge.

2 ► **un CD vierge** : **ein CD-Rohling** (pluriel **Rohlinge**)

vieux, vieil, vieille

1 ▷ J'aime bien ce vieil homme, il est très gentil.
Ich mag diesen alten Mann gern, er ist sehr nett.
▷ Elle est moins vieille que je ne le pensais.
Sie ist jünger als ich dachte.

1 (= adjectif) **alt** (**plus vieux** älter ; **le plus vieux** der älteste)
► **moins vieux : jünger**

2 ▷ Le vieux d'à côté crie tout le temps.
Der Alte von nebenan schreit dauern herum.

2 (= personne) der / die **Alte** (pluriel Alten)
ℹ *C'est un adjectif substantivé : on dit* ***ein Alter****.*

vif, vive

1 ▷ Les chambres sont peintes de couleurs vives.
Die Schlafzimmer sind in leuchtenden Farben gestrichen.

1 (= brillant) **leuchtend**

2 ▷ Je me suis acheté un pantalon jaune vif.
Ich habe mir eine knallgelbe Hose gekauft.

2 *Quand* **vif** *suit une couleur, on forme des mots composés avec* ***knall-*** *:* ***knallrot*** (rouge vif), ***knallrosa*** (rose vif).

3 ▷ Érika est une fille très vive.
Érika ist ein sehr lebhaftes Mädchen.

3 (= dynamique) **lebhaft**

vigne

▷ La maison est entourée de vignes.
Das Haus ist von Weinbergen umgeben.

(= vignoble) der **Weinberg** (pluriel -berge)

vilain, vilaine

1 ▷ Le quartier est agréable, mais l'immeuble est vraiment vilain.
Das Viertel ist angenehm, aber das Gebäude ist wirklich hässlich.

1 (= laid) **hässlich**

2 ▷ C'est très vilain de mentir.
Es ist sehr schlecht zu lügen.

2 (= mal) **schlecht**

3 ▷ Vilain garçon !
Du böser Junge!

3 (= méchant) **böse**

villa

▷ Des amis de mes parents ont une villa en Provence.
Freunde meiner Eltern haben eine Villa in der Provence.

die **Villa** (pluriel Villen)

village

▷ Laure habite dans un tout petit village.
Laure lebt in einem ganz kleinen Dorf.

das **Dorf** (pluriel Dörfer)

ville

▷ La ville la plus proche est à dix kilomètres.
Die nächste Stadt ist zehn Kilometer entfernt.

▷ On pourrait aller en ville cet après-midi.
Wir könnten heute Nachmittag in die Stadt gehen.

▷ La vieille ville de Prague est très belle.
Die Prager Altstadt ist sehr schön.

die **Stadt** (pluriel **Städte**)

► **aller en ville :** in die Stadt gehen

► **vieille ville** (= la partie ancienne) : die **Altstadt**

vin

▷ Mon père aime le bon vin.
Mein Vater liebt guten Wein.

der **Wein** (pluriel **Weine**)

vinaigre

▷ Il y a trop de vinaigre dans cette vinaigrette.
In dieser Vinaigrette ist zu viel Essig.

der **Essig** (pluriel **Essige**)

vinaigrette

▷ Je n'aime pas la vinaigrette.
Ich mag Vinaigrette nicht.

die **Vinaigrette** (pluriel **Vinaigretten**)

Se prononce comme en français.

vingt

▷ Il y a vingt élèves dans ma classe.
In meiner Klasse sind zwanzig Schüler.

▷ Ma cousine a vingt ans.
Meine Cousine ist zwanzig Jahre alt. *ou* **Meine Cousine ist zwanzig.**

▷ Aujourd'hui, c'est le vingt octobre.
Heute ist der zwanzigste Oktober.

▷ L'anniversaire de Julie est le vingt septembre.
Julies Geburtstag ist am zwanzigsten September.

zwanzig

Quand on dit l'âge de quelqu'un, on dit ***ist zwanzig Jahre alt****, ou on peut dire simplement le nombre :* ***ist zwanzig****.*

Quand on dit la date, on emploie ***der zwanzigste****.*

Quand on dit que quelque chose a eu lieu ou aura lieu à cette date, on emploie ***am zwanzigsten****.*

On écrit ***der 20. Oktober****,* ***am 20. September****.*

vingtaine

▷ Une vingtaine de spectateurs étaient venus.
Ungefähr zwanzig Zuschauer waren gekommen.

► **une vingtaine de ... :** ungefähr zwanzig ...

violence

▷ Il y a de plus en plus de violence à l'école.
Es gibt immer mehr Gewalt in der Schule.

die **Gewalt**

violent, violente

1 ▷ C'est un garçon très violent.
Er ist ein sehr gewalttätiger Junge.

1 (en parlant d'une personne) **gewalttätig**

2 ▷ Je n'aime pas les films violents.
Ich mag brutale Filme nicht.

2 (en parlant d'un jeu, d'un film) **brutal**

violer

1 ▷ Il est accusé d'avoir violé plusieurs femmes.
Er wird beschuldigt, mehrere Frauen vergewaltigt zu haben.

1 (= abuser sexuellement) **vergewaltigen**

ℹ *Les verbes commençant par le préfixe* ***ver-*** *ne prennent pas* ***ge-*** *au participe passé.*

▷ Elle s'est fait violer dans un parc.
Sie wurde in einem Park vergewaltigt.

► se **faire violer** : **vergewaltigt werden** (**wird, wurde, worden**)

1 ▷ Il a violé la loi et a été arrêté.
Er hat das Gesetz gebrochen und ist verhaftet worden.

2 ► **violer la loi** : **das Gesetz brechen** (**bricht, brach, gebrochen**)

violet, violette

1 ▷ J'aime bien ton pull violet.
Ich mag deinen violetten Pullover gern.

1 (= couleur) **violett**

2 ▷ Le violet te va bien.
Violett steht dir gut.

2 ► **le violet** : **Violett**

3 ▷ J'ai mis une violette dans mon herbier.
Ich habe ein Veilchen in mein Herbarium getan.

3 ► **violette** (= fleur) : **das Veilchen** (pluriel **Veilchen**)

violon

▷ Le violon est un instrument cher.
Die Geige ist ein teures Instrument.

▷ Maëlle joue du violon depuis trois ans.
Maëlle spielt seit drei Jahren Geige.

die Geige (pluriel **Geigen**)

► **jouer du violon** : **Geige spielen**

violoncelle

▷ Le son du violoncelle est magnifique.
Der Klang des Cellos ist wunderschön.

das Cello /'tʃɛlo/ (pluriel **Cellos, Celli**)

◀) *Notez la prononciation.*

▷ Lisa joue très bien du violoncelle.
Lisa spielt sehr gut Cello.

► **jouer du violoncelle** : **Cello spielen**

violoniste

▷ Les violonistes ont salué le public.
Die Geiger haben sich vor dem Publikum verbeugt.

der Geiger (pluriel **Geiger**), **die Geigerin** (pluriel **Geigerinnen**)

vipère

▷ Les vipères sont des serpents venimeux.
Vipern sind Giftschlangen.

die **Viper** (pluriel **Vipern**)

virage

▷ Fais attention au virage !
Pass auf die Kurve auf!

(sur une route) die **Kurve** (pluriel **Kurven**)

virgule

▷ Tu as oublié une virgule ici.
Du hast hier ein Komma vergessen.

das **Komma** (pluriel **Kommas**)

virus

▷ Maxime a attrapé un virus.
Maxime hat sich einen Virus geholt.

der, das **Virus** (pluriel **Viren**)

visa

▷ Il faut un visa pour aller en Chine.
Man braucht ein Visum, um nach China zu reisen.

das **Visum** (pluriel **Visa, Visen**)

visage

▷ Qu'est-ce qui est arrivé à ton visage ?
Was ist mit deinem Gesicht passiert?

das **Gesicht** (pluriel **Gesichter**)

viser

▷ Prends ton temps pour viser.
Nimm dir Zeit zu zielen.

▷ Pierre m'a visé, mais heureusement il m'a raté.
Pierre hat auf mich gezielt, aber zum Glück hat er mich verfehlt.

zielen

► **viser** quelqu'un *ou* quelque chose : **auf** jemanden *ou* etwas (accusatif) **zielen**

visible

▷ C'est visible à l'œil nu.
Es ist mit bloßem Auge sichtbar.

sichtbar

visière

1 ▷ Il porte sa casquette avec la visière à l'arrière.
Er trägt seine Mütze mit dem Schild nach hinten.

1 (de casquette) der **Schild** (pluriel **Schilde**)

Attention à ne pas confondre avec ***das Schild****, dont le pluriel est* ***Schilder*** *et qui signifie « panneau ».*

2 ▷ J'ai cassé la visière.
Ich habe das Visier kaputt gemacht.

2 (de casque) das **Visier** (pluriel **Visiere**)

vision

▷ Le médecin a vérifié ma vision.
Der Arzt hat mein Sehvermögen überprüft.

(= vue) das **Sehvermögen**

visite

1 ▷ Nous rendons souvent visite à mes grands-parents.
Wir besuchen oft meine Großeltern.

1 ► **rendre visite à** quelqu'un **:** jemanden (accusatif) **besuchen**

ℹ *Les verbes commençant par le préfixe* ***be-*** *ne prennent pas* ***ge-*** *au participe passé.*

2 ▷ La visite du barrage était très intéressante.
Die Besichtigung des Dammes war sehr interessant.

2 (d'un monument, d'un musée) die **Besichtigung** (pluriel **Besichtigungen**)

3 ▷ Je voudrais faire la visite guidée du château.
Ich würde gern die Schlossführung machen.

3 ► **visite guidée :** die **Führung** (pluriel **Führungen**)

4 ▷ Nous passons une visite médicale une fois par an à l'école.
Wir werden in der Schule einmal im Jahr untersucht.

4 ► **passer une visite médicale : untersucht werden** (**wird**, **wurde**, **worden**)

visiter

▷ J'ai visité le musée Picasso avec mon correspondant.
Ich habe das Picassomuseum mit meinem Brieffreund besichtigt.

besichtigen

ℹ *Les verbes commençant par le préfixe* ***be-*** *ne prennent pas* ***ge-*** *au participe passé.*

visiteur, visiteuse

▷ Il y a beaucoup de visiteurs à l'exposition ?
Hatte die Ausstellung viele Besucher?

der **Besucher** (pluriel **Besucher**), die **Besucherin** (pluriel **Besucherinnen**)

vital, vitale

▷ Cette information est vitale.
Diese Information ist lebenswichtig.

lebenswichtig

vitamine

▷ Mange des oranges, elles sont pleines de vitamines.
Iss Orangen, sie sind voller Vitamine.

das **Vitamin** (pluriel **Vitamine**)

vite

▷ Ne marche pas si vite !
Geh doch nicht so schnell!
▷ Il conduit trop vite.
Er fährt zu schnell.
▷ Pas si vite, je ne suis pas prête !
Langsam, ich bin noch nicht fertig!

schnell

► **pas si vite ! : langsam!**

vitesse

1 ▷ Quelle est la vitesse maximale en ville ?
Was ist die Höchstgeschwindigkeit in der Stadt?

1 (= rapidité) die **Geschwindigkeit** (pluriel -keiten)

2 ▷ Le vélo de Jean-Marc a dix vitesses.
Jean-Marcs Fahrrad hat zehn Gänge.

2 (= mécanique d'une voiture, d'une moto ou d'un vélo) der **Gang** (pluriel Gänge)

3 ▷ Change de vitesse avant la côte.
Schalte vor der Steigung.

3 ► **changer de vitesse :** schalten

4 ▷ Isa a fait ses devoirs en vitesse.
Isa hat ganz schnell ihre Hausaufgaben gemacht.

4 ► **en vitesse :** ganz schnell

5 ▷ Je me suis changé à toute vitesse avant d'aller au cinéma.
Ich habe mich in aller Eile umgezogen, bevor ich ins Kino ging.

5 ► **à toute vitesse :** in aller Eile

vitrail

▷ Il y a un beau vitrail dans l'église.
In der Kirche ist ein schönes Buntglasfenster.

das **Buntglasfenster** (pluriel -fenster)

vitre

1 ▷ Nous avons dû changer la vitre cassée.
Wir mussten die zerbrochene Fensterscheibe wechseln.

▷ J'ai aidé ma mère à faire les vitres.
Ich habe meiner Mutter geholfen, die Fenster zu putzen.

1 (= verre d'une fenêtre) die **Fensterscheibe** (pluriel -scheiben)

► **faire les vitres** (= nettoyer) : die Fenster putzen

2 ▷ Baisse la vitre, il fait chaud.
Dreh die Scheibe herunter, es ist warm.

2 (= fenêtre d'une voiture) die **Scheibe** (pluriel Scheiben)

vitrine

▷ J'aime bien regarder les vitrines des grands magasins à Noël.
Zu Weihnachten schaue ich mir gern die Schaufenster der Kaufhäuser an.

▷ Je vais faire les vitrines avec Clara.
Ich gehe mit Clara einen Schaufensterbummel machen.

(d'une boutique) das **Schaufenster** (pluriel -fenster)

► **faire les vitrines :** einen Schaufensterbummel machen

vivant

1 ▷ Il est blessé, mais encore vivant.
Er ist verletzt, aber noch am Leben.

1 (= en vie) **am Leben**

2 ▷ C'est un quartier très vivant.
Es ist ein sehr belebtes Viertel.

2 (= animé) **belebt**

vivement

▷ Vivement les vacances !
Wenn nur schon Ferien wären!

Pour exprimer son impatience, **vivement** *se traduit par l'emploi de* ***wenn nur schon …!***

vivre

1 ▷ Notre chien a vécu longtemps.
Unser Hund hat lange gelebt.
▷ Où est-ce que tu vis ?
Wo lebst du?

1 (= être en vie, habiter) **leben**

2 ▷ Nathalie a vécu une période difficile.
Nathalie hat eine schwere Zeit erlebt.

2 (= faire l'expérience de) **erleben**
ℹ *Les verbes commençant par le préfixe* ***er-*** *ne prennent pas* ***ge-*** *au participe passé.*

vocabulaire

▷ Je dois réviser mon vocabulaire anglais.
Ich muss meinen englischen Wortschatz wiederholen.

der **Wortschatz** (pluriel **-schätze**)

vœu

▷ Ferme les yeux et fais un vœu.
Mach die Augen zu und wünsch dir etwas.
▷ J'ai fait un vœu, mais je ne te dirai pas lequel.
Ich habe mir etwas gewünscht, aber ich sage dir nicht was.
▷ Quel vœu as-tu fait ?
Was hast du dir gewünscht?
▷ J'ai envoyé mes vœux à tous mes amis.
Ich habe allen meinen Freunden meine Neujahrswünsche geschickt.

► **faire un vœu :** sich **etwas wünschen**

ℹ *Le pronom personnel allemand s'emploie au datif :* ***ich wünsche mir, du wünschst dir, er / sie wünscht sich, wir wünschen uns, ihr wünscht euch, sie wünschen sich.***

► **les vœux** (pour le Nouvel An) **:** die **Neujahrswünsche**

ℹ *Ce mot est un pluriel.*

voici

1 ▷ Voici la clé que tu cherchais.
Hier ist der Schlüssel, den du gesucht hast.
▷ Voici les enfants !
Hier sind die Kinder!

1 *Pour désigner quelque chose ou quelqu'un* **de proche**, *on emploie en allemand* ***hier ist*** *si le sujet est au singulier,* ***hier sind*** *si le sujet est au pluriel.*

2 ▷ Voici ta chambre.
Das ist dein Zimmer.
▷ Voici mes cousins, Paul et Karine.
Das sind meine Cousins, Paul und Karine.

2 *Pour présenter quelque chose ou quelqu'un, on emploie en allemand* ***das ist*** *si le nom est singulier,* ***das sind*** *si le nom est pluriel.*

voie

1 ▷ Reste sur la voie de droite.
Bleib auf der rechten Spur.
▷ L'autoroute est à trois voies sur cinquante kilomètres.
Die Autobahn ist fünfzig Kilometer lang dreispurig.

1 (= couloir d'une route) die **Spur** (pluriel **Spuren**)
Pour préciser le nombre de **voies** *d'une route, on met le chiffre devant* ***-spurig.***

2 ▷ C'est dangereux de traverser les voies.
Es ist gefährlich, die Gleise zu überqueren.
▷ La voie ferrée est juste derrière la maison.
Das Bahngleis liegt gleich hinter dem Haus.

2 (= rails) das **Gleis** (pluriel **Gleise**)

► **voie ferrée :** das **Bahngleis** (pluriel **–gleise**)

3 ▷ N'y va pas, c'est une voie sans issue.
Geh nicht da entlang, das ist eine Sackgasse.

3 ► **voie sans issue :** die **Sackgasse** (pluriel **Sackgassen**)

voilà

1 ▷ Voilà ton livre, sur le bureau.
Da ist dein Buch, auf dem Schreibtisch.
▷ Voilà Marc et Valérie. – Où ça ?
Dort sind Marc und Valérie. – Wo denn?

1 *Pour désigner quelque chose ou quelqu'un* **d'éloigné**, *on emploie en allemand* ***da ist*** *ou* ***dort ist*** *si le sujet est au singulier,* ***da sind*** *ou* ***dort sind*** *si le sujet est au pluriel.*

2 ▷ Voilà ta clé, mets-la dans ta poche.
Hier ist dein Schlüssel, steck ihn in die Tasche.
▷ Tu as vu mes patins ? – Les voilà !
Hast du meine Schlittschuhe gesehen? – Hier sind sie!

2 *Pour désigner quelque chose ou quelqu'un* **de proche**, *on emploie en allemand* ***hier ist*** *si le sujet est au singulier,* ***hier sind*** *si le sujet est au pluriel.*

3 ▷ Voilà mon chat.
Das ist meine Katze.
▷ Voilà mes frères, à côté de mon oncle.
Das sind meine Brüder, neben meinem Onkel.

3 *Pour présenter quelque chose ou quelqu'un, on emploie en allemand* ***das ist*** *si le nom est singulier,* ***das sind*** *si le nom est pluriel.*

4 ▷ Et voilà ! C'est fini !
Das war's! Es ist aus!

4 ► **et voilà !** (pour conclure) **: das war's!**

ℹ ***war's*** *est la contraction de* ***war es****.*

voile (NOM MASCULIN)

▷ La mariée portait un voile.
Die Braut trug einen Schleier.

der **Schleier** (pluriel **Schleier**)

voile (NOM FÉMININ)

1 ▷ Une des voiles s'est déchirée.
Ein Segel ist zerrissen.

1 (d'un bateau) das **Segel** (pluriel **Segel**)

2 ▷ Mon père adore la voile.
Mein Vater liebt Segeln.
▷ Ils font de la voile tous les week-ends.
Sie segeln jedes Wochenende.

2 ► **la voile** (= la navigation) : das **Segeln**

► **faire de la voile : segeln**

voilier

▷ Les Jeanneret ont passé leurs vacances sur un voilier.
Jeannerets haben ihre Ferien auf einem Segelboot verbracht.

das **Segelboot** (pluriel **–boote**)

voir

1 ▷ J'ai vu le film trois fois.
Ich habe den Film dreimal gesehen.
▷ J'ai vu la prof d'anglais qui passait en voiture.
Ich sah die Englischlehrerin in ihrem Auto vorbeifahren.

1 (= percevoir, apercevoir) **sehen** (sieht, sah, gesehen)

2 ▷ Elle a vu Carole au cours de danse.
Sie hat Carole in der Tanzstunde getroffen.

2 (= rencontrer) **treffen** (trifft, traf, getroffen)

3 ▷ Mes parents vont voir ma grand-mère tous les dimanches.
Meine Eltern gehen jeden Sonntag bei meiner Großmutter vorbei.

3 ► **aller voir** quelqu'un (= lui rendre visite) : **bei** jemandem (datif) **vorbeigehen**

ℹ ***vorbei•gehen*** *est un verbe à particule séparable et se conjugue comme* ***gehen*** (ging, gegangen).

▷ Raoul est venu me voir hier.
Raoul ist gestern bei mir vorbeigekommen.

► **venir voir** quelqu'un : **bei** jemandem **vorbeikommen**

ℹ ***vorbei•kommen*** *est un verbe à particule séparable et se conjugue comme* ***kommen*** (kam, gekommen).

4 ▷ Fais-moi voir ta nouvelle jupe.
Zeig mir mal deinen neuen Rock.

4 ► **faire voir** quelque chose **à** quelqu'un : jemandem (datif) etwas **zeigen**

5 ▷ Ils se voient pendant les vacances.
Sie sehen sich während der Ferien.

5 ► se **voir** (= se fréquenter) : **sich sehen**

voisin, voisine

▷ Nous avons des voisins très sympathiques.
Wir haben sehr nette Nachbarn.

der **Nachbar** (pluriel **Nachbarn**), die **Nachbarin** (pluriel **Nachbarinnen**)

voiture

1 ▷ La voiture est dans le garage.
Das Auto steht in der Garage.

1 (= automobile) das **Auto** (pluriel **Autos**)

ℹ *On dit aussi der* ***Wagen*** (pluriel Wagen).

▷ Vous êtes venus en voiture ?
Seid ihr mit dem Auto gekommen?

► **en voiture : mit dem Auto**

▷ Éric rêve d'avoir une voiture de sport.
Éric träumt davon, einen Sportwagen zu haben.

► **voiture de sport :** der **Sportwagen**

▷ Tu as vu la voiture de course ?
Hast du den Rennwagen gesehen?

► **voiture de course :** der **Rennwagen**

2 ▷ Nos places sont dans la voiture quarante-deux.
Unsere Plätze sind im Wagen Nummer zweiundvierzig.

2 (= wagon d'un train) der **Wagen** (pluriel **Wagen**)

voix

1 ▷ Gérard a une belle voix grave.
Gérard hat eine schöne, tiefe Stimme.
▷ Imane a eu vingt voix et Jean-Luc dix.
Imane bekam zwanzig Stimmen und Jean-Luc zehn.

1 die **Stimme** (pluriel Stimmen)

2 ▷ Pourquoi parlez-vous à voix basse ?
Warum sprecht ihr leise?
▷ Elle l'a dit à voix haute devant tout le monde.
Sie hat es laut vor allen gesagt.

2 ► **à voix basse :** leise

► **à voix haute :** laut

vol

1 ▷ Le vol pour Hambourg est annulé.
Der Flug nach Hamburg ist abgesagt.

1 (= trajet en avion) der **Flug** (pluriel Flüge)

2 ▷ Il y a eu un vol dans les vestiaires.
Es hat im Umkleideraum einen Diebstahl gegeben.

2 (= acte criminel) der **Diebstahl** (pluriel Diebstähle)

volaille

1 ▷ Le fermier élève de la volaille.
Der Bauer züchtet Geflügel.
▷ Elle plumait des volailles dans la cour.
Sie rupfte Geflügel im Hof.

1 (= poules, canards, oies) das **Geflügel**

ℹ *C'est un mot indénombrable : on ne dit pas **ein Geflügel**.*

2 ▷ Ce soir nous mangeons de la volaille.
Heute Abend essen wir Geflügelfleisch.

2 (= viande) das **Geflügelfleisch**

volant

1 ▷ Tourne le volant vers la droite !
Dreh das Lenkrad nach rechts!

1 (de voiture) das **Lenkrad** (pluriel -räder)

ℹ *On dit aussi das **Steuerrad**.*

2 ▷ Le volant a atterri dans le jardin des voisins.
Der Federball ist im Garten der Nachbarn gelandet.

2 (de badminton) der **Federball** (pluriel -bälle)

ℹ ***Federball** au singulier signifie aussi le « jeu de badminton ».*

volcan

▷ Ce volcan est toujours actif.
Dieser Vulkan ist immer noch tätig.

der **Vulkan** (pluriel Vulkane)

voler

1 ▷ J'aime regarder les oiseaux voler.
Ich sehe gern die Vögel fliegen.

1 (= se déplacer dans l'air) **fliegen** (flog, geflogen)

2 ▷ Apparemment, il a déjà volé deux voitures.
Anscheinend hat er schon zwei Autos gestohlen.

2 (= dérober) **stehlen** (stiehlt, stahl, gestohlen)

▷ Quelqu'un m'a volé mon sac à dos !
Jemand hat mir meinen Rucksack gestohlen!

► **voler** quelque chose **à** quelqu'un : jemandem (datif) etwas **stehlen**

volet

▷ Est-ce que tu as fermé les volets ?
Hast du die Fensterläden zugemacht?

der **Fensterladen** (pluriel **-läden, -laden**)

voleur, voleuse

▷ Le voleur s'est échappé par la fenêtre.
Der Dieb ist durch das Fenster entkommen.

der **Dieb** (pluriel **Diebe**), die **Diebin** (pluriel **Diebinnen**)

volley

▷ Le volley est mon sport préféré.
Volleyball ist mein Lieblingssport.
▷ Après le volley, je vais chez ma copine.
Nach dem Volleyball gehe ich zu meiner Freundin.
▷ On a joué au volley tout l'après-midi.
Wir haben den ganzen Nachmittag über Volleyball gespielt.

der **Volleyball**

ℹ *Quand on parle du sport en général, l'article n'est pas employé.*

► **jouer au volley** : Volleyball spielen

volontaire

▷ Nous cherchons des volontaires pour ranger le gymnase.
Wir suchen Freiwillige, um die Turnhalle aufzuräumen.

(= personne) der / die **Freiwillige** (pluriel **Freiwilligen**)

ℹ *C'est un adjectif substantivé : on dit **ein Freiwilliger**.*

volonté

▷ Avec un peu de volonté, tu devrais y arriver.
Mit etwas Willen wirst du es schon schaffen.

(= force de caractère) der **Wille**

volontiers

▷ Tu restes dîner ? – Oui, volontiers.
Bleibst du zum Abendessen da? – Ja, gern.

(= avec plaisir) **gern**

volume

1 ▷ Je dois calculer le volume de ce cylindre.
Ich muss das Volumen dieses Zylinders berechnen.

1 (d'un corps) das **Volumen**

2 ▷ Je ne trouve plus le deuxième volume du dictionnaire.
Ich finde den zweiten Band des Wörterbuchs nicht mehr.

2 (d'un ouvrage) der **Band** (pluriel **Bände**)

⚠ *Attention de ne pas confondre avec das **Band** (ruban), ou die **Band** (groupe de musique).*

3 ▷ Monte un peu le volume, je n'entends rien.
Dreh die Lautstärke etwas hoch, ich höre nichts.

3 (du son) die **Lautstärke**

vomir

▷ Je ne me sens pas bien, je crois que je vais vomir.
Ich fühle mich nicht wohl, ich glaube, ich muss mich erbrechen.
▷ Elle vomit souvent en voiture.
Sie erbricht sich oft im Auto.

sich **erbrechen** (erbricht, erbrach, erbrochen)

ℹ *Le pronom personnel allemand s'emploie à l'accusatif :* ***ich erbreche mich, du erbrichst dich, er / sie erbricht sich, wir erbrechen uns, ihr erbrecht euch, sie erbrechen sich.***

vos

▷ Vos arguments sont ridicules.
Eure Argumente sind lächerlich.

eure

Vosges

▷ Cet hiver nous allons skier dans les Vosges.
Diesen Winter gehen wir in den Vogesen Ski fahren.

► **les Vosges :** die Vogesen

ℹ *Ce mot est un pluriel.*

voter

▷ Pourquoi est-ce que tu ne votes pas ?
Warum wählst du nicht?
▷ Je n'ai pas voté pour lui, je ne lui fais pas confiance.
Ich habe nicht für ihn gestimmt, ich traue ihm nicht.

wählen

► **voter pour / contre** quelqu'un **:** **für / gegen** jemanden **stimmen**

votre

1 ▷ Comment est votre professeur ?
Wie ist euer Lehrer? *ou* **Wie ist eure Lehrerin?**

1 *Lorsque* **votre** *concerne plusieurs personnes, on traduit par* ***euer*** *(pour le masculin et le neutre) ou* ***eure*** *(pour le féminin) en allemand.*

2 ▷ Votre voiture est mal garée.
Ihr Auto ist schlecht geparkt.
▷ Attention, votre sac à main est ouvert !
Vorsicht, Ihre Handtasche ist offen!

2 *Lorsque* **votre** *concerne une seule personne, on traduit par* ***Ihr*** *(pour le masculin et le neutre) ou* ***Ihre*** *(pour le féminin).*

vôtre

1 ▷ Notre maison est grande, mais la vôtre est plus jolie.
Unser Haus ist groß, aber eures ist schöner.
▷ Mon questionnaire est prêt ; où est le vôtre ?
Mein Fragebogen ist fertig; wo ist eurer?

1 *Lorsque* **le / la vôtre** *ou* **les vôtres** *concerne plusieurs personnes, on traduit par* ***eurer*** *(pour le masculin),* ***eure*** *(pour le féminin et le pluriel) ou* ***eures*** *(pour le neutre) en allemand.*

2 ▷ Est-ce que cette place est la vôtre ?
Ist dieser Platz Ihrer?
▷ Mes chats s'entendent très bien, et les vôtres ?
Meine Katzen verstehen sich sehr gut, und Ihre?

2 *Lorsque* **le / la vôtre** *ou* **les vôtres** *concerne une seule personne, on traduit par* ***Ihrer*** *(pour le masculin),* ***Ihre*** *(pour le féminin et le pluriel) ou* ***Ihres*** *(pour le neutre) en allemand.*

vouloir

1 ▷ Je veux m'en aller !
Ich will gehen!
▷ Il a d'abord voulu se doucher.
Er hat sich erst duschen wollen.
▷ Je n'ai pas voulu ça !
Ich habe das nicht gewollt!
▷ Mon père veut savoir où je vais.
Mein Vater will wissen, wo ich hingehe.
▷ Il veut que je lui dise mon secret.
Er will, dass ich ihm mein Geheimnis sage.

1 *Lorsque* **vouloir** *exprime une exigence, on emploie le verbe* ***wollen*** (**will, wollte, gewollt** *ou* **wollen après infinitif**).

► **vouloir** + *infinitif* (exigence) **:** *infinitif* + **wollen**

► **vouloir que** + *subjonctif* (= exiger que) : **wollen, dass** + *présent*

2 ▷ Tu veux une pomme ?
Möchtest du einen Apfel?
▷ Quentin veut être pilote d'avion.
Quentin möchte Pilot werden.
▷ Tu veux venir avec nous ?
Möchtest du mit uns kommen?
▷ Je veux que tu ranges ta chambre.
Ich möchte, dass du dein Zimmer aufräumst.

2 *Lorsque* **vouloir** *exprime un souhait, on emploie le verbe* ***mögen*** *au subjonctif II présent :* ***ich möchte, du möchtest, er / sie möchte, wir möchten, ihr möchtet, sie möchten.***

► **vouloir** + *infinitif* (souhait) **: mögen** + *infinitif*

► **vouloir que** + *subjonctif* (= souhaiter que) : **mögen, dass** + *présent*

3 ▷ Je voudrais un café, s'il vous plaît.
Ich hätte gern einen Kaffee, bitte.
▷ Je voudrais vous voir.
Ich würde euch gern sehen.

3 *Au conditionnel,* **vouloir** *est exprimé en allemand par le subjonctif II présent du verbe qui convient :* ***haben, sein, werden,*** *etc. +* ***gern.***

4 ▷ Je veux bien aller avec toi, mais je dois rentrer tôt.
Ich gehe gern mit dir, aber ich muss früh nach Hause kommen.

4 *Pour dire que quelqu'un* **veut bien** *faire quelque chose, on emploie le verbe au présent +* ***gern.***

5 ▷ J'espère que tu ne m'en veux pas.
Ich hoffe, dass du es mir nicht übel nimmst.
▷ Sabine m'en veut d'avoir cassé son stylo.
Sabine nimmt es mir übel, ihren Kuli zerbrochen zu haben.

5 ► **en vouloir à** quelqu'un **:** jemandem (datif) etwas **übel nehmen** (**nimmt, nahm, genommen**)

ℹ *On dit aussi* jemandem ***böse sein.***

► **en vouloir à** quelqu'un **de** + *infinitif passé* **:** jemandem **übel nehmen** + *infinitif passé*

6 ▷ Que veut dire ce mot ?
Was bedeutet dieses Wort?

6 ► **vouloir dire** (= signifier) : **bedeuten**

ℹ *Les verbes commençant par le préfixe* ***be-*** *ne prennent pas* ***ge-*** *au participe passé.*

7 ▷ Je l'ai fait sans le vouloir.
Ich habe es unabsichtlich getan.

7 ► **sans le vouloir : unabsichtlich**

vous

1 ▷ Est-ce que vous pourriez m'aider ?
Könntet ihr mir helfen?
▷ Vous pouvez venir quand vous voulez.
Sie können kommen, wann Sie wollen.

1 *Quand* **vous** *est sujet et concerne plusieurs personnes, on traduit par* ***ihr****. Quand il concerne une seule personne, on traduit par* ***Sie*** *(avec une majuscule).*

2 ▷ Je peux vous aider ?
Kann ich euch helfen?
▷ Je voudrais vous parler, s'il vous plaît.
Ich möchte bitte mit Ihnen sprechen.
▷ Je vous ai vu au musée.
Ich habe Sie im Museum gesehen.

2 *Quand* **vous** *est complément et concerne plusieurs personnes, on traduit par* ***euch****. Quand il concerne une seule personne, on traduit soit par* ***Ihnen*** *(au datif), soit par* ***Sie*** *(à l'accusatif).*

3 ▷ Vous devriez vous relayer.
Ihr solltet euch abwechseln.
▷ Vous vous êtes fait mal ?
Haben Sie sich wehgetan?

3 *Le pronom réfléchi* **vous** *est traduit soit par* ***euch*** *si on s'adresse à plusieurs personnes, soit par* ***sich*** *si on s'adresse à une personne.*

vous-même

▷ Vous-même étiez en retard.
Sie selbst hatten Verspätung.

Sie selbst

ℹ *Attention à la majuscule de* ***Sie****.*

vous-mêmes

▷ Est-ce que vous avez peint la maison vous-mêmes ?
Habt ihr das Haus selbst gestrichen?

ihr selbst

vouvoyer

▷ Le professeur de maths nous vouvoie.
Der Mathelehrer siezt uns.

► **vouvoyer** quelqu'un : jemanden (accusatif) **siezen**

voyage

▷ Le voyage en Espagne était super.
Die Reise nach Spanien war toll.
▷ Le voyage m'a semblé très long.
Die Reise kam mir sehr lang vor.
▷ Camille et Bob ont fait un voyage en Irlande.
Camille und Bob haben eine Reise nach Irland gemacht.
▷ Nos voisins partent en voyage ce soir.
Unsere Nachbarn gehen heute Abend auf Reisen.
▷ Mes parents n'aiment pas les voyages organisés.
Meine Eltern mögen Gruppenreisen nicht.
▷ Nous avons fait un voyage scolaire en Écosse.
Wir haben eine Schulreise nach Schottland gemacht.

(= séjour, trajet) die **Reise** (pluriel **Reisen**)

► **faire un voyage :** **eine Reise machen**

► **partir en voyage :** **auf Reisen gehen** (**ging**, **gegangen**)

► **voyage organisé :** die **Gruppenreise**

► **voyage scolaire :** die **Schulreise**

voyager

▷ Karim a beaucoup voyagé.
Karim ist viel gereist.

reisen

*Notez que le participe passé s'emploie avec l'auxiliaire **sein**.*

voyant, voyante

▷ Elle porte souvent des couleurs voyantes.
Sie trägt oft auffällige Farben.

(couleur) **auffällig**

voyelle

▷ Il y a six voyelles dans mon nom.
In meinem Namen stehen sechs Vokale.

der **Vokal** (pluriel **Vokale**)

voyou

▷ Il y a une bande de voyous qui traîne sur la place.
Eine Gruppe von Rowdys hängt auf dem Platz herum.

der **Rowdy** /'raudi/ (pluriel **Rowdys**)

*Notez la prononciation. Le **s** du pluriel se prononce en allemand.*

vrai, vraie

1 ▷ Ce n'est pas vrai, tu mens !
Das ist nicht wahr, du lügst!

▷ C'est pas vrai, j'ai encore oublié mes clés !
Das darf doch nicht wahr sein, ich habe schon wieder meine Schlüssel vergessen!

1 (= exact, réel) **wahr**

► **c'est pas vrai !** (quand on est agacé) : **das darf doch nicht wahr sein!**

2 ▷ Est-ce que ce sont de vraies perles ?
Sind das echte Perlen?

2 (= authentique) **echt**

vraiment

▷ Anne est vraiment sympa.
Anne ist wirklich nett.

▷ Il t'a vraiment dit ça ?
Hat er dir das wirklich gesagt?

wirklich

V.T.T.

▷ Frank a eu un V.T.T. pour son anniversaire.
Frank hat ein Mountainbike zum Geburtstag bekommen.

das **Mountainbike** /'mauntɪnbaɪk/ (pluriel **Mountainbikes**)

*Notez la prononciation. Le **s** du pluriel se prononce en allemand.*

▷ Tu viens avec nous faire du V.T.T. ?
Kommst du mit uns Mountainbike fahren?

► **faire du V.T.T. : Mountainbike fahren**

vue

1 ▷ J'ai une très bonne vue.
Ich habe sehr gute Augen.
▷ Brahim a une mauvaise vue.
Brahim hat schlechte Augen.

▷ On s'est perdus de vue, c'est dommage.
Wir haben uns aus den Augen verloren, das ist schade.

1 ► **avoir une bonne vue** (= de bons yeux) : **gute Augen haben**
► **avoir une mauvaise vue** (= de mauvais yeux) : **schlechte Augen haben**
► **perdre** quelqu'un **de vue** (= perdre le contact) : jemanden (accusatif) **aus den Augen verlieren** (verlor, verloren)

2 ▷ Ma grand-mère perd la vue peu à peu.
Meine Großmutter wird langsam blind.

2 ► **perdre la vue : blind werden**

2 ▷ Ils ont une vue magnifique depuis leur maison.
Sie haben eine wunderschöne Aussicht von ihrem Haus.

2 (= panorama) die **Aussicht** (pluriel **Aussichten**)

vulgaire

▷ Ne sois pas si vulgaire !
Sei doch nicht so ordinär!

ordinär

Ww

wagon

▷ Nos places sont dans le dernier wagon.
Unsere Plätze sind im letzten Wagen.

(pour les passagers) der **Wagen** (pluriel Wagen)

W.-C.

▷ Où sont les W.-C., s'il vous plaît ?
Wo ist die Toilette, bitte?

die **Toilette** /toa'lɛtə/

Notez la prononciation.

Le pluriel français est traduit par un singulier en allemand.

le Web

▷ J'ai trouvé l'information sur le Web.
Ich habe die Auskunft im Web gefunden.

das **Web**

webzine

▷ Je l'ai lu dans un webzine.
Ich habe es in einem Webzine gelesen.

das **Webzine** /'wɛbziːn/ (pluriel Webzines)

*On dit aussi das **E-Zine** /'iːziːn/.*

week-end

▷ Qu'est-ce que tu fais ce week-end ?
Was machst du dieses Wochenende?

▷ Bon week-end !
Schönes Wochenende!

das **Wochenende** (pluriel –enden)

western

▷ Mon père adore les westerns.
Mein Vater liebt Western.

der **Western** /'vɛstərn/ (pluriel Western)

whisky

▷ Liliane nous a rapporté du whisky d'Écosse.
Liliane hat uns Whisky aus Schottland mitgebracht.

der **Whisky** /'vɪski/ (pluriel Whiskys)

wifi

▷ Il y a le wifi dans l'avion.
Im Flugzeug gibt es WLAN.

▷ Il faut que je trouve une borne wifi.
Ich muss eine WLAN-Station finden.

WLAN /'veːlaːn/

► **borne wifi :** WLAN-Station (pluriel -Stationen)

ℹ *WLAN est l'abréviation du terme anglais **Wireless Local Area Network**.*

Xx

X

▻ Son nom commence par un X.
Sein Name beginnt mit X.

▻ Je le lui ai déjà dit x fois.
Ich habe es ihm schon x-mal gesagt.

das X

► **x fois :** x-mal

xénophobe

1 ▻ Ces gens ont des attitudes xénophobes.
Diese Leute haben ausländerfeindliche Einstellungen.

1 (adjectif) **ausländerfeindlich**

2 ▻ Ce sont des xénophobes.
Sie sind Ausländerfeinde.

2 (= personne) der **Ausländerfeind** (pluriel **-feinde**), die **Ausländerfeindin** (pluriel **-feindinnen**)

Yy

y

1 ▷ J'ai beaucoup aimé l'Irlande et j'aimerais y retourner.
Ich fand Irland sehr schön und möchte wieder dorthin gehen.

1 (= là-bas, avec un verbe de déplacement) **dorthin**

2 ▷ Nous allons au cinéma, ma mère y est déjà.
Wir gehen ins Kino, meine Mutter ist schon dort.

2 (= là-bas, sans verbe de déplacement) **dort**

3 ▷ N'y pense plus.
Denke nicht mehr daran.
▷ Il y croit vraiment.
Er glaubt wirklich daran.
▷ C'était tentant, mais j'y ai renoncé.
Es war verlockend, aber ich habe darauf verzichtet.
▷ Elle m'a dit oui, mais je n'y compte pas trop.
Sie hat ja gesagt, aber darauf verlasse ich mich nicht.

3 *Quand y remplace un nom, sa traduction peut être soit* ***daran*** *(****daran denken*** (y penser), ***daran glauben*** (y croire), ***daran hängen*** (y tenir)*), soit* ***darauf*** *(****darauf verzichten*** (y renoncer), ***sich darauf verlassen*** (y compter)*).*

yaourt

▷ Je prendrais bien un yaourt en dessert.
Ich hätte gern ein Joghurt zum Nachtisch.

der, das **Joghurt** (pluriel **Joghurt**)
ℹ *On écrit aussi* ***Jogurt****.*

yeux

Regardez au mot ***œil****.*

yoyo®

▷ Rebecca a un super yoyo fluo.
Rebecca hat ein tolles leuchtfarbenes Jo-Jo.

das **Jo-Jo** (pluriel **Jo-Jos**)
ℹ *Le ® signifie qu'il s'agit d'un nom de marque. Vous n'avez pas besoin de l'écrire.*

Zz

zapper

▷ Arrête de zapper, c'est très énervant !
Hör auf zu zappen, das geht auf die Nerven!

zappen /'tsæpn/
Notez la prononciation.

zèbre

▷ Les lionnes se sont jetées sur le zèbre.
Die Löwinnen haben sich auf das Zebra gestürzt.

das **Zebra** (pluriel Zebras)

zéro

1 ▷ Dortmund a gagné deux à zéro.
Dortmund hat zwei zu null gewonnen.

1 (dans les numéros, les scores, les températures) **null**

2 ▷ Tu as oublié un zéro à la fin.
Du hast eine Null am Ende vergessen.

2 (= nombre) die **Null** (pluriel Nullen)

zigzaguer

▷ Il a zigzagué entre les voitures.
Er ging im Zickzack zwischen den Autos durch.

Pour dire que quelqu'un **zigzague**, *on emploie l'expression* ***im Zickzack*** *avec le verbe adéquat :* ***im Zickzack gehen*** *(en marchant),* ***laufen*** *(en courant),* ***fahren*** *(en voiture, en moto), etc.*

zodiaque

▷ Quel est ton signe du zodiaque ?
Was ist dein Sternzeichen?

► **signe du zodiaque :** das **Sternzeichen** (pluriel -zeichen)
On dit aussi das ***Tierkreiszeichen***.

zone

▷ La Nouvelle-Zélande est une zone dénucléarisée.
Neuseeland ist eine nuklearfreie Zone.

1 ▷ Le Royaume-Uni n'est pas dans la zone euro.
Das Vereinigte Königreich ist nicht in der Eurozone.

1 (= espace déterminé) die **Zone** (pluriel Zonen)
► **zone euro :** die **Eurozone**

On écrit aussi ***Euro-Zone***.

2 ▷ Ils habitent à côté de la zone industrielle.
Sie wohnen in der Nähe des Industriegebiets.

2 ► **zone industrielle :** das **Industriegebiet** (pluriel **-gebiete**)

3 ▷ Ralentis, c'est une zone résidentielle.
Fahr langsamer, das ist ein Wohngebiet.

3 ► **zone résidentielle :** das **Wohngebiet**

zoo

▷ Samedi, nous sommes allés au zoo.
Am Samstag waren wir im Zoo.

der **Zoo** (pluriel **Zoos**)

zut

▷ Zut, j'ai oublié mon portefeuille !
Mist, ich habe meine Brieftasche vergessen!

Mist

ANNEXES

LES VERBES FORTS ET IRRÉGULIERS ALLEMANDS

INFINITIF	PRÉSENT (2e, 3e pers. sg.)	PRÉTÉRIT	PARTICIPE PASSÉ	TRADUCTION
backen	bäckst, bäckt	backte ou buk	gebacken	cuire (au four)
befehlen	befiehlst, befiehlt	befahl	befohlen	ordonner
beginnen	beginnst, beginnt	begann	begonnen	commencer
beißen	beißt, beißt	biss	gebissen	mordre
bergen	birgst, birgt	barg	geborgen	sauver, récupérer
bersten + sein	birst, birst	barst	geborsten	éclater
bewegen	bewegst, bewegt	bewog	bewogen	bouger, déplacer ; émouvoir
biegen	biegst, biegt	bog	gebogen	tordre
bieten	bietest, bietet	bot	geboten	offrir
binden	bindest, bindet	band	gebunden	lier, nouer
bitten	bittest, bittet	bat	gebeten	demander, prier
blasen	bläst, bläst	blies	geblasen	souffler
bleiben + sein	bleibst, bleibt	blieb	geblieben	rester
braten	brätst, brät	briet	gebraten	faire cuire (au four, à la poêle, à la broche)
brechen + sein	brichst, bricht	brach	gebrochen	casser
brennen	brennst, brennt	brannte	gebrannt	brûler
bringen	bringst, bringt	brachte	gebracht	apporter
denken	denkst, denkt	dachte	gedacht	penser
dreschen	drischst, drischt	drosch	gedroschen	battre
dringen + sein	dringst, dringt	drang	gedrungen	pénétrer, percer
dürfen	darfst, darf	durfte	gedurft (ou dürfen après infinitif)	avoir la permission de
empfangen	empfängst, empfängt	empfing	empfangen	recevoir
empfehlen	empfiehlst, empfiehlt	empfahl	empfohlen	recommander
empfinden	empfindest, empfindet	empfand	empfunden	ressentir

INFINITIF	PRÉSENT (2e, 3e pers. sg.)	PRÉTÉRIT	PARTICIPE PASSÉ	TRADUCTION
erbleichen +sein	erbleichst, erbleicht	erbleichte ou erblich	erbleicht ou erblichen	pâlir
erlöschen +sein	erlischst, erlischt	erlosch	erloschen	s'éteindre
erschrecken +sein	erschrickst, erschrickt	erschrak	erschrocken	avoir peur
essen	isst, isst	aß	gegessen	manger
fahren +sein	fährst, fährt	fuhr	gefahren	aller (dans un véhicule), conduire
fallen +sein	fällst, fällt	fiel	gefallen	tomber
fangen	fängst, fängt	fing	gefangen	attraper
fechten	fichtst, ficht	focht	gefochten	faire de l'escrime
finden	findest, findet	fand	gefunden	trouver
flechten	flichtst, flicht	flocht	geflochten	tresser
fliegen +sein	fliegst, fliegt	flog	geflogen	voler
fliehen +sein	fliehst, flieht	floh	geflohen	fuir
fließen +sein	fließt, fließt	floss	geflossen	couler
fressen	frisst, frisst	fraß	gefressen	manger (en parlant d'un animal)
frieren	frierst, friert	fror	gefroren	avoir froid
gären +sein	gärst, gärt	gor	gegoren	fermenter
gebären	gebierst, gebiert	gebar	geboren	mettre au monde
geben	gibst, gibt	gab	gegeben	donner
gedeihen +sein	gedeihst, gedeiht	gedieh	gediehen	bien pousser
gefallen	gefällst, gefällt	gefiel	gefallen	plaire
gehen +sein	gehst, geht	ging	gegangen	aller
gelingen +sein	-, gelingt	gelang	gelungen	réussir
gelten	giltst, gilt	galt	gegolten	être valable
genesen +sein	genest, genest	genas	genesen	guérir
genießen	genießt, genießt	genoss	genossen	savourer, profiter de
geraten +sein	gerätst, gerät	geriet	geraten	se retrouver (dans un endroit, une situation)
geschehen +sein	-, geschieht	geschah	geschehen	arriver, se passer

INFINITIF	PRÉSENT (2e, 3e pers. sg.)	PRÉTÉRIT	PARTICIPE PASSÉ	TRADUCTION
gestehen	gestehst, gesteht	gestand	gestanden	avouer
gewinnen	gewinnst, gewinnt	gewann	gewonnen	gagner
gießen	gießt, gießt	goss	gegossen	arroser
gleichen	gleichst, gleicht	glich	geglichen	ressembler à
gleiten + sein	gleitest, gleitet	glitt	geglitten	glisser
glimmen	glimmst, glimmt	glomm	geglommen	rougeoyer
graben	gräbst, gräbt	grub	gegraben	creuser
greifen	greifst, greift	griff	gegriffen	saisir
haben	hast, hat	hatte	gehabt	avoir
halten	hältst, hält	hielt	gehalten	tenir
hängen irrégulier uniquement en emploi intransitif	hängst, hängt	hing	gehangen	pendre, accrocher
hauen	haust, haut	haute ou hieb	gehauen	cogner
heben	hebst, hebt	hob	gehoben	lever, remonter
heißen	heißt, heißt	hieß	geheißen	s'appeler
helfen	hilfst, hilft	half	geholfen	aider
kennen	kennst, kennt	kannte	gekannt	connaître, savoir
klingen	klingst, klingt	klang	geklungen	sonner
kneifen	kneifst, kneift	kniff	gekniffen	pincer
kommen + sein	kommst, kommt	kam	gekommen	venir
können	kannst, kann	konnte	gekonnt (ou können après infinitif)	pouvoir
kriechen + sein	kriechst, kriecht	kroch	gekrochen	ramper
laden	lädst, lädt	lud	geladen	charger
lassen	lässt, lässt	ließ	gelassen	laisser
laufen	läufst, läuft	lief	gelaufen	courir, marcher
leiden	leidest, leidet	litt	gelitten	souffrir
leihen	leihst, leiht	lieh	geliehen	prêter
lesen	liest, liest	las	gelesen	lire
liegen + sein	liegst, liegt	lag	gelegen	être couché, être posé
lügen	lügst, lügt	log	gelogen	mentir
mahlen	mahlst, mahlt	mahlte	gemahlen	moudre

INFINITIF	PRÉSENT (2e, 3e pers. sg.)	PRÉTÉRIT	PARTICIPE PASSÉ	TRADUCTION
meiden	meidest, meidet	mied	gemieden	éviter
melken	milkst, milkt	melkte ou molk	gemolken	traire
messen	misst, misst	maß	gemessen	mesurer
misslingen +sein	-, misslingt	misslang	misslungen	échouer
mögen	magst, mag	mochte	gemocht (ou mögen après infinitif)	aimer (bien), vouloir (bien)
müssen	musst, muss	musste	gemusst (ou müssen après infinitif)	devoir
nehmen	nimmst, nimmt	nahm	genommen	prendre
nennen	nennst, nennt	nannte	genannt	appeler
pfeifen	pfeifst, pfeift	pfiff	gepfiffen	siffler
preisen	preist, preist	pries	gepriesen	louanger
quellen +sein	quillst, quillt	quoll	gequollen	couler
raten	rätst, rät	riet	geraten	conseiller
reiben	reibst, reibt	rieb	gerieben	frotter
reißen +sein	reißt, reißt	riss	gerissen	se déchirer
reiten +sein	reitest, reitet	ritt	geritten	faire du cheval
rennen +sein	rennst, rennt	rannte	gerannt	courir
riechen	riechst, riecht	roch	gerochen	sentir
ringen	ringst, ringt	rang	gerungen	lutter
rinnen +sein	rinnst, rinnt	rann	geronnen	couler
rufen	rufst, ruft	rief	gerufen	appeler
salzen	salzt, salzt	salzte	gesalzen	saler
saufen	säufst, säuft	soff	gesoffen	boire
saugen	saugst, saugt	sog ou saugte	gesogen ou gesaugt	aspirer
schaffen	schaffst, schafft	schuf	geschaffen	créer, réussir
schallen	schallst, schallt	scholl ou schallte	geschallt	résonner
scheiden +sein	scheidest, scheidet	schied	geschieden	dissoudre
scheinen	scheinst, scheint	schien	geschienen	paraître
scheißen	scheißt, scheißt	schiss	geschissen	chier
schelten	schiltst, schilt	schalt	gescholten	réprimander

INFINITIF	PRÉSENT (2e, 3e pers. sg.)	PRÉTÉRIT	PARTICIPE PASSÉ	TRADUCTION
scheren	scherst, schert	schor	geschoren	tondre
schieben	schiebst, schiebt	schob	geschoben	pousser
schießen	schießt, schießt	schoss	geschossen	tirer
schinden	schindest, schindet	schindete	geschunden	éreinter
schlafen	schläfst, schläft	schlief	geschlafen	dormir
schlagen	schlägst, schlägt	schlug	geschlagen	frapper
schleichen +sein	schleichst, schleicht	schlich	geschlichen	rôder
schleifen	schleifst, schleift	schliff	geschliffen	aiguiser
schließen	schließt, schließt	schloss	geschlossen	fermer
schlingen	schlingst, schlingt	schlang	geschlungen	engloutir
schmeißen	schmeißt, schmeißt	schmiss	geschmissen	jeter
schmelzen +sein	schmilzt, schmilzt	schmolz	geschmolzen	fondre
schneiden	schneidest, schneidet	schnitt	geschnitten	couper
schreiben	schreibst, schreibt	schrieb	geschrieben	écrire
schreien	schreist, schreit	schrie	geschrie(e)n	crier
schreiten	schreitest, schreitet	schritt	geschritten	s'avancer
schweigen	schweigst, schweigt	schwieg	geschwiegen	se taire
schwellen +sein	schwillst, schwillt	schwoll	geschwollen	enfler
schwimmen +sein	schwimmst, schwimmt	schwamm	geschwommen	nager
schwinden +sein	schwindest, schwindet	schwand	geschwunden	s'amenuiser
schwingen	schwingst, schwingt	schwang	geschwungen	brandir
schwören	schwörst, schwört	schwur	geschworen	jurer
sehen	siehst, sieht	sah	gesehen	voir
sein +sein	bist, ist	war	gewesen	être
senden	sendest, sendet	sandte ou sendete	gesandt ou gesendet	envoyer
singen	singst, singt	sang	gesungen	chanter
sinken +sein	sinkst, sinkt	sank	gesunken	baisser, couler
sinnen	sinnst, sinnt	sann	gesonnen	réfléchir

INFINITIF	PRÉSENT (2e, 3e pers. sg.)	PRÉTÉRIT	PARTICIPE PASSÉ	TRADUCTION
sitzen +sein	sitzt, sitzt	saß	gesessen	être assis
sollen	sollst, soll	sollte	gesollt (ou sollen après infinitif)	devoir
speien	speist, speit	spie	gespie(e)n	cracher
spinnen	spinnst, spinnt	spann	gesponnen	filer
sprechen	sprichst, spricht	sprach	gesprochen	parler
sprießen +sein	sprießt, sprießt	spross	gesprossen	éclore, pousser
springen +sein	springst, springt	sprang	gesprungen	sauter
stechen	stichst, sticht	stach	gestochen	piquer
stecken	steckst, steckt	steckte ou stak	gesteckt	être enfoncé
stehen	stehst, steht	stand	gestanden	être debout
stehlen	stiehlst, stiehlt	stahl	gestohlen	voler
steigen +sein	steigst, steigt	stieg	gestiegen	monter
sterben +sein	stirbst, stirbt	starb	gestorben	mourir
stinken	stinkst, stinkt	stank	gestunken	puer
stoßen	stößt, stößt	stieß	gestoßen	pousser
streichen	streichst, streicht	strich	gestrichen	peindre, rayer
streiten	streitest, streitet	stritt	gestritten	se disputer
tragen	trägst, trägt	trug	getragen	porter
treffen	triffst, trifft	traf	getroffen	rencontrer
treiben +sein	treibst, treibt	trieb	getrieben	dériver
treten +sein	trittst, tritt	trat	getreten	s'avancer
trinken	trinkst, trinkt	trank	getrunken	boire
trügen	trügst, trügt	trog	getrogen	tromper
tun	tust, tut	tat	getan	faire
verderben	verdirbst, verdirbt	verdarb	verdorben	abîmer, gâcher
verdrießen	verdrießt, verdrießt	verdross	verdrossen	contrarier
vergessen	vergisst, vergisst	vergaß	vergessen	oublier
verhauen	verhaust, verhaut	verhaute	verhauen	battre
verlieren	verlierst, verliert	verlor	verloren	perdre
verlöschen	verlischst, verlischt	verlosch	verloschen	s'éteindre
verschleißen	verschleißt, verschleißt	verschliss	verschlissen	user, s'user

INFINITIF	PRÉSENT (2e, 3e pers. sg.)	PRÉTÉRIT	PARTICIPE PASSÉ	TRADUCTION
verstehen	verstehst, versteht	verstand	verstanden	comprendre
verzeihen	verzeihst, verzeiht	verzieh	verziehen	pardonner
wachsen +sein	wächst, wächst	wuchs	gewachsen	grandir
wägen	wägst, wägt	wog ou wägte	gewogen	peser
waschen	wäschst, wäscht	wusch	gewaschen	laver
weben	webst, webt	webte ou wob	gewoben	tisser
weichen +sein	weichst, weicht	wich	gewichen	céder
weisen	weist, weist	wies	gewiesen	désigner
wenden	wendest, wendet	wandte ou wendete	gewandt ou gewendet	retourner
werben	wirbst, wirbt	warb	geworben	parrainer, faire de la publicité
werden +sein	wirst, wird	wurde	geworden	devenir
werfen	wirfst, wirft	warf	geworfen	jeter
wiegen	wiegst, wiegt	wog	gewogen	peser
winden	windest, windet	wand	gewunden	enrouler
wissen	weißt, weiß	wusste	gewusst	savoir
wollen	willst, will	wollte	gewollt (ou wollen après infinitif)	vouloir
wringen	wringst, wringt	wrang	gewrungen	tordre
ziehen	ziehst, zieht	zog	gezogen	tirer
zwingen	zwingst, zwingt	zwang	gezwungen	forcer

LES NOMBRES DIE ZAHLEN

nombres cardinaux Kardinalzahlen		nombres ordinaux Ordnungzahlen
0	null	-
1	ein, eine, ein	erste
2	zwei	zweite
3	drei	dritte
4	vier	vierte
5	fünf	fünfte
6	sechs	sechste
7	sieben	siebte
8	acht	achte
9	neun	neunte
10	zehn	zehnte
11	elf	elfte
12	zwölf	zwölfte
13	dreizehn	dreizehnte
14	vierzehn	vierzehnte
15	fünfzehn	fünfzehnte
16	sechzehn	sechzehnte
17	siebzehn	siebzehnte
18	achtzehn	achtzehnte
19	neunzehn	neunzehnte
20	zwanzig	zwanzigste
21	einundzwanzig	einundzwanzigste
22	zweiundzwanzig	zweiundzwanzigste
23	dreiundzwanzig	dreiundzwanzigste
24	vierundzwanzig	vierundzwanzigste
25	fünfundzwanzig	fünfundzwanzigste
26	sechsundzwanzig	sechsundzwanzigste
27	siebenundzwanzig	siebenundzwanzigste
28	achtundzwanzig	achtundzwanzigste
29	neunundzwanzig	neunundzwanzigste
30	dreißig	dreißigste
31	einunddreißig	einunddreißigste

32	zweiunddreißig	zweiunddreißigste
40	vierzig	vierzigste
41	einundvierzig	einundvierzigste
50	fünfzig	fünfzigste
60	sechzig	sechzigste
70	siebzig	siebzigste
80	achtzig	achtzigste
90	neunzig	neunzigste
100	hundert	hundertste
101	hunderteins	hunderterste
200	zweihundert	zweihundertste
300	dreihundert	dreihundertste
400	vierhundert	vierhundertste
500	fünfhundert	fünfhundertste
600	sechshundert	sechshundertste
700	siebenhundert	siebenhundertste
800	achthundert	achthundertste
900	neunhundert	neunhundertste
1 000	(ein)tausend	tausendste
2 000	zweitausend	zweitausendste
3 000	dreitausend	dreitausendste
10 000	zehntausend	zehntausendste
100 000	hunderttausend	hunderttausendste
1 000 000	Million	millionste
100 000 000	Milliarde	milliardste

Remarques

- De façon générale, on ajoute **-te** à l'adjectif cardinal jusqu'à 19, **-ste** à partir de 20. Exceptions : *erste, dritte, siebte, achte.*
- Les nombres s'écrivent en un seul mot, et ce jusqu'à 999 999 : 14 582 s'écrit *vierzehntausendfünfhundertzweiundachtzig.*
- Attention : la composition des nombres se fait à l'inverse du français : cinquante-trois se dit *dreiundfünfzig,* soixante-six se dit *sechsundsechzig.*

LES FAUX AMIS

aliment ≠ **Alimente** (= pension alimentaire)
appartement ≠ **Appartment** (= studio)
art ≠ **Art** (façon, manière)
artiste ≠ **Artist** (= acrobate, artiste de cirque)
baiser ≠ **Baiser** (= meringue)
batterie ≠ **Batterie** (= pile)
blâmer ≠ **blamieren** (= ridiculiser)
blouse ≠ **Bluse** (= chemisier)
chicorée ≠ **Schikoree** (endive)
clavier ≠ **Klavier** (= piano)
compas ≠ **Kompass** (= boussole)
coffre ≠ **Koffer** (= valise)
concours ≠ **Konkurs** (= faillite)
costume ≠ **Kostüm** (= déguisement, tailleur)
couvert ≠ **Kuvert** (= enveloppe)
délicatesse ≠ **Delikatesse** (= friandise, morceau de choix)
démonstration ≠ **Demonstration** (= manifestation)
dirigeant ≠ **Dirigent** (= chef d'orchestre)
dissertation ≠ **Dissertation** (= thèse de doctorat)
dôme ≠ **Dom** (= cathédrale)
dose ≠ **Dose** (= boîte de conserve)
feuilleton ≠ **Feuilleton** (pages culturelles d'un journal)
fibre ≠ **Fieber** (= fièvre)
figure (visage) ≠ **Figur** (= ligne, silhouette)
filiale ≠ **Filiale** (= succursale)
folie ≠ **Folie** (= transparent, film alimentaire)
friser ≠ **frisieren** (= coiffer)
gros ≠ **groß** (= grand)
gymnase ≠ **Gymnasium** (= lycée)
hier ≠ **hier** (= ici)
infusion ≠ **Infusion** (= perfusion)
jalousie ≠ **Jalousie** (= store)
luxurieux ≠ **luxuriös** (= luxueux)
malicieux ≠ **maliziös** (= méchant, malveillant)
misère ≠ **Misere** (= situation catastrophique)
modérer ≠ **moderieren** (= présenter [une émission])
ordinaire ≠ **ordinär** (= vulgaire)
paragraphe ≠ **Paragraf** (= article [d'un texte de loi])
parterre ≠ **Parterre** (= rez-de-chaussée)
partout ≠ **partout** (= à tout prix)
raquette ≠ **Rakete** (= fusée)
rat ≠ **Rat** (= conseil)
régal ≠ **Regal** (= étagère)
régie ≠ **Regie** (= mise en scène)
roller ≠ **Roller** (= scooter ou trottinette)
route ≠ **Route** (= itinéraire)
sortir ≠ **sortieren** (= trier)
souterrain ≠ **Souterrain** (= sous-sol)
stock ≠ **Stock** (= bâton ou étage)
sucre en poudre ≠ **Puderzucker** (= sucre glace)
tablette ≠ **Tablette** (= cachet, pilule)
trésor ≠ **Tresor** (= coffre-fort)
tricot ≠ **Trikot** (= maillot)
veste ≠ **Weste** (= gilet sans manches)

L'HEURE — DIE UHRZEIT

Quelle heure est-il ? — *Wie spät ist es?*

	**il est midi**	**es ist Mittag**
	il est douze heures	**es ist zwölf (Uhr)**
	il est minuit	**es ist Mitternacht**
	**il est neuf heures**	**es ist neun (Uhr)**
	il est neuf heures du matin	**es ist neun Uhr morgens**
	il est neuf heures du soir	**es ist neun Uhr abends**
	il est vingt et une heures	**es ist einundzwanzig Uhr** (1)
	**il est six heures et quart**	**es ist Viertel nach sechs**
	il est six heures quinze	**es ist sechs Uhr fünfzehn** (1)
	il est dix-huit heures quinze	**es ist achtzehn Uhr fünfzehn** (1)
	**il est neuf heures et demie**	**es ist halb zehn**
	il est vingt et une heures trente	**es ist einundzwanzig Uhr dreißig** (1)
	**il est quatre heures moins dix**	**es ist zehn vor vier**
	il est quinze heures cinquante	**es ist fünfzehn Uhr fünfzig** (1)
	**il est sept heures cinq**	**es ist fünf nach sieben**
	**il est huit heures (zéro) deux**	**es ist zwei nach acht**
	**il est deux heures moins le quart**	**es ist Viertel vor zwei**
	il est treize heures quarante-cinq	**es ist dreizehn Uhr fünfundvierzig** (1)

(1) Lorsque l'on utilise l'horloge de 24 heures, on doit obligatoirement ajouter **Uhr :** *neunzehn Uhr.*

Lorsque l'heure est suivie d'une fraction d'heure, on doit obligatoirement mettre **Uhr :** *drei Uhr zweiundzwanzig.*

Quelques expressions utiles

il est exactement cinq heures	es ist genau fünf Uhr
à dix heures précises ou **pile**	es ist Punkt zehn Uhr
il est presque six heures	es ist fast sechs (Uhr)
il est environ six heures	es ist ungefähr sechs (Uhr)
aux environs de cinq heures	ungefähr um fünf (Uhr)
un peu après midi	kurz nach zwölf (Uhr)
de neuf heures à onze heures	von neun bis elf (Uhr)
c'est fermé de 13 h à 14 h	von 1 bis 2 Uhr nachmittags geschlossen
à sept heures au plus tard	spätestens um sieben (Uhr)
à sept heures au plus tôt	frühestens um sieben (Uhr)
il sera là jusqu'à huit heures	er wird bis um acht (Uhr) dasein
ce doit être fini avant dix heures	es muss bis um zehn (Uhr) fertig sein

LES LÄNDER ET LEURS CAPITALES

La République fédérale d'Allemagne est composée de 16 Länder :

NOM ALLEMAND	NOM FRANÇAIS	CAPITALE
Baden-Württemberg	le Bade-Wurtemberg	Stuttgart
Bayern	la Bavière	München (Munich)
Berlin	Berlin (ville-État)	
Brandenburg*	le Brandenbourg	Potsdam
Bremen	Brême	

(ce Land est constitué de deux villes : Bremen [la capitale] et Bremerhaven).

Hamburg	Hambourg (ville-État)	
Hessen	la Hesse	Wiesbaden
Mecklenburg-Vorpommern*	le Mecklembourg-Poméranie-Occidentale dit aussi Mecklembourg-Poméranie antérieure	Schwerin
Niedersachsen	la Basse-Saxe	Hannover (Hanovre)
Nordrhein-Westfalen	la Rhénanie-du-Nord-Westphalie	Düsseldorf
Rheinland-Pfalz	la Rhénanie-Palatinat	Mainz (Mayence)
Saarland	la Sarre	Saarbrücken (Saarbruck)
Sachsen*	la Saxe	Dresden (Dresde)
Sachsen-Anhalt*	la Saxe-Anhalt	Magdeburg (Magdebourg)
Schleswig-Holstein	le Schleswig-Holstein	Kiel
Thüringen*	la Thuringe	Erfurt

Les Länder avec un * sont ceux de l'ancienne RDA.

LA SCOLARITÉ EN ALLEMAGNE

Le système éducatif

Traditionnellement, la scolarité de l'école primaire jusqu'à l'**Abitur**, le baccalauréat allemand, durait 13 ans. Dans plusieurs Länder, cependant, ce système a été modifié ou est en cours de modification pour ramener la scolarité à 12 ans, afin de l'harmoniser avec les autres systèmes européens. Cela oblige par contre les lycéens à faire des journées plus longues pour respecter le programme qui, lui, n'a pas changé.

En Allemagne, on compte les classes de la première **(1. Klasse),** qui correspond au CP français, à la douzième **(12. Klasse),** qui correspond à la terminale française.

L'enseignement jusqu'à l'Abitur est divisé en trois niveaux : **Primarstufe** (correspondant à l'école primaire), **Sekundarstufe I** (de la cinquième à la dixième année) et **Sekundarstufe II** (de la onzième à la douzième ou treizième année).

De façon générale, l'école primaire, la **Grundschule,** dure quatre ans. Durant les premières années, les élèves ne sont pas notés, mais reçoivent des appréciations verbales.

Ensuite, les élèves peuvent intégrer soit la **Hauptschule** ou la **Realschule** (jusqu'à la fin de la **Sekundarstufe I**) s'ils comptent se diriger vers une formation professionnelle ou l'apprentissage, ou s'ils veulent entrer dans un lycée professionnel par la suite.

Ils peuvent aussi intégrer le **Gymnasium** qui amène les élèves jusqu'à l'Abitur ; ils ont ensuite la possibilité d'entrer à l'université ou dans une école supérieure.

Du fait que l'éducation dépend de chaque Land, les exceptions et particularités ne sont pas rares : dans les Länder du Brandebourg ou de Berlin, par exemple, la Grundschule dure six ans.

Les notes

De façon générale, on note de 1 à 6 dans les écoles allemandes, avec parfois des + ou des – pour plus de précision.

1 correspond à **sehr gut** (très bien), 2 à **gut** (bien), 3 à **befriedigend** (assez bien, satisfaisant), 4 à **ausreichend** (passable), 5 à **mangelhaft** (médiocre) et 6 à **ungenügend** (insuffisant).

L'année scolaire

Dans le système scolaire allemand, les vacances sont déterminées par le ministère de l'Éducation de chaque Land.

Les vacances d'été **(Sommerferien)** durent 6 semaines ; selon le Land, elles peuvent commencer la dernière semaine du mois de juin, durant le mois de juillet ou au début du mois d'août.

Les vacances d'automne **(Herbstferien)** durent en moyenne 12 jours, sauf au Bade-Wurtemberg et en Bavière, où elles ne durent que 4 jours, et se déroulent entre début octobre et début novembre. Les vacances de Noël **(Weihnachtsferien)** durent entre 10 et 14 jours, les vacances de Pâques **(Osterferien)** sont étalées entre les mois de mars et avril et durent entre 6 et 15 jours, en fonction du Land.

Les « petites vacances » d'hiver et de printemps ne sont pas données par tous les Länder, et certains ne donnent que un ou deux jours, d'autres 10.

Les Länder qui donnent peu de jours pour certaines vacances en donnent plus pour d'autres.

En moyenne, les élèves allemands travaillent 38 semaines par an.

LES FÊTES EN ALLEMAGNE

Les jours fériés

Les jours fériés dans toute l'Allemagne sont le jour de l'An **(Neujahrstag),** le Vendredi saint **(Karfreitag),** le dimanche et le lundi de Pâques **(Ostersonntag, Ostermontag),** la fête du Travail **(Tag der Arbeit),** l'Ascension **(Christi Himmelfahrt),** le dimanche et le lundi de Pentecôte **(Pfingstsonntag, Pfingstmontag),** le Jour de l'Unité allemande (**Tag der Deutschen Einheit,** v. ci-dessous), ainsi que le jour et le lendemain de Noël **(1. Weihnachtstag, 2. Weihnachtstag).**

En fonction des Länder, d'autres fêtes religieuses peuvent être des jours fériés. C'est ainsi que la Toussaint **(Allerheiligen)** est fériée dans cinq Länder (Bade-Wurtemberg, Bavière, Rhénanie-du-Nord-Westphalie, Rhénanie-Palatinat et Sarre) et l'Épiphanie **(Heilige Drei Könige)** dans trois (Bade-Wurtemberg, Bavière et Saxe-Anhalt).

Carnaval (Karneval, Fastnacht, Fasching)

Appelé aussi la « Cinquième Saison » **(Fünfte Jahreszeit)** en Allemagne, le carnaval est un événement incontournable en Allemagne. Il a lieu durant la semaine qui précède le mercredi des Cendres **(Aschermittwoch),** il débute le jeudi, souvent à 11 h 11, et se termine le Mardi gras.

Historiquement, les différences sociales étaient abolies durant cette période, les fermiers, domestiques et « petites gens » en général mis sur un pied d'égalité avec leurs maîtres. Ils se déguisaient en « fous » **(Narren)** et se moquaient impunément des personnes qui, le reste de l'année, étaient leurs supérieurs.

Le carnaval atteint son apogée le lundi **(Rosenmontag)** avec les traditionnels défilés. Ce jour-là, beaucoup d'écoles, de lycées et d'entreprises ferment à midi pour que tout le monde puisse participer aux festivités. Les villes rivalisent entre elles pour le défilé le plus spectaculaire. Des villes comme Cologne, Mayence, Düsseldorf, Bonn ou Aix-la-Chapelle sont célèbres pour leur carnaval.

Certaines régions ont leurs coutumes propres. Il existe ainsi la **Weiberfastnacht** (Carnaval des femmes) durant laquelle les femmes déguisées parcourent les rues et coupent les cravates des hommes qui ont le malheur de se trouver sur leur chemin, pour les dépouiller symboliquement de leur supériorité masculine. Dans certaines villes, le maire remet les clés de la ville aux « fous » le temps du carnaval.

Fête nationale

La fête nationale est le **Tag der Deutschen Einheit,** le Jour de l'Unité allemande. Elle est fêtée le 3 octobre, qui est le jour anniversaire de la réunification des deux Allemagnes.

Avant la réunification, la fête nationale en RFA tombait le 17 juin. Elle commémorait le soulèvement populaire en RDA contre le communisme stalinien, en 1953. La fête nationale en RDA était le 7 octobre, date de la création du pays en 1949.

La Saint-Nicolas (Nikolaustag)

Saint Nicolas est le saint le plus populaire d'Allemagne. Sa fête est le 6 décembre, et il est aux Allemands ce que le père Noël est aux Français.

Il y a beaucoup de légendes autour de saint Nicolas, qui était un évêque catholique du IVe siècle dans une région qui appartient aujourd'hui à la Turquie. Il est attesté qu'il faisait beaucoup de choses pour les pauvres, avec sa propre fortune.

C'est donc un personnage aimable qui vient rendre visite aux enfants pour distribuer des petits cadeaux et des friandises. En Allemagne, il est fréquemment accompagné d'un autre personnage, souvent **Knecht Ruprecht,** le père Fouettard, qui est censé punir les enfants pas sages. En Autriche, ce n'est pas Knecht Ruprecht, mais des créatures d'apparence diabolique appelées **Krampus** qui escortent saint Nicolas.

Bien que beaucoup de gens fêtent la Saint-Nicolas, ce n'est pas un jour férié.

La Saint-Martin (Martinstag)

Saint Martin était un soldat romain qui devint évêque de Tours. La légende veut que, chevauchant lors d'une nuit de grand froid, il coupa son manteau en deux pour le partager avec un pauvre homme sur le bord de la route.

La fête de Saint-Martin est très attendue des enfants allemands. La nuit tombée, ils forment un cortège derrière un cavalier et défilent dans les rues avec des lampions en chantant des chansons. Ils terminent traditionnellement autour d'un feu où l'un d'eux raconte l'histoire du saint.

Un repas festif, où l'on mange de l'oie **(Martinsgans),** fait également partie de la tradition.

La fête tombe le 11 novembre. En France, on y fête l'armistice de la Première Guerre mondiale, mais ce n'est pas un jour férié en Allemagne.

Noël

Noël est une période très festive. Les rues comme les maisons sont décorées et on place le **Adventskranz,** la couronne de l'Avent faite en branches de sapin, sur la table. Elle comporte 4 grosses bougies pour les quatre dimanches de l'Avent qui précèdent Noël. La première est allumée le premier dimanche, la deuxième le dimanche suivant, jusqu'à ce que les quatre bougies brûlent le dimanche juste avant Noël.

Le calendrier de l'Avent, **Adventskalender,** existait déjà en Allemagne au XIXe siècle sous des formes différentes. Au début, on ouvrait les petites fenêtres pour simplement découvrir des images ayant trait à Noël. Le calendrier de l'Avent tel qu'on le connaît aujourd'hui, avec des petits chocolats cachés derrière les fenêtres, existe depuis la fin des années 1950 en Allemagne, mais n'a fait son apparition en France qu'à la fin des années 1980.

Les marchés de Noël **(Weihnachtsmarkt)** ouvrent la dernière semaine de novembre dans les grandes villes, un peu plus tard dans les plus petites, et durent jusqu'au 23 décembre. Ils attirent un grand nombre de personnes qui s'y promènent, font des emplettes et consomment des saucisses grillées et du vin chaud. C'est un lieu où l'on se retrouve en famille ou entre amis, même s'il fait très froid ! Un des plus anciens marchés de Noël est à Dresde, où on trouve aussi le **Dresdner Christstollen,** un gâteau de Noël aux fruits secs très réputé.

Dans beaucoup de foyers, on fait de la pâtisserie de Noël, avec plusieurs variétés de petits gâteaux secs ou biscuits, les **Weihnachtsplätzchen,** que l'on mange souvent le dimanche soir en famille autour des bougies allumées.

Dans de nombreuses maisons ainsi que sur certains marchés de Noël, on trouve des pyramides de Noël **(Weihnachtspyramide).** Ce sont des constructions en bois de taille variable. Sur plusieurs étages sont disposés en ronde des personnages liés à la fête de Noël. Au sommet se trouvent des pales en bois, et lorsque l'on allume les bougies placées à la base, l'air chaud monte, fait tourner les pales et par là les personnages, comme sur des petits manèges. La plus grande pyramide – plus de 20 mètres – se trouve sur le marché de Noël de Kassel.

Beaucoup d'Allemands se rendent à l'église pour la messe de Noël, même s'ils ne sont pas croyants ou pratiquants. Cela fait partie des traditions.

En Allemagne, le 26 décembre est un jour férié.

À TABLE !

Les repas

Le petit-déjeuner est un repas très complet avec petits pains, charcuterie, fromage, confiture, jus de fruit et parfois des œufs. De fait, on le prend ainsi surtout le week-end, car en semaine on manque souvent de temps pour prendre un petit-déjeuner aussi abondant.

Traditionnellement, on mangeait le repas chaud principal le midi, et le repas du soir, constitué de pain, de fromage et de charcuterie, se prenait assez tôt. Moins de femmes travaillaient, et leurs mari et enfants rentraient le midi pour le déjeuner. Le changement des modes de vie et de travail a fait que, aujourd'hui, on prend souvent le repas principal le soir en famille.

Les spécialités

L'Allemagne est connue pour ses excellentes charcuteries et ses pâtisseries à la crème. Mais on y mange aussi beaucoup de gibier (lièvre, sanglier et chevreuil) et de poisson, parfois fumé, des plats à base de pâtes de tous genres comme les **Spätzle** ou les **Maultaschen,** et toutes sortes de produits laitiers comme les fromages frais à tartiner dont il existe une très grande variété.

Le choix de pains est vaste, allant du pain blanc **(Weißbrot)** au pain très noir du genre **Pumpernickel,** en passant par le très apprécié **Mischbrot,** fait avec un mélange de farine de blé et de seigle.

Les **Brötchen** (petits pains) font partie de tout bon petit-déjeuner allemand. Eux aussi peuvent être blancs, complets, aux graines, au pavot... là encore il y a du choix !

Dans le sud de l'Allemagne et en Autriche, on trouve les **Brezel** (en français : Bretzel) à tous les coins de rue. Ils sont consommés comme en-cas.

Les **Knödel** ou **Klöße,** boules de pâte cuites à l'eau bouillante, figurent en bonne place parmi les spécialités. Les ingrédients sont variables selon les régions : pain, pommes de terre ou semoule. Ils peuvent être agrémentés de lard, épinards, foie ou fromage, ou même de quetsches ou d'abricots dans leurs variantes sucrées.

Dans les friandises, on peut citer le **Marzipan,** qui est une pâte d'amande, souvent enrobée de chocolat. Une autre spécialité est le **Baumkuchen,** qui est confectionné en roulant la pâte sur une broche. On le fait cuire à feu ouvert puis on l'enrobe de chocolat. Vers Noël, on consomme aussi des pains d'épice, les **Lebkuchen.**

Comme en France, il y a de nombreuses spécialités régionales, qu'il serait trop long d'énumérer ici. Il ne vous reste plus qu'à faire un voyage gastronomique en Allemagne !

Les boissons

La bière est la boisson nationale allemande. Il existe une multitude de brasseries, nationales, régionales ou locales. **Pils, Weißbier, Helles, Dunkelbier, Schwarzbier, Weizenbier, Export...** la diversité des bières a de quoi contenter tous les amateurs de cette boisson.

Les vins blancs de la vallée du Rhin ou de la Moselle sont mondialement réputés, mais ce ne sont pas les seules régions viticoles. Il existe environ 80 000 viticulteurs dans tout le pays.

L'eau minérale est traditionnellement gazeuse. Elle le sera si vous demandez **ein Mineralwasser.** Depuis quelque temps, les Allemands consomment aussi beaucoup d'eau minérale plate, souvent importée de France. Pour la commander, demandez « ein stilles Mineralwasser ».

Par ailleurs, on consomme beaucoup de jus de fruit et de sodas aux goûts très variés.

allemand
français

Aa

ab *a plusieurs catégories grammaticales et plusieurs sens :*

> Ce peut être une PRÉPOSITION qui s'emploie avec le datif :

ab *signifie* **à partir de :**

▷ Ich bin ab zwei Uhr zu Hause. Je suis à la maison à partir de deux heures.

▷ Ab der Grenze fährt der Zug dann schneller. À partir de la frontière, le train roulera plus vite.

► frei für Jugendliche ab 14 Jahren **interdit aux moins de 14 ans**

► ab und zu **de temps en temps**

> Ce peut être une PARTICULE SÉPARABLE pour former des VERBES COMPOSÉS :

♦ abnagen **ronger**

♦ abhorchen **ausculter**

ℹ Vous trouverez les verbes composés qui commencent par ab- classés par ordre alphabétique.

abartig **anormal**

abbauen *a plusieurs sens :*

1 abbauen *peut signifier* **réduire :**

► Personal abbauen **réduire les effectifs**

2 abbauen *peut signifier* **exploiter :**

▷ Dort wird Kohle abgebaut. On y exploite du charbon.

abbeißen **croquer** (avec les dents)

abbiegen **tourner** (sur une route) :

▷ Dort musst du rechts abbiegen. Là-bas, il faut que tu tournes à droite.

abblasen *a plusieurs sens :*

1 abblasen *peut signifier* **souffler :**

► Staub abblasen **souffler la poussière**

2 abblasen *peut être une expression familière qui signifie* **annuler :**

▷ Die Party ist leider abgeblasen. La fête est malheureusement annulée.

abbrausen *a plusieurs catégories grammaticales et plusieurs sens :*

> Ce peut être un VERBE TRANSITIF :

abbrausen *signifie* **doucher**

► sich abbrausen **se doucher**

> Ce peut être un VERBE INTRANSITIF :

abbrausen *est une expression familière qui signifie* **partir à toute vitesse**

abbrechen *a plusieurs sens :*

1 abbrechen *peut signifier* **casser** *ou* **se casser :**

▷ Der Ast ist abgebrochen. La branche s'est cassée.

2 abbrechen *peut signifier* **interrompre :**

▷ Das Fußballspiel ist abgebrochen worden. Le match de foot a été interrompu.

3 abbrechen *peut signifier* **démolir :**

▷ Sie brechen die Mauer ab. Ils démolissent le mur.

abbürsten **enlever** (à l'aide d'une brosse) :

▷ Kannst du die Katzenhaare vom Sofa abbürsten? Est-ce que tu peux enlever les poils du chat du canapé ?

abdrehen *a plusieurs catégories grammaticales et plusieurs sens :*

> Ce peut être un VERBE TRANSITIF :

abdrehen *signifie* **éteindre** (le gaz ou le chauffage, un appareil)

> Ce peut être un VERBE INTRANSITIF :

abdrehen *signifie* **changer de cap** (en parlant d'un avion ou d'un bateau)

abdrücken *a plusieurs catégories grammaticales et plusieurs sens :*

> Ce peut être un VERBE TRANSITIF :

jemanden abdrücken *est une expression familière qui signifie* **serrer quelqu'un dans ses bras**

> Ce peut être un VERBE INTRANSITIF :

abdrücken *signifie* **appuyer sur la gachette**

Abend (MASCULIN, pluriel Abende) **soir** *ou* **soirée :**

▷ Am Abend wird es kühler. Le soir ça rafraîchit.

▷ Sie hat für den Abend eine Überraschung vorbereitet. Pour la soirée, elle a préparé une surprise.

► guten Abend **bonsoir**

♦ Abendessen (NEUTRE, pluriel Abendessen) **dîner**

♦ Abendkleid (NEUTRE, pluriel Abendkleider) **robe de soirée**

♦ Abendland (NEUTRE) **l'Occident**

Abenteuer (NEUTRE, pluriel Abenteuer) **aventure**

♦ abenteuerlich **aventureux**

♦ Abenteurer, Abenteurerin (MASCULIN, pluriel Abenteurer / FÉMININ, pluriel Abenteurerinnen) **aventurier, aventurière**

aber *a plusieurs sens :*

1 aber *peut signifier* **mais**

2 aber *s'emploie pour accentuer un énoncé :*

▷ Das ist aber schön! C'est vraiment beau !

▷ Nun ist aber Schluss! Ça suffit maintenant !

Aberglaube (MASCULIN) **superstition**

♦ abergläubisch **superstitieux**

abfahren *a plusieurs catégories grammaticales et plusieurs sens :*

> Ce peut être un VERBE INTRANSITIF :

abfahren *signifie* **partir :**

▷ Der Bus fährt in fünf Minuten ab. Le bus part dans cinq minutes.

> Ce peut être un VERBE TRANSITIF :

abfahren *signifie* **transporter :**

▷ Der Lastwagen fährt Schutt ab. Le camion transporte des gravats.

► auf jemanden /etwas abfahren **craquer pour quelqu'un / quelque chose.**

ℹ Cette expression allemande et sa traduction française sont familières.

Abfahrt (FÉMININ, pluriel Abfahrten) **départ** (avec un véhicule)

♦ Skiabfahrt (FÉMININ) **descente en ski**

♦ Autobahnabfahrt (FÉMININ) **sortie d'autoroute**

Abfall (MASCULIN, pluriel Abfälle) **déchets**

♦ Abfalleimer (MASCULIN, pluriel Abfalleimer) **poubelle**

abfassen **rédiger**

♦ Abfassung (FÉMININ, pluriel Abfassungen) **rédaction**

abfinden *a plusieurs sens :*

1 jemanden abfinden *signifie* **dédommager** *ou* **indemniser quelqu'un :**

▷ Wir finden Sie mit einer bestimmten Geldsumme ab. Nous allons vous dédommager avec une certaine somme d'argent.

2 sich mit etwas abfinden *signifie* **accepter quelque chose** *ou* **se contenter de quelque chose :**

▷ Er muss sich mit seiner Krankheit abfinden. Il doit accepter sa maladie.

▷ Du musst dich mit zehn Euro Taschengeld abfinden. Tu dois te contenter de dix euros d'argent de poche.

abfliegen **décoller** (en parlant d'un avion)

♦ Abflug (MASCULIN, pluriel Abflüge) **décollage**

Abfrage (FÉMININ, pluriel Abfragen) **requête** (informatique)

abfrieren **geler :**

▷ Ihm sind die Finger abgefroren. Il a eu les doigts gelés.

▷ Die Pflanze ist abgefroren. La plante a gelé.

Abgas (NEUTRE, pluriel Abgase) **gaz d'échappement**

abgeben **remettre** *ou* **donner** *ou* **déposer** *ou* **rendre :**

▷ Ich habe meinen Aufsatz schon abgegeben. J'ai déjà rendu ma rédaction.

► Wärme abgeben **dégager de la chaleur**

abgegriffen **usé**

abgehen *a plusieurs catégories grammaticales et plusieurs sens :*

> Ce peut être un VERBE INTRANSITIF :

abgehen *signifie* **partir** *ou* **quitter :**

▷ Das Schiff geht ab. Le bateau part.

▷ Sie geht am Jahresende von der Schule ab. Elle quitte l'école à la fin de l'année.

> Ce peut être un VERBE TRANSITIF :

abgehen *signifie* **passer au peigne fin :**

▷ Wir müssen das Viertel abgehen. Il faut passer le quartier au peigne fin.

abgelegen **isolé**

abgeneigt **défavorable**

► jemandem / einer Sache abgeneigt sein **être défavorable à l'égard de quelqu'un / quelque chose**

abgenutzt **usé** *ou* **abîmé**

Abgeordnete (MASCULIN, FÉMININ, pluriel Abgeordneten) **député**

ℹ Ce nom est un ADJECTIF SUBSTANTIVÉ : on dit ein Abgeordneter.

abgeschieden **isolé** *ou* **à l'écart** (en parlant d'un lieu)

♦ Abgeschiedenheit (FÉMININ) **isolement**

sich abgewöhnen **se déshabituer** *ou* **arrêter :**

▷ Du musst dir das viele Fernsehen abgewöhnen. Il faut que tu arrêtes de regarder autant la télévision.

► sich das Rauchen abgewöhnen **arrêter de fumer**

Abgrund (MASCULIN, pluriel Abgründe) **précipice**

Abhang (MASCULIN, pluriel Abhänge) **pente** *ou* **descente**

abhängen *a plusieurs catégories grammaticales et plusieurs sens :*

> Ce peut être un VERBE TRANSITIF :

abhängen *signifie* **décrocher :**

▷ Kannst du mir helfen, den Wohnwagen abzuhängen? Tu peux m'aider à décrocher la caravane ?

► jemanden abhängen **laisser quelqu'un derrière soi** *ou* **semer quelqu'un**

> Ce peut être un VERBE INTRANSITIF :

abhängen *signifie* **dépendre :**

► von jemandem / etwas abhängen **dépendre de quelqu'un / quelque chose**

♦ abhängig **dépendant :**

► von jemandem / etwas abhängig sein **être dépendant de quelqu'un / quelque chose**

► jemanden von etwas abhängig machen **rendre quelqu'un dépendant de quelque chose**

♦ Abhängigkeit (FÉMININ) **dépendance**

abhauen *a plusieurs catégories grammaticales et plusieurs sens :*

> Ce peut être un VERBE TRANSITIF :

abhauen *signifie* **couper** (à l'aide d'une hache)

> Ce peut être un VERBE INTRANSITIF :

abhauen *signifie* **se sauver** *ou* **filer**

ℹ Cette expression allemande et sa traduction française sont familières.

abheben *a plusieurs catégories grammaticales et plusieurs sens :*

> Ce peut être un VERBE TRANSITIF :

► den Telefonhörer abheben **décrocher le téléphone**

► Geld abheben **retirer de l'argent**

> Ce peut être un VERBE INTRANSITIF :

abheben *signifie* **décoller :**

▷ Das Flugzeug hebt ab. L'avion décolle.

abholen **aller chercher**

▷ Du kannst das Moped von der Reparatur abholen. Tu peux aller chercher la mobylette au garage.

abhorchen **ausculter**

Abitur (NEUTRE) **baccalauréat**

ℹ On dit aussi Abi.

Abkommen (NEUTRE, pluriel Abkommen) **accord** *ou* **traité**

abkühlen **refroidir** *ou* **rafraîchir**

► sich abkühlen **se rafraîchir**

Abkürzung (FÉMININ, pluriel Abkürzungen) **raccourci** *ou* **abréviation**

ablaufen *a plusieurs sens :*

1 ablaufen *peut signifier* **se dérouler** *ou* **se passer :**

▷ Wie läuft der morgige Tag ab? Comment se déroule la journée de demain ?

▷ Der Abend ist glänzend abgelaufen. La soirée s'est merveilleusement bien passée.

2 ablaufen *peut signifier* **s'écouler :**

▷ Das Wasser läuft schlecht ab. L'eau s'écoule mal.

3 ablaufen *peut signifier* **expirer :**

▷ Mein Pass läuft nächsten Monat ab. Mon passeport expire le mois prochain.

ablehnen **refuser** *ou* **rejeter**

ablenken *a plusieurs sens :*

1 ablenken *peut signifier* **distraire :**

▷ Komm doch mit ins Kino, das wird dich ablenken. Viens donc au cinéma, ça va te distraire.

2 **ablenken** *peut signifier* **déconcentrer :**
▷ Lenk mich nicht ab, ich lese. Ne me déconcentre pas, je lis.
♦ **Ablenkung** (FÉMININ, pluriel Ablenkungen) **distraction**

abnagen **ronger**

abnehmen *a plusieurs catégories grammaticales et plusieurs sens :*

> Ce peut être un VERBE INTRANSITIF :

abnehmen *signifie* **maigrir**

> Ce peut être un VERBE TRANSITIF :

1 **abnehmen** *peut signifier* **enlever** *ou* **décrocher :**
▷ Nimm doch dieses furchtbare Bild ab. Décroche donc ce tableau horrible.
▷ Nimm deine Brille ab. Enlève tes lunettes.

2 **abnehmen** *peut signifier* **retirer :**
▷ Der Gendarm hat mir den Führerschein abgenommen. Le gendarme m'a retiré mon permis de conduire.

3 **jemandem etwas abnehmen** *signifie* **prendre quelque chose de quelqu'un** (afin de l'aider) :
▷ Nimm Oma die Tasche ab! Prends le sac de grand-mère !
▷ Kann ich dir deine Jacke abnehmen? Je peux prendre ta veste ?

4 **jemandem etwas abnehmen** *est une expression familière qui signifie* **croire quelqu'un**

abnutzen **user**

Aborigine /apo'ri:gine, æbə'rɪdʒɪni:/ (MASCULIN, FÉMININ, pluriel Aborigines) **Aborigène** (= autochtone d'Australie)

abraten **déconseiller**

abräumen **débarrasser**

sich abreagieren **se défouler**

abrechnen *a plusieurs catégories grammaticales et plusieurs sens :*

> Ce peut être un VERBE TRANSITIF :

abrechnen *signifie* **soustraire**

> Ce peut être un VERBE INTRANSITIF :

1 **abrechnen** *peut signifier* **régler une note** *ou* **régler une facture**

2 **abrechnen** *peut signifier* **faire une facture**
► **mit jemandem abrechnen** *est une expression familière qui signifie* **régler ses comptes avec quelqu'un**

Abrechnung (FÉMININ, pluriel Abrechnungen) *a plusieurs sens :*

1 **Abrechnung** *peut signifier* **bilan** (de comptes ou de factures)

2 **Abrechnung** *peut signifier* **règlement de comptes**

sich abregen *est une expression familière qui signifie* **se calmer**

abreiben **frotter** *ou* **essuyer**

Abreise (FÉMININ) **départ** (en voyage)
♦ **abreisen** **partir** (en voyage)

abreißen *a plusieurs sens :*

> Ce peut être un VERBE TRANSITIF :

1 **abreißen** *peut signifier* **arracher :**
▷ Alle Äste sind abgerissen. Toutes les branches sont arrachées.

2 **abreißen** *peut signifier* **démolir :**
▷ Sie haben die alte Brücke abgerissen. Ils ont démoli le vieux pont.

> Ce peut être un VERBE INTRANSITIF :

1 **abreißen** *peut signifier* **se casser :**
▷ Der Faden ist abgerissen. Le fil s'est cassé.

2 **abreißen** *peut signifier* **interrompre :**
▷ Wir müssen die Diskussion hier leider abreißen. Nous devons malheureusement interrompre notre discussion ici.

abrufen **consulter** (un fichier, des données)

abrunden **arrondir**

abrüsten **désarmer**
♦ **Abrüstung** (FÉMININ) **désarmement**

absagen **annuler**

Absatz (MASCULIN, pluriel Absätze) **paragraphe**
► **neuer Absatz** **à la ligne**
♦ **Schuhabsatz** (MASCULIN) **talon** (de chaussure)
♦ **Treppenabsatz** (MASCULIN) **palier** (d'escalier)

abschaffen **abolir** *ou* **supprimer**
▷ Die Todesstrafe wurde abgeschafft. La peine de mort a été abolie.
♦ **Abschaffung** (FÉMININ) **abolition**
► **die Abschaffung der Sklaverei** **l'abolition de l'esclavage**

abschalten *a plusieurs catégories grammaticales et plusieurs sens :*

> Ce peut être un VERBE TRANSITIF :

1 **abschalten** *peut signifier* **éteindre** (la lumière ou la radio ou la télévision)

2 **abschalten** *peut signifier* **couper** (l'électricité ou le moteur)

> Ce peut être un VERBE INTRANSITIF :

abschalten *signifie* **décrocher :**

▷ Ich kann erst im Urlaub richtig abschalten. C'est seulement en vacances que je peux vraiment décrocher.

ℹ Cette expression allemande et sa traduction française sont familières.

abschätzen *a plusieurs sens :*

1 **etwas abschätzen** *signifie* **évaluer quelque chose**

2 **jemanden abschätzen** *signifie* **juger quelqu'un**

♦ **abschätzig** **méprisant**

abschauen **copier**

► **bei jemandem abschauen** **copier sur quelqu'un**

Abscheu (FÉMININ) **dégoût**

♦ **abscheulich** **dégoûtant** *ou* **horrible** *ou* **affreux**

abschicken **expédier**

Abschied (MASCULIN, pluriel Abschiede) **adieux**

► **Abschied nehmen** **faire ses adieux** *ou* **prendre congé**

(sich) abschirmen **(se) protéger**

► **sich gegen etwas abschirmen** **se protéger contre quelque chose**

abschleppen **remorquer**

abschließen *a plusieurs sens :*

1 **abschließen** *peut signifier* **fermer à clé**

2 **abschließen** *peut signifier* **terminer :**

▷ Ich habe meine Diplomarbeit abgeschlossen. J'ai terminé mon mémoire.

3 **abschließen** *peut signifier* **conclure :**

▷ Wir haben einen Vertrag abgeschlossen. Nous avons conclu un contrat.

► **sich abschließen** **s'isoler**

(sich) abschminken **(se) démaquiller**

► **sich etwas abschminken** **faire une croix sur quelque chose**

ℹ Cette expression allemande et sa traduction française sont familières.

abschneiden **couper :**

▷ Schneide mir bitte eine Scheibe Brot ab. Coupe-moi une tranche de pain, s'il te plaît.

▷ Er ist von der Realität völlig abgeschnitten. Il est complètement coupé de la réalité.

► **jemandem den Weg abschneiden** **couper la route à quelqu'un**

► **gut / schlecht abschneiden** **obtenir des bons / mauvais résultats**

Abschnitt (MASCULIN) **section** *ou* **passage** *ou* **coupon** *ou* **période**

abschnüren **serrer** (à l'aide d'une ficelle)

abschrauben **dévisser**

abschrecken **effrayer**

abschreiben **copier**

► **von jemandem abschreiben** **copier sur quelqu'un**

► **etwas abschreiben** **faire une croix sur quelque chose**

ℹ Cette expression allemande et sa traduction française sont familières.

abschütteln **enlever** *ou* **nettoyer en secouant**

► **jemanden / etwas abschütteln** **se débarrasser de quelqu'un, quelque chose**

ℹ Cette expression allemande et sa traduction française sont familières.

abschwächen **atténuer** *ou* **diminuer**

abschwellen *a plusieurs sens :*

1 **abschwellen** *peut signifier* **désenfler :**

▷ Mein Knie schwillt ab. Mon genou désenfle.

2 **abschwellen** *peut signifier* **se calmer** *ou* **diminuer :**

▷ Der Sturm schwillt ab. La tempête se calme.

▷ Der Lärm ist abgeschwollen. Le bruit a diminué.

absehbar **prévisible**

► **in absehbarer Zeit** **sous peu**

absehen *a plusieurs catégories grammaticales et plusieurs sens :*

> Ce peut être un VERBE TRANSITIF :

absehen *signifie* **prévoir :**

▷ Die Folgen kann man jetzt noch nicht absehen. On ne peut pas encore prévoir les conséquences.

► **es auf jemanden / etwas abgesehen haben** **avoir jeté son dévolu sur quelqu'un / quelque chose**

> Ce peut être un VERBE INTRANSITIF :

► **von etwas absehen** **faire abstraction de quelque chose**

► **abgesehen davon** **à part ça**

abseits *a plusieurs catégories grammaticales :*

> Ce peut être un ADVERBE :

abseits *signifie* **à l'écart**

> Ce peut être une PRÉPOSITION qui s'emploie avec le datif :

abseits von *signifie* **à l'écart de** *ou* **loin de**

♦ **Abseits** (NEUTRE, pluriel Abseits) **hors jeu**

absenden expédier

absetzen *a plusieurs catégories grammaticales et plusieurs sens :*

> Ce peut être un VERBE TRANSITIF :

1 **absetzen** *peut signifier* **déposer** :

▷ Kannst du mich zu Hause absetzen? Tu peux me déposer chez moi ?

2 **absetzen** *peut signifier* **poser** :

▷ Setz doch den Koffer ab. Pose donc ta valise.

3 **absetzen** *peut signifier* **ôter** *ou* **enlever** :

▷ Wenn ich meine Brille absetze, sehe ich schlecht. Si j'enlève mes lunettes, je vois mal.

> Ce peut être un VERBE INTRANSITIF :

absetzen *signifie* **interrompre** *ou* **faire une pause**

► **ohne abzusetzen** **d'un seul trait**

> Ce peut être un VERBE RÉFLÉCHI :

1 **sich absetzen** *peut signifier* **partir** :

▷ Er hat sich ins Ausland abgesetzt. Il est parti à l'étranger.

2 **sich absetzen** *peut signifier* **se distinguer**

3 **sich absetzen** *peut signifier* **se replier sur soi-même**

Absicht (FÉMININ, pluriel Absichten) **intention**

► **mit Absicht** **intentionnellement**

absichtlich *a plusieurs catégories grammaticales :*

> Ce peut être un ADJECTIF :

absichtlich *signifie* **délibéré** *ou* **intentionnel**

> Ce peut être un ADVERBE :

absichtlich *signifie* **exprès** *ou* **volontairement** *ou* **délibérément** *ou* **intentionnellement**

Absolvent, Absolventin (MASCULIN, pluriel Absolventen / FÉMININ, pluriel Absolventinnen) **diplômé, diplômée** (après un cursus universitaire)

absondern isoler

► **sich absondern** **s'isoler**

abspeichern sauvegarder

absperren barrer (une route)

sich abspielen se dérouler *ou* se passer :

▷ Die Geschichte spielt sich in einem fernen Land ab. L'histoire se déroule dans un pays lointain.

▷ Was hat sich zwischen euch wieder abgespielt? Qu'est-ce qui s'est encore passé entre vous deux ?

absprechen convenir de

► **sich absprechen** **se mettre d'accord**

► **jemandem etwas absprechen** **dénier quelque chose à quelqu'un**

abstammen avoir son origine

► **abstammen von** **descendre de**

♦ **Abstammung** (FÉMININ, pluriel Abstammungen) **origine**

Abstand (MASCULIN, pluriel Abstände) **distance** *ou* **écart** *ou* **espace** *ou* **intervalle**

► **mit Abstand** **de loin** *ou* **de beaucoup**

► **Abstand nehmen** **prendre de la distance**

abstauben dépoussiérer

> ℹ Staub signifie « poussière ».

abstehen être décollé

▷ Meine Ohren stehen ab. Mes oreilles sont décollées.

absteigen descendre (d'un vélo, d'une moto, d'un cheval, d'une montagne)

abstellen *a plusieurs sens :*

1 **abstellen** *peut signifier* **poser** *ou* **déposer** :

▷ Du kannst dein Gepäck dort abstellen. Tu peux poser tes bagages là-bas.

▷ Stellt eure Schaufeln in der Garage ab. Deposez vos pelles dans le garage.

2 **abstellen** *peut signifier* **garer** :

▷ Ich weiß nicht, wo ich mein Auto abstellen soll. Je ne sais pas où je peux garer ma voiture.

3 **abstellen** *peut signifier* **éteindre** *ou* **couper** *ou* **arrêter** (un moteur, l'électricité, l'eau, le chauffage ou un appareil) :

▷ Stell den Rasenmäher ab, ich verstehe nichts. Arrête la tondeuse, je n'entends rien.

▷ Bei dem warmen Wetter kann man die Heizung abstellen. Avec ce temps doux on peut couper le chauffage.

4 **abstellen** *peut signifier* **remédier à** :

▷ Diese Unsitte solltest du abstellen. Tu devrais remédier à cette mauvaise habitude.

abstimmen voter

abstreiten contester *ou* nier

abstürzen faire une chute (de haut) *ou* **s'abattre** (en parlant d'un avion) *ou* **planter** (en parlant d'un ordinateur)

Abtei (FÉMININ, pluriel Abteien) **abbaye**

Abteil (NEUTRE, pluriel Abteile) **compartiment**
♦ Zugabteil (NEUTRE) **compartiment de train**

Abteilung (FÉMININ, pluriel Abteilungen) **département** *ou* **service** d'une entreprise

abtreiben *a plusieurs catégories grammaticales et plusieurs sens :*

> Ce peut être un VERBE INTRANSITIF :

1 abtreiben *peut signifier* **dériver** (en parlant d'un bateau)

ℹ Les temps composés se forment avec sein.

2 abtreiben *peut signifier* **avorter**

ℹ Les temps composés se forment avec haben.

> Ce peut être un VERBE TRANSITIF :

1 abtreiben *peut signifier* **faire dériver** *ou* **déporter** (en parlant d'un avion, d'un bateau)

ℹ Les temps composés se forment avec haben.

2 abtreiben *peut signifier* **avorter**
► abtreiben lassen **se faire avorter**

ℹ Les temps composés se forment avec haben.

♦ Abtreibung (FÉMININ, pluriel Abtreibungen) **avortement**

abtrocknen **essuyer** *(au sens de sécher) :*
▷ Hilfst du mir, das Geschirr abzutrocknen? Tu m'aides à essuyer la vaisselle ?

abwarten **attendre**

abwärts **vers le bas** *ou* **en bas** *ou* **en descendant** *ou* **en contrebas**
► stromabwärts **en aval**
► abwärts gehen ou fahren **descendre**

Abwasch (MASCULIN) **vaisselle**
♦ abwaschen **laver**
► das Geschirr abwaschen **faire la vaisselle**

(sich) abwechseln **alterner** *ou* **se relayer**
♦ abwechselnd **à tour de rôle**
♦ Abwechslung (FÉMININ, pluriel Abwechslungen) **changement** *ou* **distraction**
♦ abwechslungsreich **varié**

Abweg (MASCULIN, pluriel Abwege) **fausse route** *ou* **égarement**
► auf einen Abweg geraten **s'écarter du droit chemin**
► auf einen Abweg führen **détourner du droit chemin**
♦ abwegig **aberrant**

ℹ Weg signifie « chemin ».

abweisen **renvoyer** *ou* **rejeter** *ou* **refuser** *ou* **repousser**
♦ abweisend **froid** (en parlant d'une attitude ou d'un comportement)

(sich) abwenden **(se) détourner**

abwesend **absent**
♦ Abwesenheit (FÉMININ) **absence**

abwischen **enlever** *ou* **essuyer** (à l'aide d'une éponge)

Abzählreim (MASCULIN, pluriel Abzählreime) **comptine**

abziehen *a plusieurs catégories grammaticales et plusieurs sens :*

> Ce peut être un VERBE TRANSITIF :

1 abziehen *peut signifier* **soustraire**

2 abziehen *peut signifier* **retirer** :
▷ Du musst die Folie vom Klebebild abziehen. Il faut que tu retires le film plastique de l'autocollant.

3 abziehen *peut signifier* **dépouiller** (un animal)
► das Bett abziehen **enlever les draps du lit**

> Ce peut être un VERBE INTRANSITIF :

1 abziehen *peut signifier* **sortir** :
▷ Mach das Fenster auf, damit der Rauch abziehen kann. Ouvre la fenêtre, afin que la fumée puisse sortir.

2 abziehen *peut signifier* **ficher le camp** :
▷ Zieh ab! Fiche le camp !

ℹ Cette expression allemande et sa traduction française sont familières.

abzweigen **bifurquer**
♦ Abzweigung (FÉMININ, pluriel Abzweigungen) **bifurcation**

Accessoire /aksɛ'soaː/ (NEUTRE, pluriel Accessoires) **accessoire** (de théâtre, de cinéma)

ach **ah** *ou* **oh**
► ach so **ah bon**
► ach ja **mais oui**
► ach was **bah**
► ach wo **penses-tu** *ou* **pensez-vous**
► ach, was du nicht sagst **sans blague**
► mit Ach und Krach **tant bien que mal**

Achse /aksə/ (FÉMININ, pluriel Achsen) **axe**
► auf Achse sein **être en vadrouille**

ℹ Cette expression allemande et sa traduction française sont familières.

Achsel /aksl/ (FÉMININ, pluriel Achseln) **aisselle**

ℹ On dit aussi Achselhöhle (FÉMININ, pluriel Achselhöhlen).

♦ Achselzucken (NEUTRE) **haussement d'épaules**

acht **huit**

► zu acht **à huit**
► am achten Juli **le huit juillet**
► der achte Juli **le huit juillet**
► Bonn, den achten Juli **Bonn, le huit juillet**
► achtes Kapitel **chapitre huit**
► Karl der Achte **Charles VIII**

ℹ Dans cet exemple, Achte est employé de manière substantivée.

♦ achte, achter, achtes **huitième**
♦ achtzehn **dix-huit**
♦ achtzig **quatre-vingt**
♦ achthundert **huit cent**
♦ achtjährig **de huit ans**
♦ achtmal **huit fois**

Acht *a plusieurs sens :*

1 Acht (FÉMININ, pluriel Achten) *signifie* **le chiffre huit**

2 Acht (FÉMININ) *signifie* **attention :**

► Acht geben **faire attention**
► etwas außer Acht lassen **ne pas faire attention à quelque chose**
► sich in Acht nehmen **prendre garde à soi**

achtbar **honorable** *ou* **remarquable**

achten *a plusieurs catégories grammaticales et plusieurs sens :*

> Ce peut être un VERBE TRANSITIF :

achten *signifie* **respecter**

> Ce peut être un VERBE INTRANSITIF :

achten *signifie* **faire attention :**

► auf etwas achten **faire attention à quelque chose**

ℹ On dit aussi Acht geben.

♦ achtlos **inattentif** *ou* **négligeant**
♦ achtsam **attentif** *ou* **soigneux**

Achtung (FÉMININ) **respect** *ou* **estime** *ou* **attention**

► aus Achtung **par respect**
► Achtung! **Attention !**
► Achtung, Stufe! **Attention à la marche !**

ℹ Ce nom est indénombrable.

ächzen *a plusieurs sens :*

1 ächzen *peut signifier* **gémir :**

▷ Die alte Frau ächzt. La vielle femme gémit.

2 ächzen *peut signifier* **grincer :**

▷ Die Holzbalken ächzen. Les poutres en bois grincent.

Acker (MASCULIN, pluriel Äcker) **champ agricole**

♦ Ackerbau (MASCULIN) **agriculture**

Adel (MASCULIN) **noblesse**

♦ ad(e)lig **noble**

Ader (FÉMININ, pluriel Adern) **artère**

► eine Ader für etwas haben **être doué pour quelque chose**

Adler (MASCULIN, pluriel Adler) **aigle**

Affe (MASCULIN, pluriel Affen) **singe**

♦ Affenhitze (FÉMININ) **chaleur dingue**
♦ Affentempo (NEUTRE) **vitesse folle**

affig **maniéré**

Agentur (FÉMININ, pluriel Agenturen) **agence**

► Agentur für Arbeit **Pôle emploi**

aggressiv **agressif**

♦ Aggressivität (FÉMININ) **agressivité**

Ahn ou Ahne (MASCULIN, pluriel Ahnen) **ancêtre**

ahnen **présager** *ou* **se douter de** *ou* **deviner** *ou* **pressentir**

Ahnin (FÉMININ, pluriel Ahninnen) **ancêtre**

ähnlich **semblable**

▷ Das sieht dir ähnlich. Il n'y a que toi qui peux dire (ou faire) une chose pareille.
▷ Sie sieht ihrer Mutter ähnlich. Elle ressemble à sa mère.

♦ Ähnlichkeit (FÉMININ) **ressemblance**

Ahnung (FÉMININ, pluriel Ahnungen) **pressentiment** *ou* **idée :**

▷ Ich habe eine böse Ahnung. J'ai un mauvais pressentiment.
▷ Ich habe keine Ahnung, wo sie sein kann. Je n'ai aucune idée de l'endroit où elle peut être.
► keine Ahnung! **aucune idée !**

♦ ahnungslos **ignorant** *ou* **sans se douter de rien**

Ahorn (MASCULIN, pluriel Ahorne) **érable**

Aids (NEUTRE) le sida

> ℹ En allemand, on ne met pas d'article devant les noms de maladies.

Akne (FÉMININ) acné

Akt (MASCULIN, pluriel Akte) acte (d'une pièce de théâtre)
▷ Eine Tragödie in fünf Akten. Une tragédie en cinq actes.

akut grave *ou* urgent
► ein akuter Schmerz une douleur aiguë

Alarmanlage (FÉMININ, pluriel Alarmanlagen) système d'alarme
♦ alarmieren alerter

albern stupide *ou* puéril

Albtraum (MASCULIN, pluriel Albträume) cauchemar

Alkohol (MASCULIN, pluriel Alkohole) alcool
♦ alkoholsucht (FÉMININ) alcoolisme
♦ alkoholfrei sans alcool
♦ alkoholisch alcoolisé

All (NEUTRE) univers

alle *a plusieurs catégories grammaticales :*

> Ce peut être un PRONOM :

alle *signifie* tous, toutes :
▷ Er hat sie alle heimgeschickt. Il les a tous renvoyés à la maison.
▷ Mädchen, kommt mal alle her! Les filles, venez toutes par-là !

> Ce peut être un ADJECTIF *qui demande le* PLURIEL :

alle *signifie* tous les, toutes les :
► alle beide tous les deux
► alle zwei Stunden toutes les deux heures
► ein für alle Mal une bonne fois pour toutes

allein seul
♦ alleinstehend célibataire

allerdings sans doute *ou* pourtant

Allergie /alɛr'giː/ (FÉMININ, pluriel Allergien) allergie
♦ allergisch allergique

allerhand beaucoup de
► Das ist doch allerhand! C'est quand même incroyable !

Allerheiligen (NEUTRE) la Toussaint

> ℹ En allemand, on ne met pas d'article devant les noms de fêtes religieuses.

allerlei toutes sortes de

Allerseelen (NEUTRE) jour des morts (le 2 novembre)

> Allerseelen, le lendemain de la « Toussaint », est une fête catholique et un jour férié dans le sud de l'Allemagne.

> ℹ En allemand, on ne met pas d'article devant les noms de fêtes religieuses.

alles tout
► alles Geld tout l'argent
► alles Gras toute l'herbe
► alles Übrige tout le reste
► alles in allem somme toute
► vor allem avant tout

allgemein général *ou* universel
► im Allgemeinen en général

> ℹ Dans cet exemple, Allgemeinen est employé de manière substantivée.

♦ Allgemeinbildung (FÉMININ) culture générale

allmählich petit à petit

Alltag (MASCULIN) vie quotidienne
♦ alltäglich quotidiennement

allwissend omniscient

Alptraum (MASCULIN, pluriel Alpträume) cauchemar

als *est une* CONJONCTION *et a plusieurs sens :*

1 als *peut indiquer un moment ou un événement et signifie* quand *ou* lorsque :
▷ Als ich klein war, hatte ich oft Alpträume. Quand j'étais petite, je faisais souvent des cauchemars.
▷ Er schlief noch, als sie aus dem Haus ging. Il dormait encore lorsqu'elle a quitté la maison.

2 als *peut comparer deux sujets et signifie* que :
▷ Du bist größer als sie. Tu es plus grand qu'elle.
▷ Sie hat mehr Angst als früher. Elle a plus peur qu'avant.

3 als *peut demander le subjonctif II :*
▷ Es sieht aus, als würde es morgen regnen. On dirait qu'il va pleuvoir demain.
▷ Sie tut, als wäre sie schwerhörig. Elle fait semblant d'être sourde.

4 als *peut signifier* comme *ou* en tant que :
▷ Ich betrachte ihn als Freund. Je le vois comme un ami.
▷ Als Mutter ist man immer beunruhigt. En tant que mère on est toujours inquiète.
► als ob comme si
► als dass pour que

also donc *ou* alors
► also gut très bien
► na also! tu vois !

alt (älter, am ältesten) vieux *ou* ancien
► zwölf Jahre alt sein avoir douze ans
♦ altbacken rassis
♦ altmodisch démodé *ou* ringard

Alter (NEUTRE, pluriel Alter) âge
♦ Altersgrenze (FÉMININ, pluriel Altersgrenzen) limite d'âge
♦ Altersheim (NEUTRE, pluriel Altersheime) maison de retraite
♦ altern vieillir
♦ Altglas (NEUTRE) verre à recycler
♦ Altpapier (NEUTRE) papier à recycler
♦ Altstadt (FÉMININ, pluriel Altstädte) vieille ville

Alufolie (FÉMININ, pluriel Alufolien) papier d'aluminium

am *a plusieurs sens :*
1 am *peut être la contraction de* an dem *et signifie* le, la *ou* au, à la :
► am Abend le soir
► am 22. September le 22 septembre
► am Knie au genou
► am Anfang au début
► am Ende à la fin
► am Wochenende le week-end
► am Tisch à table
2 am *avec un infinitif substantivé signifie* en train de *ou* sur le point de :
▻ Er ist am Lernen. Il est en train de travailler.
▻ Sie ist am Gehen. Elle est sur le point de partir.
3 am *peut indiquer une proximité et signifie* le long de *ou* au bord de *ou* sur :
▻ Der Weg geht am Rhein entlang. Le chemin longe le Rhin.
▻ Ich gehe gerne am Meer spazieren. J'aime bien me promener au bord de la mer.
► Frankfurt am Main Francfort-sur-le-Main
4 am *sert à former les superlatifs adverbiaux :*
▻ Du bist am größten. C'est toi le plus grand.
▻ Am meisten fehlt mir der gute Kaffee. Ce qui me manque le plus, c'est le bon café.
▻ Vanilleeis schmeckt mir am besten. Ce que je préfère, c'est la glace à la vanille.

Ameise (FÉMININ, pluriel Ameisen) fourmi

Ampel (FÉMININ, pluriel Ampeln) feu tricolore

Amsel (FÉMININ, pluriel Amseln) merle

Amt (NEUTRE, pluriel Ämter) *a plusieurs sens :*
1 Amt *s'emploie pour les lieux administratifs et signifie* office *ou* service *ou* bureau
2 Amt *s'emploie pour l'activité administrative et signifie* fonction *ou* poste *ou* place *ou* emploi
♦ Finanzamt (NEUTRE) centre d'impôts
♦ amtlich officiel

an *a plusieurs catégories grammaticales et plusieurs sens :*

> Ce peut être une PRÉPOSITION qui s'emploie avec le datif :

1 an *peut indiquer une proximité :*
▻ Sie hat sich an der Schulter verletzt. Elle s'est blessée à l'épaule.
▻ Es hat an der Tür geklopft. On a frappé à la porte.
▻ Wir gehen an der Donau Radfahren. Nous allons faire du vélo le long du Danube.
▻ An diesem Ort fühle ich mich wohl. Je me sens bien dans cet endroit.
2 an *peut indiquer un moment :*
► an Weihnachten à Noël
► an Ostern à Pâques
► an meinem Geburtstag le jour de mon anniversaire
► an diesem Wochenende ce week-end
► an einem Mittwoch un mercredi

> Ce peut être une PRÉPOSITION qui s'emploie avec l'accusatif :

an *indique une proximité :*
▻ Ich hänge die Schaukel an den Baum. J'accroche la balançoire à l'arbre.
▻ Lehn dein Fahrrad einfach an die Mauer. Tu n'as qu'à poser ton vélo contre le mur.

> Ce peut être un ADVERBE :

an *signifie* à :
▻ Von nun an machen wir es anders. À partir de maintenant on va faire autrement.
▻ Jetzt liegt es an dir, zu handeln. Maintenant c'est à toi d'agir.
► an und für sich au fond

> Ce peut être une PARTICULE SÉPARABLE pour former des VERBES COMPOSÉS :

♦ anbieten offrir
♦ anbinden attacher (avec une ficelle)
♦ angreifen toucher *ou* attaquer

ℹ Vous trouverez les verbes composés qui commencent par an- classés par ordre alphabétique

Anbau *a plusieurs sens :*
1 Anbau (MASCULIN) *peut signifier* culture agricole
2 Anbau (MASCULIN, pluriel Anbauten) *peut signifier* construction annexe

anbauen *a plusieurs sens :*

1 **anbauen** *peut signifier* **cultiver** (un champ)

2 **anbauen** *peut signifier* **construire** (une construction annexe)

anbehalten **garder** (sur soi) :

▷ Ich möchte den Rock anbehalten. J'ai envie de garder la jupe.

anbei **ci-joint**

anbeißen **mordre** *ou* **entamer** (en croquant avec les dents) :

▷ Der Fisch hat angebissen. Le poisson a mordu.

▷ Jemand hat das Butterbrot angebissen. Quelqu'un a entamé la tartine.

anbelangen **concerner**

► was mich anbelangt **en ce qui me concerne**

anbellen **aboyer après**

anbieten **offrir** *ou* **proposer** :

▷ Was kann ich Ihnen anbieten? Qu'est-ce que je vous offre ?

▷ Ich kann Ihnen einen Kaffee anbieten. Je peux vous proposer un café.

♦ Anbieter (MASCULIN, pluriel Anbieter) **fournisseur** (d'Internet, de télécoms)

anbinden **attacher** (avec une ficelle)

► angebunden sein **être très occupé**

► kurz angebunden sein **être abrupt** (en parlant de personnes)

anblicken **regarder**

anbrüllen **engueuler**

andauernd **continuel** *ou* **continuellement**

Andenken (NEUTRE, pluriel Andenken) **souvenir**

anderer, andere, anderes **autre** :

► ein anderer (Mann) **un autre** (homme)

► eine andere (Frau) **une autre** (femme)

► ein anderes (Kind) **un autre** (enfant)

► ein anderes Mal ou ein andermal **une autre fois**

► unter anderem **entre autre**

♦ andererseits **d'autre part**

ändern **changer** *ou* **modifier**

► sich ändern **changer**

♦ Änderung (FÉMININ, pluriel Änderungen) **changement** *ou* **modification**

andernfalls **sinon** *ou* **autrement**

anders **autrement**

► jemand anders **quelqu'un d'autre**

♦ anderswo **ailleurs**

♦ andersherum **dans l'autre sens**

anderthalb **un et demi**

andeuten **indiquer** *ou* **insinuer**

Andrang (MASCULIN) **affluence**

♦ Menschenandrang (MASCULIN) **foule**

andrehen **allumer** (un appareil ou l'eau ou un radiateur)

sich aneignen **s'approprier**

aneinander **l'un à l'autre** *ou* **l'un contre l'autre**

♦ aneinander fügen **joindre**

♦ aneinander geraten **se disputer**

anekeln **dégoûter** *ou* **écœurer**

anerkennen **reconnaître** *ou* **apprécier** :

▷ Ich erkenne deine Leistung an. Je reconnais ton effort.

▷ Seine Fähigkeiten sind anerkannt worden. On a apprécié ses capacités.

♦ Anerkennung (FÉMININ) **reconnaissance**

Anfall (MASCULIN, pluriel Anfälle) **attaque**

anfällig **fragile** (au niveau de la santé)

► für Krankheiten anfällig sein **être sujet à des maladies**

Anfang (MASCULIN, pluriel Anfänge) **début** *ou* **commencement**

► von Anfang an **dès le début**

► am Anfang **au début**

► zu Anfang **au début** *ou* **au commencement**

♦ anfangs **au début** *ou* **d'abord**

♦ Schulanfang (MASCULIN) **rentrée scolaire**

anfangen **commencer** *ou* **s'y mettre** *ou* **y aller**

Anfänger, Anfängerin (MASCULIN, pluriel Anfänger / FÉMININ, pluriel Anfängerinnen) **débutant, débutante**

anfassen **toucher** *ou* **saisir**

► mit anfassen **donner un coup de main**

anfertigen **fabriquer**

anfeuern **encourager** *ou* **stimuler**

anfordern **demander** *ou* **réclamer**

♦ Anforderung (FÉMININ, pluriel Anforderungen) **exigence** *ou* **demande**

► **an jemanden Anforderungen stellen** être exigeant avec quelqu'un

Anfrage (FÉMININ, pluriel Anfragen) **demande** (afin de recevoir une information)

♦ **anfragen** **demander** *ou* **s'informer**

sich anfreunden **se lier d'amitié**

► **sich mit etwas anfreunden** **s'habituer à quelque chose**

ℹ Freund signifie « ami ».

sich anfühlen

► **sich hart / weich anfühlen** **être dur / mou au toucher**

anführen **guider** *ou* **citer**

♦ **Anführer, Anführerin** (MASCULIN, pluriel Anführer / FÉMININ, pluriel Anführerinnen) **chef** *ou* **guide**

♦ **Anführungszeichen** (NEUTRE, pluriel Anführungszeichen) **guillemets**

angeben *a plusieurs catégories grammaticales et plusieurs sens :*

> Ce peut être un VERBE TRANSITIF :

angeben *signifie* **donner** *ou* **citer** :

▷ Er hat mir eine falsche Adresse angegeben. Il m'a donné une fausse adresse.

▷ Den Titel des Buches habe ich angegeben. J'ai cité le titre du livre.

> Ce peut être un VERBE INTRANSITIF :

angeben *signifie* **frimer**

ℹ Cette expression allemande et sa traduction française sont familières.

Angeber, Angeberin (MASCULIN, pluriel Angeber / FÉMININ, pluriel Angeberinnen) **frimeur, frimeuse**

angeblich **soi-disant**

angeboren **inné** *ou* **congénital**

Angebot (NEUTRE, pluriel Angebote) **offre** *ou* **choix**

angehen *a plusieurs catégories grammaticales et plusieurs sens :*

> Ce peut être un VERBE TRANSITIF :

1 angehen *peut signifier* **concerner** :

▷ Das geht dich an. Ça te concerne.

▷ Das geht dich nichts an. Ça ne te regarde pas.

ℹ Les temps composés se forment avec sein.

2 angehen *peut signifier* **demander** :

► **jemanden um etwas angehen** **demander quelque chose à quelqu'un**

ℹ Les temps composés se forment avec haben.

3 angehen *peut signifier* **commencer** *ou* **attaquer** :

► **etwas angehen** **commencer quelque chose**

► **jemanden angehen** **attaquer quelqu'un**

ℹ Les temps composés se forment avec haben.

> Ce peut être un VERBE INTRANSITIF :

1 angehen *peut être une expression familière qui signifie* **s'allumer** *ou* **prendre** (au sens de s'allumer) :

▷ Wo geht das Licht an? Où est-ce que s'allume la lumière ?

▷ Das Feuer geht nicht an. Le feu ne s'allume pas *ou* Le feu ne prend pas.

2 angehen *peut être une expression familière qui signifie* **commencer** :

▷ Die Schule geht morgen an. L'école commence demain.

ℹ Les temps composés du verbe intransitif se forment avec sein.

angehören **appartenir à**

♦ **angehörig** **appartenant à**

♦ **Angehörige** (MASCULIN, FÉMININ, pluriel Angehörigen) **parent, parente**

ℹ Ce nom est un ADJECTIF SUBSTANTIVÉ : on dit ein Angehöriger.

Angeklagte (MASCULIN, FÉMININ, pluriel Angeklagten) **accusé, accusée**

ℹ Ce nom est un ADJECTIF SUBSTANTIVÉ : on dit ein Angeklagter.

Angel (FÉMININ, pluriel Angeln) *a plusieurs sens :*

1 Angel *peut signifier* **canne à pêche**

♦ **Angelhaken** (MASCULIN, pluriel Angelhaken) **hameçon**

♦ **angeln** **pêcher** (à la ligne)

2 Angel *peut signifier* **gond** :

♦ **Türangel** (FÉMININ) **gond** (de la porte)

♦ **Fensterangel** (FÉMININ) **gond** (de la fenêtre)

Angelegenheit (FÉMININ, pluriel Angelegenheiten) **affaire** :

▷ Kümmere dich um deine Angelegenheiten! Occupe-toi de tes affaires !

angemessen **convenable** *ou* **approprié**

angenehm agréable

► **Angenehm!** Enchanté !

► **jemandem angenehm sein** plaire à quelqu'un

angesehen considéré *ou* estimé *ou* respecté

angesichts face à :

▷ Angesichts dieses Problems müssen wir handeln. Face à ce problème, il faut agir.

angespannt tendu :

▷ Die Lage ist angespannt. La situation est tendue.

Angestellte (MASCULIN, FÉMININ, pluriel Angestellten) employé, employée

ℹ Ce nom est un ADJECTIF SUBSTANTIVÉ : on dit ein Angestellter.

angetan

► **von jemandem angetan sein** être conquis par quelqu'un

► **es jemandem angetan haben** avoir la cote avec quelqu'un

angewiesen

► **auf jemanden / etwas angewiesen sein** dépendre de quelqu'un / quelque chose

angewöhnen habituer

► **sich etwas angewöhnen** s'habituer à quelque chose

Angewohnheit (FÉMININ, pluriel Angewohnheiten) habitude

angreifen *a plusieurs sens :*

1 **angreifen** *peut signifier* attaquer :

▷ Unser Hund hat die Nachbarskatze angegriffen. Notre chien a attaqué le chat des voisins.

2 **angreifen** *peut signifier* nuire à :

▷ Rauchen greift die Gesundheit an. Fumer nuit à la santé.

Angriff (MASCULIN, pluriel Angriffe) attaque

► **etwas in Angriff nehmen** s'attaquer à quelque chose (au sens de commencer quelque chose)

► **zum Angriff übergehen** passer à l'attaque *ou* à l'offensive

♦ **angriffslustig** agressif

angst

▷ Ihr ist angst. Elle a peur.

▷ Mir wird angst. Je prends peur.

► **angst und bange sein / werden** avoir / prendre peur

Angst (FÉMININ, pluriel Ängste) peur *ou* crainte *ou* angoisse :

► **Angst haben** avoir peur

► **in Angst geraten** prendre peur

♦ **Angstgefühl** (NEUTRE, pluriel Angstgefühle) angoisse

♦ **Angsthase** (MASCULIN, pluriel Angsthasen) trouillard

ℹ Cette expression allemande et sa traduction française sont familières.

♦ **Angstschweiß** (MASCULIN) sueur froide

ängstigen effrayer

► **sich ängstigen** s'inquiéter

ängstlich peureux *ou* inquiet *ou* anxieux

♦ **Ängstlichkeit** (FÉMININ) peur *ou* inquiétude

angucken regarder

anhaben porter (des vêtements) :

▷ Er hatte sein blaues Hemd an. Il avait sa chemise bleue.

anhalten *a plusieurs catégories grammaticales et plusieurs sens :*

> Ce peut être un VERBE TRANSITIF :

1 **anhalten** *peut signifier* arrêter :

▷ Du kannst dort anhalten. Tu peux t'arrêter là-bas.

2 **anhalten** *peut signifier* retenir :

▷ Aus Angst habe ich meinen Atem angehalten. De peur, j'ai retenu ma respiration.

► **die Luft anhalten** retenir sa respiration

3 **anhalten** *peut signifier* inciter à :

► **jemanden zu etwas anhalten** inciter quelqu'un à faire quelque chose

> Ce peut être un VERBE INTRANSITIF :

1 **anhalten** *peut signifier* s'arrêter :

▷ Wo soll ich anhalten? Où est-ce que je dois m'arrêter ?

2 **anhalten** *peut signifier* durer :

▷ Das schöne Wetter soll anhalten. Il paraît que le beau temps va durer.

► **um jemandes Hand anhalten** demander la main de quelqu'un

anhand à l'aide de :

▷ Sie sind anhand der Indizien dem Täter auf die Spur gekommen. À l'aide des indices, ils ont trouvé la trace du coupable.

anhängen accrocher

► **jemandem etwas anhängen** mettre quelque chose sur le dos de quelqu'un

ℹ Cette expression allemande et sa traduction française sont familières.

- ♦ **Anhänger, Anhängerin** (MASCULIN, pluriel Anhänger / FÉMININ, pluriel Anhängerinnen) **partisan, partisane** *ou* **suiveur, suiveuse**
- ♦ **anhänglich** **dévoué** *ou* **fidèle**
- ♦ **Anhänglichkeit** (FÉMININIM) **dévouement** *ou* **fidélité**

(sich) anhören *a plusieurs sens :*

1 (sich) **anhören** *peut signifier* **écouter :**
▷ Ich höre (mir) die CD an. J'écoute le CD.

2 **sich anhören** *peut signifier* **sonner :**
▷ Das hört sich komisch an. Ça sonne bizarre.

Anker (MASCULIN, pluriel Anker) **ancre**
► **vor Anker gehen** **jeter l'ancre**

Anklage (FÉMININ, pluriel Anklagen) **accusation**
- ♦ **anklagen** **accuser**

anklopfen **frapper** (à la porte)

ankommen *a plusieurs sens :*

1 **ankommen** *peut signifier* **arriver :**
▷ Ich komme gerade erst an. J'arrive tout juste.

2 **ankommen** *peut signifier* **avoir du succès :**
► **bei jemanden gut ankommen** **avoir du succès auprès de quelqu'un**
► **etwas kommt an** **quelque chose a du succès**
► **schlecht ankommen** **ne pas avoir beaucoup de succès**
► **nicht ankommen** **ne pas avoir de succès**
► **gegen jemanden ankommen** **l'emporter sur quelqu'un**

3 **ankommen** *peut être impersonnel et signifie* **être important** *ou* **dépendre de :**
▷ Beim Schachspielen kommt es sehr auf die Konzentration an. Aux échecs, la concentration est très importante.
▷ Wann gehen wir? – Das kommt auf ihn an. Quand est-ce qu'on part ? – Ça dépend de lui.
► **auf etwas ankommen** **dépendre de quelque chose**

ankündigen **annoncer**

Ankunft (FÉMININ, pluriel Ankünfte) **arrivée**

> ℹ Ce nom s'emploie surtout au singulier.

- ♦ **Ankunftszeit** (FÉMININ, pluriel Ankunftszeiten) **heure d'arrivée**

Anlage (FÉMININ, pluriel Anlagen) *a plusieurs sens :*

1 **Anlage** *peut signifier* **disposition** *ou* **talent**

2 **Anlage** *peut signifier* **complexe** (d'immeubles)

3 **Anlage** *peut signifier* **espace vert**

> ℹ On dit aussi Grünanlage.

Anlass (MASCULIN, pluriel Anlässe) *a plusieurs sens :*

1 **Anlass** *peut signifier* **cause** *ou* **raison :**
▷ Was ist der Anlass für euren Streit? Quelle est la cause de votre dispute ?
▷ Es gibt dazu keinen Anlass. Il n'y a pas de raison à ça.

2 **Anlass** *peut signifier* **occasion :**
▷ Zu diesem Anlass ziehe ich mein Kleid an. À cette occasion, je mets ma robe.

anlassen *a plusieurs sens :*

1 **anlassen** *peut signifier* **garder** (sur soi) **:**
▷ Ich lasse den Mantel an. Je garde mon manteau.

2 **anlassen** *peut signifier* **laisser allumé :**
▷ Lass das Licht an. Laisse la lumière allumée.

3 **anlassen** *peut signifier* **démarrer :**
▷ Ohne Schlüssel kann er das Auto nicht anlassen. Sans les clefs, il ne peut pas démarrer la voiture.
► **sich gut anlassen** **bien s'annoncer**

- ♦ **anlässlich** **à l'occasion de**

Anlauf (MASCULIN, pluriel Anläufe) **élan** *ou* **essai**
► **Anlauf nehmen** **prendre son élan**

anlehnen *a plusieurs sens :*

1 **anlehnen** *peut signifier* **poser contre :**
▷ Die Leiter lehnt am Baum. L'échelle est posée contre l'arbre.
► **sich an etwas anlehnen** **s'appuyer sur quelque chose**

2 **anlehnen** *peut signifier* **être entrouvert** *ou* **laisser entrouvert :**
▷ Die Tür war angelehnt. La porte était entrouverte.
▷ Lehn das Fenster nur an. Laisse la fenêtre entrouverte.

Anleitung (FÉMININ, pluriel Anleitungen) **instructions**
- ♦ **Gebrauchsanleitung** (FÉMININ) **mode d'emploi**
- ♦ **Spielanleitung** (FÉMININ) **règles du jeu**

anlügen **mentir à**

anmachen *a plusieurs sens :*

1 **anmachen** *peut signifier* **attacher :**
▷ Wo kann ich mein Fahrrad anmachen? Où est-ce que je peux attacher mon vélo ?

2 **anmachen** *peut signifier* **allumer :**
▷ Heute Abend machen wir ein Feuer an. Ce soir on allumera un feu.

▷ Mach bitte das Licht an. Allume la lumière, s'il te plaît.

3 **anmachen** *peut signifier* **assaisonner :**

▷ Der Salat ist schon angemacht. La salade est déjà assaisonnée.

► **jemanden anmachen accoster quelqu'un**

ℹ Cette expression allemande et sa traduction française sont familières.

anmaßend **prétentieux** *ou* **arrogant**

♦ **Anmaßung** (FÉMININ) **prétention** *ou* **arrogance**

anmelden *a plusieurs catégories grammaticales et plusieurs sens :*

> Ce peut être un VERBE TRANSITIF :

1 **anmelden** *peut signifier* **annoncer :**

▷ Wen soll ich anmelden? Qui dois-je annoncer ?

2 **anmelden** *peut signifier* **faire immatriculer :**

▷ Er ist sein Auto anmelden gegangen. Il est parti faire immatriculer sa voiture.

> Ce peut être un VERBE RÉFLÉCHI :

sich anmelden *peut signifier* **s'inscrire :**

▷ Für den Tanzkurs muss man sich im September anmelden. Pour le cours de danse, il faut s'inscrire en septembre.

♦ **Anmeldung** (FÉMININ, pluriel Anmeldungen) **inscription** *ou* **déclaration**

anmerken *a plusieurs sens :*

1 **anmerken** *peut signifier* **marquer :**

▷ Die Fehler sind rot angemerkt. Les fautes sont marquées en rouge.

2 **anmerken** *peut signifier* **faire une remarque :**

▷ Ich möchte noch etwas anmerken. Je voudrais encore faire une remarque.

► **jemandem / etwas anmerken voir** *ou* **remarquer quelque chose sur le visage ou dans le comportement de quelqu'un**

► **sich etwas anmerken lassen laisser voir quelque chose**

♦ **Anmerkung** (FÉMININ, pluriel Anmerkungen) **remarque** *ou* **annotation**

annähen **coudre**

► **einen Knopf annähen coudre un bouton**

► **einen Saum annähen faire un ourlet**

Annahme (FÉMININ, pluriel Annahmen) **supposition** *ou* **hypothèse**

annehmen *a plusieurs sens :*

1 **annehmen** *peut signifier* **accepter :**

▷ Sie hat meine Hilfe nicht annehmen wollen. Elle n'a pas voulu accepter mon aide.

2 **annehmen** *peut signifier* **prendre :**

▷ Du nimmst schlechte Gewohnheiten an! Tu prends de mauvaises habitudes !

3 **annehmen** *peut signifier* **supposer :**

▷ Ich nehme an, dass sie nicht kommen. Je suppose qu'ils ne viendront pas.

► **sich einer Person / einer Sache annehmen prendre en charge quelqu'un / quelque chose**

► **Vernunft annehmen revenir à la raison**

anpacken **empoigner** *ou* **saisir**

► **etwas anpacken entreprendre quelque chose**

► **mit anpacken donner un coup de main**

(sich) anpassen **(s')adapter**

► **sich einer Sache anpassen s'adapter à quelque chose**

► **angepasst sein être conformiste**

anprobieren **essayer** (un vêtement)

Anrecht (NEUTRE) **droit**

► **auf etwas Anrecht haben avoir droit à quelque chose**

anreden **adresser la parole à**

► **jemanden anreden adresser la parole à quelqu'un**

anrichten *a plusieurs sens :*

1 **anrichten** *peut signifier* **préparer** *ou* **servir :**

▷ Sie richtet das Mittagessen an. Elle prépare le déjeuner.

▷ Das Abendessen ist angerichtet. Le dîner est servi.

2 **anrichten** *peut signifier* **causer (des dégâts)** *ou* **faire (une bêtise) :**

▷ Der Sturm hat großen Schaden angerichtet. La tempête a causé beaucoup de dégâts.

▷ Was hast du da wieder angerichtet? Qu'est-ce que tu as encore fait comme bêtise ?

Anruf (MASCULIN, pluriel Anrufe) **appel** (téléphonique)

♦ **Anrufbeantworter** (MASCULIN, pluriel Anrufbeantworter) **répondeur** *ou* **messagerie vocale**

♦ **anrufen** **appeler** (au téléphone)

anrühren **toucher** *ou* **toucher à :**

▷ Rühr mich nicht an! Ne me touche pas !

▷ Sie hat die Erbsen nicht angerührt. Elle n'a pas touché aux petits pois.

ans *est la contraction de* **an das** *et signifie* **au** *ou* **à la :**

▷ Ich gehe ans Telefon. Je réponds au téléphone.

Ansage (FÉMININ, pluriel Ansagen) **annonce**

♦ **ansagen** **annoncer**

ansammeln *a plusieurs catégories grammaticales et plusieurs sens :*

> Ce peut être un VERBE TRANSITIF :

ansammeln *signifie* **accumuler :**

▷ Du hast eine Menge Bücher angesammelt! Tu as accumulé beaucoup de livres !

> Ce peut être un VERBE RÉFLÉCHI :

1 sich **ansammeln** *peut signifier* **s'accumuler :**

▷ In diesen Jahren hat sich viel angesammelt. Pendant ces années, beaucoup de choses se sont accumulées.

2 sich **ansammeln** *peut signifier* **se rassembler :**

▷ Viele Menschen haben sich am Alexanderplatz angesammelt. Beaucoup de gens se sont rassemblés sur l'Alexanderplatz.

♦ **Ansammlung** (FÉMININ, pluriel Ansammlungen) **rassemblement** *ou* **accumulation**

Ansatz (MASCULIN, pluriel Ansätze) *a plusieurs sens :*

1 **Ansatz** *peut signifier* **début :**

▷ Das ist ein guter Ansatz. C'est un bon début.

2 **Ansatz** *peut signifier* **essai :**

▷ Der Ansatz ist misslungen. L'essai a échoué.

3 **Ansatz** *peut signifier* **rallonge** *ou* **pièce rapportée :**

♦ **Ansatzpunkt** (MASCULIN) **point de départ**

♦ **Haaransatz** (MASCULIN) **racine** (des cheveux)

anschaffen **acquérir** *ou* **acheter**

► **sich etwas anschaffen** **acheter quelque chose**

anschalten **allumer** (la lumière ou la radio ou la télévision ou un autre appareil)

anschauen **regarder**

▷ Schau mich an! Regarde-moi !

anschaulich **clair** (au sens de compréhensible) *ou* **clairement** *ou* **qui parle** (au sens figuré) :

▷ Sie hat das sehr anschaulich erklärt. Elle l'a expliqué très clairement.

▷ Das Bild ist anschaulich. C'est une image qui nous parle.

Anschein (MASCULIN) **apparence**

► **allem Anschein nach** **selon toute apparence**

► **den Anschein haben** **sembler** *ou* **paraître**

♦ **anscheinend** **apparemment**

Anschlag (MASCULIN, pluriel Anschläge) *a plusieurs sens :*

1 **Anschlag** *peut signifier* **attentat**

2 **Anschlag** *peut signifier* **affichage :**

▷ Wenn du genaueres wissen willst, im Gang ist ein Anschlag. Si tu veux en savoir plus, dans le couloir il y a un affichage.

anschlagen *a plusieurs sens :*

1 **anschlagen** *peut signifier* **afficher**

2 (sich) **anschlagen** *peut signifier* (se) **cogner :**

▷ Er hat (sich) seinen Kopf angeschlagen. Il s'est cogné la tête.

3 **anschlagen** *peut signifier* **ébrécher :**

▷ Die Tasse ist angeschlagen. La tasse est ébréchée.

anschließen *a plusieurs catégories grammaticales et plusieurs sens :*

> Ce peut être un VERBE TRANSITIF :

1 **anschließen** *peut signifier* **brancher :**

▷ Kannst du mir den Computer anschließen? Tu peux me brancher l'ordinateur ?

2 **anschließen** *peut signifier* **attacher :**

▷ Er schließt sein Fahrrad ans Gitter. Il attache son vélo à la grille.

> Ce peut être un VERBE INTRANSITIF :

anschließen *signifie* **jouxter :**

▷ Das Kinderzimmer schließt an das Wohnzimmer an. La chambre d'enfants est à côté du salon.

> Ce peut être un VERBE RÉFLÉCHI :

sich anschließen *signifie* **se joindre à :**

▷ Er hat sich uns angeschlossen. Il s'est joint à nous.

Anschluss (MASCULIN, pluriel Anschlüsse) *a plusieurs sens :*

1 **Anschluss** *peut signifier* **branchement** *ou* **connexion**

2 **Anschluss** *peut signifier* **correspondance :**

▷ Ich habe meinen Anschluss verpasst. J'ai manqué ma correspondance.

3 **Anschluss** *peut signifier* **contact :**

▷ Sie findet keinen Anschluss. Elle n'arrive pas à nouer des contacts.

► **kein Anschluss unter dieser Nummer** **ce numéro n'est pas attribué**

► **im Anschluss an** **suite à**

♦ **Telefonanschluss** (MASCULIN) **ligne téléphonique**

> L'Anschluss est le rattachement de l'Autriche en 1938 au Reich allemand sous le régime nazi de Hitler.

(sich) anschnallen **(s')attacher**

▷ Schnall dich an. Attache ta ceinture.

▷ Ich schnalle mir die Skier an. J'attache mes skis.

anschneiden **entamer** (à l'aide d'un couteau)

anschreiben écrire

► angeschrieben sein **être écrit**

► jemanden anschreiben **écrire à quelqu'un**

► anschreiben lassen **mettre sur l'ardoise**

► bei jemandem gut / schlecht angeschrieben sein *est une expression familière qui signifie* **être bien / mal vu de quelqu'un**

anschreien engueuler

anschwindeln raconter des bobards à

> ℹ L'expression allemande et sa traduction française sont familières.

ansehen regarder *ou* contempler

► jemandem etwas ansehen **lire quelque chose sur le visage de quelqu'un**

◆ Ansehen (NEUTRE) **estime** *ou* **réputation**

Ansicht (FÉMININ, pluriel Ansichten) *a plusieurs sens :*

1 Ansicht *peut signifier* **avis** *ou* **opinion** :

▷ Da bin ich nicht deiner Ansicht. Là-dessus, je ne suis pas de ton avis.

► meiner Ansicht nach **d'après moi**

◆ Ansichtssache (FÉMININ) **question d'opinion**

2 Ansicht *peut signifier* **vue** :

▷ Das Bild zeigt eine Ansicht der Umgebung. Le tableau montre une vue des environs.

◆ Ansichtskarte (FÉMININ, pluriel Ansichtskarten) **carte postale**

Anspannung (FÉMININ, pluriel Anspannungen) tension

Anspielung (FÉMININ, pluriel Anspielungen) allusion

► eine Anspielung auf etwas machen **faire allusion à quelque chose**

Ansprache (FÉMININ, pluriel Ansprachen) discours

ansprechen *a plusieurs catégories grammaticales et plusieurs sens :*

> Ce peut être un VERBE TRANSITIF :

1 ansprechen *peut signifier* **adresser la parole à** :

► jemanden ansprechen **adresser la parole à quelqu'un**

2 ansprechen *peut signifier* **aborder** :

► jemanden ansprechen **aborder quelqu'un**

► ein Thema ansprechen **aborder un sujet**

> Ce peut être un VERBE INTRANSITIF :

1 ansprechen *peut signifier* **plaire** *ou* **intéresser** :

▷ Die Ausstellung hat viele Besucher angesprochen. L'exposition a plu à beaucoup de gens.

▷ Dieser Autor spricht mich an. Cet auteur m'intéresse.

2 ansprechen *peut signifier* **réagir** :

▷ Er spricht gut auf Homeopathie an. Il réagit bien à l'homéopathie.

3 ansprechen *peut signifier* **faire effet** :

▷ Das Medikament hat bei ihr nicht angesprochen. Ce médicament n'a pas fait d'effet chez elle.

Anspruch (FÉMININ, pluriel Ansprüche) *a plusieurs sens :*

1 Anspruch *peut signifier* **droit** :

▷ Ich habe Anspruch darauf. J'y ai droit.

2 Anspruch *peut signifier* **exigence** :

► Zeit in Anspruch nehmen **prendre du temps**

► Ansprüche stellen **être exigeant**

► Anspruch erheben **exiger**

► in Anspruch nehmen **occuper** *ou* **préoccuper**

◆ anspruchslos **modeste**

◆ anspruchsvoll **exigeant**

anspucken cracher sur

► jemanden anspucken **cracher sur quelqu'un**

Anstalt (FÉMININ, pluriel Anstalten) établissement *ou* institution

► Anstalten machen, etwas zu tun **se préparer à faire quelque chose**

► Anstalten treffen **prendre ses dispositions**

Anstand (MASCULIN) décence

anständig *a plusieurs sens :*

1 anständig *peut signifier* **convenable** *ou* **honnête** *ou* **comme il faut** :

▷ Iss anständig! Mange convenablement !

▷ Der Preis ist sehr anständig. Ce prix est très honnête.

▷ Sie waren wirklich anständig. Ils ont vraiment été comme il faut.

2 anständig *peut signifier* **satisfaisant** *ou* **convenablement** :

▷ Deine Aufgaben sind anständig. Tes devoirs sont satisfaisants.

▷ Wirst du auch anständig bezahlt? Est-ce que tu es payé convenablement ?

3 **anständig** *peut signifier* **sacré :**

▷ Ich habe anständige Schulden. J'ai des sacrées dettes.

> ℹ Cette expression allemande et sa traduction française sont familières.

♦ **anstandshalber pour la forme**

♦ **anstandslos sans hésitation** *ou* **sans la moindre difficulté**

anstarren dévisager *ou* **fixer du regard**

anstatt *a plusieurs catégories grammaticales et plusieurs sens :*

> Ce peut être une PRÉPOSITION qui s'emploie avec le génitif :

anstatt *signifie* **à la place de** *ou* **au lieu de :**

▷ Anstatt des Rockes leihe ich dir lieber die Hose. À la place de la jupe, je préfère te prêter le pantalon.

> Ce peut être une CONJONCTION qui s'emploie avec l'infinitif :

anstatt zu *signifie* **au lieu de :**

▷ Anstatt zu lernen ist er ins Kino gegangen. Au lieu d'étudier, il est allé au cinéma.

anstecken *a plusieurs catégories grammaticales et plusieurs sens :*

> Ce peut être un VERBE TRANSITIF :

1 **anstecken** *peut signifier* **contaminer :**

▷ Sie hat ihn wahrscheinlich angesteckt. Elle l'a probablement contaminé.

2 **anstecken** *peut signifier* **attacher :**

▷ Kannst du mir das Abzeichen anstecken? Tu peux m'attacher la médaille ?

3 **anstecken** *peut signifier* **allumer :**

▷ Opa steckt sich jeden Abend eine Pfeife an. Grand-père allume sa pipe tous les soirs.

► **ein Haus anstecken mettre le feu à une maison**

> Ce peut être un VERBE INTRANSITIF :

anstecken *signifie* **être contagieux :**

▷ Dein Lachen steckt richtig an. Ton rire est vraiment contagieux.

► **sich bei jemandem anstecken être contaminé par quelqu'un**

▷ Ich habe mich bei ihm angesteckt. Il m'a contaminé.

♦ **ansteckend contagieux**

anstelle von, an Stelle von à la place de

anstellen *a plusieurs catégories grammaticales et plusieurs sens :*

> Ce peut être un VERBE TRANSITIF :

1 **anstellen** *peut signifier* **mettre en marche** *ou* **allumer** (un appareil électrique)

2 **anstellen** *peut signifier* **ouvrir** (l'eau)

3 **anstellen** *peut signifier* **faire :**

▷ Stellen wir einen Vergleich an. Faisons une comparaison.

▷ Man muss Nachforschungen anstellen. Il faut faire des recherches.

▷ Ich weiß nicht, wie ich das anstellen soll. Je ne sais pas comment faire.

► **jemanden anstellen employer** *ou* **engager quelqu'un**

► **etwas anstellen faire une bêtise**

> Ce peut être un VERBE RÉFLÉCHI :

1 **sich anstellen** *peut signifier* **faire la queue**

2 **sich anstellen** *peut signifier* **s'y prendre :**

► **sich geschickt / ungeschickt anstellen bien / mal s'y prendre**

► **sich anstellen faire des manières**

♦ **Anstellung** (FÉMININ, pluriel Anstellungen) **emploi**

Anstieg (MASCULIN, pluriel Anstiege) **montée** *ou* **ascension**

anstiften causer *ou* **provoquer** *ou* **susciter** (une chose négative)

anstoßen *a plusieurs catégories grammaticales et plusieurs sens :*

> Ce peut être un VERBE TRANSITIF :

1 **anstoßen** *peut signifier* **heurter** (avec le pied)

2 **anstoßen** *peut signifier* **pousser légèrement**

> Ce peut être un VERBE INTRANSITIF :

1 **anstoßen** *signifie* **trinquer**

2 (sich) **anstoßen** *signifie* **se cogner :**

▷ Ich bin angestoßen *ou* Ich habe mich angestoßen. Je me suis cogné.

> ℹ Les temps composés de anstoßen se forment avec le verbe auxiliaire sein, ceux de sich anstoßen avec haben.

anstößig choquant

anstrengen fatiguer

► **sich anstrengen faire des efforts**

♦ **anstrengend fatigant**

♦ **Anstrengung** (FÉMININ, pluriel Anstrengungen) **effort**

ansuchen demander

♦ **Ansuchen** (NEUTRE, pluriel Ansuchen) **demande**

Antarktis (FÉMININ) **Antarctique**

▷ die Antarktis l'Antarctique

♦ **antarktisch antarctique**

Anteil (MASCULIN, pluriel Anteile) **part** *ou* **participation**

► Anteil nehmen **compatir**

♦ Anteilnahme (FÉMININ) **compassion**

Antivirenprogramm (NEUTRE, pluriel -programme) **(programme) antivirus**

Antrag (MASCULIN, pluriel Anträge) **demande**

► einen Antrag stellen **faire une demande**

► auf den Antrag von **à la demande de**

Antwort (FÉMININ, pluriel Antworten) **réponse**

♦ antworten **répondre**

anvertrauen *a plusieurs catégories grammaticales :*

> Ce peut être un VERBE TRANSITIF :

jemandem etwas anvertrauen *signifie* **confier quelque chose à quelqu'un**

> Ce peut être un VERBE RÉFLÉCHI :

sich jemandem anvertrauen *signifie* **se confier à quelqu'un**

Anwalt, Anwältin (MASCULIN, pluriel Anwälte / FÉMININ, pluriel Anwältinnen) **avocat, avocate**

anwenden **utiliser** *ou* **employer**

Anwendung (FÉMININ, pluriel Anwendungen) **utilisation** *ou* **application** (informatique)

► eine Anwendung starten **lancer une application**

Anwesen (NEUTRE, pluriel Anwesen) **propriété (foncière)**

anwesend **présent**

♦ Anwesenheit (FÉMININ) **présence**

Anzahl (FÉMININ) **nombre** *ou* **quantité**

Anzeichen (NEUTRE, pluriel Anzeichen) **signe** *ou* **indice**

Anzeige (FÉMININ, pluriel Anzeigen) **annonce** *ou* **plainte** (au sens de dénonciation)

► Anzeige erstatten **porter plainte**

► Geburtsanzeige **faire-part de naissance**

► Todesanzeige **faire-part de décès**

anzeigen **marquer** *ou* **indiquer :**

▷ Das Thermometer zeigt zwanzig Grad an. Le thermomètre indique vingt degrés.

► jemanden anzeigen **porter plainte contre quelqu'un**

► etwas anzeigen **afficher quelque chose**

anziehen *a plusieurs sens :*

1 anziehen *peut signifier* **attirer**

2 anziehen *peut signifier* **mettre** (un vêtement) **:**

▷ Ich weiß nicht, was ich anziehen soll. Je ne sais pas quoi mettre.

► sich anziehen **s'habiller**

3 anziehen *peut signifier* **serrer** (une vis, un frein)

4 anziehen *peut signifier* **replier :**

► die Beine anziehen **replier les jambes**

♦ anziehend **attirant** *ou* **séduisant**

♦ Anziehungskraft (FÉMININ) **attirance** *ou* **force d'attraction**

Anzug (MASCULIN, pluriel Anzüge) **costume**

► Skianzug **combinaison de ski**

► Taucheranzug **combinaison de plongée**

anzünden **allumer** *ou* **mettre le feu à**

Apartheid (FÉMININ) **apartheid**

Apfel (MASCULIN, pluriel Äpfel) **pomme**

► der Apfel fällt nicht weit vom Stamm **tel père, tel fils**

► in den sauren Apfel beißen **avaler la pilule**

♦ Apfelbaum (MASCULIN, pluriel Apfelbäume) **pommier**

♦ Apfelmus (NEUTRE) **compote de pommes**

♦ Apfelsaft (MASCULIN, pluriel Apfelsäfte) **jus de pomme**

♦ Apfelkuchen (MASCULIN, pluriel Apfelkuchen) **tarte aux pommes**

♦ Apfelstrudel (MASCULIN, pluriel Apfelstrudel) **strudel** (gâteau roulé à base de pommes)

♦ Apfelwein (MASCULIN, pluriel Apfelweine) **cidre**

Apfelsine (FÉMININ, pluriel Apfelsinen) **orange** (le fruit)

♦ Apfelsinenbaum (MASCULIN, pluriel Apfelsinenbäume) **oranger**

♦ Apfelsinensaft (MASCULIN, pluriel Apfelsinensäfte) **jus d'orange**

Apotheke (FÉMININ, pluriel Apotheken) **pharmacie**

♦ Apotheker, Apothekerin (MASCULIN, pluriel Apotheker / FÉMININ, pluriel Apothekerinnen) **pharmacien, pharmacienne**

App /ɛp/ (FÉMININ, pluriel Apps) **appli** (pour téléphone portable)

Aprikose (FÉMININ, pluriel Aprikosen) **abricot**

♦ Aprikosenbaum (MASCULIN, pluriel Aprikosenbäume) **abricotier**

♦ Aprikosensaft (MASCULIN, pluriel Aprikosensäfte) **jus d'abricots**

April (MASCULIN) avril
- ► im April en avril *ou* au mois d'avril
- ► am 15. April le 15 avril

Aquarium (NEUTRE, pluriel Aquarien) aquarium

Arbeit (FÉMININ, pluriel Arbeiten) travail
- ♦ arbeiten travailler
- ♦ Arbeiter, Arbeiterin (MASCULIN, pluriel Arbeiter / FÉMININ, pluriel Arbeiterinnen) travailleur, travailleuse *ou* ouvrier, ouvrière
- ♦ Arbeitgeber, Arbeitgeberin (MASCULIN, pluriel Arbeitgeber / FÉMININ, pluriel Arbeitgeberinnen) employeur
- ♦ Arbeitnehmer, Arbeitnehmerin (MASCULIN, pluriel Arbeitnehmer / FÉMININ, pluriel Arbeitnehmerinnen) salarié, salariée
- ♦ Arbeitsamt (NEUTRE, pluriel Arbeitsämter) agence pour l'emploi
- ♦ Arbeitskraft (FÉMININ, pluriel Arbeitskräfte) main-d'œuvre
- ♦ Arbeitslosigkeit (FÉMININ) chômage
- ♦ Arbeitslose (MASCULIN, FÉMININ, pluriel Arbeitslosen) chômeur, chômeuse

> i Ce nom est un ADJECTIF SUBSTANTIVÉ : on dit ein Arbeitsloser.

- ♦ Arbeitslosengeld (NEUTRE) allocation chômage
- ♦ arbeitslos au chômage

arg (ärger, am ärgsten) terrible *ou* fort

Ärger (MASCULIN) colère
- ► Ärger haben avoir des ennuis
- ♦ ärgerlich en colère *ou* fâché *ou* ennuyeux
- ♦ sich ärgern se fâcher

Arktis (FÉMININ) Arctique
- ▷ die Arktis l'Arctique
- ♦ arktisch arctique

arm (ärmer, am ärmsten) pauvre
- ► arm dran sein être à plaindre

Arm (MASCULIN, pluriel Arme) bras
- ► Arm in Arm bras dessus bras dessous
- ► jemanden auf den Arm nehmen mettre quelqu'un en boîte
- ♦ Armband (NEUTRE, pluriel Armbänder) bracelet
- ♦ Armbanduhr (FÉMININ, pluriel Armbanduhren) montre-bracelet

Ärmel (MASCULIN, pluriel Ärmel) manche
- ► etwas aus dem Ärmel schütteln sortir quelque chose de son chapeau
- ♦ Ärmelkanal (MASCULIN) la Manche

Armut (FÉMININ) pauvreté

Art (FÉMININ, pluriel Arten) *a plusieurs sens :*
1. Art *peut signifier* façon *ou* manière
2. Art *peut signifier* sorte
3. Art *peut signifier* caractère (d'une personne)
4. Art *peut signifier* espèce *ou* variété

> Art ne signifie pas « art » en français.

Artischocke (FÉMININ, pluriel Artischocken) artichaut

Arznei, Arzneimittel (FÉMININ, pluriel Arzneien / NEUTRE, pluriel Arzneimittel) médicament

Arzt, Ärztin (MASCULIN, pluriel Ärzte / FÉMININ, pluriel Ärztinnen) médecin

Asche (FÉMININ, pluriel Aschen) cendre
- ♦ Aschenbecher (MASCULIN, pluriel Aschenbecher) cendrier
- ♦ Aschenputtel, Aschenbrödel (NEUTRE) Cendrillon

Ast (MASCULIN, pluriel Äste) branche

Asthma (NEUTRE) asthme
- ♦ Asthmatiker, Asthmatikerin (MASCULIN, pluriel Asthmatiker / FÉMININ, pluriel Asthmatikerinnen) asthmatique (personne)
- ♦ asthmatisch asthmatique

Astrologe, Astrologin (MASCULIN, pluriel Astrologen / FÉMININ, pluriel Astrologinnen) astrologue
- ♦ Astrologie (FÉMININ) astrologie

Astronaut, Astronautin (MASCULIN, pluriel Astronauten / FÉMININ, pluriel Astronautinnen) astronaute

Astronomie (FÉMININ) astronomie
- ♦ astronomisch astronomique *ou* d'astronomie

At-Zeichen /'ɛt-/ (NEUTRE, pluriel At-Zeichen) arobase

> i Quand on dit une adresse, on omet -Zeichen : kiki At coucou punkt D.E. (« kiki@coucou.de »).

Atem (MASCULIN) respiration *ou* souffle *ou* haleine
- ► außer Atem à bout de souffle
- ► jemandem den Atem verschlagen couper le souffle à quelqu'un
- ♦ atemlos essouflé

Atheist, Atheistin (MASCULIN, pluriel Atheisten / FÉMININ, pluriel Atheistinnen) **athée**

Atlantik (MASCULIN) **l'Atlantique**

♦ atlantisch, Atlantisch **atlantique**

atmen **respirer**

♦ Atmen (NEUTRE) **respiration**

Atombombe (FÉMININ, pluriel Atombomben) **bombe atomique**

♦ Atomkraft (FÉMININ) **énergie nucléaire**

Attest (NEUTRE, pluriel Atteste) **certificat médical**

Attraktion (FÉMININ, pluriel Attraktionen) **attraction**

auch **aussi**

► oder auch **ou bien**
► auch noch **en plus** *ou* **de plus**
► auch nicht **non plus**
► auch wenn **même si**
► wer auch immer **quiconque**
► was auch immer **quoi que**
► auch das noch! **il ne manquait plus que ça !**

auf *a plusieurs catégories grammaticales et plusieurs sens :*

> Ce peut être une PRÉPOSITION qui s'emploie avec le datif :

auf *indique un endroit et signifie* **sur** *ou* **dans** *ou* **à** :

▷ Die Noten liegen auf dem Klavier. Les partitions sont posées sur le piano.

▷ Sei vorsichtig auf der Straße. Sois prudent dans la rue.

▷ Gestern waren wir auf einer Hochzeit. Hier nous étions à un mariage.

► auf Reisen sein **être en voyage**
► auf dem Weg sein **être en route**
► auf der Welt **au monde**
► auf etwas beruhen **reposer sur quelque chose**

> Ce peut être une PRÉPOSITION qui s'emploie avec l'accusatif :

1 auf *s'emploie avec des verbes de mouvement et indique une direction :*

▷ Geh auf dein Zimmer! Va dans ta chambre !

▷ Gehst du heute Abend auf das Fest? Tu vas à la fête ce soir ?

▷ Er ist plötzlich auf mich zugekommen. Soudainement il est venu vers moi.

▷ Komm auf die andere Seite! Viens de l'autre côté !

▷ Ich trau mich nicht, auf das Pferd zu steigen. Je n'ose pas monter sur le cheval.

2 auf *peut indiquer un laps de temps et signifie* **pour** :

▷ Sie sind auf ein paar Tage verreist. Ils sont partis pour quelques jours.

▷ Bist du auf längere Zeit weg? Tu pars pour longtemps ?

► auf jemanden / etwas achten **faire attention à quelqu'un / quelque chose**
► sich auf jemanden freuen **se réjouir à l'idée de voir quelqu'un**
► sich auf etwas freuen **se réjouir à l'idée de quelque chose**
► auf jemanden böse sein **être fâché contre quelqu'un**
► auf Deutsch **en allemand**
► bis auf ihn **à part lui**
► auf alle Fälle **en tout cas**

> Ce peut être un ADVERBE :

► auf und ab **de haut en bas** *ou* **de long en large**
► auf einmal **tout d'un coup** *ou* **d'un seul coup**
► auf sein **être ouvert** *ou* **être réveillé**

> Ce peut être une PARTICULE SÉPARABLE pour former des VERBES COMPOSÉS :

♦ aufmachen **ouvrir**

♦ aufhängen **accrocher**

> ℹ Vous trouverez les verbes composés qui commencent par auf- classés par ordre alphabétique.

aufatmen *a le sens figuré de* **respirer** *ou* **être soulagé** :

▷ Die Prüfungen sind vorbei, ich atme auf. Les examens sont passés, je suis soulagée.

▷ Nach der großen Hitze atmet man richtig auf. Après la grosse chaleur on peut à nouveau respirer.

aufbauen **monter** *ou* **construire** :

► das Zelt aufbauen **monter la tente**
► eine Beziehung aufbauen **construire une relation**

aufbewahren **garder** *ou* **conserver**

Aufbewahrung (FÉMININ) **conservation**

♦ Gepäckaufbewahrung (FÉMININ) **consigne** (de bagages)

aufblasbar **gonflable**

aufblasen **gonfler**

aufbleiben **rester éveillé** *ou* **rester ouvert** (en parlant d'un magasin)

aufblühen *a plusieurs sens :*

1 aufblühen *peut signifier* **fleurir** :

▷ Sieh wie die Bäume alle aufblühen! Regarde comme tous les arbres fleurissent !

2 **aufblühen** *peut signifier* **s'épanouir :**

▷ Sie ist richtig aufgeblüht. Elle s'est vraiment épanouie.

3 **aufblühen** *peut signifier* **prospérer :**

▷ Die Wirtschaft blüht auf. L'économie prospère.

aufbrauchen **finir** (au sens de consommer) :

▷ Ich habe die ganze Butter aufgebraucht. J'ai fini tout le beurre.

aufbrausen **se mettre en colère** *ou* **s'emporter**

aufbrechen *a plusieurs catégories grammaticales et plusieurs sens :*

> Ce peut être un VERBE TRANSITIF :

aufbrechen *signifie* **fracturer** *ou* **ouvrir de force**

> Ce peut être un VERBE INTRANSITIF :

1 **aufbrechen** *peut signifier* **s'ouvrir :**

▷ Meine Wunde ist wieder aufgebrochen. Ma blessure s'est à nouveau ouverte.

2 **aufbrechen** *peut signifier* **partir** *ou* **y aller :**

▷ Brechen wir auf! Partons ! *ou* Allons-y !

aufbringen *a plusieurs sens :*

1 **aufbringen** *peut signifier* **réussir à ouvrir**

2 **aufbringen** *peut signifier* **trouver** *ou* **montrer :**

▷ Bring den Mut auf! Trouve le courage !

▷ Er hat viel Mut aufbringen müssen. Il fallait qu'il montre beaucoup de courage.

► Mut aufbringen **être courageux**

► Verständnis aufbringen **être compréhensif**

3 **aufbringen** *peut signifier* **mettre en colère :**

► jemanden gegen jemanden / etwas aufbringen **monter quelqu'un contre quelqu'un / quelque chose**

► aufgebracht sein **être en colère**

Aufbruch (MASCULIN, pluriel Aufbrüche) **départ**

aufdecken *a plusieurs sens :*

1 **aufdecken** *peut signifier* **découvrir** *ou* **dévoiler**

► ein Geheimnis aufdecken **dévoiler un secret**

► die Karten aufdecken **montrer ses cartes**

2 **aufdecken** *peut signifier* **mettre la table**

aufdrängen *a plusieurs catégories grammaticales :*

> Ce peut être un VERBE TRANSITIF :

aufdrängen *signifie* **imposer :**

► jemandem etwas aufdrängen **imposer quelque chose à quelqu'un**

> Ce peut être un VERBE INTRANSITIF :

sich aufdrängen *signifie* **s'imposer :**

► sich jemandem aufdrängen **s'imposer à quelqu'un**

aufdringlich **importun** *ou* **envahissant**

Aufenthalt (MASCULIN, pluriel Aufenthalte) **séjour**

► zehn Minuten Aufenthalt **dix minutes d'arrêt**

aufessen **finir de manger** *ou* **tout manger**

auffallen **remarquer** *ou* **se faire remarquer :**

▷ Das ist mir schon aufgefallen. Je l'ai déjà remarqué.

▷ Er muss im Unterricht immer auffallen. En classe, il faut toujours qu'il se fasse remarquer.

♦ **auffallend** **remarquable**

♦ **auffällig** **voyant** *ou* **frappant**

auffangen **attraper** *ou* **rattraper**

Aufgabe (FÉMININ, pluriel Aufgaben) **devoir** *ou* **tâche**

aufgeben *a plusieurs catégories grammaticales et plusieurs sens :*

> Ce peut être un VERBE TRANSITIF :

1 **aufgeben** *peut signifier* **poster :**

▷ Ich muss noch einen Brief aufgeben. Je dois encore poster une lettre.

2 **aufgeben** *peut signifier* **abandonner** *ou* **renoncer à** *ou* **arrêter :**

► jemanden / etwas aufgeben **abandonner** *ou* **renoncer à quelqu'un / quelque chose**

► das Rauchen aufgeben **arrêter de fumer**

3 **aufgeben** *peut signifier* **passer :**

► eine Bestellung aufgeben **passer une commande**

► ein Inserat aufgeben **passer une annonce**

► eine Schularbeit aufgeben **donner un devoir à faire**

► die Hoffnung aufgeben **perdre espoir**

► ein Rätsel aufgeben **poser une devinette**

> Ce peut être un VERBE INTRANSITIF :

aufgeben *signifie* **abandonner :**

▷ Ich gebe auf, du hast gewonnen. J'abandonne, tu as gagné.

aufgebracht **en colère**

aufgehen *a plusieurs sens :*

1 **aufgehen** *peut signifier* **se lever** *ou* **lever :**

▷ Die Sonne geht auf. Le soleil se lève.

▷ Der Teig muss zuerst aufgehen. Il faut d'abord que la pâte lève.

► jemandem geht etwas auf **quelque chose devient clair pour quelqu'un**

2 **aufgehen** *peut signifier* **s'ouvrir :**

▷ Die Tür geht nicht auf. La porte ne s'ouvre pas.

► in etwas aufgehen **s'épanouir dans quelque chose**

3 aufgehen *peut signifier* **se défaire :**

▷ Mein Zopf ist aufgegangen. Ma tresse s'est défaite.

aufgelegt

► gut / schlecht aufgelegt sein **être de bonne / mauvaise humeur**

► zu etwas aufgelegt sein **être d'humeur à faire quelque chose**

aufgeregt **excité** *ou* **énervé**

aufgeschlossen **ouvert** *ou* **ouvert d'esprit :**

▷ Die Tür ist aufgeschlossen. La porte est ouverte.

▷ Er ist sehr aufgeschlossen. Il est très ouvert d'esprit.

aufgrund, auf Grund **en raison de**

aufhalten *a plusieurs catégories grammaticales et plusieurs sens :*

> Ce peut être un VERBE TRANSITIF :

1 aufhalten *peut signifier* **arrêter** *ou* **freiner :**

▷ Du kannst den Lauf der Dinge nicht aufhalten. Tu ne peux pas arrêter le cours des choses.

▷ Sie ist nicht mehr aufzuhalten. On ne peut plus la freiner.

2 aufhalten *peut signifier* **empêcher :**

▷ Diese Katastrophe muss aufgehalten werden. Il faut empêcher cette catastrophe.

3 aufhalten *peut signifier* **retarder** *ou* **retenir :**

▷ Ich will dich nicht aufhalten. Je ne veux pas te retarder *ou* Je ne veux pas te retenir.

4 aufhalten *peut signifier* **garder ouvert** *ou* **tenir ouvert :**

▷ Ich halte die Augen offen. Je garde les yeux ouverts.

▷ Halte die Hand auf. Tiens ta main ouverte.

> Ce peut être un VERBE RÉFLÉCHI :

sich aufhalten *signifie* **séjourner** *ou* **passer :**

▷ Wir halten uns zur Zeit in Österreich auf. En ce moment nous séjournons en Autriche.

▷ Bei schönem Wetter halten sie sich den ganzen Tag im Freien auf. Quand il fait beau, ils passent toute la journée dehors.

aufhängen **accrocher** *ou* **pendre**

► den Hörer aufhängen **raccrocher le combiné**

aufheben *a plusieurs sens :*

1 aufheben *peut signifier* **ramasser** *ou* **soulever :**

▷ Heb das Papier auf! Ramasse le papier !

▷ Ich kann den Karton nicht aufheben. Je n'arrive pas à soulever le carton.

2 aufheben *peut signifier* **garder** *ou* **conserver :**

▷ Das hebe ich als Erinnerung auf. Je garde ceci comme souvenir.

► gut aufgehoben sein **être en de bonnes mains**

► sich etwas aufheben **garder** *ou* **conserver quelque chose**

3 aufheben *peut signifier* **suspendre** *ou* **annuler :**

▷ Die Sitzung ist aufgehoben. La réunion est suspendue.

▷ Die Hochzeit ist aufgehoben. Le mariage est annulé.

aufhören *a plusieurs sens :*

1 aufhören *peut signifier* **cesser** *ou* **arrêter :**

▷ Es hat aufgehört zu regnen. La pluie a cessé.

▷ Hör auf zu schreien! Arrête de crier !

2 aufhören *peut signifier* **tendre l'oreille :**

▷ Das seltsame Geräusch hat mich aufhören lassen. Ce bruit bizarre m'a fait tendre l'oreille.

aufklären **élucider** *ou* **tirer au clair** *ou* **informer**

► aufklären **donner une éducation sexuelle**

► sich aufklären **s'éclaircir** *ou* **s'éclairer**

♦ Aufklärung (FÉMININ) **éclaircissement** *ou* **information** *ou* **éducation sexuelle**

> Die Aufklärung était un mouvement intellectuel et philosophique du XVIIIe siècle, le siècle des « Lumières », où primait le combat pour la tolérance et le respect des libertés civiles.

auflauern **épier** *ou* **guetter :**

► jemandem auflauern **épier quelqu'un** *ou* **guetter quelqu'un**

auflegen **mettre**

► eine CD auflegen **mettre un CD**

► ein Buch auflegen **éditer un livre**

► den Hörer auflegen **raccrocher le combiné**

sich auflehnen **se révolter**

auflösen **diluer** *ou* **dissoudre**

► sich auflösen **se dissoudre**

aufmachen **ouvrir**

► sich aufmachen **se mettre en route** *ou* **y aller**

aufmerksam **attentif** *ou* **attentionné** *ou* **observateur**

► jemanden auf etwas aufmerksam machen **attirer l'attention de quelqu'un sur quelque chose**

♦ Aufmerksamkeit (FÉMININ) **attention**

aufmuntern **encourager** *ou* **remonter le moral à**

aufnehmen *a plusieurs sens :*

1 aufnehmen *peut signifier* **accueillir** *ou* **admettre :**

▷ Ich bin in der Gruppe gut aufgenommen worden. J'ai été bien accueilli dans le groupe.

▷ Er ist auf der Kunstakademie aufgenommen worden. Il a été admis aux Beaux-Arts.

2 aufnehmen *peut signifier* **enregistrer :**

▷ Kannst du mir einen Film aufnehmen? Tu peux m'enregistrer un film ?

3 aufnehmen *peut signifier* **photographier :**

► eine Spur aufnehmen **suivre une trace**

► Geld aufnehmen **emprunter de l'argent**

► einen Kredit aufnehmen **prendre un crédit**

► es mit jemandem aufnehmen **défier quelqu'un**

► eine Aktivität wieder aufnehmen **reprendre une activité**

► Untersuchungen / Ermittlungen aufnehmen **entreprendre des recherches**

► etwas gut / schlecht aufnehmen **prendre bien / mal quelque chose**

aufpassen **faire attention** *ou* **être attentif** (en cours)

Aufprall (MASCULIN) **choc** *ou* **heurt**

aufprallen **se heurter**

► gegen etwas aufprallen **se heurter contre quelque chose**

aufpumpen **gonfler** (à l'aide d'une pompe)

aufräumen **ranger**

aufrecht **droit** *ou* **dressé**

♦ aufrechterhalten **maintenir**

aufregen **agiter** *ou* **exciter**

► sich aufregen **s'énerver**

♦ aufregend **excitant**

♦ Aufregung (FÉMININ, pluriel Aufregungen) **agitation** *ou* **énervement** *ou* **excitation**

aufrichtig **sincère** *ou* **franc**

♦ Aufrichtigkeit (FÉMININ) **sincérité**

Aufruhr (FÉMININ) **émeute** *ou* **tumulte**

aufrüsten **armer**

♦ Aufrüstung (FÉMININ) **armement**

Aufsatz (MASCULIN, pluriel Aufsätze) **rédaction** *ou* **dissertation**

aufschauen **lever les yeux**

► zu jemandem aufschauen **admirer quelqu'un**

aufschieben **remettre à plus tard**

aufschlagen *a plusieurs catégories grammaticales et plusieurs sens :*

> Ce peut être un VERBE TRANSITIF :

1 aufschlagen *peut signifier* **ouvrir :**

▷ Schlagt das Buch Seite sieben auf. Ouvrez le livre page sept.

▷ Ich habe mir das Knie aufgeschlagen. Je me suis ouvert le genou.

2 aufschlagen *peut signifier* **dresser** *ou* **monter :**

▷ Schlagen wir hier das Zelt auf. Montons notre tente ici.

3 aufschlagen *peut signifier* **retrousser** *ou* **relever :**

► die Ärmel aufschlagen **retrousser les manches**

► den Kragen aufschlagen **relever le col**

> Ce peut être un VERBE INTRANSITIF :

1 aufschlagen *signifie* **augmenter :**

▷ Die Preise haben aber aufgeschlagen! Les prix ont sacrément augmenté !

2 aufschlagen *peut signifier* **servir** (au tennis)

aufschließen **ouvrir** (avec une clé)

aufschlussreich **révélateur** *ou* **significatif**

aufschneiden *a plusieurs catégories grammaticales et plusieurs sens :*

> Ce peut être un VERBE TRANSITIF :

1 aufschneiden *peut signifier* **couper** (en tranches) :

► Brot, Wurst aufschneiden **couper du pain, du saucisson** (en tranches)

2 aufschneiden *peut signifier* **ouvrir** (à l'aide d'un couteau ou de ciseaux)

3 aufschneiden *peut signifier* **inciser** (au sens médical)

> Ce peut être un VERBE INTRANSITIF :

aufschneiden *signifie* **frimer** *ou* **faire le clown**

ℹ Cette expression allemande et sa traduction française sont familières.

Aufschnitt (MASCULIN)

♦ Käseaufschnitt (MASCULIN) **assortiment de fromages**

♦ Wurstaufschnitt (MASCULIN) **assortiment de charcuterie**

aufschrauben **dévisser**

aufschreiben noter *ou* écrire

Aufschrift (FÉMININ, pluriel Aufschriften) inscription

aufsetzen *a plusieurs sens :*

1 aufsetzen *peut signifier* mettre :

► eine Brille aufsetzen mettre des lunettes

► einen Hut aufsetzen mettre un chapeau

2 aufsetzen *peut signifier* mettre à cuire *ou* mettre à bouillir :

► das Essen aufsetzen mettre le repas à cuire

► das Wasser aufsetzen mettre l'eau à bouillir

3 aufsetzen *peut signifier* rédiger :

► einen Brief aufsetzen rédiger une lettre

4 sich aufsetzen *signifie* se redresser

aufspringen *a plusieurs sens :*

1 aufspringen *peut signifier* bondir :

▷ Die Explosion hat mich aufspringen lassen. L'explosion m'a fait bondir.

2 aufspringen *peut signifier* sauter sur :

▷ Es ist gefährlich, auf das fahrende Karussell aufzuspringen. Il est dangereux de sauter sur le manège qui tourne.

3 aufspringen *peut signifier* gercer :

▷ Meine Lippen sind aufgesprungen. Mes lèvres sont gercées.

4 aufspringen *peut signifier* rebondir :

▷ Der Ball darf nur einmal aufspringen. Le ballon ne doit rebondir qu'une seule fois.

Aufstand (MASCULIN, pluriel Aufstände) rébellion *ou* révolte *ou* émeute

aufstechen percer

aufstehen se lever

aufstoßen *a plusieurs catégories grammaticales et plusieurs sens :*

> Ce peut être un VERBE TRANSITIF :

aufstoßen *signifie* ouvrir en poussant

> Ce peut être un VERBE INTRANSITIF :

aufstoßen *signifie* roter

sich aufstützen s'appuyer

aufsuchen consulter (un médecin, un expert)

auftauchen émerger *ou* apparaître *ou* faire surface

auftauen *a plusieurs catégories grammaticales et plusieurs sens :*

> Ce peut être un VERBE TRANSITIF :

auftauen *signifie* décongeler

> Ce peut être un VERBE INTRANSITIF :

auftauen *signifie* dégeler

aufteilen répartir *ou* diviser

Auftrag (MASCULIN, pluriel Aufträge) contrat *ou* commande *ou* ordre *ou* mission

aufwachen se réveiller

aufwachsen grandir

▷ Sie ist auf dem Land aufgewachsen. Elle a grandi à la campagne.

Aufwand (MASCULIN, pluriel Aufwände) effort

♦ aufwändig ou aufwendig coûteux *ou* compliqué

aufwärmen réchauffer

► etwas aufwärmen *est une expression familière qui signifie* ressasser quelque chose

aufwärts vers le haut

▷ Bei ihm geht es wieder aufwärts. Il va de nouveau mieux.

► aufwärts gehen / fahren monter

aufwecken réveiller

aufweichen faire tremper

► aufgeweicht sein être trempé *ou* être mou

aufwendig, aufwändig coûteux *ou* compliqué

aufwischen essuyer *ou* passer la serpillère

aufziehen *a plusieurs catégories grammaticales et plusieurs sens :*

> Ce peut être un VERBE TRANSITIF :

1 aufziehen *peut signifier* élever :

▷ Ich habe meine Kinder so frei wie möglich aufgezogen. J'ai élevé mes enfants le plus librement possible.

2 aufziehen *peut signifier* remonter :

▷ Ich habe vergessen, die Uhr aufzuziehen. J'ai oublié de remonter ma montre.

3 aufziehen *peut signifier* taquiner

▷ Die Kinder haben sie wegen ihrer roten Haare aufgezogen. Les enfants l'ont taquinée à cause de ses cheveux roux.

i Cette expression allemande est familière.

> Ce peut être un VERBE INTRANSITIF :

aufziehen *signifie* approcher :

▷ Ein Gewitter zieht auf. Un orage approche.

Aufzug (MASCULIN, pluriel Aufzüge) *a plusieurs sens :*

1 Aufzug *peut signifier* ascenseur

2 Aufzug *peut signifier* cortège

3 **Aufzug** *peut signifier* **dégaine**

> ℹ Cette expression allemande et sa traduction française sont familières et péjoratives.

aufzwingen imposer

► **jemandem etwas aufzwingen** imposer quelque chose à quelqu'un

Auge (NEUTRE, pluriel Augen) œil

► **etwas geht ins Auge** *est une expression familière qui signifie* **quelque chose tourne mal**

♦ **Augenarzt, Augenärztin** (MASCULIN, pluriel Augenärzte / FÉMININ, pluriel Augenärztinnen) **ophtalmologue**

♦ **Augenbraue** (FÉMININ, pluriel Augenbrauen) **sourcil**

♦ **Augenlid** (NEUTRE, pluriel Augenlider) **paupière**

Augenblick (MASCULIN, pluriel Augenblicke) **moment** *ou* **instant**

♦ **augenblicklich** **instantané** *ou* **instantanément**

August (MASCULIN) **août**

► **im August** **en août** *ou* **au mois d'août**

► **am 18. August** **le 18 août**

aus *a plusieurs catégories grammaticales et plusieurs sens :*

> Ce peut être une PRÉPOSITION qui s'emploie avec le datif :

1 **aus** *indique la provenance et signifie* **de** :

▷ Er kommt aus der Schule. Il sort de l'école.

▷ Das Eis kommt aus dem Kühlschrank. La glace sort du frigo.

▷ Sie kommt aus einem künstlerischen Milieu. Elle vient d'un milieu artistique.

▷ Dieses Gemälde stammt aus dem 18. Jahrhundert. Ce tableau date du 18e siècle.

► **aus einem Glas trinken** **boire dans un verre**

2 **aus** *indique la matière et signifie* **en** :

▷ Die Tasche ist aus Leder. Le sac est en cuir.

3 **aus** *indique un sentiment et signifie* **par** :

▷ Sie hat es aus Liebe getan. Elle l'a fait par amour.

> Ce peut être un ADVERBE :

1 **aus sein** *peut signifier* **être fini** :

▷ Das Konzert ist aus. Le concert est fini.

2 **aus sein** *peut signifier* **être éteint** :

▷ Warum ist das Licht aus? Pourquoi la lumière est-elle éteinte ?

3 **aus sein** *peut signifier* **être vide** :

▷ Die Flasche ist aus. La bouteille est vide.

> Ce peut être une PARTICULE SÉPARABLE pour former des VERBES COMPOSÉS :

♦ **ausgehen** **sortir**

♦ **aussprechen** **prononcer**

> ℹ Vous trouverez les verbes composés qui commencent par aus- classés par ordre alphabétique.

ausatmen **expirer**

ausbauen **agrandir**

ausbeuten **exploiter**

ausbilden **former** *ou* **développer** :

▷ Für diese Arbeit musst du dich speziell ausbilden. Pour ce travail, tu dois suivre une formation particulière.

▷ Ihr Gehör ist gut ausgebildet. Son ouïe est bien développée.

♦ **Ausbildung** (FÉMININ, pluriel Ausbildungen) **formation**

Ausblick (MASCULIN, pluriel Ausblicke) **vue** *ou* **panorama**

ausbrechen *a plusieurs sens :*

1 **ausbrechen** *peut signifier* **s'évader** *ou* **faire une fugue**

2 **ausbrechen** *peut signifier* **se déclarer** :

▷ Die Krankheit ist nicht ausgebrochen. La maladie ne s'est pas déclarée.

3 **ausbrechen** *peut signifier* **éclater** :

▷ Der Krieg ist ausgebrochen. La guerre a éclaté.

► **in Gelächter ausbrechen** **éclater de rire**

► **in Tränen ausbrechen** **fondre en larmes**

4 **ausbrechen** *peut signifier* **entrer en éruption** en parlant d'un volcan

ausbreiten *a plusieurs catégories grammaticales et plusieurs sens :*

> Ce peut être un VERBE TRANSITIF :

1 **ausbreiten** *peut signifier* **étaler** *ou* **étendre** :

► **die Ware ausbreiten** **étaler la marchandise**

2 **ausbreiten** *peut signifier* **déplier** :

► **eine Landkarte ausbreiten** **déplier une carte géographique**

3 **ausbreiten** *peut signifier* **déployer** :

► **die Flügel ausbreiten** **déployer ses ailes**

> Ce peut être un VERBE RÉFLÉCHI :

1 **sich ausbreiten** *peut signifier* **s'étendre** *ou* **s'étaler**

2 **sich ausbreiten** *peut signifier* **se répandre**

3 **sich ausbreiten** *peut signifier* **se propager**

Ausbruch (MASCULIN, pluriel Ausbrüche) **éruption**

Ausdauer (FÉMININ) endurance *ou* persévérance

♦ **Ausdauerlauf** (MASCULIN, pluriel Ausdauerläufe) course d'endurance

(sich) ausdehnen (s')étendre *ou* (s')étirer

♦ **ausgedehnt** étendu *ou* vaste

Ausdruck (MASCULIN, pluriel Ausdrücke) expression

ausdrucken imprimer (à partir d'un ordinateur)

ausdrücken *a plusieurs sens :*

1 **ausdrücken** *peut signifier* exprimer

2 **ausdrücken** *peut signifier* presser :

► eine Zitrone ausdrücken presser un citron

► eine Zigarette ausdrücken écraser une cigarette

auseinander séparé

♦ **auseinander sein** être séparé

♦ **auseinander bringen** séparer

♦ **auseinander gehen** se séparer

♦ **auseinander setzen :**

► sich mit jemandem auseinander setzen s'expliquer avec quelqu'un *ou* se disputer avec quelqu'un

► sich mit etwas auseinander setzen réfléchir à quelque chose

♦ **Auseinandersetzung** (FÉMININ, pluriel Auseinandersetzungen) confrontation *ou* conflit

Ausfahrt (FÉMININ, pluriel Ausfahrten) sortie (pour véhicules)

♦ **Autobahnausfahrt** (FÉMININ) sortie d'autoroute

♦ **Garagenausfahrt** (FÉMININ) sortie de garage

ausfallen *a plusieurs sens :*

1 **ausfallen** *peut signifier* tomber :

▷ Mir fallen die Haare aus. Mes cheveux tombent.

▷ Ihr erster Zahn ist ausgefallen. Sa première dent est tombée.

2 **ausfallen** *peut signifier* ne pas avoir lieu :

▷ Die Englischstunde fällt heute aus. Le cours d'anglais n'a pas lieu aujourd'hui.

3 **ausfallen** *peut indiquer le résultat de quelque chose :*

▷ Wie ist das Fussballspiel ausgefallen? Quel est le résultat du match de football ?

▷ Die Prüfung ist gut ausgefallen. J'ai réussi l'examen.

▷ Die Ernte ist schlecht ausgefallen. La récolte a été mauvaise.

ausfindig

► ausfindig machen dénicher *ou* découvrir

Ausflug (MASCULIN, pluriel Ausflüge) excursion

ausführen exécuter *ou* accomplir

ausführlich en détail *ou* détaillé

Ausgang (MASCULIN, pluriel Ausgänge) sortie *ou* issue

► kein Ausgang sortie interdite

♦ **Notausgang** (MASCULIN) sortie de secours

♦ **Ausgangspunkt** (MASCULIN, pluriel Ausgangspunkte) point de départ

ausgeben dépenser *ou* distribuer

► sich für jemanden ausgeben se faire passer pour quelqu'un

ausgefallen extravagant

Ausgeglichenheit (FÉMININ) équilibre (mental et physique)

♦ **ausgeglichen** équilibré

ausgehen *a plusieurs sens :*

1 **ausgehen** *peut signifier* sortir (le soir)

2 **ausgehen** *peut signifier* tomber :

▷ Ihr gehen die Haare aus. Ses cheveux tombent.

3 **ausgehen** *peut indiquer le résultat ou la fin de quelque chose :*

▷ Wie ist das Spiel ausgegangen? Comment s'est terminé le jeu ?

▷ Das Feuer geht aus. Le feu s'éteint.

▷ Der Film geht schlecht aus. Le film finit mal.

▷ Mir ist das Benzin ausgegangen. Je n'ai plus d'essence.

▷ Ihm gehen die Ideen aus. Il est en manque d'idées.

► davon ausgehen, dass considérer que *ou* supposer que

ausgelassen plein d'entrain *ou* turbulent

ausgenommen excepté *ou* à moins que

ausgeprägt marqué *ou* prononcé

ausgerechnet justement *ou* précisément

ausgezeichnet excellent

ausgiebig abondant *ou* copieux

ausgraben déterrer

aushalten supporter

► nicht zum Aushalten sein être insupportable

ℹ Dans cet exemple, aushalten est utilisé de manière substantivée.

aushandeln négocier
▷ Ein Vertrag wurde ausgehandelt. Un contrat a été négocié.

aushecken
► etwas aushecken préparer un coup

aushelfen donner un coup de main à *ou* aider

sich auskennen s'y connaître *ou* connaître
► sich an einem Ort gut / schlecht auskennen bien / mal connaître un endroit

auskommen
► mit jemandem auskommen s'entendre avec quelqu'un
► mit etwas auskommen se débrouiller avec quelque chose
► ohne jemanden / etwas auskommen pouvoir se passer de quelqu'un / quelque chose

Auskunft (FÉMININ, pluriel Auskünfte) renseignement *ou* information
► jemandem Auskunft erteilen renseigner quelqu'un
♦ Telefonauskunft (FÉMININ) renseignements téléphoniques

auslachen rire de
► jemanden auslachen se moquer de quelqu'un

ausladen décharger

Auslage (FÉMININ, pluriel Auslagen) vitrine *ou* étalage

Ausland (NEUTRE) l'étranger (en parlant d'un pays)
► im / ins Ausland à l'étranger
♦ Ausländer, Ausländerin (MASCULIN, pluriel Ausländer / FÉMININ, pluriel Ausländerinnen) étranger, étrangère

auslassen *a plusieurs sens :*
1 auslassen *peut signifier* omettre :
► eine Zeile auslassen sauter une ligne
2 auslassen *peut signifier* laisser éteint :
▷ Lass das Licht aus. Laisse la lumière éteinte.
► Butter auslassen faire fondre du beurre
► etwas an jemandem auslassen décharger quelque chose sur quelqu'un

auslaufen couler *ou* s'écouler *ou* fuir

ausleeren vider

ausleihen emprunter

ausliefern livrer
► jemandem / etwas ausgeliefert sein être livré à quelqu'un / quelque chose
► sich jemandem ausliefern se livrer à quelqu'un *ou* se rendre à quelqu'un

sich ausloggen se déconnecter

auslöschen effacer *ou* éteindre

auslosen tirer au sort
♦ Auslosen (NEUTRE) tirage au sort

auslösen déclencher *ou* provoquer *ou* susciter

ausmachen *a plusieurs sens :*
1 ausmachen *peut signifier* éteindre (la lumière ou la télévision ou un autre appareil)
2 ausmachen *peut signifier* convenir de *ou* fixer :
► eine Datum ausmachen convenir d'une date *ou* fixer une date
♦ ausgemacht entendu
3 ausmachen *peut signifier* faire :
▷ Wieviel macht das aus? Ça fait combien ?
▷ Das macht (mir) nichts aus. Ça ne (me) fait rien.

Ausnahme (FÉMININ, pluriel Ausnahmen) exception
♦ ausnahmsweise exceptionnellement

ausnutzen, ausnützen profiter de

auspacken déballer *ou* défaire les bagages

ausprobieren essayer

ausradieren effacer (avec une gomme)

ausrauben dévaliser

ausräumen vider *ou* enlever
► den Schrank ausräumen vider le placard
► Kleider aus dem Schrank ausräumen enlever des vêtements du placard

ausrechnen calculer

Ausrede (FÉMININ, pluriel Ausreden) excuse *ou* prétexte
► eine schlechte Ausrede une mauvaise excuse

ausreden finir de parler
► jemandem etwas ausreden dissuader quelqu'un de quelque chose

ausreichen suffire
♦ ausreichend suffisant

ausreißen *a plusieurs catégories grammaticales et plusieurs sens :*

> Ce peut être un VERBE TRANSITIF :

ausreißen *signifie* **arracher**

> Ce peut être un VERBE INTRANSITIF :

ausreißen *signifie* **faire une fugue**

ausrichten *a plusieurs sens :*

1 **ausrichten** *peut signifier* **transmettre :**

▷ Ich richte ihm die Nachricht aus. Je vais lui transmettre le message.

► **jemandem einen Gruß ausrichten transmettre le bonjour à quelqu'un**

2 **ausrichten** *peut signifier* **aligner** *ou* **mettre en direction de** *ou* **être orienté en direction de :**

► **nach Süden ausgerichtet sein être orienté au sud**

Ausrufezeichen (NEUTRE, pluriel Ausrufezeichen) **point d'exclamation**

sich ausruhen **se reposer**

(sich) ausrüsten **(s')équiper**

♦ **Ausrüstung** (FÉMININ, pluriel Ausrüstung) **équipement**

ausrutschen **glisser** *ou* **déraper**

Aussage (FÉMININ, pluriel Aussagen) **témoignage**

♦ **aussagen** **témoigner**

ausschalten **éteindre** (la lumière ou un appareil électrique) *ou* **couper** (l'électricité)

Ausschau (FÉMININ)

► **nach jemandem Ausschau halten guetter quelqu'un**

ausschauen

► **nach jemandem / etwas ausschauen guetter quelqu'un / quelque chose**

► **gut / schlecht ausschauen avoir bonne, mauvaise mine** *ou* **être / ne pas être beau**

ausscheiden **être éliminé**

(sich) ausschlafen **dormir son content** ou **dormir tout son soûl**

Ausschlag (MASCULIN, pluriel Ausschläge) **éruption de boutons**

ausschließen **exclure**

♦ **ausgeschlossen!** **impossible !**

♦ **ausschließlich** **exclusivement**

ausschneiden **découper**

Ausschnitt (MASCULIN, pluriel Ausschnitte) *a plusieurs sens :*

1 **Ausschnitt** *peut signifier* **fragment** *ou* **partie**

2 **Ausschnitt** *peut signifier* **extrait**

3 **Ausschnitt** *peut signifier* **décolleté**

♦ **Zeitungsausschnitt** (MASCULIN) **coupure de journal**

ausschütten **verser** *ou* **renverser** *ou* **vider** (du liquide)

aussehen **sembler** *ou* **paraître**

► **aussehen wie avoir l'air de**

► **gut / schlecht aussehen avoir bonne / mauvaise mine** *ou* **être beau / ne pas être beau**

► **es sieht schlecht aus c'est mal parti**

♦ **Aussehen** (NEUTRE) **apparence**

außen **à l'extérieur** *ou* **dehors**

► **nach außen à l'extérieur** *ou* **vers l'extérieur**

► **von außen de l'extérieur**

♦ **Außenborder** (MASCULIN, pluriel Außenborder) **hors-bord**

♦ **Außenminister** (MASCULIN, pluriel Außenminister) **ministre des Affaires étrangères**

♦ **Außenpolitik** (FÉMININ) **politique étrangère**

♦ **Außenseiter** (MASCULIN, pluriel Außenseiter) **outsider** *ou* **marginal**

außer *a plusieurs catégories grammaticales et plusieurs sens :*

> Ce peut être une PRÉPOSITION qui s'emploie avec le datif :

► **außer Gefahr hors de danger**

► **außer Atem à bout de souffle**

► **außer Betrieb hors service**

► **außer sich sein être hors de soi**

> Ce peut être une CONJONCTION :

außer *signifie* **sauf :**

► **außer wenn sauf si** *ou* **sauf quand**

► **außer dass sauf que**

> Ce peut être une PARTICULE SÉPARABLE pour former des MOTS COMPOSÉS :

♦ **außerdem** **en outre** *ou* **en plus**

ℹ Vous trouverez les mots composés qui commencent par außer- classés par ordre alphabétique.

äußerer, äußere, äußeres **extérieur, extérieure**

außergewöhnlich **extraordinaire** *ou* **exceptionnel**

außerhalb *a plusieurs catégories grammaticales et plusieurs sens :*

> Ce peut être une PRÉPOSITION qui s'emploie avec le génitif :

außerhalb *signifie* **en dehors de** *ou* **hors de :**

▷ Er wohnt außerhalb der Stadt. Il habite hors de la ville.

▷ Unser Haus liegt etwas außerhalb des Ortes. Notre maison est un peu en dehors du village.

> Ce peut être un ADVERBE :

außerhalb *signifie* **à l'extérieur** *ou* **au dehors :**

▷ Ich gehe heute Abend außerhalb essen. Ce soir je vais dîner à l'extérieur.

äußerlich **en apparence** *ou* **superficiel** *ou* **extérieur**

äußern **dire** *ou* **exprimer**

► sich äußern **s'exprimer** *ou* **se prononcer**

außerordentlich **extraordinaire**

äußerst **extrêmement**

außerstande, außer Stande **incapable**

► außerstande sein, etwas zu tun **être incapable** *ou* **ne pas être en état de faire quelque chose**

Äußerung (FÉMININ, pluriel Äußerungen) **remarque** *ou* **propos** *ou* **manifestation**

aussetzen **abandonner**

▷ Das ist ein ausgesetzter Hund. C'est un chien abandonné.

► sich einer Sache aussetzen **s'exposer à quelque chose**

► an etwas auszusetzen haben **trouver à redire à quelque chose**

Aussicht (FÉMININ, pluriel Aussichten) **vue** *ou* **perspective**

♦ aussichtslos **sans espoir** *ou* **vain**

♦ aussichtsreich, aussichtsvoll **prometteur**

(sich) aussöhnen **(se) réconcilier**

♦ Aussöhnung (FÉMININ) **réconciliation**

aussortieren **trier**

Aussprache (FÉMININ, pluriel Aussprachen) **prononciation** *ou* **explication :**

▷ Er hat eine gute Aussprache. Il a une bonne prononciation.

▷ Wir hatten gestern eine Aussprache. Hier nous avons eu une explication.

aussprechen *a plusieurs catégories grammaticales et plusieurs sens :*

> Ce peut être un VERBE TRANSITIF :

aussprechen *signifie* **prononcer** *ou* **exprimer** *ou* **dire :**

▷ Versuche, das Wort deutlich auszusprechen. Essaie de prononcer le mot clairement.

▷ Ich möchte gerne einen Wunsch aussprechen. Je voudrais exprimer un vœu.

▷ Sprich aus, was du auf dem Herzen hast. Dis ce que tu as sur le cœur.

> Ce peut être un VERBE INTRANSITIF :

aussprechen *signifie* **finir de parler :**

▷ Lass mich aussprechen! Laisse-moi finir de parler !

> Ce peut être un VERBE RÉFLÉCHI :

sich aussprechen *signifie* **se confier** *ou* **s'exprimer** *ou* **se prononcer :**

► sich bei jemandem aussprechen **se confier à quelqu'un**

► sich für / gegen etwas aussprechen **se prononcer pour / contre quelque chose**

♦ ausgesprochen **particulièrement**

ausspucken **cracher**

ausstatten **équiper**

♦ Ausstattung (FÉMININ, pluriel Ausstattungen) **équipement**

ausstehen **supporter**

aussteigen **descendre** (d'une voiture, d'un train)

ausstellen **exposer**

♦ Ausstellung (FÉMININ, pluriel Ausstellungen) **exposition**

aussterben **disparaître** *ou* **être en voie de disparition :**

▷ Dieses Volk ist vor einem Jahrtausend ausgestorben. Ce peuple a disparu il y a un millénaire.

▷ Der indische Tiger stirbt aus. Le tigre indien est en voie de disparition.

♦ ausgestorben **désert** *ou* **mort** (au sens figuré)

► ein ausgestorbener Ort **un endroit désert** *ou* **mort**

(sich) ausstrecken **(s')étendre**

aussuchen **choisir**

► sich etwas aussuchen **choisir quelque chose**

austauschen **échanger**

austeilen **distribuer**

(sich) austoben se dépenser *ou* se défouler

austrinken finir de boire

ausüben exercer

Ausverkauf (MASCULIN) soldes

Auswahl (FÉMININ) choix *ou* sélection *ou* assortiment

♦ auswählen choisir *ou* sélectionner

auswandern émigrer

auswärts au dehors *ou* à l'extérieur

► auswärts essen manger au restaurant

auswechseln remplacer *ou* échanger

Ausweg (MASCULIN, pluriel Auswege) issue

ausweichen éviter

► jemandem / einer Sache ausweichen éviter quelqu'un / quelque chose

(sich) ausweinen pleurer

Ausweis (MASCULIN, pluriel Ausweise) pièce d'identité

♦ sich ausweisen justifier son identité *ou* montrer ses papiers

auswendig par cœur

Auswirkung (FÉMININ, pluriel Auswirkungen) effet

sich auszahlen être payant

► etwas zahlt sich aus quelque chose vaut la peine

Auszeichnung (FÉMININ, pluriel Auszeichnungen) décoration

► mit Auszeichnung avec mention

ausziehen *a plusieurs catégories grammaticales et plusieurs sens :*

> Ce peut être un VERBE TRANSITIF :

1 ausziehen *peut signifier* **enlever :**

▷ Zieh die Jeans aus. Enlève ton jean.

2 ausziehen *peut signifier* **rallonger :**

▷ Wir müssen den Tisch ausziehen. Il faut qu'on rallonge la table.

> Ce peut être un VERBE INTRANSITIF :

ausziehen *signifie* **déménager**

> Ce peut être un VERBE RÉFLÉCHI :

sich ausziehen *signifie* **se déshabiller**

Auszug (MASCULIN, pluriel Auszüge) extrait

Auto (NEUTRE, pluriel Autos) voiture

► Auto fahren conduire (une voiture)

♦ Autobahn (FÉMININ, pluriel Autobahnen) autoroute

♦ Autobahnausfahrt (FÉMININ, pluriel Autobahnausfahrten) sortie d'autoroute

♦ Autofahrer (MASCULIN, pluriel Autofahrer) automobiliste

♦ Autonummer (FÉMININ, pluriel Autonummern) numéro d'immatriculation

Autogramm (NEUTRE, pluriel Autogramme) autographe

Automat (MASCULIN, pluriel Automaten) automate

♦ Geldautomat (MASCULIN) distributeur d'argent

♦ Spielautomat (MASCULIN) machine à sous

Autor, Autorin (MASCULIN, pluriel Autoren / FÉMININ, pluriel Autorinnen) auteur

autoritär autoritaire

♦ Autorität (FÉMININ) autorité

Axt (FÉMININ, pluriel Äxte) hache

Bb

Baby /be:bi/ (NEUTRE, pluriel Babys) **bébé**

Bach (MASCULIN, pluriel Bäche) **ruisseau**

Backe (FÉMININ, pluriel Backen) **joue** (partie du visage)

backen (imparfait backte ou buk) **faire cuire** *ou* **faire frire**

► Kuchen, Kekse backen **faire un gâteau, des biscuits**

Bäcker, Bäckerin (MASCULIN, pluriel Bäcker / FÉMININ, pluriel Bäckerinnen) **boulanger, boulangère**

◆ Bäckerei (FÉMININ, pluriel Bäckereien) **boulangerie**

Backpulver (NEUTRE) **levure chimique**

backte *voir* backen

Bad (NEUTRE, pluriel Bäder) **bain** *ou* **salle de bains** *ou* **piscine**

◆ Badeanzug (MASCULIN, pluriel Badeanzüge) **maillot de bain** (pour filles)

◆ Badehose (FÉMINININ, pluriel Badehosen) **maillot de bain** (pour garçons)

◆ Bademantel (MASCULIN, pluriel Bademäntel) **peignoir**

baden *a plusieurs catégories grammaticales et plusieurs sens :*

> Ce peut être un VERBE INTRANSITIF :

baden *signifie* **se baigner** *ou* **prendre un bain**

> Ce peut être un VERBE TRANSITIF :

baden *signifie* **donner un bain à**

Badewanne (FÉMININ, pluriel Badewannen) **baignoire**

Bahn (FÉMININ, pluriel Bahnen) **train**

► mit der Bahn fahren **prendre le train**

◆ sich einen Weg bahnen **se frayer un chemin**

◆ Bahnhof (MASCULIN, pluriel Bahnhöfe) **gare**

◆ Bahnsteig (MASCULIN, pluriel Bahnsteige) **quai**

Baiser /be:ze/ (NEUTRE, pluriel Baisers) **meringue**

bald **bientôt**

Balken (MASCULIN, pluriel Balken) **poutre**

Balkon (MASCULIN, pluriel Balkone) **balcon**

Ball (MASCULIN, pluriel Bälle) **ballon** *ou* **balle** *ou* **bal**

Ballon (MASCULIN, pluriel Ballons) **ballon** (gonflable)

band *voir* binden

Band *a plusieurs genres et plusieurs sens :*

> Ce peut être un NOM NEUTRE :

das Band (pluriel Bänder) *signifie* **bandeau** *ou* **ruban**

◆ Haarband **bandeau** (pour les cheveux)

◆ Halsband **collier**

◆ Schuhband **lacet** (de chaussure)

◆ Gummiband **élastique**

◆ Fließband **tapis roulant**

► am laufenden Band **sans arrêt**

> Ce peut être un NOM MASCULIN :

der Band (pluriel Bände) *signifie* **volume** *ou* **tome** (d'un livre)

> Ce peut être un NOM FÉMININ :

die Band /bænd/ pluriel Bands *signifie* **groupe de musique**

Bande (FÉMININ, pluriel Banden) **bande** (de copains ou de voyous)

bändigen maîtriser *ou* dompter

Bandit (MASCULIN, pluriel Banditen) **bandit** *ou* **hors-la-loi**

bange **anxieux** *ou* **inquiet**

► **mir wird es bange** **j'ai peur**

► **um jemanden bangen** **avoir peur pour quelqu'un**

Bank (FÉMININ) *a plusieurs sens :*

1 die Bank (pluriel Bänke) *signifie* **banc** :

2 die Bank (pluriel Banken) *signifie* **banque** :

♦ Bankkarte (FÉMININ, pluriel Bankkarten) **carte bancaire**

♦ Bankkonto (NEUTRE, pluriel Bankkontos ou pluriel Bankkonten) **compte en banque**

♦ Bankraub *ou* Banküberfall (MASCULIN, pluriel Bankraube ou pluriel Banküberfälle) **hold-up**

bankrott **en faillite**

bar **découvert**

♦ barfuß *ou* barfüßig **pieds nus**

Bargeld (NEUTRE, pluriel Bargelder) **espèces**

> ℹ On dit aussi bares Geld.

Bär (MASCULIN, pluriel Bären) **ours**

barsch **brusque**

Bart (MASCULIN, pluriel Bärte) **barbe**

♦ bärtig **barbu**

♦ bartlos **imberbe**

Bassgitarre (FÉMININ, pluriel Bassgitarren) **guitare basse**

basteln **bricoler**

♦ Bastler (MASCULIN, pluriel Bastler) **bricoleur**

bat *voir* bitten

Bau (MASCULIN) *a plusieurs sens :*

1 der Bau (pluriel Baue) *peut signifier* **terrier** (de renard, de lapin)

2 der Bau *(sans pluriel) peut signifier* **chantier**

► **im Bau sein** **être en construction**

♦ Bauarbeiter (MASCULIN, pluriel Bauarbeiter) **ouvrier** (du bâtiment)

♦ Baujahr (NEUTRE, pluriel Baujahre) **année de fabrication**

♦ Bausparbuch (NEUTRE, pluriel Bausparbücher) **livret d'épargne-logement**

♦ Baustein (MASCULIN, pluriel Bausteine) **cube** (pour jouer)

♦ Baustelle (FÉMININ, pluriel Baustellen) **chantier**

♦ Bauwerk (NEUTRE, pluriel Bauwerke) **construction** *ou* **édifice**

Bauch (MASCULIN, pluriel Bäuche) **ventre**

♦ Bauchnabel (MASCULIN, pluriel Bauchnäbel) **nombril**

♦ Bauchschmerzen *ou* Bauchweh (PLURIEL MASCULIN / NEUTRE) **mal au ventre**

bauen **construire** *ou* **fabriquer** *ou* **bâtir**

► **gut gebaut sein** **être bien bâti** (en parlant d'une personne)

► **kräftig / zierlich gebaut sein** **être costaud / fin**

Bauer, Bäuerin (MASCULIN, pluriel Bauern / FÉMININ, pluriel Bäurinnen) **paysan, paysanne** *ou* **agriculteur, agricultrice**

♦ bäuerlich **rustique**

♦ Bauernhaus *ou* Bauernhof (NEUTRE, pluriel Bauernhäuser / MASCULIN, pluriel Bauernhöfe) **ferme**

Baum (MASCULIN, pluriel Bäume) **arbre**

♦ Baumstamm (MASCULIN, pluriel Baumstämme) **tronc d'arbre**

♦ Baumstumpf (MASCULIN, pluriel Baumstümpfe) **souche d'arbre**

baumeln **pendouiller** *ou* **pendre**

sich bäumen **se cabrer**

Baumwolle (FÉMININ) **coton**

Bayer, Bayerin (MASCULIN, pluriel Bayern / FÉMININ, pluriel Bayerinnen) **bavarois, bavaroise**

♦ bay(e)risch **bavarois**

♦ Bayern (NEUTRE) **la Bavière**

beabsichtigen **avoir l'intention de** *ou* **envisager**

beachten **faire attention à** *ou* **tenir compte de**

♦ beachtenswert **remarquable**

♦ beachtlich **considérable**

Beamte, Beamtin (MASCULIN, pluriel Beamten / FÉMININ, pluriel Beamtinnen) **fonctionnaire**

beängstigend **inquiétant** *ou* **effrayant**

beanspruchen *a plusieurs sens :*

1 **beanspruchen** *peut signifier* **exiger** *ou* **réclamer :**

▷ Ich beanspruche mein eigenes Zimmer. J'exige ma propre chambre.

2 **beanspruchen** *peut signifier* **demander** *ou* **prendre :**

▷ Er beansprucht sie sehr. Il lui en demande beaucoup.

▷ Sie beansprucht das ganze Sofa. Elle prend tout le canapé.

3 **beanspruchen** *peut signifier* **fatiguer :**

▷ Er beansprucht sie sehr. Il la fatigue beaucoup.

▷ Die Nachtarbeit beansprucht mich. Le travail de nuit me fatigue.

beanstanden **contester** *ou* **réclamer**

beantragen **demander** (de manière officielle)

beantworten **répondre à**

beaufsichtigen **surveiller**

beauftragen **charger**

► jemanden beauftragen, etwas zu tun **charger quelqu'un de faire quelque chose**

beben **trembler**

♦ Beben (NEUTRE, pluriel Beben) **tremblement**

Becher (MASCULIN, pluriel Becher) **gobelet**

♦ bechern **picoler**

> ℹ L'expression allemande et sa traduction française sont familières.

Becken (NEUTRE, pluriel Becken) *a plusieurs sens :*

1 **Becken** *peut signifier* **bassin :**

► das Pariser Becken **le Bassin parisien**

2 **Becken** *peut signifier* **cymbale**

3 **Becken** *peut signifier* **cuvette :**

♦ Wasserbecken **cuvette**

♦ Waschbecken **lavabo**

♦ Schwimmbecken **piscine**

bedacht **réfléchi**

► bedacht handeln **agir de manière réfléchie**

► auf etwas bedacht sein **être soucieux de quelque chose**

► bedacht sein, etwas zu tun **veiller à faire quelque chose**

bedächtig **lent** *ou* **posé**

♦ Bedächtigkeit (FÉMININ) **lenteur**

► mit Bedächtigkeit **de manière réfléchie**

sich bedanken **dire merci**

► sich bei jemandem bedanken **remercier quelqu'un** *ou* **dire merci à quelqu'un**

Bedarf (MASCULIN) **besoins**

► je nach Bedarf **selon les besoins**

► bei Bedarf **en cas de besoin**

► an etwas Bedarf haben **avoir besoin de quelque chose**

bedauern **regretter**

♦ bedauernswert **regrettable**

♦ bedauernswerterweise **malheureusement**

Bedenken (NEUTRE, pluriel Bedenken) **doute** *ou* **scrupule**

♦ bedenken **réfléchir à** *ou* **penser à** *ou* **tenir compte de**

♦ bedenklich **inquiétant**

bedeuten *a plusieurs sens :*

1 **bedeuten** *peut signifier* **signifier** *ou* **vouloir dire :**

▷ Was bedeutet dieses Wort? Que signifie ce mot ?

▷ Was hat das zu bedeuten? Qu'est-ce que ça veut dire ?

2 **bedeuten** *peut signifier* **être important** *ou* **avoir de l'importance :**

▷ Du bedeutest mir viel. Tu es très important pour moi.

▷ Das hat nichts zu bedeuten. Ça n'a aucune importance.

3 **bedeuten** *peut signifier* **présager :**

▷ Dieser graue Himmel bedeutet Regen. Ce ciel gris présage de la pluie.

♦ bedeutend *ou* bedeutungsvoll **important**

♦ bedeutungslos **sans importance** *ou* **insignifiant**

♦ Bedeutung (FÉMININ, pluriel Bedeutungen) **sens** *ou* **signification** *ou* **importance**

bedienen *a plusieurs sens :*

1 **bedienen** *peut signifier* **servir :**

▷ Er läßt sich gerne bedienen. Il aime bien se faire servir.

▷ Ich bin noch nicht bedient. Je ne suis pas encore servi.

2 **bedienen** *peut signifier* **manœuvrer** *ou* **manier** (un appareil)

♦ sich bedienen **se servir**

Bedienung (FÉMININ, pluriel Bedienungen) *a plusieurs sens :*

1 **Bedienung** *peut signifier* **service** (dans un restaurant ou un café) :

▷ Die Bedienung ist etwas langsam. Le service est un peu lent.

2 **Bedienung** *peut signifier* **garçon** *ou* **serveuse :**
▷ Bedienung, bitte! Garçon, s'il vous plaît !

3 **Bedienung** *peut signifier* **maniement** (d'un appareil)

♦ **Bedienungsanleitung** (FÉMININ, pluriel Bedienungsanleitungen) **mode d'emploi**

Bedingung (FÉMININ, pluriel Bedingungen) **condition**
► unter einer Bedingung **à une seule condition**
♦ **bedingungslos** **sans condition**

bedrängen **harceler**
► mit Fragen bedrängen **harceler de questions**

bedrohen **menacer**
♦ **bedrohlich** **menaçant**
♦ **Bedrohung** (FÉMININ, pluriel Bedrohungen) **menace**

bedrücken **oppresser** *ou* **accabler**

Bedürfnis (NEUTRE, pluriel Bedürfnisse) **besoin** *ou* **nécessité**
♦ **bedürftig** **dans le besoin**

sich beeilen **se dépêcher**

beeindrucken **impressionner**
♦ **beeindruckend** **impressionnant**

beeinflussen **influencer**

beeinträchtigen **porter atteinte à, porter préjudice à** *ou* **affecter**
♦ **Beeinträchtigung** (FÉMININ, pluriel Beeinträchtigungen) **préjudice**

beenden **terminer**

beerdigen **enterrer**
♦ **Beerdigung** (FÉMININ, pluriel Beerdigungen) **enterrement**

Beere (FÉMININ, pluriel Beeren) **baie** (= fruit)

befahren *a plusieurs catégories grammaticales et plusieurs sens :*

> Ce peut être un VERBE :

befahren *signifie* **circuler sur** *ou* **emprunter** (une route)

> Ce peut être un ADJECTIF :

befahren *signifie* **fréquenté** (en parlant d'une route)

befahl *voir* **befehlen**

befangen **embarrassé**
♦ **Befangenheit** (FÉMININ) **embarras**

sich befassen
► sich mit etwas befassen **traiter de quelque chose** *ou* **travailler sur quelque chose**

Befehl (MASCULIN, pluriel Befehle) **ordre**
♦ **befehlen** (er befiehlt ; befahl, befohlen) **donner l'ordre**

befestigen **fixer** *ou* **consolider**

befeuchten **mouiller**

befiehlst, befiehlt *voir* **befehlen**

sich befinden **se trouver**
♦ **Befinden** (NEUTRE) **état** (de santé)

beflissen **zélé**
♦ **Beflissenheit** (FÉMININ) **zèle**

befohlen *voir* **befehlen**

befolgen **obéir à** *ou* **suivre** (un ordre ou un conseil)

befördern *a plusieurs sens :*

1 **befördern** *peut signifier* **transporter**

2 **befördern** *peut signifier* **promouvoir** *ou* **faire monter en grade :**
► befördert werden **monter en grade**

♦ **Beförderung** (FÉMININ, pluriel Beförderungen) **acheminement** *ou* **promotion**

befragen **interroger**

(sich) befreien (se) **libérer**
♦ **Befreiung** (FÉMININ) **libération**

sich befreunden
► befreundet sein **être ami(s)**

befriedigen **satisfaire**
♦ **Befriedigung** (FÉMININ, pluriel Befriedigungen) **satisfaction**

befristet **à durée limitée**

befruchten **féconder**

Befugnis (FÉMININ, pluriel Befugnisse) **autorisation** *ou* **droit** *ou* **pouvoir**
♦ **befugt sein** **avoir l'autorisation** *ou* **être autorisé**

befürchten **craindre**
♦ **Befürchtung** (FÉMININ, pluriel Befürchtungen) **crainte**

begabt **doué** *ou* **talentueux**
♦ **Begabung** (FÉMININ, pluriel Begabungen) **talent**

begann *voir* beginnen

(sich) begegnen (se) rencontrer *ou* (se) croiser

◆ Begegnung (FÉMININ, pluriel Begegnungen) rencontre

begehen (beging, begangen) commettre

begehren désirer

◆ Begehren (NEUTRE) désir

◆ begehrenswert désirable

(sich) begeistern (s') enthousiasmer

◆ begeistert enthousiaste

◆ Begeisterung (FÉMININ) enthousiasme

Beginn (MASCULIN) commencement *ou* début

► zu Beginn pour commencer *ou* au début

◆ beginnen (begann, begonnen) commencer

begleiten accompagner

◆ Begleiter, Begleiterin (MASCULIN, pluriel Begleiter / FÉMININ, pluriel Begleiterinnen) accompagnateur, accompagnatrice *ou* compagnon, compagne

◆ Begleiterscheinung (FÉMININ, pluriel Begleiterscheinungen) effet secondaire

◆ Begleitung (FÉMININ, pluriel Begleitungen) compagnie *ou* accompagnement

beglückwünschen féliciter

sich begnügen

► sich mit etwas begnügen se contenter de quelque chose

begonnen *voir* beginnen

begraben enterrer

◆ Begräbnis (NEUTRE, pluriel Begräbnisse) enterrement

begreifen (begriff, begriffen) comprendre

◆ begreiflich compréhensible

► jemandem etwas begreiflich machen faire comprendre quelque chose à quelqu'un

Begriff (MASCULIN, pluriel Begriffe) idée *ou* notion *ou* concept

► jemandem ein Begriff sein vouloir dire quelque chose pour quelqu'un

► im Begriff sein, etwas zu tun être en train de faire quelque chose

► sich einen Begriff von etwas machen se faire une idée de quelque chose

► schwer von Begriff sein être bête

begründen justifier *ou* donner des raisons à

◆ begründet fondé

◆ Begründung (FÉMININ, pluriel Begründungen) justification *ou* raison

begrüßen saluer *ou* souhaiter la bienvenue à

◆ Begrüßung (FÉMININ, pluriel Begrüßungen) accueil

begünstigen favoriser

behaart poilu

behäbig flegmatique

behagen plaire (à) :

▷ Das behagt mir nicht. Ça ne me plaît pas.

◆ behaglich agréable

◆ Behaglichkeit (FÉMININ) bien-être

behalten (er behält ; behielt, behalten) garder *ou* conserver

► die Nerven behalten garder son sang-froid

► im Auge behalten ne pas perdre de vue

Behälter (MASCULIN, pluriel Behälter) récipient

behandeln traiter

◆ Behandlung (FÉMININ, pluriel Behandlungen) traitement

beharren persévérer

► auf etwas beharren ne pas démordre de quelque chose

◆ beharrlich persévérant *ou* constant

◆ Beharrlichkeit (FÉMININ) persévérance *ou* constance

(sich) behaupten affirmer

◆ Behauptung (FÉMININ, pluriel Behauptungen) affirmation

behend(e) agile

◆ Behendigkeit (FÉMININ) agilité

(sich) beherrschen (se) maîtriser

◆ Beherrschung (FÉMININ) maîtrise (de soi)

behilflich

► jemandem behilflich sein aider quelqu'un

behindern gêner *ou* perturber

behindert handicapé

◆ Behinderte (MASCULIN, FÉMININ, pluriel Behinderten) handicapé, handicapée ℹ Ce nom est un ADJECTIF SUBSTANTIVÉ : ON DIT EIN BEHINDERTER.

♦ Behinderung (FÉMININ, pluriel Behinderungen) **handicap**

Behörde (FÉMININ, pluriel Behörden) **administration** *ou* **autorités**

behüten **protéger** *ou* **préserver**

► jemanden vor etwas behüten **préserver quelqu'un de quelque chose**

behutsam (adjectif) **délicat** *ou* (adverbe) **avec précaution**

bei *a plusieurs catégories grammaticales et plusieurs sens :*

> Ce peut être une PRÉPOSITION *qui s'emploie avec le datif :*

1 bei *peut indiquer la proximité d'une personne ou d'un lieu :*

▷ Ich bin bei Karl. Je suis chez Charles.

▷ Wir sind bei Tisch. Nous sommes à table.

▷ Bei ihr lernt man viel. Avec elle, on apprend beaucoup de choses.

▷ Er lebt bei Berlin. Il vit près de Berlin.

▷ Ich bleibe bei ihm. Je reste auprès de lui.

2 bei *peut indiquer une activité en cours :*

▷ Sie sind beim (= bei dem) Essen. Ils sont en train de manger.

▷ Er ist bei der Arbeit. Il est au travail.

▷ Ich habe mir beim Skifahren den Ellbogen gebrochen. Je me suis cassé le coude au ski.

3 bei *peut indiquer le temps qu'il fait :*

▷ Wir gehen nur bei schönem Wetter wandern. Nous allons faire une randonnée seulement s'il fait beau.

▷ Bei Regen gehen wir schwimmen. S'il pleut, nous allons à la piscine.

4 bei *peut indiquer un moment ou une durée :*

▷ Beim (= bei dem) Abschied habe ich geweint. Au moment des adieux, j'ai pleuré.

▷ Bei seinem Auslandsaufenthalt hat er die Sprache gelernt. Lors de son séjour à l'étranger, il a appris la langue.

▷ Sie sind bei hellem Tag bei uns eingebrochen. Ils nous ont cambriolés en plein jour.

▷ Die Nachtigallen singen nur bei Nacht. Les rossignols ne chantent que la nuit.

5 bei *peut indiquer un état :*

▷ Sie ist bei guter Gesundheit. Elle est en bonne santé.

▷ Er ist wieder bei Bewußtsein. Il est à nouveau conscient.

6 bei *s'emploie avec certains verbes qui impliquent une idée de participation :*

► bei etwas mitmachen **participer à quelque chose**

► bei jemandem anrufen **appeler chez quelqu'un**

► sich bei jemandem bedanken **remercier quelqu'un**

► bei jemandem bleiben **rester chez quelqu'un**

> Ce peut être une PARTICULE SÉPARABLE *pour former des* VERBES COMPOSÉS *:*

♦ beipflichten **consentir**

♦ beistehen **assister**

♦ beitreten **adhérer**

ℹ Vous trouverez les verbes composés qui commencent par bei- classés par ordre alphabétique.

beibringen (beibrachte, beigebracht)

► jemandem etwas beibringen **apprendre quelque chose à quelqu'un**

beide **les deux** *ou* **l'un et l'autre**

► alle beide **tous** (les) **deux**

► auf beiden Seiten **des deux côtés**

► wir beide **nous deux**

► einer von beiden **l'un des deux**

► beiderlei **les deux sortes**

► beiderseitig **des deux côtés** *ou* **mutuel** *ou* **réciproque**

► beiderseits **des deux côtés** *ou* **de part et d'autre**

► beides **l'un(e) et l'autre** *ou* **les deux**

beieinander **ensemble**

Beifall (MASCULIN, pluriel Beifälle) **applaudissements** *ou* **approbation**

Beigeschmack (MASCULIN) **petit goût** *ou* **après-goût**

Beihilfe (FÉMININ, pluriel Beihilfen) **aide** *ou* **allocation**

♦ Kinderbeihilfe **allocation pour l'enfant**

♦ Studienbeihilfe **bourse**

♦ Arbeitslosenbeihilfe **allocation chômage**

Beil (NEUTRE, pluriel Beile) **hache**

Beilage (FÉMININ, pluriel Beilagen) **supplément** *ou* **garniture** (au sens gastronomique)

beiläufig **en passant**

beilegen **joindre** (= inclure)

Beileid (NEUTRE) **condoléances**

beiliegend **ci-joint**

beim *voir* bei

Bein (NEUTRE, pluriel Beine) jambe *ou* pied (d'un meuble)

♦ **Beinbruch** (MASCULIN, pluriel Beinbrüche) fracture de la jambe

beinahe presque

beinhalten contenir

beipflichten

► jemandem beipflichten être d'accord avec quelqu'un

beisammen ensemble

beiseite de côté

► beiseite schieben ou legen mettre de côté

► beiseite schaffen faire disparaître

Beispiel (NEUTRE, pluriel Beispiele) exemple

► zum Beispiel ou beispielsweise par exemple

► als Beispiel dienen servir d'exemple

► mit gutem Beispiel vorangehen donner le bon exemple

► sich an jemandem ein Beispiel nehmen prendre exemple sur quelqu'un

♦ **beispielhaft** exemplaire

beißen (biss, gebissen) mordre

beistehen (beistand, beigestanden) assister *ou* aider

beistimmen

► jemandem beistimmen être d'accord avec quelqu'un

Beitrag (MASCULIN, pluriel Beiträge) contribution *ou* cotisation

♦ **beitragen** (er trägt bei; beitrug, beigetragen) contribuer

beitreten adhérer

♦ **Beitritt** (MASCULIN, pluriel Beitritte) adhésion

bejubeln acclamer

bekämpfen combattre

bekannt connu *ou* familier

▷ Das ist mir bekannt. Je suis au courant.

▷ Das kommt mir bekannt vor. Ça me dit quelque chose.

► bekannt geben annoncer *ou* rendre public

► jemanden mit jemandem bekannt machen présenter quelqu'un à quelqu'un

► bekannt sein (se) connaître *ou* être connu

► bekannt werden devenir célèbre *ou* être rendu public

♦ **bekanntlich** comme on sait *ou* apparemment

♦ **Bekannte** (MASCULIN, FÉMININ, pluriel Bekannten) connaissance *ou* ami, amie

> ℹ Ce nom est un ADJECTIF SUBSTANTIVÉ : *on dit* ein Bekannter.

♦ **Bekanntenkreis** (MASCULIN, pluriel Bekanntenkreise) cercle d'amis *ou* connaissances *ou* relations

♦ **Bekanntschaft** (FÉMININ, pluriel Bekanntschaften) connaissances

bekennen (bekannte, bekannt) admettre *ou* reconnaître

► sich zu jemandem / zu einer Sache bekennen prendre parti pour quelqu'un, quelque chose

sich beklagen se plaindre

Beklommenheit (FÉMININ) angoisse *ou* malaise

♦ **beklommen** angoissé *ou* paralysé (au sens figuré)

bekloppt fêlé (= fou)

> ℹ L'expression allemande et sa traduction française sont familières.

bekommen (bekam, bekommen) recevoir

► ein Kind bekommen avoir un enfant *ou* être enceinte

► eine Krankheit bekommen attraper une maladie

► gut / schlecht bekommen faire du bien / du mal

► Hunger / Durst / Angst bekommen commencer à avoir faim / soif / peur

bekömmlich digeste

bekümmern chagriner *ou* donner du souci à

belanglos insignifiant

♦ **Belanglosigkeit** (FÉMININ) futilité *ou* bagatelle

belasten fatiguer *ou* causer des soucis à

▷ Das Studium belastet sie. Les études la fatiguent.

▷ Seine Krankheit belastet mich. Sa maladie me cause des soucis.

♦ **sich belasten** s'accabler *ou* se charger *ou* se surmener

♦ **belastend** pénible *ou* stressant

♦ **Belastung** (FÉMININ, pluriel Belastungen) fardeau *ou* poids *ou* charge

belästigen importuner

♦ **Belästigung** (FÉMININ, pluriel Belästigungen) gêne *ou* ennuis

► sexuelle Belästigung harcèlement sexuel

belauschen épier *ou* écouter (en cachette)

belebt animé

belegen *a plusieurs sens :*

1 belegen *peut signifier* recouvrir :

▷ Wir haben den Boden mit Linoleum belegt. Nous avons recouvert le sol avec du lino.

2 belegen *peut signifier* garnir :

► ein Brot mit Wurst belegen garnir une tartine avec du saucisson

► ein belegtes Brot un sandwich

3 belegen *peut signifier* retenir *ou* réserver :

▷ Habt ihr schon ein Hotelzimmer belegt? Est-ce que vous avez déjà retenu une chambre d'hôtel ?

4 belegen *peut signifier* s'inscrire à :

▷ Für die Doktorarbeit musst du dieses Seminar belegen. Pour le doctorat, tu dois t'inscrire à ce séminaire.

► belegt sein être occupé *ou* être complet *ou* être réservé

beleidigen offenser *ou* insulter *ou* vexer

♦ **Beleidigung** (FÉMININ, pluriel Beleidigungen) offense *ou* insulte

belesen

► belesen sein être cultivé *ou* avoir beaucoup lu

beleuchten éclairer *ou* illuminer

♦ **Beleuchtung** (FÉMININ, pluriel Beleuchtungen) éclairage *ou* illumination

Belgien la Belgique

> ℹ En allemand, on ne met pas d'article devant les noms de pays.

♦ **Belgier, Belgierin** (MASCULIN, pluriel Belgier / FÉMININ, pluriel Belgierinnen) Belge

♦ **belgisch** belge

Belieben (NEUTRE) ► nach Belieben à volonté

♦ **beliebig** quelconque *ou* n'importe quel (le)

♦ **beliebt** populaire

► sich bei jemandem beliebt machen se faire aimer de quelqu'un

♦ **Beliebtheit** (FÉMININ) popularité

bellen aboyer

belohnen récompenser

♦ **Belohnung** (FÉMININ, pluriel Belohnungen) récompense

belügen mentir à

bemerken remarquer *ou* observer

♦ **bemerkenswert** remarquable

♦ **Bemerkung** (FÉMININ, pluriel Bemerkungen) remarque *ou* observation

bemitleiden avoir pitié de *ou* plaindre *ou* s'apitoyer sur

(sich) bemühen faire des efforts

▷ Bemühe dich nicht! Ne te dérange pas !

► sich um jemanden bemühen s'occuper de quelqu'un

► sich um etwas bemühen faire des efforts pour obtenir quelque chose

bemuttern materner

benachrichtigen informer *ou* prévenir

benachteiligen désavantager *ou* léser

sich benehmen (er benimmt sich; benahm, benommen) se comporter *ou* se conduire

► sich gut / schlecht benehmen bien / mal se tenir

► sich zu benehmen wissen avoir des manières

► sich daneben benehmen mal se conduire

♦ **Benehmen** (NEUTRE) conduite *ou* comportement *ou* manières

► ein gutes / schlechtes Benehmen de bonnes / mauvaises manières

beneiden envier

♦ **beneidenswert** enviable

benommen abasourdi *ou* hébété

benoten noter (un travail scolaire)

♦ **Benotung** (FÉMININ, pluriel Benotungen) notation

benötigen avoir besoin de

benutzen *ou* **benützen** utiliser

♦ **Benutzer, Benutzerin** (MASCULIN, pluriel Benutzer / FÉMININ, pluriel Benutzerinnen) usager, usagère *ou* utilisateur, utilisatrice

Benzin (NEUTRE) essence

beobachten observer

♦ **Beobachtung** (FÉMININ, pluriel Beobachtungen) observation

bequem *a plusieurs sens :*

1 bequem *peut signifier* **confortable**

2 bequem *peut signifier* **paresseux**

3 bequem *peut signifier* **facile**

► es sich bequem machen **se mettre à son aise**

► es bequem haben **être à l'aise**

► bequem sitzen **être bien assis**

♦ Bequemlichkeit (FÉMININ) **confort** *ou* **paresse**

Berater, Beraterin (MASCULIN, pluriel Berater / FÉMININ, pluriel Beraterinnen) **conseiller, conseillère**

berechnen **calculer**

♦ berechnend **calculateur**

berechtigen **autoriser**

♦ berechtigt **justifié** *ou* **fondé**

Bereich (MASCULIN, pluriel Bereiche) **domaine** *ou* **région**

(sich) bereichern (s') **enrichir**

bereit **prêt**

► sich bereit halten **se tenir prêt**

♦ bereiten **préparer**

♦ bereitwillig **prêt**

bereits **déjà**

bereuen **regretter**

Berg (MASCULIN, pluriel Berge) **montagne**

► in die Berge fahren **aller à la montagne**

► über alle Berge sein **être bien loin**

► über den Berg sein **avoir fait le plus difficile**

♦ bergauf, bergab **en montant, en descendant** (une montagne)

♦ Berggipfel (MASCULIN, pluriel Berggipfel) **sommet**

♦ Bergkamm (MASCULIN, pluriel Bergkämme) **crête**

♦ Bergsteiger (MASCULIN, pluriel Bergsteiger) **alpiniste**

♦ Bergsteigen (NEUTRE) **alpinisme**

♦ bergsteigen (bergstieg, berggestiegen) **faire de l'alpinisme**

Bericht (MASCULIN, pluriel Berichte) **rapport**

♦ berichten **faire un rapport**

berüchtigt **mal famé** *ou* **notoire**

berücksichtigen **prendre en considération**

Beruf (MASCULIN, pluriel Berufe) **profession** *ou* **métier**

♦ Berufsausbildung (FÉMININ, pluriel Berufsausbildungen) **formation professionnelle**

♦ Berufsberater, Berufsberaterin (MASCULIN, pluriel Berufsberater / FÉMININ, pluriel Berufsberaterinnen) **conseiller, conseillère d'orientation**

♦ Berufsstand (MASCULIN, pluriel Berufsstände) **profession**

♦ beruflich **professionnel**

♦ berufstätig sein **travailler**

berufen

► zu etwas berufen sein **être prédestiné à quelque chose**

► sich auf jemanden / etwas berufen **se référer à quelqu'un / quelque chose**

♦ Berufung (FÉMININ, pluriel Berufungen) **vocation** *ou* **nomination**

beruhen

▷ Lassen wir es darauf beruhen. Restons-en là.

▷ Das beruht auf einem Irrtum. Ça provient d'une erreur.

► auf etwas beruhen **reposer sur quelque chose**

► etwas auf sich beruhen lassen **en rester là**

► auf Gegenseitigkeit beruhen **être réciproque**

(sich) beruhigen (se) **calmer**

► beruhigt sein **être rassuré** *ou* **être soulagé**

♦ Beruhigung (FÉMININ) **apaisement** *ou* **soulagement**

berühmt **célèbre** *ou* **connu** *ou* **renommé**

♦ Berühmtheit (FÉMININ) **célébrité**

(sich) berühren (se) **toucher**

♦ Berührung (FÉMININ, pluriel Berührungen) **contact** (physique) *ou* **attouchement**

besänftigen **apaiser** *ou* **calmer**

♦ Besänftigung (FÉMININ) **apaisement**

Besatzung (FÉMININ, pluriel Besatzungen) **équipage**

beschädigen **endommager** *ou* **abîmer**

♦ Beschädigung (FÉMININ, pluriel Beschädigungen) **dommages** *ou* **dégâts**

beschäftigen *a plusieurs catégories grammaticales et plusieurs sens :*

> Ce peut être un VERBE TRANSITIF :

1 beschäftigen *peut signifier* **occuper :**

▷ Das Spiel beschäftigt ihn. Le jeu l'occupe.

2 **beschäftigen** *peut signifier* **préoccuper :**

▷ Dieses Problem beschäftigt mich besonders. Ce problème me préoccupe particulièrement.

> Ce peut être un VERBE RÉFLÉCHI :

sich beschäftigen *peut signifier* **s'occuper :**

▷ Ich muss mich beschäftigen, sonst schlafe ich ein. Il faut que je m'occupe, sinon je m'endors.

► **sich beschäftigen mit** **s'occuper de** *ou* **travailler sur** *ou* **étudier**

Beschäftigung (FÉMININ, pluriel Beschäftigungen) **occupation** *ou* **emploi**

beschämen **faire honte à** *ou* **humilier** *ou* **rendre confus**

► **beschämend sein** **être honteux** *ou* **humiliant**

► **beschämt sein** **être honteux** *ou* **confus**

Bescheid (MASCULIN, pluriel Bescheide) **renseignement** *ou* **directive**

► **jemandem Bescheid geben, sagen** **avertir quelqu'un**

► **Bescheid wissen** **être au courant**

bescheiden **modeste** *ou* **humble**

♦ **Bescheidenheit** (FÉMININ) **modestie**

Bescheinigung (FÉMININ, pluriel Bescheinigungen) **attestation** *ou* **certificat** (administratif)

Bescherung (FÉMININ, pluriel Bescherungen) *a plusieurs sens :*

1 **Bescherung** *peut signifier* **réveillon** (moment de la distribution des cadeaux de Noël)

2 **Bescherung** *peut avoir un sens familier :*

▷ Das ist eine schöne Bescherung! C'est une sacrée tuile !

▷ So eine Bescherung! Quelle catastrophe !

▷ Da haben wir die Bescherung! Nous voilà dans des beaux draps !

beschimpfen **insulter**

sich beschlagen **s'embuer** *ou* **se ternir**

beschlagnahmen **confisquer** *ou* **saisir**

♦ **Beschlagnahme** (FÉMININ) **saisie** *ou* **confiscation**

beschleunigen **accélérer**

♦ **Beschleunigung** (FÉMININ, pluriel Beschleunigungen) **accélération**

beschließen (beschloss, beschlossen) **décider**

♦ **Beschluss** (MASCULIN, pluriel Beschlüsse) **décision**

beschmutzen **salir**

(sich) beschränken **(se) limiter** *ou* **(se) restreindre**

► **sich beschränken auf** **se limiter à**

beschreiben (beschrieb, beschrieben) **décrire**

♦ **Beschreibung** (FÉMININ, pluriel Beschreibungen) **description**

beschuldigen **accuser**

♦ **Beschuldigung** (FÉMININ, pluriel Beschuldigungen) **accusation**

beschützen **protéger**

Beschwerde (FÉMININ, pluriel Beschwerden) *a plusieurs sens :*

1 **Beschwerde** *peut signifier* **plainte**

2 **Beschwerde** *peut signifier* **trouble** (physique)

♦ **sich beschweren** **se plaindre**

♦ **beschwerlich** **pénible**

beschwichtigen **calmer** *ou* **apaiser**

► **eine Auseinandersetzung beschwichtigen** **calmer un conflit**

beschwindeln *est une expression familière qui signifie* **mentir à**

beschwingt **gai** *ou* **joyeux**

► **beschwingte Schritte** **des pas légers**

beschwipst **éméché**

ℹ L'expression allemande et sa traduction française sont familières.

beschwören *a plusieurs sens :*

1 **beschwören** *peut signifier* **implorer** *ou* **supplier** *ou* **conjurer :**

► **jemanden beschwören** **supplier** *ou* **implorer quelqu'un**

► **böse Geister beschwören** **conjurer des mauvais esprits**

2 **beschwören** *peut signifier* **jurer** *ou* **affirmer sous serment**

beseitigen **éliminer** *ou* **écarter**

Besen (MASCULIN, pluriel Besen) **balai**

♦ **Besenstiel** (MASCULIN, pluriel Besenstiele) **manche à balai**

besessen

► **besessen sein** **être fou**

► **von jemandem / etwas besessen sein** **être obsédé par quelqu'un / quelque chose**

► **wie vom Teufel besessen** **comme un fou**

♦ **Besessenheit** (FÉMININ) **manie** *ou* **obsession**

besetzen **occuper** *ou* **squatter**

besichtigen visiter (un lieu, un monument)

◆ Besichtigung (FÉMININ, pluriel Besichtigungen) visite (d'un lieu, d'un monument)

besiegen vaincre

sich besinnen (besann, besonnen) réfléchir *ou* se recueillir

► sich auf etwas besinnen se souvenir de quelque chose

Besitz (MASCULIN, pluriel Besitze) possession

◆ besitzen (besaß, besessen) posséder

◆ besitzergreifend possessif

besonderer, besondere, besonderes particulier, particulière *ou* unique *ou* exceptionnel, exceptionnelle

► etwas Besonderes quelque chose de particulier *ou* d'unique *ou* d'exceptionnel

ℹ Dans cet exemple, Besonderes est utilisé de manière substantivée.

◆ Besonderheit (FÉMININ, pluriel Besonderheiten) particularité

◆ besonders particulièrement *ou* surtout

besonnen raisonnable

besorgen se procurer *ou* s'occuper de

▷ Ich muss noch etwas besorgen. Il faut que je m'occupe de quelque chose *ou* Il faut que j'aille faire une course.

► ein Taxi besorgen faire venir un taxi

Besorgnis (FÉMININ) inquiétude *ou* souci *ou* préoccupation

◆ besorgt inquiet *ou* préoccupé

besprechen (er bespricht ; besprach, besprochen)

► etwas besprechen parler de quelque chose

◆ Besprechung (FÉMININ, pluriel Besprechungen) entretien *ou* conférence

besser *est le comparatif de* gut *et signifie* meilleur, meilleure *ou* mieux

► immer besser de mieux en mieux

► umso / desto besser tant mieux

► besser gesagt ... *ou* plutôt ...

◆ (sich) bessern (s') améliorer

◆ Besserung (FÉMININ) amélioration *ou* guérison

► gute Besserung bon rétablissement

Bestand (MASCULIN, pluriel Bestände) stock

beständig stable *ou* constant

Bestandteil (MASCULIN, pluriel Bestandteile) élément *ou* partie intégrante

bestätigen confirmer

◆ Bestätigung (FÉMININ, pluriel Bestätigungen) confirmation *ou* attestation

bestaunen admirer

bester, beste, bestes *est le superlatif de* gut *et signifie* meilleur, meilleure *ou* le, la mieux :

► am besten ou bestens au mieux

◆ bestenfalls dans le meilleur des cas

◆ Beste (NEUTRE) le mieux

bestechen (er besticht; bestach, bestochen) corrompre

► jemanden bestechen acheter quelqu'un

Besteck (NEUTRE, pluriel Bestecke) couverts (de table)

bestehen (bestand, bestanden) *a plusieurs catégories grammaticales et plusieurs sens :*

> Ce peut être un VERBE TRANSITIF :

bestehen *signifie* réussir :

▷ Ich habe die Prüfung bestanden. J'ai réussi l'examen.

> Ce peut être un VERBE INTRANSITIF :

bestehen *signifie* exister :

▷ Die neue Sporthalle besteht seit zwei Jahren. Le nouveau stade existe depuis deux ans.

► aus etwas bestehen se composer de quelque chose

► auf etwas bestehen insister sur quelque chose

bestehlen (er bestiehlt ; bestahl, bestohlen)

► jemanden bestehlen voler quelqu'un

bestellen *a plusieurs sens :*

1 bestellen *peut signifier* commander :

▷ Dieses Modell müssen wir bestellen. Il faut qu'on commande ce modèle.

2 bestellen *peut signifier* réserver :

▷ Im Sommer muss man früh bestellen. En été, il faut réserver à l'avance.

3 bestellen *peut signifier* faire venir :

▷ Sie haben mich in ihr Büro bestellt? Vous m'avez fait venir dans votre bureau ?

4 bestellen *peut signifier* transmettre :

► Grüße bestellen transmettre des salutations

► eine Nachricht bestellen transmettre un message

► gut / schlecht bestellt sein bien / mal aller

► einen Acker bestellen cultiver (un champ)

Bestellung (FÉMININ, pluriel Bestellungen) commande

bestimmen déterminer *ou* décider

♦ **bestimmt** certain *ou* certainement

♦ **Bestimmtheit** (FÉMININ) détermination

Bestimmungsort (MASCULIN, pluriel Bestimmungsorte) destination

bestrafen punir

bestreiten (bestritt, bestritten) contester

bestürzt bouleversé

Besuch (MASCULIN, pluriel Besuche) visite

► **Besuch haben** avoir de la visite

► **bei jemandem auf Besuch sein** être en visite chez quelqu'un

► **jemandem einen Besuch abstatten** rendre visite à quelqu'un

♦ **Besuchszeit** (FÉMININ, pluriel Besuchszeiten) heures de visite

♦ **besuchen** rendre visite à

► **gut besucht** fréquenté

♦ **Besucher, Besucherin** (MASCULIN, pluriel Besucher / FÉMININ, pluriel Besucherinnen) visiteur, visiteuse

sich beteiligen participer

► **jemanden an etwas beteiligen** faire participer quelqu'un à quelque chose

♦ **Beteiligung** (FÉMININ, pluriel Beteiligungen) participation

beten prier

beteuern affirmer *ou* assurer *ou* jurer

betonen accentuer *ou* insister sur

Betracht

► **in Betracht kommen** entrer en ligne de compte

► **in Betracht ziehen** prendre en considération

► **außer Betracht lassen** ne pas prendre en considération

♦ **betrachten** regarder *ou* contempler *ou* considérer

♦ **beträchtlich** (adjectif) considérable *ou* (adverbe) considérablement

Betrag (MASCULIN, pluriel Beträge) montant *ou* somme

♦ **betragen** (er beträgt; betrug, betragen) s'élever à

sich betragen se comporter

betreffen (er betrifft; betraf, betroffen) concerner *ou* affecter

► **was mich betrifft** en ce qui me concerne

► **es betrifft ...** cela concerne ... *ou* il s'agit de ...

♦ **betreffend ...** concernant ...

♦ **betroffen** concerné *ou* consterné *ou* bouleversé

betreiben (betrieb, betrieben) exercer *ou* faire

♦ **Betreiber** (MASCULIN, pluriel Betreiber) opérateur (télécoms)

betreten (er betritt; betrat, betreten) *a plusieurs catégories grammaticales et plusieurs sens :*

> Ce peut être un VERBE :

► **ein Zimmer betreten** entrer dans une chambre

► **den Rasen betreten** marcher sur le gazon

► **die Bühne betreten** entrer en scène

> Ce peut être un ADJECTIF :

► **betreten sein** être confus *ou* être embarrassé

Betreuer, Betreuerin (MASCULIN, pluriel Betreuer / FÉMININ, pluriel Betreuerinnen) animateur, animatrice (de centre de vacances ou de loisirs)

Betrieb (MASCULIN, pluriel Betriebe) *a plusieurs sens :*

1 **Betrieb** *peut signifier* entreprise

► **Kleinbetrieb** petite entreprise

2 **Betrieb** *peut signifier* monde (= gens) *ou* animation :

▷ Heute ist auf den Straßen viel Betrieb. Aujourd'hui, il y a beaucoup de monde sur les routes.

▷ Am Bahnhof ist ein Betrieb! À la gare il y a un monde !

▷ In Bars ist am Samstag Abend ein enormer Betrieb. Le samedi soir il y a beaucoup d'animation dans les bars.

► **in Betrieb sein** être en état de marche

► **außer Betrieb sein** être hors service

Betriebskosten (PLURIEL) charges (d'une maison ou d'une entreprise)

sich betrinken (betrank, betrunken) s'enivrer

betrog, betrogen *voir* betrügen *(entrée* Betrug*)*

♦ **betrunken** ivre

betrüben attrister *ou* affliger

♦ **betrübt** triste *ou* affligé

Betrug (MASCULIN) fraude *ou* tromperie

♦ **betrügen** (betrog, betrogen) frauder *ou* tromper

♦ **Betrüger** (MASCULIN, pluriel Betrüger) escroc

Bett (NEUTRE, pluriel Betten) lit

► ins Bett gehen aller au lit *ou* aller se coucher

◆ Bettdecke (FÉMININ, pluriel Bettdecken) couverture

◆ Bettwäsche (FÉMININ) draps

◆ Bettzeug (NEUTRE) literie

betteln mendier

◆ Bettler (MASCULIN, pluriel Bettler) mendiant

beugen plier

► sich einem Befehl beugen se soumettre à un ordre

► sich nach vorne beugen se pencher en avant

Beule (FÉMININ, pluriel Beulen) bosse

► eine Beule bekommen se faire une bosse

(sich) beunruhigen (s') inquiéter

◆ Beunruhigung (FÉMININ) inquiétude

beurteilen juger

◆ Beurteilung (FÉMININ, pluriel Beurteilungen) jugement *ou* appréciation

Beute (FÉMININ, pluriel Beuten) butin *ou* proie

Beutel (MASCULIN, pluriel Beutel) sac *ou* trousse

◆ Geldbeutel porte-monnaie

◆ Kulturbeutel trousse de toilette

Bevölkerung (FÉMININ, pluriel Bevölkerungen) population

bevor *est une* CONJONCTION *et signifie* avant de *ou* avant que :

▷ Ruf mich an bevor du wegfährst. Appelle-moi avant de partir.

bevorstehen (bevorstand, bevorgestanden) être imminent

bevorzugen préférer

bewachen surveiller

bewahren conserver *ou* garder

► jemanden vor etwas bewahren préserver quelqu'un de quelque chose

sich bewähren faire ses preuves

◆ bewährt éprouvé *ou* répandu

bewältigen surmonter

(sich) bewegen bouger *ou* remuer :

► jemanden bewegen émouvoir quelqu'un

► jemanden zu etwas bewegen amener quelqu'un à faire quelque chose

► ein bewegtes Leben une vie mouvementée

► bewegt sein être ému

◆ beweglich mobile *ou* agile

◆ Beweglichkeit (FÉMININ) mobilité *ou* flexibilité

◆ Bewegung (FÉMININ, pluriel Bewegungen) mouvement

► etwas in Bewegung setzen mettre quelque chose en marche

◆ bewegungslos immobile

Beweis (MASCULIN, pluriel Beweise) preuve

◆ beweisen (bewies, bewiesen) prouver

sich bewerben (er bewirbt sich; bewarb, beworben) poser sa candidature *ou* postuler

► sich um einen Job bewerben poser sa candidature *ou* postuler pour un travail

bewerten évaluer

bewilligen accorder

bewirken provoquer

bewohnen habiter

◆ Bewohner (MASCULIN, pluriel Bewohner / FÉMININ, pluriel Bewohnerinnen) habitant, habitante

bewölkt nuageux

bewundern admirer

◆ Bewunderung (FÉMININ) admiration

◆ bewundernswert *ou* bewundernswürdig admirable

bewusst (adjectif) conscient *ou* (adverbe) consciemment

◆ bewusstlos inconscient

◆ Bewusstlosigkeit (FÉMININ) inconscience

◆ Bewusstsein (NEUTRE) conscience

bezahlen payer

◆ Bezahlung (FÉMININ, pluriel Bezahlungen) paiement

bezaubernd charmant *ou* adorable

bezeichnen nommer

◆ bezeichnend caractéristique *ou* significatif

beziehen (bezog, bezogen) a plusieurs sens :

1 beziehen *peut signifier* couvrir *ou* mettre des draps sur :

► mit Stoff beziehen couvrir d'un tissu

► das Bett beziehen mettre les draps (du lit)

2 **beziehen** *peut signifier* **s'installer dans :**

► **ein neues Haus beziehen** s'installer dans une nouvelle maison

3 **beziehen** *peut signifier* **se couvrir :**

► **der Himmel bezieht sich** le ciel se couvre

4 **beziehen** *peut signifier* **percevoir :**

► **Geld beziehen** percevoir de l'argent

► **sich beziehen auf** se référer à

Beziehung (FÉMININ, pluriel Beziehungen) relation *ou* rapport *ou* liaison

♦ **beziehungsweise ...** ou plutôt ...

Bezirk (MASCULIN, pluriel Bezirke) quartier *ou* arrondissement *ou* secteur

bezüglich *a plusieurs catégories grammaticales :*

> Ce peut être une PRÉPOSITION *qui s'emploie avec le génitif :*

bezüglich *signifie* concernant

> Ce peut être un ADJECTIF *:*

bezüglich *signifie* concernant *ou* relatif à

bezwecken viser *ou* avoir pour but

bezweifeln douter de

Bibel (FÉMININ) Bible

Biber (MASCULIN, pluriel Biber) castor

Bibliothekar, Bibliothekarin (MASCULIN, pluriel Bibliothekare / FÉMININ, pluriel Bibliothekarinnen) bibliothécaire

biblisch biblique

(sich) biegen (bog, gebogen) (se) plier *ou* courber

♦ **biegsam** flexible *ou* souple

Biene (FÉMININ, pluriel Bienen) abeille

♦ **Bienenschwarm** (MASCULIN, pluriel Bienenschwärme) essaim d'abeilles

Bier (NEUTRE, pluriel Biere) bière

bieten *a plusieurs sens :*

1 **bieten** *peut signifier* **proposer** *ou* **donner :**

► **jemandem Geld bieten** proposer de l'argent à quelqu'un

► **jemandem eine Chance bieten** donner une chance à quelqu'un

2 **bieten** *peut signifier* **offrir :**

▷ Wieviel bieten Sie mir für dieses Bild? Combien vous m'offrez pour ce tableau ?

► **eine Möglichkeit bietet sich** une occasion se présente

► **sich etwas nicht bieten lassen** ne pas accepter quelque chose

► **jemandem die Stirn bieten** tenir tête à quelqu'un

Bild (NEUTRE, pluriel Bilder) image *ou* tableau *ou* photo

► **im Bilde sein** être au courant

bilden former *ou* constituer

► **sich bilden** se former *ou* se développer

► **sich geistig bilden** s'instruire *ou* se cultiver

♦ **bildend** formateur

♦ **bildende Künste** (FÉMININ PLURIEL) arts plastiques

Bildhauer (MASCULIN, pluriel Bildhauer) sculpteur

♦ **Bildhauerei** (FÉMININ) sculpture

Bildschirm (MASCULIN, pluriel Bildschirme) écran

Bildung (FÉMININ) instruction *ou* formation *ou* éducation

♦ **Allgemeinbildung** culture générale

billig bon marché

billigen approuver

Binde (FÉMININ, pluriel Binden) bande *ou* bandage *ou* brassard *ou* serviette hygiénique

binden (band, gebunden) attacher *ou* nouer

► **eine Schleife binden** faire un nœud

► **ein Buch binden** relier un livre

► **sich binden** s'engager *ou* se lier

► **sich an jemanden binden** se lier à quelqu'un

Bindung (FÉMININ, pluriel Bindungen) lien

♦ **Skibindung** fixation de ski

Biodiversität (FÉMININ) biodiversité

Biokraftstoff (MASCULIN, pluriel Biokraftstoffe) biocarburant

Birke (FÉMININ, pluriel Birken) bouleau

Birne (FÉMININ, pluriel Birnen) poire (fruit) *ou* ampoule (de lampe)

♦ **Birnbaum** (FÉMININ, pluriel Birnbäume) poirier

bis *a plusieurs catégories grammaticales et plusieurs sens :*

> Ce peut être une PRÉPOSITION *qui s'emploie avec l'accusatif :*

bis *signifie* **jusque** *ou* **à :**

► **bis bald** à bientôt

► **bis auf die Knochen** jusqu'aux os

► **bis auf** jusque *ou* sauf

> Ce peut être une CONJONCTION :

bis *signifie* **jusqu'à ce que** *ou* **à** :

▷ Er wartet, bis er aufgerufen wird. Il attend jusqu'à ce qu'on l'appelle.

▷ In diesen Saal gehen 200 bis 250 Leute. Dans cette salle il y a la place pour 200 à 250 personnes.

Bischof (MASCULIN, pluriel Bischöfe) **évêque**

bisher *ou* bislang **jusqu'à présent**

biss *voir* beißen

Biss (MASCULIN, pluriel Bisse) **morsure**

♦ Bisswunde (FÉMININ, pluriel Bisswunden) **morsure** (plaie)

(ein) bisschen (ein) bisschen (un) **peu**

► kein bisschen **pas du tout** *ou* **rien**

► ein kleines bisschen **un tout petit peu**

Bissen (MASCULIN, pluriel Bissen) **bouchée** *ou* **morceau**

bitte **s'il vous plaît, s'il te plaît** *ou* **je vous en prie, je t'en prie**

► wie bitte? **comment ?** *ou* **pardon ?**

♦ Bitte (FÉMININ, pluriel Bitten) **demande** *ou* **service**

♦ bitten (bat, gebeten) **demander** *ou* **supplier**

► jemanden um etwas bitten **demander quelque chose à quelqu'un**

bitter **amer**

► die bittere Wahrheit **la triste vérité**

► bittere Not **détresse extrême**

♦ Bitterkeit (FÉMININ) **amertume**

Blähungen (pluriel Blähungen) **gaz** (dans les intestins)

► Blähungen haben ou gebläht sein **avoir des gaz**

blank **brillant** *ou* **propre** *ou* **lustré** *ou* **nu**

► blank sein **être fauché**

ℹ L'expression allemande blank sein et sa traduction française sont familières.

Bläschen (NEUTRE, pluriel Bläschen) **pustule** *ou* **aphte**

Blase (FÉMININ, pluriel Blasen) **vessie** *ou* **ampoule** *ou* **bulle**

♦ Blasenentzündung (FÉMININ, pluriel Blasenentzündungen) **cystite**

blasen (er bläst; blies geblasen) **souffler**

blasiert **hautain** *ou* **snob** *ou* **blasé**

Blasinstrument (NEUTRE, pluriel Blasinstrumente) **instrument à vent**

blass **pâle**

♦ Blässe (FÉMININ) **pâleur**

bläst *voir* blasen

Blatt (NEUTRE, pluriel Blätter) **feuille**

blau **bleu**

► ein blauer Fleck **un bleu**

► grün und blau schlagen **rouer de coups**

♦ Blauhelme (pluriel Blauhelme) **casques bleus**

Blech (NEUTRE, pluriel Bleche) **tôle**

Blei (NEUTRE) **plomb**

♦ bleifrei **sans plomb**

Bleistift (MASCULIN, pluriel Bleistifte) **crayon** (de papier)

♦ Bleistiftspitzer (MASCULIN, pluriel Bleistiftspitzer) **taille-crayon**

bleiben (blieb, geblieben) **rester**

► bei etwas bleiben **en rester là**

► stehen bleiben **s'arrêter**

► etwas bleiben lassen **laisser tomber quelque chose** *ou* **ne pas faire quelque chose**

bleich **blême** *ou* **pâle**

blenden **éblouir**

♦ blendend aussehen **être éblouissant** *ou* **resplendissant**

Blick (MASCULIN, pluriel Blicke) **regard** *ou* **vue** *ou* **coup d'œil** :

▷ Er hat einen ernsten Blick. Il a un regard sérieux.

▷ Das ist ein Haus mit Blick auf den See. C'est une maison avec vue sur le lac.

▷ Kannst du einen Blick auf meine Aufgabe werfen? Tu peux jeter un coup d'œil sur mon devoir ?

♦ blicken **regarder**

► sich blicken lassen **se montrer**

blieb *voir* bleiben

blies *voir* blasen

blind **aveugle**

♦ Blinde (MASCULIN, FÉMININ, pluriel Blinden) **aveugle**

ℹ Ce nom est un ADJECTIF SUBSTANTIVÉ : *on dit* ein Blinder.

Blinddarmentzündung (FÉMININ, pluriel Blinddarmentzündungen) **appendicite**

blindlings **à l'aveuglette**

blinken clignoter *ou* mettre son clignotant

♦ Blinker *ou* Blinklicht (MASCULIN, pluriel Blinker ou NEUTRE, pluriel Blinklichter) **clignotant**

blinzeln cligner des yeux

Blitz (MASCULIN, pluriel Blitze) **éclair** *ou* **foudre**

♦ blitzen **étinceler** *ou* **faire des flashes**

♦ Blitzlicht (NEUTRE, pluriel Blitzlichter) **flash**

Block (MASCULIN, pluriel Blöcke) **bloc**

blöd(e) stupide *ou* idiot *ou* bête

♦ blödeln **faire l'imbécile**

♦ Blödsinn (MASCULIN) **idiotie**

♦ blödsinnig **stupide**

Blog /blɔg/ (MASCULIN, pluriel Blogs) **blog**

♦ bloggen **bloguer**

♦ Blogger, Bloggerin (MASCULIN, pluriel Blogger / FÉMININ, pluriel Bloggerinnen) **blogueur, blogueuse**

bloß *a plusieurs catégories grammaticales et plusieurs sens :*

> Ce peut être un ADJECTIF *:*

1 bloß *peut signifier* **simple** (au sens de seul) :

▷ Das ist ein bloßer Zufall. C'est un simple hasard.

▷ Der bloße Gedanke macht mich unruhig. La simple pensée me rend nerveux.

2 bloß *peut signifier* **nu** :

► mit bloßen Füßen **pieds nus**

► mit bloßem Auge **à l'œil nu**

> Ce peut être un ADVERBE *:*

bloß *signifie* **seulement** *ou* **juste** :

▷ Ich gehe bloß Brot holen. Je vais juste chercher du pain.

blühen fleurir *ou* prospérer

Blume (FÉMININ, pluriel Blumen) **fleur**

♦ Blumenkohl (MASCULIN, pluriel Blumenkohle) **chou-fleur**

♦ Blumenstrauß (MASCULIN, pluriel Blumensträuße) **bouquet de fleurs**

♦ Blumentopf (MASCULIN, pluriel Blumentöpfe) **pot de fleurs**

Bluse (FÉMININ, pluriel Blusen) **chemisier**

Blut (NEUTRE) **sang**

♦ bluten **saigner**

♦ Blutdruck (MASCULIN) **tension**

♦ blutig **sanglant**

♦ Blutkreislauf (MASCULIN) **circulation du sang**

Blüte (FÉMININ, pluriel Blüten) **fleur**

♦ Blütenstaub (MASCULIN) **pollen**

♦ Blütezeit (FÉMININ) **floraison**

Bö (FÉMININ, pluriel Böen) **rafale** (de vent)

Boden (MASCULIN, pluriel Böden) **terre** *ou* **sol**

♦ Bodenschätze (MASCULIN PLURIEL) **ressources naturelles**

Bodensee (MASCULIN) **lac de Constance**

bog *voir* biegen

Bogen (MASCULIN, pluriel Bögen) **courbe** *ou* **arc**

♦ Bogenschießen (NEUTRE) **tir à l'arc**

♦ Triumpfbogen **arc de triomphe**

Bohne (FÉMININ, pluriel Bohnen) **haricot**

bohren percer *ou* creuser

♦ Bohrer *ou* Bohrmaschine (MASCULIN, pluriel Bohrer ou FÉMININ, pluriel Bohrmaschinen) **perceuse**

♦ Bohrinsel (FÉMININ, pluriel Bohrinseln) **plate-forme pétrolière**

Boiler (MASCULIN, pluriel Boiler) **chauffe-eau**

Boot (NEUTRE, pluriel Boote) **bateau**

Bordkarte (FÉMININ, pluriel Bordkarten) **carte d'embarquement**

borgen prêter *ou* emprunter

böse méchant *ou* mauvais

♦ boshaft **méchant** *ou* **malveillant**

♦ Bosheit **méchanceté** *ou* **malveillance**

bot *voir* bieten

Botschaft (FÉMININ, pluriel Botschaften) **ambassade**

♦ Botschafter, Botschafterin (MASCULIN, pluriel Botschafter / FÉMININ, pluriel Botschafterinnen) **ambassadeur, ambassadrice**

brach *voir* brechen

brachte *voir* bringen

Brand (MASCULIN, pluriel Brände) **incendie**

♦ Brandwunde (FÉMININ, pluriel Brandwunden) **brûlure**

brannte *voir* brennen

braten (er brät; briet, gebraten) **rôtir** *ou* **frire**

♦ Braten (MASCULIN, pluriel Braten) **rôti**

◆ Brathuhn, Brathühnchen (NEUTRE, pluriel Brathühner, Brathühnchen) **poulet rôti**

◆ Bratkartoffeln (FÉMININ PLURIEL) **pommes de terre sautées**

brätst, brät *voir* braten

Brauch (MASCULIN, pluriel Bräuche) **tradition** *ou* **usage**

◆ brauchbar **utilisable** *ou* **utile**

◆ brauchen **avoir besoin de** *ou* **utiliser**

braun **marron** *ou* **brun** *ou* **bronzé**

◆ (sich) bräunen **bronzer**

Brause (FÉMININ, pluriel Brausen) **douche**

> i Le verbe brausen qui signifie « doucher » existe, mais il est vieilli.

Braut (FÉMININ, pluriel Bräute) **mariée** (= femme)

Bräutigam (MASCULIN, pluriel Bräutigame) **marié** (= homme)

brav **sage** *ou* **gentil**

BRD (FÉMINININ) *est l'abréviation de* Bundesrepublik Deutschland *et signifie* **RFA** (République fédérale d'Allemagne)

> C'est le nom officiel de l'Allemagne. C'était aussi le nom de l'ancienne Allemagne de l'Ouest, en opposition à l'Allemagne de l'Est, appelée la DDR (Deutsche Demokratische Republik), en français la RDA (République démocratique d'Allemagne). Depuis le 3 octobre 1990, l'Allemagne est réunifiée.

brechen (er bricht ; brach, gebrochen) *a plusieurs catégories grammaticales et plusieurs sens :*

> Ce peut être un VERBE TRANSITIF *:*

1 brechen *peut signifier* **casser** *ou* **briser**

2 brechen *peut signifier* **rompre :**

► das Schweigen brechen **rompre le silence**

► ein Versprechen brechen **rompre une promesse**

► sich etwas brechen **se casser quelque chose**

3 brechen *peut signifier* **vomir**

> Ce peut être un VERBE INTRANSITIF *:*

1 brechen *peut signifier* **se casser** *ou* **se briser**

2 brechen *peut signifier* **rompre :**

► mit jemandem / etwas brechen **rompre avec quelqu'un / quelque chose**

3 brechen *peut signifier* **vomir**

breit **large** *ou* **étendu** *ou* **vaste**

► sich breit machen **s'étendre**

◆ Breite (FÉMININ, pluriel Breiten) **largeur**

Bremse (FÉMININ, pluriel Bremsen) *a plusieurs sens :*

1 Bremse *peut signifier* **frein**

◆ bremsen **freiner**

2 Bremse *peut signifier* **taon**

brennen (brannte, gebrannt) **brûler**

◆ Brennnessel (FÉMININ, pluriel Brennnesseln) **ortie**

Brett (NEUTRE, pluriel Bretter) **planche**

◆ Schachbrett **échiquier**

brichst, bricht *voir* brechen

Brief (MASCULIN, pluriel Briefe) **lettre**

◆ Brieffreund, Brieffreundin (MASCULIN, pluriel Brieffreunde / FÉMININ, pluriel Brieffreundinnen) **correspondant, correspondante**

◆ Briefkasten (MASCULIN, pluriel Briefkästen) **boîte aux lettres**

◆ Briefmarke (FÉMININ, pluriel Briefmarken) **timbre**

◆ Brieftasche (FÉMININ, pluriel Brieftaschen) **portefeuille**

◆ Briefträger, Briefträgerin (MASCULIN, pluriel Briefträger / FÉMININ, pluriel Briefträgerinnen) **facteur, factrice**

◆ Briefwechsel (MASCULIN, pluriel Briefwechsel) **correspondance**

briet *voir* braten

Brille (FÉMININ, pluriel Brillen) **lunettes**

bringen (brachte, gebracht) *a plusieurs sens :*

1 bringen *peut signifier* **apporter** *ou* **porter :**

▷ Bring mir das Buch. Apporte-moi le livre.

▷ Vierblättriger Klee bringt Glück. Le trèfle à quatre feuilles porte bonheur.

2 bringen *peut signifier* **emmener** *ou* **ramener :**

▷ Kannst du mich zur Schule bringen? Tu peux m'emmener à l'école ?

▷ Er bringt mich nach Hause. Il me ramène à la maison.

3 bringen *peut signifier* **mettre :**

▷ Was bringen sie in der Zeitung ? Qu'est-ce qu'ils mettent dans le journal ?

► etwas zur Sprache bringen **mettre quelque chose sur le tapis**

► jemanden auf die Spur bringen **mettre quelqu'un sur la piste**

► ein Kind auf die Welt bringen **mettre un enfant au monde**

► sich in Sicherheit bringen **se mettre à l'abri**

4 **bringen** *peut correspondre à d'autres verbes :*
- ► zum Lachen / Weinen bringen **faire rire / pleurer**
- ► im Kino / Theater bringen **jouer au cinéma / au théâtre**
- ► es weit bringen **aller loin** *ou* **parvenir à quelque chose**
- ► jemanden auf eine Idee bringen **donner une idée à quelqu'un**
- ► nichts bringen **ne mener à rien**
- ► an den Tag bringen **révéler**
- ► etwas an den Mann bringen **placer quelque chose** *ou* **refiler quelque chose**
- ► an die Öffentlichkeit bringen **rendre public**
- ► jemanden aus der Fassung bringen **déconcerter quelqu'un**

Brocken (MASCULIN, pluriel Brocken) (gros) **morceau**

Brombeere (FÉMININ, pluriel Brombeeren) **mûre**

Brot (NEUTRE, pluriel Brote) **pain**

Browser /'braʊzɐ/ (MASCULIN, pluriel Browser) **navigateur** (sur Internet)

Bruch (MASCULIN, pluriel Brüche) **cassure** *ou* **rupture** *ou* **fracture**
- ♦ Beinbruch **fracture de la jambe**
- ♦ Bruchbude (FÉMININ, pluriel Bruchbuden) **taudis**

> ℹ L'expression allemande et sa traduction française sont familières.

- ♦ bruchfest **incassable**
- ♦ brüchig **cassant** *ou* **fragile**

Brücke (FÉMININ, pluriel Brücken) **pont**

Bruder (MASCULIN, pluriel Brüder) **frère**
- ♦ brüderlich **fraternel**

brüllen **hurler** *ou* **rugir**

brummen **bourdonner** *ou* **gronder** *ou* **vrombir** *ou* **grogner**

Brunnen (MASCULIN, pluriel Brunnen) **fontaine** *ou* **puits**

Brust (FÉMININ, pluriel Brüste) **poitrine**
- ♦ Brustkorb (MASCULIN, pluriel Brustkörbe) **thorax**
- ♦ Brustschwimmen (NEUTRE) **brasse**
- ♦ Brustwarze (FÉMININ, pluriel Brustwarzen) **mamelon**

Bube (MASCULIN, pluriel Buben) **valet** (carte à jouer)

Buch (NEUTRE, pluriel Bücher) **livre**
- ♦ Bücherei (FÉMININ, pluriel Büchereien) **bibliothèque**
- ♦ Buchhändler, Buchhändlerin (MASCULIN, pluriel Buchhändler / FÉMININ, pluriel Buchhändlerinnen)
- ♦ Buchhandlung (FÉMININ, pluriel Buchhandlungen) **librairie**

Büchse /byksə/ (FÉMININ, pluriel Büchsen) *a plusieurs sens :*

1 **Büchse** *peut signifier* **boîte**

2 **Büchse** *peut signifier* **carabine**

- ♦ Büchsenöffner (MASCULIN, pluriel Büchsenöffner) **ouvre-boîte**

Buchstabe (MASCULIN, pluriel Buchstaben) **lettre** (de l'alphabet)
- ♦ buchstabieren **épeler**
- ♦ buchstäblich **littéralement**

Bucht (FÉMININ, pluriel Buchten) **baie** (sur la côte)

Buckel (MASCULIN, pluriel Buckel) **bosse**

> ℹ Ce nom peut aussi être une expression familière pour dos.

sich bücken **se baisser**

Bügel (MASCULIN, pluriel Bügel) **cintre**

Bügeleisen (NEUTRE, pluriel Bügeleisen) **fer à repasser**
- ♦ bügeln **repasser**

Bühne (FÉMININ, pluriel Bühnen) **théâtre** *ou* **scène**
- ♦ Bühnenbild (NEUTRE, pluriel Bühnenbilder) **décor** *ou* **scénographie**

buk *voir* backen

bummeln **flâner** *ou* **traîner**

Bundeskanzler (MASCULIN, pluriel Bundeskanzler) **chancelier fédéral**

> Élu pour quatre ans, le Bundeskanzler est à la tête du gouvernement fédéral. Il doit obtenir la majorité au Parlement pour être élu.

Bundesland (NEUTRE, pluriel Bundesländer) **land** (= partie administrative de l'Allemagne)

> L'Allemagne est formée de seize Länder, chacun étant un État fédéré.

Bundespräsident (MASCULIN, pluriel Bundespräsidenten) **président fédéral**

> Le Bundespräsident est à la tête de la République fédérale. Il a surtout une fonction représentative, contrairement au président français, dont le rôle est comparable à celui du chancelier fédéral.

Bundesregierung (FÉMININ, pluriel Bundesregierungen) **gouvernement fédéral**

Bundeswehr (FÉMININ) **armée allemande**

Bündnis90/Die Grünen *est le groupement de partis écologistes qui forme le groupe parlementaire écologiste.*

bunt colorié
► bunt gemischt **très varié**

Burg (FÉMININ, pluriel Burgen) **château fort**

Bürger, Bürgerin (MASCULIN, pluriel Bürger / FÉMININ, pluriel Bürgerinnen) **citoyen, citoyenne** *ou* **bourgeois, bourgeoise**
♦ Bürgerkrieg (MASCULIN, pluriel Bürgerkriege) **guerre civile**
♦ bürgerlich **civique** *ou* **civil** *ou* **bourgeois**
♦ Bürgermeister (MASCULIN, pluriel Bürgermeister) **maire**
♦ Bürgersteig (MASCULIN, pluriel Bürgersteige) **trottoir**

Büro (NEUTRE, pluriel Büros) **bureau**

Bursche (MASCULIN, pluriel Burschen) **jeune homme**

Bürste (FÉMININ, pluriel Bürsten) **brosse**
♦ Haarbürste **brosse à cheveux**
♦ Zahnbürste **brosse à dents**
♦ (sich) bürsten (se) **brosser**

Bus (MASCULIN, pluriel Busse) **autobus** *ou* **car**

Busch (MASCULIN, pluriel Büsche) **buisson** *ou* **arbuste**
► sich in die Büsche schlagen **s'esquiver**

Busen (MASCULIN, pluriel Busen) **poitrine** *ou* **seins**

Buße (FÉMININ, pluriel Bußen) **amende**

Büstenhalter (MASCULIN, pluriel Büstenhalter) **soutien-gorge**

Butter (FÉMININ) **beurre**
♦ Butterbrot (NEUTRE, pluriel Butterbrote) **tartine beurrée**
♦ butterweich **très tendre** *ou* **très mou**

Cc

CD (FÉMININ, pluriel CDs) **CD**

- **CD-Player** (MASCULIN, pluriel CD-Player) **lecteur de CD**
- **CD-Rohling** (MASCULIN, pluriel CD-Rohlinge) **CD vierge**

CDU (FÉMININ) *est l'abréviation de* **Christlich-Demokratische Union** *et signifie* **Union chrétienne-démocrate.**

Cello /'tʃelo/ (NEUTRE, pluriel Celli) **violoncelle**

Charakter (MASCULIN, pluriel Charaktere) **caractère**

- **charakterlos** **sans caractère**
- **Charakterlosigkeit** (FÉMININ) **manque de caractère**
- **Charakterzug** (MASCULIN, pluriel Charakterzüge) **trait de caractère**

Charterflug /'tʃaːɐtɐfluːg/ (MASCULIN, pluriel Charterflüge) **vol charter**

checken /'tʃɛkən/ **vérifier** *ou* **comprendre**

Chicorée /'ʃikoreː/ (MASCULIN, pluriel Chicorée) **endive**

> Chicorée n'a pas le même sens en allemand et en français.

Chip /tʃip/ (MASCULIN, pluriel Chips) **puce** (au sens informatique)

- **Chipkarte** (FÉMININ, pluriel Chipkarten) **carte à puce**
- **Chips** *peut également signifier* **chips**

Chirurg, Chirurgin /çi'rʊrk/ (MASCULIN, pluriel Chirurgen / FÉMININ, pluriel Chirurginnen) **chirurgien, chirurgienne**

- **Chirurgie** /çirʊr'giː/ (FÉMININ) **chirurgie**

Chor /koːɐ/ (MASCULIN, pluriel Chöre) **chorale**

Christbaum (MASCULIN, pluriel Christbäume) **sapin de Noël**

- **Christkind** (NEUTRE) **l'enfant Jésus**

> C'est le Christkind qui apporte les cadeaux de Noël dans le sud de l'Allemagne, en Autriche et dans certaines régions de la Suisse.

clever /'klɛvɐ/ **malin**

Clique (FÉMININ, pluriel Cliquen) **groupe d'amis** *ou* **clan**

Clogs (MASCULIN PLURIEL) **sabots** (= chaussures en bois)

Comic (MASCULIN, pluriel Comics) **bande dessinée**

Computer /kom'pjutɐ/ (MASCULIN, pluriel Computer) **ordinateur**

- **Computernetz** (NEUTRE, pluriel Computernetze) **réseau informatique**
- **Computerspiel** (NEUTRE, pluriel Computerspiele) **jeu sur ordinateur**

Couch /kautʃ/ (FÉMININ, pluriel Couchen) **canapé**

CSU (FÉMININ) *est l'abréviation de* **Christlich-Soziale Union** *et signifie* **Union chrétienne-sociale.**

Cyberspace /'saɪbɐspeɪs/ (MASCULIN) **cyberespace**

Cyborg /'saɪbɔːg/ (MASCULIN, pluriel Cyborgs) **cyborg**

Dd

da *a plusieurs catégories grammaticales et plusieurs sens :*

> Ce peut être un ADVERBE :

1 **da** *peut indiquer un lieu (là, ici) :*

▷ Die Kassette ist da. La cassette est là.

▷ Da bist du ja! Mais te voilà !

▷ Ich wohne da. J'habite ici.

▷ Es ist noch Brot da. Il y a encore du pain.

► **da drüben là-bas**

► **da hinein là-dedans**

2 **da** *peut avoir un sens temporel :*

► **von da an dès lors** *ou* **à partir de ce moment-là**

3 **da** *peut indiquer une circonstance :*

▷ Da hab ich es ihm gesagt. Alors je le lui ai dit.

▷ Da irren sie sich. Là, ils se trompent.

▷ Was kann man da machen? Qu'est-ce qu'on peut y faire ?

> Ce peut être une CONJONCTION :

1 **da** *signifie* **parce que** *ou* **puisque** *ou* **car** *ou* **comme :**

▷ Ich fahre jetzt, da ich müde bin. J'y vais parce que je suis fatiguée.

▷ Da du hier bist, nützen wir es aus. Comme tu es là, profitons-en.

dabei *a plusieurs sens :*

1 **dabei** *peut indiquer une proximité :*

▷ Ich habe kein Geld dabei. Je n'ai pas d'argent sur moi.

▷ Er ist auch dabei. Il y est aussi. *ou* Il est aussi de la partie.

▷ Sie hatte ihre Tochter dabei. Sa fille l'accompagnait.

2 **dabei** *peut signifier* **en train de** *ou* **sur le point de :**

▷ Ich bin dabei, es zu tun. Je suis en train de le faire.

▷ Wir sind dabei zu gehen. Nous sommes sur le point de partir.

3 **dabei** *peut signifier* **en même temps** *ou* **pendant :**

▷ Ich höre gerne Musik dabei. J'aime bien écouter de la musique en même temps.

4 **dabei** *peut signifier* **pourtant** *ou* **alors que :**

▷ Die Gläser sind zerbrochen, dabei waren sie gut eingepackt. Les verres se sont cassés alors qu'ils étaient bien emballés.

▷ Sie steht früh auf, dabei hat sie doch Ferien. Elle se lève tôt, pourtant elle est en vacances.

► **es bleibt dabei c'est décidé**

► **es ist nichts dabei ce n'est pas difficile**

► **es dabei lassen en rester là**

► **dabei kommt nichts heraus ça ne mène à rien**

dableiben **rester là**

Dach (NEUTRE, pluriel Dächer) **toit**

♦ **Dachboden** (MASCULIN, pluriel Dachböden) **grenier**

♦ **Dachrinne** (FÉMININ, pluriel Dachrinnen) **gouttière**

dachte *voir* **denken**

dadurch **par là** *ou* **ainsi :**

▷ Wir müssen dadurch. Il faut passer par là.

▷ Ich habe den Bus verpasst, dadurch bin ich zu spät gekommen. J'ai raté le bus, c'est pourquoi je suis arrivé en retard.

▷ Er hat das Medikament genommen und ist dadurch wieder gesund geworden. Il a pris le médicament et comme ça il a guéri.

► **dadurch, dass du fait que** *ou* **étant donné que**

dafür *a plusieurs sens :*

1 **dafür** *peut signifier* **en échange :**

▷ Was gibst du mir dafür? Qu'est-ce que tu me donnes en échange ?

2 **dafür** *peut correspondre à* **y** *ou* **en :**

▷ Er kann nichts dafür. Il n'y peut rien.

▷ Ich werde dafür sorgen. Je m'en occuperai.

► **dafür sein approuver**

dagegen *a plusieurs catégories grammaticales et plusieurs sens :*

> Ce peut être un ADVERBE :

dagegen *signifie* **contre ça** *ou* **en comparaison :**

▷ Hast du etwas dagegen? Tu as quelque chose contre ça ?

▷ Er ist zart, du bist dagegen kräftig. Il est mince, toi en comparaison tu es fort.

► **dagegen sein être contre**

► **nichts dagegen haben n'avoir rien contre**

> Ce peut être une CONJONCTION :

dagegen *signifie* **par contre** *ou* **en revanche** *ou* **tandis que :**

▷ Bei uns regnet es, dagegen ist dort Badewetter. Chez nous il pleut, tandis que là-bas il fait un temps à se baigner.

daheim à la maison *ou* **chez soi**

daher *a plusieurs catégories grammaticales et plusieurs sens :*

> Ce peut être un ADVERBE :

daher *signifie* **(de) là :**

▷ Daher kommt der Irrtum. L'erreur vient de là.

▷ Setz dich daher. Assieds-toi là.

> Ce peut être une CONJONCTION :

daher *signifie* **c'est pourquoi :**

▷ Er war baden, daher hat er einen Schnupfen. Il s'est baigné, c'est pourquoi il a un rhume.

dahin là-bas *ou* **à cet endroit-là** *ou* **jusque-là :**

▷ Wir fahren oft dahin. Nous allons souvent là-bas.

▷ Ich habe den Stift dahin gelegt. J'ai posé le stylo à cet endroit-là.

▷ Bis dahin und nicht weiter. Jusque-là et pas plus loin.

► **dahin sein être parti** *ou* **être perdu**

dahinten là-derrière *ou* **là-bas (au fond)**

dahinter derrière *ou* **là-dessous**

► **dahinter kommen découvrir**

► **dahinter stecken se cacher derrière**

dalassen laisser là

damals à cette époque

Dame (FÉMININ, pluriel Damen) **dame** *ou* **reine** (aux échecs)

► **meine Damen und Herren mesdames et messieurs**

♦ **damenhaft comme une dame**

♦ **Damespiel** (NEUTRE, pluriel Damespiele) **jeu de dames**

damit *a plusieurs catégories grammaticales et plusieurs sens :*

> Ce peut être un ADVERBE :

1 **damit** *peut signifier* **avec ça** *ou* **à ça :**

▷ Ich bin gleich damit fertig. J'ai bientôt fini avec ça.

▷ Damit hat er nicht gerechnet. Il ne s'attendait pas à ça.

2 **damit** *peut correspondre à* **y** *ou* **en** *ou* **par-là :**

▷ Was machst du damit? Qu'en fais-tu ?

▷ Sie sind damit einverstanden. Ils y consentent.

▷ Was wollen Sie damit sagen? Que voulez-vous dire par-là ?

► **her damit! donne !**

► **genug damit! ça suffit comme ça !**

> Ce peut être une CONJONCTION :

damit *signifie* **afin de** *ou* **pour (que) :**

▷ Schreib es dir auf, damit du es nicht wieder vergisst. Note-le, afin de ne pas l'oublier à nouveau.

dämlich (expression familière) idiot

Damm (MASCULIN, pluriel Dämme) **digue**

dämmern *a plusieurs sens :*

1 ► **es dämmert** *signifie* **le jour se lève** *ou* **la nuit tombe**

♦ **Dämmerung** (FÉMININ, pluriel Dämmerungen) **aube** *ou* **crépuscule**

♦ **dämmrig sombre**

2 **dämmern** *signifie* **somnoler**

Dampf (MASCULIN, pluriel Dämpfe) **vapeur**

♦ **dämpfen cuire à l'étuvée** *ou* **atténuer** (un bruit)

♦ **Dampfer** (MASCULIN, pluriel Dampfer) **bateau à vapeur**

danach *a plusieurs sens :*

1 **danach** *peut signifier* **après** *ou* **puis** *ou* **ensuite :**

▷ Ich habe Klavierunterricht, aber danach komme ich. J'ai ma leçon de piano mais je viendrai après.

▷ Zuerst kamen die Eltern, danach die Kinder. D'abord venaient les parents, puis les enfants.

2 **danach** *peut se référer à un sujet ou un objet et signifie* **le, la :**

▷ Dort ist das Seil, greif danach! La corde est là-bas, attrape-la !

▷ Das ist ein Befehl, richte dich danach! C'est un ordre, suis-le !

▷ Ich habe ihn danach gefragt. Je le lui ai demandé.

daneben **à côté** *ou* **en comparaison :**

▷ Sie wohnen gleich daneben. Ils habitent juste à côté.

▷ Er ist daneben gross. En comparaison, il est grand.

♦ **sich danebenbenehmen** **se conduire mal**

♦ **danebengehen** (danebenging, danebengegangen) **échouer**

dank *est une* PRÉPOSITION *qui s'emploie avec le génitif et signifie* **grâce à :**

▷ Ich habe dank deiner Hilfe meine Arbeit abschließen können. Grâce à ton aide, j'ai pu finir mon travail.

Dank (MASCULIN) **remerciements**

► **vielen Dank** **merci beaucoup**

♦ **dankbar** **reconnaissant**

♦ **Dankbarkeit** (FÉMININ) **reconnaissance** *ou* **gratitude**

♦ **danke** **merci**

♦ **danken** **remercier**

dann **alors** *ou* **puis** *ou* **ensuite :**

▷ Wenn du kommst, dann können wir Fussball spielen gehen. Si tu viens, alors on pourra aller jouer au foot.

▷ Ich muss zuerst mein Zimmer aufräumen, dann kann ich Eislaufen gehen. Je dois d'abord ranger ma chambre, ensuite je peux aller faire du patinage.

► **selbst dann** **même dans ce cas**

► **dann und wann** **de temps en temps**

daran **y** *ou* **en** *ou* **à ça** *ou* **de ça :**

▷ Ich glaube daran. J'y crois *ou* Je crois à ça.

▷ Es liegt ihnen viel daran. Ils y tiennent beaucoup.

▷ Er ist daran gestorben. Il en est mort.

► **im Anschluss daran** **suite à ça**

► **nahe daran sein** **être sur le point de**

♦ **darangehen** (daranging, darangegangen) **commencer**

♦ **daransetzen** **mettre en œuvre**

darauf **dessus** *ou* **après** *ou* **suivant**

► **darauf bestehen** **insister**

► **es kommt darauf an, ob ...** **ça dépend si ...**

♦ **darauffolgend** **après** *ou* **suite à**

♦ **daraufhin** **en conséquence**

daraus *est employé dans des expressions :*

▷ Es wird nichts daraus. Ça tombe à l'eau.

▷ Mach dir nichts daraus. Ne t'en fais pas.

► **daraus geht hervor, dass ...** **il en ressort que ...**

darf, darfst *voir* **dürfen**

darin **là-dedans** *ou* **en cela :**

▷ Was ist darin? Qu'est-ce qu'il y a là-dedans ?

▷ Wieviele Leute können darin wohnen? Combien de gens peuvent y habiter ?

▷ Darin ist er ihr überlegen. En cela, il est plus fort qu'elle.

darlegen **exposer** *ou* **expliquer**

♦ **Darlegung** (FÉMININ, pluriel Darlegungen) **exposé** (écrit)

Darm (MASCULIN, pluriel Därme) **intestin**

darstellen **représenter** *ou* **décrire**

♦ **Darsteller, Darstellerin** (MASCULIN, pluriel Darsteller / FÉMININ, pluriel Darstellerinnen) **interprète** *ou* **acteur, actrice**

darüber *exprime l'idée de* **sur, à ce sujet, dessus :**

▷ Wir werden darüber noch diskutieren. Nous allons encore discuter à ce sujet.

▷ Lass mich darüber nachdenken. Laisse-moi y réfléchir.

▷ Ich möchte nicht darüber sprechen. Je ne veux pas en parler.

▷ Darüber hängt ein Spiegel. Il y a un miroir accroché au-dessus.

▷ Ich ziehe noch eine Jacke darüber. Je mets encore une veste par-dessus.

darum *a plusieurs sens :*

1 **darum** *peut signifier* **autour :**

▷ Das Haus ist groß, und es gibt einen Garten darum. La maison est grande, et autour il y a un jardin.

2 **darum** *peut signifier* **pour ça :**

▷ Ich bin darum besorgt. Je m'inquiète pour ça.

▷ Es gibt keine Züge, darum kommt er heute nicht. Il n'y a pas de train, c'est pour ça qu'il ne viendra pas aujourd'hui.

darunter *a plusieurs sens :*

1 **darunter** *peut signifier* **en-dessous** *ou* **par-dessous :**

▷ Er wohnt darunter. Il habite en-dessous.

2 **darunter** *peut signifier* **parmi eux, elles :**

▷ Viele Menschen waren bei der Demonstration, darunter auch Studenten. Beaucoup de gens étaient à la manifestation, parmi eux des étudiants.

▷ Es sind auch Leute darunter, die arm sind. Il y a aussi parmi eux des gens pauvres.

3 **darunter** *est employé dans des expressions :*

▷ Sie leidet darunter. Elle en souffre.

das *est l'article défini* NEUTRE *et signifie* **le** *ou* **la**

> ℹ Pour la déclinaison, référez-vous à der.

Dasein (NEUTRE) **existence**

dass que

▷ Weiß er, dass wir kommen? Il sait que nous venons ?

dasselbe le même, la même, la même chose

Datei (FÉMININ, pluriel Dateien) **fichier**

♦ **Daten** (PLURIEL) **données informatiques**

Datum (NEUTRE, pluriel Daten) **date**

Dauer (FÉMININ) **durée**

► auf die Dauer **à la longue**

♦ **dauern durer**

♦ **Dauerwelle** (FÉMININ, pluriel Dauerwellen) **permanente** (= coiffure)

Daumen (MASCULIN, pluriel Daumen) **pouce**

► Daumen lutschen **sucer son pouce**

Daunendecke (FÉMININ, pluriel Daunendecken) **couette**

♦ **Daunenjacke** (FÉMININ, pluriel Daunenjacken) **doudoune**

davon en *ou* **y** *ou* **de là :**

▷ Ich habe genug davon. J'en ai assez.

▷ Willst du davon probieren? Tu veux y goûter ?

▷ Was hast du davon? Qu'est-ce que tu y gagnes ?

▷ Unser Ferienhaus ist weit davon entfernt. Notre maison de vacances est loin de là.

▷ Davon macht man Papier. On en fait du papier.

♦ **davonkommen** (davonkam, davongekommen) **y échapper belle**

♦ **davonlaufen s'échapper**

davor devant *ou* **avant :**

▷ Ich würde den Stuhl davor stellen. Je mettrai la chaise devant.

▷ Heute ist das Konzert, aber davor spielt eine andere Band. Le concert est aujourd'hui, mais un autre groupe joue avant.

▷ Ich fürchte mich davor. J'en ai peur.

dazu avec ça *ou* **pour ça :**

▷ Dazu isst man am besten Salat. Le mieux c'est de manger de la salade avec ça.

▷ Du bist zu jung dazu. Tu es trop jeune pour ça.

▷ Was sagst du dazu? Qu'est-ce que tu en dis ?

♦ **dazugeben** *ou* **dazutun** (dazutat, dazugetan) **rajouter**

♦ **dazugehören faire partie**

dazwischen au milieu *ou* **entre les deux :**

▷ Der Kurs dauert lange, wir machen eine Pause dazwischen. Le cours dure longtemps, nous allons faire une pause au milieu.

▷ Dazwischen ist nicht mehr viel Platz. Entre les deux, il n'y a plus beaucoup de place.

♦ **dazwischenfahren** (er fährt dazwischen; dazwischenfuhr, dazwischengefahren) **intervenir énergiquement**

♦ **dazwischenkommen se coincer** *ou* **intervenir**

► etwas kommt dazwischen **il y a un contretemps**

♦ **dazwischenreden interrompre**

DDR (FÉMININ) *est l'abréviation de* Deutsche Demokratische Republik *et signifie* **RDA** (République démocratique d'Allemagne)

> La DDR a été fondée en 1949 dans la zone d'occupation soviétique. La construction du mur de Berlin en 1961 l'a complètement isolée du reste des pays occidentaux. D'importantes manifestations contre le régime ont provoqué la chute du mur en 1989 et la réunification avec l'Allemagne de l'Ouest en 1990.

Debatte (FÉMININ, pluriel Debatten) **débat**

Decke (FÉMININ, pluriel Decken) **couverture** *ou* **plafond**

► mit jemandem unter einer Decke stecken **être de mèche avec quelqu'un**

♦ **Tischdecke nappe**

Deckel (MASCULIN, pluriel Deckel) **couvercle**

decken couvrir

► den Tisch decken **mettre la table**

(sich) dehnen *a plusieurs sens :*

1 **(sich) dehnen** *peut signifier* **(s')étirer** *ou* **(s')étendre**

2 **(sich) dehnen** *peut signifier* **(s')allonger** *ou* **(s')élargir**

3 **sich dehnen** *peut signifier* **traîner (en longueur)**

dein, deine ton, ta, tes

♦ **deine, deiner, deines le tien, la tienne**

♦ **deinerseits de ta part** *ou* **de ton côté**

♦ **deinetwegen à cause de toi** *ou* **pour toi**

Delphin (MASCULIN, pluriel Delphine) **dauphin**

> i « Delphin » s'écrit aussi Delfin.

► Delphin schwimmen **brasse papillon**

dem *est l'article défini* MASCULIN *ou* NEUTRE

> i Pour la déclinaison, référez-vous à der.

demgemäß **en conséquence**

demnach **donc**

demnächst **bientôt**

Demokratie /demokra'tiː/ (FÉMININ, pluriel Demokratien) **démocratie**

♦ demokratisch **démocratique**

Demonstrant, Demonstrantin (MASCULIN, pluriel Demonstranten / FÉMININ, pluriel Demonstrantinnen) **manifestant, manifestante**

Demonstration (FÉMININ, pluriel Demonstrationen) **manifestation** *ou* **démonstration**

♦ demonstrieren **manifester**

Demut (FÉMININ) **humilité**

♦ demütig **humble**

♦ demütigen **humilier**

♦ Demütigung (FÉMININ, pluriel Demütigungen) **humiliation**

demzufolge **par conséquent** *ou* **donc**

den *est l'article défini masculin à l'accusatif ou l'article défini pluriel au datif*

> i Pour la déclinaison, référez-vous à der.

denken (dachte, gedacht) **penser**

♦ Denkmal (NEUTRE, pluriel Denkmäler) **monument**

denn *a plusieurs catégories grammaticales et plusieurs sens :*

> Ce peut être une CONJONCTION :

denn *signifie* **car** *ou* **que** :

▷ Ich bleibe hier, denn ich bin müde. Je reste ici, car je suis fatiguée.

▷ Deine Nachspeise ist besser denn je. Ton dessert est meilleur que jamais.

► es sei denn **à moins que**

> Ce peut être un ADVERBE :

denn *signifie* **donc** :

▷ Wo sind wir denn? Où sommes-nous donc ?

dennoch **cependant** *ou* **pourtant**

der, die, das *a plusieurs catégories grammaticales :*

> Ce peut être L'ARTICLE DÉFINI :

der, die, das *signifient* **le, la, les** :

► der Bruder **le frère**

► die Seite **la page**

► das Kind **l'enfant**

> i En tant que sujets der, die, das signifient « le », « la », « les » (en fonction du genre du nom en français). En tant qu'objets ou compléments, ils sont déclinés et peuvent signifier « au, à la, aux, du, de la, des ».

> Ce peut être un PRONOM DÉMONSTRATIF :

▷ Herrn Müller? Den kenne ich nicht. Monsieur Müller ? Je ne le connais pas.

▷ Es ist nicht die Kassette, sondern die. Ce n'est pas cette cassette-là, mais celle-là.

> Ce peut être un PRONOM RELATIF qui correspond à **qui, que, lequel, laquelle,** ou **dont** :

▷ Ich meine das Baby, das immer weint. Je parle du bébé qui pleure tout le temps.

▷ Das ist Peter, von dem ich dir erzählt habe. C'est Pierre, dont je t'ai parlé.

▷ Das ist das Mädchen, das ich eingeladen habe. C'est la fille que j'ai invitée.

▷ Der Mann, mit dem du sprichst, ist Schauspieler. L'homme avec lequel tu parles est acteur.

i Déclinaison de l'article défini

	MASCULIN	FÉMININ	NEUTRE	PLURIEL
nominatif :	der	die	das	die
accusatif :	den	die	das	die
datif :	dem	der	dem	den
génitif :	des	der	des	der

derartig **tel, telle**

dergleichen **semblable** *ou* **tel, telle**

derjenige *est un* PRONOM DÉMONSTRATIF *et signifie* **celui** :

► derjenige, der **celui qui**

dermaßen **tant**

derselbe **le même, la même**

des *est l'article défini* NEUTRE *et signifie* **de la, du**

> i Pour la déclinaison, référez-vous à der.

deshalb **c'est pourquoi** *ou* **pour cette raison** *ou* **pour ça**

Desinteresse (NEUTRE, pluriel Desinteressen) **manque d'intérêt** *ou* **indifférence**

desto d'autant

► je mehr, desto besser plus il y en a, mieux c'est

deswegen c'est pourquoi *ou* pour cette raison *ou* pour ça

Detektiv, Detektivin (MASCULIN, pluriel Detektive / FÉMININ, pluriel Detektivinnen) détective

deuten interpréter

► auf etwas deuten indiquer *ou* montrer quelque chose

deutlich clair *ou* compréhensible

► deutliche Schrift écriture lisible

► deutlicher Unterschied différence nette

► jemandem etwas deutlich machen faire comprendre quelque chose à quelqu'un

deutsch allemand

► Deutsch lernen apprendre l'allemand

► Deutsch sprechen parler allemand

► ins Deutsche übersetzen traduire en allemand

> ℹ Dans ces expressions, Deutsch est utilisé de manière substantivée.

♦ Deutscher, Deutsche (MASCULIN, pluriel Deutschen / FÉMININ, pluriel Deutschen) Allemand, Allemande

♦ Deutschland Allemagne

> ℹ En allemand, on ne met pas d'article devant les noms de pays.

► in Deutschland en Allemagne

► nach Deutschland fahren aller en Allemagne

Dezember (MASCULIN) décembre

► im Dezember en décembre

dezent discret

Diät (FÉMININIumm, pluriel Diäten) régime (pour maigrir)

► Diät machen / halten suivre un régime

dich *est l'accusatif du* PRONOM PERSONNEL du *et signifie* te *ou* toi

dicht *a plusieurs sens :*

1 dicht *peut signifier* épais *ou* touffu *ou* dense :

▷ Heute ist ein dichter Nebel. Aujourd'hui, il y a une brume épaisse.

▷ Das sind dichte Büsche. Ce sont des arbustes touffus.

▷ Es ist dichter Verkehr. La circulation est dense.

2 dicht *peut signifier* étanche :

▷ Das Fenster ist nicht mehr dicht. La fenêtre n'est plus étanche.

3 dicht *associé à une préposition signifie* tout près :

► dicht an / bei tout près de

Dichter, Dichterin (MASCULIN, pluriel Dichter / FÉMININ, pluriel Dichterinnen) poète

dick gros *ou* épais

► durch dick und dünn pour le meilleur et le pire

♦ dickflüssig visqueux

♦ Dickkopf (MASCULIN, pluriel Dickköpfe) tête de mule

die *est l'*ARTICLE DÉFINI FÉMININ *et signifie* la *ou* le *(en fonction du genre du nom en français)*

> ℹ Pour la déclinaison, référez-vous à der.

Dieb, Diebin (MASCULIN, pluriel Diebe / FÉMININ, pluriel Diebinnen) voleur, voleuse

♦ Diebstahl (MASCULIN, pluriel Diebstähle) vol

diejenige *est un* PRONOM DÉMONSTRATIF *et signifie* celle

► diejenige, die ... celle qui ...

Dienst (MASCULIN, pluriel Dienste) service

► öffentlicher Dienst service public

► Dienst haben être de service

► jemandem einen Dienst erweisen rendre un service à quelqu'un

► jemanden um einen Dienst bitten demander un service à quelqu'un

► dienstfrei haben être en congé

Dienstag (MASCULIN, pluriel Dienstage) mardi

dies ou dieses ceci

diesbezüglich à ce propos

diese, dieser, dieses *est un* PRONOM DÉMONSTRATIF :

1 diese, dieser, dieses *peut signifier* ce, cette, ces

2 diese, dieser, dieses *peut être substantivé et signifie* celui-ci, celle-ci, ceux-ci, celles-ci

dieselbe la même, le même

diesig brumeux

diesmal cette fois

diesseits *est une* PRÉPOSITION *qui s'emploie avec le génitif et signifie* de ce côté

digital numérique *ou* digital

Diktat (NEUTRE, pluriel Diktate) dictée

Diktator (MASCULIN, pluriel Diktatoren) **dictateur**

◆ **diktatorisch** **dictatorial**

◆ **Diktatur** (FÉMININ, pluriel Diktaturen) **dictature**

Ding (NEUTRE, pluriel Dinge) **chose**

► guter Dinge sein **être de bonne humeur**

► vor allen Dingen **avant tout**

> ℹ Ce nom peut avoir le sens familier de « truc » ou « machin ».

diplomiert **diplômé**

dir *est le datif du* PRONOM PERSONNEL du *et signifie* **te** *ou* **toi** *ou* **à toi**

► das gehört dir **c'est à toi**

Dirigent (MASCULIN, pluriel Dirigenten) **chef d'orchestre**

Diskrepanz (FÉMININ, pluriel Diskrepanzen) **divergence** *ou* **contradiction**

Distel (FÉMININ, pluriel Disteln) **chardon**

dividieren **diviser**

doch *a plusieurs catégories grammaticales et plusieurs sens :*

> Ce peut être une CONJONCTION :

doch *signifie* **mais** *ou* **quand même** *ou* **cependant** *ou* **pourtant**

> Ce peut être un ADVERBE :

doch *signifie* **si**

► komm doch! **viens donc !**

dolmetschen **servir d'interprète**

◆ **Dolmetscher, Dolmetscherin** (MASCULIN, pluriel Dolmetscher / FÉMININ, pluriel Dolmetscherinnen) **interprète**

Dom (MASCULIN, pluriel Dome) **cathédrale**

dominieren **dominer**

Donau (FÉMININ) **Danube**

Donner (MASCULIN, pluriel Donner) **tonnerre**

► Donnerwetter! **bon sang !**

► es donnert **il y a du tonnerre**

Donnerstag (MASCULIN, pluriel Donnerstage) **jeudi**

doof **débile** *ou* **idiot**

Doppel **double**

◆ **Doppelbett** (NEUTRE, pluriel Doppelbetten) **lit à deux places**

◆ **Doppelgänger, Doppelgängerin** (MASCULIN, pluriel Doppelgänger / FÉMININ, pluriel Doppelgängerinnen) **sosie**

◆ **Doppelpunkt** (MASCULIN, pluriel Doppelpunkte) **deux points** (dans la ponctuation)

◆ **Doppelzimmer** (NEUTRE, pluriel Doppelzimmer) **chambre double**

doppelt **double**

► etwas doppelt haben **avoir quelque chose en double**

Dorf (NEUTRE, pluriel Dörfer) **village**

Dorn (MASCULIN, pluriel Dornen) **épine**

► jemandem ein Dorn im Auge sein **gêner quelqu'un**

◆ **dornig** **épineux**

◆ **Dornröschen** (NEUTRE) **la Belle au bois dormant**

dort **là-bas**

► dort oben **là-haut**

Dose (FÉMININ, pluriel Dosen) **boîte**

◆ **Dosenöffner** (MASCULIN, pluriel Dosenöffner) **ouvre-boîte**

dösen **sommeiller**

dosieren **doser**

Dosis (FÉMININ, pluriel Dosen) **dose**

Dotter (MASCULIN, pluriel Dotter) **jaune d'œuf**

Drache (MASCULIN, pluriel Drachen) **dragon**

Drachen (MASCULIN, pluriel Drachen) **cerf-volant** *ou* **deltaplane**

◆ **Drachenfliegen** **faire du deltaplane**

Draht (MASCULIN, pluriel Drähte) **fil de fer**

► auf Draht sein **être d'aplomb**

dran

1 dran *peut être la contraction de* daran

2 dran *s'emploie pour former des expressions :*

► du bist dran **c'est ton tour**

► gut dran sein **avoir de la chance** *ou* **être bien**

► schlecht dran sein **être mal**

drang *voir* dringen

drängen *a plusieurs catégories grammaticales et plusieurs sens :*

> Ce peut être un VERBE TRANSITIF :

drängen *signifie* **presser :**

▷ Dräng mich nicht so. Ne me presse pas comme ça.

> Ce peut être un VERBE INTRANSITIF :

drängen *signifie* **presser** *ou* **insister :**

▷ Es drängt. Ça presse.

▷ Sie drängt auf die Abfahrt. Elle insiste pour qu'on parte.

drastisch **draconien** *ou* **cru :**

▷ Das sind drastische Maßnahmen. Ce sont des dispositions draconiennes.

▷ Was für eine drastische Schilderung! Quelle description crue !

draußen **dehors**

Dreck (MASCULIN) **saleté** *ou* **crasse**

♦ dreckig **sale**

drehen **tourner**

► sich drehen **tourner** *ou* **se tourner**

► es dreht sich um **il s'agit de**

Drehbuch (NEUTRE, pluriel Drehbücher) **scénario** (de cinéma)

drei **trois**

♦ Dreieck (NEUTRE, pluriel Dreiecke) **triangle**

♦ dreieckig **triangulaire**

♦ dreienhalb **trois et demi**

♦ dreifach **triple**

♦ dreihundert **trois cents**

♦ dreimal **trois fois**

♦ dreißig **trente**

♦ dreizehn **treize**

dreinreden **interrompre**

► jemandem dreinreden **interrompre quelqu'un** *ou* **se mêler des affaires de quelqu'un**

dringen (drang, gedrungen) *s'emploie avec des prépositions :*

► auf etwas dringen **exiger quelque chose**

► durch etwas dringen **traverser** *ou* **pénétrer dans quelque chose**

dringend, dringlich **urgent**

drinnen **à l'intérieur** *ou* **dedans**

dritter, dritte, drittes **troisième**

► drittens **troisièmement**

► dritter Juni **le trois juin**

► am dritten August **le trois août**

► zu dritt **à trois** (personnes)

♦ Dritte Welt (FÉMININ) **tiers-monde**

droben **en haut**

Droge (FÉMININ, pluriel Drogen) **drogue**

♦ drogenabhängig **drogué**

♦ Drogensucht (FÉMININ) **toxicomanie**

♦ drogensüchtig **toxicomane**

drohen **menacer**

♦ Drohung (FÉMININ, pluriel Drohungen) **menace**

drüben **de l'autre côté** *ou* **là-bas**

Druck (MASCULIN) **pression**

► im Druck sein **être surchargé de travail**

► unter Druck stehen **être sous pression**

♦ drucken **imprimer** (dans une imprimerie)

drücken *a plusieurs catégories grammaticales et plusieurs sens :*

> Ce peut être un VERBE TRANSITIF :

drücken *signifie* **pousser** *ou* **appuyer :**

► auf einen Knopf drücken **appuyer sur une touche**

► jemandem die Hand drücken **serrer la main à quelqu'un**

► jemandem etwas in die Hand drücken **glisser quelque chose dans la main de quelqu'un**

► jemanden an sich drücken **serrer quelqu'un dans ses bras**

> Ce peut être un VERBE INTRANSITIF :

drücken (auf) *signifie* **serrer** *ou* **appuyer** (sur)

▷ Diese Hose drückt auf meinen Bauch. Ce pantalon me serre.

> Ce peut être un VERBE RÉFLÉCHI :

sich drücken *signifie* **se dérober**

► sich in eine Ecke drücken **se blottir dans un coin**

drückend **oppressant** *ou* **étouffant** *ou* **pesant**

drunten **en bas**

Drüse (FÉMININ, pluriel Drüsen) **glande**

Dschungel (MASCULIN, pluriel Dschungel) **jungle**

du *est un* PRONOM PERSONNEL *et signifie* **tu** *ou* **toi**

> ℹ Déclinaisons :
> dich (accusatif) ; dir (datif) ; deiner (génitif)

(sich) ducken **se baisser**

Dudelsack (MASCULIN) **cornemuse**

Duft (MASCULIN, Düfte) **parfum** *ou* **arôme**

♦ duften **être parfumé**

dulden *a plusieurs catégories grammaticales et plusieurs sens :*

> Ce peut être un VERBE TRANSITIF :

1 **dulden** *peut signifier* **subir :**

▷ Er duldet sein Schicksal gelassen. Il subit son destin sans résister.

2 **dulden** *peut signifier* **tolérer** *ou* **admettre :**

▷ Ich dulde keinen Widerspruch. Je n'admets aucune contradiction.

▷ Sie duldet ihn nicht mehr in ihrem Haus. Elle ne le tolère plus chez elle.

> Ce peut être un VERBE INTRANSITIF :

dulden *signifie* **admettre :**

▷ Ich dulde nicht, dass du weggehst. Je n'admets pas que tu partes.

duldsam **patient**

dumm (**dümmer, am dümmsten**) **stupide**

► **das wird mir zu dumm** **j'en ai assez**

♦ **dummerweise** **bêtement**

♦ **Dummheit** (FÉMININ, pluriel Dummheiten) **bêtise**

♦ **Dummkopf** (MASCULIN, pluriel Dummköpfe) **imbécile**

dumpf **sourd** (en parlant d'une douleur, d'un bruit) *ou* **vague**

► **ein dumpfer Schmerz** **une douleur sourde**

► **ein dumpfer Ton** **un bruit sourd**

► **eine dumpfe Erinnerung** **un vague souvenir**

dunkel **sombre** *ou* **obscur**

► **eine dunkle Farbe** **une couleur foncée**

► **eine dunkle Ahnung** **un vague pressentiment**

► **eine dunkle Angelegenheit** **une affaire obscure**

Dunkelheit (FÉMININ) **obscurité**

dünn **mince** *ou* **maigre**

► **dünne Haare** **cheveux fins**

Dunst (MASCULIN, pluriel Dünste) **vapeur** *ou* **brume**

♦ **dunstig** **brumeux**

dünsten **cuire à l'étuvée** *ou* **cuire à la vapeur**

durch *a plusieurs catégories grammaticales et plusieurs sens :*

> Ce peut être une PRÉPOSITION qui s'emploie avec l'accusatif :

1 **durch** *peut signifier* **à travers** *ou* **par :**

▷ Der Weg führt durch einen Wald. Le chemin passe à travers une forêt.

▷ Durch das Fenster kann man den Park sehen. On peut voir le parc par la fenêtre.

2 **durch** *peut signifier* **grâce à :**

▷ Ich habe durch dieses Buch einiges gelernt. Grâce à ce livre j'ai appris un tas de choses.

> Ce peut être un ADVERBE :

▷ Das Fleisch ist durch. La viande est cuite.

▷ Ich hab das Buch durch. J'ai fini le livre.

▷ Die Hose ist durch. Le pantalon est troué.

▷ Sie hat die ganze Nacht durch geweint. Elle a pleuré toute la nuit.

► **durch und durch** **tout à fait** *ou* **entièrement**

> Ce peut être une PARTICULE SÉPARABLE pour former des VERBES COMPOSÉS :

♦ **durchgehen** (**durchging, durchgegangen**) **traverser**

♦ **durchdringen** (**durchdrang, durchgedrungen**) **transpercer**

♦ **durchführen** **exécuter**

ℹ Vous trouverez les verbes composés qui commencent par durch- classés par ordre alphabétique.

durchatmen **respirer à fond**

durchaus **tout à fait** *ou* **complètement**

durchbeißen **couper avec les dents**

► **sich durchbeißen** **se débrouiller**

durchblättern **feuilleter**

durchbrechen **casser** *ou* **passer à travers** *ou* **percer :**

▷ Die Holzplatte ist durchgebrochen. La planche en bois s'est cassée.

▷ Das Eis ist dünn, pass auf dass du nicht durchbrichst! La glace n'est pas très épaisse, fais attention de ne pas passer à travers.

▷ Die Sonne bricht durch. Le soleil perce.

durchbrennen *a plusieurs sens :*

1 **durchbrennen** *peut signifier* **brûler :**

▷ Der Draht ist durchgebrannt. Le fil a brûlé.

▷ Die Sicherung ist durchgebrannt. Le fusible a sauté.

▷ Die Glühbirne ist durchgebrannt. L'ampoule a claqué.

2 **durchbrennen** *peut avoir le sens familier de* **filer** *ou* **faire une fugue**

durchdenken **penser** *ou* **considérer en détail**

durchdrehen *a le sens familier de* **péter les plombs** *ou* **craquer**

Durcheinander (NEUTRE) **confusion** *ou* **désordre**

♦ **durcheinander pêle-mêle** *ou* **en désordre**

► **durcheinander sein** (*expression familière*) **être troublé**

► **durcheinander bringen déranger** *ou* **mettre en désordre**

► **durcheinander reden parler en même temps**

Durchfall (MASCULIN, pluriel Durchfälle) **diarrhée**

durchfallen tomber à travers

► **bei einer Prüfung durchfallen échouer à** *ou* **rater un examen**

durchführen exécuter *ou* **réaliser**

Durchgang (MASCULIN, pluriel Durchgänge) **passage**

durchgehen (**durchging, durchgegangen**) *a plusieurs catégories grammaticales et plusieurs sens :*

> Ce peut être un VERBE TRANSITIF :

1 **durchgehen** *peut signifier* **réviser** *ou* **parcourir** *ou* **examiner :**

▷ Bist du das Gedicht noch einmal durchgegangen? Tu as révisé le poème ?

▷ Ich bin den Text durchgegangen. J'ai parcouru le texte.

▷ Wir werden die Angelegenheit durchgehen. Nous allons examiner l'affaire.

2 **durchgehen** *peut signifier* **user :**

▷ Die Sohlen sind durchgegangen. Les semelles sont usées.

> Ce peut être un VERBE INTRANSITIF :

1 **durchgehen** *peut signifier* **passer** (à travers) *ou* **durer** (sans interruption) **:**

▷ Das Sofa geht nicht durch. Le canapé ne passe pas.

▷ Der Kurs geht bis fünf Uhr durch. Le cours dure cinq heures (sans interruption)

▷ Der Zug fährt bis Stuttgart durch. Le train va jusqu'à Stuttgart sans arrêt.

► **durch etwas durchgehen passer par** *ou* **passer à travers quelque chose**

► **etwas durchgehen lassen laisser passer quelque chose** *ou* **passer sur quelque chose**

2 **durchgehen** *peut signifier* **s'emballer :**

▷ Das Pferd ist durchgegangen. Le cheval s'est emballé.

▷ Mein Temperament ist mit mir durchgegangen. Je me suis laissé emporter.

durchgehend sans interruption

durchgreifen (**durchgriff, durchgegriffen**) **intervenir** (énergiquement)

durchhalten *a plusieurs catégories grammaticales :*

> Ce peut être un VERBE TRANSITIF :

durchhalten *signifie* **supporter** *ou* **endurer**

> Ce peut être un VERBE INTRANSITIF :

durchhalten *signifie* **tenir bon**

durchkommen (**durchkam, durchgekommen**) *a plusieurs sens :*

1 **durchkommen** *peut signifier* **passer :**

▷ Die Öffnung ist zu eng, ich komme nicht durch. L'ouverture est trop étroite, je ne passe pas.

▷ Dieses Gesetz kommt nie durch. Cette loi ne passera jamais.

2 **durchkommen** *peut signifier* **réussir :**

▷ Sie ist bei der Prüfung durchgekommen. Elle a réussi son examen.

3 **durchkommen** *peut signifier* **se débrouiller** *ou* **s'en tirer :**

▷ Er wird schon irgendwie durchkommen. Il va bien se débrouiller d'une manière ou d'une autre.

durchlassen laisser passer

▷ Lass mich durch! Laisse-moi passer !

▷ Das lasse ich nicht durch! Je ne laisse pas passer ça !

durchlässig perméable

durchlaufen passer en courant

► **die Schuhe durchlaufen user les chaussures**

durchlesen lire entièrement

► **flüchtig durchlesen lire en diagonale**

durchlüften aérer

durchmachen subir *ou* **souffrir**

► **eine Krise durchmachen traverser une crise**

► **die Nacht durchmachen passer une nuit blanche**

Durchmesser (MASCULIN, pluriel Durchmesser) **diamètre**

durchnehmen traiter

► **ein Thema durchnehmen traiter un sujet**

durchqueren traverser

► **Pläne durchqueren contrarier des projets**

Durchreise (FÉMININ, pluriel Durchreisen) **passage**

► **auf der Durchreise sein être de passage**

durchs *est la contraction de* **durch das** *et signifie* **à travers le, la**

Durchsage (FÉMININ, pluriel Durchsagen) **annonce** (faite à la radio ou avec un haut-parleur)

durchschauen *a plusieurs catégories grammaticales et plusieurs sens :*

> C'est un VERBE TRANSITIF, si l'accent est sur SCHAUEN :

durchschauen *signifie* **deviner** *ou* **comprendre** *ou* **ne pas se laisser tromper :**

▷ Er hat das Geheimnis durchschaut. Il a deviné le secret.

> C'est un VERBE INTRANSITIF, si l'accent est sur DURCH :

durchschauen *signifie* **regarder** (à travers) *ou* **voir** (à travers) **:**

▷ Schau durch das Loch durch. Regarde à travers le trou.

▷ Bei diesen Vorhängen kann man durchschauen. On peut voir à travers ces rideaux.

durchschlüpfen **se glisser** *ou* **se faufiler**

durchschneiden **couper en deux** *ou* **trancher** (à l'aide d'un couteau ou de ciseaux)

Durchschnitt (MASCULIN) **moyenne**

► im Durchschnitt **en moyenne**

durchsehen **réviser** *ou* **parcourir** *ou* **examiner** *ou* **voir** (à travers)

(sich) durchsetzen **(s')imposer**

► seinen Kopf / Willen durchsetzen **imposer sa volonté**

durchsichtig **transparent**

durchsprechen **discuter en détail**

durchstehen (durchstand, durchgestanden) **endurer**

durchstöbern **fouiller**

durchstreichen (durchstrich, durchgestrichen) **barrer** *ou* **rayer**

durchsuchen **fouiller** *ou* **perquisitionner**

♦ Durchsuchung (FÉMININ, pluriel Durchsuchungen) **fouille** *ou* **perquisition**

durchtrieben **rusé**

Durchwahl (FÉMININ, pluriel Durchwahlen) **numéro direct**

Durchzug (MASCULIN, pluriel Durchzüge) **courant d'air**

durchzwängen **faire passer de force**

► sich durchzwängen **passer de force**

dürfen (er darf; durfte, gedurft) *est un* VERBE DE MODALITÉ *et a plusieurs sens :*

1 dürfen *peut signifier* **avoir le droit** *ou* **avoir la permission :**

▷ Man darf nicht schlagen. On n'a pas le droit de frapper.

▷ Ich darf nicht ins Kino. Je n'ai pas la permission d'aller au cinéma.

2 dürfen *peut signifier* **pouvoir :**

▷ Du darfst jetzt gehen. Tu peux partir maintenant.

▷ Ich darf mich nicht beklagen. Je ne peux pas me plaindre.

durfte *voir* dürfen

dürftig **misérable** *ou* **maigre** *ou* **insuffisant**

► ein dürftiger Lohn **un salaire insuffisant**

dürr **desséché** *ou* **aride** *ou* **maigre**

Durst (MASCULIN) **soif**

durstig sein **avoir soif** *ou* **être assoiffé**

Dusche (FÉMININ, pluriel Duschen) **douche**

♦ (sich) duschen **prendre une douche**

düsen (familier) **aller à toute vitesse :**

▷ Ich muss düsen. Je dois filer.

düster **sombre** *ou* **ténébreux**

ein Dutzend (NEUTRE) **une douzaine**

♦ dutzende **des dizaines**

♦ dutzendweise **par dizaine**

♦ dutzendmal **des dizaines de fois**

duzen **tutoyer**

DVD (FÉMININ, pluriel DVDs) **DVD**

♦ DVD-Player /-pleɪɐ/ (MASCULIN, pluriel DVD-Player) **lecteur de DVD**

♦ DVD-Rohling (MASCULIN, pluriel DVD-Rohlinge) **DVD vierge**

Ee

Ebbe (FÉMININ, pluriel Ebben) **marée basse**

eben *a plusieurs catégories grammaticales et plusieurs sens :*

> Ce peut être un ADJECTIF :

eben *signifie* **plat**

> Ce peut être un ADVERBE :

1 eben *indique une chose qui vient d'arriver ou d'être faite et signifie* **juste** *ou* **justement** :

▷ Er ist eben erst angekommen. Il vient tout juste d'arriver.

▷ Sie ist eben mit der Aufgabe fertig. Elle vient juste de finir son devoir.

▷ Ich wollte eben einkaufen gehen. Je voulais justement aller faire les courses.

2 eben *peut exprimer la résignation :*

▷ So ist das eben. Eh bien, c'est comme ça.

▷ Sie wollen eben nicht kommen. C'est qu'ils ne veulent pas venir.

Ebenbild (NEUTRE, pluriel Ebenbilder) **portrait craché**

Ebene (FÉMININ, pluriel Ebenen) **plaine** *ou* **niveau**

ebenerdig **au rez-de-chaussée**

ebenfalls **aussi** *ou* **de même** *ou* **également**

ebenso **aussi** *ou* **de même**

► ebenso gut **tout aussi bien**

► ebenso oft **aussi souvent**

► ebenso weit **aussi loin**

E-Book /'i:bʊk/ (NEUTRE, pluriel E-Books) **livre numérique**

♦ E-Book-Lesegerät (NEUTRE, pluriel -Lesegeräte) **liseuse** (de livres numériques)

ℹ On dit aussi E-Book-Reader.

Echo (NEUTRE, pluriel Echos) **écho**

echt **vrai** *ou* **véritable** *ou* **authentique**

Ecke (FÉMININ, pluriel Ecken) **coin** *ou* **angle**

♦ Eckball (MASCULIN, pluriel Eckbälle) **corner** (en football)

♦ eckig **anguleux** (en parlant d'un objet) *ou* **maladroit** (en parlant d'un mouvement)

♦ Eckzahn (MASCULIN, pluriel Eckzähne) **canine**

edel **précieux** *ou* **noble**

► ein edles Pferd **un cheval de race**

♦ Edelstein (MASCULIN, pluriel Edelsteine) **pierre précieuse**

Efeu (MASCULIN) **lierre**

ehe **avant que**

Ehe (FÉMININ, pluriel Ehen) **mariage**

♦ Ehebruch (MASCULIN, pluriel Ehebrüche) **adultère**

♦ Ehefrau (FÉMININ, pluriel Ehefrauen) **épouse**

♦ Ehemann (MASCULIN, pluriel Ehemänner) **époux** *ou* **mari**

♦ Ehering (MASCULIN, pluriel Eheringe) **alliance**

ehemalig **ancien**

ehemals **autrefois**

eher **plutôt** *ou* **plus tôt**

► je eher, desto besser **le plus tôt sera le mieux**

eheste, ehester, ehestes **premier, première**

► am ehesten **de préférence**

Ehre (FÉMININ, pluriel Ehren) **honneur**

► zu Ehren von **en l'honneur de**

► es war mir eine Ehre **c'était un honneur pour moi**

► die Ehre haben, zu avoir l'honneur de
♦ Ehrenwort (NEUTRE) parole d'honneur
♦ ehren honorer

Ehrfurcht (FÉMININ) respect (profond)

Ehrgeiz (MASCULIN) ambition
♦ ehrgeizig ambitieux

ehrlich honnête
► ehrlich gesagt à vrai dire
♦ Ehrlichkeit (FÉMININ) honnêteté

Ei (NEUTRE, pluriel Eier) œuf

Eiche (FÉMININ, pluriel Eichen) chêne

Eichhörnchen, Eichkätzchen (NEUTRE, pluriel Eichhörnchen, Eichkätzchen) écureuil

Eidechse /'aidɛksə/ (FÉMININ, pluriel Eidechsen) lézard

Eidotter (MASCULIN, pluriel Eidotter) jaune d'œuf

Eierschale (FÉMININ, pluriel Eierschalen) coquille d'œuf

Eierstock (MASCULIN, pluriel Eierstöcke) ovaire

Eifer (MASCULIN) zèle *ou* ardeur
♦ eifrig zélé, ardent *ou* empressé

Eifersucht (FÉMININ) jalousie
♦ eifersüchtig jaloux

Eigelb (NEUTRE, pluriel Eigelbe) jaune d'œuf

eigen propre *ou* personnel *ou* particulier *ou* étrange :
▷ Diese Angewohnheit ist ihm eigen. C'est une habitude bien à lui.
▷ Sie hat jetzt ihre eigene Wohnung. Elle a son propre appartement maintenant.
▷ Das ist mein eigener Computer. C'est mon ordinateur personnel.
▷ Er ist ein ganz eigenes Kind. C'est un enfant très particulier.
▷ Das Fleisch hat einen eigenen Geschmack. La viande a un goût étrange.
► auf eigene Faust de son propre chef
► sich etwas zu eigen machen s'approprier quelque chose

Eigenart (FÉMININ, pluriel Eigenarten) particularité *ou* caractéristique
♦ eigenartig étrange *ou* bizarre

eigenhändig de ses propres mains

Eigenheit (FÉMININ, pluriel Eigenheiten) particularité *ou* bizarrerie

eigenmächtig
► eigenmächtig handeln agir de son propre chef

Eigenname (MASCULIN, pluriel Eigennamen) nom propre

eigens exprès *ou* expressément :
▷ Ich habe dir eigens gesagt, daran zu denken. Je t'ai dit expressément d'y penser.

Eigenschaft (FÉMININ, Eigenschaften) qualité *ou* propriété *ou* trait de caractère

Eigenschaftswort (NEUTRE, pluriel Eigenschaftswörter) adjectif

Eigensinn (MASCULIN) obstination
♦ eigensinnig têtu

eigentlich *a plusieurs catégories grammaticales et plusieurs sens :*

> Ce peut être un ADJECTIF :

eigentlich *signifie* vrai *ou* véritable *ou* proprement dit :
▷ Der eigentliche Fehler war, nachzugeben. La véritable erreur est d'avoir cédé.

> Ce peut être un ADVERBE :

eigentlich *signifie* en réalité *ou* à vrai dire *ou* en fait :
▷ Eigentlich ist es ganz schön hier. En fait, c'est assez beau ici.
▷ Ich muss die Arbeit eigentlich morgen schon abgeben. À vrai dire, je dois rendre le travail demain.
▷ Wir haben eigentlich etwas anderes vorgehabt. En réalité, nous avons prévu autre chose.

Eigentum (NEUTRE, pluriel Eigentümer) propriété

eigentümlich bizarre *ou* étrange

sich eignen
► sich eignen für / als convenir à *ou* être apte à *ou* être fait pour

Eile (FÉMININ) hâte *ou* précipitation
► es hat keine Eile ça ne presse pas
► in Eile sein être pressé

eilen *a plusieurs sens :*

1 eilen *peut signifier* se dépêcher :
▷ Ich muss eilen. Je dois me dépêcher.

2 eilen *peut signifier* être urgent *ou* presser :
▷ Die Post eilt. Le courrier est urgent.
▷ Es eilt. Ça presse.

eilig pressé *ou* urgent
► es eilig haben être pressé

Eimer (MASCULIN, pluriel Eimer) seau

ein, eine

> **i** Déclinaison de l'article indéfini

	MASCULIN	FÉMININ	NEUTRE
nominatif :	ein	eine	ein
accusatif :	einen	eine	ein
datif :	einem	einer	einem
génitif :	eines	einer	eines

ein- *est une* PARTICULE SÉPARABLE *pour former des* VERBES COMPOSÉS *:*

♦ einkaufen **acheter**

♦ eingreifen (eingriff, eingegriffen) **intervenir**

> **i** Vous trouverez les verbes composés qui commencent par ein- classés par ordre alphabétique.

einander **l'un l'autre** *ou* **les uns les autres** *ou* **l'un à l'autre** *ou* **les uns aux autres**

einatmen **inspirer**

Einbahnstraße (FÉMININ, pluriel Einbahnstraßen) **rue à sens unique** *ou* **sens interdit**

einbauen **installer** *ou* **monter**

einbeziehen (einbezog, einbezogen) **inclure** *ou* **impliquer**

einbiegen **tourner :**

▷ Wo muss ich einbiegen? Où est-ce que je dois tourner ?

sich einbilden *a plusieurs sens :*

1 sich einbilden *peut signifier* **s'imaginer :**

▷ Was bildest du dir ein? Qu'est-ce que tu t'imagines ?

2 sich etwas auf etwas einbilden *peut signifier* **être fier de quelque chose (à tort ou trop) :**

▷ Er bildet sich auf seine Noten etwas ein. Il est trop fier de ses notes.

Einbildung (FÉMININIT) **imagination**

Einblick (MASCULIN, pluriel Einblicke) **idée** *ou* **aperçu**

► in etwas Einblick haben **être au courant de quelque chose** *ou* **comprendre quelque chose** *ou* **avoir un aperçu, une idée de quelque chose**

einbrechen (er bricht ein ; einbrach, eingebrochen) *a plusieurs sens :*

1 einbrechen *peut signifier* **tomber :**

▷ Die Nacht bricht ein. La nuit tombe.

2 einbrechen *peut signifier* **s'effondrer :**

▷ Die Decke ist eingebrochen. Le plafond s'est effondré.

3 einbrechen *peut signifier* **s'enfoncer :**

▷ Ich bin ins Eis eingebrochen. Je me suis enfoncée dans la glace.

4 einbrechen *peut signifier* **cambrioler :**

▷ Bei uns ist eingebrochen worden. On nous a cambriolés.

Einbrecher (MASCULIN, pluriel Einbrecher) **cambrioleur**

Einbruch (MASCULIN, pluriel Einbrüche) **cambriolage**

► bei Einbruch der Nacht **à la tombée de la nuit**

♦ Wintereinbruch **début de l'hiver**

einchecken **enregistrer** (les bagages à l'aéroport)

(sich) eincremen **(se) mettre de la crème**

eindeutig **incontestable** *ou* **clair** *ou* **net**

eindringen (eindrang, eingedrungen) **pénétrer**

♦ eindringlich **pénétrant** *ou* **pressant**

♦ Eindringling (MASCULIN, pluriel Eindringlinge) **intrus** *ou* **envahisseur**

Eindruck (MASCULIN, pluriel Eindrücke) **impression** *ou* **effet** *ou* **empreinte**

♦ eindrucksvoll **impressionnant**

eine *voir* ein

eineinhalb **un et demi**

einem *est l'article indéfini* MASCULIN *ou* NEUTRE *au* DATIF

> **i** Pour la déclinaison, référez-vous à ein.

einen *est l'article indéfini* MASCULIN *à l'*ACCUSATIF.

> **i** Pour la déclinaison, référez-vous à ein.

einer *est l'article indéfini* FÉMININ *au* DATIF *ou* GÉNITIF.

> **i** Pour la déclinaison, référez-vous à ein.

einerlei **du même genre** *ou* **indifférent** *ou* **égal**

► das ist einerlei **c'est égal**

einerseits **d'une part**

eines *est l'article indéfini* MASCULIN *ou* NEUTRE *au* GÉNITIF

> **i** Pour la déclinaison, référez-vous à ein.

einfach *a plusieurs catégories grammaticales et plusieurs sens :*

> Ce peut être un ADJECTIF :

einfach *signifie* **simple** *ou* **modeste**

> Ce peut être un ADVERBE :

einfach *signifie* **simplement :**

► ganz einfach **tout simplement**

Einfall (MASCULIN, pluriel Einfälle) **idée**

einfallen *a plusieurs sens :*

1 einfallen *peut signifier* **s'écrouler :**

▷ Der Schuppen fällt bald ein. La remise va bientôt s'écrouler.

2 einfallen *peut signifier* **avoir une idée** *ou* **trouver une idée :**

▷ Mir fällt nichts ein. Je n'ai pas d'idée.

▷ Lass dir etwas einfallen! Trouve une idée !

► Was fällt dir ein? **Qu'est-ce qui te prend ?**

♦ einfallsreich **ingénieux** *ou* **astucieux**

Einfalt (FÉMININ) **naïveté**

♦ einfältig **niais** *ou* **naïf**

einfangen **attraper**

► eine Stimmung in einem Foto einfangen **rendre une ambiance dans une photo**

einfarbig **uni** *ou* **d'une** (seule) **couleur**

Einfluss (MASCULIN, pluriel Einflüsse) **influence**

♦ einflussreich **influent**

einförmig **monotone**

♦ Einförmigkeit (FÉMININ) **monotonie**

einfrieren (einfror, eingefroren) *a plusieurs catégories grammaticales et plusieurs sens :*

> Ce peut être un VERBE TRANSITIF :

einfrieren *signifie* **congeler** *ou* **surgeler**

> Ce peut être un VERBE INTRANSITIF :

einfrieren *signifie* **geler**

einführen **introduire** *ou* **importer** *ou* **mettre sur le marché**

Eingang (MASCULIN, pluriel Eingänge) **entrée**

eingeben **saisir** (un fichier)

eingebildet **vaniteux** *ou* **prétentieux**

eingehen (einging, eingegangen) *a plusieurs sens :*

1 eingehen *peut signifier* **mourir** (en parlant d'un animal ou d'une plante) **:**

▷ Der Rosenstock ist eingegangen. Le rosier est mort.

2 eingehen *peut signifier* **rétrécir :**

▷ Mein T-Shirt ist eingegangen. Mon t-shirt a rétréci.

3 eingehen *peut signifier* **entrer** *ou* **rentrer :**

▷ Dieses Datum ist in die Geschichte eingegangen. Cette date est entrée dans l'histoire.

▷ Das geht mir nicht ein. Ça ne rentre pas (dans ma tête)

▷ Auf Einzelheiten werden wir nicht eingehen. Nous ne rentrerons pas dans les détails.

► auf jemanden eingehen **se ranger à l'avis de quelqu'un**

► auf etwas eingehen **réagir à quelque chose**

► ein Risiko eingehen **prendre un risque**

► eine Wette eingehen **faire un pari**

Eingeständnis (NEUTRE, pluriel Eingeständnisse) **aveu**

♦ eingestehen **avouer**

eingießen (eingoss, eingegossen) **verser**

eingreifen (eingriff, eingegriffen) **intervenir**

♦ Eingriff (MASCULIN, pluriel Eingriffe) **intervention**

einhaken **accrocher**

► sich bei jemandem einhaken **prendre le bras de quelqu'un**

einhalten (er hält ein ; einhielt, eingehalten) **respecter** *ou* **tenir** *ou* **suivre** (des règles)

► ein Versprechen einhalten **tenir une promesse**

einhändig **d'une** (seule) **main**

einhängen

► das Telefon einhängen **raccrocher le téléphone**

► sich bei jemanden einhängen **prendre le bras de quelqu'un**

einheimisch **local** *ou* **du pays**

Einheit (FÉMININ, pluriel Einheiten) **unité**

♦ einheitlich **uniforme**

einheizen **chauffer**

einholen **rattraper**

einhundert **cent**

einig

► sich einig sein **être d'accord**

einige **quelques** *ou* **quelques-un(e)s** *ou* **plusieurs**

(sich) einigen (s')unir

► sich auf etwas einigen se mettre d'accord sur quelque chose

einigermaßen plus au moins

einiges plusieurs choses

Einkauf (MASCULIN, pluriel Einkäufe) achat

♦ Einkaufsbummel (MASCULIN, pluriel Einkaufsbummel) lèche-vitrine

♦ Einkaufswagen (MASCULIN, pluriel Einkaufswagen) caddie®

einkaufen *a plusieurs catégories grammaticales :*

> Ce peut être un VERBE TRANSITIF :

einkaufen *signifie* acheter

> Ce peut être un VERBE INTRANSITIF :

einkaufen *signifie* faire des courses

einklammern mettre entre parenthèses

(sich) einklemmen (se) coincer

Einkommen (NEUTRE, pluriel Einkommen) revenu (au sens de salaire)

♦ Einkommensteuer (FÉMININ, pluriel Einkommensteuern) impôt sur le revenu

einkreisen encercler

einladen (er lädt ein; einlud, eingeladen) inviter *ou* charger

♦ Einladung (FÉMININ, pluriel Einladungen) invitation

Einlage (FÉMININ, pluriel Einlagen)

♦ Schuheinlage semelle (à mettre dans la chaussure)

♦ Programmeinlage intermède

Einlass (MASCULIN, pluriel Einlässe) entrée *ou* admission

▷ Der Einlass ist um acht Uhr. Les portes s'ouvrent à huit heures.

einlassen (er lässt ein ; einließ, eingelassen) laisser entrer

► Wasser in die Badewanne einlassen faire couler un bain

► sich mit jemandem einlassen entrer en relation avec quelqu'un

► sich auf etwas einlassen s'embarquer dans quelque chose

sich einleben s'acclimater :

▷ Habt ihr euch in eurem neuen Haus eingelebt? Vous vous êtes acclimatés à votre nouvelle maison ?

einleiten introduire

♦ Einleitung (FÉMININ, pluriel Einleitungen) introduction

einleuchten paraître évident

♦ einleuchtend évident *ou* convaincant

einmal une fois *ou* un jour

► erst einmal d'abord

► noch einmal encore une fois

► nicht einmal même pas

► auf einmal tout d'un coup

► es war einmal il était une fois

Einmaleins (NEUTRE) tables de multiplication

einmalig unique *ou* qui n'a lieu qu'une fois

sich einmischen se mêler

► sich in etwas einmischen se mêler de quelque chose

einnehmen (er nimmt ein ; einnahm, eingenommen) a plusieurs sens :

1 einnehmen *peut signifier* prendre :

► eine Mahlzeit / Medizin einnehmen prendre un repas / un médicament

► seinen Platz einnehmen prendre sa place

2 einnehmen *peut signifier* occuper *ou* adopter :

► eine Stellung einnehmen occuper un poste

► eine Haltung einnehmen adopter une attitude

► jemanden für sich einnehmen gagner la sympathie de quelqu'un

► von jemandem eingenommen sein être séduit par quelqu'un

► von sich eingenommen sein être trop sûr de soi-même

einnicken s'assoupir

sich einnisten faire son nid

► sich bei jemandem einnisten s'installer chez quelqu'un

Einöde (FÉMININ, pluriel Einöden) endroit désertique *ou* endroit solitaire

einordnen ranger *ou* classer

► sich einordnen se ranger *ou* s'intégrer

einpacken emballer *ou* mettre dans une valise

einpflanzen planter

einprägen

► sich etwas einprägen se graver quelque chose dans la mémoire

► sich einprägen rester dans la mémoire

einrahmen encadrer

einreden

► jemandem etwas einreden persuader quelqu'un de quelque chose

► **auf jemanden einreden** essayer de persuader quelqu'un

einreißen (se) déchirer

einrichten aménager *ou* meubler *ou* arranger

♦ **Einrichtung** (FÉMININ, pluriel Einrichtungen) équipement *ou* institiution

eins un (le chiffre)

♦ **einhundert** cent

♦ **einjährig** d'un an

♦ **einmal** une fois

♦ **Eins** (FÉMININ, pluriel Einsen) (le chiffre) un

einsam seul *ou* solitaire

♦ **Einsamkeit** (FÉMININ) solitude

einsammeln ramasser

einschalten allumer *ou* mettre en marche

einschenken verser *ou* servir à boire

einschlafen s'endormir *ou* s'engourdir

► **wieder einschlafen** se rendormir

einschlagen *a plusieurs catégories grammaticales et plusieurs sens :*

> Ce peut être un VERBE TRANSITIF :

1 **einschlagen** *peut signifier* enfoncer :

▷ Wo soll ich den Nagel einschlagen? Où est-ce que je dois enfoncer le clou ?

▷ Mach auf, sonst schlage ich die Türe ein! Ouvre, sinon j'enfonce la porte.

2 **(sich) einschlagen** *peut signifier* (se) casser :

▷ Er hat sich einen Zahn eingeschlagen. Il s'est cassé une dent.

▷ Vorsicht mit dem Ball, schlagt das Fenster nicht ein! Attention avec le ballon, ne cassez pas la vitre !

► **eine Richtung einschlagen** prendre une direction

► **eine Laufbahn einschlagen** choisir une carrière

> Ce peut être un VERBE INTRANSITIF :

► **der Blitz schlägt in etwas ein** la foudre tombe sur quelque chose

► **einschlagen auf** taper sur

► **etwas schlägt ein** quelque chose plaît *ou* marche

einschließen (einschloss, eingeschlossen) *a plusieurs catégories grammaticales et plusieurs sens :*

> Ce peut être un VERBE TRANSITIF :

einschließen *signifie* enfermer *ou* mettre sous clé

> Ce peut être un VERBE INTRANSITIF :

einschließen *signifie* inclure *ou* comprendre *ou* contenir

♦ **einschließlich** inclus *ou* y compris

sich einschmeicheln

► **sich bei jemanden einschmeicheln** bien se faire voir auprès de quelqu'un

einschneiden (einschnitt, eingeschnitten) *a plusieurs catégories grammaticales et plusieurs sens :*

> Ce peut être un VERBE TRANSITIF :

einschneiden *signifie* couper

> Ce peut être un VERBE INTRANSITIF :

einschneiden *signifie* couper *ou* être coupant :

▷ Lass den Strick los, er schneidet mir ein. Relâche la corde, elle m'entre dans la chair.

▷ Der Draht schneidet ein. Le fil de fer est coupant.

▷ Der Hosengummi schneidet mir ein. L'élastique du pantalon me serre.

♦ **einschneidend** décisif

einschränken limiter *ou* réduire *ou* restreindre

♦ **Einschränkung** (FÉMININ, pluriel Einschränkungen) restriction

► **ohne Einschränkungen** sans réserves

(sich) einschreiben (s')inscrire

einschreiten (einschritt, eingeschritten) intervenir

einschüchtern intimider

einsehen comprendre *ou* reconnaître (une erreur ou une faute) :

▷ Ich sehe nicht ein, warum ich nicht mitgehen darf. Je ne comprends pas pourquoi je n'ai pas le droit d'y aller avec eux.

▷ Siehst du deinen Fehler ein? Tu reconnais ta faute ?

einseitig partiel

► **einseitige Ernährung** nourriture trop peu variée *ou* déséquilibrée

► **einseitige Ausbildung** formation trop spécialisée

einsetzen *a plusieurs catégories grammaticales et plusieurs sens :*

> Ce peut être un VERBE TRANSITIF :

1 **einsetzen** *peut signifier* mettre *ou* placer *ou* poser :

► **ein neues Teil einsetzen** installer une nouvelle pièce

► **ein Fenster einsetzen** poser une fenêtre

2 **einsetzen** *peut signifier* employer :

► **viel Kraft einsetzen** employer beaucoup de force

► **Arbeitskräfte einsetzen** employer des ouvriers

► **sein Leben einsetzen** risquer sa vie

> Ce peut être un VERBE INTRANSITIF :

einsetzen *signifie* commencer

► **sich für jemanden / etwas einsetzen** aider *ou* défendre quelqu'un / quelque chose

Einsicht (FÉMININ) compréhension

► **Einsicht haben** comprendre

► **zur Einsicht kommen** reconnaître

♦ **einsichtig** raisonnable

einsinken s'enfoncer *ou* s'affaisser

einsperren enfermer

einspringen

► **für jemanden einspringen** remplacer quelqu'un

Einspruch (MASCULIN, pluriel Einsprüche) objection *ou* protestation

► **Einspruch erheben** protester

einst autrefois *ou* un jour

einstecken brancher *ou* empocher

einsteigen (einstieg, eingestiegen) monter

► **in ein Fahrzeug einsteigen** monter dans un véhicule

► **auf etwas einsteigen** jouer le jeu

einstellen *a plusieurs sens :*

1 **einstellen** *peut signifier* cesser *ou* suspendre :

▷ Er hat seine Aktivität eingestellt. Il a cessé son activité.

2 **einstellen** *peut signifier* régler :

▷ Der Apparat ist schlecht eingestellt. L'appareil est mal réglé.

3 **einstellen** *peut signifier* allumer :

▷ Jeden Morgen stellt er das Radio ein. Tous les matins il allume la radio.

4 **einstellen** *peut signifier* embaucher :

▷ Ich kann Sie sofort einstellen. Je peux vous embaucher tout de suite.

► **sich auf jemanden / etwas einstellen** s'adapter à quelqu'un / quelque chose

Einstellung (FÉMININ, pluriel Einstellungen) attitude

einstimmig unanime *ou* à l'unanimité

Einsturz (MASCULIN, pluriel Einstürze) effondrement

einstürzen s'effondrer

einstweilen en attendant

eintauschen échanger

eintausend mille

einteilen répartir

einteilig d'une seule pièce

eintönig monotone

einträglich lucratif *ou* rentable

eintreffen (er trifft ein; eintraf, eingetroffen) arriver *ou* se réaliser :

▷ Eine gute Nachricht ist eingetroffen. Il y a une bonne nouvelle.

▷ Sie ist eben erst eingetroffen. Elle vient juste d'arriver.

▷ Ich hoffe, dass mein Wunsch eintrifft. J'espère que mon souhait se réalisera.

eintreten (er tritt ein; eintrat, eingetreten) entrer *ou* arriver *ou* être :

▷ Tritt ein! Entre !

▷ Es ist genau das eingetreten. C'est exactement ce qui est arrivé.

▷ Plötzlich trat Stille ein. Tout d'un coup c'était le silence.

▷ Sein Tod ist um sechs Uhr abends eingetreten. Il est mort à six heures du soir.

► **für jemanden / etwas eintreten** défendre quelqu'un, quelque chose

► **sich etwas in den Fuß eintreten** s'enfoncer quelque chose dans le pied

► **in eine Partei eintreten** entrer dans un parti

Eintrittskarte (FÉMININ, pluriel Eintrittskarten) billet d'entrée

einundzwanzig vingt et un

einverstanden d'accord

Einverständnis (NEUTRE, pluriel Einverständnisse) consentement

Einwand (MASCULIN, pluriel Einwände) objection

Einwanderer, Einwanderin (MASCULIN, pluriel Einwanderer / FÉMININ, pluriel Einwanderinnen) immigré, immigrée

♦ **einwandern** immigrer

einwandfrei impeccable *ou* irréprochable

einwärts vers l'intérieur

einweichen (einwich, eingewichen) (faire) tremper

einweihen inaugurer
► jemanden in ein Geheimnis einweihen mettre quelqu'un au courant d'un secret
♦ **Einweihung** (FÉMININ, pluriel Einweihungen) inauguration

einwenden (einwandte, eingewandt) objecter

einwerfen objecter
► Post einwerfen mettre le courrier dans une boîte à lettres
► den Ball einwerfen remettre le ballon dans le jeu

einwickeln envelopper

einwilligen consentir
♦ **Einwilligung** (FÉMININ, pluriel Einwilligungen) consentement

einwirken agir
► auf jemanden / etwas einwirken agir sur quelqu'un / quelque chose
► etwas einwirken lassen faire agir quelque chose, attendre l'effet de quelque chose

Einwirkung (FÉMININ, pluriel Einwirkungen) influence

Einwohner, Einwohnerin (MASCULIN, pluriel Einwohner / FÉMININ, pluriel Einwohnerinnen) habitant, habitante

Einwurf (MASCULIN, pluriel Einwürfe) objection

Einzahl (FÉMININ) singulier

Einzelbett (NEUTRE, pluriel Einzelbetten) lit pour une personne

Einzelgänger, Einzelgängerin (MASCULIN, pluriel Einzelgänger / FÉMININ, pluriel Einzelgängerinnen) solitaire

Einzelheit (FÉMININ, pluriel Einzelheiten) détail

Einzelkind (NEUTRE, pluriel Einzelkinder) enfant unique

einzeln *a plusieurs catégories grammaticales et plusieurs sens :*
> Ce peut être un ADJECTIF :
einzeln *signifie* seul *ou* unique *ou* séparé
► in einzelnen Fällen dans des cas particuliers
> Ce peut être un ADVERBE :
einzeln *signifie* séparément *ou* à l'unité :
▷ Man kann die Kaugummis auch einzeln kaufen. On peut aussi acheter les chewing-gums à l'unité.

Einzelzimmer (NEUTRE, pluriel Einzelzimmer) chambre individuelle

einziehen *a plusieurs catégories grammaticales et plusieurs sens :*
> Ce peut être un VERBE TRANSITIF :
einziehen *signifie* baisser *ou* rétracter :
▷ Zieh den Kopf ein! Baisse la tête !
▷ Die Schnecke hat ihre Fühler eingezogen. L'escargot a rétracté ses cornes.
> Ce peut être un VERBE INTRANSITIF :
1 einziehen *peut signifier* emménager :
► in ein neues Haus einziehen emménager dans une nouvelle maison
2 einziehen *peut signifier* pénétrer :
▷ Du musst warten, bis die Farbe in das Holz eingezogen ist. Il faut que tu attendes que la peinture ait pénétré le bois.

einzig seul *ou* unique
♦ **einzigartig** unique *ou* sans pareil

Einzige (MASCULIN, FÉMININ, pluriel Einzigen) le seul, la seule *ou* la seule personne
♦ **das Einzige** (NEUTRE) la seule chose

ℹ Ces noms sont des adjectifs substantivés : der Einzige, ein Einziger / das Einzige, ein Einziges.

Eis (NEUTRE, pluriel Eis) glace
♦ **Eisbahn** (FÉMININ, pluriel Eisbahnen) patinoire
♦ **Eisbär** (MASCULIN, pluriel Eisbären) ours polaire
♦ **Eisberg** (MASCULIN, pluriel Eisberge) iceberg
♦ **Eisdiele** (FÉMININ, pluriel Eisdielen) glacier (qui vend des glaces)
♦ **Eishockey** (NEUTRE) hockey sur glace
♦ **Eiskunstlauf** (MASCULIN) patinage artistique
♦ **Eiswürfel** (MASCULIN, pluriel Eiswürfel) glaçon

Eisen (NEUTRE, pluriel Eisen) fer
♦ **Eisenbahn** (FÉMININ, pluriel Eisenbahnen) chemin de fer

eisig glacial *ou* gelé

eiskalt glacial *ou* glacé

Eislaufen *a plusieurs catégories grammaticales :*
> Ce peut être un NOM NEUTRE :
das Eislaufen *signifie* patinage sur glace
> Ce peut être un VERBE :
Eislaufen *signifie* faire du patinage sur glace

eitel vaniteux
♦ **Eitelkeit** (FÉMININ) vanité

Eiter (MASCULIN) pus

Eiweiß (NEUTRE, pluriel Eiweiße) blanc d'œuf *ou* protéine

Ekel (MASCULIN) dégoût

♦ ekelhaft dégoûtant *ou* écœurant *ou* immonde

ekeln dégoûter *ou* écœurer :

► sich vor jemandem / etwa sekeln être dégoûté de quelqu'un / quelque chose

► es ekelt mich ça me dégoûte

elend misérable

♦ Elend (NEUTRE) misère

♦ elendiglich misérablement

♦ Elendsviertel (NEUTRE, pluriel Elendsviertel) bidonville

elf onze

♦ Elfmeter (MASCULIN, pluriel Elfmeter) penalty

♦ Elfmeterschießen tir au but

Ellbogen (MASCULIN, pluriel Ellbogen) coude

Elsass (NEUTRE) l'Alsace

♦ Elsässer, Elsässerin (MASCULIN, pluriel Elsässer / FÉMININ, pluriel Elsässerinnen) Alsacien, Alsacienne

♦ elsässisch alsacien

Eltern (pluriel die Eltern) parents

♦ Elternhaus (NEUTRE, pluriel Elternhäuser) maison familiale

E-Mail (FÉMININ, pluriel E-Mails) e-mail *ou* courriel

empfahl *voir* empfehlen

empfand *voir* empfinden

Empfang (MASCULIN, pluriel Empfänge) réception *ou* accueil

► in Empfang nehmen recevoir

♦ empfangen (er empfängt; empfing, empfangen) recevoir *ou* accueillir

♦ empfänglich sensible

empfehlen (er empfiehlt; empfahl, empfohlen) recommander

♦ empfehlenswert à recommander

♦ Empfehlung (FÉMININ, pluriel Empfehlungen) recommandation

empfiehlst, empfiehlt *voir* empfehlen

empfinden (empfand, empfunden) éprouver *ou* ressentir

♦ empfindlich fragile *ou* susceptible *ou* sensible

♦ Empfindlichkeit (FÉMININ) sensibilité *ou* susceptibilité

♦ empfindsam sensible

♦ Empfindung (FÉMININ, pluriel Empfindungen) sensation *ou* sentiment

♦ empfindungslos insensible

empfing *voir* empfangen

empfohl, empfohlen *voir* empfehlen

empfunden *voir* empfinden

(sich) empören (s')indigner

► über etwas empört sein être indigné de quelque chose

♦ Empörung (FÉMININ) indignation

emsig affairé

Ende (NEUTRE, pluriel Enden) *a plusieurs sens :*

1 Ende *peut signifier* fin :

▷ Das ist das Ende. C'est la fin.

► Ende Juni fin juin

2 Ende *peut signifier* bout *ou* extrémité :

▷ Der Haken ist am anderen Ende des Stockes. Le crochet est à l'autre bout du baton.

▷ Meine Geduld ist am Ende. Je n'ai plus de patience.

► am Ende au bout

► zu Ende sein être fini *ou* être terminé

► am Ende sein être au bout du rouleau

♦ enden finir *ou* se terminer

endgültig définitif *ou* définitivement

Endivie (FÉMININ, pluriel Endivien) chicorée

> Endivie ne signifie pas « endive ».

endlich enfin *ou* finalement

endlos interminable *ou* sans fin

Endspiel (NEUTRE, pluriel Endspiele) finale (d'un match sportif)

Endstation (FÉMININ, pluriel Endstationen) terminus

eng étroit *ou* serré

Enge (FÉMININ, pluriel Engen) étroitesse

► in der Enge sein être coincé

Engel (MASCULIN, pluriel Engel) ange

♦ engelhaft angélique

England Angleterre

> ℹ En allemand, on ne met pas d'article devant les noms de pays.

♦ **Engländer, Engländerin** (MASCULIN pluriel Engländer / FÉMININ pluriel Engländerinnen) Anglais, Anglaise

♦ **englisch** anglais

► **Englisch sprechen** parler anglais

> ℹ Dans cette expression, Englisch est utilisé de manière substantivée.

Enkel, Enkelin (MASCULIN pluriel Enkel / FÉMININ pluriel Enkelinnen) petit-fils, petite-fille

♦ **Enkelkind** (NEUTRE, pluriel Enkelkinder) petit-enfant

entbehren être privé de

► **entbehren können** pouvoir se passer de

♦ **Entbehrung** (FÉMININ, pluriel Entbehrungen) privation

entdecken découvrir (au sens de trouver)

♦ **Entdeckung** (FÉMININ, pluriel Entdeckungen) découverte

► **auf Entdeckung gehen** s'aventurer dans les environs

Ente (FÉMININ, pluriel Enten) canard

entfachen déclencher *ou* enflammer

sich entfalten s'épanouir *ou* se développer

(sich) entfernen (s')éloigner

► **einen Flecken entfernen** enlever une tache

♦ **entfernt** éloigné *ou* lointain

♦ **Entfernung** (FÉMININ, pluriel Entfernungen) distance *ou* enlèvement

entflammen enflammer

► **sich für jemanden / etwas entflammen** s'enflammer pour quelqu'un / quelque chose

entführen enlever (au sens de kidnapper)

► **ein Flugzeug entführen** détourner un avion

♦ **Entführung** (FÉMININ, pluriel Entführungen) enlèvement

entgegen *a plusieurs catégories grammaticales et plusieurs sens :*

> Ce peut être une PRÉPOSITION qui s'emploie avec le datif :

entgegen *signifie* contre :

► **entgegen meinem Rat** contre mon avis

> Ce peut être un ADVERBE :

entgegen *signifie* vers :

► **neuen Abenteuern entgegen** vers de nouvelles aventures

> Ce peut être une PARTICULE SÉPARABLE pour former des VERBES COMPOSÉS :

► **jemandem entgegenkommen** venir à la rencontre de quelqu'un

► **jemandem entgegenlaufen** courir à la rencontre de quelqu'un

► **etwas entgegennehmen** recevoir quelque chose

► **einem Ereignis entgegensehen** être dans l'attente d'un événement

♦ **entgegenwirken** agir contre

entgegengesetzt opposé *ou* contradictoire

entgehen (entging, entgangen) échapper

► **jemandem / einer Sache entgehen** échapper à quelqu'un / quelque chose

► **sich etwas entgehen lassen** rater quelque chose

entgleisen dérailler

entgleiten (entglitt, entglitten) échapper

enthalten contenir

► **sich enthalten** s'abstenir

♦ **Enthaltsamkeit** (FÉMININ) abstinence

enthüllen dévoiler *ou* découvrir

entkommen (entkam, entkommen) échapper *ou* s'évader

entlang le long de

♦ **entlanggehen** (entlangging, entlanggegangen) longer

entlassen (er entlässt; entließ, entlassen) renvoyer *ou* licencier

entlasten soulager *ou* décharger

entmutigen décourager

entpacken dézipper (un fichier)

sich entpuppen s'avérer

entreißen arracher

(sich) entrüsten (s')indigner

♦ **Entrüstung** (FÉMININ) indignation

entschädigen dédommager *ou* indemniser

♦ **Entschädigung** (FÉMININ, pluriel Entschädigungen) dédommagement *ou* indemnité

(sich) entscheiden (entschied, entschieden) (se) décider

► sich für etwas entscheiden **se décider pour quelque chose**

♦ entscheidend **décisif**

♦ Entscheidung (FÉMININ, pluriel Entscheidungen) **décision**

► eine Entscheidung treffen **prendre une décision**

(sich) entschließen (entschloss, entschlossen) **se décider**

► sich zu etwas entschließen **se décider pour quelque chose**

► sich entschließen, etwas zu tun **se décider à faire quelque chose**

entschlossen **décidé** *ou* **déterminé** *ou* **résolu**

♦ Entschlossenheit (FÉMININ) **détermination** *ou* **résolution**

Entschluss (MASCULIN, pluriel Entschlüsse) **décision**

(sich) entschuldigen **(s')excuser**

♦ Entschuldigung (FÉMININ, pluriel Entschuldigungen) **excuse**

► jemanden um Entschuldigung bitten **demander pardon à quelqu'un**

Entsetzen (NEUTRE) **effroi**

♦ entsetzlich **effroyable**

♦ entsetzt **horrifié**

sich entspannen **se détendre** *ou* **se relaxer**

♦ entspannend **relaxant**

♦ Entspannung (FÉMININ) **détente**

entsprechen (er entspricht; entsprach, entsprochen) **correspondre**

► einer Sache entsprechen **correspondre à une chose**

entsprechend *a plusieurs catégories grammaticales et plusieurs sens :*

> Ce peut être un ADJECTIF :

entsprechend *signifie* **approprié** *ou* **qui correspond**

> Ce peut être un ADVERBE :

entsprechend *signifie* **selon** *ou* **conformément à**

entstehen (enstand, entstanden) **naître** *ou* **se produire** *ou* **arriver**

entstellen **déformer** *ou* **défigurer**

enttäuschen **décevoir**

♦ Enttäuschung (FÉMININ, pluriel Enttäuschungen) **déception**

Entwaldung (FÉMININ) **déforestation**

entweder *est une* CONJONCTION *qui s'emploie avec* oder *et signifie* **ou** *ou* **soit** :

▷ Entweder du kommst mit dem Fahrrad, oder ich hole dich mit dem Auto ab. Ou tu viens en vélo, ou je viens te chercher en voiture.

entwerfen (er entwirft; entwurf, entworfen) **concevoir**

entwerten **composter** (un billet)

♦ Entwerter (MASCULIN) **composteur**

entwickeln **développer**

♦ Entwicklung (FÉMININ, pluriel Entwiclungen) **développement**

► nachhaltige Entwicklung **développement durable**

♦ Entwicklungsland (NEUTRE, pluriel Entwicklungsländer) **pays en voie de développement**

entwischen **s'échapper**

entwurzeln **déraciner**

entziehen (entzog, entzogen) **retirer**

entziffern **déchiffrer**

entzücken **enchanter**

♦ entzückend **ravissant**

entzünden **enflammer**

► sich entzünden **s'enflammer**

♦ Entzündung (FÉMININ, pluriel Entzündungen) **inflammation**

entzwei sein **être en** (deux) **morceaux, être cassé** (en deux)

♦ entzweibrechen **se casser** (en deux)

er **il** *ou* **lui** *ou* **elle** (en fonction du genre du nom en français)

> ℹ « Déclinaisons : »
> ihn (accusatif) ; ihm (datif) ; seiner (génitif)

► er allein **lui seul**

► er selbst **lui-même**

sich erbarmen **avoir pitié**

♦ Erbarmen (NEUTRE) **pitié**

♦ erbärmlich **pitoyable** *ou* **minable**

♦ erbarmungslos **impitoyable** *ou* **sans pitié**

Erbe, Erbin (MASCULIN pluriel Erben / FÉMININ pluriel Erbinnen) **héritier, héritière**

♦ Erbe (NEUTRE) **héritage**

♦ erben **hériter**

♦ erblich **héréditaire**

♦ Erbschaft (FÉMININ, pluriel Erbschaften) **héritage**

erbittert **aigri** *ou* **acharné**

erblassen **pâlir**

erblicken **apercevoir** *ou* **voir**

erblinden **devenir aveugle**

erbost **fâché**

► erbost sein über **être fâché contre**

erbrechen (er erbricht; erbrach, erbrochen) **vomir**

Erbse (FÉMININ, pluriel Erbsen) **petit pois**

Erdbeben (NEUTRE, pluriel Erdbeben) **tremblement de terre**

Erdbeere (FÉMININ, pluriel Erdbeeren) **fraise**

Erde (FÉMININ) **terre**

♦ Erdgeschoss (NEUTRE) **rez-de-chaussée**

♦ Erdnuss (FÉMININ, pluriel Erdnüsse) **cacahuète**

♦ Erdöl (NEUTRE) **pétrole**

erdrücken **écraser**

erdulden **endurer** *ou* **supporter**

sich ereignen **se passer** *ou* **avoir lieu**

♦ Ereignis (NEUTRE, pluriel Ereignisse) **événement**

erfahren (er erfährt; erfuhr, erfahren) *a plusieurs catégories grammaticales et plusieurs sens :*

> Ce peut être un VERBE :

erfahren *signifie* **apprendre** :

▷ Wenn hast du die gute Nachricht erfahren? Quand est-ce que tu as appris la bonne nouvelle ?

> Ce peut être un ADJECTIF :

erfahren *signifie* **expérimenté**

Erfahrung (FÉMININ, pluriel Erfahrungen) **expérience**

erfinden (erfand, erfunden) **inventer**

♦ Erfinder, Erfinderin (MASCULIN, pluriel Erfinder / FÉMININ, pluriel Erfinderinnen)

♦ Erfindung (FÉMININ, pluriel Erfindungen) **invention**

Erfolg (MASCULIN, pluriel Erfolge) **succès** *ou* **réussite**

♦ erfolglos **sans succès**

♦ erfolgreich **couronné de succès** *ou* **réussi**

erforderlich **nécessaire**

erforschen **explorer**

♦ Erforschung (FÉMININ, pluriel Erforschung) **exploration**

erfreuen **réjouir** *ou* **faire plaisir à** :

► sich an etwas erfreuen **se réjouir de quelque chose**

♦ erfreulich **réjouissant**

♦ erfreulicherweise **heureusement**

erfrieren **geler** *ou* **mourir de froid**

(sich) erfrischen **(se) rafraîchir**

♦ Erfrischung (FÉMININ, pluriel Erfrischungen) **rafraîchissement**

erfüllen *a plusieurs sens :*

1 erfüllen *peut signifier* **accomplir** :

▷ Er hat seine Pflicht erfüllt. Il a accompli son devoir.

2 erfüllen *peut signifier* **remplir** :

▷ Das hat mich mit Freude erfüllt. Ça m'a rempli de joie.

3 erfüllen *peut signifier* **satisfaire** :

▷ Deine Noten erfüllen meine Erwartungen. Tes notes satisfont mes attentes.

4 sich erfüllen *signifie* **se réaliser** :

▷ Ihr Wunsch hat sich erfüllt. Son désir s'est réalisé.

ergänzen **compléter**

ergeben (ergiebt; ergab, ergeben) *a plusieurs catégories grammaticales et plusieurs sens :*

> Ce peut être un VERBE TRANSITIF :

ergeben *signifie* **donner** :

▷ Die Nachforschungen haben nichts ergeben. Les recherches n'ont rien donné.

> Ce peut être un VERBE RÉFLÉCHI :

1 sich ergeben *peut signifier* **se rendre** :

▷ Der Feind ergibt sich. L'ennemi se rend.

2 sich ergeben *peut être employé dans des expressions :*

▷ Was hat sich ergeben? Qu'est-ce que ça a donné ?

▷ Das hat sich so ergeben. Ça s'est fait comme ça.

3 sich ergeben *peut signifier* **s'ensuivre** *ou* **résulter** :

▷ Es wird sich schon etwas ergeben. Il va bien s'ensuivre quelque chose.

> Ce peut être un ADJECTIF :

ergeben *signifie* **dévoué** :

▷ Sie ist ihm ganz ergeben. Elle lui est complètement dévouée.

♦ Ergebenheit (FÉMININ) **dévouement**

Ergebnis (NEUTRE, pluriel Ergebnisse) **résultat**

♦ ergebnislos **sans résultat**

ergehen (erging, ergangen)

▷ Wie ist es dir dabei ergangen? Comment ça s'est passé pour toi ?

▷ Es erging mir schlecht. Ça s'est mal passé pour moi.

► etwas über sich ergehen lassen **subir quelque chose**

ergiebig **qui rapporte beaucoup** *ou* **fructueux** *ou* **fertile**

ergreifen (ergriff, ergriffen) *a plusieurs sens :*

1 ergreifen *peut signifier* **saisir** *ou* **attraper**

2 ergreifen *peut signifier* **prendre** :

► Maßnahmen ergreifen **prendre des mesures**

♦ ergreifend **émouvant**

♦ ergriffen sein **être ému** *ou* **être touché**

erhalten (erhält; erhielt, erhalten) *a plusieurs sens :*

1 erhalten *peut signifier* **recevoir** :

▷ Hast du meinen Brief erhalten? Tu as reçu ma lettre ?

2 erhalten *peut signifier* **conserver** *ou* **maintenir** :

▷ Dieser Tempel ist gut erhalten. Ce temple est bien conservé.

► gut / schlecht erhalten sein **être en bon / mauvais état**

(sich) erheben **(se) lever** *ou* **(s')élever**

► auf etwas Anspruch erheben **réclamer quelque chose**

► Einspruch, Protest erheben **protester**

♦ erheblich **considérable**

erheitern **amuser** *ou* **égayer**

erhitzen **chauffer**

erhoffen **espérer**

erhöhen **augmenter** *ou* **hausser** (un mur)

sich erholen **se reposer**

► sich von einer Krankheit erholen **se remettre d'une maladie** *ou* **se rétablir**

♦ erholsam **reposant**

♦ Erholung (FÉMININ) **repos** *ou* **rétablissement**

♦ erholungsbedürftig **qui a besoin de repos**

sich erinnern **se rappeler** *ou* **se souvenir**

► jemanden an jemanden / etwas erinnern **rappeler quelqu'un / quelque chose à quelqu'un**

♦ Erinnerung (FÉMININ, pluriel Erinnerungen) **souvenir** *ou* **mémoire**

► zur Erinnerung an **en souvenir de**

sich erkälten **prendre froid**

► erkältet sein **être enrhumé, avoir un rhume**

♦ Erkältung (FÉMININ, pluriel Erkältungen) **rhume**

erkennen **reconnaître** *ou* **distinguer**

► sich erkenntlich zeigen **se montrer reconnaissant**

Erkenntnis (FÉMININ, pluriel Erkenntnisse) **connaissance**

erklären **expliquer**

♦ erklärbar, erklärlich **expliquable**

♦ Erklärung (FÉMININ, pluriel Erklärungen) **explication** *ou* **déclaration**

► eine Erklärung abgeben **faire une déclaration**

erkranken **tomber malade**

♦ Erkrankung (FÉMININ, pluriel Erkrankungen) **maladie**

sich erkundigen **se renseigner**

erlangen **obtenir** *ou* **acquérir**

erlauben **permettre**

► sich etwas erlauben **se permettre quelque chose**

♦ Erlaubnis (FÉMININ, pluriel Erlaubnisse) **permission**

erleben **vivre** *ou* **éprouver** *ou* **faire l'expérience de**

♦ Erlebnis (NEUTRE, pluriel Erlebnisse) **expérience**

erleichtern **faciliter** *ou* **alléger**

► erleichtert sein **être soulagé**

♦ Erleichterung (FÉMININ) **soulagement**

erleiden **subir** *ou* **endurer** *ou* **souffrir**

erlernen **apprendre**

♦ erlernbar **qui peut s'apprendre**

erlöschen **s'éteindre**

erlösen **délivrer**

♦ Erlösung (FÉMININ) **délivrance**

ermäßigen réduire

♦ Ermäßigung (FÉMININ, pluriel Ermäßigungen) réduction

ermöglichen rendre possible *ou* permettre

► jemandem etwas ermöglichen rendre possible quelque chose à quelqu'un

ermorden assassiner

♦ Ermordung (FÉMININ, pluriel Ermordungen) assassinat

ermüden fatiguer

♦ Ermüdung (FÉMININ) fatigue

ermutigen encourager

(sich) ernähren (se) nourrir

♦ Ernährung (FÉMININ, pluriel Ernährungen) alimentation *ou* nourriture

erneuerbar renouvelable

► erneuerbare Energien énergies renouvelables

erneuern renouveler *ou* restaurer

♦ erneut *(adjectif)* nouveau *ou* *(adverbe)* à nouveau

erniedrigen humilier (quelqu'un) *ou* baisser (un prix)

ernst sérieux *ou* grave

► etwas ernst meinen être sérieux

► etwas ernst nehmen prendre quelque chose au sérieux

► ernst bleiben garder son sérieux

♦ Ernst (MASCULIN) gravité *ou* sérieux (substantif)

▷ Das ist mein Ernst. Je suis sérieux.

► im Ernst sérieusement

► es wird Ernst ça devient sérieux

► seinen Ernst bewahren garder son sérieux

Ernte (FÉMININ, pluriel Ernten) récolte *ou* moisson

♦ ernten récolter *ou* moissonner

erpressen faire chanter

♦ Erpressung (FÉMININ, pluriel Erpressungen) chantage

erraten deviner

erregen irriter *ou* exciter

erreichen atteindre *ou* joindre

► jemanden erreichen joindre quelqu'un

► erreichbar sein être joignable

erröten rougir

Ersatz (MASCULIN) substitut *ou* dédommagement

♦ Ersatzrad (NEUTRE, pluriel Ersatzräder) roue de secours

♦ Ersatzteil (NEUTRE, pluriel Ersatzteile) pièce de remplacement

erschaffen créer

erscheinen apparaître *ou* comparaître *ou* paraître

♦ Erscheinung (FÉMININ, pluriel Erscheinungen) apparition *ou* phénomène

erschöpfen épuiser

♦ Erschöpfung (FÉMININ) épuisement

erschrecken *a plusieurs catégories grammaticales et plusieurs sens :*

> Ce peut être un VERBE TRANSITIF :

erschrecken *signifie* effrayer *ou* faire peur :

▷ Du hast mich aber erschreckt. Tu m'as vraiment fait peur.

> Ce peut être un VERBE INTRANSITIF :

erschrecken *signifie* avoir peur :

▷ Sie ist erschrocken. Elle a eu peur.

erschüttern ébranler *ou* secouer *ou* émouvoir *ou* bouleverser

♦ erschüttert bouleversé *ou* ébranlé

♦ Erschütterung (FÉMININ, pluriel Erschütterungen) secousse *ou* bouleversement

erschwinglich abordable (en parlant d'un prix)

ersetzen remplacer

ersichtlich évident *ou* manifeste *ou* apparent

ersparen économiser

► sich Zeit ersparen gagner du temps

► sich Mühe ersparen s'épargner des efforts

► jemandem etwas ersparen épargner quelque chose à quelqu'un

♦ Ersparnisse (FÉMININ PLURIEL) économies

erst d'abord *ou* seulement :

▷ Erst sie, dann du. D'abord elle, puis toi.

▷ Er ist erst gestern zurückgekommen. Il est seulement revenu hier.

► erst einmal d'abord

► erst recht à plus forte raison

► nun erst recht! raison de plus !

erstarren se figer

erstaunen (s')étonner

♦ **Erstaunen** (NEUTRE) étonnement

♦ **erstaunlich** étonnant

erstbeste, erstbester, erstbestes le premier venu, la première venue, la première chose venue

erste, erster, erstes premier, première

► **der erste Mai** le premier mai

► **das erste Mal** la première fois

♦ **erstens** premièrement

♦ **Erste** (MASCULIN, FÉMININ, pluriel Ersten) premier, première

ℹ Ce mot est un ADJECTIF SUBSTANTIVÉ : on dit ein Erster.

erstechen (er ersticht; erstach, erstochen) poignarder

ersticken *a plusieurs catégories grammaticales et plusieurs sens :*

> Ce peut être un VERBE TRANSITIF :

ersticken *signifie* étouffer :

▷ Ich habe das Feuer erstickt. J'ai étouffé le feu.

> Ce peut être un VERBE INTRANSITIF :

ersticken *signifie* s'étouffer :

▷ Sie ist fast an der Gräte erstickt. Elle a failli s'étouffer avec l'arête.

erstmals pour la première fois

sich erstrecken s'étendre

ertappen surprendre

► **jemanden ertappen** prendre quelqu'un en flagrant délit

ertragen supporter

♦ **erträglich** supportable

ertränken noyer

ertrinken (ertrank, ertrunken) se noyer

(sich) erübrigen être inutile

erwachen se réveiller

erwachsen adulte

♦ **Erwachsene** (MASCULIN, FÉMININ, pluriel Erwachsenen) adulte

ℹ Ce mot est un ADJECTIF SUBSTANTIVÉ : on dit ein Erwachsener.

erwägen (erwog, erwogen) considérer *ou* peser (le pour et le contre)

♦ **Erwägung** (FÉMININ, pluriel Erwägungen) considération

► **etwas in Erwägung ziehen** prendre quelque chose en considération

erwähnen mentionner

♦ **erwähnenswert** digne d'être mentionné

Erwärmung (FÉMININ) réchauffement

► **globale Erwärmung** réchauffement climatique

erwarten attendre *ou* s'attendre à :

▷ Wir erwarten dich morgen. Nous t'attendons pour demain.

▷ Das habe ich nicht erwartet! Je ne m'attendais pas à ça !

► **jemanden / etwas kaum erwarten können** attendre quelqu'un / quelque chose avec impatience

♦ **Erwartung** (FÉMININ, pluriel Erwartungen) attente *ou* espoir

♦ **erwartungsvoll** plein d'espoir

erwecken éveiller

► **Vertrauen erwecken** inspirer confiance

► **etwas zu neuem Leben erwecken** faire revivre quelque chose

erweisen (erwies, erwiesen)

► **sich erweisen** se révéler *ou* s'avérer

► **jemandem einen Dienst erweisen** rendre un service à quelqu'un

Erwerb (MASCULIN, pluriel Erwerbe) acquisition

♦ **erwerben** acquérir

erwidern répondre :

▷ Was hat er erwidert? Qu'est-ce qu'il a répondu ?

erwiesen prouvé *ou* démontré

erwischen choper

ℹ Le mot allemand et sa traduction française sont familiers.

erwog, erwogen *voir* erwägen

erwünscht désiré

erwürgen étrangler

Erz (NEUTRE, pluriel Erze) minerai

erzählen raconter

♦ **Erzähler, Erzählerin** (MASCULIN pluriel Erzähler / FÉMININ pluriel Erzählerinnen) narrateur, narratrice

♦ **Erzählung** (FÉMININ, pluriel Erzählungen) histoire *ou* conte

erzeugen produire *ou* fabriquer *ou* générer

♦ **Erzeuger** (MASCULIN) producteur

◆ **Erzeugung** (FÉMININ, pluriel Erzeugungen) **production**

erziehen **éduquer** *ou* **élever**

◆ **Erzieher, Erzieherin** (MASCULIN pluriel Erzieher / FÉMININ pluriel Erzieherinnen) **éducateur, éducatrice**

◆ **Erziehung** (FÉMININ) **éducation**

erzwingen **obtenir de force**

es **il, elle** *ou* **ce, ça** *ou* **le, la :**

▷ Das Buch? Ich weiß nicht wo es ist. Le livre ? Je ne sais pas où il est.

▷ Es ist mir egal. Ça m'est égal.

▷ Es ist kalt! Il fait froid !

▷ Da ist das Buch, gib es mir. Le livre est là, donne-le moi.

> ℹ Déclinaisons :
> es (accusatif) ; ihm (datif) ; seiner (génitif)

Esel (MASCULIN, pluriel Esel) **âne**

essen (er isst; aß, gegessen) **manger**

◆ **essbar** **mangeable** *ou* **comestible**

◆ **Essen** (NEUTRE) **nourriture** *ou* **repas**

◆ **Esszimmer** (NEUTRE, pluriel Esszimmer) **salle à manger**

Essig (MASCULIN, pluriel Essige) **vinaigre**

◆ **Essiggurke** (FÉMININ pluriel Essiggurken) **cornichon**

Estland Estonie

> ℹ En allemand, on ne met pas d'article devant les noms de pays.

◆ **estnisch** **estonien**

etliche **quelques** *ou* **quelques-uns** *ou* **quelques-unes**

etwa **à peu près** *ou* **environ** *ou* **par hasard :**

▷ Das sind etwa drei Kilo. Cela fait à peu près trois kilos.

▷ Hast du etwa Angst? Tu n'aurais pas peur par hasard ?

etwas **quelque chose** *ou* **un peu**

EU (FÉMINININ) *est l'abréviation de* Europäische Union *et signifie* **UE** (Union européenne)

euch *est l'accusatif et le datif du pronom personnel* ihr *et signifie* **vous** *ou* **à vous**

Eule (FÉMININ, pluriel Eulen) **hibou** *ou* **chouette**

eurer *a plusieurs catégories grammaticales :*

> Ce peut être le génitif du PRONOM PERSONNEL ihr :

euer *signifie* **à vous**

> Ce peut être le PRONOM PERSONNEL ADJECTIVÉ :

euer, eu(e)re *signifie* **votre**

◆ **eu(e)re** **vos**

◆ **eu(e)re, eu(e)rer, eu(e)res** *est le pronom personnel substantivé et signifie* **le vôtre, la vôtre**

◆ **eu(e)re** **les vôtres**

eurerseits **de votre côté**

euretwegen **pour vous** *ou* **à cause de vous**

Europa **l'Europe**

◆ **Europäer, Europäerin** (MASCULIN, pluriel Europäer / FÉMININ, pluriel Europäerinnen) **Européen, Européenne**

◆ **europäisch** **européen**

► die Europäische Union **l'Union européenne**

ewig **éternel** *ou* **perpétuel** *ou* **continuel**

◆ **Ewigkeit** (FÉMININ) **éternité**

◆ **ewiglich** **éternellement**

Experiment (NEUTRE, pluriel Experimente) **expérience**

◆ **experimentieren** **faire des expériences**

extra **à part** *ou* **exprès** *ou* **en plus**

Exzentriker, Exzentrikerin (MASCULIN, pluriel Exzentriker / FÉMININ, pluriel Exzentrikerinnen) **excentrique**

◆ **exzentrisch** **excentrique**

Ff

fabelhaft merveilleux

Fabrik (FÉMININ, pluriel Fabriken) **usine**

Fach (NEUTRE, pluriel Fächer) *a plusieurs sens :*

1 Fach *peut signifier* **étagère** *ou* **rayon** *ou* **casier**

2 Fach *peut signifier* **matière :**

▷ In der achten Klasse haben wir zehn verschiedene Fächer. En quatrième, nous avons dix matières différentes.

Facharzt, Fachärztin (MASCULIN, pluriel Fachärzte / FÉMININ, pluriel Fachärztinnen) **médecin spécialiste**

Fachbereich (MASCULIN, pluriel Fachbereiche) **département** (d'une université) *ou* **spécialité** (d'études, de connaissances)

Fächer (MASCULIN, pluriel Fächer) **éventail**

Fachfrau (FÉMININ, pluriel Fachfrauen) **spécialiste**

Fachleute (pluriel die Fachleute) **spécialistes**

Fachmann (MASCULIN, pluriel Fachmänner) **spécialiste**

Fachschule (FÉMININ, pluriel Fachschulen) **école professionnelle**

Fackel (FÉMININ, pluriel Fackeln) **torche**

Faden (MASCULIN, pluriel Fäden) **fil**

► roter Faden **fil conducteur**

fähig capable

► zu etwas fähig sein **être capable de quelque chose**

♦ Fähigkeit (FÉMININ) **capacité**

Fahne (FÉMININ, pluriel Fahnen) **drapeau**

Fahrausweis (MASCULIN, pluriel Fahrausweise) **titre de transport**

fahren (er fährt; fuhr, gefahren) *a plusieurs catégories grammaticales et plusieurs sens :*

> Ce peut être un VERBE TRANSITIF :

fahren *signifie* **conduire** *ou* **transporter :**

▷ Kannst du Mina morgen in die Schule fahren? Est-ce que tu peux conduire Mina à l'école demain ?

▷ Er hat die kaputte Waschmaschine zur Entsorgung gefahren. Il a transporté la machine à laver cassée à la déchetterie.

> Ce peut être un VERBE INTRANSITIF :

1 fahren *peut signifier* **aller** *ou* **rouler** *ou* **partir** *ou* **conduire :**

▷ Wohin fahren wir? Où allons-nous ?

▷ Er fährt viel zu schnell. Il roule beaucoup trop vite.

▷ Morgen fahre ich aufs Land. Demain je pars à la campagne.

▷ Lass mich mal fahren. Laisse-moi conduire un peu.

2 fahren *peut signifier* **passer** *ou* **traverser :**

▷ Da ist mir eine Idee durch den Kopf gefahren. Alors une idée m'a traversé l'esprit.

► mit der Hand über den Tisch fahren **passer la main sur la table**

► durch einen Tunnel fahren **passer par un tunnel**

► über einen See fahren **traverser un lac**

► entlang fahren **longer**

► um die Ecke fahren **tourner**

► gegen einen Baum fahren **percuter un arbre**

► aus dem Bett fahren **sauter hors du lit**

► aus der Haut fahren **être hors de soi** *ou* **se mettre hors de soi**

► was ist in dich gefahren? **qu'est-ce qui t'a pris ?**

Fahrer (MASCULIN, pluriel Fahrer) **conducteur**

Fahrkarte (FÉMININ, pluriel Fahrkarten) **billet** *ou* **ticket**

fahrlässig négligent *ou* imprudent
► **fahrlässigerweise** par négligence *ou* par imprudence
♦ **Fahrlässigkeit** (FÉMININ) négligence *ou* imprudence

Fahrplan (MASCULIN, pluriel Fahrpläne) horaire (plan qui indique les heures de départ et d'arrivée)
♦ **fahrplanmäßig** à l'heure prévue

Fahrprüfung (FÉMININ, pluriel Fahrprüfung) examen du permis de conduire

Fahrrad (NEUTRE, pluriel Fahrräder) vélo

Fahrschein (MASCULIN, pluriel Fahrscheine) billet *ou* ticket

Fahrschule (FÉMININ, pluriel Fahrschulen) auto-école

Fahrstuhl (MASCULIN, pluriel Fahrstühle) ascenseur

Fahrt (FÉMININ, pluriel Fahrten) trajet *ou* voyage
► **in voller Fahrt** à toute allure
► **gute Fahrt!** bonne route !

Fahrzeug (NEUTRE, pluriel Fahrzeuge) véhicule

fair /fɛːɐ/ équitable *ou* loyal
► **fair-play /fɛːɐplei/ spielen** jouer fair-play
► **fairer Handel** commerce équitable

faktisch effectif *ou* réel

Falke (MASCULIN, pluriel Falken) faucon

Fall (MASCULIN, pluriel Fälle) cas *ou* chute
► **auf jeden Fall** en tout cas
► **auf alle Fälle** en tous les cas
► **für den Fall, dass** au cas où
► **auf keinen Fall** en aucun cas

Falle (FÉMININ, pluriel Fallen) piège

fallen (er fällt; fiel, gefallen) tomber *ou* baisser :
▷ Ich bin gefallen. Je suis tombé.
▷ Die Preise fallen. Les prix baissent.
► **fallen lassen** laisser tomber
► **eine Entscheidung muss fallen** une décision doit être prise
► **eine Bemerkung fallen lassen** faire une remarque
► **in Ohnmacht fallen** s'évanouir
► **im Krieg fallen** mourir à la guerre

fällen abattre (un arbre)
► **ein Urteil fällen** rendre un verdict

fällig arrivé à échéance *ou* exigible
▷ Die Miete ist morgen fällig. Il faut payer le loyer demain.

falls au cas où

Fallschirm (MASCULIN, pluriel Fallschirme) parachute
♦ **Fallschirmspringen** (NEUTRE) parachutisme

falsch *a plusieurs catégories grammaticales et plusieurs sens :*

> Ce peut être un ADJECTIF :

falsch *signifie* **faux** *ou* **mauvais** :
▷ Das ist ein falscher Zahn. C'est une fausse dent.
▷ Er hat mir eine falsche Adresse gegeben. Il m'a donné une mauvaise adresse.

> Ce peut être un ADVERBE :

▷ Die Uhr geht falsch. La montre n'est pas à l'heure.
▷ Entschuldigung, ich bin falsch verbunden. Excusez-moi, je ne suis pas au bon numéro.
► **falsch singen** chanter faux
► **falsch parken** être mal garé
► **falsch aussprechen** mal prononcer
► **falsch verstehen** mal comprendre
► **falsch gehen** se tromper de chemin

Falte (FÉMININ, pluriel Falten) pli *ou* ride
♦ **falten** plier
► **die Hände falten** joindre les mains

Falter (MASCULIN, pluriel Falter) papillon

faltig froissé *ou* ridé

Familie (FÉMININ, pluriel Familien) famille
♦ **Familienname** (MASCULIN, pluriel Familiennamen) nom de famille

fand *voir* **finden**

fangen (er fängt; fing, gefangen) attraper

Fantasie (FÉMININ, pluriel Fantasien) imagination
♦ **fantasielos** sans imagination
♦ **fantasieren** rêver *ou* délirer
♦ **fantasievoll** plein d'imagination

> Fantasie ne signifie pas « fantaisie » en français.

fantastisch fantastique *ou* fabuleux

Farbe (FÉMININ, pluriel Farben) **couleur** *ou* **peinture**

♦ farbenblind **daltonien**

♦ farbenfroh *ou* farbenprächtig **aux couleurs gaies**

♦ Farbfilm (MASCULIN, pluriel Farbfilme) **pellicule couleur**

♦ Farbfoto (NEUTRE, pluriel Farbfotos) **photo couleur**

♦ farbig **coloré** *ou* **de couleur**

♦ Farbige (MASCULIN, FÉMININ pluriel Farbigen) **homme, femme de couleur**

> ℹ Ce mot est un ADJECTIF SUBSTANTIVÉ : on dit ein Farbiger.

♦ farblos **sans couleur** *ou* **terne**

♦ Farbstift (MASCULIN, pluriel Farbstifte) **crayon de couleur**

färben *a plusieurs catégories grammaticales et plusieurs sens :*

> Ce peut être un VERBE TRANSITIF :

färben *signifie* **teindre** :

▷ Die Hose ist gefärbt. Ce pantalon est teint.

> Ce peut être un VERBE INTRANSITIF :

färben *signifie* **déteindre** :

▷ Das T-Shirt hat gefärbt. Le tee-shirt a déteint.

> Ce peut être un VERBE RÉFLÉCHI :

sich färben *signifie* **se colorer** :

▷ Im Sommer färbt sich der Himmel oft rosarot. En été, le ciel se colore souvent en rose.

Farn, Farnkraut (MASCULIN, pluriel Farne / NEUTRE, pluriel Farnkräuter) **fougère**

Fasching (MASCULIN, pluriel Faschinge) **carnaval**

> ℹ C'est un mot employé en Bavière et en Autriche. Ailleurs, on dit Karneval.

fassbar **saisissable** *ou* **compréhensible**

fassen *a plusieurs sens :*

1 fassen *peut signifier* **saisir** :

▷ Er hat mich bei der Hand gefasst. Il m'a saisi par la main.

2 fassen *peut signifier* **comprendre** :

▷ Ich kann immer noch nicht fassen, was passiert ist. Je n'arrive toujours pas à comprendre ce qui s'est passé.

3 fassen *peut signifier* **contenir** :

▷ Wieviele Menschen fasst dieses Stadion? Combien de personnes ce stade peut-il contenir ?

4 fassen *peut signifier* **prendre** :

▷ Ich habe einen Entschluss gefasst. J'ai pris une décision.

▷ Endlich fängt sie an, Vertrauen zu fassen. Enfin elle commence à prendre confiance.

► einen Verbrecher fassen **attraper un criminel**

► sich fassen **se ressaisir**

Fassung (FÉMININ, pluriel Fassung) *a plusieurs sens :*

1 Fassung *peut signifier* **monture (d'une montre)** *ou* **douille (d'une lampe)** :

2 Fassung *peut signifier* **version** :

▷ Davon habe ich eine andere Fassung. J'en ai une autre version.

▷ Von diesem Text gibt es mehrere Fassungen. Il existe plusieurs versions de ce texte.

3 Fassung *peut signifier* **maîtrise de soi** *ou* **sang-froid** :

▷ Sie hat mich total aus der Fassung gebracht. Elle m'a fait complètement perdre mon sang-froid.

> ℹ Dans ce sens, Fassung est un singulier.

fast **presque**

fasten **jeûner**

♦ Fasten (NEUTRE) **jeûne**

> ℹ Fasten est un verbe substantivé, il ne s'emploie qu'au singulier.

faul *a plusieurs sens :*

1 faul *peut signifier* **paresseux** :

► ein fauler Mensch **une personne paresseuse**

2 faul *peut signifier* **pourri** :

► eine faule Frucht **un fruit pourri**

3 faul *peut signifier* **douteux** :

► eine faule Ausrede **une excuse douteuse**

► ein fauler Witz **une blague douteuse**

♦ faulen **pourrir**

♦ faulenzen **être paresseux** *ou* **ne rien faire**

♦ Faulenzer, Faulenzerin (MASCULIN, pluriel Faulenzer / FÉMININ, pluriel Faulenzerinnen) **paresseux, paresseuse** (en parlant d'une personne)

♦ faulig **pourri**

Fauna (FÉMININ, pluriel Faunen) **faune**

Faust (FÉMININ, pluriel Fäuste) **poing**

► auf eigene Faust **de sa propre initiative**

FDP (FÉMININ) *est l'abréviation de* **Freie Demokratische Partei**. *C'est le parti allemand du centre.*

Februar (MASCULIN) février

► im Februar en février *ou* au mois de février

fechten (er ficht; focht, gefochten) faire de l'escrime

Feder (FÉMININ, pluriel Federn) plume *ou* ressort

♦ Federballspiel (NEUTRE, pluriel Federballspiele) badminton

♦ federleicht léger comme une plume

Fee (FÉMININ, pluriel Feen) fée

fegen balayer

fehl

► fehl am Platz sein ne pas être à sa place

fehlen manquer *ou* être absent

► was fehlt ihm? qu'est-ce qu'il a ?

Fehler (MASCULIN, pluriel Fehler) faute *ou* défaut *ou* erreur

♦ Fehlanzeige (FÉMININ, pluriel Fehlanzeigen) fausse alerte

♦ Fehlgeburt (FÉMININ, pluriel Fehlgeburten) fausse couche

♦ Fehlschlag (MASCULIN, pluriel Fehlschläge) échec

♦ Fehlstart (MASCULIN) faux départ

Feier (FÉMININ, pluriel Feiern) fête *ou* cérémonie

♦ feierlich solennel

♦ feiern fêter

♦ Feiertag (MASCULIN, pluriel Feiertage) jour férié

feig(e) lâche

♦ Feigheit (FÉMININ) lâcheté

♦ Feigling (MASCULIN, pluriel Feiglinge) lâche (en parlant d'une personne)

Feige (FÉMININ, pluriel Feigen) figue

Feile (FÉMININ, pluriel Feilen) lime

♦ feilen limer

feilschen marchander

fein fin *ou* raffiné *ou* chouette

Feind (MASCULIN, pluriel Feinde) ennemi

♦ feindlich *ou* feindselig hostile

♦ Feindschaft (FÉMININ, pluriel Feindschaften) *ou* Feindseligkeit (FÉMININ, pluriel Feindseligkeiten) hostilité

feinfühlig sensible *ou* émotif

♦ Feingefühl (NEUTRE) tact

Feinschmecker (MASCULIN, pluriel Feinschmecker) gourmet

Feld (NEUTRE, pluriel Felder) champ

♦ Feldweg (MASCULIN, pluriel Feldwege) chemin de terre

Fell (NEUTRE, pluriel Felle) pelage *ou* fourrure

Fels (MASCULIN, pluriel Felsen) rocher

♦ felsenfest ferme, fermement

♦ felsig rocheux

Fenster (NEUTRE, pluriel Fenster) fenêtre

♦ Fensterladen (MASCULIN, pluriel Fensterläden) volet

♦ Fensterscheibe (FÉMININ, pluriel Fensterscheiben) carreau de vitre

♦ Fenstertür (FÉMININ, pluriel Fenstertüren) porte-fenêtre

Ferien (pluriel die Ferien) vacances :

► Ferien machen prendre *ou* passer des vacances

♦ Ferienlager (NEUTRE, pluriel Ferienlager) colonie de vacances

fern *a plusieurs catégories grammaticales et plusieurs sens :*

> Ce peut être un ADJECTIF :

fern *signifie* éloigné *ou* lointain

♦ der Ferne Osten l'Extrême-Orient

> Ce peut être un ADVERBE :

fern *signifie* loin :

▷ Das erscheint mir fern. Ça me paraît loin.

► fern von hier loin d'ici

♦ Fernbedienung (FÉMININ, pluriel Fernbedienungen) télécommande

♦ Ferne (FÉMININ) lointain

► in die Ferne schauen regarder au loin

♦ ferner en outre

♦ ferngesteuert télécommandé

♦ Fernglas (NEUTRE, pluriel Ferngläser) jumelles

♦ Fernrohr (NEUTRE, pluriel Fernrohre) longue-vue

> Ce peut être une PARTICULE SÉPARABLE pour former des VERBES COMPOSÉS :

♦ fernhalten tenir à l'écart

♦ fernliegen (fernlag, ferngelegen) être loin

Fernsehen (NEUTRE) télévision

♦ fernsehen regarder la télévision

Fernseher (MASCULIN, pluriel Fernseher) téléviseur

◆ **Fernsehzuschauer, Fernsehzuschauerin** (MASCULIN, pluriel Fernsehzuschauer / FÉMININ, pluriel Fernsehzuschauerinnen) téléspectateur, téléspectatrice

Ferse (FÉMININ, pluriel Fersen) talon

fertig prêt *ou* fini :

▷ Das Frühstück ist fertig. Le petit-déjeuner est prêt.

▷ Bist du mit dem Rasenmähen fertig? Tu as fini de tondre le gazon ?

► mit etwas fertig werden surmonter quelque chose

► etwas fertig bringen arriver à faire quelque chose

► etwas fertig machen terminer quelque chose

► jemanden fertig machen épuiser *ou* démolir quelqu'un

► fertig sein être épuisé

► sich fertig machen se préparer

► etwas fertig stellen achever quelque chose

Fertigkeit (FÉMININ) habileté

► die Fertigkeit zu etwas haben être assez habile pour faire quelque chose

Fessel (FÉMININ, pluriel Fesseln) *a plusieurs sens :*

1 Fessel *peut signifier* chaîne

◆ fesseln ligoter

◆ fesselnd captivant

2 Fessel *peut signifier* cheville (partie du corps)

fest *a plusieurs catégories grammaticales et plusieurs sens :*

> Ce peut être un ADJECTIF :

fest *signifie* ferme *ou* fixe

► feste Nahrung nourriture solide

► fester Schlaf sommeil profond

> Ce peut être une PARTICULE SÉPARABLE pour former des VERBES COMPOSÉS :

◆ festmachen fixer

◆ festsetzen établir

◆ feststellen constater

ℹ Vous trouverez les autres « verbes composés » qui commencent par fest- classés par ordre alphabétique.

Fest (NEUTRE, pluriel Feste) fête

festbinden attacher

festhalten tenir fermement

◆ sich festhalten s'accrocher

festigen consolider

Festland (NEUTRE, pluriel Festländer) continent

festlegen déterminer

◆ sich festlegen se fixer

festlich solennel

Festnahme (FÉMININ, pluriel Festnahmen) arrestation

◆ festnehmen arrêter (un criminel)

Festspiele (pluriel die Festpiele) festival

feststehen (feststand, festgestanden) être sûr :

► es steht fest c'est sûr

Festung (FÉMININ,pluriel Festungen) forteresse

fett gras

► fett gedruckt imprimé en gras

◆ Fett (NEUTRE, pluriel Fette) graisse *ou* matière grasse

◆ fettarm pauvre en matière grasse

◆ fettig gras

◆ Fettnäpfchen (NEUTRE)

► ins Fettnäpfchen treten mettre les pieds dans le plat

Fetzen (MASCULIN, pluriel Fetzen) chiffon *ou* lambeau

feucht humide

◆ Feuchtigkeit (FÉMININ) humidité

Feuer (NEUTRE, pluriel Feuer) feu

► Feuer fangen prendre feu

◆ feuerfest résistant au feu

◆ Feuerlöscher (MASCULIN, pluriel Feuerlöscher) extincteur

◆ Feuerwehr (FÉMININ, pluriel Feuerwehren) sapeurs-pompiers

◆ Feuerwerk (NEUTRE, pluriel Feuerwerke) feu d'artifice

◆ Feuerzeug (NEUTRE, pluriel Feuerzeuge) briquet

fichst, ficht *voir* fechten

Fieber (NEUTRE) fièvre

◆ fieberhaft *ou* fiebrig fébrile

◆ Fiebermesser (MASCULIN, pluriel Fiebermesser) thermomètre

fiel *voir* fallen

Figur (FÉMININ, pluriel Figuren) stature *ou* personnage

► eine gute Figur haben être bien fait

► **auf die Figur achten** faire attention à sa ligne

♦ **Spielfigur** (FÉMININ) pion

Film (MASCULIN, pluriel Filme) film *ou* pellicule (de photos)

Filz (MASCULIN, pluriel Filze) feutre (en parlant du tissu)

♦ **Filzstift** (MASCULIN, pluriel Filzstifte) feutre (pour dessiner)

Fimmel (MASCULIN, pluriel Fimmel) *est une expression familière pour* manie

finden (fand, gefunden) trouver

fing *voir* fangen

Finger (MASCULIN, pluriel Finger) doigt (de la main)

► **die Finger von etwas lassen** ne pas se mêler de quelque chose *ou* ne pas toucher à quelque chose

► **jemandem auf die Finger sehen** avoir quelqu'un à l'œil

♦ **Fingernagel** (MASCULIN, pluriel Fingernägel) ongle (de la main)

♦ **Fingerspitzengefühl** (NEUTRE) doigté

Finne, Finnin (MASCULIN, pluriel Finnen / FÉMININ, pluriel Finninnen) Finlandais, Finlandaise

♦ **finnisch** finlandais

♦ **Finnland** Finlande

finster sombre *ou* obscur

► **es ist finster** il fait sombre

♦ **Finsternis** (FÉMININ) obscurité

Finte (FÉMININ, pluriel Finten) ruse

Firewall /ˈfaɪəwɔːl/ (FÉMININ, pluriel Firewalls) pare-feu

> ℹ Firewall est un mot anglais.

Fisch (MASCULIN, pluriel Fische) poisson

♦ **fischen** pêcher

♦ **Fischer** (MASCULIN, pluriel Fischer) pêcheur

♦ **Fischgräte** (FÉMININ, pluriel Fischgräten) arête

fit en forme

fix prompt *ou* agile *ou* habile

► **fix und fertig sein** être sur les rotules *ou* être complètement bouleversé

flach plat

♦ **Flachland** (NEUTRE, pluriel Flachländer) plaine

Fläche (FÉMININ, pluriel Flächen) surface *ou* superficie (d'un pays)

flackern vaciller

Flagge (FÉMININ, pluriel Flaggen) drapeau

Flamme (FÉMININ, pluriel Flammen) flamme

► **in Flammen stehen** être en flammes

Flasche (FÉMININ, pluriel Flaschen) bouteille

▷ Du bist eine Flasche! Tu es une cloche !

♦ **Flaschenöffner** (MASCULIN, pluriel Flaschenöffner) ouvre-bouteille *ou* décapsuleur

flattern voleter

► **im Wind flattern** flotter dans le vent

flau

► **eine flaue Stimmung** une ambiance molle

► **jemandem ist flau** quelqu'un se trouve mal

Flaum (MASCULIN) duvet

Flausen (pluriel die Flausen) balivernes

flechten (er flicht; flocht, geflochten) tresser

Fleck (MASCULIN, pluriel Flecke) tache *ou* endroit

► **sich nicht vom Fleck bewegen** ne pas bouger d'une semelle

♦ **fleckig** taché

Fledermaus (FÉMININ, pluriel Fledermäuse) chauve-souris

Flegel (MASCULIN, pluriel Flegel) *est une expression familière qui signifie* mufle (= personne mal élevée)

♦ **flegelhaft** impertinent

flehen supplier

Fleisch (NEUTRE) chair *ou* viande

♦ **Fleischer, Fleischerin** (MASCULIN, pluriel Fleischer / FÉMININ, pluriel Fleischerinnen) boucher, bouchère *ou* charcutier, charcutière

♦ **Fleischerei** (FÉMININ, pluriel Fleischereien) boucherie *ou* charcuterie

Fleiß (MASCULIN) application *ou* assiduité

♦ **fleißig sein** être travailleur

flennen *est une expression familière qui signifie* pleurnicher

fletschen

► **die Zähne fletschen** montrer les dents (en parlant des animaux)

flicken racommoder

Flieder (MASCULIN, pluriel Flieder) lilas (= plante)

Fliege (FÉMININ, pluriel Fliegen) mouche *ou* nœud papillon

fliegen (flog, geflogen) voler *ou* prendre l'avion

► aus der Schule fliegen être viré de l'école

► auf jemanden / etwas fliegen avoir un faible pour quelqu'un / quelque chose

fliehen (floh, geflohen) fuir

Fliese (FÉMININ, pluriel Fliesen) carreau (pour le sol)

Fließband (NEUTRE, pluriel Fließbänder) tapis roulant

fließen (floss, geflossen) couler

♦ fließend courant *ou* couramment

flimmern scintiller

flink vif *ou* agile

flirten flirter

flitzen filer

flocht *voir* flechten

Flocke (FÉMININ, pluriel Flocken) flocon

flog *voir* fliegen

floh *voir* fliehen

Floh (MASCULIN, pluriel Flöhe) puce

► jemandem einen Floh ins Ohr setzen donner des idées à quelqu'un

♦ Flohmarkt (MASCULIN, pluriel Flohmärkte) marché aux puces

Flop (MASCULIN, pluriel Flops) échec

> ℹ Le mot allemand Flop est familier.

Flora (FÉMININ, pluriel Floren) flore

Floß (NEUTRE, pluriel Flöße) radeau

floss *voir* fließen

Flosse (FÉMININ, pluriel Flossen) nageoire *ou* palme (pour faire de la plongée)

Flöte (FÉMININ, pluriel Flöten) flûte

flott rapide

Fluch (MASCULIN, pluriel Flüche) juron *ou* malédiction

♦ fluchen jurer

Flucht (FÉMININ, pluriel Fluchten) fuite

► auf der Flucht sein être en fuite

♦ fluchtartig précipitamment

flüchten fuir *ou* s'enfuir *ou* se réfugier

► zu jemandem flüchten se réfugier chez quelqu'un

♦ flüchtig superficiel *ou* passager

♦ Flüchtling (MASCULIN, pluriel Flüchtlinge) réfugié

Flug (MASCULIN, pluriel Flüge) vol

♦ Flugblatt (NEUTRE, pluriel Flugblätter) tract

♦ Flughafen (MASCULIN, pluriel Flughäfen) aéroport

Flügel (MASCULIN, pluriel Flügel) aile *ou* piano à queue *ou* ailier (en sport)

Flugzeug (NEUTRE, pluriel Flugzeuge) avion

Flur (MASCULIN, pluriel Flure) couloir (dans une maison)

Fluss (MASCULIN, pluriel Flüsse) fleuve *ou* rivière *ou* flot

flüssig liquide *ou* fluide

flüstern chuchoter

Flut (FÉMININ, pluriel Fluten) déluge *ou* marée haute

focht *voir* fechten

Fohlen (NEUTRE, pluriel Fohlen) poulain

Föhn (MASCULIN, pluriel Föhne) fœhn (= vent chaud) *ou* sèche-cheveux

► die Haare föhnen sécher les cheveux

Folge (FÉMININ, pluriel Folgen) suite *ou* conséquence

► etwas zur Folge haben avoir quelque chose pour conséquence

► Folgen haben entraîner des conséquences

► einer Sache Folge leisten donner suite à quelque chose

folgen suivre *ou* obéir

♦ folgendermaßen de la manière suivante

♦ folgsam obéissant

folgern conclure :

▷ Was kann man daraus folgern? Qu'est-ce qu'on peut en conclure ?

♦ **Folgerung** (FÉMININ, pluriel Folgerungen) conclusion

♦ **folglich** en conséquence

Folie (FÉMININ, pluriel Folien) film plastique

> Folie ne signifie pas « folie » en français.

♦ **Alufolie** (FÉMININ) papier alu

Folter (FÉMININ, pluriel Foltern) torture

♦ **foltern** torturer

foppen taquiner

fordern exiger

♦ **Forderung** (FÉMININ, pluriel Forderungen) exigence *ou* revendication

fördern favoriser *ou* encourager

♦ **Förderung** (FÉMININ, pluriel Förderungen) encouragement

Forelle (FÉMININ, pluriel Forellen) truite

Form (FÉMININ, pluriel Formen) forme *ou* moule

► **in Form sein** être en forme

► **in Form von** sous forme de

♦ **formbar** malléable

Formel (FÉMININ, pluriel Formeln) formule

forschen rechercher *ou* faire de la recherche

► **nach etwas forschen** rechercher quelque chose

♦ **Forschung** (FÉMININ, pluriel Forschungen) recherche (scientifique)

fort *a plusieurs catégories grammaticales et plusieurs sens :*

> Ce peut être un ADVERBE :

fort *signifie* parti *ou* disparu

► **und so fort** et ainsi de suite

► **in einem fort** sans arrêt

♦ **fortan** désormais

> Ce peut être une PARTICULE SÉPARABLE pour former des VERBES COMPOSÉS :

♦ **fortbestehen** (fortbestand, fortbestanden) persister

♦ **fortbringen** (fortbrachte, fortgebracht) emmener *ou* emporter ailleurs

♦ **fortfahren** (er fährt fort; fortfuhr, fortgefahren) continuer *ou* partir (avec un véhicule)

> ℹ Vous trouverez les autres verbes composés qui commencent par fort- classés par ordre alphabétique.

fortführen poursuivre *ou* emmener ailleurs

fortgehen (fortging, fortgegangen) s'en aller

fortgeschritten avancé

fortlassen laisser partir

fortmüssen devoir partir

Fortschritt (MASCULIN, pluriel Fortschritte) progrès

fortsetzen continuer

fortwährend continuel *ou* continuellement

Foto (NEUTRE, pluriel Fotos) photo

♦ **Fotoapparat** (MASCULIN, pluriel Fotoapparate) appareil photo

Foul /faul/ (NEUTRE, pluriel Fouls) faute (en sport)

Frage (FÉMININ, pluriel Fragen) question

♦ **fragen** demander

♦ **Fragezeichen** (NEUTRE, pluriel Fragezeichen) point d'interrogation

♦ **fraglich** incertain

♦ **fraglos** incontestablement

♦ **fragwürdig** douteux

Frankfurt Francfort

frankieren affranchir (une lettre)

Frankreich France

► **nach Frankreich fahren** aller en France

Franse (FÉMININ, pluriel Fransen) frange

♦ **fransen** s'effilocher

Franzose, Französin (MASCULIN, pluriel Franzosen / FÉMININ, pluriel Französinnen) Français, Française

♦ **französisch** français

► **Französisch lernen** apprendre le français

► **Französisch sprechen** parler français

> ℹ Dans ces expressions, Französisch est utilisé de manière substantivée.

fraß *voir* fressen

Fratze (FÉMININ, pluriel Fratzen) grimace

Frau (FÉMININ, pluriel Frauen) femme *ou* madame

♦ **Frauenarzt, Frauenärztin** (MASCULIN, pluriel Frauenärzte / FÉMININ, pluriel Frauenärztinnen) gynécologue

♦ **Frauenbewegung** (FÉMININ, pluriel Frauenbewegungen) mouvement féministe

Fräulein (NEUTRE) demoiselle *ou* mademoiselle

frech insolent *ou* audacieux
- ♦ Frechheit (FÉMININ) insolence

frei libre
- ♦ Freies (NEUTRE) ► im Freien en plein air
- ♦ Freibad (NEUTRE, pluriel Freibäder) piscine découverte
- ♦ freiberuflich tätig sein travailler en indépendant
- ♦ freigebig généreux
- ♦ freihaben être en congé
- ♦ freihändig sans les mains
  - ► freihändig fahren conduire sans tenir le guidon

Freiheit (FÉMININ) liberté
- ♦ freiheitlich libéral
- ♦ Freikarte (FÉMININ, pluriel Freikarten) billet gratuit

freilich certainement *ou* à dire vrai

(sich) freimachen (se) libérer

sich freinehmen prendre un congé

Freistoß (MASCULIN, pluriel Freistöße) coup franc (en sport)

Freitag (MASCULIN) vendredi
- ► am Freitag vendredi
- ♦ freitags le vendredi *ou* tous les vendredis

freiwillig volontaire *ou* volontairement
- ♦ Freiwillige (MASCULIN, FÉMININ, pluriel Freiwilligen) volontaire (= personne)

> ℹ Ce nom est un ADJECTIF SUBSTANTIVÉ : on dit ein Freiwilliger.

- ♦ Freiwilligenarbeit (FÉMININ, pluriel Freiwilligenarbeiten) bénévolat

Freizeit (FÉMININ) temps libre

fremd étrange *ou* étranger
- ♦ fremdartig bizarre
- ♦ Fremde (MASCULIN, FÉMININ, pluriel Fremden) étranger, étrangère

> ℹ Ce nom est un ADJECTIF SUBSTANTIVÉ : on dit ein Fremder.

- ♦ Fremdenverkehr (MASCULIN) tourisme
- ♦ Fremdsprache (FÉMININ, pluriel Fremdsprachen) langue étrangère

fressen (er frisst; fraß, gefressen) manger (en parlant d'un animal)

Freude (FÉMININ, pluriel Freuden) joie *ou* plaisir
  - ► an etwas Freude haben trouver du plaisir à quelque chose
  - ► jemandem eine Freude machen faire plaisir à quelqu'un
- ♦ sich freuen se réjouir

Freund, Freundin (MASCULIN, pluriel Freunde / FÉMININ, pluriel Freundinnen) ami, amie *ou* petit ami, petite amie
- ♦ freundlich aimable
- ♦ freundlicherweise aimablement
- ♦ Freundlichkeit (FÉMININ) amabilité
- ♦ Freundschaft (FÉMININ, pluriel Freundschaften) amitié
- ♦ Freundschaftsspiel (NEUTRE, pluriel Freundschaftsspiele) match amical

Frieden (MASCULIN) paix
- ♦ Friedhof (MASCULIN, pluriel Friedhöfe) cimetière
- ♦ friedlich paisible

frieren (fror, gefroren) avoir froid *ou* geler

frisch frais
- ♦ Frische (FÉMININ) fraîcheur

Friseur, Friseurin (MASCULIN, pluriel Friseure / FÉMININ, pluriel Friseurinnen) coiffeur, coiffeuse

> ℹ On écrit aussi Frisör, Frisörin.

- ♦ (sich) frisieren (se) coiffer
- ♦ Frisur (FÉMININ, pluriel Frisuren) coiffure

frisst *voir* fressen

Frist (FÉMININ, pluriel Fristen) délai *ou* terme
- ♦ fristlos sans préavis *ou* définitivement

froh joyeux *ou* content :
  - ▷ Frohes Fest! Joyeuses fêtes !
  - ▷ Ich bin froh, dass das Schuljahr zu Ende ist. Je suis content que l'année scolaire soit finie.
- ♦ fröhlich joyeux *ou* gai
- ♦ Fröhlichkeit (FÉMININ) gaieté

fror *voir* frieren

Frosch (MASCULIN, pluriel Frösche) grenouille

Frost (MASCULIN, pluriel Fröste) gel *ou* gelée (pendant l'hiver)
- ♦ frösteln frissonner
- ♦ frostig glacial

Frucht (FÉMININ, pluriel Früchte) fruit
- **fruchtbar** fructueux *ou* fertile *ou* fécond
- **Fruchtbarkeit** (FÉMININ) fertilité *ou* fécondité
- **Fruchtfleisch** (NEUTRE) pulpe
- **fruchtig** fruité
- **Fruchtsaft** (MASCULIN, pluriel Fruchtsäfte) jus de fruits
- **Fruchtsalat** (MASCULIN, pluriel Fruchtsalate) salade de fruits

früh *a plusieurs catégories grammaticales et plusieurs sens :*

> Ce peut être un ADJECTIF :

► **am frühen Morgen** tôt le matin
► **in früher Jugend** dans sa première jeunesse
► **ein frühreifes Kind** un enfant précoce

> Ce peut être un ADVERBE :

früh *signifie* **tôt :**
▷ Sie steht immer sehr früh auf. Elle se lève toujours très tôt.
► **heute früh** ce matin
► **von früh bis spät** du matin au soir
► **zu früh** trop tôt
► **in aller Frühe** tôt le matin
- **frühestens** au plus tôt

Frühchen (NEUTRE, pluriel Frühchen) (bébé) prématuré

früher plus tôt *ou* autrefois :
▷ Das hätte man mir früher sagen sollen. Il aurait fallu me le dire plus tôt.
▷ Früher war das ganz anders. Autrefois c'était tout à fait différent.

Frühjahr (NEUTRE, pluriel Frühjahre) printemps

Frühling (MASCULIN, pluriel Frühlinge) printemps

Frühstück (NEUTRE, pluriel Frühstücke) petit-déjeuner
- **frühstücken** prendre le petit-déjeuner

frühzeitig *a plusieurs catégories grammaticales et plusieurs sens :*

> Ce peut être un ADJECTIF :

frühzeitig *signfie* **précoce**

> Ce peut être un ADVERBE :

frühzeitig *signifie* **de bonne heure**

Frust (MASCULIN) frustration
- **frustrieren** frustrer

Fuchs (MASCULIN, pluriel Füchse) renard
- **fuchsteufelswild** *est une expression familière qui signifie* **furieux**

fuchteln gesticuler

sich fügen se résigner à
- **fügsam** docile

fühlen sentir *ou* ressentir
► **sich fühlen** se sentir

fuhr *voir* **fahren**

führen *a plusieurs catégories grammaticales et plusieurs sens :*

> Ce peut être un VERBE TRANSITIF :

1 **führen** *peut signifier* **guider** *ou* **conduire :**
▷ Schließ deine Augen, ich führe dich. Ferme les yeux, je te guide.
▷ Wohin führst du mich? Où est-ce que tu me conduis ?

2 **führen** *peut signifier* **mener** *ou* **tenir :**
▷ Wir führen ein angenehmes Leben. Nous menons une vie agréable.
▷ Ich führe schon seit Jahren ein Tagebuch. Ça fait des années que je tiens un journal intime.

3 **führen** *peut signifier* **amener :**
▷ Die Reise hat sie bis nach Afrika geführt. Le voyage les a amenés jusqu'en Afrique.
▷ Was führt dich zu mir? Qu'est-ce qui t'amène ?
► **eine Firma führen** diriger une entreprise
► **ein Gespräch führen** avoir une discussion
► **vor Augen führen** mettre en évidence
► **jemanden aufs Glatteis führen** tendre un piège à quelqu'un
► **jemanden hinters Licht führen** duper quelqu'un
► **etwas im Schilde führen** préparer un coup
► **in Versuchung führen** tenter

> Ce peut être un VERBE INTRANSITIF :

führen *signifie* **mener** *ou* **être en tête :**
▷ Sie führt! C'est elle qui mène !
► **zu etwas führen** mener à quelque chose

Führer, Führerin (MASCULIN, pluriel Führer / FÉMININ, pluriel Führerinnen) guide *ou* leader

Führerschein (MASCULIN, pluriel Führerscheine) permis de conduire

Führung (FÉMININ, pluriel Führungen) conduite *ou* direction *ou* visite guidée

Fülle (FÉMININ) abondance *ou* masse
- **füllen** remplir *ou* farcir
► **sich füllen mit** se remplir de

Füller (MASCULIN, pluriel Füller) stylo plume

füllig rondelet

fummeln tripoter

► an etwas fummeln **tripoter quelque chose**

> **i** Cette expression allemande et sa traduction française sont familières.

Fund (MASCULIN, pluriel Funde) **trouvaille** *ou* **découverte**

Fundament (NEUTRE, pluriel Fundamente) **fondement** *ou* **fondations**

♦ fundamental **fondamental**

Fundamentalismus (MASCULIN) **intégrisme**

♦ Fundamentalist, Fundamentalistin (MASCULIN, pluriel Fundamentalisten / FÉMININ, pluriel Fundamentalistinnen)

fünf cinq

► zu fünft **à cinq**

♦ fünfhundert **cinq cents**

♦ fünfjährig **de cinq ans**

♦ fünfmal **cinq fois**

♦ fünfter, fünfte, fünftes **cinquième**

► der fünfte August **le cinq août**

♦ fünftens **cinquièmement**

♦ fünfzig **cinquante**

Funke, Funken (MASCULIN, pluriel Funken) **étincelle**

♦ funkeln **étinceler**

♦ funken **faire des étincelles**

für *est une* PRÉPOSITION *qui s'emploie avec l'accusatif et signifie* **pour** :

▷ Ich habe ein Stück Kuchen für meine Schwester aufgehoben. J'ai gardé un morceau de gâteau pour ma sœur.

► sich für etwas entschuldigen **s'excuser de quelque chose**

► etwas für nötig halten **trouver quelque chose nécessaire**

► an und für sich **en soi**

► Schritt für Schritt **pas à pas**

► Tag für Tag **jour après jour**

► was für ein, eine **quel, quelle**

► das Für und Wider **le pour et le contre**

> **i** Dans cette expression, Für est substantivé.

Furcht (FÉMININ) **peur**

♦ furchtbar **terrible**

♦ furchtlos **sans peur**

♦ furchtsam **peureux**

fürchten craindre

► sich fürchten **avoir peur**

♦ fürchterlich **terrible**

furchterregend terrifiant

füreinander l'un pour l'autre *ou* les uns pour les autres

fürs *est la contraction de* **für das** *et signifie* **pour le, la**

Fürsorge (FÉMININ) **aide** *ou* **assistance**

♦ fürsorglich **aux petits soins**

Fürwort (NEUTRE, pluriel Fürwörter) **pronom**

Fuß (MASCULIN, pluriel Füße) **pied** *ou* **patte**

► zu Fuß **à pied**

► Fuß fassen **prendre pied**

Fußball (NEUTRE) **football** *ou* **ballon de foot**

♦ Fußballplatz (MASCULIN, pluriel Fußballplätze) **terrain de football**

♦ Fußballspiel (NEUTRE, pluriel Fußballspiele) **match de football**

♦ Fußballspieler, Fußballspielerin (MASCULIN, pluriel Fußballspieler / FÉMININ, pluriel Fußballspielerinnen) **footballeur**

Fußboden (MASCULIN, pluriel Fußböden) **sol** *ou* **plancher**

Fußgänger, Fußgängerin (MASCULIN, pluriel Fußgänger / FÉMININ, pluriel Fußgängerinnen) **piéton, piétonne**

Fußtritt (MASCULIN, pluriel Fußtritte) **coup de pied**

Futter (NEUTRE, pluriel Futter) **nourriture** (pour animaux) *ou* **doublure** (d'un vêtement)

füttern donner à manger à (quelqu'un) *ou* **doubler** (un vêtement)

Gg

gab *voir* geben

Gabe (FÉMININ, pluriel Gaben) **don**

Gabel (FÉMININ, pluriel Gabeln) **fourchette**

♦ Gabelung (FÉMININ, pluriel Gabelungen) **bifurcation**

gähnen **bâiller**

Galgenhumor (MASCULIN) **humour noir**

galt *voir* gelten

Gang (MASCULIN, pluriel Gänge) *a plusieurs sens :*

1 Gang *peut signifier* **couloir**

2 Gang *peut signifier* **vitesse (de vélo ou de voiture) :**

► dritter Gang **troisième vitesse**

► etwas in Gang bringen **mettre quelque chose en route**

♦ Gangart (FÉMININ, pluriel Gangarten) **démarche**

♦ Gangschaltung (FÉMININ, pluriel Gangschaltungen) **dérailleur** *ou* **levier de vitesse**

gängig **courant** *ou* **répandu**

Gans (FÉMININ, pluriel Gänse) **oie**

► dumme Gans **bécasse** (= *personne stupide*)

♦ Gänseblümchen (NEUTRE, pluriel Gänseblümchen) **pâquerette**

♦ Gänsehaut (FÉMININ) **chair de poule**

♦ Gänsemarsch (MASCULIN) **file indienne**

> Attention : Gänsemarsch ne signifie pas « pas de l'oie » !

ganz *a plusieurs catégories grammaticales et plusieurs sens :*

> Ce peut être un ADJECTIF :

1 ganz *peut signifier* **tout, toute :**

▷ Wir haben den ganzen Kuchen aufgegessen. Nous avons mangé tout le gâteau.

2 ganz *peut signifier* **entier, entière :**

▷ Das ist auf der ganzen Welt so. C'est comme ça dans le monde entier.

► ganz sein *est une expression familière qui signifie* **être intact**

> Ce peut être un ADVERBE :

1 ganz *peut signifier* **assez :**

▷ Ich bin ganz zufrieden. Je suis assez content.

2 ganz *peut signifier* **complètement :**

▷ Das ist eine ganz irre Geschichte. C'est une histoire complètement dingue.

► ganz und gar **complètement**

► ganz und gar nicht **absolument pas**

♦ gänzlich **complètement** *ou* **entièrement**

gar *s'emploie pour accentuer un énoncé :*

1 gar *peut accentuer une négation :*

► gar keiner **absolument personne**

► gar nicht **pas du tout**

► gar nichts **rien du tout**

► gar nicht schlecht **pas mal du tout**

2 gar *peut accentuer une supposition :*

▷ Du gehst doch nicht gar schon? Tu ne vas pas déjà partir quand-même ?

3 gar *peut accentuer* zu *ou* so :

▷ Er wäre gar zu gerne in Urlaub gefahren. Il aurait tellement aimé partir en vacances.

▷ Sie ist gar so schüchtern. Elle est tellement timide.

► oder gar **ou peut-être**

Gardine (FÉMININ, pluriel Gardinen) **voilage**

Garnele (FÉMININ, pluriel Garnelen) **crevette**

Garten (MASCULIN, pluriel Gärten) **jardin**
- ♦ Gartenarbeit (FÉMININ) **jardinage**
- ♦ Gärtner, Gärtnerin (MASCULIN, pluriel Gärtner / FÉMININ, pluriel Gärtnerinnen) **jardinier, jardinière**
- ♦ Gärtnerei (FÉMININ, pluriel Gärtnereien) **jardinage** *ou* **jardinerie**

Gas (NEUTRE, pluriel Gase) **gaz**
► Gas geben **accélérer**
- ♦ gasförmig **gazeux**
- ♦ Gasherd (MASCULIN, pluriel Gasherde) **cuisinière à gaz**

Gasse (FÉMININ, pluriel Gassen) **ruelle**

Gast (MASCULIN, pluriel Gäste) **hôte** *ou* **invité** *ou* **visiteur**
- ♦ Gastarbeiter, Gastarbeiterin (MASCULIN, pluriel Gastarbeiter / FÉMININ, pluriel Gastarbeiterinnen) **travailleur immigré, travailleuse immigrée**
- ♦ Gästezimmer (NEUTRE, pluriel Gästezimmer) **chambre d'hôte** *ou* **chambre d'amis**
- ♦ gastfreundlich **hospitalier**
- ♦ Gasthaus, Gasthof (NEUTRE, pluriel Gasthäuser / MASCULIN, pluriel Gasthöfe) **hôtel-restaurant** *ou* **auberge**
- ♦ Gastwirtschaft (FÉMININ, pluriel Gastwirtschaften) **auberge**

Gatte (MASCULIN, pluriel Gatten) **époux**

Gatter (NEUTRE, pluriel Gatter) **grille**

Gattin (FÉMININ, pluriel Gattinnen) **épouse**

Gattung (FÉMININ, pluriel Gattungen) **espèce** *ou* **genre**

Gaumen (MASCULIN, pluriel Gaumen) **palais** (partie de la bouche)

Gauner, Gaunerin (MASCULIN, pluriel Gauner / FÉMININ, pluriel Gaunerinnen) **escroc**
- ♦ Gaunerei (FÉMININ, pluriel Gaunereien) **escroquerie**

Gebäck (NEUTRE, pluriel Gebäcke) **pâtisserie**

gebacken *voir* **backen**

gebar *voir* **gebären**

Gebärde (FÉMININ, pluriel Gebärden) **geste**
- ♦ sich gebärden **se comporter**

gebären (GEBAR, GEBOREN) **mettre au monde**
- ♦ Gebärmutter (FÉMININ, pluriel Gebärmütter) **utérus**

Gebäude (NEUTRE, pluriel Gebäude) **bâtiment**

geben (er gibt; gab, gegeben) *a plusieurs catégories grammaticales et plusieurs sens :*

> Ce peut être un VERBE TRANSITIF :

geben *signifie* **donner** *ou* **mettre**
► dem werde ich es geben **il va voir ce qu'il va voir**

ℹ Cette expression allemande et sa traduction française sont familières.

► etwas von sich geben **dire quelque chose**

> Ce peut être un VERBE RÉFLÉCHI :

sich geben *signifie* **se montrer** *ou* **se calmer :**
▷ Der Regen hat sich gegeben. La pluie s'est calmée.
► das wird sich geben **ça va s'arranger**

> Ce peut être un VERBE INTRANSITIF :

es gibt *signifie* **il y a**
► das gibt es nicht! **ce n'est pas possible !**

Gebet (NEUTRE, pluriel Gebete) **prière**

gebeten *voir* **bitten**

gebierst, gebiert *voir* **gebären**

Gebiet (NEUTRE, pluriel Gebiete) **région** *ou* **domaine** *ou* **territoire** *ou* **secteur** (géographique)

Gebilde (NEUTRE, pluriel Gebilde) **structure**

gebildet **cultivé**

Gebirge (NEUTRE, pluriel Gebirge) **montagne**
- ♦ gebirgig **montagneux**
- ♦ Gebirgskette (FÉMININ, pluriel Gebirgsketten) **chaîne de montagnes**

Gebiss (NEUTRE, pluriel Gebisse) **dents** *ou* **dentier**

gebissen *voir* **beißen**

geblieben *voir* **bleiben**

geblümt **à fleurs**

gebogen *voir* **biegen**

geboren **né**

ℹ geboren est aussi le participe passé du verbe gebären.

geborgen **en sécurité**
► sich geborgen fühlen **se sentir en sécurité**
- ♦ Geborgenheit (FÉMININ) **sécurité** *ou* **sûreté**

Gebot (NEUTRE, pluriel Gebote) **commandement**

geboten *voir* **bieten**

gebracht *voir* **bringen**

gebrannt *voir* **brennen**

Gebrauch (MASCULIN, pluriel Gebräuche) **utilisation** *ou* **coutume**

♦ **gebrauchen** utiliser *ou* avoir besoin de

♦ **Gebrauchsanleitung** *ou* **Gebrauchsanweisung** (FÉMININ, pluriel Gebrauchsanleitungen, Gebrauchsanweisungen) mode d'emploi *ou* notice (d'emploi)

♦ **gebraucht** usagé *ou* d'occasion

♦ **Gebrauchtwagen** (MASCULIN, pluriel Gebrauchtwagen) voiture d'occasion

Gebrechen (NEUTRE, pluriel Gebrechen) **infirmité**

♦ **gebrechlich** infirme

gebrochen *voir* **brechen**

Gebrüll (NEUTRE) **hurlements** *ou* **rugissements**

Gebühr (FÉMININ, pluriel Gebühren) **tarif** *ou* **taxe**

♦ **gebührenfrei** gratuit

♦ **gebührenpflichtig** payant

gebunden *voir* **binden**

Geburt (FÉMININ, pluriel Geburten) **naissance**

♦ **gebürtig** d'origine

♦ **Geburtsanzeige** (FÉMININ, pluriel Geburtsanzeigen) faire-part de naissance

♦ **Geburtsdatum** (NEUTRE, pluriel Geburtsdaten) date de naissance

♦ **Geburtsjahr** (NEUTRE, pluriel Geburtsjahre) année de naissance

♦ **Geburtsort** (MASCULIN, pluriel Geburtsorte) lieu de naissance

♦ **Geburtstag** (MASCULIN, pluriel Geburtstage) anniversaire

♦ **Geburtsurkunde** (FÉMININ, pluriel Geburtsurkunden) acte de naissance

Gebüsch (NEUTRE, pluriel Gebüsche) **buisson**

gedacht *voir* **denken**

Gedächtnis (NEUTRE) **mémoire**

Gedanke (MASCULIN, pluriel Gedanken) **pensée** *ou* **idée**

► **in Gedanken sein** être pensif *ou* être distrait

► **jemanden auf andere Gedanken bringen** distraire quelqu'un

► **sich über jemanden Gedanken machen** s'inquiéter au sujet de quelqu'un

► **sich über etwas Gedanken machen** s'inquiéter au sujet de quelque chose *ou* réfléchir à quelque chose

♦ **gedankenlos** sans réfléchir

♦ **Gedankenstrich** (MASCULIN, pluriel Gedankenstriche) tiret

gedeihen (gedieh, gediehen) **prospérer**

Gedicht (NEUTRE, pluriel Gedichte) **poème**

gedieh, gediehen *voir* **gedeihen**

Gedränge (NEUTRE) **bousculade** *ou* **cohue** *ou* **mêlée** (au rugby)

gedrungen *voir* **dringen**

Geduld (FÉMININ) **patience**

♦ **sich gedulden** patienter

♦ **geduldig** patient

gedurft *voir* **dürfen**

geeignet **apte** *ou* **capable** *ou* **approprié**

► **für etwas geeignet sein** être apte à faire quelque chose *ou* être capable de faire quelque chose

Gefahr (FÉMININ, pluriel Gefahren) **danger**

► **die Gefahr laufen, zu** courir le risque de

► **auf eigene Gefahr** à ses risques et périls

gefährden **mettre en danger**

♦ **gefährlich** dangereux

gefallen (er gefällt; gefiel, gefallen) **plaire**

► **jemandem gefallen** plaire à quelqu'un

► **sich etwas gefallen lassen** supporter quelque chose

> ℹ gefallen est aussi le participe passé du verbe fallen.

Gefallen *a plusieurs genres et plusieurs sens :*

> Ce peut être un NOM MASCULIN :

der Gefallen *signifie* **service**

► **jemandem einen Gefallen tun** rendre service à quelqu'un

> Ce peut être un NOM NEUTRE :

das Gefallen *signifie* **plaisir :**

► **an etwas Gefallen finden** prendre plaisir à quelque chose

gefällig **serviable** *ou* **agréable**

gefangen

► **gefangen halten** détenir

► **gefangen nehmen** capturer

♦ **Gefangene** (MASCULIN, FÉMININ, pluriel Gefangenen) prisonnier, prisonnière

ℹ Ce mot est un adjectif substantivé : on dit ein Gefangener.

◆ **Gefängnis** (NEUTRE, pluriel Gefängnisse) **prison**

ℹ gefangen est aussi le participe passé du verbe fangen.

Gefäß (NEUTRE, pluriel Gefäße) **récipient**

gefasst **posé** *ou* **calme**
► **auf etwas gefasst sein** **s'attendre à quelque chose**

gefleckt **moucheté**

geflochten *voir* **flechten**

geflogen *voir* **fliegen**

geflohen *voir* **fliehen**

geflossen *voir* **fließen**

Geflügel (NEUTRE, pluriel Geflügel) **volaille**

gefochten *voir* **fechten**

gefragt **demandé**

gefräßig **vorace**

gefrieren (gefror, gefroren) **geler**

gefroren *voir* **frieren**

Gefühl (NEUTRE, pluriel Gefühle) **sentiment** *ou* **sensation** *ou* **impression**
◆ **gefühllos** **insensible**
◆ **gefühlsmäßig** **intuitif**

gefüllt **fourré** *ou* **farci**

gefunden *voir* **finden**

gegangen *voir* **gehen**

gegen *a plusieurs catégories grammaticales et plusieurs sens :*

> Ce peut être une PRÉPOSITION qui s'emploie avec l'accusatif :

1 **gegen** *peut signifier* **contre :**
▷ Ich mache es, aber gegen meinen Willen. Je le fais, mais contre ma volonté.
► **gegen jemanden / etwas sein** **être contre quelqu'un / quelque chose**

2 **gegen** *peut signifier* **à peu près** *ou* **environ :**
▷ Es ist gegen Mitternacht. Il est à peu près minuit.
▷ Wir sind so gegen zehn Personen. Nous sommes environ dix personnes.

3 **gegen** *peut signifier* **vers :**
▷ Sie kommen gegen acht Uhr. Ils viennent vers huit heures.

4 **gegen** *peut signifier* **en comparaison de :**
▷ Gegen ihn ist er klein. Comparé à lui, il est petit.

> Ce peut être une particule pour former des MOTS COMPOSÉS :

◆ **Gegenangriff** (MASCULIN, pluriel Gegenangriffe) **contre-attaque**
◆ **Gegenbeweis** (MASCULIN, pluriel Gegenbeweise) **preuve du contraire**

ℹ Vous trouverez les mots composés qui commencent par Gegen- ou gegen- classés par ordre alphabétique.

Gegend (FÉMININ, pluriel Gegenden) **région**

gegeneinander **l'un contre l'autre** *ou* **les uns contre les autres**

Gegengewicht (NEUTRE, pluriel Gegengewichte) **contrepoids**

Gegengift (NEUTRE, pluriel Gegengifte) **antidote**

Gegenlicht (NEUTRE) **contre-jour**

Gegensatz (MASCULIN, pluriel Gegensätze) **contraire** *ou* **différence**
◆ **gegensätzlich** **opposé** *ou* **contraire**

Gegenseite (FÉMININ, pluriel Gegenseiten) **adversaire** *ou* **partie adverse**
◆ **gegenseitig** **mutuel** *ou* **réciproque**

Gegenspieler, Gegenspielerin (MASCULIN, pluriel Gegenspieler / FÉMININ, pluriel Gegenspielerinnen) **adversaire**

Gegenstand (MASCULIN, pluriel Gegenstände) **objet** *ou* **sujet**
◆ **gegenständlich** **figuratif**

Gegenteil (NEUTRE, pluriel Gegenteile) **contraire**
► **im Gegenteil** **au contraire**

gegenüber *a plusieurs catégories grammaticales et plusieurs sens :*

> Ce peut être une PRÉPOSITION qui s'emploie avec le datif :

gegenüber *signifie* **en face de** *ou* **envers :**
▷ Ich möchte dir gegenüber sitzen. Je veux être assis en face de toi.
▷ Sie war ihnen gegenüber immer freundlich gewesen. Elle a toujours été aimable envers eux.

> Ce peut être un ADVERBE :

gegenüber *signifie* **en face :**
▷ Das Geschäft ist genau gegenüber. Le magasin est juste en face.
► **gegenüber von** **en face de**

> Ce peut être une PARTICULE SÉPARABLE pour former des VERBES COMPOSÉS :

- ♦ sich gegenüberliegen (gegenüberlag, gegenübergelegen) **être situé en face**
- ♦ sich gegenüberstehen (gegenüberstand, gegenübergestanden) **être face à face**
- ♦ gegenüberstellen **confronter** *ou* **comparer**

Gegenüberstellung (FÉMININ, pluriel Gegenüberstellungen) **confrontation** *ou* **comparaison**

Gegenwart (FÉMININ) **présent** *ou* **présence**

- ♦ gegenwärtig **présent** *ou* **actuel**

gegessen *voir* essen

geglichen *voir* gleichen

geglitten *voir* gleiten

geglommen *voir* glimmen

Gegner, Gegnerin (MASCULIN, pluriel Gegner / FÉMININ, pluriel Gegnerinnen) **adversaire** *ou* **ennemi**

gegolten *voir* gelten

gegossen *voir* gießen

gegriffen *voir* greifen

gegrillt **grillé**

gehabt *voir* haben

Gehalt *a plusieurs genres et plusieurs sens :*

> Ce peut être un NOM MASCULIN :

der Gehalt (pluriel Gehalte) *signifie* **contenu** *ou* **teneur**

► der Gehalt an Vitamin C **la teneur en vitamine C**

> Ce peut être un NOM NEUTRE :

das Gehalt (pluriel Gehälter) *signifie* **salaire**

gehangen *voir* hängen

gehässig **haineux** *ou* **méchant**

- ♦ Gehässigkeit (FÉMININ, pluriel Gehässigkeiten) **méchanceté**

Gehäuse (NEUTRE, pluriel Gehäuse) **boîte** *ou* **boîtier**

geheim **secret** *ou* **confidentiel**

- ♦ Geheimdienst (MASCULIN, pluriel Geheimdienste) **services secrets**
- ♦ Geheimnis (NEUTRE, pluriel Geheimnisse) **secret** *ou* **mystère**
- ♦ geheimnisvoll **mystérieux**

gehemmt **complexé** *ou* **bloqué** (au sens figuré)

gehen (ging, gegangen) *a plusieurs sens :*

1 gehen *peut signifier* **aller** *ou* **marcher** :

▷ Gehst du heute Abend ins Kino? Tu vas au cinéma ce soir ?

▷ Ich gehe lieber zu Fuß. Je préfère marcher.

► wie geht's? **ça va ?**

2 gehen *peut former des verbes composés :*

- ♦ heimgehen **rentrer chez soi**
- ♦ hinausgehen **sortir** *ou* **aller dehors**
- ♦ weggehen **s'en aller** *ou* **partir**

> ℹ Vous trouverez les verbes composés avec gehen classés par ordre alphabétique.

3 gehen *peut former des expressions :*

► sich gehen lassen **se laisser aller**

► nach Hause gehen **rentrer à la maison**

► an die Arbeit gehen **se mettre au travail**

► auf Reisen gehen **partir en voyage**

► in Erfüllung gehen **s'accomplir**

► jemandem aus dem Wege gehen **éviter quelqu'un**

► mit einem Mädchen / Jungen gehen **sortir avec une fille / un garçon**

► sich etwas durch den Kopf gehen lassen **réfléchir à quelque chose**

► zu Ende gehen **se terminer**

> ℹ Dans cette expression, Ende est utilisé de manière substantivée.

4 gehen *peut correspondre à d'autres verbes :*

▷ Die Uhr geht. La montre fonctionne.

▷ Das geht über meine Kräfte. C'est au-dessus de mes forces.

▷ Was geht hier vor sich? Qu'est-ce qui se passe ici ?

▷ Die Geschäfte gehen gut. Les affaires marchent bien.

Gehen (NEUTRE) **marche**

▷ Das Gehen fällt ihm schwer. Il a du mal à marcher.

► ein Kommen und Gehen **un va-et-vient**

Gehirn (NEUTRE, pluriel Gehirne) **cerveau**

- ♦ Gehirnerschütterung (FÉMININ) **traumatisme crânien**

gehoben *voir* heben

geholfen *voir* helfen

Gehör (NEUTRE) **ouïe**

gehorchen **obéir**

gehören **appartenir** :

▷ Es gehört viel Kraft dazu. Il faut beaucoup de force pour ça.

▷ Du gehörst ins Bett. Tu dois aller au lit.

► jemandem gehören appartenir à quelqu'un

► zu etwas gehören faire partie de quelque chose

gehorsam obéissant

Gehsteig, Gehweg (MASCULIN, pluriel Gehsteige, Gehwege) trottoir

Geier (MASCULIN, pluriel Geier) vautour

Geige (FÉMININ, pluriel Geigen) violon

Geisel (FÉMININ, pluriel Geiseln) otage

♦ Geiselnahme (FÉMININ, pluriel Geiselnahmen) prise d'otage

Geist (MASCULIN, pluriel Geister) esprit

♦ geisterhaft fantomatique

♦ Geisteswissenschaften (FÉMININ PLURIEL) sciences humaines

♦ geistig intellectuel *ou* mental

♦ geistlich spirituel *ou* religieux

♦ geistreich spirituel *ou* qui a de l'esprit

Geiz (MASCULIN) avarice

♦ Geizhals, Geizkragen (MASCULIN, pluriel Geizhälse, Geizkragen) personne avare

♦ geizig avare

gekannt *voir* kennen

geklungen *voir* klingen

gekniffen *voir* kneifen

gekonnt *voir* können

gekrochen *voir* kriechen

gekünstelt maniéré

Gelächter (NEUTRE) rires

gelähmt paralysé

Gelände (NEUTRE, pluriel Gelände) terrain

♦ Geländefahrzeug *ou* Geländewagen (NEUTRE, pluriel Geländefahrzeuge / MASCULIN, pluriel Geländewagen) véhicule tout terrain

Geländer (NEUTRE, pluriel Geländer) balustrade

gelang *voir* gelingen

gelangen

► zu etwas gelangen arriver à *ou* parvenir à *ou* atteindre quelque chose

gelangweilt ennuyé

gelassen placide *ou* calme

♦ Gelassenheit (FÉMININ) placidité *ou* calme

> ℹ gelassen est aussi le participe passé du verbe lassen.

geläufig courant

gelaunt d'humeur ...

► gut / schlecht gelaunt sein être de bonne / mauvaise humeur

gelb jaune

► gelbes Ampellicht feu orange

♦ gelblich jaunâtre

♦ Gelbsucht (FÉMININ) jaunisse

Geld (NEUTRE, pluriel Gelder) argent

♦ Geldbeutel *ou* Geldbörse (MASCULIN, pluriel Geldbeutel / FÉMININ, pluriel Geldbörsen) porte-monnaie

♦ Geldstrafe (FÉMININ, pluriel Geldstrafen) amende

gelegen *voir* liegen

Gelegenheit (FÉMININ, pluriel Gelegenheiten) occasion

► bei Gelegenheit à l'occasion

♦ gelegentlich occasionnel *ou* à l'occasion *ou* de temps à autre

Gelenk (NEUTRE, pluriel Gelenke) articulation *ou* joint

♦ gelenkig souple

Geliebte (MASCULIN, FÉMININ, pluriel Geliebten) amant, maîtresse

> ℹ Ce nom est un ADJECTIF SUBSTANTIVÉ : on dit Geliebter.

geliehen *voir* leihen

gelingen (gelang, gelungen) réussir :

▷ Die Zeichnung ist gelungen. Le dessin est réussi.

gelitten *voir* leiden

gelogen *voir* lügen

gelten (er gilt; galt, gegolten) être valable :

▷ Das gilt nicht! Ça ne compte pas !

▷ Das gilt dir. Ça s'adresse à toi.

► als *ou* für etwas gelten être considéré comme quelque chose

gelungen *voir* gelingen

gemächlich tranquille *ou* tranquillement

Gemälde (NEUTRE, pluriel Gemälde) tableau

gemäß *est une* PRÉPOSITION *qui s'emploie avec le datif et signifie* **conformément à** *ou* **selon :**

► **den Regeln gemäß** conformément aux règles *ou* selon les règles

gemäßigt modéré

gemein *a plusieurs sens :*

1 **gemein** *peut signifier* **méchant :**

▷ Du bist gemein! Tu es méchant !

2 **gemein** *peut signifier* **commun :**

▷ Sie haben nichts gemein. Ils n'ont rien en commun.

Gemeinde (FÉMININ, pluriel Gemeinden) commune

Gemeinheit (FÉMININ, pluriel Gemeinheiten) méchanceté

gemeinsam ensemble

Gemeinschaft (FÉMININ, pluriel Gemeinschaften) communauté

gemieden *voir* **meiden**

Gemisch (NEUTRE, pluriel Gemische) mélange

♦ **gemischt** mélangé

gemocht *voir* **mögen**

gemolken *voir* **melken**

Gemüse (NEUTRE, pluriel Gemüse) légume

♦ **Gemüsegarten** (MASCULIN, pluriel Gemüsegärten) potager

gemusst *voir* **müssen**

Gemüt (NEUTRE, pluriel Gemüter) âme *ou* cœur *ou* nature

♦ **gemütlich** sympathique *ou* douillet *ou* agréable

▷ Hier ist es gemütlich. Ici on se sent à son aise.

Gemütlichkeit (FÉMININ) confort *ou* atmosphère accueillante

► **in aller Gemütlichkeit** tranquillement

Gemütszustand (MASCULIN, pluriel Gemütszustände) état d'âme

Gen (NEUTRE, pluriel Gene) gène

genannt *voir* **nennen**

genau *a plusieurs catégories grammaticales et plusieurs sens :*

> Ce peut être un ADJECTIF :

genau *signifie* **exact** *ou* **précis**

> Ce peut être un ADVERBE :

genau *signifie* **exactement** *ou* **consciencieusement** *ou* **précisément**

► **genau!** c'est vrai !

► **etwas genau nehmen** prendre quelque chose au pied de la lettre

► **die Uhr geht genau** la montre est à l'heure

► **genau genommen** strictement parlant

♦ **Genauigkeit** (FÉMININ) exactitude *ou* précision

genauso de même *ou* tout aussi...

genehmigen autoriser

► **sich etwas genehmigen** se permettre quelque chose

♦ **Genehmigung** (FÉMININ, pluriel Genehmigungen) autorisation

geneigt favorable

genesen (genas, genesen) guérir *ou* se rétablir

♦ **Genesung** (FÉMININ) guérison *ou* rétablissement

genetisch génétique

Genick (NEUTRE, pluriel Genicke) nuque

sich genieren être embarrassé

genießen (genoss, genossen) apprécier

genommen *voir* **nehmen**

genoss, genossen *voir* **genießen**

gentechnisch

♦ **gentechnisch verändert** transgénique

♦ **gentechnisch veränderter Organismus** organisme génétiquement modifié

genug assez *ou* suffisamment

♦ **zur Genüge** suffisamment

♦ **genügen** suffire

♦ **genügend** suffisant

Genuss (MASCULIN, pluriel Genüsse) plaisir

geöffnet ouvert

Gepäck (NEUTRE) bagages

♦ **Gepäckaufbewahrung** (FÉMININ) consigne

♦ **Gepäckstück** (NEUTRE, pluriel Gepäckstücke) (pièce de) bagage

gepfiffen *voir* **pfeifen**

gepflegt soigné

Geplauder (NEUTRE) bavardage

gepriesen *voir* **preisen**

gequollen *voir* **quellen**

gerade *a plusieurs catégories grammaticales et plusieurs sens :*

> Ce peut être un ADJECTIF :

gerade *signifie* **droit** *ou* **pair** :

▷ Die Mauer ist nicht ganz gerade. Le mur n'est pas tout à fait droit.

► **eine gerade Zahl** un chiffre pair

> Ce peut être un ADVERBE :

gerade *signifie* **droit** *ou* **juste** *ou* **justement**

▷ Ich esse gerade. Je suis en train de manger.

► **gerade eben** à l'instant

► **gerade noch** juste à temps

♦ **geradeaus** tout droit

♦ **geradezu** même *ou* vraiment

gerannt *voir* **rennen**

Gerät (NEUTRE, pluriel Geräte) **outil** *ou* **appareil** *ou* **ustensil**

geraten

► **gut / schlecht geraten** bien / mal réussir

► **an jemanden geraten** tomber sur quelqu'un

► **in jemandes Hände geraten** tomber entre les mains de quelqu'un

► **außer sich geraten** sortir de ses gonds

► **in Angst geraten** prendre peur

► **in Wut geraten** se mettre en colère

ℹ geraten est aussi le participe passé du verbe raten.

gerätst, gerät *voir* **geraten**

geräuchert fumé

geräumig spacieux

Geräusch (NEUTRE, pluriel Geräusche) **bruit**

♦ **geräuschlos** silencieux

♦ **geräuschvoll** bruyant

gerecht juste *ou* équitable

► **jemandem / einer Sache gerecht werden** rendre justice à quelqu'un / quelque chose

♦ **Gerechtigkeit** (FÉMININ) justice

Gerede (NEUTRE) bavardage *ou* commérages

gereizt irrité *ou* énervé

♦ **Gereiztheit** (FÉMININ) irritation

Gericht (NEUTRE, pluriel Gerichte) **tribunal** *ou* **plat** (à manger)

► **vor Gericht** en justice

♦ **gerichtlich** judiciaire

♦ **Gerichtshof** (MASCULIN, pluriel Gerichtshöfe) cour de justice

♦ **Gerichtsverfahren** (NEUTRE, pluriel Gerichtsverfahren) procédure judiciaire

gerieben *voir* **reiben**

geriet *voir* **geraten**

gering minime *ou* peu *ou* court

► **nicht im Geringsten** pas du tout

♦ **geringfügig** insignifiant

♦ **geringschätzig** dédaigneux

♦ **Geringschätzung** (FÉMININ) dédain *ou* mépris

geringste, geringster, geringstes le, la moindre

gerissen rusé

ℹ gerissen est aussi le participe passé du verbe reißen.

geritten *voir* **reiten**

gern(e) avec plaisir *ou* volontiers

► **jemanden gern(e) haben** bien aimer quelqu'un

► **gern(e) geschehen** il n'y a pas de quoi

gerochen *voir* **riechen**

geronnen *voir* **rinnen**

Geruch (MASCULIN, pluriel Gerüche) **odeur**

♦ **geruchlos** inodore

♦ **Geruchssinn** (MASCULIN) odorat

Gerücht (NEUTRE, pluriel Gerüchte) **rumeur**

geruhsam tranquille *ou* calme

gerungen *voir* **ringen**

Gerüst (NEUTRE, pluriel Gerüste) **échafaudage** *ou* **structure**

gesamt tout entier *ou* total

♦ **Gesamtschule** (FÉMININ, pluriel Gesamtschulen) école polyvalente d'enseignement secondaire

gesandt *voir* **senden**

Gesang (MASCULIN, pluriel Gesänge) **chant**

Gesäß (NEUTRE, pluriel Gesäße) **fesses**

gesaugt *voir* **saugen**

Geschäft (NEUTRE, pluriel Geschäfte) **magasin** *ou* **affaire**

► Geschäfte machen faire des affaires
♦ geschäftig affairé
♦ geschäftlich d'affaires
♦ Geschäftsfrau (FÉMININ, pluriel Geschäftsfrauen) femme d'affaires
♦ Geschäftsleute (PLURIEL) hommes et femmes d'affaires
♦ Geschäftsmann (MASCULIN, pluriel Geschäftsmänner) homme d'affaires
♦ Geschäftsstraße (FÉMININ, pluriel Geschäftsstraßen) rue commerçante
♦ Geschäftszeiten (PLURIEL) heures d'ouverture

geschah *voir* geschehen

geschehen (es geschieht; geschah, geschehen) se passer *ou* arriver *ou* avoir lieu :
▷ Das geschieht ihm recht. C'est bien fait pour lui.
► als ob nichts geschehen wäre comme si de rien n'était
► geschehen lassen laisser faire

gescheit intelligent

Geschenk (NEUTRE, pluriel Geschenke) cadeau

Geschichte (FÉMININ, pluriel Geschichten) histoire
♦ geschichtlich historique

Geschick (NEUTRE, pluriel Geschicke) destin *ou* habileté
♦ Geschicklichkeit (FÉMININ) habileté *ou* adresse
♦ geschickt habile *ou* adroit

geschieden divorcé

geschieht *voir* geschehen

geschienen *voir* scheinen

Geschirr (NEUTRE) vaisselle
♦ Geschirrspülmaschine (FÉMININ, pluriel Geschirrspülmaschinen) lave-vaisselle
♦ Geschirrspülmittel (NEUTRE, pluriel Geschirrspülmittel) produit vaisselle
♦ Geschirrtuch (NEUTRE, pluriel Geschirrtücher) torchon

Geschlecht (NEUTRE, pluriel Geschlechter) sexe *ou* genre
♦ Geschlechtsverkehr (MASCULIN) rapports sexuels

geschlichen *voir* schleichen

geschliffen *voir* schleifen

geschlossen *voir* schließen

geschlungen *voir* schlingen

Geschmack (MASCULIN, pluriel Geschmäcke) goût *ou* parfum
► mit Erdbeer/Haselnussgeschmack parfumé à la fraise/à la noisette
► auf den Geschmack kommen y prendre goût
♦ geschmacklos sans goût *ou* de mauvais goût
♦ Geschmack(s)sache (FÉMININ, pluriel Geschmack(s)sachen) question de goût
♦ geschmackvoll de bon goût *ou* avec goût

geschmeidig doux *ou* souple

geschmissen *voir* schmeißen

geschmolzen *voir* schmelzen

geschnitten *voir* schneiden

geschoben *voir* schieben

gescholten *voir* schelten

Geschöpf (NEUTRE, pluriel Geschöpfe) créature

geschoren *voir* scheren

Geschoss (NEUTRE, pluriel Geschosse) étage

geschossen *voir* schießen

Geschrei (NEUTRE) cris

geschrieben *voir* schreiben

geschrien *voir* schreien

geschritten *voir* schreiten

geschunden *voir* schinden

geschützt protégé

Geschwätz (NEUTRE) bavardage
♦ geschwätzig bavard

geschweige denn encore moins

geschwiegen *voir* schweigen

geschwind rapide *ou* rapidement
♦ Geschwindigkeit (FÉMININ) vitesse

Geschwister (PLURIEL) frère(s) et sœur(s)

geschwollen enflé

> ℹ geschwollen est le participe passé du verbe schwellen.

geschwommen *voir* schwimmen

geschworen *voir* schwören

geschwunden *voir* schwinden

geschwungen *voir* **schwingen**

Geschwür (NEUTRE, pluriel Geschwüre) abcès *ou* ulcère

gesellig sociable
- ♦ **Geselligkeit** (FÉMININ) sociabilité

Gesellschaft (FÉMININ, pluriel Gesellschaften) société *ou* compagnie
- ♦ **gesellschaftlich** social
- ♦ **Gesellschaftsschicht** (FÉMININ, pluriel Gesellschaftsschichten) couche sociale

gesessen *voir* **sitzen**

Gesetz (NEUTRE, pluriel Gesetze) loi
- ♦ **Gesetzgebung** (FÉMININ, pluriel Gesetzgebungen) législation
- ♦ **gesetzlich** *ou* **gesetzmäßig** légal
- ♦ **gesetzlos** anarchique
- ♦ **gesetzwidrig** illégal

Gesicht (NEUTRE, pluriel Gesichter) visage *ou* figure *ou* air
- ► **ein langes Gesicht machen** faire une tête d'enterrement
- ♦ **Gesichtsausdruck** (MASCULIN, pluriel Gesichtsausdrücke) expression du visage
- ♦ **Gesichtszüge** (MASCULIN PLURIEL) traits du visage

Gesinnung (FÉMININ, pluriel Gesinnungen) mentalité *ou* idées

gesoffen *voir* **saufen**

gesogen *voir* **saugen**

gesollt *voir* **sollen**

gesonnen *voir* **sinnen**

gespannt tendu *ou* curieux

Gespenst (NEUTRE, pluriel Gespenster) fantôme
- ♦ **gespensterhaft** fantomatique

gesperrt fermé

gespie(e)n *voir* **speien**

gesponnen *voir* **spinnen**

Gespräch (NEUTRE, pluriel Gespräche) entretien *ou* conversation
- ♦ **gesprächig** loquace
- ♦ **Gesprächsthema** (NEUTRE, pluriel Gesprächsthemen) sujet de conversation

gesprochen *voir* **sprechen**

gesprungen *voir* **springen**

Gestalt (FÉMININ, pluriel Gestalten) forme *ou* figure
- ► **in Gestalt von** sous forme de
- ► **Gestalt annehmen** prendre forme

gestalten organiser *ou* aménager
- ♦ **Gestaltung** (FÉMININ, pluriel Gestaltungen) organisation *ou* aménagement

gestanden *voir* **stehen**

Geständnis (NEUTRE, pluriel Geständnisse) aveu

Gestank (MASCULIN) puanteur

gestatten permettre
- ► **gestatten Sie?** vous permettez ?
- ► **sich etwas gestatten** se permettre quelque chose

Geste (FÉMININ, pluriel Gesten) geste

gestehen (gestand, gestanden) avouer

Gestell (NEUTRE, pluriel Gestelle) étagère *ou* tréteau *ou* châssis

gestern hier
- ♦ **gestrig** d'hier

gestiegen *voir* **steigen**

gestochen *voir* **stechen**

gestohlen *voir* **stehlen**

gestorben *voir* **sterben**

gestört dérangé

gestreift à rayures

gestrichen *voir* **streichen**

gestritten *voir* **streiten**

gestunken *voir* **stinken**

Gesuch (NEUTRE, pluriel Gesuche) demande
- ♦ **gesucht** demandé *ou* recherché

gesund (gesünder, am gesündesten) en bonne santé *ou* sain
- ♦ **Gesundheit** (FÉMININ) santé
  - ► **Gesundheit!** à vos (tes) souhaits !
- ♦ **gesundheitlich** de santé

gesungen *voir* **singen**

gesunken *voir* **sinken**

getan *voir* **tun**

Getöse (NEUTRE) vacarme

Getränk (NEUTRE, Getränke) boisson

Getreide (NEUTRE, pluriel Getreide) céréales

getrennt séparé

getrieben *voir* treiben

getroffen *voir* treffen

getrogen *voir* trügen

getrunken *voir* trinken

Getue (NEUTRE) chichis

> ℹ L'expression allemande et sa traduction française sont familières.

gewachsen

► jemandem / einer Sache gewachsen sein être à la hauteur de quelqu'un / quelque chose

> ℹ gewachsen est le participe passé du verbe wachsen.

gewagt osé *ou* risqué

Gewalt (FÉMININ, pluriel Gewalten) force *ou* pouvoir *ou* violence

♦ gewaltig énorme *ou* puissant

♦ gewaltsam *ou* gewalttätig violent

♦ Gewalttätigkeit (FÉMININ) violence

Gewand (NEUTRE, pluriel Gewänder) vêtement

gewandt agile *ou* à l'aise

♦ Gewandtheit (FÉMININ) agilité *ou* aisance

> ℹ gewandt est aussi le participe passé du verbe wenden.

gewann *voir* gewinnen

Gewehr (NEUTRE, pluriel Gewehre) fusil

Gewerbe (NEUTRE, pluriel Gewerbe) industrie *ou* commerce

Gewerkschaft (FÉMININ, pluriel Gewerkschaften) syndicat

gewesen *voir* sein

gewichen *voir* weichen

Gewicht (NEUTRE, pluriel Gewichte) poids

gewiesen *voir* weisen

Gewimmel (NEUTRE) fourmillement

Gewinn (MASCULIN, pluriel Gewinne) gain *ou* bénéfice

► gewinnbringend lucratif

♦ gewinnen (gewann, gewonnen) gagner

♦ Gewinner, Gewinnerin (MASCULIN, pluriel Gewinner / FÉMININ, pluriel Gewinnerinnen) vainqueur *ou* gagnant, gagnante

Gewirr (NEUTRE) enchevêtrement

gewiss (adjectif) certain *ou* (adverbe) certainement

Gewissen (NEUTRE, pluriel Gewissen) conscience

♦ gewissenhaft consciencieux

♦ Gewissenhaftigkeit (FÉMININ) conscience *ou* minutie

♦ gewissenlos sans scrupules

♦ Gewissensbisse (MASCULIN PLURIEL) remords

♦ Gewissensfrage (FÉMININ, pluriel Gewissensfragen) cas de conscience

gewissermaßen en quelque sorte *ou* pour ainsi dire

Gewissheit (FÉMININ) certitude

Gewitter (NEUTRE, pluriel Gewitter) orage

♦ es gewittert il y a de l'orage

gewitzt malin *ou* rusé

gewoben *voir* weben

gewogen favorable

► jemandem / einer Sache gewogen sein être favorable à quelqu'un / quelque chose

> ℹ gewogen est aussi le participe passé du verbe wiegen.

(sich) gewöhnen (s')habituer

► sich an jemanden / etwas gewöhnen s'habituer à quelqu'un / quelque chose

► etwas gewohnt sein être habitué à quelque chose

♦ Gewohnheit (FÉMININ, pluriel Gewohnheiten) habitude

♦ gewöhnlich habituel *ou* ordinaire *ou* d'habitude *ou* habituellement

gewollt *voir* wollen

gewonnen *voir* gewinnen

geworben *voir* werben

geworden *voir* werden

geworfen *voir* werfen

gewrungen *voir* wringen

Gewühl (NEUTRE) cohue

gewunden *voir* **winden**

Gewürz (NEUTRE, pluriel Gewürze) **épice**

gewusst *voir* **wissen**

gezähmt **apprivoisé**

Gezeiten (FÉMININ PLURIEL) **marées**

gezielt **ciblé**

gezogen *voir* **ziehen**

Gezwitscher (NEUTRE) **gazouillis** (d'oiseaux)

gezwungen **obligé**

> ℹ gezwungen est le participe passé du verbe zwingen.

Gier (FÉMININ) **avidité**

♦ **gierig** **avide**

gießen (goss, gegossen) **verser**

► **Blumen gießen** **arroser les fleurs**

► **es gießt** **il pleut beaucoup**

♦ **Gießkanne** (FÉMININ, pluriel Gießkannen) **arrosoir**

gibst, gibt *voir* **geben**

Gift (NEUTRE, pluriel Gifte) **poison** *ou* **venin**

♦ **giftig** **toxique** *ou* **vénéneux**

giltst, gilt *voir* **gelten**

ging *voir* **gehen**

Gipfel (MASCULIN, pluriel Gipfel) **sommet** *ou* **comble :**

▷ Das ist der Gipfel! C'est le comble !

Gips (MASCULIN, pluriel Gipse) **plâtre**

♦ **gipsen** **plâtrer** *ou* **faire du plâtre**

Gitter (NEUTRE, pluriel Gitter) **grille** *ou* **treillage**

Glanz (MASCULIN) **éclat**

♦ **glänzen** **briller**

♦ **glänzend** **brillant** *ou* **excellent**

♦ **glanzlos** **terne**

Glas (NEUTRE, pluriel Gläser) **verre**

♦ **gläsern** **en verre**

♦ **Glasscheibe** (FÉMININ, pluriel Glasscheiben) **vitre**

glatt **lisse** *ou* **glissant**

► **glatt vergessen** **oublier carrément**

♦ **Glatteis** (NEUTRE) **verglas**

► **jemanden aufs Glatteis führen** **tendre un piège à quelqu'un**

Glatze (FÉMININ, pluriel Glatzen) **calvitie**

♦ **glatzköpfig** **chauve**

Glaube (MASCULIN, pluriel Glauben) **croyance** *ou* **foi**

♦ **glauben** **croire**

♦ **glaubwürdig** **crédible**

♦ **Glaubwürdigkeit** (FÉMININ) **crédibilité**

gleich *a plusieurs catégories grammaticales et plusieurs sens :*

> Ce peut être un ADJECTIF :

gleich *signifie* **égal** *ou* **pareil** *ou* **le, la même :**

▷ Das ist mir gleich. Ça m'est égal.

▷ Ich habe das gleiche Recht wie du. J'ai les mêmes droits que toi.

▷ Sie trägt das gleiche Kleid wie ich. Elle porte la même robe que moi.

► **2 mal 2 gleich 4** **2 fois 2 égale 4**

► **Gleich und Gleich gesellt sich gern** **qui se ressemble s'assemble**

► **Gleiches mit Gleichem vergelten** **rendre le mal pour le mal**

> ℹ Dans cette expression, Gleiches et Gleichem sont utilisés de manière substantivée.

> Ce peut être un ADVERBE :

gleich *signifie* **également** *ou* **tout de suite** *ou* **dans un instant :**

▷ Ich bin gleich wieder da. Je reviens tout de suite.

> Ce peut être une PARTICULE pour former des MOTS COMPOSÉS :

♦ **gleichaltrig** **du même âge**

♦ **gleichartig** **semblable**

> ℹ Vous trouverez les mots composés qui commence par gleich- classés par ordre alphabétique.

gleichberechtigt **égal** (en droit)

♦ **Gleichberechtigung** (FÉMININ) **égalité** (devant la loi)

gleichbleibend **constant**

gleichen (glich, geglichen) **ressembler**

► **jemandem gleichen** **ressembler à quelqu'un**

► **sich gleichen** **se ressembler**

gleichfalls **également** *ou* **pareillement**

gleichförmig **uniforme**

♦ **Gleichförmigkeit** (FÉMININ) **uniformité**

Gleichgewicht (NEUTRE) **équilibre**

gleichgültig **indifférent** *ou* **égal :**

▷ Sie ist so gleichgültig. Elle est si indifférente.

▷ Das ist mir gleichgültig. Ça m'est égal.
♦ **Gleichgültigkeit** (FÉMININ) indifférence

Gleichheit (FÉMININ) égalité

gleichmäßig régulier

gleichsehen ressembler
► jemandem gleichsehen ressembler à quelqu'un

Gleichung (FÉMININ, pluriel Gleichungen) équation

gleichwertig équivalent

gleichzeitig simultané *ou* simultanément

Gleis (NEUTRE, pluriel Gleise) quai *ou* rails

gleiten (glitt, geglitten) glisser
♦ **Gleitschirm** (MASCULIN, pluriel Gleitschirme) parapente
♦ **Gleitschirmfliegen** (NEUTRE) parapente (activité)

Gletscher (MASCULIN, pluriel Gletscher) glacier

glich *voir* gleichen

Glied (NEUTRE, pluriel Glieder) membre *ou* maillon
♦ **Gliedmaßen** (FÉMININ PLURIEL) membres (du corps)
♦ **Körperglied** membre du corps

glitschig glissant

glitt *voir* gleiten

glitzern scintiller

Globalisierung (FÉMININ) mondialisation

Glocke (FÉMININ, pluriel Glocken) cloche
► etwas an die große Glocke hängen crier quelque chose sur les toits
♦ **Glockenspiel** (NEUTRE, pluriel Glockenspiele) carillon
♦ **Glockenturm** (MASCULIN, pluriel Glockentürme) clocher

glotzen *est une expression familière qui signifie* regarder bouche bée

Glück (NEUTRE) chance *ou* bonheur
► Glück haben avoir de la chance
► viel Glück! bonne chance !
► zum Glück heureusement
♦ **glücken** réussir
♦ **glücklich** heureux
♦ **glücklicherweise** heureusement
♦ **Glücksbringer** (MASCULIN, pluriel Glücksbringer) porte-bonheur
♦ **Glücksfall** (MASCULIN, pluriel Glücksfälle) coup de chance
♦ **Glückskind** (NEUTRE, pluriel Glückskinder) veinard
♦ **Glückssache** (FÉMININ) question de chance
♦ **Glückwunsch** (MASCULIN, pluriel Glückwünsche) félicitations
► herzlichen Glückwunsch zum Geburtstag joyeux anniversaire

Glühbirne (FÉMININ, pluriel Glühbirnen) ampoule (électrique)

glühen rougeoyer *ou* brûler
► vor Leidenschaft glühen brûler de passion
♦ **glühend** ardent *ou* brûlant
♦ **Glühwein** (MASCULIN, pluriel Glühweine) vin chaud
♦ **Glühwürmchen** (NEUTRE, pluriel Glühwürmchen) ver luisant

Glut (FÉMININ, pluriel Gluten) braise *ou* brasier *ou* ferveur

GmbH *est l'abréviation de* Gesellschaft mit beschränkter Haftung *et signifie* S.A.R.L. (Société à responsabilité limitée)

Gnade (FÉMININ, pluriel Gnaden) grâce *ou* pitié *ou* clémence
♦ **gnadenlos** sans pitié
♦ **gnädig** clément
► gnädiger Herr, gnädige Frau Monsieur, Madame

Gokart (MASCULIN, pluriel Gokarts) kart

Gold (NEUTRE) or
♦ **golden** d'or *ou* en or
♦ **Goldfisch** (MASCULIN, pluriel Goldfische) poisson rouge
♦ **goldig** adorable

Golf *a plusieurs genres et plusieurs sens :*

> Ce peut être un NOM NEUTRE :

das Golf *signifie* golf (au sens sportif)
♦ **Golfplatz** (MASCULIN, pluriel Golfplätze) terrain de golf
♦ **Minigolf** (NEUTRE) golf miniature

> Ce peut être un NOM MASCULIN :

1 der Golf (pluriel Golfe) *signifie* golfe
2 der Golf *signifie* le Golfe
♦ **Golfkrieg** (MASCULIN) guerre du Golfe

Gondel (FÉMININ, pluriel Gondeln) gondole *ou* télécabine

gönnen accorder (avec plaisir)
- ► **jemandem etwas gönnen** être content pour quelqu'un (de quelque chose)
- ► **sich etwas gönnen** s'accorder quelque chose

Gott (MASCULIN, pluriel Götter) dieu *ou* Dieu
- ► **um Gottes Willen** mon Dieu
- ► **leider Gottes** malheureusement
- ► **Gott sei Dank** heureusement *ou* Dieu merci

♦ **Göttin** (FÉMININ, pluriel Göttinnen) déesse
♦ **göttlich** divin
♦ **gottlos** athée

Grab (NEUTRE, pluriel Gräber) tombe

graben (er gräbt; grub, gegraben) creuser
♦ **Graben** (MASCULIN, pluriel Gräben) fossé *ou* tranchée

gräbst, gräbt *voir* graben

Grad (MASCULIN, pluriel Grade) degré *ou* rang

Graf (MASCULIN, pluriel Grafen) comte

Grafik (FÉMININ, pluriel Grafiken) graphique

Gräfin (FÉMININ, pluriel Gräfinnen) comtesse

Gram (MASCULIN) chagrin
♦ **sich grämen** avoir du chagrin

Grammatik (FÉMININ, pluriel Grammatiken) grammaire
♦ **grammatisch** grammatical

Grapefruit /greipfru:t/ (FÉMININ, pluriel Grapefruits) pamplemousse

Gras (NEUTRE, pluriel Gräser) herbe
♦ **Grashalm** (MASCULIN, pluriel Grashalme) brin d'herbe

grässlich horrible

Gräte (FÉMININ, pluriel Gräten) arête (de poisson)

gratis (adjectif) gratuit *ou* (adverbe) gratuitement

gratulieren féliciter
- ► **jemandem gratulieren** féliciter quelqu'un
- ► **ich gratuliere!** félicitations !

grau gris

Gräuel (MASCULIN, pluriel Gräuel) horreur

grauen *a plusieurs sens :*

1 **grauen** *peut signifier* se lever :
- ▷ Der Tag graut. Le jour se lève.

2 **grauen** *peut signifier* appréhender :
- ▷ Es graut mir vor der Prüfung. J'appréhende l'examen.
- ► **sich grauen vor** avoir horreur de

♦ **Grauen** (NEUTRE) horreur
♦ **grauenhaft** horrible
♦ **grausam** atroce
♦ **Grausamkeit** (FÉMININ, pluriel Grausamkeiten) atrocité *ou* cruauté

greifen (griff, gegriffen) saisir *ou* toucher
- ► **nach etwas greifen** tendre la main pour prendre quelque chose
- ► **zu etwas greifen** avoir recours à quelque chose
- ► **um sich greifen** se propager

Greis, Greisin (MASCULIN, pluriel Greise / FÉMININ, pluriel Greisinnen) vieillard, vieille

grell aveuglant *ou* criard *ou* perçant

Grenze (FÉMININ, pluriel Grenzen) frontière *ou* limite
♦ **grenzenlos** immense *ou* infini

Greuel (MASCULIN, pluriel Greuel) horreur

Grieche, Griechin (MASCULIN, pluriel Griechen / FÉMININ, pluriel Griechinnen) Grec, Grecque
♦ **Griechenland** Grèce
♦ **griechisch** grec

Griesgram (MASCULIN, pluriel Griesgrame) grincheux, grincheuse (personne)

Grieß (MASCULIN, pluriel Grieße) semoule

griff *voir* greifen

Griff (MASCULIN, pluriel Griffe) prise *ou* poignée *ou* manche (d'une casserole)

griffbereit à portée de main
- ► **etwas griffbereit haben** avoir quelque chose sous la main

Grill (MASCULIN, pluriel Grills) gril *ou* barbecue

Grille (FÉMININ, pluriel Grillen) grillon

grillen griller *ou* faire un barbecue
♦ **Grillfest** (NEUTRE, pluriel Grillfeste) barbecue
♦ **Grillplatte** (FÉMININ) (assiette de) grillades

Grimasse (FÉMININ, pluriel Grimassen) grimace

grimmig furieux *ou* terrible

grinsen ricaner *ou* sourire bêtement

Grippe (FÉMININ, pluriel Grippen) **grippe**
♦ Grippewelle (FÉMININ, pluriel Grippewellen) **épidémie de grippe**

grob (gröber, am gröbsten) **grossier** *ou* **brutal**
♦ Grobian (MASCULIN, pluriel Grobiane) **brute**

Groll (MASCULIN) **rancœur**
♦ grollen **gronder**

groß (größer, am größten) **grand**
► große Mühe haben **avoir beaucoup de mal**
► ein großer Buchstabe **une lettre majuscule**
► große Angst haben **avoir très peur**
► ein großer Fehler **une faute grave**
► gleich groß **de même taille**
► 1,80 m groß sein **mesurer 1,80 m**
► großen Wert auf etwas legen **tenir beaucoup à quelque chose**
► im Großen und Ganzen **dans l'ensemble**

> ℹ Dans cette expression, Groß est utilisé de manière substantivée.

großartig **formidable**

Großbritannien **Grande-Bretagne**

Größe (FÉMININ, pluriel Größen) **taille** *ou* **dimension** *ou* **pointure** *ou* **grandeur**

Großeltern (PLURIEL) **grands-parents**
♦ Großmutter (FÉMININ, pluriel Großmütter) **grand-mère**
♦ Großvater (MASCULIN, pluriel Großväter) **grand-père**

großspurig **vantard**

Großstadt (FÉMININ, pluriel Großstädte) **métropole**

größtenteils **pour la plupart** *ou* **en grande partie**

großzügig **généreux**

grub *voir* **graben**

Grübchen (NEUTRE, pluriel Grübchen) **fossette**

Grube (FÉMININ, pluriel Gruben) **fosse**

grübeln **ruminer**

grün **vert**
♦ Grünanlage (FÉMININ, pluriel Grünanlagen) **espace vert**

Grund (MASCULIN, pluriel Gründe) *a plusieurs sens :*

1 Grund *peut signifier* **raison :**
▷ Es gibt keinen Grund zu weinen. Il n'y a pas de raison de pleurer.

2 Grund *peut signifier* **fond :**
▷ Ich bin bis zum Grund getaucht. J'ai plongé jusqu'au fond.
► im Grunde genommen **au fond**
► zu Grunde gehen **sombrer**
► einer Sache auf den Grund gehen **examiner quelque chose à fond**
♦ Grundgesetz (NEUTRE) **constitution** (de la RFA)

3 Grund *peut signifier* **terrain :**
▷ Das ist ein riesiger Grund. C'est un terrain immense.

gründen **fonder**
♦ Gründer, Gründerin (MASCULIN, pluriel Gründer / FÉMININ, pluriel Gründerinnen) **fondateur, fondatrice**

Grundlage (FÉMININ, pluriel Grundlagen) **base** *ou* **fondement**
♦ grundlegend **fondamental**

gründlich **à fond**

grundlos **sans raison**

Grundsatz (MASCULIN, pluriel Grundsätze) **principe**
♦ grundsätzlich **par principe** *ou* **en principe**

Grundschule (FÉMININ, pluriel Grundschulen) **école primaire**

Grundstück (NEUTRE, pluriel Grundstücke) **terrain**

Gründung (FÉMININ, pluriel Gründungen) **fondation**

Grüne (NEUTRE) **campagne**
► ins Grüne fahren **aller à la campagne**

grunzen **grogner**

Gruppe (FÉMININ, pluriel Gruppen) **groupe**
♦ gruppenweise **en groupe**
♦ (sich) gruppieren **(se) regrouper**

gruselig **qui donne des frissons**
► sich vor etwas gruseln **avoir peur de quelque chose**

Gruß (MASCULIN, pluriel Grüße) **salutations**
► viele Grüße an ... **amitiés à ...**
♦ grüßen **saluer** *ou* **donner le bonjour à**

gucken **regarder**

gültig valide *ou* valable

♦ **Gültigkeit** (FÉMININ) **validité**

Gummi (MASCULIN, pluriel Gummis) **caoutchouc**

♦ **Gummiband** (NEUTRE, pluriel Gummibänder) **élastique**

♦ **Gummistiefel** (MASCULIN, pluriel Gummistiefel) **botte en caoutchouc**

Gunst (FÉMININ) **faveur**

► **zu Gunsten von** **en faveur de**

♦ **günstig** **favorable** *ou* **avantageux**

Gurke (FÉMININ, pluriel Gurken) **concombre**

Gurt (MASCULIN, pluriel Gurte) **ceinture** (de sécurité)

Gürtel (MASCULIN, pluriel Gürtel) **ceinture**

gut (**besser, am besten**) *a plusieurs catégories grammaticales et plusieurs sens :*

> Ce peut être un ADJECTIF :

gut *signifie* **bon** *ou* **bien** :

► **alles Gute** **bonne chance** *ou* **félicitations**

► **alles Gute zum Geburtstag** **bon anniversaire**

ℹ Dans ces expressions, Gute est utilisé de manière substantivée.

> Ce peut être un ADVERBE :

gut *signifie* **bien** :

▷ Es geht mir gut. Je vais bien.

► **gut gehen** **bien se passer**

► **jemandem gut tun** **faire du bien à quelqu'un**

► **etwas gut sein lassen** **ne plus parler de quelque chose**

► **gut aussehen** **être beau, belle** *ou* **avoir bonne mine**

► **gut gelaunt sein** **être de bonne humeur**

► **es gut meinen** **avoir de bonnes intentions**

> Ce peut être une particule pour former des MOTS COMPOSÉS :

♦ **gutartig** **bénin**

♦ **gutheißen** **approuver**

♦ **gutwillig** **plein de bonne volonté**

Güte (FÉMININ) **bonté**

♦ **gütig** **bon** *ou* **aimable**

Gutschein (MASCULIN, pluriel Gutscheine) **bon** (pour une prestation ou un objet)

GVO (MASCULIN, pluriel GVOs) *est l'abréviation de* **gentechnisch veränderter Organismus** *et signifie* **OGM (organisme génétiquement modifié)**.

Gymnasium (NEUTRE, pluriel Gymnasien) **lycée**

Hh

Haar (NEUTRE, pluriel Haare) **cheveu** *ou* **poil**

- ♦ **Haarbürste** (FÉMININ, pluriel Haarbürsten) **brosse à cheveux**
- ♦ **haargenau** **exactement**
- ♦ **haarig** **poilu**
- ♦ **Haarnadel** (FÉMININ, pluriel Haarnadeln) **épingle à cheveux**
- ♦ **haarscharf** **très précis**
- ♦ **Haarschnitt** (MASCULIN, pluriel Haarschnitte) **coupe de cheveux**
- ♦ **Haarspange** (FÉMININ, pluriel Haarspangen) **barrette**
- ♦ **haarsträubend** **à faire dresser les cheveux sur la tête**

haben *a plusieurs catégories grammaticales et plusieurs sens :*

> Ce peut être un VERBE TRANSITIF :

1 **haben** *peut signifier* **avoir :**

▷ Ich habe Hunger. J'ai faim.

▷ Hast du Angst? Tu as peur ?

▷ Er hat die Grippe. Il a la grippe.

▷ Wir hatten gestern Unterricht. Nous avons eu cours hier.

2 **haben** *peut signifier* **être :**

▷ Habt ihr Pause? C'est la pause ?

▷ Ich hatte es eilig. J'étais pressé.

▷ Wir haben Sommer. Nous sommes en été.

▷ Welchen Tag hatten wir gestern? Quel jour étions-nous hier ?

► **Ich hab's! J'y suis !**

3 **haben** *peut correspondre à d'autres verbes :*

▷ Sie hat viel von ihrer Mutter. Elle tient beaucoup de sa mère.

▷ Ich habe dich gern. Je t'aime bien.

▷ Er hatte nichts von der Schulreise. Il n'a pas profité du voyage scolaire.

▷ Das hat nichts zu sagen. Ça ne veut rien dire.

> Ce peut être un VERBE AUXILIAIRE :

haben *s'emploie pour former les temps composés :*

1 **haben** *peut signifier* **avoir :**

▷ Hast du gut geschlafen? Tu as bien dormi ?

▷ Ich hatte gewartet. J'avais attendu.

▷ Ich habe mein Heft vergessen. J'ai oublié mon cahier.

▷ Du hattest es mir versprochen! Tu me l'avais promis !

▷ Das hätte ich nie gedacht. Je n'aurais jamais pensé ça.

2 **haben** *peut signifier* **être** *dans le cas des* VERBES PRONOMINAUX :

▷ Ich hatte mich geirrt. Je m'étais trompé.

▷ Er hat sich rasiert. Il s'est rasé.

▷ Wir haben uns gestritten. Nous nous sommes disputés.

ℹ Comme en français avec « avoir », on emploie l'auxiliaire haben pour former les temps composés du verbe haben.

▷ ich habe gehabt j'ai eu

▷ ich hatte gehabt j'avais eu

► **sich haben faire des manières**

► **damit hat es sich ça s'arrête là**

► **für etwas zu haben sein être enthousiasmé par quelque chose**

Habgier (FÉMININ) **cupidité**

- ♦ **habgierig** **cupide**

Hacke (FÉMININ, pluriel Hacken) **pioche** *ou* **talon**

- ♦ **hacken** **piocher** *ou* **hacher**
- ♦ **Hackfleisch** (NEUTRE) **viande hachée**

Hafen (MASCULIN, pluriel Häfen) **port**

- ♦ **Hafenstadt** (FÉMININ, pluriel Hafenstädte) **ville portuaire**

Hafer (MASCULIN) avoine
♦ **Haferflocken** (FÉMININ PLURIEL) flocons d'avoine

Haft (FÉMININ) détention
► **in Haft sein** être en détention
♦ **Häftling** (MASCULIN, pluriel Häftlinge) détenu

Hagel (MASCULIN) grêle
♦ **es hagelt** il grêle

Hahn (MASCULIN, pluriel Hähne) coq
♦ **Hähnchen** (NEUTRE, pluriel Hähnchen) poulet

Hai, Haifisch (MASCULIN, pluriel Haie, Haifische) requin

Haken (MASCULIN, pluriel Haken) crochet
♦ **Hakenkreuz** (NEUTRE, pluriel Hakenkreuze) croix gammée

> « La croix gammée » était le symbole et l'enseigne des drapeaux du régime nazi en Allemagne entre 1933 et 1945.

halb demi, demie *ou* à moitié :
► **halb drei (Uhr)** deux heures et demie
► **halb nackt** à demi-nu
► **halb voll / leer** à moitié plein / vide
♦ **Halbdunkel** (NEUTRE) pénombre

halbe, halber, halbes demi, demie *ou* la moitié
► **ein halber Apfel** la moitié d'une pomme
► **eine halbe Stunde** une demi-heure
► **ein halbes Leben** la moitié d'une vie
► **ein halbes Jahr** six mois
► **halbe, halbe machen** faire moitié-moitié

halber *est une* PRÉPOSITION qui s'emploie avec le génitif et signifie pour *ou* à cause de :
▷ Er mußte Geschäfte halber verreisen. Il a dû partir pour affaires.

halbieren partager en deux

Halbinsel (FÉMININ, pluriel Halbinseln) péninsule

Halbkreis (MASCULIN, pluriel Halbkreise) demi-cercle

Halbmond (MASCULIN, pluriel Halbmonde) croissant de lune

Halbschuh (MASCULIN, pluriel Halbschuhe) chaussure basse

halbtags à mi-temps
♦ **Halbtagsarbeit** (FÉMININ) travail à mi-temps

halbwegs plus ou moins

halbwüchsig adolescent
♦ **Halbwüchsige** (MASCULIN, FÉMININ, pluriel Halbwüchsigen) adolescent, adolescente

> ℹ Ce nom est un ADJECTIF SUBSTANTIVÉ : on dit ein Halbwüchsiger.

Halbzeit (FÉMININ, pluriel Halbzeiten) mi-temps

half *voir* **helfen**

Hälfte (FÉMININ, pluriel Hälften) moitié

Halle (FÉMININ, pluriel Hallen) hall *ou* hangar
♦ **hallen** résonner
♦ **Hallenbad** (NEUTRE, pluriel Hallenbäder) piscine couverte

hallo salut *ou* allo *ou* hé

Halm (MASCULIN, pluriel Halme) brin *ou* tige

Hals (MASCULIN, pluriel Hälse) cou *ou* gorge
► **Hals über Kopf** précipitamment
♦ **Halsband** *ou* **Halskette** (NEUTRE, pluriel Halsbänder / FÉMININ, pluriel Halsketten) collier
♦ **Hals-Nasen-Ohren-Arzt** oto-rhinolaryngologiste
♦ **Halsschmerzen** *ou* **Halsweh** (FÉMININ PLURIEL / NEUTRE) mal de gorge
♦ **halsstarrig** obstiné
♦ **Halstuch** (NEUTRE, pluriel Halstücher) foulard

halt halte *ou* stop

Halt (MASCULIN) *a plusieurs sens :*

1 **Halt** *peut signifier* **arrêt** :
▷ Nächster Halt, Tiergartenstraße. Prochain arrêt, Tiergartenstraße.
► **Halt machen** faire une halte
► **vor nichts Halt machen** ne reculer devant rien

2 **Halt** *peut signifier* **appui** :
▷ Meine Hände haben keinen Halt. Mes mains n'ont pas d'appui.

3 **Halt** *peut signifier* **soutien** :
▷ Deine Hilfe gibt mir viel Halt. Ton aide m'apporte un grand soutien.

4 **Halt** *peut signifier* **stabilité** :
▷ Sie hat jeglichen Halt verloren. Elle a perdu toute stabilité.
♦ **haltbar** de longue conservation

halten (er hält; hielt, gehalten) *a plusieurs catégories grammaticales et plusieurs sens :*

> Ce peut être un VERBE TRANSITIF :

1 **halten** *peut signifier* **tenir** *ou* **retenir** :
▷ Können Sie mir die Tasche halten? Vous pouvez me tenir le sac ?

▷ Halte dich fest! Tiens-toi !

▷ Es hält uns nichts. Rien ne nous retient.

► **eine Rede halten tenir un discours**

► **ein Versprechen halten tenir une promesse**

► **jemanden auf dem Laufenden halten tenir quelqu'un au courant**

2 **halten** *peut signifier* **garder** *ou* **maintenir :**

▷ Haltet die Distanz, bitte. Gardez la distance, s'il vous plaît.

3 **halten** *peut signifier* **prendre** *ou* **considérer** *ou* **estimer :**

▷ Wofür hältst du mich? Tu me prends pour qui ?

▷ Er hält sie für ehrgeizig. Il la considère comme quelqu'un d'ambitieux.

▷ Sie hält viel von ihm. Elle l'estime beaucoup.

> Ce peut être un VERBE INTRANSITIF :

1 **halten** *peut signifier* **se conserver :**

▷ Die Milch hält bis nächste Woche. Le lait peut se conserver jusqu'à la semaine prochaine.

2 **halten** *peut signifier* **s'arrêter :**

▷ Du kannst dort halten. Tu peux t'arrêter là-bas.

3 **halten** *peut signifier* **tenir :**

▷ Glaubst du, dass das Seil hält? Tu crois que la corde tient ?

► **zu jemandem halten soutenir quelqu'un**

> Ce peut être un VERBE RÉFLÉCHI :

1 **sich halten** *peut signifier* **se conserver :**

▷ Spinat hält sich nicht lange. Les épinards ne se conservent pas longtemps.

2 **sich halten** *peut signifier* **se maintenir :**

▷ Das Wetter hält sich. Le temps se maintient.

► **sich an jemanden / etwas halten s'en tenir à quelqu'un / quelque chose**

> Ce peut être une PARTICULE SÉPARABLE pour former des VERBES COMPOSÉS :

♦ **anhalten s'arrêter**

♦ **aufrechterhalten maintenir**

ℹ Vous trouverez les verbes composés qui finissent par -halten classés par ordre alphabétique.

Haltestelle (FÉMININ, pluriel Haltestellen) **arrêt** (de bus)

Halteverbot (NEUTRE, pluriel Halteverbote) **interdiction de stationner**

haltlos **instable** *ou* **sans retenue**

hältst, hält *voir* **halten**

Haltung (FÉMININ, pluriel Haltungen) **attitude**

Hammer (MASCULIN, pluriel Hämmer) **marteau**

♦ **hämmern marteler**

Hand (FÉMININ, pluriel Hände) **main**

► **Hand in Hand la main dans la main**

♦ **Handarbeit** (FÉMININ, pluriel Handarbeiten) **travail artisanal**

♦ **Handball** (MASCULIN, pluriel Handbälle) **handball** *ou* **ballon de handball**

♦ **Handbremse** (FÉMININ, pluriel Handbremsen) **frein à main**

► **die Handbremse ziehen/lösen serrer/desserrer le frein à main**

Handel (MASCULIN) **commerce**

handeln **agir**

► **sich um etwas handeln s'agir de quelque chose**

► **mit etwas handeln faire du commerce avec quelque chose**

► **um etwas handeln marchander quelque chose**

► **von etwas handeln traiter de quelque chose**

handfest **solide**

Handgelenk (NEUTRE, pluriel Handgelenke) **poignet**

handgreiflich **violent**

► **handgreiflich werden devenir violent**

handhaben **manier** *ou* **manipuler** (un produit)

handlich **maniable**

Handlung (FÉMININ, pluriel Handlungen) **action** *ou* **intrigue** (de film, de roman)

Handlungsweise (FÉMININ, pluriel Handlungsweisen) **manière d'agir**

Handschellen (FÉMININ PLURIEL) **menottes**

► **jemandem Handschellen anlegen mettre les menottes à quelqu'un**

Handschuh (MASCULIN, pluriel Handschuhe) **gant**

Handtasche (FÉMININ, pluriel Handtaschen) **sac à main**

Handtuch (NEUTRE, pluriel Handtücher) **serviette de toilette**

► **das Handtuch werfen jeter l'éponge**

Handwerk (NEUTRE, pluriel Handwerke) **artisanat**

♦ **Handwerker, Handwerkerin** (MASCULIN, pluriel Handwerker / FÉMININ, pluriel Handwerkerinnen) **artisan**

♦ **Handwerkszeug** (NEUTRE) **outils**

Handy /hændi/ (NEUTRE, pluriel Handys) **téléphone portable**

Hang (MASCULIN, pluriel Hänge) **pente** *ou* **penchant**

► **einen Hang zu etwas haben** avoir un penchant pour quelque chose

Hängematte (FÉMININ, pluriel Hängematten) **hamac**

hängen *a plusieurs catégories grammaticales :*

> Ce peut être un VERBE INTRANSITIF :

hängen (hing, gehangen) *signifie* **être accroché** :

▷ Mehrere Bilder hingen an der Wand. Plusieurs tableaux étaient accrochés au mur.

► **an jemandem / etwas hängen** tenir à quelqu'un / quelque chose

► **hängen bleiben** rester accroché

> Ce peut être un VERBE TRANSITIF :

hängen (hängte, gehängt) *signifie* **accrocher** *ou* **pendre** :

▷ Er hängte seine Jacke immer an die Garderobe. Il accrochait toujours son blouson au porte-manteau.

▷ In manchen Ländern werden Verbrecher gehängt. Dans certains pays on pend les criminels.

Happen (MASCULIN, pluriel Happen) **bouchée**

Harfe (FÉMININ, pluriel Harfen) **harpe**

harmlos **inoffensif** *ou* **bénin**

Harn (MASCULIN, pluriel Harne) **urine**

♦ **Harnblase** (FÉMININ) **vessie**

hart (härter, am härtesten) **dur** *ou* **rude**

♦ **Härte** (FÉMININ, pluriel Härten) **dureté** *ou* **difficulté** *ou* **sévérité**

♦ **härten** **durcir**

♦ **hartherzig** **impitoyable**

♦ **hartnäckig** **obstiné** *ou* **persistant**

Harz (NEUTRE, pluriel Harze) **résine**

Hase (MASCULIN, pluriel Hasen) **lièvre**

Haselnuss (FÉMININ, pluriel Haselnüsse) **noisette**

Hass (MASCULIN) **haine**

♦ **hassen** **haïr**

♦ **hässlich** **laid**

♦ **Hässlichkeit** (FÉMININ) **laideur**

hast *voir* **haben**

Hast (FÉMININ) **hâte** *ou* **précipitation**

♦ **hastig** **précipité** *ou* **avec hâte**

hat, hatte *voir* **haben**

Haube (FÉMININ, pluriel Hauben) **bonnet**

Hauch (MASCULIN, pluriel Hauche) **souffle** *ou* **soupçon** (au sens figuré)

♦ **hauchdünn** *ou* **hauchfein** **très mince** *ou* **très fin**

♦ **hauchen** **souffler**

hauen **fendre** *ou* **abattre** *ou* **tailler**

► **jemandem auf die Finger hauen** taper quelqu'un sur les doigts

Haufen (MASCULIN, pluriel Haufen) **tas** *ou* **foule**

♦ **häufen** **accumuler**

♦ **haufenweise** **en masse**

häufig **fréquent** *ou* **fréquemment**

♦ **Häufigkeit** (FÉMININ) **fréquence**

Haupt (NEUTRE, pluriel Häupter) **tête** *ou* **chef**

♦ **Hauptbahnhof** (MASCULIN, pluriel Hauptbahnhöfe) **gare centrale**

♦ **Hauptrolle** (FÉMININ, pluriel Hauptrollen) **premier rôle**

♦ **Hauptsache** (FÉMININ) **l'essentiel**

♦ **hauptsächlich** **surtout**

♦ **Hauptschule** (FÉMININ, pluriel Hauptschulen) **collège**

♦ **Hauptstadt** (FÉMININ, pluriel Hauptstädte) **capitale**

♦ **Hauptwort** (NEUTRE, pluriel Hauptwörter) **nom** *ou* **substantif**

Haus (NEUTRE, pluriel Häuser) **maison**

► **nach / zu Hause** à la maison

► **ins Haus stehen** être imminent

♦ **Hausboot** (NEUTRE, pluriel Hausboote) **péniche** (d'habitation)

♦ **Häuserblock** (MASCULIN, pluriel Häuserblocks) **pâté de maisons**

♦ **Hausfrau** (FÉMININ, pluriel Hausfrauen) **femme au foyer**

♦ **hausgemacht** **fait maison**

♦ **Haushalt** (MASCULIN, pluriel Haushalte) **ménage** *ou* **budget**

♦ **Haushaltsgerät** (NEUTRE, pluriel Haushaltsgeräte) **appareil ménager**

♦ **häuslich** **casanier** *ou* **domestique**

♦ **Hausschuh** (MASCULIN, pluriel Hausschuhe) **chausson**

♦ **Haustier** (NEUTRE, pluriel Haustiere) **animal domestique**

Haut (FÉMININ, pluriel Häute) peau *ou* pelure

♦ Hautarzt, Hautärztin (MASCULIN, pluriel Hautärzte / FÉMININ, pluriel Hautärztinnen) dermatologue

haute *voir* hauen

Hebamme (FÉMININ, pluriel Hebammen) sage-femme

Hebel (MASCULIN, pluriel Hebel) levier

heben (hob, gehoben) lever *ou* soulever

► die Stimmung heben améliorer l'ambiance

► sich heben se lever *ou* monter *ou* s'animer

hecheln haleter

Hecke (FÉMININ, pluriel Hecken) haie

Heer (NEUTRE, pluriel Heere) armée *ou* multitude

► ein Heer von une multitude de

Hefe (FÉMININ) levure

Heft (NEUTRE, pluriel Hefte) cahier

heften épingler

► sich an jemandes Fersen heften être sur les talons de quelqu'un

heftig violent *ou* intense

♦ Heftigkeit (FÉMININ) violence *ou* intensité

Heftklammer (FÉMININ, pluriel Heftklammern) agrafe

Heide (FÉMININ, pluriel Heiden) lande *ou* bruyère

Heide, Heidin (MASCULIN, pluriel Heiden / FÉMININ, pluriel Heidinnen) païen, païenne

Heidekraut (NEUTRE) bruyère

Heidelbeere (FÉMININ, pluriel Heidelbeeren) myrtille

heikel délicat *ou* difficile

heil intact *ou* indemne

♦ Heil (NEUTRE) bonheur *ou* salut (au sens religieux)

♦ heilbar guérissable

♦ heilen guérir

heilig saint

♦ Heiligabend (MASCULIN) veille de Noël

♦ Heilige (MASCULIN, FÉMININ, pluriel Heiligen) saint, sainte

> ℹ Ce nom est un ADJECTIF SUBSTANTIVÉ : on dit ein Heiliger.

♦ Heiligkeit (FÉMININ) sainteté

heillos irrémédiable *ou* terrible

Heilmittel (NEUTRE, pluriel Heilmittel) remède

Heilung (FÉMININ) guérison *ou* cicatrisation

heim à la maison *ou* chez soi

♦ Heim (NEUTRE, pluriel Heime) maison *ou* foyer

Heimat (FÉMININ, pluriel Heimaten) patrie

♦ Heimatland (NEUTRE, pluriel Heimatländer) pays natal

♦ heimatlich du pays *ou* qui rappelle le pays natal

♦ heimatlos sans patrie

♦ Heimatort (MASCULIN, pluriel Heimatorte) lieu de naissance

heimbegleiten ou heimbringen raccompagner

heimelig douillet

heimfahren rentrer chez soi *ou* raccompagner en voiture

♦ Heimfahrt (FÉMININ, pluriel Heimfahrten) retour (à la maison)

heimgehen rentrer chez soi

heimisch du pays *ou* comme chez soi

Heimkehr (FÉMININ) retour (chez soi)

♦ heimkehren retourner chez soi

heimlich secret *ou* secrètement

♦ Heimlichkeit (FÉMININ, pluriel Heimlichkeiten) secret *ou* clandestinité

Heimreise (FÉMININ, pluriel Heimreisen) (voyage de) retour

heimtückisch sournois *ou* perfide

Heimweg (MASCULIN, pluriel Heimwege) chemin du retour

Heimweh (NEUTRE) nostalgie *ou* mal du pays

heimwerken bricoler *ou* faire du bricolage

♦ Heimwerken (NEUTRE) bricolage

♦ Heimwerker, Heimwerkerin (MASCULIN, pluriel Heimwerker / FÉMININ, pluriel Heimwerkerinnen)

heimzahlen

► jemandem etwas heimzahlen rendre à quelqu'un la monnaie de sa pièce

Heirat (FÉMININ, pluriel Heiraten) mariage
♦ heiraten se marier
► jemanden heiraten épouser quelqu'un
♦ Heiratsantrag (MASCULIN, pluriel Heiratsanträge) demande en mariage

heiser enroué
♦ Heiserkeit (FÉMININ) enrouement

heiß chaud *ou* ardent
♦ heißblütig ardent *ou* passionné

heißen (hieß, geheißen) *a plusieurs catégories grammaticales et plusieurs sens :*

> Ce peut être un VERBE TRANSITIF :

heißen *signifie* signifier :
▷ Was heißt das? Qu'est-ce que ça signifie ?

> Ce peut être un VERBE INTRANSITIF :

heißen *signifie* s'appeler :
▷ Wie heißt du? Comment t'appelles-tu ?
► es heißt on dit
► das heißt c'est-à-dire

Heißluftballon (MASCULIN, pluriel Heißluftballons) montgolfière

heiter gai *ou* joyeux
♦ Heiterkeit (FÉMININ) gaieté

heizen chauffer
♦ Heizkörper (MASCULIN, pluriel Heizkörper) radiateur
♦ Heizung (FÉMININ, pluriel Heizungen) chauffage

Hektik (FÉMININ) frénésie *ou* stress
♦ hektisch frénétique *ou* stressé

Held, Heldin (MASCULIN, pluriel Helden / FÉMININ pluriel Heldinnen) héros, héroïne
♦ heldenhaft héroïque

helfen (er hilft; half, geholfen) aider
► sich zu helfen wissen savoir se débrouiller
► es hilft nichts il n'y a rien à faire

hell clair *ou* éveillé (d'esprit)
♦ hellhörig à l'écoute, mal insonorisé
♦ Helligkeit (FÉMININ) clarté *ou* luminosité
♦ hellwach bien éveillé

Helm (MASCULIN, pluriel Helme) casque

Hemd (NEUTRE, pluriel Hemden) chemise

hemmen bloquer *ou* freiner *ou* gêner
♦ Hemmung (FÉMININ, pluriel Hemmungen) empêchement *ou* gêne
♦ hemmungslos sans gêne

Hengst (MASCULIN, pluriel Hengste) étalon

Henkel (MASCULIN, pluriel Henkel) anse *ou* poignée

Henne (FÉMININ, pluriel Hennen) poule

her ici :
▷ Komm her! Viens (par) ici !
► es ist lange her il y a longtemps
► her damit! donne !
► von weit her de loin

herab vers le bas *ou* en bas

herablassen (er lässt herab; herabließ, herabgelassen) faire descendre
► sich herablassen, etwas zu tun daigner faire quelque chose
♦ herablassend dédaigneux

herabsehen regarder de haut
► auf jemanden herabsehen regarder quelqu'un de haut

herabsetzen baisser *ou* réduire
♦ Herabsetzung (FÉMININ, pluriel Herabsetzungen) baisse

heran par ici *ou* de ce côté

heranwachsen grandir

heranziehen tirer vers soi

herauf vers le haut *ou* en haut

heraufbeschwören provoquer *ou* évoquer

heraufbringen porter en haut

herauftragen porter en haut

heraufziehen tirer en haut *ou* tirer vers le haut

heraus hors de *ou* (vers) dehors
► heraus damit! donne ça !
► heraus mit der Sprache! parle !
► nun ist es heraus maintenant c'est dit
► frei heraus franchement
► von innen heraus du dedans
► nach vorn heraus sur le devant
► zum Fenster heraus par la fenêtre
► da heraus par ici, par là

herausbekommen découvrir *ou* résoudre

herausbringen sortir *ou* publier

herausfinden découvrir

herausfordern provoquer *ou* défier

♦ Herausforderung (FÉMININ, pluriel Herausforderungen) provocation *ou* défi

herausgeben publier *ou* rendre (la monnaie)

♦ Herausgeber (MASCULIN, pluriel Herausgeber) éditeur

heraushalten

► sich aus etwas heraushalten ne pas se mêler de quelque chose

herauskommen sortir

herausreißen arracher

herausrutschen

► das ist mir herausgerutscht ça m'a échappé

herausstellen

► das wird sich herausstellen on va voir

herb âcre *ou* âpre *ou* dur

herbei par ici

Herberge (FÉMININ, pluriel Herbergen) auberge

herbringen apporter *ou* amener

Herbst (MASCULIN, pluriel Herbste) automne

♦ herbstlich automnal

Herd (MASCULIN, pluriel Herde) cuisinière

Herde (FÉMININ, pluriel Herden) troupeau

herein vers l'intérieur *ou* dedans

► herein! entrez !

hereinkommen entrer

hereinlassen laisser entrer

hereinlegen

► jemanden hereinlegen rouler quelqu'un

ℹ L'expression allemande et sa traduction française sont familières.

herfallen

► über jemanden / etwas herfallen se jeter sur quelqu'un / quelque chose *ou* attaquer quelqu'un / quelque chose

Hergang (MASCULIN, pluriel Hergänge) déroulement

hergeben donner

► sich zu etwas hergeben se prêter à quelque chose

herhalten tendre

► herhalten müssen être le souffre-douleur

herhören écouter

Hering (MASCULIN, pluriel Heringe) hareng

herkommen venir *ou* approcher *ou* venir de

Herkunft (FÉMININ, pluriel Herkünfte) origine

hermachen

► sich über jemanden / etwas hermachen se jeter sur quelqu'un / quelque chose *ou* attaquer quelqu'un / quelque chose

Herr (MASCULIN, pluriel Herren) monsieur *ou* maître

♦ Herrenhaus (NEUTRE, pluriel Herrenhäuser) manoir

♦ herrenlos sans maître

herrichten préparer

herrlich merveilleux

♦ Herrlichkeit (FÉMININ) splendeur

Herrschaft (FÉMININ, pluriel Herrschaften) domination *ou* autorité *ou* souveraineté

► meine Herrschaften mesdames, messieurs

♦ herrschen régner

herstellen fabriquer

♦ Hersteller (MASCULIN, pluriel Hersteller) fabricant

♦ Herstellung (FÉMININ, pluriel Herstellungen) fabrication

herüber par ici

herum autour

► verkehrt herum à l'envers

herumführen faire faire le tour *ou* contourner

herumgehen passer de main en main *ou* passer (en parlant de l'heure)

herumirren errer

herumkommen voir du pays

► um etwas herumkommen éviter quelque chose

herumkriegen *est une expression familière qui signifie* convaincre

herumlungern traînasser

sich herumsprechen s'ébruiter

sich herumtreiben traîner

herunter du haut

heruntergekommen en mauvais état

herunterhängen pendre

herunterholen aller chercher (en haut)

herunterkommen descendre

herunterladen télécharger
- ♦ Herunterladen (NEUTRE) téléchargement

hervor dehors

hervorgehen résulter

hervorragend excellent

hervorrufen provoquer

Herz (NEUTRE, pluriel Herzen) cœur
- ♦ Herzanfall (MASCULIN, pluriel Herzanfälle) crise cardiaque
- ♦ Herzinfarkt (MASCULIN, pluriel Herzinfarkte) infarctus
- ♦ Herzklopfen (NEUTRE, pluriel Herzklopfen) battement de cœur
- ♦ herzkrank cardiaque
- ♦ herzlich cordial *ou* cordialement *ou* chaleureux (accueil)
  - ► herzlichen Glückwunsch toutes mes félicitations
- ♦ Herzlichkeit (FÉMININ) cordialité
- ♦ herzlos sans cœur
- ♦ Herzschlag (MASCULIN, pluriel Herzschläge) battement du cœur
- ♦ herzzerreißend à fendre le cœur

Heu (NEUTRE) foin
- ♦ Heuschnupfen (MASCULIN) rhume des foins
- ♦ Heuschrecke (FÉMININ, pluriel Heuschrecken) sauterelle

Heuchelei (FÉMININ, pluriel Heucheleien) hypocrisie
- ♦ heucheln feindre
- ♦ Heuchler, Heuchlerin (MASCULIN, pluriel Heuchler / FÉMININ, pluriel Heuchlerinnen) hypocrite (en parlant d'une personne)
- ♦ heuchlerisch hypocrite

heulen hurler

heute aujourd'hui
- ► heute Abend ce soir
- ► heutzutage de nos jours

Hexe (FÉMININ, pluriel Hexen) sorcière
- ♦ hexen faire des miracles
- ♦ Hexenschuss (MASCULIN, pluriel Hexenschüsse) lumbago

Hieb (MASCULIN, pluriel Hiebe) coup

hielt *voir* halten

hier ici
- ♦ hierauf à la suite de quoi
- ♦ hierbei ce faisant
- ♦ hierdurch ainsi *ou* par ici
- ♦ hierher par ici
- ♦ hiermit par ce
- ♦ hierzulande *ou* hier zu Lande dans ce pays

hiesig d'ici

hieß *voir* heißen

Hilfe (FÉMININ, pluriel Hilfen) aide
  - ► Hilfe! au secours !
  - ► erste Hilfe premiers secours
- ♦ hilflos sans défense
- ♦ Hilflosigkeit (FÉMININ) détresse
- ♦ hilfreich serviable *ou* utile
- ♦ hilfsbedürftig dans le besoin
- ♦ hilfsbereit serviable
- ♦ Hilfsbereitschaft (FÉMININ) serviabilité
- ♦ Hilfsverb (NEUTRE, pluriel Hilfsverben) verbe auxiliaire

hilfst, hilft *voir* helfen

Himbeere (FÉMININ, pluriel Himbeeren) framboise

Himmel (MASCULIN, pluriel Himmel) ciel
- ♦ Himmelfahrt (FÉMININ) Ascension
- ♦ Himmelsrichtung (FÉMININ, pluriel Himmelsrichtungen) point cardinal
- ♦ himmlisch céleste

hin jusque *ou* vers :
  - ▷ Wo gehst du hin? Où vas-tu ?
  - ► hin und zurück aller et retour
  - ► hin und her laufen faire les cent pas
  - ► hin und wieder de temps à autre

hinab vers le bas

hinabsehen regarder (vers le bas)

hinauf vers le haut

sich hinaufarbeiten gravir les échelons

hinaufsteigen monter

hinaus vers le dehors *ou* dehors

hinausbefördern jeter dehors

hinausgehen sortir

hinauslaufen sortir en courant

hinausschieben remettre (à plus tard)

hinauswerfen jeter dehors *ou* mettre à la porte

hinauswollen vouloir sortir
► **auf etwas hinauswollen** vouloir en venir à quelque chose

hinausziehen faire durer
► **sich hinausziehen** durer

Hinblick (MASCULIN, pluriel Hinblicke) vue
► **im Hinblick auf** en vue de

hindern empêcher
► **jemanden an etwas hindern** empêcher quelqu'un de faire quelque chose
♦ **Hindernis** (NEUTRE, pluriel Hindernisse) obstacle

hindurch à travers

hinein dedans
► **bis in die Nacht hinein** jusque tard dans la nuit

hineinfallen tomber dans

hineingehen entrer

hineinpassen être à la bonne taille *ou* entrer dans

hineinreden interrompre

hineinsteigern
► **sich in etwas hineinsteigern** se mettre dans tous ses états pour quelque chose *ou* être accaparé par quelque chose

hineinversetzen
► **sich in jemanden / etwas hineinversetzen** se mettre à la place de quelqu'un / quelque chose

hinfahren y aller (avec un véhicule)
♦ **Hinfahrt** (FÉMININ, pluriel Hinfahrten) aller

hinfallen tomber
♦ **hinfällig** caduc

hing *voir* hängen

Hingabe (FÉMININ) dévouement

hingehen y aller (à pied)

hinken boiter *ou* être boiteux

hinkommen y arriver

hinlegen poser *ou* coucher
► **sich hinlegen** s'allonger *ou* se coucher

hinnehmen accepter

Hinreise (FÉMININ, pluriel Hinreisen) aller

hinreißen (hinriss, hingerissen) ravir *ou* enthousiasmer
♦ **hinreißend** ravissant

(sich) hinsetzen (s')asseoir

hinsichtlich *est une* PRÉPOSITION *qui s'emploie avec le génitif et signifie* en ce qui concerne

hinstellen poser

hinten derrière *ou* au fond *ou* à la fin
♦ **hintenherum** par derrière

hinter *est une* PRÉPOSITION *qui s'emploie avec le datif ou l'accusatif (verbes de mouvement) et signifie* derrière :
▷ Ich bin hinter dem Haus. Je suis derrière la maison.
▷ Er ist hinter das Haus gelaufen. Il a couru derrière la maison.
► **hinter Glas** sous verre
► **etwas hinter sich bringen** en finir avec quelque chose
► **etwas hinter sich haben** en avoir fini avec quelque chose
► **hinter jemandem her sein** être aux trousses de quelqu'un
► **hinter etwas kommen** découvrir quelque chose

hintere, hinterer, hinteres arrière *ou* dernier, dernière

hintereinander l'un derrière l'autre *ou* l'un après l'autre

Hintergedanke (MASCULIN, pluriel Hintergedanken) arrière-pensée

hintergehen (hinterging, hintergangen) tromper

Hintergrund (MASCULIN, pluriel Hintergründe) fond *ou* arrière-plan

Hinterhalt (MASCULIN, pluriel Hinterhälte) embuscade
♦ **hinterhältig** sournois

hinterher après coup *ou* derrière

hinterlassen (er hinterlässt; hinterließ, hinterlassen) laisser *ou* léguer
♦ **Hinterlassenschaft** (FÉMININ) héritage

hinterlegen déposer

Hinterlist (FÉMININ) ruse
♦ **hinterlistig** rusé *ou* sournois

Hintern (MASCULIN, pluriel Hintern) postérieur

hinterrücks par derrière

hinüber de l'autre côté

hinübergehen traverser

hinunter vers le bas

hinunterschlucken avaler

hinweghelfen aider à surmonter
► **jemandem über etwas hinweghelfen** aider quelqu'un à surmonter quelque chose

sich hinwegsetzen ne pas tenir compte
► **sich über etwas hinwegsetzen** ne pas tenir compte de quelque chose

Hinweis (MASCULIN, pluriel Hinweise) indice *ou* indication
♦ **hinweisen** (hinwies, hingewiesen) indiquer
► **jemanden auf etwas hinweisen** indiquer quelque chose à quelqu'un

sich hinziehen traîner en longueur *ou* se prolonger

hinzu en outre *ou* en plus

hinzufügen ajouter

hinzukommen s'ajouter

hinzuziehen consulter

Hirn (NEUTRE, pluriel Hirne) cerveau

Hirsch (MASCULIN, pluriel Hirsche) cerf

historisch historique *ou* historiquement

Hit (MASCULIN, pluriel Hits) tube (au sens musical)

Hitze (FÉMININ, pluriel Hitzen) chaleur
♦ **hitzig** impétueux *ou* passionné
♦ **Hitzkopf** (MASCULIN, pluriel Hitzköpfe) tête brûlée
♦ **Hitzschlag** (MASCULIN, pluriel Hitzschläge) coup de chaleur

hob *voir* heben

hoch (höher, am höchsten) haut *ou* élevé *ou* supérieur *ou* grand
► **Hände hoch!** haut les mains !
► **Kopf hoch!** courage !
► **hoch begabt** extrêmement doué
♦ **Hoch** (NEUTRE) anticyclone *ou* vivat

Hochachtung (FÉMININ) estime *ou* considération

hochbringen apporter en haut

hochfahren sursauter

Hochform (FÉMININ) pleine forme

hochgradig extrême *ou* extrêmement

hochhalten tenir en l'air

Hochhaus (NEUTRE, pluriel Hochhäuser) tour (= bâtiment)

hochheben soulever

Hochmut (MASCULIN) orgueil
♦ **hochmütig** orgueilleux *ou* hautain

hochnäsig prétentieux

Hochschule (FÉMININ, pluriel Hochschulen) établissement d'enseignement supérieur

Hochsprung (MASCULIN) saut en hauteur

höchst très *ou* extrêmement

höchste, höchster, höchstes *est le superlatif de* hoch *et signifie* le plus haut, la plus haute
♦ **höchstens** tout au plus *ou* au maximum
♦ **höchstpersönlich** en personne
♦ **höchstwahrscheinlich** très probablement

Hochwasser (NEUTRE, pluriel Hochwasser) marée haute *ou* crue *ou* inondation

Hochzeit (FÉMININ, pluriel Hochzeiten) mariage

hocken être accroupi *ou* être perché (pour un oiseau)

Hocker (MASCULIN, pluriel Hocker) tabouret

Hoden (MASCULIN, pluriel Hoden) testicule

Hof (MASCULIN, pluriel Höfe) cour *ou* halo

hoffen espérer
► **auf etwas hoffen** espérer quelque chose
♦ **hoffentlich** espérons que *ou* j'espère que
♦ **Hoffnung** (FÉMININ, pluriel Hoffnungen) espoir
♦ **hoffnungslos** sans espoir *ou* désespéré
♦ **hoffnungsvoll** plein d'espoir

höflich poli
♦ **Höflichkeit** (FÉMININ) politesse

hohe, hoher, hohes (höhere, höherer, höheres, höchste, höchster, höchstes) haut, haute

Höhepunkt (MASCULIN, pluriel Höhepunkte) sommet *ou* apogée

hohl creux

Höhle (FÉMININ, pluriel Höhlen) grotte *ou* caverne

Hohn (MASCULIN) raillerie *ou* ironie
- ♦ höhnen railler
- ♦ höhnisch méprisant *ou* railleur

holen aller chercher
- ► Atem holen respirer
- ► sich Rat holen demander conseil
- ► sich einen Schnupfen holen attraper un rhume

Hölle (FÉMININ, pluriel Höllen) enfer
- ♦ Höllenangst (FÉMININ, pluriel Höllenängste) peur bleue
- ♦ höllisch infernal *ou* d'enfer

holperig cahoteux

Holz (NEUTRE, pluriel Hölzer) bois
- ♦ hölzern en bois
- ♦ Holzkohle (FÉMININ) charbon de bois
- ♦ Holzkohlengrill (MASCULIN, pluriel Holzkohlengrills) barbecue (au charbon de bois)

Honig (MASCULIN, pluriel Honige) miel

hopsen sautiller

hörbar audible *ou* perceptible

horchen écouter

hören entendre *ou* écouter
- ► auf jemanden / etwas hören écouter quelqu'un / quelque chose
- ► von jemandem hören avoir des nouvelles de quelqu'un
- ► von etwas hören entendre parler de quelque chose
- ► vom Hörensagen par ouïe-dire
- ♦ Hörer (MASCULIN, pluriel Hörer) écouteur, combiné (téléphone)

Hornisse (FÉMININ, pluriel Hornissen) frelon

Höschen (NEUTRE, pluriel Höschen) slip

Hose (FÉMININ, pluriel Hosen) pantalon
- ► in die Hose gehen tomber à l'eau
- ♦ Hosenträger (MASCULIN, pluriel Hosenträger) bretelles

hübsch joli

Hubschrauber (MASCULIN, pluriel Hubschrauber) hélicoptère

Huf (MASCULIN, pluriel Hufe) sabot (d'un animal)
- ♦ Hufeisen (NEUTRE, pluriel Hufeisen) fer à cheval

Hüfte (FÉMININ, pluriel Hüften) hanche

Hügel (MASCULIN, pluriel Hügel) colline
- ♦ hügelig vallonné

Huhn (NEUTRE, pluriel Hühner) poule
- ♦ Hühnerstall (MASCULIN, pluriel Hühnerställe) poulailler

Hülle (FÉMININ, pluriel Hüllen) enveloppe
- ► in Hülle und Fülle en abondance

Hummel (FÉMININ, pluriel Hummeln) bourdon

Hummer (MASCULIN, pluriel Hummer) homard

Humor (MASCULIN, pluriel Humore) humour
- ♦ humoristisch humoristique
- ♦ humorvoll plein d'humour

humpeln boiter

Hund (MASCULIN, pluriel Hunde) chien
- ♦ hundemüde crevé (= fatigué)

hundert cent
- ► hunderte von des centaines de
- ♦ hundertmal cent fois
- ♦ hundertprozentig à cent pour cent

Hunger (MASCULIN) faim
- ♦ hungern souffrir de la faim *ou* faire un régime
- ♦ Hungersnot (FÉMININ, pluriel Hungersnöte) famine
- ♦ hungrig affamé *ou* qui a faim

Hupe (FÉMININ, pluriel Hupen) klaxon
- ♦ hupen klaxonner

hüpfen sautiller

Hürde (FÉMININ, pluriel Hürden) haie *ou* obstacle
- ♦ Hürdenlauf (MASCULIN, pluriel Hürdenläufe) course de haies

Hure (FÉMININ, pluriel Huren) prostituée

hurra hourra

husten tousser
- ♦ Husten (MASCULIN) toux
- ♦ Hustenanfall (MASCULIN, pluriel Hustenanfälle) quinte de toux

♦ **Hustensaft** (MASCULIN, pluriel Hustensäfte) **sirop** (contre la toux)

Hut *a plusieurs genres et plusieurs sens :*

> Ce peut être un NOM MASCULIN :

der **Hut** (pluriel Hüte) *signifie* **chapeau**

> Ce peut être un NOM FÉMININ :

► **auf der Hut sein** **se tenir sur ses gardes**

hüten garder

► **sich vor etwas hüten** **prendre garde à quelque chose**

► **sich hüten, etwas zu tun** **se garder de faire quelque chose**

Hütte (FÉMININ, pluriel Hütten) **cabane** *ou* **refuge**

Ii

ich je *ou* moi

▷ Ich weiß nicht. Je ne sais pas.

▷ Ich bin's. C'est moi.

identifizieren identifier

♦ **identisch** identique

♦ **Identität** (FÉMININ) identité

Igel (MASCULIN, pluriel Igel) **hérisson**

Iglu (DER, DAS, pluriel Iglus) **igloo**

ihm *est le datif du* PRONOM PERSONNEL **er** *ou* **es** *et signifie* **lui** *ou* **à lui** *ou* **le :**

▷ Hast du es ihm gesagt? Tu le lui as dit ?

▷ Das gehört ihm. C'est à lui.

▷ Ich glaube ihm. Je le crois.

▷ Wie geht es ihm? Comment va-t-il ?

ihn *est l'accusatif du* PRONOM PERSONNEL **er** *ou* **es** *et signifie* **le** *ou* **lui :**

▷ Sie mag ihn gern. Elle l'aime bien.

▷ Das war eine Überraschung für ihn. C'était une surprise pour lui.

ihnen *est le datif du* PRONOM PERSONNEL **sie** *au pluriel et signifie* **leur** *ou* **les** *ou* **eux** *ou* **à eux :**

▷ Vergiss nicht, ihnen ein Geschenk mitzubringen. N'oublie pas de leur apporter un cadeau.

▷ Richte ihnen einen Gruß von mir aus. Salue-les de ma part.

▷ Wir haben nichts von ihnen gehört. Nous n'avons pas eu de nouvelles d'eux.

▷ Das gehört ihnen. C'est à eux.

▷ Wie geht es ihnen? Comment vont-ils ?

♦ **Ihnen vous** *ou* **à vous**

> ℹ En allemand, les formes de politesse s'écrivent avec une majuscule.

ihr *a plusieurs catégories grammaticales et plusieurs sens :*

> Ce peut être le datif du PRONOM PERSONNEL **sie** au singulier :

ihr *signifie* **lui** *ou* **elle :**

▷ Er sagt ihr Bescheid. Il le lui a dit.

▷ Ich habe Angst vor ihr. J'ai peur d'elle.

> Ce peut être la deuxième personne du PRONOM PERSONNEL au pluriel :

ihr *signifie* **vous :**

▷ Habt ihr schon gegessen? Vous avez déjà mangé ?

> Ce peut être le PRONOM POSSESSIF de **sie** au singulier :

ihr, ihre *signifie* **son** *ou* **sa** *ou* **ses :**

▷ Ich habe ihr Buch vergessen. J'ai oublié son livre.

▷ Hier ist ihre Puppe. Voici sa poupée.

▷ Er hat ihre Kleider mitgebracht. Il a apporté ses vêtements.

> Ce peut être le PRONOM POSSESSIF de **sie** au pluriel :

ihr, ihre *signifie* **leur** *ou* **leurs :**

▷ Wo ist ihr Hund? Où est leur chien ?

▷ Das sind ihre Angelegenheiten. Ce sont leurs affaires.

♦ **Ihr votre**

> ℹ En allemand, les formes de politesse s'écrivent avec une majuscule.

ihre, ihrer, ihres *a plusieurs catégories grammaticales et plusieurs sens :*

> Ce peut être le génitif des PRONOMS PERSONNELS **sie / Sie** (singulier et pluriel) et signifie **de son, de sa, de ses :**

▷ Das Haus ihrer Mutter liegt am Meer. La maison de sa mère se trouve au bord de la mer.

▷ Die Meinung ihrer Mitschüler interessierte sie nicht. L'avis de ses camarades de classe ne l'intéressait pas.

> Ce peut être le PRONOM POSSESSIF SUBSTANTIVÉ de sie au singulier :

ihre, ihrer, ihres *signifie* **le sien** *ou* **la sienne** *ou* **les siens** *ou* **les siennes :**

▷ Mein Hut liegt hier, dort liegt ihrer. Mon chapeau est ici, là-bas c'est le sien.

▷ Ich habe meine Brille, wo sind ihre? J'ai mes lunettes, où sont les siennes ?

> Ce peut être le PRONOM POSSESSIF SUBSTANTIVÉ de sie au pluriel :

ihre, ihrer, ihres *signifie* **le leur, la leur** *ou* **les leurs :**

▷ Unser Auto ist bei der Reparatur, das muss ihres sein. Notre voiture est au garage, ça doit être la leur.

▷ Unsere Kinder spielen, und wo sind ihre? Nos enfants jouent, où sont les leurs ?

♦ **Ihre, Ihrer, Ihres le vôtre, la vôtre** *ou* **les vôtres**

ℹ En allemand, les formes de politesse s'écrivent avec une majuscule.

ihrerseits **de son côté** *ou* **de leur côté :**

▷ Sie muss auch ihrerseits dazu bereit sein. Il faut aussi que de son côté elle soit prête à ça.

♦ **hrerseits de votre côté**

ℹ En allemand, les formes de politesse s'écrivent avec une majuscule.

ihresgleichen **des gens comme elle** *ou* **des gens comme eux, elles :**

▷ Sie unterhält sich nur mit ihresgleichen. Elle ne discute qu'avec des gens comme elle.

♦ **Ihresgleichen des gens comme vous**

ℹ En allemand, les formes de politesse s'écrivent avec une majuscule.

ihretwegen **pour elle, eux, elles** *ou* **à cause d'elle, eux, elles** *ou* **en ce qui la, les concerne :**

▷ Wir sind ihretwegen früher nach Hause gegangen. C'est pour elle que nous sommes rentrés plus tôt.

▷ Ihretwegen bin ich zu spät gekommen. À cause d'eux, je suis arrivé en retard.

▷ Ihretwegen ist dies nicht notwendig. Ce n'est pas nécessaire en ce qui les concerne.

♦ **Ihretwegen pour vous** *ou* **à cause de vous** *ou* **en ce qui vous concerne**

ℹ En allemand, les formes de politesse s'écrivent en majuscule.

im *est la contraction de* **in dem** *et signifie* **dans le, la** *ou* **en :**

▷ Die Kinder spielen im Garten. Les enfants jouent dans le jardin.

▷ Im Herbst war noch viel Sonne. En automne, il y avait encore beaucoup de soleil.

► **im Kommen sein être en train de monter**

► **im Wachsen sein être en train de grandir**

Imbiss (MASCULIN, pluriel Imbisse) **casse-croûte**

♦ **Imbissstube** (FÉMININ, pluriel Imbissstuben) **snack-bar**

immer **toujours** *ou* **à chaque fois** *ou* **de plus en plus**

► **was auch immer quoi que**

► **wer auch immer qui que ce soit**

♦ **immerhin tout de même**

♦ **immerzu sans cesse**

immun

► **immun gegen immunisé contre**

Imperfekt (NEUTRE, pluriel Imperfekte) **imparfait** (en grammaire)

impfen **vacciner**

♦ **Impfstoff** (MASCULIN, pluriel Impfstoffe) **vaccin**

♦ **Impfung** (FÉMININ, pluriel Impfungen) **vaccination**

imponieren **impressionner**

► **jemandem imponieren impressionner quelqu'un**

Import (MASCULIN, pluriel Importe) **importation**

♦ **Importhändler, Importhändlerin** (MASCULIN, pluriel Importhändler / FÉMININ, pluriel Importhändlerinnen) **importateur, importatrice**

impotent **impuissant**

♦ **Impotenz** (FÉMININ) **impuissance**

imstande **capable** *ou* **en état**

► **imstande sein, etwas zu tun être capable de faire quelque chose** *ou* **être en état de faire quelque chose**

in *est une* PRÉPOSITION *qui s'emploie avec le datif ou l'accusatif (verbes de mouvement) et signifie* **dans** *ou* **à** *ou* **en :**

▷ Was hast du in deiner Hand? Qu'est-ce que tu as dans la main ?

▷ Sie ist in der Schule. Elle est à l'école.

▷ Ich fahre in die Stadt. Je vais en ville.

► **in diesem Jahr cette année**

inbegriffen **inclus** *ou* **compris**

indem *est une* CONJONCTION *et signifie* **grâce au fait que** *ou* **pendant que** *ou* **tandis que :**

▷ Er spart Geld, indem er die Arbeit selbst macht. Il fait des économies en faisant lui-même le travail.

Inder, Inderin (MASCULIN, pluriel Inder / FÉMININ, pluriel Inderinnen) **Indien, Indienne** (de l'Inde)

Indianer, Indianerin (MASCULIN, pluriel Indianer / FÉMININ, pluriel Indianerinnen) **Indien, Indienne** (d'Amérique)

Indien **Inde**
- ♦ indisch **indien**

indiskutabel **hors de question**

> indiskutabel ne signifie pas « indiscutable » en français.

Indiz (NEUTRE, pluriel Indizien) **indice**

Indonesien **Indonésie**
- ♦ Indonesier, Indonesierin (MASCULIN, pluriel Indonesier / FÉMININ, pluriel Indonesierinnen) **Indonésien, Indonésienne**

ineinander **l'un dans l'autre** *ou* **les uns dans les autres**

infolge *est une* PRÉPOSITION *qui s'emploie avec le génitif et signifie* **à la suite de** *ou* **en conséquence de**
- ♦ infolgedessen **par conséquent**

infrage ou in Frage
- ► infrage ou in Frage kommen **en être question**
- ► nicht infrage ou in Frage kommen **ne pas en être question**
- ► etwas infrage ou in Frage stellen **remettre quelque chose en question**

Infusion (FÉMININ) **perfusion**

> ℹ Infusion ne signifie pas « infusion » en français.

Ingwer (MASCULIN) **gingembre**

Inhalt (MASCULIN, pluriel Inhalte) **contenu** *ou* **volume** *ou* **signification**
- ♦ Inhaltsangabe (FÉMININ, pluriel Inhaltsangaben) **résumé**
- ♦ inhaltslos **sans contenu** *ou* **creux** (au sens figuré)
- ♦ inhaltsreich **profond** (au sens figuré)
- ♦ Inhaltsverzeichnis (NEUTRE, pluriel Inhaltsverzeichnisse) **table des matières** *ou* **index**

Inlineskates (MASCULIN PLURIEL) **rollers**
- ♦ Inlineskating (NEUTRE) **faire du roller**

inmitten *est une* PRÉPOSITION *qui s'emploie avec le génitif et signifie* **au milieu de**
- ► inmitten von **au milieu de**

innen **à l'intérieur**
- ♦ Innenminister (MASCULIN, pluriel Innenminister) **ministre de l'Intérieur**
- ♦ Innenpolitik (FÉMININ) **politique intérieure**
- ♦ Innenstadt (FÉMININ, pluriel Innenstädte) **centre ville**

innere, innerer, inneres **intérieur, intérieure** *ou* **interne**

Innereien (FÉMININ PLURIEL) **abats**

innerhalb *a plusieurs catégories grammaticales et plusieurs sens :*

> Ce peut être une PRÉPOSITION qui s'emploie avec le génitif :

innerhalb *signifie* **à l'intérieur de** *ou* **dans un délai de**

> Ce peut être un ADVERBE :

innerhalb *signifie* **à l'intérieur**

innerlich **intérieur** *ou* **interne**

innig **intime** *ou* **profond** (au sens figuré)

ins *est la contraction de* in das *et signifie* **dans le, la** *ou* **au, à la**

insbesondere **en particulier**

Insel (FÉMININ, pluriel Inseln) **île**

Inserat (NEUTRE, pluriel Inserate) **annonce** (dans un journal)

insgeheim **en secret**

insgesamt **en tout** *ou* **dans l'ensemble**

insofern, insoweit *a plusieurs catégories grammaticales et plusieurs sens :*

> Ce peut être une CONJONCTION :

insofern *ou* insoweit *signifie* **dans la mesure de :**

▷ Ich helfe dir, insofern ich dazu in der Lage bin. Je t'aiderai dans la mesure de mes capacités.

> Ce peut être un ADVERBE :

insofern *ou* insoweit *signifie* **sur ce point :**

▷ Insoweit hast du recht. Sur ce point, tu as raison.

inspizieren **inspecter**

inszenieren **mettre en scène**
- ♦ Inszenierung (FÉMININ, pluriel Inszenierungen) **mise en scène**

intensiv intense

♦ **Intensivstation** (FÉMININ) service de soins intensifs

Integration (FÉMININ) intégration

♦ **sich integrieren** s'intégrer

interaktiv interactif

interessanterweise curieusement

Internat (NEUTRE, pluriel Internate) pensionnat

Internet (NEUTRE) Internet

♦ **Internetdienstanbieter** fournisseur d'accès à Internet

inwiefern, inwieweit dans quelle mesure

inzwischen entre-temps

irdisch terrestre

Ire, Irin (MASCULIN, pluriel Iren / FÉMININ, pluriel Irinnen) Irlandais, Irlandaise

♦ **irisch** irlandais

♦ **Irland** Irlande

irgendein *est un* PRONOM INDÉFINI *et signifie* quelconque *ou* n'importe quel, quelle

♦ **irgendeine, irgendeiner, irgendeines** n'importe lequel, laquelle *ou* n'importe qui *ou* quelqu'un

♦ **irgendeinmal** un jour

► **wenn irgendeinmal** si jamais

♦ **irgendetwas** n'importe quoi *ou* quelque chose

♦ **irgendjemand** n'importe qui *ou* quelqu'un

♦ **irgendwann** un jour *ou* une fois *ou* n'importe quand

♦ **irgendwas** n'importe quoi *ou* quelque chose

♦ **irgendwer** n'importe qui *ou* quelqu'un

♦ **irgendwie** n'importe comment *ou* d'une façon ou d'une autre

♦ **irgendwo, irgendwohin** n'importe où *ou* quelque part

irre fou

> ℹ C'est aussi une expression familière qui signifie chouette.

♦ **Irre** (MASCULIN, FÉMININ, pluriel Irren) fou, folle

> ℹ Ce nom est un ADJECTIF SUBSTANTIVÉ : on dit ein Irrer.

irreführen induire en erreur

irremachen embrouiller

irren errer

sich irren se tromper

Irrsinn (MASCULIN) folie

♦ **irrsinnig** fou

Irrtum (MASCULIN, pluriel Irrtümer) erreur

♦ **irrtümlich** par erreur

Islam (MASCULIN) ► **der Islam** l'islam

♦ **islamisch** islamique

ist *voir* sein

Italien Italie

♦ **Italiener, Italienerin** (MASCULIN, pluriel Italiener / FÉMININ, pluriel Italienerinnen) Italien, Italienne

♦ **italienisch** italien

ITG *est l'abréviation de* informationstechnischer Grundkurs *qui signifie* TICE (technologies de l'information et de la communication pour l'enseignement)

Jj

ja *a plusieurs sens :*

1 **ja** *peut signifier* **oui**

2 **ja** *peut être une particule :*

▷ Tue das ja nicht! Ne fais surtout pas ça !

▷ Das weiß ich ja. Je le sais bien.

▷ So etwas ist ja unmöglich! Mais une chose pareille est impossible !

▷ Da ist sie ja. Enfin la voilà.

► **ja freilich** **bien sûr**

Jacke (FÉMININ, pluriel Jacken) **veste**

Jagd (FÉMININ, pluriel Jagden) **chasse**

♦ **jagen** **chasser**

♦ **Jäger, Jägerin** (MASCULIN, pluriel Jäger / FÉMININ, pluriel Jägerinnen) **chasseur, chasseuse**

jäh **abrupt** *ou* **soudain**

Jahr (NEUTRE, pluriel Jahre) **an** *ou* **année** :

▷ Sie ist vor vier Jahren geboren. Elle est née il y a quatre ans.

▷ Die Jahre vergehen viel zu schnell. Les années passent beaucoup trop vite.

► **im Jahr 2004** **en 2004**

► **10 Jahre alt sein** **avoir 10 ans**

♦ **jahrelang** **pendant des années**

♦ **Jahreszahl** (FÉMININ, pluriel Jahreszahlen) **année** (en parlant de la date)

♦ **Jahreszeit** (FÉMININ, pluriel Jahreszeiten) **saison**

♦ **Jahrgang** (MASCULIN, pluriel Jahrgänge) **année** (en parlant de la date), **promotion** (à l'école)

♦ **Jahrhundert** (NEUTRE, pluriel Jahrhunderte) **siècle**

♦ **jährlich** **annuel** *ou* **tous les ans**

♦ **Jahrmarkt** (MASCULIN, pluriel Jahrmärkte) **foire**

♦ **Jahrtausend** (NEUTRE, pluriel Jahrtausende) **millénaire**

♦ **Jahrzehnt** (NEUTRE, pluriel Jahrzehnte) **décennie**

Jähzorn (MASCULIN) **colère subite** *ou* **accès de colère**

♦ **jähzornig** **colérique**

Jalousie (FÉMININ, pluriel Jalousien) **persienne**

> Jalousie ne signifie pas « jalousie » en français.

Jammer (MASCULIN) **lamentations** *ou* **misère**

► **so ein Jammer!** **quel dommage !**

♦ **jämmerlich** **misérable** *ou* **lamentable**

♦ **jammern** **se lamenter** *ou* **gémir**

♦ **jammerschade** **vraiment dommage**

Januar (MASCULIN) **janvier**

► **im Januar** **en janvier** *ou* **au mois de janvier**

> ℹ En allemand autrichien, on dit Jänner.

Japan **Japon**

♦ **Japaner, Japanerin** (MASCULIN, pluriel Japaner / FÉMININ, pluriel Japanerinnen) **Japonais, Japonaise**

♦ **japanisch** **japonais**

jauchzen **pousser des cris de joie**

♦ **Jauchzer** (MASCULIN, pluriel Jauchzer) **cri de joie**

jaulen hurler

Jause (FÉMININ, pluriel Jausen) casse-croûte *ou* goûter

♦ **jausnen** goûter

> ℹ Jause et jausnen sont des expressions autrichiennes.

jawohl oui *ou* certes

je *a plusieurs catégories grammaticales et plusieurs sens :*

> Ce peut être un ADVERBE :

1 **je** *peut signifier* jamais :

▷ Hast du so etwas je schon gesehen? Est-ce que tu as jamais vu une chose pareille ?

2 **je** *peut signifier* chacun :

▷ Ich gebe euch je fünf Euro. Je vous donne à chacun cinq euros.

> Ce peut être une PRÉPOSITION qui s'emploie avec l'accusatif :

je *signifie* par :

▷ Es gibt ein Eis je Kind. Il y a une glace par enfant.

> Ce peut être une CONJONCTION :

▷ Je mehr ich darüber nachdenke, desto besser verstehe ich. Plus j'y réfléchis, mieux je comprends.

► **je nach** selon

► **ach je!** oh là, là !

► **oh je!** hou là, là !

► **seit eh und je** depuis toujours

jede, jeder, jedes *est un* PRONOM INDÉFINI *et signifie* chaque *ou* tout, toute *ou* chacun, chacune

♦ **jedenfalls** en tout cas

♦ **jedermann** chacun *ou* tout le monde

♦ **jederzeit** à tout moment

♦ **jedesmal** chaque fois

jedoch cependant *ou* pourtant

jeher

► **von jeher** depuis toujours

jemals jamais

jemand quelqu'un

jene, jener, jenes *est un* PRONOM DÉMONSTRATIF *et signifie* ce, cette, ces *ou* celui-là, celle-là, ceux-là, celles-là

jenseits *a plusieurs catégories grammaticales et plusieurs sens :*

> Ce peut être un ADVERBE :

jenseits *signifie* de l'autre côté *ou* au-delà :

► **jenseits liegen** être de l'autre côté *ou* être au-delà

> Ce peut être une PRÉPOSITION qui s'emploie avec le génitif :

jenseits *signifie* de l'autre côté de *ou* au-delà de :

▷ Jenseits des Meeres liegt Afrika. De l'autre côté de la mer c'est l'Afrique.

► **jenseits von Gut und Böse** au-delà du bien et du mal

♦ **Jenseits** (NEUTRE) l'au-delà

jetzt maintenant

jeweils chaque fois

Jog(h)urt (MASCULIN ou NEUTRE, pluriel Jog(h)urts) yaourt

Johannisbeere (FÉMININ, pluriel Johannisbeeren) groseille

♦ **schwarze Johannisbeere** cassis

Jolle (FÉMININ, pluriel Jollen) dériveur

Joystick (MASCULIN, pluriel Joysticks) manette de jeu

Jubel (MASCULIN) cris de joie

♦ **jubeln** pousser des cris de joie

Jubiläum (NEUTRE, pluriel Jubiläen) anniversaire

jucken démanger

Jude (MASCULIN, pluriel Juden) Juif (la personne)

♦ **Judentum** (NEUTRE) judaïsme

♦ **Judenverfolgung** (FÉMININ, pluriel Judenverfolgungen) persécution des Juifs

♦ **Jüdin** (FÉMININ, pluriel Jüdinnen) Juive (la personne)

♦ **jüdisch** juif

Jugend (FÉMININ) jeunesse

♦ **Jugendherberge** (FÉMININ, pluriel Jugendherbergen) auberge de jeunesse

♦ **jugendlich** jeune *ou* juvénil

♦ **Jugendliche** (MASCULIN, FÉMININ, pluriel Jugendlichen) jeune *ou* adolescent

> ℹ Ce nom est un ADJECTIF SUBSTANTIVÉ : on dit ein Jugendlicher.

Juli (MASCULIN) juillet

♦ **im Juli** en juillet *ou* au mois de juillet

jung (jünger, am jüngsten) **jeune**

Junge (MASCULIN, pluriel Jungen) **garçon**

Jungfrau (FÉMININ, pluriel Jungfrauen) **vierge**

Junggeselle (MASCULIN, pluriel Junggesellen) **célibataire**

Juni (MASCULIN) **juin**
► im Juni **au mois de juin**

Jux (MASCULIN, pluriel Juxe) **blague**

Kk

Kabel (NEUTRE, pluriel Kabel) **câble**

Kabine (FÉMININ, pluriel Kabinen) **cabine**

Kachel (FÉMININ, pluriel Kacheln) **carreau**

♦ **Kachelofen** (MASCULIN, pluriel Kachelöfen) **poêle de faïence**

Kaff (NEUTRE, pluriel Kaffs ou pluriel Kaffe) **patelin** *ou* **village**

> ℹ Kaff est un mot familier.

Kaffee (MASCULIN, pluriel Kaffees) **café** (la boisson)

♦ **Kaffeehaus** (NEUTRE, pluriel Kaffeehäuser) **café** (le lieu)

Käfig (MASCULIN, pluriel Käfige) **cage**

kahl **chauve**

► **ein kahler Baum** **un arbre dénudé**

► **ein kahler Raum** **un espace vide**

♦ **kahlgeschoren** **tondu** *ou* **rasé** (en parlant de la tête)

♦ **kahlköpfig** **chauve**

Kai (MASCULIN, pluriel Kais) **quai**

Kaiser, Kaiserin (MASCULIN, pluriel Kaiser / FÉMININ, pluriel Kaiserinnen) **empereur, impératrice**

♦ **kaiserlich** **impérial**

♦ **Kaiserreich** (NEUTRE, pluriel Kaiserreiche) **empire**

♦ **Kaiserschnitt** (MASCULIN, pluriel Kaiserschnitte) **césarienne**

Kakao (MASCULIN, pluriel Kakaos) **cacao** *ou* **chocolat**

► **heißer Kakao** **chocolat chaud**

Kaktus (MASCULIN, pluriel Kakteen) **cactus**

Kalb (NEUTRE, pluriel Kälber) **veau**

Kalender (MASCULIN, pluriel Kalender) **calendrier**

kalt (kälter, am kältesten) **froid**

► **mir ist kalt** **j'ai froid**

♦ **kaltblütig** **de sang-froid**

♦ **Kaltblütigkeit** (FÉMININ) **sang-froid**

♦ **Kälte** (FÉMININ) **froid** *ou* **froideur**

Kalzium (NEUTRE) **calcium**

kam *voir* **kommen**

Kamel (NEUTRE, pluriel Kamele) **chameau**

Kamera (FÉMININ, pluriel Kameras) **appareil photo** *ou* **caméra**

Kamille (FÉMININ, pluriel Kamillen) **camomille**

♦ **Kamillentee** (MASCULIN, pluriel Kamillentees) **infusion de camomille**

Kamin (MASCULIN, pluriel Kamine) **cheminée**

Kamm (MASCULIN, pluriel Kämme) **peigne** *ou* **crête**

♦ **(sich) kämmen** (se) **peigner**

Kammer (FÉMININ, pluriel Kammern) **petite chambre** *ou* **remise**

♦ **Kammerorchester** (NEUTRE, pluriel Kammerorchester) **orchestre de chambre**

Kampf (MASCULIN, pluriel Kämpfe) **combat** *ou* **lutte**

♦ **kämpfen** **se battre** *ou* **lutter**

♦ **kampflustig** **bagarreur**

kampieren **camper**

Kanada **Canada**

Kanal (MASCULIN, pluriel Kanäle) canal *ou* égout

♦ Ärmelkanal (MASCULIN) la Manche

♦ Kanalisation (FÉMININ, pluriel Kanalisationen) égouts

♦ kanalisieren canaliser

Kaninchen (NEUTRE, pluriel Kaninchen) lapin

kann *voir* können

Kanne (FÉMININ) pot *ou* cruche

kannst *voir* können

kannte *voir* kennen

Kante (FÉMININ, pluriel Kanten) bord *ou* bordure

♦ kantig anguleux

Kantine (FÉMININ, pluriel Kantinen) cantine

Kanu (NEUTRE, pluriel Kanus) canoë

Kanzlei (FÉMININ, pluriel Kanzleien) cabinet (d'avocat) *ou* étude (de notaire)

Kanzler, Kanzlerin (MASCULIN, pluriel Kanzler / FÉMININ, pluriel Kanzlerinnen) chancelier, chancelière

Kapelle (FÉMININ, pluriel Kapellen) chapelle

kapieren *est un mot familier qui signifie* piger

Kapitel (NEUTRE, pluriel Kapitel) chapitre

Kapitell (NEUTRE, pluriel Kapitelle) chapiteau

Kappe (FÉMININ, pluriel Kappen) bonnet *ou* casquette

Kapsel (FÉMININ, pluriel Kapseln) capsule

kaputt cassé *ou* crevé (au sens de fatigué)

♦ kaputtgehen (kaputtging, kaputtgegangen) se casser *ou* s'abîmer

♦ sich kaputtlachen mourir de rire

♦ kaputtmachen casser *ou* démolir

Kapuze (FÉMININ, pluriel Kapuzen) capuche

Karfiol (MASCULIN, pluriel Karfiols) *est un mot autrichien qui signifie* chou-fleur

Karfreitag (MASCULIN) vendredi saint

> Karfreitag est un jour férié en Allemagne.

Karibik (FÉMININ) les Caraïbes *ou* les Antilles

kariert à carreaux *ou* quadrillé

Karies /ˈkaːriɛs/ (FÉMININ) carie

Karikatur (FÉMININ, pluriel Karikaturen) caricature *ou* dessin humoristique

Karneval (MASCULIN, pluriel Karnevale ou Karnevals) carnaval

Karo (NEUTRE, pluriel Karos) carreau (dans un jeu de cartes)

Karren (MASCULIN, pluriel Karren) carriole *ou* charrette

Karriere (FÉMININ, pluriel Karrieren) carrière

Karte (FÉMININ, pluriel Karten) carte *ou* billet *ou* fiche

♦ Kartenspiel (NEUTRE, pluriel Kartenspiele) jeu de cartes

Kartoffel (FÉMININ, pluriel Kartoffeln) pomme de terre

♦ Kartoffelbrei (MASCULIN, pluriel Kartoffelbreie) purée de pommes de terre

Karton (MASCULIN, pluriel Kartons) carton

Karussell (NEUTRE, pluriel Karussells ou Karusselle) manège

Käse (MASCULIN, pluriel Käse) fromage

Kasper (MASCULIN, pluriel Kasper) guignol

Kasse (FÉMININ, pluriel Kassen) caisse (pour payer)

► gut bei Kasse sein avoir de l'argent

♦ Krankenkasse assurance maladie

kassieren encaisser

Kastanie (FÉMININ, pluriel Kastanien) marron *ou* châtaigne

► heiße Kastanien marrons chauds

♦ Kastanienbaum (MASCULIN, pluriel Kastanienbäume) marronnier *ou* châtaignier

Kasten (MASCULIN, pluriel Kästen) boîte *ou* caisse ; armoire (en Autriche)

Katalysator (MASCULIN, pluriel Katalysatoren) pot catalytique

katastrophal catastrophique

Kater (MASCULIN, pluriel Kater) matou

► einen Kater haben avoir la gueule de bois

Kätzchen (NEUTRE, pluriel Kätzchen) chaton

Katze (FÉMININ, pluriel Katzen) chat *ou* chatte

► für die Katz pour des prunes

► einen Katzensprung von hier à deux pas d'ici

♦ Katzenstreu (FÉMININ) litière pour chats

kauen mâcher

kauern être accroupi

Kauf (MASCULIN, pluriel Käufe) achat

► etwas in Kauf nehmen s'accommoder de quelque chose

♦ kaufen acheter

♦ Kaufhaus (NEUTRE, pluriel Kaufhäuser) grand magasin

♦ Kaufladen (MASCULIN, pluriel Kaufläden) épicerie

Kaugummi (MASCULIN, pluriel Kaugummis) chewing-gum

kaum à peine

Kauz (MASCULIN, pluriel Käuze) hibou

► komischer Kauz drôle de type

keck audacieux

Kegel (MASCULIN, pluriel Kegel) quille *ou* cône

♦ Kegelbahn (FÉMININ, pluriel Kegelbahnen) bowling

♦ kegeln jouer au bowling

Kehle (FÉMININ, pluriel Kehlen) gorge

kehren tourner *ou* balayer

♦ kehrtmachen faire demi-tour, retourner

kein, keine *est un* PRONOM INDÉFINI *et signifie* pas de *ou* pas un, pas une

► kein anderer, keine andere als nul autre, nulle autre que

► kein mehr, keine mehr plus de *ou* plus un, une

keine, keiner, keines *est un* PRONOM INDÉFINI *et signifie* aucun, aucune *ou* pas un, pas une

♦ keinerlei aucun, aucune

♦ keinesfalls en aucun cas

♦ keineswegs pas du tout

Keks (MASCULIN, pluriel Kekse) biscuit

► jemandem auf den Keks gehen taper sur le système de quelqu'un

> ℹ Cette expression allemande et sa traduction française sont familières.

Keller (MASCULIN, pluriel Keller) cave

Kellner, Kellnerin (MASCULIN, pluriel Kellner / FÉMININ, pluriel Kellnerinnen) garçon, serveuse (au restaurant)

kennen (kannte, gekannt) connaître *ou* savoir :

▷ Er kennt Deutschland überhaupt nicht. Il ne connaît pas du tout l'Allemagne.

▷ Ich kenne das Gedicht auswendig. Je connais le poème par cœur.

♦ (sich) kennenlernen faire connaissance *ou* apprendre à (se) connaître

Kenntnis (FÉMININ, pluriel Kenntnisse) connaissance

► etwas zur Kenntnis nehmen prendre note de quelque chose

► von etwas Kenntnis nehmen prendre connaissance de quelque chose

► jemanden von etwas in Kenntnis setzen informer quelqu'un de quelque chose

Kennzeichen (NEUTRE, pluriel Kennzeichen) signe caractéristique

♦ kennzeichnen caractériser *ou* marquer

Kerl (MASCULIN, pluriel Kerle) type

Kern (MASCULIN, pluriel Kerne) noyau *ou* pépin *ou* centre

♦ Kernenergie *ou* Kernkraft (FÉMININ) énergie nucléaire

♦ Kernkraftwerk (NEUTRE, pluriel Kernkraftwerke) centrale nucléaire

Kerze (FÉMININ, pluriel Kerzen) bougie

♦ Kerzenständer (MASCULIN, pluriel Kerzenständer) chandelier

kess joli *ou* coquet

Kessel (MASCULIN, pluriel Kessel) chaudron *ou* chaudière

Kette (FÉMININ, pluriel Ketten) chaîne

keuchen haleter

kichern ricaner

Kickboard (NEUTRE, pluriel Kickboards) trottinette

Kies (MASCULIN, pluriel Kiese) gravier

Kieselstein (MASCULIN, pluriel Kieselsteine) caillou

Kind (NEUTRE, pluriel Kinder) enfant

► von Kind auf depuis l'enfance

♦ Kinderarzt, Kinderärztin (MASCULIN, pluriel Kinderärzte / FÉMININ, pluriel Kinderärztinnen) pédiatre

♦ Kindergarten (MASCULIN, pluriel Kindergärten) jardin d'enfants

> Le jardin d'enfants allemand correspond à l'école maternelle française.

- ♦ Kinderkrankheit (FÉMININ, pluriel Kinderkrankheiten) maladie infantile
- ♦ Kinderkrippe (FÉMININ, pluriel Kinderkrippen) crèche
- ♦ Kindheit (FÉMININ) enfance
- ♦ kindisch puéril
- ♦ kindlich d'enfant

Kinn (NEUTRE, pluriel Kinne) menton

Kino (NEUTRE, pluriel Kinos) cinéma

Kirche (FÉMININ, pluriel Kirchen) église

Kirsche (FÉMININ, pluriel Kirschen) cerise

Kissen (NEUTRE, pluriel Kissen) coussin *ou* oreiller

Kiste (FÉMININ, pluriel Kisten) caisse

kitzelig chatouilleux *ou* délicat

- ► ein kitzeliges Thema un sujet délicat
- ♦ kitzeln chatouiller

Klage (FÉMININ, pluriel Klagen) plainte

- ♦ klagen se plaindre
- ♦ kläglich pitoyable

klamm engourdi *ou* humide

Klammer (FÉMININ, pluriel Klammern) parenthèse *ou* pince *ou* trombone

- ♦ sich klammern se cramponner

Klang (MASCULIN, pluriel Klänge) son *ou* résonance

klang *voir* klingen

Klappe (FÉMININ, pluriel Klappen) clapet *ou* valve

klappen *a plusieurs catégories grammaticales et plusieurs sens :*

> Ce peut être un VERBE INTRANSITIF :

1 klappen *peut signifier* aller *ou* marcher :

▷ Ich hoffe, dass alles klappt! J'espère que tout ira bien !

2 klappen *peut signifier* claquer :

▷ Die Fensterläden klappen gegen die Mauer. Les volets claquent contre le mur.

> Ce peut être un VERBE TRANSITIF :

klappen *signifie* relever *ou* baisser :

- ► den Kragen nach oben klappen relever son col
- ► den Deckel nach oben / unten klappen relever / baisser le couvercle

klappern claquer *ou* cliqueter

klapprig déglingué *ou* branlant

Klaps (MASCULIN, pluriel Klapse) tape

klar clair

- ► das ist klar bien sûr
- ► klipp und klar sans détour *ou* clair et net
- ► sich über etwas im Klaren sein être conscient de quelque chose

> ℹ Dans cet exemple, Klaren est utilisé de manière susbstantivée.

(sich) klären (s')éclaircir *ou* (se) clarifier

Klarheit (FÉMININ, pluriel Klarheiten) clarté

klarkommen (klarkam, klargekommen) se débrouiller

- ► mit etwas klarkommen comprendre quelque chose

klarmachen faire comprendre

- ► jemandem etwas klarmachen faire comprendre quelque chose à quelqu'un

klarstellen mettre au point

klasse *est un mot familier qui signifie* super

Klasse (FÉMININ, pluriel Klassen) classe *ou* catégorie

- ♦ Klassensprecher, Klassensprecherin (MASCULIN, pluriel Klassensprecher / FÉMININ, pluriel Klassensprecherinnen) délégué, déléguée de classe
- ♦ Klassenzimmer (NEUTRE, pluriel Klassenzimmer) salle de classe

klatschen applaudir *ou* bavarder *ou* claquer

klatschnass trempé

klauen *est un mot familier qui signifie* chiper

Klausur (FÉMININ, pluriel Klausuren) examen écrit (à l'Université)

Klavier (NEUTRE, pluriel Klaviere) piano

kleben coller

- ♦ Kleb(e)streifen (MASCULIN, pluriel Kleb(e)streifen) Scotch®
- ♦ klebrig collant
- ♦ Klebstoff (MASCULIN, pluriel Klebstoffe) colle

kleckern faire des taches

- ♦ Klecks (MASCULIN, pluriel Kleckse) tache
- ♦ klecksen faire des taches

Klee (MASCULIN, pluriel Klees) trèfle (la plante)

Kleid (NEUTRE, pluriel Kleider) **robe**

♦ **Kleider** (NEUTRE PLURIEL) **vêtements**

♦ **(sich) kleiden** **(s')habiller**

♦ **Kleiderbügel** (MASCULIN, pluriel Kleiderbügel) **cintre**

♦ **Kleiderschrank** (MASCULIN, pluriel Kleiderschränke) **armoire**

♦ **Kleidung** (FÉMININ) **vêtements**

klein **petit**

► **ein klein wenig** **un tout petit peu**

► **kleiner Buchstabe** **lettre minuscule**

► **von klein auf** **dès l'enfance**

♦ **Kleine, Kleiner, Kleines** **le** *ou* **un petit, la** *ou* **une petite**

♦ **Kleingeld** (NEUTRE) **monnaie**

♦ **Kleinigkeit** (FÉMININ, pluriel Kleinigkeiten) **bagatelle** *ou* **babiole**

♦ **Kleinkram** (MASCULIN) **babioles**

♦ **kleinlich** **mesquin**

♦ **Kleinstadt** (FÉMININ, pluriel Kleinstädte) **petite ville**

Kleister (MASCULIN, pluriel Kleister) **colle**

♦ **kleistern** **coller**

Klemme (FÉMININ, pluriel Klemmen) **pince**

► **in der Klemme sein** **être dans l'embarras**

klemmen *a plusieurs catégories grammaticales et plusieurs sens :*

> Ce peut être un VERBE TRANSITIF :

klemmen *signifie* **bloquer** *ou* **pincer :**

▷ Das Stück Holz klemmt die Tür. Le bout de bois bloque la porte.

► **sich den Finger klemmen** **se pincer le doigt**

> Ce peut être un VERBE INTRANSITIF :

klemmen *signifie* **être coincé** *ou* **bloqué :**

▷ Die Tür klemmt! La porte est coincée.

► **sich hinter etwas klemmen** **se mettre à quelque chose**

Klempner, Klempnerin (MASCULIN, pluriel Klempner / FÉMININ, pluriel Klempnerinnen) **plombier**

Klettergurt (MASCULIN, pluriel Klettergurte) **baudrier** (d'escalade)

klettern **grimper** *ou* **faire de l'escalade**

klicken **cliquer**

Klima (NEUTRE, pluriel Klimata) **climat**

♦ **Klimaanlage** (FÉMININ, pluriel Klimaanlagen) **climatisation**

♦ **Klimawechsel** (MASCULIN, pluriel Klimawechsel) **changement d'air**

Klinge (FÉMININ, pluriel Klingen) **lame**

Klingel (FÉMININ, pluriel Klingeln) **sonnette**

♦ **klingeln** **sonner**

klingen (**klang, geklungen**) **sonner** *ou* **résonner** *ou* **tinter**

Klinke (FÉMININ, pluriel Klinken) **poignée**

Klippe (FÉMININ, pluriel Klippen) **falaise**

klipp

► **klipp und klar** **sans détour** *ou* **clair et net**

Klips (MASCULIN, pluriel Klipse) **clip**

klirren **cliqueter** *ou* **tinter**

► **eine klirrende Kälte** **un froid de canard**

Klischee (NEUTRE, pluriel Klischees) **cliché**

Klo (NEUTRE, pluriel Klos) *est une expression familière qui signifie* **W.C.**

klobig **massif**

klopfen *a plusieurs catégories grammaticales et plusieurs sens :*

> Ce peut être un VERBE INTRANSITIF :

klopfen *signifie* **frapper** *ou* **battre** *ou* **taper :**

▷ Jemand klopft an der Tür. Quelqu'un frappe à la porte.

▷ Mein Herz klopft. Mon cœur bat.

► **auf die Schulter klopfen** **taper sur l'épaule**

> Ce peut être un VERBE TRANSITIF :

► **den Teppich klopfen** **battre un tapis**

► **Steine klopfen** **casser des pierres**

► **den Takt klopfen** **battre la mesure**

Klops (MASCULIN, pluriel Klopse) **boulette de viande**

Klosett (NEUTRE, pluriel Klosette ou Klosetts) **toilettes**

Kloß (MASCULIN, pluriel Klöße) **boulette**

Kloster (NEUTRE, pluriel Klöster) **couvent**

Klotz (MASCULIN, pluriel Klötze) **bloc** *ou* **cube**

Kluft (FÉMININ) *a plusieurs sens :*

1 die **Kluft** (pluriel Klüfte) *signifie* **crevasse** *ou* **gouffre** *ou* **fossé**

► **die digitale Kluft** **la fracture numérique**

► **die soziale Kluft** **la fracture sociale**

2 die **Kluft** (pluriel Kluften) *signifie* **habit** *ou* **uniforme**

klug (**klüger, am klügsten**) **intelligent** *ou* **sage**

♦ **Klugheit** (FÉMININ) **intelligence** *ou* **sagesse**

Klumpen (MASCULIN, pluriel Klumpen) **motte** *ou* **caillot** *ou* **pépite**

knabbern grignoter

Knabe (MASCULIN, pluriel Knaben) **garçon**
♦ **knabenhaft** comme un garçon

knacken *a plusieurs catégories grammaticales et plusieurs sens :*

> Ce peut être un VERBE TRANSITIF :
knacken *signifie* **casser** *ou* **forcer** :
► **eine Nuss knacken** casser une noix

> Ce peut être un VERBE INTRANSITIF :
knacken *signifie* **craquer** *ou* **grésiller** :
▷ Der Holzboden knackt sehr laut. Le plancher craque très fort.
▷ Das Radio knackt. La radio grésille.

Knacks (MASCULIN, pluriel Knackse) **fêlure** *ou* **craquement**
► **einen Knacks haben** être un peu fêlé

Knall (MASCULIN, pluriel Knalle) **détonation** *ou* **explosion** *ou* **claquement**
♦ **knallen** claquer *ou* sauter *ou* cogner
► **gegen etwas knallen** heurter quelque chose
♦ **knallhart** brutal *ou* dur
♦ **knallrot** rouge vif

knapp étroit *ou* juste
► **eine knappe Stunde** une petite heure
► **knapp drei Meter** pas tout à fait trois mètres
♦ **Knappheit** (FÉMININ) pénurie *ou* manque

knarren grincer

knattern pétarader *ou* crépiter

knauserig radin
♦ **knausern** être radin

knautschen froisser

kneifen (**kniff, gekniffen**) *a plusieurs catégories grammaticales et plusieurs sens :*

> Ce peut être un VERBE TRANSITIF :
kneifen *signifie* **pincer** *ou* **serrer** :
▷ Sie hat mich in die Backe gekniffen. Elle m'a pincé la joue.
▷ Der Gummi kneift meinen Bauch. L'élastique serre mon ventre.

> Ce peut être un VERBE INTRANSITIF :
kneifen *signifie* **serrer**
► **vor etwas kneifen** se dégonfler face à quelque chose

ℹ L'expression allemande et sa traduction française sont familières.

Kneipe (FÉMININ, pluriel Kneipen) **bistro(t)**

kneten pétrir
♦ **Knete** *ou* **Knetmasse** (FÉMININ) pâte à modeler

Knick (MASCULIN, pluriel Knicke) **pli** *ou* **cassure**

knicken *a plusieurs catégories grammaticales et plusieurs sens :*

> Ce peut être un VERBE TRANSITIF :
knicken *signifie* **plier** *ou* **casser** :
► **ein Blatt Papier knicken** plier une feuille de papier
► **einen Ast knicken** casser une branche

ℹ Les temps composés du verbe transitif se forment avec haben.

> Ce peut être un VERBE INTRANSITIF :
knicken *signifie* **se casser**

ℹ Les temps composés du verbe intransitif se forment avec sein.

Knie (NEUTRE, pluriel Knie) **genou**
♦ **knien** être à genoux
► **sich knien** se mettre à genoux
♦ **Kniescheibe** (FÉMININ, pluriel Kniescheiben) rotule
♦ **Knieschützer** (MASCULIN, pluriel Knieschützer) genouillère

kniff *voir* **kneifen**

Kniff (MASCULIN, pluriel Kniffe) **pli** *ou* **truc** (au sens figuré)
♦ **kniff(e)lig** difficile

knipsen *a plusieurs catégories grammaticales et plusieurs sens :*

> Ce peut être un VERBE TRANSITIF :
knipsen *signifie* **poinçonner** *ou* **photographier**

> Ce peut être un VERBE INTRANSITIF :
knipsen *signifie* **prendre des photos**

Knirps (MASCULIN, pluriel Knirpse) **petit bonhomme** *ou* **parapluie pliant**

knirschen crisser
► **mit den Zähnen knirschen** grincer des dents

knistern crépiter

knittern se froisser

Knoblauch (MASCULIN) **ail**
♦ **Knoblauchpresse** (FÉMININ, pluriel Knoblauchpressen) presse-ail

♦ **Knoblauchzehe** (FÉMININ, pluriel Knoblauchzehen) gousse d'ail

Knöchel (MASCULIN, pluriel Knöchel) cheville *ou* jointure (de doigt)

Knochen (MASCULIN, pluriel Knochen) os

♦ **Knochenbruch** (MASCULIN, pluriel Knochenbrüche) fracture

♦ **Knochengerüst** (NEUTRE, pluriel Knochengerüste) squelette

♦ **Knochenmark** (NEUTRE) moelle

Knödel (MASCULIN, pluriel Knödel) boulette

> C'est une spécialité allemande et autrichienne. Il existe plusieurs sortes de Knödel : Kartoffelknödel (à base de pommes de terre) ou Semmelknödel (à base de pain et de lardons), servis en accompagnement, ou encore Leberknödel (à base de foie) servis en soupe.

Knopf (MASCULIN, pluriel Knöpfe) bouton

♦ **knöpfen** boutonner

♦ **Knopfloch** (MASCULIN, pluriel Knopflöcher) boutonnière

knoten nouer

♦ **Knoten** (MASCULIN, pluriel Knoten) nœud

♦ **Haarknoten** chignon

Knüller (MASCULIN, pluriel Knüller) scoop *ou* succès fou

knüpfen nouer

knurren grogner *ou* gargouiller

knusprig croustillant

knutschen *est un mot familier qui signifie* se bécoter

Kobold (MASCULIN, pluriel Kobolde) lutin

Koch (MASCULIN, pluriel Köche) cuisinier

♦ **Kochbuch** (NEUTRE, pluriel Kochbücher) livre de cuisine

kochen *a plusieurs catégories grammaticales et plusieurs sens :*

> Ce peut être un VERBE TRANSITIF :

kochen *signifie* cuire *ou* faire bouillir

> Ce peut être un VERBE INTRANSITIF :

kochen *signifie* cuisiner

♦ **Köchin** (FÉMININ, pluriel Köchinnen) cuisinière (la personne)

♦ **Kochtopf** (MASCULIN, pluriel Kochtöpfe) casserole

Koffer (MASCULIN, pluriel Koffer) valise *ou* malle

♦ **Kofferraum** (MASCULIN, pluriel Kofferräume) coffre (de voiture)

Kohl (MASCULIN) chou

Kohle (FÉMININ, pluriel Kohlen) charbon

> ℹ Kohle est aussi un mot familier qui signifie « argent ».

Kohlensäure (FÉMININ) acide carbonique

► **Getränk mit Kohlensäure** boisson gazeuse

Kokosnuss (FÉMININ, pluriel Kokosnüsse) noix de coco

Köln Cologne

♦ **Kölnischwasser** (NEUTRE) eau de Cologne

Kombi ou Kombiwagen (MASCULIN, pluriel Kombis) break (en parlant d'une voiture)

Komma (NEUTRE, pluriel Kommas ou Kommata) virgule

kommen (kam, gekommen) venir *ou* arriver

► **kommen lassen** faire venir

► **ich komme dran** c'est mon tour

► **wie kommt das?** comment ça se fait ?

► **zu sich kommen** reprendre ses esprits

♦ **Kommen** (NEUTRE) venue

► **ein Kommen und Gehen** des allées et venues

♦ **kommend** futur *ou* prochain

kommentieren commenter

Kommunikation (FÉMININ) communication

♦ **kommunizieren** communiquer

Komödie /ko'møːdjə/ (FÉMININ, pluriel Komödien) comédie

Kompass (MASCULIN, pluriel Kompasse) boussole

kompetent compétent *ou* qualifié

Komplex (MASCULIN, pluriel Komplexe) complexe

► **Komplexe haben** être complexé

kompliziert compliqué

komponieren composer

♦ **Komponist** (MASCULIN, pluriel Komponisten) compositeur

♦ **Komposition** (FÉMININ, pluriel Kompositionen) composition

kompostierbar biodégradable

Kompott (NEUTRE, pluriel Kompotte) **compote**

Kompromiss (MASCULIN, pluriel Kompromisse) **compromis**

Konditorei (FÉMININ, pluriel Konditoreien) **pâtisserie**

Kondom (NEUTRE, pluriel Kondome) **préservatif**

konfiszieren confisquer

Konflikt (MASCULIN, pluriel Konflikte) **conflit**

konfus confus

König, Königin (MASCULIN, pluriel Könige / FÉMININ, pluriel Königinnen) **roi, reine**

♦ **königlich** royal

♦ **Königreich** (NEUTRE, pluriel Königreiche) **royaume**

Konjunktiv (MASCULIN, pluriel Konjunktive) **subjonctif**

konkurrieren rivaliser

Konkurs (MASCULIN, pluriel Konkurse) **faillite**

können (er kann; konnte, gekonnt) **pouvoir** *ou* **savoir**

▷ Ich kann heute Abend nicht kommen. Je ne peux pas venir ce soir.

▷ Sie kann noch nicht schwimmen. Elle ne sait pas encore nager.

▷ Ich habe es nicht tun können. Je n'ai pas pu le faire.

> ℹ Le participe passé de können reste invariable lorsqu'il suit un verbe à l'infinitif.

► **kann sein** possible

► **ich kann nicht mehr** je n'en peux plus

► **er kann nichts dafür** il n'y peut rien

► **sein Können zeigen** montrer ce qu'on sait faire

> ℹ Dans cet exemple, Können est utilisé de manière substantivée.

Konsonant (MASCULIN, pluriel Konsonanten) **consonne**

Konsum (MASCULIN) **consommation**

♦ **konsumieren** consommer

Kontakt (MASCULIN, pluriel Kontakte) **contact**

♦ **kontaktfreudig** sociable

♦ **Kontaktlinse** (FÉMININ, pluriel Kontaktlinsen) **lentille de contact**

Konto (NEUTRE, pluriel Konten) **compte :**

▷ Die Getränke gehen auf mein Konto. C'est moi qui paie les boissons.

Kontrast (MASCULIN, pluriel Kontraste) **contraste**

Kontrolle (FÉMININ, pluriel Kontrollen) **contrôle**

♦ **kontrollieren** contrôler

Konzentration (FÉMININ) **concentration**

♦ **Konzentrationslager** (NEUTRE, pluriel Konzentrationslager) **camp de concentration**

Konzert (NEUTRE, pluriel Konzerte) **concert**

konzipieren concevoir

Kopf (MASCULIN, pluriel Köpfe) **tête**

► **den Kopf hängen lassen** être découragé

► **sich den Kopf zerbrechen** se creuser la tête

► **etwas auf den Kopf stellen** mettre quelque chose sens dessus dessous

♦ **Kopfhörer** (MASCULIN, pluriel Kopfhörer) **casque** (pour écouter de la musique)

♦ **Kopfkissen** (NEUTRE, pluriel Kopfkissen) **oreiller**

♦ **Kopfschmerzen** (MASCULIN PLURIEL, pluriel Kopfschmerzen) **mal de tête**

♦ **Kopfstand** (MASCULIN, pluriel Kopfstände) **poirier**

♦ **kopfüber** la tête la première

♦ **Kopfweh** (NEUTRE) **mal de tête**

Koran (MASCULIN) **le Coran**

Korb (MASCULIN, pluriel Körbe) **panier**

► **jemandem einen Korb geben** envoyer promener quelqu'un

Kork (MASCULIN, pluriel Korke) **liège**

♦ **Korken** (MASCULIN, pluriel Korken) **bouchon**

♦ **Korkenzieher** (MASCULIN, pluriel Korkenzieher) **tire-bouchon**

Korn (NEUTRE, pluriel Körner) **grain** *ou* **céréale**

Körper (MASCULIN, pluriel Körper) **corps**

♦ **Körperbau** (MASCULIN, pluriel Körperbaue) **stature**

♦ **körperbehindert** handicapé physique

♦ **körperlich** physique

Korsika Corse

Kosename (MASCULIN, pluriel Kosenamen) **petit nom**

Kost (FÉMININ) **nourriture**

kostbar précieux *ou* coûteux

kosten *a plusieurs catégories grammaticales et plusieurs sens :*

> Ce peut être un VERBE TRANSITIF :

kosten *signifie* coûter :

▷ Wie viel hat der Fernseher gekostet? Combien a coûté la télévision ?

► **es koste, was es wolle** coûte que coûte

► **Zeit kosten** prendre du temps

> Ce peut être un VERBE INTRANSITIF :

kosten *signifie* goûter *ou* déguster

Kosten (PLURIEL) frais *ou* coût

► **auf jemandes Kosten** aux frais de quelqu'un *ou* aux dépens de quelqu'un

♦ **kostenlos** gratuit

♦ **köstlich** délicieux *ou* amusant

♦ **kostspielig** cher

Kostüm (NEUTRE, pluriel **Kostüme**) tailleur (vêtement) *ou* costume *ou* déguisement

♦ **sich kostümieren** se déguiser

Krabbe (FÉMININ, pluriel **Krabben**) crevette

krabbeln marcher à quatre pattes

Krach (MASCULIN, pluriel **Kräche**) fracas

► **Krach haben** se disputer

♦ **krachen** faire du fracas *ou* se casser

Kraft (FÉMININ, pluriel **Kräfte**) force *ou* énergie

► **in Kraft treten** entrer en vigueur

♦ **kräftig** fort

♦ **kräftigen** fortifier

♦ **kraftlos** sans force

♦ **kraftvoll** vigoureux

♦ **Kraftwerk** (NEUTRE, pluriel **Kraftwerke**) centrale

Kragen (MASCULIN, pluriel **Kragen**) col

Krähe (FÉMININ, pluriel **Krähen**) corneille

Krake (MASCULIN *ou* FÉMININ, pluriel **Kraken**) pieuvre

Kralle (FÉMININ, pluriel **Krallen**) griffe

♦ **sich krallen** s'agripper

Kram (MASCULIN) affaires *ou* fourbi

♦ **kramen** fouiller

Krampf (MASCULIN, pluriel **Krämpfe**) crampe

♦ **krampfhaft** convulsif

► **eine krampfhafte Anstrengung machen** faire des efforts désespérés

► **sich krampfhaft festhalten an** se cramponner à

Kran (MASCULIN, pluriel **Kräne**) grue

krank (**kränker, am kränksten**) malade

♦ **Krankenhaus** (NEUTRE, pluriel **Krankenhäuser**) hôpital

♦ **Krankenkasse** (FÉMININ, pluriel **Krankenkassen**) caisse d'assurance-maladie

♦ **Krankenpfleger** (MASCULIN, pluriel **Krankenpfleger**) infirmier

♦ **Krankenschwester** (FÉMININ, pluriel **Krankenschwestern**) infirmière

♦ **Krankenwagen** (MASCULIN, pluriel **Krankenwagen**) ambulance

♦ **Kranke** (MASCULIN, FÉMININ, pluriel **Kranken**) malade (= personne)

ℹ Ce nom est un ADJECTIF SUBSTANTIVÉ : on dit **ein Kranker**.

♦ **krankhaft** maladif

♦ **Krankheit** (FÉMININ, pluriel **Krankheiten**) maladie

kränken offenser *ou* blesser (par des paroles)

♦ **Kränkung** (FÉMININ, pluriel **Kränkungen**) offense

Kranz (MASCULIN, pluriel **Kränze**) couronne

Krapfen (MASCULIN, pluriel **Krapfen**) beignet

krass extrême *ou* grossier

kratzen gratter *ou* griffer

♦ **Kratzer** (MASCULIN, pluriel **Kratzer**) égratignure

kraulen *a plusieurs catégories grammaticales et plusieurs sens :*

> Ce peut être un VERBE TRANSITIF :

kraulen *signifie* caresser (un animal)

> Ce peut être un VERBE INTRANSITIF :

kraulen *signifie* nager le crawl

♦ **Kraul** *ou* **Kraulschwimmen** (NEUTRE) crawl

kraus frisé

► **krause Haare** cheveux crépus

♦ **(sich) kräuseln** (se) friser *ou* (se) plisser

Kraut (NEUTRE, pluriel **Kräuter**) herbe *ou* chou

Krawall (MASCULIN, pluriel **Krawalle**) tumulte *ou* tapage

Krawatte (FÉMININ, pluriel **Krawatten**) cravate

Krebs (MASCULIN, pluriel **Krebse**) écrevisse *ou* cancer

♦ **krebserregend** cancérigène *ou* cancérogène

Kreide (FÉMININ, pluriel Kreiden) craie
♦ **kreidebleich** blanc comme un linge

kreieren créer

Kreis (MASCULIN, pluriel Kreise) cercle *ou* milieu *ou* district
► **im Kreis gehen** tourner en rond

kreischen piailler

Kreisel (MASCULIN, pluriel Kreisel) toupie

kreisen tourner
♦ **kreisförmig** circulaire
♦ **Kreislauf** (MASCULIN, pluriel Kreisläufe) circulation *ou* cycle

Krem (FÉMININ, pluriel Krems) crème
♦ **kremfarben** couleur crème

Kreml (MASCULIN) Kremlin

Kreuz (NEUTRE, pluriel Kreuze) *a plusieurs sens :*
1 **Kreuz** *peut signifier* croix
♦ **(sich) kreuzen** (se) croiser
♦ **Kreuzfahrt** (FÉMININ) croisière
♦ **Kreuzung** (FÉMININ, pluriel Kreuzungen) croisement *ou* carrefour
♦ **Kreuzworträtsel** (NEUTRE, pluriel Kreuzworträtsel) mots croisés
2 **Kreuz** *peut signifier* reins
3 **Kreuz** *peut signifier* dièse
4 **Kreuz** *peut signifier* trèfle (couleur de carte)

kriechen (kroch, gekrochen) ramper

Krieg (MASCULIN, pluriel Kriege) guerre

kriegen attraper *ou* obtenir

> i L'expression allemande est familière.

Kriegserklärung (FÉMININ, pluriel Kriegserklärungen) déclaration de guerre
♦ **Kriegszustand** (MASCULIN) état de guerre

Krimi (MASCULIN, pluriel Krimis) polar (film ou roman)

kritzeln gribouiller

kroch *voir* **kriechen**

Krone (FÉMININ, pluriel Kronen) couronne
♦ **krönen** couronner
♦ **Krönung** (FÉMININ, pluriel Krönungen) couronnement

Kröte (FÉMININ, pluriel Kröten) crapaud

Krücke (FÉMININ, pluriel Krücken) béquille

Krug (MASCULIN, pluriel Krüge) cruche *ou* chope

Krümel (MASCULIN, pluriel Krümel) miette

krumm tordu
♦ **(sich) krümmen** (se) courber *ou* (se) plier
♦ **sich krümmen** se tordre
♦ **sich krummlachen** se tordre de rire
♦ **krummnehmen** prendre mal
♦ **Krümmung** (FÉMININ, pluriel Krümmungen) courbe

Krüppel (MASCULIN, pluriel Krüppel) infirme

Kruste (FÉMININ, pluriel Krusten) croûte

Kübel (MASCULIN, pluriel Kübel) seau

Küche (FÉMININ, pluriel Küchen) cuisine

Kuchen (MASCULIN, pluriel Kuchen) gâteau
♦ **Kuchenform** (FÉMININ, pluriel Kuchenformen) moule à gâteau

Kugel (FÉMININ, pluriel Kugeln) boule *ou* bille *ou* balle (de pistolet)
♦ **kugelrund** rondelet
♦ **Kugelschreiber** (MASCULIN, pluriel Kugelschreiber) stylo à bille

Kuh (FÉMININ, pluriel Kühe) vache

kühl frais *ou* froid
♦ **Kühle** (FÉMININ) fraîcheur *ou* froideur
♦ **kühlen** rafraîchir *ou* refroidir
♦ **Kühlschrank** (MASCULIN, pluriel Kühlschränke) réfrigérateur
♦ **Kühltruhe** (FÉMININ, pluriel Kühltruhen) congélateur

kühn audacieux

Küken (NEUTRE, pluriel Küken) poussin

Kümmel (MASCULIN) cumin

Kummer (MASCULIN) chagrin *ou* souci
♦ **kümmerlich** misérable

kümmern concerner
► **sich um jemanden / etwas kümmern** s'occuper de quelqu'un / quelque chose

Kumpel (MASCULIN, pluriel Kumpel) *est un mot familier qui signifie* pote

Kunde (MASCULIN, pluriel Kunden) client
♦ **Kundendienst** (MASCULIN) service clientèle

kundgeben (kundgibt; kundgab, kundgegeben) annoncer

kündigen donner son préavis *ou* démissionner

- **Kündigung** (FÉMININ, pluriel Kündigungen) préavis *ou* démission

Kundin (FÉMININ, pluriel Kundinnen) cliente

- **Kundschaft** (FÉMININ SINGULIER) clientèle

künftig (adjectif) futur *ou* (adverbe) à l'avenir

Kunst (FÉMININ, pluriel Künste) art

- **Kunstakademie** (FÉMININ, pluriel Kunstakademien) école des beaux-arts
- **Kunstfaser** (FÉMININ, pluriel Kunstfasern) synthétique
- **Kunstfertigkeit** (FÉMININ) habileté
- **Kunstgeschichte** (FÉMININ) histoire de l'art
- **Künstler, Künstlerin** (MASCULIN, pluriel Künstler / FÉMININ, pluriel Künstlerinnen) artiste
- **künstlerisch** artistique
- **künstlich** artificiel
- **kunstvoll** ingénieux
- **Kunstwerk** (NEUTRE, pluriel Kunstwerke) œuvre d'art

Kupfer (NEUTRE, pluriel Kupfer) cuivre

Kuppel (FÉMININ, pluriel Kuppeln) coupole

Kurbel (FÉMININ, pluriel Kurbeln) manivelle

Kürbis (MASCULIN, pluriel Kürbisse) citrouille *ou* potiron

kurieren guérir

Kurs (MASCULIN, pluriel Kurse) cours *ou* route (d'un avion ou d'un bateau)

Kurve (FÉMININ, pluriel Kurven) courbe *ou* virage *ou* tournant

- **kurvenreich** *ou* **kurvig** sinueux

kurz (kürzer, am kürzesten) court *ou* bref

► in kurzer Zeit sous peu
► zu kurz kommen ne pas trouver son compte *ou* être désavantagé
► sich kurz fassen être bref
► kurzen Prozess machen en finir rapidement
► kurz und gut bref *ou* en somme
► kurz angebunden sein être peu aimable

- **kurzärmelig** à manches courtes
- **Kürze** (FÉMININ) brièveté *ou* courte durée
  ► in Kürze sous peu
- **kürzen** raccourcir *ou* réduire
- **kurzerhand** brusquement *ou* sans hésiter
- **kurzfristig** à brève échéance *ou* à court terme
- **kurzlebig** éphémère
- **kürzlich** récemment
- **Kurzschluss** (MASCULIN, pluriel Kurzschlüsse) court-circuit
- **kurzsichtig** myope

kuscheln

► sich an jemanden / etwas kuscheln se blottir contre quelqu'un / quelque chose

Kusine (FÉMININ, pluriel Kusinen) cousine

Kuss (MASCULIN, pluriel Küsse) baiser

- **Küsschen** (NEUTRE, pluriel Küsschen) bisou
- **küssen** embrasser

Küste (FÉMININ, pluriel Küsten) côte (de la mer) *ou* rivage

Kuvert (NEUTRE, pluriel Kuverts ou Kuverte) enveloppe

KZ (NEUTRE) *est l'abréviation de* Konzentrationslager *et signifie* camp de concentration

Ll

labil instable *ou* fragile

Labor, Laboratorium (NEUTRE, pluriel Labors, Laboratorien) laboratoire

Lache (FÉMININ, pluriel Lachen) flaque *ou* mare

lächeln sourire

◆ Lächeln (NEUTRE) sourire

lachen rire

lächerlich ridicule

► lächerlich machen rendre ridicule

Lachs (MASCULIN, pluriel Lachse) saumon

Lack (MASCULIN, pluriel Lacke) laque *ou* vernis

◆ lackieren vernir

Ladegerät (NEUTRE, pluriel Ladegeräte) chargeur

laden (er lädt; lud, geladen) charger

Laden (MASCULIN, pluriel Läden) magasin *ou* volet

Laderaum (MASCULIN, pluriel Laderäume) soute (d'un bateau, d'un avion)

Ladung (FÉMININ, pluriel Ladungen) chargement *ou* cargaison *ou* charge

lag *voir* liegen

Lage (FÉMININ, pluriel Lagen) situation *ou* position

Lager (NEUTRE, pluriel Lager) camp *ou* entrepôt

lagern *a plusieurs catégories grammaticales et plusieurs sens :*

> Ce peut être un VERBE TRANSITIF :

lagern *signifie* stocker

► kühl lagern conserver au frais

> Ce peut être un VERBE INTRANSITIF :

lagern *signifie* être stocké *ou* camper

lahm paralysé

◆ lähmen paralyser

◆ Lähmung (FÉMININ, pluriel Lähmungen) paralysie

Laib (MASCULIN, pluriel Laibe) miche

Laken (NEUTRE, pluriel Laken) drap

Lakritze (FÉMININ, pluriel Lakritzen) réglisse

Lamm (NEUTRE, pluriel Lämmer) agneau

Lampe (FÉMININ, pluriel Lampen) lampe

◆ Lampenfieber (NEUTRE) trac

◆ Lampenschirm (MASCULIN, pluriel Lampenschirme) abat-jour

Land (NEUTRE, pluriel Länder) pays *ou* campagne *ou* terre

◆ landeinwärts vers l'intérieur du pays

◆ landen atterrir

◆ Landkarte (FÉMININ, pluriel Landkarten) carte géographique

◆ ländlich rural

◆ Landschaft (FÉMININ) paysage

◆ Landung (FÉMININ, pluriel Landungen) atterrissage

◆ Landwirt (MASCULIN, pluriel Landwirte) agriculteur

◆ Landwirtschaft (FÉMININ) agriculture

lang (länger, am längsten) long

► sein Leben lang toute sa vie

◆ lange longtemps

◆ Länge (FÉMININ, pluriel Längen) longueur *ou* durée

langen suffire
► **langen bis** s'étendre jusqu'à
► **langen nach** tendre la main vers
► **es langt** ça suffit

Langeweile (FÉMININ) ennui

langfristig à long terme

Langlauf (MASCULIN) ski de fond

langlebig qui vit longtemps

länglich de forme allongée *ou* long

längs *est une* PRÉPOSITION *qui s'emploie avec le génitif et signifie* le long de

langsam lent *ou* lentement
♦ **Langsamkeit** (FÉMININ) lenteur

längst depuis longtemps

(sich) langweilen (s') ennuyer
♦ **langweilig** ennuyeux

langwierig long *ou* laborieux

Lappalie (FÉMININ, pluriel Lappalien) bagatelle

Lappen (MASCULIN, pluriel Lappen) chiffon

Laptop /ˈlɛptɔp/ (MASCULIN, pluriel Laptops) ordinateur portable

Lärm (MASCULIN) bruit *ou* vacarme

las *voir* lesen

lassen (er lässt; ließ, gelassen) laisser *ou* faire
▷ Lass mich in Ruhe. Laisse-moi tranquille.
▷ Warum hast du mich kommen lassen? Pourquoi tu m'as fait venir ?
▷ Das lässt sich machen. Ça peut se faire.
► **etwas lassen** arrêter quelque chose *ou* ne pas faire quelque chose

lässig désinvolte
♦ **Lässigkeit** (FÉMININ) désinvolture

Last (FÉMININ, pluriel Lasten) fardeau *ou* charge *ou* poids
► **jemandem zur Last fallen** être à la charge de quelqu'un

Laster (NEUTRE, pluriel Laster) vice
♦ **lasterhaft** immoral

lästig agaçant *ou* désagréable
► **eine lästige Pflicht** une corvée

Lastkahn (MASCULIN, pluriel Lastkähne) péniche

Lastwagen (MASCULIN, pluriel Lastwagen) camion

Laterne (FÉMININ, pluriel Laternen) lanterne

Latzhose (FÉMININ, pluriel Latzhosen) salopette

lau tiède *ou* doux

Laub (NEUTRE) feuillage *ou* feuilles mortes

Lauch (MASCULIN, pluriel Lauche) poireau

lauern guetter
► **auf jemanden / etwas lauern** guetter quelqu'un / quelque chose

Lauf (MASCULIN, pluriel Läufe) course
► **einer Sache ihren Lauf lassen** laisser quelque chose suivre son cours
♦ **Laufbahn** (FÉMININ, pluriel Laufbahnen) carrière

laufen (er läuft; lief, gelaufen) courir *ou* aller *ou* marcher *ou* couler *ou* fuir *ou* passer :
▷ Lauf nicht so schnell. Ne cours pas si vite.
▷ Wo läufst du hin? Où vas-tu ?
▷ Die Waschmaschine läuft. La machine à laver marche.
▷ Der Himbeersirup läuft! Le sirop de framboise coule !
▷ Die Ölflasche läuft. La bouteille d'huile fuit.
▷ Was läuft heute Abend im Fernsehen? Qu'est-ce qui passe à la télévision ce soir ?
♦ **laufend** continuel *ou* courant
► **am laufenden Band** sans arrêt
► **auf dem Laufenden sein / halten** être / tenir au courant

> ℹ Dans cette expression, Laufenden est utilisé de manière substantivée.

Laune (FÉMININ, pluriel Launen) humeur *ou* caprice
♦ **launenhaft** *ou* **launisch** capricieux

laut *a plusieurs catégories grammaticales et plusieurs sens :*

> Ce peut être un ADJECTIF :

laut *signifie* fort *ou* haut *ou* bruyant

> Ce peut être un ADVERBE :

► **laut sprechen** parler fort
► **laut lachen** rire aux éclats

> Ce peut être une PRÉPOSITION qui s'emploie avec le génitif ou le datif :

laut *signifie* d'après :
▷ Laut seiner Aussage stimmt das. D'après ce qu'il dit, c'est juste.
♦ **Laut** (MASCULIN, pluriel Laute) son

läuten sonner

lauter que de(s)...
► lauter Ärger que des ennuis

Lautsprecher (MASCULIN, pluriel Lautsprecher) haut-parleur
♦ Lautstärke (FÉMININ) volume

lauwarm tiède

Lawine (FÉMININ, pluriel Lawinen) avalanche

leben vivre
♦ Leben (NEUTRE, pluriel Leben) vie
♦ lebend vivant

lebendig vivant *ou* vif

Lebendigkeit (FÉMININ) vivacité

Lebensart (FÉMININ, pluriel Lebensarten) manière de vivre

Lebensgefahr (FÉMININ) danger de mort
♦ lebensgefährlich très dangereux *ou* grave

Lebensgefährte, Lebensgefährtin (MASCULIN, pluriel Lebensgefährten / FÉMININ, pluriel Lebensgefährtinnen) partenaire (de vie)

lebenslänglich à perpétuité

Lebenslauf (MASCULIN, pluriel Lebensläufe) curriculum vitæ

Lebensmittel (NEUTRE, pluriel Lebensmittel) alimentation
♦ Lebensmittelgeschäft (NEUTRE, pluriel Lebensmittelgeschäfte) épicerie

lebenswichtig vital

Leber (FÉMININ, pluriel Lebern) foie

Lebewesen (NEUTRE, pluriel Lebewesen) être vivant

lebhaft vivant *ou* vif *ou* animé
♦ Lebhaftigkeit (FÉMININ) vivacité

Lebkuchen (MASCULIN, pluriel Lebkuchen) pain d'épices

lecken lécher

lecker délicieux
♦ Leckerbissen (MASCULIN, pluriel Leckerbissen) délice

Leder (NEUTRE, pluriel Leder) cuir

ledig célibataire

lediglich uniquement

leer vide
♦ Leere (FÉMININ) vide
♦ leeren vider

legen *a plusieurs catégories grammaticales et plusieurs sens :*

> Ce peut être un VERBE TRANSITIF :

1 legen *peut signifier* poser *ou* mettre :
▷ Ich habe das Buch auf den Schreibtisch gelegt. J'ai posé le livre sur le bureau.
▷ Leg das Brot auf den Tisch. Mets le pain sur la table.

2 legen *peut signifier* coucher :
▷ Sie hat sich aufs Sofa gelegt. Elle s'est couchée sur le canapé.

> Ce peut être un VERBE RÉFLÉCHI :

1 sich legen *peut signifier* s'allonger :
▷ Ich lege mich in die Hängematte. Je m'allonge dans le hamac.

2 sich legen *peut signifier* se calmer :
▷ Der Sturm hat sich gelegt. La tempête s'est calmée.

legendär légendaire *ou* mythique

Lehne (FÉMININ, pluriel Lehnen) accoudoir *ou* dossier
♦ (sich) lehnen (s')appuyer

Lehre (FÉMININ, pluriel Lehren) apprentissage *ou* doctrine *ou* théorie
♦ lehren enseigner
♦ Lehrer, Lehrerin (MASCULIN, pluriel Lehrer / FÉMININ, pluriel Lehrerinnen) instituteur, institutrice *ou* professeur

Leib (MASCULIN, pluriel Leiber) corps
♦ Leibeserziehung (FÉMININ) éducation physique
♦ leibhaftig en chair et en os

Leiche (FÉMININ, pluriel Leichen) cadavre

leicht léger *ou* facile
► leicht fallen être facile
► leicht machen faciliter
► leicht nehmen prendre à la légère

Leichtathletik (FÉMININ) athlétisme

leichtfertig irréfléchi *ou* léger (en parlant du comportement)
♦ Leichtfertigkeit (FÉMININ) comportement irréfléchi *ou* légèreté

leichthin à la légère

Leichtsinn (MASCULIN SINGULIER) imprudence *ou* légèreté
♦ **leichtsinnig** imprudent *ou* étourdi

Leid (NEUTRE SINGULIER) chagrin *ou* douleur
► **Leid tun** être désolé *ou* faire pitié
♦ **leiden** (**litt, gelitten**) souffrir
♦ **Leiden** (NEUTRE, pluriel **Leiden**) souffrance
♦ **Leidenschaft** (FÉMININ, pluriel **Leidenschaften**) passion
♦ **leidenschaftlich** passionné

leider malheureusement

leihen (**lieh, geliehen**) prêter
► **sich etwas leihen** emprunter quelque chose

Leim (MASCULIN, pluriel **Leime**) colle
♦ **leimen** coller

Leine (FÉMININ, pluriel **Leinen**) corde *ou* laisse (pour un chien)

Leinen (NEUTRE, pluriel **Leinen**) toile *ou* lin
♦ **Leintuch** (NEUTRE, pluriel **Leintücher**) drap
♦ **Leinwand** (FÉMININ, pluriel **Leinwände**) toile *ou* écran (de cinéma)

leise pas fort *ou* bas *ou* faible *ou* léger

leisten accomplir *ou* faire
► **jemandem Gesellschaft leisten** tenir compagnie à quelqu'un
► **sich etwas leisten** se payer quelque chose
♦ **Leistung** (FÉMININ, pluriel **Leistungen**) accomplissement *ou* performance
♦ **leistungsfähig** performant
♦ **Leistungssport** (MASCULIN) sport de compétition

leiten diriger *ou* conduire
♦ **Leiter, Leiterin** (MASCULIN, pluriel **Leiter** / FÉMININ, pluriel **Leiterinnen**) directeur, directrice

Leiter (FÉMININ, pluriel **Leitern**) échelle

Leitung (FÉMININ, pluriel **Leitungen**) direction *ou* conduite
♦ **Leitungswasser** (NEUTRE) eau du robinet

lenken conduire *ou* guider
♦ **Lenkrad** (NEUTRE, pluriel **Lenkräder**) volant
♦ **Lenkstange** (FÉMININ, pluriel **Lenkstangen**) guidon

lernen apprendre *ou* étudier *ou* travailler (pour l'école)

lesen (**er liest; las, gelesen**) lire
♦ **lesbar** *ou* **leserlich** lisible
♦ **Lesezeichen** (NEUTRE, pluriel **Lesezeichen**) marque-page

Lette, Lettin (MASCULIN, pluriel **Letten** / FÉMININ, pluriel **Lettinnen**) Letton, Lettone
♦ **lettisch** letton
♦ **Lettland** Lettonie

letzte, letzter, letztes dernier, dernière
♦ **letztens** récemment
♦ **letztere, letzterer, letzteres** ce dernier, cette dernière

leuchten briller
♦ **Leuchtturm** (MASCULIN, pluriel **Leuchttürme**) phare

leugnen nier

Leute (PLURIEL) gens

Lexikon (NEUTRE, pluriel **Lexika**) encyclopédie *ou* dictionnaire

Licht (NEUTRE, pluriel **Lichter**) lumière
♦ **Lichtschalter** (MASCULIN, pluriel **Lichtschalter**) interrupteur (pour la lumière)
♦ **Lichtung** (FÉMININ, pluriel **Lichtungen**) clairière

Lid (NEUTRE, pluriel **Lider**) paupière
♦ **Lidschatten** (MASCULIN, pluriel **Lidschatten**) fard à paupières

lieb gentil *ou* sage *ou* cher
♦ **lieb gewinnen** s'attacher
♦ **lieb haben** (bien) aimer

Liebe (FÉMININ, pluriel **Lieben**) amour
♦ **lieben** aimer
♦ **liebenswert** *ou* **liebenswürdig** aimable
♦ **liebenswürdigerweise** aimablement
♦ **Liebenswürdigkeit** (FÉMININ) amabilité

lieber *est un adverbe qui exprime la préférence*
► **etwas lieber haben** préférer quelque chose
► **etwas lieber machen** préférer faire quelque chose

liebevoll affectueux

Liebhaber, Liebhaberin (MASCULIN, pluriel **Liebhaber** / FÉMININ, pluriel **Liebhaberinnen**) amant, amante (= maîtresse) *ou* passionné, passionnée = fan)

lieblich mignon

Liebling (MASCULIN, pluriel Lieblinge) **préféré, préférée** *ou* **chéri, chérie**

lieblos **sans cœur**

Lied (NEUTRE, pluriel Lieder) **chanson**

lief *voir* **laufen**

liefern **livrer** *ou* **fournir**

♦ **Lieferung** (FÉMININ, pluriel Lieferungen) **livraison**

liegen (**lag, gelegen**) *a plusieurs sens :*

1 **liegen** *peut signifier* **se trouver** *ou* **être situé :**

▷ Wo liegt die Bretagne? Où se trouve la Bretagne ?

▷ Das Haus liegt Richtung Süden. La maison est située au sud.

2 **liegen** *peut signifier* **être allongé** *ou* **être couché :**

▷ Er liegt auf der Matratze. Il est allongé sur le matelas.

▷ Sie liegt noch im Bett. Elle est encore couchée.

3 **liegen** *peut signifier* **être** *ou* **avoir :**

▷ Das liegt nicht in meiner Macht. Ce n'est pas en mon pouvoir.

▷ Es liegt viel Schnee. Il y a beaucoup de neige.

▷ Meaux liegt bei Paris. Meaux est près de Paris.

► **auf der Hand liegen** **être évident**

► **auf der Zunge liegen** **avoir sur le bout de la langue**

► **jemandem liegen** **être dans la nature de quelqu'un**

► **richtig / falsch liegen** **avoir raison / tort**

4 **liegen** *peut exprimer l'idée de tenir à quelque chose :*

▷ Mir liegt viel daran. J'y tiens beaucoup.

▷ Dein Kommen liegt mir am Herzen. Je tiens beaucoup à ce que tu viennes.

5 **liegen** *peut être employé dans d'autres expressions :*

► **zur Straße liegen** **donner sur la rue**

► **liegen bleiben** **rester en plan**

Liegestuhl (MASCULIN, pluriel Liegestühle) **chaise longue**

Liegewagen (MASCULIN, pluriel Liegewagen) **voiture couchette**

♦ **Liegewagenplatz** (MASCULIN, pluriel -plätze) **couchette**

lieh *voir* **leihen**

ließ *voir* **lassen**

liest *voir* **lesen**

Lift (MASCULIN, pluriel Lifte) **ascenseur**

Likör (MASCULIN, pluriel Liköre) **liqueur**

Lilie (FÉMININ, pluriel Lilien) **lis**

Limo (FÉMININ, pluriel Limos) **limonade**

lindern **adoucir** *ou* **soulager**

♦ **Linderung** (FÉMININ) **soulagement**

Lineal (NEUTRE, pluriel Lineale) **règle** (pour tirer des traits)

Linie (FÉMININ, pluriel Linien) **ligne**

linke , linker, linkes **gauche**

♦ **Linke** (FÉMININ) *est le nom d'un parti politique allemand qui se traduit par* **la Gauche**

♦ **links** **à gauche**

► **links von mir** **à ma gauche**

♦ **Linkshänder, Linkshänderin** (MASCULIN, pluriel Linkshänder / FÉMININ, pluriel Linkshänderinnen) **gaucher, gauchère**

♦ **linksradikal** **d'extrême gauche**

Linse (FÉMININ, pluriel Linsen) **lentille**

Lippe (FÉMININ, pluriel Lippen) **lèvre**

♦ **Lippenstift** (MASCULIN, pluriel Lippenstifte) **rouge à lèvres**

List (FÉMININ, pluriel Listen) **ruse** *ou* **astuce**

Liste (FÉMININ, pluriel Listen) **liste**

listig **rusé**

Litauen **Lituanie**

♦ **Litauer, Litauerin** (MASCULIN, pluriel Litauer / FÉMININ, pluriel Litauerinnen) **Lituanien, Lituanienne**

♦ **litauisch** **lituanien**

Liter (MASCULIN / NEUTRE, pluriel Liter) **litre**

literarisch **littéraire**

♦ **Literatur** (FÉMININ) **littérature**

litt *voir* **leiden**

live **en direct**

Lob (NEUTRE) **louange** *ou* **éloge**

♦ **loben** **féliciter** *ou* **faire l'éloge de**

♦ **lobenswert** **digne de louange**

Loch (NEUTRE, pluriel Löcher) **trou**

Locke (FÉMININ, pluriel Locken) **boucle** (de cheveux)

♦ **locken** **attirer** *ou* **boucler**

locker desserré *ou* branlant *ou* lâche *ou* décontracté

♦ **lockerlassen** (**er läßt locker; lockerließ, lockergelassen**) céder

♦ **lockern** desserrer *ou* assouplir

lodern flamboyer *ou* brûler

Löffel (MASCULIN, pluriel **Löffel**) cuillère

log *voir* **lügen**

Lohn (MASCULIN, pluriel **Löhne**) récompense *ou* salaire

♦ **sich lohnen** valoir la peine

♦ **Lohnsteuer** (FÉMININ, pluriel **Lohnsteuern**) impôt sur le revenu

Lokal (NEUTRE, pluriel **Lokale**) café *ou* bar

London Londres

los détaché *ou* dégagé :

▷ Was ist los? Qu'est-ce qu'il y a ?

▷ Was ist mit dir los? Qu'est-ce que tu as ?

▷ Am Samstag Abend ist viel los. Le samedi soir c'est très animé.

► **los!** on y va !

► **der Teufel ist los!** ça barde !

► **jemanden / etwas los werden** se débarrasser de quelqu'un / quelque chose

► **los schießen** raconter *ou* y aller

► **Achtung! Fertig! Los!** à vos marques ! prêts ! partez !

Los (NEUTRE, pluriel **Lose**) sort *ou* destin *ou* billet de loterie

losbinden détacher

löschen *a plusieurs catégories grammaticales et plusieurs sens :*

> Ce peut être un VERBE TRANSITIF :

1 **löschen** *peut signifier* éteindre :

▷ Sie haben es nicht geschafft, das Feuer zu löschen. Ils n'ont pas réussi à éteindre le feu.

▷ Du kannst das Licht löschen. Tu peux éteindre la lumière.

2 **löschen** *peut signifier* effacer :

▷ Er hat das Programm unabsichtlich gelöscht. Il a effacé le programme sans le vouloir.

► **den Durst löschen** se désaltérer

> Ce peut être un VERBE INTRANSITIF :

1 **löschen** *peut signifier* éteindre le feu :

▷ Die Feuerwehr versucht zu löschen. Les pompiers essayent d'éteindre le feu.

2 **löschen** *peut signifier* effacer :

▷ Ich muss zuerst löschen. Je dois d'abord effacer.

lose lâche *ou* détaché *ou* desserré

Lösegeld (NEUTRE, pluriel **Lösegelder**) rançon

losen tirer au sort

► **um etwas losen** tirer quelque chose au sort

lösen *a plusieurs catégories grammaticales et plusieurs sens :*

> Ce peut être un VERBE TRANSITIF :

1 **lösen** *peut signifier* détacher *ou* défaire

2 **lösen** *peut signifier* résoudre :

► **ein Rätsel lösen** résoudre une énigme

► **eine Fahrkarte lösen** acheter un billet

► **etwas in einer Flüssigkeit lösen** dissoudre quelque chose dans un liquide

> Ce peut être un VERBE RÉFLÉCHI :

1 **sich lösen** *peut signifier* se séparer

2 **sich lösen** *peut signifier* se dissoudre

3 **sich lösen** *peut signifier* se résoudre

losfahren démarrer *ou* partir

losgehen s'en aller *ou* partir *ou* commencer

► **auf jemanden losgehen** agresser quelqu'un

loslassen lâcher

löslich soluble

► **löslicher Kaffee** café soluble *ou* instantané

losmachen détacher

Lösung (FÉMININ, pluriel **Lösungen**) solution

loswerden (**er wird los; loswurde, losgeworden**) se débarrasser de

Löwe (MASCULIN, pluriel **Löwen**) lion

♦ **Löwenzahn** (MASCULIN) pissenlit

♦ **Löwin** (FÉMININ, pluriel **Löwinnen**) lionne

Lücke (FÉMININ, pluriel **Lücken**) trou *ou* lacune

♦ **lückenhaft** incomplet

♦ **lückenlos** complet

lud *voir* **laden**

Luft (FÉMININ, pluriel **Lüfte**) air *ou* souffle

► **in der Luft liegen** être dans l'air

► **in die Luft gehen** exploser

► **jemanden wie Luft behandeln** ignorer quelqu'un

♦ **Luftballon** (MASCULIN, pluriel **Luftballons**) ballon (de baudruche)

♦ **lüften** aérer

♦ **luftig** aéré *ou* léger (en parlant de vêtements)

◆ **Luftmatratze** (FÉMININ, pluriel Luftmatratzen) **matelas pneumatique**

◆ **Luftpirat, Luftpiratin** (MASCULIN, pluriel Luftpiraten / FÉMININ, pluriel Luftpiratinnen) **pirate de l'air**

◆ **Lüftung** (FÉMININ) **aération**

◆ **Luftverschmutzung** (FÉMININ) **pollution** (de l'air)

Lüge (FÉMININ, pluriel Lügen) **mensonge**

◆ **lügen** (**log, gelogen**) **mentir**

◆ **Lügner, Lügnerin** (MASCULIN, pluriel Lügner / FÉMININ, pluriel Lügnerinnen) **menteur, menteuse**

Lump (MASCULIN, pluriel Lumpen) **salaud** *ou* **vaurien**

Lumpen (MASCULIN, pluriel Lumpen) **chiffon** *ou* **lambeau**

Lunge (FÉMININ, pluriel Lungen) **poumon**

◆ **Lungenentzündung** (FÉMININ, pluriel Lungenentzündungen) **pneumonie**

Lupe (FÉMININ, pluriel Lupen) **loupe**

Lust (FÉMININ, pluriel Lüste) **plaisir** *ou* **désir** *ou* **envie**

► **Lust haben auf** avoir envie de

lustig **drôle** *ou* **gai**

lutschen **sucer**

► **(am) Daumen lutschen** sucer son pouce

◆ **Lutscher** (MASCULIN, pluriel Lutscher) **sucette**

Lyrik (FÉMININ) **poésie**

Mm

machbar faisable *ou* réalisable

machen *a plusieurs catégories grammaticales et plusieurs sens :*

> Ce peut être un VERBE TRANSITIF :

1 **machen** *peut signifier* **faire** :

▷ Ich habe noch etwas zu machen. J'ai encore quelque chose à faire.

▷ Das macht nichts. Ça ne fait rien.

▷ Da ist nichts zu machen. Il n'y a rien à faire.

2 **machen** *peut signifier* **rendre** :

▷ Ihr Erfolg macht sie glücklich. Son succès la rend heureuse.

▷ Du machst mich wahnsinnig! Tu me rends fou !

3 **machen** *peut signifier* **donner** :

▷ Diese Hitze macht Durst. Cette chaleur donne soif.

▷ Das macht ihm Mut. Ça lui donne du courage.

► **einer Sache ein Ende machen mettre fin à quelque chose**

► **Licht machen allumer la lumière**

► **gesund machen guérir**

> Ce peut être un VERBE INTRANSITIF :

► **lange machen être long**

► **mach doch! dépêche-toi !**

► **mach's gut!** *est une expression qu'on utilise au moment de prendre congé et qui signifie* **bon courage !** *ou* **bonne chance !** *ou* **à bientôt !**

► **jemanden machen lassen laisser faire quelqu'un**

> Ce peut être un VERBE RÉFLÉCHI :

sich machen *peut signifier* **aller mieux** *ou* **faire des progrès**

► **sich an etwas machen se mettre à quelque chose**

► **sich nichts daraus machen ne pas s'en faire**

Macht (FÉMININ, pluriel Mächte) **pouvoir** *ou* **puissance**

► **an der Macht sein être au pouvoir**

♦ **mächtig puissant** *ou* **massif**

♦ **machtlos impuissant**

Mädchen (NEUTRE, pluriel Mädchen) **fille**

mag, magst *voir* **mögen**

Magen (MASCULIN, pluriel Mägen, Magen) **estomac**

♦ **Magenschmerzen** (MASCULIN PLURIEL) **maux d'estomac**

mager maigre

♦ **Magersucht** (FÉMININ) **anorexie**

♦ **magersüchtig anorexique**

Magnet (MASCULIN, pluriel Magnete, Magneten) **aimant**

mähen tondre (le gazon)

Mahl (NEUTRE, pluriel Mahle) **repas**

mahlen moudre

Mähne (FÉMININ, pluriel Mähnen) **crinière**

mahnen exhorter *ou* **avertir** *ou* **mettre en demeure**

♦ **Mahnung** (FÉMININ, pluriel Mahnungen) **exhortation** *ou* **avertissement**

Mai (MASCULIN) **mai**

► **im Mai au mois de mai**

Mail (FÉMININ, pluriel Mails) **e-mail**

♦ **Mailbox** (FÉMININ, pluriel Mailboxen) **boîte aux lettres** (e-mail)

♦ **mailen envoyer par e-mail**

Makel (MASCULIN, pluriel Makel) **défaut** *ou* **tache**
- ♦ makellos **sans défaut**

Make-up (NEUTRE, pluriel Make-ups) **maquillage**

mal fois
- ► drei mal drei ist sechs **trois fois trois font six**

> ℹ mal est aussi l'abréviation de einmal.

- ♦ Mal (NEUTRE, pluriel Male) **fois** *ou* **marque**

malen **peindre**
- ♦ Maler, Malerin (MASCULIN, pluriel Maler / FÉMININ, pluriel Malerinnen) **peintre**
- ♦ Malerei (FÉMININ, pluriel Malereien) **peinture**

> ℹ Au sens d'« activité », Malerei s'emploie au singulier.

- ♦ malerisch **pittoresque**

Malta **Malte**
- ♦ Malteser, Malteserin (MASCULIN, pluriel Malteser / FÉMININ, pluriel Malteserinnen) **Maltais, Maltaise**
- ♦ maltesisch **maltais**

man **on**

manche, mancher, manches **plus d'un, plus d'une**
- ♦ manche (MASCULIN / FÉMININ / NEUTRE / PLURIEL) **plusieurs** *ou* **beaucoup de** *ou* **certains** *ou* **quelques**
- ♦ mancherlei **toutes sortes de** *ou* **toutes sortes de choses**
- ♦ manchmal **quelquefois** *ou* **parfois**

Mandel (FÉMININ, pluriel Mandeln) **amande** *ou* **amygdale**

Mangel (MASCULIN, pluriel Mängel) **manque** *ou* **carence** *ou* **défaut**
- ♦ mangeln **manquer**
  - ► es mangelt ihm an nichts **il ne manque de rien**
- ♦ mangels *est une* PRÉPOSITION *qui s'emploie avec le génitif et signifie* **faute de**

Mango (FÉMININ, pluriel Mangos) **mangue**

Manieren (FÉMININ PLURIEL) **manières**

Maniküre (FÉMININ pluriel Maniküren) **manucure**

Manko (NEUTRE, pluriel Mankos) **manque** *ou* **déficit**

manipulieren **manipuler**

Mann (MASCULIN, pluriel Männer) **homme** *ou* **mari**
- ♦ männlich **masculin** *ou* **mâle**
- ♦ Mannschaft (FÉMININ, pluriel Mannschaften) **équipe** *ou* **équipage**

Manöver (NEUTRE, pluriel Manöver) **manœuvre**

Mantel (MASCULIN, pluriel Mäntel) **manteau**

Mappe (FÉMININ, pluriel Mappen) **classeur**

Märchen (NEUTRE, pluriel Märchen) **conte de fées**
- ♦ märchenhaft **féerique**

Marienkäfer (MASCULIN, pluriel Marienkäfer) **coccinelle**

Marille (FÉMININ, pluriel Marillen) *est un mot autrichien qui signifie* **abricot**

Marke (FÉMININ, pluriel Marken) **marque**

Markise (FÉMININ, pluriel Markisen) **store**

Markt (MASCULIN, pluriel Märkte) **marché**

Marmelade (FÉMININ, pluriel Marmeladen) **confiture**

Marmor (MASCULIN, pluriel Marmore) **marbre**
- ♦ marmorn **en marbre**

Marokko **le Maroc**

marschieren (marschierte, marschiert) **marcher**

März (MASCULIN) **mars**
- ► im März **au mois de mars**

Marzipan (NEUTRE) **pâte d'amandes**

Masche (FÉMININ, pluriel Maschen) **maille**
- ► eine neue Masche **une nouvelle combine**

> ℹ L'expression allemande et sa traduction française sont familières.

Maschine (FÉMININ, pluriel Maschinen) **machine**
- ♦ maschinell (adjectif) **mécanique** *ou* (adverbe) **à la machine**

Maskottchen (NEUTRE, pluriel Maskottchen) **mascotte**

Masern (PLURIEL) **rougeole**

Maske (FÉMININ, pluriel Masken) **masque**

maß *voir* **messen**

Maß (NEUTRE, pluriel Maße) **mesure** *ou* **litre de bière**

- **maßgebend** **déterminant** *ou* **décisif** *ou* **qui fait autorité**

massieren (massierte, massiert) **masser**

mäßig **modéré** *ou* **tempéré**

- **(sich) mäßigen** **(se) modérer**
- **maßlos** **sans mesure**
- **Maßnahme** (FÉMININ, pluriel Maßnahmen) **disposition**

Mast (MASCULIN, pluriel Masten ou Maste) **mât** *ou* **pylône**

Material (NEUTRE, pluriel Materialien) **matériel** *ou* **matériaux**

Materie (FÉMININ, pluriel Materien) **matière**

Matratze (FÉMININ, pluriel Matratzen) **matelas**

Matrose (MASCULIN, pluriel Matrosen) **matelot**

Matsch (MASCULIN) **gadoue** *ou* **bouillie** *ou* **boue**

- **matschig** **boueux** *ou* **en bouillie**

matt **mat** *ou* **terne** *ou* **las** *ou* **faible**

Matte (FÉMININ, pluriel Matten) **tapis de sport** *ou* **natte** (au sens de tapis) *ou* **paillasson**

Matura (FÉMININ) *est l'équivalent autrichien du* **baccalauréat**

- **maturieren** *est une expression autrichienne qui signifie* **passer le bac**

Mauer (FÉMININ, pluriel Mauern) **mur**

Maul (NEUTRE, pluriel Mäuler) **gueule**

- **Maulkorb** (MASCULIN, pluriel Maulkörbe) **muselière**
- **Maulwurf** (MASCULIN, pluriel Maulwürfe) **taupe**

Maurer (MASCULIN, pluriel Maurer) **maçon**

Maus (FÉMININ, pluriel Mäuse) **souris**

- **mausetot** **raide mort**

> ℹ L'expression allemande et sa traduction française sont familières.

- **Mausklick** (MASCULIN, pluriel Mausklicks) **clic** (de souris d'ordinateur)

Mechanismus (MASCULIN, pluriel Mechanismen) **mécanisme**

meckern **chevroter** *ou* **râler**

Medien (PLURIEL) **médias**

Medikament (NEUTRE, pluriel Medikamente) **médicament**

meditieren **méditer**

Medizin (FÉMININ, pluriel Medizinen) **remède** *ou* **médecine**

- **medizinisch** **médical**

Meer (NEUTRE, pluriel Meere) **mer**

- **Meerschweinchen** (NEUTRE, pluriel Meerschweinchen) **cochon d'Inde**

Mehl (NEUTRE, pluriel Mehle) **farine**

- **mehlig** **farineux**
- **Mehlspeise** (FÉMININ, pluriel Mehlspeisen) *est un mot autrichien qui signifie* **pâtisserie**

mehr **plus**

- **mehrdeutig** **ambigu**
- **mehrere** **plusieurs**
- **mehreres** **plusieurs choses**
- **mehrfach** **multiple**
- **Mehrheit** (FÉMININ) **majorité**
- **mehrmalig** *ou* **mehrmals** **à plusieurs reprises**
- **Mehrwertsteuer** (FÉMININ) **T.V.A.**
- **Mehrzahl** (FÉMININ) **pluriel** *ou* **majorité**

meiden (mied, gemieden) **éviter**

mein, meine **mon, ma, mes**

- **meine, meiner, meines** **le mien, la mienne, les miens, les miennes**

meinen **penser** *ou* **croire** *ou* **dire** *ou* **vouloir dire**

meinerseits **de mon côté**

meinesgleichen **des gens comme moi**

meinetwegen **pour moi** *ou* **à cause de moi**

Meinung (FÉMININ, pluriel Meinungen) **opinion**

- **Meinungsumfrage** (FÉMININ, pluriel Meinungsumfragen) **sondage**
- **Meinungsverschiedenheit** (FÉMININ, pluriel Meinungsverschiedenheiten) **divergence d'opinions**

meist **la plupart du temps** *ou* **généralement**

- **meiste, meister, meistes** **la plupart de**
- **meistens** **la plupart du temps** *ou* **généralement**

Meister, Meisterin (MASCULIN, pluriel Meister / FÉMININ, pluriel Meisterinnen) **maître** *ou* **champion, championne**
- ♦ meisterhaft **magistral** *ou* **parfait**
- ♦ meistern **maîtriser**
- ♦ Meisterschaft (FÉMININ, pluriel Meisterschaften) **championnat**
- ♦ Meisterstück *ou* Meisterwerk (NEUTRE, pluriel Meisterstücke, Meisterwerke) **chef-d'œuvre**

melden **annoncer** *ou* **déclarer** *ou* **signaler**
- ♦ sich melden **se présenter** *ou* **donner des nouvelles** *ou* **répondre au téléphone**
  - ► sich freiwillig melden **se porter volontaire**
- ♦ Meldung (FÉMININ, pluriel Meldungen) **annonce** *ou* **information**

melken (melkte ou molk, gemolken) **traire**

Melone (FÉMININ, pluriel Melonen) **melon** *ou* **pastèque** *ou* **chapeau melon**

Menge (FÉMININ, pluriel Mengen) **quantité**
  - ► eine Menge **beaucoup de**
- ♦ Menschenmenge **foule de gens**

Mensch (MASCULIN, pluriel Menschen) **être humain**
  - ► kein Mensch **personne**
- ♦ Menschenmenge (FÉMININ) **foule de gens**
- ♦ Menschenrechte (NEUTRE PLURIEL) **droits de l'homme**
- ♦ menschenscheu **farouche**
- ♦ Menschheit (FÉMININ) **genre humain** *ou* **humanité**
- ♦ menschlich **humain**
- ♦ Menschlichkeit (FÉMININ) **humanité** *ou* **attitude humaine**

Menstruation (FÉMININ) **règles** (de la femme)

merken **remarquer**
  - ► sich etwas merken **retenir quelque chose**
- ♦ merklich **visible**
- ♦ Merkmal (NEUTRE, pluriel Merkmale) **marque** *ou* **signe particulier**
- ♦ merkwürdig **bizarre**

Messe (FÉMININ, pluriel Messen) **foire** *ou* **messe**

messen (er misst; maß, gemessen) **mesurer**
  - ► sich mit jemandem / etwas messen **se mesurer à quelqu'un / quelque chose**

Messer (NEUTRE, pluriel Messer) **couteau**
- ♦ Messerstich (MASCULIN, pluriel Messerstiche) **coup de couteau**

Meter (MASCULIN OU NEUTRE, pluriel Meter) **mètre**

Methode (FÉMININ, pluriel Methoden) **méthode**
- ♦ methodisch **méthodique** (adjectif) *ou* **méthodiquement** (adverbe)

Metzger, Metzgerin (MASCULIN, pluriel Metzger / FÉMININ, pluriel Metzgerinnen) **boucher, bouchère** *ou* **charcutier, charcutière**
- ♦ Metzgerei (FÉMININ, pluriel Metzgereien) **boucherie** *ou* **charcuterie**

mich *est l'accusatif du* PRONOM PERSONNEL **ich** *et signifie* **me** *ou* **moi**

mied *voir* **meiden**

Miene (FÉMININ, pluriel Mienen) **mine**

mies *est une expression familière qui signifie* **mauvais** *ou* **sale** (au sens figuré)

Miesmuschel (FÉMININ, pluriel Miesmuscheln) **moule**

Miete (FÉMININ, pluriel Mieten) **loyer**
- ♦ mieten **louer**
- ♦ Mieter, Mieterin (MASCULIN, pluriel Mieter / FÉMININ, pluriel Mieterinnen) **locataire**

Mikrowellenherd (MASCULIN, pluriel Mikrowellenherde) **four à micro-ondes**

Milch (FÉMININ) **lait**
- ♦ milchig **laiteux**
- ♦ Milchstraße (FÉMININ) **Voie lactée**
- ♦ Milchzahn (MASCULIN, pluriel Milchzähne) **dent de lait**

mild **doux** *ou* **indulgent**
- ♦ Milde (FÉMININ SINGULIER) **douceur** *ou* **indulgence**
- ♦ mildern **atténuer**

Minderheit (FÉMININ, pluriel Minderheiten) **minorité**

minderjährig **mineur** (en parlant d'une personne)

mindern **diminuer**

minderwertig **de qualité inférieure**
- ♦ Minderwertigkeitskomplex (MASCULIN, pluriel Minderwertigkeitskomplexe) **complexe d'infériorité**

mindeste, mindester, mindestes **le moindre, la moindre**
- ♦ mindestens **au moins**

Mineral (NEUTRE, pluriel Minerale, Mineralien) **minéral**

♦ **Mineralwasser** (NEUTRE, pluriel Mineralwasser) **eau minérale**

> Quand on commande ein Mineralwasser en Allemagne, on obtient de l'eau gazeuse. Pour avoir de l'eau plate, il faut demander ein stilles Wasser.

Minirock (MASCULIN, pluriel Miniröcke) **minijupe**

Minister, Ministerin (MASCULIN, pluriel Minister / FÉMININ, pluriel Ministerinnen) **ministre**

♦ **Ministerium** (NEUTRE, pluriel Ministerien) **ministère**

♦ **Ministerpräsident** (MASCULIN, pluriel Ministerpräsidenten) **Premier ministre**

minus **moins**

► fünf minus zwei macht drei **cinq moins deux égale trois**

♦ **Minuszeichen** (NEUTRE, pluriel Minuszeichen) **signe moins**

mir *est le datif du* PRONOM PERSONNEL ich *et signifie* **me** *ou* **moi** *ou* **à moi**

mischen **mélanger** *ou* **mêler**

♦ **Mischling** (MASCULIN, pluriel Mischlinge) **métis**

♦ **Mischung** (FÉMININ, pluriel Mischungen) **mélange**

miserabel **très mal**

> miserabel ne signifie pas « misérable » en français.

missachten (missachtete, missachtet) **mépriser** *ou* **ne pas tenir compte de**

♦ **Missachtung** (FÉMININ, pluriel Missachtungen) **mépris**

Missbehagen (NEUTRE) **malaise**

Missbildung (FÉMININ, pluriel Missbildungen) **malformation**

missbilligen (missbilligte, missbilligt) **désapprouver**

Missbrauch (MASCULIN, pluriel Missbräuche) **abus**

♦ **missbrauchen** (missbrauchte, missbraucht) **abuser de**

Misserfolg (MASCULIN, pluriel Misserfolge) **échec**

missfallen (er missfällt; missfiel, missfallen) **déplaire**

Missgeschick (NEUTRE, pluriel Missgeschicke) **malchance**

missglücken (missglückte, missglückt) **échouer**

misshandeln (misshandelte, misshandelt) **maltraiter**

♦ **Misshandlung** (FÉMININ, pluriel Misshandlungen) **maltraitance** *ou* **mauvais traitement**

misslingen (misslang, misslungen) **échouer**

Missstimmung (FÉMININ, pluriel Missstimmungen) **mésentente** *ou* **discordance**

misst *voir* messen

misstrauen (misstraute, misstraut) **se méfier**

♦ **Misstrauen** (NEUTRE) **méfiance**

♦ **misstrauisch** **méfiant**

Missverständnis (NEUTRE, pluriel Missverständnisse) **malentendu**

♦ **missverstehen** (missverstand, missverstanden) **mal comprendre** *ou* **se méprendre sur**

Mist (MASCULIN) **fumier**

♦ **Mist!** **zut !**

Mistel (FÉMININ, pluriel Misteln) **gui**

mit *a plusieurs catégories grammaticales et plusieurs sens :*

> Ce peut être une PRÉPOSITION qui s'emploie avec le datif :

1 mit *peut signifier* **avec** :

▷ Sie ist mit Paul ins Schwimmbad gegangen. Elle est allée à la piscine avec Paul.

▷ Pass mit der Schere auf. Fais attention avec les ciseaux.

2 mit *peut signifier* **par** :

▷ Ich schicke dir die Papiere mit der Post. Je t'envoie les papiers par la poste.

▷ Sie kommen mit dem Zug um 4.45 Uhr. Ils arrivent par le train de 4 h 45.

3 mit *peut signifier* **en** :

▷ Wir sind mit dem Flugzeug gekommen. Nous sommes venus en avion.

► mit einem Wort **en un mot**

4 mit *peut signifier* **à** :

► mit blauen Augen **aux yeux bleus**

► mit vier Jahren **à quatre ans**

► **mit dem Bleistift schreiben** écrire au crayon

► **mit Recht** à juste titre

5 **mit** *peut signifier* **de** :

► **mit dem Finger berühren** toucher du doigt

► **mit Gewalt** de force

> Ce peut être un ADVERBE :

1 **mit** *peut signifier* **aussi** :

▷ Kommst du mit? Tu viens aussi ?

▷ Er ist mit schuld. C'est aussi de sa faute.

2 **mit** *peut signifier* **en** *ou* **y** :

► **mit dabeisein** en être

► **mit einbegriffen** y compris

► **mit dazu gehören** en faire partie

> Ce peut être une PARTICULE SÉPARABLE pour former des MOTS COMPOSÉS :

♦ **Mitarbeit** (FÉMININ) collaboration

♦ **mitarbeiten** collaborer

♦ **Mitbewohner, Mitbewohnerin** (MASCULIN, pluriel Mitbewohner / FÉMININ, pluriel Mitbewohnerinnen) colocataire

♦ **mitbringen** apporter *ou* amener

ℹ Vous trouverez les mots composés qui commencent par **Mit-** ou **mit-** classés par ordre alphabétique.

miteinander ensemble

miterleben assister à *ou* vivre

mitfahren aller *ou* venir *ou* accompagner (en véhicule)

Mitgefühl (NEUTRE) compassion

mitgehen aller *ou* venir *ou* accompagner (avec ou sans véhicule)

Mitglied (NEUTRE, pluriel Mitglieder) membre

mithalten être de la partie

mithelfen aider *ou* donner un coup de main

mitkommen venir *ou* accompagner *ou* arriver à suivre (au sens de comprendre)

Mitleid (NEUTRE) compassion *ou* pitié

♦ **mitleidig** compatissant

mitmachen être de la partie

► **viel mitmachen** souffrir

mitnehmen emporter *ou* emmener

mitsamt *est une* PRÉPOSITION *qui s'emploie avec le datif et signifie* **avec**

Mitschüler, Mitschülerin (MASCULIN, pluriel Mitschüler / FÉMININ, pluriel Mitschülerinnen) camarade de classe

mitspielen jouer *ou* participer au jeu

Mittag (MASCULIN, pluriel Mittage) midi

► **zu Mittag essen** déjeuner

♦ **Mittagessen** (NEUTRE, pluriel Mittagessen) déjeuner *ou* repas du midi

♦ **mittags** à midi

♦ **Mittagspause** (FÉMININ, pluriel Mittagspausen) pause de midi

♦ **Mittagsschlaf** (MASCULIN, pluriel Mittagsschläfe) sieste

Mitte (FÉMININ, pluriel Mitten) milieu

mitteilen faire savoir

Mittel (NEUTRE, pluriel Mittel) moyen *ou* ressource *ou* remède

♦ **Mittelalter** (NEUTRE) Moyen Âge

♦ **mittelalterlich** médiéval *ou* moyenâgeux

♦ **Mitteleuropa** l'Europe centrale

Mittelfinger (MASCULIN, pluriel Mittelfinger) majeur

mittelmäßig médiocre

Mittelmeer (NEUTRE) Méditerranée

Mittelpunkt (MASCULIN, pluriel Mittelpunkte) centre

mittels *est une* PRÉPOSITION *qui s'emploie avec le génitif et signifie* **au moyen de**

mitten en plein milieu

Mitternacht (FÉMININ) minuit

mittlere, mittlerer, mittleres du milieu *ou* moyen, moyenne

mittlerweile entre-temps

Mittwoch (MASCULIN) mercredi

♦ **mittwochs** le mercredi *ou* tous les mercredis

mitunter de temps en temps

Möbel (NEUTRE, pluriel Möbel) meuble

♦ **möblieren** (möblierte, möbliert) meubler

Mobile /'mo:bile/ (NEUTRE pluriel Mobiles) mobile (= objet)

mochte *voir* **mögen**

Model (NEUTRE, pluriel Models) mannequin

Modell (NEUTRE, pluriel Modelle) **modèle** *ou* **mannequin** *ou* **maquette**
- ♦ **modellieren** (modellierte, modelliert) **modeler**

Modenschau (FÉMININ, pluriel Modenschauen) **défilé de mode**

Moderator, Moderatorin (MASCULIN, pluriel Moderatoren / FÉMININ, pluriel Moderatorinnen) **présentateur, présentatrice** *ou* **animateur, animatrice** (de télévision)

modisch à la mode

Mofa (NEUTRE, pluriel Mofas) **mobylette**

mögen (er mag; mochte, gemocht) **bien aimer** *ou* **vouloir**
- ► **ich möchte** je voudrais

möglich possible
- ♦ **möglicherweise** peut-être
- ♦ **Möglichkeit** (FÉMININ, pluriel Möglichkeiten) **possibilité**
- ♦ **möglichst** le plus possible
- ♦ **möglichst früh** le plus tôt possible

Mohn (MASCULIN, pluriel Mohne) **pavot** *ou* **coquelicot**

Möhre, Mohrrübe (FÉMININ, pluriel Möhren ou FÉMININ, pluriel Mohrrüben) **carotte**

molk *voir* **melken**

Monat (MASCULIN, pluriel Monate) **mois**
- ♦ **monatelang** pendant des mois
- ♦ **monatlich** mensuel *ou* par mois
- ♦ **Monatszeitschrift** (FÉMININ, pluriel Monatszeitschriften) **magazine mensuel**

Mönch (MASCULIN, pluriel Mönche) **moine**

Mond (MASCULIN, pluriel Monde) **lune**
- ♦ **Mondfinsternis** (FÉMININ, pluriel Mondfinsternisse) **éclipse de Lune**
- ♦ **Mondschein** (MASCULIN, pluriel Mondscheine) **clair de lune**

Montag (MASCULIN) **lundi**
- ♦ **montags** le lundi *ou* tous les lundis

Moor (NEUTRE, pluriel Moore) **marécage**

Moos (NEUTRE, pluriel Moose) **mousse** (= plante)

Moped (NEUTRE, pluriel Mopeds) **cyclomoteur** *ou* **vélomoteur**

Moral (FÉMININ) **morale** *ou* **moral**

Mord (MASCULIN, pluriel Morde) **meurtre**
- ♦ **Mordanschlag** (MASCULIN, pluriel Mordanschläge) **attentat**
- ♦ **Mörder, Mörderin** (MASCULIN, pluriel Mörder / FÉMININ, pluriel Mörderinnen) **meurtrier, meurtrière** *ou* **tueur, tueuse**
- ♦ **Mordsglück** (NEUTRE) *est une expression familière qui signifie* **chance inouïe**
- ♦ **mordsmäßig** *est une expression familière qui signifie* **énorme**
- ♦ **Mordsschreck** (MASCULIN) **peur bleue**

> ℹ Cette expression allemande et sa traduction française sont familières.

morgen demain
- ♦ **Morgen** (MASCULIN, pluriel Morgen) **matin**
- ♦ **morgens** le matin

morsch pourri (en parlant du bois)

Moskito (MASCULIN, pluriel Moskitos) **moustique**

Moslem (MASCULIN, pluriel Moslems) **musulman**
- ♦ **moslemisch** musulman
- ♦ **Moslime** (FÉMININ, pluriel Moslimen) **musulmane**

Motiv (NEUTRE, pluriel Motive) **mobile** (= motivation)

Motorrad (NEUTRE, pluriel Motorräder) **moto**

Motorroller (MASCULIN, pluriel Motorroller) **scooter**

Motte (FÉMININ, pluriel Motten) **mite**

Motto (NEUTRE, pluriel Mottos) **devise**

Mountainbike (NEUTRE, pluriel Mountainbikes) **V.T.T.**

Möwe (FÉMININ, pluriel Möwen) **mouette**

MP3-Player (MASCULIN, pluriel MP3-Player) **lecteur MP3**

Mücke (FÉMININ, pluriel Mücken) **moustique**
- ♦ **Mückenstich** (MASCULIN, pluriel Mückenstiche) **piqûre de moustique**

müde fatigué *ou* las
- ► **einer Sache müde sein** être las de quelque chose
- ♦ **Müdigkeit** (FÉMININ) **fatigue**

muffig qui sent le renfermé

Mühe (FÉMININ) **peine**
- ► **sich Mühe geben** se donner de la peine

♦ **mühelos** facile *ou* sans peine

♦ **mühevoll** pénible

muhen meugler

Mühle (FÉMININ, pluriel Mühlen) moulin

mühsam, mühselig pénible

Mulde (FÉMININ, pluriel Mulden) cuvette

Müll (MASCULIN) ordures *ou* déchets

♦ **Müllabfuhr** (FÉMININ) ramassage des ordures *ou* éboueurs

♦ **Mülleimer** (MASCULIN, pluriel Mülleimer) poubelle (dans la maison)

♦ **Müllhalde** (FÉMININ, pluriel Müllhalden) décharge *ou* dépotoir

♦ **Mülltonne** (FÉMININ, pluriel Mülltonnen) (grande) poubelle

multikulturell multiculturel *ou* pluriculturel

> ℹ On dit fréquemment multikulti, qui est plus familier.

Mumie /'muːmiə/ (FÉMININ, pluriel Mumien) momie

Mumps (MASCULIN) oreillons (maladie)

München Munich

Mund (MASCULIN, pluriel Münder) bouche

♦ **Mundart** (FÉMININ) dialecte

münden déboucher *ou* se jeter :

▷ Wo mündet diese Straße? Où débouche cette rue ?

▷ Die Marne mündet in die Seine. La Marne se jette dans la Seine.

mündlich verbal *ou* oral *ou* de vive voix

Mündung (FÉMININ, pluriel Mündungen) embouchure

munter réveillé *ou* gai

Münze (FÉMININ, pluriel Münzen) pièce de monnaie

Murmel (FÉMININ, pluriel Murmeln) bille

► **Murmeln spielen** jouer aux billes

murmeln murmurer *ou* marmonner

murren rouspéter

♦ **mürrisch** de mauvaise humeur

Mus (NEUTRE, pluriel Muse) compote

Muschel (FÉMININ, pluriel Muscheln) moule *ou* coquillage

Musical /'mjuːzɪkl/ (NEUTRE, pluriel Musicals) comédie musicale

musikalisch musical (adjectif) *ou* musicalement (adverbe)

Muskat (MASCULIN) muscade

♦ **Muskatnuss** (FÉMININ, pluriel Muskatnüsse) noix de muscade

Muskelkater (MASCULIN, pluriel Muskelkater) courbatures

Muslim, Muslimin (MASCULIN, pluriel Muslims / FÉMININ, pluriel Musliminnen) musulman, musulmane

♦ **muslimisch** musulman

müssen (er muss; musste, gemusst) *exprime l'obligation :*

▷ Ich muss jetzt nach Hause. Il faut que je rentre.

▷ Du musst noch deine Aufgaben machen. Tu dois encore faire tes devoirs.

Muster (NEUTRE, pluriel Muster) modèle *ou* motif *ou* échantillon

♦ **mustern** dévisager *ou* passer en revue

Mut (MASCULIN) courage

► **jemandem Mut machen** ou **geben** encourager quelqu'un

► **wohl zu Mute sein** se sentir bien

♦ **mutlos** découragé

mutmaßlich présumé

Mutter (FÉMININ, pluriel Mütter) *a plusieurs sens :*

1 **Mutter** *peut signifier* mère

♦ **mütterlich** maternel

♦ **Muttersprache** (FÉMININ, pluriel Muttersprachen) langue maternelle

♦ **Muttertag** (MASCULIN, pluriel Muttertage) fête des Mères

2 **Mutter** *peut signifier* écrou

Mutterschaf (NEUTRE, pluriel Mutterschafe) brebis

mutwillig volontaire

Mütze (FÉMININ, pluriel Mützen) bonnet *ou* casquette

MwSt *est l'abréviation de* **Mehrwertsteuer** *et signifie* TVA

mythisch mythique *ou* légendaire

Mythos (NEUTRE, pluriel Mythen) mythe

Nn

na! eh bien !

Nabel (MASCULIN, pluriel Nabel) nombril

♦ Nabelschnur (FÉMININ, pluriel Nabelschnüre) cordon ombilical

nach *a plusieurs catégories grammaticales et plusieurs sens :*

> Ce peut être une PRÉPOSITION qui s'emploie avec le datif :

1 nach *peut signifier* après :

▷ Sie kommt uns nach dem Mittagessen besuchen. Elle vient nous rendre visite après le déjeuner.

2 nach *peut signifier* à *ou* vers :

▷ Er ist nach Hause gefahren. Il est rentré à la maison.

▷ Wir fahren diesen Sommer nach dem Süden. Cet été, nous allons vers le sud.

3 nach *peut signifier* d'après *ou* selon :

▷ Der Film ist nach einem Roman gemacht. Ce film est tourné d'après un roman.

▷ Nach den Wissenschaftlern erwärmt sich die Erde. Selon les scientifiques, la terre se réchauffe.

> Ce peut être un ADVERBE :

► mir nach! suivez-moi !

► nach und nach peu à peu

► nach wie vor tout comme avant

> Ce peut être une PARTICULE SÉPARABLE pour former des MOTS COMPOSÉS :

♦ nachforschen faire des recherches

♦ nachfragen demander

ℹ Vous trouverez les mots composés qui commencent par Nach- ou nach- classés par ordre alphabétique.

nachahmen imiter

♦ Nachahmung (FÉMININ, pluriel Nachahmungen) imitation

Nachbar, Nachbarin (MASCULIN, pluriel Nachbarn / FÉMININ, pluriel Nachbarinnen) voisin, voisine

♦ Nachbarschaft (FÉMININ, pluriel Nachbarschaften) voisinage

nachdem après que *ou* après *ou* puisque

nachdenken réfléchir

♦ nachdenklich pensif

Nachdruck (MASCULIN) insistance

► etwas mit Nachdruck sagen insister sur quelque chose

♦ nachdrücklich catégoriquement *ou* avec insistance

nacheinander l'un après l'autre *ou* successivement

nachforschen faire des recherches

nachfragen demander

nachgeben céder

nachgehen suivre

► einer Sache nachgehen faire des recherches sur quelque chose

► die Uhr geht nach la montre retarde

nachgiebig conciliant

nachhaltig durable

► nachhaltige Entwicklung développement durable

nachher après *ou* ensuite

Nachhilfeunterricht (MASCULIN) cours de soutien

nachholen rattraper (du retard)

nachkommen venir après *ou* remplir
► **einer Verpflichtung nachkommen** remplir un engagement

Nachkriegszeit (FÉMININ, pluriel Nachkriegszeiten) après-guerre

Nachlass (MASCULIN, pluriel Nachlässe) remise *ou* héritage
♦ **nachlassen** (er lässt nach; nachließ, nachgelassen) diminuer

nachlässig négligé *ou* négligent
♦ **Nachlässigkeit** (FÉMININ, pluriel Nachlässigkeiten) négligence *ou* laisser-aller

nachlaufen courir après

nachmachen imiter *ou* faire refaire

Nachmittag (MASCULIN, pluriel Nachmittage) après-midi
► **am Nachmittag** ou **nachmittags** l'après-midi

Nachname (MASCULIN, pluriel Nachnamen) nom de famille

nachprüfen contrôler

nachrechnen recalculer

Nachricht (FÉMININ, pluriel Nachrichten) message *ou* information *ou* nouvelle
► **Nachrichten** informations

nachsagen répéter *ou* dire
► **jemandem etwas nachsagen** répéter quelque chose après quelqu'un *ou* dire quelque chose de quelqu'un

nachschicken faire suivre

nachsehen aller voir *ou* vérifier
► **jemandem nachsehen** suivre quelqu'un des yeux
► **jemandem etwas nachsehen** passer *ou* pardonner quelque chose à quelqu'un

Nachsicht (FÉMININ) indulgence
♦ **nachsichtig** indulgent

Nachspeise (FÉMININ, pluriel Nachspeisen) dessert

nachsprechen répéter
► **jemandem nachsprechen** répéter après quelqu'un

nächstbeste, nächstbester, nächstbestes le premier venu, la première venue

nächste, nächster, nächstes prochain, prochaine *ou* suivant, suivante
♦ **Nächste** (MASCULIN, FÉMININ, pluriel Nächsten) prochain, prochaine (en parlant d'une personne)

> ℹ Ce nom est un ADJECTIF SUBSTANTIVÉ : on dit ein Nächster.

♦ **nächstens** prochainement

Nacht (FÉMININ, pluriel Nächte) nuit

Nachteil (MASCULIN, pluriel Nachteile) inconvénient

Nachthemd (NEUTRE, pluriel Nachthemden) chemise de nuit

Nachtigall (FÉMININ, pluriel Nachtigallen) rossignol

Nachtisch (MASCULIN, pluriel Nachtische) dessert

nächtlich nocturne

nachtragen ajouter
► **jemandem etwas nachtragen** en vouloir à quelqu'un *ou* garder rancune à quelqu'un
♦ **nachtragend** rancunier

nachtrauern regretter

nachts la nuit (au sens de pendant la nuit) *ou* de nuit

Nachweis (MASCULIN, pluriel Nachweise) preuve
♦ **nachweisen** (nachwies, nachgewiesen) prouver *ou* démontrer

Nachwirkung (FÉMININ, pluriel Nachwirkungen) répercussion

nachzählen recompter

Nacken (MASCULIN, pluriel Nacken) nuque

nackt nu
♦ **Nacktheit** (FÉMININ) nudité

Nadel (FÉMININ, pluriel Nadeln) aiguille
♦ **Nadelbaum** (MASCULIN, pluriel Nadelbäume) conifère

Nagel (MASCULIN, pluriel Nägel) clou
♦ **Nagelfeile** (FÉMININ, pluriel Nagelfeilen) lime à ongles
♦ **Nagellack** (MASCULIN, pluriel Nagellacke) vernis à ongles
♦ **Nagellackentferner** (MASCULIN, pluriel Nagellackentferner) dissolvant
♦ **nageln** clouer
♦ **nagelneu** flambant neuf

♦ **Nagelschere** (FÉMININ, pluriel Nagelscheren) ciseaux à ongles

nagen ronger

♦ **Nagetier** (NEUTRE, pluriel Nagetiere) rongeur

nah(e) (näher, am nächsten) *a plusieurs catégories grammaticales et plusieurs sens :*

> Ce peut être un ADJECTIF :

nah(e) *signifie* proche

> Ce peut être un ADVERBE :

nah(e) *signifie* près

► jemandem nahe gehen toucher quelqu'un

► einer Sache nahe kommen s'approcher de quelque chose

► jemandem etwas nahe legen suggérer quelque chose à quelqu'un

► nahe liegen paraître évident

► jemandem nahe stehen être proche de quelqu'un

> Ce peut être une PRÉPOSITION qui s'emploie avec le datif :

nahe *signifie* près de

► nahe an / von près de

Nähe (FÉMININIBN) proximité

► in der Nähe à deux pas

► aus der Nähe de près

nähen coudre *ou* suturer

näher *est le comparatif de* nahe *et signifie* plus près *ou* plus proche

► näher kommen s'approcher

► sich näher kommen se rapprocher (l'un de l'autre)

♦ **Näheres** (NEUTRE) détails

▷ Um Näheres über die Tagesausflüge zu erfahren, wenden Sie sich an die Rezeption. Pour plus de détails sur les excursions d'une journée adressez-vous à l'accueil.

nahm *voir* nehmen

(sich) nähren (se) nourrir

♦ **nahrhaft** nourrissant

♦ **Nahrung** (FÉMININ, pluriel Nahrungen) nourriture

♦ **Nahrungsmittel** (NEUTRE, pluriel Nahrungsmittel) aliment

Naht (FÉMININ, pluriel Nähte) couture

Name (MASCULIN, pluriel Namen) nom

► im Namen von au nom de

♦ **namens** du nom de

nämlich car *ou* à savoir que

nannte *voir* nennen

Narbe (FÉMININ, pluriel Narben) cicatrice

Narkose (FÉMININ, pluriel Narkosen) anesthésie

Narr (MASCULIN, pluriel Narren) fou

naschen grignoter (des sucreries)

Nase (FÉMININ, pluriel Nasen) nez

♦ **Nasenbluten** (NEUTRE) saignement de nez

♦ **Nasenloch** (NEUTRE, pluriel Nasenlöcher) narine

♦ **Nasentropfen** (MASCULIN PLURIEL) gouttes pour le nez

♦ **Nashorn** (NEUTRE, pluriel Nashörner) rhinocéros

nass mouillé

♦ **Nässe** (FÉMININ) humidité

Nationalfeiertag (MASCULIN, pluriel Nationalfeiertage) fête nationale

NATO (FÉMININ) OTAN

Natter (FÉMININ, pluriel Nattern) couleuvre

naturfarben de couleur naturelle

naturgemäß naturel

natürlich naturel *ou* naturellement

♦ **natürlicherweise** naturellement

♦ **Natürlichkeit** (FÉMININ) naturel

Naturschutz (MASCULIN) protection de la nature

♦ **Naturschutzgebiet** (NEUTRE, pluriel Naturschutzgebiete) site protégé

Nebel (MASCULIN, pluriel Nebel) brouillard *ou* brume

♦ **neb(e)lig** brumeux

neben *est une* PRÉPOSITION *qui s'emploie avec le datif ou l'accusatif et signifie* à côté de *ou* près de *ou* à part

♦ **nebenan** à côté

♦ **nebenbei** en outre *ou* en passant

♦ **nebeneinander** l'un à côté de l'autre

Nebenerscheinung (FÉMININ, pluriel Nebenerscheinungen) effet secondaire

nebenherfahren rouler à côté

nebenhergehen marcher à côté

Nebenrolle (FÉMININ, pluriel Nebenrollen) rôle secondaire

Nebensache (FÉMININ, pluriel Nebensachen) (chose) secondaire

♦ nebensächlich secondaire

Nebenwirkung (FÉMININ, pluriel Nebenwirkungen) effet secondaire

Necessaire (NEUTRE, pluriel Necessaires) trousse de toilette

> Necessaire ne signifie pas « nécessaire » en français.

necken taquiner

♦ neckisch taquin

Neffe (MASCULIN, pluriel Neffen) neveu

Neger, Negerin (MASCULIN, pluriel Neger / FÉMININ, pluriel Negerinnen) Noir, Noire

> ℹ Ce mot est considéré comme raciste.

nehmen (er nimmt; nahm, genommen) prendre

Neid (MASCULIN) jalousie *ou* envie

♦ neidisch envieux

(sich) neigen (s') incliner *ou* (se) pencher

► zu etwas neigen tendre vers quelque chose

♦ Neigung (FÉMININ, pluriel Neigungen) tendance *ou* penchant *ou* inclinaison

nein non

nennen (nannte, genannt) nommer *ou* appeler *ou* dire *ou* citer

♦ nennenswert remarquable *ou* considérable

Nerv (MASCULIN, pluriel Nerven) nerf

► jemandem auf die Nerven gehen taper sur les nerfs de quelqu'un

> ℹ Cette expression allemande et sa traduction française sont familières.

♦ nerven *est une expression familière qui signifie* énerver

♦ nervenaufreibend exaspérant

♦ Nervenklinik (FÉMININ, pluriel Nervenkliniken) clinique psychiatrique

♦ Nervensäge (FÉMININ, pluriel Nervensägen) casse-pieds

> ℹ Cette expression allemande et sa traduction française sont familières.

♦ Nervenzusammenbruch (MASCULIN, pluriel Nervenzusammenbrüche) dépression nerveuse

Nest (NEUTRE, pluriel Nester) nid *ou* patelin

nett gentil *ou* agréable *ou* joli

♦ netterweise gentiment *ou* aimablement

Netz (NEUTRE, pluriel Netze) filet *ou* réseau *ou* Internet

♦ Netzhaut (FÉMININ, pluriel Netzhäute) rétine

♦ Netzwerk (NEUTRE, pluriel Netzwerke) réseau

neu nouveau *ou* neuf

♦ Neue, Neuer, Neues nouveau, nouvelle

neuerdings récemment *ou* de nouveau *ou* depuis peu

Neugier (FÉMININ) curiosité

♦ neugierig curieux

Neuheit (FÉMININ, pluriel Neuheiten) nouveauté

Neuigkeit (FÉMININ, pluriel Neuigkeiten) (du) nouveau *ou* nouvelle

Neujahr (NEUTRE) Nouvel An

neulich récemment

neun neuf

► zu neunt à neuf

♦ neunjährig de neuf ans

♦ neunmal neuf fois

♦ neunte / neunter / neuntes neuvième

► der neunte Dezember le neuf décembre

♦ neuntens neuvièmement

♦ neunzehn dix-neuf

♦ neunzig quatre-vingt-dix

Neurose (FÉMININ, pluriel Neurosen) névrose

neutral neutre

neuwertig à l'état neuf

Neuzeit (FÉMININ) temps modernes

nicht ne pas

► nicht wahr n'est-ce pas

► nicht doch mais non

Nichte (FÉMININ, pluriel Nichten) nièce

nichtig nul *ou* vain *ou* futile

♦ Nichtigkeit (FÉMININ, pluriel Nichtigkeiten) nullité *ou* vanité *ou* futilité

nichts rien

♦ nichts sagend insignifiant

♦ nichtsdestoweniger néanmoins

♦ Nichtsnutz (MASCULIN, pluriel Nichtsnutze) vaurien

nicken faire un signe de la tête *ou* hocher la tête

Nickerchen (NEUTRE, pluriel Nickerchen) petit somme

nie jamais
► nie wieder *ou* nie mehr plus jamais
► nie und nimmer jamais de la vie

nieder bas

niedergeschlagen abattu *ou* déprimé

Niederlage (FÉMININ, pluriel Niederlagen) défaite *ou* échec

Niederlande (PLURIEL) Pays-Bas

sich niederlassen s'installer *ou* se poser

Niederschlag (MASCULIN, pluriel Niederschläge) précipitation (= pluie)

> ℹ Comme en français, on emploie plus souvent le pluriel : Niederschläge

Niedertracht (FÉMININ) infamie *ou* mauvaise foi
♦ niederträchtig infâme *ou* bas (au sens figuré)

niedlich adorable *ou* mignon

niedrig bas *ou* faible

niemals jamais

niemand personne (= aucune personne)

Niere (FÉMININ, pluriel Nieren) rein

nieseln bruiner

niesen éternuer
♦ Niesen (NEUTRE) éternuement

Nilpferd (NEUTRE, pluriel Nilpferde) hippopotame

nimm, nimmst, nimmt *voir* nehmen

nippen siroter

nirgends ou nirgendwo nulle part
♦ nirgendwohin nulle part

Nizza Nice

noch *a plusieurs catégories grammaticales et plusieurs sens :*

> Ce peut être un ADVERBE :

noch *signifie* encore
► noch nie jamais encore
► noch nicht pas encore
► noch immer toujours
► noch einmal encore une fois
► noch dazu en outre
► noch bevor avant même que

> Ce peut être une CONJONCTION :

► weder ... noch ni ... ni
♦ nochmals encore une fois

Norden (MASCULIN) nord
♦ nördlich au nord
♦ Nordosten (MASCULIN) nord-est
♦ Nordsee (FÉMININ) mer du Nord
♦ Nordwesten (MASCULIN) nord-ouest

Nörgelei (FÉMININ, pluriel Nörgeleien) dénigrement
♦ nörgeln maugréer *ou* dénigrer

normalerweise normalement

Nostalgiker, Nostalgikerin (MASCULIN, pluriel Nostalgiker / FÉMININ, pluriel Nostalgikerinnen) nostalgique
♦ nostalgisch nostalgique (adjectif)

Not (FÉMININ, pluriel Nöte) détresse *ou* besoin
► zur Not au besoin *ou* à la rigueur
♦ Notarzt (MASCULIN, pluriel Notärzte) médecin d'urgence
♦ Notausgang (MASCULIN, pluriel Notausgänge) sortie de secours
♦ Notbremse (FÉMININ, pluriel Notbremsen) signal d'alarme
♦ notdürftig insuffisant *ou* provisoire
♦ Notfall (MASCULIN, pluriel Notfälle) cas d'urgence
♦ notfalls au besoin

nötig nécessaire
► etwas nötig haben avoir besoin de quelque chose

Notiz (FÉMININ, pluriel Notizen) note *ou* notice
♦ Notizblock (MASCULIN, pluriel Notizblöcke) bloc-notes
♦ Notizbuch (NEUTRE, pluriel Notizbücher) calepin *ou* carnet

Notwehr (FÉMININ) légitime défense

notwendig nécessaire
♦ Notwendigkeit (FÉMININ, pluriel Notwendigkeiten) nécessité

November (MASCULIN) novembre
► im November au mois de novembre

NRO (FÉMININ, pluriel NROs) *est l'abréviation de* Nichtregierungsorganisation *et signifie* ONG

Nu
► **im Nu** en moins de rien

nüchtern à jeun *ou* simple *ou* sobre

Nudel (FÉMININ, pluriel Nudeln) nouille

null zéro

Nummer (FÉMININ, pluriel Nummern) numéro

nun maintenant
► **nun?** alors ?

nur seulement

Nuss (FÉMININ, pluriel Nüsse) noix
♦ **Nussbaum** (MASCULIN, pluriel Nussbäume) noyer
♦ **Nussknacker** (MASCULIN, pluriel Nussknacker) casse-noisette

nutzen, nützen *a plusieurs catégories grammaticales et plusieurs sens :*

> Ce peut être un VERBE TRANSITIF :

nutzen *ou* **nützen** *signifie* **utiliser** *ou* **se servir de**

> Ce peut être un VERBE INTRANSITIF :

nutzen *ou* **nützen** *signifie* **être utile**

♦ **Nutzen** *ou* **Nützlichkeit** (MASCULIN, pluriel Nutzen ou FÉMININ, pluriel Nützlichkeit) utilité
♦ **nützlich** utile
♦ **nutzlos** inutile

Oo

Oase (FÉMININ, pluriel Oasen) oasis

ob si
- ► **und ob!** et comment !

obdachlos sans abri

oben en haut
- ► **nach oben** en haut *ou* vers le haut
- ► **von oben** d'en haut

♦ **obendrein** par-dessus le marché

obere, oberer, oberes supérieur, supérieure

Oberfläche (FÉMININ, pluriel Oberflächen) surface *ou* superficie

♦ **oberflächlich** superficiel

Obergeschoss (NEUTRE, pluriel Obergeschosse) étage

oberhalb au-dessus

Oberkörper (MASCULIN, pluriel Oberkörper) torse

Oberschenkel (MASCULIN, pluriel Oberschenkel) cuisse

Oberschule (FÉMININ, pluriel Oberschulen) lycée

oberste, oberster, oberstes le plus haut, la plus haute

Oberstufe (FÉMININ) *désigne les trois années avant l'Abitur*

obgleich bien que

Obhut (FÉMININ SINGULIER) garde *ou* protection

Objekt (NEUTRE, pluriel Objekte) objet

Objektiv (NEUTRE, pluriel Objektive) objectif

♦ **objektiv** objectif

Oboe /o'bo:ə/ (FÉMININ, pluriel Oboen) hautbois

obschon quoique

Obst (NEUTRE) fruits

♦ **Obstbaum** (MASCULIN, pluriel Obstbäume) arbre fruitier

♦ **Obstgarten** (MASCULIN, pluriel Obstgärten) verger

obwohl bien que

Ochse (MASCULIN, pluriel Ochsen) bœuf

öd(e) désert *ou* ennuyeux

♦ **Öde** (FÉMININ, pluriel Öden) désert *ou* vide

oder *est une* CONJONCTION *qui signifie* ou

Ofen (MASCULIN, pluriel Öfen) poêle *ou* four

offen *a plusieurs catégories grammaticales :*

> Ce peut être un ADJECTIF :

offen *signifie* ouvert *ou* vacant
- ► **offen bleiben** rester ouvert *ou* rester en suspens
- ► **offen lassen** laisser ouvert *ou* laisser en suspens
- ► **jemandem steht es offen, etwas zu tun** quelqu'un est libre de faire quelque chose

> Ce peut être un ADVERBE :

offen *signifie* ouvertement
- ► **offen gesagt** franchement *ou* à vrai dire

offenbar *a plusieurs catégories grammaticales et plusieurs sens :*

> Ce peut être un ADJECTIF :

offenbar *signifie* manifeste *ou* évident

> Ce peut être un ADVERBE :

offenbar *signifie* manifestement *ou* évidemment *ou* apparemment

offenbaren révéler

♦ Offenbarung (FÉMININ, pluriel Offenbarungen) révélation

Offenheit (FÉMININ) franchise *ou* sincérité

offenherzig ouvert *ou* franc *ou* sincère

offenkundig public *ou* notoire *ou* évident

offensichtlich *a plusieurs catégories grammaticales et plusieurs sens :*

> Ce peut être un ADJECTIF :

offensichtlich *signifie* manifeste *ou* évident

> Ce peut être un ADVERBE :

offensichtlich *signifie* manifestement *ou* évidemment *ou* apparemment

offensiv offensif

öffentlich public

♦ Öffentlichkeit (FÉMININ) public

► in der Öffentlichkeit en public

(sich) öffnen (s')ouvrir

♦ Öffnung (FÉMININ, pluriel Öffnungen) ouverture

♦ Öffnungszeiten (FÉMININ PLURIEL) heures d'ouverture

oft (öfter, am öftesten) souvent

ohne sans

► ohne, dass sans que

♦ ohnedies *ou* ohnehin de toute façon

♦ ohnegleichen sans égal

Ohnmacht (FÉMININ) évanouissement *ou* impuissance (au sens figuré)

► in Ohnmacht fallen s'évanouir

♦ ohnmächtig évanoui *ou* impuissant

Ohr (NEUTRE, pluriel Ohren) oreille

♦ Ohrenarzt, Ohrenärztin (MASCULIN, pluriel Ohrenärzte / FÉMININ, pluriel Ohrenärztinnen) oto-rhino

♦ ohrenbetäubend assourdissant

♦ Ohrenschmerzen (MASCULIN PLURIEL) douleurs d'oreilles

Ohrfeige (FÉMININ, pluriel Ohrfeigen) gifle

♦ ohrfeigen gifler

Ohrring (MASCULIN, pluriel Ohrringe) boucle d'oreilles

oje hélas

Ökopartei (FÉMININ, pluriel Ökoparteien) parti écologique

Ökosystem (NEUTRE, pluriel Ökosysteme) écosystème

Oktoberfest (NEUTRE) fête de la bière (à Munich)

Öl (NEUTRE, pluriel Öle) huile

♦ Ölfarbe (FÉMININ, pluriel Ölfarben) peinture à l'huile

Oma, Omi (FÉMININ, pluriel Omas, Omis) mamie

Omnibus (MASCULIN, pluriel Omnibusse) autobus

Onkel (MASCULIN, pluriel Onkel) oncle

Opa (MASCULIN, pluriel Opas) papi

Open-air (NEUTRE, pluriel Open-airs) concert en plein air

Oper (FÉMININ, pluriel Opern) opéra

Opfer (NEUTRE, pluriel Opfer) victime *ou* sacrifice

♦ opfern sacrifier

Opi (MASCULIN, pluriel Opis) papi

Orden (MASCULIN, pluriel Orden) décoration (médaille)

♦ ordentlich soigné *ou* rangé

ordinär vulgaire *ou* ordinaire

ordnen classer *ou* mettre de l'ordre dans

♦ Ordner (MASCULIN, pluriel Ordner) classeur

♦ Ordnung (FÉMININ) rangement *ou* ordre

♦ ordnungsgemäß correct *ou* conforme aux règles

♦ ordnungshalber pour la forme

Organisation (FÉMININ, pluriel Organisationen) organisation

♦ organisieren organiser

Orgel (FÉMININ, pluriel Orgeln) orgue

Orient (MASCULIN) Orient

♦ orientalisch oriental

originell original

Orkan (MASCULIN, pluriel Orkane) ouragan

Ort (MASCULIN, pluriel Orte) lieu *ou* endroit *ou* localité

► an Ort und Stelle sur place

♦ örtlich local

- **Ortsangabe** (FÉMININ, pluriel Ortsangaben) indication du lieu
- **Ortschaft** (FÉMININ, pluriel Ortschaften) localité *ou* agglomération

Ostblock (MASCULIN) bloc de l'Est

Osten (MASCULIN) est *ou* Est *ou* pays de l'Est
- **der Ferne Osten** l'Extrême-Orient
- **der Mittlere Osten** le Moyen-Orient
- **der Nahe Osten** le Proche-Orient

ostentativ ostensible

Osterei (NEUTRE, pluriel Ostereier) œuf de Pâques
- **Osterhase** (MASCULIN, pluriel Osterhasen) lièvre de Pâques
- **Ostern** (NEUTRE, pluriel Ostern) Pâques

> En Allemagne, c'est le lièvre de Pâques qui apporte les œufs.

Österreich Autriche
- **Österreicher, Österreicherin** (MASCULIN, pluriel Österreicher / FÉMININ, pluriel Österreicherinnen) Autrichien, Autrichienne
- **österreichisch** autrichien

östlich de l'est *ou* à l'est *ou* oriental

Ostsee (FÉMININ) mer Baltique

Otter (MASCULIN, pluriel Otter) loutre

Overall (MASCULIN, pluriel Overalls) combinaison (= vêtement)

ÖVP (FÉMININ) *est l'abréviation de* **Österreichische Volkspartei.** *C'est le parti conservateur autrichien.*

Ozonloch (NEUTRE, pluriel Ozonlöcher) trou d'ozone

Ozonschicht (FÉMININ) couche d'ozone

Pp

paar
♦ **ein paar** quelques

Paar (NEUTRE, pluriel Paare) couple *ou* paire
♦ **sich paaren** s'accoupler

paarmal
♦ **ein paarmal** quelques fois *ou* plusieurs fois

paarweise par deux

Päckchen (NEUTRE, pluriel Päckchen) petit paquet

packen faire ses bagages

Packpapier (NEUTRE) papier d'emballage

Packung (FÉMININ, pluriel Packungen) paquet *ou* boîte

Paddel (NEUTRE, pluriel Paddel) pagaie
♦ **paddeln** pagayer

Paket (NEUTRE, pluriel Pakete) paquet *ou* colis

Pakt (MASCULIN, pluriel Pakte) pacte

Palast (MASCULIN, pluriel Paläste) palais

Palette (FÉMININ, pluriel Paletten) palette (de peintre) *ou* gamme (choix)
► **eine breite Palette** une large gamme

Palme (FÉMININ, pluriel Palmen) palmier

Pampelmuse (FÉMININ, pluriel Pampelmusen) pamplemousse

panieren paner

Panik (FÉMININ) panique
♦ **panisch** panique (adjectif)
► **panische Angst** peur panique

Panzer (MASCULIN, pluriel Panzer) carapace *ou* char d'assaut

Papagei (MASCULIN, pluriel Papageien) perroquet

Papierkorb (MASCULIN, pluriel Papierkörbe) corbeille à papier

Papiertaschentuch (NEUTRE, pluriel Papiertaschentücher) mouchoir en papier

Pappbecher (MASCULIN, pluriel Pappbecher) gobelet en carton

Pappe (FÉMININ, pluriel Pappen) carton

Pappel (FÉMININ, pluriel Pappeln) peuplier

Pappenstiel (MASCULIN, pluriel Pappenstiele)
► **keinen Pappenstiel wert sein** *est une expression familière qui signifie* ne rien valoir
► **etwas für einen Pappenstiel bekommen** obtenir quelque chose pour une bouchée de pain

Pappteller (MASCULIN, pluriel Pappteller) assiette en carton

Paprika (MASCULIN, pluriel Paprika, Paprikas) paprika *ou* poivron

Papst (MASCULIN, pluriel Päpste) pape

paranoisch paranoïaque

Pärchen (NEUTRE, pluriel Pärchen) couple

Parkanlage (FÉMININ, pluriel Parkanlagen) espace vert

parken *a plusieurs catégories grammaticales :*
> Ce peut être un VERBE TRANSITIF :

parken *signifie* garer

> Ce peut être un VERBE INTRANSITIF :

parken *signifie* se garer *ou* stationner

> Ce peut être un NOM NEUTRE :
das **Parken** *signifie* **stationnement**

Parkett (NEUTRE, pluriel Parkette, Parketts) **parquet**

Parkplatz (MASCULIN, pluriel Parkplätze) **parking**

Parkverbot (NEUTRE, pluriel Parkverbote) **interdiction de stationner**

Partei (FÉMININ, pluriel Parteien) **parti**
► **für jemanden Partei ergreifen** **prendre parti pour quelqu'un**
♦ **Parteinahme** (FÉMININ, pluriel Parteinahmen) **prise de position**

Partie (FÉMININ, pluriel Partien) **partie**
► **mit von der Partie sein** **être de la partie**

Partitur (FÉMININ, pluriel Partituren) **partition**

Partner, Partnerin (MASCULIN, pluriel Partner / FÉMININ, pluriel Partnerinnen) **partenaire**
♦ **Partnerschaft** (FÉMININ) **relation** (entre deux personnes)
♦ **Partnerstadt** (FÉMININ, pluriel Partnerstädte) **ville jumelée**

Party (FÉMININ, pluriel Partys) **fête** *ou* **soirée**

Pass (MASCULIN, pluriel Pässe) **passeport** *ou* **col** (d'une montagne)
♦ **Passbild** (NEUTRE, pluriel Passbilder) **photo d'identité**

passen
► **das passt mir** **ça me va**
► **zu etwas passen** **aller bien avec quelque chose**
► **im Spiel passen** **passer son tour (au jeu)**
♦ **passend** **assorti** *ou* **approprié**

passierbar **praticable** *ou* **franchissable**
♦ **passieren** (passierte, passiert) **se produire**

Passierschein (FÉMININ, pluriel Passierscheine) **laissez-passer**

Pate (MASCULIN, pluriel Paten) **parrain**
♦ **Patenkind** (NEUTRE, pluriel Patenkinder) **filleul, filleule**

patent **débrouillard**

Patin (FÉMININ, pluriel Patinnen) **marraine**

Patsche (FÉMININ, pluriel Patschen)
► **in der Patsche sitzen** **être dans le pétrin**
♦ **patschen** **taper** *ou* **patauger**
♦ **patschnass** **trempé jusqu'aux os**

patzig *est une expression familière qui signifie* **effronté** *ou* **insolent**

PC /peː'tseː/ (MASCULIN, pluriel PCs) **ordinateur**

> ℹ PC est l'abréviation du mot anglais « personal computer ».

Pech (NEUTRE SINGULIER) **poix** *ou* **malchance** *ou* **poisse**
♦ **Pechsträhne** (FÉMININ, pluriel Pechsträhnen) **série noire**
♦ **Pechvogel** (MASCULIN, pluriel Pechvögel) **malchanceux** (= la personne)

Pedant, Pedantin (MASCULIN, pluriel Pedanten / FÉMININ, pluriel Pedantinnen) **personne pointilleuse**
♦ **pedantisch** **pointilleux**

Pegel (MASCULIN, pluriel Pegel) **indicateur de niveau**

peinlich **gênant** *ou* **embarrassant**

Peitsche (FÉMININ, pluriel Peitschen) **fouet**
♦ **peitschen** **fouetter**

Peking **Pékin**

Pelz (MASCULIN, pluriel Pelze) **fourrure**

Pendel (NEUTRE, pluriel Pendel) **pendule**

pennen *est une expression familière qui signifie* **dormir**

Pension (FÉMININ, pluriel Pensionen) **pension** *ou* **retraite**
♦ **Pensionär, Pensionärin** (MASCULIN, pluriel Pensionäre / FÉMININ, pluriel Pensionärinnen) **retraité, retraitée**
♦ **pensioniert** **à la retraite**

per *est une* PRÉPOSITION *qui s'emploie avec l'accusatif et signifie* **par**
► **per Du / Sie sein** **se tutoyer / vouvouyer**

Periode (FÉMININ, pluriel Perioden) **période** *ou* **règles** (de la femme)

Personal (NEUTRE) **personnel** (personnes employées)

persönlich (adjectif) **personnel** *ou* (adverbe) **en personne**
♦ **Persönlichkeit** (FÉMININ, pluriel Persönlichkeiten) **personnalité**

Petersilie (FÉMININ) **persil**

Pfahl (MASCULIN, pluriel Pfähle) **poteau**

Pfanne (FÉMININ, pluriel Pfannen) **poêle**

Pfarrer, Pfarrerin (MASCULIN, pluriel Pfarrer / FÉMININ, pluriel Pfarrerinnen) **pasteur, pasteure**

Pfau (MASCULIN, pluriel Pfaue) **paon**

Pfeffer (MASCULIN) **poivre**

◆ Pfefferkuchen (MASCULIN, pluriel Pfefferkuchen) **pain d'épice**

◆ Pfefferminze (FÉMININ) **menthe**

◆ pfeffern **poivrer**

► gepfefferte Preise **prix salés**

Pfeife (FÉMININ, pluriel Pfeifen) **pipe** *ou* **sifflet**

pfeifen (pfiff, gepfiffen) **siffler**

Pfeil (MASCULIN, pluriel Pfeile) **flèche**

Pfeiler (MASCULIN, pluriel Pfeiler) **pilier**

Pferd (NEUTRE, pluriel Pferde) **cheval**

◆ Pferdeschwanz (MASCULIN, pluriel Pferdeschwänze) **queue de cheval**

◆ Pferdestall (MASCULIN, pluriel Pferdeställe) **écurie**

pfiff *voir* pfeifen

Pfiff (MASCULIN, pluriel Pfiffe) **sifflement**

pfiffig **futé**

Pfingsten **Pentecôte**

Pfirsich (MASCULIN, pluriel Pfirsiche) **pêche**

Pflanze (FÉMININ, pluriel Pflanzen) **plante** *ou* **végétal**

◆ pflanzen **planter**

◆ Pflanzenfett (NEUTRE, pluriel Pflanzenfette) **graisse végétale**

◆ pflanzlich **végétal**

Pflaster (NEUTRE, pluriel Pflaster) **pansement** *ou* **patch**

Pflaume (FÉMININ, pluriel Pflaumen) **prune**

Pflege (FÉMININ, pluriel Pflegen) **soins** *ou* **entretien**

◆ pflegebedürftig **qui nécessite des soins**

◆ pfegeleicht **d'entretien facile**

◆ pflegen **soigner** *ou* **entretenir**

Pflicht (FÉMININ, pluriel Pflichten) **devoir** *ou* **obligation**

◆ pflichtbewusst **consciencieux**

◆ pflichtgemäß **consciencieusement**

pflücken **cueillir**

Pfosten (MASCULIN, pluriel Pfosten) **poteau**

Pfote (FÉMININ, pluriel Pfoten) **patte**

pfui **pouah**

pfuschen **bâcler**

► jemandem ins Handwerk pfuschen **se mêler des affaires de quelqu'un**

◆ Pfuscherei (FÉMININ, pluriel Pfuschereien) **travail bâclé**

Pfütze (FÉMININ, pluriel Pfützen) **flaque**

Pickel (MASCULIN, pluriel Pickel) **bouton** *ou* **pioche**

◆ pickelig **boutonneux**

picken **picorer**

Pik (NEUTRE, pluriel Pik) **pique** (au jeu de cartes)

pikant **épicé**

Pille (FÉMININ, pluriel Pillen) **pilule**

Pilz (MASCULIN, pluriel Pilze) **champignon** *ou* **mycose**

pingelig *est une expression familière qui signifie* **pointilleux**

pink **rose bonbon**

pinkeln **pisser**

> ℹ L'expression allemande et sa traduction française sont familières.

Pinsel (MASCULIN, pluriel Pinsel) **pinceau**

Pionier, Pionierin (MASCULIN, pluriel Pioniere / FÉMININ, pluriel Pionierinnen) **pionnier, pionnière**

Plage (FÉMININ, pluriel Plagen) **peine** *ou* **fardeau** *ou* **mal**

◆ plagen **tourmenter** *ou* **harceler**

◆ sich plagen **se tourmenter** *ou* **s'esquinter** *ou* **peiner**

Plakat (NEUTRE, pluriel Plakate) **affiche**

Plakette (FÉMININ, pluriel Plaketten) **plaque**

Plane (FÉMININ, pluriel Planen) **bâche**

planen **planifier**

Planet (MASCULIN, pluriel Planeten) **planète**

planlos **sans but**

◆ planmäßig **à l'heure** *ou* **comme prévu**

plappern **papoter**

plärren **brailler**

Plastik *a plusieurs genres et plusieurs sens :*

> Ce peut être un NOM FÉMININ :

die **Plastik** (pluriel Plastiken) *signifie* **sculpture**

> Ce peut être un NOM NEUTRE :

das **Plastik** *signifie* **plastique**

♦ **Plastikbeutel** *ou* **Plastiktüte** (MASCULIN, pluriel Plastikbeutel / FÉMININ, pluriel Plastiktüten) **sac en plastique**

plätschern **clapoter** *ou* **murmurer (en parlant d'eau)**

platt **plat**

Platte (FÉMININ, pluriel Platten) **plaque** *ou* **disque**

Plattform (FÉMININ, pluriel Plattformen) **plateforme**

Platz (MASCULIN, pluriel Plätze) **place** *ou* **endroit** *ou* **terrain**

► **jemandem Platz machen** **céder sa place à quelqu'un**

► **Platz nehmen** **prendre place**

Platzangst (FÉMININ) **claustrophobie**

Plätzchen (NEUTRE, pluriel Plätzchen) **petite place** *ou* **coin** *ou* **petit gâteau sec**

platzen **éclater** *ou* **craquer**

plaudern **bavarder**

pleite **en faillite** *ou* **fauché**

Plombe **plombage**

♦ **plombieren** **plomber**

plötzlich **soudain** *ou* **tout à coup**

plump **maladroit** *ou* **lourdaud**

plumpsen *est une expression familière qui signifie* **tomber**

plündern **piller**

♦ **Plünderung** (FÉMININ, pluriel Plünderungen) **pillage**

Plüsch (MASCULIN, pluriel Plüsche) **peluche**

♦ **Plüschtier** (NEUTRE, pluriel Plüschtiere) **animal en peluche**

Po (MASCULIN) *est une expression familière qui signifie* **fesses**

pochen **battre** *ou* **frapper**

► **auf etwas pochen** **insister sur quelque chose**

Pokal (MASCULIN, pluriel Pokale) **coupe** (pour un exploit sportif)

Pol (MASCULIN, pluriel Pole) **pôle**

♦ **polar** **polaire**

♦ **Polarkreis** (MASCULIN, pluriel Polarkreise) **cercle polaire**

Pole (MASCULIN, pluriel Polen) **Polonais**

♦ **Polen** **la Pologne**

polieren **astiquer**

Polin (FÉMININ, pluriel Polinnen) **Polonaise**

Polizei (FÉMININ) **police**

♦ **Polizeibeamter, Polizeibeamtin** (MASCULIN, pluriel Polizeibeamten / FÉMININ, pluriel Polizeibeamtinnen) **agent de police**

♦ **Polizeirevier** (NEUTRE, pluriel Polizeireviere) **commissariat**

Polizist, Polizistin (MASCULIN, pluriel Polizisten / FÉMININ, pluriel Polizistinnen) **agent de police**

polnisch **polonais**

Polster (NEUTRE, pluriel Polster) **rembourrage** *ou* **épaulette** *ou* **coussin**

♦ **polstern** **rembourrer**

♦ **Polsterung** (FÉMININ, pluriel Polsterungen) **rembourrage**

Popo (MASCULIN) *est une expression familière qui signifie* **fesses**

Porto (NEUTRE, pluriel Portos, Porti) **affranchissement**

Portugiese, Portugiesin (MASCULIN, pluriel Portugiesen / FÉMININ, pluriel Portugiesinnen) **Portugais, Portugaise**

♦ **portugiesisch** **portugais**

Post (FÉMININ) **poste** *ou* **courrier**

♦ **Postamt** (NEUTRE, pluriel Postämter) **bureau de poste**

♦ **Postbote, Postbotin** (MASCULIN, pluriel Postboten / FÉMININ, pluriel Postbotinnen) **facteur, factrice**

♦ **Postfach** (NEUTRE, pluriel Postfächer) **boîte postale**

♦ **Postkarte** (FÉMININ, pluriel Postkarten) **carte postale**

♦ **Postleitzahl** (FÉMININ) **code postal**

Posting /ˈpoʊstɪŋ/ (NEUTRE, pluriel Postings) **post** (sur Internet)

potent **viril**

♦ **Potenz** (FÉMININ) **puissance** *ou* **virilité**

Pracht (FÉMININ) splendeur
♦ **prächtig** *ou* **prachtvoll** magnifique *ou* splendide

Prag Prague

prägen marquer

prägnant précis *ou* concis
♦ **Prägnanz** (FÉMININ) concision

prahlen se vanter

Praktikum (NEUTRE, pluriel Praktika) stage

praktizieren (praktizierte, praktiziert) *a plusieurs catégories grammaticales et plusieurs sens :*

> Ce peut être un VERBE TRANSITIF :

praktizieren *signifie* mettre en pratique

> Ce peut être un VERBE INTRANSITIF :

praktizieren *signifie* exercer

prall bien rempli *ou* bien gonflé *ou* dodu
► **in der prallen Sonne** en plein soleil

prallen se heurter
► **gegen / auf etwas prallen** se heurter contre quelque chose

Prämie (FÉMININ, pluriel Prämien) prime *ou* récompense

prasseln crépiter

Praxis (FÉMININ) pratique *ou* cabinet médical

Preis (MASCULIN, pluriel Preise) prix
► **um keinen Preis** à aucun prix

Preiselbeere (FÉMININ, pluriel Preiselbeeren) airelle

preisgeben livrer *ou* révéler

preiswert bon marché

Prellung (FÉMININ, pluriel Prellungen) contusion

Preußen Prusse
♦ **preußisch** prussien

prickeln picoter

prima super

Primel (FÉMININ, pluriel Primeln) primevère

Prinz (MASCULIN, pluriel Prinzen) prince

Prinzessin (FÉMININ, pluriel Prinzessinnen) princesse

prinzipiell en principe
♦ **prinzipienlos** sans principes

Prise (FÉMININ, pluriel Prisen) pincée

pro *est une* PRÉPOSITION *qui s'emploie avec l'accusatif et signifie* par

Probe (FÉMININ, pluriel Proben) essai *ou* échantillon *ou* répétition (de théâtre)
► **jemanden auf die Probe stellen** mettre quelqu'un à l'épreuve
♦ **proben** répéter
♦ **probeweise** à titre d'essai
♦ **Probezeit** (FÉMININ) période d'essai
♦ **probieren** essayer *ou* goûter

Produzent, Produzentin (MASCULIN, pluriel Produzenten / FÉMININ, pluriel Produzentinnen) producteur, productrice (de cinéma)

Profi (MASCULIN, pluriel Profis) pro (en parlant d'une personne)

> ℹ L'expression allemande et sa traduction française sont familières.

Propeller (MASCULIN, pluriel Propeller) hélice

prosit ou prost santé !
► **prosit Neujahr!** bonne année !

Prospekthülle (FÉMININ, pluriel Prospekthüllen) pochette (plastique)

Protest (MASCULIN, pluriel Proteste) protestation

protzen se donner des grands airs
♦ **protzig** tape-à-l'œil

Proviant (MASCULIN) provisions

Prozent (NEUTRE, pluriel Prozente) pour cent
♦ **Prozentsatz, Prozentzahl** (MASCULIN, pluriel Prozentsätze / FÉMININ, pluriel Prozentzahlen) pourcentage

prüde prude

prüfen examiner
♦ **Prüfung** (FÉMININ, pluriel Prüfungen) examen *ou* épreuve

Prügelei (FÉMININ, pluriel Prügeleien) bagarre
♦ **(sich) prügeln** (se) battre

Prunk (MASCULIN) pompe *ou* faste
♦ **prunkvoll** magnifique *ou* fastueux

Publikum (NEUTRE) public (= spectateurs)

Publizistik (FÉMININ) journalisme

Pudding (MASCULIN, pluriel Puddinge ou Puddings) **flan**

Pudel (MASCULIN, pluriel Pudel) **caniche**

Puder (MASCULIN, pluriel Puder) **poudre**
- ♦ **Puderzucker** (MASCULIN) **sucre glace**

Pulli (MASCULIN, pluriel Pullis) **pull**

Puls (MASCULIN, pluriel Pulse) **pouls**

Pulver (NEUTRE, pluriel Pulver) **poudre**
- ♦ **pulverig** **poudreux**
- ♦ **Pulverschnee** (MASCULIN) **neige poudreuse**

pummelig potelé

Pumpe (FÉMININ, pluriel Pumpen) **pompe**
- ♦ **pumpen** **pomper**
  - ► **sich etwas von jemandem pumpen** *est une expression familière qui signifie* **emprunter quelque chose à quelqu'un**

Punkt (MASCULIN, pluriel Punkte) **point**

pünktlich **ponctuel**
- ♦ **Pünktlichkeit** (FÉMININ) **ponctualité**

Puppe (FÉMININ, pluriel Puppen) **poupée**

Purzelbaum (MASCULIN, pluriel Purzelbäume) **galipette**

Puste (FÉMININ) **souffle**
- ♦ **pusten** **souffler**

Pute (FÉMININ, pluriel Puten) **dinde**

putzen **nettoyer**
- ♦ **Putzfrau** (FÉMININ, pluriel Putzfrauen) **femme de ménage**

putzig **mignon**

Putzlappen (MASCULIN, pluriel Putzlappen) **chiffon**

Qq

Quacksalber (MASCULIN, pluriel Quacksalber) *est une expression familière qui signifie* charlatan

Quadrat (NEUTRE, pluriel Quadrate) carré

♦ **quadratisch** carré

♦ **Quadratmeter** (MASCULIN OU NEUTRE, pluriel Quadratmeter) mètre carré

Qual (FÉMININ, pluriel Qualen) tourment *ou* peine *ou* torture

♦ **quälen** tourmenter *ou* torturer

♦ **Quälerei** (FÉMININ, pluriel Quälereien) torture *ou* corvée

♦ **Quälgeist** (MASCULIN) casse-pieds

> ℹ L'expression allemande et sa traduction française sont familières.

Qualle (FÉMININ, pluriel Quallen) méduse

Qualm (MASCULIN SINGULIER) fumée épaisse

♦ **qualmen** dégager une fumée épaisse *ou* fumer comme un pompier

qualvoll atroce *ou* très douloureux

Quark (MASCULIN) fromage blanc

Quartier (NEUTRE, pluriel Quartiere) logement *ou* logis

► **bei jemandem Quartier nehmen** loger chez quelqu'un

quasseln *est une expression familière qui signifie* radoter

Quatsch (MASCULIN) bêtises

♦ **quatschen** dire des bêtises *ou* bavarder

Quecksilber (NEUTRE) mercure

Quelle (FÉMININ, pluriel Quellen) source *ou* fontaine

► **heiße Quelle** source thermale

♦ **quellen** (er quillt; quoll, gequollen) jaillir *ou* gonfler

♦ **Quellwasser** (NEUTRE) eau de source

Quengelei (FÉMININ, pluriel Quengeleien) *est une expression familière qui signifie* plainte *ou* jérémiades

♦ **quengelig** pleurnichard *ou* grognon

♦ **quengeln** geindre *ou* se plaindre *ou* pleurnicher

quer transversal *ou* en travers *ou* de travers *ou* à travers

♦ **querfeldein** à travers champs

♦ **Querflöte** (FÉMININ, pluriel Querflöten) flûte traversière

♦ **Querschnitt** (MASCULIN, pluriel Querschnitte) coupe transversale *ou* échantillon

querschnittsgelähmt paraplégique

♦ **Querschnittslähmung** (FÉMININ, pluriel Querschnittlähmungen) paraplégie

quetschen écraser *ou* contusionner

♦ **Quetschung** (FÉMININ, pluriel Quetschungen) contusion

quietschen grincer

quillst, quillt *voir* **quellen**

Quittung (FÉMININ, pluriel Quittungen) quittance *ou* reçu

quoll *voir* **quellen**

Quote (FÉMININ, pluriel Quoten) taux

Rr

Rabatt (MASCULIN, pluriel Rabatte) remise *ou* rabais

Rabe (MASCULIN, pluriel Raben) corbeau

rabiat furieux *ou* brutal

Rache (FÉMININ) vengeance

Rachen (MASCULIN, pluriel Rachen) gorge

(sich) rächen (se) venger
- ♦ rachsüchtig vindicatif

Rad (NEUTRE, pluriel Räder) roue *ou* vélo
- ♦ Rad fahren faire du vélo
- ♦ Radfahrer, Radfahrerin (MASCULIN, pluriel Radfahrer / FÉMININ, pluriel Radfahrerinnen) cycliste
- ♦ Radfahrweg (MASCULIN, pluriel Radfahrwege) piste cyclable

radieren gommer *ou* graver
- ♦ Radiergummi (MASCULIN, pluriel Radiergummis) gomme
- ♦ Radierung (FÉMININ, pluriel Radierungen) gravure

Radieschen /ra'diːsçən/ (NEUTRE, pluriel Radieschen) radis

radikal radical

raffiniert rusé *ou* malin *ou* astucieux *ou* raffiné

Rahm (MASCULIN) crème (pour cuisiner)

rahmen encadrer
- ♦ Rahmen (MASCULIN, pluriel Rahmen) cadre
  - ► im Rahmen des Möglichen dans la mesure du possible

rahmig crémeux

Rakete (FÉMININ, pluriel Raketen) fusée

ran *est l'abréviation de* heran

Rand (MASCULIN, pluriel Ränder) bord *ou* marge
- ► außer Rand und Band déchaîné
- ► am Rande bemerkt soit dit en passant

randalieren faire du tapage

rann *voir* rinnen

rannte *voir* rennen

ranzig rance

rasant très rapide

rasch rapide

rasen foncer

Rasen (MASCULIN, pluriel Rasen) gazon *ou* pelouse
- ♦ Rasenmäher (MASCULIN, pluriel Rasenmäher) tondeuse à gazon

(sich) rasieren (se) raser

Rasse (FÉMININ, pluriel Rassen) race

rasseln cliqueter

Rast (FÉMININ, pluriel Rasten) repos
- ♦ rasten se reposer
- ♦ rastlos agité *ou* infatigable

Rat (MASCULIN, pluriel Räte) conseil

Rate (FÉMININ, pluriel Raten) *a plusieurs sens :*

1 Rate *peut signifier* mensualité *ou* traite

2 Rate *peut être un terme employé en informatique qui signifie* vitesse *ou* débit

raten (er rät; riet, geraten) conseiller *ou* deviner

Ratgeber, Ratgeberin (MASCULIN, pluriel Ratgeber / FÉMININ, pluriel Ratgeberinnen) conseiller, conseillère

Rathaus (NEUTRE, pluriel Rathäuser) mairie

ratlos perplexe *ou* désemparé
- ♦ **Ratlosigkeit** (FÉMININ) perplexité
- ♦ **ratsam** conseillé
- ♦ **Ratschlag** (MASCULIN, pluriel Ratschläge) conseil

Rätsel (NEUTRE, pluriel Rätsel) devinette *ou* énigme
- ♦ **rätselhaft** énigmatique *ou* mystérieux

Ratte (FÉMININ, pluriel Ratten) rat

rattern cliqueter *ou* pétarader

rau rugueux *ou* rauque *ou* rude

Raub (MASCULIN) vol *ou* rapt
- ♦ **rauben** voler *ou* enlever

> ℹ Le pluriel Raube est rare.

- ♦ **Räuber, Räuberin** (MASCULIN, pluriel Räuber / FÉMININ, pluriel Räuberinnen) voleur, voleuse *ou* bandit
- ♦ **Raubkopie** (FÉMININ, pluriel Raubkopien) copie pirate ou illégale
- ♦ **Raubtier** (NEUTRE, pluriel Raubtiere) prédateur

Rauch (MASCULIN) fumée
- ♦ **rauchen** fumer
- ♦ **Raucher, Raucherin** (MASCULIN, pluriel Raucher / FÉMININ, pluriel Raucherinnen) fumeur, fumeuse
- ♦ **räuchern** fumer (de la viande, du poisson)
- ♦ **Rauchfang** (MASCULIN, pluriel Rauchfänge) *est un mot autrichien qui signifie* cheminée
- ♦ **rauchig** enfumé
- ♦ **Rauchverbot** (NEUTRE, pluriel Rauchverbote) interdiction de fumer

rauf *est l'abréviation de* **herauf**

Raufbold (MASCULIN, pluriel Raufbolde) bagarreur, bagarreuse

sich raufen se bagarrer
- ♦ **Rauferei** (FÉMININ, pluriel Raufereien) bagarre

Raum (MASCULIN, pluriel Räume) espace *ou* pièce
- ♦ **räumen** évacuer *ou* vider
- ♦ **räumlich** dans l'espace
- ♦ **Räumung** (FÉMININ, pluriel Räumungen) évacuation

Raupe (FÉMININ, pluriel Raupen) chenille

raus *est l'abréviation de* **heraus** *ou* **hinaus**

Rausch (MASCULIN, pluriel Räusche) ivresse

rauschen murmurer *ou* grésiller

Rauschgift (NEUTRE, pluriel Rauschgifte) drogue
- ♦ **Rauschgiftsüchtige** (MASCULIN, FÉMININ, pluriel Rauschgiftsüchtigen) drogué, droguée

> ℹ Ce mot est un ADJECTIF SUBSTANTIVÉ : on dit ein Rauschgiftsüchtiger.

sich räuspern se racler la gorge

real réel

Realschule (FÉMININ, pluriel Realschulen) collège

Rebe (FÉMININ, pluriel Reben) vigne

Rebell, Rebellin (MASCULIN, pluriel Rebellen / FÉMININ, pluriel Rebellinnen) rebelle
- ♦ **rebellieren** se révolter

Rechen (MASCULIN, pluriel Rechen) râteau

Rechenschaft (FÉMININ) compte
- ► **jemandem über etwas Rechenschaft ablegen / geben** rendre compte de quelque chose à quelqu'un
- ► **von jemandem Rechenschaft verlangen** demander des comptes à quelqu'un

rechnen calculer *ou* compter
- ► **rechnen mit / auf** compter sur quelqu'un
- ♦ **Rechner** (MASCULIN, pluriel Rechner) calculatrice *ou* ordinateur
- ♦ **Rechnung** (FÉMININ, pluriel Rechnungen) calcul *ou* compte *ou* facture *ou* addition *ou* note

recht *a plusieurs catégories grammaticales et plusieurs sens :*

> Ce peut être un ADJECTIF :

recht *signifie* juste *ou* vrai
- ► **der rechte Mann** l'homme qu'il faut
- ► **am rechten Ort** au bon endroit
- ► **zur rechten Zeit** à temps
- ► **das ist mir recht** ça me convient

> Ce peut être un ADVERBE :

recht *signifie* vraiment *ou* bien *ou* assez

► das geschieht dir recht tu n'as que ce que tu mérites

► nun erst recht! raison de plus !

Recht (NEUTRE, pluriel Rechte) droit *ou* raison *ou* justice

► Recht haben avoir raison

► jemandem Recht geben donner raison à quelqu'un

► mit Recht à bon droit

rechte, rechter, rechtes droit, droite

♦ Rechte (FÉMININ, pluriel Rechten) droite (au sens politique)

♦ Rechteck (NEUTRE, pluriel Rechtecke) rectangle

♦ rechteckig rectangulaire

(sich) rechtfertigen (se) justifier

♦ Rechtfertigung (FÉMININ, pluriel Rechtfertigungen) justification

rechthaberisch qui veut toujours avoir raison

rechtlich, rechtmäßig légal (adjectif) *ou* légalement (adverbe)

rechts à droite

Rechtsanwalt, Rechtsanwältin (MASCULIN, pluriel Rechtsanwälte / FÉMININ, pluriel Rechtsanwältinnen) avocat, avocate

Rechtschreibfehler (MASCULIN, pluriel Rechtschreibfehler) faute d'orthographe

♦ Rechtschreibung (FÉMININ, pluriel Rechtschreibungen) orthographe

Rechtshänder, Rechtshänderin (MASCULIN, pluriel Rechtshänder / FÉMININ, pluriel Rechtshänderinnen) droitier, droitière

rechtsradikal d'extrême droite

rechtzeitig à temps

sich recken s'étirer

recyceln /ri'saikln/ recycler

♦ Recycling /ri'saɪklɪŋ/ recyclage

Rede (FÉMININ, pluriel Reden) discours

▷ Wovon ist die Rede? De quoi s'agit-il ?

► jemanden zur Rede stellen demander des explications à quelqu'un

reden *a plusieurs catégories grammaticales et plusieurs sens :*

> Ce peut être un VERBE TRANSITIF :

reden *signifie* dire :

► Unsinn reden dire des bêtises

> Ce peut être un VERBE INTRANSITIF :

reden *signifie* parler

♦ Redensart (FÉMININ pluriel Redensarten) manière de parler

♦ Redewendung (FÉMININ pluriel Redewendungen) expression

♦ redselig loquace

reduzieren réduire

Referat (NEUTRE, pluriel Referate) exposé

Regal (NEUTRE, pluriel Regale) étagère

rege animé *ou* intense *ou* vif

Regel (FÉMININ, pluriel Regeln) règle *ou* règles (de la femme)

♦ regelmäßig régulier *ou* régulièrement

♦ Regelmäßigkeit (FÉMININ) régularité

♦ regeln régler

♦ regelrecht conforme aux règles *ou* véritable *ou* véritablement

sich regen bouger

Regen (MASCULIN, pluriel Regen) pluie

♦ Regenbogen (MASCULIN, pluriel Regenbögen) arc-en-ciel

♦ Regenguss (MASCULIN, pluriel Regengüsse) averse

♦ Regenmantel (MASCULIN, pluriel Regenmäntel) imperméable

♦ Regenschauer (MASCULIN, pluriel Regenschauer) averse

♦ Regenschirm (MASCULIN, pluriel Regenschirme) parapluie

♦ Regenwald (MASCULIN, pluriel Regenwälder) forêt humide

Regie (FÉMININ) mise en scène *ou* réalisation

Regie ne signifie pas « régie » en français.

regieren gouverner *ou* régner

♦ Regierung (FÉMININ pluriel Regierungen) gouvernement

Regisseur, Regisseurin (MASCULIN, pluriel Regisseure / FÉMININ, pluriel Regisseurinnen) metteur en scène *ou* réalisateur, réalisatrice

regnen pleuvoir
♦ regnerisch pluvieux

regulär régulier *ou* normal

regulieren régler *ou* régulariser

Regung (FÉMININ, pluriel Regungen) sentiment *ou* mouvement
♦ regungslos immobile

Reh (NEUTRE, pluriel Rehe) chevreuil

reiben (rieb, gerieben) frotter *ou* râper
► sich die Hände reiben se frotter les mains
♦ reibungslos sans problème

reich riche

Reich (NEUTRE, pluriel Reiche) empire *ou* royaume
► das Dritte Reich le troisième Reich

reichen *a plusieurs catégories grammaticales et plusieurs sens :*

> Ce peut être un VERBE TRANSITIF :

reichen *signifie* tendre *ou* passer *ou* donner :
▷ Reich mir bitte das Messer. Passe-moi le couteau, s'il te plaît.

> Ce peut être un VERBE INTRANSITIF :

1 reichen *peut signifier* s'étendre *ou* aller (jusqu'à) :
▷ Bis wohin reicht dieser Strand? Jusqu'où va cette plage ?

2 reichen *peut signifier* suffire :
▷ Glaubst du, das reicht? Tu crois que ça suffit ?

reichhaltig abondant *ou* riche

reichlich en grand nombre

Reichtum (MASCULIN, pluriel Reichtümer) richesse

Reichweite (FÉMININ, pluriel Reichweiten) portée
► außer Reichweite hors de portée

reif mûr
♦ Reife (FÉMININ) maturité
♦ reifen mûrir

Reifen (MASCULIN, pluriel Reifen) cerceau *ou* pneu

Reifeprüfung (FÉMININ) baccalauréat

Reihe (FÉMININ, pluriel Reihen) rang *ou* rangée
▷ Wer ist an der Reihe? À qui le tour ?
► der Reihe nach à tour de rôle
♦ Reihenfolge (FÉMININ, pluriel Reihenfolgen) suite *ou* ordre

Reim (MASCULIN, pluriel Reime) rime
♦ sich reimen rimer

rein *a plusieurs catégories grammaticales et plusieurs sens :*

> Ce peut être l'ABRÉVIATION de herein ou hinein :

rein *signifie* dedans *ou* vers l'intérieur

> Ce peut être un ADJECTIF :

rein *signifie* pur *ou* propre

> Ce peut être une PARTICULE SÉPARABLE pour former des MOTS COMPOSÉS :

♦ Reinfall (MASCULIN, pluriel Reinfälle) *est une expression familière qui signifie* échec
♦ Reinheit (FÉMININ) pureté *ou* propreté

reinigen nettoyer
♦ Reinigung (FÉMININ, pluriel Reinigungen) nettoyage *ou* pressing

reinlich propre

Reis (MASCULIN) riz

Reise (FÉMININ, pluriel Reisen) voyage
♦ Reisebüro (NEUTRE, pluriel Reisebüros) agence de voyage
♦ reisen voyager
♦ Reisepass (MASCULIN, pluriel Reisepässe) passeport

reißen (riss, gerissen) casser *ou* se déchirer *ou* tirer
♦ reißend impétueux
♦ Reißnagel (MASCULIN, pluriel Reißnägel) punaise
♦ Reißverschluss (MASCULIN, pluriel Reißverschlüsse) fermeture éclair

reiten (ritt, geritten) faire du cheval

Reiter (MASCULIN, pluriel Reiter) onglet (Internet)

Reiter, Reiterin (MASCULIN, pluriel Reiter / FÉMININ, pluriel Reiterinnen) cavalier, cavalière

Reiz (MASCULIN, pluriel Reize) charme *ou* stimulation *ou* irritation
♦ reizbar irritable
♦ reizen irriter *ou* attirer
♦ reizend charmant
♦ reizlos sans attrait
♦ reizvoll plein d'attrait

sich rekeln se prélasser *ou* s'étirer

Reklame (FÉMININ, pluriel Reklamen) **publicité**

relativ relatif

♦ Relativpronomen (NEUTRE, pluriel Relativpronomen) **pronom relatif**

Rennbahn (FÉMININ, pluriel Rennbahnen) **champ de courses** *ou* **vélodrome** *ou* **circuit automobile**

rennen (rannte, gerannt) **courir**

♦ Rennen (NEUTRE, pluriel Rennen) **course**

♦ Rennrad (NEUTRE, pluriel Rennräder) **vélo de course**

♦ Rennwagen (MASCULIN, pluriel Rennwagen) **voiture de course**

Rente (FÉMININ, pluriel Renten) **retraite** *ou* **pension**

▷ in Rente gehen prendre sa retraite *ou* partir à la retraite

Rentier /'reːntiːɐ, 'rɛntiːɐ/ (NEUTRE, pluriel Rentiere) **renne**

sich rentieren **être rentable**

Rentner, Rentnerin (MASCULIN, pluriel Rentner / FÉMININ, pluriel Rentnerinnen) **retraité, retraitée**

Reparatur (FÉMININ, pluriel Reparaturen) **réparation**

reparieren réparer

Repertoire /repɛr'toaːɐ/ (NEUTRE, pluriel Repertoires) **répertoire** (d'un artiste)

reservieren réserver

♦ Reservierung (FÉMININ, pluriel Reservierungen) **réservation**

resolut résolu

Respekt (MASCULIN) **respect**

♦ respektlos **irrespectueux**

♦ respektvoll **respectueux**

Rest (MASCULIN, pluriel Reste) **reste**

♦ restlos **complètement**

retten sauver

♦ Rettung (FÉMININ, pluriel Rettungen) **sauvetage** *ou* **secours**

♦ Rettungswagen (MASCULIN, pluriel Rettungswagen) **ambulance**

Reue (FÉMININ) **remords**

Revier (NEUTRE, pluriel Reviere) **district** *ou* **commissariat**

Revolution (FÉMININ, pluriel Revolutionen) **révolution**

♦ revolutionieren **révolutionner**

Rezensent, Rezensentin (MASCULIN, pluriel Rezensenten / FÉMININ, pluriel Rezensentinnen) **critique** (= personne)

♦ rezensieren **faire la critique de**

♦ Rezension (FÉMININ) **critique** (= fait de critiquer)

Rezept (NEUTRE, pluriel Rezepte) **recette** *ou* **ordonnance**

Rhabarber (MASCULIN) **rhubarbe**

Rhein (MASCULIN) **le Rhin**

Rheuma (NEUTRE) **rhumatisme**

richten *a plusieurs sens :*

1 richten *peut signifier* **réparer**

2 richten *peut signifier* **préparer**

3 sich richten an *signifie* **s'adresser à :**

▷ Der Brief richtet sich an dich. La lettre s'adresse à toi.

4 sich richten nach *signifie* **faire comme cela convient à quelqu'un :**

▷ Ich richte mich nach dir. Je fais comme toi.

Richter, Richterin (MASCULIN, pluriel Richter / FÉMININ, pluriel Richterinnen) **juge**

richtig *a plusieurs catégories grammaticales et plusieurs sens :*

> Ce peut être un ADJECTIF :

richtig *signifie* **juste** *ou* **bon :**

▷ Das ist richtig. C'est juste.

▷ Das ist der richtige Weg. C'est le bon chemin.

▷ Das ist die richtige Person. C'est la personne qu'il faut.

> Ce peut être un ADVERBE :

richtig *signifie* **effectivement**

♦ Richtigkeit (FÉMININ) **exactitude** *ou* **justesse**

♦ Richtigstellung (FÉMININ, pluriel Richtigstellungen) **rectification**

♦ Richtlinie (FÉMININ, pluriel Richtlinien) **directive** *ou* **ligne de conduite**

♦ Richtung (FÉMININ, pluriel Richtungen) **direction** *ou* **tendance**

rieb *voir* **reiben**

riechen (roch, gerochen) **sentir**

► an etwas riechen **sentir quelque chose** *ou* **renifler quelque chose**

rief *voir* **rufen**

Riegel (MASCULIN, pluriel Riegel) **verrou** *ou* **barre (de chocolat)**

Riemen (MASCULIN, pluriel Riemen) **lanière**
► **den Riemen enger schnallen** se serrer la ceinture
► **sich am Riemen reißen** se secouer
▻ Wenn du dich jetzt am Riemen reißt, wirst du es schaffen. Si tu te secoues maintenant, tu réussiras.

Riese (MASCULIN, pluriel Riesen) **géant**
♦ **riesengroß** gigantesque
♦ **Riesenrad** (NEUTRE, pluriel Riesenräder) grande roue
♦ **riesig** énorme

riet *voir* **raten**

Rind (NEUTRE, pluriel Rinder) **bœuf**
♦ **Rinderbraten** *ou* **Rindsbraten** (MASCULIN, pluriel Rinderbraten, Rindsbraten) rôti de bœuf

Rinde (FÉMININ, pluriel Rinden) **écorce** *ou* **croûte**

Ring (MASCULIN, pluriel Ringe) **anneau** *ou* **bague**

Ringfinger (MASCULIN, pluriel Ringfinger) **annulaire**

Ringkampf (MASCULIN, pluriel Ringkämpfe) **lutte** (sport)

> ℹ Le pluriel Rinkämpfe ne s'emploie que pour l'événement sportif, pas pour le sport lui-même.

ringsherum, ringsum, ringsumher **tout autour (de)** *ou* **partout**

Rinne (FÉMININ, pluriel Rinnen) **rigole**

rinnen **couler** *ou* **fuir**

Rippe (FÉMININ, pluriel Rippen) **côte**

Risiko (NEUTRE, pluriel Risikos, Risiken) **risque**
♦ **riskant** risqué
♦ **riskieren** risquer

riss *voir* **reißen**

Riss (MASCULIN, pluriel Risse) **déchirure** *ou* **fissure** *ou* **fêlure** *ou* **gerçure**
♦ **rissig** fissuré *ou* gercé

ritt *voir* **reiten**

Ritze (FÉMININ, pluriel Ritzen) **fente** *ou* **fissure**

Robbe (FÉMININ, pluriel Robben) **phoque**

Roboter (MASCULIN, pluriel Roboter) **robot**

roch *voir* **riechen**

Rock (MASCULIN, pluriel Röcke) **jupe** *ou* **veston**

Rodel (FÉMININ, pluriel Rodeln) **luge**
♦ **Rodelbahn** (FÉMININ, pluriel Rodelbahnen) piste de luge
♦ **rodeln** faire de la luge

Roggen (MASCULIN) **seigle**
♦ **Roggenbrot** pain de seigle

roh **cru** *ou* **brut**

Rohr (NEUTRE, pluriel Rohre) **tuyau** *ou* **tube**

Röhre (FÉMININ, pluriel Röhren) **tube** *ou* **tuyau**

Rohstoff (MASCULIN, pluriel Rohstoffe) **matière première**

Rolle (FÉMININ, pluriel Rollen) **rôle** *ou* **rouleau** *ou* **bobine**
♦ **rollen** rouler
♦ **Roller** (MASCULIN, pluriel Roller) scooter *ou* trottinette
♦ **Rollerskates** (PLURIEL) roller
♦ **Rollkragenpullover** *ou* **Rollkragenpulli** (MASCULIN, pluriel Rollkragenpullover, Rollkragenpullis) pull à col roulé
♦ **Rollschuhe** (MASCULIN PLURIEL) patins à roulettes
♦ **Rollstuhl** (MASCULIN, pluriel Rollstühle) fauteuil roulant
♦ **Rolltreppe** (FÉMININ, pluriel Rolltreppen) escalator

Rom **Rome**
♦ **römisch** romain

Roman (MASCULIN, pluriel Romane) **roman**
♦ **Romanschriftsteller, Romanschriftstellerin** (MASCULIN, pluriel Romanschriftsteller / FÉMININ, pluriel Romanschriftstellerinnen) romancier, romancière

röntgen **faire une radiographie**
♦ **Röntgenbild** *ou* **Röntgenaufnahme** (NEUTRE : pluriel Röntgenbilder / FÉMININ : pluriel Röntgenaufnahmen) radiographie
♦ **Röntgenstrahlen** (MASCULIN PLURIEL) rayons X

rosa **rose**

Rosine (FÉMININ, pluriel Rosinen) **raisin sec**

Rost (MASCULIN, pluriel Roste) *a plusieurs sens :*
1 **Rost** *peut signifier* **rouille**
♦ **rosten** rouiller
♦ **rostfrei** inoxydable
♦ **rostig** rouillé

2 **Rost** *peut signifier* grille *ou* gril

♦ **rösten** griller

3 **Rost** *peut signifier* sommier

rot rouge

♦ **Röte** (FÉMININ) rougeur

♦ **Röteln** (PLURIEL) rubéole

♦ **rothaarig** roux (en parlant des cheveux)

rotieren tourner

Rotkäppchen (NEUTRE) le Petit Chaperon rouge

Rotkehlchen (NEUTRE, pluriel Rotkehlchen) rouge-gorge

Rotwein (MASCULIN, pluriel Rotweine) vin rouge

Rowdy (MASCULIN, pluriel Rowdys) voyou

Ruck (MASCULIN, pluriel Rucke) secousse

► **sich einen Ruck geben** se secouer

Rückblick (MASCULIN, pluriel Rückblicke) rétrospective

♦ **rückblickend** rétrospectivement

rücken déplacer

Rücken (MASCULIN, pluriel Rücken) dos

♦ **Rückenlehne** (FÉMININ, pluriel Rückenlehnen) dossier

♦ **Rückenmark** (NEUTRE) moelle épinière

♦ **Rückenschwimmen** (NEUTRE) nage sur le dos

Rückerstattung (FÉMININ, pluriel Rückerstattungen) remboursement

Rückfahrt (FÉMININ, pluriel Rückfahrten) retour

Rückfall (MASCULIN, pluriel Rückfälle) rechute *ou* récidive

♦ **rückfällig** qui rechute *ou* récidiviste

rückgängig

♦ **rückgängig machen** annuler

Rückgrat (NEUTRE, pluriel Rückgrate) colonne vertébrale

Rückhalt (MASCULIN) soutien

Rückkehr (FÉMININ) retour

Rücklicht (NEUTRE, pluriel Rücklichter) feu arrière

rücklings en arrière *ou* par-derrière

Rucksack (MASCULIN, pluriel Rucksäcke) sac à dos

Rückschau (FÉMININ, pluriel Rückschauen) rétrospective

♦ **rückschauend** rétrospectivement

Rückschluss (MASCULIN, pluriel Rückschlüsse) conclusion

Rückschritt (MASCULIN, pluriel Rückschritte) régression

Rückseite (FÉMININ, pluriel Rückseiten) verso *ou* revers

Rücksicht, Rücksichtnahme (FÉMININ, pluriel Rücksichten, Rücksichtnahmen) égard *ou* considération

► **Rücksicht nehmen auf** tenir compte de *ou* faire attention à

♦ **rücksichtslos** sans égards *ou* irresponsable

♦ **rücksichtsvoll** plein d'égards

Rücktritt (MASCULIN, pluriel Rücktritte) démission (d'un poste officiel)

rückwärts en arrière

♦ **Rückwärtsgang** (MASCULIN, pluriel Rückwärtsgänge) marche arrière

rückwirkend rétroactif

Rückzahlung (FÉMININ, pluriel Rückzahlungen) remboursement

Rückzieher (MASCULIN, pluriel Rückzieher)

► **einen Rückzieher machen** se rétracter *ou* revenir sur sa décision

Ruder (NEUTRE, pluriel Ruder) rame

♦ **rudern** ramer

Ruf (MASCULIN, pluriel Rufe) *a plusieurs sens*

1 **Ruf** *peut signifier* appel *ou* cri

♦ **rufen** (rief, gerufen) appeler *ou* crier

2 **Ruf** *peut signifier* réputation

► **einen guten/schlechten Ruf haben** avoir bonne/mauvaise réputation *ou* être bien/mal famé

Ruhe (FÉMININ) repos *ou* calme *ou* tranquillité

► **Ruhe!** silence !

♦ **ruhelos** agité

♦ **ruhen** se reposer

♦ **Ruhestand** (MASCULIN) retraite

▷ in den Ruhestand gehen prendre sa retraite *ou* partir à la retraite

♦ **Ruhetag** (MASCULIN, pluriel Ruhetage) jour de repos

♦ **ruhig** calme *ou* silencieux
► **etwas ruhig tun** être libre de faire quelque chose
► **das kann man ruhig sagen** c'est le cas de le dire

Ruhm (MASCULIN) gloire
♦ **(sich) rühmen** (se) vanter

rühren remuer *ou* toucher (au sens figuré)
► **sich rühren** bouger
♦ **rührend** touchant

Ruin (MASCULIN) ruine (au sens de faillite)

Ruine (FÉMININ, pluriel Ruinen) ruine (= bâtiment délabré)

rülpsen roter

> ℹ L'expression allemande et sa traduction française sont familières.

Rum (MASCULIN) rhum

Rumäne, Rumänin (MASCULIN, pluriel Rumänen / FÉMININ, pluriel Rumäninnen) Roumain, Roumaine

Rumänien Roumanie
♦ **rumänisch** roumain
♦ **Rumänisch** roumain (langue)

Rummel (MASCULIN) *est une expression familière qui signifie* agitation

rümpfen froncer

rund rond *ou* environ

Runde (FÉMININ, pluriel Runden) tour *ou* cercle *ou* tournée :
► **eine Runde drehen** faire un tour
► **eine Runde ausgeben** payer sa tournée
♦ **Rundfahrt** (FÉMININ, pluriel Rundfahrten) circuit
♦ **Rundfunk** (MASCULIN) radio
♦ **rundherum** tout autour

rundlich rondelet
♦ **Rundung** (FÉMININ, pluriel Rundungen) rondeur *ou* courbure

runter *est l'abréviation de* **herunter** *ou* **hinunter** *et signifie* en bas *ou* vers le bas

Ruß (MASCULIN) suie

Russe, Russin (MASCULIN, pluriel Russen / FÉMININ, pluriel Russinnen) Russe

Rüssel (MASCULIN, pluriel Rüssel) trompe

russisch russe
♦ **Russisch** russe (langue)

Russland Russie

rüsten armer
♦ **Rüstung** (FÉMININ, pluriel Rüstungen) armement (= action d'armer) *ou* armure

> ℹ Seul le sens d'« armure » prend un pluriel.

Rutsch (MASCULIN, pluriel Rutsche) glissement
♦ **Rutschbahn** (FÉMININ, pluriel Rutschbahnen) toboggan
♦ **rutschen** glisser
♦ **rutschig** glissant

rütteln secouer

Ss

Saal (MASCULIN, pluriel Säle) salle

Sache (FÉMININ, pluriel Sachen) chose *ou* affaire
► zur Sache kommen en venir aux faits
♦ Sachlage (FÉMININ, pluriel Sachlagen) situation *ou* circonstances
♦ sachlich objectif
♦ Sachschaden (MASCULIN, pluriel Sachschäden) dommage matériel

sacht(e) avec précaution *ou* doucement

Sack (MASCULIN, pluriel Säcke) sac
♦ Sackgasse (FÉMININ, pluriel Sackgassen) impasse

säen semer

Saft (MASCULIN, pluriel Säfte) jus
♦ saftig juteux

Sage (FÉMININ, pluriel Sagen) légende

Säge (FÉMININ, pluriel Sägen) scie

sagen dire

sagenhaft formidable *ou* extraordinaire

sah *voir* sehen

Sahne (FÉMININ) crème (au sens culinaire)

Saite (FÉMININ, pluriel Saiten) corde (d'un instrument de musique)

Sakko (NEUTRE, pluriel Sakkos) veste

Salat (MASCULIN, pluriel Salate) salade

Salbe (FÉMININ, pluriel Salben) pommade *ou* crème (pour la peau)

Salz (NEUTRE, pluriel Salze) sel
♦ salzen saler
♦ salzig salé

Samen (MASCULIN, pluriel Samen) graine *ou* sperme

sämig onctueux

sammeln cueillir *ou* collecter *ou* collectionner
♦ sich sammeln se concentrer *ou* se rassembler
♦ Sammlung (FÉMININ, pluriel Sammlungen) collecte *ou* collection *ou* rassemblement

Samstag (MASCULIN, pluriel Samstage) samedi
► am Samstag samedi
► samstags tous les samedis

samt *est une* PRÉPOSITION *qui s'emploie avec le datif et signifie* y compris
► samt und sonders tous sans exception

Samt (MASCULIN, pluriel Samte) velours

sämtliche tous les, toutes les

Sand (MASCULIN, pluriel Sande) sable
♦ Sandgebäck (NEUTRE) sablé (biscuit)
♦ sandig sablonneux
♦ Sandkasten (MASCULIN, pluriel Sandkästen) bac à sable

sandte *voir* senden

sanft doux
♦ sanftmütig doux *ou* gentil

sang *voir* singen

Sänger, Sängerin (MASCULIN, pluriel Sänger / FÉMININ, pluriel Sängerinnen) chanteur, chanteuse

sanieren assainir *ou* rénover

♦ **Sanierung** (FÉMININ, pluriel Sanierungen) rénovation

sank *voir* sinken

Sardelle (FÉMININ, pluriel Sardellen) anchois

Sarg (MASCULIN, pluriel Särge) cercueil

saß *voir* sitzen

satt rassasié *ou* intense

► satt sein ne plus avoir faim

► jemanden / etwas satt sein ou haben en avoir marre de quelqu'un / quelque chose

Sattel (MASCULIN, pluriel Sättel) selle

♦ **satteln** seller

Satz (MASCULIN, pluriel Sätze) *a plusieurs sens :*

1 Satz *peut signifier* phrase

♦ **Satzzeichen** (NEUTRE, pluriel Satzzeichen) signe de ponctuation

2 Satz *peut signifier* bond

► einen Satz machen faire un bond

sauber propre

♦ **Sauberkeit** (FÉMININ) propreté

♦ **säuberlich** soigneusement

♦ **säubern** nettoyer

sauer acide *ou* aigre *ou* caillé

► sauer sein *est une expression familière qui signifie* être fâché

► saurer Regen pluies acides

♦ **Sauerei** (FÉMININ, pluriel Sauereien) cochonnerie

♦ **Sauerkraut** (NEUTRE) choucroute

♦ **säuerlich** acidulé

♦ **Sauerstoff** (MASCULIN) oxygène

saufen (er säuft; soff, gesoffen) boire

saugen (sog *ou* saugte, gesogen *ou* gesaugt) sucer

säugen allaiter

♦ **Säugetier** (NEUTRE, pluriel Säugetiere) mammifère

♦ **Säugling** (MASCULIN, pluriel Säuglinge) nourrisson

Säule (FÉMININ, pluriel Säulen) colonne *ou* pilier

Saum (MASCULIN, pluriel Säume) ourlet

Säure (FÉMININ, pluriel Säuren) acide *ou* acidité *ou* aigreur

sausen siffler *ou* bourdonner :

▷ Der Wind saust. Le vent siffle.

▷ Der Wind saust mir in den Ohren. Le vent bourdonne dans mes oreilles.

♦ **sausen** *est une expression familière qui signifie* aller vite

schäbig miteux

Schach (NEUTRE, pluriel Schachs) échecs

♦ **Schachspiel** (NEUTRE, pluriel Schachspiele) jeu d'échecs

Schachtel (FÉMININ, pluriel Schachteln) boîte

schade dommage

Schädel (MASCULIN, pluriel Schädel) crâne

♦ **Schädelbruch** (MASCULIN, pluriel Schädelbrüche) fracture du crâne

schaden nuire

♦ **Schaden** (MASCULIN, pluriel Schäden) dommage *ou* dégâts

♦ **Schaden(s)ersatz** (MASCULIN) dommages et intérêts

♦ **Schadenfreude** (FÉMININ) plaisir à contempler le malheur des autres

♦ **schadenfroh** qui se réjouit du malheur des autres

♦ **schädlich** nuisible *ou* nocif

♦ **Schädling** (MASCULIN, pluriel Schädlinge) animal nuisible

♦ **Schadstoff** (MASCULIN, pluriel Schadstoffe) substance nocive

Schaf (NEUTRE, pluriel Schafe) mouton

Schäferhund (MASCULIN, pluriel Schäferhunde) berger allemand

schaffen *a plusieurs conjugaisons et plusieurs sens :*

> Ce peut être un VERBE RÉGULIER :

schaffen (schaffte, geschafft) *signifie* réussir à faire *ou* arriver à finir

> Ce peut être un VERBE IRRÉGULIER :

schaffen (schuf, geschaffen) *signifie* créer *ou* rétablir *ou* faire

Schaffner, Schaffnerin (MASCULIN, pluriel Schaffner / FÉMININ, pluriel Schaffnerinnen) contrôleur, contrôleuse

Schal (MASCULIN, pluriel Schale, Schals) écharpe

Schale *a plusieurs sens*

1 Schale *peut signifier* peau *ou* épluchure *ou* écorce *ou* coquille

♦ **schälen** éplucher *ou* peler

2 Schale *peut signifier* saladier *ou* ramequin

Schall (MASCULIN, pluriel Schalle, Schälle) son *ou* résonance

♦ schalldicht insonorisé

♦ schallen sonner *ou* résonner

♦ Schallmauer (FÉMININ, pluriel Schallmauern) mur du son

Schalotte (FÉMININ, pluriel Schalotten) échalote

schalten *a plusieurs catégories grammaticales et plusieurs sens :*

> Ce peut être un VERBE TRANSITIF :

► auf warm / kalt schalten mettre sur chaud / froid

> Ce peut être un VERBE INTRANSITIF :

1 schalten *peut signifier* changer de vitesse (sur une voiture)

► in den dritten Gang schalten passer la troisième

2 schalten *peut signifier* piger

> ℹ Cette expression allemande et sa traduction française sont familières.

♦ Schalter (MASCULIN, pluriel Schalter) interrupteur *ou* guichet

♦ Schaltjahr (NEUTRE, pluriel Schaltjahre) année bissextile

Scham (FÉMININ) pudeur

♦ sich schämen avoir honte

♦ schamhaft pudique

♦ schamlos sans honte *ou* sans pudeur

Schande (FÉMININ) honte

Schar (FÉMININ, pluriel Scharen) foule

► in Scharen ou scharenweise en grand nombre

scharf (schärfer, am schärfsten) *a plusieurs sens :*

► ein scharfes Messer un couteau coupant

► scharfes Essen nourriture épicée

► ein scharfes Auge haben avoir l'œil

► scharfe Ohren haben avoir l'oreille fine

► scharfer Verstand esprit vif

► scharfer Wind vent glacial

► scharfes Foto photo nette

► scharfer Hund chien méchant

► scharf nachdenken réfléchir intensément

► auf jemanden / etwas scharf sein être fou de quelqu'un / quelque chose

♦ Scharfsinn (MASCULIN) perspicacité

♦ scharfsinnig perspicace

Schatten (MASCULIN, pluriel Schatten) ombre

♦ schattig ombragé

Schatz (MASCULIN, pluriel Schätze) trésor *ou* chéri

schätzen estimer *ou* évaluer

♦ schätzenswert estimable

♦ Schätzung (FÉMININ, pluriel Schätzungen) estimation *ou* évaluation

♦ schätzungsweise approximativement

Schau (FÉMININ, pluriel Schauen) spectacle

► etwas zur Schau stellen exposer quelque chose

Schauder (MASCULIN, pluriel Schauder) frisson

♦ schauderhaft épouvantable

♦ schaudern frissonner *ou* frémir

schauen regarder

Schauergeschichte (FÉMININ, pluriel Schauergeschichten) histoire d'épouvante

schauerlich horrible

Schaufel (FÉMININ, pluriel Schaufeln) pelle

Schaufenster (NEUTRE, pluriel Schaufenster) vitrine

Schaukel (FÉMININ, pluriel Schaukeln) balançoire

♦ schaukeln se balancer

Schaum (MASCULIN, pluriel Schäume) écume *ou* mousse

♦ schäumen mousser

♦ Schaumgummi (MASCULIN, pluriel Schaumgummis) mousse (pour matelas ou coussin)

schaurig épouvantable

Schauspiel (NEUTRE, pluriel Schauspiele) spectacle *ou* pièce de théâtre

Schauspieler, Schauspielerin (MASCULIN, pluriel Schauspieler / FÉMININ, pluriel Schauspielerinnen) acteur, actrice

Scheck (MASCULIN, pluriel Schecks) chèque

♦ Scheckkarte (FÉMININ, pluriel Scheckkarten) carte bancaire

> La Scheckkarte est une carte accompagnant les chèques et servant de justificatif pour les paiements par chèque, ainsi que de carte bancaire.

Scheibe (FÉMININ, pluriel Scheiben) tranche *ou* carreau *ou* disque

♦ Scheibenwischer (MASCULIN, pluriel Scheibenwischer) essuie-glace

Scheide (FÉMININ, pluriel Scheiden) vagin

scheiden (schied, geschieden) séparer
► sich scheiden lassen divorcer
◆ Scheidung (FÉMININ, pluriel Scheidungen) divorce

Schein (MASCULIN, pluriel Scheine) éclat *ou* apparence *ou* billet
► etwas zum Schein tun faire semblant
◆ scheinbar apparent *ou* apparemment
◆ scheinen (schien, geschienen) briller *ou* sembler
◆ scheinheilig hypocrite
◆ Scheinwerfer (MASCULIN, pluriel Scheinwerfer) projecteur *ou* phare

Scheitel (MASCULIN, pluriel Scheitel) raie (dans les cheveux) *ou* sommet

scheitern échouer

Schenkel (MASCULIN, pluriel Schenkel) cuisse

schenken offrir

Scherbe (FÉMININ, pluriel Scherben) débris (de verre)

Schere (FÉMININ, pluriel Scheren) ciseaux

Scherz (MASCULIN, pluriel Scherze) plaisanterie
◆ scherzen plaisanter
◆ scherzhaft pour plaisanter

scheu timide *ou* craintif
◆ Scheu (FÉMININ) timidité *ou* crainte
◆ scheuen avoir peur de *ou* craindre
► sich vor etwas scheuen craindre quelque chose

Scheune (FÉMININ, pluriel Scheunen) grange

scheußlich affreux

Schi (MASCULIN, pluriel Schier) ski

Schicht (FÉMININ, pluriel Schichten) couche
◆ schichten empiler

schick chic

schicken envoyer
◆ sich schicken être convenable
◆ schicklich convenable

Schicksal (NEUTRE, pluriel Schicksale) destin

schieben (schob, geschoben) pousser *ou* faire glisser

schied *voir* scheiden

Schiedsrichter (MASCULIN, pluriel Schiedsrichter) arbitre

schief penché *ou* de travers
► sich schieflachen se tordre de rire
► schiefliegen se tromper

schien *voir* scheinen

Schienbein (NEUTRE, pluriel Schienbeine) tibia

Schiene (FÉMININ, pluriel Schienen) rail *ou* attelle

schießen (schoss, geschossen) tirer *ou* jaillir

Schiff (NEUTRE, pluriel Schiffe) bateau *ou* nef
◆ Schiffbruch (MASCULIN, pluriel Schiffbrüche) naufrage
◆ Schifffahrt (FÉMININ) navigation

Schikoree (MASCULIN OU FÉMININ, pluriel Schikoree) endive

Schild *a plusieurs catégories grammaticales :*
> Ce peut être un NOM NEUTRE :
das Schild (pluriel Schilder) *signifie* enseigne *ou* panneau
► etwas im Schilde führen tramer quelque chose
> Ce peut être un NOM MASCULIN :
der Schild (pluriel Schilde) *signifie* bouclier

Schilddrüse (FÉMININ, pluriel Schilddrüsen) thyroïde

schildern décrire *ou* dépeindre
◆ Schilderung (FÉMININ, pluriel Schilderungen) description

Schildkröte (FÉMININ, pluriel Schildkröten) tortue

Schimmel (MASCULIN, pluriel Schimmel) *a plusieurs sens :*
1 Schimmel *peut signifier* moisissure
◆ schimmelig moisi
◆ schimmeln moisir
2 Schimmel *peut signifier* cheval blanc

Schimmer (MASCULIN) lueur
◆ schimmern luire

schimpfen pester *ou* râler *ou* gronder
► mit jemandem schimpfen gronder quelqu'un
◆ Schimpfwort (NEUTRE, pluriel Schimpfwörter) juron *ou* insulte

Schinken (MASCULIN, pluriel Schinken) jambon

Schirm (MASCULIN, pluriel Schirme)
► Regenschirm **parapluie**
► Sonnenschirm **parasol**

Schlacht (FÉMININ) **bataille**

schlachten **abattre**
♦ Schlachthaus *ou* Schlachthof (NEUTRE, pluriel Schlachthäuser / MASCULIN, pluriel Schlachthöfe) **abattoir**

Schlaf (MASCULIN) **sommeil**

Schläfe (FÉMININ, pluriel Schläfen) **tempe**

schlafen (er schläft; schlief, geschlafen) **dormir**
► schlafen gehen **aller se coucher**
► mit jemandem schlafen **coucher avec quelqu'un**

schlaff **flasque** *ou* **mou**

schlaflos **sans sommeil**
♦ Schlaflosigkeit (FÉMININ) **insomnie**

schläfrig **qui a sommeil**

Schlafsack (MASCULIN, pluriel Schlafsäcke) **sac de couchage**

Schlafzimmer (NEUTRE, pluriel Schlafzimmer) **chambre à coucher**

Schlag (MASCULIN, pluriel Schläge) **coup**
► mit einem Schlag **d'un seul coup**
♦ Schlagader (FÉMININ, pluriel Schlagadern) **artère**
♦ Schlaganfall (MASCULIN, pluriel Schlaganfälle) **attaque** (d'apoplexie)
♦ schlagartig **brusquement**

schlagen (er schlägt; schlug, geschlagen) *a plusieurs sens :*

1 schlagen *peut signifier* **frapper** *ou* **battre :**
► sich schlagen **se battre**

2 schlagen *peut signifier* **battre** *ou* **vaincre** (un adversaire) **:**
▷ Sie haben die andere Mannschaft fünf zu drei geschlagen. Ils ont battu l'autre équipe cinq à trois.

Schlager (MASCULIN, pluriel Schlager) **tube** (en parlant d'une chanson)

Schläger (MASCULIN, pluriel Schläger) **raquette** *ou* **crosse**
♦ Schlägerei (FÉMININ, pluriel Schlägereien) **bagarre**

schlagfertig **qui a de la repartie**
♦ Schlagfertigkeit (FÉMININ) **repartie**

Schlagrahm, Schlagsahne (MASCULIN, FÉMININ) **crème chantilly**

Schlagwort (NEUTRE, pluriel Schlagworte) **slogan**

Schlagzeile (FÉMININ, pluriel Schlagzeilen) **gros titre**

Schlagzeug (NEUTRE) **batterie** (instrument)

Schlamm (MASCULIN) **boue**
♦ schlammig **boueux**

schlampig **négligé** *ou* **bâclé :**
► schlampige Kleidung **vêtements négligés**
► schlampige Arbeit **travail bâclé**

schlang *voir* schlingen

Schlange (FÉMININ, pluriel Schlangen) **serpent** *ou* **file d'attente**
► Schlange stehen **faire la queue**
► sich schlängeln **se faufiler** *ou* **serpenter**
♦ Schlangengift (NEUTRE) **venin**

schlank **mince**

schlapp **épuisé**
♦ schlappmachen **flancher**

schlau **malin** *ou* **astucieux**

Schlauch (MASCULIN, pluriel Schläuche) **tuyau** (souple)
♦ Schlauchboot (NEUTRE, pluriel Schlauchboote) **bateau gonflable**

schlecht *a plusieurs catégories grammaticales et plusieurs sens :*

> Ce peut être un ADJECTIF :

schlecht *signifie* **mauvais**

> Ce peut être un ADVERBE :

schlecht *signifie* **mal** *ou* **difficilement**
► jemandem geht es schlecht **quelqu'un va mal**
► mir ist schlecht **je me sens mal**
► schlecht und recht **tant bien que mal**
♦ schlechthin **tout simplement**

schlecken **lécher**

schleichen (schlich, geschlichen) **ramper** *ou* **glisser** (furtivement)

Schleier (MASCULIN, pluriel Schleier) **voile**

Schleife (FÉMININ, pluriel Schleifen) **nœud** *ou* **boucle** (en tissu)

schleifen *a plusieurs conjugaisons et plusieurs sens :*

1 **schleifen** (schleifte, geschleift) *signifie* **traîner**

2 **schleifen** (schliff, geschliffen) *signifie* **aiguiser**

Schleim (MASCULIN, pluriel Schleime) *désigne une* **matière visqueuse**

♦ Schleimhaut (FÉMININ, pluriel Schleimhäute) **muqueuse**

♦ schleimig **visqueux**

schlendern flâner

schleppen traîner

♦ Schlepplift (MASCULIN, pluriel Schlepplifte) **remonte-pente** *ou* **téléski**

schleudern lancer *ou* essorer *ou* déraper

schleunigst au plus vite

schlich *voir* schleichen

schlicht simple

schlichten arranger *ou* régler *ou* aplanir

schlief *voir* schlafen

schließen (schloss, geschlossen) **fermer** *ou* **conclure** *ou* **clore** *ou* **déduire :**

▷ Schließ die Tür, bitte! Ferme la porte, s'il te plaît !

▷ Der Vertrag ist geschlossen. Le contrat est conclu.

▷ Wir müssen die Sitzung schließen. Nous devons clore la réunion.

▷ Was kann man daraus schließen? Qu'est-ce qu'on peut en déduire ?

schließlich finalement

schliff *voir* schleifen

schlimm grave *ou* mauvais

♦ schlimmstenfalls **au pire**

Schlinge (FÉMININ, pluriel Schlingen) **boucle** *ou* **lacet**

schlingen (schlang, geschlungen) **engloutir**

Schlitten (MASCULIN, pluriel Schlitten) **luge** *ou* **traîneau**

► Schlitten fahren **faire de la luge**

Schlittschuhe (MASCULIN PLURIEL) **patins à glace**

♦ Schlittschuhlaufen (NEUTRE) **patinage**

Schlitz (MASCULIN, pluriel Schlitze) **fente**

schloss *voir* schließen

Schloss (NEUTRE, pluriel Schlösser) **château** *ou* **serrure**

Schlucht (FÉMININ, pluriel Schluchten) **ravin**

schluchzen sangloter

Schluck (MASCULIN, pluriel Schlucke) **gorgée**

♦ Schluckauf (MASCULIN) **hoquet**

♦ schlucken **avaler**

schlug *voir* schlagen

schlummern sommeiller

schlüpfen se faufiler

► in ein Kleid schlüpfen **enfiler une robe**

♦ schlüpfrig **glissant** *ou* **scabreux**

schlürfen boire bruyamment

Schluss (MASCULIN, pluriel Schlüsse) **fin** *ou* **conclusion** *ou* **déduction**

► am Schluss **à la fin**

► Schluss machen **arrêter**

► mit jemandem Schluss machen **rompre avec quelqu'un**

Schlüssel (MASCULIN, pluriel Schlüssel) **clé**

♦ Schlüsselbein (NEUTRE, pluriel Schlüsselbeine) **clavicule**

♦ Schlüsselbund (MASCULIN, pluriel Schlüsselbunde, Schlüsselbünde) **trousseau de clés**

♦ Schlüsselloch (NEUTRE, pluriel Schlüssellöcher) **trou de serrure**

Schlussfolgerung (FÉMININ, pluriel Schlussfolgerungen) **conclusion** *ou* **déduction**

Schlussverkauf (MASCULIN, pluriel Schlussverkäufe) **soldes**

schmächtig frêle

schmackhaft savoureux

schmal étroit *ou* mince

schmatzen manger bruyamment

schmecken être bon

► nach etwas schmecken **avoir le goût de quelque chose**

► etwas schmeckt gut/schlecht **quelque chose a bon/mauvais goût**

Schmeichelei (FÉMININ, pluriel Schmeicheleien) **flatterie**

♦ schmeichelhaft **flatteur**

♦ schmeicheln **flatter**

schmeißen (schmiss, geschmissen) *est un mot familier qui signifie* **jeter**

schmelzen (er schmilzt; schmolz, geschmolzen) **fondre** *ou* **faire fondre**

Schmerz (MASCULIN, pluriel Schmerzen) **douleur**
- ♦ schmerzen **faire mal**
- ♦ schmerzhaft *ou* schmerzlich **douloureux**
- ♦ schmerzlos **indolore**

Schmetterling (MASCULIN, pluriel Schmetterlinge) **papillon**

schmettern **projeter** *ou* **lancer violemment**

(sich) schmiegen **se blottir**
▷ sich an jemanden / etwas schmiegen se blottir contre quelqu'un / quelque chose

schmieren *a plusieurs catégories grammaticales et plusieurs sens :*

> Ce peut être un VERBE TRANSITIF :
schmieren *signifie* **tartiner** *ou* **graisser :**
► ein Butterbrot schmieren **faire une tartine de beurre**

> Ce peut être un VERBE INTRANSITIF :
schmieren *signifie* **gribouiller** *ou* **couler :**
▷ Der Kulli schmiert. Le stylo bave.
- ♦ schmierig **gras** *ou* **graisseux**

schmilzt *voir* schmelzen

Schminke (FÉMININ, pluriel Schminken) **maquillage**
- ♦ (sich) schminken (se) **maquiller**

schmiss *voir* schmeißen

schmollen **bouder**

schmolz *voir* schmelzen

Schmuck (MASCULIN) **bijoux** *ou* **décoration**
- ♦ schmücken **décorer**

> ℹ Le pluriel Schmucke est rare.

Schmuggel (MASCULIN) **contrebande**
- ♦ schmuggeln **faire de la contrebande**
- ♦ Schmuggler, Schmugglerin (MASCULIN, pluriel Schmuggler / FÉMININ, pluriel Schmugglerinnen)

Schmutz (MASCULIN) **saleté**
- ♦ schmutzig **sale**

Schnabel (MASCULIN, pluriel Schnäbel) **bec**

Schnalle (FÉMININ, pluriel Schnallen) **boucle** (de chaussure ou de ceinture)

schnalzen **claquer**

schnappen **saisir**
► Luft schnappen **prendre l'air**

Schnaps (MASCULIN, pluriel Schnäpse) **eau-de-vie**

schnarchen **ronfler**

schnaufen **haleter**

Schnauzbart (MASCULIN, pluriel Schnauzbärte) **moustache**

Schnauze (FÉMININ, pluriel Schnauzen) **museau** *ou* **gueule**

sich schnäuzen **se moucher**

Schnecke (FÉMININ, pluriel Schnecken) **escargot** *ou* **limace**
► im Schneckentempo **à la vitesse d'un escargot**
- ♦ Schneckengehäuse (NEUTRE, pluriel Schneckengehäuse) **coquille d'escargot**

Schnee (MASCULIN) **neige**
- ♦ Schneeball (MASCULIN, pluriel Schneebälle) **boule de neige**
- ♦ Schneeflocke (FÉMININ, pluriel Schneeflocken) **flocon de neige**
- ♦ Schneeglöckchen (NEUTRE, pluriel Schneeglöckchen) **perce-neige**
- ♦ Schneemann (MASCULIN, pluriel Schneemänner) **bonhomme de neige**
- ♦ Schneewittchen (NEUTRE) **Blanche-Neige**

(sich) schneiden (schnitt, geschnitten) **(se) couper**
► Gesichter schneiden **faire des grimaces**

schneien **neiger**

schnell **rapide** *ou* **vite** *ou* **rapidement**
- ♦ Schnelligkeit (FÉMININ) **rapidité**
- ♦ schnellstens **au plus vite**

(sich) schneuzen **se moucher**

schnippisch **impertinent**

schnitt *voir* schneiden

Schnitt (MASCULIN, pluriel Schnitte) **coupure**
- ♦ Schnitte (FÉMININ, pluriel Schnitten) **tranche**
- ♦ Schnittlauch (MASCULIN) **ciboulette**

Schnitzel (NEUTRE, pluriel Schnitzel) **escalope**

Schnitzeljagd (FÉMININ, pluriel Schnitzeljagden) **chasse au trésor** (= jeu)

schnitzen tailler

Schnorchel (MASCULIN, pluriel Schnorchel) tuba

schnüffeln renifler

Schnuller (MASCULIN, pluriel Schnuller) tétine

Schnupfen (MASCULIN, pluriel Schnupfen) rhume

schnuppern renifler

Schnur (FÉMININ, pluriel Schnüre) ficelle *ou* fil
- ♦ schnüren lacer
- ♦ schnurgerade tout droit

Schnurrbart (MASCULIN, pluriel Schnurrbärte) moustache

schnurren ronronner

Schnürsenkel (MASCULIN, pluriel Schnürsenkel) lacet

schob *voir* schieben

Schock (MASCULIN, pluriel Schocks) choc
- ♦ schockieren choquer

Schokolade (FÉMININ, pluriel Schokoladen) chocolat

schon déjà *ou* enfin *ou* certes

schön beau *ou* bien

(sich) schonen (se) ménager

Schönheit (FÉMININ) beauté
- ♦ sich schön machen se faire beau

Schonung (FÉMININ) ménagement
- ♦ schonungslos sans ménagements

schöpfen puiser
- ► Luft schöpfen prendre l'air
- ► Mut schöpfen prendre courage
- ► Verdacht schöpfen avoir des soupçons
- ♦ schöpferisch créateur (adjectif)
- ♦ Schöpfung (FÉMININ, pluriel Schöpfungen) création

Schornstein (MASCULIN, pluriel Schornsteine) cheminée
- ♦ Schornsteinfeger (MASCULIN, pluriel Schornsteinfeger) ramoneur

schoss *voir* schießen

Schoß (MASCULIN, pluriel Schöße)
- ► auf dem Schoß sur les genoux

Schotte, Schottin (MASCULIN, pluriel Schotten / FÉMININ, pluriel Schottinnen) Écossais, Écossaise
- ♦ schottisch écossais
- ♦ Schottland Écosse

schräg incliné *ou* de biais

Schrank (MASCULIN, pluriel Schränke) placard *ou* armoire

Schranke (FÉMININ, pluriel Schranken) barrière

Schraube (FÉMININ, pluriel Schrauben) vis
- ♦ schrauben visser
- ♦ Schraubenzieher (MASCULIN, pluriel Schraubenzieher) tournevis

Schreck, Schrecken (MASCULIN) terreur *ou* effroi
- ♦ schrecken effrayer
- ♦ schreckhaft craintif
- ♦ schrecklich terrible *ou* épouvantable

Schrei (MASCULIN, pluriel Schreie) cri

Schreibblock (MASCULIN, pluriel Schreibblöcke) bloc-notes

schreiben (schrieb, geschrieben) écrire
- ♦ Schreibmaschine (FÉMININ, pluriel Schreibmaschinen) machine à écrire
- ♦ Schreibtisch (MASCULIN, pluriel Schreibtische) bureau

schreien (schrie, geschrie(e)n) crier

schrieb *voir* schreiben

Schrift (FÉMININ, pluriel Schriften) écriture *ou* écrit
- ♦ schriftlich par écrit
- ♦ Schriftsteller, Schriftstellerin (MASCULIN, pluriel Schriftsteller / FÉMININ, pluriel Schriftstellerinnen) écrivain

schrill aigu *ou* perçant *ou* vif (couleur)

Schritt (MASCULIN, pluriel Schritte) pas

schroff abrupt *ou* brusque

Schrott (MASCULIN, pluriel Schrotte) ferraille
- ♦ Schrotthaufen (MASCULIN, pluriel Schrotthaufen) tas de ferraille

schrubben frotter

schrumpfen rétrécir

Schubkarren (MASCULIN, pluriel Schubkarren) brouette

Schublade (FÉMININ, pluriel Schubladen) tiroir

schüchtern timide

♦ Schüchternheit (FÉMININ) timidité

schuf *voir* schaffen

Schuft (MASCULIN, pluriel Schufte) salaud

schuften bosser dur

> ℹ Cette expression allemande et sa traduction française sont familières.

Schuh (MASCULIN, pluriel Schuhe) chaussure

♦ Schuhband (NEUTRE, pluriel Schuhbänder) lacet

♦ Schuhcreme (FÉMININ) cirage

♦ Schuhgröße (FÉMININ, pluriel Schuhgrößen) pointure (des pieds)

♦ Schuhsohle (FÉMININ, pluriel Schuhsohlen) semelle

Schularbeit, Schulaufgabe (FÉMININ, pluriel Schularbeiten, Schulaufgaben) devoir (scolaire)

Schulbedarf (MASCULIN) fournitures scolaires

Schuld (FÉMININ) faute *ou* culpabilité *ou* dette

► Schuld haben ou schuld sein être la faute de

► er ist schuld c'est de sa faute

♦ schulden devoir

► jemandem etwas schulden devoir quelque chose à quelqu'un

♦ Schuldgefühl (NEUTRE, pluriel Schuldgefühle) sentiment de culpabilité

♦ schuldig coupable

► jemandem etwas schuldig sein devoir quelque chose à quelqu'un

Schule (FÉMININ, pluriel Schulen) école

♦ Schüler, Schülerin (MASCULIN, pluriel Schüler / FÉMININ, pluriel Schülerinnen) élève

♦ Schulferien (pluriel pluriel) vacances scolaires

♦ schulfrei haben ne pas avoir école

♦ Schuljahr (NEUTRE, pluriel Schuljahre) année scolaire

♦ Schultasche (FÉMININ, pluriel Schultaschen) cartable

Schulter (FÉMININ, pluriel Schultern) épaule

Schuppe (FÉMININ, pluriel Schuppen) écaille *ou* pellicule (de cheveux)

Schuppen (MASCULIN, pluriel Schuppen) remise

(sich) schürfen (s') égratiner

♦ Schürfung (FÉMININ, pluriel Schürfungen) éraflure

Schurke (MASCULIN, pluriel Schurken) crapule

Schürze (FÉMININ, pluriel Schürzen) tablier

Schuss (MASCULIN, pluriel Schüsse) coup de feu *ou* tir

Schüssel (FÉMININ, pluriel Schüsseln) plat creux, saladier

Schutt (MASCULIN) décombres

schütteln secouer

► sich schütteln trembler *ou* s'ébrouer

schütten verser

► es schüttet il pleut à torrents

Schutz (MASCULIN) protection

► jemanden in Schutz nehmen protéger quelqu'un

> ℹ Le pluriel Schutze est rare.

Schütze (MASCULIN, pluriel Schützen) Sagittaire *ou* tireur

(sich) schützen (se) protéger

♦ schutzlos sans protection

schwach (schwächer, am schwächsten) faible *ou* léger

♦ Schwäche (FÉMININ, pluriel Schwächen) faiblesse *ou* faible

♦ schwächen affaiblir

♦ Schwachkopf (MASCULIN, pluriel Schwachköpfe) débile

> ℹ Cette expression allemande et sa traduction française sont familières.

♦ Schwachsinn (MASCULIN) imbécillité

♦ schwachsinnig débile

Schwall (MASCULIN, pluriel Schwalle) flot

schwamm *voir* schwimmen

Schwamm (MASCULIN, pluriel Schwämme) éponge

Schwan (MASCULIN, pluriel Schwäne) cygne

schwand *voir* schwinden

schwang *voir* schwingen

schwanger enceinte
- ♦ Schwangerschaft (FÉMININ, pluriel Schwangerschaften) grossesse
- ♦ Schwangerschaftsabbruch (MASCULIN, pluriel Schwangerschaftsabbrüche) interruption de grossesse
- ♦ Schwangerschaftstest (MASCULIN, pluriel Schwangerschaftstests) test de grossesse

schwanken tituber *ou* se balancer

Schwanz (MASCULIN, pluriel Schwänze) queue

schwänzen
► die Schule schwänzen sécher l'école

Schwarm (MASCULIN, pluriel Schwärme) *peut avoir le sens familier de* idole
- ♦ schwärmen s'exalter
  ► für jemanden schwärmen être fou de quelqu'un
- ♦ schwärmerisch exalté

schwarz (schwärzer, am schwärzesten) noir
- ♦ schwarz sehen avoir peu d'espoir
- ♦ Schwärze (FÉMININ) noirceur
- ♦ schwarzfahren voyager sans titre de transport
- ♦ Schwarzhandel *ou* Schwarzmarkt (MASCULIN) marché noir
- ♦ Schwarzwald (MASCULIN) la Forêt-Noire
- ♦ schwarz-weiß noir et blanc

schwatzen ou schwätzen bavarder

Schwebe (FÉMININ) suspens
► in der Schwebe en suspens *ou* suspendu
- ♦ schweben planer *ou* être suspendu

Schwede (MASCULIN, pluriel Schweden) Suédois
- ♦ Schweden Suède
- ♦ Schwedin (FÉMININ, pluriel Schwedinnen) Suédoise
- ♦ schwedisch suédois

Schweif (MASCULIN, pluriel Schweife) queue

schweigen (schwieg, geschwiegen) se taire
- ♦ Schweigen (NEUTRE) silence
- ♦ schweigsam silencieux

Schwein (NEUTRE, pluriel Schweine) cochon *ou* porc
- ♦ Schweinerei (FÉMININ, pluriel Schweinereien) cochonnerie
- ♦ Schweinestall (MASCULIN, pluriel Schweineställe) porcherie

Schweiß (MASCULIN) transpiration *ou* sueur
- ♦ schweißig en sueur
- ♦ schweißnass trempé (de sueur)

Schweiz (FÉMININ) la Suisse
- ♦ Schweizer, Schweizerin (MASCULIN, pluriel Schweizer / FÉMININ, pluriel Schweizerinnen) Suisse
- ♦ schweizerisch suisse

Schwelgerei (FÉMININ) gourmandise

Schwelle (FÉMININ, pluriel Schwellen) seuil
- ♦ Schwellenland (NEUTRE, pluriel Schwellenländer) pays émergent

schwellen (er schwillt; schwoll, geschwollen) gonfler *ou* enfler
- ♦ Schwellung (FÉMININ, pluriel Schwellungen) enflure

schwenken agiter *ou* pivoter

schwer *a plusieurs catégories grammaticales et plusieurs sens :*

> Ce peut être un ADJECTIF :

1 schwer *peut signifier* **difficile** :
▷ Das ist eine schwere Schulaufgabe. C'est un devoir difficile.

2 schwer *peut signifier* **lourd** :
▷ Das Klavier ist zu schwer. Le piano est trop lourd.

3 schwer *peut signifier* **grave** :
▷ Sie hat eine schwere Krankheit. Elle a une maladie grave.

> Ce peut être un ADVERBE :

1 schwer *peut signifier* **très** *ou* **beaucoup** :
► schwer arbeiten travailler beaucoup

2 schwer *peut signifier* **difficilement** *ou* **lourdement** *ou* **gravement**

Schwert (NEUTRE, pluriel Schwerter) épée

Schwester (FÉMININ, pluriel Schwestern) sœur *ou* infirmière

schwieg *voir* schweigen

schwierig difficile
- ♦ Schwierigkeit (FÉMININ, pluriel Schwierigkeiten) difficulté

schwillst, schwillt *voir* schwellen

Schwimmbad (NEUTRE, pluriel Schwimmbäder) piscine

schwimmen (schwamm, geschwommen) nager

Schwindel (MASCULIN) vertige *ou* escroquerie

schwindeln mentir
► mir schwindelt es j'ai le vertige

schwinden (schwand, geschwunden) disparaître *ou* diminuer

Schwindler, Schwindlerin (MASCULIN, pluriel Schwindler / FÉMININ, pluriel Schwindlerinnen) menteur, menteuse *ou* escroc

schwindelig vertigineux *ou* pris de vertige
► mir ist schwindelig j'ai le vertige

schwingen (schwang, geschwungen) *a plusieurs catégories grammaticales et plusieurs sens :*
> Ce peut être un VERBE TRANSITIF :
schwingen *signifie* balancer
> Ce peut être un VERBE INTRANSITIF :
schwingen *signifie* se balancer *ou* résonner

Schwips (MASCULIN, pluriel Schwipse)
► einen Schwips haben être un peu ivre

schwitzen transpirer *ou* suer

schwoll *voir* schwellen

schwören (schwor, geschworen) jurer

schwül lourd (en parlant du temps)
♦ Schwüle (FÉMININ) temps lourd

Schwung (MASCULIN, pluriel Schwünge) élan
♦ schwungvoll plein d'élan

sechs /seks/ six
♦ sechshundert six cents
♦ sechsjährig de six ans
♦ sechsmal six fois
♦ zu sechst à six
♦ sechste, sechster, sechstes sixième
► der sechste Oktober le six octobre
► am sechsten Oktober le six octobre
♦ sechstens sixièmement
♦ sechzehn seize
♦ sechzig soixante

Secondhand /'sɛkənd'hænd/ d'occasion

See *a plusieurs genres et plusieurs sens :*
> Ce peut être un NOM MASCULIN :
der See (pluriel Seen) *signifie* lac
> Ce peut être un NOM FÉMININ :
die See (pluriel Seen) *signifie* mer
► Nordsee mer du Nord
► Ostsee mer Baltique
♦ Seehund (MASCULIN, pluriel Seehunde) phoque
♦ seekrank qui a le mal de mer

Seele (FÉMININ, pluriel Seelen) âme
♦ seelenruhig très tranquille

Seezunge (FÉMININ, pluriel Seezungen) sole (= poisson)

Segel (NEUTRE, pluriel Segel) voile
♦ Segelboot *ou* Segelschiff (NEUTRE, pluriel Seegelboote, Segelschiffe) voilier
♦ Segelflugzeug (NEUTRE, pluriel Segelflugzeuge) planeur
♦ Segelfliegen (NEUTRE) vol à voile
♦ segeln faire de la voile

Segen (MASCULIN, pluriel Segen) bénédiction
♦ segnen bénir

Segler, Seglerin (MASCULIN, pluriel Segler / FÉMININ, pluriel Seglerinnen) navigateur, navigatrice (à voile)

sehbehindert malvoyant

sehen (er sieht; sah, gesehen) voir *ou* regarder
♦ sehenswert qui vaut le coup d'œil
♦ Sehenswürdigkeiten curiosités

Sehne (FÉMININ, pluriel Sehnen) tendon

sehnen
► sich nach jemandem / etwas sehnen *est employé pour dire que quelqu'un ou quelque chose vous* manque
♦ Sehnsucht (FÉMININ, pluriel Sehnsüchte) désir *ou* nostalgie
♦ sehnsüchtig (adjectif) nostalgique *ou* (adverbe) impatiemment

sehr très *ou* beaucoup
► zu sehr trop

seicht peu profond *ou* superficiel

seid *voir* sein

Seide (FÉMININ, pluriel Seiden) soie
♦ Seidenpapier (NEUTRE, pluriel Seidenpapiere) papier de soie
♦ seidig soyeux

Seife (FÉMININ, pluriel Seifen) savon
♦ seifig savonneux

Seil (NEUTRE, pluriel Seile) corde *ou* câble
♦ Seilbahn (FÉMININ) téléphérique

sein *est le verbe et l'auxiliaire qui correspond généralement au verbe* ÊTRE

> ℹ **Être** se conjugue de la façon suivante :
> Au présent : ich bin, du bist, er/sie/es ist, wir sind, ihr seid, sie/Sie sind.
> Au prétérit : ich war, du warst, er/sie/es war, wir waren, ihr wart, sie/Sie waren.
> Au participe passé : gewesen.

sein, seine son, sa, ses

seiner *peut être le génitif de* er *et signifie* de sa, de son, de ses
- ♦ **seine, seiner, seines** le sien, la sienne
- ♦ **seinerseits** de son côté *ou* pour sa part
- ♦ **seinerzeit** autrefois
- ♦ **seinetwegen** pour lui *ou* à cause de lui

seit *a plusieurs catégories grammaticales :*
> Ce peut être une PRÉPOSITION qui s'emploie avec le datif :
 seit *signifie* depuis
> Ce peut être une CONJONCTION :
 seit *signifie* depuis que

seitdem *a plusieurs catégories grammaticales :*
> Ce peut être une PRÉPOSITION :
 seitdem *signifie* depuis
> Ce peut être une CONJONCTION :
 seitdem *signifie* depuis que

Seite (FÉMININ, pluriel Seiten) côté *ou* page
- ♦ **Seitenstechen** (NEUTRE) point de côté

seither depuis

seitlich ou seitwärts de côté

Sekt (MASCULIN, pluriel Sekte) vin mousseux

Sekte (FÉMINININ, pluriel Sekten) secte

selbst même
- ► ich selbst moi-même
- ► er selbst lui-même
- ► von selbst tout seul
- ► selbst gemacht fait maison
- ♦ **selbständig** autonome *ou* indépendant

selbstbewusst sûr de soi
- ♦ **Selbstbewusstsein** (NEUTRE) confiance en soi

Selbstmord (MASCULIN, pluriel Selbstmorde) suicide
- ♦ **selbstmörderisch** suicidaire
- ♦ **Selbstmordversuch** (MASCULIN, pluriel Selbstmordversuche) tentative de suicide

selbstsicher sûr de soi

selbstständig autonome *ou* indépendant
- ♦ **Selbstständigkeit** (FÉMININ) indépendance

selbstverständlich évident *ou* évidemment
- ♦ **Selbstverständlichkeit** (FÉMININ, pluriel Selbstverständlichkeiten) évidence

Selbstvertrauen (NEUTRE) confiance en soi

selig heureux
- ► selig sein être aux anges

selten rare *ou* rarement
- ♦ **Seltenheit** (FÉMININ, pluriel Seltenheiten) rareté

seltsam bizarre
- ♦ **seltsamerweise** bizarrement

Semikolon (NEUTRE, pluriel Semikolons, Semikola) point-virgule

senden (sendete ou sandte, gesendet ou gesandt) envoyer *ou* diffuser (à la télévision)
- ♦ **Sender** (MASCULIN, pluriel Sender) station de télévision *ou* de radio
- ♦ **Sendung** (FÉMININ, pluriel Sendungen) émission *ou* envoi *ou* mission

Senf (MASCULIN, pluriel Senfe) moutarde

senken baisser *ou* diminuer

senkrecht vertical

Serie (FÉMININ, pluriel Serien) série
- ♦ **Serienmörder, Serienmörderin** (MASCULIN, pluriel Serienmörder / FÉMININ, pluriel Serienmörderinnen) tueur, tueuse en série

servus *est un mot employé en Autriche, qui signifie* salut

Sessel (MASCULIN, pluriel Sessel) fauteuil
- ♦ **Sessellift** (MASCULIN, pluriel Sessellifte) télésiège

setzen mettre *ou* placer
- ► sich ein Ziel setzen se fixer un but
- ► einen Baum setzen planter un arbre
- ► sich setzen s'asseoir
- ► auf etwas setzen miser sur quelque chose

Seuche (FÉMININ, pluriel Seuchen) épidémie

seufzen soupirer
- ♦ **Seufzer** (MASCULIN, pluriel Seufzer) soupir

sich se

sicher *a plusieurs catégories grammaticales et plusieurs sens :*
> Ce peut être un ADJECTIF :
 sicher *signifie* sûr *ou* certain *ou* en sécurité

> Ce peut être un ADVERBE :

sicher *signifie* certainement

- ♦ Sicherheit (FÉMININ) sécurité *ou* certitude *ou* sûreté
- ♦ Sicherheitsgurt (MASCULIN, pluriel Sicherheitsgurte) ceinture de sécurité
- ♦ sicherheitshalber par mesure de sécurité
- ♦ Sicherheitsnadel (FÉMININ, pluriel Sicherheitsnadeln) épingle de nourrice
- ♦ sicherlich certainement
- ♦ sichern consolider *ou* protéger
- ♦ sicherstellen mettre en sécurité
- ♦ Sicherung (FÉMININ, pluriel Sicherungen) fusible

Sicht (FÉMININ) vue

► auf lange Sicht à long terme

- ♦ sichtbar visible
- ♦ sichtlich (adjectif) manifeste *ou* (adverbe) manifestement
- ♦ Sichtweite (FÉMININ) visibilité

sie *a plusieurs catégories grammaticales et plusieurs sens :*

> Ce peut être le PRONOM PERSONNEL AU FÉMININ SINGULIER :

sie *signifie* elle *(si le substantif français est FÉMININ)* *ou* il, lui *(si le substantif français est masculin)*

ℹ Déclinaisons
sie (accusatif) ; ihr (datif) ; ihrer (génitif)

> Ce peut être le PRONOM PERSONNEL AU PLURIEL :

sie *signifie* elles *(si le substantif est FÉMININ)* *ou* ils, eux *(si le substantif est MASCULIN)*

> Ce peut être le SINGULIER DU PRONOM PERSONNEL à l'accusatif :

sie *signifie* la *(si l'objet est FÉMININ)* *ou* le *(si l'objet est MASCULIN)*

> Ce peut être le PLURIEL DU PRONOM PERSONNEL à l'accusatif :

sie *signifie* les *ou* elles *(si l'objet est FÉMININ)* *ou* eux *(si l'objet est MASCULIN)*

ℹ Déclinaisons
sie (accusatif) ; ihnen (datif) ; ihrer (génitif)

Sie vous (forme de politesse)

Sieb (NEUTRE, pluriel Siebe) passoire

- ♦ sieben filtrer

sieben sept

- ♦ siebenhundert sept cents
- ♦ siebenjährig de sept ans
- ♦ siebenmal sept fois
- ♦ zu siebt à sept
- ♦ siebte, siebter, siebtes septième
- ♦ siebtens septièmement
- ♦ siebzehn dix-sept
- ♦ siebzig soixante-dix

Siedlung (FÉMININ, pluriel Siedlungen) cité *ou* agglomération *ou* lotissement

Sieg (MASCULIN, pluriel Siege) victoire

- ♦ siegen gagner *ou* vaincre
- ♦ Sieger, Siegerin (MASCULIN, pluriel Sieger / FÉMININ, pluriel Siegerinnen) vainqueur
- ♦ siegreich victorieux

siehst, sieht *voir* sehen

siezen vouvoyer

Silbe (FÉMININ, pluriel Silben) syllabe

Silber (NEUTRE) argent

Silvester (NEUTRE, pluriel Silvester) réveillon du Nouvel An

Sims (MASCULIN OU NEUTRE, pluriel Simse) rebord

sind *voir* sein

singen (sang, gesungen) chanter

sinken (sank, gesunken) *a plusieurs sens :*

1 sinken *peut signifier* couler :

▷ Das Schiff ist gesunken. Le bateau a coulé.

2 sinken *peut signifier* baisser :

▷ Die Preise sinken. Les prix baissent.

▷ Die Temperaturen sollen sinken. Les températures doivent baisser.

3 sinken *peut signifier* se coucher :

► die Sonne / der Mond sinkt le soleil / la lune se couche

Sinn (MASCULIN, pluriel Sinne) sens

► von Sinnen sein avoir perdu la tête

- ♦ sinnlich sensuel
- ♦ Sinnlichkeit (FÉMININ) sensualité
- ♦ sinnlos vain
- ♦ Sinnlosigkeit (FÉMININ, pluriel Sinnlosigkeiten) absurdité
- ♦ sinnvoll qui a du sens *ou* judicieux *ou* sensé

Sintflut (FÉMININ, pluriel Sintfluten) déluge

Sippe (FÉMININ, pluriel Sippen) clan

Sitte (FÉMININ, pluriel Sitten) coutume

► Sitten mœurs

- ♦ sittlich moral

Sitz (MASCULIN, pluriel Sitze) siège
- **sitzen** (saß, gesessen) être assis *ou* (en parlant d'un vêtement) aller bien
- **sitzen bleiben** *ou* **sitzenbleiben** rester assis
- **sitzenbleiben** redoubler (une année scolaire)
- **sitzen lassen** poser un lapin

> Cette expression allemande et sa traduction française sont familières.

- **Sitzplatz** (MASCULIN, pluriel Sitzplätze) place assise
- **Sitzung** (FÉMININ, pluriel Sitzungen) réunion

Sizilien Sicile

Skelett (NEUTRE, pluriel Skelette) squelette

Ski (MASCULIN, pluriel Skier) ski
► **Ski fahren** ou **Ski laufen** faire du ski
- **Skianzug** (MASCULIN, pluriel Skianzüge) combinaison de ski
- **Skilift** (MASCULIN, pluriel Skilifte) remonte-pente

Skizze (FÉMININ, pluriel Skizzen) esquisse
- **skizzieren** faire une esquisse

Sklave (MASCULIN, pluriel Sklaven) esclave
- **Sklaverei** (FÉMININ) esclavage

Skorpion (NEUTRE, pluriel Skorpione) scorpion

Slowakei Slovaquie
- **Slowake, Slowakin** (MASCULIN, pluriel Slowaken / FÉMININ, pluriel Slowakinnen) Slovaque
- **slowakisch** slovaque
- **Slowakische Republik** République slovaque

Slowene, Slowenin (MASCULIN, pluriel Slowenen / FÉMININ, pluriel Sloweninnen) Slovène
- **Slowenien** Slovénie
- **slowenisch** slovène

Slum /slam/ (MASCULIN, pluriel Slums) bidonville

Smaragd (MASCULIN, pluriel Smaragde) émeraude

so ainsi *ou* de cette manière *ou* comme ça
► **so viel** tant
► **und so weiter** et ainsi de suite
► **so genannt** soi-disant
► **so lala** couci-couça
► **so oder so** d'une manière ou d'une autre
► **so dass** ou **sodass** à tel point que

sobald dès que

Socke (FÉMININ, pluriel Socken) chaussette

soeben tout à l'heure
► **soeben etwas getan haben** venir de faire quelque chose

Sofa (NEUTRE, pluriel Sofas) canapé

sofern *est une conjonction et signifie* si *ou* à condition que

soff *voir* **saufen**

sofort aussitôt *ou* tout de suite

sog *voir* **saugen**

sogar même

sogleich aussitôt *ou* tout de suite

Sohle (FÉMININ, pluriel Sohlen)
- **Fußsohle** plante du pied
- **Schuhsohle** semelle

Sohn (MASCULIN, pluriel Söhne) fils

solange tant que

solch tel, telle
► **solch ein, eine** un tel, une telle
► **solche** tels, telles

solidarisch solidaire

Solidarität (FÉMININ) solidarité

sollen devoir

somit ainsi

Sommer (MASCULIN, pluriel Sommer) été
- **sommerlich** estival
- **Sommersprossen** (FÉMININ PLURIEL) taches de rousseur
- **Sommerzeit** (FÉMININ) heure d'été

Sonderangebot (NEUTRE, pluriel Sonderangebote) offre spéciale *ou* promotion (commerciale)
► **im Sonderangebot sein** être en promotion

sonderbar étrange

Sonderfall (MASCULIN, pluriel Sonderfälle) exception

sondergleichen sans pareil

sonderlich bizarre
► **nicht sonderlich** pas spécialement

sondern mais

Sonnabend (MASCULIN, pluriel Sonnabende) samedi
♦ am Sonnabend samedi
♦ sonnabends tous les samedis

Sonne (FÉMININ, pluriel Sonnen) soleil
♦ sich sonnen prendre le soleil
♦ Sonnenaufgang (MASCULIN, pluriel Sonnenaufgänge) lever de soleil
♦ Sonnenblume (FÉMININ, pluriel Sonnenblumen) tournesol
♦ Sonnenbrand (MASCULIN, pluriel Sonnenbrände) coup de soleil
♦ Sonnenbrille (FÉMININ, pluriel Sonnenbrillen) lunettes de soleil
♦ Sonnencreme (FÉMININ, pluriel Sonnencremen) crème solaire
♦ Sonnenschirm (MASCULIN, pluriel Sonnenschirme) parasol
♦ Sonnenstich (MASCULIN, pluriel Sonnenstiche) insolation
♦ Sonnenuntergang (MASCULIN, pluriel Sonnenuntergänge) coucher de soleil
♦ sonnig ensoleillé

Sonntag (MASCULIN, pluriel Sonntage) dimanche
► am Sonntag dimanche
► sonntags tous les dimanches

sonst *a plusieurs sens :*

1 sonst *peut signifier* sinon :
▻ Du musst jetzt gehen, sonst fährt der Zug ohne dich. Il faut que tu y ailles, sinon le train va partir sans toi.

2 sonst *peut signifier* d'habitude :
▻ Heute gibt es Fisch, aber sonst essen wir Fleisch. Aujourd'hui il y a du poisson, mais d'habitude on mange de la viande.

3 sonst *peut signifier* à part ça :
▻ Was habt ihr sonst gemacht? Qu'est-ce que vous avez fait à part ça ?
► wer / was sonst qui / quoi d'autre
► sonst nichts c'est tout
♦ sonstig autre
♦ Sonstiges (NEUTRE) divers

sooft chaque fois que *ou* tant que

Sorge (FÉMININ, pluriel Sorgen) souci *ou* soin
♦ sich sorgen se soucier
► für jemanden sorgen s'occuper de quelqu'un
► für etwas sorgen se charger de quelque chose *ou* provoquer quelque chose
♦ sorgenfrei sans souci
♦ sorgenvoll soucieux
♦ Sorgerecht (NEUTRE, pluriel Sorgerechte) droit de garde
♦ Sorgfalt (FÉMININ) soin *ou* délicatesse
♦ sorgfältig *ou* sorgsam soigneux
♦ sorglos insouciant

sortieren (sortierte, sortiert) trier

Sortiment (NEUTRE, pluriel Sortimente) assortiment

sosehr tant *ou* bien que

Soße (FÉMININ, pluriel Soßen) sauce

Soundkarte /'saʊndkartə/ (FÉMININ, pluriel Soundkarten) carte son
♦ Soundtrack /sauntræk/ (MASCULIN, pluriel Soundtracks) bande originale

soviel autant que

soweit autant que
► soweit sein être prêt *ou* y être

sowie aussi bien que *ou* dès que

sowieso de toute façon

sowohl
► sowohl ... als auch ... aussi bien ... que ... *ou* non seulement ... mais encore ...

sozial social
♦ Sozialarbeiter, Sozialarbeiterin (MASCULIN, pluriel Sozialarbeiter / FÉMININ, pluriel Sozialarbeiterinnen) travailleur social, travailleuse sociale
♦ Sozialdemokrat, Sozialdemokratin (MASCULIN, pluriel Sozialdemokraten / FÉMININ, pluriel Sozialdemokratinnen) social-démocrate
♦ Sozialfall (MASCULIN, pluriel Sozialfälle) cas social
♦ Sozialhilfe (FÉMININ) aide sociale
♦ Sozialversicherung (FÉMININ, pluriel Sozialversicherungen) assurance sociale *ou* Sécurité sociale (en France)
♦ Sozialwohnung (FÉMININ, pluriel Sozialwohnungen) logement social

sozusagen pour ainsi dire

Spalt (MASCULIN, pluriel Spalte) fente

Spalte (FÉMININ, pluriel Spalten) fissure
♦ (sich) spalten (se) fendre *ou* (se) diviser
♦ Spaltung (FÉMININ, pluriel Spaltungen) division

Spange (FÉMININ, pluriel Spangen) **barrette**

Spanien Espagne

◆ Spanier, Spanierin (MASCULIN, pluriel Spanier / FÉMININ, pluriel Spanierinnen) **Espagnol, Espagnole**

◆ spanisch **espagnol**

spann *voir* spinnen

Spanne (FÉMININ, pluriel Spannen) **laps de temps** *ou* **écart**

spannen *a plusieurs catégories grammaticales et plusieurs sens :*

> Ce peut être un VERBE TRANSITIF :

spannen *signifie* **tendre** *ou* **serrer**

> Ce peut être un VERBE INTRANSITIF :

spannen *signifie* **serrer** (en parlant d'un vêtement)

spannend **captivant**

◆ Spannung (FÉMININ, pluriel Spannungen) **tension**

sparen **économiser**

Spargel (FÉMININ, pluriel Spargel) **asperge**

Sparkasse (FÉMININ, pluriel Sparkassen) **caisse d'épargne**

sparsam **économe** *ou* **économique**

◆ Sparsamkeit (FÉMININ) **sens de l'économie**

Sparte (FÉMININ, pluriel Sparten) **catégorie** *ou* **rubrique**

Spaß (MASCULIN, pluriel Späße) **plaisir** *ou* **plaisanterie**

► Spaß machen **plaire**

► zum Spaß **pour rire**

◆ spaßen **plaisanter**

◆ spaßhaft *ou* spaßig **drôle**

◆ Spaßverderber, Spaßverderberin (MASCULIN, pluriel Spaßverderber / FÉMININ, pluriel Spaßverderberinnen) **rabat-joie**

spät **tard** *ou* **tardif**

► zu spät **trop tard** *ou* **en retard**

Spatz (MASCULIN, pluriel Spatzen) **moineau**

spazieren **se promener**

► spazieren gehen **se promener (à pied)**

◆ Spaziergang (MASCULIN, pluriel Spaziergänge) **promenade**

◆ Spaziergänger, Spaziergängerin (MASCULIN, pluriel Spaziergänger / FÉMININ, pluriel Spaziergängerinnen) **promeneur, promeneuse**

SPD (FÉMININ) *est l'abréviation de* Sozialdemokratische Partei Deutschlands *et signifie* **parti social-démocrate allemand**

Speck (MASCULIN, pluriel Specke) **lard**

Speichel (MASCULIN) **salive**

Speicher (MASCULIN, pluriel Speicher) **entrepôt** *ou* **grenier** *ou* **mémoire (d'ordinateur)**

speichern **stocker** *ou* **enregistrer**

Speise (FÉMININ, pluriel Speisen) **aliment** *ou* **nourriture**

◆ Speisekarte (FÉMININ, pluriel Speisekarten) **menu** (au restaurant)

◆ speisen **manger**

◆ Speisesaal (MASCULIN, pluriel Speisesäle) **réfectoire** *ou* **restaurant** (d'un hôtel)

Spende (FÉMININ, pluriel Spenden) **don**

◆ spenden **donner** *ou* **faire un don**

◆ spendieren **offrir**

Sperre (FÉMININ, pluriel Sperren) **barrière** *ou* **barrage**

◆ sperren **barrer** *ou* **verrouiller** (données, téléviseur)

◆ sperrig **encombrant**

◆ Sperrstunde (FÉMININ, pluriel Sperrstunden) **heure de fermeture**

Spesen (FÉMININ PLURIEL) **frais**

spezifisch **spécifique** (adjectif) *ou* **spécifiquement** (adverbe)

Spiegel (MASCULIN, pluriel Spiegel) **miroir**

◆ Spiegelbild (NEUTRE, pluriel Spiegelbilder) **reflet**

◆ Spiegelei (NEUTRE, pluriel Spiegeleier) **œuf au plat**

◆ spiegeln **refléter** *ou* **briller**

Spiel (NEUTRE, pluriel Spiele) **jeu** *ou* **match**

◆ spielen **jouer**

◆ spielend **facilement**

◆ Spielerei (FÉMININ, pluriel Spielereien) **jeu d'enfant** *ou* **gadget**

◆ Spielfeld (NEUTRE, pluriel Spielfelder) **terrain de jeu**

◆ Spielfilm (MASCULIN, pluriel Spielfilme) **long métrage**

◆ Spielregel (FÉMININ, pluriel Spielregeln) **règle du jeu**

◆ Spielsachen (FÉMININ PLURIEL) **jouets**

◆ Spielzeug (NEUTRE, pluriel Spielzeuge) **jouet**

Spieß (MASCULIN, pluriel Spieße) **broche**

Spießbürger, Spießbürgerin (MASCULIN, pluriel Spießbürger / FÉMININ, pluriel Spießbürgerinnen) **petit-bourgeois, petite-bourgeoise**
- ♦ Spießer, Spießerin (MASCULIN, pluriel Spießer / FÉMININ, pluriel Spießerinnen) **petit-bourgeois, petite-bourgeoise**
- ♦ spießig **petit-bourgeois**

Spinat (MASCULIN, pluriel Spinate) **épinards**

Spinne (FÉMININ, pluriel Spinnen) **araignée**
- ♦ spinnen **tisser** *ou* **filer**

> ℹ Ce verbe peut aussi avoir le sens familier de « être fou ».

- ♦ Spinner, Spinnerin (MASCULIN, pluriel Spinner / FÉMININ, pluriel Spinnerinnen) **cinglé, cinglée**

> ℹ L'expression allemande et sa traduction française sont familières.

Spion, Spionin (MASCULIN, pluriel Spione / FÉMININ, pluriel Spioninnen) **espion, espionne**
- ♦ Spionage (FÉMININ, pluriel Spionagen) **espionnage**
- ♦ spionieren **espionner**

Spital (NEUTRE, pluriel Spitäler) **hôpital**

spitz **pointu**

spitze **super**

Spitze (FÉMININ, pluriel Spitzen) *a plusieurs sens :*

1 Spitze *peut signifier* **pointe** *ou* **sommet** *ou* **pic**
- ► an der Spitze liegen **être en tête**

2 Spitze *peut signifier* **dentelle**

spitzen **tailler**
- ► die Ohren spitzen **dresser les oreilles**
- ♦ spitzfindig **subtil**
- ♦ Spitzname (MASCULIN, pluriel Spitznamen) **surnom**

Splitter (MASCULIN, pluriel Splitter) **écharde**
- ♦ splitternackt **nu comme un ver**

SPÖ (FÉMININ) *est l'abréviation de* Sozialdemokratische Partei Österreichs *et signifie* **Parti social-démocrate d'Autriche**

Sportplatz (MASCULIN, pluriel Sportplätze) **terrain de sport**

Spott (MASCULIN) **moquerie**
- ♦ spottbillig **d'un prix dérisoire**
- ♦ spotten **se moquer**
- ♦ spöttisch **moqueur**

sprach *voir* sprechen

Sprache (FÉMININ, pluriel Sprachen) **langue** *ou* **langage**
- ♦ sprachlos **muet**
- ♦ Sprachreise (FÉMININ, pluriel Sprachreisen) **voyage linguistique**
- ♦ Sprachwissenschaft (FÉMININ) **linguistique**

sprang *voir* springen

sprechen **er spricht; sprach, gesprochen** **parler**

spreizen **écarter**

sprengen **faire sauter** *ou* **arroser**
- ♦ Sprengstoff (MASCULIN, pluriel Sprengstoffe) **explosif**

sprichst, spricht *voir* sprechen

Sprichwort (NEUTRE, pluriel Sprichwörter) **proverbe**

Springbrunnen (MASCULIN, pluriel Springbrunnen) **jet d'eau** *ou* **fontaine**

springen (sprang, gesprungen) *a plusieurs sens :*

1 springen *peut signifier* **sauter**

2 springen *peut signifier* **se fêler** *ou* **éclater** (en parlant de verre)

Sprit (MASCULIN) *est une expression familière qui signifie* **essence**

Spritze (FÉMININ, pluriel Spritzen) **seringue** *ou* **piqûre** (au sens médical) *ou* **injection**

spritzen *a plusieurs catégories grammaticales et plusieurs sens :*

> Ce peut être un VERBE TRANSITIF :

spritzen *signifie* **arroser** *ou* **faire une piqûre à**

> Ce peut être un VERBE INTRANSITIF :

spritzen *signifie* **gicler**

spröde *a plusieurs sens :*
- ► sprödes Material **matériel cassant**
- ► spröde Haut **peau sèche**
- ► ein spröder Mensch **une personne distante**

Sprosse (FÉMININ, pluriel Sprossen) **barreau**

Spruch (MASCULIN, pluriel Sprüche) **dicton**

Sprudel (MASCULIN, pluriel Sprudel) **eau gazeuse**
- ♦ sprudeln **jaillir**

Sprühdose (FÉMININ, pluriel Sprühdosen) **bombe aérosol**

sprühen *a plusieurs catégories grammaticales et plusieurs sens :*

> Ce peut être un VERBE TRANSITIF :

sprühen *signifie* **vaporiser**

> Ce peut être un VERBE INTRANSITIF :

sprühen *signifie* **jaillir**

► vor Freude sprühen **pétiller de joie**

Sprung (MASCULIN, pluriel Sprünge) **saut**

Spucke (FÉMININ) *est une expression familière qui signifie* **salive**

♦ spucken **cracher**

Spuk (MASCULIN, pluriel Spuke) **fantôme** *ou* **apparition de fantômes**

♦ spuken

► es spukt in diesem Haus **cette maison est hantée**

Spule (FÉMININ, pluriel Spulen) **bobine**

Spüle (FÉMININ, pluriel Spülen) **évier**

♦ spülen **rincer** *ou* **faire la vaisselle**

♦ Spülmaschine (FÉMININ, pluriel Spülmaschinen) **lave-vaisselle**

♦ Spülmittel (NEUTRE, pluriel Spülmittel) **produit vaisselle**

♦ Spülung (FÉMININ, pluriel Spülungen) **rinçage**

Spur (FÉMININ, pluriel Spuren) **trace** *ou* **voie**

spüren **sentir**

♦ spurlos **sans laisser de traces**

sich sputen **se dépêcher**

Staat (MASCULIN, pluriel Staaten) **État**

♦ staatlich **de l'État** *ou* **national**

♦ Staatsangehörigkeit (FÉMININ) **nationalité**

♦ Staatsanwalt, Staatsanwältin (MASCULIN, pluriel Staatsanwälte / FÉMININ, pluriel Staatsanwältinnen) **procureur**

♦ Staatsbürger, Staatsbürgerin (MASCULIN, pluriel Staatsbürger / FÉMININ, pluriel Staatsbürgerinnen) **citoyen, citoyenne**

♦ Staatsbürgerschaft (MASCULIN, pluriel Staatsbürgerschaften) **nationalité**

Stab (MASCULIN, pluriel Stäbe) **bâton** *ou* **barreau**

♦ Stäbchen (NEUTRE, pluriel Stäbchen) **baguette** *ou* **bâtonnet**

♦ Stabhochsprung (MASCULIN) **saut à la perche**

stabil **solide** *ou* **stable**

stach *voir* stechen

Stachel (MASCULIN, pluriel Stacheln) **épine** *ou* **dard**

♦ Stacheldraht (MASCULIN, pluriel Stacheldrähte) **barbelé**

♦ stachelig **qui a des épines** *ou* **qui pique**

Stadion (NEUTRE, pluriel Stadien) **stade**

Stadt (FÉMININ, pluriel Städte) **ville**

♦ Stadtmitte (FÉMININ) **centre-ville**

♦ Stadtrand (MASCULIN, pluriel Stadtränder) **banlieue** (proche) *ou* **périphérie** (d'une ville)

♦ Stadtteil (MASCULIN, pluriel Stadtteile) **quartier**

staffeln **échelonner**

Stahl (MASCULIN, pluriel Stähle) **acier**

stahl *voir* stehlen

Stall (MASCULIN, pluriel Ställe) **étable**

Stamm (MASCULIN, pluriel Stämme) **tribu** *ou* **radical** (au sens grammatical)

♦ Baumstamm **tronc d'arbre**

♦ Stammbaum (MASCULIN, pluriel Stammbäume) **arbre généalogique**

stammeln **balbutier**

stammen

► stammen von ou aus **venir de** *ou* **descendre de**

stämmig **costaud**

stampfen **taper du pied** *ou* **réduire en purée**

stand *voir* stehen

Stand (MASCULIN, pluriel Stände) *a plusieurs sens :*

1 Stand *peut signifier* **stand**

2 Stand *peut signifier* **score :**

▷ Der Stand des Spieles ist 5 zu 3. Le score du jeu est 5-3.

3 Stand *peut signifier* **état :**

▷ Wie ist der Stand der Dinge? Quel est l'état des choses ?

► sozialer Stand **classe sociale**

Standard (MASCULIN, pluriel Standards) **norme** *ou* **niveau**

Ständer (MASCULIN, pluriel Ständer) **support**

Standesamt (NEUTRE, pluriel Standesämter) **état civil** *ou* **mairie**

standhaft **ferme** (en parlant d'une personne)

standhalten (er hält stand; standhielt,

standgehalten) résister

ständig continuel (adjectif) *ou* continuellement (adverbe)

Standpunkt (MASCULIN, pluriel Standpunkte) point de vue

Stange (FÉMININ, pluriel Stangen) barre

Stängel (MASCULIN, pluriel Stängel) tige

stank *voir* stinken

Stapel (MASCULIN, pluriel Stapel) pile *ou* tas

♦ **stapeln** empiler

starb *voir* sterben

stark (stärker, am stärksten) fort

♦ **Stärke** (FÉMININ) force

♦ **stärken** fortifier *ou* renforcer

starr rigide *ou* fixe

♦ **starren** regarder fixement *ou* fixer

♦ **Starrheit** (FÉMININ) rigidité

♦ **starrköpfig** têtu *ou* obstiné

♦ **Starrsinn** (MASCULIN) obstination

Start (MASCULIN, pluriel Starts, Starte) départ *ou* début *ou* décollage

♦ **starten** démarrer *ou* décoller

Statist (MASCULIN, pluriel Statisten) figurant

Statistik (FÉMININ, pluriel Statistiken) statistique

statt au lieu de

♦ **Stätte** (FÉMININ, pluriel Stätten) lieu

♦ **stattfinden** (stattfand, stattgefunden) avoir lieu

Status (MASCULIN, pluriel Status) statut

Stau (MASCULIN, pluriel die Staue, Staus) embouteillages

Staub (MASCULIN) poussière

♦ **stauben** faire de la poussière

♦ **staubig** poussiéreux

♦ **staubsaugen** passer l'aspirateur

♦ **Staubsauger** (MASCULIN, pluriel Staubsauger) aspirateur

Staudamm (MASCULIN, pluriel Staudämme) barrage

staunen s'étonner *ou* être étonné

♦ **Staunen** (NEUTRE) étonnement

(sich) stechen (er sticht; stach, gestochen) (se) piquer

► die Sonne sticht le soleil tape

► in See stechen prendre la mer

Stechpalme (FÉMININ, pluriel Stechpalmen) houx

Steckdose (FÉMININ, pluriel Steckdosen) prise électrique

stecken *a plusieurs catégories grammaticales et plusieurs sens :*

> Ce peut être un VERBE TRANSITIF :

stecken in *signifie* mettre dans

► sich ein Ziel stecken se fixer un but

► in Brand stecken mettre le feu à

> Ce peut être un VERBE INTRANSITIF :

stecken *signifie* se trouver *ou* être :

▷ Wo steckst du? Où es-tu ?

♦ **steckenbleiben** être immobilisé *ou* avoir un blanc (pendant qu'on parle)

♦ **Stecknadel** (FÉMININ, pluriel Stecknadeln) épingle

Steg (MASCULIN, pluriel Stege) passerelle *ou* débarcadère

Stegreif (MASCULIN)

► aus dem Stegreif en improvisant

stehen (stand, gestanden) être debout *ou* se trouver

► die Uhr steht la montre est arrêtée

► jemandem gut stehen aller bien à quelqu'un

► wie steht's? comment ça va ?

► zu jemandem / etwas stehen soutenir quelqu'un / quelque chose

► wie stehst du dazu? quel est ton avis ?

► stehen bleiben s'arrêter

stehlen (er stiehlt; stahl, gestohlen) voler

steif raide *ou* engourdi

♦ **Steifheit** (FÉMININ, pluriel Steifheiten) raideur

steigen (stieg, gestiegen) monter *ou* grimper *ou* prendre de l'altitude

steigern augmenter

♦ **Steigerung** (FÉMININ, pluriel Steigerungen) augmentation

Steigung (FÉMININ, pluriel Steigungen) montée

steil escarpé *ou* raide (en parlant d'une pente)

Stein (MASCULIN, pluriel Steine) pierre
- ♦ **Steinbock** (MASCULIN, pluriel Steinböcke) Capricorne *ou* bouquetin
- ♦ **steinern** en pierre
- ♦ **steinhart** dur comme la pierre
- ♦ **steinig** rocailleux
- ♦ **steinigen** lapider

Stelle (FÉMININ, pluriel Stellen) endroit *ou* place *ou* position

stellen mettre *ou* placer
- ► **Bedingungen stellen** poser des conditions
- ► **eine Falle stellen** tendre un piège
- ► **sich stellen** se livrer
- ► **sich krank stellen** faire le malade

Stellung (FÉMININ, pluriel Stellungen) position *ou* emploi
- ► **Stellung nehmen zu** prendre position au sujet de
- ♦ **Stellungnahme** (FÉMININ) prise de position

Stellvertreter, Stellvertreterin (MASCULIN, pluriel Stellvertreter / FÉMININ, pluriel Stellvertreterinnen) remplaçant, remplaçante *ou* adjoint, adjointe
- ♦ **Stellvertretung** (FÉMININ, pluriel Stellvertretungen) remplacement

stemmen soulever
- ► **sich stemmen gegen** s'appuyer contre *ou* tenir tête à

Stempel (MASCULIN, pluriel Stempel) tampon
- ♦ **stempeln** tamponner *ou* timbrer

Steppdecke (FÉMININ, pluriel Steppdecken) couette

Sterbehilfe (FÉMININ) euthanasie

sterben (er stirbt; starb, gestorben) mourir
- ♦ **sterblich** mortel

Stereoanlage (FÉMININ, pluriel Stereoanlagen) chaîne hi-fi

Stern (MASCULIN, pluriel Sterne) étoile
- ♦ **Sternschnuppe** (FÉMININ, pluriel Sternschnuppen) étoile filante
- ♦ **Sternwarte** (FÉMININ, pluriel Sternwarten) observatoire

stets toujours

Steuer *a plusieurs genres et plusieurs sens :*

> Ce peut être un NOM NEUTRE :

das **Steuer** (pluriel Steuer) *signifie* volant

> Ce peut être un NOM FÉMININ :

die **Steuer** (pluriel Steuern) *signifie* impôt

steuern conduire *ou* piloter

Stich (MASCULIN, pluriel Stiche) piqûre *ou* gravure
- ► **jemanden im Stich lassen** laisser quelqu'un en plan

Stichprobe (FÉMININ, pluriel Stichproben) échantillon

Stichwort (NEUTRE, pluriel Stichwörter) mot-clé

sticken broder

Sticker (MASCULIN, pluriel Sticker) autocollant

stickig étouffant

Stiefel (MASCULIN, pluriel Stiefel) botte

Stiefmutter (FÉMININ, pluriel Stiefmütter) belle-mère

Stiefvater (MASCULIN, pluriel Stiefväter) beau-père

stieg *voir* steigen

stiehlst, stiehlt *voir* stehlen

Stiel (MASCULIN, pluriel Stiele) manche *ou* tige

Stier (MASCULIN, pluriel Stiere) taureau

stieß *voir* stoßen

Stift (MASCULIN, pluriel Stifte) crayon

stiften faire un don *ou* provoquer :
- ► **Unruhe stiften** provoquer de l'agitation
- ♦ **Stiftung** (FÉMININ, pluriel Stiftungen) donation *ou* fondation

Stil (MASCULIN, pluriel Stile) style

still calme
- ♦ **Stille** (FÉMININ) calme
- ♦ **stillen** calmer *ou* allaiter (un bébé)

Stillstand (MASCULIN) arrêt
- ► **etwas zum Stillstand bringen** arrêter quelque chose
- ♦ **stillstehen** (stillstand, stillgestanden) être arrêté *ou* être immobilisé

Stimme (FÉMININ, pluriel Stimmen) voix

stimmen *a plusieurs catégories grammaticales et plusieurs sens :*

> Ce peut être un VERBE TRANSITIF :

1 **stimmen** *peut signifier* accorder :
- ► **ein Musikinstrument stimmen** accorder un instrument de musique

2 **stimmen** *peut signifier* **rendre :**

▷ Seine Krankheit stimmt mich traurig. Sa maladie me rend triste.

> Ce peut être un VERBE INTRANSITIF :

1 **stimmen** *peut signifier* **être juste** *ou* **être correct :**

▷ Deine Antwort stimmt. Ta réponse est juste.

▷ Das stimmt nicht. Ce n'est pas correct.

2 **stimmen** *peut signifier* **voter :**

► **für / gegen jemanden / etwas stimmen** **voter pour / contre quelqu'un / quelque chose**

Stimmrecht (MASCULIN, pluriel Stimmrechte) **droit de vote**

Stimmung (FÉMININ, pluriel Stimmungen) **ambiance** *ou* **état** (d'âme)

♦ **stimmungsvoll** **qui a de l'atmosphère**

stinken (stank, gestunken) **puer**

Stipendium (NEUTRE, pluriel Stipendien) **bourse d'études**

stirbst, stirbt *voir* **sterben**

Stirn (FÉMININ, pluriel Stirnen) **front** (partie du corps)

stöbern **fouiller**

Stock (MASCULIN, pluriel Stöcke) **bâton** *ou* **étage**

Stockfisch (MASCULIN) **morue (séchée)**

Stockwerk (NEUTRE, pluriel Stockwerke) **étage**

Stoff (MASCULIN, pluriel Stoffe) **tissu** *ou* **matière** *ou* **substance**

stöhnen **gémir**

stolpern **trébucher**

stolz **fier**

♦ **Stolz** (MASCULIN) **fierté** *ou* **orgueil**

stopfen **bourrer** *ou* **gaver**

► **vollstopfen** **remplir à ras**

► **hineinstopfen** **enfoncer**

stoppen **arrêter** *ou* **chronométrer**

♦ **Stoppschild** (NEUTRE, pluriel Stoppschilder) **panneau stop**

♦ **Stoppuhr** (FÉMININ, pluriel Stoppuhren) **chronomètre**

Stöpsel (MASCULIN, pluriel Stöpsel) **bouchon**

Storch (MASCULIN, pluriel Störche) **cigogne**

stören **déranger**

♦ **Störgeräusche** (NEUTRE PLURIEL) **parasites** (radio, télévision)

stornieren **annuler**

störrisch **têtu** *ou* **obstiné**

Störung (FÉMININ, pluriel Störungen) **dérangement**

Stoß (MASCULIN, pluriel Stöße) **coup** *ou* **secousse** *ou* **tas**

♦ **Stoßdämpfer** (MASCULIN, pluriel Stoßdämpfer) **amortisseur**

stoßen (er stößt; stieß, gestoßen) *a plusieurs catégories grammaticales et plusieurs sens :*

> Ce peut être un VERBE TRANSITIF :

stoßen *signifie* **pousser**

> Ce peut être un VERBE INTRANSITIF :

► **auf jemanden stoßen** **rencontrer quelqu'un par hasard**

► **an etwas stoßen** **se heurter contre quelque chose** *ou* **être attenant à quelque chose**

> Ce peut être un VERBE RÉFLÉCHI :

sich stoßen *signifie* **se cogner**

♦ **Stoßstange** (FÉMININ, pluriel Stoßstangen) **pare-chocs**

stottern **bégayer**

Strafe (FÉMININ, pluriel Strafen) **punition** *ou* **peine**

♦ **strafen** **punir**

straff **tendu**

♦ **straffen** **tendre** *ou* **abréger**

Strafstoß (MASCULIN, pluriel Strafstöße) **penalty**

► **ein Strafstoßtor schießen** **marquer sur penalty**

Straftat (FÉMININ, pluriel Straftaten) **délit**

♦ **Straftäter, Straftäterin** (MASCULIN, pluriel Straftäter / FÉMININ, pluriel Straftäterinnen) **délinquant, délinquante**

Strafzettel (MASCULIN, pluriel Strafzettel) **contravention**

Strahl (MASCULIN, pluriel Strahlen) **rayon** *ou* **jet**

♦ **strahlen** **rayonner** *ou* **briller**

♦ **Strahlung** (FÉMININ, pluriel Strahlungen) **radiation**

Strähne (FÉMININ, pluriel Strähnen) **mèche**

stramm **raide** *ou* **rigide** *ou* **robuste**

strampeln gigoter *ou* pédaler

Strand (MASCULIN, pluriel Strände) plage

Strang (MASCULIN, pluriel Stränge) corde *ou* cordon

Strapaze (FÉMININ, pluriel Strapazen)
► etwas ist eine Strapaze quelque chose est fatigant
♦ strapazieren fatiguer *ou* user

Straße (FÉMININ, pluriel Straßen) rue *ou* route
♦ Straßenbahn (FÉMININ, pluriel Straßenbahnen) tramway

(sich) sträuben (se) hérisser
► sich gegen etwas sträuben résister à quelque chose

Strauch (MASCULIN, pluriel Sträucher) buisson

Strauß *a plusieurs sens :*
1 Strauß (pluriel Sträuße) *signifie* bouquet
2 Strauß (pluriel Strauße) *signifie* autruche

streben
► streben nach aspirer à
♦ Streber, Streberin (MASCULIN, pluriel Streber / FÉMININ, pluriel Streberinnen) arriviste *ou* premier de la classe

> i Le terme allemand et ses traductions françaises sont péjoratifs.

Strecke (FÉMININ, pluriel Strecken) trajet

strecken étirer *ou* allonger
♦ sich strecken s'étirer

Streich (MASCULIN, pluriel Streiche) mauvais tour

streicheln caresser

streichen (strich, gestrichen) *a plusieurs catégories grammaticales et plusieurs sens :*

> Ce peut être un VERBE TRANSITIF :

1 streichen *peut signifier* peindre
2 streichen *peut signifier* barrer

> Ce peut être un VERBE INTRANSITIF :

▷ Der Wind streicht über das Land. Le vent souffle sur la campagne.
► über etwas streichen passer la main sur quelque chose
♦ Streichholz (NEUTRE, pluriel Streichhölzer) allumette
♦ Streichinstrument (NEUTRE, pluriel Streichinstrumente) instrument à cordes

Streife (FÉMININ, pluriel Streifen) patrouille (de police)

streifen *a plusieurs catégories grammaticales et plusieurs sens :*

> Ce peut être un VERBE TRANSITIF :

streifen *signifie* effleurer

> Ce peut être un VERBE INTRANSITIF :

streifen *signifie* vagabonder

Streifen (MASCULIN, pluriel Streifen) rayure *ou* bande *ou* film

Streifenwagen (MASCULIN, pluriel Streifenwagen) voiture de police

Streik (MASCULIN, pluriel Streiks) grève
♦ streiken faire la grève

Streit (MASCULIN, pluriel Streite) dispute
♦ (sich) streiten (stritt, gestritten) se disputer
♦ Streitfrage (FÉMININ, pluriel Streitfragen) question litigieuse
♦ streitig
► jemandem etwas streitig machen disputer quelque chose à quelqu'un
♦ Streitigkeiten (FÉMININ PLURIEL) disputes
♦ Streitkräfte (FÉMININ PLURIEL) forces armées
♦ streitlustig *ou* streitsüchtig querelleur

streng sévère *ou* strict *ou* sévèrement *ou* strictement

streuen répandre

Strich (MASCULIN, pluriel Striche) trait *ou* ligne
► gegen den Strich à rebrousse-poil
► auf den Strich gehen faire le trottoir
► gegen ou wider den Strich gehen contrarier
♦ Strichpunkt (MASCULIN, pluriel Strichpunkte) point-virgule

strich *voir* streichen

Strick (MASCULIN, pluriel Stricke) corde
♦ stricken tricoter
♦ Strickleiter (FÉMININ, pluriel Strickleitern) échelle de corde

strikt formel *ou* méticuleux

stritt *voir* streiten

Stroh (NEUTRE) paille
♦ Strohhalm (MASCULIN, pluriel Strohhalme) paille

Strom (MASCULIN, pluriel Ströme) **fleuve** *ou* **courant électrique**
- ♦ stromabwärts **en aval**
- ♦ stromaufwärts **en amont**
- ♦ Stromausfall (MASCULIN, pluriel Stromausfälle) **coupure de courant**
- ♦ strömen **couler à flots** *ou* **affluer**

Strömung (FÉMININ, pluriel Strömungen) **courant**

Strudel (MASCULIN, pluriel Strudel) *a plusieurs sens :*
1 Strudel *peut signifier* **tourbillon**
- ♦ strudeln **tourbillonner**

2 Strudel *peut signifier* **gâteau roulé**

Strumpf (MASCULIN, pluriel Strümpfe) **bas** (= vêtement)
- ♦ Strumpfhose (FÉMININ, pluriel Strumpfhosen) **collant**

struppig **hirsute**

Stück (NEUTRE, pluriel Stücke) **morceau** *ou* **pièce**
- ♦ Stückchen (NEUTRE, pluriel Stückchen) **petit morceau** *ou* **un petit peu**
- ♦ stückweise **au détail**

Student, Studentin (MASCULIN, pluriel Studenten / FÉMININ, pluriel Studentinnen) **étudiant, étudiante**
- ♦ Studentenwohnheim (NEUTRE, pluriel Studentenwohnheime) **résidence universitaire**

Studie (FÉMININ, pluriel Studien) **étude**
- ♦ studieren **étudier**
- ♦ Studium (NEUTRE) **études supérieures**

Stufe (FÉMININ, pluriel Stufen) **marche**

Stuhl (MASCULIN, pluriel Stühle) **chaise**

stumm **muet**

stumpf **émoussé** *ou* **terne** *ou* **morne**
- ♦ Stumpfsinn (MASCULIN) **abrutissement**
- ♦ stumpfsinnig **abruti** *ou* **stupide**

Stunde (FÉMININ, pluriel Stunden) **heure**
- ♦ stundenlang **pendant des heures**
- ♦ Stundenplan (MASCULIN, pluriel Stundenpläne) **emploi du temps**
- ♦ stündlich **toutes les heures**

Stuntman (MASCULIN, pluriel Stuntmen) **cascadeur**

stur **têtu** *ou* **obstiné**

Sturm (MASCULIN, pluriel Stürme) **tempête** *ou* **attaque**
- ♦ stürmisch **tempétueux** *ou* **impétueux**

Sturz (MASCULIN, pluriel Stürze) **chute** *ou* **renversement** (au sens politique)

stürzen *a plusieurs catégories grammaticales et plusieurs sens :*

> Ce peut être un VERBE INTRANSITIF :
stürzen *signifie* **tomber**

> Ce peut être un VERBE TRANSITIF :
stürzen *signifie* **faire tomber** *ou* **renverser**

> Ce peut être un VERBE RÉFLÉCHI :
sich stürzen *signifie* **se jeter** *ou* **se précipiter**

Sturzhelm (MASCULIN, pluriel Sturzhelme) **casque**

Stütze (FÉMININ, pluriel Stützen) **support** *ou* **soutien**
- ♦ stützen **soutenir** *ou* **appuyer**

Styropor® (NEUTRE) **polystyrène**

Suche (FÉMININ, pluriel Suchen) **recherche**
- ♦ suchen **chercher** *ou* **rechercher**

Sucht (FÉMININ, pluriel Süchte) **manie**
- ♦ Drogensucht **toxicomanie**
- ♦ süchtig **dépendant** (d'un produit) *ou* **accro**

Süden (MASCULIN) **sud**
- ♦ südlich **au sud**

Summe (FÉMININ, pluriel Summen) **somme**

summen **bourdonner** *ou* **fredonner**

Sumpf (MASCULIN, pluriel Sümpfe) **marais** *ou* **marécage**
- ♦ sumpfig **marécageux**

Sünde (FÉMININ, pluriel Sünden) **péché**
- ♦ Sündenbock (MASCULIN, pluriel Sündenböcke) **bouc émissaire**

Supermarkt (MASCULIN, pluriel Supermärkte) **supermarché**

Suppe (FÉMININ, pluriel Suppen) **soupe**

Surfer, Surferin (MASCULIN, pluriel Surfer / FÉMININ, pluriel Surferinnen) **surfeur, surfeuse**

süß *a plusieurs sens :*
1 süß *peut signifier* **sucré**
- ♦ süßen **sucrer**
- ♦ Süßigkeit (FÉMININ, pluriel Süßigkeiten) **sucrerie**

2 süß *peut signifier* **mignon**

Tt

Tablette (FÉMININ, pluriel Tabletten) comprimé

tadellos irréprochable *ou* impeccable

Tafel (FÉMININ, pluriel Tafeln) tableau *ou* plaque *ou* tablette

Tag (MASCULIN, pluriel Tage) jour *ou* journée
- ► bei Tag de jour
- ► es ist Tag il fait jour
- ► guten Tag bonjour
- ► Tag für Tag jour après jour
- ► von Tag zu Tag de jour en jour

- ♦ Tagebuch (NEUTRE, pluriel Tagebücher) journal intime
- ♦ tagelang pendant des jours et des jours
- ♦ tagen siéger *ou* tenir un congrès
- ♦ Tagesanbruch (MASCULIN) aube
- ♦ Tagesmutter (FÉMININ, pluriel Tagesmütter) nourrice
- ♦ Tagesschau (FÉMININ) journal télévisé (de la première chaîne allemande)
- ♦ Tageszeitung (FÉMININ, pluriel Tageszeitungen) journal *ou* quotidien
- ♦ täglich (adjectif) quotidien *ou* (adverbe) quotidiennement
- ♦ tagsüber pendant la journée

Tagung (FÉMININ, pluriel Tagungen) congrès

Takt (MASCULIN, pluriel Takte) mesure *ou* tact
- ♦ taktlos sans tact
- ♦ Taktlosigkeit (FÉMININ) manque de tact

Tal (NEUTRE, pluriel Täler) vallée

talentiert doué

Tank (MASCULIN, pluriel Tanks) réservoir
- ♦ tanken prendre de l'essence
- ♦ Tanker, Tankschiff (MASCULIN, pluriel Tanker / NEUTRE, pluriel Tankschiffe) pétrolier
- ♦ Tankstelle (FÉMININ, pluriel Tankstellen) station-service

Tanne, Tannenbaum (FÉMININ, pluriel Tannen / MASCULIN, pluriel Tannenbäume) sapin
- ♦ Tannenzapfen (MASCULIN, pluriel Tannenzapfen) pomme de pin

Tanz (MASCULIN, pluriel Tänze) danse
- ♦ tanzen danser
- ♦ Tänzer, Tänzerin (MASCULIN, pluriel Tänzer / FÉMININ, pluriel Tänzerinnen) danseur, danseuse

Tapete (FÉMININ, pluriel Tapeten) papier peint
- ♦ Tapetenwechsel (MASCULIN) *est une expression familière pour* changement d'air

tapfer courageux

tarnen camoufler
- ♦ Tarnung (FÉMININ, pluriel Tarnungen) camouflage

Tasche (FÉMININ, pluriel Taschen) poche *ou* sac
- ♦ Taschenbuch (NEUTRE, pluriel Taschenbücher) livre de poche
- ♦ Taschendieb (MASCULIN, pluriel Taschendiebe) pickpocket
- ♦ Taschengeld (NEUTRE) argent de poche
- ♦ Taschenlampe (FÉMININ, pluriel Taschenlampen) lampe de poche
- ♦ Taschenmesser (NEUTRE, pluriel Taschenmesser) canif
- ♦ Taschenrechner (MASCULIN, pluriel Taschenrechner) calculette
- ♦ Taschentuch (NEUTRE, pluriel Taschentücher) mouchoir

Tastatur (FÉMININ, pluriel Tastaturen) clavier

Taste (FÉMININ, pluriel Tasten) **touche**
- ♦ **tasten** **tâtonner**
  - ► **nach etwas tasten** **chercher quelque chose à tâtons**

tat *voir* **tun**

Tat (FÉMININ, pluriel Taten) **acte** *ou* **action** *ou* **méfait**
  - ► **in der Tat** **en effet**
  - ► **jemanden auf frischer Tat ertappen** **prendre quelqu'un en flagrant délit**
- ♦ **Tatbestand** (MASCULIN, pluriel Tatbestände) **faits**
- ♦ **tatenlos** **sans rien faire**
- ♦ **Täter, Täterin** (MASCULIN, pluriel Täter / FÉMININ, pluriel Täterinnen) **coupable**
- ♦ **tätig** **actif**
- ♦ **Tätigkeit** (FÉMININ, pluriel Tätigkeiten) **activité**

tätowieren **tatouer**
- ♦ **Tätowierung** (FÉMININ, pluriel Tätowierungen) **tatouage**

Tatsache (FÉMININ, pluriel Tatsachen) **fait**

tatsächlich *a plusieurs catégories grammaticales et plusieurs sens :*

> Ce peut être un ADJECTIF :

tatsächlich *signifie* **réel**

> Ce peut être un ADVERBE :

tatsächlich *signifie* **effectivement** *ou* **vraiment**

Tatze (FÉMININ, pluriel Tatzen) **patte**

Tau *a plusieurs genres et plusieurs sens :*

> Ce peut être un NOM NEUTRE :

das **Tau** pluriel Taue *signifie* **cordage**

> Ce peut être un NOM MASCULIN :

der **Tau** *signifie* **rosée**

taub **sourd** *ou* **engourdi** :
  - ▷ Meine Glieder sind ganz taub. Mes membres sont tout engourdis.

Taube (FÉMININ, pluriel Tauben) **pigeon**

taubstumm **sourd-muet**

tauchen **plonger**
- ♦ **Tauchen** (NEUTRE) **plongée**
- ♦ **Taucher, Taucherin** (MASCULIN, pluriel Taucher / FÉMININ, pluriel Taucherinnen) **plongeur, plongeuse**

tauen **fondre** *ou* **dégeler**

Taufe (FÉMININ, pluriel Taufen) **baptême**
- ♦ **taufen** **baptiser**

taugen
  - ► **zu etwas taugen** **être bon pour faire quelque chose**
  - ► **nichts taugen** **n'être bon à rien**
- ♦ **Taugenichts** (MASCULIN, pluriel Taugenichtse) **vaurien**
- ♦ **tauglich** **valable** *ou* **apte**

taumeln **tituber**

Tausch (MASCULIN, pluriel Tausche) **échange**
- ♦ **tauschen** **échanger**

(sich) täuschen (se) **tromper**
- ♦ **Täuschung** (FÉMININ, pluriel Täuschungen) **fraude** *ou* **illusion** *ou* **fausse impression**

tausend **mille**
- ♦ **Tausendfüßler** (MASCULIN, pluriel Tausendfüßler) **mille-pattes**

Team (NEUTRE, pluriel Teams) **équipe**
- ♦ **Teamarbeit, Teamwork** (FÉMININ/NEUTRE) **travail en équipe**

Techniker, Technikerin (MASCULIN, pluriel Techniker / FÉMININ, pluriel Technikerinnen) **technicien, technicienne**

Technologie (FÉMININ, pluriel Technologien) **technologie**
  - ► **neue Technologien** **nouvelles technologies**
- ♦ **technologisch** **technologique**

Teddy, Teddybär (MASCULIN, pluriel Teddys, Teddybären) **ours en peluche** *ou* **nounours**

Tee (MASCULIN, pluriel Tees) **thé** *ou* **tisane**

Teer (MASCULIN, pluriel Teere) **goudron**
- ♦ **teeren** **goudronner**

Teich (MASCULIN, pluriel Teiche) **étang**

Teig (MASCULIN, pluriel Teige) **pâte** (pour faire une tarte)
- ♦ **Teigwaren** (FÉMININ PLURIEL) **pâtes** (alimentaires)

Teil (MASCULIN, pluriel Teile) **partie** *ou* **part** *ou* **pièce détachée**
  - ► **zum Teil** **en partie**
- ♦ **Teilchen** (NEUTRE, pluriel Teilchen) **particule**
- ♦ **teilen** **partager** *ou* **répartir**
- ♦ **Teilnahme** (FÉMININ, pluriel Teilnahmen) **participation** *ou* **intérêt**
- ♦ **teilnehmen** (er nimmt teil; teilnahm, teilgenommen) **participer**
- ♦ **teils** *ou* **teilweise** **en partie**

Telefon (NEUTRE, pluriel Telefone) **téléphone**
♦ Telefonanruf (MASCULIN, pluriel Telefonanrufe) **coup de fil**
♦ Telefonbuch (NEUTRE, pluriel Telefonbücher) **annuaire**
♦ Telefongespräch (NEUTRE, pluriel Telefongespräche) **conversation téléphonique**
♦ Telefonhörer (MASCULIN, pluriel Telefonhörer) **écouteur**
♦ Telefonzelle (FÉMININ, pluriel Telefonzellen) **cabine téléphonique**

Teller (MASCULIN, pluriel Teller) **assiette**

Teppich (MASCULIN, pluriel Teppiche) **tapis**
♦ Teppichboden (MASCULIN, pluriel Teppichböden) **moquette**

Termin (MASCULIN, pluriel Termine) **rendez-vous**
♦ Terminkalender (MASCULIN, pluriel Terminkalender) **agenda**

Tesafilm® (MASCULIN, pluriel Tesafilme) **scotch®**

teuer **cher**

Teufel (MASCULIN, pluriel Teufel) **diable**
► pfui Teufel! **pouah !**
► der Teufel ist los **c'est la pagaille**
♦ Teufelskreis (MASCULIN, pluriel Teufelskreise) **cercle vicieux**
♦ teuflisch **diabolique**

Theater (NEUTRE, pluriel Theater) *a plusieurs sens :*
1 Theater *signifie* **théâtre**
♦ Theaterensemble /ã'sã:bl/ (NEUTRE, pluriel Theaterensembles) **troupe de théâtre**
2 Theater *signifie* **cinéma** *au sens familier du terme*
▷ Hör mit dem Theater auf! Arrête ton cinéma !

Theke (FÉMININ, pluriel Theken) **comptoir**

Themse (FÉMININ) **la Tamise**

Theorie (FÉMININ, pluriel Theorien) **théorie**
► in der Theorie **en théorie**
♦ theoretisch **théorique** (adjectif) *ou* **théoriquement** (adverbe)

Thron (MASCULIN, pluriel Throne) **trône**

Thunfisch (MASCULIN, pluriel Thunfische) **thon**

Tick (MASCULIN, pluriel Ticks) **tic**
♦ ticken **faire tic-tac** *ou* **cliqueter**

tief **profond** *ou* **bas** *ou* **grave**
♦ tief greifend **profond**
♦ Tiefe (FÉMININ, pluriel Tiefen) **profondeur**
♦ Tiefgarage (FÉMININ, pluriel Tiefgaragen) **parking souterrain**
♦ tiefgekühlt **surgelé**
♦ Tiefkühlfach (NEUTRE, pluriel Tiefkühlfächer) **freezer**
♦ Tiefkühltruhe (FÉMININ, pluriel Tiefkühltruhen) **congélateur** (coffre)
♦ Tiefschlag (MASCULIN, pluriel Tiefschläge) **coup bas** *ou* **sale coup**
♦ Tiefsee (FÉMININ) **grands fonds**

Tier (NEUTRE, pluriel Tiere) **animal**
♦ Tierarzt / Tierärztin (MASCULIN, pluriel Tierärzte / FÉMININ, pluriel Tierärztinnen) **vétérinaire**
♦ Tiergarten (MASCULIN, pluriel Tiergärten) **zoo**
♦ tierisch **bestial**

Tiger (MASCULIN, pluriel Tiger) **tigre**

Tinte (FÉMININ, pluriel Tinten) **encre**
♦ Tintenfisch (MASCULIN, pluriel Tintenfische) **poulpe**

Tipp (MASCULIN, pluriel Tipps) **conseil**
► jemandem einen Tipp geben **donner un conseil à quelqu'un**

tippen **taper à la machine**
♦ Tippfehler (MASCULIN, pluriel Tippfehler) **faute de frappe**

tipptopp *est une expression familière qui signifie* **impeccable**

Tisch (MASCULIN, pluriel Tische) **table**
► bei Tisch **à table**
► unter den Tisch fallen lassen **laisser tomber**
♦ Tischdecke (FÉMININ, pluriel Tischdecken) **nappe**
♦ Tischler, Tischlerin (MASCULIN, pluriel Tischler / FÉMININ, pluriel Tischlerinnen) **menuisier**
♦ Tischlerei (FÉMININ, pluriel Tischlereien) **menuiserie**
♦ Tischtennis (NEUTRE) **ping-pong**

Titel (MASCULIN, pluriel Titel) **titre**
♦ Titelseite (FÉMININ, pluriel Titelseiten) **couverture** (d'un journal)

Toastbrot (NEUTRE, pluriel Toastbrote) **pain de mie**

Toaster (MASCULIN, pluriel Toaster) **grille-pain**

toben être en rage :

▷ Sie hat getobt. Elle était en rage.

▷ Das Unwetter tobt. La tempête fait rage.

► **toben wie ein Irrer** **être fou de rage**

♦ **Tobsucht** (FÉMININ, pluriel Tobsüchte) **folie furieuse**

♦ **tobsüchtig** **fou furieux**

Tochter (FÉMININ, pluriel Töchter) **fille**

Tod (MASCULIN, pluriel Tode) **mort**

♦ **todernst** **très sérieux**

♦ **tödlich** **mortel**

♦ **todmüde** **mort de fatigue**

toi, toi, toi **bonne chance**

toll **formidable**

tollkühn **téméraire**

Tollpatsch (MASCULIN, pluriel Tollpatsche) **maladroit** *ou* **balourd**

Tollwut (FÉMININ) **rage** (= maladie)

Tölpel (MASCULIN, pluriel Tölpel) **balourd**

Ton *a plusieurs sens :*

1 **Ton** pluriel Tone *signifie* **argile** *ou* **glaise**

2 **Ton** pluriel Töne *signifie* **son** *ou* **ton**

♦ **Tonart** (FÉMININ, pluriel Tonarten) **tonalité**

♦ **Tonband** (NEUTRE, pluriel Tonbänder) **bande magnétique**

♦ **Tonbandgerät** (NEUTRE, pluriel Tonbandgeräte) **magnétophone**

♦ **Tonleiter** (FÉMININ, pluriel Tonleitern) **gamme** (au sens musical)

Tonne (FÉMININ, pluriel Tonnen) **tonneau** *ou* **tonne**

Topf (MASCULIN, pluriel Töpfe) **casserole** *ou* **pot**

Töpferei (FÉMININ, pluriel Töpfereien) **poterie**

Tor (NEUTRE, pluriel Tore) **portail** *ou* **but (au football)**

♦ **Torhüter, Torhüterin** (MASCULIN, pluriel Torhüter / FÉMININ, pluriel Torhüterinnen) **gardien de but, gardienne de but**

töricht **bête**

torkeln **tituber**

Torte (FÉMININ, pluriel Torten) **gâteau**

Torwart, Torwartin (MASCULIN, pluriel Torwarte / FÉMININ, pluriel Torwartinnen) **gardien de but, gardienne de but**

tosen **être déchaîné :**

▷ Das Meer tost. La mer est déchaînée.

tot **mort**

♦ **Tote** (MASCULIN, FÉMININ, pluriel Toten) **mort, morte**

> ℹ Ce nom est un adjectif substantivé : on dit ein Toter.

♦ **töten** **tuer**

♦ **Totenstille** (FÉMININ) **silence de mort**

♦ **sich (totlachen)** **mourir de rire**

♦ **Totschlag** (MASCULIN) **homicide volontaire**

Trab (MASCULIN) **trot**

♦ **traben** **aller au trot**

trachten **aspirer**

► **nach etwas trachten** **aspirer à quelque chose**

► **danach trachten, etwas zu tun** **aspirer à faire quelque chose**

traf *voir* **treffen**

Tragbahre (FÉMININ, pluriel Tragbahren) **brancard**

träge **indolent** *ou* **inerte**

tragen (er trägt; trug, getragen) **porter**

♦ **Träger** (MASCULIN, pluriel Träger) **poutre** *ou* **bretelle**

tragisch **tragique**

Trägheit (FÉMININ) **indolence** *ou* **inertie**

Tragödie (FÉMININ, pluriel Tragödien) **tragédie**

Tragweite (FÉMININ, pluriel Tragweiten) **portée**

Trainer, Trainerin (MASCULIN, pluriel Trainer / FÉMININ, pluriel Trainerinnen) **entraîneur, entraîneuse**

♦ **trainieren** **s'entraîner**

♦ **Training** (NEUTRE) **entraînement**

trampeln **piétiner**

trampen /'trɛmpn̩/ **faire du stop**

Träne (FÉMININ, pluriel Tränen) **larme**

trank *voir* **trinken**

trat *voir* **treten**

Tratsch (MASCULIN SINGULIER) **ragots**

Traube (FÉMININ, pluriel Trauben) **raisin**

trauen *a plusieurs catégories grammaticales et plusieurs sens :*

> Ce peut être un VERBE INTRANSITIF :

► **jemandem / einer Sache trauen** faire confiance à quelqu'un / quelque chose

► **jemandem nicht über den Weg trauen** se méfier de quelqu'un

> Ce peut être un VERBE TRANSITIF :

trauen *signifie* marier

► **sich trauen lassen** se marier

> Ce peut être un VERBE RÉFLÉCHI :

sich trauen *signifie* oser

Trauer (FÉMININ) deuil *ou* tristesse

♦ **trauern** être en deuil

Traum (MASCULIN, pluriel Träume) rêve

♦ **träumen** rêver

♦ **traumhaft** de rêve

traurig triste

♦ **Traurigkeit** (FÉMININ) tristesse

treffen (er trifft; traf, getroffen) *a plusieurs catégories grammaticales et plusieurs sens :*

> Ce peut être un VERBE TRANSITIF :

1 **treffen** *peut signifier* rencontrer

► **jemanden treffen** rencontrer quelqu'un

2 **treffen** *peut signifier* prendre :

► **eine Entscheidung treffen** prendre une décision

► **Maßnahmen treffen** prendre des mesures

3 **treffen** *peut signifier* faire :

► **eine Auswahl treffen** faire un choix

► **Vorbereitungen treffen** faire des préparatifs

4 **treffen** *peut signifier* toucher :

▷ Sein Tod hat mich sehr getroffen. Sa mort m'a beaucoup touché.

> Ce peut être un VERBE TRANSITIF :

treffen *signifie* toucher (la cible ou le but)

► **auf jemanden / etwas treffen** tomber sur quelqu'un / quelque chose

ℹ Les temps composés de cette expression se forment avec sein.

> Ce peut être un VERBE RÉFLÉCHI :

sich treffen *signifie* se rencontrer

► **sich gut treffen** bien tomber

Treffen (NEUTRE, pluriel Treffen) rencontre

♦ **treffend** juste *ou* pertinent

♦ **Treffer** (MASCULIN, pluriel Treffer) but *ou* coup dans le mille *ou* billet gagnant *ou* tir réussi

♦ **Treffpunkt** (MASCULIN, pluriel Treffpunkte) (lieu de) rendez-vous

treiben (trieb, getrieben) *a plusieurs catégories grammaticales et plusieurs sens :*

> Ce peut être un VERBE TRANSITIF :

► **Tiere auf die Weide treiben** mener le bétail au pâturage

► **Handel treiben** faire du commerce

► **Unsinn treiben** faire des bêtises

► **was treibst du?** qu'est-ce que tu fais ?

> Ce peut être un VERBE INTRANSITIF :

treiben *signifier* pousser :

▷ Die Pflanze treibt gut. La plante pousse bien.

Treiben (NEUTRE) animation

Treibstoff (MASCULIN, pluriel Treibstoffe) carburant

(sich) trennen (se) séparer *ou* distinguer

► **sich von jemandem trennen** se séparer de quelqu'un

♦ **Trennung** (FÉMININ, pluriel Trennungen) séparation *ou* distinction

Treppe (FÉMININ, pluriel Treppen) escalier

♦ **Treppenhaus** (NEUTRE, pluriel Treppenhäuser) cage d'escalier

Tresor (MASCULIN, pluriel Tresore) coffre-fort *ou* chambre forte

ℹ Tresor ne signifie pas « trésor » en français.

Tretboot (NEUTRE, pluriel Tretboote) pédalo

treten (er tritt; trat, getreten) *a plusieurs catégories grammaticales et plusieurs sens :*

> Ce peut être un VERBE TRANSITIF :

treten *signifie* donner un coup de pied à

> Ce peut être un VERBE INTRANSITIF :

► **auf etwas treten** marcher sur quelque chose

► **in etwas treten** mettre les pieds dans quelque chose

► **in Erscheinung treten** se manifester

► **an jemandes Stelle treten** remplacer quelqu'un

► **nach jemandem treten** donner un coup de pied à quelqu'un

treu fidèle

♦ **Treue** (FÉMININ) fidélité

Trichter (MASCULIN, pluriel Trichter) entonnoir

Trick (MASCULIN, pluriel Tricks) truc

♦ **Trickfilm** (MASCULIN, pluriel Trickfilme) dessin animé

trieb *voir* **treiben**

Trieb (MASCULIN, pluriel Triebe) *a plusieurs sens :*

1 Trieb *peut signifier* **instinct** *ou* **pulsion**

♦ triebhaft **maniaque**

2 Trieb *peut signifier* **pousse** (d'une plante)

triefen **dégouliner**

► vor Nässe triefen **être trempé**

triffst, trifft *voir* **treffen**

trinken (trank, getrunken) **boire**

♦ Trinkgeld (NEUTRE, pluriel Trinkgelder) **pourboire**

Tritt (MASCULIN, pluriel Tritte) **coup de pied**

tritt, trittst *voir* **treten**

Triumphbogen (MASCULIN, pluriel Triumphbögen) **arc de triomphe**

trocken **sec**

♦ Trockengestell (NEUTRE, pluriel Trockengestelle) **séchoir**

♦ Trockenheit (FÉMININ) **sécheresse**

♦ trocknen **sécher**

Trödelmarkt (MASCULIN, pluriel Trödelmärkte) **brocante**

trödeln **lambiner**

trog *voir* **trügen**

Trommel (FÉMININ, pluriel Trommeln) **tambour**

♦ Trommelfell (NEUTRE, pluriel Trommelfelle) **tympan**

Tropen (FÉMININ PLURIEL) **régions tropicales**

tropfen **goutter**

♦ Tropfen (MASCULIN, pluriel Tropfen) **goutte**

Trost (MASCULIN) **consolation** *ou* **réconfort**

♦ trösten **consoler** *ou* **réconforter**

♦ trostlos **désolant**

trotz *est une* PRÉPOSITION *qui s'emploie avec le génitif et signifie* **malgré**

Trotz (MASCULIN) **obstination**

► aus Trotz **par dépit**

► jemandem zum Trotz **en dépit de quelqu'un**

trotzdem **quand même** *ou* **malgré tout**

trotzig **obstiné**

trüb **terne** *ou* **trouble** *ou* **morose** *ou* **morne**

♦ trüben **troubler** *ou* **gâter**

♦ sich trüben **devenir trouble** *ou* **se gâter**

♦ Trübsal (NEUTRE, pluriel Trübsale) **chagrin**

♦ Trübsinn (MASCULIN) **morosité**

♦ trübsinnig **morose**

trug *voir* **tragen**

trügen (trog, getrogen) **tromper :**

▷ Der Anschein trügt. Les apparences sont trompeuses.

♦ trügerisch **trompeur**

Truhe (FÉMININ, pluriel Truhen) **coffre** *ou* **bahut**

Trümmer (NOM PLURIEL) **décombres** *ou* **ruines**

Truppe (FÉMININ, pluriel Truppen) **troupe**

Truthahn (MASCULIN, pluriel Truthähne) **dindon**

Tscheche, Tschechin (MASCULIN, pluriel Tschechen / FÉMININ, pluriel Tschechinnen) **Tchèque**

♦ Tschechien /'tʃɛçiən/ *est l'abréviation de* Tschechische Republik *et signifie* **République tchèque**

♦ tschechisch **tchèque**

♦ Tschechisch **tchèque** (langue)

♦ Tschechische Republik **République tchèque**

tschüss **salut**

Tuba (FÉMININ, pluriel Tuben, Tubas) **tuba**

Tuch (NEUTRE, pluriel Tücher) **chiffon** *ou* **foulard**

tüchtig sein **être travailleur**

Tugend (FÉMININ, pluriel Tugenden) **vertu**

Tulpe (FÉMININ, pluriel Tulpen) **tulipe**

Tümpel (MASCULIN, pluriel Tümpel) **mare**

tun (tat, getan) *a plusieurs catégories grammaticales et plusieurs sens :*

> Ce peut être un VERBE TRANSITIF :

tun *signifie* **faire** *ou* **mettre :**

▷ Was soll ich tun? Que faire ?

▷ Tu das dorthin. Mets ça là-bas.

► jemandem etwas tun **faire du mal à quelqu'un**

► etwas für jemanden tun **rendre un service à quelqu'un**

► nichts zu tun haben **n'avoir rien à faire**

► nichts zu tun haben mit **n'avoir rien à faire avec**

- **es mit jemandem zu tun bekommen** avoir à faire avec quelqu'un

> Ce peut être un VERBE INTRANSITIF :

- **so tun als ob** faire comme si *ou* faire semblant
- **zu tun haben** avoir à faire
- **zu tun haben mit** avoir à faire avec

> Ce peut être un VERBE RÉFLÉCHI :

- **sich schwer tun** avoir du mal
- **es tut sich etwas** il se passe quelque chose

Tunfisch (MASCULIN, pluriel Tunfische) thon

tunken tremper

tupfen tamponner *ou* tapoter

Tupfen (MASCULIN, pluriel Tupfen) point *ou* pois

Tür (FÉMININ, pluriel Türen) porte

Türke (MASCULIN, pluriel Türken) Turc
- ♦ **Türkei** (FÉMININ) Turquie
- ♦ **Türkin** (FÉMININ, pluriel Türkinnen) Turque

türkis turquoise

türkisch turc

Turm (MASCULIN, pluriel Türme) tour
- ♦ **Türmchen** (NEUTRE, pluriel Türmchen) tourelle
- ♦ **sichtürmen** s'empiler *ou* s'accumuler

turnen faire de la gymnastique
- ♦ **Turnhalle** (FÉMININ, pluriel Turnhallen) gymnase

Turnier (NEUTRE, pluriel Turniere) tournoi

tust, tut *voir* tun

Tüte (FÉMININ, pluriel Tüten) sac *ou* cornet

tuten klaxonner

Tyrann, Tyrannin (MASCULIN, pluriel Tyrannen / FÉMININ, pluriel Tyranninnen) tyran

Uu

U-Bahn (FÉMININ, pluriel U-Bahnen) **métro**

übel **mauvais**

► **jemandem ist übel** **quelqu'un a mal au cœur**

► **übel nehmen** **prendre mal**

► **jemandem etwas übel nehmen** **en vouloir à quelqu'un**

♦ **Übel** (NEUTRE, pluriel Übel) **mal**

♦ **Übelkeit** (FÉMININ) **nausée**

üben **s'exercer**

► **etwas üben** **s'exercer à quelque chose**

über *a plusieurs catégories grammaticales et plusieurs sens :*

> Ce peut être une PRÉPOSITION qui s'emploie avec l'accusatif ou le datif :

1 **über** *peut indiquer un lieu et signifie* **sur** *ou* **au-dessus de** *ou* **par :**

▷ Sollen wir ein Tischtuch über den Tisch breiten? Est-ce qu'on met une nappe sur la table ?

▷ Der Zug fährt über Stuttgart. Le train passe par Stuttgart.

► **über die Straße gehen** **traverser la rue**

2 **über** *peut avoir un sens temporel et signifie* **pendant** *ou* **dans :**

► **den ganzen Tag über** **toute la journée**

3 **über** *peut indiquer une mesure ou un nombre et signifie* **au-dessus de** *ou* **au-delà de** *ou* **plus de** *ou* **plus que :**

▷ Das geht über meine Kräfte. C'est au-dessus de mes forces.

▷ Das kostet über fünfzig Euro. Ça coûte plus de cinquante euros.

4 **über** *peut signifier* **par** *ou* **au sujet de :**

► **über jemanden** **par l'intermédiaire de quelqu'un**

► **über etwas sprechen** **parler de quelque chose**

> Ce peut être un ADVERBE :

► **den Winter über** **pendant l'hiver**

► **über und über** **entièrement**

> Ce peut être une PARTICULE SÉPARABLE pour former des MOTS COMPOSÉS :

♦ **sich überanstrengen** *ou* **sich überarbeiten** **se surmener**

> ℹ Vous trouverez les MOTS COMPOSÉS qui commencent par über- classés par ordre alphabétique.

Überblick (MASCULIN, pluriel Überblicke) **vue d'ensemble** *ou* **résumé**

♦ **überblicken** (überblickte, überblickt) **avoir une vue d'ensemble**

überbringen (überbrachte, überbracht) **remettre**

überdenken (überdachte, überdacht) **réfléchir à**

überdies **en outre**

Überdosis (FÉMININ, pluriel Überdosen) **overdose**

überdreht **surexcité**

Überdruss (MASCULIN) **lassitude** *ou* **dégoût**

♦ **überdrüssig** **las** *ou* **dégoûté**

übereifrig **trop zélé**

übereilt **précipité** *ou* **prématuré**

übereinander **l'un sur l'autre**

► **die Beine übereinander schlagen** **croiser les jambes**

übereinkommen (übereinkam, übereingekommen) **convenir**

♦ **Übereinkunft** (FÉMININ, pluriel Übereinkünfte) **accord**

übereinstimmen correspondre *ou* être d'accord

♦ Übereinstimmung (FÉMININ, pluriel Übereinstimmungen) accord

überempfindlich hypersensible

überfahren (er überfährt; überfuhr, überfahren) écraser

► jemanden überfahren écraser quelqu'un

Überfahrt (FÉMININ, pluriel Überfahrten) traversée

Überfall (MASCULIN, pluriel Überfälle) attaque *ou* hold-up

♦ überfallen (er überfällt; überfiel, überfallen) attaquer

Überfluss (MASCULIN, pluriel Überflüsse) surabondance

► im Überfluss en abondance

♦ überflüssig superflu *ou* en trop

überfordern (überforderte, überfordert) demander trop *ou* surmener

♦ Überforderung (FÉMININ, pluriel Überforderungen) surmenage

überfüllt bondé *ou* surchargé

Übergabe (FÉMININ, pluriel Übergaben) remise

Übergang (MASCULIN, pluriel Übergänge) passage *ou* transition

übergeben (er übergibt; übergab, übergeben) *a plusieurs catégories grammaticales et plusieurs sens :*

> Ce peut être un VERBE TRANSITIF :

übergeben *signifie* remettre *ou* transmettre

> Ce peut être un VERBE RÉFLÉCHI :

sich übergeben *signifie* vomir

übergehen *a plusieurs catégories grammaticales et plusieurs sens :*

> Ce peut être un VERBE INTRANSITIF :

übergehen (er geht über; überging, übergegangen) *signifie* passer de l'autre côté

► zu etwas übergehen passer à autre chose

ℹ L'accent est sur über.

> Ce peut être un VERBE TRANSITIF :

übergehen (er übergeht; überging, übergangen) *signifie* oublier *ou* omettre

► jemanden / etwas übergehen oublier quelqu'un / quelque chose

ℹ L'accent est sur gehen.

überglücklich très heureux

überhaupt en général *ou* somme toute *ou* de toute façon

► überhaupt nicht pas du tout

überheblich présomptueux

♦ Überheblichkeit (FÉMININ) présomption

überholen (überholte, überholt) doubler *ou* réviser (une voiture)

überhören (überhörte, überhört) ne pas entendre *ou* faire la sourde oreille

überirdisch surnaturel

überladen (er überlädt; überlud, überladen) surcharger

überlassen *a plusieurs sens :*

1 überlassen (er überlässt; überließ, überlassen) *signifie* confier *ou* laisser faire *ou* laisser prendre :

▷ Ich überlasse dir die Kinder. Je te confie les enfants.

▷ Überlass das mir! Laisse-moi faire !

▷ Die Entscheidung überlasse ich ihm. Je le laisse prendre la décision.

ℹ L'accent est sur lassen.

2 überlassen (er lässt über; überließ, übergelassen) *signifie* laisser (des restes) :

▷ Deine Schwester hat dir Kuchen übergelassen. Ta sœur t'a laissé du gâteau.

ℹ L'accent est sur über.

überlasten (überlastete, überlastet) surcharger

überlaufen *a plusieurs catégories grammaticales et plusieurs sens :*

> Ce peut être un VERBE INTRANSITIF :

überlaufen (er läuft über; überlief, übergelaufen) *signifie* déborder

► zum Feind überlaufen passer à l'ennemi

ℹ L'accent est sur über.

> Ce peut être un VERBE TRANSITIF :

überlaufen (er überläuft; überlief, überlaufen) *signifie* parcourir *ou* traverser

▷ Es überläuft mich kalt. Ça me donne des frissons.

ℹ L'accent est sur laufen.

> Ce peut être un ADJECTIF :

überlaufen *signifie* surchargé *ou* encombré *ou* noir de monde

überleben (überlebte, überlebt) survivre

♦ Überlebende (MASCULIN, FÉMININ, pluriel Überlebenden) survivant

> ℹ Ce nom est un adjectif substantivé : on dit ein Überlebender.

überlegen *a plusieurs catégories grammaticales et plusieurs sens :*

> Ce peut être un VERBE :

überlegen (überlegte, überlegt) *signifie* réfléchir à

► sich etwas überlegen réfléchir à quelque chose

> Ce peut être un ADJECTIF :

überlegen *signifie* supérieur

► jemandem überlegen sein être supérieur à quelqu'un *ou* être plus fort que quelqu'un

► sich jemandem überlegen fühlen se sentir supérieur à quelqu'un

♦ Überlegenheit (FÉMININ) supériorité

Überlegung (FÉMININ, pluriel Überlegungen) réflexion

überliefern (überlieferte, überliefert) transmettre

♦ Überlieferung (FÉMININ, pluriel Überlieferungen) transmission *ou* tradition

überlisten (überlistete, überlistet) duper

überm *est la contraction de* über dem *et signifie* au-dessus du, de la

Übermaß (NEUTRE, pluriel Übermaße) excès

♦ übermäßig excessif

übermitteln (übermittelte, übermittelt) transmettre

übermorgen après-demain

übermüdet très fatigué

♦ Übermüdung (FÉMININ) grande fatigue

Übermut (MASCULIN) exubérance

♦ übermütig exubérant

übernachten (übernachtete, übernachtet) passer la nuit

► bei jemandem übernachten dormir chez quelqu'un

♦ Übernachtung (FÉMININ, pluriel Übernachtungen) nuit

Übernahme (FÉMININ, pluriel Übernahmen) prise en charge *ou* réception *ou* reprise

♦ übernehmen (er übernimmt; übernahm, übernommen) reprendre *ou* prendre en charge *ou* recevoir

♦ sich übernehmen se surmener

überprüfen (überprüfte, überprüft) examiner *ou* contrôler

♦ Überprüfung (FÉMININ, pluriel Überprüfungen) examen *ou* contrôle

überqueren (überquerte, überquert) traverser

überragen (überragte, überragt) surplomber

überraschen (überraschte, überrascht) surprendre

♦ Überraschung (FÉMININ, pluriel Überraschungen) surprise

überreden (überredete, überredet) persuader

Überreste (MASCULIN PLURIEL) restes

überrumpeln (überrumpelte, überrumpelt) prendre au dépourvu

übers *est la contraction de* über das *et signifie* par-dessus le, la

(sich) überschätzen (überschätzte, überschätzt) (se) surestimer

sich überschlagen (er überschlägt; überschlug, überschlagen) faire un tonneau

überschnappen devenir fou

(sich) überschneiden (überschnitt, überschnitten) (se) chevaucher

überschreiten (überschritt, überschritten) dépasser *ou* transgresser *ou* abuser de :

► die Grenzen überschreiten dépasser les limites

► die Regeln überschreiten transgresser les règles

Überschrift (FÉMININ) titre

Überschuss (MASCULIN, pluriel Überschüsse) excédent

♦ überschüssig excédentaire *ou* débordant

Überschwang (MASCULIN, pluriel Überschwänge) exubérance *ou* débordement

♦ überschwänglich débordant d'enthousiasme *ou* excessif

♦ Überschwänglichkeit (FÉMININ) exaltation *ou* exubérance

überschwemmen (überschwemmte, überschwemmt) inonder

♦ Überschwemmung (FÉMININ, pluriel Überschwemmungen) inondation

Übersee (FÉMININ) outre-mer

übersehen (er übersieht; übersah, übersehen) *a plusieurs sens :*

1 übersehen *peut signifier* voir d'un coup d'œil

2 übersehen *peut signifier* ne pas voir *ou* omettre

übersetzen (übersetzte, übersetzt) traduire

♦ Übersetzung (FÉMININ, pluriel Übersetzungen) traduction

Übersicht (FÉMININ) vue d'ensemble

► die Übersicht verlieren perdre le contrôle

♦ übersichtlich bien disposé *ou* clair

überspannt exalté

überstehen (überstand, überstanden) surmonter

Überstunden (FÉMININ PLURIEL) heures supplémentaires

(sich) überstürzen (überstürzte, überstürzt) (se) précipiter

übertragbar contagieux *ou* transmissible

♦ übertragen (er überträgt; übertrug, übertragen) transmettre *ou* déléguer *ou* diffuser

♦ Übertragung (FÉMININ, pluriel Übertragungen) transmission

übertreffen (er übertrifft; übertraf, übertroffen) dépasser *ou* surpasser :

▷ Das übertrifft meine Erwartungen. Ça dépasse mes attentes.

übertreiben (er übertreibt; übertrieb, übertrieben) exagérer

♦ Übertreibung (FÉMININ, pluriel Übertreibungen) exagération

übertreten *a plusieurs catégories grammaticales et plusieurs sens :*

> Ce peut être un VERBE INTRANSITIF :

übertreten (er tritt über; übertrat, übergetreten) *signifie* se convertir *ou* passer de l'autre côté

> ℹ L'accent est sur über.

> Ce peut être un VERBE TRANSITIF :

übertreten (übertritt; übertrat, übertreten) *signifie* transgresser

► ein Gesetz übertreten enfreindre une loi

> ℹ L'accent est sur treten.

♦ Übertretung (FÉMININ, pluriel Übertretungen) transgression *ou* infraction

übertrieben exagéré

übervölkert surpeuplé

überwachen (überwachte, überwacht) surveiller

überwältigend grandiose

überwiegen (überwog, überwogen) prédominer

♦ überwiegend prépondérant (adjectif) *ou* la plupart du temps (adverbe)

überwinden (überwand, überwunden) surmonter

♦ sich überwinden faire un effort sur soi-même *ou* se faire violence

♦ Überwindung (FÉMININ, pluriel Überwindungen) effort sur soi-même

Überzahl (FÉMININ) majorité

überzeugen (überzeugte, überzeugt) convaincre

♦ überzeugend convaincant

♦ Überzeugung (FÉMININ, pluriel Überzeugungen) conviction

überziehen (überzog, überzogen) recouvrir

► sein Konto überziehen mettre son compte à découvert

♦ Überzug (MASCULIN, pluriel Überzüge) housse

üblich habituel

U-Boot (NEUTRE, pluriel U-Boote) sous-marin

übrig restant

► für jemanden etwas übrig haben avoir un faible pour quelqu'un

► übrig bleiben rester

► etwas übrig lassen laisser des restes

► im Übrigen du reste

♦ übrigens d'ailleurs

♦ Übriges (NEUTRE) le reste

Übung (FÉMININ, pluriel Übungen) exercice

Ufer (NEUTRE, pluriel Ufer) **rive** *ou* **rivage** *ou* **bord de l'eau**

Ufo (NEUTRE, pluriel Ufos) **ovni**

Uhr (FÉMININ, pluriel Uhren) **horloge** *ou* **montre**

► **wie viel Uhr ist es?** quelle heure est-il ?

♦ **Uhrzeigersinn** (MASCULIN) **sens des aiguilles d'une montre**

♦ **Uhrzeit** (FÉMININ) **heure**

ulkig **drôle**

Ultraschall, Ultraschallaufnahme (MASCULIN, pluriel Ultraschalle / FÉMININ, pluriel Ultraschallaufnahmen) **échographie**

um *a plusieurs catégories grammaticales et plusieurs sens :*

> Ce peut être une PRÉPOSITION qui s'emploie avec l'accusatif :

1 **um** *peut indiquer un lieu et signifie* **autour de**

► **um die Stadt herumfahren** contourner la ville

► **um sich schauen** regarder autour de soi

2 **um** *peut avoir un sens temporel et signifie* **à** *ou* **vers**

► **um zwei Uhr** à deux heures

► **um Weihnachten** vers Noël

► **Tag um Tag** jour après jour

3 **um** *peut indiquer une mesure et signifie* **de** *ou* **pour**

► **um ein Jahr älter** un an de plus

► **um die Hälfte** de moitié

► **um Geld spielen** jouer pour de l'argent

► **um alles in der Welt** pour tout au monde

► **um so mehr** d'autant plus

4 **um** *peut avoir d'autres significations :*

► **sich um jemanden Sorgen machen** se faire des soucis pour quelqu'un

► **um seinetwillen** à cause de lui

► **um etwas bitten** demander quelque chose

> Ce peut être une CONJONCTION :

um *signifie* **afin que** *ou* **afin de**

> Ce peut être un ADVERBE :

um *signifie* **environ**

► **die Zeit ist um** le temps est passé

> Ce peut être une PARTICULE SÉPARABLE pour former des VERBES COMPOSÉS :

♦ **umändern** **transformer** *ou* **modifier**

ℹ Vous trouverez les verbes composés qui commencent par um- classés par ordre alphabétique.

umarmen (umarmte, umarmt) **étreindre** *ou* **prendre dans ses bras**

Umbau (MASCULIN, pluriel Umbaue, Umbauten) **transformation** (d'une construction)

♦ **umbauen** **transformer** (une construction)

umbinden (umband, umgebunden) **mettre** (autour du cou ou de la taille)

umblättern **tourner les pages**

sich umblicken **regarder autour**

umbringen (umbrachte, umgebracht) **tuer**

Umbruch (MASCULIN, pluriel Umbrüche) **changement** *ou* **bouleversement**

(sich) umdrehen (se) **retourner**

♦ **Umdrehung** (FÉMININ, pluriel Umdrehungen) **rotation** *ou* **tour**

umeinander **l'un autour de l'autre** *ou* **l'un pour l'autre**

► **sich umeinander sorgen** s'inquiéter l'un pour l'autre

umfallen **se renverser** *ou* **tomber**

Umfang (MASCULIN, pluriel Umfänge) **étendue** *ou* **longueur** *ou* **portée**

♦ **umfangreich** **vaste** *ou* **volumineux**

umfassend **complet** *ou* **global**

Umfeld (NEUTRE, pluriel Umfelder) **contexte** *ou* **environnement**

Umfrage (FÉMININ, pluriel Umfragen) **enquête** *ou* **sondage**

Umgang (MASCULIN, pluriel Umgänge) **rapports** *ou* **relations**

♦ **umgänglich** **sociable**

♦ **Umgangsformen** (FÉMININ PLURIEL) **manières**

♦ **Umgangssprache** (FÉMININ, pluriel Umgangssprachen) **langage familier**

♦ **umgangssprachlich** **familier** (en parlant du niveau de langue)

Umgebung (FÉMININ, pluriel Umgebungen) **environs** *ou* **milieu** *ou* **entourage**

umgehen *a plusieurs catégories grammaticales et plusieurs sens :*

> Ce peut être un VERBE TRANSITIF :

umgehen (er umgeht; umging, umgangen) *signifie* **contourner**

ℹ L'accent est sur gehen.

> Ce peut être un VERBE INTRANSITIF :

umgehen (er geht um; umging, umgegangen) *signifie* **traiter** *ou* **manier**

► mit jemandem schlecht umgehen maltraiter quelqu'un
► mit etwas umgehen können savoir s'y prendre
► mit Geld sparsam umgehen être économe
♦ umgehend (adjectif) immédiat *ou* (adverbe) immédiatement

umgekehrt au contraire *ou* vice versa

Umhang (MASCULIN, pluriel Umhänge) cape
♦ umhängen (umhing, umgehangen) mettre sur les épaules

umher autour *ou* çà et là

sich umhören se renseigner

umkehren faire demi-tour *ou* retourner

umkippen se renverser *ou* perdre l'équilibre *ou* tomber dans les pommes

Umkleideraum (MASCULIN, pluriel Umkleideräume) vestiaire

umkommen (umkam, umgekommen) mourir

Umkreis (MASCULIN, pluriel Umkreise) environs *ou* voisinage *ou* rayon
► in einem Umkreis von dans un rayon de
♦ umkreisen (umkreiste, umkreist) tourner autour de

umleiten dévier
♦ Umleitung (FÉMININ, pluriel Umleitungen) déviation

umliegend environnant

Umriss (MASCULIN, pluriel Umrisse) contour

umrühren remuer

ums *est la contraction de* um das *et signifie* autour du, de la

Umsatz (MASCULIN, pluriel Umsätze) chiffre d'affaires *ou* ventes

umschalten changer (de programme)

Umschlag (MASCULIN, pluriel Umschläge) couverture (d'un livre) *ou* enveloppe
♦ umschlagen (er schlägt um; umschlug, umgeschlagen) tourner (une page)

umschreiben (umschrieb, umschrieben) paraphraser

umschwärmen (umschwärmte, umschwärmt) courtiser

sich umsehen regarder autour de soi *ou* chercher

Umsicht (FÉMININ) circonspection *ou* précaution
♦ umsichtig prudent

umso
► umso mehr d'autant plus
► umso besser tant mieux

umsonst en vain *ou* gratuitement

Umstand (MASCULIN, pluriel Umstände) circonstance
► in anderen Umständen sein être enceinte
► Umstände machen faire des histoires
► machen Sie keine Umstände ne vous dérangez pas
► mildernde Umstände circonstances atténuantes
♦ umständlich compliqué

umsteigen changer (de train, de bus, de métro, etc.)

umstellen changer *ou* changer de place *ou* intervertir
♦ sich umstellen s'adapter
♦ Umstellung (FÉMININ, pluriel Umstellungen) changement *ou* adaptation

umstoßen renverser

umstritten controversé

Umsturz (MASCULIN, pluriel Umstürze) renversement
♦ umstürzen renverser

umtauschen échanger *ou* changer

umwandeln transformer

Umweg (MASCULIN, pluriel Umwege) détour

Umwelt (FÉMININ) environnement
♦ umweltfeindlich polluant
♦ umweltfreundlich écologique
♦ umweltgefährdend nocif
♦ umweltschädlich polluant
♦ Umweltschutz (MASCULIN) protection de l'environnement
♦ Umweltschützer, Umweltschützerin (MASCULIN, pluriel Umweltschützer / FÉMININ, pluriel Umweltschützerinnen) écologiste
♦ Umweltverschmutzung (FÉMININ, pluriel Umweltverschmutzungen) pollution

umwerfen renverser *ou* jeter sur ses épaules

♦ **umwerfend** époustouflant

umziehen (**umzog**, **umgezogen**) *a plusieurs catégories grammaticales et plusieurs sens :*

> Ce peut être un VERBE INTRANSITIF :

umziehen *signifie* déménager

> Ce peut être un VERBE TRANSITIF :

umziehen *signifie* changer de tenue

> Ce peut être un VERBE RÉFLÉCHI :

sich umziehen *signifie* se changer

umzingeln (**umzingelte**, **umzingelt**) encercler

Umzug (MASCULIN, pluriel **Umzüge**) déménagement *ou* procession

unabänderlich irrévocable

unabhängig indépendant

♦ **Unabhängigkeit** (FÉMININ) indépendance

unabsehbar imprévisible

unabsichtlich involontaire, involontairement

unachtsam inattentif *ou* distrait

♦ **Unachtsamkeit** (FÉMININ, pluriel **Unachtsamkeiten**) inattention *ou* distraction

unangenehm désagréable

unanständig indécent

Unart (FÉMININ, pluriel **Unarten**) mauvaise habitude

♦ **unartig** désobéissant

unauffällig discret

unauffindbar introuvable

unaufhaltsam inéluctable

unaufhörlich continuel

unaufmerksam inattentif

unausstehlich insupportable

unausweichlich inévitable

unbändig turbulent *ou* pétulant

unbarmherzig impitoyable

unbeachtet inaperçu

unbedeutend insignifiant

unbedingt absolument

► **nicht unbedingt** pas nécessairement

unbefangen naïf *ou* naturel

unbefugt non autorisé

unbegabt peu doué

unbegreiflich incompréhensible

unbegrenzt illimité

unbegründet sans fondement

Unbehagen (NEUTRE) malaise *ou* gêne

♦ **unbehaglich** désagréable

unbeholfen maladroit

unbekannt inconnu

unbekümmert insouciant

unbeliebt peu aimé *ou* mal vu *ou* impopulaire

unbequem inconfortable

unberechenbar imprévisible

unberührt intact

unbeschreiblich indescriptible

unbestimmt indéfini *ou* vague *ou* incertain

unbeweglich immobile

unbewusst inconscient

und et

► **und so weiter** et cætera

undankbar ingrat

♦ **Undankbarkeit** (FÉMININ) ingratitude

undenkbar impensable *ou* inconcevable

undeutlich indistinct *ou* imprécis *ou* incompréhensible

undurchlässig imperméable *ou* étanche

unempfindlich insensible

unendlich infini

♦ **Unendlichkeit** (FÉMININ) infini *ou* infinité *ou* éternité

unentbehrlich indispensable

unentschieden indécis

► **unentschieden enden** faire match nul

unentschlossen irrésolu *ou* indécis

unentwegt (adjectif) constant *ou* (adverbe) constamment

unerfahren inexpérimenté

unerfreulich désagréable

unerhört inouï

unerklärlich inexplicable

unerlässlich indispensable

unermesslich immense

unermüdlich infatigable

unersättlich insatiable

unerschöpflich inépuisable

unerschütterlich inébranlable

unerschwinglich inabordable

unerträglich insupportable

unerwartet inattendu

unerwünscht importun *ou* indésirable

unfähig incapable

unfair injuste

Unfall (MASCULIN, pluriel Unfälle) accident

unfassbar incroyable *ou* inconcevable

unfehlbar infaillible

unfreiwillig involontaire

unfreundlich peu aimable *ou* désagréable

Unfriede(n) (MASCULIN) discorde
► Unfrieden stiften provoquer la discorde

unfruchtbar stérile *ou* infructueux

Unfug (MASCULIN) bêtises

Ungar, Ungarin (MASCULIN, pluriel Ungarn / FÉMININ, pluriel Ungarinnen) Hongrois, Hongroise
♦ ungarisch hongrois
♦ Ungarn Hongrie

ungeachtet *est une* PRÉPOSITION *qui s'emploie avec le génitif et signifie* malgré *ou* en dépit de

ungeahnt inespéré

ungebildet inculte

Ungeduld (FÉMININ) impatience
♦ ungeduldig impatient

ungeeignet inapproprié *ou* incompétent

ungefähr à peu près

ungefährlich sans danger

ungeheuer *a plusieurs catégories grammaticales et plusieurs sens :*
> Ce peut être un ADJECTIF :
ungeheuer *signifie* énorme *ou* inquiétant *ou* formidable *ou* inouï
> Ce peut être un ADJECTIF :
ungeheuer *signifie* énormément
♦ Ungeheuer (NEUTRE, pluriel Ungeheuer) monstre
♦ ungeheuerlich monstrueux *ou* révoltant

ungelegen importun
► das kommt mir ungelegen ça ne me convient pas

ungemein énorme *ou* extrêmement

ungemütlich inconfortable *ou* désagréable
▷ Hier ist es ungemütlich. On ne se sent pas bien ici.

ungenau inexact *ou* imprécis
♦ Ungenauigkeit (FÉMININ) imprécision

ungeniert sans-gêne

ungenießbar immangeable

ungenügend insuffisant

> ℹ Ungenügend est aussi la note éliminatoire dans le système scolaire germanique.

ungepflegt négligé

ungerade impair

ungerecht injuste
♦ Ungerechtigkeit (FÉMININ, pluriel Ungerechtigkeiten) injustice

ungern à contrecœur

Ungeschicklichkeit (FÉMININ, pluriel Ungeschicklichkeiten) maladresse
♦ ungeschickt maladroit

ungestört sans être dérangé *ou* en paix

ungestüm fougueux *ou* impétueux

ungesund malsain *ou* maladif

ungewiss incertain
♦ Ungewissheit (FÉMININ) incertitude

ungewöhnlich inhabituel *ou* exceptionnel

ungewohnt inhabituel

Ungeziefer (NEUTRE, pluriel Ungeziefer) vermine

ungezogen mal élevé

ungezwungen décontracté

ungläubig incrédule

unglaublich incroyable

unglaubwürdig invraisemblable

ungleich inégal
♦ Ungleichheit (FÉMININ, pluriel Ungleichheiten) inégalité

Unglück (NEUTRE, pluriel Unglücke) malheur *ou* malchance *ou* accident
♦ unglücklich malheureux
♦ unglücklicherweise malheureusement

ungültig non valide *ou* périmé

ungünstig peu propice *ou* défavorable

ungut désagréable
► nichts für ungut sans rancune *ou* ne le prenez pas mal

unhaltbar intenable

Unheil (NEUTRE) désastre *ou* malheur

unheimlich inquiétant

unhöflich impoli

Uni (FÉMININ, pluriel Unis) fac

unkenntlich méconnaissable

Unkenntnis (FÉMININ, pluriel Unkenntnisse) ignorance

unklar trouble *ou* flou *ou* confus

unkontrollierbar incontrôlable

Unkosten (NOM PLURIEL) frais

Unkraut (NEUTRE) mauvaises herbes

unlängst récemment

unlesbar, unleserlich illisible

Unlust (FÉMININ) manque d'enthousiasme

unmäßig démesuré *ou* excessif

Unmenge (FÉMININ, pluriel Unmengen) grande quantité

Unmensch (MASCULIN, pluriel Unmenschen) brute *ou* monstre
♦ unmenschlich inhumain

unmerklich imperceptible

unmittelbar immédiat *ou* direct

unmöglich impossible
♦ Unmöglichkeit (FÉMININ, pluriel Unmöglichkeiten) impossibilité

unnahbar inaccessible

unnötig inutile
♦ unnötigerweise inutilement

UNO (FÉMININ) ONU (Organisation des Nations unies)

unordentlich désordonné *ou* négligé *ou* en désordre
♦ Unordnung (FÉMININ) désordre

unorganisiert désorganisé

unparteiisch impartial

unpassend mal à propos *ou* mal choisi *ou* déplacé

unpünktlich peu ponctuel

Unrecht (NEUTRE) injustice
► zu Unrecht à tort
► im Unrecht sein ou Unrecht haben avoir tort

unregelmäßig irrégulier

unreif pas mûr

Unruhe (FÉMININ, pluriel Unruhen) agitation *ou* inquiétude
♦ unruhig agité *ou* inquiet

uns *est le datif ou l'accusatif du* PRONOM PERSONNEL wir *et signifie* nous *ou* à nous :
▷ Sie macht uns etwas zu essen. Elle nous prépare quelque chose à manger.
▷ Das gehört uns. C'est à nous.

unsagbar indicible *ou* incroyable

unsanft rude *ou* brutal

unschädlich inoffensif

unscharf indistinct *ou* flou

unscheinbar modeste *ou* simple

unschlagbar imbattable

unschlüssig indécis

Unschuld (FÉMININ) innocence
♦ unschuldig innocent

unser, unsere notre *ou* nos

- ♦ **unsere, unserer, unseres** le nôtre, la nôtre, les nôtres
- ♦ **unsererseits** de notre côté
- ♦ **unseresgleichen** des gens comme nous
- ♦ **unseretwegen** pour nous *ou* en ce qui nous concerne *ou* à cause de nous

unsicher incertain *ou* qui manque d'assurance

- ♦ **Unsicherheit** (FÉMININ, pluriel Unsicherheiten) incertitude *ou* manque d'assurance

unsichtbar invisible

Unsinn (MASCULIN) bêtises *ou* non-sens *ou* absurdité

- ♦ **unsinnig** insensé

Unsitte (FÉMININ, pluriel Unsitten) mauvaise habitude

- ♦ **unsittlich** immoral *ou* indécent
- ♦ **Unsittlichkeit** (FÉMININ, pluriel Unsittlichkeiten) indécence *ou* comportement indécent

unsterblich immortel

- ♦ **Unsterblichkeit** (FÉMININ) immortalité

Unstimmigkeit (FÉMININ, pluriel Unstimmigkeiten) désaccord

untätig inactif

unten en bas *ou* (en) dessous

- ► nach unten vers le bas

unter *est une* PRÉPOSITION *qui s'emploie avec l'accusatif ou le datif et signifie* sous *ou* en dessous de *ou* parmi

- ► unter anderem entre autres
- ► unter Freunden entre amis
- ► unter freiem Himmel en plein air *ou* à la belle étoile

Unterarm (MASCULIN, pluriel Unterarme) avant-bras

Unterbewusstsein (NEUTRE) subconscient

unterbrechen (er unterbricht; unterbrach, unterbrochen) interrompre

- ♦ **Unterbrechung** (FÉMININ, pluriel Unterbrechungen) interruption

unterbringen (unterbrachte, untergebracht) trouver de la place pour

unterdessen entre-temps

unterdrücken (unterdrückte, unterdrückt) réprimer *ou* opprimer *ou* retenir

untere, unterer, unteres en dessous *ou* inférieur, inférieure

untereinander entre nous *ou* entre vous *ou* entre eux, elles

unterentwickelt sous-développé

unterernährt sous-alimenté

Unterführung (FÉMININ, pluriel Unterführungen) passage souterrain

Untergang (MASCULIN, pluriel Untergänge) naufrage *ou* fin *ou* déclin

- ♦ **untergehen** (unterging, untergegangen) couler *ou* se noyer

Untergrundbahn (FÉMININ, pluriel Untergrundbahnen) métro

unterhalb *est une* PRÉPOSITION *qui s'emploie avec le génitif et signifie* en dessous (de)

(sich) unterhalten (er unterhält; unterhielt, unterhalten) (s') entretenir *ou* (se) divertir *ou* discuter

- ♦ **Unterhaltung** (FÉMININ, pluriel Unterhaltungen) discussion *ou* distraction

Unterhemd (NEUTRE, pluriel Unterhemden) tricot de corps

Unterhose (FÉMININ, pluriel Unterhosen) slip

unterirdisch souterrain

Unterkunft (FÉMININ, pluriel Unterkünfte) logement

Unterlage (FÉMININ, pluriel Unterlagen) document

unterlassen (er unterlässt; unterließ, unterlassen) s'abstenir de

- ► etwas unterlassen ne pas faire quelque chose

unterliegen (unterlag, unterlegen)

- ► jemandem unterliegen être vaincu par quelqu'un *ou* être plus faible que quelqu'un

unternehmen (er unternimmt; unternahm, unternommen) entreprendre

- ♦ **Unternehmen** (NEUTRE, pluriel Unternehmen) entreprise
- ♦ **Unternehmer** (MASCULIN, pluriel Unternehmer) entrepreneur
- ♦ **unternehmungslustig** entreprenant

Unterredung (FÉMININ, pluriel Unterredungen) entretien

Unterricht (MASCULIN) cours

> ℹ Le pluriel Unterrichte est rare.

♦ **unterrichten** (unterrichtete, unterrichtet) instruire *ou* donner un cours

♦ **Unterrichtsfach** (NEUTRE, pluriel Unterrichtsfächer) matière (de cours)

unterschätzen (unterschätzte, unterschätzt) sous-estimer

(sich) unterscheiden (unterschied, unterschieden) différencier

♦ **Unterschied** (MASCULIN, pluriel Unterschiede) différence

► im Unterschied zu à la différence de

♦ **unterschiedlich** différent

unterschreiben (unterschrieb, unterschrieben) signer

♦ **Unterschrift** (FÉMININ, pluriel Unterschriften) signature

unterste, unterster, unterstes inférieur, inférieure *ou* le plus bas, la plus basse

unterstellen *a plusieurs sens :*

1 (er stellt unter; unterstellte, untergestellt) unterstellen *signifie* mettre à l'abri

> ℹ L'accent est sur unter.

2 (er unterstellt; unterstellte, unterstellt) unterstellen *signifie* soumettre *ou* imputer

► jemanden etwas unterstellen imputer quelque chose à quelqu'un

> ℹ L'accent est sur stellen.

unterstreichen (unterstrich, unterstrichen) souligner

unterstützen (unterstützte, unterstützt) soutenir

♦ **Unterstützung** (FÉMININ, pluriel Unterstützungen) soutien *ou* aide *ou* support

untersuchen (untersuchte, untersucht) examiner :

▷ Dieses Problem müsste man genauer untersuchen. Il faudrait examiner ce problème de plus près.

▷ Ich gehe morgen meine Augen untersuchen lassen. Demain je vais faire examiner mes yeux.

♦ **Untersuchung** (FÉMININ, pluriel Untersuchungen) examen

Untertasse (FÉMININ, pluriel Untertassen) soucoupe

untertauchen plonger *ou* disparaître

Untertitel (MASCULIN, pluriel Untertitel) sous-titre

Unterwäsche (FÉMININ) sous-vêtements

unterwegs en route

(sich) unterwerfen (er unterwirft; unterwarf, unterworfen) (se) soumettre

► sich jemandem unterwerfen se soumettre à quelqu'un

♦ **unterwürfig** soumis

unterzeichnen signer

untreu infidèle

♦ **Untreue** (FÉMININ) infidélité

untröstlich inconsolable

unüberlegt irréfléchi

unübersehbar évident *ou* immense :

▷ Der Fehler ist unübersehbar. Cette faute est évidente.

▷ Es war eine unübersehbare Menschenmenge beim Konzert. Il y avait une foule immense au concert.

unübersichtlich confus *ou* peu clair

unumgänglich inévitable

ununterbrochen sans cesse *ou* en continu

unveränderlich immuable

unverantwortlich irresponsable

unverbesserlich incorrigible

unverbindlich sans obligation *ou* sans engagement

unverdaulich indigeste

unvereinbar incompatible

unvergesslich inoubliable

unvermeidlich inévitable

unvermutet inattendu

unverschämt impertinent

♦ **Unverschämtheit** (FÉMININ, pluriel Unverschämtheiten) insolence

unversehrt intact *ou* sain et sauf

unverständlich incompréhensible

unverzüglich immédiat *ou* immédiatement

unvorhergesehen imprévu

unvorhersehbar imprévisible

unvorsichtig imprudent

unvorstellbar inimaginable *ou* inconcevable

unwahrscheinlich invraisemblable *ou* improbable

Unwetter (NEUTRE, pluriel Unwetter) tempête

unwichtig sans importance

unwiderruflich irrévocable

unwiderstehlich irrésistible

unwillkürlich *a plusieurs catégories grammaticales et plusieurs sens :*

> Ce peut être un ADJECTIF :

unwillkürlich *signifie* involontaire *ou* spontané

> Ce peut être un ADVERBE :

unwillkürlich *signifie* involontairement *ou* spontanément *ou* sans le vouloir

unwirksam inefficace (remède)

unwohl

► jemandem ist (es) unwohl quelqu'un ne se sent pas bien

unwürdig indigne

unzählig innombrable

unzufrieden mécontent

♦ Unzufriedenheit (FÉMININ, pluriel Unzufriedenheiten) mécontentement

unzulänglich insuffisant

unzurechnungsfähig irresponsable

unzusammenhängend incohérent

uploaden /'aplɔʊdən/ télécharger

üppig copieux *ou* plantureux *ou* abondant

uralt très vieux

Ureinwohner, Ureinwohnerin (MASCULIN, pluriel Ureinwohner / FÉMININ, pluriel Ureinwohnerinnen) aborigène

Urgroßmutter (FÉMININ, pluriel Urgroßmütter) arrière-grand-mère

Urgroßvater (MASCULIN, pluriel Urgroßväter) arrière-grand-père

urig original

urkomisch hilarant

Urkunde (FÉMININ, pluriel Urkunden) document

Urlaub (MASCULIN, pluriel Urlaube) vacances *ou* congé

Ursache (FÉMININ, pluriel Ursachen) cause

Ursprung (MASCULIN, pluriel Ursprünge) origine

♦ ursprünglich originel *ou* initial

Urteil (NEUTRE, pluriel Urteile) jugement *ou* verdict

Urwald (MASCULIN, pluriel Urwälder) forêt vierge

Vv

Vakuum (NEUTRE, pluriel Vakuen, Vakua) vide

Vater (MASCULIN, pluriel Väter) père
♦ Vaterland (NEUTRE, pluriel Vaterländer) patrie
♦ väterlich paternel
♦ väterlicherseits du côté du père
♦ Vaterschaft (FÉMININ) paternité
♦ Vati (MASCULIN, pluriel Vatis) papa

Vene (FÉMININ, pluriel Venen) veine

Venedig Venise

Ventil (NEUTRE, pluriel Ventile) valve *ou* soupape

sich verabreden (verabredete, verabredet) fixer un rendez-vous *ou* prendre un rendez-vous
► verabredet sein avoir un rendez-vous
♦ Verabredung (FÉMININ, pluriel Verabredungen) rendez-vous

verabscheuen (verabscheute, verabscheut) détester

sich verabschieden (verabschiedete, verabschiedet) prendre congé *ou* dire au revoir :
► sich von jemandem verabschieden prendre congé de quelqu'un *ou* dire au revoir à quelqu'un

verachten (verachtete, verachtet) mépriser
♦ verächtlich méprisant
♦ Verachtung (FÉMININ) mépris

verallgemeinern (verallgemeinerte, verallgemeinert) généraliser

veraltet démodé

(sich) verändern (veränderte, verändert) (se) transformer *ou* changer
♦ Veränderung (FÉMININ, pluriel Veränderungen) changement

Veranlagung (FÉMININ, pluriel Veranlagungen) don *ou* disposition

veranlassen (veranlasste, veranlasst) causer *ou* occasionner
♦ Veranlassung (FÉMININ, pluriel Veranlassungen) cause *ou* motif

veranstalten (veranstaltete, veranstaltet) organiser
♦ Veranstalter, Veranstalterin (MASCULIN, pluriel Veranstalter / FÉMININ, pluriel Veranstalterinnen) organisateur, organisatrice (d'événements)
♦ Veranstaltung (FÉMININ, pluriel Veranstaltungen) événement *ou* manifestation

verantwortlich responsable
♦ Verantwortung (FÉMININ, pluriel Verantwortungen) responsabilité
♦ verantwortungslos irresponsable

sich verausgaben (verausgabte, verausgabt) se dépenser

Verb (NEUTRE, pluriel Verben) verbe

Verband (MASCULIN, pluriel Verbände) pansement *ou* bandage *ou* association

verbannen (verbannte, verbannt) bannir

verbergen (er verbirgt; verbarg, verborgen) dissimuler *ou* cacher

verbessern (verbesserte, verbessert) améliorer *ou* corriger

sich verbeugen (verbeugte, verbeugt) s'incliner

verbiegen (verbog, verbogen) tordre

verbieten verbot, verboten
interdire

verbinden (verband, verbunden) *a plusieurs sens :*

1 verbinden *peut signifier* **relier** *ou* **lier** :
▷ Dieses Ereignis verbindet uns. Cet événement nous lie.

2 verbinden *peut signifier* **mettre un pansement**

3 verbinden *peut signifier* **passer** (au téléphone) :
▷ Ich verbinde Sie mit dem Doktor. Je vous passe le docteur.
► falsch verbunden sein **s'être trompé de numéro**

verbindlich **obligatoire** *ou* **obligeant**

◆ Verbindlichkeit (FÉMININ) **obligation** *ou* **obligeance**

Verbindung (FÉMININ, pluriel Verbindungen) **liaison**

verbissen **acharné**

verblassen (verblasste, verblasst) **pâlir**

verblüffen (verblüffte, verblüfft) **épater** *ou* **ébahir**

verblühen (verblühte, verblüht) **faner**

verbohrt **têtu**

verborgen **caché**

Verbot (NEUTRE, pluriel Verbote) **interdiction**

◆ verboten **interdit**
► Rauchen verboten **interdiction de fumer**

Verbrauch (MASCULIN) **consommation**

◆ verbrauchen (verbrauchte, verbraucht) **consommer** *ou* **dépenser**

◆ verbraucht **usé**

Verbrechen (NEUTRE, pluriel Verbrechen) **crime**

◆ Verbrecher, Verbrecherin (MASCULIN, pluriel Verbrecher / FÉMININ, pluriel Verbrecherinnen) **criminel**

◆ verbrecherisch **criminel**

(sich) verbreiten (verbreitete, verbreitet) **(se) répandre** *ou* **(se) propager**

verbreitern (verbreiterte, verbreitert) **élargir**

verbrennen (verbrannte, verbrannt) *a plusieurs catégories grammaticales :*

> Ce peut être un VERBE TRANSITIF :

verbrennen *signifie* **brûler** *ou* **incinérer**

ℹ Les temps composés du verbe transitif se forment avec haben.

> Ce peut être un VERBE INTRANSITIF :

verbrennen *signifie* **brûler**

ℹ Les temps composés du verbe intransitif se forment avec sein.

◆ Verbrennung (FÉMININ, pluriel Verbrennungen) **brûlure** *ou* **incinération**

verbringen (verbrachte, verbracht) **passer** :
▷ Sie haben ihre Ferien in der Bretagne verbracht. Ils ont passé leurs vacances en Bretagne.

sich verbünden (verbündete, verbündet) **s'allier**

Verdacht (MASCULIN, pluriel Verdachte, Verdächte) **soupçon**

◆ verdächtig **suspect**

◆ verdächtigen (verdächtigte, verdächtigt) **soupçonner**

verdammen (verdammte, verdammt) **condamner** *ou* **maudire**

◆ verdammt (adjectif) **sacré** *ou* (adverbe) **sacrément**
► verdammt! **zut !**

ℹ Ces expressions allemandes et leurs traductions françaises sont familières.

verdanken (verdankte, verdankt) **devoir**
▷ Dass er wieder gesund ist, verdankt er seinem Arzt. Il doit sa guérison à son médecin.

verdarb *voir* verderben

verdauen (verdaute, verdaut) **digérer**

◆ Verdauung (FÉMININ) **digestion**

verderben (er verdirbt; verdarb, verdorben) **gâcher**

verdeutlichen (verdeutlichte, verdeutlicht) **élucider**

verdienen (verdiente, verdient) **mériter** *ou* **gagner**

Verdienst *a plusieurs genres et plusieurs sens :*

> Ce peut être un NOM MASCULIN :

der Verdienst (pluriel Verdienste) *signifie* **revenus** *ou* **bénéfice**

> Ce peut être un NOM NEUTRE :

das Verdienst (pluriel Verdienste) *signifie* **mérite**

◆ verdient **mérité**

verdirbst, verdirbt *voir* verderben

verdrängen (verdrängte, verdrängt) refouler

verdrießlich renfrogné

verdünnen (verdünnte, verdünnt) diluer

verdunsten (verdunstete, verdunstet) s'évaporer

verdursten (verdurstete, verdurstet) mourir de soif

verdutzt perplexe

verehren (verehrte, verehrt) admirer

Verein (MASCULIN, pluriel Vereine) société *ou* association

vereinbaren (vereinbarte, vereinbart) convenir de

♦ Vereinbarung (FÉMININ, pluriel Vereinbarungen) accord

vereinfachen (vereinfachte, vereinfacht) simplifier

(sich) vereinigen (vereinigte, vereinigt) (s')unir

♦ Vereinigung (FÉMININ, pluriel Vereinigungen) union *ou* association

vereinzelt isolé

vereiteln (vereitelte, vereitelt) faire échouer

vererblich héréditaire

verfahren (er verfährt; verfuhr, verfahren) procéder

♦ sich verfahren se tromper de route

♦ Verfahren (NEUTRE, pluriel Verfahren) méthode *ou* procédure *ou* procédé

Verfall (MASCULIN) déclin *ou* délabrement *ou* échéance

♦ verfallen (er verfällt; verfiel, verfallen) être périmé *ou* tomber en ruine

verfassen (er verfasste, verfasst) rédiger *ou* écrire

Verfassung (FÉMINININinh, pluriel Verfassungen) *a plusieurs sens :*

1 Verfassung *peut signifier* constitution

2 Verfassung *peut signifier* état (d'une personne)

► in guter/schlechter Verfassung sein être en bon/mauvais état

> ℹ Dans ce sens, Verfassung ne s'emploie qu'au singulier.

verfaulen (verfaulte, verfault) pourrir

verfehlen (verfehlte, verfehlt) rater

verfliegen (verflog, verflogen) se dissiper *ou* passer très vite :

▷ Die schlechte Atmosphäre ist verflogen. La mauvaise ambiance s'est dissipée.

▷ Die Ferien sind viel zu schnell verflogen. Les vacances ont passé beaucoup trop vite.

verfluchen (verfluchte, verflucht) maudire

verfolgen (verfolgte, verfogt) poursuivre

► jemanden verfolgen poursuivre quelqu'un

► ein Ziel verfolgen poursuivre un but

♦ Verfolgung (FÉMININ, pluriel Verfolgungen) poursuite

verfügbar disponible

♦ verfügen (verfügte, verfügt)

► verfügen über disposer de *ou* posséder (une caractéristique, une qualité)

♦ Verfügung (FÉMININ, pluriel Verfügungen) ordre

► jemandem zur Verfügung stehen être à la disposition de quelqu'un

verführen (verführte, verführt) séduire *ou* tenter

♦ verführerisch séduisant *ou* tentant

vergangen passé

♦ Vergangenheit (FÉMININ) passé

> ℹ Le pluriel Vergangenheiten est rare.

vergänglich éphémère

vergaß *voir* vergessen

vergeben (er vergibt; vergab, vergeben) pardonner *ou* attribuer

► jemand ist vergeben quelqu'un n'est plus libre

vergebens en vain

vergeblich vain *ou* inutile

vergegenwärtigen (vergegenwärtigte, vergegenwärtigt)

► sich etwas vergegenwärtigen se représenter quelque chose

vergehen (verging, vergangen) passer :

▷ Die Jahre vergehen so schnell. Les années passent si vite.

▷ Der Schmerz vergeht schon wieder. La douleur passera bien.

vergessen (er vergisst; vergaß, vergessen) oublier :

▷ Das werde ich dir nie vergessen. Je n'oublierai jamais ce que tu as fait.

♦ **Vergessenheit** (FÉMININ) oubli

► in Vergessenheit geraten tomber dans l'oubli

♦ **vergesslich** distrait *ou* qui oublie facilement

vergeuden (vergeudete, vergeudet) gaspiller

vergewaltigen (vergewaltigte, vergewaltigt) violer

♦ **Vergewaltigung** (FÉMININ, pluriel Vergewaltigungen) viol

sich vergewissern (vergewisserte, vergewissert) s'assurer

vergiften (vergiftete, vergiftet) empoisonner

♦ **Vergiftung** (FÉMININ, pluriel Vergiftungen) empoisonnement *ou* intoxication

vergisst *voir* vergessen

Vergleich (MASCULIN, pluriel Vergleiche) comparaison

► im Vergleich mit ou zu en comparaison de

♦ **vergleichbar** comparable

♦ **vergleichen** (verglich, verglichen) comparer

sich vergnügen (vergnügte, vergnügt) s'amuser

Vergnügen (NEUTRE, pluriel Vergnügen) plaisir *ou* amusement

► an etwas Vergnügen haben trouver du plaisir à faire quelque chose

► aus Vergnügen par plaisir

► viel Vergnügen! amusez-vous bien !

► zum Vergnügen pour le plaisir

♦ **vergnügt** joyeux *ou* gai

♦ **Vergnügung** (FÉMININ, pluriel Vergnügungen) amusement *ou* divertissement

♦ **Vergnügungspark** (MASCULIN, pluriel Vergnügungsparks) parc d'attractions

vergriffen épuisé (en parlant d'un livre)

vergrößern (vergrößerte, vergrößert) agrandir *ou* augmenter

verhaften (verhaftete, verhaftet) arrêter

♦ **Verhaftung** (FÉMININ, pluriel Verhaftungen) arrestation

sich verhalten (er verhält sich; verhielt, verhalten) se comporter

♦ **Verhalten** (NEUTRE) comportement

Verhältnis (NEUTRE, pluriel Verhältnisse) rapport *ou* relation *ou* liaison

► ein Verhältnis haben avoir une liaison

► im Verhältnis zu par rapport à

♦ **verhältnismäßig** relativement

♦ **Verhältnisse** (NEUTRE PLURIEL) circonstances *ou* conditions *ou* situation

► über seine Verhältnisse leben vivre au-dessus de ses moyens

verhandeln (verhandelte, verhandelt) négocier *ou* délibérer

♦ **Verhandlung** (FÉMININ, pluriel Verhandlungen) négociation *ou* délibération *ou* procès

Verhängnis (NEUTRE, pluriel Verhängnisse) fatalité *ou* sort

► jemandem zum Verhängnis werden être fatal à quelqu'un

♦ **verhängnisvoll** fatal

sich verhärten (verhärtete, verhärtet) se durcir

verhasst détesté

verheerend catastrophique

verheimlichen (verheimlichte, verheimlicht) cacher

► jemandem etwas verheimlichen cacher quelque chose à quelqu'un

verheiratet marié

verhelfen (er verhilft; verhalf, verholfen) aider

► jemandem zu etwas verhelfen aider quelqu'un à obtenir quelque chose

► jemandem zur Flucht verhelfen aider quelqu'un à s'enfuir

verhindern (verhinderte, verhindert) empêcher

verhöhnen (verhöhnte, verhöhnt) rire de ou se moquer de

Verhör (NEUTRE, pluriel Verhöre) interrogatoire

verhören (verhörte, verhört) *a plusieurs catégories grammaticales et plusieurs sens :*

> Ce peut être un VERBE TRANSITIF :

► jemanden verhören *signifie* interroger quelqu'un

> Ce peut être un VERBE RÉFLÉCHI :

sich verhören *signifie* entendre de travers

verhungern (verhungerte, verhungert) mourir de faim

Verhütungsmittel (NEUTRE, pluriel Verhütungsmittel) contraceptif

sich verirren (verirrte, verirrt) s'égarer

verjagen (verjagte, verjagt) chasser :
▷ Der Hund hat die Katze verjagt. Le chien a chassé le chat.

Verkauf (MASCULIN) vente
♦ verkaufen (verkaufte, verkauft) vendre
► jemanden für dumm verkaufen prendre quelqu'un pour un idiot
♦ Verkäufer, Verkäuferin (MASCULIN, pluriel Verkäufer / FÉMININ, pluriel Verkäuferinnen) vendeur, vendeuse

Verkehr (MASCULIN) trafic *ou* circulation
♦ Verkehrsmittel (NEUTRE, pluriel Verkehrsmittel) moyen de transport
► öffentliche Verkehrsmittel transports en commun

verkehrt à l'envers *ou* faux

(sich) verkleiden (verkleidete, verkleidet) (se) déguiser
♦ Verkleidung (FÉMININ, pluriel Verkleidungen) déguisement

verklemmt coincé

verkneifen (verkniff, verkniffen)
► sich etwas verkneifen se retenir de faire quelque chose

verkommen (verkam, verkommen) *a plusieurs catégories grammaticales et plusieurs sens :*

> Ce peut être un VERBE INTRANSITIF :

verkommen *signifie* être laissé à l'abandon *ou* se délabrer

> Ce peut être un ADJECTIF :

verkommen *signifie* laissé à l'abandon *ou* délabré

verkörpern (verkörperte, verkörpert) incarner *ou* représenter

verkraften (verkraftete, verkraftet) supporter

verkrümmt déformé *ou* tordu
♦ Verkrümmung (FÉMININ, pluriel Verkrümmungen) déformation

verkrüppelt estropié

sich verkühlen (verkühlte, verkühlt) prendre froid *ou* s'enrhumer
♦ Verkühlung (FÉMININ, pluriel Verkühlungen) *est un mot autrichien qui signifie* rhume

verkümmern (verkümmerte, verkümmert) dépérir

verkünden (verkündete, verkündet) annoncer *ou* proclamer
♦ Verkündung (FÉMININ, pluriel Verkündungen) proclamation

verkürzen (verkürzte, verkürzt) raccourcir *ou* réduire

Verlag (MASCULIN, pluriel Verlage) maison d'édition

verlangen (verlangte, verlangt) exiger *ou* demander
► das ist zu viel verlangt c'est trop demander

verlängern (verlängerte, verlängert) rallonger *ou* prolonger
♦ Verlängerung (FÉMININ, pluriel Verlängerungen) prolongation *ou* prolongement
♦ Verlängerungsschnur (FÉMININ, pluriel Verlängerungsschnüre) rallonge électrique

verlassen (er verlässt; verließ, verlassen) *a plusieurs catégories grammaticales et plusieurs sens :*

> Ce peut être un VERBE TRANSITIF :

verlassen *signifie* abandonner *ou* quitter

> Ce peut être un VERBE RÉFLÉCHI :

► sich auf jemanden verlassen compter sur quelqu'un
► sich auf etwas verlassen se fier à quelque chose

> Ce peut être un ADJECTIF :

verlassen *signifie* abandonné *ou* désertique

verlässlich de confiance *ou* sérieux

Verlauf (MASCULIN, pluriel Verläufe) déroulement *ou* cours
► im Verlauf von au cours de

verlaufen (er verläuft; verlief, verlaufen) *a plusieurs catégories grammaticales et plusieurs sens :*

> Ce peut être un VERBE INTRANSITIF :

1 verlaufen *peut signifier* s'étendre *ou* courir :
▷ Die Grenze verläuft über hundert Kilometer. La frontière s'étend sur cent kilomètres.
▷ Die Straße verläuft dem Fluß entlang. La route court le long du fleuve.

2 verlaufen *peut signifier* se dérouler :
▷ Wie ist der Abend verlaufen? Comment s'est déroulée la soirée ?

> Ce peut être un VERBE RÉFLÉCHI :

sich verlaufen *signifie* s'égarer *ou* se perdre

verlegen *a plusieurs catégories grammaticales et plusieurs sens :*

> Ce peut être un VERBE TRANSITIF :

1 verlegen *peut signifier* égarer

▷ Ich habe meine Schlüssel verlegt. J'ai égaré mes clés.

2 verlegen *peut signifier* reporter

▷ Können wir den Termin verlegen? Pouvons-nous reporter le rendez-vous ?

> Ce peut être un ADJECTIF :

verlegen *signifie* embarrassé *ou* confus

♦ Verlegenheit (FÉMININ) embarras

► jemanden in Verlegenheit bringen mettre quelqu'un dans l'embarras

Verleger (MASCULIN, pluriel Verleger) éditeur

Verleih (MASCULIN, pluriel Verleihe) location

♦ verleihen (verlieh, verliehen) prêter *ou* décerner

verleiten (verleitete, verleitet) entraîner

► jemanden zu etwas verleiten entraîner quelqu'un dans quelque chose

verlernen (verlernte, verlernt) oublier (ce qu'on a appris)

(sich) verletzen (verletzte, verletzt) (se) blesser

♦ verletzlich vulnérable

♦ Verletzte (MASCULIN, FÉMININ, pluriel Verletzten) blessé, blessée

ℹ Ce nom est un adjectif substantivé : on dit ein Verletzter.

♦ Verletzung (FÉMININ, pluriel Verletzungen) blessure

verleugnen (verleugnete, verleugnet) renier

verleumden (verleumdete, verleumdet) calomnier

♦ Verleumdung (FÉMININ, pluriel Verleumdungen) calomnie

sich verlieben (verliebte, verliebt) tomber amoureux

♦ verliebt amoureux

(sich) verlieren (verlor, verloren) (se) perdre

♦ Verlierer, Verliererin (MASCULIN, pluriel Verlierer / FÉMININ, pluriel Verliererinnen)

sich verloben (verlobte, verlobt) se fiancer

♦ verlobt fiancé

♦ Verlobung (FÉMININ, pluriel Verlobungen) fiançailles

verlocken (verlockte, verlockt) tenter

♦ verlockend tentant *ou* séduisant (idée, projet)

verlogen mensonger *ou* hypocrite

verlor *voir* verlieren

verloren perdu

► verloren sein être perdu

► jemanden / etwas verloren geben considérer quelqu'un / quelque chose comme perdu, perdue

► verloren gehen se perdre

verlosen (verloste, verlost) tirer au sort

♦ Verlosung (FÉMININ, pluriel Verlosungen) loterie *ou* tirage au sort

Verlust (MASCULIN, pluriel Verluste) perte *ou* déficit

vermachen (vermachte, vermacht) léguer

► jemandem etwas vermachen léguer quelque chose à quelqu'un

vermasseln (vermasselte, vermasselt) *est une expression familière qui signifie* gâcher

► jemandem etwas vermasseln gâcher quelque chose à quelqu'un

(sich) vermehren (vermehrte, vermehrt) (se) multiplier

vermeiden (vermied, vermieden) éviter

vermeintlich présumé

vermessen présomptueux

♦ Vermessenheit (FÉMININ) présomption

vermieten (vermietete, vermietet) louer

♦ Vermieter, Vermieterin (MASCULIN, pluriel Vermieter / FÉMININ, pluriel Vermieterinnen) loueur, loueuse

vermischen (vermischte, vermischt) mélanger

vermissen (vermisste, vermisst) porter disparu

► jemand vermisst etwas quelqu'un manque de quelque chose

► ich vermisse dich tu me manques

♦ vermisst disparu

vermitteln (vermittelte, vermittelt) être intermédiaire *ou* procurer
► jemandem eine Arbeitsstelle vermitteln procurer un poste de travail à quelqu'un

Vermögen (NEUTRE, pluriel Vermögen) fortune *ou* capacité
♦ vermögend fortuné

vermuten (vermutete, vermutet) supposer
♦ vermutlich probablement
♦ Vermutung (FÉMININ, pluriel Vermutungen) supposition
► Vermutungen anstellen faire des suppositions

vernachlässigen (vernachlässigte, vernachlässigt) négliger

vernarben (vernarbte, vernarbt) cicatriser

verneinen (verneinte, verneint) dire non

vernetzen vernetzte, vernetzt connecter au réseau
► sich vernetzen se connecter au réseau *ou* réseauter
♦ Vernetzung (FÉMININ, pluriel Vernetzungen) connexion au réseau

vernichten (vernichtete, vernichtet) détruire *ou* anéantir
♦ Vernichtung (FÉMININ, pluriel Vernichtungen) destruction

Vernunft (FÉMININ) raison
► wieder zur Vernunft kommen revenir à la raison
► wieder zur Vernunft bringen ramener à la raison
♦ vernünftig raisonnable

veröffentlichen (veröffentlichte, veröffentlicht) publier

verordnen (verordnete, verordnet) prescrire

verpacken (verpackte, verpackt) emballer
♦ Verpackung (FÉMININ, pluriel Verpackungen) emballage

verpassen (verpasste, verpasst) rater
► jemandem eine Ohrfeige verpassen *est une expression familière qui signifie* donner une gifle à quelqu'un

verpesten (verpestete, verpestet) empester

verpflichten (verpflichtete, verpflichtet) obliger *ou* engager
♦ sich verpflichten s'engager
♦ Verpflichtung (FÉMININ, pluriel Verpflichtungen) obligation *ou* engagement
► Verpflichtungen haben avoir des obligations

verpönt mal vu

verprügeln (verprügelte, verprügelt) battre *ou* rouer de coups

Verrat (MASCULIN) trahison
♦ (sich) verraten (se) trahir
♦ Verräter, Verräterin (MASCULIN, pluriel Verräter / FÉMININ, pluriel Verräterinnen) traître
♦ verräterisch traître *ou* révélateur

sich verrechnen (verrechnete, verrechnet) se tromper dans ses calculs

verregnet pluvieux

verreisen (verreiste, verreist) partir en voyage

verrenken (verrenkte, verrenkt)
► sich etwas verrenken se tordre quelque chose
♦ Verrenkung (FÉMININ, pluriel Verrenkungen) entorse

verriegeln (verriegelte, verriegelt) verrouiller

verringern (verringerte, verringert) diminuer
♦ Verringerung (FÉMININ, pluriel Verringerungen) réduction

verrosten (verrostete, verrostet) rouiller

verrotten (verrottete, verrottet) se décomposer *ou* pourrir

verrückt fou
► wie verrückt comme un fou
► jemanden verrückt machen rendre quelqu'un fou
► ganz verrückt auf etwas, jemanden fou de quelque chose, quelqu'un
♦ Verrückte (MASCULIN, FÉMININ, pluriel Verrückten) fou, folle

> ℹ Ce nom est un adjectif substantivé : on dit ein Verrückter.

verrufen mal famé

versagen (versagte, versagt) échouer *ou* défaillir
♦ Versagen (NEUTRE) défaillance
♦ Versager, Versagerin (MASCULIN, pluriel Versager / FÉMININ, pluriel Versagerinnen) raté, ratée

versalzen (versalzte, versalzen) trop saler

► **jemandem etwas versalzen** gâcher quelque chose pour quelqu'un

(sich) versammeln (versammelte, versammelt) (se) réunir

♦ **Versammlung** (FÉMININ, pluriel Versammlungen) réunion *ou* assemblée

versäumen (versäumte, versäumt) manquer *ou* omettre :

▷ Du darfst den Kurs nicht versäumen. Tu ne dois pas manquer le cours.

▷ Sie hat es versäumt, den anderen Bescheid zu sagen. Elle a omis de mettre les autres au courant.

♦ **Versäumnis** (NEUTRE, pluriel Versäumnisse) omission

sich verschaffen (verschaffte, verschafft) se procurer

(sich) verschärfen (verschärfte, verschärft) (s') intensifier *ou* (s') aggraver

sich verschätzen (verschätzte, verschätzt) se tromper

verschieben (verschob, verschoben) déplacer *ou* reporter :

▷ Wir müssen den Schrank verschieben. Il faut qu'on déplace l'armoire.

▷ Das Fest ist auf nächsten Samstag verschoben worden. La fête a été reportée à samedi prochain.

verschieden différent

verschimmeln (verschimmelte, verschimmelt) moisir

verschlafen *a plusieurs catégories grammaticales et plusieurs sens :*

> Ce peut être un VERBE :

(er verschläft; verschlief, verschlafen) **verschlafen** *signifie* ne pas se réveiller (à temps)

► **etwas verschlafen** oublier quelque chose

> Ce peut être un ADJECTIF :

verschlafen *signifie* mal réveillé

sich verschlechtern (verschlechterte, verschlechtert) empirer

♦ **Verschlechterung** (FÉMININ, pluriel Verschlechterungen) aggravation

Verschleiß (MASCULIN, pluriel Verschleiße) usure

verschleudern (verschleuderte, verschleudert) gaspiller

verschließen (verschloss, verschlossen) fermer à clé

(sich) verschlimmern (verschlimmerte, verschlimmert) (s') aggraver

verschlingen verschlang, verschlungen engloutir

verschlissen usé

verschlossen renfermé

verschlucken (verschluckte, verschluckt) avaler

♦ **sich verschlucken** avaler de travers

Verschluss (MASCULIN, pluriel Verschlüsse) fermeture *ou* bouchon

► **unter Verschluss halten** garder sous clé

verschmitzt malicieux

verschmutzen (verschmutzte, verschmutzt) salir *ou* polluer

verschneit enneigé

verschnupft enrhumé

verschollen disparu

verschonen (verschonte, verschont) épargner

verschreiben (verschrieb, verschrieben) prescrire

verschuldet endetté

verschütten (verschüttete, verschüttet) renverser (du liquide) *ou* ensevelir

verschwand *voir* **verschwinden**

verschweigen (verschwieg, verschwiegen)

► **jemandem etwas verschweigen** cacher quelque chose à quelqu'un

verschwenden (verschwendete, verschwendet) gaspiller

♦ **Verschwendung** (FÉMININ, pluriel Verschwendungen) gaspillage

verschwiegen discret *ou* silencieux (en parlant d'une personne)

verschwimmen (verschwamm, verschwommen) se brouiller

▷ Es verschwimmt mir alles vor den Augen. Tout se brouille devant mes yeux.

verschwinden (verschwand, verschwunden) disparaître

♦ **Verschwinden** (NEUTRE) disparition

verschwommen brouillé *ou* flou

sich verschwören (verschwor, verschworen) conspirer

♦ Verschwörung (FÉMININ, pluriel Verschwörungen) conspiration *ou* complot

Versehen (NEUTRE, pluriel Versehen) erreur

► aus Versehen ou versehentlich par mégarde

versessen

► versessen sein auf être fou de

versetzen (versetzte, versetzt) déplacer

► jemandem eine Tritt versetzen donner un coup de pied à quelqu'un

► jemanden in gute Laune versetzen mettre quelqu'un de bonne humeur

► jemanden in Angst versetzen faire peur à quelqu'un

► sich in jemandes Lage versetzen se mettre à la place de quelqu'un

verseuchen (verseuchte, verseucht) contaminer *ou* polluer

(sich) versichern (versicherte, versichert) (s') assurer

♦ Versicherung (FÉMININ, pluriel Versicherungen) assurance

(sich) versöhnen (se) réconcilier

♦ Versöhnung (FÉMININ, pluriel Versöhnungen) réconciliation

sich verspäten (verspätete, verspätet) être en retard

♦ verspätet en retard *ou* retardé

♦ Verspätung (FÉMININ, pluriel Verspätungen) retard

verspotten (verspottete, verspottet) se moquer de

versprechen (er verspricht; versprach, versprochen) promettre

► sich etwas von einer Sache versprechen attendre quelque chose d'une chose

♦ sich versprechen faire un lapsus

♦ Versprechen (NEUTRE, pluriel Versprechen) promesse

Verstand (MASCULIN) intelligence *ou* raison

► gesunder Menschenverstand bon sens

► über jemandes Verstand gehen dépasser l'entendement de quelqu'un

♦ verständig raisonnable *ou* sensé

verständigen (verständigte, verständigt) prévenir *ou* informer

♦ sich verständigen communiquer *ou* se mettre d'accord

♦ Verständigung (FÉMININ, pluriel Verständigungen) communication

verständlich compréhensible

► sich verständlich machen se faire comprendre

♦ Verständnis (NEUTRE) compréhension

♦ verständnislos qui ne comprend pas

♦ verständnisvoll compréhensif

(sich) verstärken (verstärkte, verstärkt) (se) renforcer *ou* augmenter

♦ Verstärker (MASCULIN, pluriel Verstärker) amplificateur

♦ Verstärkung (FÉMININ) renfort *ou* renforcement

> ℹ Le pluriel Verstärkungen est rare.

verstauchen (verstauchte, verstaucht)

► sich etwas verstauchen se fouler quelque chose

♦ Verstauchung (FÉMININ, pluriel Verstauchungen) foulure

verstauen (verstaute, verstaut) caser :

▷ Kannst du die Tasche noch im Kofferraum verstauen? Tu peux encore caser le sac dans le coffre ?

Versteck (NEUTRE, pluriel Verstecke) cachette

► Versteck spielen ou Verstecken spielen jouer à cache-cache

♦ (sich) verstecken (versteckte, versteckt) (se) cacher

verstehen (verstand, verstanden) comprendre *ou* connaître :

► etwas von einer Sache verstehen s'y connaître en quelque chose

► jemandem etwas zu verstehen geben faire comprendre quelque chose à quelqu'un

► sich gut / schlecht verstehen s'entendre bien / mal

versteifen (versteifte, versteift)

► sich auf etwas versteifen ne pas démordre de quelque chose

versteigern (versteigerte, versteigert) vendre aux enchères

♦ Versteigerung (FÉMININ, pluriel Versteigerungen) vente aux enchères

verstellbar réglable

verstellen (verstellte, verstellt) *a plusieurs catégories grammaticales et plusieurs sens :*

> Ce peut être un VERBE TRANSITIF :

1 verstellen *peut signifier* **dérégler :**

▷ Die Uhr ist verstellt. La pendule est déréglée.

2 verstellen *peut signifier* **déplacer :**

▷ Er hat mir geholfen, meine Möbel zu verstellen. Il m'a aidé à déplacer mes meubles.

3 verstellen *peut signifier* **bloquer :**

▷ Der Notausgang war verstellt. La sortie de secours était bloquée.

4 verstellen *peut signifier* **déguiser :**

▷ Sie hat mich nicht wiedererkannt, weil ich meine Stimme verstellt habe. Elle ne m'a pas reconnu parce que j'ai déguisé ma voix.

> Ce peut être un VERBE RÉFLÉCHI :

sich verstellen *signifie* **jouer la comédie** *ou* **feindre**

verstimmen (verstimmte, verstimmt) **désaccorder** *ou* **mettre de mauvaise humeur**

verstohlen **furtif**

► verstohlener Blick **regard furtif**

Verstopfung (FÉMININ) **constipation**

verstorben **décédé**

verstört **troublé** *ou* **perturbé**

verstreichen (verstrich, verstrichen) **passer**

▷ Die Zeit ist schnell verstrichen. Le temps est passé vite.

verstümmeln (verstümmelte, verstümmelt) **mutiler**

Versuch (MASCULIN, pluriel Versuche) **tentative** *ou* **essai**

♦ versuchen (versuchte, versucht) **essayer** *ou* **goûter** *ou* **tenter**

♦ Versuchskaninchen (NEUTRE, pluriel Versuchskaninchen) **cobaye**

♦ Versuchung (FÉMININ, pluriel Versuchungen) **tentation**

► in Versuchung geraten **être tenté**

vertauschen (vertauschte, vertauscht) **échanger** *ou* **confondre**

(sich) verteidigen (verteidigte, verteidigt) (se) **défendre**

♦ Verteidigung (FÉMININ, pluriel Verteidigungen) **défense**

verteilen (verteilte, verteilt) **distribuer** *ou* **répandre**

vertiefen (vertiefte, vertieft) **approfondir**

► sich in etwas vertiefen **se plonger dans quelque chose**

♦ Vertiefung (FÉMININ, pluriel Vertiefungen) **creux**

vertilgen (vertilgte, vertilgt) **détruire** *ou* **dévorer**

Vertrag (MASCULIN, pluriel Verträge) **contrat** *ou* **traité**

vertragen (er verträgt; vertrug, vertragen) **supporter**

► sich mit jemandem vertragen **bien s'entendre avec quelqu'un**

♦ verträglich **digeste** *ou* **bien toléré** (par le corps)

vertrauen (vertraute, vertraut) **avoir confiance** *ou* **faire confiance**

► jemandem vertrauen **faire confiance à quelqu'un**

♦ Vertrauen (NEUTRE) **confiance**

► Vertrauen erweckend **qui inspire confiance**

♦ Vertrauenssache (FÉMININ) **question de confiance**

♦ vertrauensvoll **confiant**

♦ vertrauenswürdig **digne de confiance**

verträumt **rêveur**

vertraut **familier**

♦ Vertrautheit (FÉMININ) **familiarité**

> i Le pluriel Vertrautheiten est rare.

vertreiben (vertrieb, vertrieben) **chasser**

► sich die Zeit vertreiben **passer le temps**

vertreten (er vertritt; vertrat, vertreten) *a plusieurs sens :*

1 vertreten *peut signifier* **remplacer :**

▷ Die Lehrerin ist krank, eine andere vertritt sie. La prof est malade, une autre la remplace.

2 vertreten *peut signifier* **défendre :**

▷ Sie hat ihre Ideen gut vertreten. Elle a bien défendu ses idées.

3 vertreten *peut signifier* **représenter :**

▷ Wer vertritt die Klasse? Qui représente la classe ?

► sich die Beine vertreten **se dégourdir les jambes**

♦ Vertreter (MASCULIN, pluriel Vertreter) **représentant** *ou* **remplaçant**

vertrocknen (vertrocknete, vertrocknet) **se dessécher**

vertun (vertat, vertan) gaspiller
- ♦ sich vertun se tromper

vertuschen (vertuschte, vertuscht) dissimuler *ou* camoufler

verübeln (verübelte, verübelt)
- ► jemandem etwas verübeln en vouloir à quelqu'un de quelque chose

verunglücken (verunglückte, verunglückt) avoir un accident
- ► tödlich verunglücken mourir dans un accident

verunsichern (verunsicherte, verunsichert) faire douter
- ► jemanden verunsichern faire douter quelqu'un

verursachen (verursachte, verursacht) causer

verurteilen (verurteilte, verurteilt) condamner *ou* juger
- ► zum Scheitern verurteilt voué à l'échec

(sich) vervollkommnen (vervollkommnete, vervollkommnet) (se) perfectionner

vervollständigen (vervollständigte, vervollständigt) compléter

sich verwählen (verwählte, verwählt) se tromper de numéro de téléphone

verwahren (verwahrte, verwahrt) conserver

verwahrlost négligé *ou* à l'abandon

verwaist orphelin

verwalten (verwaltete, verwaltet) gérer *ou* administrer
- ♦ Verwaltung (FÉMININ, pluriel Verwaltungen) administration

(sich) verwandeln (verwandelte, verwandelt) (se) transformer
- ♦ Verwandlung (FÉMININ, pluriel Verwandlungen) transformation

verwandt parent
- ► mit jemandem verwandt sein être parent avec quelqu'un
- ♦ Verwandte (MASCULIN, FÉMININ, pluriel Verwandten) parent, parente

> ℹ Ce nom est un adjectif substantivé : on dit ein Verwandter.

- ♦ Verwandtschaft (FÉMININ) parenté *ou* parents

verwechseln (verwechselte, verwechselt) confondre
- ♦ Verwechslung (FÉMININ, pluriel Verwechslungen) confusion

verwegen téméraire *ou* audacieux
- ♦ Verwegenheit (FÉMININ) témérité *ou* audace

verweigern (verweigerte, verweigert) refuser

Verweis (MASCULIN, pluriel Verweise) *a plusieurs sens :*

1. Verweis *signifie* blâme
2. Verweis *désigne le renvoi vers un autre ouvrage, un autre site Internet.*

- ♦ verweisen (verwies, verwiesen) blâmer *ou* renvoyer (vers quelque chose)

verwelken (verwelkte, verwelkt) se faner

verwenden (verwendete, verwendet) utiliser
- ♦ Verwendung (FÉMININ, pluriel Verwendungen) utilisation

verwesen (verweste, verwest) se décomposer

sich verwickeln (verwickelte, verwickelt) s'emmêler
- ► sich in etwas verwickeln s'emmêler dans quelque chose
- ♦ verwickelt embrouillé
- ► in etwas verwickelt sein être impliqué dans quelque chose

verwildern (verwilderte, verwildert) devenir sauvage *ou* être laissé à l'abandon

verwirklichen (verwirklichte, verwirklicht) réaliser

verwirren (verwirrte, verwirrt) déconcerter *ou* emmêler
- ♦ Verwirrung (FÉMININ, pluriel Verwirrungen) confusion

verwitwet veuf

verwöhnen (verwöhnte, verwöhnt) gâter

verwunden (verwundete, verwundet) blesser

verwunderlich surprenant *ou* étonnant

Verwundete (MASCULIN, FÉMININ, pluriel Verwundeten) blessé, blessée

> ℹ Ce nom est un adjectif substantivé : on dit ein Verwundeter.

verwünschen (verwünschte, verwünscht) maudire

verwüsten (verwüstete, verwüstet) dévaster
- ♦ Verwüstung (FÉMININ) ravages

verzagen (verzagte, verzagt) se décourager
- ♦ verzagt découragé

sich verzählen (verzählte, verzählt) se tromper dans ses calculs

verzaubern (verzauberte, verzaubert) enchanter *ou* ensorceler

verzehren (verzehrte, verzehrt) manger

Verzeichnis (NEUTRE, pluriel Verzeichnisse) index *ou* liste *ou* catalogue *ou* répertoire (informatique)

verzeihen (verzieh, verziehen) pardonner
- ♦ Verzeihung (FÉMININ) pardon
  - ► um Verzeihung bitten demander pardon

verzerren (verzerrte, verzerrt) déformer

Verzicht (MASCULIN, pluriel Verzichte) renoncement
- ♦ verzichten (verzichtete, verzichtet) renoncer

verzieh *voir* verzeihen

verziehen (verzog, verzogen)
  - ► das Gesicht verziehen faire une grimace
- ♦ sich verziehen *est une expression familière qui signifie* disparaître

verzieren (verzierte, verziert) décorer
- ♦ Verzierung (FÉMININ, pluriel Verzierungen) décoration

verzögern (verzögerte, verzögert) retarder
- ♦ Verzögerung (FÉMININ, pluriel Verzögerungen) retard *ou* retardement

verzweifeln (verzweifelte, verzweifelt) désespérer
  - ► zum Verzweifeln sein être désespérant

> ℹ Dans cette expression, Verzweifeln est utilisé de manière substantivée.

- ♦ verzweifelt désespéré
- ♦ Verzweiflung (FÉMININ) désespoir
  - ► jemanden zur Verzweiflung bringen désespérer quelqu'un

verzwickt *est une expression familière qui signifie* compliqué

Vetter (MASCULIN, pluriel Vettern) cousin

Vieh (NEUTRE) bétail *ou* bestiaux
- ♦ viehisch bestial

viel beaucoup
- ♦ viele beaucoup de
- ♦ vielerlei toutes sortes de
- ♦ vieles beaucoup de choses

Vielfalt (FÉMININ) diversité
- ♦ vielfältig divers *ou* multiple

vielleicht peut-être

vielmals souvent
  - ► danke vielmals! merci beaucoup !

vielmehr plutôt

vielsagend significatif

vielseitig aux talents multiples

vielversprechend prometteur

vier quatre
  - ► auf allen vieren à quatre pattes
- ♦ Viereck (NEUTRE, pluriel Vierecke) carré
- ♦ viereckig carré
- ♦ vierhundert quatre cents
- ♦ vierjährig de quatre ans
- ♦ viermal quatre fois
- ♦ zu viert à quatre
- ♦ vierte, vierter, viertes quatrième

Viertel (NEUTRE, pluriel Viertel) quartier *ou* quart
  - ► (ein) Viertel vor vier / nach vier quatre heures moins le quart / et quart

Vierteljahr (NEUTRE, pluriel Vierteljahre) trimestre
- ♦ vierteljährlich trimestriel

Viertelstunde (FÉMININ) quart d'heure

viertens quatrièmement

vierzehn quatorze
- ♦ vierzehntäglich tous les quinze jours

vierzig quarante

Visier (NEUTRE, pluriel Visiere) viseur (d'une arme) *ou* visière (d'une casquette)
  - ► jemanden im Visier haben avoir quelqu'un dans le collimateur
  - ► jemanden ins Visier nehmen avoir quelqu'un à l'œil

Vogel (MASCULIN, pluriel Vögel) oiseau
- ♦ Vogelscheuche (FÉMININ, pluriel Vogelscheuchen) épouvantail

Voicemail (FÉMININ, pluriel Voicemails) messagerie vocale

Vokal (MASCULIN, pluriel Vokale) voyelle

Volk (NEUTRE, pluriel Völker) peuple *ou* nation
♦ Völkerrecht (NEUTRE, pluriel Völkerrechte) droit international
♦ Völkerwanderung (FÉMININ, pluriel Völkerwanderungen) migration des peuples
♦ volkstümlich populaire

voll *a plusieurs catégories grammaticales et plusieurs sens :*

> Ce peut être un ADJECTIF :

voll *signifie* plein *ou* entier
► eine Hand voll une poignée de
► voll sein *est une expression familière qui signifie* avoir assez mangé

> Ce peut être un ADVERBE :

voll *signifie* entièrement
► voll und ganz pleinement
► jemanden für voll nehmen prendre quelqu'un au sérieux
► voll machen remplir
► voll tanken faire le plein d'essence

vollbringen (vollbrachte, vollbracht) accomplir

vollenden (vollendete, vollendet) terminer *ou* accomplir
♦ vollendet accompli
♦ vollends complètement
♦ Vollendung (FÉMININ, pluriel Vollendungen) accomplissement

voller plein de

völlig complètement *ou* totalement

volljährig majeur

vollkommen *a plusieurs catégories grammaticales et plusieurs sens :*

> Ce peut être un ADJECTIF :

vollkommen *signifie* parfait

> Ce peut être un ADVERBE :

vollkommen *signifie* complètement
♦ Vollkommenheit (FÉMININ) perfection

Vollkornbrot (NEUTRE, pluriel Vollkornbrote) pain complet

Vollmacht (FÉMININ) pleins pouvoirs

Vollmilch (FÉMININ) lait entier

Vollmond (MASCULIN) pleine lune

vollständig (adjectif) complet *ou* (adverbe) complètement

vollstrecken (vollstreckte, vollstreckt) exécuter

vollzählig au complet

vollziehen (vollzog, vollzogen) exécuter

vom *est la contraction de* von dem *et signifie* du *ou* de la

von *est une PRÉPOSITION qui s'emploie avec le datif et a plusieurs sens :*

1 von *peut indiquer un lieu ou une personne ou une qualité et signifie* de :
▷ Sie kommt von Leipzig. Elle vient de Leipzig.
▷ Ich komme von meinem Bruder. Je viens de chez mon frère.
▷ Sie ist eher klein von Gestalt. Elle est plutôt petite de taille.
► von oben / unten d'en haut / bas
► von oben bis unten de haut en bas

2 von *peut avoir un sens temporel et signifie* de *ou* à partir de *ou* depuis *ou* dès :
▷ Wir haben von 9 Uhr bis 14 Uhr Schule. Nous avons cours de 9 heures à 14 heures.
► von Zeit zu Zeit de temps à autre
► von heute an à partir d'aujourd'hui *ou* depuis aujourd'hui
► von Jugend auf dès l'enfance

3 von *peut être employé dans une phrase passive et signifie* par :
▷ Sie ist von ihrem Lehrer gelobt worden. Elle a été félicitée par son professeur.

voneinander l'un de l'autre

vor *a plusieurs catégories grammaticales et plusieurs sens :*

> Ce peut être une PRÉPOSITION qui s'emploie avec le datif ou l'accusatif :

1 vor *peut indiquer un lieu et signifie* devant :
▷ Ich warte vor dem Haus auf dich. Je t'attends devant la maison.

2 vor *peut avoir un sens temporel et signifie* avant *ou* il y a :
▷ Vergiss nicht vor der Abreise die Heizung auszuschalten. Avant le départ, n'oublie pas de couper le chauffage.
▷ Sie sind vor einer Woche wieder zurückgekommen. Ils sont rentrés il y a une semaine.
► vor Freude / Angst de joie / peur
► vor allem surtout *ou* avant tout
► aus Achtung vor jemanden / etwas par respect pour quelqu'un / quelque chose

> Ce peut être un ADVERBE :

► nach wie vor comme d'habitude

> Ce peut être une PARTICULE SÉPARABLE pour former des VERBES COMPOSÉS :

♦ vorbereiten (vorbereitete, vorbereitet) préparer

♦ vorfahren (vorfährt; vorfuhr, vorgefahren) aller devant

ℹ Vous trouverez les verbes composés qui commencent par vor- classés par ordre alphabétique.

voran en avant

♦ vorangehen (voranging, vorangegangen) précéder

voraus devant

► jemandem voraus sein être en avance sur quelqu'un

► im Voraus à l'avance

ℹ Dans cette expression, Voraus est utilisé de manière substantivée. L'accent est sur Vor.

♦ vorausgehen (vorausging, vorausgegangen) aller devant

Voraussage (FÉMININ, pluriel Voraussagen) prévision *ou* prédiction

♦ voraussagen prédire

voraussetzen supposer

♦ Voraussetzung (FÉMININ, pluriel Voraussetzungen) condition *ou* supposition

► unter der Voraussetzung, dass à condition que

voraussichtlich probablement

Vorbehalt (MASCULIN, pluriel Vorbehalte) réserve *ou* restriction

vorbei passé *ou* fini

♦ vorbeigehen passer devant

♦ vorbeikommen passer en coup de vent

(sich) vorbereiten (se) préparer

♦ Vorbereitung (FÉMININ, pluriel Vorbereitungen) préparation

vorbestellen réserver *ou* commander à l'avance

vorbestraft qui a un casier judiciaire

vorbeugen *a plusieurs catégories grammaticales et plusieurs sens :*

> Ce peut être un VERBE INTRANSITIF :

vorbeugen *signifie* prévenir

► einer Sache vorbeugen prévenir quelque chose

> Ce peut être un VERBE RÉFLÉCHI :

sich vorbeugen *signifie* se pencher en avant

♦ vorbeugend préventif

Vorbild (NEUTRE, pluriel Vorbilder) modèle

♦ vorbildlich exemplaire

vordere, vorderer, vorderes de devant *ou* qui est devant

Vordergrund (MASCULIN, pluriel Vordergründe) premier plan

vorderste, vorderster, vorderstes le premier, la première *ou* le, la plus en avant

(sich) vordränge(l)n jouer des coudes

voreilig prématuré *ou* hâtif

voreinander l'un devant l'autre *ou* l'un pour l'autre

voreingenommen prévenu

► voreingenommen sein avoir un a priori

vorenthalten (er enthält vor; vorenthielt, vorenthalten)

► jemandem etwas vorenthalten priver quelqu'un de quelque chose *ou* cacher quelque chose à quelqu'un

vorerst pour le moment

Vorfahr, Vorfahre (MASCULIN, pluriel Vorfahren) ancêtre

vorfahren (er fährt vor; vorfuhr, vorgefahren) aller devant (en voiture)

Vorfahrt (FÉMININ) priorité (pour les véhicules)

Vorfall (MASCULIN, pluriel Vorfälle) incident

♦ vorfallen (er fällt vor; vorfiel, vorgefallen) arriver *ou* se passer

vorfinden trouver

▷ Sie hat das Haus sauber vorgefunden. Elle a trouvé la maison propre.

vorführen présenter *ou* faire une démonstration (d'un produit)

♦ Vorführung (FÉMININ, pluriel Vorführungen) démonstration (d'un produit) *ou* projection (d'un film)

Vorgang (MASCULIN, pluriel Vorgänge) cours des événements *ou* processus

Vorgänger, Vorgängerin (MASCULIN, pluriel Vorgänger / FÉMININ, pluriel Vorgängerinnen) prédécesseur

vorgeben (er gibt vor; vorgab, vorgegeben) prétexter *ou* prétendre

vorgefertigt préfabriqué

Vorgefühl (NEUTRE, pluriel Vorgefühle) pressentiment

vorgehen (vorging, vorgegangen) *a plusieurs sens :*

1 vorgehen *peut signifier* aller devant :
▷ Sie ist schon vorgegangen. Elle est déjà allée devant.

2 vorgehen *peut signifier* avancer :
▷ Alle Uhren gehen vor. Toutes les montres avancent.

3 vorgehen *peut signifier* procéder :
▷ Ich weiß, wie wir vorgehen. Je sais comment procéder.

4 vorgehen *peut signifier* se passer :
▷ Was geht hier vor? Qu'est-ce qui se passe ici ?

Vorgeschmack (MASCULIN) avant-goût

Vorgesetzte (MASCULIN, FÉMININ, pluriel Vorgesetzten) supérieur, supérieure (au travail)

> ℹ Ce nom est un adjectif substantivé : on dit ein Vorgesetzter.

vorgestern avant-hier

vorhaben (vorhatte, vorgehabt) avoir prévu de *ou* avoir l'intention de
► etwas vorhaben avoir prévu quelque chose
♦ Vorhaben (NEUTRE, pluriel Vorhaben) projet *ou* intention

vorhalten (er hält vor; vorhielt, vorgehalten) tenir devant
► jemandem etwas vorhalten reprocher quelque chose à quelqu'un

vorhanden présent *ou* existant *ou* disponible

Vorhang (MASCULIN, pluriel Vorhänge) rideau

vorher auparavant

vorherig précédent *ou* antérieur

vorherrschen prédominer

Vorhersage (FÉMININ, pluriel Vorhersagen) prévisions *ou* prédiction
♦ vorhersagen prédire

vorhersehbar prévisible
♦ vorhersehen prévoir

vorhin tout à l'heure

vorhinein
► im Vorhinein à l'avance

> ℹ Dans cette expression, Vorhinein est utilisé de manière substantivée.

vorig dernier *ou* précédent
► vorige Woche la semaine dernière
► der vorige Inhaber le propriétaire précédent

Vorkehrung (FÉMININ, pluriel Vorkehrungen) mesure *ou* disposition
► Vorkehrungen treffen prendre des dispositions

vorkommen (vorkam, vorgekommen) *a plusieurs sens :*

1 vorkommen *peut signifier* arriver :
▷ Das kann schon einmal vorkommen. Ça peut bien arriver une fois.

2 vorkommen *peut signifier* paraître :
▷ Das kommt mir komisch vor. Ça me paraît bizarre.

3 vorkommen *peut signifier* trouver *ou* se trouver :
▷ Dieses Wort kommt bei Goethe oft vor. Ce mot, on le trouve souvent chez Goethe.
► sich dumm vorkommen se trouver bête
♦ Vorkommnis (NEUTRE, pluriel Vorkommnisse) événement

Vorlage (FÉMININ, pluriel Vorlagen) modèle

vorlassen laisser passer devant

vorläufig provisoire *ou* provisoirement

vorlegen soumettre
► jemandem etwas vorlegen soumettre quelque chose à quelqu'un

vorlesen lire à haute voix

vorletzte, vorletzter, vorletztes avant-dernier, avant-dernière

vorlieb
► mit etwas vorlieb nehmen se contenter de quelque chose
♦ Vorliebe (FÉMININ, pluriel Vorlieben) préférence

Vormittag (MASCULIN, pluriel Vormittage) matinée
► heute Vormittag ce matin
♦ vormittags le matin

Vorname (MASCULIN, pluriel Vornamen) prénom

vorne devant
► nach vorne en avant
► von vorne par devant

vornehm distingué *ou* raffiné

vornehmen (er nimmt vor; vornahm, vorgenommen)
► sich etwas vornehmen projeter quelque chose *ou* entreprendre quelque chose

vornehmlich avant tout

Vorort (MASCULIN, pluriel Vororte) banlieue *ou* faubourg

Vorrang (MASCULIN, pluriel Vorränge) priorité
♦ vorrangig prioritaire

Vorrat (MASCULIN, pluriel Vorräte) provisions

Vorrecht (NEUTRE, pluriel Vorrechte) privilège

Vorsatz (MASCULIN, pluriel Vorsätze) intention *ou* résolution
► einen Vorsatz fassen prendre une résolution
♦ vorsätzlich avec préméditation

Vorschau (FÉMININ, pluriel Vorschauen) bande-annonce

Vorschlag (MASCULIN, pluriel Vorschläge) proposition
♦ vorschlagen (er schlägt vor; vorschlug, vorgeschlagen) proposer

Vorschrift (FÉMININ, pluriel Vorschriften) règle *ou* règlement *ou* instruction
► jemandem Vorschriften machen donner des ordres à quelqu'un
♦ vorschriftsmäßig réglementaire

Vorsicht (FÉMININ) prudence
► Vorsicht! attention !
♦ vorsichtig prudent *ou* avec prudence
♦ vorsichtshalber par précaution
♦ Vorsichtsmaßnahme (FÉMININ, pluriel Vorsichtsmaßnahmen) précaution

Vorspeise (FÉMININ, pluriel Vorspeisen) hors-d'œuvre

Vorsprung (MASCULIN, pluriel Vorsprünge) avance :
▷ Er gewinnt Vorsprung. Il gagne de l'avance.

Vorstadt (FÉMININ, pluriel Vorstädte) banlieue *ou* faubourg

vorstellbar imaginable

(sich) vorstellen (se) présenter *ou* imaginer
► sich etwas vorstellen s'imaginer quelque chose

Vorstellung (FÉMININ, pluriel Vorstellungen) *a plusieurs sens :*

1 Vorstellung *peut signifier* idée :
▷ Ich habe mir falsche Vorstellungen von ihr gemacht. Je me suis fait une fausse idée d'elle.

2 Vorstellung *peut signifier* imagination :
▷ Das gibt es nur in deiner Vorstellung. Ça n'existe que dans ton imagination.

ℹ Dans ce sens, Vorstellung ne s'emploie qu'au singulier.

3 Vorstellung *peut signifier* représentation *ou* spectacle :
▷ Es gibt zwei Vorstellungen täglich. Il y a deux représentations par jour.

4 Vorstellung *peut signifier* présentation :
▷ Sie sind zur Vorstellung der neuen Produkte eingeladen. Vous êtes invité à la présentation des nouveaux produits.
♦ Vorstellungskraft (FÉMININ) imagination

Vortag (MASCULIN, pluriel Vortage) veille

vortäuschen simuler

Vorteil (MASCULIN, pluriel Vorteile) avantage
♦ vorteilhaft avantageux

Vortrag (MASCULIN, pluriel Vorträge) conférence
► einen Vortrag halten faire une conférence

vortrefflich excellent

vorüber passé

vorübergehen (vorüberging, vorübergegangen) passer
► an jemandem vorübergehen passer devant quelqu'un
♦ vorübergehend momentané *ou* passager

Vorurteil (NEUTRE, pluriel Vorurteile) préjugé *ou* a priori

Vorwand (MASCULIN, pluriel Vorwände) prétexte *ou* excuse

vorwärts en avant
► vorwärts gehen avancer
► vorwärts kommen progresser

vorwegnehmen (er nimmt vorweg; vorwegnahm, vorweggenommen) anticiper

vorweisen (vorwies, vorgewiesen) montrer

vorwerfen (er wirft vor; vorwarf, vorgeworfen) reprocher
► jemandem etwas vorwerfen reprocher quelque chose à quelqu'un

vorwiegend surtout

Vorwort (NEUTRE, pluriel Vorworte) préface

Vorwurf (MASCULIN, pluriel Vorwürfe) reproche

vorzeitig prématuré

vorziehen vorzog, vorgezogen préférer
► Vorhänge vorziehen tirer les rideaux

vorzüglich excellent

Ww

Waage (FÉMININ, pluriel Waagen) **balance**
♦ waag(e)recht **horizontal**

wabb(e)lig **flasque** *ou* **gélatineux**

wach **réveillé** *ou* **éveillé**

Wache (FÉMININ, pluriel Wachen) **garde**
► Wache halten **monter la garde**

wachen **veiller**

Wachs /vax/ (NEUTRE, pluriel Wachse) **cire** *ou* **fart**

wachsam **vigilant**
♦ Wachsamkeit (FÉMININ) **vigilance**

wachsen /'vaksn/ (er wächst; wuchs, gewachsen) *a plusieurs catégories grammaticales et plusieurs sens :*

> Ce peut être un VERBE INTRANSITIF :

wachsen *signifie* **grandir** *ou* **pousser** *ou* **augmenter**

> Ce peut être un VERBE TRANSITIF :

wachsen *signifie* **cirer** *ou* **farter**

Wachstum /'vakstu:m/ (NEUTRE) **croissance**

Wächter (MASCULIN, pluriel Wächter) **garde** *ou* **gardien**

wackelig **branlant** *ou* **boiteux**
♦ Wackelkontakt (MASCULIN, pluriel Wackelkontakte) **faux contact**
♦ wackeln **branler** *ou* **être boiteux**

wacker **vaillant**

Wade (FÉMININ, pluriel Waden) **mollet**

Waffe (FÉMININ, pluriel Waffen) **arme**

Waffel (FÉMININ, pluriel Waffeln) **gaufre**

Waffenstillstand (MASCULIN) **armistice**

Wagemut (MASCULIN) **audace**
♦ wagemutig **audacieux**

wagen **oser** *ou* **risquer**

Wagen (MASCULIN, pluriel Wagen) **voiture** *ou* **wagon**

waghalsig **téméraire** *ou* **casse-cou**

Wagnis (NEUTRE, pluriel Wagnisse) **risque**

Wahl (FÉMININ, pluriel Wahlen) **choix** *ou* **élection**
♦ wahlberechtigt **qui a le droit de vote**
♦ wählen **choisir** *ou* **élire** *ou* **composer** (un numéro de téléphone)
♦ wählerisch **exigeant** *ou* **difficile**
♦ Wahlkampf (MASCULIN, pluriel Wahlkämpfe) **campagne électorale**
♦ Wahllokal (NEUTRE, pluriel Wahllokale) **bureau de vote**
♦ Wahlrecht (NEUTRE, pluriel Wahlrechte) **droit de vote**

Wahn (MASCULIN) **délire**

> ℹ Le pluriel Wahne est rare.

♦ Wahnsinn (MASCULIN) **folie**
♦ wahnsinnig (adjectif) **fou** *ou* (adverbe) **vachement**
▷ wahnsinnig schön vachement beau

wahr **vrai** *ou* **véritable**

während *a plusieurs catégories grammaticales et plusieurs sens :*

> Ce peut être une PRÉPOSITION qui s'emploie avec le génitif :

während *signifie* **pendant**

> Ce peut être une CONJONCTION :
während *signifie* **pendant que** *ou* **tandis que**

♦ während dessen **entre-temps**

wahrhaben (wahrhat ; wahrhatte, wahrgehabt)
► etwas nicht wahrhaben wollen **refuser de croire quelque chose**

wahrhaft ou wahrhaftig **vraiment**

Wahrheit (FÉMININ, pluriel Wahrheiten) **vérité**

wahrnehmen (er nimmt wahr; wahrnahm, wahrgenommen) **percevoir** *ou* **s'apercevoir de**
► eine Gelegenheit wahrnehmen **profiter d'une occasion** *ou* **saisir sa chance**

wahrsagen (wahrsagte, wahrgesagt ou gewahrsagt) **prédire l'avenir**

♦ Wahrsager, Wahrsagerin (MASCULIN, pluriel Wahrsager / FÉMININ, pluriel Wahrsagerinnen) **voyant, voyante**

wahrscheinlich (adjectif) **probable** *ou* (adverbe) **probablement**

♦ Wahrscheinlichkeit (FÉMININ) **probabilité** *ou* **vraisemblance**

Währung (FÉMININ, pluriel Währungen) **monnaie** (d'un pays)

Wahrzeichen (NEUTRE, pluriel Wahrzeichen) **emblème**

Waise, Waisenkind (FÉMININ, pluriel Waisen / NEUTRE, pluriel Waisenkinder) **orphelin**

♦ Waisenhaus (NEUTRE, pluriel Waisenhäuser) **orphelinat**

Wal (MASCULIN, pluriel Wale) **baleine**

Wald (MASCULIN, pluriel Wälder) **forêt** *ou* **bois**

♦ waldig **boisé**

♦ Waldsterben (NEUTRE) **disparition des forêts**

Wallfahrt (FÉMININ, pluriel Wallfahrten) **pèlerinage**

Walnuss (FÉMININ, pluriel Walnüsse) **noix**

♦ Walnussbaum (MASCULIN, pluriel Walnussbäume) **noyer**

(sich) wälzen **(se) rouler**

Walzer (MASCULIN, pluriel Walzer) **valse**

Wand (FÉMININ, pluriel Wände) **mur** *ou* **paroi**

wand *voir* winden

Wandel (MASCULIN SINGULIER) **transformation**

♦ (sich) wandeln **changer**

Wanderer, Wanderin (MASCULIN, pluriel Wanderer / FÉMININ, pluriel Wanderinnen) **randonneur, randonneuse**

wandern **faire de la randonnée**

♦ Wanderung (FÉMININ, pluriel Wanderungen) **randonnée**

♦ Wandervogel (MASCULIN, pluriel Wandervögel) **oiseau migrateur**

Wandlung (FÉMININ, pluriel Wandlungen) **transformation**

Wandschirm (MASCULIN, pluriel Wandschirme) **paravent**

wandte *voir* wenden

Wange (FÉMININ, pluriel Wangen) **joue** (partie du corps)

wanken **chanceler** *ou* **tituber**

wann **quand**

Wanne (FÉMININ, pluriel Wannen) **cuve** *ou* **baignoire**

war *voir* sein

warb *voir* werben

Ware (FÉMININ, pluriel Waren) **marchandise**

♦ Warenhaus (NEUTRE, pluriel Warenhäuser) **grand magasin**

warf *voir* werfen

warm (wärmer, am wärmsten) **chaud**
► sich warm laufen ou sich warmlaufen **s'échauffer**

♦ Wärme (FÉMININ) **chaleur**

♦ (sich) wärmen **(se) chauffer** *ou* **(se) réchauffer**

♦ warmherzig **chaleureux** (en parlant d'une personne)

warnen **mettre en garde** *ou* **prévenir :**
► jemanden vor jemandem / etwas warnen **mettre en garde quelqu'un contre quelqu'un / quelque chose**

♦ Warnung (FÉMININ, pluriel Warnungen) **mise en garde**

warten **attendre**
► auf jemanden warten **attendre quelqu'un**

Wartesaal (MASCULIN, pluriel Wartesäle) **salle d'attente**

Wartezeit (FÉMININ, pluriel Wartezeiten) **temps d'attente**

Wartezimmer (NEUTRE, pluriel Wartezimmer) **salle d'attente**

warum **pourquoi**

Warze (FÉMININ, pluriel Warzen) **verrue**

was *a plusieurs sens :*

1 **was** *peut signifier* **quoi** *ou* **qu'est-ce que :**
▷ Was ist das? Qu'est-ce que c'est ?

2 **was** *peut être un* PRONOM INTERROGATIF *et signifie* **qu'est-ce qui** *ou* **qu'est-ce que :**
▷ Was ist gestohlen worden? Qu'est-ce qui a été volé ?
▷ Was machst du? Qu'est-ce que tu fais ?

3 **was** *peut être un* PRONOM RELATIF *et signifie* **ce qui** *ou* **ce que :**
▷ Was überbleibt, gehört dir. Ce qui reste est à toi.
▷ Das ist es, was ich meine. C'est ce que je veux dire.

waschbar **lavable**

Waschbecken (NEUTRE, pluriel Waschbecken) **lavabo**

Wäsche (FÉMININIΝ) **linge** *ou* **lessive**
- ♦ **Wäscheklammer** (FÉMININ, pluriel Wäscheklammern) **pince à linge**
- ♦ **Wäscheleine** (FÉMININ, pluriel Wäscheleinen) **corde à linge**

waschen (**er wäscht; wusch, gewaschen**) *a plusieurs catégories grammaticales et plusieurs sens :*

> Ce peut être un VERBE TRANSITIF :
waschen *signifie* **laver**
► **sich die Hände waschen** **se laver les mains**

> Ce peut être un VERBE INTRANSITIF :
waschen *signifie* **faire la lessive**
► **Wäsche waschen** **faire une lessive**

> Ce peut être un VERBE RÉFLÉCHI :
sich waschen *signifie* **se laver**

Wäscherei (FÉMININ, pluriel Wäschereien) **pressing**

Wäschetrockner (MASCULIN, pluriel Wäschetrockner) **sèche-linge**

Waschlappen (MASCULIN, pluriel Waschlappen) **gant de toilette**

Waschmaschine (FÉMININ, pluriel Waschmaschinen) **machine à laver**

Waschmittel, Waschpulver (NEUTRE, pluriel Waschmittel, Waschpulver) **lessive** (en parlant du produit)

Wasser (NEUTRE, pluriel Wasser) **eau**
- ♦ **wasserdicht** **imperméable** *ou* **étanche**
- ♦ **Wasserfall** (MASCULIN, pluriel Wasserfälle) **chute d'eau**
- ♦ **Wasserfarbe** (FÉMININ, pluriel Wasserfarben) **peinture à l'eau**
- ♦ **Wasserhahn** (MASCULIN, pluriel Wasserhähne) **robinet**
- ♦ **Wassermelone** (FÉMININ, pluriel Wassermelonen) **pastèque**
- ♦ **wasserscheu** **qui a peur de l'eau**
- ♦ **Wasserschi** *ou* **Wasserski** (NEUTRE) **ski nautique**
  ► **Wasserschi** ou **Wasserski fahren** **faire du ski nautique**
- ♦ **wässrig** **plein d'eau** *ou* **fade** (en parlant du goût d'un fruit)

waten **patauger**

Watte (FÉMININ, pluriel Watten) **ouate** *ou* **coton** (pour désinfecter ou se démaquiller)
- ♦ **Wattebausch** (MASCULIN, pluriel Wattebausche) **coton** (pour désinfecter ou se démaquiller)
- ♦ **Wattestäbchen** (NEUTRE, pluriel Wattestäbchen) **coton-tige®**

Web (NEUTRE) **le Web**
- ♦ **Webseite, Website** (FÉMININ, pluriel Webseiten, Websites) **page Web** *ou* **site Internet**
- ♦ **Web-Server** (MASCULIN, pluriel Web-Server) **serveur Internet**
- ♦ **Websurfer, Websurferin** (MASCULIN, pluriel Websurfer / FÉMININ, pluriel Websurferinnen) **internaute** *ou* **cybernaute**

Wechsel /'vɛksəl/ (MASCULIN, pluriel Wechsel) **changement** *ou* **change** (en parlant d'argent)
- ♦ **wechselhaft** **changeant**
- ♦ **Wechseljahre** (NEUTRE PLURIEL) **ménopause**
- ♦ **wechseln** **changer**
- ♦ **Wechselwirkung** (FÉMININ, pluriel Wechselwirkungen) **interaction**

wecken **réveiller** *ou* **éveiller**
- ♦ **Wecker** (MASCULIN, pluriel Wecker) **réveil**

weder **ni**
► **weder ... noch** **ni ... ni**

Weide (FÉMININ, pluriel Weiden) **pré** *ou* **saule**

weg **absent** *ou* **parti** *ou* **pas là**
► **über etwas weg sein** **avoir surmonté quelque chose**
► **schon weg sein** **être déjà parti**

Weg (MASCULIN, pluriel Wege) chemin *ou* route *ou* moyen
► einen Weg finden trouver un moyen
► sich auf den Weg machen se mettre en route
► jemandem aus dem Weg gehen éviter quelqu'un

wegen *est une* PRÉPOSITION *qui s'emploie avec le génitif ou l'accusatif et signifie* à cause de

wegfahren partir

weggehen s'en aller

weglassen laisser partir *ou* omettre

weglaufen s'enfuir

wegmüssen devoir partir

wegräumen ranger

wegschaffen enlever

wegwerfen jeter
♦ wegwerfend dédaigneux

weh qui fait mal *ou* douloureux
► wehe! gare à toi !
♦ Wehe (FÉMININ, pluriel Wehen) contraction (pendant la grossesse)

wehen souffler *ou* flotter :
▷ Der Wind weht heute sehr stark. Le vent souffle très fort aujourd'hui.
▷ Die Fahne weht im Wind. Le drapeau flotte dans le vent.

Wehmut (FÉMININ) mélancolie
♦ wehmütig mélancolique

Wehrdienst (MASCULIN) service militaire

> En Allemagne, le service militaire est obligatoire pour tous les hommes de plus de 18 ans. S'ils sont déclarés aptes, ils passeront 10 mois dans la Bundeswehr, les objecteurs de conscience pouvant choisir le Zivildienst.

sich wehren se défendre
♦ wehrlos sans défense

(sich) wehtun (se) faire mal
► Mein Arm tut mir weh. J'ai mal au bras.

Wehwehchen (NEUTRE, pluriel Wehwehchen) bobo

Weibchen (NEUTRE, pluriel Weibchen) femelle
♦ weiblich féminin

weich mou *ou* doux *ou* moelleux *ou* tendre

weichen (wich, gewichen) céder
► jemandem / einer Sache weichen céder quelque chose / à quelqu'un

sich weigern refuser

weihen vouer

Weihnachten (NEUTRE) Noël
♦ weihnachtlich de Noël
♦ Weihnachtsabend (MASCULIN) réveillon de Noël
♦ Weihnachtsbaum (MASCULIN, pluriel Weihnachtsbäume) sapin de Noël
♦ Weihnachtsmann (MASCULIN, pluriel Weihnachtsmänner) père Noël
♦ Weihnachtsmarkt (MASCULIN, pluriel Weihnachtsmärkte) marché de Noël

weil parce que

Weile (FÉMININ) moment

Wein (MASCULIN, pluriel Weine) vin
♦ Weinbau (MASCULIN) viticulture
♦ Weinbeere (FÉMININ, pluriel Weinbeeren) raisin

weinen pleurer
♦ weinerlich larmoyant

Weinlese (FÉMININ) vendanges

Weintraube (FÉMININ, pluriel Weintrauben) raisin

weise sage

Weise (FÉMININ, pluriel Weisen) manière *ou* façon

Weisheit (FÉMININ) sagesse
♦ Weisheitszahn (MASCULIN, pluriel Weisheitszähne) dent de sagesse

weiß blanc
♦ Weißbrot (NEUTRE) pain blanc
♦ Weißrussland Biélorussie
♦ Weißwein (MASCULIN, pluriel Weißweine) vin blanc

> i weiß est aussi la première et troisième personne du singulier au présent du verbe wissen.

weit *a plusieurs catégories grammaticales et plusieurs sens :*

> Ce peut être un ADJECTIF :

1 weit *peut signifier* large *ou* étendu

2 weit *peut signifier* éloigné
► so weit sein être prêt

> Ce peut être un ADVERBE :

weit *signifie* **loin**

- ► weit gehen **dépasser les limites**
- ► weit mehr **beaucoup plus**
- ► weit aufmachen **ouvrir grand**
- ► weit offen **grand ouvert**
- ► weit verbreitet **répandu**
- ► weit zurückliegend **lointain**
- ► so weit zufrieden sein **être assez content**
- ► es weit bringen **aller loin** *ou* **réussir**
- ► wie weit bist du? **où en es-tu ?**

weitaus **de loin :**

▷ Das ist weitaus das Beste. C'est de loin la meilleure chose.

Weitblick (MASCULIN) **clairvoyance** *ou* **prévoyance**

Weite (FÉMININ, pluriel Weiten) **ampleur** *ou* **étendue** *ou* **portée** *ou* **vaste espace**

♦ (sich) weiten **(s')élargir**

weiter *a plusieurs catégories grammaticales et plusieurs sens :*

> Ce peut être le COMPARATIF de weit :

weiter *signifie* **plus large** *ou* **plus éloigné** *ou* **plus loin**

- ► ohne weiteres **sans problème**

> Ce peut être un ADJECTIF :

weiter *signifie* **en outre**

- ► weiter nichts **rien de plus**
- ► weiter niemand **personne d'autre**

> Ce peut être une PARTICULE SÉPARABLE pour former des VERBES COMPOSÉS :

♦ weiterarbeiten **continuer de travailler**

♦ sich weiterbilden **se former** *ou* **s'instruire**

> ℹ Vous trouverez les verbes composés qui commencent par weiter- classés par ordre alphabétique.

weitere, weiterer, weiteres **autre, autres :**

▷ Haben Sie weitere Fragen? Vous avez d'autres questions ?

► bis auf weiteren Befehl **jusqu'à nouvel ordre**

weitergehen (weiterging, weitergegangen) **continuer son chemin**

weitgehend **largement**

weitläufig **grand** *ou* **vaste**

weitsichtig **presbyte** *ou* **prévoyant** *ou* **à long terme**

Weitsprung (MASCULIN, pluriel Weitsprünge) **saut en longueur**

> ℹ La discipline ne prend pas de pluriel.

weitverbreitet **répandu**

Weizen (MASCULIN) **blé**

welche , welcher, welches *a plusieurs catégories grammaticales et plusieurs sens :*

> Ce peut être un PRONOM RELATIF :

welche, welcher, welches *signifie* **qui, que :**

▷ Die Frau, welche dort steht, ist meine Tante. La femme qui est là-bas est ma tante.

> Ce peut être un PRONOM INTERROGATIF ADJECTIVÉ :

welche, welcher, welches *signifie* **quel, quelle** *ou* **quels, quelles :**

▷ Von welchem Lehrer sprichst du? De quel prof parles-tu ?

> Ce peut être un PRONOM INTERROGATIF SUBSTANTIVÉ :

welche, welcher, welches *signifie* **lequel, laquelle** *ou* **lesquels, lesquelles :**

▷ Welches ist deines? Lequel est à toi ?

welk **fané**

Welle (FÉMININ, pluriel Wellen) **vague**

♦ Wellenlänge (FÉMININ) **longueur d'onde**

► auf gleicher Wellenlänge sein **être sur la même longueur d'onde**

Welt (FÉMININ, pluriel Welten) **monde**

♦ Weltall (NEUTRE) **univers**

♦ Weltanschauung (FÉMININ, pluriel Weltanschauungen) **vision du monde**

♦ weltberühmt **mondialement connu**

♦ weltfremd **étranger au monde**

♦ Weltkrieg (MASCULIN, pluriel Weltkriege) **guerre mondiale**

♦ weltlich **profane**

♦ Weltmeister, Weltmeisterin (MASCULIN, pluriel Weltmeister / FÉMININ, pluriel Weltmeisterinnen) **champion, championne du monde**

♦ Weltmeisterschaft (FÉMININ) **championnat du monde**

♦ Weltraum (MASCULIN) **espace** (cosmique)

♦ Weltreise (FÉMININ) **tour du monde**

♦ weltweit **mondial**

wem *est le datif du* PRONOM wer *et signifie* **à qui**

wen *est l'accusatif du* PRONOM wer *et signifie* **qui**

Wende (FÉMININ) **tournant**

ℹ On appelle Die Wende le changement politique en ex-RDA qui a abouti à la réunification de l'Allemagne.

Wendeltreppe (FÉMININ, pluriel Wendeltreppen) escalier en colimaçon

(sich) wenden (wendete ou wandte, gewendet ou gewandt) (se) tourner
► sich an jemanden wenden s'adresser à quelqu'un

Wendepunkt (MASCULIN) tournant (dans la vie)

Wendung (FÉMININ, pluriel Wendungen) tournure

wenig peu
♦ wenige peu de gens
♦ wenigstens au moins

wenn si *ou* quand *ou* lorsque
► wenn auch même si
♦ wenngleich *ou* wennschon bien que *ou* quoique *ou* même si
► na wennschon et alors
► wennschon, dennschon tant qu'à faire

wer qui

werben (er wirbt; warb, geworben) faire de la publicité
► für etwas werben faire de la publicité pour quelque chose
► um jemanden werben rechercher l'attention de quelqu'un

Werbung (FÉMININ) publicité

werden (er wird; wurde, geworden) *a plusieurs catégories grammaticales et plusieurs sens :*

> Ce peut être un VERBE INTRANSITIF :

werden *signifie* devenir :
▷ Sie will Tierärztin werden. Elle veut devenir vétérinaire.

> Ce peut être un VERBE AUXILIAIRE :

1 werden *peut indiquer le* FUTUR :
▷ Sie wird in zwei Jahren mit dem Studium fertig. Elle va finir ses études dans deux ans. *ou* Elle finira ses études dans deux ans.

2 werden *peut indiquer le* PASSIF :
▷ Sie wird bestraft. Elle est punie.
▷ Das wird sich zeigen. On va voir.

werfen (er wirft; warf, geworfen) lancer *ou* (en parlant d'un animal) mettre bas

Werk (NEUTRE, pluriel Werke) œuvre *ou* ouvrage *ou* mécanisme
► ans Werk gehen se mettre à l'œuvre
► am Werk sein être en train de travailler
♦ Werkstatt (FÉMININ, pluriel Werkstätten) atelier *ou* garage (pour réparer les voitures)
♦ Werktag (MASCULIN, pluriel Werktage) jour ouvrable
♦ werktags les jours ouvrables
♦ Werkzeug (NEUTRE, pluriel Werkzeuge) outil

ℹ Werkzeug au sens de « outils dans leur ensemble » ne s'emploie qu'au singulier.

wert cher
► wert sein valoir
♦ Wert (MASCULIN, pluriel Werte) valeur
► auf etwas Wert legen attacher de l'importance à quelque chose
♦ werten estimer *ou* évaluer
♦ Wertgegenstand (MASCULIN, pluriel Wertgegenstände) objet de valeur
♦ wertlos sans valeur *ou* inutile
♦ wertvoll précieux

Wesen (NEUTRE, pluriel Wesen) caractère *ou* nature
► das Wesen der Dinge la nature des choses

wesentlich essentiel *ou* fondamental *ou* considérable

weshalb pourquoi

Wespe (FÉMININ, pluriel Wespen) guêpe

wessen *est le génitif du* PRONOM wer *et signifie* de qui *ou* à qui

Weste (FÉMININ, pluriel Westen) gilet

Westen (MASCULIN) ouest
► im Westen von à l'ouest de
♦ westlich de l'ouest *ou* occidental
► westlich von à l'ouest de

weswegen pourquoi

Wettbewerb (MASCULIN, pluriel Wettbewerbe) concours

Wette (FÉMININ, pluriel Wetten) pari
► eine Wette eingehen faire un pari
♦ Wetteifer (MASCULIN) esprit de compétition
♦ wetten parier

Wetter (NEUTRE, pluriel Wetter) temps (au sens météorologique)
♦ Wetterbericht (MASCULIN, pluriel Wetterberichte) bulletin météo(rologique)
♦ Wetterverhältnisse (NEUTRE PLURIEL) conditions météo(rologiques)

♦ **Wettervorhersage** (FÉMININ, pluriel Wettervorhersagen) prévisions météo(rologiques)

Wettkampf (MASCULIN, pluriel Wettkämpfe) compétition

Wettlauf (MASCULIN, pluriel Wettläufe) course (de compétition)

WG (FÉMININ, pluriel WGs) *est l'abréviation de* **Wohngemeinschaft** *et désigne l'ensemble des colocataires d'un logement.*

Whiteboard (NEUTRE, pluriel Whiteboards) tableau blanc

► **digitales Whiteboard** tableau blanc interactif

wich *voir* **weichen**

wichtig important

♦ **Wichtigkeit** (FÉMININ) importance

wickeln enrouler

► **ein Baby wickeln** mettre une couche à un bébé

Widder (MASCULIN, pluriel Widder) bélier

wider contre

widerfahren (widerfährt; widerfuhr, widerfahren) arriver

► **etwas widerfährt jemandem** quelque chose arrive à quelqu'un

widerlegen (widerlegte, widerlegt) réfuter

widerlich repoussant

Widerrede (FÉMININ, pluriel Widerreden) contradiction

► **keine Widerrede!** pas de discussion !

widerrufen (widerrief, widerrufen) révoquer *ou* démentir

sich widersetzen (widersetzte, widersetzt) s'opposer *ou* désobéir

Widersinn (MASCULIN) contresens *ou* nonsens *ou* absurdité

♦ **widersinnig** absurde

widerspenstig récalcitrant

widerspiegeln refléter

widersprechen (er widerspricht; widersprach, widersprochen) contredire

► **jemandem / einer Sache widersprechen** contredire quelqu'un / quelque chose

♦ **widersprechend** contradictoire

♦ **Widerspruch** (MASCULIN, pluriel Widersprüche) contradiction

Widerstand (MASCULIN, pluriel Widerstände) résistance

♦ **widerstandsfähig** résistant

♦ **widerstandslos** sans résistance

♦ **widerstehen** (widerstand, widerstanden) résister

widerwärtig repoussant

Widerwille (MASCULIN) aversion

♦ **widerwillig** à contrecœur

widmen dédier *ou* consacrer

► **sich jemandem / einer Sache widmen** se consacrer à quelqu'un / quelque chose

♦ **Widmung** (FÉMININ, pluriel Widmungen) dédicace

wie *a plusieurs catégories grammaticales et plusieurs sens :*

> Ce peut être un ADVERBE :

wie *signifie* comment

► **so wie** ainsi que

► **wie viel?** combien ?

► **wie lange?** combien de temps ?

► **wie oft?** combien de fois ?

► **wie alt?** quel âge ?

► **wie spät?** quelle heure ?

► **wie bitte?** comment ?

> Ce peut être une CONJONCTION :

wie *signifie* comme

wieder de nouveau *ou* encore

wiederbekommen (wiederbekam, wiederbekommen) récupérer

wiederherstellen rétablir

wiederholen (wiederholte, wiederholt) répéter *ou* réviser

♦ **Wiederholung** (FÉMININ, pluriel Wiederholungen) répétition *ou* révision

wiedersehen revoir

♦ **Wiedersehen** (NEUTRE)

► **auf Wiedersehen** au revoir

wiederum de nouveau

wiedervereinigen (wiedervereinigte, wiedervereinigt) réunifier

♦ **Wiedervereinigung** (FÉMININ, pluriel Wiedervereinigungen) réunification

wiederverwertbar recyclable

♦ **wiederverwerten** (**wiederverwertete, wiederverwertet**) recycler

Wiege (FÉMININ, pluriel **Wiegen**) berceau

♦ **Wiegenlied** (NEUTRE, pluriel **Wiegenlieder**) berceuse

wiegen (**wog, gewogen**) peser

wiehern hennir

Wien Vienne

♦ **Wiener Würstchen** (NEUTRE, pluriel **Wiener Würstchen**) saucisse de Francfort

♦ **Wiener Schnitzel** (NEUTRE, pluriel **Wiener Schnitzel**) escalope de veau panée

Wiese (FÉMININ, pluriel **Wiesen**) pré

wieso pourquoi

wieviel combien

♦ **wieviele** combien de

wieweit jusqu'où

wild sauvage *ou* furieux

Wild (NEUTRE) gibier

wildfremd complètement inconnu

Wildleder (NEUTRE) daim (= cuir)

Wildnis (FÉMININ, pluriel **Wildnisse**) région sauvage

Wildschwein (NEUTRE, pluriel **Wildschweine**) sanglier

will *voir* **wollen**

Wille (MASCULIN) volonté

♦ **willensstark** qui a de la volonté

willkommen bienvenu

willkürlich arbitraire

willst *voir* **wollen**

wimmeln fourmiller

► **es wimmelt von Menschen** ça fourmille de monde

wimmern geindre

Wimper (FÉMININ, pluriel **Wimpern**) cil

♦ **Wimperntusche** (FÉMININ) mascara

Wind (MASCULIN, pluriel **Winde**) vent

Windel (FÉMININ, pluriel **Windeln**) couche

sich winden (**wand, gewunden**) serpenter *ou* enlacer *ou* se tordre

windig exposé au vent

▷ **Heute ist es windig.** Il y a du vent aujourd'hui.

Windkraft (FÉMININ) énergie éolienne

♦ **Windkraftanlage** (FÉMININ, pluriel **Windkraftanlagen**) éolienne

Windmühle (FÉMININ, pluriel **Windmühlen**) moulin à vent

Windpocken (PLURIEL) varicelle

windsurfen faire de la planche à voile

Winkel (MASCULIN, pluriel **Winkel**) angle ou coin

winken faire signe (de la main)

Winter (MASCULIN, pluriel **Winter**) hiver

► **im Winter** en hiver

♦ **winterlich** hivernal

♦ **Winterschlaf** (MASCULIN) hibernation

♦ **Winterzeit** (FÉMININ) heure d'hiver

winzig minuscule

wir nous

> ℹ Déclinaisons **uns** (accusatif) ; **uns** (datif) ; **unser** (génitif)

Wirbel (MASCULIN, pluriel **Wirbel**) *a plusieurs sens :*

1 **Wirbel** *peut signifier* tourbillon *ou* remous

2 **Wirbel** *peut signifier* vertèbre

♦ **Wirbelsäule** (FÉMININ, pluriel **Wirbelsäulen**) colonne vertébrale

wirbst, wirbt *voir* **werben**

wird *voir* **werden**

wirfst, wirft *voir* **werfen**

wirken avoir l'air *ou* agir :

▷ **Sie wirkt ängstlich.** Elle a l'air inquiète.

▷ **Das Medikament wirkt.** Le médicament agit.

► **Wunder wirken** faire des miracles

wirklich réel ou réellement *ou* véritable ou véritablement

♦ **Wirklichkeit** (FÉMININ, pluriel **Wirklichkeiten**) réalité

wirksam efficace

Wirkung (FÉMININ, pluriel **Wirkungen**) effet

wirr confus
♦ Wirrwarr (MASCULIN) confusion *ou* désordre

wirst *voir* werden

Wirtschaft (FÉMININ, pluriel Wirtschaften) économie *ou* auberge
♦ wirtschaftlich économique
♦ Wirtschaftswissenschaftler, Wirtschaftswissenschaftlerin (MASCULIN, pluriel Wirtschaftswissenschaftler / FÉMININ, pluriel Wirtschaftswissenschaftlerinnen) économiste
♦ Wirtschaftszweig (MASCULIN, pluriel Wirtschaftszweige) secteur économique

Wirtshaus (NEUTRE, pluriel Wirtshäuser) bistrot *ou* restaurant

wischen essuyer *ou* nettoyer

wispern chuchoter

Wissbegierde (FÉMININ) curiosité
♦ wissbegierig curieux

wissen (er weiß; wusste, gewusst) savoir
♦ Wissen (NEUTRE) savoir

Wissenschaft (FÉMININ) science
♦ Wissenschaftler, Wissenschaftlerin (MASCULIN, pluriel Wissenschaftler / FÉMININ, pluriel Wissenschaftlerinnen) scientifique
♦ wissenschaftlich scientifique

wissenswert intéressant

wissentlich sciemment

wittern pressentir

Witterung (FÉMININ) temps (au sens météorologique) *ou* flair (d'un animal)

Witwe (FÉMININ, pluriel Witwen) veuve
♦ Witwer (MASCULIN, pluriel Witwer) veuf

Witz (MASCULIN, pluriel Witze) plaisanterie *ou* blague
► Witze machen blaguer
♦ witzig drôle

WLAN /'veːlan/ *est l'abréviation de* Wireless Local Area Network *et signifie* Wifi

wo où

woanders ailleurs

wobei à quelle occasion *ou* à l'occasion duquel, de laquelle
▷ Wobei hat er sich verletzt? À quelle occasion s'est-il blessé ?
► wobei er mir die Hand gab en me donnant la main
► wobei er mich nicht anschaute sans me regarder
► wobei mir einfällt ... ce qui me rappelle ...

ℹ Ce mot est souvent traduit par un gérondif.

Woche (FÉMININ, pluriel Wochen) semaine
♦ Wochenende (NEUTRE, pluriel Wochenenden) week-end
♦ wochenlang pendant des semaines
♦ Wochentag (MASCULIN, pluriel Wochentage) jour de la semaine
♦ wöchentlich hebdomadaire

wodurch par quoi *ou* comment *ou* par où

wofür pour lequel, laquelle *ou* pourquoi

wog *voir* wiegen

Woge (FÉMININ, pluriel Wogen) vague

wogegen *a plusieurs catégories grammaticales et plusieurs sens :*

> Ce peut être un ADVERBE :

wogegen *signifie* contre lequel, laquelle *ou* contre quoi

> Ce peut être une CONJONCTION :

wogegen *signife* par contre

woher d'où

wohin où

wohl bien *ou* probablement *ou* sans doute
♦ Wohl (NEUTRE) bien-être
► zum Wohl! santé !
♦ Wohlbehagen (NEUTRE) sensation de bien-être

wohlhabend aisé (au sens de riche)

wohlig agréable

Wohlstand (MASCULIN) prospérité (au sens richesse)

wohlverdient bien mérité

Wohlwollen (NEUTRE) bienveillance
♦ wohlwollend bienveillant

Wohnanlage (FÉMININ, pluriel Wohnanlagen) résidence (= immeubles)

wohnen habiter
♦ Wohngemeinschaft (FÉMININ, pluriel Wohngemeinschaften) *désigne l'ensemble des colocataires d'un logement*

- wohnhaft **domicilié**
- Wohnheim (NEUTRE, pluriel Wohnheime) **foyer**
- wohnlich **confortable**
- Wohnsitz (MASCULIN, pluriel Wohnsitze) **domicile** *ou* **résidence**
- Wohnsitzlose (MASCULIN, FÉMININ pluriel Wohnsitzlosen) **sans-abri**

> ℹ Ce nom est un adjectif substantivé : on dit ein Wohnsitzloser.

- Wohnung (FÉMININ, pluriel Wohnungen) **appartement**
- Wohnwagen (MASCULIN, pluriel Wohnwagen) **caravane**
- Wohnzimmer (NEUTRE, pluriel Wohnzimmer) **salon**

Wolf (MASCULIN, pluriel Wölfe) **loup**

Wolke (FÉMININ, pluriel Wolken) **nuage**
- Wolkenkratzer (MASCULIN, pluriel Wolkenkratzer) **gratte-ciel**
- wolkig **nuageux**

Wolle (FÉMININ, pluriel Wollen) **laine**
- wollen **en laine**

wollen (er will; wollte, gewollt) **vouloir**

womit **avec quoi** *ou* **comment :**
▷ Ich weiß nicht, womit ich das bezahlen soll. Je ne sais pas comment je vais payer ça.

womöglich **peut-être**

wonach **après quoi** *ou* **d'après quoi** *ou* **après lequel, laquelle**
▷ Wonach hat er mich gefragt? Qu'est-ce qu'il m'a demandé ?

Wonne (FÉMININ, pluriel Wonnen) **plaisir**

woran **à quoi**
▷ Woran denkst du? À quoi tu penses ?

worauf **sur quoi** *ou* **après quoi**

woraus **de quoi** *ou* **d'où**

worin **en quoi**

Workshop (MASCULIN, pluriel Workshops) **stage**

Wort (NEUTRE) *a plusieurs sens :*

1 das Wort (pluriel Wörter) *signifie* **mot**
- Wörterbuch (NEUTRE, pluriel Wörterbücher) **dictionnaire**
- wortgetreu **littéral** *ou* **littéralement**
- wörtlich **mot à mot**
- Wortschatz (MASCULIN) **vocabulaire**
- Wortspiel (NEUTRE, pluriel Wortspiele) **jeu de mots**

2 das Wort (pluriel Worte) *signifie* **parole**
- wortlos **muet** (adjectif) *ou* **sans un mot** (adverbe)

worüber **sur quoi** *ou* **de quoi**

worum **de quoi**

worunter **sous quoi** *ou* **sous lequel, laquelle**

wovon **de quoi**

wovor **de quoi** *ou* **devant quoi**

wozu **à quoi** *ou* **pourquoi** *ou* **à quoi bon** *ou* **dans quel but**

Wrack (NEUTRE, pluriel Wracks) **épave**

wuchern **proliférer**

wuchs *voir* wachsen

Wucht (FÉMININ) **poids** *ou* **force** *ou* **masse**
► mit voller Wucht **de plein fouet**
- wuchtig **massif** *ou* **énergique**

wühlen **fouiller**

wund **écorché**
- Wunde (FÉMININ, pluriel Wunden) **blessure**

Wunder (NEUTRE, pluriel Wunder) **miracle**
- wunderbar **merveilleux**
- Wunderkind (NEUTRE, pluriel Wunderkinder) **enfant prodige**
- wunderlich **bizarre**
- sich wundern **s'étonner**
- wunderschön *ou* wundervoll **merveilleux**

Wunsch (MASCULIN, pluriel Wünsche) **souhait** *ou* **vœu**
- (sich) wünschen **souhaiter**
► sich etwas wünschen **faire un vœu** *ou* **avoir envie de quelque chose**
- wünschenswert **souhaitable**

wurde *voir* werden

Würde (FÉMININ) **dignité**
- würdevoll *ou* würdig **digne**
► jemandes / einer Sache würdig sein **être digne de quelqu'un / quelque chose**

würdigen rendre hommage
- ♦ **Würdigung** (FÉMININ, pluriel Würdigungen) hommage

Wurf (MASCULIN, pluriel Würfe) jet *ou* lancer *ou* (en parlant des animaux) portée

Würfel (MASCULIN, pluriel Würfel) dé *ou* cube
- ♦ **würfeln** jeter le dé
- ♦ **Würfelzucker** (MASCULIN) sucre en morceaux

Wurm (MASCULIN, pluriel Würmer) ver

Wurst (FÉMININ, pluriel Würste) saucisse *ou* saucisson *ou* charcuterie
- ♦ **Wurstwaren** (FÉMININ PLURIEL) charcuterie

Wurzel (FÉMININ, pluriel Wurzeln) racine

würzen épicer
- ♦ **würzig** épicé

wusch *voir* **waschen**

wusste *voir* **wissen**

wüst sauvage *ou* déchaîné

Wüste (FÉMININ, pluriel Wüsten) désert

Wut (FÉMININ) colère *ou* rage
- ♦ **Wutanfall, Wutausbruch** (MASCULIN, pluriel Wutanfälle, Wutausbrüche) accès de rage
- ♦ **wüten** faire des ravages *ou* être déchaîné
- ♦ **wütend** furieux

Xx-Yy

X-Beine (NEUTRE PLURIEL) genoux cagneux

♦ x-beinig aux genoux cagneux

x-beliebig quelconque

♦ X-Beliebige, X-Beliebiger, X-Beliebiges n'importe lequel, n'importe laquelle, n'importe quoi

x-mal x fois

► das x-te mal la énième fois

Yy

Ypsilon (NEUTRE, pluriel Ypsilons) i grec

Zz

Zacke (FÉMININ, pluriel Zacken) pointe

zaghaft hésitant *ou* craintif

- Zaghaftigkeit (FÉMININ) timidité *ou* indécision

zäh tenace *ou* dur *ou* épais

- zähflüssig visqueux *ou* ralenti

Zahl (FÉMININ, pluriel Zahlen) chiffre *ou* nombre

- zahlen payer
- zählen compter
- zahlreich nombreux
- Zahlung (FÉMININ, pluriel Zahlungen) paiement

zahm apprivoisé *ou* docile

- zähmen apprivoiser *ou* dompter

Zahn (MASCULIN, pluriel Zähne) dent

- Zahnarzt, Zahnärztin (MASCULIN, pluriel Zahnärzte / FÉMININ, pluriel Zahnärztinnen) dentiste
- Zahnbürste (FÉMININ, pluriel Zahnbürsten) brosse à dents
- Zahncreme (FÉMININ) dentifrice
- Zahnfleisch (NEUTRE SINGULIER) gencives
- Zahnpasta *ou* Zahnpaste (FÉMININ) dentifrice
- Zahnschmerzen (MASCULIN PLURIEL) maux de dents *ou* rage de dents
- Zahnspange (FÉMININ, pluriel Zahnspangen) appareil dentaire
- Zahnstocher (MASCULIN, pluriel Zahnstocher) cure-dent

Zange (FÉMININ, pluriel Zangen) pince *ou* forceps

sich zanken se quereller

- zänkisch querelleur

zappelig agité

- zappeln frétiller *ou* gigoter

Zar (MASCULIN, pluriel Zaren) tsar

zart tendre *ou* doux *ou* délicat

- Zartgefühl (NEUTRE, pluriel Zartgefühle) délicatesse
- Zartheit (FÉMININ) douceur
- zärtlich tendre
- Zärtlichkeit (FÉMININ) tendresse

Zauber (MASCULIN) magie *ou* charme

> ℹ Le pluriel Zauber est rarement employé.

- Zauberei (FÉMININ, pluriel Zaubereien) magie *ou* tour de magie
- Zauberer (MASCULIN, pluriel Zauberer) magicien
- zauberhaft merveilleux
- Zauberin (FÉMININ, pluriel Zauberinnen) magicienne
- Zauberkraft (FÉMININ, pluriel Zauberkräfte) pouvoir magique
- Zauberkünstler, Zauberkünstlerin (MASCULIN, pluriel Zauberkünstler / FÉMININ, pluriel Zauberkünstlerinnen) prestidigitateur, prestidigitatrice
- zaubern faire de la magie
- Zauberspruch (MASCULIN, pluriel Zaubersprüche) formule magique

Zaun (MASCULIN, pluriel Zäune) clôture

Zebrastreifen (MASCULIN, pluriel Zebrastreifen) passage pour piétons

Zecke (FÉMININ, pluriel Zecken) tique

Zehe (FÉMININ, pluriel Zehen) orteil

zehn dix
- ♦ **zehnjährig** de dix ans
- ♦ **Zehnkampf** (MASCULIN, pluriel Zehnkämpfe) décathlon
- ♦ **zehnmal** dix fois
- ♦ **zu zehnt** à dix
- ♦ **zehnte, zehnter, zehntes** dixième
- ♦ **Zehntel** (NEUTRE, pluriel Zehntel) dixième
- ♦ **zehntens** dixièmement

Zeichen (NEUTRE, pluriel Zeichen) signe *ou* panneau

Zeichenprogramm (NEUTRE) logiciel de dessin

Zeichentrickfilm (MASCULIN) dessin animé

zeichnen dessiner
- ♦ **Zeichnung** (FÉMININ, pluriel Zeichnungen) dessin

Zeigefinger (MASCULIN, pluriel Zeigefinger) index

(sich) zeigen (se) montrer *ou* (se) faire voir
- ► **auf jemanden / etwas zeigen** montrer quelqu'un / quelque chose du doigt
- ► **sich zeigen, dass** s'avérer que

Zeiger (MASCULIN, pluriel Zeiger) aiguille (d'une montre)

Zeile (FÉMININ, pluriel Zeilen) ligne

Zeit (FÉMININ, pluriel Zeiten) temps *ou* heure
- ► **in letzter Zeit** ces derniers temps
- ► **sich Zeit lassen** ou **sich Zeit nehmen** prendre son temps
- ► **von Zeit zu Zeit** de temps en temps
- ► **Zeit raubend** ou **zeitraubend** qui prend du temps
- ► **zur rechten Zeit** au bon moment

Zeitalter (NEUTRE, pluriel Zeitalter) époque

zeitgemäß moderne *ou* actuel

zeitig tôt *ou* précoce

zeitlebens toute sa vie

zeitlich temporel

Zeitlupe (FÉMININ, pluriel Zeitlupen) ralenti (d'images)
- ► **in Zeitlupe** au ralenti

Zeitpunkt (MASCULIN, pluriel Zeitpunkte) moment

Zeitraum (MASCULIN, pluriel Zeiträume) durée *ou* période

Zeitschrift (FÉMININ, pluriel Zeitschriften) revue *ou* magazine

Zeitspanne (FÉMININ, pluriel Zeitspannen) intervalle *ou* laps de temps

Zeitung (FÉMININ, pluriel Zeitungen) journal

Zeitunterschied (MASCULIN) décalage horaire

Zeitverschwendung (FÉMININ) perte de temps

zeitweilig temporaire

zeitweise de temps en temps

Zeitwort (NEUTRE, pluriel Zeitwörter) verbe

Zelle (FÉMININ, pluriel Zellen) cellule

Zelt (NEUTRE, pluriel Zelte) tente
- ♦ **zelten** camper

Zement (MASCULIN SINGULIER) ciment

zerbrechen (er zerbricht; zerbrach, zerbrochen) *a plusieurs catégories grammaticales :*

> Ce peut être un VERBE TRANSITIF :

zerbrechen *signifie* casser

> Ce peut être un VERBE INTRANSITIF :

zerbrechen *signifie* (se) casser
- ♦ **zerbrechlich** fragile

zerbröckeln (zerbröckelte, zerbröckelt) s'effriter *ou* émietter

zerdrücken (zerdrückte, zerdrückt) écraser

Zerfall (MASCULIN) déclin
- ♦ **zerfallen** (er zerfällt; zerfiel, zerfallen) se désagréger

zerfließen (zerfloss, zerflossen) fondre

zerknittern (zerknitterte, zerknittert) froisser

zerkratzen érafler

zerlegbar démontable
- ♦ **zerlegen** (zerlegte, zerlegt) démonter

zerquetschen (zerquetschte, zerquetscht) écraser

zerreißen (zerriss, zerrissen) *a plusieurs catégories grammaticales :*

> Ce peut être un VERBE TRANSITIF :

zerreißen *signifie* déchirer

> Ce peut être un VERBE INTRANSITIF :

zerreißen *signifie* se déchirer

zerren tirer *ou* traîner

zerrinnen (zerrann, zerronnen) fondre *ou* partir en fumée :
▷ Seine Träume sind zeronnen. Ses rêves sont partis en fumée.

zerrissen déchiré

zerrüttet ébranlé

zerschlagen (er zerschlägt; zerschlug, zerschlagen) fracasser *ou* briser

zerschneiden (zerschnitt, zerschnitten) couper en morceaux

(sich) zersetzen (zersetzte, zersetzt) (se) décomposer

zerspringen (zersprang, zersprungen) éclater *ou* se briser

Zerstäuber (MASCULIN, pluriel Zerstäuber) vaporisateur

zerstören (zerstörte, zerstört) détruire
♦ Zerstörung (FÉMININ) destruction

zerstreut dispersé *ou* distrait

zertrampeln piétiner

zertreten (er zertritt; zertrat, zertreten) écraser (avec le pied)

zertrümmern (zertrümmerte, zertrümmert) fracasser

zerzaust hirsute

Zettel (MASCULIN, pluriel Zettel) bout de papier

Zeug (NEUTRE) truc *ou* chose *ou* affaires
► dummes Zeug bêtises
► sich ins Zeug legen s'y mettre
► Turnzeug/Malzeug affaires de gym/de dessin
▷ Räum dein Zeug vom Tisch. Enlève tes affaires de la table.

Zeuge, Zeugin (MASCULIN, pluriel Zeugen / FÉMININ, pluriel Zeuginnen) témoin
♦ zeugen témoigner *ou* procréer
♦ Zeugenaussage (FÉMININ, pluriel Zeugenaussagen) témoignage

Zeugnis (NEUTRE, pluriel Zeugnisse) certificat *ou* référence *ou* bulletin scolaire

Zickzack (MASCULIN) zigzag
► im Zickzack gehen ou fahren zigzaguer (en marchant, en conduisant)

Ziege (FÉMININ, pluriel Ziegen) chèvre

Ziegel (MASCULIN, pluriel Ziegel) brique *ou* tuile
♦ Ziegelstein (MASCULIN, pluriel Ziegelsteine) brique

Ziegenbock (MASCULIN, pluriel Ziegenböcke) bouc (= animal)

ziehen (zog, gezogen) *a plusieurs sens :*
1 ziehen *signifie* tirer
► nach sich ziehen entraîner
► auf sich ziehen attirer
► nach Berlin ziehen aller habiter à Berlin
► es zieht il y a un courant d'air
► sich in die Länge ziehen s'étirer *ou* traîner en longueur
2 ziehen *signifie* infuser

Ziehharmonika (FÉMININ, pluriel Ziehharmonikas, Ziehharmoniken) accordéon

Ziel (NEUTRE, pluriel Ziele) but *ou* objectif *ou* destination *ou* arrivée (en sport)
♦ zielen viser
► auf jemanden / etwas zielen viser quelqu'un / quelque chose
♦ ziellos sans but
♦ Zielscheibe (FÉMININ) cible
♦ zielstrebig déterminé

ziemlich considérable *ou* considérablement

Zigeuner, Zigeunerin (MASCULIN, pluriel Zigeuner / FÉMININ, pluriel Zigeunerinnen) tzigane *ou* gitan, gitane

> ℹ Le terme Zigeuner pour désigner les peuples est considéré comme péjoratif. Le terme correct est Sinti und Roma.

Zimmer (NEUTRE, pluriel Zimmer) pièce *ou* chambre

Zimt (MASCULIN) cannelle

zirka à peu près

zischen siffler

Zitat (NEUTRE, pluriel Zitate) citation
♦ zitieren citer

Zitrusfrucht (FÉMININ, pluriel Zitrusfrüchte) agrume

zittern trembler *ou* frissonner

Zivildienst (MASCULIN) service civil

> En Allemagne, les objecteurs de conscience peuvent faire onze mois de Zivildienst, qui consiste à faire des travaux d'intérêt général, souvent en milieu hospitalier ou en maison de retraite.

zog *voir* ziehen

zögern hésiter

Zoll (MASCULIN, pluriel Zölle) douane

Zopf (MASCULIN, pluriel Zöpfe) natte *ou* tresse

Zorn (MASCULIN) colère

► im Zorn sous l'effet de la colère

♦ zornig en colère

zu *a plusieurs catégories grammaticales et plusieurs sens :*

> Ce peut être une PRÉPOSITION qui s'emploie avec le datif :

1 zu *peut indiquer une direction et signifie* vers *ou* à *ou* chez :

▷ Sie läuft zu ihrer Mutter. Elle court vers sa mère.

▷ Kommst du auch zu dem Fest? Tu viens aussi à la fête ?

▷ Ich komme heute Nachmittag zu dir. Je viens chez toi cet après-midi.

► zu Bett gehen aller au lit

► zu Boden fallen tomber par terre

► zu Tisch kommen venir à table

2 zu *peut avoir un sens temporel et signifie* à *ou* en *ou* de *ou* pour :

► zu Ostern à Pâques

► zu Mittag à midi

► zu gleicher Zeit en même temps

► von Zeit zu Zeit de temps en temps

► zum ersten Mal pour la première fois

3 zu *peut indiquer un but ou une intention et signifie* pour *ou* à :

▷ Sie bleibt zu Hause, um zu lernen. Elle reste à la maison pour travailler.

4 zu *peut indiquer une mesure et signifie* à *ou* en *ou* par :

► zum Teil en partie

► zur Hälfte à moitié

► zu dritt à trois

► zu Hunderten par centaines

5 zu *peut former d'autres expressions :*

► zum Glück par bonheur *ou* heureusement

► zum Beispiel par exemple

► zu Fuß à pied

► zu Hilfe au secours

► zu essen / trinken à manger / boire

> Ce peut être un ADVERBE :

zu *signifie* trop

► zu sein être fermé

► zu viel trop

► zu wenig trop peu

► Tür zu! fermez la porte !

> Ce peut être une PARTICULE SÉPARABLE pour former des VERBES COMPOSÉS :

♦ zubereiten (zubereitete, zubereitet) préparer

♦ zubilligen accorder

> ℹ Vous trouverez les verbes composés qui commencent par zu- classés par ordre alphabétique.

zuallererst en premier lieu

zuallerletzt en dernier lieu

Zubehör (NEUTRE, pluriel Zubehöre) accessoires

zubereiten (zubereitete, zubereitet) préparer

zubilligen accorder

zubinden fermer (un paquet) *ou* nouer (des lacets)

zubleiben rester fermé

Zucchini (FÉMININ, pluriel Zucchini) courgette

Zucht (FÉMININ) élevage (d'animaux) *ou* culture (de plantes)

♦ züchten élever (des animaux) *ou* cultiver (des plantes)

Züchtigung (FÉMININ, pluriel Züchtigungen) châtiment

zucken tressaillir

► die Schultern zucken hausser les épaules

Zucker (MASCULIN) *a plusieurs sens :*

1 Zucker *peut signifier* sucre

♦ zuckern sucrer

2 Zucker *peut signifier* diabète

♦ zuckerkrank diabétique

zudecken couvrir

zudem de plus

zudrücken fermer

► ein Auge zudrücken fermer les yeux

zueinander l'un envers l'autre

► zueinander passen aller ensemble

zuerst d'abord *ou* en premier

► zuerst einmal tout d'abord

Zufahrt (FÉMININ, pluriel Zufahrten) accès

Zufall (MASCULIN, pluriel Zufälle) hasard
- ► durch Zufall par hasard
- ♦ zufällig par hasard

Zuflucht (FÉMININ SINGULIER) refuge

Zufluss (MASCULIN) afflux *ou* affluent

> ℹ Le pluriel Zuflüsse n'est employé que pour le sens « affluent ».

zufolge *est une* PRÉPOSITION *qui s'emploie avec le génitif ou le datif et signifie* conformément à *ou* selon

zufrieden content *ou* satisfait
- ► mit jemandem / etwas zufrieden sein être content de quelqu'un / quelque chose
- ► sich mit etwas zufrieden geben se contenter de quelque chose
- ► zufrieden stellen satisfaire
- ♦ Zufriedenheit (FÉMININ) satisfaction *ou* contentement

zufrieren (zufror, zugefroren) geler

Zug (MASCULIN, pluriel Züge) train *ou* courant d'air *ou* trait
- ► etwas in vollen Zügen genießen profiter pleinement de quelque chose

Zugang (MASCULIN, pluriel Zugänge) accès
- ♦ zugänglich accessible

zugeben (er gibt zu; zugab, zugegeben) admettre

zugehen (zuging, zugegangen)
- ► auf jemanden / etwas zugehen se diriger vers quelqu'un / quelque chose

Zugehörigkeit (FÉMININ) appartenance

Zügel (MASCULIN, pluriel Zügel) rêne
- ♦ zügellos effréné

Zugeständnis (NEUTRE, pluriel Zugeständnisse) concession
- ♦ zugestehen (zugestand, zugestanden) concéder *ou* admettre

zügig rapide

zugleich en même temps

zugreifen (zugriff, zugegriffen) se servir *ou* saisir l'occasion *ou* mettre la main à la pâte

zugrunde
- ► zugrunde gehen périr
- ► zugrunde legen prendre pour base
- ► zugrunde liegen être la base
- ► zugrunde richten ruiner

zugunsten, zu Gunsten *est une* PRÉPOSITION *qui s'emploie avec le génitif et signifie* en faveur de

zugute
- ► jemandem etwas zugute halten tenir compte du fait que quelqu'un a fait quelque chose
- ► jemandem zugute kommen servir à quelqu'un

Zuhälter (MASCULIN, pluriel Zuhälter) maquereau (en parlant d'une personne)

zuhause chez soi
- ♦ Zuhause (NEUTRE SINGULIER) chez-soi

zuhören écouter

zuknöpfen boutonner

Zukunft (FÉMININ) avenir *ou* futur
- ♦ zukünftig futur *ou* à l'avenir

zulassen (er lässt zu; zuließ, zugelassen) permettre *ou* admettre *ou* immatriculer (une voiture)
- ► die Tür zulassen laisser la porte fermée

zuleid(e), zu Leid(e)
- ► jemandem etwas zuleid(e) ou zu Leid(e) tun faire du mal à quelqu'un

zuletzt à la fin *ou* finalement *ou* le dernier, la dernière

zuliebe pour faire plaisir
- ► jemandem zuliebe pour faire plaisir à quelqu'un

zum *est la contraction de* zu dem
- ► zum ersten Mal pour la première fois
- ► zum Vergnügen pour le plaisir

zumachen fermer

zumal d'autant plus que

zumindest au moins

zumut
- ► jemandem ist wohl zumute quelqu'un se sent bien

zumuten
- ► jemandem etwas zumuten exiger quelque chose de quelqu'un *ou* croire quelqu'un capable de faire quelque chose
- ♦ Zumutung (FÉMININ, pluriel Zumutungen) exigence *ou* impudence

zunächst tout d'abord

Zunahme (FÉMININ, pluriel Zunahmen) augmentation

Zuname (MASCULIN, pluriel Zunamen) nom de famille

zunehmen (er nimmt zu; zunahm, zugenommen) augmenter *ou* grossir

Zuneigung (FÉMININ, pluriel Zuneigungen) affection

Zunge (FÉMININ, pluriel Zungen) langue (partie du corps)

zunichte
► zunichte machen anéantir

zunutze
► sich etwas zunutze machen se servir de quelque chose

zuoberst tout en haut

zupacken mettre la main à la pâte

zur *est la contraction de* zu der *et signifie* au *ou* à la

zurechnungsfähig responsable de ses actes

sich zurechtfinden s'orienter *ou* trouver son chemin *ou* se débrouiller

zurechtkommen (zurechtkam, zurechtgekommen)
► mit etwas zurechtkommen venir à bout de quelque chose
► mit jemandem zurechtkommen s'arranger avec quelqu'un

zureden
► jemandem zureden chercher à persuader quelqu'un

zurück en arrière *ou* de retour *ou* en retard

zurückbringen ramener *ou* rapporter

zurückfahren retourner (en voiture)
► vor Schreck zurückfahren reculer brusquement de peur

zurückführen
► etwas auf etwas zurückführen attribuer quelque chose à quelque chose *ou* déduire quelque chose de quelque chose

zurückgeben rendre

zurückgehen retourner *ou* diminuer
► zurückgehen auf remonter à

zurückgezogen retiré

(sich) zurückhalten (se) retenir
♦ zurückhaltend réservé (en parlant d'une attitude)

zurückkommen revenir

zurücklegen parcourir *ou* remettre

zurücktreten (er tritt zurück; zurücktrat, zurückgetreten) démissionner *ou* reculer

zurückweisen (zurückwies, zurückgewiesen) repousser *ou* rejeter

zurückzahlen rembourser
► es jemandem zurückzahlen faire payer quelqu'un

sich zurückziehen (zurückzog, zurückgezogen) se retirer

zurzeit actuellement

Zusage (FÉMININ, pluriel Zusagen) acceptation
♦ zusagen accepter
► jemandem zusagen plaire à quelqu'un

zusammen ensemble *ou* en tout

Zusammenarbeit (FÉMININ) collaboration
♦ zusammenarbeiten collaborer *ou* coopérer

zusammenbleiben (zusammenblieb, zusammengeblieben) rester ensemble

zusammenbrechen (er bricht zusammen ; zusammenbrach, zusammengebrochen) s'écrouler *ou* s'effondrer
♦ Zusammenbruch (MASCULIN, pluriel Zusammenbrüche) effondrement

zusammenfassen résumer
♦ Zusammenfassung (FÉMININ, pluriel Zusammenfassungen) résumé

zusammengesetzt composé

zusammenhalten se serrer les coudes *ou* tenir ensemble

Zusammenhang (MASCULIN, pluriel Zusammenhänge) rapport *ou* lien *ou* cohérence
♦ zusammenhängen (zusammenhing, zusammengehangen) avoir un lien *ou* être en rapport
♦ zusammenhangslos incohérent

zusammenlegen plier *ou* mettre ensemble

sich zusammennehmen se ressaisir

zusammenpassen bien aller ensemble

sich zusammenreißen (zusammenriss, zusammengerissen) se ressaisir

zusammenschlagen (er schlägt zusammen; zusammenschlug, zusammengeschlagen) tabasser *ou* casser

sich zusammenschließen (zusammenschloss, zusammengeschlossen) s'associer

zusammensetzen assembler

► sich zusammensetzen aus être composé de

♦ Zusammensetzung (FÉMININ, pluriel Zusammensetzungen) composition

zusammenstellen composer

Zusammenstoß (MASCULIN, pluriel Zusammenstöße) collision

♦ zusammenstoßen entrer en collision

zusammenzählen additionner

zusammenziehen (zusammenzog, zusammengezogen) *a plusieurs catégories grammaticales et plusieurs sens :*

> Ce peut être un VERBE TRANSITIF :

zusammenziehen *signifie* contracter

> Ce peut être un VERBE INTRANSITIF :

zusammenziehen *signifie* aménager ensemble

> Ce peut être un VERBE RÉFLÉCHI :

sich zusammenziehen *signifie* se contracter

zusammenzucken sursauter

Zusatz (MASCULIN, pluriel Zusätze) ajout *ou* additif *ou* supplément

♦ zusätzlich supplémentaire

zuschauen regarder

► bei etwas zuschauen assister à quelque chose

♦ Zuschauer, Zuschauerin (MASCULIN, pluriel Zuschauer / FÉMININ, pluriel Zuschauerinnen) spectateur, spectatrice

Zuschlag (MASCULIN, pluriel Zuschläge) supplément

zuschlagen claquer *ou* frapper

zuschließen fermer à clé

zuschallen boucler (une ceinture)

zuschnüren lacer *ou* ficeler

zuschrauben visser le couvercle

zuschreiben (zuschrieb, zugeschrieben)

► jemandem etwas zuschreiben attribuer quelque chose à quelqu'un

Zuschuss (MASCULIN, pluriel Zuschüsse) subvention

zusehen regarder

► bei etwas zusehen assister à quelque chose

► zusehen, dass etwas gemacht wird veiller à ce que quelque chose se fasse

zusehends à vue d'œil

sich zuspitzen sich zuspitzen s'aggraver

zusprechen (er spricht zu; zusprach, zugesprochen) encourager

► jemandem gut zusprechen essayer de convaincre quelqu'un

Zustand (MASCULIN, pluriel Zustände) état *ou* condition

zustande ou zu Stande

► zustande ou zu Stande bringen réaliser *ou* réussir à faire

► zustande ou zu Stande kommen se réaliser *ou* se faire

zuständig responsable *ou* compétent

zustehen (zustand, zugestanden) être dû

► jemandem zustehen être dû à quelqu'un *ou* revenir à quelqu'un

zustimmen être d'accord

♦ Zustimmung (FÉMININ, pluriel Zustimmungen) approbation *ou* consentement

► seine Zustimmung geben donner son accord

Zutaten (FÉMININ PLURIEL) ingrédients

zutiefst profondément

sich zutragen (zuträgt; zutrug, zugetragen) avoir lieu *ou* se produire

zutrauen

► jemandem etwas zutrauen croire quelqu'un capable de quelque chose

♦ Zutrauen (NEUTRE) confiance

♦ zutraulich confiant

zutreffen (es trifft zu; zutraf, zugetroffen) être exact *ou* être juste

♦ zutreffend exact *ou* juste

Zutritt (MASCULIN) accès

► zu etwas Zutritt haben avoir accès à quelque chose

ℹ Le pluriel Zutritte est rarement employé.

♦ **Zutrittskarte** (FÉMININ, pluriel Zutrittskarten) badge *ou* carte d'accès

zuverlässig fiable

♦ **Zuverlässigkeit** (FÉMININ) fiabilité

Zuversicht (FÉMININ) confiance *ou* assurance

♦ **zuversichtlich** confiant

♦ **Zuversichtlichkeit** (FÉMININ) confiance

zuvor auparavant

zuvorkommen (zuvorkam, zuvorgekommen)

► **jemandem zuvorkommen** devancer quelqu'un

♦ **zuvorkommend** prévenant

zuweilen de temps en temps

(sich) zuwenden (se) tourner vers

► **sich jemandem / einer Sache zuwenden** se tourner vers quelqu'un / quelque chose

zuwerfen claquer *ou* lancer

zuwider répugnant

zuzüglich *est une* PRÉPOSITION *qui s'emploie avec le génitif et signifie* plus

zuzwinkern

► **jemandem zuzwinkern** faire un clin d'œil à quelqu'un

zwang *voir* zwingen

Zwang (MASCULIN, pluriel Zwänge) contrainte *ou* pression *ou* manie

► **unter Zwang** sous pression

► **sich keinen Zwang antun** ne pas se gêner

zwängen

► **etwas in etwas zwängen** rentrer quelque chose de force dans quelque chose

► **sich in ein Auto zwängen** s'entasser dans une voiture

zwanghaft maniaque

zwanglos sans contrainte *ou* décontracté

zwangsläufig (adjectif) forcé *ou* (adverbe) forcément *ou* nécessairement

zwanzig vingt

zwar en effet *ou* il est vrai

► **und zwar so ...** et voici comment ...

Zweck (MASCULIN, pluriel Zwecke) but *ou* intention

► **zu welchem Zweck** à quel but

♦ **zwecklos** inutile

♦ **zweckmäßig** utile *ou* approprié *ou* pratique

♦ **zwecks** *est une* PRÉPOSITION *qui s'emploie avec le génitif et signifie* en vue de

zwei deux

♦ **zu zweit** à deux

zweideutig ambigu

♦ **Zweideutigkeit** (FÉMININ, pluriel Zweideutigkeiten) ambiguïté

zweierlei deux choses différentes

zweifach deux fois

Zweifel (MASCULIN, pluriel Zweifel) doute *ou* incertitude

♦ **zweifelhaft** douteux *ou* incertain

♦ **zweifellos** sans aucun doute

♦ **zweifeln** douter

► **an etwas zweifeln** douter de quelque chose

► **im Zweifelsfall** en cas de doute

Zweig (MASCULIN, pluriel Zweige) branche

♦ **Zweigstelle** (FÉMININ) succursale

zweihundert deux cents

zweijährig de deux ans

zweimal deux fois

zweischneidig à double tranchant

zweisprachig bilingue

zweispurig à double voie (en parlant de la route)

zweistimmig à deux voix

zweite, zweiter, zweites deuxième *ou* second

zweiteilig en deux parties *ou* deux pièces

zweitens deuxièmement

Zwerchfell (NEUTRE, pluriel Zwerchfelle) diaphragme

Zwerg (MASCULIN, pluriel Zwerge) nain

Zwetsch(g)e (FÉMININ, pluriel Zwetschgen) quetsche

zwicken pincer

Zwieback (MASCULIN, pluriel Zwiebacke ou Zwiebäcke) biscotte

Zwiebel (FÉMININ, pluriel Zwiebeln) oignon

Zwiegespräch (NEUTRE, pluriel Zwiegespräche) **dialogue**

Zwielicht (NEUTRE) **pénombre**

♦ zwielichtig **louche**

Zwiespalt (MASCULIN) **conflit**

♦ zwiespältig **contradictoire** *ou* **divisé**

Zwietracht (FÉMININ SINGULIER) **discorde**

♦ zwieträchtig **divisé**

Zwilling (MASCULIN, pluriel Zwillinge) **jumeau** *ou* **Gémeaux**

zwingen (zwang, gezwungen) **forcer**

♦ zwingend **contraignant** *ou* **concluant**

zwinkern **cligner des yeux** *ou* **faire un clin d'œil**

Zwirn (MASCULIN, pluriel Zwirne) **fil**

zwischen *est une* PRÉPOSITION *qui s'emploie avec le datif ou l'accusatif et signifie* **entre** *ou* **parmi**

♦ zwischendurch **entre-temps** *ou* **en passant**

Zwischenfall (MASCULIN, pluriel Zwischenfälle) **incident**

zwischenlanden **faire escale**

♦ Zwischenlandung (FÉMININ, pluriel Zwischenlandungen) **escale**

Zwischenraum (MASCULIN, pluriel Zwischenräume) **espace** (entre deux choses)

Zwischenzeit (FÉMININ) **entre-temps**

► in der Zwischenzeit **entre-temps** *ou* **pendant ce temps**

Zwist (FÉMININ, pluriel Zwiste) **discorde**

zwitschern **gazouiller**

zwölf **douze**

Zylinder (MASCULIN, pluriel Zylinder) **cylindre** *ou* **chapeau haut-de-forme**

Zypern **Chypre**

♦ Zypr(i)er, Zypr(i)erin (MASCULIN, pluriel Zypr(i)er / FÉMININ, pluriel Zypr(i)erinnen) **Chypriote**

♦ Zypriot, Zypriotin (MASCULIN, pluriel Zyprioten / FÉMININ, pluriel Zypriotinnen) **Chypriote**

♦ zypriotisch **chypriote**

♦ zyprisch **chypriote**

TABLE DES MATIÈRES

MIXTE
Papier issu de sources responsables
FSC® C022030

Achevé d'imprimer en Italie par Grafica Veneta S.p.A. en avril 2016
N° d'éditeur : 10218215 - Dépôt légal : Avril 2016